Personalwesen 2

Basistexte Personalwesen

Herausgegeben von Oswald Neuberger

Bd. 6/2

Peter Wimmer · Oswald Neuberger

Personalwesen 2

Personalplanung
Beschäftigungssysteme
Personalkosten
Personalcontrolling

44 Abbildungen · 30 Tabellen

 Ferdinand Enke Verlag Stuttgart 1998

Prof. Dr. Peter Wimmer
Fachhochschule Augsburg
Fachbereich Betriebswirtschaft
Schillstraße 100
D-86169 Augsburg

Prof. Dr. Oswald Neuberger
Lehrstuhl für Psychologie I
Wirtschafts- und Sozialwissenschaftliche Fakultät
der Universität Augsburg
Universitätsstraße 2
D-86135 Augsburg

Die Deutsche Bibliothek – CIP-Einheitsaufnahme

Personalwesen. – Stuttgart : Enke
  (Basistexte Personalwesen ; Bd. 6)
2. Personalplanung, Beschäftigungssysteme,
Personalkosten, Personalcontrolling :
30 Tabellen / Peter Wimmer; Oswald Neuberger. – 1998
ISBN 3-432-29851-X

© 1998 Ferdinand Enke Verlag, P.O. Box 30 03 66, D-70443 Stuttgart
Printed in Germany

Druck: Zechnersche Buchdruckerei, D-67346 Speyer

Inhaltsverzeichnis

Vorwort

In der folgenden Übersicht sind die Inhalte der Bände 1 und 2 des Basistexts 'Personalwesen' gegenübergestellt.

Band 1: (*Neuberger*)	Band 2: (*Wimmer & Neuberger*)
Kap. A: Konzeptionelle und para- digmatische Grundlagen Kap. B: Geschichte, Professionali- sierung und Organisation des Personalwesens Kap. C: Arbeitszeitgestaltung Kap. D: Fehlzeiten	Kap. E: Personalplanung Kap. F: Beschäftigungssysteme (am Beispiel des Personal- abbaus) Kap. G: Personalkosten Kap. H: Personal-Controlling

Der vorliegende zweite Band führt die Diskussion von personalwirtschaftlichen Grundsatzthemen weiter. Trotz des erheblichen Umfangs der beiden Bände kann nicht der Anspruch erhoben werden, das gesamte Personalwesen abgedeckt zu haben. Zum einen wird das deutlich an den anderen sechs Bänden der Basistext-Reihe, die einen Eindruck von der Bandbreite der Themen geben, die im Personalwesen relevant sind; zum anderen ist selbst mit den inzwischen vorliegenden acht Bänden keine erschöpfende Darstellung des Gesamtbereichs erfolgt, weil wichtige Themen unbehandelt bleiben (etwa Personalinformationssysteme und -technologien, Internationales Personalmanagement) und sich die Inhalte der praktischen Personalarbeit, die die wissenschaftliche Literatur reflektiert, dynamisch ändern - sich ausweiten, einengen und erneuern.

Bei einer so vitalen Disziplin wie dem Personalwesen sieht sich jeder einführende Überblick vor das Trilemma gestellt, sowohl das Wichtige (exemplarisch) als auch das Aktuelle und das Grundlegende zu behandeln und nicht nur Theorien zu referieren, sondern auch über Befunde und Praxisansätze zu berichten. Für dieses Trilemma gibt es keine Bestlösung, sondern nur verschiedene Kompromisse. Wir haben uns dafür entschieden, den Schwerpunkt auf die fundierende theoretische Diskussion zu legen; dabei wollen wir keine dogmatischen Wahrheiten verkünden, sondern verschiedene Sichtweisen (ökonomische, managementorientierte und politische) präsentieren, Instrumente, Entwicklungen und Programme der Praxis berücksichtigen und über Ergebnisse empirischer Untersuchungen informieren (um die 'Bodenhaftung' nicht zu verlieren).

Die Perspektivenvielfalt wird noch dadurch bereichert, dass unsere Kooperation als Autoren durch unterschiedliche Voraussetzungen gekennzeichnet ist: wir vertreten zwei Hochschultypen (Uni und FH) sowie verschiedene Wissenschaftsdisziplinen und Traditionen: *Neuberger* ist Psychologe und an der WiSo-Fakultät der Universität Augsburg verantwortlich für das Fach Personalwesen; *Wimmer* ist Ökonom, hat im Personalwesen der BMW AG in München praktische Erfahrung gesammelt und vertritt im Fachbereich Betriebswirtschaft der FH Augsburg die Studienrichtung 'Internationale Betriebswirtschaft'. Wir haben uns die Arbeit des Schreibens aufgeteilt: *Wimmer* hat die Kapitel 'Personalplanung' und 'Personalkosten' entworfen, *Neuberger* die Kapitel 'Beschäftigungssysteme' und 'Personal-Controlling'. Es war nicht immer leicht, uns auf von beiden geteilte Fassungen zu einigen - aber wir hoffen, dass wir das, was wir in fruchtbaren Diskussionen voneinander gelernt haben, an unsere LeserInnen weitergeben konnten.

Wir sind zwar die Autoren, aber nicht die Urheber aller Ideen und Ergebnisse, die wir in diesem Buch zusammengestellt haben; wir haben von den Vor-Arbeiten einer inzwischen schon unüberschaubaren Vielzahl von PraktikerInnen und WissenschaftlerInnen profitiert. Das Literaturverzeichnis gibt darüber Auskunft. Denjenigen, die uns konkret mit Rat und Tat, Kritik und Vorschlägen hilfreich zur Seite standen, wollen wir jedoch persönlich danken:

Zum einen unseren studentischen ProbeleserInnen, die uns geholfen haben den Text lesbarer zu gestalten, Fremdwörter und Fachausdrücke sparsam einzusetzen, didaktische Verbesserungen vorzunehmen und Druckfehler zu beseitigen: *Serap Celebi, Füsun Inanc, Melanie* und *Michael Pawlitzki*.

Zum anderen Kollegen und Mitarbeitern, die einzelne Kapitel gelesen und kommentiert haben und von denen wir Unterstützung und viele Anregungen erhalten haben: *Andreas Bergknapp, Anton Frantzke, Helmut Kerschner, Ain Kompa, Johann Lachhammer, Peter Schettgen, Harald Seeba,* sowie *Birgit Wimmer*.

Regina Dietmair hat nicht nur korrekturgelesen, sondern hat auch durch ihre technische Beratung zu formalen Klärungen beigetragen. *Ingeborg Schnörch* hat sich mit großer Sorgfalt der Sach- und AutorInnen-Register angenommen. Ein ganz besonderer Dank gebührt *Ursula Boehnke*, die - wie auch bei den anderen Texten dieser Reihe - dafür gesorgt hat, daß aus den verschiedenen Textentwürfen ein druckfertiges Layout entstanden ist; sie hat außerdem die Abbildungen gezeichnet, die Kapitelübersichten angefertigt, Tabellen und Belege geschrieben.

Ihnen allen unser herzlicher Dank!

Peter Wimmer

Fachhochschule Augsburg
Schillstraße 100
86169 Augsburg
Tel: 0821/598 2951
wimmer@rz.fh-augsburg.de

Oswald Neuberger

Universität Augsburg
Universitätsstraße 16
86135 Augsburg
Tel. 0821/598 4078
oswald.neuberger@wiso.uni-augsburg.de

Kapitel E: Personalplanung - Übersicht -

E-1: Die Entwicklung eines wissenschaftlichen Planungsbegriffes

Rationale Planung:		Konstruktivistische u. systemische Planung:
Begriffe der Rationalität Formen der Rationalität Planung als rationaler Prozess Planung und Prognose		Konstruktivismus Systemtheorie Systemische Steuerung und Kontrolle
	Schlussfolgerung	

E-2: Strategie und Personalplanung

Strategiebegriff
Strategische Unternehmensplanung
Strategie-Modelle
Strategie und sozio-ökonomische Situation
Strategische Unternehmensplanung und Personalplanung
Die Integration von Unternehmens- und Personalplanung

Schlussfolgerung

E-3: Ökonomie, Management und Politik der Personalplanung

Ökonomie der Personal-planung	Management der Personal-planung	Politik der Personal-planung
Rationale Planung vs. Markt Planung und (Neo-)Klassik Das Coase-Theorem Konsequenzen für die Personalplanung Wann lohnt sich Personalplanung? Methodenbeispiel: Die Rosenkranzformel	Zielsetzungen der Personalplanung Akzeptanz der Personalplanung Die Verbreitung der Personalplanung in der Praxis Operative Personalplanung Personalbestands- und -bedarfs-Planung Methodenbeispiel: Portfolio-Planung	Theoretischer Rahmen Personalplanung und Politics Methodenbeispiel: Szenario-Planung
	Schlussfolgerung	

0. Einleitung und Überblick

Obwohl der Personalplanung in der Praxis nicht immer eine hohe Priorität eingeräumt wird, gilt sie als der Inbegriff eines idealtypischen (rationalen) Personalmanagements. Unter dieser traditionellen Perspektive hat Personalplanung in erster Linie
die Aufgabe, den Bedarf einer Organisation an 'Personal' mit den Verhältnissen auf
dem externen und internen Arbeitsmarkt in Einklang zu bringen. Im Gegensatz zu einer eher ad hoc betriebenen Personalarbeit steht (moderne) Personalplanung für Konzepte wie Strategie, Integration und Zukunftsorientierung. Diese veränderte Auffassung beruht auf einer generellen Neuorientierung in Theorie und Praxis über die Art
und Weise wie Unternehmen und damit auch Mitarbeiter geführt werden sollen.

Neue Ideen entstehen i.d.R. nicht über Nacht, sondern entwickeln sich etwa aufgrund veränderter Rahmenbedingungen; deutlich wird dies auch, wenn man die Geschichte der Personalplanung in einem kurzen Überblick betrachtet (s. auch *Schartner* 1990): Die 50er und 60er Jahre waren durch eine dynamische und expandieren-
de internationale Ökonomie geprägt, in welcher Vollbeschäftigung herrschte. Der
Beitrag der Personalplanung zur Sicherung des Erfolgs eines Unternehmens bestand
folglich in erster Linie in der Personalbeschaffungs- und Personalerhaltungs-Planung.
Personalengpässe und -überhänge sollten durch Planung verhindert werden. Da die
Organisations-Strukturen (nicht nur die des Personalwesens) in dieser Zeit eher
zentral und stabil waren, lag ein weiterer Schwerpunkt der Personalplanung auf der
Beförderungs- bzw. Karriereplanung.

In den 80er Jahren änderte sich die Rolle der traditionellen Personalplanung, da
viele Unternehmen - als Reaktion auf Krisen auf den Produkt-Märkten und auf den
zunehmenden internationalen Wettbewerb - Hierarchieebenen abbauten und ihre bürokratischen 'Wasserköpfe' reduzierten. In Zeiten großer organisatorischer Re-Struk-
turierungen mit dem Ziel einer Rationalisierung traten Aufgaben der Personalplanung, die in erster Linie mit der Anpassung von Beschäftigungsverhältnissen zusam-
menhingen (s. Kapitel F) wie etwa Personalabbau, Vorruhestand oder neue Arbeits-
bzw. Beschäftigungsformen in den Vordergrund. Damit einher ging auch die Diskussion darüber, wie das Personalwesen selbst restrukturiert werden könnte, um der
neuen Organisations-Philosophie gerecht zu werden. Viele Unternehmen wählten zu
diesem Zweck den Weg einer konsequenten Dezentralisierung der Personal-Verant-
wortung und damit auch der Personalplanung weg von spezialisierten Stabsabteilungen hin zum Linienmanagement.

Gegenwärtig geht es in erster Linie um einen möglichst flexiblen Einsatz des 'Personals' und um die Erarbeitung neuer Formen von Beschäftigungssystemen. In vielen Unternehmen werden derzeit keine Strategien zum Thema 'Nachfolgeplanung'
oder 'Organisations-Entwicklungs-Planung' konzipiert, sondern es wird primär darüber nachgedacht, wie Personal flexibilisiert, d.h. abgebaut, outplaced, verbilligt, optimal eingesetzt usw. werden kann.

Generell kann die Aufgabe der Personalplanung darin gesehen werden, das Unternehmen durch die Analyse vergangener und zukünftiger Entwicklungen vor den Auswirkungen unerwarteter Ereignisse wie etwa Personalengpässe oder teuere Personalüberhänge bzw. nutzlose Redundanzen zu schützen.

Im folgenden Kapitel werden wir deshalb drei große Themen-Bereiche behandeln:

Im ersten Unterkapitel geht es um die Entwicklung eines wissenschaftlichen Planungsbegriffes. Wir konzentrieren uns dabei auf zwei theoretische Ansätze, die im Zusammenhang mit Personalplanung von Bedeutung sind. Die rationale Planungskonzeption spielt im herkömmlichen Verständnis von Personalplanung eine besondere Rolle; deshalb werden wir auf dieses Konzept ausführlich eingehen. Als Kontrast zum traditionellen Planungs-Modell wählen wir konstruktivistische bzw. systemische Planungskonzepte und diskutieren, wie unter solchen Prämissen die Steuerung und die Kontrolle von Systemen erfolgen könnte.

Im zweiten Unterkapitel behandeln wir Umsetzungs-Versuche sowohl der rationalen wie auch der systemischen Planungsansätze im Rahmen der strategischen Unternehmensplanung und zeigen mögliche Zusammenhänge zwischen strategischer Unternehmensplanung und Personalplanung auf.

Im dritten Unterkapitel betrachten wir Personalplanung aus den drei - bereits in Band 1 eingeführten - Perspektiven 'Ökonomie', 'Management' und 'Politik'. In ökonomischer Hinsicht fokussiert Personalplanung auf 'Geld'. Die Frage dabei ist, wann sich Planung 'lohnt' gegenüber der Variante 'Nicht-Planung'. Wir werden dieser Frage anhand von Überlegungen zur neoklassischen Ökonomie und zu Ansätzen aus der Neuen Institutionenökonomie nachgehen. Im Management-Teil geht es um die 'Macher'-Perspektive, also darum, wie in der Praxis pragmatisch bei der Personalplanung vorgegangen wird. Unter diesen Gesichtspunkten stellt Personalplanung in erster Linie eine Technik dar, mit deren Hilfe das Unternehmen auf dem 'Kurs' gehalten werden soll. Im politischen Teil werden wir zeigen, dass durch Personalplanung auch Interessen und Machtverhältnisse ein- und durchgesetzt werden, die jedoch nicht auf reine 'politics' reduziert werden dürfen, sondern die immer auch ermöglicht werden durch institutionelle Gegebenheiten.

E-1: Die Entwicklung eines wissenschaftlichen Planungsbegriffs - Übersicht -

1. Die Entwicklung eines wissenschaftlichen Planungsbegriffs	
1.1 Rationale Planung	**1.2 Konstruktivistische und systemische Planung**
Begriffe der Rationalität Formen der Rationalität: - Handlungsrationalität - Diskursive Rationalität - Formelle Rationalität - Substantielle Rationalität Planung als rationaler Prozess: Grundannahme: Planung ist ein technisches Problem und lässt sich 'objektiv' lösen. Planung und Prognose: Planung als das, was sein soll und Prognose als das, was sein wird. Prognosebegriff: Unterschied zwischen Prognose und Erklärung Prognoseverfahren: Heuristische und uni- bzw. multivariate Verfahren	Konstruktivismus. Grundannahmen: Jeder Mensch macht sich sein eigenes Bild von der Welt - eine unabhängige Realität existiert nicht. Systemtheorie. Grundannahmen: Ergebnisse können entstehen, die sich erst im Nachhinein als zweckmäßig erweisen und nicht auf einem (zweckrationalen) Plan beruhen; Strukturen können sich von allein bilden; in Systemen können durch Selbstorganisation plötzlich neue Qualitäten auftreten. Systemische Steuerung und Kontrolle: Inwieweit ist Planung unter systemischen Gesichtspunkten überhaupt möglich bzw. wünschenswert?

1. Die Entwicklung eines wissenschaftlichen Planungsbegriffs

1.0 Überblick

Im Rahmen unserer Überlegungen zum rationalen Planungskonzept gehen wir zunächst auf Begriffe und Formen der Rationalität ein, um anschließend zu zeigen, welche Konsequenzen die Forderung nach Rationalität für ein entsprechendes Verständnis von Planung nach sich zieht. Da unter einer technisch-rationalen Perspektive der kritischste Teil der Planung in der Prognose wahrscheinlicher Zukünfte besteht, werden wir ausführlich auf den Zusammenhang zwischen Planung und Prognose zu sprechen kommen. Sehr allgemein können Prognose und (rationale) Planung als ein kognitiver Lern- und Such-Prozess verstanden werden, in welchem wir uns zunehmend Klarheit verschaffen wollen über unsere Ziele, die Alternativen, die uns zur Zielerreichung zur Verfügung stehen und über die Zusammenhänge von Zielen und Zielerreichungs-Alternativen.

1.1 Rationale Planungskonzeptionen

Philosophen und Sozialwissenschaftler haben seit Jahrhunderten versucht, wissenschaftliche Prinzipien und Methoden zu entwickeln, um das kollektive und individuelle Verhalten von Menschen zu analysieren mit dem Ziel, das 'soziale Leben' erklären, vorhersagen und letztlich auch um die Unwägbarkeiten menschlichen Lebens kontrollieren zu können. Zudem soll die Erfüllung von Wünschen, Interessen, Zwecken und Zielen mit Hilfe von 'Planung' (und ihrem Produkt: den Plänen) realisiert werden. Im Laufe der Zeit haben zahlreiche Denkschulen bzw. individuelle Autoren Vorstellungen darüber entwickelt, wie ein ideales Planungssystem funktionieren könnte. Im Rahmen dieses Beitrags werden wir v.a. auf drei Ansätze eingehen, die auch im Zusammenhang mit der Planung in wirtschaftlichen Organisationen eine wichtige Rolle spielen: Planung unter einer rationalen, einer konstruktivistischen und einer systemischen Perspektive. Dabei werden wir uns am ausführlichsten mit rationalen Ansätzen auseinandersetzen, da diese den meisten (Personal-) Planungskonzeptionen zugrunde liegen.

1.1.1 Begriffe und Formen der Rationalität

Unsere (abendländische) Kultur ist, seitdem der Mensch aus der mythischen Erklärung der Welt als Einheit von Natur und Subjekt herausgetreten ist (*Horkheimer & Adorno* 1993, 53), 'logozentrisch', und ihre Geschichte ist im wesentlichen eine Geschichte von Rationalisierung. Durch die Unterscheidung in Subjekt (Mensch) und Objekt (Natur) wird die Natur nicht mehr als das Bestimmende verstanden, sondern nur noch als bloße 'Objektivität'. Die Gesamtheit dessen, was wir mit unserem kognitiven Apparat nicht erfassen können, ist nicht mehr von Interesse. Wichtig ist nur noch die Verfügung über Dinge, um sie uns nutzbar zu machen. Als Herr eingesetzt, braucht der Mensch die Natur nicht mehr zu fürchten. Der Preis für die 'Entzauberung der Welt' ist die Entfremdung von ihr. Es geht nicht mehr um das *An sich*, sondern nur noch um das *Für uns*.

Das Postulat der 'Rationalität' dominierte und formte unsere Gesellschaft stärker noch als Macht- und Klassenstrukturen (vgl. *Etzioni* 1994) und führte zu Lebensformen, die - trotz aller internen Unterschiede - von einem durchgängigen Muster geprägt sind, welches (nach *Schnädelbach* 1991, 78) durch bestimmte Merkmale gekennzeichnet werden kann: Allgemeinheit statt Besonderheit; Universalität statt Individualität; Gesetzmäßigkeit, Regelhaftigkeit, Berechenbarkeit statt Zufall, Willkür oder Chaos; Bevorzugung des Stabilen, Bleibenden, der Ordnung gegenüber dem Ephemeren, Vergänglichen, Ungegliederten; Mißtrauen gegenüber allem Natürlichen als dem Unkontrollierbaren und damit auch gegenüber menschlichen Gefühlen und Affekten.

Kapitel E

Der Begriff 'Rationalität'

Der Begriff 'Rationalität' ist sowohl in der Philosophie als auch in den Sozialwissenschaften äußerst umstritten (siehe eine ausführliche Kritik am Rationalmodell bei *Neuberger* 1995). Ein Grund hierfür ist vermutlich darin zu suchen, dass 'Rationalität' mit erkenntnistheoretischen Grundfragen verbunden ist, wie etwa der nach der Freiheit menschlichen Handelns, den Erkenntnismöglichkeiten und -grenzen sowie der Besonderheit des Menschseins an sich (vgl. *Welsch* 1996).

Es ist deshalb auch nicht verwunderlich, dass unter 'Rationalität' sehr unterschiedliche Dinge firmieren, deren gemeinsamer Nenner nicht zu erkennen ist. Wenn von rationalen Handlungen, Entscheidungen oder institutionellen Regelungen die Rede ist, dann stellt 'rational' ein einfaches Prädikat dar (*Schnädelbach* 1991). Komplizierter wird es, wenn man Personen 'rational' nennt und so eine Eigenschaft unterstellt, in der zum Ausdruck kommt, welches 'Vermögen' dieser Person zugeschrieben wird bzw. welches Verhalten von dieser Person in bestimmten Situationstypen zu erwarten ist. Diese (traitistische) Bedeutung des Begriffes wird überall dort zugrunde gelegt, wo Handlungen, Entscheidungen oder institutionelle Regelungen auf die Rationalität handelnder Personen zurückgeführt wird. Als rational gelten Handlungen etc. etwa dann, wenn sie konsequent verstandesmäßig, logisch, begründet, regelkonsistent usw. sind. Dort, wo keine handelnden Personen im Spiel waren, fällt es aus dieser Sicht schwer, von Rationalität zu sprechen.

'Rational' ist keineswegs (nur) ein neutral-deskriptives, sondern ein wertendes und normatives Prädikat. Rationalität ist nicht 'wertfrei'; das Problem besteht darin, wie man die Wertaspekte, die bei der Verwendung von 'rational' immer eine Rolle spielen, argumentativ *begründen* kann.

Formen der Rationalität

Durch die Unterscheidung verschiedener Rationalitätsformen soll eine (interne) Differenzierung und damit eine größere Klarheit über den unterschiedlichen Gebrauch des Rationalitätsbegriffes (und wohl auch seine Immunisierung) erreicht werden. So hat etwa *Max Weber* zwischen zweckrationalem und wertrationalem Handeln unterschieden. Noch breiter wird das Spektrum, wenn man nicht nur Handlungstypen, sondern kommunikative Kompetenz generell als Basis einer Rationalitätstypologie zugrundelegt (s. oben). Dann ist es möglich, neben technologisch-wissenschaftlicher auch hermeneutische, ethische und dialektische Rationalität zu unterscheiden. *Haunschild* (1998, 120) versucht die verschiedenen Klassifikationsversuche zu ordnen und differenziert zwischen Handlungsrationalität, diskursiver Rationalität, formaler Rationalität und substantieller Rationalität:

- *Handlungsrationalität* bedeutet, dass jeder Akteur seine 'guten Gründe' hat, so zu handeln, wie er handelt. Dadurch wird jedes Handeln rational und die Rationalitätsvermutung dient als Ausgangspunkt zur Rekonstruktion von Handlungen.

- *Diskursive Rationalität* meint, dass Akteure auf einer herrschaftsfreien Ebene gute Gründe für ihr Handeln angeben können.
- Bei der *formellen Rationalität* geht es darum, ob Akteure konsistent (d.h. widerspruchsfrei und intern stimmig) handeln bzw. entscheiden können; dies beinhaltet auch eine konsequente Zielbezogenheit: Es muss feststehen, was gewollt wird - dann kann man für jede Alternative feststellen, ob sie zum gewünschten Zielzustand führt oder nicht.
- Bei der *substantiellen Rationalität* wird der Frage nachgegangen, wie vernünftig bzw. begründet die Prämissen bzw. Kriterien selbst sind, mit denen Akteure ihre Handlungen und Absichten begründen.

All diese Kategorien betrachten Rationalität aus der Sicht individueller Handlungen; d.h. einzelne Akteure handeln insofern rational, "als sie verstehen, verfügbare Handlungsspielräume zur Verfolgung ihrer Interessen zu erkennen, sich ihrer zu bedienen und sie zu nutzen" (*Haunschild* 1998, 121). Trotz begrenzter Wahrnehmungs- und Informationsverarbeitungs-Kapazitäten sind rational handelnde Individuen in der Lage, Gründe für ihr Handeln (diskursiv) zu nennen oder diese Gründe sind rekonstruierbar (siehe auch *Schnädelbach* 1984). Geht man von diesem Begriff der Handlungsrationalität aus, so besteht die Gefahr, dass jegliches Handeln als rational bezeichnet werden kann, da ein deutender Beobachter immer Gründe für ein bestimmtes Verhalten finden bzw. konstruieren kann (*Haunschild* 1998, 121). Relativiert wird diese Schwäche, wenn im Mittelpunkt der Überlegungen nicht die Idiosynkrasien konkreter Akteure im Hinblick auf ihre Handlungsrationalität bzw. deren Determiniertheit durch externe Bedingungen stehen, sondern die ermöglichenden bzw. begrenzenden Handlungstrukturen in Organisationen (*Haunschild* 1998, 121). Strukturelle Regelungen in Organisationen stellen 'Bedingungen zur Möglichkeit' individueller Handlungen dar; insofern werden die Kalküle Einzelner vorstrukturiert und Entscheidungsprämissen verankert. Vorentscheidungen, die in den strukturellen Gegebenheiten einer Organisation liegen, werden häufig nicht näher untersucht, sondern als 'Daten' akzeptiert (s. *Neuberger* 1995).

1.1.2 Planung als rationaler Prozess

Wenn man unter Wirtschaften die rationale Disposition über (knappe) Mittel zur Erfüllung gegebener Zwecke versteht, dann ist Wirtschaften der Inbegriff aller planvoller menschlicher Tätigkeit. Auch rationale *Planung*sansätze trennen zwischen Denken und Handeln. Unter einer handlungstheoretischen Perspektive geht es nicht um das statische Gebilde Planung, sondern um das Zustandekommen von Plänen, Entscheidungen, Zielen usw. also den Prozess des Planens. Oft wird die (implizite) Annahme gemacht, dass es immer einen 'one best way' gibt und dass es die Aufgabe der Planer ist, diesen zu finden bzw. möglichst nahe an diesen heranzukommen. Unter Planung wird dann eine Technik verstanden, mit deren Hilfe aus einer Vielzahl von Optionen die optimale herausgefiltert wird. In den (Wirtschafts-)Wissenschaften dominierte lange Zeit diese (klassische) Sichtweise von Planung als rein technischem Problem, welches sich mathematisch-deduktiv bewältigen lässt. Planung operierte dabei streng nach dem Muster der klassischen Mechanik und ging von der Annahme aus, dass sich Planungsprobleme 'objektiv' lösen lassen. Es wurde unterstellt, dass sowohl die unbelebte Welt, als auch soziale Probleme grundsätzlich beherrscht werden können. Theoretischer Hintergrund war der lange Zeit vorherrschende 'Kritische Rationalismus', und es dominierte das aus der Mikroökonomie übernommene Menschen-Bild des 'Homo Oeconomicus'. Dem rationalen Planungsansatz liegen folgende Annahmen zugrunde (vgl. *Mintzberg* 1994):

- Die Zukunft ist vorhersehbar und es gibt keine 'Störungen' von außen;
- die Ziele sind bekannt und klar formuliert;
- die Implementation folgt der Formulierung der Pläne und ist somit unabhängig vom Planungshandeln;
- es herrscht über die gesamte Organisation hinweg ein identisches Verständnis der Pläne und
- vernünftige Menschen handeln grundsätzlich vernünftig.

Da Definitionen Konventionen darstellen, macht es wenig Sinn, nach der besten Definition von Planung zu suchen (s. *Neuberger* 1991); vielmehr sollen die verschiedenen Facetten des Gegenstandsbereichs kennengelernt und geordnet werden, um so die Basis für weitergehende Diskussionen zu schaffen. Betrachtet man zusammenfassend die verschiedenen Planungs-Definitionen, so lassen sich folgende Elemente herausstellen, die allerdings keineswegs unabhängig voneinander sind, sondern zusammen betrachtet werden müssen (s. *Wimmer* 1985).

Demnach ist rationale Planung:

1. ein Informationsverarbeitungs-Prozess, der systematisch und unter Anwendung spezieller Methoden zu erfolgen hat;
2. an Planungssubjekte gebunden und damit prinzipiell ein subjektiver Prozess;
3. ein Prozess, der die Festlegung der Beteiligten voraussetzt;
4. zielorientiertes Vorgehen (damit einhergehend die Forderung nach Rationalität);
5. die Entwicklung von Handlungsalternativen zur Erreichung der Ziele;
6. eine Auswahl unter den Alternativen (Entscheidung);
7. eine Anweisung zur rationellen Realisierung der gewählten Alternative;
8. etwas, was vorausschauend geschieht (Zukunftsbezug);
9. Verwirklichungsabsicht für den zukunftsgerichteten Handlungsentwurf.

Nicht alle Autoren beziehen explizit alle hier genannten Elemente des Planungsbegriffs mit ein. Deshalb sollen im Folgenden die Elemente der Planungsdefinitionen näher erläutert und auf ihre Bedeutung hingewiesen werden:

'Prozesshaftigkeit' der Planung bedeutet auch, dass es unterschiedliche zeitliche Entfernungen gibt, über die Aussagen gemacht werden sollen; Planung ist somit kein einmaliger Akt, sondern 'rollierend', recht-zeitig, fortgeschrieben und nie abgeschlossen oder 'fertig'. In diesem Prozess, der durch (rationale) Zielorientierung geprägt ist, sind dem Idealmodell zufolge *alle* Informationen zu gewinnen (zur rechten Zeit, zu vertretbaren Kosten, an der richtigen Stelle). Damit wird auch die Kontingenz der Folgerungen sichtbar, weil offengelegt werden muss, was (nicht) berücksichtigt wurde.

Planung wird von legitimierten Planungsträgern *in* Institutionen ausgeführt; daher spielen subjektive Prozesse *und* organisatorische Gegebenheiten (als 'Bedingungen der Möglichkeit') eine wichtige Rolle. "Planungsprobleme werden durch Personen abgegrenzt und definiert, Wertvorstellungen, Erfahrungen und Überzeugungen formen die Wahrnehmung der Probleme, die Fähigkeit, Handlungsalternativen zu entwickeln und Planungsergebnisse zu beurteilen. Versuche, diesen Subjektbezug zu leugnen oder ihn nicht als integralen Bestandteil der Planung zu behandeln, führen zwangsläufig zu einem sehr reduzierten Planungsverständnis" (*Berens & Delfmann* 1995, 11).

Nach *Berens & Delfmann* (1995) setzt Planung die Willensbildung (z.B. Festlegung, Entscheidung, Selektion, Alternativenausschluss) bei den Planungsträgern voraus: "Willensbildung bezieht sich dabei auf alle Aspekte des Planungsprozesses. Von den Planungsträgern sind Absichten und Ziele zu artikulieren, Probleme zu definieren, Lösungsmöglichkeiten und Bewertungsgrößen festzulegen sowie eine Auswahl zwischen verschiedenen Handlungsalternativen und ihre Verabschiedung in einem Plan auszuführen. Jeder dieser Schritte erfordert einen Prozess der Willensbildung, der gerade in größeren Organisationen nicht von einem, sondern von mehreren Planungsträgern vollzogen wird" (*a.a.O.*, 11). Dieser Aspekt stellt jedoch eine starke 'Psychologisierung' der Planung dar, da vorausgesetzt wird, dass eine Organisation einen Willen bilden kann.

Im Grunde können sechs Planungsstufen unterschieden werden, deren Reihenfolge sich von Fall zu Fall ändern kann. Die erste Stufe geht von der Frage aus, was erreicht werden soll, bzw. welche Ziele anzustreben sind. In der zweiten Stufe geht es darum, wie diese Ziele erreicht werden können. Dazu müssen Handlungsmöglichkeiten gesucht und Mittel sowie künftige Umweltbedingungen beschrieben werden (z.B. mit Hilfe einer sog. SWOT-Analyse[1]). Diese Stufe beinhaltet somit auch die Vorausschau (Prognose) von Entwicklungen in der Zukunft. In der dritten Stufe soll geklärt werden, inwieweit die einzelnen Handlungsmöglichkeiten dem angestrebten Ziel dienen. Als letzte (vierte) Stufe ist eine Entscheidung zwischen den zu wählenden Handlungsmöglichkeiten zu treffen und die gewählte Alternative zu implementieren. Schließlich müsste auch der Beitrag dieser Handlung zur Erreichung der angestrebten Ziele evaluiert werden. Planung ist also kein Denk-Spiel, sondern hat

---

[1]   SWOT: Strengths - Weaknesses - Opportunities - Threats

Konsequenzen weil sie in Festlegungen bzw. Fakten mündet (z.B. Investitionen, Maßnahmen, Strategien, Verträge); d.h. das kognitive Modell wird verbindlich gemacht und damit zum Soll-Modell.

Eine Entscheidung, die vom Ergebnis einer Planung abweicht, wird u.U. von nicht exakt beschreibbaren Einflüssen mitbestimmt (z.B. menschliche Rücksichten). Nach *Schneider* (1987) wäre es jedoch nicht angemessen, solche Entscheidungen als nicht-rational zu bezeichnen, da bei Problemen, die nicht quantitativ bzw. in einer logischen Sprache beschrieben werden können, 'Rationalität' nicht zu definieren sei. Auch in neueren Ansätzen (z.B. *Berens & Delfmann* 1995) wird davon ausgegangen, dass mit Modellen Realität nicht 'objektiv' abgebildet werden kann, sondern dass mit ihnen Realität *konstruiert* wird. Planung wird dabei als Tätigkeit gedacht, die nicht allein in der Handhabung mathematischer Modelle, deren Inhalt durch empirische Theorien bestimmt wird, gesehen werden kann (siehe unten). In den Mittelpunkt des Interesses rücken die Bedeutung bzw. die Auflösung von Ambiguitäten, die durch Diskontinuitäten und zunehmende Komplexität des Wirtschaftssystems auftreten. Planung kann unter dieser Perspektive nur im Rahmen von Normen erfolgen, denen gegenüber sich sowohl PlanerInnen, als auch die Planausführenden oder PlanempfängerInnen verpflichtet sehen müssen (*Szypersky & Mußhoff* 1989).

Strittig ist in der Literatur die Einbeziehung von Entscheidungen über die zur Wahl stehenden Handlungsalternativen und die Anweisung (Plan) zur rationellen Realisierung der gewählten Alternative. Rechnet man zur Planung nur Teilprozesse, die beispielsweise von einer Planungsabteilung (die in der Regel Stabscharakter hat) ausgeführt werden, dann zählen Zielbildung und v.a. die Entscheidungsphase nicht mehr zur Planung, da diese Phasen Liniencharakter haben. In einen umfassend funktional ausgerichteten Planungsbegriff (siehe oben) würden jedoch auch diese beiden Phasen miteinbezogen werden.

Auch die Forderung nach Systematik der Planung ist in der Literatur nicht unumstritten. Geht man von einem sehr engen Verständnis von Systematik aus, so bedeutet Planung primär die Orientierung an geordneten, formalen und expliziten (kognitiven) Prozessen. Kreativität und Intuition würden zugunsten formalisierter Prozeduren vernachlässigt werden. Als Alternative wird deshalb unter 'systematisch' die Anwendung von Verfahren und Argumentationen verstanden, die intersubjektiv nachvollziehbar sind und rationalen Kriterien genügen; wobei unter rational in erster Linie 'Begründbarkeit' angeführt wird (s. *Berens & Delfmann* 1995).

Da Entscheidungen auch intiutiv erfolgen können, wird als weiteres Definitionsmerkmal von Planung 'Formalisierung' vorgeschlagen (z.B. *Kieser & Kubicek* 1992, 194). Planung könnte demnach verstanden werden als *formalisiertes* Vorgehen, welches zu einem *klar artikuliertem Ergebnis* in Form eines *integrierten Systems von Entscheidungsanweisungen* führt.

Nach *Mintzberg* (1994) stellt *'Artikulierung'* zusammen mit der Forderung nach Rationalität und dem Zerlegen in Einzelschritte eine dritte Komponente der Formalisierung dar. Das Produkt der Planung - die Pläne - muss, nachdem es in Strategien, Unterstrategien, Programme, Budgets und Ziele unterteilt wurde, 'schwarz auf weiß', am besten in operationaler Form, zum Ausdruck gebracht werden.

Solche Auffassungen suggerieren, dass durch ein Planungssystem alle Handlungen bis ins Detail bestimmt werden können. Man erwartet von der Planung eine (im kybernetischen Sinn) perfekte Regulierung, durch die ein System in einen bestimmten Zustand gebracht und in diesem auch gehalten werden kann. Systemische (bzw. kybernetische) Überlegungen (siehe unten) zeigen jedoch, dass nur dann eine vollkommene Regelung möglich ist, wenn das Planungssystem von größerer Komplexität ist als das zu regelnde System. Dies kann jedoch für die Realität ausgeschlossen werden, da es zwar zwischen System und Umwelt zum Austausch spezifischer Operationen kommt (z.B. Energie, Information, Materie), man aber davon ausgehen kann, dass Systeme in höherem Maß mit sich selber kommunizieren als mit der Umwelt. Innerhalb des Systems sind Elemente (Ereignisse) und Relationen (Anschlussmöglichkeiten) miteinander verknüpft; allerdings ist es nicht möglich, dass jedes Element mit jedem anderen verbunden ist: Es gibt Beschränkungen. Die Komplexität des (Planungs-) Systems bleibt immer geringer als die Komplexität der Umwelt (*Bischof* 1995). Hieraus ergeben sich Risiken, da die erforderliche Vielfalt fehlt, um Umweltstörungen einzufangen. Diese Unterkomplexität ist bei jeder Planung zu berücksichtigen. Versteht man unter Planung eine gezielte Veränderung von außen, so gerät sie im Kontext der Selbstorganisation zur Störung und erzeugt Unvorhersehbarkeit. Planung ist unter diesem Gesichtspunkt - wenn überhaupt - nur als Selbststeuerung möglich (siehe unten).

Wenn Planung die Herstellung eines Plans bedeutet (d.h. eine Abbildung der gegenwärtigen und der künftigen Realität sowie des Weges dorthin), dann schließt dies beobachtbares Handeln als Folge von Plänen also die Plan*implementation* bzw. das Beschreiten des Weges, nicht ein. Dies entsprach zumindest in traditionellen Organisationen der Praxis, da der letzte Schritt, die Rückkoppelung, die zu einer Revision der Pläne hätte veranlassen können, selten stattgefunden hatte. Ein funktionaler Planungsprozess schließt aber notwendigerweise die Rückkoppelung ein (d.h. die Planrevision aufgrund der Information, die im Prozess der Implementation gewonnen wurde). Planung wird dann nicht als Probehandeln, sondern als reales 'Experiment' verstanden. Neu wäre, dass die Rückkoppelung auf der ganzen Wegstrecke der Planimplementierung immer wieder zum Anlaß genommen würde, den Plan zu überdenken, d.h. zu fragen, auf welche Neuorientierungschancen das Signal der Planabweichung hinweist. Planung findet dann als eine ständige Spirale zwischen Sammeln von Informationen, Hypothesenbildung, Handeln und Rückkoppelung statt, die neue Informationen für eine erneute Hypothesenbildung bringt. Allerdings stellt sich hier die bereits oben diskutierte Frage, was dann, außer sich unreflektiert treiben zu lassen, denn *nicht* Planen sei.

Wie oben erwähnt, ist ein wesentliches Element von Planung der Zukunftsbezug. Wenn die Zukunft nicht nur von eigenen Entscheidungen abhängt, geht es darum, Unsicherheit zu reduzieren, indem man die Zukunft vergegenwärtigt(!). Die Vorwegnahme bzw. Antizipation der Zukunft kann nur in Form von Probehandeln bzw. von Denkmodellen geschehen, bei denen v.a. drei Fragen geklärt werden müssen (*Berens & Delfmann* 1995):

- *Was wird der Fall sein?* (Gegenstände und Inhalte der Prognose).
- *Wie sicher wird es kommen?* Die Zukunft muss in irgendeiner Form antizipierbar sein etwa durch Gegenwartsfortschreibungs-Techniken wie Trendextrapolation, Regressionsgleichung, Markov-Ketten usw.
- *In welchem Modell wird es dargestellt (werden)?* Die Zukunft ist nicht real, sondern fiktiv und muss daher re-präsentiert(!) und symbolisch kommuniziert werden.

Auf einen (sehr allgemeinen) Nenner gebracht, beschäftigt sich Planung damit, was sein *soll*, während Prognosen sich damit auseinandersetzen, was sein *wird*. Planung geht davon aus, dass man der Zukunft nicht hilflos ausgeliefert ist, sondern dass sie auch gestaltet werden kann (z.B. durch eigene Investitions- oder Desinvestitions-Entscheidungen, F&E, Kooperationen, Allianzen, Joint Ventures, Fusionen).

Eine Konsequenz des Zukunftsbezugs ist die Forcierung von *Prognose*-Techniken, bei denen v.a. berücksichtigt werden muss, wie (eng oder locker) die Einflussfaktoren verknüpft sind, die 'sich' entwickeln; wie reversibel die Verläufe der Einflussfaktoren und wie substituierbar die Einflussgrößen sind, sowie von welchen weiteren (zum Teil externen) Einflussgrößen sie abgepuffert bzw. gesichert werden (z.B. gesetzliche Bestimmungen, Rechte, Ansprüche).

1.1.3 Planung versus Prognose

Wie wir oben gezeigt haben, wird unter einer technisch-rationalen Perspektive Planung als Produkt menschlichen Gestaltungswillens, absichtsvoller, zweckrationaler Handlung verstanden; damit ist der kritischste Teil eines Plans die Vorhersehbarkeit wahrscheinlicher Zukünfte, d.h. die ihm zugrunde liegende Prognose. Geht man jedoch im Rahmen einer systemischen oder evolutionären Betrachtungsweise (siehe unten) davon aus, dass Menschen komplexe Systeme nicht vollständig beherrschen können, sondern diese sich weitgehend selbst organisieren, dann erübrigt sich die Frage nach ihrer Planbarkeit bzw. nach der Prognostizierbarkeit. In der wirtschaftswissenschaftlichen Literatur überwiegen jedoch die technisch-rationalen Ansätze.

Menschen waren schon immer daran interessiert, etwas über die Zukunft zu erfahren, um so ihre Ängste und Befürchtungen vor dem Unbekannten besser in den Griff zu bekommen. Wahrsager (Seher, Propheten, Sibyllen u.ä.) haben deshalb seit Jahrtausenden Konjunktur und versuchen mehr oder minder geschäftstüchtig oder auch skrupellos ihr Kapital daraus zu schlagen (z.B. zählten die Priester des Orakles von Delphi zu den reichsten Leuten der Antike). Auch heute blüht das Geschäft mit der Zukunft. Neben Großpropheten (z.B. *Naisbitt, Popkorn*) tummelt sich eine ganze Reihe von Künstlern aufgeregter Kurzatmigkeit auf dem Markt, die gegen Beratungshonorar jede Mode zum Trend hochstilisieren. Wirtschaftspublikationen widmen einen beträchtlichen Teil ihrer Ausgaben den Wirtschafts-Prognosen, PolitikerInnen (und deren Ghostwriter) glauben an politische Trends, Börsen- und FinanzmaklerInnen treffen Aussagen über die Entwicklungen auf den Finanz- bzw. Aktienmärkten usw. Unglücklicherweise glauben viele Menschen solchen Propheten und verstärken auf diese Art den Mythos, dass Prophezeiungen (irgendwie) möglich und zutreffend seien. Dies bedeutet keineswegs, dass es keine wissenschaftliche Grundlage für Vorhersagen gibt - unsere Fähigkeiten in die Zukunft zu sehen, sind allerdings sehr begrenzt. Deutlich wird dies auch am Beispiel eines 'Megasellers' der Management-Literatur:

Peters & Waterman veröffentlichten 1982 ihr Buch mit dem Titel 'in Search of Excellence', das mehrere Millionen mal verkauft wurde (was für Sachbücher äußerst ungewöhnlich ist). In diesem Werk publizierten die beiden Autoren die Ergebnisse von empirischen Untersuchungen, die sie zwischen 1960 und 1980 durchgeführt hatten und deren Ziel es war, herauszufinden, welche Faktoren für den Erfolg von 36 besonders 'exzellenten' (US-amerikanischen) Unternehmen verantwortlich waren und - zumindest implizit - auch in Zukunft sein werden (z.B. 'Primat der Tat' oder 'Paralyse durch Analyse' bzw. 'wer zuviel denkt, kann nicht mehr handeln'; 'Kundennähe'; 'Schuster bleib bei deinem Leisten' bzw. 'sich auf das Kerngeschäft konzentrieren'; 'Autonomie und unternehmerisches Denken' usw.).

Die (schulmeisterliche) Botschaft dieses Buches kommt in seinem Untertitel deutlich zum Ausdruck: 'Lessons you can learn from America's best run companies'. Was man wirklich aus diesen Ergebnissen lernen kann, wird deutlich, wenn man untersucht, was aus den 36 'exzellenten' Unternehmen nach einigen Jahren geworden ist. Im Oktober 1987 veröffentlichte 'Business Week' eine Liste mit den 46 Top-Unternehmen Amerikas. In dieser Liste waren nur 7 der von *Peters & Waterman* identifizierten exzellenten Unternehmen vertreten. Einige Monate publizierte 'Fortune' seine (jährlich erscheinende) Aufstellung der 'am meisten bewunderten Unternehmen Amerikas'; es stellte sich heraus, dass 6 der Top-Ten der Fortune-Liste von *Peters & Waterman* nicht einmal erwähnt wurden; IBM, das Top-Unternehmen bei *Peters & Waterman*, war in der Aufstellung von Fortune sogar auf den 32. Platz abgerutscht und Wang Labs, ebenfalls ein 'exzellentes' Unternehmen, rangierte gar abgeschlagen auf Platz 300. Bei Wang Labs waren die Gewinne zwischen 1987 und 1988 um 97 % zurückgegangen und 1989 musste gar ein Verlust von ca. einer halben Milliarde Dollar hingenommen werden.

Wenn also die Mehrheit der Unternehmen, die 1980 als exzellent eingestuft worden war, nach weniger als 10 Jahren nicht mehr 'top' war, welche Lektion kann man wirklich daraus lernen? Erfolgsbeispiele sind immer Rekonstruktionen *im nachhinein*. Das Planungs-Problem besteht aber darin, *im voraus* den Kurs zu bestimmen - der Feldherr ist in einer anderen Position als der Historiker. Muss man deshalb, wenn man etwas über die Zukunft erfahren will, in eine Kristallkugel schauen (alternativ bieten sich Tiereingeweide, Kaffeesatz, Tarotkarten usw. an), oder kann derjenige, dem das zu vage ist, Erfahrungen, die in der Vergangenheit gemacht wurden, in die Zukunft fortschreiben? Allerdings ist dies nur dann sinnvoll, wenn man von der Annahme ausgehen kann, dass die Rahmenbedingungen, die in der Vergangenheit für die Entwicklung bestimmter (zu prognostizierender) Faktoren ausschlaggebend waren, konstant bleiben (werden). Trifft dies jedoch nicht zu und ist die Zukunft vielmehr durch rasche und schwer vorhersehbare Veränderungen dieser Bedingungen gekennzeichnet, dann ist der Blick in die Vergangenheit als Prädiktor für künftige Entwicklungen u.U. nicht nur gefährlich, sondern einfach nutzlos.

Welche Konsequenzen haben solche Überlegungen für Planung? Kann man - auch unter einer technisch-rationalen Perspektive - angesichts sich zunehmend schneller ändernder Bedingungen überhaupt planen und wenn ja, welche Art von Planung wird dem gerecht, welche Prognose-Methoden stehen zur Verfügung um schwer vorhersehbare Entwicklungen rechtzeitig zu erkennen?

Um diese Fragen zu beantworten, werden uns im Folgenden zunächst mit dem Begriff 'Prognose' beschäftigen; anschließend werden wir uns dann mit Prognoseverfahren, die auch im Rahmen der Personalplanung eingesetzt werden, intensiver auseinandersetzen.

Prognosebegriff

In der westlichen Welt dominiert ein lineares Zeitverständnis, das am besten im Bild vom Pfeil, der von der Vergangenheit in die Zukunft weist, beschrieben werden kann. Basierend auf der klassischen Physik (Mechanik, Thermodynamik) geht auch die (neoklassische) Ökonomie von der Idee linearer und dynamischer Systeme aus. Man spricht von (Markt-) Gleichgewicht, Stabilität, Elastizität, Expansion, Zeitfluss, Druck, Widerstand usw. Beim Bild vom 'homo oeconomicus' wird das individuelle menschliche Verhalten als rational und zeitlich voraussagbar unterstellt. Das zeitliche Gesamtverhalten einer Gesellschaft schließt bei linearen Modellen Nichtlinearitäten, Chaos und synergetische Effekte aus. Versteht man Marktwirtschaft jedoch als offenes System, das in permanentem Stoff-, Energie- und Informationsaustausch mit anderen Märkten und der Natur steht, dann kann sie kein Gleichgewichtssystem sein. Analog zu Ökosystemen ist sie in ständiger Veränderung begriffen und reagiert empfindlich auf geringste Veränderungen der Randbedingungen. Kurzfristige Schwankungen von Konsumentenpräferenzen, unflexibles Reagieren im Produktionsverhalten, aber auch Spekulationen auf Finanz-, Rohstoff- oder Grundstücksmärkten liefern Beispiele für sensible Reaktionen im Wirtschaftsystem. Dass Fluktuationen im Kleinen sich einerseits zu Wachstumsschüben im Großen selbst organisieren können (z.b. technische Innovationen wie Webstuhl und Dampfmaschine in der industriellen Revolution), andererseits aber zu chaotischen unkontrollierbaren Verhalten aufschaukeln können (z.b. Börsenkrach), ist eine historische Erfahrung der Jahrhunderte nach *Adam Smith*.

Im Rahmen 'klassischer' Vorstellungen können Prognosen als Aussagen mit einer bestimmten zeitlichen Relation zwischen Vorhersage eines Ereignisses und Kenntnis der Daten zu diesem Ereignis verstanden werden; die in diesem Zusammenhang benötigten Daten können bereits vorliegen oder werden erst anfallen. Nach *Hansmann* 1995, 269 stellt eine Prognose

"eine Aussage über ein oder mehrere zukünftige Ereignisse dar, die sowohl auf Beobachtungen als auch auf einer Theorie beruht. Einerseits muss jede Prognose auf der Analyse der Vergangenheit basieren, d.h. sie muss empirisch fundiert sein und darf keinem bloßen `Tippen' entsprechen. Andererseits ist stets eine sachlogische Begründung der Prognose und die Angaben von Prämissen erforderlich, unter denen sie abgegeben wird. Dabei muss die zugrunde liegende Theorie nicht unbedingt umfangreich oder detailliert ausgearbeitet sein, vielmehr dient sie als Abgrenzungskriterium der wissenschaftlichen Prognose von der irrationalen Prophetie" (S. 269).

Allerdings ist es durchaus möglich, künftige Ereignisse mit einer bestimmten Wahrscheinlichkeit vorherzusagen, ohne eine theoretische Erklärung dafür zu haben (z.B. einfache Trendextrapolation). Auf der anderen Seite beinhaltet eine theoretische Erklärung nicht notwendig auch Prognosemöglichkeiten für ein künftiges Ereignis. Aus diesem Grund muss zwischen Prognose und Erklärung, die nicht notwendigerweise die gleiche logische Struktur aufweisen, unterschieden werden.

Theoriefreie Prognosen basieren auf statistischen (z.B. korrelativen) Zusammenhängen, die nicht näher erklärt werden oder mehrere - wie im Fall der Korrelationen - mögliche Erklärungen zulassen. Vor allem dann, wenn die vorliegenden Theorien eine unbefriedigende Präzision aufweisen, gewinnen solche Prognosen an Bedeutung. Das Problem theoriefreier Prognosen besteht darin, dass Variablen zwar prognostiziert werden, wegen der fehlenden Erklärung von Ereignissen jedoch keine Rückschlüsse auf ihre Ursachen getroffen werden und somit auch unerwünschte Ergebnisse nicht verhindert werden können. Deshalb wird in der Praxis bei Prognosestudien i.d.R. eine zumindest partielle theoretische Interpretation des der Prognose unterlegten statistischen Modells gegeben.

Beobachtungen der Vergangenheit werden häufig in Form von Zeitreihen dargestellt. Die Analyse einer Zeitreihe soll anschließend eine Prognose des künftigen Verhaltens dieser Reihe ermöglichen. Eine solche Prognose ist jedoch nur sinnvoll, wenn unterstellt werden kann, dass die im bisherigen Verlauf der Zeitreihe aufgedeckten Gesetzmäßigkeiten für die Zukunft weiter gültig sind (Zeitstabilitätshypothese). Streng genommen ist dies jedoch in der ökonomischen Realität nie vollständig erfüllt, was eigentlich jede Prognose verbietet. Da Prognosen in der ökonomischen Realität wichtige (manifeste und latente) Funktionen erfüllen, nimmt man in der Praxis einen eher pragmatischen Standpunkt ein: Prognosen werden dann erstellt, wenn man einen plausiblen Grund zur Annahme hat, dass die Zeitstabilitätshypothese im Wesentlichen erfüllt ist; Prognosefehler werden von vornherein in Kauf genommen, jedoch versucht man, sie mit Hilfe geeigneter Verfahren zu minimieren (*Berens & Delfmann* 1995).

Prognoseverfahren

Allen Prognoseverfahren liegt die Annahme zugrunde, dass man der Komplexität von Planungsproblemen ohne methodisch-systematisches Vorgehen nicht beikommt. Wenn wir im Folgenden verschiedene Prognoseverfahren darstellen und diskutieren, so wollen wir auf keinen Fall den Eindruck erwecken, dass nur eine bestimmte Technik eingesetzt werden oder eine vorgegebene Schrittfolge durchlaufen werden muss, um zu einer zuverlässigen Prognose zu kommen. Prognoseprobleme können keinesfalls mit Hilfe einer (schlichten) Mechanik gelöst werden; die sture und routinemäßige Anwendung von methodischen Schritten, Formeln, Rezepten usw. führt eher zu einer Maximierung von Fehlprognosen. Der Einsatz von Methoden kann nur das Ziel verfolgen, Denkprozesse zu steuern und Prognostiker, Planer sowie Entscheider dabei zu unterstützen, jeweilige Probleme gründlich und sorgfältig zu überlegen.

Heuristische Verfahren

Nach *Hansmann* (1995, 271) sind heuristische Prognoseverfahren ein Sammelbegriff für zweckmäßige, methodisch erarbeitete Prognoseverfahren ohne schematisches Prognosemodell (d.h. ohne ein System, das die beobachteten Werte der zu prognostizierenden Größen untereinander und/oder mit den Werten anderer Größen nach bestimmten Regeln verknüpft, um als Ergebnis der Verknüpfung Prognosewerte zu erhalten). Heuristische Prognoseverfahren zeichnen sich durch folgende Eigenschaften aus:

- Die der Prognose zugrunde liegende Theorie ist nur schwach ausgebildet und enthält viele subjektive, d.h. nicht nachprüfbare Elemente.
- Die statistisch-mathematischen Prognoseinstrumente treten in ihrer Bedeutung zurück.
- Der Einsatz von Experten, deren spezifische Erfahrungen für die Prognose fruchtbar gemacht werden, gewinnt eine hohe Bedeutung.

Diese Eigenschaften legen es nahe, heuristische Prognoseverfahren vor allem auch für langfristige Prognosen einzusetzen. Aber auch im kurzfristigen Bereich vertraut man auf heuristische Verfahren, wenn die Beschaffung von quantitativen Daten (Zeitreihen) zu zeitaufwendig oder kostspielig ist. Aus der Vielzahl der heuristischen Prognose-Verfahren werden wir die im Personalwesen am häufigsten eingesetzten kurz vorstellen.

Die Delphi-Methode

Sie ist eine spezielle Form der Gruppenprognose, die Anfang der 60er Jahre innerhalb der RAND Corporation entwickelt wurde. Charakteristische Eigenschaften dieser Methode (*Hansmann* 1995, 272):

- Die Prognosegruppe besteht aus Experten, die sich mit unterschiedlichen Aspekten des Prognoseproblems beschäftigt haben.
- Die Experten bleiben untereinander anonym.
- Die Prognose vollzieht sich in mehreren Runden der Befragung, zwischen denen jeweils eine schriftliche Informationsrückkoppelung stattfindet.
- Der Median und die Quartil-Spanne der Prognosen jeder Runde werden den Experten mitgeteilt.

Ziel der Delphi-Methode ist es, während mehreren Befragungsrunden eine Konvergenz der Einzelprognosen zu erreichen, ohne dass sich die Experten in Gruppendiskussionen gegenseitig beeinflussen.

Normale Expertenbefragung

Auf diese Weise kommen viele Prognosen in der Unternehmenspraxis zustande. Auf Absatzmärkten werden Prognosen häufig durch die Befragung von Vertriebsleitern oder Außendienstmitarbeitern gewonnen, die mit den Kundenwünschen aus täglicher Erfahrung vertraut sind.

Analogieschlüsse

In diesem Fall wird angenommen, dass sich die Entwicklung auf einem Markt mit einer gewissen zeitlichen Verzögerung analog zur Entwicklung auf einem anderen Markt vollzieht. So wurde etwa die Absatzentwicklung von Fernsehgeräten in Deutschland vorhergesagt, in dem man die Entwicklung in den USA zugrunde legte, also eine Analogie vermutete.

Die Szenario-Technik

Unter einem Szenario versteht man die Beschreibung einer möglichen Zukunftssituation. Diese Beschreibungen sollen möglichst plausibel, konsistent und umfassend sein. Mit Hilfe 'der' Szenario-Technik werden solche Beschreibungen häufig als Zukunftsbilder anschaulich formuliert (siehe ausführlich dazu auf Seite 134ff.).

Univariate Verfahren (Zeitreihenverfahren)

Univariate Verfahren sind Prognoseverfahren, die die zukünftigen Werte einer Zeitreihe aus der Zeitreihe heraus ohne Beachtung anderer kausaler Einflussfaktoren prognostizieren. Die Zeit ist hier der einzige 'erklärende' Faktor für die Prognose.

Die exponentielle Glättung

Sie ist historisch aus dem Verfahren des gleitenden Durchschnitts hervorgegangen, der das arithmetische Mittel der n letzten Zeitreihenwerte eines Prognosegegenstandes darstellt und als Ziel die Ausschaltung zufallsbedingter Unregelmäßigkeiten im Verlauf einer Zeitreihe verfolgt. Die exponentielle Glättung dient ebenfalls diesem Ziel, beruht aber darüber hinaus auf zwei zusätzlichen Überlegungen:

- Berücksichtigung des aktuellen Prognosefehlers bei der folgenden Prognose;
- vergangene Zeitreihenwerte sollen gemäß ihrem 'Alter' ein abnehmendes Gewicht in der Prognose erhalten.

Der Vorteil der exponentiellen Glättung besteht darin, dass die Verfahrensschritte leicht durchschaubar sind und das Verfahren leicht programmiert sowie durch einen einzigen (Glättungs-) Parameter gesteuert werden kann.

Als Nachteil steht dem gegenüber, dass außer der Zeit kein weiterer Einflussfaktor berücksichtigt wird und der Glättungsparameter nicht objektiv bestimmt werden kann; zudem ist die exponentielle Gewichtung der Zeitreihenwerte nicht immer problemangemessen.

Saisonverfahren

Hierunter versteht man Prognoseverfahren, die in besonderer Weise auf die zyklischen Schwankungen einer Zeitreihe, die durch saisonale Faktoren verursacht werden, zugeschnitten sind. Schwankungen im Jahresverlauf treten z.B. als schwankender Personalbedarf etwa bei Saisonarbeit in der Tourismusbranche oder bei Nachfrageschwankungen durch das Weihnachtsgeschäft auf. Zeitreihen mit diesen zyklischen Schwankungen heißen saisonbehaftete Zeitreihen, für deren Analyse spezielle Verfahren entwickelt wurden. So werden etwa im sog. '*Winters*-Verfahren' saisonale Abweichungen einer Zeitreihe von ihrem durchschnitlichen Wert durch einen Saisonfaktor ausgedrückt, der sich als Quotient aus tatsächlichem Zeitreihenwert (z.B. des Monats Januar) zum Jahresdurchschnittswert errechnet. Hat der Saisonfaktor für den Januar beispielsweise den Wert 1,4, so bedeutet dies, dass der Januarwert 40 % höher als der Jahresdurchschnittswert ausfällt. Im *Winters*-Verfahren werden Saisonfaktoren durch exponentielle Glättung aktualisiert.

Multivariate Verfahren

Hierbei handelt es sich um Verfahren, die die Entwicklung der zu prognostizierenden Variablen auf den Einfluss anderer, sog. exogener Variablen zurückführen und eine solche Kausalbeziehung zur Prognose nutzen. Dies ist z.B. bei der Absatzprognose der Fall (Preis-Absatz-Funktion). Die Kausalbeziehung zwischen zwei oder mehreren Zeitreihen kann nicht mit statistischen Hilfsmitteln, sondern nur mit Hilfe einer Theorie begründet werden. Dies bedeutet, dass 'kausale' Prognoseverfahren (wie die anschließend dargestellten Indikatormethode sowie die multiple Regressionsanalyse) immer um Überlegungen zur Richtung der Kausalität ergänzt werden müssen.

Indikatormethode

Die Indikatormethode ist ein einfaches kausales Prognoseverfahren, mit dem die Entwicklung einer zu prognostizierenden ökonomischen Größe auf die ihr zeitlich vorauseilende Entwicklung einer anderen ökonomischen Größe (des Leitindikators) zurückgeführt wird. So kann z.B. der Geschäftsklimaindex des IFO-Instituts für die verarbeitende Industrie, der die Geschäftserwartungen einer repräsentativen Stichprobe von Unternehmen für die nächsten sechs Monate widerspiegelt, als Leitindikator des Umsatzes der verarbeitenden Industrie verwendet werden, da die geschäftlichen Erwartungen von den Auftragseingängen beeinflusst werden, die ihrerseits den tatsächlichen Umsätzen erheblich vorauseilen können.

Multiple Regressionsanalyse

Geprüft werden die Beziehungen zwischen ausschließlich metrisch skalierten Variablen. Die Regressionsanalyse geht von einer abhängigen und einer oder mehreren unabhängigen Variablen aus. Auf der Basis einer Theorie wird versucht, vorab Faktoren festzulegen, die die zu prognostizierenden Größen beeinflussen, wobei die kausalen (exogenen) Variablen zeitlich vorangehen oder zumindest besser zu prognostizieren sein sollen als die endogene Variable. Es wird eine eindeutige Richtung des Zusammenhangs unterstellt, die nicht umkehrbar ist.

1.2 Systemische und konstruktivistische Planungskonzeptionen

Systemische und konstruktivistische Planungskonzeptionen werden häufig im Zusammenhang betrachtet. Wir werden deshalb zunächst die konstruktivistischen Annahmen behandeln, die im Zusammenhang mit der Systemtheorie von besonderer Bedeutung sind und uns dann v.a. mit der Theorie sozialer Systeme wie sie v.a. von *Luhmann* formuliert wurde, auseinandersetzen.

1.2.1 Konstruktivistische Planungskonzeptionen

Viele Gegenauffassungen zum rationalistischen bzw. mechanistischen Weltbild *newtonscher* bzw. *descartesscher* Provienienz gehen in Anlehnung an die Transzendentalphilosophie *Kants* davon aus, dass die Realität als solche nicht erkennbar ist. Die Vorstellung einer festgefügten Außenwelt, die es durch wahrnehmende Erkenntnisoperationen des Menschen bestmöglich abzubilden gelte, wird ausdrücklich zurückgewiesen. Eine (Gegen-)Auffassung zum klassischen, naturwissenschaftlichen, positivistischen Verständnis von Planung wird von den Vertretern des sog. 'Radikalen Konstruktivismus' formuliert. Dessen erkenntnistheoretische Grundposition besagt, dass sich jeder einzelne Mensch in der Interaktion mit seiner belebten und unbelebten Umwelt sein eigenes Bild von der Welt, eine Art innere Landkarte, aufbaut (*v. Glasersfeld* 1987). Eine unabhängige Realität gibt es nicht. Jede beobachtete Entwicklung, seien es Natur- oder Gesellschaftsphänomene, ist zirkulär. Und jede Weltbeschreibung, ob in der Wissenschaft oder in der alltäglichen Kommunikation, ist eine Interpretation. Angesichts der dadurch gesteigerten Komplexität und

Undurchschaubarkeit ist rationales Handeln im Sinn des homo oeconomicus unmöglich. Situationen bestehen aus sehr vielen Variablen, die 'vernetzt' sind, d.h. sich mehr oder minder stark beeinflussen; zudem sind komplexe Situationen zumindest teilweise intransparent und entwickeln sich von selbst weiter. Erkenntnis ist nicht mehr als Repräsentation von Umweltgegebenheiten zu verstehen, sondern als 'Eigenverhalten' eines selbstreferentiellen Systems (siehe unten).

Dies bedeutet jedoch, dass Akteure (z.B. Planer) keine vollständigen Kenntnisse aller Situations-Eigenschaften besitzen können und u.U. von völlig falschen Annahmen über die Wirklichkeit ausgehen (selbst wenn man alle Merkmale der Situation kennen würde, müsste man auch etwas über deren Struktur wissen). Um das Dilemma zu verdeutlichen, mit dem Handelnde fertig werden müssen, wählt *Dörner* (1989) das Bild eines Schachspielers, der mit (vielen) Figuren spielen muss, die mit Gummifäden aneinanderhängen, so dass es ihm unmöglich ist, nur eine Figur allein zu bewegen. Außerdem bewegen sich seine Figuren und auch die seines Gegners spontan selbständig, nach Regeln, die er nicht genau kennt oder über die er falsche Annahmen hat. Obendrein befindet sich ein Teil der eigenen und fremdem Figuren im Nebel und ist nicht oder nur ungenau zu erkennen.

Dieselben physikalischen Ereignisse führen u.U. bei verschiedenen Beobachtern, abhängig von den Bedingungen ihres Beobachtens, zu unterschiedlichen Wahrnehmungen und Weltbildern. Jeder Mensch lebt in seiner eigenen Wirklichkeit, auch wenn er mit seinen Mitmenschen in weiten Bereichen eine gemeinsame, 'objektiv' genannte Sicht der Realität teilt. Der Beobachtungsstandpunkt bestimmt, was gesehen wird (*Simon* 1992). Dabei fällt die Einigung mehrerer Menschen darüber, was 'wirklich' ist, dort am leichtesten, wo der Einfluss des Beobachtens auf das, was beobachtet wird, am geringsten ist. Dies gilt in erster Linie für die Gegenstandsbereiche, in denen eine klare Trennung zwischen dem Beobachter und dem beobachteten Objekt gewährleistet werden kann. Ingenieure und Mechaniker sind in der glücklichen Lage, nicht Element der Maschine zu sein, die sie bauen oder warten. Sie haben es mit einem Bereich der Wirklichkeit zu tun, der relativ 'hart' ist und dessen Funktionieren durch die Tatsache, dass er beobachtet wird, nicht oder nur geringfügig beeinflusst wird (*Simon* 1992).

Ganz anders verhält es sich in dem Bereich, mit dem sich die sog. 'weichen' Wissenschaften - wie z.B. die Ökonomie - beschäftigen (z.B. Unternehmen, Märkte, Staaten). Hier ist die naturwissenschaftlich so erfolgreiche Objekt-Subjekt-Spaltung häufig problematisch, manchmal sogar völlig unangemessen. Die Akteure (z.B. Führungskräfte, Politiker) tragen zur Aufrechterhaltung oder Veränderung der sozialen Systeme, die sie beobachten bei; gerade ihre Beobachtung ist ein wesentlicher Faktor, der dabei zur Wirkung kommt.

Vertreter des Radikalen Konstruktivismus (z.B. *Simon* 1992) gehen davon aus, dass Informationen keineswegs etwas Objektives sind, das man sammeln kann wie

Briefmarken oder die man aufbewahren kann in einem Computer oder Album. Die Erfahrungen, Erwartungen, Werte usw. des Beobachters bestimmen, welchen Informationswert irgendein Phänomen für ihn gewinnt. *Bateson* (1995) definiert Information als "jeden Unterschied, der einen Unterschied macht". Was für einen Menschen Information ist (einen Unterschied macht), ist für den anderen keine (macht für ihn keinen Unterschied). Das Bild der Welt wird von uns nicht passiv aufgenommen, sondern aktiv 'bearbeitet'. Zwischen der äußeren Realität und dem Bild von ihr besteht keine geradlinige Ursache-Wirkungs-Beziehung, keine zwangsläufige Ähnlichkeit; stets bestimmen die Erfahrungen und Interessen des Beobachters, was er beobachtet bzw. beobachten kann.

Mit all diesen Merkmalen müssen Handelnde fertig werden, wenn es darum geht, Informationen zu sammeln, diese zu integrieren und Handlungen zu planen. Um überhaupt angemessen (z.B. an Zielen oder Zwecken orientiert) handeln zu können, muss die Komplexität der Welt reduziert und eine Auswahl aus dem möglichen Wissen getroffen werden. Für Unternehmen ist nicht Wahrheit der Maßstab, an welchem Informationen gemessen werden, sondern Nützlichkeit. Erfolg - z.B. Bestands- oder Überlebenssicherung - kann aber mit sehr unterschiedlichen Wirklichkeitskonstruktionen erreicht werden. Sie müssen nur Anschlusshandeln ermöglichen. Dies bedeutet, dass es keine wahren und richtigen Lösungen gibt, die man objektiv erkennen kann, sondern, dass Ziele auf sehr verschiedene Weisen zu erreichen sind (*Simon* 1992).

1.2.2 Systemische Planungskonzeptionen

Systemtheorie

Eine Theorierichtung, die das Thema der 'Komplexität' zu ihrem fundamentalen Bezugsproblem erkoren hat, ist 'die' Systemtheorie. Dabei wird u.a. gefragt, inwieweit 'rationale' Ansätze der Tatsache Rechnung tragen, dass Ergebnisse und Zustände entstehen können, die sich erst *im Nachhinein* als zweckmäßig erweisen, auch wenn niemand einen wie immer gearteten Plan hatte und daher niemand im Sinne dieses Plans zweckrational handeln konnte. Auf welche Weise kann im Rahmen von Planungsansätzen berücksichtigt werden, dass sich Strukturen *von alleine* bilden können (*Haken* 1988) und dass in Systemen plötzlich *neue Qualitäten* auftreten können, die nicht durch die Eigenschaften und Relationen der beteiligten Elemente, sondern nur durch eine jeweils besondere selbstorganisatorische Prozessdynamik erklärt werden können (Emergenz). Wie könnte eine Synthese aussehen zwischen der nicht realisierbaren Utopie der klassischen (Total-)Planung und dem nicht wünschenswerten ungeplanten Durchwursteln? Oder:

> "...wie kann ein Typ von Fremdorganisation aussehen, der Selbstorganisation zulässt und trotzdem (bzw. gerade deshalb) nicht alles nur der Selbstorganisation überlässt, sondern der Entwicklung eine Richtung zu geben versucht?" (*zu Knyphausen* 1988).

23

'Die' Systemtheorie geht von der unbewältigbaren Komplexität lebender (und sozialer) Systeme aus, die sie nicht zu vereinfachen sucht, indem man sie in Ursache-Wirkungs- oder Mittel-Zweck-Beziehungen zerlegt. Dieser Bruch mit einer technizistischen Vergangenheit erfordert neue Begriffe, Theorien und Methoden, die zunächst als unnötige Komplizierungen erscheinen, die aber nötig sind, um sich mit andersgelagerten Fragestellungen fruchtbar auseinandersetzen zu können. Wir werden deshalb im Folgenden einige Schlüsselkonzepte der (sozialwissenschaftlichen) Systemtheorie erläutern und daran anschließend die Konsequenzen für ein Verständnis von 'Planung' aus systemischer Sicht diskutieren.

Allgemein kann unter '*System*' ein realer Sachverhalt verstanden werden, der durch einen 'Innenhorizont' (Identität) und einen 'Außenhorizont' (Differenz) sowie durch Selbst-Organisation gekennzeichnet ist. *Luhmann* (auf den wir uns hier weitgehend beziehen) versteht unter System nie ein nur analytisches Konzept bzw. ein Modell, sondern immer einen realen Zusammenhang. Beobachter differenzieren und grenzen dadurch Einheiten von einer Umwelt ab. Sind solche Einheiten aus Elementen zusammengesetzt, so können sie als 'System' definiert werden.

Beim Begriff der *Komplexität* geht *Luhmann* aus von der "üblichen Unterscheidung zwischen der Zahl der Elemente eines Systems und der Zahl und Verschiedenartigkeit der zwischen ihnen möglichen Beziehungen" (1975, 206). Positiv lässt sich Komplexität nur im Hinblick auf Systemreferenzen bestimmen: "Das Komplexe ist nur in relationaler Hinsicht bestimmbare Einheit: ein System nur in Bezug auf seine Umwelt, die Umwelt nur in Bezug auf das System" (*a.a.O.*, 213). Die Frage nach den zwischen den Elementen möglichen Beziehungen artikuliert *Luhmann* als Frage nach den über vorhandene Realisierungen hinausgehenden Beziehungsmöglichkeiten. Komplexität stellt somit ein Verhältnis zwischen Realisiertem und Potentiellem dar.

Baecker (1998, 21) beschreibt ein weiteres - eher ungewöhnliches - Verständnis von Komplexität: Komplexität als Lösung, dessen Problem erst noch zu finden ist. Als Reaktion auf allzu rasche Versuche, Komplexität beherrschbar zu machen, wird unter dieser Perspektive die Entstehung von Komplexität nicht als ungewollter Nebeneffekt einer ansonsten geordneten oder in Ordnung zu bringenden Welt begriffen, sondern als Form der Welt an sich (*a.a.O.*, 21). Wenn ein System konstruiert werden soll, das in der Lage ist, ein hohes Maß an Umweltvarietät zu verarbeiten, dann muss für ein hohes Maß an Systemvarietät Sorge getragen werden.

Den Vorgang, der aus einem Möglichkeitshorizont bestimmte Relationen realisiert, nennt Luhmann '*Selektion*' oder '*Reduktion von Komplexität*'. Das Verhältnis der Systeme 'zur Welt' kann daher als Selektion beschrieben werden. "Diese Selektion kann nicht beliebig erfolgen (selbst wenn die Welt als unendlich und voll kontingent gedacht wird), weil sie zur Konstitution einer Differenz von Umwelt und System führt, die problematisch ist und nicht beliebig geordnet werden kann" (1970, 143).

Die Selektion wird vielmehr "durch Strukturen gesteuert, die die Nichtbeliebigkeit und die Anschlussfähigkeit der Selektionen gewährleisten" (1975, 206). Für die Steuerung der Selektion durch Strukturen steht der Begriff der 'Konditionierung'. "Der Grundvorgang, der Komplexität ermöglicht, ist der Zusammenhang zwischen kombinatorischen Überschüssen und struktureller Selektion" (*Luhmann* 1975, 206). Komplexität wird daher nicht durch die absolute Anzahl der Elemente und Beziehungen und auch nicht durch die Veränderbarkeit dieser Anzahl im Lauf der Zeit bestimmt, sondern durch die Selektivität der Verknüpfung.

Ohne Bezug auf Systemreferenzen kann der Komplexitätsbegriff nicht aufrechterhalten werden. Komplexität ist dabei zu verstehen als ein dem System aufgegebenes *Problem* der Kontingenz hinsichtlich des Umstandes, dass Komplexität den Systemen einen Raum von Wahlmöglichkeiten bietet. Die Vielfalt und die Kontingenz möglicher Umweltereignisse - bzw. die dem System verfügbaren Entscheidungsmöglichkeiten - können für das System zu einem 'Problem der Reduktion übermäßiger Komplexität' werden, das sich unter zeitlichem, sozialem oder sachlichem Druck noch verschärfen kann. Das heißt, Reduktion von Komplexität ist nicht eindeutig festgelegt, sondern immer auch anders möglich; dies bedeutet, dass Selektionen für das System nicht optimal sein, sondern nur innerhalb eines Adäquatheitsspektrums liegen müssen. Komplexität bedeutet somit nicht nur Selektivität, sondern Selektivitätszwang. Selektivitätszwang heißt Kontingenz, denn man muss zwar selegieren, um überhaupt Bestimmbares zu gewinnen, könnte jedoch jeweils auch anders selegieren. Und Kontingenz heißt Risiko, denn man kann angesichts einer unbekannten Zukunft nicht wissen, welche Selektion richtig oder falsch ist.

Die Mechanismen der Systemkonstitution sollen mit Hilfe der Theorie der selbstreferenziellen Systeme präziser erfasst werden als dies allein mit dem Rekurs auf Systemstrukturen der Fall ist:

"Die Theorie selbstreferenzieller Systeme behauptet, dass eine Ausdifferenzierung von Systemen nur durch Selbstreferenz zustandekommen kann, das heißt dadurch, dass die Systeme in der Konstitution ihrer Elemente und ihrer elementaren Operationen auf sich selbst (sei es auf Elemente desselben Systems, sei es auf Operationen desselben Systems, sei es auf die Einheit desselben Systems) Bezug nehmen. Systeme müssen, um dies zu ermöglichen, eine Beschreibung ihres Selbst erzeugen und benutzen; sie müssen mindestens die Differenz von System und Umwelt systemintern als Orientierung und als Prinzip der Erzeugung von Informationen verwenden können. Selbstreferentielle Geschlossenheit ist daher nur in einer Umwelt, ist nur unter ökologischen Bedingungen möglich. Die Umwelt ist ein notwendiges Korrelat selbstreferenzieller Operationen, weil gerade diese Operationen nicht unter der Prämisse des Solipsismus ablaufen können (man könnte auch sagen: weil alles, was in ihr eine Rolle spielt, einschließlich des Selbst, per Unterscheidung eingeführt werden muss). Die (inzwischen klassische) Unterscheidung von 'geschlossenen' und 'offenen' Systemen wird ersetzt durch die Frage, wie selbstreferentielle Geschlossenheit Offenheit erzeugen könne" (*Luhmann* 1984, 25).

25

Kapitel E

Systeme, die die Elemente, aus denen sie bestehen, selbst produzieren und reproduzieren und dadurch die Grenzen im Verhältnis zu ihren Umwelten ziehen, nennt *Luhmann* 'autopoietisch' (1985). Er geht von der Annahme aus,

"dass soziale Systeme ganz allgemein und ohne Ausnahme sich als selbstreferenzielle autopoietische Systeme bilden und dass dies deshalb auch für organisierte soziale Systeme gelten muss. Autopoietische Systeme erzeugen die elementaren Einheiten, aus denen sie bestehen, durch das Netzwerk eben dieser elementaren Einheiten. Sie sind also in dem, was für sie Einheit ist, auf Eigenproduktion eingestellt, obwohl dies natürlich nur in einer Umwelt und auf der Grundlage von Materialien, Reizen und Störungen von Seiten der Umwelt möglich ist. Auf dieser Theoriegrundlage können organisierte Sozialsysteme begriffen werden als Systeme, die aus Entscheidungen bestehen und die Entscheidungen, aus denen sie bestehen, durch die Entscheidungen, aus denen sie bestehen, selbst anfertigen. Mit 'Entscheidung' ist dabei nicht ein psychischer Vorgang gemeint, sondern eine Kommunikation, nicht ein psychisches Ereignis, eine bewußtseinsinterne Selbstfestlegung, sondern ein soziales Ereignis... Geht man von dieser Annahme einer selbstreferenziellen Geschlossenheit aus, muss man alle externen Referenzen, die im System benutzt werden, als interne Operationen auffassen ... Alles kommt, mit anderen Worten darauf an, was in Entscheidungen explizit oder implizit zitiert wird; und es gibt keine davon unabhängige Realität, die eine Organisation direkt beeinflussen könnte." (*Luhmann* 1985, 403)

"Im Kontext der autopoietischen Reproduktion wirkt die Umwelt als Irritation, als Störung, als Rauschen, und sie wird für das System erst sinnvoll, wenn sie auf die Entscheidungszusammenhänge des Systems bezogen werden kann. Eine solche für das System in der Umwelt liegende Differenz, die für das System eine eigene Differenz, nämlich eine verschiedene Entscheidung bedeuten kann, wollen wir im Anschluss an *Gregory Bateson* Information nennen. Als 'difference that makes a difference' ist Information immer ein Eigenprodukt des Systems, ein Moment des Prozessierens von Entscheidungen und nicht ein Faktum in der Umwelt, das unabhängig von Beobachtung und Auswertung existiert. Andererseits steht es nicht im Belieben des Systems, dieses Eigenprodukt Information zu erzeugen oder es zu lassen. Das System wird durch die Umwelt laufend irritiert, und es sucht mit seinem Entscheidungsnetz geradezu Irritationen auf, um sie in Informationen umzuwandeln und zur Führung seines Entscheidens benutzen zu können" (*Luhmann* 1988, 173).

In neueren systemtheoretischen Ansätzen stehen die Beziehungen zwischen *System und Umwelt* (bzw. zwischen Identität und Differenz) im Mittelpunkt des Interesses. Ziel ist es dabei, die traditionelle analytische Isolierung von Einzelsystemen zu überwinden und Systeme immer nur im Zusammenhang mit ihrer jeweiligen Umwelt zu erfassen. Es geht also nicht nur darum, ein Netz zusammengehöriger Beziehungen zu betrachten, das Teile zu einem Ganzen zusammenordnet, sondern den Systembegriff zu erweitern, indem als System ein Netz zusammengehöriger Operationen bezeichnet wird, die sich von nicht-dazugehörigen Operationen abgrenzen lassen (*Willke* 1991, 38). Beobachter differenzieren und grenzen dadurch Einheiten von einer Umwelt ab. Sind solche Einheiten aus Elementen zusammengesetzt, so können sie als 'System' definiert werden. Wenn die in einem System ablaufenden Operationen sich gegenseitig Ursache und Wirkung sind, so spricht man von 'Selbstorganisation'. Selbstorganisation ist eine spezifische Form (Organisation) der Wechselwirkung von Prozessen; wobei unter Prozess eine Abfolge von Ereignissen bezeichnet wird, die ein und denselben generativen Mechanismus besitzen. Voneinander unabhängige Ereignisse sind daher kein Prozess, auch wenn sie zeitlich aufeinander folgen.

Systemische Steuerung und Kontrolle

Selbstorganisation ersetzt die 'lineare' Kausalität, nach welcher Wirkungen zeitlich den Ursachen folgen und nicht selbst Ursache ihrer eigenen Wirkungen, wohl aber zur Ursache neuer Wirkungen werden können, durch eine zirkuläre Kausalität. Damit koppelt sich ein selbst-organisierendes System vom Rest der Umwelt ab: es wird operational geschlossen. Operationale Geschlossenheit bedeutet dabei nicht die Isolation des Systems von seiner Umwelt. Es bleibt offen für Materie- und Energieflüsse (bei sozialen Systemen für Informationsflüsse). Allerdings sind System und Umwelt nicht kausal miteinander verknüpft. Umweltereignisse wirken sich im System nur unspezifisch aus. Sie können Veränderungen nicht gezielt verursachen. Steuerung, als gezielte Veränderung von außen geplant, wird im Kontext der Selbstorganisation zur Störung und erzeugt Unvorhersehbarkeit. Steuerung ist, wenn überhaupt nur als Selbststeuerung möglich.

Aber auch die Selbststeuerung wirft Probleme auf. Der Manager, der die Entwicklung seiner Firma steuern möchte, wird Opfer seiner eigenen Steuerung. Er erzeugt Wirkungen, die auf ihn zurückwirken (Rekursivität). Für ein System (wie z.B. eine Unternehmung) ergibt sich eine spezielle (Planungs-)Problematik aus der 'doppelten Kontingenz' (*Luhmann* 1985): Ein System muss erkennen, dass der andere anders handeln kann, als ich es erwarte; und er kann, gerade wenn und gerade weil er weiß, was ich erwarte, anders handeln als ich erwarte. Daraus folgt, dass komplexe, sinnbenutzende Systeme füreinander prinzipiell undurchschaubar bleiben. Dies ist vermutlich ein Grund, warum in der Literatur zum 'Strategischen Management' das Thema 'Strategische Planung' nur noch sehr selten bearbeitet wird und häufiger Fragestellungen wie 'Rationalität vs. Irrationalität der Verhaltensweisen von Unternehmen', 'Rolle der Unternehmenszentrale', 'Determinanten des Erfolgs oder Mißerfolgs im (internationalen) Wettbewerb' usw. behandelt werden (s. die Tagungsbände von *Rumelt u.a.* 1994 bzw. *Montgomery* 1995).

Diese Überlegungen *Luhmanns* stellen das traditionelle Verständnis von Planung radikal in Frage. Unter *systemischen* Gesichtspunkten stellt sich generell die Frage nach der Planbarkeit bzw. Steuerbarkeit sozialer Prozesse. Durch 'Selbstorganisation' entstehen Handlungsmuster und Regeln, die einander bedingen. Planung bzw. Steuerung zerstört jedoch diese referentielle Struktur und es bleibt offen, in welcher

Form sie sich wieder einrichten kann. Eine weitere Schwierigkeit liegt in der Emergenz neuen Verhaltens. Planung und Steuerung können neue Formen der Interpretation provozieren und eingespielte Handlungsmuster durch neue ersetzen. Zudem erzeugt Steuerung Wirkungen, die die Voraussetzungen der Steuerung ständig verändern und der Steuerung ihre Grundlagen entziehen. Steuerung und Planung setzen Annahmen über die Gesetzmäßigkeit von Prozessen voraus, die sich erst im Nachhinein als zutreffend herausstellen. Planungs-(Steuerungs-)Erfolg benötigt Wissen, das prinzipiell erst nach Ablauf der Planung vorhanden ist (Paradoxie der Planung).

Kann man angesichts solcher Überlegungen noch von Kontrolle oder Steuerung oder zumindest von Selbststeuerung sprechen? Muss man sich mit selbsterzeugter Intransparenz abfinden; bedeutet Planung unter diesen Gesichtspunkten ein übertriebenes Streben nach Kontrolle sozialer Prozesse und soll man deshalb laufende Systeme lieber in Ruhe lassen? *Wollnik* (1994) macht darauf aufmerksam, dass die operative Geschlossenheit von Systemen (z.B. die Beibehaltung von Verfahren und Routinen, mit denen man in der Vergangenheit gute Erfahrungen gemacht hat) zu Unsensibilität und Unflexibilität gegenüber Umweltentwicklungen führen kann und Systeme ihre Lernfähigkeit und Fortschrittsfähigkeit einbüßen. Damit verbunden sieht *Wollnik* (1994) die Gefahr der Produktion pathologischer Erscheinungen verzerrter Kommunikation wie z.B. Täuschungen, Vermeidungsverhalten, Mißtrauen, Gesichtswahrungstaktiken, Gruppenrivalität, Informationsverfälschungen, Unfähigkeit zur Fehlerkorrektur usw. Solche Überlegungen lassen den Schluss zu, dass Systeme in manchen Fällen Impulse 'von außen' benötigen. Versteht man unter Planung einen solchen Impuls, dann wäre es die Aufgabe von Planung, die Sensibilität des Systems wiederherzustellen, ihm seine Flexibilität wiederzugeben, d.h. etwas in ihm zu bewirken, das seine Offenheit steigert (s. das Konzept der 'lernenden Organisation').

Ein Dilemma gezielter Veränderungen besteht jedoch darin, dass sich (autopoietische) Systeme nur selbst verändern können, dies aber nicht zwangsläufig im (z.B. vom Management) gewünschten Ausmaß und in der angestrebten Richtung tun. Sind also Planung und Steuerung möglich und kann etwas (und wenn ja: was) erreicht werden, indem von außen in ein autopoietisches System eingegriffen wird?

Durch die referentielle Erzeugung der Komponenten bzw. deren Zustände sind Systeme durch externe Ereignisse (zumindest teilweise) modulierbar, jedoch nicht steuerbar. Systeme können von Umweltereignissen nur zu eigenen Operationen angeregt, nicht aber determiniert werden: Vollständige Determination wäre das Ende ihrer Autopoiese. Weil aber vollständige Determination nicht möglich ist, re-agieren Systeme auf Eingriffe, assimilieren sich und akkomodieren sich nach eigenen Regeln. Systeme geben durch ihre Struktur und Operationsweise vor, innerhalb welcher Spannweite sie sich von ihrer Umwelt beeinflussen zu lassen bereit sind. Gehen Interventionen über dieses Maß hinaus, so reagiert das System mit Auflösung oder mit Formen von Widerstand wie Blockade, Protest, Unterlaufen der Intervention und ähnlichem (*Willke 1991*).

Da Zustandsänderungen von Systemen nur durch eine Abfolge von 'Störungen' erfolgen können, müssten Interventionen über geeignete Störungen erfolgen, die im System erwünschte strukturelle Veränderungen hervorrufen, ohne seine Identität zu zerstören. Bei autopoietischen Sozialsystemen erfolgen diese 'Störungen' über Kommunikation zwischen psychischen und/oder sozialen Systemen, welche die Autonomie des intervenierten Systems respektiert (*Willke* 1991). Allerdings sind Interventionen in autopoietische Systeme v.a. deshalb schwierig, weil sie mit folgender Paradoxie verknüpft sind: Kommunikationsbeiträge, die nur nach vorherrschenden Interpretationstendenzen verarbeitet werden können, sollen eben diese Interpretationstendenzen ändern. Zur Lösung dieses Problems schlägt *Wollnik* (1994) vor, eine 'produktive Autokatalyse', d.h. eine gerichtete Selbstveränderung des Systems mit systemeigenen Mitteln in Gang zu setzen. Dies setzt voraus, dass das intervenierende System dem intervenierten Kommunikationsangebote macht, was diesem ermöglicht, Aufschlüsse über seine Struktur (Operationsweise, Interpretationstendenzen) zu gewinnen und diese mit seinem Selbstverständnis zu vergleichen. Für dieses Sich-Selbst-Verstehen des intervenierten Systems kommen (nach *Wollnik* 1994) drei Arten von Aufklärungsoperationen in Frage: Anstöße zur Selbstdiagnose (Selbstbeobachtung), Selbstbeschreibung (Reflexionsanregung) und die Ermöglichung von Kontingenzerfahrungen. Dabei muss jede Selbstbeschreibung auf Selbstdiagnose beruhen, da bei einer bloßen Beschreibung die Gefahr einer Wiederholung und damit Verfestigung seines Selbstverständnisses besteht. Beruht die Beschreibung auf einer Selbstdiagnose, so wird das Selbstverständnis reflektiert und nicht nur reproduziert. Die so entstehende Distanz zum eigenen Selbstverständnis bildet die Voraussetzung für die Kontingenzerfahrung.

Hat es angesichts solcher Überlegungen überhaupt einen Sinn, einem autopoietischen System konkrete Sollzustände (von außen) vorzugeben? Zu den 'Gesetzmäßigkeiten organisatorischer Systeme gehört es jedoch, von außen und von oben Ziele gesetzt zu bekommen! Das ist nur bedingt eine 'Störung'.

Obwohl die (traditionelle) Theorie autopoietischer Systeme zu diesen Fragen eher resignativ argumentiert, geht (*Wollnik* 1994) davon aus, dass verläßliche Erwartungen über die Reaktionsweisen von Systemen auf bestimmte 'Störungen' möglich sind. Diese Erwartungen können vermutlich niemals vollkommene Sicherheit erreichen, sie werden jedoch in dem Maß verläßlicher, als man das intervenierte System durchschaut. Der Autor unterscheidet (neben den Aufklärungsoperationen) vier Orientierungsoperationen, die dazu geeignet sind, Systeme in Richtung bestimmter Strukturveränderungen zu beeinflussen. Die erste Klasse von derartigen Koppelungsoperationen nennt *Wollnik* (1994)

1. *'Problematisierungen'*. Voraussetzung hierfür ist die Kenntnis der in die Kommunikationszusammenhänge eines Sozialsystems eingelassenen Präferenzen, Bewertungskriterien und -maßstäbe. Sie führen für das System verständliche und akzeptable Sachaussagen über zu bewertende Ausprägungen relevanter System-

zustände ein. Sie werten also selber nicht, sondern implizieren eine Wertung durch Rückbezug auf Systempräferenzen. Man geht dabei davon aus, dass das System negativ bewertete Sachverhalte ausschalten wird, sofern es eine Beziehung zwischen der Veränderung dieser Sachverhalte zum Positiven und einer Selbstveränderung annimmt.

2. Eine weitere Klasse von Koppelungsoperationen nennt *Wollnik 'Bestätigungen'*. Sie beinhalten positive Auszeichnungen von Operationen und Zuständen im System vor dem Hintergrund von Präferenzen, Bewertungskriterien und Bewertungsmaßstäben, die nicht dem System zu eigen sind, sondern die Intervention begründen. Bestätigungen stellen somit bewertende Kommunikation gegebenen Systemverhaltens dar. Ziel ist es, die im System vorhandenen, den Interventionszielen entgegenkommenden Tendenzen zu verstärken.

3. Da es wirkungslos oder aber identitätszersetzend ist, einem autopoietischen System konkrete Soll-Vorgaben zu machen, führt *Wollnik* als dritte Koppelungsoperation *'Optionenbildung'* ein. Diese soll durch 'Szenarien' erfolgen, die dem System zwar nicht direkte Wege weisen, in den offenen Horizont seiner Orientierungsmöglichkeiten jedoch Einteilungen und Referenzpunkte legen. Das System muss am Ende selbst bestimmen, wohin es sich bewegt. Dies verspricht allerdings nur dann Aussicht auf Erfolg, wenn es gelingt, das System dazu zu motivieren, seine Optionen selbst zu finden. Das intervenierende System darf dabei nicht mehr sein als ein Moderator. Dabei stellt sich allerdings die Frage, was passiert, wenn das System zerstritten ist und ohnehin schon verschiedene Optionen konkurrieren.

4. Eine vierte Art von Koppelungsoperationen bilden *'Abschirmungen'*. Defizite im Verhalten eines Systems sind oft darauf zurückzuführen, dass es sich von seiner Umwelt übermäßig irritieren lässt oder den Umweltstörungen nichts entgegenzusetzen hat. In solchen Fällen braucht sich das System u.U. gar nicht oder nur geringfügig zu ändern. Um seine Schwierigkeiten mit der Umwelt zu verringern, kann ein intervenierendes System durch die Einschaltung von Umweltpuffern oder eine systemgeeignete Umweltgestaltung darauf hinwirken, es von schädlichen Umwelteinflüssen abzuschirmen. Damit Abschirmungen zu Koppelungsoperationen werden, muss das zu schützende System die Abschirmungen verstehen und akzeptieren.

Wollnik vermittelt mit den skizzierten (und sicherlich nicht erschöpfend behandelten) Bereichen möglicher richtungsgebender Interventionsmaßnahmen einen Eindruck davon, dass eine Intervention in ein autopietisches System mehr leisten kann als die Relativierung der Selbstbeschreibung als 'produktive Verunsicherung'. Allerdings sind auch die Koppelungsoperationen (wie die Orientierungoperationen) keineswegs mit Erfolgsgarantie ausgestattet. Sie können deshalb auch nicht den Anspruch erheben, ein Erfolgsrezept für Interventionen darzustellen. Selbst unter günstigen Bedingungen laufen sie Gefahr, an der autopoietischen 'Eigensinnigkeit' des intervenierten Systems zu scheitern. Nach *Wollnik* steigen die Erfolgsaussichten einer Intervention

- wenn gute Kenntnisse der Operationsweise eines Systems gegeben sind, um die Reaktionsweisen abschätzen zu können;
- wenn das intervenierende System vom intervenierten als intervenierendes System anerkannt wird (z.B. durch hohe Reputation oder Vertrauen);
- wenn das intervenierte System keine Abwehrhaltung gegenüber Interventions- oder Einflussversuchen zeigt.

Die Idee der Autopoiesis, mit der die Selbstbestimmung von Systemen in den Vordergrund tritt, öffnet (nach *Wollnik* 1994) den Blick auf Risiken und Beschränkungen von Interventionen. Sie zeigt aber auch, wie die Risiken zu begreifen sind und wo sie liegen. Ihr Verdienst liegt v.a. darin, dass sie zur Verbesserung von Interventionschancen beiträgt, indem sie das Risikobewusstsein schärft, zur Behutsamkeit beim Vorgehen anregt und zur Bescheidenheit im Ergebnis mahnt.

Für *Luhmann* (1981, 367) ist es jedoch mehr als fraglich, ob die Intervention 'Planung' diejenigen Probleme löst, für die sie eingerichtet wird und ob sie (gemessen an welchen Kriterien?) einen Rationalitätsgewinn bedeutet. Für ihn ist es (auf den ersten Blick) paradox, die Komplexität des Systems, das (bereits) für Leitungsentscheidungen zu komplex ist, durch Planung nochmals zu steigern.

"Zusätzlich zu allem anderen kommt auch noch Planung (Planungsreferate, Planungsstäbe, Planungsabteilungen) ins Spiel. Entscheidungen werden dann aufgrund einer Vielzahl von Vorentscheidungen (Planung) getroffen, mit der Folge, dass man sich auf Sequenzen entscheidungsförmiger Anfertigung von Entscheidungen einstellen muss. Dies führt dazu, dass nur zu bestimmten Zeitpunkten eingegriffen werden kann und man die Planung gegen sich hat, wenn zuviele Vorleistungen in Frage gestellt werden" (*a.a.O.*, 367).

Nach *Luhmann* müssten Planer antizipieren können, dass Planung antizipiert wird. Bei dieser Planung (als selbstreferenzieller Antizipation) geht es nicht um die Vermehrung von Stellen und Aktivitäten, sondern um die Einführung neuartiger Formen von Zeitdifferenzen zwischen planenden und geplanten Aktivitäten. Für den Personalbereich würde dies beispielsweise bedeuten, dass Personalbewegungen nicht (nur) nach der Regel der bestmöglichen Übereinstimmung von Personen- und Arbeitsplatzmerkmalen geplant werden, sondern dass eingeplant wird, dass die dabei benutzten Kriterien und Messverfahren antizipiert und in das, was zu beurteilen und zu messen ist, schon vorher eingeschmuggelt werden.

Einen Ausweg aus diesem Dilemma sieht *Luhmann* (1998) darin, den Begriff der Steuerung genauer und theoriekonsistenter zu bestimmen, indem man unter Steuerung die Absicht auf Veränderung bestimmter Differenzen versteht (*a.a.O.*, 68). Zwecke können dann als eine doppelte, zeitliche und sachliche Unterscheidung neu definiert werden:

"Zwecke ergeben sich, wenn ein System eine Vergangenheit erinnert, die auf eine Zukunft vorausweist, die das System nicht akzeptieren will. Mit der Spezifikation von Zwecken abstrahiert das System gewissermaßen sich selbst. So gesehen, ist Selbsterhaltung kein möglicher Zweck, und zwar schon deshalb nicht, weil sie keine Information darüber enthält, ob die Differenz von System und Umwelt nun vergrößert oder verkleinert werden soll. Das System ist in dieser Begriffsdisposition dann die andere, unmarkierte Seite seiner Zwecke *(Luhmann* 1998, 68).

Wenn man also Zwecke verfolgt, muss man sie von dem System das sie verfolgt, unterscheiden können. Nach *Luhmann* (1998) ist Steuerung in diesem zweck(!)rationalen Sinn möglich. So kann etwa durch staatliche Subventionierung von Industrien, für die keine ausreichenden Märkte vorhanden sind, u.U. die Arbeitslosigkeit verringert werden. Eine derart verstandene Steuerung würde das System nicht auf einen künftigen Gesamtzustand festlegen, sondern nur einige seiner Konditionierungen verändern.

"Die Zukunft wird also nicht als Endzustand (telos) in das System eingeführt und auch nicht als Entscheidungsbaum, dessen Struktur man überblicken könnte, wenn man an den Knotenpunkten Entscheidungen trifft. Nur Differenzen (und es könnten mehrere zugleich sein) werden projektiert, und das heißt: als Bedingungen möglicher Oszillation fixiert. Die als Zwecke fungierenden Differenzen können von Situation zu Situation neu vermessen werden, es kann zu Schwerpunktverschiebungen vom Zweck auf die Mittel kommen, aber auch Zwecke können ihren Wert verlieren oder sich als unerreichbar erweisen. Der Zweck selbst, könnte man auch sagen, rechtfertigt nicht das Festhalten am Zweck. Die wichtigste Planungsressource, die die Zukunft zur Verfügung stellt, ist ihr Unbekanntsein" *(Luhmann* 1998, 69).

Nur aus diesem Grund kann man sich mehrere mögliche Verläufe vorstellen und für einen davon optieren. Aus der Adlerperspektive würde das Gesamtverhalten, das einem Steuerungsimpuls zu folgen versucht, einen eher erratischen, jedenfalls keinen zweckrationalen Eindruck machen *(Luhmann* 1998). Was man im voraus wissen kann, ist, dass jede neue Situation mit den dann neu destillierten Informationen auch die Differenz von Vergangenheit und Zukunft erneuert. *Luhmann* (1998) schlägt deshalb vor, zwischen Steuerung und Kontrolle zu unterscheiden.

" In dem Maße, als Steuerungsversuche zur Vergangenheit werden und, wie immer begrenzt, erinnert werden, setzt Kontrolle ein. Jede neue Gegenwart setzt die Steuerung unter Konsistenzdruck. Die Möglichkeit zu kontinuieren oder zu diskontinuieren, erzwingt Entscheidungen. Bei 'Kontrolle' ist daher nicht nur an eine Aufdeckung von Fehlern zu denken, was nur bei Trivialmaschinen sinnvoll wäre, sondern Kontrolle ist die Selbstbeobachtung eines Systems nach Steuerungsversuchen. Kontrolle ist auch nicht nur Erfolgskontrolle. Sie kann auch darin bestehen, dass das System externe oder von oben kommende Steuerungsversuche abzuwenden oder unschädlich zu machen versucht. Statt Sitzgurte anzulegen, malt man sich einen dunklen Streifen aufs T-Shirt. Kontrolle kann aber auch heißen, dass die Blickbeschränkung auf spezifische Differenzen wieder aufgelöst oder doch gelockert wird und man dazu übergeht, den Steuerungsimpuls komplexer zu beschreiben. Kontrolle ist also immer mit einer 'redescription' der Steuerung verbunden, die das System einer laufenden Selbstkorrektur aussetzt" *(Luhmann* 1998, 70).

Für *Luhmann* (1998) ist es daher sinnvoll, das Verhältnis von Steuerung und Kontrolle unter systemtheoretischen Gesichtspunkten als Sonderfall des Zusammenrechnens von Vergangenheit und Zukunft, also als eine zeitliche Selbstintegration des Systems anzusehen. Dabei geht es weder um Zweckrationalität noch um Wertrationalität.

1.3 Schlussfolgerung

Die oben angestellten Überlegungen machen deutlich, dass die Diskussion 'der' Planung nicht allein von Begriffsbestimmungen ausgehen kann, sondern dass die theoretischen Entwürfe, durch die die jeweiligen Begriffe erst ihre Bedeutung erhalten, viel entscheidender sind. So erfordert die Beantwortung der oben diskutierten Fragen etwa die Rekonstruktion (im Sinn von Verstehen) von Planung in sozialen Systemen. Dabei müsste v.a. das Schema: Auftraggeber - Planer - Verplante - Betroffene/Ausführende thematisiert werden. Unter einer *handlungstheoretischen* Perspektive würde es ums 'Planen' gehen und nicht um das statische Gebilde 'Plan*ung*'; es würde v.a. das *Zustandekommen* von Plänen, Entscheidungen, Zielen, Ergebnissen, Handlungen usw. interessieren und nicht so sehr deren Aufbau und Struktur.

Der Planungsrhetorik liegt - obwohl ihre Begriffe an der Erfahrung orientiert sind - jedoch keine empirische Theorie zugrunde, die das Verhalten von planenden Personen oder Gruppen beschreiben oder vorhersagen kann; zudem sagt sie häufig nichts darüber aus, welches Verhalten in welchen Situationen angemessen ist (normativ!). Anstatt zu betonen, dass man über die Zukunft nachdenken und sie in den Griff bekommen muss, sollten Überlegungen darüber angestellt werden, *wie* die *Prozesse* ablaufen (müssen), die zu Plänen führen. Ausgehend von diesen Überlegungen könnte ein Plan dann definiert werden als *integrierte, hierarchisch organisierte Handlung, durch welche verschiedene Entscheidungen geordnet werden* (vgl. *Mintzberg* 1994). Das Ergebnis einer Entscheidung ist die Wahl einer spezifischen (Handlungs-) Alternative; das Ergebnis einer Planung ist ein Plan, in welchem ausgeführt wird, was getan werden muss und wann, von wem sowie was zu tun ist, wenn unerwartete Ereignisse auftreten. Integraler Bestandteil von Plänen sind v.a. grundlegende Annahmen über Werte, Ziele, Kriterien und Präferenzen - wir modifizieren unsere Entscheidungen, wenn wir unsere Wünsche und Möglichkeiten besser kennenlernen.

Entscheidungen, die getroffen wurden, müssen an die Betroffenen bzw. Ausführenden kommuniziert werden. Wenn diese die Urteile bzw. Bewertungen nicht verstehen oder nicht akzeptieren, so können daraus Konflikte entstehen, die die Effizienz der Planung in Frage stellen. Um diese subjektiven Einflüsse möglichst gering zu halten, werden im Rahmen der klassischen Planung häufig hoch-formalisierte Techniken eingesetzt. Allerdings wird daran gezweifelt, ob durch den Einsatz analytischer Verfahren der Einfluss subjektiver Prozesse bei der Planung verhindert oder auch nur beschränkt werden kann (s. *Berens & Delfmann* 1995). Vielmehr wird die Gefahr gesehen, dass durch ein solches Vorgehen subjektive Annahmen quasi objektiviert und damit 'zementiert', d.h. nicht mehr weiter hinterfragt werden.

Zu diesen Punkten ist die Planungs-Literatur jedoch merkwürdig enthaltsam; zwar werden immer wieder *Phasen* der Planung, Idealforderungen an die Planung, Planungs*typen* (z.B. strategische - taktische - operative Planung), Planungs*systeme und -instrumente* beschrieben - explizite theoretische Überlegungen hierzu findet man kaum. Meist wird eher pragmatisch darüber nachgedacht, was Planung eigentlich sein könnte und wie sie ablaufen könnte; wie Planung in der Realität *tatsächlich* betrieben wird, welche *manifesten* und *latenten* Funktionen sie erfüllt, wird seltener erörtert. Welche Erfolge bzw. Misserfolge sie aufweist, wird bestenfalls am Rande thematisiert. Trägt man diesen Argumenten Rechnung, so könnte man Planung (ironisch) als das definieren, was Planer mehr oder minder zufällig tun oder als Planung jeden Prozess bezeichnen, der zu einem formalen Plan führt (vgl. *Mintzberg* 1994).

Versteht man unter *Planung* nicht Wunschdenken; sondern *auf die Zukunft gerichtetes, systematisches Denken in Verwirklichungsabsicht* (das entsprechende Schema lautet: Prognose - Planung - Entscheidung - Kommunikation an die Ausführenden - Implementation), so stellt sich die Frage, ob Handeln - sei es noch so kurzfristig oder reaktiv - nicht grundsätzlich die Zukunft miteinbezieht. Wird nicht (fast) alles, was geschieht - zumindest informell - vorher geplant? Wenn aber alle Handlungen, die Konsequenzen für die Zukunft haben, geplant werden, dann bedeutet dies, dass Nicht-Planung nicht existiert: man kann nicht nicht planen! Von Nicht-Planung könnte man nur dann sprechen, wenn Menschen keine Ziele hätten und ihre Handlungen mehr oder minder zufällig ablaufen würden. Wenn aber (fast immer) geplant wird, wie kann man dann noch zwischen geplanter und nicht-geplanter Handlung unterscheiden? (vgl. *Mintzberg* 1994)

Die meisten Planungs-Methoden gehen von Annahmen über die vorhandenen oder zu beschaffenden Informationen aus, die in der Praxis nicht erfüllbar sind. Unsere Welt ist so beschaffen, dass man nicht alles wissen kann, was man wissen müsste, um rational entscheiden zu können. Dieser Mangel an Wissen ist unvermeidlich und kann auch mit viel Forschung nicht beseitigt werden. Es hat also keinen Sinn, Methoden anwenden zu wollen, die solche Anforderungen an den Informationshaushalt einer Organisation stellen. Prognosen stellen den Versuch dar, die Jetzt-Situation fortzuschreiben. Die Verbindung zwischen Prognose und Planung ist nur 'lockerer' Art: da niemand das Netz der Abhängigkeiten zwischen den Variablen durchschauen kann, muss sich Planung darauf beschränken, nur ein paar Aspekte herauszugreifen.

Werden die zunehmende Computerisierung von Prognosen und die Implementierung von Management-Support-Systemen die Güte der Planung bzw. der Entscheidungsfindung in der Praxis verbessern? Werden komplexe Finanzierungsmodelle, ökonometrische Analysen und Marktprognosen, die unter 'manuellen' Bedingungen einfach unökonomisch waren, mit Hilfe moderner Software und der Verfügbarkeit von Daten über kommerzielle Anbieter zur Routine? Die Möglichkeit, Zeitabläufe zu simulieren (und die daraus entstandene Theorie dynamischer Systeme) hat dazu geführt, dass Forscher sich durch ihre eigenen Modelle selbst überraschen können. Allerdings verhalten sich Systeme bereits in der Simulation auf eine Art und Weise, die der Konstrukteur dieser Modelle nicht voraussehen kann. Insofern ist es nicht überraschend, wenn sich auch reale Systeme unvorhersehbar verhalten.

Geht man davon aus, dass zumindest in der Praxis von Großunternehmen zunehmend moderne Prognoseverfahren eingesetzt werden, dann stellt sich angesichts der täglich über die Presse verbreitetenden Prognose-Flops die Frage nach der Zuverlässigkeit solcher Informationen (z.B. danach, wie diese Informationen generiert, dokumentiert und verwendet werden). Vielleicht aber werden mit dem Einsatz technisch-rationaler Planungsmethoden Ziele verfolgt, die nicht offiziell proklamiert werden, trotzdem aber wichtige Funktionen für ein Unternehmen erfüllen können (siehe ausführlich dazu Abschnitt 3.3).

In der Literatur finden sich beispielsweise beinahe täglich Berichte über Unternehmen, die mit Hilfe 'falscher' Prognosen Reklame machen, um bei potentiellen Investoren, Kreditgebern, Aktionären usw. in einem positiven Licht zu erscheinen. Die Desinformation der Öffentlichkeit unter dem Gewand von Vorhersagen scheint zu einem festen Bestandteil der Kultur mancher Organisationen geworden zu sein. Da diese Täuschungsmanöver oft genug funktionieren (s. *Schneider* - Deutsche Bank), investieren manche Unternehmen einen beträchtlichen Aufwand, um Statistiken etwa über die künftige Ertragslage zu 'schönen', um auf diese Weise leichter an Kapital heranzukommen; in diese Kategorie fallen auch Angaben zum Eigentum an Grund und Boden oder über künftige Gewinne.

Solche Anekdoten deuten auf Schwierigkeiten hin, die dann auftreten, wenn man - trotz der politischen Praxis im Alltag - die Vorstellung von Vorhersagen als objektiv, wissenschaftlich und unverzerrt aufrecht erhalten will. Eine Konsequenz aus diesen Überlegungen bestünde darin, dass man bei der Diskussion über die Güte verschiedener Prognoseverfahren nicht die Exaktheit der einzelnen quantitativen und qualitativen Techniken im Auge hat, sondern dass auch interne Politics, Unternehmenskultur, ethische Standards und das Know-how von Stabs- und LinienmitarbeiterInnen in Hinblick auf Prognoseverfahren berücksichtigt werden. Zu fragen wäre auch danach, wer das Design und die Implementation der Verfahren kontrolliert, welche 'Messlatten' an die Exaktheit der Vorhersagen angelegt werden und ob (Top)-Manager bzw. Politiker einzelne Modellparameter oder 'unattraktive' Prognosen der Stabsabteilungen 'eigenhändig' verändern (dürfen). Im Grunde muss der Tatsache Rechnung getragen werden, dass Prognosen bzw. Modellbildung häufig meist durch Menschen, die Mitglieder einer Organisation sind, erfolgen. Daher muss die Wechselwirkung zwischen quantitativen und qualitativen Prognoseverfahren mit organisatorischen Bedingungen, mit der Unternehmenskultur usw. in Rechnung gestellt werden.

Das grundlegende Problem aller *traditionellen* Planungsansätze besteht in ihrer Orientierung am Konzept der rationalen Entscheidung. Selbst wenn eingeräumt wird, dass rationale Planung in reiner Form nicht zu verwirklichen ist, so möchte man diesem Leitbild doch so nahe wie möglich kommen. Aber selbst dann, wenn es 'harte' Daten bei der Planung gäbe, müssten diese erst von Menschen beurteilt und interpretiert bzw. im Hinblick auf ihre Bedeutung für die Zukunft bewertet werden. Dabei handeln Menschen keineswegs rein rational und beurteilen Entscheidungen und Handlungsalternativen nicht 'objektiv'. Menschen (und Organisationen) verfügen über eine beschränkte Informationsaufnahme- und verarbeitungskapazität und nur über ein beschränktes Gedächtnis. Darüber hinaus beeinflusst eine Reihe von psychologischen Variablen die Wahrnehmung und die Interpretation vergangener und gegenwärtiger Ereignisse (siehe Beleg E-1.1). Diese subjektiven Urteile stellen - im Sinne einer begrenzten ('bounded') Rationalität - einen wesentlichen Bestandteil jeder Entscheidungsfindung dar.

Beleg E-1.1: Psychologische Einflussfaktoren, die zukunftsorientierte
Entscheidungen beeinflussen können (nach *Makridakis* 1990)

Selektive Suche nach Informationen: Man sammelt Fakten, die ins eigene Bild passen und ignoriert solche, die dieses Bild in Frage stellen.

Inkonsistenz: die Unfähigkeit, dieselben Entscheidungskriterien auf unterschiedliche Situationen anzuwenden.

Konservatismus: die Unfähigkeit seine Meinung angesichts neuer Informationen zu ändern.

Recency-Effekt: kürzer zurückliegende Ereignisse werden gegenüber den länger zurückliegenden überbewertet.

Verfügbarkeit: man vertraut Ereignissen, die man leicht ins Gedächtnis zurückrufen kann und schließt andere aus.

Primacy-Effekt: Eingangsinformationen werden überbewertet.

'Schein'-Korrelationen: Dem gemeinsamen Auftreten bestimmter Variablen oder Muster wird ein Ursache-Wirkungs-Zusammenhang unterstellt.

Attributionstendenzen: Erfolg wird eher der eigenen Person, Mißerfolg eher externen Faktoren (z.B. Pech, Schicksal, andere Personen) zugeschrieben; Lernen ist somit nicht möglich, da die eigenen Fehler nicht erkannt werden.

Optimismus: Die Präferenz für bestimmte künftige Ergebnisse beeinflusst deren Prognose.

Unterschätzen der Ungewissheit: Die Sicherheit über die Zukunft verringert die Furcht vor ihr - man wiegt sich in Sicherheit.

Sowohl in der Theorie sozialer Systeme als auch in den verschiedenen Ansätzen des Konstruktivismus findet sich als zentrale Kategorie die Beobachtung; d.h. es wird von der Annahme ausgegangen, dass es Beobachter und Beobachtungsoperationen gibt, die mit entsprechenden Unterscheidungen operieren können. Überträgt man diese Position auf 'Planung', so müsste jede Erklärung der Planung auch eine Erklärung der Planenden, der Verplanten (auch die Planungsobjekte beobachten sich, das System und die Planenden) und ihrer Rolle enthalten (siehe dazu oben).

Geht man von der 'klassischen' Vorstellung von Planung als auf künftige Zustände gerichteter, gedanklicher Vorwegnahme künftiger Handlungen in Organisationen aus, dann bedeutet Planung unter 'systemischer' Perspektive die gedankliche Vorwegnahme künftigen elementaren Operierens, das ausgehend von gegenwärtigen Ordnungen zur Etablierung künftiger, planend vorgedachter Ordnungen führen soll *(Strohmeier* 1994). Am Anfang jeder Planung müsste dann die (Selbst-)Beschreibung gegenwärtiger Ordnungszustände eines Systems stehen. Da diese Beschreibungen aufgrund der Komplexität immer Vereinfachungen bzw. Trivialisierungen darstellen, werden bei Planungen zwangsläufig zahlreiche Aspekte des Systems vernachlässigt.

Planung stößt auf eine weitere Schwierigkeit: Sie hat kein klar getrenntes Objekt, das sie studieren und für das sie Vorhersagen machen könnte. Sie ist selbstbezüglich, d.h. ein Teil der Beobachtungsprozesse, die die Umgebung eines Unternehmens ausmachen und die sie zu untersuchen und zu planen vorgibt. Planung muss daher stets mitberechnen, dass sie stattfindet und möglicherweise gerade dadurch ihre Voraussetzungen ändert. Planung muss auch berücksichtigen, dass es bei (wirtschaftlichen) Planungs-Prozessen nicht so sehr um sachliche Entscheidungen geht, sondern um "Wirkungen der Beobachtung von Beobachtern, die Beobachter beim Beobachten beobachten" (*Simon* 1992, 108). Pläne verbergen oft die Wertvorstellungen der Experten hinter raffinierten Techniken und Methoden. Nach *Simon* (1992) bestünde eine Lösung darin, die Pläne der Planungsspezialisten durch Linienmanager (oder Externe) auf ihre Grundannahmen und Wertvorstellungen zu überprüfen, auf der Basis von abweichenden Annahmen, einen Gegenplan aus dem gleichen Datenmaterial zu entwickeln und dem Management zusammen mit den ursprünglichen Plänen dem Top-Management zu präsentieren, das sich dann seine eigenen Pläne auswählen oder aus beiden Alternativen eine Synthese bilden kann.

Versteht man Planung (zusätzlich) als konstruktiven Prozess, dann haben Planer keinen privilegierten Zugang zur Wirklichkeit; jeder Plan stellt nur die individuelle oder konsensuelle Konstruktion einer Wirklichkeit dar und kann nichts absolut Sicheres über die Wirklichkeit aussagen. Zwar kann eine gewünschte Ordnung (z.B. vom Management) gedanklich vorweggenommen und das Handeln auf die in der Planung vorgedachte Ordnung ausgerichtet werden; dies ändert jedoch nichts am Versuch-Irrtums-Charakter allen (Management-)Handelns sowie der grundsätzlichen Offenheit autopoietischer Ordnungsentstehung. Offenheit und Nicht-Vorhersagbarkeit gelten auch für planungsrelevante systemexterne Ordnungen, die (z.B.

vom Management) noch weniger beeinflusst werden können als interne Ordnungen. Die prozessuale Durchführung jeder Planung unterliegt also autopoietischen Prozessen; d.h. man kann Planung zwar anstoßen, die Folgen bleiben aber offen. Jede Planung, die möglichst umfassende, detaillierte, langfristig und rational konstruierte Planung implementieren will, um spezifische Ordnungszustände zu erreichen, muss nahezu zwangsweise in Planungsversagen münden (*Strohmeier* 1994).

E-2: (Personal-)Planung, Unternehmensplanung und Strategie - Übersicht

2.   Personalplanung, Unternehmensplanung und Strategie

2.0   Überblick

Im Folgenden Abschnitt werden wir darstellen, inwieweit die oben beschriebenen Auffassungen von Planung in die unterschiedlichen Vorstellungen über Unternehmens- und Personalplanung Eingang gefunden haben. Zu diesem Zweck haben wir dieses Unterkapitel in zwei Teile gegliedert:

Wir gehen zunächst vom Konzept der strategischen Unternehmensplanung aus und zeigen, dass sowohl rationale als auch systemische Überlegungen in den verschiedenen Ansätzen zur strategischen Unternehmensplanung zu finden sind. Im nächsten Schritt diskutieren wir mögliche Verbindungen zwischen strategischer Unternehmensplanung und Personalplanung. Dabei werden wir zeigen, dass Personalplanung - zumindest in der Praxis - i.d.R. keinen originären Beitrag leistet, sondern eher als 'abgeleitete' Planung stattfindet.

2.1   Strategiebegriff

Die Herkunft des Strategiebegriffs kann auf das griechische Wort 'strategos' zurückgeführt werden, welches in der deutschen Übersetzung 'Heerführer' bedeutet. Dies weist unmittelbar darauf hin, dass 'Strategie' als eine Aufgabe des Top-Managements verstanden wird, welches u.a. auch für die (obersten) Ziele eines Unternehmens verantwortlich ist. Deutlich wird dies etwa am Beispiel von *Thompson &*

Strickland (1998), die eine am herkömmlichen allgemeinen Handlungs- und Problemlösungsmodell orientierte, objektivistische Sicht von Strategie bieten; die beiden Autoren gehen davon aus, dass strategisches Management fünf miteinander verbundene Aktivitäten umfaßt:

> *Forming a strategic vision of what the company's future business makeup will be and where the organization is headed (!)* - so as to provide long-term direction, delineate what kind of enterprise the company is trying to become, and infuse the organization with a sense of purposeful action.
>
> *Setting objectives* - converting the strategic vision into specific performance outcomes for the company to achieve.
>
> *Crafting a strategy to achieve the desired outcomes.*
>
> *Implementing and executing the chosen strategy efficiently and effectively.*
>
> *Evaluating performance and initiating corrective adjustments in vision, long-term direction, objectives, strategy, or implementation in light of actual experience, changing conditions, new ideas, and new opportunities (Tompson & Strickland 1998, 3).*

Viele Aspekte dieser nahezu allumfassenden Definition sind auch in anderen Konzepten zum strategischen Management zu finden. So sieht etwa *Kay* (1993) als Gegenstand der strategischen Analyse die Beziehung eines Unternehmens zu seiner Umwelt und als Unternehmensstrategie die Art und Weise, wie ein Unternehmen diese Beziehungen handhabt (beispielsweise auf welche Art versucht wird, Wettbewerbsvorteile zu erzielen).

Nach *Elsik* (1992, 27) herrscht trotz aller Unterschiede in den Ansätzen und Verhältnisvarianten zu Strategie und strategischem Management in folgenden Punkten Übereinstimmung:
- Strategien sind auf die Beziehung zwischen Unternehmen und Umwelt gerichtet.
- Strategische Entscheidungen betreffen komplexe Probleme und sind daher unstrukturiert, nicht programmierbar, nicht routinisierbar und nicht wiederholbar.
- Strategische Entscheidungen stellen sowohl analytische als auch konzeptionelle Anforderungen an die Entscheidungsträger.
- Strategien sind in ihren Konsequenzen von besonderer Bedeutung für das Unternehmen.

2.2 Strategische Unternehmensplanung

Obwohl der Mainstream nach wie vor dem Rationalitätsprinzip folgt, haben in den vergangenen Jahren 'moderne' Ansätze (z.B. systemtheoretische, evolutionäre) zunehmend die theoretische Diskussion der Wirtschaftswissenschaften befruchtet. Wir wollen im Folgenden zunächst zeigen, wie sich diese Diskussion auf das Thema 'strategische Unternehmensplanung' ausgewirkt hat. Im Anschluss daran werden wir auf Zusammenhänge zwischen strategischer Unternehmensplanung und Personalplanung eingehen.

Die wissenschaftliche Auseinandersetzung mit dem Thema 'strategische Planung' geht auf Untersuchungen von ökonomischen Organisationen und Bürokratien zurück. Der große Einfluss der Ökonomie auf Organisationsstudien, der auch in neueren Ansätzen zu finden ist (siehe Band 1), hat hier seinen Ursprung. Wie wir bereits oben ausgeführt haben, hat die bis heute vorherrschende ökonomische Theorierichtung, die Preistheorie, den Einfluss des Managements vernachlässigt und strategischen Planungsprozessen in Ökonomien wenig Beachtung geschenkt. In einer völlig dezentralisierten Ökonomie wurde nur die Koordination durch Marktpreise als effizient erachtet (siehe unten). Der Frage, warum Unternehmen Hierarchien einrichten, um zu planen bzw. zu koordinieren, wurde nicht thematisiert. Von der Vielfalt institutioneller Arrangements wurde abstrahiert und unterstellt, dass sich Unternehmen in den wesentlichen Punkten kaum unterscheiden: alle Unternehmen beobachten die Marktpreise und treffen dann effiziente Entscheidungen über ihren quantitativen Output. Dies setzt allerdings voraus, dass alle Unternehmen den gleichen Zugang zu Informationen und Technologien haben und dass die Entscheidungen, die sie treffen, rational und vorhersagbar sind und im wesentlichen auf Kosten- und Nachfrage-Überlegungen basieren.

Während sich die konventionelle Ökonomie nicht für die Alternativen interessierte, die Institutionen zur Gestaltung ihrer Innen- und Außen-Beziehungen zur Verfügung standen, beschäftigten sich Autoren aus sehr unterschiedlichen Disziplinen mit den 'strategischen' Handlungs-Möglichkeiten von Organisationen. So setzte sich um die Jahrhundertwende *Max Weber* mit dem Prozess der Rationalisierung auseinander, den er auf der Ebene der Weltbilder und v.a. auch auf der von Institutionen ausführlich analysierte. Eines seiner Hauptaugenmerke galt bürokratischen Organisationen, deren Verbreitung er zur Bewältigung der administrativen Aufgaben großer sozialer Systeme, die typisch für moderne Gesellschaften sind, als unvermeidbar ansah. *Weber* zeigte verschiedene Merkmale einer idealtypischen Bürokratie auf: ein pyramidenförmiger Aufbau der Organisation, in dem die Autorität hierarchisch von oben nach unten verteilt ist; schriftliche Regeln oder Normen, die erlernbar sind und mit deren Hilfe die Organisationsmitglieder auf allen Ebenen zu führen sind; ein bürokratischer Verwaltungsstab, der sich aus hauptberuflichen und mit festen Gehältern entlohnten Beamten zusammensetzt; die Trennung zwischen den Aufgaben eines Beamten innerhalb und denen außerhalb einer Organisation und kein Privatbesitz an sachlichen Betriebsmitteln durch die Mitglieder einer Organisation. *Weber* wies auch auf Parallelen zwischen der staatlichen Bürokratie und der modernen Kapitalwirtschaft hin.

"Wie der moderne bürokratische Staat die politischen Sondergewalten expropriierte und eine 'Konzentration' der Herrschaftsmittel und -rechte herbeiführte, so kam es im Wirtschaftssystem zu einer allmählichen Enteignung selbständiger Kleinproduzenten durch kapitalistische Großbetriebe. Der 'fachgeschulten Beamtenorganisation' entspricht die *rationale Arbeitsorganisation,* die auf zwei aufbauenden Prinzipien basiert: formell freie Arbeit und Rechenhaftigkeit im Sinne rationaler Kalkulation und Buchführung" (*Kieser* 1995, 41.)

Im Grunde hat *Weber* den Prozess der Rationalisierung beschrieben, den *Taylor* im Bereich der Arbeitsorganisation vorangetrieben hatte (*Kieser* 1995, 67). *Taylor* (z.B. 1911) interessierte sich für ein Phänomen, das Ökonomen als 'technische Effizienz' bezeichnen würden. Er identifizierte die 'bewährte' Praxis und leitete daraus Regeln ab, damit sie auf breiter Front umgesetzt werden konnten; zudem ergänzte er sie um eine Methode zur Optimierung der Organisation.

Die schwierige ökonomische Situation in den 30iger Jahren führte dazu, dass immer häufiger die Frage nach der Effizienz der kapitalistischen Wirtschaftsform gestellt wurde. Theorien des 'unvollständigen Wettbewerbs' wurden entwickelt und *Schumpeters* innovativer Unternehmer als 'kreativer Zerstörer' bot eine Alternative zu den statischen Konzepten der Wettbewerbseffizienz, die von den meisten Ökonomen favorisiert wurden. Obwohl das Interesse daran, was in Organisationen vor sich ging, seit der Jahrhundertwende zunahm, kam es zu keiner Diskussion über Unternehmensstrategien und deren Bedeutung für den Erfolg eines Unternehmens.

In den 60iger Jahren tauchten erste Veröffentlichungen auf, die grundlegende Konzepte zum Thema 'Strategisches Management' formulierten (*Chandler* 1962; *Ansoff* 1965). Durch die Forderung, die Organisation an die Unwägbarkeiten der Umwelt anzupassen (kontingent zu machen), boten diese Konzepte eine Alternative zu den organischen und mechanistischen Organisationskonzepten, die bis dahin dominierten. Die Zielgruppe dieser Autoren setzte sich in erster Linie aus Studenten und Hochschullehrern zusammen - auf die Praxis hatten ihre Vorstellungen allerdings nur geringen Einfluss. Die Sensibilisierung der Praxis für strategische Fragen erfolgte in erster Linie durch große Unternehmensberatungs-Firmen, v.a. durch die Boston Consulting Gruppe und deren Überlegungen zur Erfahrungskurve und ihrer Marktwachstums-Marktanteils-Matrix (siehe unten).

Durch all diese Arbeiten wurde die Bedeutung und die Verantwortung des Managements für den Erfolg eines Unternehmens hervorgehoben. Diese Verantwortung bezog sich nicht nur auf die Gründungphase eines Unternehmens, sondern wurde als kontinuierlicher und alle Bereiche umfassender Prozess verstanden, der neben dem operativen Tagesgeschäft v.a. auch die Steuerung der langfristigen Entwicklung, also die Strategien eines Unternehmens umfasste.

Die Heterogenität der Quellen des strategischen Managements spiegelt sich auch in der Vielfalt und teilweisen Widersprüchlichkeit der Strategie-Theorien wider.

Schreyögg (1984, 1) charakterisiert den damaligen Stand der Literatur zum strategischen Management folgendermaßen:

"Neben hoch ausdifferenzierten Modellen des rationalen Planungsaufbaus finden sich dazu krass kontrastierende Schilderungen faktischer Strategiebildungsverläufe in Unternehmen; die pragmatische Propagierung von Erfolgsstrategien trifft auf die Forderung nach soliderer theoretischer und empirischer Fundierung der Disziplin; die Empfehlung, die neuen Planungsmethoden auch in Mittelbetrieben einzusetzen, steht der Warnung gegenüber, strategische Planung führe zu einer gefährlichen Erstarrung der Unternehmenssteuerung; neben dem Appell einer allumfassenden Partizipation der Betroffenen am strategischen Planungsprozess verunsichert die Behauptung, die Verhaltensweisen der Firma seien im wesentlichen Reflex der Marktstruktur, die Idee der Unternehmensstrategie folglich eine irreführende Fiktion."

Wir wollen im Folgenden einen Überblick über die wichtigsten Begriffe und Ansätze des strategischen Managements geben, um anschließend Bezüge zur (strategischen) Personalplanung herstellen zu können.

2.3 Strategie-Modelle

Im Rahmen solcher (konventioneller) Auffassungen zum Strategischen Management werden häufig verschiedene Strategie-*Ebenen* unterschieden: Strategien *erster* Ordnung sind solche, die sich mit dem langfristigen 'Kurs' eines Unternehmens beschäftigen und Themen wie Umfang der Geschäftsaktivitäten, Marktpositionierung, Standortentscheidungen usw. beinhalten. Während sich Strategien *zweiter* Ordnung mit den internen Abläufen und den Zusammenhängen zwischen den verschiedenen Teilbereichen eines Unternehmens auseinandersetzen, sind Strategien *dritter* Ordnung auf die verschiedenen funktionalen Bereiche eines Unternehmens (z.B. Personalwesen, Marketing, Finanzen) gerichtet (siehe *Miller* 1993, 9). Entsprechend *Chandlers* (1962) berühmtem Ausspruch 'structure follows strategy' steckt hinter all diesen Konzepten zum Strategischen Management die Annahme, dass es sich dabei um einen Top-down-Prozess handelt, bei welchem die Unternehmensleitung Ziele vorgibt, aus denen dann linear und widerspruchsfrei die Ziele der nachfolgenden Hierarchieebenen abgeleitet werden können (s. *Legge* 1995).

Zumindest implizit handelt es sich bei diesen Ansätzen um *normative* Modelle, die Aussagen darüber machen, was eigentlich unter Strategie zu verstehen sei, jedoch nicht darüber, welches Verhalten unter der sehr allgemeinen Bezeichnung 'Strategie' tatsächlich gezeigt wird (s. *Mintzberg* 1994). Ein Ansatz, der sich explizit mit der *Deskription* von strategischem Verhalten beschäftigt, ist der von *Whittington* (1994).

Zur Klassifikation der verschiedenen theoretischen Strategie-Ansätze schlägt Whittington eine Typologie aus vier verschiedenen grundlegenden ('generic') Perspektiven vor, die in ein zweidimensionales Schema eingeordnet werden (siehe Abb. E-2.1).

Allerdings zeigt der Autor nicht auf, aus welchem Universum von Möglichkeiten diese beiden Achsen (=Dimensionen) von ihm ausgewählt wurden.

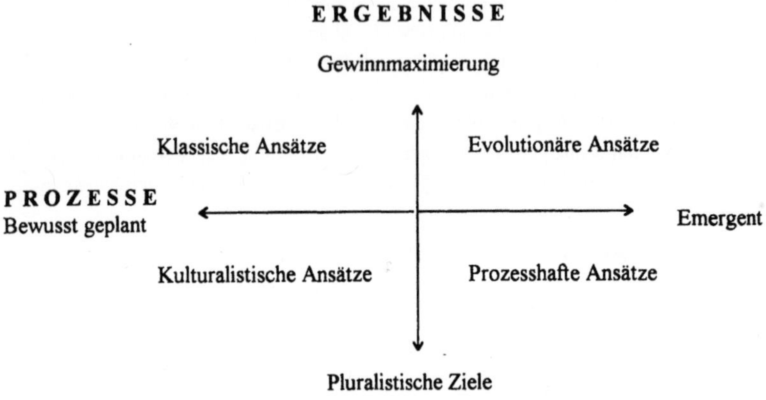

ERGEBNISSE

Gewinnmaximierung

Klassische Ansätze   Evolutionäre Ansätze

PROZESSE
Bewusst geplant   ⟵──────────────⟶   Emergent

Kulturalistische Ansätze   Prozesshafte Ansätze

Pluralistische Ziele

Abb. E-2.1: *Whittingtons* Modell generischer Strategie-Perspektiven

Die erste Achse beschreibt die *Ergebnisse* der Strategien und verläuft zwischen den beiden Polen 'Gewinnmaximierung' und 'pluralistische Ziele'. Die zweite Achse betrifft den *Prozess* der Strategieerstellung und reicht von 'bewusst geplant' bzw. 'intendiert' bis zu 'emergent'. Auf diese Weise kann *Whittington* vier unterschiedliche strategische Perspektiven unterscheiden (s. Schema).

a) klassisch

Der *'klassische'* Ansatz entspricht den bereits oben aufgeführten orthodoxen Strategie-Definitionen, in welchen Gewinnmaximierung bzw. Wettbewerbsvorteile als oberstes Ziel eines Unternehmens gelten und ein 'rationaler', von oben nach unten verlaufender Planungsprozess als Mittel angesehen wird, diese Ziele zu erreichen. Die Formulierung der Strategien erfolgt durch das Top-Management; ihre Implementierung liegt in der Verantwortung der LinienmanagerInnen. Strategien sind das Ergebnis eines bewusst initiierten, rationalen und entscheidungsorientierten Prozesses, dessen Ergebnis ausformulierte und explizite Strategien sind, die von den LinienmanagerInnen ausgeführt werden müssen. Erleichtert wird die Trennung von Strategie-Formulierung und -Implementierung v.a. durch multi-divisionale Strukturen, die das Top-Management weitgehend von operativer Verantwortung entbindet, so dass es sich auf die Formulierung von Strategien erster Ordnung konzentrieren kann (s. *Legge* 1995). *Elsik* (1992, 29f.) fasst Verfahren, die einer linearen, analytischen Planungslogik entsprechen und eine systematische, sequentielle Abfolge von Planungschritten vorsehen, unter 'formal-synoptische Ansätze' zusammen, wobei diese in die beiden Hauptphasen Strategieformulierung und Strategieimplementierung unterteilt werden können. Nach *Legge* (1995) sind die intellektuellen Wurzeln dieses Ansatzes in der militärischen Praxis (in welcher ein heroischer General über gehorsamen Untergebenen 'thront') und in der bürokratischen Organisation zu suchen, die in der ökonomischen Tradition die Fiktion des homo oeconomicus (als 'rationaler' Entscheider, der auch in der Lage ist, unmittelbare Befriedigung zugunsten langfristiger Interessen aufzuschieben) propagiert.

b) evolutionär

Im Gegensatz zum klassischen betrachtet der *evolutionäre* Ansatz nicht 'Planung' als Mittel zur Gewinnmaximierung, sondern Wettbewerbsprozesse, die eine natürliche Selektion bewirken. Anders als im klassischen Modell, in welchem Strategen eines Unternehmens Siege über Konkurrenten planen, geht der evolutionäre Ansatz davon aus, dass die Komplexität ökonomischer Zusammenhänge und die Unsicherheit über das Eintreten künftiger Entwicklungen dazu führt, dass es der Markt bzw. dessen Umwelt selbst sind, die sich die Sieger 'heraussuchen'. Entwicklung und Überleben eines Unternehmens werden nicht nur durch Wettbewerber, sondern auch durch Veränderungen der Umwelt bedroht und Wachstum bzw. Entwicklung folgen viel eher den in der Evolutionstheorie beschriebenen Selektions- und Veränderungsprinzipien. Die Überlebenseinheit in biologischen Prozessen ist nie allein eine Art oder Gattung, sondern immer Art oder Gattung plus einer Umwelt, in der sie zu überleben fähig sind. Dasselbe Prinzip gilt auch für ein Unternehmen: Als Überlebenseinheit muss immer das Unternehmen und seine verschiedenen Umwelten (Märkte, Mitarbeiter usw.) betrachtet werden. Dies bedeutet, dass es unter einer evolutionstheoretischen Perspektive für ein Unternehmen darum geht, die angemessensten Strategien für unerwartet und zufällig auftauchende (Wettbewerbs-) Prozesse bereit zu haben, um als (relativ) besser Angepasstes zu überleben, während die (relativ) schlechter Angepassten aus dem Markt gedrängt werden. Das Überleben eines Unternehmens hängt somit von seiner Fähigkeit zur Differenzierung ab. Allerdings kann die Fähigkeit eines Unternehmens zur Differenzierung bzw. zur Anpassung an sich schnell und unvorhersehbar ändernde Umwelten nicht rational geplant werden; Entscheidungen werden vielmehr polyzentrisch getroffen. Wenn Planung der Bewältigung von Komplexität dient, die durch eine unüberschaubare Menge von 'Fakten' in der Interaktion zwischen Unternehmen und Umwelt entsteht, dann kann der Planer die Wirkungen dieser 'Fakten' nicht mehr gegeneinander abgrenzen und unterscheiden. Die Gefahr jeder Beschreibung solch komplexer Zusammenhänge besteht darin, dass entweder zu sehr oder zu wenig vereinfacht wird. Im ersten Fall werden nicht alle für das Verhalten eines Systems und seiner Umwelt relevanten Fakten erfaßt und im zweiten Fall entsteht ein Modell, das so komplex ist, dass keine Übersichtlichkeit gewonnen wird. Aus einer evolutionären Perspektive können langfristige Strategien (bzw. Pläne) sogar kontraproduktiv wirken, wenn sie ein schnelles, flexibles Reagieren auf neue und plötzlich auftretende Anforderungen der Umwelt behindern. Die Konsequenz wäre, auf eine formale und langfristige Planung völlig zu verzichten und stattdessen (strukturelle) Bedingungen zu schaffen, die es ermöglichen, vielen neuen Initiativen im Unternehmen eine Startchance zu geben und einem innerbetrieblichen Wettbewerb auszusetzen; diejenigen, die sich auf dem 'Markt' bewähren, werden bewahrt, um jedoch immer wieder neu in Frage gestellt zu werden. Setzt ein Unternehmen nur auf das Bewährte, so führt dies zu Erstarrung; der Verzicht auf Bewahrung führt jedoch zum Verlust erreichter Anpassung, zu Chaos und Handlungsunfähigkeit (s. *Neuberger* 1995, 61).

c) prozessual

Im Gegensatz zur *klassischen* betont die *prozessuale* Beschreibung, dass Strategien nichts Dingliches oder Fertiges, sondern ein *Geschehen* darstellen. Strategien entstehen nicht nur im Rahmen formaler Planungsprozeduren, sondern entwickeln sich auch häufig ungeplant und existieren deshalb nur im Vollzug. Aus dieser Perspektive wird nicht nur die Durchführbarkeit einer (ausschließlich) rationalen strategischen Planung, sondern auch die Effizienz des Marktes in Frage gestellt. Organisationen und Märkte werden als 'unscharfe' Phänomene behandelt, aus denen Strategien hervorgehen, die *keineswegs* von Anfang an eindeutig und zusammenhängend *geplant* wurden. Entscheidungen erfolgen nicht nur zentral durch die Unternehmensleitung, sondern dezentral an verschiedenen Orten im Unternehmen. Deutlich wird dieser Gedanke anhand einer Definition von *Mintzberg*, der Strategie als "... a pattern in a stream of decisions ..." beschreibt (*Mintzberg* 1994, 23). Strategien als erkennbare Muster können daher in einer Abfolge von Entscheidungen und Handlungen als 'retrospektives Konstrukt' im Nachhinein als solche identifiziert werden (*Elsik* 1992, 29f.). Wenn sich ein Unternehmen (rational) auf Ziele bzw. Alternativen und deren Konsequenzen konzentriert, ist es nicht in der Lage, auf die Komplexität und die Unsicherheiten seiner internen und externen Umwelt schnell und angemessen zu reagieren. Zudem ist angesichts der Vielfalt und der Reichweite der Interessen sehr unterschiedlicher Stakeholders - auch darum, weil es um knappe Güter geht - eine Einigung auf ein gemeinsames Ziel nicht sehr wahrscheinlich.

Strategisches Management beruht nicht auf einem 'Masterplan', dessen oberstes Ziel Gewinnmaximierung ist, sondern ist in den kausalen Schemata der ManagerInnen, in 'Routinen' und in standardisierten, operationalen Verfahren 'verborgen', die sich im Laufe der Zeit als Ergebnisse politischer Prozesse herausgebildet haben, die wiederum typisch für eine bestimmte Unternehmenskultur sind. Strategien sind nach dieser Auffassung Abstraktionen, die nur in den Vorstellungen, Ideen usw. der beteiligten Parteien existieren und von mehreren geteilt werden. Rationale und evolutionäre Ansätze (im Sinne *Whittingtons*) interessieren sich nicht für interne Prozesse, da sie davon ausgehen, dass es auf ein Problem nur eine einzige richtige bzw. gar keine Antwort gibt. Aus einer prozessualen Sicht gehen strategische Veränderungen langsam vor sich; radikale Veränderungen eines Unternehmens würden die Gefahr eines internen 'Bürgerkrieges' heraufbeschwören. Dies ist deshalb möglich, weil - im Gegensatz zur evolutionären Perspektive - aus prozessualer Sicht Märkte wegen der unterschiedlichen Marktmacht von Unternehmen und unvollkommener Informationen durchaus 'tolerant' gegenüber suboptimaler Leistung sein können.

Im Gegensatz zum klassischen Ansatz geht der prozessuale davon aus, dass Strategien ManagerInnen dazu dienen, die Welt, die sie wegen ihrer Komplexität und Chaotik nicht verstehen können, zu vereinfachen (*Whittington* 1994). Während aus 'rationaler' Sicht bereits das Erstellen strategischer Pläne ein Ritual darstellt, das einen hohen Beruhigungswert für ManagerInnen besitzt und deshalb nicht zwangsläufig auch zu einer Umsetzung dieser Pläne führt, können Strategien aus prozessualer Sicht häufig erst anhand *konkreter* Handlungen erkannt werden. Der Zusammenhang zwischen Denken und Handeln wird anhand eines Beispiels deutlich, das auf den Nobelpreisträger *Szent-Györgyi* zurückgeht und von *Weick* (1990) berichtet wird; es handelt sich dabei um die Geschichte einer Gruppe von Soldaten, die sich in den Bergen verirrt:

> Eine kleine Gruppe ungarischer Soldaten befand sich auf einem Manöver in den Alpen. Gerade als es anfing zu schneien, schickte ein junger Leutnant einen Erkundungstrupp in die eisige Wildnis. Es schneite zwei Tage lang und der Erkundungstrupp kam nicht zurück. Der Leutnant fürchtete bereits, dass er seine Männer in den Tod geschickt hatte, als die Gruppe am dritten Tag schließlich auftauchte. Wo waren sie gewesen und wie hatten sie ihren Weg zurück gefunden? 'Ja', sagten sie, 'wir haben schon geglaubt, dass wir verloren sind und haben auf das Ende gewartet, bis einer von uns eine Geländekarte in seiner Tasche entdeckte. Das hat uns beruhigt. Wir haben ein Lager aufgeschlagen und den Schneesturm abgewartet. Mit Hilfe der Karte haben wir dann den Weg nach unten gefunden und hier sind wir'. Der Leutnant schaute sich die Karte gründlich an und entdeckte zu seinem Erstaunen, dass auf dieser Karte keineswegs die Alpen, sondern die Pyrenäen abgebildet waren.

Nach *Weick* (1990) lautet die Botschaft dieser Geschichte: Wenn man verloren ist, ist eine falsche Karte besser als gar keine. Die Soldaten waren handlungsunfähig; aber durch die Karte, die vermeintlich die unmittelbare Umgebung abbildete, erhielt ihr Handeln wieder 'Sinn'. Durch Handeln empfingen die Soldaten ein (neues) Feedback über ihre Umgebung und lernten dadurch ihre eigene mentale Landkarte zu entwickeln. Prozess- und Evolutionstheorien gehen davon aus, dass die meisten Situationen in Organisationen zu komplex sind und nicht völlig analysiert werden können. Ob die strategischen 'Antworten' auf diese Situationen richtig oder falsch sind, spielt keine Rolle. Aus prozessualer Sicht ist für die Bewältigung einer Situation entscheidend, dass aus dem Handeln, der Wahrnehmung und dem Denken permanent gelernt wird. Erfolgreiche Strategien bestehen darin, solche 'Lernschleifen' auszulösen.

Ein strategisches Ziel kann daher manchmal erst in der Retrospektive identifiziert werden, etwa in Form von Handlungen, die relativ unabhängig voneinander ablaufen und über einen bestimmten Zeitraum nur locker miteinander verbunden sind. Strategie-Formulierung und -Implementierung sind deshalb kontinuierlich im Rahmen eines formbildenden und adaptiven Prozesses unentwirrbar miteinander verwoben. Dies ist der Grund, warum *Mintzberg* (1994) das Erstellen von Strategien als 'handwerkliche Kunst' (craft) und nicht als analytische Wissenschaft im Sinne der 'klassischen' Auffassung versteht. Strategien entstehen eher als Folge kleiner und erfolgreicher ('inkrementaler') als auf der Basis großer vorausgeplanter Schritte. Als Konsequenz aus dieser Sichtweise geht es beim Strategischen Management nicht in erster Linie darum, chaotische Märkte zu beobachten, sondern im Unternehmen jene besonderen Fähigkeiten bzw. Fertigkeiten aufzubauen, die zu der Kultur jener Koalitionen passen, die nach solchen - strategischen - Kompetenzen streben (s. *Legge* 1995).

d) kulturalistisch

Unter einer '*kulturalistischen*' Perspektive versteht *Whittington* die Art und Weise, durch die strategische Ziele und Prozesse von Merkmalen (z.B. soziale Klasse, nationale Kultur, Beruf, Religion) der sozialen Systeme, in welche sie eingebettet sind, geformt werden. Aus dieser Sicht resultieren die Normen, die zu Strategien führen, nicht in erster Linie aus den kognitiven (und beschränkten) Vorstellungen Einzelner, sondern aus den kulturellen Regeln der jeweiligen Gesellschaft. Im Prozess der Strategie-Formulierung kommt daher nicht nur die Mikropolitik einer Organisiation zum Ausdruck, sondern auch die institutionellen Interessen der Gesellschaft, in die ein Unternehmen 'eingebettet' ist (siehe auch S. 119ff.).

2.4 Strategie und sozio-ökonomische Situation

Das Rationalitäts-Postulat findet sich in verdichteter Form auch im Konzept des (klassischen) strategischen Managements wieder. In diesem Bild vom Manager als Ordnungsstifter taucht das autonome Subjekt auf, das dem Unternehmen die Ziele bzw. Strategien vorschreibt, Wirklichkeit wirklich erkennt und als Techniker (homo faber) die Maschine 'Unternehmen' im Griff hat.

Der(!) Manager wird unter der (klassischen) Perspektive als zentraler Ort verstanden, an dem alles Wissen, alle Informationen zusammenlaufen, um so die Grundlage für ein durch und durch zweckrationales Handeln zu bilden. Dabei ist für die modernen Manager nichts so bedrohlich wie Unberechenbarkeit oder Chaos, weil sie letztlich 'rationale' Entscheidungen treffen müssen über Ziele, Pläne, Strategien, Strukturen, um die gewünschte zukünftige Entwicklung der Organisation zu bestimmen. Sie sind dabei auf die Unterstützung von Spezialisten angewiesen, die in Stabsstellen, zentralen Planungseinheiten oder in externer Beratung als Planer eingesetzt sind. Dabei dominiert die Auffassung, dass Zweckmäßiges ausschließlich aus entsprechend zweckrationalem Handeln auf der Basis eines Plans resultiert - von wem immer dieser auch stammen mag. Damit es Ordnungen gibt, muss es immer auch einen persönlich die Ordnung Vorgebenden geben; damit Zwecke erreicht werden, muss es einen geben, der die Zwecke setzt; für einen Plan braucht man einen Planer. Prozesse sind nach dieser Auffassung prinzipiell machbar und beherrschbar.

Auf der Basis solcher Überlegungen kommt *Shrivastava* (1986) zu der Schlussfolgerung, dass 'klassisches' (strategisches) Management keine neutrale, 'objektive' und wissenschaftliche Disziplin darstellt, sondern eine Ideologie, die dazu dient, die bestehenden gesellschaftlichen Strukturen (Amerikas) zu festigen und die Ziele der herrschenden 'Elite' für alle verbindlich zu machen. *Whittington* (1994) zeigt, dass das 'klassische' Modell als Ideologie auch den Interessen der aufsteigenden Klasse der 'ManagerInnen' dient: Durch die Entwicklung normativer Strategie-Modelle versuchen ManagerInnen einen Legitimitäts-Anspruch zu begründen, der ihnen - anders als den früheren Generationen von UnternehmerInnen, die durch ihr Eigentum legitimiert waren - nicht von vorherein zugestanden wird. Unabhängig davon, ob die entsprechenden Ansätze in der Praxis erfolgreich sind, besteht das Wesentliche einer formal rationalen Vorgehensweise beim strategischen Management darin, dass durch sie die Macht der ManagerInnen in einer sozial akzeptierten 'Fassade', nämlich als 'objektiv' und 'wissenschaftlich' dargestellt wird. In einer Gesellschaft, in der Rationalität hoch bewertet wird, dient das rationale System der strategischen Planung dazu, die eher eingeschränkte Rationalität, die in Unternehmen herrscht, zu verbergen.

Die Überzeugung, durch 'rationale' Planung den Erfolg eines Unternehmens sichern zu können, geht auf die (ökonomische) Situation in den 50er und 60er Jahren zurück, die durch Stabilität und Optimismus geprägt waren. Es war die Zeit eines starken, weltweiten wirtschaftlichen Wachstums, das durch eine riesige Nachfrage auf dem (Güter-) Markt nach dem Ende des 2. Weltkrieges ausgelöst wurde. Strategien wurden v.a. im Hinblick auf Kostenminderung und einen möglichst hohen Grad an Arbeitsteilung entwickelt. Im Prinzip spiegelten das autoritäre (Top-down-)Management und die Betonung von 'Gewinnmaximierung' die bürokratisch organisierte kapitalistische Gesellschaft jener Zeit wieder - ebenso wie das prozessuale und das evolutionäre Modell die Unsicherheiten der 70er Jahre und die allgemeine Entwicklung hin zu einem 'unorganisierten' Kapitalismus in den 80er Jahren .

In den 90er Jahren haben sich die geoökonomischen und -politischen Bedingungen hin zu einem globalen, spekulativen Kapitalismus entwickelt. Es scheint, als ob die Vision von *Marx*, nämlich die Ökonomisierung der Welt in einen einzigen Markt und eine einzige Kultur tatsächlich Gestalt anzunehmen beginnt:

> "Die Bourgeoisie reißt durch die rasche Verbesserung aller Produktionsinstrumente, durch die unendlich erleichterten Kommunikationen alle, auch die barbarischsten Nationen in die Zivilisation. Die wohlfeilen Preise ihrer Waren sind die schwere Artillerie, mit der sie alle chinesischen Mauern in den Grund schießt...mit einem Wort, sie schafft sich eine Welt nach ihrem Bilde" *(Marx & Engels* 1997; S. 24 Orig. 1848).

Die Ökonomie mit ihrer kalten Kalkulation und ihrem rastlosen Konkurrenzprinzip dominiert zunehmend Politik, Alltag und Kommunikation. Der Beweglichkeit des Kapitals hat die des Faktors Arbeit zu folgen: zeitliche und geografische Mobilität werden als selbstverständlich vorausgesetzt. Flexibilität, Pluralität, Fungibilität und Disponibilität bilden die dominanten Merkmale von Unternehmens- und Personalstrategien. Sie manifestieren sich beispielsweise in der Segmentation von Arbeit, in der Unterscheidung von Stamm- und Randbelegschaften sowie internen und externen Arbeitsmärkten. Der schnelle Zugriff, der flexible Einsatz und der problemlose, d.h. in erster Linie kostengünstige Abbau von Personal wird - trotz aller Bekenntnisse zum Human Resource Management - zum Leitbild personalwirtschaftlicher Strategien. Die Kernthese von *Marx*, dass der Geldwert eines Produkts allein aus der darin enthaltenen Arbeit resultiert, greift zu kurz. Nicht Fleiß und Arbeit schaffen Geldwert, sondern das gezielte Aussteuern der Arbeit auf einen jenseits des Arbeitsproduktes liegenden Erfolg hin, den Erfolg seines Verkaufes. Das Vermögen, das dieses Prozessieren der Arbeit ermöglicht, organisiert und das Risiko seines Scheiterns trägt, bildet das 'Kapital'.

2.5 Personalplanung und strategische Unternehmensplanung

Wie wir oben gezeigt haben, ging man in den 70er Jahren davon aus, dass viele Probleme von Unternehmen mit Hilfe einer (strategischen) Unternehmensplanung besser in den Griff zu bekommen wären. Ausgebliebene Erfolge wurden auf Planungs-Fehler zurückgeführt und zwar in erster Linie auf Versäumnisse, Ziele zu definieren bzw. das Unternehmen auf das Erreichen dieser Ziele vorzubereiten. 'Management by Objectives' kam in Mode und informelle Abstimmungen im Unternehmen wurden als 'oberflächlich', im Hinblick auf ihre analytische Potenz als 'nicht sehr gründlich und präzise' und bezüglich ihrer Informationsbasis als 'unvollständig' abgetan.

Es ist deshalb nicht überraschend, dass auch die Erwartungen an die Personalplanung zu dieser Zeit sehr hoch waren: mit ihrer Hilfe sollte über einen Zeitraum von 5 oder mehr Jahren möglichst präzise vorhergesagt werden, wann, wo, wie viele Mitarbeiter mit welchen Qualifikationen benötigt werden. Auch die Hoffnungen, die an eine derartige (Personal-)Planung geknüpft wurden, waren hoch: Unternehmen sollten dadurch eher in die Lage versetzt werden, die unerwünschten sozialen Konsequenzen einer 'Hire and Fire-Politik' abzufedern; zudem sollte durch eine frühzeitige Personalplanung gewährleistet werden, dass Unternehmen ihre Pläne schnell und ohne große Reibungsverluste (z.B. durch personelle Engpässe) umsetzen können. Die zunehmende Bedeutung der Personalplanung führte auch zu einer Aufwertung anderer Aufgabenfelder des Personalwesens, z.B. der Personalentwicklung und der Einschätzung der (Personal-) Kosten.

Dies war ein anderer Grund, warum sehr viel Energie in die Entwicklung von (neuen) Planungs-Techniken investiert wurde. Es begann die Konjunktur von (computergesteuerten) Planungssystemen, deren Ziel es war, PlanerInnen eine bessere Informationbasis als Grundlage für Entscheidungen im Unternehmen zur Verfügung zu stellen, als dies auf der Basis traditioneller Verfahren der Fall war. Gerade, wenn es um Prognosen 'externer' Variablen ging (z.B. Nachfrageentwicklung auf einem bestimmten Gütermarkt; politische, gesellschaftliche, rechtliche Entwicklungen), die sich schnell verändern (können), war der Einsatz einfacher, vergangenheitsorientierter Prognosetechniken (z.B. Trendextrapolationen) nicht mehr angemessen. Es wurden deshalb immer raffiniertere Verfahren der multivariaten Statistik (wie z.B. multiple Regressionen und Faktorenanalysen), als Verfahren in die Unternehmensplanung eingeführt. Diese Versuche, Planung auf der Unternehmensebene 'rationaler' zu gestalten, führte dazu, auch für die Personalplanung Planungstechniken zu entwickeln, die eine möglichst große zeitliche Reichweite aufweisen.

Die drastischen politischen und ökonomischen Veränderungen Ende der 80er und in den 90er Jahren haben eine detaillierte Planung über einen längeren Zeitraum hinweg jedoch als unrealistische und unproduktive Übung erscheinen lassen. Die Konsequenz war die Abkehr von formalen und quantitativen hin zu qualitativen Planungsverfahren (z.B. Szenarioplanung). Dies traf auch für das Personalwesen zu, das sich zusätzlich zu den externen verstärkt mit den Folgen interner Turbulenzen (z.B. diskontinuierliche Veränderungen; Reorganisationen; Versetzungen) auseinanderzusetzen hatte. Es stellt sich jedoch bereits hier die Frage (auf die wir später noch ausführlicher eingehen werden), ob es schon jemals eine Periode andauernder Stabilität gegeben hat oder ob der 'rationale' Planungsansatz nicht einen Idealzustand propagiert, der mit der Realität im Unternehmen nur sehr wenig zu tun hat.

Angesichts der bisherigen Ausführungen stellt sich die Frage, ob sich Unternehmen tatsächlich so viel Mühe machen, ihre Zukunft 'in den Griff' zu bekommen wie es u.a. von Personal-PlanerInnen mit geradezu missionarischem Eifer verkündet wird und warum man dabei häufig von der Annahme ausgeht, dass Planung der einzig denkbare Ansatz dazu sei.

Die Verbindung zwischen strategischer Unternehmensplanung und operativer Personalplanung erfolgt durch die strategische Personalplanung. Strategische Personalplanung wird häufig synonym mit strategischem Personalmanagement gebraucht (*Elsik* 1992) und betrifft daher alle drei, der oben beschriebenen Strategie-Ebenen. Strategische Personalplanung kann als ein Element der strategischen Unternehmensplanung verstanden und daher der Unternehmensleitungsebene zugeordnet werden. Allerdings kann Personalplanung auch als Schnittstelle zwischen operativer Personalplanung und strategischer Unternehmensplanung betrachtet werden, die Bezüge in beide Richtungen aufweist und deshalb beide Betrachtungsebenen berührt (*Elsik* 1992, 23). Die Zuordnung der Personalplanung zur 'dritten Ebene' schließt nicht aus, dass die Integration der Personalplanung in die Unternehmensplanung als ein wichtiger Aspekt des strategischen Personalmanagements angesehen wird.

Annahmen über mögliche Zusammenhänge zwischen Personal- und Unternehmensplanung basieren häufig auf der Vorstellung, dass auf der Basis *technischer* Analysen der *objektiv* vorgegebenen Umwelt eines Unternehmens ein übergeordneter und funktionsübergreifender allgemeiner Unternehmensplan erstellt werden kann, aus dem sich widerspruchsfrei Subziele für einzelne Teilbereiche eines Unternehmens (u.a. das Personalwesen) ableiten lassen. Wir halten diese These für zu einfach und wenig realistisch: der Umweltzugang eines Unternehmens wird vermutlich primär durch eine Kombination aus (technischer) Analyse, subjektivem Beurteilungsvermögen und tatsächlichem Handeln sowie objektiven Chancen und Beschränkungen bestimmt. Wichtig ist dabei vielmehr die ein Unternehmen oder eine Branche charakterisierende *Logik* des Denkens. Umweltkontakte werden schließlich durch *alle* Mitglieder eines Unternehmens und nicht etwa nur durch eine (Planungs)-Abteilung hergestellt. Da dabei sehr unterschiedliche Interessenlagen involviert sind, beinhaltet dieser Prozess auch politische Komponenten. Wettbewerbsvorteile kommen daher wohl eher durch *kleine* dezentral getroffene Entscheidungen im Sinne *aktionaler* Planung (im Gegensatz zu zentralistischer Planung) zustande. Weil das Erstellen von Plänen kein Selbstzweck ist (bzw. sein sollte), sondern Pläne letztendlich der Umsetzung von Strategien dienen und in Entscheidungen bzw. konkretes Handeln münden sollen, werden wir im Folgenden zunächst möglichen Ansätzen einer Verbindung strategischer und operativer Entscheidungen sowie einer wirksamen Integration des Personalwesen in die Unternehmenspolitik nachgehen.

Konstitutives Element der strategischen Personalplanung ist die Zielplanung für den operativen Bereich. Anhand der Art und Weise wie diese Ziele zustande kommen kann auf die Einbindung der Personalplanung in die strategische Unternehmensplanung geschlossen werden. *Röthig* (1982) unterscheidet vier Ziele einer strategischen Personalplanung:

- Versorgungsziel: Versorgung des Unternehmens mit dem zur Zielerreichung notwendigen Humanpotential;

- Aktivierungsziel: Motivation und Leistungsinduzierung;

- Intra-Stabilisierungsziel: personelle Gestaltung des Politiksystems;

- Inter-Stabilisierungsziel: Unterstützung und Akzeptanz der Kerngruppe durch die übrigen Unternehmensmitglieder.

Strategische Personalplanung verfolgt auch eine Integrationsfunktion, indem sie die aufeinander bezogene Abstimmung der personalwirtschaftlichen Teilfunktionen vornimmt. Dadurch soll gewährleistet werden, dass sich die Einzelmaßnahmen auf den jeweiligen personalwirtschaftlichen Aufgabenfeldern in ihren Wirkungen ergänzen und sich nicht gegenseitig behindern (*Elsik* 1992, 67f.).

Nach *Elsik* (1992, 68) lassen sich einige Merkmale der strategischen Unternehmensplanung auch zur Kennzeichnung der strategischen Personalplanung heranziehen:

- Umweltorientierung
- Potentialorientierung
- Unternehmensleitung als Träger
- allgemeine Verhaltensmerkmale.

Wir werden in Abschnitt 3.3.3 am Beispiel der Szenarioplanung zeigen, wie solche Merkmale in strategischen Personalplanungsprozessen berücksichtigt werden können.

Aus diesen (komprimierten) Ausführungen zur strategischen Personalplanung geht hervor, dass in den entsprechenden Ansätzen vom Konzept der 'rationalen Entscheidung' ausgegangen wird. Dabei bezieht sich rational v.a. darauf, dass Entscheidungen intern stimmig, widerspruchsfrei aufeinander abgestimmt und v.a. konsequent zielbezogen sind (s. Neuberger 1995, 169). Wenn man weiß, was gewollt wird, dann kann man für jede Alternative feststellen, ob sie (mit geringstem Aufwand, Ressourceneinsatz, in kürzester Zeit usw.) zum gewünschten Ziel führt. Rationalität ist aus dieser Perspektive strategische Erfolgswirksamkeit.

Zusätzlich zur Entscheidungsrationalität, die den meisten Strategie-Ansätzen zugrunde liegt, unterscheidet *Brunsson* (1982) 'Handlungsrationalität', die dann gegeben ist, wenn in praktischen Kontexten nicht nur die objektive Güte einer Entscheidung zählt, sondern v.a. ihre Durchsetzbarkeit. Handlungsrational ist es, nicht die 'richtige' Alternative zu wählen, sondern die realisierbare (*Neuberger* 1995, 169). Wir werden im Zusammenhang mit 'Politik und Personalplanung' auf diese Überlegungen ausführlicher eingehen.

2.6   Die Integration von Unternehmens- und Personalplanung

Die 'klassischen' Integrationsansätze

Wir haben bereits in Band 1 am Beispiel des Human Resource Managements (HRM) auf praktisch-normative Ansätze des Personalmanagements hingewiesen, in welchen beschrieben wird, was getan werden müsste, damit Personalwesen seinen Beitrag zur Erfolgs- und Bestandsicherung eines Unternehmens leisten kann. Dabei wird davon ausgegangen, dass das Unternehmen ein System und das Personalwesen ein Subsystem ist, das 'dem Ganzen', welches Ziele und Beschränkungen vorgibt, zu dienen hat. Die Personalfunktion hat sicherzustellen, "dass die zur Erfüllung der 'Gesamtaufgabe' nötigen menschlichen Ressourcen in der richtigen Qualität und Menge, zum richtigen Zeitpunkt am richtigen Ort verfügbar sind und sie hat diese Verfügbarkeit strukturell, dauerhaft, effizient und ökonomisch zu sichern" (Band 1, 34).

Wir haben auch gezeigt, dass im Rahmen der meisten HRM-Ansätze das Personalwesen als eine den anderen Teilsystemen (z.B. Marketing, Rechnungswesen) gleichberechtigte, strategische Teilfunktion verstanden wird, die - wie die übrigen Teilfunktionen - in die strategischen Bemühungen des Unternehmens integriert werden soll.

Kapitel E

Personalmanagement als direkte Prozessbeteiligung

Die direkte Integration des Personalmanagements in den Prozess der (strategischen) Entscheidungsfindung kann sowohl auf der Basis des klassischen wie auch des informal-inkrementellen Ansatzes erfolgen (*Elsik* 1992). Wenn Strategien sowohl bewußt formulierte, als auch emergente Anteile enthalten, schließen sich diese beiden Ansätze nicht zwangsläufig aus. Zudem weist *Elsik* (1992) darauf hin, dass der Umfang der Integration und damit der Stellenwert der Personalfunktion im Unternehmen auch davon abhängt, inwieweit das Personalmanagement in die formale *und* in die informale Entscheidungsfindung einbezogen wird.

"Eine Einbindung in die strategische Planung kann den Personalfachleuten und -planern dabei helfen, über viele strategische Schritte laufend informiert zu bleiben und die personalwirtschaftlichen Implikationen dieser Schritte zu beurteilen. Strategische Planungsprozesse verdecken jedoch manchmal mehr als sie offenlegen (...). Darüber hinaus sind bei vielen Problemen, die den formalen Planungsprozess erreichen, die wichtigen Entscheidungen bereits gefallen" (*Dyer* 1983, 261 zit. nach *Elsik* 1992, 52f.).

Demnach könnten drei Integrationsstufen des Personalmanagements in die strategische Unternehmensplanung unterschieden werden: die Einbeziehung des Personalmanagements in die Strategie*implementierung*, zusätzlich in die Strategie*formulierung* und zusätzlich in die *informale* Strategie*findung (Elsik* 1992). Auf der ersten Stufe wird vom Personalmanagement erwartet, dass es die Umsetzung vorab formulierter Unternehmensstrategien unterstützt und absichert. Aufgrund dieser abgeleiteten Funktion wird unter diesem Gesichtspunkt nicht von strategischem, sondern von strategieorientiertem Personalmanagement gesprochen (*Elsik* 1992, 55f.). Ein Beispiel für unmittelbare Anforderungen an das Personalmananagement ist die aus Unternehmensstrategien abgeleitete Ermittlung des Personalbedarfs, die Identifizierung möglicher personeller Lücken sowie das Ergreifen von Maßnahmen, um diese Lücken zu schließen. Diese reaktive Rolle des Personalmanagements ist jedoch nicht unproblematisch, da von der Annahme ausgegangen wird, dass erforderliche Humanressourcen kurzfristig beschafft bzw. entwickelt werden können. Nach *Staehle* (1989, 394) erweist sich dies in der Praxis als nicht sehr realistisch und ist eine Ursache für das Scheitern anspruchsvoller Strategien. Ein Beispiel hierfür ist das Problem zu langer Anlaufzeiten aufgrund von Qualitätsproblemen bei der Inbetriebnahme einer neuen Fertigungsanlage. Im Extremfall wird diese Anlage von der Technikplanung ohne Abstimmung mit dem Personalwesen konzipiert und schließlich errichtet. Erst kurz vor Anlauf der Fertigung wird der Fertigungsleiter mit dem 'Personal-Problem' konfrontiert: die kurzfristige Beschaffung von benötigten Qualifikationen, die v.a. beim Einsatz neuer Technologien auf dem internen und externen Arbeitsmarkt noch nicht im erforderlichen Ausmaß vorhanden sind; mögliche Konflikte, die sich daraus ergeben, dass beim Anlauf der Anlage und in Störfällen andere Qualifikationen benötigt werden als im Routinebetriebe usw.

Durch eine frühzeitige Berücksichtigung personalwirtschaftlicher Daten bzw. die Einbeziehung von Personalfachleuten in den Prozess der Strategieformulierung könnten solche Probleme u.U. abgemildert oder ganz vermieden werden. Im Fall unseres Beispiels aus der Fertigung würde dies bedeuten, dass schon zu einem frühen Zeitpunkt der Fertigungsplanung personalwirtschaftliche Überlegungen Berücksichtigung finden würden. So könnte etwa eine Projektgruppe aus erfahrenen Personalfachleuten aus der Linie, Meistern und Ingenieuren sowohl aus der Linie als auch aus der Stabsabteilung 'Fertigungsplanung' den Ist-Zustand der aktuellen Fertigung im Hinblick auf Techologien, Arbeitstrukturen und Qualifikationen beschreiben. Auf der Basis der gleichen Begrifflichkeit könnten dann bereits von Beginn der Technik-Planung an jeweilige Konsequenzen aus den einzelnen Planungsschritten abgeleitet und rechtzeitig entsprechende Maßnahmen (z.B. Schulungsprogramme) eingeleitet werden. Auf diese Weise würden auch die Technik-PlanerInnen Informationen über die Machbarkeit bzw. Schwierigkeiten bei der Realisierung von Plänen erhalten, was wiederum zu einer Modifikation der Technikpläne beitragen könnte.

Die direkte Einbeziehung des Personalmanagements in die informalen strategischen Entscheidungsprozesse hängt u.a. davon ab, ob Strategien bewusst intendiert werden oder emergent sind (*Elsik* 1992). Intendierte Strategien können sowohl das Ergebnis formaler Planungsabläufe als auch von (Vor-)Entscheidungen außerhalb des formalen Planungszyklus sein. Um 'voll' integriert zu sein, müssen PersonalmanangerInnen auch in diesen Gruppen präsent und akzeptiert sein (*Elsik* 1992, 61). Werden Strategien im *Mintzbergschen* Sinn als rekonstruierbare Entscheidungs- und Handlungsmuster als emergent betrachtet, so leisten auch personalwirtschaftliche Einzelentscheidungen und ihre Umsetzung einen Beitrag zur Entstehung solcher Muster und sind in ihnen enthalten.

Personalmanangement als indirekte Prozessbeteiligung

Elsik (1992) geht davon aus, dass eine indirekte Steuerung strategischer Entscheidungsprozesse u.a. durch eine gezielte Beeinflussung von Entscheidungsträgern erfolgen kann. Ziel dabei ist es, strategische PlanerInnen bzw. LinienmanagerInnen für personalbezogene Probleme zu sensibilisieren (*a.a.O.*, 62). Dies kann beispielsweise dadurch erfolgen, dass diese Zielgruppen systematisch in die Personalplanung (z.B. durch die ressortübergreifende Erarbeitung eines 'Personalszenarios') einbezogen werden.

Einen indirekten Einfluss auf strategische Entscheidungsprozesse können personalwirtschaftliche Programme und Systeme entfalten, auch wenn dies nicht bewusst geplant ist. So gehen etwa von der Personalbeurteilung und der Anreizgestaltung 'verschlüsselte Botschaften' an die Entscheidungsträger aus, die implizit oder explizit darauf verweisen, welche Verhaltensweisen und/oder Leistungsergebnisse belohnt werden, der Karriere dienlich sind usw. (*Elsik* 1992, 63). Solche Überlegungen zur indirekten Prozesssteuerung verweisen auf die Gestaltung bzw. Beeinflussung der

Unternehmenskultur durch das Personalwesen, um erwünschte strategische Verhaltensweisen im Unternehmen zu fördern bzw. emergente Strategieanteile zu steuern.

Die Integration von Unternehmens- und Personalplanung in der Praxis

Damit eine 'Passung' des HRM-Systems zu den Gegebenheiten des Unternehmens erfolgen kann und die Einzelelemente des Systems miteinander 'in Einklang' gebracht werden können, wäre ein (theoretisches) Integrations-Konzept nötig. Wir haben allerdings schon in Band 1 darauf hingewiesen, dass HRM-Ansätze häufig nicht aus einer theoretischen Position heraus, sondern eher aus einer voluntaristischen Sicht argumentieren und durch ein ausgeprägtes Machbarkeitsdenken charakterisiert sind. Der Mangel an funktionsfähigen Integrationskonzepten ist vermutlich auch ein Grund dafür, warum in der Unternehmens*praxis* die Integration von Unternehmens- und Personalplanung eine eher untergeordnete Rolle spielt. Im Rahmen seiner Dissertation hat *Strohmeier* (1994) die Berichte von 40 Unternehmen analysiert, die eine Form der Integration von Unternehmens- und Personalplanung zumindest erwähnen. Allerdings ist nicht auszuschließen, dass es sich bei solchen Veröffentlichungen häufig um Selbstdarstellungen der Unternehmen handelt, die sich eher aus Marketing-Gründen der Öffentlichkeit präsentieren und sich deshalb auch beschönigend als besonders fortschrittlich, rational usw. darstellen. Ob eine Integration in der beschriebenen Form in den jeweiligen Unternehmen tatsächlich (über einen längeren Zeitraum hinweg) stattfindet, ist zumindest fraglich. Unterstützt wird diese Vermutung durch die Tatsache, dass *Strohmeier* nur 26 seiner 40 Fallstudien (detailliert) auswerten konnte, da in den restlichen Berichten eine integrierte Planung - ohne spezifische Ausführungen - nur erwähnt wurde. Auch in den verbliebenen Fällen waren die Angaben vage und bedurften einer interpretativen Aufarbeitung durch den Autor, so dass Ergebnisse eher in Form allgemeiner Einschätzungen und nicht als quantitative Auswertungen vorliegen. Trotzdem sind einige der berichteten Ergebnisse bemerkenswert:

- Im Vergleich zu den nordamerikanischen berichten nur sehr wenige deutsche Unternehmen über eine Integration von Unternehmens- und Personalplanung.

- Wenn über eine Integration berichtet wird, dann primär auf der Ebene der strategischen Unternehmens- und der strategischen Personalplanung - eine Abstimmung auf der operativen Ebene findet offenbar nur sehr selten statt.

- Im Hinblick auf den Umfang der Integration weist kein Unternehmen eine Vollintegration auf; vielmehr werden nur Teile der Personalplanung mit Teilen der Unternehmensplanung (oft auch nur auf bestimmte Segmente der Belegschaft beschränkt) in Zusammenhang gebracht.

- Personalplanung ist grundsätzlich eine 'abgeleitete' Planung. Auch bei teilintegrierten Konzepten (die v.a. dann zu finden sind, wenn Arbeitnehmervertretungen Mitarbeiterinteressen in die Personalplanung einzubringen versuchen) wird eine gleichberechtigte Stellung der Personalplanung nicht erreicht. Ausgangsüberlegungen von Planungen sind sind in erster Linie markt- bzw. finanzbezogen.

- Bei den Integrationsinstrumenten dominieren (v.a. in ihrer Kombination) organisatorische sowie intuitive Vorgehensweisen, die v.a. im Zusammenhang mit Dezentralisierung der Personalarbeit und damit einer verstärkten Personal(planungs-) verantwortung der 'Linien' eine Rolle spielen. Normativ-zuordnende sowie quantitativ-mathematische Instrumente besitzen so gut wie keine Bedeutung. Auch der Einsatz von Software-Instrumenten zur Personalplanung wurde nur selten erwähnt.

- Die Aussagen zum Erfolg (und zum Aufwand) der einzelnen Konzeptionen sind sehr oberflächlich; meist wird - implizit - von der Notwendigkeit und Richtigkeit einer integrierten Planung ausgegangen.

Angesichts der kritischen Argumente, die wir im Hinblick auf die rationalistische Vorgehensweise und die konzeptionellen Schwächen der verschiedenen Integrationsansätze vorgebracht haben, ist es nicht weiter erstaunlich, dass die meisten praktischen Integrations-Versuche eher normativer und präskriptiver Art sind und keiner empirischen Überprüfung unterzogen werden.

Allerdings liefern auch die Untersuchungen, in denen Aspekte der Integration von Unternehmens- und Personalplanung *empirisch* getestet wurden, keine fundierten und repräsentativen Erkenntnisse. *Strohmeier* (1994), der im Rahmen seiner Arbeit 16 empirische Studien identifizieren konnte, die sich zumindest mit partiellen Aspekten der Integration von Unternehmens- und Personalplanung befassen, kommt zu dem Schluss, dass die große Heterogenität der gefundenen Studien im Hinblick auf Forschungsintentionen, Grundgesamtheiten, Stichproben, Zeitpunkten und gewählten Vorgehensweisen gegen eine quantitative Zusammenfassung der Ergebnisse spricht (*a.a.O.*, 76). In die gleiche Richtung geht das Argument, dass neben der 'Überalterung' der Erkenntnisse auch das "Gesamtniveau der Erkenntnisse zu Dimensionen, Instrumenten und Erfolg der Integration so gering (ist), dass darauf kaum quantititative Analysen aufsetzen können" (*a.a.O.*, 176). Der Autor stellt einen 'massiven Erkenntnisbedarf' - v.a. für den deutschsprachigen Raum - zu diesem Thema fest, da die Ausprägungen integrativer Dimensionen nur vage und bruchstückhaft bekannt sind und speziell instrumentelle Aspekte als empirisch kaum erfaßt gelten können (*a.a.O.*, 177).

Nach einer neueren Unternehmens-Befragung durch die Universität Warwick aus dem Jahr 1992 scheint sich in den letzten Jahren ein Wandel zugunsten einer stärkeren Integration des Personalwesens in strategische Unternehmensentscheidungen vollzogen zu haben (s. *Legge* 1995, 119f.). Mitarbeiter des Personalwesen und der Finanzabteilungen wurden befragt, welche Rolle sie bei einer Reihe von strategischen Entscheidungen, die eindeutig personelle Implikationen aufwiesen, spielten. Die Befragten wurden gebeten, im Hinblick auf bis zu vier strategische Ereignisse (Mergers & Aquisition; Investition in einen neuen Standort; Expansion eines bestehenden Standorts; Verkleinerung eines Geschäftsbereiches; Schließung eines Standortes; Verkleinerung eines Standortes; Joint Ventures) anzugeben, ob personalwirtschaftliche Überlegungen im Vorfeld dabei überhaupt eine Rolle gespielt hatten und falls dies der Fall war, ob das Personalwesen eingebunden war und Vorschläge einbringen, finanzielle Konzequenzen aufzeigen, abschließende Entscheidungen treffen und diese auch implementieren konnte.

Es zeigte sich, dass bei nahezu allen wichtigen strategischen Ereignissen (75 %) personelle Überlegungen eine Rolle spielten. Allerdings sieht die Situation, wenn es um die Beteiligung des Personalwesens dabei geht, bei weitem nicht so rosig aus. Nach übereinstimmender Auskunft sowohl von Mitarbeitern des Personalwesens wie auch der Finanzabteilung ist die Wahrscheinlichkeit, dass das Personalwesen beteiligt wird, in der Implementierungs-Phase am größten; wenn es um die endgültige Entscheidung für oder gegen eine bestimmte Strategie ging, spielte die 'Stimme' des Personalwesens dagegen kaum eine Rolle. Im Hinblick auf die wichtigste Phase bei der Integration von Personal- und Unternehmensstrategien - der Möglichkeit frühzeitig Vorschläge zu unterbreiten - gaben Vertreter des Personalwesens an, bei etwa der Hälfte und gelegentlich sogar bei drei Viertel der Ereignisse beteiligt worden zu sein. Allerdings zeichneten die Mitarbeiter der Finanzabteilung ein ganz anderes Bild; nach ihren Auskünften konnten die Angehörigen des Personalwesens bei zwei Dritteln aller Entscheidungen zu Mergers & Aquisitions keine eigenen Vorschläge einbringen; bei 70 Prozent der Fälle durfte das Personalwesen die finanziellen Konsequenzen nicht bewerten und in 82 % der endgültigen Entscheidungen spielte das Personalwesen keine Rolle. Sogar bei der Implementation von fünf der sieben oben beschriebenen strategischen Entscheidungen hatte die Mehrheit der Finanz-Mitarbeiter keine Beteiligung des Personalwesens erkennen können. *Legge* (1995, 138) geht davon aus, dass die Angehörigen der Finanzabteilung eher glaubwürdig seien, da die Mitarbeiter des Personalwesens - außer, dass wohl eine generelle Tendenz unterstellt werden kann, die eigene Bedeutung für das Unternehmen zu überschätzen - grundsätzlich höhere Werte für ihre eigene Beteiligung als für die generelle Beachtung personeller Aspekte bei strategischen Entscheidungen berichteten (wären diese Antworten zutreffend, dann würde dies ein noch deprimierenderes Bild des Personalwesens im Hinblick auf strategische Entscheidungen zeichnen). Darüber hinaus wurde 'das' Personalwesen nur zu etwa einem Drittel der 'kritischen' Nach-Besprechungen eingeladen.

Diese Ergebnisse bestätigen die skeptische Schlussfolgerung *Strohmeiers* im Hinblick auf die Bedeutung der Integration von Unternehmens- und Personalplanung. In der Praxis sind das Personalwesen bzw. die Personalplanung - trotz aller Lippenbekenntnisse - in erster Linie eine abgeleitete Funktion mit einer nur marginalen strategischen Bedeutung ('strategisch' im klassischen Sinn verstanden). Allerdings ignoriert die Auffassung, dass es sich bei der Integration von Unternehmens- und Personalplanung um einen mechanistischen (Anpassungs-)Vorgang handelt, komplexe Prozesse, in denen Strategien und personalwirtschaftliche Aktivitäten symbiotisch miteinander verknüpft und eingebettet sind in den Prozess des geplanten organisatorischen Wandels. Dieser Prozess wird durch unternehmensexterne Faktoren (z.B. sozio-ökonomische, technische, politische und Wettbewerbs-Bedingungen) ebenso geprägt wie durch interne (z.B. Unternehmenskultur, Organisationsstrukturen, Fertigungstechnologien, Produktionsergebnisse und die Bedeutung, die Systeme, die Organisation usw. des Personalwesens). Daraus folgt, dass eigentlich nicht 'Anpassung' (matching) das Thema ist, sondern dass es für das Personalwesen darum geht, gegenüber Chancen und Risiken, die sich für seine Entwicklung im Rahmen komplexer Muster strategischer und struktureller Veränderungen ergeben, sensibel zu sein. Aus diesen Überlegungen folgt auch, dass strukturelle Veränderungen oft eine notwendige Vorbedingung für strategische Veränderungen sind, da sie den Stakeholders, die bestehende Strategien verteidigen, ihre Machtbasis entziehen.

Unabhängig davon, ob die Integration von Strategien bzw. von Unternehmens- und Personalplanung als ein langer, komplexer und iterativer Prozess verstanden wird oder ob man davon ausgeht, dass eine unternehmensweite Integration ohnhin nie erreicht werden kann, stellt sich die Frage, ob eine enge Integration von Unternehmens- und Personalplanung überhaupt erwünscht bzw. sinnvoll ist.

Die Forderung nach Integration wird per se als positiv bewertet; sie enthält sie aber auch einige problematische Aspekte. Ist ein Unternehmen dadurch charakterisiert, dass es einen hohen Diversifikationsgrad etwa im Hinblick auf 'seine' Produktmärkte, Branchen, Länder, durch neu erworbene 'Töchter' usw. aufweist, dann muß den jeweiligen Organisationseinheiten zwangsläufig eine höhere Autonomie auch im Hinblick auf die Formulierung eigener Pläne bzw. Strategien eingeräumt werden. Eine Integration der verschiedenen Teilplanungen bzw. Strategien und der zentralen Unternehmensplanung fände in erster Linie im Bereich der Finanzen bzw. des Finanz-Controllings statt. Eine Integration der verschiedenen personalwirtschaftlichen Teilplanungen mit einem Gesamtplan und daran anschließend mit einem übergeordneten Gesamtplan ist im Rahmen solcher Entwicklungen nicht mehr von Bedeutung. Problematisch dabei ist jedoch, dass alle Aktivitäten, auch personalwirtschaftliche, 'von oben' anhand finanzieller Kriterien bewertet werden; dies kann dazu führen, dass das Personal (im Sinne eines 'weichen' Personalwesens) nicht (mehr) als 'Asset' bzw. 'Kapital' gesehen wird, dessen Wert durch entsprechende Investitionen vergrößert werden muss (siehe auch das Kapitel zum Thema 'Personalkosten'), sondern ausschließlich die harten Aspekte des Personalwesens (z.B. Personalkosten, Arbeitsmärkte) betont werden.

Begründungen für die Integration von Personalplanung und Unternehmensplanung.

Begründungen für die Integration von Personalplanung und Unternehmensplanung basieren in erster Linie auf folgenden Prämissen (vgl. *Mintzberg* 1994):

1. Handlungen müssen koordiniert werden (Außensteuerung; 'Fremdkoordination'):

Dadurch, dass im Verlauf eines formalisierten Prozesses Entscheidungen *gemeinsam* getroffen werden - so die Begründung - wird eine angemessene Koordination von Handlungen in einem Unternehmen gewährleistet. Läuft etwas schief (z.B. kann eine neue Fertigungsanlage erst mit großer zeitlicher Verzögerung in Betrieb genommen werden oder wird ein Produkt am Markt vorbei entwickelt) so werden die Ursachen für diese Probleme häufig ungenügender bzw. fehlender Integration von Teilplänen zugeschrieben. Man geht davon aus, dass durch die Zerlegung von Entscheidungen und Strategien bzw. deren Folgen in einzelne Ziele, die wiederum einzelnen Unternehmensbereichen zugeordnet werden können, das Ganze irgendwie funktioniert - natürlich nur so lange wie jeder seine Pläne genau ausführt (Maschinen-Metapher). Im Grunde werden dadurch Transparenz und Ordnung hergestellt und Abweichungs-Analysen, Kontrolle usw. erleichtert.

2. Ein zweiter Argumentationsstrang geht davon aus, dass das 'gemeinsame' Erstellen von (Personal-)Plänen die *Kommunikation im Unternehmen fördert* (siehe oben) und dadurch auch der Koordination der am Planungsprozess beteiligten Unternehmensbereiche dient ('der Weg ist das Ziel'; 'nur der Prozess zählt'); zudem wird ein gemeinsames Verständnis der Wirklichkeit (der Unternehmensziele, der Strategien usw.) erreicht. Dass es durch Planung gelingen kann, (scheinbar) Unvereinbares zu integrieren, soll nicht bestritten werden; allerdings bleibt zu überlegen, ob Koordination *nicht auch durch andere Mechanismen* (funktionale Äquivalente) erzielt werden kann (wie etwa durch informelle Kommunikation; durch eine einheitliche, starke Unternehmenskultur; durch direkte oder symbolische Führung usw.). Wir haben bereits oben darauf hingewiesen, dass auch dann, wenn Pläne der Koordination dienen, diese keineswegs durch einen formalisierten Prozess entstanden sein müssen.

3. Weil sichergestellt werden muss, dass Unternehmen auf *künftige Entwicklungen vorbereitet sind*: Die Frage ist aber, ob dies in jedem Fall effektiver mit Hilfe integrierter formaler Planungs-Verfahren gelingt oder ob der Zukunft nicht gelegentlich besser informell durch erfahrene, weitblickende Individuen oder intuitiv Rechnung getragen werden kann. Zudem können Pläne das Management in der (trügerischen) Sicherheit wiegen, 'alles im Griff' zu haben.

2.7 Schlussfolgerung

Der Mainstream ökonomischen Denkens folgt in erster Linie der oben beschriebenen Zweck-Mittel-Rationalität: Organisationen als rationale Veranstaltungen stellen das Werkzeug bzw. das Mittel zu einem Zweck dar. Deutlich wird dies anhand einer Definition von *Scott* (1986, 45), der als Organisation eine 'an der Verfolgung relativ spezifischer Ziele orientierte Kollektivität mit einer relativ stark formalisierten Sozialstruktur' sieht. Indem *Scott* Kapitän *Achab* aus *Melvilles* 'Moby Dick' zitiert, stellt er die Konsequenzen dieser Auffassung von Organisation heraus: "Alle meine Mittel sind vernünftig, mein Motiv und mein Ziel jedoch, sie sind verrückt" (*a.a.O.*, 92f.).

Rationalität wird damit in erster Linie als Zielspezifität und Formalisierung und - zumindest implizit - als Wertfreiheit verstanden.

So sind für *Gutenberg* (1929) die Güter, die durch eine Unternehmung bewegt werden, Objekt für ein sie bewegendes Subjekt. Gutenberg nennt dieses 'aktiv gestaltende Element' 'psychophysisches Subjekt' (*a.a.O.*, 28). Dieses Subjekt bedient sich bei der Bewegung der Güter des Rationalprinzips, welches für Gutenberg das Charakteristikum allen menschlichen Handelns darstellt. Handeln ist zweckmäßiges Handeln und durch ein Formalprinzip reguliert, da nach der Art des Zweckes nicht gefragt wird (*a.a.O.*, 31). Ist der Zweck vorgegeben, dann kann versucht werden ihn bestmöglich zu verwirklichen.

Da Akteure selten allein handeln, sondern sich i.d.R. auf andere Akteure beziehen, stellt sich allerdings die Frage, inwieweit *Organisationen* überhaupt rational sein können. Geht man wie *Schnädelbach* (siehe oben) davon aus, dass Rationalität stets 'subjektive Vernunft' als Vermögen von Menschen, vernünftig zu handeln und zu denken, bedeutet, dann können Organisationen keine 'eigene' Rationalität entfalten. Betrachtet man die Geschichte der neueren organisationstheoretischen Forschung, so liest sich diese in der Tat wie eine Dekonstruktion der Auffassung von Organisationen als (zweck-)rationale Akteure. Da wir im Rahmen dieses Textes auf einige dieser Ansätze ausführlich eingehen werden, beschränken wir uns an dieser Stelle darauf, die wichtigsten lediglich zu nennen: Die Theorie 'begrenzter Rationalität' (*Simon*), Koalitionstheorie, d.h. Unternehmensziele als Aushandlungsergebnis (*Cyert & March*), Organisationen als 'Mülleimer' (*Cohen, March & Olsen*), Organisationen als politische Arena (*Crozier & Friedberg*), Organisationsevolution (*Weick*) sowie Legitimation über Rationalitätsfassaden (*Meyer & Rowan*). Eine differenzierte Auseinandersetzung mit diesen zeitgenössischen Organisations-Theorien findet sich beispielsweise in den Werken von *Kieser* (1995), *Neuberger* (1995), *Clegg* u.a. (1996) sowie *Ortmann* u.a. (1997).

Instrumentelle Rationalität mißt der Frage, ob die Ziele, die mit ihr verfolgt werden, vernünftig sind, jedoch keine Bedeutung bei. Organisationen als Ausdruck der instrumentellen Rationalität, die als Zweck/Mittel-Rationalität ihren derivativen Charakter herausstellt, müssen vom Einzelfall abstrahieren, wenn sie - dem Formalprinzip folgend - personenunabhängige Verhaltenserwartungen bewußt herstellen wollen. Um welche Verhaltenserwartungen es sich dabei im einzelnen handelt ist gleich-gültig. Organisation ist Mittel zum Zweck - die Funktion von Zwecken ist die Wertneutralisierung der Mittel (vgl. *Luhmann* 1976, 35). Rational sind formalisierte Verhaltenserwartungen, wenn sie sich in die Zweck-Mittel-Kette einordnen.

Offenbar geht unser (Alltags-) Verständnis von Management davon aus, dass Entscheidungen, die auf formalisierter Basis getroffen werden, zuverlässiger sind als solche, die auf eine nicht-formalisierte Art zustandegekommen sind. Nichts scheint rationaler zu sein als 'Planung'. (Formale) Planung zwingt dazu - so die Annahme -

sich ausführlich mit Problemen auseinanderzusetzen. Hier stellt sich allerdings die Frage, ob durch eine 'systematische Analyse' tatsächlich die Flut von zusätzlichen Informationen, mit der Entscheider durch integrierte Planungen konfrontiert werden, so geordnet werden kann, dass die Entscheidungsfindung erleichtert wird. Ist strategische Planung aber wirklich auf strategische Entscheidungen zurückzuführen? Das Argument, durch die Integration von Teilplänen könne effizienter kontrolliert und gesteuert werden, ist zweischneidig, da Planung gleichzeitig auch motivieren, Partizipation ermöglichen und Konsensbildung erleichtern soll.

Die Logik der Individualentscheidung unterschlägt jedoch, dass mehrere relevante Wertsysteme in einer Organisation existieren und postuliert, dass es *eine* einheitliche Wert- und Präferenzordnung gibt (s. oben); zudem wird ein von allen Mitgliedern einer Organisation geteilter Kontext unterstellt, in dem unterschiedliche Überzeugungen voll vergleichbar sind (was aber, wenn Menschen in ihrem eigenen Kontext Überzeugungen artikulieren und andere nicht in der Lage sind, diese uneingeschränkt zu 'übernehmen'?). Desweiteren wird in diesem Ansatz unterstellt, dass das Entscheidungsproblem wohlstrukturiert und präzise gegeben ist und die Anwendung von Entscheidungsregeln eine eindeutige Entscheidung garantiert (was aber, wenn es sich um schlecht strukturierte Probleme handelt, die nicht in einer Form auftreten, die der Struktur der Entscheidungslogik entspricht?). Wenn aber Konsens zu *dem* bestimmenden Merkmal sozialer Beziehungen und Zielsystemen deklariert wird, Normen (wie z.B. Ziele des Unternehmens) widerspruchsfrei geteilt werden und alles Handeln danach ausgerichtet wird, so führt dies zu einer 'Soziologie der Regulation' (*Burrell & Morgan* 1979), durch die der Status Quo im Hinblick auf Einfluss, Privilegien und Ziel-Prioritäten festgeschrieben wird. Die Interessen des Managements werden als deckungsgleich mit denen der Gesellschaft gesehen. Rationalität bedeutet unter diesem Gesichtspunkt die "konsequente (effiziente, ökonomische) Realisierung von stets besonderen Zielen oder Interessen. Die Etikettierung des Handelns als sachrational ist jedoch verschleiernd" (*Neuberger* 1995, S.6).

Vielleicht wird (strategische) Planung nicht in erster Linie dafür verteidigt, was sie tatsächlich leistet, sondern eher dafür, was sie symbolisiert. Nach *Wildavsky* (1973) wird Planung gleichgesetzt mit Verstand, Einsicht, rationalem Urteil usw. Vermutlich werden die Vorschläge von PlanerInnen deshalb eher akzeptiert, da sie als systematisch, effizient, koordiniert, konsistent und rational gelten. Planung ist der Inbegriff der universell gültigen Norm der rationalen Wahl. Allerdings stehen den in der Literatur aufgeführten Vorteilen formalisierter Planung nur recht schwache empirische Belege für die Überlegenheit von Planung gegenüber; zudem wird so gut wie nie darauf hingewiesen, welche Nachteile durch formalisierte Planung entstehen können (z.B. Verlust von Kreativität, Motivation usw.).

Die Auffassung darüber, ob bzw. auf welche Art die Integration von Unternehmens- und Personalplanung erfolgt (bzw. erfolgen soll), hängt weitgehend von dem zugrundeliegenden Planungs- (bzw. Strategie-) Verständnis ab. Eine bewusste Anpassung der Personalplanung an die Unternehmensplanung macht (wenn überhaupt) nur dann Sinn, wenn man vom 'klassischen' bzw. 'rationalen' Planungsverständnis ausgeht, welches Handlungen von Unternehmen als Strategien interpretieren, die der Erreichung von zuvor feststehenden, klaren Unternehmenszielen dienen. Aus prozessualer Sicht existieren weder eine klar ausformulierte und verbindliche Unternehmensplanung, an die die Personalplanung angeglichen werden könnte noch ein rational handelndes Individuum. Das Unternehmen besteht aus einer Vielzahl von Personen und Subsystemen, die zumindest teilweise voneinander unabhängig sind und denen nicht von vornherein ein Gleichklang in ihren Zielen und Entscheidungen unterstellt werden kann. Vielmehr befinden sich diese Teilbereiche in spezifischen Situationen und interagieren in vielfältiger Weise miteinander. Unternehmensstrategien sind dann nicht das Ergebnis eines vorab festgelegten Plans, sondern organisatorischer Prozesse. Unabhängig davon, wie strategische Entscheidungsprozesse im Unternehmen ablaufen, kann (s. Elsik 1992) danach unterschieden werden, ob die Personalfunktion direkt miteinbezogen wird oder ob sie diese Entscheidungsprozesse indirekt beeinflusst. Die Realität im Personalbereich sieht anders aus, als die technische Planung suggeriert. Im Grunde wird nicht mehr auf der Ebene der Verfahren interveniert, sondern auf der Ebene der Ergebnisse (siehe die zunehmende Bedeutung des 'Intrapreneurs'). Deshalb wird der Faktor 'Personal' fluide gehalten und die Anpassungslast den Mitarbeitern aufgebürdet (siehe Abbschnitt F). Planung beschränkt sich weitgehend darauf, die Rahmenbedingungen für ein flexibles Beschäftigungssystem zu schaffen (z.B. flexible Arbeitszeit- oder/und Anreizsysteme).

Aus einer evolutionären Perspektive ist eine bewusst initiierte Anpassung ein 'Irrtum' und nichts als 'verlorene Zeit', da der Markt entscheiden wird, ob eine Planung angemessen ist oder nicht. Der kulturalistische Ansatz (im Verständnis von Whittington) würde in Frage stellen, dass Themen wie Unternehmensstrategie, Personalstrategie oder sogar Personalwesen in allen Kulturen die gleiche (oder überhaupt eine) Bedeutung besitzen. Vielmehr würden Zusammenhänge zwischen der Richtung, die eine Firma einschlägt, welche Mitarbeiter sie auswählt bzw. wie sie diese behandelt usw. eher auf zugrunde liegende Kohärenzen der nationalen, industriellen und beruflichen Kultur zurückgeführt werden. Aus Sicht der Systemtheorie (Luhmannscher Prägung) könnten Eingriffe von außen in (soziale) Systeme zu einer Zerstörung des Systems führen.

E-3: Ökonomie, Management und Politik der Personalplanung
- Übersicht -

3. Ökonomie, Management und Politik der Personalplanung		
3.1 Ökonomie der Personalplanung	3.2 Management der Personalplanung	3.3 Politik der Personalplanung
Rationale Planung vs. Markt Planung und Neoklassik: Grundannahmen: vollkommene Information, keine Interessengegensätze usw. Das Coase-Theorem: Grundannahmen: Märkte *und* Unternehmen als Koordinationsinstitutionen; innerhalb eines Unternehmens erfolgt die Faktorallokation durch Hierarchie; bei der Nutzung der Märkte und des Preismechanismus entstehen Kosten. Konsequenzen für die Personalplanung: Berücksichtigung von Informationsasymmetrien und Moral Hazards Personalplanung 'lohnt' wenn: 'Langsicht' im Hinblick auf künftige Personalveränderungen möglich ist; die Ergebnisse 'vereinheitlicht' werden können; Veränderungen des Personals ökonomische Folgen haben; der Einsatz von Äquivalenten nicht möglich ist; Methodenbeispiel: Die Rosenkranzformel	Zielsetzungen der Personalplanung: z.B. bessere Verfügbarkeit des 'Personals', mehr Arbeitsplatzsicherheit, Reduzierung von Konflikten, Nachweis der eigenen Existenzberechtigung. Akzeptanz der Personalplanung: mögliche Ursachen für die relativ geringe Verbreitung der Personalplanung in der Praxis. Operative Personalplanung: Job-Fit-Modelle und deren Vorausssetzungen: - Stellenbildung - Vermessung von Personen - Zuordnungen Idiosyncratic Jobs: Personenbezogene Stellenbildung. Konsequenzen für die Personalplanung: zusätzliche Berücksichtigung interpersoneller und apersonaler Aspekte Personalbestands- und bedarfs-Planung: Zusammenhänge; Verfahren der Bestands- und Bedarfsplanung. Methodenbeispiel: Portfolio-Planung	Grundannahmen: Unternehmen als 'loosley coupled systems' in denen unterschiedliche Interessen und Forderungen aufeinander treffen Theoretischer Rahmen: Soziologischer Institutionalismus Giddens Planung und Politics: - Territoriumssicherung - Machtkampf - Spiel - kollektive Abwehr - Aufrechterhaltung des Status Quo Methodenbeispiel: Szenario-Planung

3. Ökonomie, Management und Politik der Personalplanung

3.0 Überblick

Wir haben dieses Kapitel mit der Analyse von *Planungs*-Konzepten begonnen, deren theoretische oder paradigmatische Fundierung nicht selbstverständlich ist, sondern erst aufgedeckt werden muss und anschließend mit Überlegungen zum Zusammenhang zwischen Unternehmens- und Personalplanung weitergeführt. Nun geht es in erster Linie darum, die Annahmen, Grundlagen und Hinter-Gründe von (existierenden) Personalplanungs-Konzepten und -Methoden aufzuzeigen. Wenn wir im Folgenden Personalplanung aus drei unterschiedlichen Perspektiven (Ökonomie, Management und Politik) behandeln, so geht es uns u.a. darum, eine Bestandsaufnahme zu machen und die Voraussetzungen und Vorgehensweisen hinter denen sich jeweils unausgesprochene Annahmen verbergen, aufzuzeigen. Wir demonstrieren jeweils anhand eines Methodenbeispiels die Voraussetzungen und Grenzen der unterschiedlichen Sichtweisen. Dabei ist uns bewusst, dass die Wahl der Beispiele akzentuierend ist, da *alle* Methoden sowohl aus dem Blickwinkel der Ökonomie, des Managements als auch der Politik betrachtet werden können.

Vertreter bestimmter Verfahren haben jedoch oft kein Interesse daran, die Voraussetzungen und Grenzen der von ihnen favorisierten Methode offenzulegen. Kritik wird als 'Paralyse durch Analyse' abgetan. Natürlich kann Kritik zerstörerisch, demotivierend, lähmend sein, vor allem dann, wenn an ihrem Ende das Versprechen steht, aus all dem gelernt zu haben und deshalb jetzt jene Methode vorschlagen zu können, die *keinen* der von den anderen gemachten Fehler wiederholt. Dieses Versprechen kann man nicht geben, obgleich es fürs Marketing der eigenen Vorgehensweise sicher vorteilhaft ist. Wissenschaft hat nicht Partei zu nehmen für eine Methode und aus der ängstigenden Ungewißheit, was nun zu tun ist, mit einem Befreiungsschlag herauszuführen.

Dies ist vermutlich einer der tieferen Gründe für die Aversion gegen 'Theorie': Sie macht einem deutlich, dass alles Handeln uneingestandene Voraussetzungen hat und viele der erhofften Ziele verfehlt. Würde man die Gesamtkritik beherzigen, könnte man nicht mehr handeln. Oberste Handlungsmaxime im Unternehmen oder in der Wissenschaft ist aber: The show must go on! Und: Das Leben geht weiter, auch wenn man nichts tut, denn paradoxerweise ist Nichtstun ja auch Tun. Also: Irgendwas tun? Pragmatisch gesehen ja, wobei aber das 'Irgendetwas' qualifiziert werden kann: Wer die gröbsten Fehler vermeidet, wird besser abschneiden als wer in alle Fallen tappt. Oder ist die Theorie Spielzeug unverbesserlicher(!) Optimisten, die glauben, dass man auf jeden Fall Fortschritte machen kann? Nur wenn sie von der Praxis lernen, können sie der Praxis Ratschläge geben.

Und wenn nun die Konsequenz wäre, keine Personalplanung zu betreiben? Dann würde dies stark die verbreitete *Praxis* widerspiegeln. Ist 'die Praxis' lernfähiger als 'die Theorie'? Vielleicht hat die Praxis ihre Gründe, die die Theorie nicht sehen will? Wir werden auf diesen Punkt v.a. im Rahmen unserer Überlegungen zur Politik der Personalplanung ausführlich eingehen.

3.1 Ökonomie der Personalplanung

Da durch Personalplanung immer auch ein 'Werteverzehr' erfolgt, muss die Frage danach gestellt werden, was Planung kostet, was durch Planung verhindert wird und ob sich Planung generell lohnt.

3.1.1 Rationale Planung versus Markt

Unabhängig davon, von welchem Konzept einer 'Planung in der Ökonomie' man ausgeht, im Grunde geht es immer darum, ob bewusste Koordination die freie Entfaltung der Marktkräfte einer Ökonomie einschränken soll. 'Bewusste Koordination' kann in Form von Unternehmen, durch demokratisch legitimierte Institutionen oder durch einen (zentralistischen) Staat erfolgen. Der 'Mainstream' der ökonomischen (Lehr-) Meinungen vom 18. Jahrhundert bis zu unserer Zeit beruht jedoch auf der (impliziten) Annahme, dass der 'freie Markt' die effizienteste Form der Allokation[2] und Distribution[3] ökonomischer Ressourcen gewährleistet. Das theoretische Gedankengebäude, das dieser 'klassischen' Auffassung zugrunde liegt, geht auf Ökonomen wie *Adam Smith* oder *David Ricardo*, die im 18. und frühen 19. Jahrhundert gelehrt haben, zurück. Allerdings wird der Begriff 'Klassik' nicht einheitlich verwendet. Gerade in dem Problembereich der makroökonomischen Beziehungen zwischen Güter-, Geld- und Arbeitsmarkt hat es sich eingebürgert, den Begriff 'Klassik' auch für Ökonomen zu verwenden, die bis zum Erscheinen von *Keynes* 'General Theory' (1936) gewirkt haben, obwohl sonst für diese Zeit der Begriff 'Neoklassik' gebräuchlicher ist.

Der Glaube an die Segnungen des freien Marktes wurde jedoch immer dann nachhaltig erschüttert, wenn sich die Lebensbedingungen für die Menschen drastisch verschlechterten. Der erste direkte Angriff auf die 'klassische' Ökonomie erfolgte aus sozialistischer Perspektive bzw. aus der Kritik der Arbeiterbewegung an der kapitalistischen Gesellschaft und beinhaltete die Forderung, den Markt (bzw. die 'Anarchie des Wettbewerbs') durch eine bewußt gesteuerte Ökonomie zu ersetzen. Auch der 'Neue' Liberalismus erkannte Ungerechtigkeiten, Armut und Massenarbeitslosigkeit als systemimmanente 'Fehler', die nur durch bewußte Eingriffe in das Marktgeschehen beseitigt werden können. Neue Formen der Markt-Organisation (v.a.

---

2 Zuweisung von finanziellen Mitteln, Produktivkräften und Material
3 Verteilung

Unternehmen) entstanden häufig dann, wenn die Resultate der bestehenden Organisation nicht effizient waren.

Heute tauchen kollektivistische Forderungen u.a. dann verstärkt auf, wenn neue Konkurrenten zu Lasten der Wachstumsraten der eigenen Ökonomie an Bedeutung gewinnen und nationale Ängste über den Niedergang des Standortes ausgelöst werden (z.B. dies galt etwa lange Zeit für Deutschland im Hinblick auf Japan oder die Tigerstaaten). Eine Reaktion besteht darin, im Interesse des nationalen Überlebens und der sozialen Harmonie durch den (interventionistischen) Staat protektionistische Schranken um die eigene Ökonomie zu errichten (z.B. Zölle, Kontingentierungen im internationalen Warenverkehr, Subventionierungen).

Zweifel daran, ob nur ein freier Markt auch ein 'guter' Markt ist, werden auch im Rahmen der Globalisierungsdebatte immer lauter. Krisenerscheinungen wie etwa das Debakel der Finanzmärkte in Asien zu Beginn des Jahres 1998 lassen das Modell 'Asien', das europäischen Arbeitnehmern lange Zeit als vorbildlich dargestellt wurde, fragwürdig erscheinen. Offensichtlich lauern auf 'freien' Märkten auch Gefahren, die nicht vom Staat ausgehen. Gefordert wurde 1998 u.a. ein zweites 'Bretton-Woods-Abkommen' bei dem die Institution des IWF im Interesse aller Länder neu entworfen werden sollte. Ziel war es, z.B. durch die Errichtung einer neuen (überstaatlichen) Institution, die die Kreditlage weltweit bewertet und bestimmt, von welchem Punkt die Situation für ein Land gefährlich wird, die 'Flüsse' auf den Finanzmärkten besser zu überwachen.

Bedeutet dies, dass es zu einer 'Rückkehr des Staates' kommt, obwohl v.a. in der BRD manche Regulierungen und Subventionen durchaus kritisch gesehen werden (z.B. umständliche Genehmigungsverfahren bei der Gründung von Unternehmen) oder aber werden den Regierenden ihre Ohnmachtsbeteuerungen angesichts gravierender Probleme wie etwa einem Millionenheer von Arbeitslosen nicht mehr abgenommen (siehe die Aktionen in Frankreich im Frühjahr 1998)?

3.1.2 Planung und (Neo-)Klassik

Die (neo-) klassische Ökonomie betont die Fähigkeit des Marktes, die Produktion und den Tausch von Gütern einer Ökonomie zu koordinieren - ohne Planung einer Regierung usw. und zu geringen Kosten. Verantwortlich für die Koordination ist ein dezentrales System von Preisen (die sog. 'invisible hand'). Dabei zeichnen sich Zinsen, Preise und Löhne durch eine grosse Flexiblität und die Wirtschaftssubjekte durch eine sehr rasche Anpassung an veränderte Bedingungen aus. Im Fall eines Ungleichgewichts reagieren die Preise jeweils schneller als Angebots- und Nachfragemenge und führen schnell zum Gleichgewicht zurück. Preise reflektieren somit alle wichtigen Informationen und bilden sich ohne Zeit- und Ressourcenaufwand.

Die Informationsbeschaffung der Akteure findet ohne Friktionen[4] statt und läuft kostenlos ab; die Folge ist, dass der Informationsstand für alle Marktteilnehmer gleich ist. Die Marktmechanismen sollen sich deshalb im Sinn des klassischen Liberalismus auf der Basis einer 'freien Entfaltung der Kräfte' entwickeln können; staatliche Eingriffe in die Ökonomie werden folglich strikt abgelehnt. Wie diese Preise zustande kommen, wird von Modellen des generellen (und partiellen) Konkurrenzgleichgewichts jedoch nicht erläutert. Allokationseffizenz (d.h. die verschwendungsfreie Verwendung knapper Mittel in der gesamten Volkswirtschaft) ist dann gegeben, wenn solche Preise existieren (*Schneider* 1987). Die Koordination einzelner Wirtschaftspläne erfolgt also einzig über Austauschverhältnisse ('relative' Preise).

In einer Welt vollkommener Information und unbegrenzter Rationalität stellen Unternehmen keine Institutionen zur Optimierung von Tausch und Abstimmungsprozessen dar; die Koordination einzelwirtschaftlichen Handelns *innerhalb* von Unternehmen wird in der (neo-) klassischen Mikroökonomie nicht problematisiert, sondern lediglich formal durch eine Produktionsfunktion dargestellt, in der sich Input auf sozial geheimnisvolle Art in Output verwandelt - das Unternehmen ist in der Produktionsfunktion enthalten. Bei gegebenen Faktornutzungspreisen bestimmt ein fiktives, anonymes Management aus der Produktionsfunktion die Kombination der Minimalkosten variabler Faktoren und die Kostenkurve. Damit wird die Unternehmung als eine konfliktfreie, nicht weiter zu erklärende homogene Wirtschaftseinheit betrachtet, in der die Entscheidungen über den Faktoreinsatz durch die Produktionstechnik vorgegeben sind. Im Rahmen der traditionellen volkswirtschaftlichen Mikroökonomik interessieren deshalb nicht die Unternehmungen selbst, sondern deren Nachfrage nach Faktorleistungen in Abhängigkeit von den Faktorpreisen. Im Mittelpunkt steht die Faktorallokationüber den Preismechanismus der Faktormärkte (*Schumann* 1992).

Allerdings ist die Annahme eines perfekten Wettbewerbs in der klassischen Ökonomie eine theoretische Abstraktion, die mit der Realität wirtschaftlichen Handelns nur in Ausnahmen korrespondiert; im Grunde wusste man immer, dass der institutionelle Rahmen auf das Ergebnis einer Wirtschaft Einfluss hat, aber das Wie und Warum wurde von den Wirtschaftswissenschaften nicht näher analysiert. Trotz der angeblichen Effektivität der Märkte im Hinblick auf die Koordination einer Ökonomie existieren Unternehmen und versuchen ihrerseits schon immer die Unwägbarkeiten des Marktes etwa durch Fixpreise, Output-Regulierungen, Preisabsprachen, Monopolbildungen in den Griff zu bekommen - nicht zuletzt deshalb, um staatliche Interventionen zu verhindern. *Schneider* (1987, 497) kommentiert die (traditionelle) Auffassung ironisch: "Wer an Marktgleichgewichte glaubt und insbesondere 'Markt oder Hierarchie' als Alternativen ansieht, für den existiert zunächst ein Paradies: der Markt im Sinne eines allokationseffizienten Gleichgewichts. Hierarchie tritt später

---

4 Friktionen = Hindernisse, Reibungen

als Folge der Erbsünde auf: eine Erscheinungsform von Marktversagen". Für *Schneider* geht es im Streit um die Wirtschaftsordnung nicht um Planung, da für ihn an der Überlegenheit von Planung gegenüber einer Nichtplanung überhaupt kein Zweifel besteht, wenn Planbarkeit ohne Vergewaltigung der Interessen einzelner Beteiligter gegeben ist. Planbarkeit in einer Institution setzt allerdings die Existenz einer gemeinsamen 'sozialen Wahl- und Entscheidungsfunktion' voraus (1987, 497). Planbarkeit bedeutet für Schneider 'entscheidungslogisch handhabbare Ungewissheit'. Märkte im mikroökonomischen Sinn, d.h. allokationseffiziente Tauschgeschäfte sind nach *Schneider* (1987) "wissenschaftsgeschichtlich eine Folge der Entwicklung der Entscheidungslogik mittels des Marginalprinzips unter Vernachlässigung der Unsicherheit ab der beginnenden Aufklärungszeit" (*a.a.O.*, 497).

Cyert & March (1963) gehörten zu den ersten Autoren, die auf Probleme bei der Anwendung neoklassischer Theorien auf Unternehmen hinwiesen. Besonders die (neoklasssichen) Komponenten 'Nutzenmaximierung' und 'vollständige Information' wurden von *Cyert & March* in Frage gestellt. Anstelle von einzelnen Akteuren, die die Maximierung ihres individuellen Nutzen anstreben, gingen *Cyert & March* davon aus, dass sich im Zeitverlauf unterschiedliche Koalitionen unter den Angehörigen eines Unternehmens bilden und deshalb Ziele innerhalb eines Unternehmens auftauchen, die sich wieder ändern. Die Überlegungen von *Cyert & March* wurden im Rahmen der Organisationstheorie, jedoch nicht in der Ökonomie weiterverfolgt. Es blieb der Neuen Institutionenökonomik (NIÖ) vorbehalten, die Unternehmung selbst und Kooperationen von Unternehmen systematisch als eigenständige weitere Institutionen volkswirtschaftlicher Koordination zu untersuchen.

3.1.3 Das Coase-Theorem

Ronald Coase gilt als Begründer einer Theorie der Märkte *und* der Unternehmungen als volkswirtschaftliche Koordinationsinstitutionen; in seinem berühmten Aufsatz 'The Nature of the Firm' aus dem Jahr 1937 ging *Coase* davon aus, dass nicht nur die von der neoklassischen Theorie beschriebene Faktorallokation über den Preismechanismus der Märkte eine Institution der Koordination wirtschaftlicher Aktivitäten ist, sondern auch *innerhalb der Unternehmungen* eine Faktorallokation erfolgt und zwar durch Anordnung von Vorgesetzten (bzw. Hierarchie). Im Gegensatz zu einer Wettbewerbswirtschaft, in welcher als Wirtschaftseinheit nur Einzelpersonen auftreten, ist eine 'Befehlswirtschaft' somit durch Anweisungen von Vorgesetzten gekennzeichnet. Unter neoklassischem Marktgleichgewichtsdenken stellt sich die Frage, warum sich Organisationen herausbilden, in denen Anordnungen durch Vorgesetzte erfolgen, wenn die wohlfahrtökonomische Norm fordert, dass über Konkurrenzgleichgewichte eine bestmögliche Verteilung knapper Mittel in einer Gesellschaft erreicht werden soll. Nach *Coase* gibt es Unternehmen als dauerhafte zweite Koordinationsinstitution deshalb, weil die Nutzung der *Institution der Märkte* und des *Preismechanismus* (d.h. Tausch und Abstimmung) - im Gegensatz zu den Vorstellungen der neoklassichen Theorie - nicht kostenfrei ist. Kosten für die Nutzung des Preismechanismus entstehen zum einen für Informationen über die Preise der zu produzierenden Güter und der einzusetzenden Faktorleistungen, zum andern für das Aushandeln und den Abschluss von Verträgen mit Abnehmern von produzierten Gütern und Lieferanten von Faktorleistungen. *Coase* bezeichnet diese Kosten zunächst als 'Marketingkosten', später als 'Transaktionskosten'. Da es oft günstig ist, längerfristige Verträge abzuschließen, die jedoch nachträglich angepaßt werden müssen, z.B. an veränderte Kombinationen von Faktorleistungen bei veränderten Preisrelationen oder an technischen Fortschritt, entsteht ein dritter Typ von Kosten nämlich die Kosten durch die *Anpassung von Verträgen* beim Gebrauch des Preismechanismus.

Wenn die über die Märkte abgewickelten Aktivitäten in einem bestimmten Umfang in die Unternehmen hineinverlegt (dezentralisiert) werden, dann lassen sich die Kosten für die Benutzung des Preismechanismus senken. Nach *Coase* sind es diese Transaktionskostenersparnisse, die zur Zusammenfassung von Transaktionen in Form dauerhafter Unternehmen führen. Allerdings verursachen auch Planung und Koordination der Aktivitäten innerhalb eines Unternehmens Kosten (z.B. die Planung von Menschen und deren Arbeitsplätzen, von Datenbanken und einer entsprechenden Computerausstattung). *Coase* geht davon aus, dass die Kosten der unternehmensinternen Koordination von Aktivitäten überproportional zur Zahl der abgewickelten Transaktionen steigen, weil die Koordinationsfähigkeit der Unternehmensleitung abnehmende Grenzerträge hat und die Wahrscheinlichkeit unternehmerischer Fehlentscheidungen und ineffizienten Faktoreinsatzes zunimmt. Um bei gegebenen Produktionskosten die Transaktionskosten zu senken, lohnt es sich, Transaktionen aus den Beschaffungs- oder Absatzmärkten herauszunehmen und in die Unternehmung einzugliedern, wenn sie dort geringere Transaktionskosten verursachen. Eine optimale Substitution von Transaktionen über Märkte durch Transaktionen innerhalb von Unternehmen ist dann erreicht, wenn die Grenzkosten unternehmensinterner Transaktionen auf die Grenzkosten von Transaktionen über Märkte angestiegen sind. Das Problem besteht darin, für Teilaufgaben (z.B. Personalplanung) Koordinations- und Motivationsmuster zu finden, die eine möglichst reibungslose Abwicklung der aufgabenbezogenen Beziehungen zwischen den Beteiligten ermöglicht, d.h. die Transaktionskosten zu minimieren.

Nach *Schumann* (1992) erweist sich der *Coase*sche Ansatz durch diese Anwendung des Marginalprinzips als eine Fortführung neoklassischer Theorie. Er beschreibt die transaktionskostenminimierende institutionelle Struktur einer Volkswirtschaft, die aus Märkten und 'Inseln der Planung' in Form dauerhafter Unternehmen besteht.

Für *Schumann* (1992) ist die Erklärung der Existenz und der Grösse von Unternehmen mit Transaktionskosten zwar plausibel, jedoch inhaltsleer, solange nicht dargelegt wird, was unter Transaktionen und Transaktionskosten zu verstehen ist und von welchen Größen und Sachverhalten die marktlichen und unternehmensinternen Transaktionskosten abhängen. Im Grunde muss der Begriff der Transaktionen und ihrer Kosten aufgefächert werden, um zu den spezielleren Bestimmungsgründen der institutionellen Struktur einer Volkswirtschaft vorzudringen bzw. zu erklären, unter welchen Bedingungen sich Unternehmungen, Märkte oder auf Dauer angelegte Kooperationen als voneinander zu unterscheidende Mechanismen der Koordination von Handlungen herausbilden. Nachfolger in der Tradition von *Coase* haben versucht, dieser Kritik Rechnung zu tragen und haben vollständigere bzw. komplexere Modelle der Kosten entwickelt, die bei der Nutzung eines Marktes anfallen. Diese Arbeiten sind unter dem Begriff 'Transaktionskosten-Theorie' bekannt geworden (siehe Band 1).

Im Mittelpunkt aller vertragsorientierten neo-institutionalistischen Ansätze stehen Institutionen, die deshalb gebildet werden, um entscheidungslogisch nicht handhabbare Unsicherheiten überhaupt 'planbar' zu machen und um bei gegebener Planbarkeit Einkommensunsicherheiten weiter zu verringern. Das Ziel, unter dem einzelne Erscheinungsformen eines Marktes oder eines Unternehmens als Institution zu untersuchen und zu beurteilen sind, ist nach *Schneider* (1987) nicht die Maximierung des Nutzens der beteiligten Personen, sondern die Verringerung der unvermeidbaren Unsicherheit bei Unterschieden im Wissen, Wollen und Können der Beteiligten. Alle Ansätze der Institutionenökonomik untersuchen soziale Gebilde wie etwa ein Unternehmen oder den Staat aus der Perspektive des einzelnen Individuums und seiner Entscheidungen. Dabei werden als Verhaltensannahmen 'begrenzte Rationalität' und 'individuelle Nutzenmaximierung' unterstellt. Neben diesen beiden Annahmen berücksichtigen Transaktionskosten- und Prinzipal-Agent-Theorie die Perspektive des 'Opportunismus'.

3.1.4 Konsequenzen für die (Personal-)Planung

Coase und *Williamson* untersuchten die Grenzen von Märkten und Unternehmen als Arrangements zur Durchführung ökonomischer Aktivitäten. *Williamson* (1975) wies darauf hin, dass Transaktionen nur dort erfolgen sollen, wo die Kosten, die durch beschränkte Rationalität und Opportunismus entstehen, am geringsten sind. Durch diese Annahme einer *relativen* Effizienz von Märkten und Unternehmen waren Ökonomen in der Lage auch die Effizienz unterschiedlicher Organisationsformen und die Art der Entscheidungsfindung zu bewerten.

Wir haben bereits oben darauf hingewiesen, dass sich (auch) Personalplanung rechtfertigen muss gegenüber der Alternative 'Nicht-Planung'. Zu diesem Zweck ist zu fragen, was Personalplanung kostet, ob sie sich lohnt und v.a. auch danach, was sie verhindert (z.B. das flexible Reagieren auf 'Überraschungen').

Im Hinblick auf informationsökonomische Fragestellungen müssen Informations-asymmetrien und Moral Hazards[5] berücksichtigt werden, die durch das Besondere am 'Personal' entstehen, welches v.a. im Transformationsproblem (siehe Band. 1), in der Substitutionsproblematik, der Elastizität und der Fungibilität[6] von Personal besteht; Personen verfolgen auch eigene Interessen (sind eigen-sinnig) und legen Wert auf soziale Beziehungen. Aus der Sicht der Theorie der Verfügungsrechte bzw. der Agen-cy-Theorie geht es unter personalwirtschaftlichen Gesichtspunkten bestenfalls um die Auswahl von Mitarbeitern, an die Verfügungsrechte übertragen werden sollen bzw. die Auswahl des Agenten bzw. die Konstruktion von Anreizsystemen, die eigennüt-ziges Verhalten des Agenten ausschließen oder begrenzen sollen (*Drumm* 1995, 13).

Die Bedeutung der Transaktionskostentheorie liegt nach *Drumm* (1995, 15) primär im heuristischen Bereich, da sie den Blick für den ökonomischen Gehalt einzelner personalwirtschaftlicher Probleme schärft, auch wenn ihre konzeptionellen Proble-me ausgeklammert bleiben.

Eine allgemeine Antwort auf die Frage danach, wann Personal-Planung im Unter-nehmen stattfinden soll, lautet: dann, wenn Personal-Planung besser ist als ihre funk-tionalen Äquivalente (die dann im strengen Sinn natürlich nicht mehr *äqui*valent sind). Offensichtlich bestimmt der sogenannte 'Problemdruck' nicht (allein) die Ver-breitung von Personalplanung. *Drumm* (1995) zufolge zeigte sich in verschiedenen Phasen der jüngsten Wirtschaftsentwicklung, dass die jeweils aktuellen Problemla-gen (z.B. enger Arbeitsmarkt oder Überbeschäftigung) keineswegs zu entsprechen-den Personalplanungs-Aktivitäten geführt haben.

Personalplanung ist v.a. dann nötig, wenn es bei der jeweils aktuellen Personalbe-schaffung, -entwicklung, -bezahlung, -einsatz, -freisetzung usw. Probleme gibt. Deut-lich wird dies am Beispiel Personalbeschaffung bzw. -abbau: Weil Personal nicht immer und überall in benötigter Menge und Qualität zur Verfügung steht, kann man sich nicht ohne weiteres aus einem vorhandenen unbegrenzten Reservoir nach Be-lieben dann bedienen, wenn man Bedarf hat. Die Strategie der Vorratshaltung (Per-sonal 'auf Halde nehmen') ist jedoch unökonomisch, weil zum einen hohe 'Leerko-sten' entstehen und weil 'Unterbeschäftigung' das vorhandene Humanpotential nicht ausschöpft und zusätzlich zu Frustrationen führen kann, die sich dann u.U. im Lei-stungverhalten niederschlagen.

Das zweite Problem ist, dass man überzähliges Personal aus rechtlichen und markt-lichen Gründen nicht ohne weiteres unternehmungsintern oder -extern abgeben kann. Wären diese Bedingungen gegeben (gäbe es keine rechtlichen Schranken und bestünde stets interne oder externe Nachfrage nach den vorhandenen Personen), dann bräuchte man keine Planung.

---

5 Moralisches Wagnis (siehe auch Bd. 1)

6 Austauschbarkeit, Ersatzbarkeit

Im Grunde folgt diese Argumentation einer Kontingenz-Theorie: Planung hat *Ziele;* sie muss sich aber auch an *Bedingungen* orientieren (die sie - zirkulär? - (mit-) erzeugt) und dies führt zu ökonomischen, strukturellen und personalen *Folgen.*

3.1.5 Wann lohnt sich Personalplanung

Planen 'lohnt sich' unter den folgenden Bedingungen:

1. Wenn in *Zukunft* quantitative und/oder qualitative Personalveränderungen erwartet werden und 'Personalbewegungen' (Beschaffung oder Entlassungen) teuer werden können. Personalveränderungen können selbstverursacht (z.b. Wachstum, neue Produkte, Organisationsstrukturen, Technologien) oder fremdinduziert sein (z.B. Konjunkturrückgang, schrumpfende Märkte, Wirtschaftspolitik).

   Dabei wird Planung i.d.R. als systematisches, rationales, regelgeleitetes Handeln konzipiert: Die erwarteten Veränderungen müssen *regelhaft oder zumindest prognostizierbar* sein; es müssen wenigstens Anhaltspunkte oder Heuristiken vorhanden sein, um die Entwicklung abschätzen zu können (also keine völlige Ungewissheit, Chaos). Allerdings stellt sich die Frage, wie realistisch eine solche Prämisse angesichts von Erfahrungen mit Personal-Abbau-Wellen (z.B. Rheinhausen; VW, DAIMLER, DASA, IBM) ist.

   Es müssen Überlegungen darüber angestellt werden, welche Einflussfaktoren (wie z.B. Unternehmensziele, Organisationsstrukturen, Produkte, Märkte, Technologien, Finanzverhältnisse, Wertewandel, Bildungssystem, Technologien, Weltökonomie, Wirtschafts- und Finanzpolitik etc.) in Zukunft an Bedeutung gewinnen oder verlieren und wie sich dementsprechend Arbeitsinhalte und -anforderungen ändern werden. Dies muss nicht klar, vollständig und eindeutig bekannt sein; es genügen risikobehaftete Vermutungen.

   Es muss also *'Langsicht' möglich sein.* Denn die Suche bzw. Modifikation von Personal erfordert selbst wiederum (Vorlauf-) *Zeit* (muss also recht-zeitig anlaufen). Die Planung kostet - ebenso wie die Suche - *Geld* und muss deshalb ökonomisch organisiert werden.

2. Aus Gründen der Modellierbarkeit, Typisierbarkeit sowie der Anwendbarkeit gleicher Verfahren auf mehrere Personen muss zwischen zwei Arten der Personalplanung differenziert werden: solche für Individuen und solche für Kollektive. Für Einzelpersonen lohnt sich im allgemeinen keine Personalplanung (Ausnahme: Karriere- oder Nachfolgeplanung v.a. wegen der sog. 'Beförderungsketten'); als ein Indikator hierfür kann die Tatsache gewertet werden, dass für leitende Stellen kaum eine qualitative Bedarfsplanung existiert (s. *Drumm* 1995). Dies bedeutet, dass im Rahmen der Personalplanung i.d.R. mehrere Stellen und/oder grössere Personenzahlen *pro Stelle* betroffen sind ('Vereinheitlichung').

3. Veränderungen des Personalkörpers haben *ökonomische* Folgen.

   Zur Realisierung aller anderen Pläne des Unternehmens ist im Regelfall geeignetes Personal unabdingbare Voraussetzung. Wegen der Restriktionen, die oben genannt worden sind, stellt vorhandenes Personal jedoch andererseits (Human-) Kapitalbindung (oder auch nur Fixkosten) dar. Deshalb muss damit ökonomisch umgegangen werden. Beschaffung und Entwicklung (evtl. auch Freisetzung) von Personal verursachen Auszahlungen. Nicht vorhandenes, aber eigentlich benötigtes Personal verursacht Opportunitätskosten.

4. Wenn der Einsatz funktionaler Äquivalente nicht ökonomisch oder nicht möglich ist.

Wenn etwas für das Unternehmen sehr wichtig ist, wird es nie nur einem Verfahren oder einer Institution überlassen. Zwecke, die durch Personalplanung erreicht werden sollen (z.b. Steigerung der Leistung, Senkung der Personalkosten, Verbesserung der Wirtschaftlichkeit, Erhöhung der Innovationsfähigkeit, Sicherung und Ausweitung des Marktanteils, Sicherung und Steigerung der Gewinne), werden auch durch andere Einrichtungen (funktionale Äquivalente) abgesichert.

Wenn etwa der Personalbestand weitgehend unelastisch ist (Kündigungsschutz), dann muss z.B. über eine 'Produktivitätsoffensive' dafür gesorgt werden, dass die vorhandenen Arbeitskräfte mehr leisten oder sie müssen auf neue Herausforderungen eingestellt (umgeschult) werden.

Personalplanung wird ebenfalls wichtig, wenn beispielsweise für das vorhandene Personal Personalentwicklung nicht möglich (z.B. von der Lagerarbeiterin zur Forscherin) bzw. nicht sinnvoll ist (z.B. wenn das Unternehmen z.B. aufgrund von Rationalisierungsmaßnahmen insgesamt schrumpft) oder weil die Belegschaftsstruktur (Alter, Qualifikation) bestimmte Personalentwicklungs-Investitionen unökonomisch erscheinen lässt.

Ein Hinweis auf den verbreiteten Einsatz funktionaler Äquivalente kann auch aus der oben erfolgten Diskussion über die relativ geringe Integration der Personalplanung in die Unternehmensplanung abgeleitet werden.

5. Planung (siehe oben) wird umso wichtiger, je mehr die im Prinzip denkbaren aktuellen ('rechtzeitigen') *Beschaffungs-* oder *Freisetzungsmaßnahmen* Restriktionen unterworfen sind (z.B. rechtlicher oder finanzieller Art; eingeschränkte Verfügbarkeit von Personen bestimmter Qualifikation).

3.1.6 Methodenbeispiel: Die Rosenkranzformel

Wir werden im Folgenden exemplarisch anhand einer 'ökonomischen' Kennzahl - der sog. Rosenkranzformel -, mit deren Hilfe der Personalbedarf im Büro- und Verwaltungsbereich ermittelt werden soll, differenziert auf die Voraussetzungen, die Probleme und die manifesten und latenten Funktionen einer solchen Methode eingehen. Bei Verfahren wie der Rosenkranzformel fehlt der direkte Bezug zu einer Output-Grösse oder zu einem Produktionsverfahren; vielmehr prägen unterschiedliche Geschäftsvorfälle in unterschiedlicher Zahl und mit unterschiedlichen Bearbeitungszeiten das jeweilige Tätigkeitsfeld, was wiederum den Einsatz von mehreren, additiv verknüpften Kennzahlen erforderlich macht (*Scholz* 1994).

Beispiel:

In einer Verwaltungsabteilung fallen folgende Tätigkeiten an:

	Tätigkeiten	Häufigkeit (m_i)	Zeit (t_i) in Std.	$m_i t_i$
1.	Kundenkontakte			
1.1.	Angebote erstellen	200	2,1	420
1.2.	Aufträge bearbeiten	1000	0,8	800
1.3.	Reklamationen beantworten	40	0,3	12
	Zwischensumme			1.232
2.	Dokumentation			
2.1.	Bank- u. Kassen-Abrechnungen	2000	0,1	200
2.2.	Bestandsführung, Karteien	50	0,2	10
2.3.	Kopien, Registratur, Ablage	1000	0,1	100
	Zwischensumme			310
3.	Hausinterne Dienste			
3.1.	Diktate, Telefonate	400	0,08	32
3.2.	Eingangspost	2000	0,01	20
3.3.	Ausgangspost	1500	0,02	30
	Zwischensumme			82
	Summe aller erfassten Zeiten ($\Sigma m_i t_i$)			**1.624**
4.	Nicht erfasste Tätigkeiten			200
In der Abteilung arbeiten zur Zeit 25 Arbeitskräfte mit je 130 Std./Monat				

Die Rosenkranz-Formel:

$$PB = \frac{\Sigma m_i \cdot t_i}{T} \cdot f_{NVZ} + \frac{tv}{T} \cdot \frac{f_{NVZ}}{f_{TVZ}}$$

PB = Personalbedarf
m_i = durchschnittliche Menge der Tätigkeiten der Kategorie i pro Monat
t_i = durchschnittliche Zeit (in Std.) pro Tätigkeitskategorie i
T = tarifliche vertragliche Arbeitszeit pro Person/Monat (im Fall: 130 Std.)
t_v = Zeit für 'Verschiedenes' (Tätigkeiten, für die *keine* Zeitaufnahmen vorliegen)
f_{NVZ} = Notwendiger Verteilzeit-Faktor; er setzt sich zusammen aus 3 Größen:
    f_{NAZ} = Faktor für Nebenarbeiten (z.B. Besucher, Störungen, Wege etc.)
        Dieser Faktor liegt - so Rosenkranz - zwischen 1,2 und 1,4
    f_{EZ} = Faktor für Ermüdung und Erholung
        (hier wird im allgemeinen ein Wert von 1,12 angenommen; das ent-
        spricht auch den Durchschnitts-Werten für 'Persönliche Verteilzeiten'
        bei Refa-Arbeitsanalysen)
    f_{AUZ} = Faktor für Ausfallzeiten (Krankheiten, Fehlzeiten, Urlaub)
        (liegt je nach Fehlzeitenquote meist zwischen 1,1 und 1,2)

Kapitel E

Der Notwendige Verteilzeit-Faktor f_{NVZ} ist das Produkt aus den drei Einzelfaktoren:

$f_{NVZ} = f_{NAZ} \times f_{EZ} \times F_{AUZ}$

f_{TVZ} = Tatsächlicher Verteilzeit-Faktor: $\dfrac{T \cdot (\text{Zahl der ANehmer}) - t_v}{\Sigma \, m_i t_i}$

> Dieser Quotient ist meist höher als der für die NVZ (wegen "Disziplinlosigkeit und personeller Überbesetzung")
> Der Faktor f_{TVZ} ist nur bei solchen Arbeiten anzuwenden, bei denen Zeitaufnahmen *nicht* durchgeführt worden sind!.

Im vorliegenden Fall sollen folgende Werte angenommen werden:

Notwendiger Verteilzeit-Faktor f_{NVZ}:

$f_{NAZ} = 1,3$; $f_{EZ} = 1,12$; $f_{AUZ} = 1,18$. Diese Faktoren werden miteinander multipliziert; das ergibt dann den Notwendigen Verteilzeit-Faktor $f_{NVZ} = 1,72$.

Als Tatsächlicher Verteilzeit-Faktor f_{TVZ} errechnet sich:

$$f_{TVZ} : \quad \frac{130 \cdot 25 - 200}{1.624} = \frac{3050}{1.624} = 1,878$$

Die Werte werden nun in die Rosenkranz-Formel eingesetzt:

Vorauszuschicken ist, dass derzeit 25 MitarbeiterInnen in der Abteilung beschäftigt sind; sie arbeiten jeweils 130 Std/Monat; insgesamt stellen sie ein Arbeitsvolumen von 25 x 130 = 3250 Std/Monat zur Verfügung.
Zur Erinnerung: die Summe der erfassten Zeiten ist 1.624 Std/Monat; nicht erfasste Zeiten für Verschiedenes (t_v) sind 200 Std/Monat.

$$PB = \frac{1624}{130} \cdot 1,72 + \frac{200}{130} \cdot 1,72 \cdot \frac{1}{1,88} = 21,486 + 1,408 \approx 23$$

Die Berechnungen haben ergeben, dass die anfallenden Tätigkeiten von 23 Personen erledigt werden könnten. Weil derzeit 25 Personen beschäftigt sind, ergibt sich ein Personalüberhang bzw. Abbau-Bedarf von 2 Personen.

Diskussion:

Das Rosenkranz-Verfahren ist nur indirekt eine Personal-*Planungs*-Methode, sie ist zunächst ein arbeitsanalytisches Verfahren, mit dem der Auslastungsgrad einer Einheit festgestellt werden kann. Daraus lassen sich allerdings planerische Überlegungen ableiten (wenn Über- oder Unterdeckungen beseitigt werden müssen).

Im Grundsatz geht Rosenkranz sehr praxisnah vor, wenn er berücksichtigt, dass nicht für alle Tätigkeiten Zeitaufnahmen gemacht werden (siehe t_v !) und dass die erfassten Tätigkeiten nicht in ihren Brutto-Werten eingehen dürfen, sondern relativiert werden müssen (s. die drei Korrektur-Größen im 'Notwendigen Verteilzeit-Faktor'). Die scheinbare Exaktheit darf jedoch nicht über die Vielzahl der Annahmen hinwegtäuschen, die gemacht werden:

- In den Zeitaufnahmen werden die Ist-Zeiten erfasst. Dabei wird unterstellt, dass die Arbeitenden eingearbeitet und qualifiziert sind und mit einem angemessenem Leistungsgrad arbeiten (bei Unfähigkeit und/oder Bummelei würden völlig verzerrte Planungswerte resultieren). Idealerweise müsste mit *Vorgabe*-Zeiten (SVZ/Planzeiten) gerechnet werden, die jedoch eine Konstanz der Tätigkeiten und Ausführungszeiten voraussetzen.

  Wie das Beispiel zeigt, können verschiedene Intensitätsstufen der Analyse gewählt werden.

  Der Vorgang 'Auftragsbearbeitung' lässt sich - siehe MTM - durchaus in eine Vielzahl von Elementen zerlegen, für die Einzelheiten gemessen werden können (Lesen, Unterlagen oder Textbausteine suchen, Formulare ausfüllen, drucken, nachprüfen ...). Außerdem könnte zwischen Routine- und Sonder-Aufträgen unterschieden werden, die sehr unterschiedliche Bearbeitungszeiten (und Qualifikationserfordernisse oder Qualitätsansprüche) haben können.

- Die Werte-Zuweisungen für die Faktoren des Notwendigen Verteilzeit-Zuschlags (f_{NAZ}, f_{EZ} und f_{AUZ}) sind Erfahrungs- und Näherungswerte, die für größere Kollektive und stabile Belegschaften gelten. Sie sind jedoch von sehr großer Bedeutung. Im vorliegenden Fallbeispiel wird durch diese Faktoren der *wahre* Zeitbedarf gegenüber der *erfassten* Zeit um den Faktor 1,72, also um 72% vergrößert. Da die drei Faktoren *multiplikativ* verbunden sind, kommt der Wahl der Größe eine erhebliches Gewicht zu. Würde man z.B. für f_{NAZ} statt 1,3 nur 1,2 einsetzen, ergäbe sich ein f_{NVZ} von 1,59 statt 1,72 und ein Personalbedarf von 19,8 + 1,3 = 21,1 Personen - also eine Entbehrlichkeit von fast vier Personen!

  Die Ausfallzeiten sind zudem periodenspezifisch, so dass sie eigentlich pro Periode neu bestimmt werden müssten (in Zeiten der Rezession gehen z.B. Krankenstand und sonstige Fehlzeiten drastisch zurück).

- Unterstellt wird, dass die Arbeit optimal organisiert ist und mit der gegebenen Technologie ausgeführt wird. Es ist unmittelbar einsichtig, dass die Einführung veränderter Arbeitsabläufe oder neuer Technologien drastische (Zeitersparnis-) Effekte haben kann. Zudem stellt sich die Frage, ob die gewählte Zeit-Untergliederung 'tief' genug ist.

  Es wird z.B. abgenommen, dass alle ausgeführten (oder unterlassenen) Tätigkeiten sinnvoll und wertschöpfend sind. Jede Analyse, die vom Status Quo ausgeht, schreibt die bestehende (evtl. ineffiziente) Ordnung fort. Zudem werden Qualitätsunterschiede in den Leistungen der ArbeitnehmerInnen vernachlässigt: alle arbeiten gleich gut ('Headcount').

- Es wird ferner Homogenität der Arbeitskräfte unterstellt: alle MitarbeiterInnen können alle Tätigkeiten (gleich gut) ausführen und alle strengen sich in etwa gleich an (Variabilität zwischen den Arbeitskräften wird vernachlässigt). Diese Annahme dürfte nur bei überschaubaren kleinen Arbeitskollektiven gerechtfertigt sein.

- Die Überlegungen sind *personen-*, nicht abteilungsbezogen. Es wird z.B. die Fluktuationsquote nicht explizit berücksichtigt (sie müsste dem Faktor f_{AUZ} zugeschlagen werden). Sie allein kann einen Reservebedarf von 5-15% auslösen.

- Bei der Betrachtung der beiden Summanden der Formel fällt ins Auge, dass der erste Summand bei weitem der wichtigere ist (der zweite gibt ja lediglich eine Art Korrekturgröße ab). Die tatsächliche (vorhandene) Personalausstattung taucht im ersten Summanden nicht auf; es wird lediglich ermittelt, wieviel Zeit die vorhandenen Arbeitskräfte auf die Bewältigung der *untersuchten* (!) Tätigkeiten verwenden; auf *diese* Zeiten erhalten sie dann praxisnah geschätze Zulagen.

  Der zweite Summand enthält die mysteriöse Größe der 'nichterfassten Tätigkeiten'. Hier wird eine Schätzung vorgenommen, die innerhalb einer größeren Bandbreite erfolgen kann. Theoretisch müssten die nicht erfassten 'Zeiten für Verschiedenes' die Differenz zwischen dem von der Abteilung insgesamt zur Verfügung gestellten Arbeitsvolumen (im Fall: 25 Kräfte, die jeweils 170 Std/Monat arbeiten, also insgesamt 3.250) und den mit f_{NVZ} multiplizierten *erfassten* Tätigkeiten (im Fall: 1.624 x 1,72 = 2.793 Std.) sein. Im vorliegenden Fall bedeutete dies 3.250 - 2.793 = 457 Std. Für diese Brutto-Zeit (in die die 'tatsächlichen Verteilzeiten' eingegangen sind) wird eine zugrundeliegende Netto-Zeit geschätzt. Für die nichterfassten Tätigkeiten wird eine Produktivität unterstellt, die der für die erfassten entspricht - was keineswegs der Fall sein muss.

- Bei sehr knapp bemessener Personalausstattung ('lean production') ist zu berücksichtigen, dass für den Reservebedarf ebenfalls 'Notwendige Verteilzeiten' anfallen. Weil Arbeitskräfte nicht nur (buchstäblich) pausenlos und unermüdlich die vorgeschriebenen Tätigkeiten ausführen (sondern auch Unnötiges tun, sich erholen, Fehler machen, krank werden usw.) müssen mehr Kräfte vorhanden sein, als 'eigentlich' notwendig wären - und diese Kräfte haben ebenfalls wieder NVZ! Im Unterschied zu Rosenkranz' Berechnungsmodus für f_{NVZ} (im vorliegenden Fall: 1,3 x 1,12 x 1,18 = 1,72) müsste es dann heißen: 1/1-0,3 x 1/1-0,12 x 1/1-0,18 = 1,99. In die Rosenkranz-Formel eingesetzt würde dies für den hier behandelten Fall bedeuten, dass eine zusätzliche Kraft eingestellt werden müsste!

- Rechtliche Probleme werden ausgeklammert (Zustimmung des Betriebsrats, Sozialklauseln, Schutz älterer MitarbeiterInnen usw.);

- Image- oder Prestige-Verluste des Unternehmens werden nicht systematisch berücksichtigt, wenn man auf der Basis der Formel riogoros Personalkürzungen durchführen würde. Die Beutung einer Hire-and-Fire-Politik für die *künftige* Personalbeschaffung und das Halten und Motivieren des *vorhandenen* Personals werden nicht ausreichend in Rechnung gestellt;

- In Personalplanungsverfahren wird eine enge Sicht des Problems zugrunde gelegt. Alternative Personalverwendungen [Versetzungen, Schulungen, Organisationsänderungen (Outsourcing, Netzwerke), Einführung neuer Technologien, Fremdaufträge, Leiharbeit usw.] werden nicht in die formalen Gleichungen einbezogen.

Um dies zu vermeiden, müssten ex post-Erfahrungswerte gewonnen werden, die man dann extrapolieren kann - unter der Voraussetzung, dass Entwicklungen konstant verlaufen und keine Strukturbrüche auftreten (vielleicht könnten dann extreme Schwankungen in der Personalausstattung vermieden werden, wie sie z.B. bei VW zu verzeichnen waren als in 1991 30.000 Mitarbeiter eingestellt und in 1993 wieder entlassen wurden).

Es wird nicht systematisch berücksichtigt, dass bei Umsetzungen innerhalb von Unternehmen oder auch Arbeitsgruppen Einarbeitungskosten anfallen; unterstellt wird: Man kann sich bei Personalbedarf am Arbeitsmarkt sofort bedienen. Dies gilt nicht für alle Beschäftigungsgruppen in allen Perioden (Kosten der Beschaffung, v.a. auch durch Verzögerung der Beschaffung (Opportunitätskosten!).

- Alle (zumindest alle relevanten) Tätigkeiten lassen sich exakt erfassen (inhaltlich, zeitlich, qualitativ, standardisiert usw.), so dass auf dieser Basis der Personalbedarf ebenfalls exakt ermittelt werden kann. Auch (die Einteilung in) Personalkategorien (Angelernte, Ungelernte, Facharbeiter, Angestellte, Sachbearbeiter ...) und mit ihnen verbundene Erfahrungs- und Fähigkeitsausstattungen können zwischen den Planperioden variieren. Auch ist nicht berücksichtigt, dass Personen *innerhalb* von Personalkategorien erhebliche Leistungsunterschiede (oder sonstige Qualifikationsunterschiede) aufweisen können.

- Viele Einflüsse werden als *Daten* hingenommen (z.B. Fehlzeiten, Fluktuation) anstatt sie als durch unternehmerische/planerische Maßnahmen beeinflussbare *Variablen* zu sehen.

Entscheidend ist in vielen Fällen die *ökonomische* Betrachtung, die in manchen Modellen fehlt, weil sie zu eng ausgelegt sind. Welchen Nutzen/Schaden hat z.B. Personalabbau bei einer gesamthaften Betrachtung (nicht nur bezogen auf die Lohnkosten einer bestimmten Abteilung)? Wie sieht es mit der Substituierbarkeit von Menschen durch Maschinen (und deren Flexibilität, Robustheit, Reparaturanfälligkeit, Langlebigkeit, Fehlertoleranz, Elastizität ...) aus? In vielen Fällen werden nur die *Kosten* betrachtet, die *Erlöse* werden nicht systematisch kalkuliert und dagegengehalten. Kosten sind manchmal nicht linear, sondern progressiv ansteigend (Schäden, die durch unqualifiziertes/unmotiviertes Personal angerichtet werden können). Bei den Kosten müsste auch der Aufwand für Entwicklung, Einführung, Ausführung, Aktualisierung usw. der formalen Planungsverfahren selbst mitberücksichtigt werden.

- Es liegt im Regelfall keine *Theorie* zugrunde, so dass die Wirkungsverhältnisse der einzelnen Größen aufeinander nicht verstanden wird. Sie werden 'irgendwie' (z.B. additiv, multiplikativ) aufeinander bezogen (siehe z.B. die Rosenkranzformel: $f_{NVZ} = f_{NAZ} \times f_{EZ} \times f_{AUZ}$). Fehlende 'Erholung' kann sich jedoch durchaus in 'Fehlzeiten' (f_{AUZ}) zeigen. Wenn die Grössen nicht unabhängig voneinander sind darf nicht multipliziert werden. Die Frage nach Wechselwirkungen (Interaktionseffekten) kann nur selten beantwortet werden.

- Schwierigkeiten bei der *Umsetzung* der Ergebnisse formaler Verfahren bleiben ausgeblendet. Gerade weil viele Prämissen unausgesprochen sind, können die Resultate bei Vorgesetzten, Betriebsrat oder MitarbeiterInnen auf Unverständnis und Ablehnung stossen ('Akzeptanz-Theorem'). Um die Verfahren dennoch durchsetzen zu können, fallen zusätzliche Kosten (der Kontrolle, der Akzeptanz-beschaffung, Implementierung) an.

Diese Überlegungen sollen deutlich machen, dass die Setzungen der Rosenkranz-Formel durchaus diskutabel sind. Es wird eine Exaktheit vorgetäuscht, die zur kritiklosen Übernahme der Vorgaben verleitet.

Dieser Ansatz wird wegen der aufwendigen Zeitstudien in der Praxis nicht sehr häufig verwendet; es ist jedoch bekannt, dass einige Versicherungsunternehmen mit diesem Ansatz die Angemessenheit ihrer Personalausstattung im Sachbearbeiterkreis überprüfen (*Alewell* 1995, 43). Dies deutet auch darauf hin, dass die Rosenkranz-Formel im Prinzip ein Kontroll- und Disziplinierungsinstrument ist. Mit großem faktischen und rhetorischen Aufwand wird normalerweise eine Leistungsverdichtung begründet (bzw. die Forderung nach mehr Personal abgewehrt).

3.2 Management der Personalplanung

3.2.1 Zielsetzungen der Personalplanung

Die Zielsetzungen der *Personalplanung* in den Betrieben - v.a. zu Beginn der 60er Jahre, als die ersten Ansätze eingeführt wurden - waren bei allen betroffenen Gruppen durch eine hohe Erwartungshaltung geprägt (s. *Bosch & Kohl* 1995, 23):

Die *ArbeitgeberInnen* hofften auf eine bessere Verfügbarkeit des Produktionsfaktors Arbeit und auf eine rationalere Basis für Entscheidungen im Personalbereich, um so Personalengpässe und Fehlbesetzungen zu vermeiden, Personalkosten zu reduzieren, innerbetriebliche und außerbetriebliche Arbeitskräfteressourcen besser zu nutzen usw.

Die *ArbeitnehmerInnen* versprachen sich von einer systematischen Personalplanung v.a. mehr Sicherheit des Arbeitsplatzes, die Verbesserung von Arbeitsbedingungen und die Vermeidung von negativen Auswirkungen bei technischem und organisatorischem Wandel, sowie eine bessere Planbarkeit der eigenen beruflichen Entwicklung.

Die *Gewerkschaften* erwarteten durch die Personalplanung v.a. eine Verschiebung der innerbetrieblichen Herrschaftsverhältnisse durch die Ausdehnung der qualifizierten Mitbestimmung auf die ganze Industrie. Zudem sollte Personalplanung auf einzelbetrieblicher Ebene die Möglichkeiten von Konflikten zwischen Arbeitgebern und Arbeitnehmern reduzieren oder vorbeugend lösen. Allerdings blieb weitgehend ungeklärt, in welchem Verhältnis 'die' Ziele der Arbeitnehmer zu den ökonomischen Zielen stehen und welche Ziele im Konfliktfall den Vorrang haben. Wenn jedoch soziale Ziele nicht in den politischen Entscheidungsprozess als originäre Ziele eingebracht werden, besteht die Gefahr, dass sie nur inhaltsleere Integrationsformeln darstellen. Widersprüchlichkeiten von Zielen treten dann nicht hervor, wenn die wichtigste Aufgabe der Personalplanung in der Bewältigung von Personalengpässen gesehen wird; rückt jedoch Personalabbauplanung in den Vordergrund, verringern sich die Gemeinsamkeiten der Erwartungen erheblich. Bei derartigen Anlässen wird auch deutlich, dass die Instrumente der Personalplanung für sehr unterschiedliche Ziele genutzt werden können. Vor allem von Arbeitnehmerseite werden daher Vorbehalte geäußert, die Personalplanung diene v.a. Unternehmerinteressen. Nach *Bosch & Kohl* (1995, 23) lauten die Haupteinwände:

- "Durch die mit diesem Mittel eher planbare Flexibilisierung der Arbeit (durch Leiharbeit, Werkverträge, befristete Beschäftigung) steigen die Beschäftigungsrisiken.
- Die Arbeitsbelastung wächst durch eine zu knappe Bemessung des Personalbedarfs.
- Eignungstests, Beurteilungen, betriebliche Qualifizierungs- und andere Personalentwicklungsmaßnahmen dienen v.a. der Auswahl der Leistungsstärkeren und dem Herausdrängen der Leistungsschwächeren.
- Die Transparenz betrieblicher Vorgänge erhöht sich durch Personalplanung. Für die Beschäftigten vorteilhafte Abmachungen mit unteren Vorgesetzten sind nicht mehr möglich, da deren Entscheidungsspielräume eingeengt werden.
- Eine Formalisierung der Personalplanung zerstört oft günstigere informelle Regelungen."

Allerdings haben wir bereits oben darauf hingewiesen, dass Personalplanung in der Praxis in erster Linie abgeleitete Planung ist; d.h. sie ist kein Selbstzweck, sondern ein Hilfsmittel zur Umsetzung personalpolitischer Implikationen, die sich aus der Unternehmensplanung ergeben. In diesem Zusammenhang kann die Feststellung von *Bosch & Kohl* (1995, 25) durchaus zutreffen, dass Betrieben durch Wettbewerbern Produktivitätssprünge 'verordnet' werden, die sie bei Strafe ihres Untergangs nachvollziehen müssen und dehalb 'gezwungen' sind, Mitarbeiter zu entlassen. Es wäre jedoch fatal, die 'Täter'-Rolle etwa beim Personalabbau einseitig der Konkurrenz oder dem Markt zuzuschieben, so als ob Unternehmen ausschließlich von außen zu unpopulären Maßnahmen gezwungen würden und nicht anders handeln könnten. Letztendlich sind Entscheidungen der Unternehmensleitung über Investitionen, Produkte, Fertigungstechnologien, Märkte usw. immer auch politische Entscheidungen, die keineswegs nur 'rational', sondern in *subjektiver* Abwägung von Alternativen getroffen werden. Wenn Unternehmen beispielsweise auf einen Rückgang der Auftragslage mit dem Abbau von Personal reagieren, so können die Ursachen dafür u.a. auch im Sicherheitsdenken, im Bemühen Risiken zu vermeiden liegen; die Alternative zum Personalabbau, nämlich die Kompensation des Rückgangs durch die Suche nach neuen Chancen (z.B. neue Märkte, innovative Produkte) kommt bei einer Unternehmensphilosophie, in welcher Kostenrechnungs-Argumenten die höchste Priorität eingeräumt wird, nicht in den Sinn. Personalplanung ist immer auch ein politisches Instrument an der Schnittstelle zwischen der Geschäftsführung, den Führungskräften, der Arbeitnehmervertretung und den MitarbeiterInnen.

Manager verfolgen mit Personalplanung unter einer pragmatischen a-theoretischen Perspektive das Ziel 'Steuerung': durch den Einsatz 'rationaler' Verfahren wird der Eindruck erweckt, dass die Manager das Unternehmen im Griff haben bzw. auf Kurs halten können. Dadurch schaffen sich Manager die Grundlage für ihre eigene

Existenz in der Organisation: Das spezifische Planungs-Know how der Agenten dient zur Rechtfertigung ihrer Existenzberechtigung gegenüber dem Prinzipal.

Personalplanung beinhaltet auch einen Herrschaftsaspekt, der darin zum Ausdruck kommt, dass eine Ausrichtung auf Ziele auch zur Folge hat, dass Zur-Rechenschaft-gezogen-werden-kann; durch den Einsatz scheinbar rationaler Planungs-Techniken wird dieser Aspekt jedoch objektiviert.

3.2.2 Die Akzeptanz von Personalplanung

Angesichts der hochgesteckten Erwartungen stellt sich erst recht die Frage, warum Personalplanung in der betrieblichen Wirklichkeit so selten vorkommt. Liegt es an den dürftigen Operationalisierungen von Personalplanung oder stimmen (etwa gar) die Begründungen für die Vorteile der Personalplanung nicht? Aus Sicht der Arbeitgeber hat diese 'Tatenlosigkeit' häufig folgende Ursachen (*RKW* 1996, 27; siehe auch den Beleg auf Seite.83):

- "Negative Erfahrungen mit Planung aufgrund zu hoch gesteckter Erwartungen,
- Abneigung gegen perfektionistische und daher zu kostenaufwendige Planungs-'Modelle' oder '-Systeme',
- fehlende 'Planungsmentalität' bei der Unternehmensleitung,
- zu geringe Verbreitung von Informationen über Personalplanung auf Unternehmensseite,
- Fehlen genügend sicherer und praktisch anwendbarer Prognosemethoden,
- negative Erfahrungen mit zu weit gehenden Mitbestimmungsforderungen von Betriebsräten".

Vor allem der letzte Punkt deutet auf das Problem hin, dass je nach betrieblicher Bedingungs- und Interessenkonstellation verschiedene Teilaspekte der Personalplanung (von allen Beteiligten) taktisch genutzt werden (z.B. als Mittel zur Kostenreduzierung; zum Aufbau temporärer Personal-Kapazitäten; zur 'Verstetigung' von Beschäftigungsverhältnissen) und dies zur Vorsicht bei der Entscheidung über die Einführung entsprechender Systeme führt. Dazu trägt bei, dass sich das Wesen der Arbeit fundamental ändert. Hochentwickelte Computer, neue Kommunikationstechnologien, Roboter und andere intelligente Maschinen und Systeme ersetzen ganze Berufsgruppen. Immer mehr geistige Arbeit wird von leistungsfähigen Maschinen übernommen. Diese begleiten und unterstützen den Faktor Arbeit, indem sie auf immer effizientere Art körperliche und geistige Arbeit bewältigen. Die Kehrseite dieser Medaille ist der massive Abbau von Arbeitsplätzen. Um das Tempo, die Beweglichkeit und die Hochleistung moderner (Informations-)Technologien ausnutzen zu können, werden Unternehmen durch den Abbau von Hierarchie-Ebenen 'verschlankt'. Ziel dieses Schrumpfungsprozesses ist u.a. eine Organisation, die aus einer Unternehmer-Elite und aus einem kleinen professionellen Kern-Personal besteht sowie einer Just-in-Time Belegschaft aus TeilzeitarbeiterInnen, KurzarbeiterInnen, TelearbeiterInnen, HalbtagsarbeiterInnen, die entsprechend den Bedürfnissen des

Marktes ad hoc aufgeboten bzw. abgebaut werden kann (in Kapitel F gehen wir ausführlich auf aktuelle Veränderungen beim Management von Beschäftigungsverhältnissen ein). Die Konsequenz für die Personalplanung aus solchen Entwicklungen besteht darin, dass eine Komplexitätsteigerung erfolgt, der sie u.U. nicht mehr gewachsen ist. Diese neue Unübersichtlichkeit führt für industrielle Organisationen zu einem (unüberbrückbaren?) Dilemma: Entweder sie gehen auf den Komplexitätswettlauf ein, werden schneller, größer und vielfältiger und bauen damit soviel interne Komplexität auf, dass sie ihre Handlungsfähigkeit einbüßen oder sie richten sich nach dem KISS-Prinzip (keep it small and simple) und versuchen, durch rigorose Vereinfachung und 'Gesundschrumpfung' handlungsfähig zu bleiben. Dann verlieren sie aber an Anschlussfähigkeit, wenn sie Antennen, die für Veränderungen ihres Umfeldes sensibilisieren und wichtige Innovationsquellen sind, wegrationalisieren.

Beleg E 3.1:   Das 'Akzeptanz-Theorem'

Das Akzeptanztheorem von *Scholz* (1994, 42) postuliert 5 Bedingungen, bei deren Erfüllung Praktiker auch 'anspruchsvolle' Planungsmethoden und Management-Techniken akzeptieren (bzw. deren Fehlen zu Nicht-Akzeptanz beitragen wird):

"Der Personalverantwortliche muss (subjektiv) einen nicht bewältigten *Problemdruck* spüren: So ist zum Beispiel das Planungsproblem nicht überschaubar, das Datenvolumen zu groß oder der zur Verfügung stehende Zeitrahmen für eine sinnvolle Lösung mit der herkömmlichen (einfachen) Methode zu klein.

Damit ein Personalverantwortlicher ein Verfahren akzeptiert, muss nach seinem Einsatz bei mindestens einem der mit der Methodenverwendung anvisierten Ziel der Grad der Zielerreichung erhöht werden (*Methodeneffektivität*); darüber hinaus müssen die Kosten von Entwicklung, Einführung und Anwendung der Methode geringer als ihr Nutzen sein (*Methodeneffizienz*).

Für die Entwicklung und den Einsatz des neuen Systems ist ein *Promotorenteam* zuständig. Dazu gehört ein (unter Umständen externer) Fachpromotor, dem grundsätzliche Lösungen zur Beseitigung des Problemdrucks bekannt und zugänglich sind. Er wird unterstützt durch einen ranghohen Machtpromotor.

Zwischen dem primären Benutzer der Methode bis hin zum letzten Verwender der erzeugten Lösung muss eine durchgängige Kommunikation bestehen. Diese *Implementationskette* kann bis in die Unternehmensleitung reichen, wenn sich dort die eigentliche Zielgruppe für die Ergebnisse befindet. Die Existenz dieser Verbindungen ist nicht nur während der Einführungsphase einer Methode notwendig, sondern auch für ihre kontinuierliche Anwendung: So kann das Ausscheiden eines Stelleninhabers trotz erfolgreicher Erst-Einführung einen Riss in der Implementationskette hervorrufen.

Die Verwendung der neuen Methode darf von niemandem als Bedrohung eigener Kompetenzen empfunden werden, es darf also keine *Kompetenzangst* entstehen. Ein solches Bedrohungsgefühl entwickelt sich besonders dann, wenn die Planungsmethode Ermessensspielräume (subjektiv) reduziert oder intellektuell nicht verstanden wird (*a.a.O.*, 42)."

3.2.3 Die Verbreitung der Personalplanung in der Praxis

Die pessimistische Einschätzung, was den Ausbaustand des (strategischen) Personalwesens anbelangt, wird auch durch die eher geringe Verbreitung der Personalplanung in der betrieblichen Praxis unterstützt. Obwohl relativ wenige (neuere) empirische Untersuchung zur Verbreitung der Personalplanung in der betrieblichen Praxis vorliegen (z.B. *Semlinger* 1989; *Bellmann* u.a. 1996), können aus den Ergebnissen dieser Studien einige allgemeine Aussagen zu diesem Thema abgeleitet werden:

- Die Ergebnisse des IAB-Betriebspanels (*Bellmann* u.a. 1996, 120) zeigen, dass schriftliche Pläne generell wenig verbreitet sind. Sie reichen nicht sehr weit in die Zukunft und sind im Bedarfsfall nicht unbedingt vollzugsverbindlich. Nur jeder sechste Betrieb plant seine Investitionen so wie Produktion bzw. Absatz.

- Rund 12% aller westdeutschen Betriebe verfügen über eine Personalplanung. Sind es in Kleinbetrieben weniger als ein Zehntel, so steigt der Anteil bei den Großbetrieben auf über 90% (*Bellmann* u.a. 1996).

- Gut die Hälfte der Betriebe plant bis zu einem Jahr, ein knappes Viertel über ein Jahr hinaus und ein weiteres Viertel hat keinen festen Planungszeitraum. Mit zunehmender Betriebsgröße weitet sich auch der Planungshorizont aus (*Bellmann* u.a. 1996).

Etwas differenziertere Ergebnisse zur Verbreitung einzelner Teilbereiche der betrieblichen Personalplanung gehen aus (mittlerweile allerdings schon relativ alten) Untersuchungen, die im Auftrag des Rationalisierungskuratoriums der Deutschen Wirtschaft (RKW) in den Jahren 1975 sowie 1987 durchgeführt wurden (s. *Semlinger* 1989). Demnach:

- findet in nur 5,9% aller Unternehmen des produzierenden Gewerbes eine analytische Arbeitsbewertung statt und lediglich in 29,3% sind Arbeitsplatzbeschreibungen anzutreffen. Dies bedeutet, dass die hierauf aufbauenden Personalbedarfsermittlungen in den meisten Unternehmen nicht durchgeführt werden können;

- führen nur 20,8% der Unternehmen Eignungstests und 39,8% Personalbeurteilungen durch. Die meisten Unternehmen sammeln also keine Informationen über das Qualifikationsprofil ihrer Beschäftigten;

- betreiben nur 13,6% der Befragten Nachfolgeplanungen, und nur jedes vierte Unternehmen erarbeitet eine längerfristige Planung seines Ausbildungsbedarfs.

Angesichts dieser Ergebnisse kommt *Semlinger* (1989, 339) zu der Schlussfolgerung, dass viele Unternehmen v.a. auf die qualitativen Anpassungserfordernisse der Beschäftigten schlechter vorbereitet sind als auf die Modernisierung und den rechtzeitigen Einsatz ihrer baulichen und maschinellen Ausrüstung. Ganz besonders ausgeprägt ist diese Tendenz in Klein- und Mittelbetrieben. Vor allem aufwendige und komplexe Planungsmethoden - wie etwa mathematische Methoden der Personalbedarfsplanung - finden dort so gut wie keine Anwendung. Dies deutet auch darauf hin, dass Praktikabilität sowie Aufwand-Nutzen-Relationen einen wichtigen Einfluss auf die Entscheidung für ein Personalplanungssystem haben. Personalplanungsexperten sind vermutlich nur in den Stabsabteilungen von Großbetrieben zu finden; in Klein- und Mittelbetrieben ist Personalplanung wohl eher eine Zusatzaufgabe für die Geschäftsleitung bzw. die Personalstelle(!) und/oder findet nichtformalisiert und unmethodisch statt.

Bei der Interpretation dieser Ergebnisse muss auch darauf geachtet werden, dass die bloße Existenz eines Personalplans noch keine Gewähr dafür bietet, dass dieser den gleichen Rang wie andere Teilpläne hat und sich die Personalpolitik auch *plan*mäßig vollzieht. Schriftliche Pläne können als notwendige aber noch nicht hinreichende Bedingung für den Stellenwert von Personalentscheidungen betrachtet werden.

3.2.4   Operative Personalplanung

Es gibt zwei Varianten von *Personal*-Planungsproblemen:

1. Das Bestands- oder Mengenproblem:

   Wieviele MitarbeiterInnen mit welchen Merkmalen sind zur ökonomischen Bewältigung der Unternehmensaufgaben zum Zeitpunkt t_2 an welcher 'Stelle' nötig?

2. Das Zuordnungsproblem:

   x_i MitarbeiterInnen sind zum Zeitpunkt t_2 k_i Stellen (incl. der Option: 'keine Stelle' = Entlassung) (bzw. umgekehrt) optimal zuzuordnen; dafür ist in t_1 Vorsorge zu treffen.

Geeignet für diese Problemlösung erscheint die allgemeine Klasse der "Job-Person-Fit-Modelle".

Die Voraussetzungen *dieser* spezifischen Sichtweise sind:

1. Es gibt Stellen (sie sind vorhanden u. voneinander verschieden).
2. Anforderungen sind bekannt (Inhalte, Ausmaße).
3. Personen haben Qualifikationen (dauerhaft, abgrenzbar, messbar).
4. Die Qualifikationen sind bekannt (gemessen, festgehalten).
5. Eine Zuordnung (Job-Person-Fit) ist möglich (gleiche Dimensionalität).
6. Die Zuordnung ist optimierbar.

Alternativen dazu wären zum (siehe oben): politische, evolutionistische, symbolische und systemische Herangehensweisen. Entwickelt man die Fragestellung nach dem Fit-Programm, dann sind einige Vorleistungen zu erbringen (es müssen Stellen gebildet, Personen vermessen, Zuordnungen vorgenommen werden usw.). Darauf wird im Folgenden eingegangen.

Kapitel E

Stellenbildung

Die klassische Organisationstheorie geht davon aus, dass Unternehmen die zur Erreichung ihrer Ziele notwendigen Aktivitäten aufgliedern und sie auf die einzelnen Mitglieder verteilen (*Kieser & Kubicek* 1992, 75). Diese Arbeitsteilung stellt das strukturelle Grundprinzip dar, das eine rationale (d.h. wirtschaftliche) Zielerreichung sichern soll. Zu diesem Zweck werden - in der Theorie personen*un*abhängige - Positionen gebildet. Die einzelnen Schritte dieses Prozesses der Stellenbildung lassen sich folgendermaßen darstellen:

1. Es gibt eine *Gesamtaufgabe*.

2. Diese kann systematisch und erschöpfend (restlos) in *Teil-Aufgaben* zerlegt werden.

Produkte			
Funktionen:	A	B	C	...
Personal				
Beschaffung Logistik				
Marketing				
Finanzierung				
F & E				
Organisation				
usw.				

3. Für die Teil-Aufgaben können (systematisch) *Stellen* geschaffen werden.

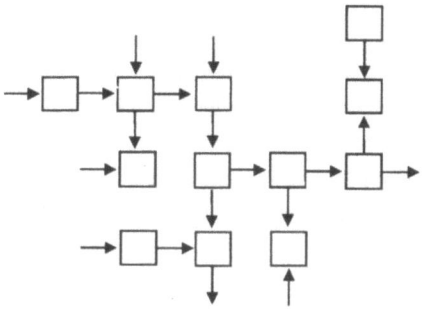

4. Den Stellen können systematisch (begründet) *Personen* zugeordnet werden.

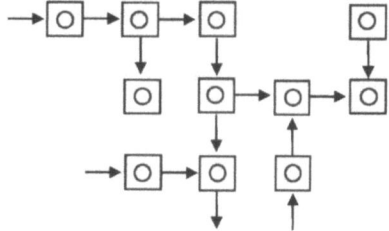

Hinter diesen scheinbar rationalen und selbstverständlichen Algorithmen stehen starke Annahmen, auf die im Folgenden eingegangen werden soll.

zu 1. Es gibt eine Gesamtaufgabe:

Ist die Gesamtaufgabe wirklich so *klar umrissen (de-finiert)*, wie es die obige Abbildung suggeriert? Was ist z.B. die Gesamtaufgabe der Universität Augsburg oder von BMW? Unterschiedliche Stakeholders (Anspruchsgruppen) haben u.U. verschiedene Erwartungen bzw. verfolgen je andere Ziele (z.B. Weiterbestehen, Geld machen, Autos produzieren/montieren, Verkehrssysteme entwickeln).

Da es um zukunftsorientierte Planung geht, ist auch wichtig, ob und für welchen Zeitraum die Gesamtaufgabe *stabil/konstant* ist. Zudem ist zu fragen ob es *ein (oder: 1) Planungssubjekt* (unipersonale Theorie der Unternehmung) gibt und ob diesem Subjekt/Akteur die *Gesamtaufgabe vollinhaltlich bekannt* ist?

Des weiteren ist von Bedeutung, ob die Gesamtaufgabe *gestaltbar*, d.h. nicht völlig determiniert ist durch die *Bedingungen*, unter denen sie ent- oder besteht. Gibt es also *'strategic choice'* und inwieweit sind Wahlmöglichkeiten eingeschränkt (z.B. durch technologischen, Umwelt-, Konjunktur-, Branchen-, Markt-, Politik-Determinismus).

Wie sehr ist die Gesamtaufgabe *'festgelegt'* und wie sehr ist der 'souveräne' Akteur in Wirklichkeit Re-Akteur, d.h. Spielball der Kräfte, die auf das Unternehmen einwirken, so dass ihm 'keine andere Wahl bleibt'? Planung hätte dann eher die Funktion einer Ex-post-Rechtfertigung oder einer retrospektiven Sinngebung (vgl. *Weick* 1985).

Ist Planung *un*abhängig von den *Personen*, die sie betrifft und die sie betreiben (Personen werden versachlicht und wie Dinge behandelt), und erfolgt sie *rein sach-rational*?

zu 2. Zerlegung in Teilaufgaben:

Hier stellt sich die Frage, wer die Zerlegung vornimmt und nach welchen Prinzipien und Kriterien die Teilung erfolgt (s. etwa Taylorisierung vs. ganzheitliche Gruppenarbeit, Fordismus, getaktete Massenproduktion in Form von Prozess- oder Wertschöpfungsketten)?

Erfolgt die Zerlegung aufgabenbezogen oder werden Teilaufgaben auf bereits im Unternehmen vorhandene Personen zugeschnitten und wie hängen die Teilaufgaben vom Organisationsmodell ab (s. etwa Matrix vs. Stab-Linie; Gruppenarbeit oder Lean Production)?

zu 3. Schaffung von Stellen:

Um aus Teilaufgaben Stellen schaffen zu können, werden Informationen benötigt, deren Beschaffung u.U. Probleme bereitet (siehe unten). Im Grunde geht es um die Frage, wie man von Teil-Aufgaben zu Arbeits-Plätzen kommt und das Problem der *'Stellenschneidung'* löst. Dabei geht es beispielsweise um die Frage, ob man mit einer Position mehrere Funktionen ausüben kann (z.B. ein Lagerarbeiter zugleich als Fahrer und Lagerverwalter); ob die Stellen durch die Produktionsorganisation verändert werden können (z.B. Job Enlargement); ob die Stellen *intern* existieren oder ob man Aufgaben an Fremdfirmen abgeben könnte (Outsourcing); ob Stellen durch andere Bauteil-Konstruktion (Modulprinzip) oder durch eine Maschine oder ein anderes Fertigungskonzept (CIM) ersetzt werden können (siehe dazu Beleg E-3.2).

zu 4. Person-Stellen-Zuordnung (Job-Man-Fit):

Es wird häufig davon ausgegangen, dass eine eindeutige Beziehung zwischen 'Anforderungen' *und* 'Qualifikationen' besteht, der Personalbestand bekannt ist (nicht zuviel und nicht zuwenig, kein unerwünschtes bzw. unbenötigtes Personal); zudem wird angenommen, dass der Personalbestand formbar ist (wachsen bzw. schrumpfen kann) und, dass das Transformationsproblem gelöst ist.

Beleg E-3.2:   Informationsbedarf für die 'Stellengliederung'

Wie *genau* kann der Arbeitsanfall erfasst werden?

Wie *dringlich* ist die Erledigung von Aufgaben?

Wie *stetig* ist der Arbeitsanfall?

Hängt der Arbeitsanfall vom *Produktionsvolumen* ab?

Ist das Arbeitsergebnis *meßbar*?

Wie *standardisiert/standardisierbar* ist die Arbeitsausführung?

Wie *beeinflussbar* ist die Zeit der Arbeitsausführung?

Wie *substituierbar* ist eine mögliche Stelle? (z.B. durch organisatorische, konstruktive, unternehmenspolitische Entscheidungen)

Wie *flexibel* ist die pro Person zur Verfügung gestellte Arbeitszeit?

Wie groß ist die *Qualifikationsbreite* der prospektiven Ausführenden?

Daraus folgt, dass Personalplanung

- zugleich abhängig (derivativ) und originär ist (der Finanzplan beeinflusst den Personalplan, dieser aber auch den Finanzplan);

- nicht isoliert von Organisation, Marktchancen, Leistungsprogramm, Technologie usw. zu konzipieren ist, weil - je nachdem, wie diese 'aussehen' - andere quantitative und qualitative Personalanforderungen entstehen. Personalplanung ist somit eigentlich Simultanplanung - für die allerdings kaum Methoden vorhanden sind (s. *Drumm* 1995);

- unter Unsicherheit oder Ungewissheit (bzw. Konstanz) der Bedingungen erfolgt, da kein Unternehmen die Macht hat, alle Bedingungen vorzugeben.

Bei der Zuordnung von Personen zu Stellen ergeben sich daher eine Reihe schwerwiegender Probleme, die das traditionelle Verständnis von Personalplanung zumindest stark erschüttern. Wir werden deshalb im Folgenden auf die entsprechenden Schwierigkeiten eingehen (siehe auch *Röllinghoff* 1996).

1. Probleme der Anforderungsanalyse

- Organisation 'ad rem' (Person-Indifferenz)

Die 'dokumentierte Organisation' (z.B. in Form von Organigrammen, Stellenbeschreibungen, Führungs-Diagrammen oder Arbeitsanalysen) ist nicht die reale Organisation. Es wird unterstellt, die *Stelle* könne in ihren Anforderungen *personneutral* vermessen werden. Objektivierend, in Umkehrung des Konstitutionsprozesses gilt: die Stelle verlangt(!) dann bestimmte Eigenschaften, die dann auch in einer apersonalen Stellen-Beschreibung festgehalten werden können. Es kann aber durchaus sein, dass verschiedene Personen die Stelle ganz anders definieren und/oder mit Herausforderungen auf sehr unterschiedliche Weise fertig werden, oder sich die Anforderungen zurechtschneiden oder -modeln (siehe unten die Ausführungen zu idiosynkratischen Arbeitsverhältnissen).

- Stabilität

  Das einzig Beständige ist der Wandel. Jede Stellenbeschreibung ist im Moment ihrer Entstehung schon veraltet. Zudem gilt: Mit Stellenbeschreibungen werden auch andere Ziele - neben der Anforderungsfixierung - verfolgt (z.B. Inventur, Rekrutierung, Gehaltspolitik - siehe z.B. *Bucksteeg* 1994).

  Es wird für die Zukunft entworfen, welche Stellen es in t_i geben wird. Für die nahe Zukunft mag dies gelingen, aber mittel- und langfristig ist die Unsicherheit extrem. In der Praxis werden Personal-*Bestands*-Werte als fixe Größen vorgegeben - alles andere ist darum herum zu planen (so etwa die Philosophie des Lean Management oder von Personalkostensenkungsprogrammen).

- Lösung der Verfahrens- und Abbildungsfrage

  Zum Problem der Beschreibung bzw. Abbildung von Tätigkeiten sowie den daraus resultierenden Anforderungen verweisen wir auf den von *Schettgen* (1996) im Rahmen dieser Reihe bearbeiteten Basistext zum Thema 'Arbeit, Leistung, Lohn'.

- Kosten der Anforderungsanalyse

  Es ist zu klären welche Kosten die Aufnahme, die Dokumentation, die Pflege und die Aktualisierung der für die Anforderungsanalyse relevanten Daten verursachen.

2. Die *in* der Person angenommenen Eigenschaften werden als

   isolierbar
   universal vorhanden
   generalisierbar (situationsübergreifend relevant)
   messbar
   stabil bzw. ungeschichtlich
   einheitlich

vorausgesetzt. Darauf soll näher eingegangen werden:

- Isolierbarkeit

  Dabei geht es um die scheinbar banale Frage, wie viele Eigenschaften es gibt und welche davon relevant sind. Die der Person-Stellen-Zuordnung zugrundeliegende Annahme unterstellt, dass die einzelnen (buchstäblich vereinzelten) Eigenschaften voneinander getrennt und jeweils für sich in ihren Ausprägungen bestimmt werden können. Das Problem ist, dass sich in der zuständigen Spezialdisziplin (der Differentiellen Psychologie) bislang kein taxonomisches System durchgesetzt hat, das eine solche Kartografie der menschlichen Eigenschaften bietet. Eigenschaften sind keine Entdeckungen, sondern soziale Erfindungen (Konstrukte), die aus Verhaltensregelmäßigkeiten (die wiederum auch *situations*abhängig sind) erschlossen, besser: konstruiert werden, um einfache Erklärungen zu liefern.

- Universalität (Holismus)

Annahme: Bei jedem Menschen finden sich alle Eigenschaften, wenngleich manche nur in der Ausprägung nahe Null. Damit wird ausdrücklich ein *nomothetischer* Ansatz zugrundegelegt, der prinzipielle Gleicheit aller Subjekte unterstellt; eine *idiografische* Herangehensweise würde dem gegenüber jede Person als einmalig ansehen, vor allem würde sie davon ausgehen, dass das Zusammenvorkommen bestimmter Eigenschaftsausprägungen zu unvorhersehbaren neuartigen Ganzheiten führt, die "mehr sind als nur die Summe ihrer Teile".

- Generalisierbarkeit bzw. Transsituativität

Annahme: einmal gemessene Eigenschaften sind situations*un*anhängig, ihre Ausprägung bleibt gleich, egal wie die Auslöse- oder Anregungsbedingungen aussehen. Als klassische Untersuchung dieser Problematik wird meist die HARTSHORNE-MAY-Studie zitiert (siehe *Amelang & Bartussek* 1997). Dabei wurde z.B. der Persönlichkeitszug 'Ehrlichkeit' an Schulkindern in 4 verschiedenen Situationen geprüft (Mogeln beim Spielen, Abschreiben bei Schulaufgaben, Rückgabe bei zuviel Wechselgeld, Bekennen eines Fehlverhaltens). Die Übereinstimmung in den 'Ehrlichkeits'-Werten war relativ gering. Ergebnisse dieser Art haben in der Psychologie die sog. *Interaktionismus*-Debatte ausgelöst, derzufolge weder allein die Person, noch allein die Situation (wie in lerntheoretischen behavioristischen Ansätzen), sondern nur die Transaktion von Person- und Situations-Faktoren das Verhalten vorherzusagen erlaubt. Geht man von diesem Persönlichkeitsmodell aus, so sind die Konsequenzen für die traditionelle Personalplanung dramatisch - alle Verfahren, die auf einfachen traittheoretischen Überlegungen basieren, können keinen angemessenen Beitrag zur Lösung des Zuordnungsproblems leisten.

- Messbarkeit

Selbst wenn alle bisher angesprochenen Probleme gelöst wären, müsste immer noch ein Weg gefunden werden, um festzustellen ob bzw. in welchem Ausmaß eine Person über bestimmte Eigenschaften verfügt. *Reaktive* Messverfahren provozieren gezielt Äußerungen der Person (Beispiele: Tests, Fragebogen, Interviews, Übungen im Assessment Center), sind aber womöglich nicht (ganz) valide, weil die Anregungsbedingungen selbst (z.B. Künstlichkeit der Testsituation) verfälschend wirken können; *nonreaktive* Verfahren erfassen unbeeinflusstes spontan gezeigtes Verhalten (etwa durch Beobachtung, versteckte Videoaufnahmen, Dokumentenanalyse), sind aber - auch weil sie nur schwer standardisierbar sind - womöglich ebenfalls verunreinigt durch unterschiedliche situative Bedingungen. Wenn das relevante Verhalten zur Analyse vorliegt, dann müssen Vorschriften für seine Messung (z.B. die Abbildung in numerische Relative) entwickelt werden; unter anderem sind Skalierungsprobleme zu lösen, weil später die gewonnenen Eigenschaften dokumentiert, verglichen und in Beziehung (zueinander und zu Anforderungen etwa im Rahmen eines Personalinformationssystems) gesetzt werden sollen. Musterfrage: Kann man die Intelligenz eines Menschen in einem Quotient ausdrücken? Der sog. IQ ist längst kein Quotient mehr, sondern ein *Verteilungsmaß*, das die Standortbestimmung eines Individuums in einem Bezugssystem, der sog. Eichpopulation liefert. Zudem kommen die auf dem Markt befindlichen Testverfahren, die das gleiche zu messen vorgeben (viel zitiertes Beispiel: Konzentrationsfähigkeit), zu unterschiedlichen Aussagen pro Person.

- Stabilität

  Annahme: Die einmal zum Zeitpunkt t_1 gemessenen Eigenschaften sind auch in allen anderen Zeitpunkten t_i in gleichem Inhalt und gleicher Ausprägung erhalten. Es wird also abgesehen von der Möglichkeit, dass Menschen lernen können, dass sich ihre Sozialkompetenz, ihr Neurotizismus[7], ihre Kontaktfähigkeit, ihre Problemlösefähigkeit usw. verändern. Wenn man diese für viele Eigenschaften unrealistische Konstanzannahme aufgibt, muss man die Person in bestimmten Zeitabständen immer wieder neu vermessen, oder man verfügt über Annahmen, wie bestimmte Eigenschaften fortgeschrieben werden können - was wiederum Entwicklungshypothesen voraussetzt.

- Einheitlichkeit (Gleichwertigkeit der Merkmale bei der Erfassung)

  In der Testdiagnostik wird zuweilen der Unterschied zwischen der Prüfung 'maximaler' und 'typischer' Eigenschaften gemacht. *Maximale* Leistungen werden z.B. in den üblichen Intelligenz- und Fähigkeitstests erfasst (z.B. Mehrfachwahl-Prüfungsaufgaben); *typische* Leistungen dagegen in sog. Persönlichkeitstests, die Motivation, Neurotizismus, Sozialverhalten usw. prüfen sollen. Haben Temperament, Stimmungen, Motivationen, körperliche und geistige Fähigkeiten die gleiche Stabilität? Vor allem: Wie valide ist die Prüfsituation und welche Rolle spielen dabei Einflüsse wie Täuschungsresistenz oder soziale Erwünschtheit (z.B. die Intelligenz von StudentInnen in Prüfungssituationen)?

- Das Kompatibilitäts-Problem ist gelöst

  Damit ist gemeint, dass dann, wenn man eine *Zuordnung* von Stelle und Person beabsichtigt, beide in den gleichen Kategorien ('commensurate terms') und Maßeinheiten erfasst werden müssen; entweder werden Stellenmerkmale 'personalisiert' oder Personenmerkmale 'objektiviert': die Stelle(!) ist dann charakterisiert z.B. durch 'Durchsetzungsvermögen' oder - was fast nie gemacht wird - die Person wird gemessen in objektiven Leistungskennwerten (z.B. bestimmte Signale erkennen, Bewegungen ausführen, Programmkenntnisse haben).

- Die Rolle der (Mikro-) Politik

  Das Person-Stellen-Problem wird als ein rein sachliches definiert. Damit wird der *politische* Prozess der Merkmalsbestimmung ausgeblendet: Verschiedene Gruppen (Management, Betriebsrat, StelleninhaberInnen) können unterschiedliche Auffassungen darüber haben, was zu den Stellenanforderungen gehört - und die

---

7 Persönlichkeitsfaktor, dessen extreme Ausprägung durch überhöhte Erregbarkeit, Ängstlichkeit, Nervosität, Labilität, Unzulänglichkeit gekennzeichnet ist

nur scheinbar 'neutrale' Wissenschaft kann dieses Problem allein nicht lösen. Oft entzünden sich besondere Konflikte an der Bestimmung der *Bedeutsamkeit* oder der *Gewichte* (siehe z.b. das Genfer Schema - dazu *Schettgen* 1996) bestimmter Anforderungen (z.b. Verantwortung, Umweltbelastung, Ausbildungsvoraussetzungen). Gibt es Knock-Out-Signs - und wer bestimmt sie? Wer stellt z.B. fest, wie attraktiv eine Stewardess oder eine TV-Ansagerin ist bzw. sein muss und ob sie ein weniger gutes Aussehen kompensieren kann durch Freundlichkeit, Intelligenz, Korrektheit, Seriosität usw.? Der Zugang zu Arbeitsplätzen kann durch in diesem Sinn sachfremde Vorentscheidungen geregelt sein (Zertifikate, Schicht- oder Geschlechtzugehörigkeit, Alter usw.). Zahlreiche politische Konflikte entzünden sich in der Praxis daran (oder gehen der Tatsache voraus), dass Stellen erst *nachträglich* so definiert werden, dass das Gehalt oder die hierarchische Einstufung 'passen'.

- Die Personen sind gegenüber der Vermessung neutral

Es kann durchaus angenommen werden, dass das Getestet-, Geprüft- und Erfasst-Werden auf den Widerstand der Betroffenen stößt, die das Recht auf 'informationelle Selbstbestimmung' in Anspruch nehmen und nicht bereit sind, alle möglichen Daten von sich preiszugeben, an denen ein Arbeitgeber vielleicht interessiert ist (z.B. Fragen nach Schwangerschaft, Behinderungen, Aids, Genomanalysen[8], Lügendetektor-Einsatz). An diesen Beispielen wird deutlich, dass Diagnostizieren (wörtlich übersetzt: Durchschauen!) auch ein Herrschaftsakt ist (s. *Foucault*) und dass Inhalt und Umfang der Ausmessung von Mächtigeren diktiert werden können (was geschieht mit Daten über meine Person - von wem, wann und wie werden sie genutzt?).

- Die Kosten der Erfassung stehen im Verhältnis zum Nutzen

Es mag sein, dass die Durchführung und Aktualisierung von Prüfungen, das Überwinden von Widerständen gegen das Prüfen, die Verarbeitung und Speicherung von Daten, die Anpassung an Veränderungen (Einführung neuer Organisationsstrukturen oder Technologien) einen so großen Aufwand machen, dass sich die angestrebte Exaktheit nicht (mehr) lohnt.

Gibt es eine Economy of Scale? Ist eine systematische Erhebung erst ab einer bestimmten Größenordnung gleichgelagerter Fälle lohnend? Wenn allerdings das Sammeln von Informationen zum Selbstzweck wird (das Produzieren von 'Zahlen-Friedhöfen'), besteht die Gefahr, dass man dem Paradox der sich selbst entwertenden Erkenntnisfülle aufsitzt - je mehr Einzelheiten man weiß, desto unsicherer werden Voraussagen.

- Schwierigkeit der Berücksichtigung inter- und apersonaler Anforderungen

Die Modell-Logik der Person-Stellen-Zuordnung behandelt die Person als isoliertes Wesen, das auf sich gestellt, unabhängig, unbeeinträchtigt und ununterstützt von anderen tätig ist. Die betriebliche Realität kennt kaum solche Arbeits-

---

8 Genom = zusammenfassende Bezeichnung des genetischen Materials einer Zelle

situationen. Fast immer gibt es wechselseitige Abhängigkeiten, Kooperationsnotwendigkeiten, soziale Klimata der Konkurrenz, Hilfsbereitschaft, des Vertrauens usw. Damit wird die Zuordnungsproblematik jedoch komplizierter: Es ist nicht nur verallgemeinerten Stellenmerkmalen Rechnung zu tragen, sondern auch den jeweils *konkreten* Personen, die als PartnerInnen oder KonkurrentInnen vorhanden sind. Je nach dem, wie sich die Beziehungen zu diesen einmaligen Anderen entwickeln, können ganz andere Eigenschaftskombinationen effektiv oder effizient sein.

Kann man *inter*personale Konstellation *planen*? (Die Problematik einer solchen Annahme wird anhand der aktuellen Diskussion zum Thema 'Mobbing' deutlich, bei welchem es sich um krisenhaft und meist ungeplante soziale Konstellationen handelt.) Welche funktionalen Äquivalente werden deshalb eingeführt? Darüber hinaus ist zu berücksichtigen, dass auch organisatorische Strukturen und materielle Bedingungen (z.B. vorhandene Anlagen, Maschinen, Geräte, Technologien) sowohl einschränkende wie auch ermöglichende Bedingungen setzen können. Die 'Stelle' ist nicht ein fixer Ort in der Unternehmung, dessen Materialeigenschaften ein für allemal bestimmt werden können. Vielmehr kann die (scheinbar) gleiche Stelle in zwei Werken eines Unternehmens durch unterschiedliche Organisationskulturen, Führungsstile, Arbeitgeber-Arbeitnehmer-Beziehungen, technologische Varianten usw. ganz andere Herausforderungen und Chancen bieten.

- Reflexivität der Subjekte

Nicht zuletzt muss man in Rechnung stellen, dass Menschen zu sich und ihren Bedingungen Stellung nehmen können. Sie sind nicht wie Materialien erschöpfend von außen beschreibbar, sondern machen sich Gedanken über sich und die Situation, über den Sinn ihrer Arbeit, vergleichen sich mit anderen oder mit früher, haben Erwartungen, Hoffnungen, Wünsche, Ängste usw. die sich selbstverstärkend entwickeln können und die sie mit anderen Menschen austauschen, abgleichen oder vor ihnen verbergen können.

Idiosyncratic Jobs[9]

Aus all dem folgt, dass Stellenpläne der ihnen früher zugeschriebenen vorrangigen Bedeutung als Instrument der Personal(bedarfs)planung nicht gerecht werden können und sie mittlerweile auch zu Recht immer mehr einbüßen. Besonders deutlich wird dies anhand von Überlegungen die *Röllinghoff* (1996) zu Individualisierungs-Tendenzen im Betrieb angestellt hat. Er geht dabei von der Annahme aus, dass es zumindest für einige Berufsgruppen (z.B. höhere Angestellte, hochqualifizierte SpezialistInnen, AT-MitarbeiterInnen) künftig zunehmend zu einer *personenbezogenen Stellenbildung* kommen wird. Besonders in innovationsorientierten Wachstumsbranchen ist die Auflösung der strikten Trennung von Position (Stelle) und Person sowie der Verzicht auf 'economies of scales' kollektivierender Arrangements zu be-

---

[9] Idiosynkrasie = Bezeichnung für eine Eigenschaft des Denkens oder Handelns eines Individuums, die auf keine allgemeine psychologische Gesetzlichkeit bezogen werden kann

obachten ('multiple Jobs statt rigide Berufstätigkeit'). Stellen werden vielmehr um konkrete Personen herum gebildet, d.h. auf die idiosynkratischen Merkmale des Beschäftigten hin maßgeschneidert ('idiosyncratic jobs'). Allerdings wird dabei der wechselseitige Anpassungs- und Beeinflussungsprozess von Stelle und Person keineswegs außer Kraft gesetzt, *Röllinghoff* (1996) geht vielmehr davon aus, dass der alte Streit um das relative Gewicht struktureller vs. personeller Faktoren ('the position molds the person' vs. 'the person molds the position') tendenziell zu Gunsten der personellen Faktoren entschieden werden. Bei personenbezogenen Stellenum- und -neubildungen (für Neueinsteiger) sind es jedoch immer übergeordnete Instanzen, die unmittelbar gestalterisch Einfluss nehmen.

Als Ursache für diese Entwicklung sieht *Röllinghoff* (1996) v.a. die zunehmende *Indeterminiertheit* organisatorischer Strukturen, unter welcher der Autor beispielsweise die Zunahme von Handlungs- und Gestaltungsspielräumen, die zunehmende Flüchtigkeit formalisierter Strukturen, die Eingrenzung von Planungshorizonten sowie das wachsende Vertrauen in sich selbst organisierende Abläufe versteht. Am Beispiel des Personaleinsatzes zeigt *Röllinghoff* (1996) wie sich dieser Wandel auf die Anwendungspraxis von Stellenbeschreibung und Eignungsdiagnostik auswirkt: "Vielerorts scheint diesbezüglich ein Gesinnungswandel aufzutreten, in dem Sinne, als die Unternehmungen am Arbeitsmarkt nicht mehr als Anbieter einer spezifischen vordefinierten Stelle auftreten, sondern als Kollektiv, das in bestimmten Berufsfeldern neue Mitglieder zwecks Mitarbeit sucht, wobei diese Mitarbeit gemeinsam mit dem neuen Mitglied noch zu spezifizieren sein wird" (*Müller & Schwab 1992*, 220 zit. nach *Röllinghoff* 1996).

Treffen die Überlegungen *Röllinghoffs* zu, nämlich dass die Indeterminiertheit organisatorischer Strukturen zur Abschaffung von Stellenbeschreibung oder zum Übergang auf sog. 'individualisierte Stellenbeschreibungen', zur Notwendigkeit von qualitativen Karriereersurrogaten[10] aufgrund der Ausdünnung vertikaler Hierarchieebenen, zu einer veränderten Einsatzlogik der Eigungsdiagnostik aufgrund stärker potentialorientiert abgeleiteter Unternehmensstrategien und zu wachsenden Planungsaporien[11] in der qualitativen Personalplanung sowie generell zu einer veränderten Zuordnung der Personalarbeit beitragen, dann wäre die herkömmliche Personalplanung (job-person-fit) radikal in Frage gestellt.

Die 'idiosyncratic jobs' stellen einen Extremfall auf einem Kontinuum dar; dies bedeutet, dass es je nach organisatorischen und nationalkulturellen Bedingungen mehr oder weniger operationalisierbare Zwischenstufen gibt. Deutlich wird dies am Beispiel der dänischen High-Tech-Firma 'Oticon', deren scheinbare Hierarchielosigkeit ('Spaghetti-Organisation') *Röllinghoff* (1996) auf der Basis eines längeren Berichts in der ARD-Sendung 'Tagesthemen' vom 23. 09. 1996 beschreibt (siehe Beleg E-3.3):

---

[10] Surrogat = Ersatz

[11] Aporie = die Auswegslosigkeit, Ratlosigkeit, die Unmöglichkeit eine (Planungs-)Aufgabe zu lösen

Beleg E-3.3:   Personenbezogene Stellenbildung am Beispiel der Fa. Oticon

"Das mich vorzugsweise interessierende Phänomen tritt in solchen, zunächst einmal für die breite Öffentlichkeit bestimmten, Dokumentationen häufig zugunsten anderer Aspekte, wie interne Kommunikation, Antiformalismus, 'Hierarchielosigkeit' usw. in den Hintergrund. Auch in Berichten wie solchen über Oticon sehen wir - wie in anderen Unternehmen auch - typische Mitarbeitergruppen wie z.B. Marketingfachleute, Sekretärinnen, technische Spezialisten u.a. Zwar gibt es hier scheinbar keine festen Arbeitsplätze oder formale Statuszuweisungen; zum andern hat jedoch ein jeder zunächst einmal eine recht konkrete Arbeitsaufgabe, die natürlich auf irgendeine Weise dem Unternehmenszweck zu dienen hat. Diese Aufgaben sind zudem untereinander vernetzt, müssen also irgendwie koordiniert werden. Zwar vertraut das Unternehmen in erstaunlicher Weise auf Prozesse der spontanen Selbstkoordination; zum andern fällt es jedoch selbst in diesem Unternehmen schwer, so etwas wie personale Stellenbildung zu vermuten. Hier ist jedoch deutlich einem möglichen Mißverständnis vorzubeugen: Personale Stellenbildung dient nicht dem Zweck, irgendjemand aus Nächstenliebe in den Stand zu versetzen, seine beruflichen oder privaten Träume zu verwirklichen, sondern solche 'Stellen' haben - wie in jedem anderen Unternehmen natürlich auch zuallererst einen i.d.R. sogar sehr arbeitsintensiven individuellen Beitrag zum Unternehmenszweck zu erbringen. Andererseits scheint bei Firmen wie Oticon jedoch auch einiges 'anders' zu sein. So gibt es z.B. keine Stellenbeschreibungen, das Ausmaß an Vorschriften und Anweisungen ist auf ein Minimum zurückgeschraubt, i.d.R. gibt es nur wenige, einfache Grundregeln, die weniger positiv vorschreiben, als dass sie bestimmte 'Tabuzonen' definieren (z.B. Abschaffung der 'Aktenmäßigkeit', ähnlich das sog. 'waterline'-Prinzip bei *Gore*). Der Ausspruch des Oticon-Chefs (auch hier gibt es natürlich einen Chef, auch wenn er sich als 'primus inter pares' versteht): 'Wenn hier jemand nichts zu tun hat, so muss er sich halt etwas suchen, ansonsten kann er gehen' (zit. nach *Peters* 1993) verweist jedoch deutlich auf die von mir so gekennzeichnete 'Indeterminiertheit'[12] der Organisation. Konkret könnte dies zum Beispiel heißen, dass ein Mitarbeiter bei der Bearbeitung eines Projekts besondere (extra-)funktionale Qualifikationen und Neigungen offenbart und in Folge vor dem Hintergrund laufend evolvierender[13], teilweise noch recht diffuser, neuer Problemstellungen mit einer seine idiosynkratischen Qualifikationen und Neigungen in Rechnung stellenden neugeschaffenen Aufgabe resp. Stelle betraut wird (*Miner* nennt ein solches Vorgehen 'den nicht bösartigen Opportunismus des Managements' oder 'die Strategie, auf günstige Zufälle zu hoffen'). War es bislang jedoch überwiegend so, dass beim 'match' von Lösung (hier: Person) und Problem zunächst einmal vom Problem ausgegangen wurde, d.h. von der konkreten Person abstrahiert wurde, so kehrt sich dieser Prozess in Teilbereichen *tendenziell* und offensichtlich zugleich in wachsendem Maße in sein Gegenteil um. Spannt man die Ausgangsfragestellung nun in dieser graduellen Weise auf, so lassen sich auch in Deutschland zahlreiche Indikatoren für die hier postulierte Entwicklung identifizieren. Vor diesem Hintergrund wird auch schon deutlich, dass die Vorstellung von Karriere im Sinne des 'vacancy competition Modells' fragwürdig wird. In Unternehmen wie z.B. Oticon gibt es kaum noch Karriere vordefinierende 'Leerstellen' (abgesehen von der Stelle des Hausmeisters oder be-

---

[12] indeterminiert = unbestimmt, nicht festgelegt
[13] evolvieren = entwickeln, entfalten

stimmter Sekretärinnenposten und selbst bei letzteren ist dies mitunter nicht so ganz eindeutig). Die Vorstellung, dass die Organisation weniger als etwas Formal-Statisches, denn
als ein fortwährender 'Prozess' im Sinne *Weicks* verstanden werden sollte, wird bei Unternehmen wie Oticon überaus deutlich: Stellenbildung, Personaleinsatz, Problemevolution, -
wahrnehmung und -interpretation erfolgen *koevolutorisch*[14] und schließlich - wie *Beck* in einem allerdings anderen Zusammenhang betonte - stets nur 'bis auf weiteres'. Die Organisation erhält ihre Flexibiltät und Kontinuität durch fortlaufende kleine Reorganisationen im
Spannungsfeld von idiosynkratischen Potentialen, evolvierenden Problemstellungen und informellen Koordinationsleistungen unter Nutzung modernster Kommunikationstechnologi-
en. Letztendlich scheint auch in diesem Zusammenhang die Rede von 'Lösungen, die auf
Probleme warten', zumindest teilweise Sinn zu machen".

3.2.5 Konsequenzen aus diesen Überlegungen für die Personalplanung

Werden nicht nur Stellenplanungs-, sondern auch andere Planungsmethoden (z.B.
Trendextrapolationen, Szenario-Technik, Portfolio-Methode) eingesetzt, so können
die beschriebenen Überlegungen als Checkliste verwendet werden, um nicht 'blind'
einer Methode zu folgen - nur weil sie in der Literatur behandelt wird. Es stellt sich
die Frage, ob Personalplanung wegen der Besonderheiten des 'Faktors Personal' nicht
generell scheitern muss und ob Personalplanung nicht in erster Linie wegen ihrer
latenten Funktionen betrieben wird. Die oben aufgezeigten Informationsassymme-
trien und die damit verbundenen Transaktionskosten sind vermutlich auch ein Grund,
warum die Neue Institutionenökonomie an Stelle von Planung auf 'Self-Selection' und
'Self Enforcing Contracts' setzt.

Wenn über Personalplanung nachgedacht wird, so genügt es nicht, nur von den
'Köpfen' auszugehen, vielmehr müssen immer auch die Bedingungen, Substitute und
Beziehungen mit geplant werden. Wir werden deshalb im Folgenden ausführlicher
auf diese (interpersonellen und apersonalen) Zusammenhänge eingehen.

Während der interpersonelle Aspekt die *personelle* Koordination bzw. Integration
thematisiert, geht es beim apersonalen Aspekt um die *strukturelle* Koordination/Inte-
gration. Eine Unternehmung, die sich bei der Planung der Integration der Stellen auf die
individuellen Qualifikationen der PositionsinhaberInnen verließe (Schema: Weil die
Person kontaktfähig ist, ist Zusammenarbeit gesichert!), müsste Schiffbruch erleiden.

Strukturelle Koordination ist *Vorab*-Koordination, die die Stellen, nicht die Personen verbindet, also mit 'Normalpersonen' (durchschnittlichen StelleninhaberInnen)
und Typisierungen arbeitet. Weil die Koordination zeitlich, sachlich und sozial generalisiert wird, werden für den Normalfall (die typisierte Erwartung) Vorkehrungen
getroffen, indem Verfahren, Programme, Interpretations- und Handlungs-Regeln,

---

[14] koevolutorisch = sich gemeinsam entwickelnd

Prozeduren, Sichtweisen, Entscheidungsprämissen etc. verbindlich vorgeschrieben werden: Alle PositionsinhaberInnen können ihr Handeln so planen und ausführen, dass sie nicht auf die Ergebnisse des Voraushandelns der anderen warten müssen. *Personalplanung ist deshalb ohne Organisationsplanung nicht zu denken.* Nicht nur der Job-Person-Fit ist Basis personalplanerischer Überlegungen, sondern z.B. auch der Rollen-Rollen- und der Rollen-Normen-Fit. Einer Unternehmung ist wenig damit gedient, wenn sie durch entsprechende eignungsdiagnostische Verfahren hochqualifizierte MitarbeiterInnen rekrutiert hat, deren Potential aber nur zu einem Bruchteil ausschöpft, weil sie durch suboptimale Verfahren, Normen, Kompetenz-Zuweisungen etc. strukturelle Barrieren gegen die Entfaltung des vorhandenen Potentials errichtet. Personalplanung muss sich deshalb auch Gedanken machen über die apersonalen Integrations-Mechanismen, die die Organisation vorgibt (Standardisierung, Formalisierung, Objektivierung, Hierarchisierung ...).

Beispiel: Die Zeit, die zwischen Entwicklung und Produktion vergeht, ist nicht (nur) dem Talent der beteiligten Personen geschuldet, sondern (auch) den organisatorischen Regelungen. Personalplanung darf sich deshalb nicht begnügen mit der durchgeführten Aufgabenbündelung zu Stellen (und dafür die geeigneten Personen 'allozieren'), sondern muss sich auch mit der Bündelung der Stellen und Leistungsströme im Unternehmen befassen. Eine individualistische Personalplanung wäre bloß eine Personen-, aber keine Personalplanung.

3.2.6 Personalbestands- und -bedarfs-Planung

Die in einem Unternehmen *vorhandenen* MitarbeiterInnen (Personalbestand) stellen den Ausgangspunkt aller personalen, interpersonalen und organisatorischen Maßnahmen dar. Wir werden deshalb nachfolgend die wichtigsten Grundlagen sowie (exemplarisch) einige methodische Zugänge diskutieren. Zunächst werden wir den Zusammenhang zwischen Personalbestand und Personalbedarf erörtern.

Die (logischen) Zusammenhänge zwischen Personalbestand und -bedarf gehen aus der folgenden Abbildung E-3.1 hervor.

Der zu einem gegenwärtigen Zeitpunkt t_0 benötigte *Soll-Personalbestand (= Brutto-Personalbedarf)* setzt sich aus dem *Einsatz-* und dem *Reservebedarf* zusammen. Der Soll-Personalbestand ist der zur Erfüllung der betrieblichen Aufgaben notwendige Bedarf an Arbeitskräften, wobei sich dieser Bedarf aus zwei Quellen speist: zum einen aus dem Bedarf zur Erfüllung der Arbeitsaufgaben unter Bezugnahme auf die Arbeitszeit, in der die Arbeitskräfte zur Verfügung stehen (*Einsatzbedarf*) zum andern durch die in der Person liegenden Ausfallzeiten wie z.B. Krankheit, Urlaub, Unfall usw. (*Reservebedarf*). Ist zum Zeitpunkt t_0 der Soll-Personalbestand größer (kleiner) als der tatsächlich vorhandene (*Ist-*) *Personalbestand,* so liegt eine perso-

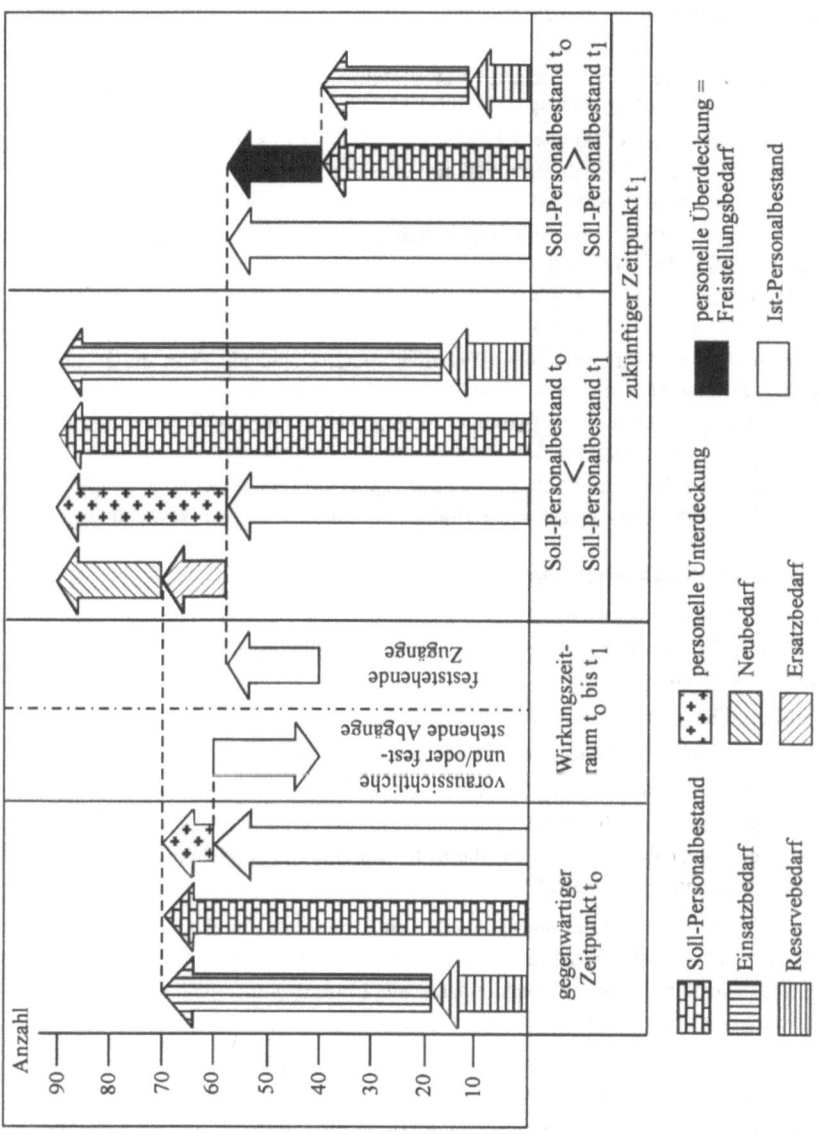

Abb. E-3.1: Zusammenhänge zwischen den Arten des Personalbedarfs
(nach: *Nüssgens* 1975, 103)

nelle Unterdeckung (Überdeckung) vor. Die Entwicklung des Ist-Personalbestands, d.h. die Differenz zwischen den Zugängen und den Abgängen in einem bestimmten Wirkungszeitraum führt zu einem *Ersatzbedarf* mit dem der Soll-Personalbestand von t_0 gedeckt werden soll. Zusätzlich zu diesem Ersatzbedarf kann im Wirkungszeitraum ein *Neubedarf* entstehen, wenn sich der Soll-Personalbestand erhöht; verringert sich dieser im Wirkungszeitraum so entstehen personelle Überhänge, aus denen ein *Freistellungsbedarf* resultiert; die Differenz aus dem im Planungszeitpunkt festgestellten Brutto-Personalbedarf und dem - um absehbare Veränderungen korrigierten - gegenwärtigen Personalbestand stellt den *Netto-Personalbedarf* dar; dieser ist die Bezugsgröße für spätere personellen Beschaffungs- bzw. Abbau- Maßnahmen (wobei i.d.R. davon ausgegangen wird, dass vorhandenes Personal optimal eingesetzt bzw. optimal ausgestattet ist). Der Nettopersonalbedarf zeigt also an, wie viele Mitarbeiter tatsächlich benötigt werden. Bereits anhand der in dieser aufgezeigten Zusammenhänge wird deutlich, dass es sich bei der Personalbestands- und Bedarfsanalyse nicht um zwei getrennt voneinander zu durchlaufende Analysephasen handelt, sondern dass die beiden Planungen ineinander greifen und sich gegenseitig ergänzen. Dies zeigt sich auch darin, dass die beiden Begriffe 'Soll-Personalbestand' und 'Brutto-Personalbedarf' in der Literatur synonym verwendet werden.

Personalbestandsplanung/Skontrationsrechnung

Bei der Personalbestandsanalyse geht es um die Bewertung des gegenwärtigen und zukünftigen Personalbestands in quantitativer und qualitativer Hinsicht; somit umfasst die Bestands-Analyse:

- die zeitliche Dimension: die Entwicklung des Personal-Bestands in der Zukunft;
- die quantitative Erfassung (zahlenmäßige Personal-'Inventur') und
- qualitative Aspekte: Art und Ausprägung der Merkmale der MitarbeiterInnen;
- eine örtliche Dimension: wo werden die MitarbeiterInnen benötigt?
- Die ökonomische Situation: zu welchen Kosten und mit welchem Nutzen werden MitarbeiterInnen eingesetzt?

Die Analyse des Personalbestands ist somit keine statische Aufgabe, sondern sie verfolgt das Ziel, Entscheidungen über durchzuführende Personalveränderungsmaßnahmen (Beschaffung, Abbau, Entwicklung, Kosten, Einsatz - auf welche Weise sollen die vorhandenen Mitarbeiter auf die vorliegenden Stellen verteilt werden) vorzubereiten.

Eine einfache Möglichkeit, die Aufgaben einer Personalbestandsanalyse methodisch zu unterstützen bietet die sog. *Skontrationsrechnung*, deren Schema in Tab. E-3.1 dargestellt ist. Da es bei diesem Verfahren primär um die Ermittlung des quantitativen Personalbedarfs geht, wird der qualitative Aspekt konstant gehalten; d.h. die Bedarfsermittlung bezieht sich jeweils auf eine bestimmte Kategorie von Stellen (bzw. Anforderungen). Ergänzend ist in dieser Tabelle angegeben, welche Funktionen mit den einzelnen (Teil-)Schritten erfüllt werden.

Ursprünglich kommt der Begriff 'Skontration' aus der Lagerbuchführung und beschreibt die buchmäßige Ermittlung des Materialverbrauchs und der Bestände durch Zu- und Abschreibungen der Materialzu- und -abgänge. Da die Skontration den nicht bestimmungsgemäßen Verbrauch (Lagerverluste, Schwund, Diebstahl) nicht erfassen kann und zudem Differenzen zwischen Soll- und Ist-Beständen durch (irrtümlich oder absichtlich) unterlassene Buchungen auftreten können, muss die Kontrolle der Buch-Soll-Bestände durch mindestens eine jährliche 'körperliche' Inventur erfolgen.

Zum Zweck der Personalbestandsanalyse geht die Skontraktionsrechnung - je nach Grad der Differenzierung - von folgenden Bezugsbasen aus:

- der Belegschaft des Gesamtunternehmens
- der Belegschaft eines Unternehmensteils (z.B. Bereich, Abteilung, Werk) oder
- eine weitgehend homogene Gruppe von Mitarbeitern (z.B. Facharbeiter, Angelernte, Angestellte).

Für jede dieser Bezugsbasen können die aus Tab. E-3.1 ersichtlichen Struktur- bzw. Veränderungswerte berechnet werden. *Scholz* (1994, 130) leitet daraus die zentralen *Funktionen* der Personalbestimmung ab:

- Die *Diagnosefunktion* besteht aus einer Ermittlung des gegenwärtigen Personalbestands (Stichtagsbetrachtung).

- Die *Projektionsfunktion* zielt auf eine Fortschreibung des Status Quo. Berücksichtigt werden dabei ausschließlich als gesichert einzustufende Informationen: Dies sind neben bereits feststehenden personellen Einzelmaßnahmen (Einstellungen, Entlassungen, Pensionierungen) auch statistisch bekannte Werte aus der Vergangenheit (z.B. Fluktuationsraten, Berufs- und Erwerbsunfähigkeiten, Mutterschaft).

- Die *Handlungsfunktion* der Personalbestandsplanung resultiert aus Differenzen zwischen Personalbestand und Personalbedarf, aber auch aus autonomen Überlegungen beispielsweise im Hinblick auf eine ausgeglichene Altersstruktur. In beiden Fällen wird das Personalveränderungsmanagement aktiviert.

- Die *Prognosefunktion* berücksichtigt, dass sich nicht alle vorhergesehenen Veränderungen auch tatsächlich realisieren lassen. Der Personalbedarf für den Zeitpunkt t entspricht daher nur selten dem Personalbestand zu diesem Zeitpunkt. Durch Rückkoppelungs-Informationen aus den Managementfeldern Beschaffung, Freisetzung und Entwicklung können diese vermutlich nicht realisierbaren Veränderungen abgeschätzt werden.

Nach *Diery* (1996, 28f.) lassen sich die Zahlen über die *gegenwärtig* beschäftigten Mitarbeiter relativ leicht ermitteln, da diese Informationen aus den Unterlagen der Lohn- und Gehaltsrechnung entnommen werden können. Da es ebenfalls problemlos sei, jene Zu- und Abgänge (z.B. Urlaub, Mutterschaft, Bundeswehr, Abordnungen, Teilzeit, freiwillige Kündigungen, altersbedingtes Ausscheiden, Berufs- und Erwerbsunfähigkeit) festzustellen, die für die nächste Zukunft bereits definitiv absehbar sind, könne die quantitiative Personalstruktur für einen Zeitraum von etwa einigen Monaten sehr genau vorherbestimmt werden. Dass die Ermittlung dieser

Größen nicht ganz so problemlos ist, wie Diery unterstellt, wird deutlich, wenn man die Kategorie 'Abgänge' differenziert in:

- Sichere Abgänge: Pensionierungen, Einberufungen ...
- Statistisch zu ermittelnde Abgänge: Tod, Kündigungen ...
- Dispositiv bedingte Abgänge: Versetzungen, Kündigungen, Beurlaubungen ...

	Personalstruktur bzw. -veränderung	Beispiele	Funktion
	quantitative Ausgangsstruktur zum Zeitpunkt t_0	vorhandener Mitarbeiterstamm	Diagnose
-	Abgänge zwischen t_0 und t_1	Pensionierungen, Entlassungen, Kündigungen, Versetzungen in anderen Betrieb	Handlung
+	Zugänge zwischen t_0 und t_1	Einstellungen, Versetzungen aus einem anderen Betrieb, Übernahme von Auszubildenden	Handlung
=	quantitative Projektionsstruktur zum Zeitpunkt t_1		Projektion
-	Geplante Abgänge bis t_1	Anstehende Pensionierungen, ausgesprochene Kündigungen, geplante Versetzungen in einen anderen Betrieb	Handlung
+	Geplante Zugänge bis t_1	Zugesagte Einstellungen, geplante Versetzungen aus anderen Betrieben, geplante Übernahme von Auszubildenen	Handlung
=	quantitative Soll- oder Planstruktur für t_1		Handlung
-	Voraussichtlich nicht realisierbare Planstruktur bis t_1	Auf Erfahrung beruhende oder aus Statistiken ableitbare Werte über zu erwartende Absagen, nicht wirksame Kündigungen oder nicht realisierte Übernahmen	Prognose
=	quantitative Prognosestruktur für t_1		Prognose

Tab. E-3.1:   Skontrationsrechnung als Basis der quantitativen Personalstruktur-analyse (aus: *Diery* 1996, 29)

Während für statistisch zu ermittelnde Abgänge Verfahren zur Anwendung kommen können, wie sie etwa bei (Lebens-)Versicherungen zur Ermittlung von Überlebenswahrscheinlichkeiten eingesetzt werden, sind die dispositiv bedingten Abgänge von einer Vielzahl von Einflussfaktoren abhängig, deren Entwicklung nur sehr schwer vorhergesehen werden kann (z.B. Arbeitsmarkt, Konjunktur, Arbeitslosigkeit).

Das eigentliche Problem liegt jedoch in der Bestimmung der *Soll-* Personalstruktur, die bis zu einem bestimmten Zeitpunkt erreicht werden soll, da es hierzu nicht ausreicht, ausschließlich personelle Überlegungen anzustellen. Die Soll-Zahlen müssen vielmehr aus anderen (übergeordneten) 'Größen' (z.B. Produktion, Absatz; Outsourcing, Beschaffungslogistik) abgeleitet werden. Wobei bei der Umrechung dieser Werte in 'Köpfe' Einflussfaktoren wie etwa Arbeitszeit(-modelle), Produktivität, Qualität bzw. Qualifikationen (die dann benötigt werden), gesetzliche, tarifliche und betriebliche Restriktionen, die beim Auf- bzw. Abbau von Personal eine Rolle spielen (können), berücksichtigt werden müssen.

Bereits anhand solcher Überlegungen wird deutlich, dass es bei der Analyse des Ist- und Soll-Personalbestandes nicht nur um das 'Zählen von Köpfen' geht, sondern dass es sich dabei um ein hochkomplexes Problem handelt, bei welchem v.a. auch Informationen zum Qualifikationsniveau der Mitarbeiter berücksichtigt werden müssen (im Grunde wird bereits an dieser Stelle deutlich, dass eine Unterscheidung in quantitative vs. qualitative Personalplanung nicht sinnvoll ist).

Noch schwieriger ist es, die Entwicklung der Personalstruktur zu *prognostizieren,* da in diesem Zusammenhang abzuschätzen ist, mit welcher Wahrscheinlichkeit sich Annahmen über die Bestandsentwicklung tatsächlich realisieren (lassen). In der betrieblichen Praxis werden die Werte für die einzelnen Positionen der Skontrationsrechnung eher intuitiv oder auf der Basis betrieblicher bzw. branchenbezogener Statistiken abgeleitet. Allerdings sind diese Techniken kein sehr systematischer Weg, um die Vorhersagen zu verbessern. Im Rahmen von objektiveren Prognosen werden i.d.R. Modelle entwickelt, indem man vergangene Zusammenhänge zwischen den zu prognostizierenden Variablen und Faktoren, die sie beeinflusst haben, untersucht und diese dann mit Hilfe statistischer Verfahren (z.B. Schätzverfahren, Trendextrapolationen, Glättungsverfahren) in die Zukunft fortschreibt (s. z.B. *Bamberg & Baur* 1996; *Makridakis & Wheelwright* 1998). Auf das Prognose-Problem (siehe auch oben) werden wir im Zusammenhang mit der Bedarfs-Planung noch einmal ausführlicher eingehen. In der personalwirtschaftlichen Literatur werden zur Prognose der quantitativen Personalstruktur bzw. von personellen Veränderungen v.a. folgende Möglichkeiten genannt (z.B. *Drumm* 1995, 232f.):

- Ermittlung einer Änderungsrate
- Zeitreihenbetrachtung mit Glättungsverfahren
- Bestimmung einer Trendfunktion
- Anwendung sog. Markoff-Modelle.

Gemeinsam ist diesen Verfahren ihr starker Vergangenheitsbezug und die Annahme, dass sich die Tendenzen in Zukunft nicht wesentlich ändern. Die erhaltenen Informationen werden 'verdichtet' - beispielsweise in Form einer qualifikationsbezogenen Zusammenfassung, indem man die Funktionsbezeichnungen (z.B. Facharbeiter, Angelernte, Angestellte) zugrunde legt, um herauszufinden, wie viele Mitarbeiter in einzelnen Tätigkeitsfeldern beschäftigt sind. Bei einer differenzierteren Analyse des Personalbestands, etwa im Hinblick auf die vorhandenen Qualifikationen, wird versucht, mit Hilfe von Clusteranalysen Mitarbeiter mit ähnlichen Fähigkeitsprofilen(!) zu Qualifikationsklassen zusammenzufassen.

Allerdings ist die Bildung von (homogenen) Gruppen nicht unproblematisch. Je mehr Merkmale zur Gruppenbildung herangezogen werden und je strenger die Anforderungen sind, die an die Homogenitätsbedingungen gestellt werden, desto zahlreicher werden die Gruppen und desto geringer wird ihre 'Zellenbesetzung' sein. Selbst der Informationswert von nur wenigen - auf den ersten Blick relativ homogenen - Gruppen kann bei der Verwendung dieser Klassifikation, etwa im Hinblick auf Maßnahmen zum Personaleinsatz, äußerst gering sein. Wir wollen dies an einem (sehr vereinfachten) Beispiel (Beleg E-3.4) verdeutlichen:

Anhand dieses relativ einfachen Beispiels wird deutlich, dass bereits vermeintlich unproblematische Bildung von ('homogenen') Gruppen von Mitarbeiter, auf große Schwierigkeiten stoßen. Aussagen zur Personalkonfiguration eines Unternehmens sind, wenn es sich um reine Zahlenangaben handelt, mit Vorsicht zu genießen, sinnvoller wäre es, die jeweiligen Qualifikationsklassen inhaltlich zu beschreiben.

Ein Beispiel für eine relativ abstrakte Betrachtung des Bestandsproblems setzt an den verschiedenen Planungsebenen an:

1. Operative Ebene:

   Die Personalbestandsanalyse besitzt auf dieser Ebene einen hohen Detaillierungsgrad; deshalb ist die Analyseeinheit das Individuum; sie ist somit notwendig qualitativ; d.h. es wird ermittelt, welche Merkmale ein konkreter Mitarbeiter aufweist (z.B. Kenntnisse, physische Merkmale, psychische Merkmale wie z.B. kognitive Fähigkeiten, Arbeitsverhalten, Belastbarkeit...)

2. Taktische Ebene:

   Hier geht es nicht mehr um individuumsbezogene, sondern um aggregierte Daten. Sie kann stellen- oder qualifikationsbezogen erfolgen: entweder als Bestandsbestimmung von Tätigkeitsfeldern oder von Qualifikationsgruppen. Aufgabe auf der taktischen Ebene ist die Ermittlung der Anzahl der Mitarbeiter, die demselben Tätigkeits- oder Qualifikationsfeld angehören sowie die Veränderungen innerhalb dieser Felder (bezogen auf einen mittelfristigen Zeitraum).

3. Strategische Ebene:

Hier erfolgt die Orientierung an der globalen Personalstruktur als einem noch stärker aggregierten Planungsobjekt. Die Anwendungsformen der strategischen Bestandsplanung erstrecken sich auf:

- Personalstrukturen, d.h. auf die zahlenmäßige Verteilung der Mitarbeiter auf einzelne Belegschaftsgruppen;

- die Humanvermögensrechnung als wertmäßige Beurteilung von Personalbestand oder mitarbeiterbezogenen Maßnahmen.

Beleg E-3.4:   Probleme scheinbar homogener Beschäftigungsgruppen

In einem großen Unternehmen der metallverarbeitenden Industrie wird der Personalbestand - qualitativ - in Facharbeiter, Angelernte und Angestellte gegliedert (eine Alternative wäre die Zusammenfassung in Zeit- und Fertigungslöhner sowie Gehaltsempfänger); die 'Kopfzahlen' dieser Gruppen ergeben in Summe den quantitativen Personalbestand. Im Rahmen der Einführung einer neuen Fertigungs-Technologie soll nun herausgefunden werden, ob der vorhandene Personalbestand in quanitativer und qualitativer Hinsicht in der Lage ist, mit den neuen Technologien produzieren zu können bzw. wie er verändert (d.h. auf- bzw. abgebaut) werden muss, um mit Hilfe dieser neuen Technologie zum Zeitpunkt t - ohne große Anlaufzeiten - fertigen zu können. Angenommen, die Zu- und Abgänge des vorhandenen Personals können relativ genau vorhergesagt werden und die Anzahl der zum Zeitpunkt t erforderlichen Facharbeiter und Angelernten ist bekannt. Entsprechend der Logik der Skontrationsrechnung sollte dieses Personalbestands-Problem mit Hilfe einfacher Subtraktionen bzw. Additionen gelöst werden. Bei 'näherem Hinsehen' (z.B. nach Rücksprachen mit Meistern) haben sich jedoch zahlreiche schwerwiegende Bedenken gegen ein solches Vorgehen ergeben. Als erstes wurde darauf hingewiesen, dass die Einteilung, der in der Fertigung beschäftigten Mitarbeiter in Facharbeiter und Angelernte keineswegs eindeutig sei. Nicht wenige Mitarbeiter, die - laut Personalstatistik - über einen Facharbeiterabschluss verfügen, seien in Berufen ausgebildet, die 'fertigungsfern' seien (z.B. Bäcker, Metzger, Schreiner, Maler) und seien deshalb eher zu den Angelernten zu rechnen. Allerdings gäbe es in diesem Unternehmen Angehörige 'fertigungsferner' Berufsgruppen, die durchaus berufsadäquat eingesetzt werden etwa in der Werkskantine, der Instandhaltung usw. Darüber hinaus wurde darauf hingewiesen, dass es angelernte Mitarbeiter in der Fertigung gäbe, die bereits längere Zeit im Unternehmen beschäftigt sind und mittlerweile durchaus Facharbeitertätigkeiten ausführen (könnten). Einige Meister wiesen darauf hin, dass in ihrem Betreuungsbereich Facharbeiter mit einer fertigungsadäquaten Ausbildung freiwillig Angelernten-Tätigkeiten (z.B. als Fahrer von Gabelstaplern) ausübten, da ihnen dies 'mehr Spass' mache und sie auf die Einkommensdifferenzen nicht so sehr 'angewiesen' seien. Ein erfahrener Werkstattleiter machte zudem darauf aufmerksam, dass die geplanten Transferstrassen bei Fertigungsanlauf bzw. beim Auftreten von Problemen andere (weit höhere) Facharbeiter-Qualifikationen erfordern als bei Normalbetrieb.

Bei der Planung der Personalstruktur geht es um die Verteilung der Gesamtbelegschaft nach mindestens einem Kriterium (z.B. Alter, Geschlecht, Dienstrang, Qualifikation, Abbaubarkeit). Ziel der strategischen Personalbestandsplanung ist die Analyse der längerfristigen Zweckmäßigkeit der zu erwartenden Personalstruktur, wobei es zu zwei unterschiedlichen Zielfunktionen kommen kann:

1. Die Personalstruktur soll unterschiedlichen *Umweltentwicklungen* gerecht werden können; d.h. eine elastische oder überdeterminierte, jedenfalls keine einseitige, sondern eine ausgeglichene oder ausgewogene Konfiguration. Voraussetzung ist die Erarbeitung unterschiedlicher Szenarien (z.B. Produktmärkte, Arbeitsmärkte, Politik, Umwelt) sowie damit verbundene strategische Personal*bedarfs*bestimmungen (in Abhängigkeit von der einzusetzenden Technologie, der erforderlichen Organisationsstruktur usw.).

2. Die Personalstruktur soll sich der *strategischen Geschäftsfeldentwicklung* anpassen (siehe die Überlegungen zum Zusammenhang von Unternehmens- und Personalplanung); d.h. die Verlagerung des primären Geschäftszweckes erfordert eine entsprechende Verschiebung in der Personalstruktur (siehe z.B. die aktuelle Frage der Umstellung von Rüstungs- auf zivile Güter). Propagiert wird auch die umgedrehte Strategie im Sinne der Ausrichtung des Geschäftsfeldes entsprechend den vorhandenen Personal-Qualifikationen.

Angesichts dieser Funktionen einer Personalbestands-Planung, die sich im Gegensatz zu älteren Ansätzen nicht mehr mit der Verwaltung von Mitarbeiterdaten begnügt (Diagnose), stellt *Diery* (1996) die Frage nach der Angemessenheit des Begriffs 'Personalbestands'-Planung; da die Bestandsanalyse mehr ist, als eine reine Ist-Zustands-Erfassung, geht er davon aus, dass es angemessener sei den umfassenderen Begriff Personal*struktur*-Planung zu verwenden. Nach Auffassung des Autors kommt dadurch besser zum Ausdruck, dass "unter der quantitativen Sichtweise nicht nur die Gesamtzahl der Mitarbeiter interesiert, sondern weit stärker, wie sich diese auf verschiedene Mitarbeitergruppen (z.B. Arbeiter und Angestellte oder Zahl der Mitarbeiter in verschiedenen Abteilungen usw.) verteilt" (*a.a.O.*, 25).

Personalbedarfsplanung

Wir haben bereits oben darauf hingewiesen, dass Personalbestands- und -bedarfsanalysen nur schwer zu trennen sind; in der Literatur (z.B. *Drumm* 1995) ist das Ziel der Personalbedarfsplanung "die Bestimmung des qualitativen und quantitativen Bedarfs an Personal, das zur Verwirklichung gegenwärtiger und zukünftiger Leistungen der Unternehmung benötigt wird" (*a.a.O.*, 183). Während die quantitative Bedarfsanalyse darauf abzielt, die notwendige Anzahl von MitarbeiterInnen zu bestimmen, die für den Planungszeitraum erforderlich ist, um die betrieblichen Aufgaben erfüllen zu können, soll im Rahmen der qualitativen Bedarfsanalyse ermittelt werden, welche Fähigkeiten, Kenntnisse und Verhaltensweisen zur Bearbeitung der künftigen Aufgabenstellungen erforderlich sind (*Drumm* 1995, 183f.).

Analog zur Bestandsanalyse ist (nach *Diery* 1996) auch die *Erfassung* des quantitativen Personalbedarfs zum Zeitpunkt t_0 nicht das Hauptproblem, sondern die *Prognose* der Entwicklung des quantitativen Personalbedarfs im Planungszeitraum. Zu diesem Zweck können die Werte entweder geschätzt oder auf der Grundlage modellhafter Annahmen ermittelt werden. Einen Überblick über entsprechende Methoden gibt Abbildung E-3.2.

Bei den meisten der in dieser Abbildung aufgezeigten Modellen handelt es sich um keine spezifischen Methoden des Personalwesens. Wir werden im Folgenden nur einen kurzen Überblick über die jeweiligen Verfahren zur Ermittlung des quantitativen Personalbedarfs geben und dann im Methodenbeispiel mögliche Vorgehensweisen, die ihnen zu Grunde liegenden Annahmen sowie ihre manifesten sowie latenten Funktionen diskutieren.

Schätzungen bei den Modellen ohne Vergangenheitsbezug greifen auf die verschiedenen Methoden der Kreativitätstechnik (z.B. Brainstorming, Brainwriting), auf Delphi-Befragungen ode,r den Szenario-Ansatz zurück.

Bei der *Stellenplanmethode* wird der Bruttopersonalbedarf direkt aus den für die Zukunft fortgeschriebenen Stellenplänen bzw. Stellenbeschreibungen abgeleitet. Voraussetzung hierfür ist das regelmäßige Erstellen, Überprüfen und Fortentwickeln von Stellenbeschreibungen, aus welchen ablauf- (z.B. zweckmäßige Arbeitsweise, Zusammenwirken von Teilbereichen im Unternehmen) und aufbau-organisatorische (z.B. Stellenbildung, -besetzung) Regelungen extrahiert werden können (siehe aber oben die ausführliche Diskussion über die Obsoletheit der Stellenbildung). Im Prinzip wird bei dieser Methode aus dem in der Vergangenheit herrschenden Status Quo, der sich in dem Stellenplan ausdrückt, der Personalbedarf abgeleitet, ohne dass systematisch potentielle Veränderungen in den Aufgabenfeldern, der Arbeitszeit und der Produktivität in diese Fortschreibung miteinbezogen werden. Damit besteht die Gefahr, dass bestehender 'Schlendrian' oder Überforderungen der derzeitigen Personalausstattung ohne Korrektur forgeschrieben werden (s. *Alewell* 1995, 43).

Die Methoden der *Personalbemessung* gehen vom Zeitbedarf aus, der zur Bewältigung der anstehenden Aufgaben notwendig ist; im Mittelpunkt für die Ermittlung der benötigten Anzahl an Mitarbeitern stehen somit die Ausführungszeit für eine Tätigkeit und deren Häufigkeit. Methoden, die in diesem Zusammenhang verwendet werden, sind z.B. Multimomentverfahren, die Zeiterfassung nach REFA oder die Methode der Selbstaufschreibung (zur Darstellung und kritischen Kommentierung dieser Verfahren siehe *Schettgen* 1996).

Methoden der *Unternehmensforschung* basieren auf Ansätzen des Operations Research. So wird etwa bei der Orientierung am Produktionsprogramm der entsprechende Personalbedarf durch mathematische Optimierungsmodelle ermittelt. Der praktische Nutzen solcher Verfahren ist durch deren enge Prämissen und Restriktionen beschränkt; bestenfalls bewähren sich solche Modelle im Rahmen einer rechnerge-

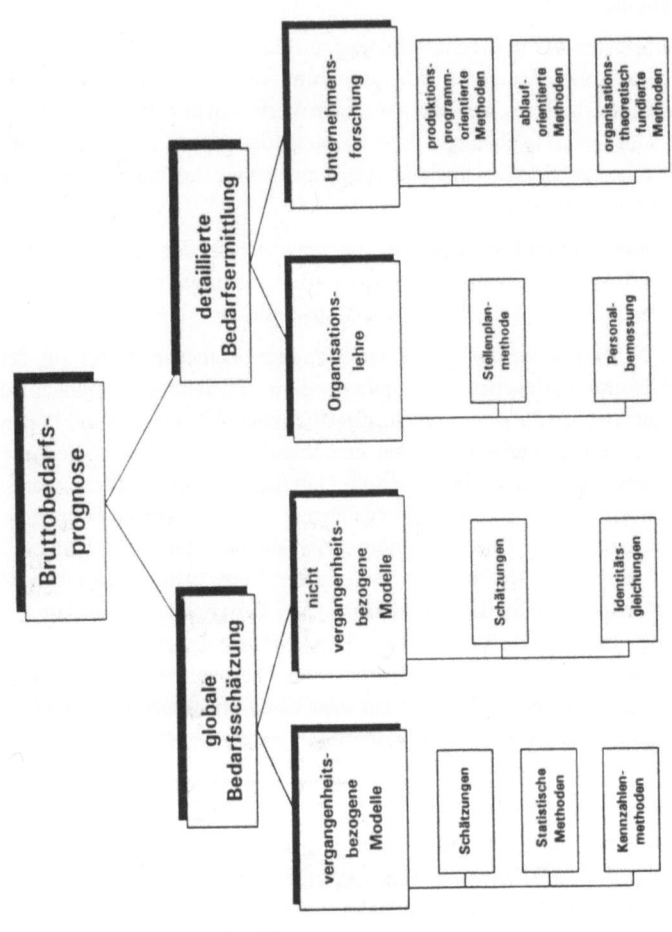

Abb. E-3.2: Systematik der Methoden zur Bruttobedarfsprognose
(aus: *Bühner* 1994, 85)

stützen, kurzfristigen Personalbedarfsplanung für abgegrenzte Bereiche v.a. mit dem Ziel einer Personaleinsatzplanung (*Bühner* 1994, 91).

Erfolgt die Orientierung am Ablauf, wird der Personalbedarf über Netzpläne oder Terminlisten bestimmt. Bei einer organisationstheoretischen Fundierung wird der Bedarf an Führungskräften aus der Anzahl der Mitarbeiter auf den unteren Hierarchieebenen und der Leitungs- oder Kontrollspanne ermittelt (s. *Wimmer* 1985).

Die *Kennzahlenmethode* kann sowohl zur globalen, als auch zur detaillierten Personalbedarfsplanung herangezogen werden. Ziel ist es, eine stabile Beziehung zwischen dem Personalbedarf und einer oder mehreren Determinanten herauszufinden und in einer Kennzahl zu formulieren. Dabei wird unterstellt, dass zwischen dem Personalbedarf und seinen Determinanten eine stabile Beziehung besteht. Die Kennzahlenmethode kann grundsätzlich für alle Arbeitsplätze angewandt werden, bei denen die Personalbesetzung unabhängig von der anfallenden Arbeitsmenge ist. Eine häufig verwendete Kennzahl ist die Arbeitsproduktivität, die in Mengen- oder Wertgrößen ausgedrückt werden kann (siehe ausführlich dazu Kapitel H: Controlling).

3.2.7 Methodenbeispiel: Portfolio-Planung

Das Portfolio-Grundkonzept

Die Portfolio-Analyse wurde seit Anfang der 60er Jahre als Planungsmethode (weiter-) entwickelt; sie integriert zwei wichtige Planungskonzepte: die Erfahrungskurve und die Strategischen Geschäftseinheiten (SGE). Das Konzept der Erfahrungskurve geht von der Annahme aus, dass mit steigendem akkumulierten Produktionsvolumen die relativen Kosten eines Unternehmens sinken. Daraus wird gefolgert, dass der Marktführer einen Kostenvorteil gegenüber seinen Wettbewerbern besitzt, der es ihm erlaubt, seine Preise so anzusetzen, dass den Wettbewerbern mit höheren Kosten keine ausreichende Rendite bleibt. Die schwächeren Wettbewerber stehen dann oft vor dem Problem, nur eine unzureichende Rendite zu erzielen und/oder an Marktanteil zu verlieren und sich schließlich aus dem Markt zurückzuziehen. Die Konsequenz, die sich daraus für die Planung einer Strategie entwickelt, lautet: Zu Beginn eines Produkt-Lebens-Zyklus (also so lange das Marktwachstum groß ist) muss ein großer Marktanteil gewonnen werden, um diesen in der Folge zu halten.

Das Konzept der Strategischen Geschäftseinheit wurde von *McKinsey* in der Arbeit mit General Electric entwickelt. Es geht davon aus, dass ein Unternehmen seine Geschäftsaktivitäten im Markt strategisch verstehen und segmentieren muss. Strategische Geschäftseinheiten sind Teile der gesamten Geschäftstätigkeit, die eine Reihe strategisch relevanter Gemeinsamkeiten aufweisen und wie unabhängige Geschäfte strukturiert und geführt werden können.

Portfolio-Matrixen vereinen die beiden Konzepte. Ihr Zweck ist es, die strategische Position der einzelnen Geschäfte einer Unternehmung zu bewerten und der Unternehmensleitung eine Basis für den Ressourceneinsatz zu geben. Das Portfolio ist i.d.R. eine zweidimensionale Matrix, deren Achsen Umfeldfaktoren (nur beschränkt beEinflussbar) und unternehmensinterne Faktoren (beeinflussbar) darstellen. In den verschiedenen Portfolioversionen werden die beiden Achsen nach jeweils unterschiedliche Dimensionen benannt. Im Fall der klassischen *Boston Consulting Group* (BCG-)Matrix werden die Kriterien Marktwachstum und relativer Marktanteil für die strategische Bewertung der Geschäfte im Hinblick auf ihren Markt verwendet. Dabei werden die strategischen Geschäftseinheiten eines Unternehmens in ein Raster eingeordnet (siehe Abb. E-3.3).

Die Positionierung eines strategischen Geschäftsfeldes in der Portfoliomatrix erfolgt mit Hilfe von Kreisen, deren Größe die relative Bedeutung für das Unternehmen darstellt. Als Maß können beispielsweise Umsatz, Deckungsbeiträge, Höhe des gebundenen Kapitals oder Cash-flow dienen.

Das Boston-Portfolio geht von einer Vierfelderklassifizierung der jeweiligen Geschäftsfelder aus. Die vier Quadranten der Matrix werden folgendermaßen charakterisiert (*Kreilkamp* 1987, 452f.):

- **Question Marks** - Niedriger relativer Marktanteil, hohes Marktwachstum, in der Regel Produkte in der Einführungsphase. Nachwuchsprodukte haben einen hohen Finanzmittelbedarf, dem nur geringe Einnahmen gegenüberstehen. Renditechancen und Risiken sind sehr hoch.
- **Stars** - Hoher relativer Marktanteil, hohes Marktwachstum, in der Regel Produkte in der Wachstumsphase. Sie benötigen noch finanzielle Mittel, werfen aber kaum Finanzmittelüberschüsse ab.
- **Cash-Cows** - Hoher relativer Marktanteil, geringes Marktwachstum, in der Regel Produkte in der Reifephase. Cash-Cows sind die Hauptquelle von Gewinn und Cash-flow im Unternehmen.
- **Dogs** - Niedriger realtiver Marktanteil, niedriges Marktwachstum, in der Regel Produkte in schrumpfenden beziehungsweise stagnierenden Märkten. Sie erwirtschaften keine Finanzmittelüberschüsse mehr.

Wie schon die Bezeichnungen der einzelnen Felder andeuten (ironisch wird die Matrix als BCG-Zoo bezeichnet), sollte in den sich entwickelnden Märkten die Position eines 'Stars' angestrebt werden. Die 'Cash Cows' liefern die für die entsprechenden Investitionen erforderlichen finanziellen Mittel. In der Sprache des Boston-Portfolios entwickelt sich der typische 'Erfolgsläufer' entlang den Phasen Einführung, Wachstum, Reife und Sättigung. Demnach lassen sich drei Normstrategien unterscheiden:

- Wachstumsstrategie (z.B. ein Nachwuchsprodukt soll zu einem Starprodukt werden),
- Haltestrategie (z.B. ein Starprodukt soll möglichst lange erhalten bleiben),
- Schrumpfungsstrategie (z.B. ein Problemprodukt soll aus dem Markt genommen werden).

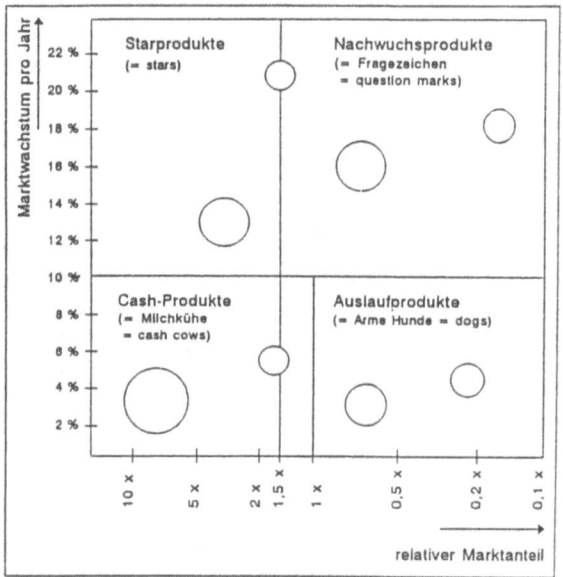

Abb. E-3.3: Marktwachstum-Marktanteil-Portfolio (BCG-Matrix)
(aus: *Bea & Haas* 1995, 124)

Das Portfoliokonzept wurde von *McKinsey* weiter entwickelt, indem die einzelnen Dimensionen angereichert und die Positionierung verfeinert wurden. Es entstand eine Neun-Felder-Matrix mit den Dimensionen Marktattrakivität und relativer Wettbewerbsvorteil, die beide wiederum zusammengesetzte Faktoren darstellen.

Neben diesen beiden bekanntesten Formen der Portfolioplanung existieren noch weitere, i.d.R. funktional orientierte Portfoliokonzepte (z.B. Innovationsportfolio, Beschaffungsportfolio). Grundsätzlich soll im Rahmen aller Portfoliokonzepte eine heterogene Masse von strategisch gesondert zu behandelnden Planungseinheiten systematisiert und in einen Bezugsrahmen eingebettet werden. Ziel ist es, dem Management die Möglichkeit zu geben, sich auf das Wesentliche zu beschränken und Detailstrategien auf das Linienmanagement zu übertragen. In den verschiedenen (strategischen) Planungskonzepten wird die Portfoliotechnik unterschiedlich intensiv eingesetzt. Teilweise handelt es sich um zentrale Instrumente, in manchen Fällen wird die Portfoliotechnik nur als *eine* Möglichkeit der Planung angeboten.

Kapitel E

Bewertung

Beim Portfolio handelt es sich um ein Instrument, das zur übersichtlichen, graphischen Darstellung von strategisch relevanten Informationen über planerische Sachverhalte beiträgt.

Eine Reihe von Gründen spricht allerdings dafür, dass das Portfoliodenken und damit das Denken in Strategischen Geschäftseinheiten der modernen Realität nicht mehr vollständig gerecht wird.

Die meisten Portfolio-Verfahren finden ihre Begrenzung dort, wo wirtschaftliche Strukturveränderungen spürbar werden, da Portfolioansätze (tendenziell) rückblickend sind und daher Gefahr laufen, von eingefahrenen Vorstellungen über Marktattraktivität und Wettbewerbsposition geprägt zu werden.

Portfolio-Planung funktioniert dann am besten, wenn die Bedingungen stabil bleiben, die Alternativen bekannt sind sowie ihre Anzahl begrenzt ist und wenn sich die Zukunft eher als Spiegelbild der Vergangenheit präsentiert. Selbst wenn man davon ausgeht, dass Portfoliotechniken tatsächlich dazu beitragen, die Entscheidungen des Top-Managements (bzw. die Koordination einer Ökonomie) zu erleichtern, besteht die Gefahr, dass das Linienmanagement dem Irrtum unterliegt, dass die Portfolio-Planung bereits die (fertige) Strategie darstellt. Wenn die Portfolio-Planung in einem Unternehmen als einziges Planungsinstrument eingesetzt wird, kann dies dazu führen, dass das Management das Gefühl für die Dynamik des Marktes, auf welchem es konkurriert, verliert - in Situationen, in denen sich dramatische Veränderungen ergeben, kann dies mit dem 'Selbstmord' eines Unternehmens gleichbedeutend sein. Im Grunde unterstellt die Portfolioplanung Risikoneutralität. Es wird zwar dem Umstand Rechnung getragen, dass unterschiedliche Zyklusphasen unterschiedliche Risikoprofile aufweisen, doch werden zwei gleichpositionierte Geschäftsfelder als mit identischem Risiko behaftet angesehen.

Personalportfolien

Die Übertragung der Grundgedanken der Portfolio-Analyse auf Fragestellungen des Personalwesen wurde schon relativ früh versucht; allerdings zunächst als bloße Positionierung von vorhandenem Personal in Portfolios und die Ableitung von Maßnahmen (z.B. *Odiorne* 1984). Nach *Elsik* (1992, 79) werden mit dem Einsatz von Personalportfolien v.a. folgende Ziele verfolgt:

- Identifikation von Stärken und Schwächen der Mitarbeiterstruktur,
- Aufdeckung von personalinduzierten Chancen und Risiken,
- Hilfestellung bei der Entwicklung von Personalstrategien,
- Integration von Humanressourcen in die Entwicklung der Unternehmensstrategie,
- Verbesserung der Nutzung der Humanressourcen durch problem- und zielgruppenspezifische Maßnahmen.

Nach *Elsik* (1992, 80) enthält die optische Darstellung eines Personalportfolios zwei Elemente: die Planungseinheiten (das, was in der Matrix positioniert wird) und die Dimensionen der Matrix (die Kriterien, nach denen die Planungseinheiten positioniert werden). In der Literatur werden für beide Fälle unterschiedliche Vorschläge gemacht, sodass zahlreiche Varianten von Personalportfolios vorliegen. Das Aggregationsniveau, auf dem die jeweiligen Planungs- und Analyseeinheiten angesiedelt werden, kann sehr unterschiedlich sein: Unternehmen, strategische Geschäftseinheiten, Abteilungen, einzelne Mitarbeiter oder Führungskräfte usw.; zudem können auch personalwirtschaftliche Instrumente und Verfahren Gegenstand einer Portfolio-Analyse sein.

Zahlreiche Vorschläge liegen auch für die Wahl der Kriterien bzw. Dimensionen vor (*Elsik* 1992, 80):

- tatsächliche Leistung / Potential der Mitarbeiter
- strategische Bedeutung / Personal-Qualität der Geschäftsbereiche
- Bindungsmöglichkeiten / Entwicklungsfähigkeit des Personals
- Arbeitsmarkt-Angebot / Interner Bestand an Facharbeitern
- Motivation / Qualifikation
- Leistung pro Abteilung / Personal-Schulungskosten
- Lebensalter des Personals / Bindungsvorteile gegenüber der Konkurrenz

Ein Personal-Portfolio, das häufig erwähnt, aber wegen der zugrundeliegenden (zynischen) Wertvorstellungen und der daraus abgeleiteten Maßnahmen scharf kritisiert wird, ist die Matrix von *Odiorne* (1984), in welcher die Mitarbeiter nach ihrer tatsächlich erbrachten Leistung und ihrem Potential (ihren wahrscheinlichen zukünftigen Beiträgen zur Zielerreichung) beurteilt und eingestuft werden (siehe Abb. E-3.4).

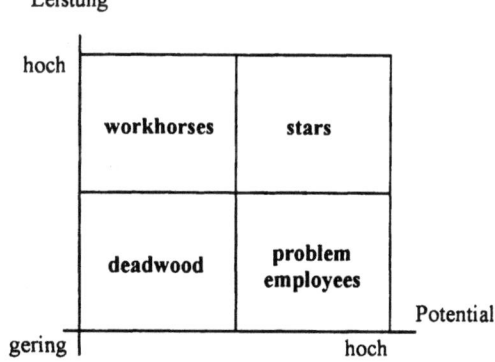

Abb. E-3.4:   Human Resources Portfolio
(nach: *Odiorne* 1984, aus: *Elsik* 1992, 81)

Nach *Elsik* (1992, 81) umfasst der Prozess der Personal-Portfolio-Planung folgende Schritte:

- Auswahl der Analyseeinheiten und der Beurteilungskriterien (Dimensionen);
- Analyse des Ist-Zustands und dessen optische Darstellung in einem Ist-Portfolio;
- Planung des Soll-Zustands in Form eines Zielportfolios, das die unternehmensstrategischen Anforderungen an den Personalbereich widerspiegelt;
- Generierung von Personalstrategien zur Erreichung des Soll-Zustands.

Um die Humanressourcen möglichst optimal zu planen, liegen für den letzten Planungsschritt Normstrategien vor. *Elsik* (1992) beschreibt zahlreiche Beispiele für solche Normstrategien.

Als Analyseeinheiten dienen dabei beispielsweise Geschäfts- oder Funktionsbereiche eines Unternehmens, welche zunächst im Hinblick auf ihre aktuelle strategische Bedeutung und ihre aktuelle Personalqualität in der Matrix positioniert werden (Ist-Portfolio). Zur Einschätzung der beiden Dimensionen für die jeweiligen Geschäftsbereiche werden Bewertungskriterien verwendet, die mit Hilfe von Punktwerten gewichtet werden. So wird etwa die strategische Bedeutung des Geschäftsbereiches mit Hilfe folgender Variablen bestimmt: angestrebte Stellung im Wettbewerb, Attraktivität des Marktes, strategische Stoßrichtung der Unternehmung sowie Größe und Ertragspotential des Geschäftsbereichs. Entsprechend wird die Personalqualität wie folgt operationalisiert: beispielsweise Know-how, Fremdsprachen, Führungspotential, Kreativität, Altersstruktur, Personalstärke, Motivation etc. Durch die Addition der Einzelpunkte für jedes Kriterium wird ein Gesamtwert ermittelt, der die Lage der Geschäftseinheit in der Matrix bestimmt. Ziel ist es, mit Hilfe dieses Ist-Portfolios zu bestimmen, inwieweit die Mitarbeiter der jeweiligen Geschäftseinheit den künftigen Anforderungen gewachsen sind. Im AnSchluss an diesen Analyseschritt wird - auf der Basis des Ist-Portfolios - ein Soll-Portfolio erstellt, welches die angestrebte Position der Analyseeinheit am Ende einer Planungsperiode aufzeigt. Ziel dieses Schrittes ist es herauszufinden, ob die geplanten Strategien aus personalwirtschaftlicher Sicht tatsächlich implementiert werden können oder ob - bei deutlichen Abweichungen - entweder die Strategien verändert bzw. das Personal angepasst werden müssen. Im Anschluss daran müssen personale Strategien geplant werden, die die strategischen Ziele der jeweiligen Geschäftseinheiten unterstützen. In diesem Zusammenhang werden den einzelnen Portfoliopositionen folgenden Personalstrategien normativ zugeordnet (*Thiess & Jakobs* 1987, 469):

- *Wachstumsstrategien*: Personalwirtschaftliche Investitionsstrategien mit dem Ziel, die Personalqualität und -quantität zu erhöhen.
- *Diversifikationsstrategien*: Personalwirtschaftliche Investitionsstrategien mit dem Ziel, einen Personalstamm in neuen Tätigkeitsfeldern aufzubauen.

- *Konsolidierungsstrategien*: In Bereichen mit hoher Personalqualität sollen die vorhandenen Personalressourcen gehalten bzw. nur leicht ausgebaut sowie Rationalisierungspotentiale gesucht werden (Abschöpfungs-Strategie).
- *Eliminierungsstrategien*: Ziel ist es, Personal abzubauen.

Wird am Ende einer Planungsperiode ein neues Ist-Portfolio erstellt, so kann dies dem ursprünglichen Soll-Portfolio gegenübergestellt werden; auf diese Weise wird es möglich, die jeweiligen Maßnahmen zu evaluieren.

Die einzelnen Unternehmensbereiche werden entsprechend ihrer geplanten Situation im Portfolioraster verortet; die vorhandenen Führungskräfte im Hinblick auf ihr Potential eingeschätzt, in Managerkategorien eingeteilt und mit der vorgegebenen Idealbesetzung abgeglichen. Ausgelöst werden Neu-Besetzungen von Führungs-Positionen zum einen durch 'Misfits' zwischen Ist- und Soll-Besetzung zum andern durch Veränderungen in den Schwerpunkten bzw. in den Lebenszyklus-Phasen.

Da bei diesem Instrument - ähnlich wie bei den Lebenszyklus-Modellen - eine normative[15] Zuordnung von Managertypen zu künftigen Unternehmenssituationen vorgenommen wird und der Unterschied lediglich in der Berücksichtigung einer zusätzlichen Dimension zur Beschreibung der künftigen Situation liegt, gelten die bereits oben aufgeführten Argumente auch für dieses Verfahren. Zusätzlich macht *Purcell* (1989) darauf aufmerksam, dass Portfolio-Management häufig in Unternehmen eingesetzt wird, die den einzelnen Geschäftseinheiten eine weitgehende Autonomie einräumen, jedoch eine sehr enge Finanzkontrolle praktizieren. Der Managementstil, der in solchen Unternehmen praktiziert wird, entspricht dem in 'dog' Unternehmen und zeichnet sich durch Kostenreduzierung, wachsende Gewinne und verringerte Investitionen usw. aus. Die daraus resultierende Personalpolitik entspricht dem 'harten' HRM-Ansatz im Sinn von *Legge* (siehe Bd. 1): Menschen werden als Ressourcen betrachtet, die unter dem Gesichtspunkt einer möglichst hohen kurzfristigen Effizienz (aus-)genutzt werden sollen. Im Gegensatz hierzu werden strategisch orientierte Unternehmen, die bereit sind ihr Geschäft unter einer längerfristigen Perspektive zu betreiben und Kernkompetenzen aufzubauen, um das (Human-)Vermögen zu erhöhen, Bedingungen bereitstellen, die eher dem 'star' Konzept und dem 'weichen' HRM-Modell entsprechen.

Auch im Rahmen von *Normstrategie-Instrumenten* werden Unternehmensstrategien bestimmte Personalstrategien, Managertypen oder personalwirtschaftliche Aktivitäten normativ zugeordnet. Idealtypisch werden zunächst unterschiedliche Kategorien von Unternehmensstrategien festgelegt, denen dann jeweilige personalplanerische Aktivitäten zugeordnet werden. Ein Beispiel für diesen Ansatz ist die von *Schuler & Jackson* (1987) vorgeschlagene 'strategische Orientierung-Typologie', die wiederum auf *Porters* Strategie-Konzept beruht, welches sich mit strategischen Wettbewerbsvorteilen bei unterschiedlichen Branchen-Bedingungen auseinandersetzt. *Schuler &*

---

[15] wertend, zur Richtschnur dienend

Jackson (1987) gehen davon aus, dass für jede der drei von *Porter* vorgeschlagenen Strategien - Innovation, Qualitätsverbesserung und Kostenreduzierung - unterschiedliches Verhalten von Mitarbeitern erforderlich ist. Dies wiederum erfordert unterschiedliche personalwirtschaftliche Aktivitäten etwa im Hinblick auf Arbeitsgestaltung, Personalbeurteilung- und Entwicklung, Vergütung, Mitbestimmung usw.

Betrachtet man die oben beschriebenen Beispiele als eine Möglichkeit, Unternehmens- und Personalplanung zu integrieren, so wird deutlich, dass (auf der Basis solcher Strategien) zwischen Personalplanung und Unternehmensplanung bestenfalls eine teilweise Integration möglich ist. Häufig wird Personalplanung als (funktionale) Strategie dritter Ordnung betrachtet, welche auf Strategien zweiter Ordnung (z.B. Zusammenhänge zwischen verschiedenen Geschäftsbereichen; interne Organisation) basiert, die ihrerseits wiederum ein Produkt von Strategien erster Ordnung (z.B. langfristige Platzierung des Unternehmens auf verschiedenen Märkten, Produktpolitik) darstellen. Auf die Frage, ob dies tatsächlich der Empirie entspricht, werden wir weiter unten eingehen.

Diskussion

Will man den Nutzen der oben beschriebenen Typologien als Planungs- bzw. Integrations-Instrumente bewerten, so kann zunächst festgestellt werden, dass es sich bei all diesen 'Fit-Ansätzen' um 'klassische' rationale Verfahren handelt, die alle anderen oben beschriebenen Strategie-Aspekte vernachlässigen. Dies führt zu 'klaren' und simplen Modellen, die von einem unitaristischen, von 'oben nach unten' verlaufenden Planungsverständnis und von der Vorstellung ausgehen, dass Strategien erster Ordnung die logische und zwangsläufige Basis für Strategien dritter Ordnung darstellen. Überlegungen, die zu bedenken geben, dass die Strategie-Erstellung in organisatorische und gesellschaftliche Kulturen eingebettet ist und von zahlreichen 'Stakeholders' beeinflusst wird, werden ebenso ignoriert, wie prozessuale Ansätze, in denen betont wird, dass Strategien auf verschiedenen Hierarchieebenen und in unterschiedlichen Bereichen im Rahmen eines iterativen[16], 'unreinen', inkrementellen[17] und politischen Prozesses entstehen.

Im Rahmen einer detaillierten Kritik können v.a. folgende Argumente zum Thema 'Portfolio-Planung' angeführt werden (siehe *Strohmeier* 1994; *Legge* 1995; *Conrad* 1991*)*.

- Normstrategien implizieren Handlungsautonomie. Eintritts- und Austrittsbarrieren werden ebensowenig berücksichtigt wie die eingeschränkten Freiheitsgrade aufgrund interner und externer Strukturen.

- der Portfolio-Ansatz kann bei den Anwendern die Illusion erzeugen, rational vorzugehen, während sie in Wirklichkeit nach dem Prinzip 'garbage in, garbage out' verfahren. So kann etwa die Art des Kontakts (z.B. Grad der Autonomie, Struktur

---

[16] sich wiederholend

[17] schrittweise

der Verantwortlichkeit in der Linie, Gestaltung der Entlohnungsstruktur) zwischen der SGE (strategische Geschäftseinheit) und der Zentrale ebenso für die Leistung entscheidend sein, wie ihre Wettbewerbsposition. Strategien, die aus Portfolios abgeleitet werden, berücksichtigen solche Zusammenhänge in der Regel nicht.

- Die konzeptionellen Probleme und die Unklarheiten, die die verschiedenen Strategie-Modelle auszeichnen, die zum 'Fit' mit personalwirtschaftlichen Aktivitäten herangezogen werden, führen u.a. zu erheblichen Problemen im Hinblick auf ihre Operationalisierung und damit auch auf ihre empirische Überprüfbarkeit.

- Im Grunde gehen alle (Personal-) Portfolio-Konzepte von eigenschaftstheoretischen Erklärungen aus; dies führt dazu, dass Entstehungsgründe und Ursachen von Leistungsminderung bzw. -erfolg, die außerhalb der Person liegen (z.B. Arbeitsbedingungen, Verfügbarkeit von Ressourcen) nicht zum Gegenstand der Analyse gemacht werden.

- Die zur Diagnose der aus der Planung abgeleiteten ManagerInnen-Qualifikationen erforderlichen Testverfahren setzen ein Skalenniveau voraus, das kaum zu erreichen ist.

- Für die Bezeichnung der einzelnen 'Typen' von ManagerInnen werden häufig sehr allgemeine und vage Kategorien wie z.B. Pionier, Stratege, Spielmacher, Dschungelkämpfer verwendet, deren inhaltliche Validität weitgehend ungeklärt ist.

- In Lebenszyklus-Modellen wird nichts darüber ausgesagt, was mit Führungskräften geschieht, die nicht mehr im Rahmen sich überlappender Zyklen in neuen Geschäftsfeldern eingesetzt werden können. Zudem werden die gerade in Führungspositionen nötigen Einarbeitungszeiten sowie die Bedeutung persönlicher Kontakte völlig vernachlässigt.

- Die in den Portfolios für die Mitarbeiter verwendete Terminologie lässt auf ein Managementprogramm schließen, welches gelegentlich an Zynismus nichts zu wünschen übrig lässt. Da ist von 'Eliminierung', 'wertlosem Plunder', 'shoot the dogs' die Rede; 'stars' müssen besonders gefördert werden, 'workhorses' bedürfen besonderer Pflege, 'problem employees' besonderer Unterstützung und Kontrolle und 'deadwood' wird man am besten los.

Im Prinzip ist der Einschätzung *Strohmeiers* (1994, 85) zuzustimmen, der im Hinblick auf die praktische Eignung den derzeitigen Ausbaustand der vorhandenen Modelle als vage und oberflächlich charakterisiert und zu der Schlussfolgerung gelangt, dass die jeweils berücksichtigten Zusammenhänge auf einem derart trivialen Niveau verharren, dass intuitive Instrumente, die auf die (Planungs-) Erfahrung, dem gesunden Menschenverstand und dem Nachdenken der mit der Integration beauftragten Personen basieren, den normativ-zuordnenden deutlich überlegen sind. Den beschriebenen Verfahren kommt daher vermutlich eher die Funktion von 'Zeremonien' bzw. von 'Rationalitätsfassaden' (siehe unten) zu.

3.3 Die Politik der Personalplanung

Unternehmen sind grundsätzlich auch politische Einheiten (s. *Neuberger* 1995), da zur Durchsetzung von Interessen und Forderungen Macht aufgebaut und eingesetzt wird und Koalitionen gebildet werden. *Unterschiedliche* Interessen und Forderungen kommen deshalb zustande weil es sich bei Unternehmen um 'loosely coupled systems' (im Sinne von *Weick* 1985) handelt. Handeln in solchen Systemen ist (nach *Narayanan* u.a. 1982) dadurch gekennzeichnet, dass:

- es an Informationen gebunden ist,
- es um Verfügung über beschränkte Mittel geht,
- es keine eindeutigen Technologien gibt,
- die Verbindungen zwischen System und Umwelt mannigfaltig sind,
- innersystemische Prozesse dynamisch sind,
- sich die Grenzen innerhalb des Systems ändert,
- sich die Beteiligung an Entscheidungen ändern,
- Entscheidungen unterschiedliche Bedeutung zugemessen wird.

Unter diesen Annahmen können Unternehmen als lockere Struktur von Interessen und Forderungen verstanden werden, die miteinander um den Stellenwert, der ihnen zugeschrieben wird und deshalb um beschränkte Mittel, Zugang zu Informationen, Einfluss und Macht konkurrieren. Dies führt zwangsläufig zu Konflikten, die nie zur völligen Zufriedenheit aller Beteiligten gelöst werden können.

Rational-analytische Konzepte betonen (siehe oben) v.a. den *Inhalt* von Plänen. Das *Zustandekommen* ('Dynamik') von Plänen, die Turbulenzen politischer Prozesse, die unter der 'Oberfläche' stattfinden und sich als 'Spiel' zwischen verschiedenen Koalitionen (Akteuren) manifestieren und das Ziel verfolgen, Planungs-Entscheidungen zu beeinflussen, werden in den traditionellen Planungs-Ansätzen nicht beachtet. Im Gegensatz dazu richten politische Konzepte ihr Augenmerk gerade auf diese Dynamik; d.h. der Inhalt von Planungs-Entscheidungen wird als das Ergebnis von Prozessen gesehen, bei denen Macht und Einfluss eine entscheidende Rolle spielen. Im Gegensatz zu rationalen Konzepten, in denen von der Annahme ausgegangen wird, dass zwischen Entscheidern ein gewisses Ausmaß an Übereinstimmung herrscht und die Formulierung von Plänen durch zentral koordinierte, zweckorientierte Individuen erfolgt, postulieren[18] politische Ansätze, dass ein Konsens zwischen politischen Akteuren nicht von vornherein gegeben ist und vielfach weder nötig ist noch angebracht wäre.

Rationale Modelle führen Gründe an, warum Planungs-Entscheidungen getroffen werden und warum sie erfolgreich waren bzw. gescheitert sind (z.B. Produkt-Markt-Relationen, Synergie-Effekte). Fehler in der Formulierung von Plänen, in ihrer Ent-

---

[18] fordern

wicklung und in ihrer Implementierung werden in rationalen Konzepten als analytische Defizite begriffen. Die politische Perspektive bietet dagegen zusätzliche Erklärungen dafür an, warum bestimmte Planungs-Probleme erst gar nicht 'an die Oberfläche' geraten oder nur zögernd unterstützt werden. So werden etwa (politische) Akteure Informationen zurückhalten, verdrehen oder manipulieren und ihre wahren Ziele 'verkleiden'. Unter dieser Perspektive sind auch sog. 'harte Daten' keineswegs Fakten, sondern das Ergebnis politischer Prozesse, in denen über die Produktion und Definition von Plänen, Problemen usw. divergierende[19] Eigeninteressen verfolgt werden.

Weil Organisationen neben Gütern und Leistungen, wegen widersprüchlicher Ziele und undurchschauter Bedingungen, immer auch politische Legitimationen produzieren müssen, gehören nach *Brunsson* (1989) 'Heuchelei' und 'Scheinheiligkeit' zu den Grundzügen von Organisationen. Auf diese 'Inkonsistenz' reagieren Organisationen mit Inkonsistenz: Die Entscheidungen in Organisationen sind nur locker verbunden mit dem, was darüber erzählt und dem, was dann tatsächlich getan wird. Auf diese Weise schaffen sich Organisationen den nötigen Freiraum, der es ihnen erlaubt, trotz der realen Widersprüche (weiter) zu existieren (*Neuberger* 1995, 169).

3.3.1 Theoretischer Rahmen

Soziologischer Institutionalismus

Bevor wir im Folgenden einige Beispiele für 'Politics' als einem Teilgebiet der Mikropolitik behandeln und den taktischen Einsatz von Planungstechniken und -philosophien zur Verfolgung (andersgelagerter, divergierender) Eigen-Interessen beschreiben, werden wir die politischen Perspektive von Planung anhand institutionalistischer Ansätze aufzeigen; so wird das Politische nicht auf das Irrationale und Antagonistische[20] eingeengt, sondern als eine *ordnungs(!)*stiftende Leistung anerkannt. Dabei geht es nicht nur um Fragen von Macht, Herrschaft oder Interessen, sondern um das (subtile) Zusammenwirken aller drei *Giddens*schen Strukturdimensionen im Handeln der organisationalen Akteure (Signifikation, Legitimation, Domination); so ist etwa die Durchsetzung von Interessen darauf angewiesen, dass sich Handelnde auf herrschende Regeln der Bedeutungszuweisung und Sinnkonstitution und auf Regeln der Legitimation beziehen (*Ortmann* u.a. 1997). Diese Strukturen schränken Handeln ein und ermöglichen es.

Im Gegensatz zur Neoklassik misstrauen Institutionalisten den Selbstheilungskräften des Marktes (allerdings stellt der Markt selbst eine Institution dar) und gehen eher davon aus, dass der Markt ohne Regulation von außen zusammenbrechen würde. Eine weitere wichtige Annahme institutionalistischer Theorien postuliert, dass Öko-

---

[19] divergierend = in entgegengesetzte Richtung verlaufend

[20] gegensätzlich, widersprüchlich

nomie immer in einer Gesellschaft stattfindet und durch deren Normen, Werte, Gesetze Infrastrukturen usw. geprägt ist. Ansätze der NIÖ versuchen zwar realistische Annahmen über menschliches Verhalten zu integrieren, berücksichtigen dabei aber in erster Linie 'rationales' und 'nutzenmaximierendes' Verhalten; soziale und kulturelle Einflüsse, die das soziale Netz beeinflussen, in welchem Transaktionen stattfinden, werden dagegen weitgehend vernachlässigt.

In der angelsächsichen Literatur werden häufig alle Gegner der herkömmlichen Mikroökonomie ('Neoklassik`) unter der Bezeichnung 'Institutionalisten' zusammengefaßt. Während nur sehr geringer Konsens über die Schlüsselkonzepte und (Mess-) Methoden 'der' Institutionalisten herrscht, ist allen diesen Ansätzen gemeinsam, dass Gleichgewichtsmodelle abgelehnt werden. Institutionen werden nicht primär als technisch-rational gestaltete Werkzeuge zur Koordination der Beziehungen zwischen Organisationen und Umwelt, sowie zur Steuerung der Aktivitäten in der Organisation angesehen, sondern in erster Linie als Manifestationen von Regeln und Erwartungen der Gesellschaft, die für Organisationen einen verbindlichen Charakter erhalten (*Meyer & Rowan* 1977, 343). Deutlich wird dies auch anhand der Definition von 'Institution' wie sie *Scott* (1995, 33) vorschlägt: "Institutionen bestehen aus kognitiven, normativen und regulativen Strukturen und Aktivitäten, die sozialem Verhalten Stabilität und Bedeutung verleihen. Institutionen werden durch verschiedene 'Träger' transportiert - Kulturen, Strukturen und Routinen - und sie unterliegen sehr unterschiedlichen Ebenen der Rechtssprechung".

Ausgehend von der Annahme, dass formale Strukturen primär die Vorstellung der Umwelt über die rationale Gestaltung einer Organisation widerspiegeln, folgern die Institutionalisten, dass Organisationen ihre Strukturen entsprechend den Anforderungen und Erwartungen der Umwelt gestalten, um der Organisation Legitimität zu verschaffen. Formale Strukturen sind also weniger rational gestaltete Werkzeuge zur Koordination der Beziehungen zwischen Umwelt und Organisation, sondern eher Manifestationen von Regeln und Erwartungen, die für Organisationen einen verbindlichen Charakter entfalten (*Meyer & Rowan* 1977).

In frühen Publikationen der Institutionalisten wird von der Annahme ausgegangen, dass die Umwelt grundsätzlich in zweifacher Hinsicht Anforderungen an Organisationen richten kann, die mit jeweils unterschiedlichen Auswirkungen auf die Organisation verbunden ist. Zum einen kann sie technischen und ökonomischen Bedarf geltend machen, der etwa Organisationen zwingt, Waren und Dienstleistungen zu produzieren und auf einem Markt oder einem Quasi-Markt auszutauschen. Zum andern kann die (institutionelle) Umwelt soziale und kulturelle Anforderungen stellen, mit denen Organisationen in der Gesellschaft konform gehen müssen, indem sie z.B. eine bestimmte Rolle spielen und eine bestimmte äußere Erscheinungsform annehmen. Umwelten, in denen technische oder ökonomische Anforderungen dominieren, werden Organisationen belohnen, die eine effektive und effiziente Versorgung mit Gütern und Dienstleistungen gewährleisten. Umwelten, in denen soziale Anforderungen eine wichtige Rolle spielen (d.h. institutionalisiert sind), werden Unternehmen positiv sanktionieren, die mit den Werten, Normen, Regeln und 'Glaubenssätzen' dieser Gesellschaft konform gehen. Dies bedeutet, dass Annahmen, Vorstellungen und Erwartungen in einer Gesellschaft determinieren, wie Institutionen (Unternehmen, Krankenhäuser, Schulen usw.) gestaltet werden sollen, warum sie als nützlich eingestuft werden, welche Aufgaben ihnen zukommen und welche nicht (*Scott & Meyer* 1994, S.3). Daraus folgt, dass die Institutionalisten, im Gegensatz zur NIÖ, davon ausgehen, dass die Gestaltung vieler der in einer Organisation vorhandenen Stellen, Abteilungen, Verfahrensweisen oder Programme (und damit u.a. auch der Planung) aufgrund der öffentlichen Meinung und der Sichtweisen wichtiger Kunden erforderlich sind oder durch Gesetze erzwungen werden, und zwar unabhängig von ihren Auswirkungen auf das Arbeitsergebnis (*Walgenbach* 1995, 270).

Als einer der ersten ging der Soziologe *Phillip Selznik* davon aus, dass sich Organisationen nicht nur an den Vorstellungen ihrer internen Mitglieder orientieren, sondern auch an den Werten der externen Gesellschaft. Die wichtigsten theoretischen Impulse bezieht die institutionalistische Theorie aus der Wissenssoziologie, wie sie von *Berger & Luckmann* (1966) formuliert wurde. Demnach ist das, was als 'wirklich' betrachtet wird, keineswegs 'objektiv', sondern durch Alltagserfahrungen bestimmt - Wirklichkeit ist sozial konstruiert (siehe oben). 'Wissen' ist Alltagswissen und bedeutet die subjektive Gewissheit, dass Phänomene wirklich sind und bestimmte Eigenschaften besitzen. 'Wirklichkeit' in der einen Gesellschaft kann sich von der 'Wirklichkeit' in einer anderen erheblich unterscheiden: was für einen europäischen oder amerikanischen Manager 'wirklich' ist, braucht für einen tibetanischen Mönch nicht 'wirklich' zu sein .

Die Berücksichtigung der sozialen und kulturellen Basis externer Einflüsse auf die Organisation ist jedoch nur eine Seite des Institutionalismus. Neo-Institutionalisten gehen einen Schritt weiter und versuchen die kognitiven Prozesse zu beschreiben, durch die Organisationen zu Institutionen werden. So definiert etwa *Scott* (1992, 117) Institutionalismus als den Prozess, durch welchen Handlungen wiederholt werden und durch den diesen Handlungen vom Handelnden und anderen Personen eine ähnliche Bedeutung verliehen wird und die damit zum Bestandteil einer Situation werden, die als 'objektiv gegeben' betrachtet wird. Dies bedeutet, dass nicht nur Organisationen, sondern auch Handlungen wie z.B. Planen, Wählen oder Händeschütteln in der Gesellschaft, in welcher sie wiederholt werden und in der ihnen eine ähnliche Bedeutung zugeschrieben wird, Institutionen darstellen können. Nach *Walgenbach* (1995) meint Institutionalisierung im Hinblick auf Organisationen "die subjektive Sicherheit, dass ein bestimmtes Element, sei es Planung, sei es Buchführung oder Investitionsrechnung, zu bestimmten Organisationen gehört. Institutionalisierung meint auch, dass diese Elemente von den Akteuren nicht mehr hinterfragt werden. Sie werden als gegeben und richtig betrachtet" (*a.a.O.*, 271). Allerdings weist *Türk* (1997) darauf hin, dass die Frage, was 'eigentlich' Institutionen sind, sinnlos ist, da die Kategorie der Institution nicht kontextfrei definierbar sei, sondern einen Sinn nur im Rahmen einer Gesellschaftstheorie gewinnen kann.

Der Unterschied zwischen institutionalisierten und nicht institutionalisierten Umgebungen scheint häufig nur eine Frage der 'Rationalität' zu sein. Technische bzw. ökonomische Erfolgsfaktoren werden häufig als Ergebnis rationaler Entscheidungsprozesse angesehen, während soziale Konformität als Resultat symbolischen Managements betrachtet wird. Die Übereinstimmung mit institutionalisierten Anforderungen erzeugt soziale Unterstützung und sichert das Überleben einer Organisation - nicht weil sie Gewinne erzielt oder bessere Produkte herstellt, sondern einzig und allein, weil sie mit allgemein akzeptierten Konventionen in Einklang steht (*Powell & DiMaggio* 1991). Rationalität allein genügt nicht zur Unterscheidung zwischen institutionalisierten und nicht institutionalisierten Umgebungen, da 'rational talk' selbst institutionalisiert werden kann. Dies bedeutet, dass Entscheidungen, die nur scheinbar 'rational' sind, einen effektiven Weg darstellen können, um Handeln zu legitimieren. Im Prinzip werden 'Rationalitätsfassaden' inszeniert, die die 'wirklich effizienzorientierten' Praktiken nach außen hin abschotten (*Türk* 1997). Auch im Alltag werden häufig Entscheidungen, die auf Emotionen zurückgehen, 'rational verkleidet' (z.B. der Kauf eines bestimmten Autos); das Gleiche passiert auch in Organisationen - rationalisierte (bzw. rationalisierende) Argumente nehmen den Status von Mythen an, die als 'wahr' gelten und nicht mehr 'objektiv' hinterfragt werden dürfen (s. *Meyer & Rowan* 1977). Wir werden unten näher darauf eingehen, dass auch (Personal-)Planung eine Rationalitätsfassade darstellen kann, die andere effizienzorientierte Praktiken eines Unternehmens nach außen hin abschottet. Rationalisierte Mythen sind Teil des institutionellen Kontextes, in dem Organisationen handeln und an welchen sie sich anpassen, um ihre soziale Legitimität zu bewahren.

Durch die Gestaltung der formalen Organisation in Übereinstimmung mit den Rationalitätsmythen demonstrieren Organisationen, dass auch gesellschaftlichen Werten und Zielen angemessen Rechnung getragen wird. In einer Gesellschaft, in der Rationalität einen hohen Stellenwert einnimmt, ist es für Organisationen beispielsweise vorteilhaft, 'rationale' Planungsverfahren einzusetzen und Stellen bzw. Abteilungen für 'Planer' zu schaffen. Selbst wenn niemand in der Organisation die Pläne liest, sie versteht oder ihnen glaubt, so helfen sie doch das Handeln einer Organisation vor Kunden, Banken, Investoren und vor den Organisationsmitgliedern zu legitimieren. Selbst wenn Projekte scheitern, können Pläne als Rechtfertigung dienen, um zu demonstrieren, dass das Vorgehen klug und rational war und dass Entscheidungen auf einer rationalen Basis getroffen wurden (*Meyer & Rowan* 1977). Das bedeutet, dass Elemente der formalen Organisation wie etwa 'Planung', die allgemein als objektiv erforderliche und als angemessene technisch-rationale Lösungen spezifischer organisatorischer Probleme angesehen werden, auch - und häufig viel mehr - dazu dienen, den institutionalisierten Regeln - den Rationalitätsmythen - in den Organisationen zu entsprechen (*Walgenbach* 1995). Als 'rational' gelten diese Lösungen nur, weil es gemeinsam geteilte Wertvorstellungen (oder Ideologien) gibt, die diese zu technisch-rationalen Lösungen erheben. *Walgenbach* (1995, 296) verdeutlicht dies am Beispiel des Assessment Centers: "Das Assessment Center als Technik der 'rationalen' Personalauswahl ist heute in Unternehmen gang und gäbe, der Beweis jedoch, dass dieses Verfahren eine bessere Auswahl bewirkt als konventionelle Techniken, steht immer noch aus".

Institutionalisierte Elemente erhöhen zudem die Stabilität der internen und externen organisatorischen Beziehungen (*Meyer & Rowan* 1977, 351). Auch die Bedingungen des Marktes oder die technischen Verfahrensweisen unterliegen der Steuerung und der Interpretation durch Institutionen, was zu einer Standardisierung und Stabilisierung der Beziehungen zwischen Unternehmen und Umwelt und damit zu einer Erhöhung der Legitimität (und der 'Belohnungen') einer Organisation führt. Für den ökonomischen Erfolg von Organisationen sind somit auch andere Faktoren als die effiziente Steuerung und Koordination der Arbeitsaktivitäten und Austauschbeziehungen verantwortlich (*Meyer & Rowan* 1977, 352).

Allerdings gelten aus institutionalistischer Sicht nicht nur Verfahren, Programme oder Abteilungen und Stellen einer Organisation als institutionalisiert und funktionieren als Mythen der rationalen Organisationsgestaltung, sondern auch Akteure und Interessen werden als durch institutionalisierte Regeln *konstituiert* betrachtet (s. *Walgenbach* 1995, 271). Die (mittlerweile schon beinahe banale) Konsequenz lautet, dass es in Organisationen keineswegs nur 'marktorientiert' nach Plan, streng rational und immer auf dem 'one best way' zum Ziel vor sich geht, sondern dass Menschen, die in Organisationen handeln, ihre Einstellungen, ihr Wissen, ihre Interpretationen, die sie in anderen Bereichen erworben haben, auch in die organisationalen Kontexte einbringen und somit für eine wechselseitige Durchdringung gesellschaftlicher Bereiche sorgen (*Türk* 1997, 126).

Dem Idealtypus der Institutionalisten entspricht die vollständig (kognitiv) legitimierte Organisation, die nicht mehr in Frage gestellt werden kann. Alle ihre Ziele sind bedeutsam und wichtig, alle Mittel, Prozeduren und Techniken sind angemessen, und es bestehen keinerlei Alternativen zu diesen. *Meyer & Rowan* (1977) zeigen die zynische Konsequenz einer totalen Institutionalisierung auf: Durch die völlige Ausblendung der reflexiven und intentionalen Dimensionen des Handelns wird jede Handlung als richtig und jedes Verfahren als angemessen betrachtet. Wenn eine Organisation einmal gelernt hat, 'gut auszusehen' (z.B. als 'rational' zu gelten), dann muss sie nur noch 'Kosmetik' betreiben, um zu überleben. Die tatsächlichen Handlungen dieser Organsiation brauchen mit ihrem äußeren Entscheidungsbild nicht übereinzustimmen. Da es keine Kriterien gibt, um die Leistung einer Organsiation umfassend und abschließend zu beurteilen, sind die Organisationen der Gesellschaft bestenfalls auf einer sehr oberflächlichen Ebene Rechenschaft schuldig. Institutionalistische Ansätze verschieben somit Autorität und Organisationskompetenz von lokalen Eliten in Organisationen (d.h. vom Topmanagement) zu einer Makroebene, zu den institutionalisierten Regeln, die in einer Gesellschaft herrschen (*DiMaggio & Powell* 1991).

Hängt der Erfolg einer Organisation in hohem Maß von der Anpassung an institutionalisierte Regeln ab, dann werden diese Organisationen im allgemeinen von zwei Problemen konfrontiert (*Meyer & Rowan* 1977, 355):

1. Die aufgabenbedingten Anforderungen und die Effizienzerfordernisse, denen die Organisation entsprechen muss, konfligieren u.U. mit den Bemühungen der Organisation, den institutionalisierten Regeln der Produktion zu entsprechen.

2. Die institutionalisierten Regeln und Rationalitätsmythen können in unterschiedlichen Umwelten der Organisation entstanden sein und so zueinander in konfliktärer Beziehung stehen.

zu 1): Unter einer rein technischen Perspektive kann die Übernahme institutionalisierter Regeln reine Kosten darstellen. *Walgenbach* (1995) verdeutlicht dies am Beispiel von Unternehmensberatern, die die Planungen des Topmanagements 'absegnen', deren Effizienz - im Sinne einer unmittelbaren Verbesserung der Produktivität - aber nur schwer zu begründen ist; im Hinblick auf die Legimität der aus der Planung abgeleiteten Maßnahmen des Topmanagements nach innen und nach außen kann das Einschalten von Beratern durchaus bedeutsam sein.

Zudem sind institutionalisierte Regeln häufig sehr allgemein gehalten, während die aufgabenbezogenen Aktivitäten mit den spezifischen Bedingungen der Organisation variieren. Werden die generalisierten Regeln der institutionalisierten Umwelten mit den aufgabenbedingten Variationen einzelner Organisatioinen konfrontiert, so kann dies zu Problemen der 'Passung' führen.

zu 2): Eine Konsequenz kann darin bestehen, dass Organisationen, die in einer hoch institutionalisierten Umwelt agieren, u.U. völlig inkompatible strukturelle Elemente übernehmen. Die dadurch entstehenden Inkonsistenzen können eine effiziente Produktion erschweren und die enge Steuerung und Koordination organisatorischer Aktivitäten problematisch machen (*Walgenbach* 1995).

Aus diesen beiden Überlegungen folgt, dass eine Koordination durch formale Strukturen bzw. eine enge Orientierung von Aktivitäten an formalen Strukturelementen für Organisationen in institutionalisierten Umwelten zur Folge hätte, dass Ineffizienzen und Inkonsistenzen öffentlich dokumentiert werden. Strukturelle Elemente werden aus diesem Grund untereinander und von den Aktivitäten der Organisiation entkoppelt. Ziele werden uneindeutig und vage gehalten, kategorische Zwecke werden durch technische ersetzt und Koordination, wechselseitige Abhängigkeiten und Anpassungen auf informellem Weg gehandhabt. Man überlässt es den Individuen in einer Organsiation, den technischen Interdependenzen zu begegnen (ein Beispiel hierfür ist die häufig nicht vorhandene systematische ex-post-Evaluation von Planungen). Wir wollen diese Überlegungen anhand eines (fiktiven) Praxisbeispiels verdeutlichen (siehe Beleg 3.5).

Beleg E-3.5:   Planung als Rationalitätsfassade

Mitarbeiter der Abteilung 'Personalplanung' eines großen Unternehmens erhielten den Auftrag, ein Konzept zur strategischen Neuausrichtung des Personalmarketings zu erarbeiten. Als ein Ziel wurde diesen Mitarbeiten vorgegeben, das neue Konzept in die gesamte Kommunikations-Strategie des Unternehmens zu integrieren. Während der ersten Arbeitssitzungen, in denen man sich Gedanken zu möglichen Bewerbertypen, Einflussfaktoren auf Bewerbungen, Arbeitgeberimage, Medien usw. gemacht hatte, kam immer wieder die Frage auf nach konkreten Informationen etwa über Qualifikationsanforderungen an künftige BewerberInnen, die ihrerseits wiederum abhängig seien vom künftigen Produkt, den Produktionsverfahren, Arbeits- und Organisationsstrukturen usw. Zudem wurde auch die Frage aufgeworfen, ob man diese Aufgabe bewältigen könne, ohne die langfristigen Ziele, Werte, Visionen usw. der Organsiation zu kennen. Zur 'Beruhigung' seines Teams wies der Leiter dieses Projekts auf entsprechende Fragen darauf hin, dass im Unternehmen eine langfristige Unternehmensplanung existiere und diese wohl auch alle relevanten Informationen enthalte. Das Problem bestehe lediglich darin, dass nur drei schriftliche Ausfertigungen dieser Planung vorhanden seien. Alle Exemplare seien auf kopier-geschützem Papier gedruckt und befänden sich in den Safes von Ressort-Vorständen. Dort könnten sie - nach Vereinbarung eines Termins - in einem kleinen Büroraum eingesehen werden (allerdings nicht länger als eine Stunde). In der Arbeitsgruppe wurde nun eine Liste mit Informationen erstellt, die zwei Mitglieder des Teams aus der langfristigen Unternehmensplanung 'herausfiltern' sollten. Die Enttäuschung der Projektgruppe war besonders groß, als die 'Abgesandten' nach ihrer Rückkehr berichteten, dass ein Großteil der benötigten Informationen aus dem vorliegenden Material nicht zu entnehmen war. Nach längeren Beratungen beauftragte die Gruppe eine externe Werbeagentur, die bereits häufiger erfolgreich für dieses Unternehmen tätig war, Empfehlungen für ein entsprechendes Konzept zu entwerfen. Dieser Entwurf wurde schließlich - mit geringfügigen Modifikationen - als endgültiges Konzept verabschiedet.

Da interne und externe Akteure (Arbeiter, Manager, Kapitalgeber usw.) dazu neigen, den 'Werbungspraktiken' *(Walgenbach* 1995) von Organisationen zu vertrauen, ist es wichtig, dabei das richtige Vokabular zu verwenden, d.h. solche Lippenbekenntnisse, die deckungsgleich mit den institutionalisierten Regeln sind, da Organisationen auf diese Weise einwandfrei und rational wirkten. Die Konsequenz für Organisationen lautet: Entkoppeln, Fassaden aufbauen, Gesicht wahren, Lippenbekenntnisse abgeben *(Walgenbach* 1995). Auch Planung wirkt als externe und interne Public Relations (siehe unten). Obwohl in vielen Unternehmen der Glaube an die Wirksamkeit von Planung nachhaltig erschüttert ist, wird trotzdem geplant. Planung wird als Spiel betrieben, bei dem nach außen einer gläubigen Öffentlichkeit dokumentiert werden soll, dass es im Unternehmen 'rational' zugeht (gegenüber Banken, den Aktionären usw.). Man beauftragt renommierte Beratungsfirmen mit der Durchführung der Planung, um damit zu beeindrucken (Pläne haben einen dekorativen Charakter).

Kapitel E

Eine der Haupt-Kritikpunkte die im Hinblick auf institutionalistische Ansätze angeführt werden, betrifft neben der Ausblendung des Phänomens 'Macht' etwa bei Fragen, durch wen und auf welche Weise Rationalitätsmythen installiert werden auch die passive Rolle der Organisation; v.a. Macht und Einfluss von Organisationen auf ihre Umwelten werden, nur sehr selten thematisiert (s. ausführlich dazu *Walgenbach* 1995, *Ortmann* u.a. 1997). Türk (1997, 160) versteht das Verhältnis von Institution zu Organisation nicht in einem kontingenztheoretischen Sinn, nach dem Institutionen für Organisationen Umwelten und Kontexte bilden, auf die sich die Organisationen einstellen müssen. Organisationen sind auch nicht die Verkörperung gesellschaftlicher Institutionen, sondern die Organisationsform selbst stellt eine wesentliche Institution der kapitalistischen Gesellschaftsformation dar.

Giddens

Anders als die Vertreter des Neo-Institutionalismus, die primär die Wirkung von gesellschaftlichen Institutionen auf Organisationen untersuchen, geht der englische Soziologe Anthony *Giddens* von der Dualität und Rekursivität[21] von Strukturen aus; d.h. Organisationen und moderne Gesellschaften werden in einer Wechselwirkung zueinander betrachtet, in der Organisationen jene gesellschaftlichen Strukturen und Institutionen, denen sie unterliegen, selbst produzieren und reproduzieren (siehe auch *Weicks* 'enacted environment'). Im Grunde geht es dabei und die Fragen von Handlung und Struktur bzw. von Individuum und Organsiation oder vom Prozess des Organisierens (Erzeugen) bzw. der Organisiertheit (Erzeugnis) sozialen Handelns.

Handlung und Struktur werden einander nicht unvermittelt gegenübergestellt, sondern als zwei Momente desselben Geschehens betrachtet: Strukturen als Ergebnisse und Medium des Handelns - Handeln als verwirklichte Struktur (s. ausführlich dazu *Neuberger* 1995). Soziales Geschehen kann deshalb mit Hilfe von zwei aufeinander bezogenen Strategien analysiert werden: der Handlungs- und der Strukturanalyse, wobei jede die andere nicht ersetzt, sondern nur einklammert. Anders als mikropolitische Ansätze, in denen das Politische personalisierend auf das Irrationale eingeschränkt bzw. kontingent sowie von persönlichen oder abteilungsspezifischen Interessen gesteuert verstanden wird, geht *Giddens* in der Handlungsanalyse vom einsichtsfähigen und handlungsmächtigen Akteur aus, der seine Lebensprobleme angesichts unerkannter Handlungsbedingungen und unintendierter Handlungsfolgen vor allem durch 'praktisches Wissen' bewältigt - jemand weiß, wie man etwas macht; er versteht sich darauf, ohne dass er explizieren kann, wie und warum er es tut; zudem fallen die Ergebnisse häufig anders aus als es beabsichtigt war. In der Strukturanalyse werden die 'Regeln' und 'Ressourcen' indentifiziert, die strukturiertes Handeln ermöglichen und beschränken. Dabei spielen die Strukturierungsbedingungen Signifikation, Legitimation und Herrschaft (bzw. Kommunikation, Sanktion und Macht bei sozialen Interaktionen) die bedeutendste Rolle (*Neuberger* 1995, 285).

---

[21] die wiederholte Anwendung einer Operation auf das Resultat der gleichen vorherigen Operation

Für die Analyse (mikro-)politischen Handelns ist ein fundamentales Thema der Strukturierungs-Theorie besonders relevant, nämlich der Versuch, das 'freie' Handeln der selbständigen, wissensbegabten Akteure mit der Erfahrung von Zwang, Fremdbestimmung und Determination durch die sozialen Strukturen, in denen sie handeln, zu verbinden. *Giddens* interpretiert Struktur nicht nur als Zwang und Repression, gegen die sich die Freiheit des Akteurs bewähren muss, sondern auch als Ermöglichungsbedingung von freiem Handeln. Dabei geht es nicht nur um Fragen von Macht, Herrschaft und Interessen, sondern auch um das subtile Zusammenspiel aller drei Strukturdimensionen im Handeln. So ist die Durchsetzung von Interessen etwa darauf angewiesen, dass sich Akteure "sensibel auf herrschende Regeln der Bedeutungszuweisung und Sinnkonstruktion (über interpretative Schemata) und auf Regeln der Legitimation (über Normen) beziehen" (*Ortmann* u.a. 1997, 344). Der Prozess der Planung mit all seinen mikropolitischen Facetten wird durch diese Strukturen restringiert. Gleichzeitig ermöglichen die Strukturen Planung auch, nicht zuletzt, weil sie sie restringieren.

Über diese Dualität von Struktur hinaus lenkt die Rekursivität sozialer Praxis den Blick auf die strukturierten und sich strukturierenden Prozesse. *Ortmann* u.a. (1995, 345) verdeutlichen am Beispiel der japanischen Produktionsorganisation (unter Bezug auf die MIT-Studie von *Womack* u.a. 1991), wie zum einen strukturelle Bedingungen der schlanken Produktion Arbeiter veranlassen, "ein Managementsystem mitzutragen, das sie hilflos der Intensivierung der Arbeit, höherer Verfügbarkeit über die Arbeitszeit, höherer Arbeitseinsatzflexibilität und pufferlosem Personaleinsatz aussetzt und ihnen außerdem noch die eigenen Potentiale an Innovationsfähigkeit und Eigenverantwortlichkeit abverlangt; zum anderen, wie diese Strukturmerkmale der Produktionsorganisation - zum Beispiel Personalbeurteilungs- und Gratifikationssysteme, aber auch die damit interagierenden Normen, Werte, Schemata und Ideologien (also das, was man gemeinhin als Organisationskultur bezeichnet) - rekursiv produziert werden" (*a.a.O.*, 354).

3.3.2 Personalplanung und Politics

Wenn wir im Folgenden Beispiele für 'politics' beschreiben, die im Zusammenhang mit Planung eine Rolle spielen können, so wollen wir uns dabei nicht nur auf Techniken und Taktiken der Durchsetzung von Interessen beschränken, sondern auch auf Bedingungen hinweisen, die diese Politik ermöglichen und erzeugen.

Planung als Territoriumssicherung

Eine Gruppe von MitarbeiterInnen im Unternehmen, die ein 'politisches' Interesse an der Personalplanung hat, sind die PlanerInnen selbst. PlanerInnen - die von *Dörner* (1989) als ein gut eingespieltes Team von hochkarätigen Fachleuten mit ausgeprägtem Selbstbewußtsein charakterisiert werden - haben ihre Funktion eigentlich nie ernsthaft hinterfragt, sondern auf Angriffe, die die Effizienz der Planung in Frage stellen, mit einer Reihe von Abwehrmechanismen reagiert. Selbst dann, wenn Probleme eingeräumt wurden, so sollten diese durch ein 'Mehr' an Planung behoben werden. Die Ursachen für diese Probleme selbst werden i.d.R. außerhalb des Planungssystems gesucht (z.B. zu geringe Unterstützung durch das Management; ein negatives Planungsklima im Unternehmen). Pläne verselbständigen sich und werden zum Geschäft der (Zentrale-)PlanerInnen, die nichts mehr tun als - für andere! - zu planen. Diese Professionalisierung und Spezialisierung führt zur Entmündigung derjenigen, die die Pläne auszuführen haben. Planung schafft Plan(!)-Stellen für PlanerInnen.

Eine der häufigsten Rechtfertigung geht davon aus, dass durch Planung die intellektuellen Fähigkeiten der am Planungsprozess Beteiligten entwickelt werden, was dann zu einer Verbesserung von Entscheidungen führt. *Allaire & Firsirotu* (1989) bezeichnen in diesem Zusammenhang Planung - ironisch - als Äquivalent von Jogging für Manager: es ist sicher kein effizienter Weg, um von einem Ziel zu einem anderen zu gelangen (und soll es auch gar nicht sein); aber, wenn man es regelmäßig praktiziert, fühlt man sich besser. Ein weiterer Abwehrmechanismus besteht in der 'Elaboration' des Problems (wartet nur, wir arbeiten daran; bald werden alle Probleme gelöst sein). Es werden immer mehr Variablen in die Planung miteinbezogen und immer mehr Zeit dafür aufgewendet; immer mehr Dokumente werden verdichtet und elaboriertere Planungstechniken werden eingesetzt; wenn einfache Extrapolationen versagen, werden multiple Szenarien konstruiert; wenn sich kurzfristige Schätzungen als unzuverlässig erweisen, wird der Zeit-Horizont der Planung erweitert usw. Mit anderen Worten: die Planungssysteme würden perfekt arbeiten, wenn es nicht all diese Umstände (oder Leute) gäbe, die alles durcheinanderbringen. PlanerInnen haben die Tendenz sich selbst zu bestätigen; sie reden sich ein, alles gut und richtig zu machen und unterbinden Kritik innerhalb ihrer Gruppe durch Konformitätsdruck (Gefahr des Group-Think).

Wenn PlanerInnen den Planungsprozess 'regieren', wenn sie verantwortlich für die Integration der Pläne der verschiedenen Organisations-Einheiten sind, dann 'entlasten' sie die Leute, die eigentlich dafür verantwortlich wären: die LinienmananagerInnen, die so zu reinen Implementeuren degradiert werden. Dies trägt vermutlich zu einer verringerten Identifikation der Betroffenen mit den Plänen bzw. Entscheidungen bei.

Solche Vorwürfe würden PlanerInnen nicht auf sich sitzen lassen, sondern darauf hinweisen, dass Planung natürlich die Angelegenheit des Linienmanagements sei und PlanerInnen lediglich als innerbetriebliche Consultants Beratung für diese Gruppe leisten. Was aber, wenn LinienmanagerInnen gar nicht auf diese Art planen wollen, sondern eher ihrer Intuition oder ihrer Erfahrung vertrauen; was, wenn sie ihre Pläne gar nicht mit ihren Kollegen abstimmen wollen? Gehen dann PlanerInnen einfach aus dem Feld und überlassen es den LinienmanagerInnen nach eigenem Gutdünken zu 'planen' (*Mintzberg* 1994)?

Über die Rolle, die PlanerInnen bei der Entstehung von Entscheidungen spielen, gibt es bisher in der Literatur nur wenig Aussagen. PlanerInnen werden als EinzelkämpferInnen oder Mitglieder einer spezialisierten Abteilung wahrgenommen, die keine Verantwortung für die operative Umsetzung der Pläne in der Linie tragen und darüber hinaus nur ein sehr vages Mandat zur Planung besitzen (siehe die vielfach berichteten Konflikte zwischen Planungsstäben und Linien). Wenn Planung die Funktion hat, die Formulierung von Entscheidungen zu unterstützen, und diese Unterstützung mit Hilfe formaler Systeme stattfinden soll, dann muss die Gestaltung und die Durchführung dieses Prozesses von MitarbeiterInnen durchgeführt werden, die die nötige Zeit und die Qualifikation (bzw. die Werkzeuge) dazu besitzen: die PlanerInnen?

In dem Maß, wie sich Zuständigkeiten, Verantwortlichkeiten und Kompetenzen in die Linien und auch nach außen verlagern, verbreitert sich auch das Planungsverfahren. Die Hierarchien werden nicht nur flacher, sondern die einzelnen Organisationseinheiten sind immer lockerer aneinander gekoppelt. Deshalb müssten die 'MacherInnen' viel stärker in den Planungsprozess integriert und das Topmanagement nur noch in Schlüsselfragen hinzugezogen werden (allerdings muss immer gewährleistet sein, dass das Management die jeweilige Planungs-Philosophie unterstützt).

Planung als Machtkampf

Wenn Planen von einem Beherrschungs- und Unterwerfungsinstrument zu einer Quelle des Nachdenkens über neue Optionen wird, dann schärft dies den Blick für grundsätzlichere Fragen wie etwa die, was überhaupt geplant werden soll bzw. welches die wichtigen Probleme sind, die mit Hilfe der Planung gelöst werden sollen. Wer sich solche Fragen nicht stellt, der sieht in der Planung u.U. eine Absicherungsstrategie gegen künftige Vorwürfe. Häufig dienen Pläne auch gar nicht der Planung, sondern der Illusion der Vorgesetzten, alles unter Kontrolle zu haben.

Eine Lösung dieses Problems, die derzeit Konjunktur hat, heißt 'Dezentralisierung'; in dem Maß, in welchem Entscheidungen über Budgets, Organisation, Personal usw. in die Linie an relativ autonome Manager zurückverlagert werden, trifft dies auch für das Thema 'Planung' zu. Allerdings wird in diesem Zusammenhang immer wieder darauf verwiesen, dass nach wie vor eine zentrale Steuerung der Unternehmensaktivitäten gewährleistet sein muss und der Planung somit u.a. die Aufgabe zukomme, die Koordination der verschiedenen Organisationseinheiten sicherzustellen. Insofern kann Planung auch als Alibi für Zentralisierung und Kontrolle dienen - wegen des Datenbedarfs, der Verschriftlichung, der Überwachung und der Ergebnis-/Abweichungs-Kontrolle. Damit wird auch deutlich, dass dezentrale Planung nicht automatisch schon dezentrale Entscheidung bedeutet. Solange im Rahmen einer dezentralen Planung dem mittleren Management durch Hierarchie-Höhere vorgeschrieben wird, mit welchen Verfahren, zu welchem Zeitpunkt und unter welchen Prämissen zu planen ist, wird die Identifikation mit der Planung vermutlich nicht sehr ausgeprägt sein. Durch die Forderung nach dezentraler Planung soll ein offenkundiges Planungs-Dilemma vermieden werden: Planungs-Prozesse sollen auf der einen Seite demokratisch sein (d.h. auf dezentraler Initiative beruhen); auf der anderen Seite untergräbt zentrale Synthese vermutlich dezentrale Initiative (*Mintzberg* 1994). PlanerInnen formen die Welt in ihren Synthesen wohl eher nach den Vorstellungen ihrer Vorgesetzten und ignorieren die Konflikte bzw. Koalitionen, die im Verlauf der Planung aufgetreten sind (was notwendig und nützlich zugleich ist). Die Implementation der Pläne (bzw. Entscheidungen) erfolgt dann mit der Unterstützung des Managements von 'oben nach unten'. Natürlich müssen Pläne nicht nach der Strategie des Bombenwurfs erarbeitet und umgesetzt werden, sondern die Betroffenen können daran beteiligt werden. Verabsolutiert wird die 'klassische' Planung jedoch mit dem Argument, dass solange nicht alle Beteiligten informell ihren Konsens beispielsweise über Ziele, Strategien, Handlungsprogramme, Budgets (siehe oben 'funktionale Äquivalente') finden können, eine zentrale Institution die Koordination übernehmen und die Ergebnisse der Planung autoritär umsetzen muss.

'Eigentlich' ist traditionelle Planung (*Kappler* nennt sie deutsche oder westliche Planung im Unterschied zur japanischen, bei der die *Umsetzung* schon mitkonzipiert sei) immer ein autoritativer Prozess, der die Identifikation mit den Ergebnissen in Frage stellt. Die ehrlichste Alternative wäre (nach *Mintzberg* 1994), dass immer dann, wenn Handlungen eng und formal koordiniert werden müssen, autoritär geplant wird; während dann, wenn die Identifikation mit den Resultaten wichtig ist, auf konventionelle Planung vollkommen verzichtet wird und stattdessen durch Planung ausgelöste Prozesse und deren Kontext bearbeitet werden, indem über konfligierende Ziele und Evaluationskriterien Übereinkunft erzielt wird und politische Antagonismen (oder Antagonisten) berücksichtigt werden. Dafür können aber keine vorgefertigten Prozeduren, Lösungen oder Formulare bereitgestellt werden.

Auch wenn immer wieder betont wird, dass im (traditionellen) Planungs-Prozess ausschließlich Ziele verfolgt werden, die von der Unternehmensleitung definiert werden, so gibt es doch Ziele, die planungsimplizit sind. So werden PlanerInnen, die i.d.R. ihren Einfluss (und ihren Job) behalten wollen, eher langsame, kontinuierliche und schrittweise Veränderungen anstreben, da für grundlegende Veränderungen keine Planungsverfahren existieren und solche Prozesse (wenn überhaupt) nur durch das (Linien-) Management kontrolliert werden können. Organisationen, die sich nie ändern, benötigen eigentlich keine PlanerInnen (höchstens für die Ist-Analyse). Die Präferenz für permanenten, schrittweisen Wandel führt zur Dominanz konservativer Ziele und zur Vermeidung von (größeren) Risiken; dies wiederum kann zu Lasten einer schnellen Anpassung an plötzlich auftretende Veränderungen gehen (*Mintzberg* 1994).

Schließlich beeinflusst die (traditionelle) Planung (bei welcher zu Beginn Ziele formuliert und am Ende Budgets zugeteilt werden) unternehmerische Ziele dadurch, dass sie auf der Formulierung quantitativer Ziele beharrt. Dabei wird davon ausgegangen, dass es kein Modellierungs-Problem gibt (siehe oben), sondern solche Ziele unmittelbar gegeben sind und keine Informationen durch den Prozess der Quantifizierung verlorengehen. Da *kurzfristige* Ziele (z.B. Kosten) i.d.R. leichter zu quantifizieren sind als langfristige (z.B. Unternehmensklima), werden die harten Ziele eher als die weichen in der Planung berücksichtigt werden.

Um zu solchen Zielen zu gelangen, wird i.d.R. nicht versucht, Konsens unter denen herzustellen, die ein legitimes ('vested') Interesse daran haben und u.U. eigene Ziele mit in den PlanungsProzess einbringen wollen. Ziele werden von oben vorgegeben und sind während einer Planungsperiode konstant; dass sich diese durch veränderte externe Bedingungen und durch Verschiebung der internen Machtstrukturen verändern können, wird häufig 'übersehen' (*Mintzberg* 1994). Dass zur Rechtfertigung verschiedener Entscheidungen sehr unterschiedliche Ziele herangezogen werden können, gerät ebenfalls nicht ins Blickfeld (z.B. langfristige bzw. kurzfristige Ziele; Gewinn, Wachstum, Risiko).

Trotz solcher (offenkundiger) Überlegungen geht man (offiziell) davon aus, dass Planung und Mikropolitik nichts miteinander zu tun haben; wenn überhaupt ein Zusammenhang zwischen diesen beiden Konzepten gesehen wird, dann der, dass Planung etwas Objektives und Umfassendes sei und durch Mikropolitik, die als subjektiv und 'zersetzend' begriffen wird, in Frage gestellt wird.

Planung als Spiel

Planungen sind 'Spiele'. Jeder weiß worum es geht, aber alle tun so als ob... Allerdings müssen die Formen gewahrt bleiben ('Strukturschutz'). Es ist bei diesem Spiel wichtig, die erlaubten und unerlaubten Züge zu kennen, Geschicklichkeiten zu erwerben usw.

Betrachtet man die Funktionen von Planung - Förderung von Stabilität im Namen des Wandels, Konkretisierung im Namen der Flexibiltät, Trennung im Namen der Loyalität usw. - genauer, so stellt sich die Frage, ob nicht durch Planung selbst (unter dem Deckmantel der Harmonie) Konflikte ins Unternehmen getragen werden. Planung weckt zudem schlafende Hunde. Aufgrund der Informationssammlung und -aufbereitung werden bisher latente Konflikte offenkundig (*Mintzberg* 1994).

Da viele PlanerInnen in der Vergangenheit Geschmack an Autorität und Macht, die ihnen ihre Position verschafft, gefunden haben, findet Planung häufig als eine Art Katz-und-Maus-Spiel zwischen PlanerInnen (Stab) und LinienmanagerInnen statt. Größere Nähe und damit bessere Zugangsmöglichkeiten der PlanerInnen zu den wichtigsten Machtquellen, ihr Informationsvorsprung im Hinblick auf unternehmerische Strategien, ihr überlegenes Wissen über Planungsmethoden räumen ihnen viele Möglichkeiten ein, als StellvertreterInnen des Top-Managements in Erscheinung zu treten. Das mag bei einigen LinienmanagerInnen zu mehr Identifikation mit den PlanerInnen beitragen, bei anderen eher dazu, die PlanerInnen aus ihrem Alltagsgeschäft 'rauszuhalten' oder sie mit 'Spielmaterial' zu versorgen.

Im Endeffekt bedeutet Planung immer 'Kontrolle'; zum einen über den Prozess der Entscheidungs-Findung bzw. -Integration; zum andern über die Prämissen, die solchen Entscheidungen zugrunde liegen (manchmal auch über die Inhalte der Entscheidung selbst). Wenn nun empirisch nachgewiesen werden könnte, dass Planung anderen Methoden der Entscheidungsfindung (funktionalen Äquivalenten) überlegen ist, dann hätten PlanerInnen tatsächlich eine Legitimation, um dem Linienmanagement einen Teil seiner Kontrolle abzunehmen. Da solche Belege aber nicht vorliegen, müssen sich PlanerInnen mit 'politischen' Argumenten behelfen (z.B. Objektivitätsanspruch, Diskreditierung der Intuition, Furcht vor Chaos).

Die wichtigste (manifeste) Funktion von Planung besteht in der Verminderung von Unsicherheit. Was aber, wenn die Entwicklungen im und ums Unternehmen instabil und nur schwer vorhersehbar sind? Gerät Planung dann nicht zur Kontroll-Illusion? *Mintzberg* (1994) zitiert in diesem Zusammenhang Antoine de *Saint-Exupery*:

"Auf seiner Reise zur Erde traf der kleine Prinz einen König; dieser sagte, dass er wohl die Macht habe, der Sonne zu befehlen auf- und unterzugehen; aber er wolle damit warten, bis die Bedingungen dafür günstig wären".

Ist die Macht der Planung vergleichbar mit der dieses Königs? Beruht die Vostellung von Kontrolle lediglich auf einer Illusion? Parallel zu Ergebnissen aus der psychologischen Forschung zu fundamentalen Attributionstendenzen[22] wird immer dann, wenn alles gut geht, Erfolg der Planung bzw. den PlanerInnen zugeschrieben. Menschen tendieren dazu, Erfolge eher sich selbst, Mißerfolge eher den Umgebungsbedingungen zuzuschreiben (s. *Schettgen* 1991).

Planung als kollektive Abwehr

Planung ist individuelle und kollektive (Angst-)Abwehr. Es wird eine Art Kontroll-Illusion erzeugt, die glauben macht, man hätte alles unter Kontrolle. Es scheint ein Paradoxon menschlichen Verhaltens zu sein, dass sich Menschen (und Organisationen) bei zunehmender Unvorhersehbarkeit der Welt immer stärker an Vorhersagen und Prognosen klammern. *Gimpl & Dakin* (1984) vergleichen Experten für Prognose und Planung mit Magiern in primitiven Gesellschaften. Magische Praktiken können als individuelle und kollektive Abwehrmechanismen verstanden werden, die sich in der Selektion, Organisation sowie der Strukturierung und Interpretation von Wahrnehmungselementen realisieren. Als ritualisierte Abwehrmechanismen automatisieren sie gleichsam 'seelische' Gleichgewichtsprozesse (Entlastung, Sicherheit) von Personen und Organisationen und erfüllen damit wesentliche Funktionen zur Bewältigung der Existenz. Sie liefern die Grundlagen für Entscheidungen, für die es keine rationale Basis gibt. Die verwendeten Techniken sind nicht weit von solchen entfernt, die wir heute als abergläubisch belächeln, wie etwa das Lesen aus Kristallkugeln oder aus Tiereingeweiden. Dieser Vergleich scheint zunächst sehr übertrie-

---

[22] Attribution = Ursachenzuschreibung

ben; geht man aber davon aus, dass es so gut wie keine zuverlässigen (langfristigen) Prognosen gibt, dann scheint - angesichts der zu registrierenden 'Prognose-Wut' - die Maxime zu gelten, dass eine falsche Prognose immer noch besser als gar keine sei. Vielleicht praktizieren sog. primitive Gesellschaften aus demselben Grund ihre magischen Riten. *Gimpl & Dakin* (1984 in Anlehnung an *Weick* 1974) zeigen am Beispiel von Labrador-Indianern, dass ritualisierte Prognosen (notwendiges) Zufallshandeln ermutigen können:

> Wenn die Nahrungsvorräte der Labrador-Indianer wegen geringer Jagderträge knapp werden, befragen die Indianer ein Orakel, um herauszufinden, in welche Richtung sie nun zum Jagen weiterziehen sollen. Dabei wird der Schulterknochen eines Karibus über glühender Kohle solange erhitzt, bis sich Sprünge bilden. Diese Sprünge werden dann als Landkarte gedeutet. Die Richtungen, die auf diese Weise interpretiert werden, unterliegen grundsätzlich dem Zufallsprinzip. Trotzdem erweist sich diese Methode als ausgesprochen effizient, denn wenn die Indianer bei der Auswahl ihrer Jagdgebiete nicht dem Zufallsprinzip folgen würden, wären sie das Opfer ihrer bisherigen Gewohnheiten und würden bestimmte Gegenden überjagen. Darüberhinaus würde jedes berechenbare Jagdmuster den Tieren die Möglichkeit geben, sich darauf einzustellen.

Auch Unternehmen könnten ihren Wettbewerb nach dem Zufallsprinzip organisieren. Allerdings beruhen viele Prognosen in der Praxis auf der Extrapolation von bekannten Trends, d.h. die Zukunft wird keineswegs dem Zufall überlassen. *Gimpl & Dakin* nennen als Gründe hierfür:

Es

- hebt das Selbstvertrauen,
- vermindert die Furcht (vor der Zukunft),
- bestätigt das Handeln von Managern,
- stärkt den Zusammenhalt unter den Managern.

Pläne bewältigen Angst und Unsicherheit. Wir machen uns ein Bild von der Zukunft und *dadurch* glauben wir, sie zu kennen und zu beherrschen. In unklaren Situationen wird die Realität im Doppelsinn 'besprochen' und damit auch definiert (also sowohl bestimmt wie begrenzt).

Planung als Mittel zur Aufrechterhaltung des Status Quo

Planung ist nur ein Wort für das konservative Fortschreiben des Staus Quo, bloße Extrapolation. Pläne stabilisieren und sind Selbst-Absicherungen, Skelette und Strukturen - man kann sich daran klammern. Wenn Menschen das Gefühl haben, die Zukunft nicht kontrollieren zu können, neigen sie zu Resignation und Inaktivität; wenn sie auch nur die Illusion von Kontrolle besitzen, so macht sie diese handlungsfähig. Eine der Gründe für den Erfolg des Rational-Modells liegt vermutlich darin, dass es Strukturen so sehr vereinfacht, dass (man) die Komplexität der Welt (vermeintlich) besser in den kognitiven Griff bekommt. Nach *Luhmann* (1984, 602) liegt der Verdacht nahe, dass "die Semantik der Rationalität wie ein Singen und Pfeifen im Dunkeln praktiziert wird, um Unsicherheit und Angst zu vertreiben".

Allerdings können Pläne auch zur Paralyse von Handeln beitragen. Dadurch, dass soviel Energie darauf verwendet wird, die Zukunft aufs Papier zu bekommen, die Zustimmung von denen zu erhalten, die dies später in konkretes Handeln umsetzen müssen, kann es dazu kommen, dass notwendige Aktionen einfach nicht stattfinden. Man geht vielmehr davon aus, das Problem gelöst zu haben, nicht weil man nun tatsächlich konkrete Lösungen erarbeitet hat, sondern weil man das Problem auf systematische Weise bearbeitet hat; man hat es 'schwarz auf weiß' und glaubt es unter Kontrolle zu haben - die Realität selbst interessiert keinen mehr. Probleme werden aus dem Bewußtsein verdrängt, indem man andere Leute mit der Realisierung der Pläne beauftragt. Dies stellt auch eine plausible Erklärung für die Forderung dar, dass es bei der Planung 'auf den Prozess ankommt'; da man nur die erwünschte Zukunft auf Papier bannen kann, wird die ganze Energie auf die Planung gerichtet. Da das Ende nie in Sicht ist, wird der Weg (die Reise) zum wichtigsten Vehikel der Planung. Die Planung selbst wird zum Ziel - und viele Planungsaktivitäten bestehen darin, die Welt für die Planung sicherer zu machen (*Mintzberg* 1994).

Pläne können auch als Symbole fungieren: z.B. wenn etwas schiefläuft, wird ein Plan angekündigt, um alles wieder ins Lot zu bekommen; wenn man mehr Budget haben will, kann man einen Plan schmieden, um dieses Ziel zu erreichen. Unter solchen Gesichtspunkten besteht das Planungsproblem nicht nur aus den klassischen Entscheidungsschwierigkeiten oder aus den Rationalitätsdefiziten. Vielmehr geht es um das Überleben einer Organisation unter Entscheidungsdruck, um die Darstellbarkeit des Verhaltens als vertretbare Entscheidung in späteren Situationen und um die Auswahl von Entscheidungen, die im Hinblick auf anschließende Entscheidungsnotwendigkeiten günstig liegen (*Luhmann* 1984).

Planungen sind Gelegenheiten zu sozialen Interaktionen: Miteinander reden, zusammenkommen, andere Standpunkte kennenlernen. Konfrontation und Befriedigung politischer Anatgonismen. Durch solche (Pseudo?-)Mitbeteiligung in Planungen wird Loyalität und Akzeptanz gesichert. Durch Planung wird Wirklichkeit gemeinsam *definiert* ('was der Fall ist', 'wie es (jetzt) um uns steht'). Wirklich ist, was wir gemeinsam für wirklich halten (konsensuelle Validierung). Dabei wird eine gemeinsame Sprache entwickelt, ein Stil des Redens, Präsentierens, Begründens, Legitimierens, Kaschierens, Verschweigens ...

3.3.3 Methodenbeispiel: Szenario-Planung

Selbstorganisation und Turbulenz bedeuten, dass weder unser Umfeld noch die Folgen unseres Handelns exakt prognostizierbar sind. Personalplanung wird damit schwieriger, denn je unübersichtlicher die Situation, desto wichtiger wird der Versuch, sich ein Bild zu machen von der Lage potentieller Einflussfaktoren, ihren möglichen Entwicklungsrichtungen usw. Dies bedeutet nicht, dass rationale Analysen völlig aus dem Entscheidungsprozess verbannt werden müssen; allerdings treten an die Stelle direkter Vorhersagen beispielsweise von Einflussfaktoren auf den Personabedarf eher qualitativ orientierte Verfahren (z.B. Szenarien) und an die von deterministischen Modellen komplexe Kontingenz-Planungen. So gehen etwa Szenarien davon aus, dass es nicht möglich sei *die* Zukunft vorherzusagen, sondern, dass es sich eher lohnt über *mögliche* Zukünfte nachzudenken, von denen dann eine die richtige sein *kann*. Der Überlegung, dass Entscheidungen häufig an konkrete Personen und deren Intuitionen gebunden sind (und sich deshalb einer rationalen Analyse entziehen) wird dadurch Rechung getragen, dass Szenarien u.a. von Linienmanagern erarbeitet werden, die ein großes Reservoir an Lernerfahrungen im Unternehmen erworben haben, indem sie sich durch viele Situationen 'hindurchgewurstelt' haben und die sich im Tagesgeschäft gut auskennen. Diese Personen sind in der Lage, typische Reaktionsmuster des Unternehmens auf Umweltherausforderungen zu erkennen und gleichzeitig entsprechende Reaktionsweisen zu beeinflussen.

Was versteht man unter einem Szenario?

Der Begriff Szenario kommt ursprünglich aus der Theaterwissenschaft und bedeutet "ein(en) Übersichtsplan für die Regie und das technische Personal, in dem Aufgaben in Szenenfolge, auftretende Personen, Requisiten, technische Vorgänge, Verwandlungen des Bühnenbildes u.ä. enthalten sind" (*Brockhaus*, Enzyklopädie 1987, 556). Sehr allgemein versteht man unter einem Szenario die Beschreibung einer möglichen Zukunftssituation, wobei diese Beschreibung möglichst plausibel, konsistent und umfassend sein sollte. Mit Hilfe 'der' Szenario-Technik werden solche Beschreibungen häufig als sogenannte 'Zukunftsbilder' anschaulich ausformuliert. Der Begriff Szenario wird jedoch sehr uneinheitlich gebraucht und in der Umgangssprache zuweilen für ad hoc vorgenommene Annahmen verwendet.

Die 'Karriere' der Szenario-Methode begann in den 70er Jahren. Während zu Beginn der 70er Jahre noch mit klassischen Prognosen in der Unternehmensplanung gearbeitet wurde, trat mit der Ölkrise eine Wende ein, da die quantitativen Planungsmethoden der wirtschaftlichen Situation dieser Jahre, die durch große Ungewißheit über die Zukunft sowie einer immer schwieriger und komplexer werdenden Umwelt gekennzeichnet war, nicht mehr gerecht wurden. Ein Beispiel sind die Entscheidungsszenarien, die seit Beginn der 70er Jahre von *Royal Dutch/Shell* erstellt werden.

Allerdings hat sich bis heute weder eine standardisierte Vorgehensweise noch eine einheitliche Definition durchgesetzt. In der Literatur werden sehr unterschiedliche Arten von Szenarien unterschieden:

(1) Visions-Szenarien

Hier werden große Zukunftsbilder entworfen, die eher als Wunsch- bzw. als Horror-vorstellung konzipiert sind und nur selten auf einer strengen systematischen Analyse von Gesamtzusammenhängen beruhen (z.B. das Image der Fluggesellschaft SAS)

(2) Trend-Szenarien

Hauptstränge künftiger Entwicklungen in einzelnen Wirtschafts- und Lebensberei-chen werden aufgezeichnet; alternative Annahmen über die Entwicklungsrichtungen einzelner Einflussfaktoren werden nicht getroffen (z.B. Megatrends von *Naisbitt* 1996).

(3) Direct Writing Scenario

Es werden Entwicklungsfelder beschrieben (z.B. 'die' chemische Industrie; die Roh-ölvorkommen), für die bestimmte Veränderungen angestrebt werden; die Szenarien geben den jeweiligen Grad der Zielerreichung an (z.B. die Szenarien des Stanford Research Instituts).

(4) Modellorientierte Szenarien

Mit Hilfe umfangreicher Rechenmodelle sollen bestimmte (auch qualitative) Zu-sammenhänge prognostiziert werden. Allerdings lassen die verwendeten Algorith-men Rekursivitäten nur in bestimmtem Umfang zu (das bekannteste Beispiel hierfür sind die Studien des Club of Rome).

(5) Deterministische Szenarien

Hier werden bestimmte Grundannahmen unterstellt, die im Szenario nicht mehr va-riiert werden dürfen (z.B. Finanzierungsrechnungen für die gesetzliche Rentenversi-cherung).

(6) Umfeld-Szenarien

Die für die Entwicklung eines bestimmten Untersuchungsfeldes relevanten Einfluss-faktoren werden systematisch identifiziert; für die Entwicklungsrichtungen dieser Einflussfaktoren werden i.d.R. alternative Annahmen getroffen, diese werden mit Hil-fe subjektiver Eintrittswahrscheinlichkeiten gewichtet und miteinander verknüpft. Aus diesen Verknüpfungen können Aussagen zu alternativen Zukunftsbildern für das jeweilige Untersuchungsfeld abgeleitet werden.

Stellt man hohe Anforderungen an die Konsistenz sowie an die Vernetzung von Ein-flussfaktoren, so kann man sich auf die Methoden 2 und 6 beschränken. Bei den meisten Szenarien, die zu Planungszwecken im Personalbereich erstellt wurden, handelt es sich um Umfeld-Szenarien (z.B. das Personal-Szenario der BMW AG in *Scholz* 1994).

Mit Hilfe von Umfeld-Szenarien sollen v.a. folgende Ziele erreicht werden:

- Mehrere Bilder der Zukunft sollen erstellt werden, von denen sich jedes aus rele-vanten Einzelentwicklungen widerspruchsfrei zusammensetzt.

- Dabei sollen neben quantitativen v.a. auch qualitative Daten in die Prognose eingehen.
- Es soll das künftige 'Bühnenbild' dargestellt werden, in welchem sich staatliche und gesellschaftliche Institutionen bewähren müssen.
- Veränderungen in den jeweils relevanten Umfeldern sollen frühzeitig erkannt, in ihren Konsequenzen durchdacht und dadurch Handlungsspielräume geschaffen werden.
- Im Unterschied zu anderen Prognoseverfahren soll das komplizierte Beziehungsgeflecht der verschiedenen Einflussfaktoren analysiert werden.

Die Technik der Szenario-Planung

Der Vorgang der Szenarioerstellung wird Szenario-Analyse genannt, deren allgemeine Merkmale wir im Folgenden darstellen werden. Ausgangspunkt der Szenario-Analyse ist die Beschreibung des Ist-Zustandes des zu untersuchenden Themas. Von dieser Beschreibung ausgehend werden alternative Zukunftsbilder entwickelt. Die graphische Darstellung dieses Denkansatzes erfolgt häufig in Form eines Trichters (siehe Abb. E-3.5), der den im Zeitablauf zunehmenden Handlungsspielraum darstellt.

Der Trichter symbolisiert (nach *Reibnitz* 1991) Komplexität und Unsicherheit, bezogen auf die Zukunft. Je weiter man in die Zukunft schaut, desto stärker nimmt der Einfluss der gegenwärtigen Gegebenheiten auf die Entwicklungen ab. Ein breites Handlungsspektrum im Rahmen alternativer Zukünfte ergibt sich. Zielsetzung des Szenarios ist es also nicht, die Zukunft exakt vorherzusagen, sondern *mögliche* Entwicklungen und deren Konsequenzen zu beschreiben, um so eine Entscheidungshilfe für die Planung zu bilden.

Ein Szenario setzt sich aus zwei Komponenten zusammen, die sich aufgrund ihrer Position auf der Zeitachse unterscheiden (*Gausemeier* u.a. 1995, 108):

"Ein Szenario beschreibt eine zukünftige Situation, einen *Zeitpunkt*. Diese Komponente kann man sich als einen *Schnappschuß der Zukunft* vorstellen ('a snapshot in time`).

Ein Szenario beschreibt zudem die Entwicklung, die aus der Gegenwart zu dieser zukünftigen Situation führt - also einen *Zeitraum*. Hier lässt sich von einer *Geschichte der Zukunft* ('a future history') sprechen".

Gausemeier u.a. (1995) sprechen dann, wenn primär eine zukünftige Situation beschrieben wird von Situationsszenarien; wird der Schwerpunkt auf die Entwicklung einer künftigen Situation gelegt, von Prozessszenarien.

Die Szenario-Technik huldigt keinem methodischen Formalismus; dies gilt sowohl für die einzelnen Verfahrenschritte als auch für die Informationsgewinnung und -verarbeitung. Im Rahmen der jeweiligen Szenario-Schritte kommen so unterschiedliche Methoden wie z.B. Brainstorming, Brainwriting, Expertenbefragungen, Trendextrapolationen, Simulationen, Regressionen, Metaplan usw. zum Einsatz. Die Vorgehensweise trägt deshalb eher den Charakter einer 'Zukunftswerkstatt', in welcher alles berücksichtigt wird, was zur Gewinnung eines Zukunftsbildes beitragen kann.

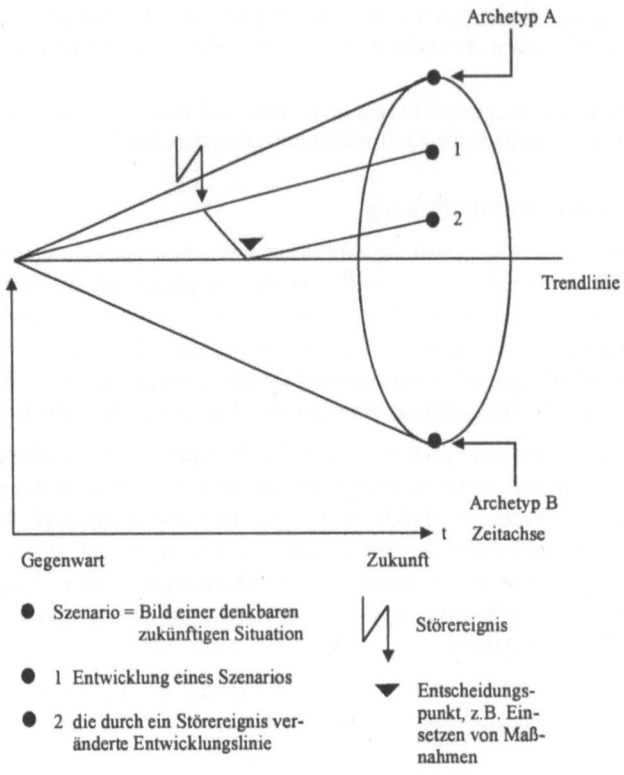

Abb. E-3.5:   Denkmodell zur Darstellung von Szenarien
(nach: *von Reibnitz* 1991, 27)

Der Grad der Differenzierung und der zeitlichen Reichweite von Szenarien hängt von der jeweiligen Fragestellung und den Informationsbedürfnissen der Nutzer ab. Dabei sollten Szenarien - innerhalb ökonomisch vertretbarer Grenzen - folgenden Kriterien genügen (*Reibnitz* 1991, 28):

- Innerhalb eines Szenarios sollte größtmögliche Stimmigkeit, Konsistenz und Widerspruchsfreiheit herrschen - die einzelnen Entwicklungen dürfen sich nicht gegenseitig aufheben;

- Jedes Szenario sollte möglichst stabil sein; d.h. es sollte nicht bei kleinen Veränderungen oder Erschütterungen 'zusammenbrechen';
- Zwischen den beiden letztlich ausgewählten Szenarien sollte eine größtmögliche Unterschiedlichkeit bestehen; sie sollten so weit wie möglich an die 'Ränder' des Trichters heranreichen.

Bevor man sich für eine konkrete Szenrio-Technik entscheidet, muss geklärt werden, ob man ein Kommunikationsszenario oder ein strategisches Szenario erstellen will. Bei den Kommunikationsszenarien stehen die Schwarz-Weiß-Effekte im Vordergrund; Ziel ist es, polar möglichst auseinanderliegende ('dialektische') Bilder zu erarbeiten und so die Kommunikation bzw. die Diskussion anzuregen. Die 'Treffsicherheit' der jeweiligen Zukunftsbilder steht dabei nicht im Vordergrund.

Will man jedoch die Planung an (strategischen) Szenarien orientieren, dann spielt der Aspekt der Treffsicherheit eine große Rolle. Um dem Rechnung zu tragen, werden in machen Verfahren (z.B. *Battelle*) sogenannte a-priori-Wahrscheinlichkeiten für das Eintreten bestimmter Entwicklungen bestimmt. Dies führt dazu, dass die Ergebnisse wesentlich 'enger' beieinanderliegen, als dies bei Kommunikations-Szenarien der Fall ist.

Vorgehensweise beim Erstellen von Szenarien

Für die Erarbeitung von Szenarien gibt es keine einheitliche Vorgehensweise, sondern eine Reihe verschiedener 'Szenario-Schulen', die sich v.a. im Hinblick auf den Grad ihrer Formalisierung und Systematisierung sowie die Anzahl der Analyse-Stufen erheblich unterscheiden (einen Überblick vermitteln die Arbeiten von *Gausemeier* u.a. 1995; *Breiner* 1997; *Ringland* 1998).

Wir wollen im Folgenden exemplarisch anhand des Ansatzes des *Batelle*-Instituts BASICS (Battelle Scenario Inputs to Corporate Strategies) eine mögliche Vorgehensweise bei der Erstellung von (Personal-)Szenarien beschreiben. Wir haben dieses Verfahren deshalb gewählt, weil wir dabei auf eigene Erfahrungen bei der Anwendung dieses Instruments für die Personalplanung in der Praxis zurückgreifen können; zudem wurde eines der wenigen in der Literatur beschriebenen Personalplanungs-Projekte auf der Basis von Szenarien (s. *Scholz* 1994) mit Hilfe dieser Methode erstellt, so dass wir uns zur Veranschaulichung unserer Ausführungen auch darauf beziehen können.

Unabhängig von der Anzahl der Verfahrensschritte der einzelnen Szenario-Techniken kann der systematische Ablauf nahezu aller Verfahren in drei große Schritte untergliedert werden. Der erste Schritt besteht darin, das Untersuchungsfeld zu definieren und zu strukturieren. Anschließend werden die Faktoren, die die Entwicklung des Untersuchungsgegenstandes beeinflussen, identifiziert, gebündelt und in die Zukunft projiziert. Schließlich werden Szenarien ausgearbeitet und Maßnahmen abgeleitet.

BASICS arbeitet mit sieben Schritten, die wir im Folgenden näher beschreiben werden (*Breiner* 1997, 140):

Nr.	Einzelschritt	Phase
1)	Definition und Strukturierung des Untersuchungsfelds	Analyse
2)	Identifikation der Einflussfaktoren	
3)	Definition der Deskriptoren und Beschreibung der zu erwarteten Entwicklung sowie Zuordnung von Eintrittswahrscheinlichkeiten	Prognose
4)	Cross-Impact Analyse und Ablauf des Computerprogramms	
5)	Auswahl und Ausformulieren der Szenarien	Synthese
6)	Einführen von Störereignissen und Wirkungsanalyse	
7)	Analyse der Implikationen	Konklusion

1. Arbeitschritt: Definition des Untersuchungsfeldes

Grundlage für nahezu alle Szenarien ist eine strukturierende Beschreibung der gegenwärtigen Situation; d.h. das Untersuchungsfeld muss im Hinblick auf seine sachliche, zeitliche und räumliche Begrenzung definiert werden. Gleichzeitig müssen relevante Informationen über dieses Umfeld gesammelt und (vor-)strukturiert werden.

2. Arbeitsschritt: Strukturierung der Umfelder

Alle Bereiche, die auf ein jeweiliges Umfeld unmittelbar Einfluss haben, müssen in diesem Schritt identifiziert werden. Auch diese Informationen müssen strukturiert und zu Gruppen zusammengefasst werden.

Hierzu werden je nach Größe der Szenario-Gruppen Techniken wie Brainstorming, Delphi- oder auch Literaturauswertungen sowie Expertenbefragungen eingesetzt. Solche Einflussfaktoren können beispielsweise rechtlicher, sozialer, politischer, ökonomischer oder ökologischer Natur sein.

3. Arbeitsschritt: Projektion der Entwicklungen

Nach der Erfassung des Ist-Zustandes der Einflussfaktoren müssen Annahmen über künftige Entwicklungen und Bedeutungen einzelner Einflussfaktoren getroffen werden. Die zu einzelnen Gruppen zusammengefassten Einflussfaktoren werden häufig als 'Deskriptoren' bezeichnet, wobei zwischen 'kritischen' und 'unkritischen' Deskriptoren unterschieden wird. Kritische Deskriptoren sind solche, bei denen mehr als eine Entwicklungsrichtung denkbar ist, während für unkritische nur eine einzige Entwicklungsrichtung 'gesehen' wird. Für jeden Deskriptor wird ein detailliertes 'Protokoll' erstellt, in welchem u.a. die Wichtigkeit des Deskriptors für das Untersuchungsfeld, seine Entwicklung in der Vergangenheit, sein aktueller Stand sowie Annahmen über seine künftige Entwicklung festgehalten werden.

Bei der Erarbeitung von (alternativen) Szenarien stehen die kritischen Deskriptoren im Vordergrund - und zwar gewichtet mit vorläufigen (subjektiven) Eintretens-Wahrscheinlichkeiten. Mögliche Beziehungen (cross-impacts) zu anderen Deskriptoren werden bereits auf dieser Stufe 'festgehalten'.

4. Arbeitsschritt: Bildung konsistenter Annahmebündel

Die unterschiedlichen Ausprägungen der kritischen Deskriptoren werden im Paarvergleich im Hinblick auf ihre Wirkungen auf andere Deskriptoren mit Hilfe der folgenden Frage überprüft: *'how would the occurrence of the column state change the probabiltiy assigned to the occurance of the row state?'* (*Huss* u.a. 1987 zit. nach *Breiner* 1997, 40). Diese Zuordnung stellt den Kernpunkt des BASICs-Ansatzes dar, da davon ausgegangen wird, dass der Eintritt oder Nicht-Eintritt eines künftigen Ereignisses häufig davon abhängt, ob ein oder mehrere Ereignisse bereits eingetreten sind oder noch eintreten werden. Diese Beziehungen zwischen den verschiedenen Deskriptorausprägungen können sowohl positiv wie auch negativ sein und werden auf einer Skala von -3 bis +3 bewertet. Auf diese Weise entsteht eine logische Verflechtung aller Deskriptoren auf der Basis subjektiver Wahrscheinlichkeiten. Das Ergebnis dieser Verflechtung wird als 'Cross-Impact-Matrix' bezeichnet. Diese Information wird in ein PC-Programm eingegeben, das auf der Basis eines Cross Impact Algorithmus durch Simulation die Annahmenbündel ermittelt, die die höchste Konsistenz aufweisen, d.h. deren gemeinsames Auftreten am wahrscheinlichsten ist.

Die Wechselwirkung zwischen den einzelnen Deskriptoren bilden das eigentliche 'Gerippe' der Szenarien, zumal hier bei den jeweiligen Paarvergleichen zusätzliche Konsistenzprüfungen angestellt werden.

5. Arbeitsschritt: Ausarbeiten der Szenarien

Auf der Basis der Ergebnisse des PC-Programms werden die kritischen Deskriptoren zu konsistenten Annahmebündeln zusammengefasst; danach werden die Projektionen der unkritischen Deskriptoren 'eingepasst' und die Stimmigkeit des Gesamtbildes überprüft. Auf diese Weise gewinnt man einen Rahmen für die Formulierung unterschiedlicher 'Zukünfte'.

Erst die vollständige Ausformulierung verleiht den einzelnen Zukunftsbildern jedoch eine entsprechende Plastizität, die es möglich macht, sich in diese fiktive Zukunftswelt hineinzuversetzen. Ein wichtiges Hilfsmittel zu Verdeutlichung dieser Bilder sind graphische Erläuterungen und Bebilderungen.

6. Arbeitsschritt: Prüfung von Störereignissen

In diesem Schritt wird untersucht, inwieweit Störereignisse, welche die Szenarien in ihrer Gesamtheit beeinflussen, auftreten können und wie anfällig die Ausprägungen der einzelnen Bilder gegenüber solchen ('revolutionären') Ereignissen sind. Störereignisse sind demnach plötzlich auftretende, in ihren Entwicklungsrichtungen nicht vorhersehbare Ereignisse, für die jedoch ein relativ hoher Einfluss auf das Gesamtszenario angenommen werden kann. Es muss sich dabei nicht unbedingt um Katastrophen oder Unglücksfälle handeln; es können auch relativ 'kleine' Ursachen für manche Szenarien große Auswirkungen haben (z.b. Tempolimit, Energiesteuer usw. als 'Störereignisse' für das Szenario eines großen Automobilherstellers).

7. Arbeitsschritt: Ableitung von Konsequenzen

Im Rahmen dieses Arbeitsschrittes werden Gestaltungsstrategien oder Konsequenzen abgeleitet, um bestimmten Entwicklungen entgegenzuwirken bzw. diese zu unterstützen.

Der *Battelle*-Ansatz gilt als in der Praxis vielfach erprobt und wurde von ehemaligen Mitarbeitern des Battelle-Instituts Frankfurt weiterentwickelt und verfeinert (s. z.B. *Reibnitz* 1991 oder *Geschka & Hammer* 1992). So wurde beispielsweise eine Konsistenzmatrix eingeführt durch die die Zuordnung von (subjektiven) Wahrscheinlichkeiten entfällt.

Die Erstellung von Personalszenarien

Wir wollen im Folgenden anhand einiger (fiktiver) Beispiele mögliche Vorgehensweisen und Probleme bei der Erarbeitung eines Szenarios zur Personalplanung auf der Basis der *Battelle*- Methode aufzeigen und diskutieren.

Wir gehen in unserem Beispiel davon aus, dass von MitarbeiterInnen eines Unternehmens ein Konzept der künftigen Personalpolitik bis zum Jahr 2005 erstellt werden soll. Als Basis für die Erstellung diese Konzepts soll ein (Umfeld-) Szenario dienen, in welchem die Veränderungen der wesentlichen internen und externen Rahmenbedingungen der Personalarbeit bis zum Prognosezeitpunkt erfaßt werden sollten.

Wie wir oben beschrieben haben, geht es im ersten Schritt darum, das Untersuchungsfeld zu definieren und zu strukturieren. In dem bei *Scholz* (1994) beschriebenen BMW-Beispiel wurden in diesem Zusammenhang neun wichtige Einflussfaktoren auf die künftige Personalpolitik durch eine Expertengruppe definiert (siehe Abb.3.6). Für jeden dieser Einflussfaktoren wurden dann 'Mini-Szenarien' erstellt. Diese Miniszenarien sind zusätzlich im Hinblick auf ihre zeitliche (bis zum Jahr 2005) und räumliche (z.B. Europa oder BRD) Ausdehnung zu differenzieren.

Zur Beschreibung der Vorgehensweise bei der Erstellung von Personal-Szenarien werden wir uns auf einen Einflussfaktor (ein Umfeld) 'gesellschaftlicher Wandel' beschränken. Dabei geht es nicht darum, ein Thema erschöpfend zu behandeln, sondern anhand ausgewählter Beispiele die Logik der Szenario-Technik zu verdeutlichen.

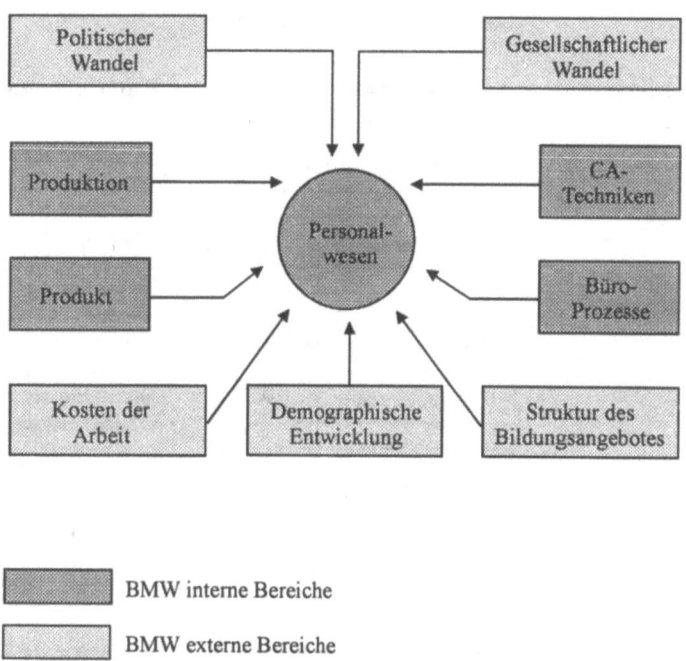

BMW interne Bereiche

BMW externe Bereiche

Abb. E-3.6: Einflussbereiche auf das Personalwesen (nach: *Scholz* 1994, 121)

Zur Analyse dieses Umfeldes muss im zweiten Schritt seine Struktur herausgearbeitet werden, indem die wichtigsten Einflussfaktoren auf dieses Umfeld durch die Szenario-Gruppe identifiziert und zu Gruppen von Deskriptoren zusammengefasst werden; wobei Deskriptoren Kernpunkte, Trends, Faktoren oder Variablen, die eine spezielle Komponente eines Umfeldes bzw. Einflussbereiches beschreiben oder messen. In Abbildung E-3-7 geben wir einen Ausschnitt aus einem (fiktiven) 'Mini'-Szenario 'Wertewandel' wieder.

Im Rahmen dieser Identifizierung und Strukutrierung der Einflussbereiche wird u.U. eine Kreativität entfaltet, die dazu führen kann, dass sich die Gruppe zu weit vom Thema entfernt und dass die Reduzierung der Einflussfaktoren auf die 'Essentials' schwierig wird. Zur Vermeidung dieses Problems werden in der Praxis häufig moderierte Workshops durchgeführt (mit Moderatoren, die in der Szenario-Technik geschult sind).

Szenario 'Personalpolitik' 2005

Untersuchungsfeld	Deskriptoren	z.B.	Einflussbereiche

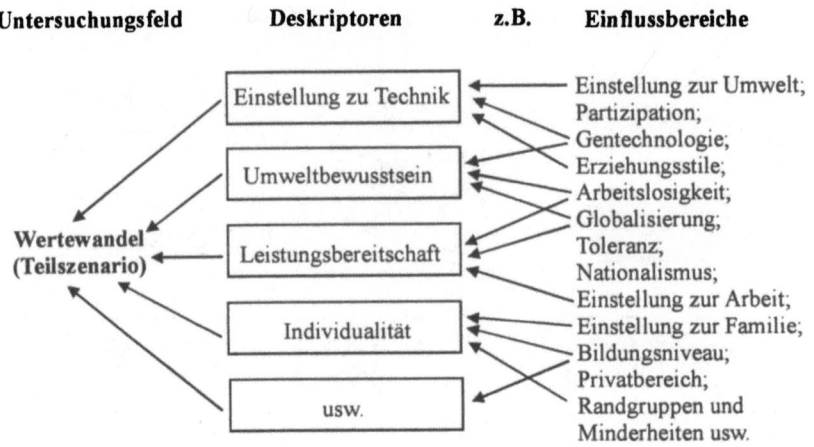

Abb. E-3.7:   Teilszenario Wertewandel

Im dritten Arbeitsschritt müssen Annahmen über die Bedeutung sowie die künftige Entwicklung der 'gefundenen' Deskriptoren herausgearbeitet werden. Alle Deskriptoren sollten in etwa die gleiche Bedeutung für das Umfeld haben; trifft dies nicht zu, so sollten sie hierarchisch geordnet werden. Dabei muss - wie schon oben erwähnt - zwischen kritischen und unkritischen Deskriptoren unterschieden werden; für die Ausprägungen der kritischen Deskriptoren sind zusätzlich subjektive a priori Eintretenswahrscheinlichkeiten zu vergeben. Wir wollen dies am Beispiel der beiden Deskriptoren 'Einstellung zur Technik' und 'Umweltbewusstsein' verdeutlichen:

Zu Dokumentationszwecken und um die interne Kommunikation im Projektteam zu erleichtern, werden sog. Deskriptoren-Essays erstellt, in denen der jeweilige Deskriptor definiert und seine Bedeutung für das Umfeld aufgezeigt wird; zudem werden Informationen zu seiner historischen und Annahmen über seine künftige Entwicklung sowie die Verknüpfung mit anderen Faktoren 'festgehalten'.

Für die Ausprägungen der (kritischen) Deskriptoren werden üblicherweise Werte zwischen 2-4 vergeben. Die Deskriptoren sind i.d.R. qualitativ formuliert (z.B. niedrig, mittel, hoch); ihre a priori Wahrscheinlichkeiten ergeben in der Summe 1.

Deskriptoren werden also

- von Einflussbereichen abgeleitet;
- berücksichtigen quantitative und qualitative Faktoren;
- beeinflussen den Untersuchungsgegenstand direkt;
- werden auf der Basis der Analyse von Entwicklungen in der Vergangenheit fundiert und ggf. mit alternativen Entwicklungsprojektionen versehen.

Kritischer Deskriptor:

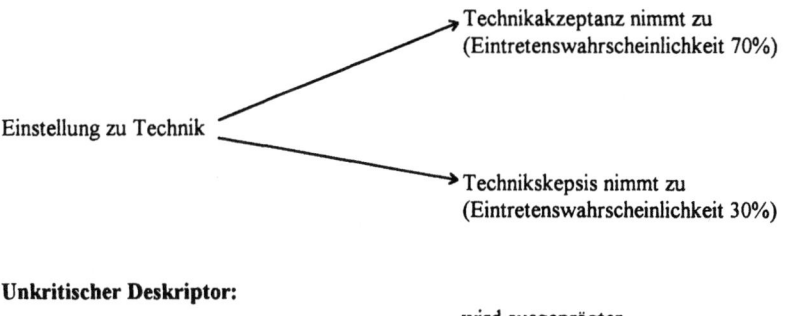

Einstellung zu Technik

Technikakzeptanz nimmt zu
(Eintretenswahrscheinlichkeit 70%)

Technikskepsis nimmt zu
(Eintretenswahrscheinlichkeit 30%)

Unkritischer Deskriptor:

Umweltbewusstsein

wird ausgeprägter
(Eintretenswahrscheinlichkeit 100 %)

Neben der Vergabe der subjektiven Eintrittwahrscheinlichkeiten ist der Paarvergleich der kritischen Deskriptoren (Cross-Impact-Analyse) der wichtigste Teil der BASICs-Szenario-Analyse. Auf diese Weise entsteht in diesem (5.) Arbeitsschritt eine Matrix aus kritischen Deskriptoren, wobei die Matrixwerte indizieren, wie ein Deskriptorzustand die Eintrittswahrscheinlichkeit aller übrigen Deskriptorausprägungen beeinflusst. Auf diese Weise werden die Wechselwirkungen aller Deskriptoren(ausprägungen) zu allen anderen überprüft. Beim Aufbau der Cross-Impact-Matrix gilt es also folgende Fragen zu beantworten:

- Wenn die Ausprägung von Deskriptor X eintreten würde, wie würde das jeweils die Eintrittswahrscheinlichkeit der Ausprägungen aller übrigen Deskriptoren beeinflussen (fördernd, gar nicht oder hemmend)?
- Gibt es eine direkte Beziehung von A auf B usw.? Trifft dies nicht zu, so ist der Zellenwert 0; trifft dies zu, dann muss gefragt werden,
- ob diese Wirkungsbeziehung positiv (hohe Ausprägung des Spaltendeskriptors hat eine fördernde Wirkung auf die hohe Ausprägung des Zeilendeskriptors usw.) oder negativ ist (eine hohe Ausprägung des Spaltendeskriptors hat eine negative Auswirkung auf eine hohe Ausprägung des Zeilendeskriptors usw.); zudem muss danach gefragt werden, ob diese Beziehung stark (+3 oder -3), mäßig (+2 oder -2) oder schwach (+1 oder -1) ist.

Durch die Berechnung multipler Simulationen werden sowohl die Anfangswahrscheinlichkeiten des Deskriptorzustandes als auch die Werte für die Stärke der Wechselwirkungen verarbeitet. Dabei wird jeder Deskriptorenzustand einmal 1.0 und 0.0 gesetzt. Auf diese Weise wird die Eintrittswahrscheinlichkeit einer Deskriptorenausprägung auf 1.0 und die der alternativen Ausprägung auf 0 gebracht. Ein kompletter Rechenlauf stellt eine Einzelsimulation dar. Das Ergebnis bilden nach Häufigkeiten gewichtete, konsistente Kombinationen von Deskriptorzuständen:

Beispiel einer Cross-Impact-Matrix (Ausschnitt)

	1.			2.		3.	
	A	B	C	A	B	A	B
1. Status nimmt zu (.30)	0	0	0	-2	+2	-3	-2
Macht bleibt gleich (.30)	0	0	0	0	0	+3	+3
Hierarchie nimmt ab (.40)	0	0	0	+2	-2	-3	-3
2. Individualität nimmt zu (.80)	-2	-1	0	0	0	+2	-1
nimmt ab (.20)	-1	0	+1	0	0	+2	0
3. Traditionelle nehmen ab (.60)	-2	-2	+2	+2	-1	0	0
Arbeitstugenden bleiben gleich (.40)	-1	-1	+2	+3	-1	0	0

Beispiel für eine multiple Simulation (Ausschnitt)

Ergebnis-Typ	1	2	3	4	5	n	A Priori	Posteriori
Häufigkeit	27	6	3	2	2		Wahrsch.	Wahrsch.

1.								
Leistungsprinzip								
nimmt zu	1	1	0	1	1		0.50	0.95
nimmt ab	0	0	1	0	0		0.50	0.05
2.								
Traditionelle Arbeitstugenden								
bleiben gleich	0	0	0	0	0		0.40	0.02
nehmen ab	1	1	1	1	1		0.60	0.98
3.								
Status/Macht/Hierarchie								
nimmt zu	0	0	0	0	0		0.30	0.04
bleibt gleich	0	0	0	0	0		0.30	0.02
nimmt ab	1	1	1	1	1		0.40	0.94

Zur Ausarbeitung von Szenarien werden die Häufigkeit der Ergebnistypen, die Aposteriori-Wahrscheinlichkeiten sowie in den Arbeitsschritten 2-4 getroffenen Annahmebündel herangezogen (bei den a posteriori Wahrscheinlichkeiten handelt es sich um abgeleitete Wahrscheinlichkeiten, in denen die Ergebnisse aller Simulationen in Prozentwerten ausgedrückt werden). Die Simulationen (Rechenläufe), die gleiche 'Profile' aufweisen, d.h. die eine Serie identischer Deskriptorenzustände produzieren, werden zusammengefasst. Dabei handelt es sich also jeweils um ein Szenario. Die *Häufigkeit* stellt ein Mass für die Konsistenz des Szenarios dar, weil sie angibt, ob unabhängig vom Startpunkt des Rechenlaufs ein Profil mehrfach entsteht.

Dieses Ausgangsmaterial wird durch die Gruppe interpretiert und zu ganzheitlichen Bildern ausgestaltet, indem beispielsweise Ereignisketten gebildet und Verläufe von Entwicklungen beschrieben werden. Zudem können wichtige Merkmale hervorgehoben und unkritische Deskriptoren hinzugefügt werden.

Im sechsten Arbeitsschritt werden Störereignisse ('disruptive events') eingeführt, um die Stabilität des Szenarios zu testen. Dabei handelt es sich um Ereignisse, die eine niedere Eintrittswahrscheinlichkeit, aber eine große Wirkung haben; sie werden mit der Anfangs- (a priori) Wahrscheinlichkeit 1 als neue Zeile (Deskriptor) in die Cross-Impact-Matrix eingeführt. Zusätzlich zur Implementierung von Störereignissen können im Rahmen einer Sensitivitätsanalyse Deskriptoren zugefügt oder weggelassen oder Anfangswahrscheinlichkeiten verändert werden; zudem können Annahmen über Zusammenhänge durch Änderungen der Zahlenwerte der Elemente der Matrix 'korrigiert' werden.

Der siebte Arbeitsschritt 'die Ableitung von Konsequenzen' ist der am wenigsten systematisierte Teil der Szenario-Analyse. Ein besonderes Problem taucht dann auf, wenn die EntscheiderInnen nicht mit den TeilnehmerInnen der Szenario-Gruppen identisch sind (was in der betrieblichen Praxis häufig der Fall sein dürfte). Vieles, was in der Szenario-Gruppe diskutiert wird, wird nicht dokumentiert; das, was dokumentiert wird, wird (v.a. wenn es sehr umfangreich ist) nicht gelesen; werden die Ergebnisse zusammengefaßt und abstrahiert, gehen u.U. wichtige Informationen 'verloren' usw.

In dem bei *Scholz* (1994) beschriebenen Personal-Szenario der BMW AG wurde versucht, dieses Problem dadurch zu lösen, dass aus den zentralen Ergebnissen des Szenarios relativ abstrakte 'Thesen' abgeleitet wurden (z.B. These 1 in Tab. E-3.2: "Der qualifizierte Mitarbeiter wird zum selbstbewussten Unternehmer seiner eigenen Arbeitskraft"). Zur Ableitung konkreter personalpolitischer Entscheidungen wurde jede dieser Thesen mit Hilfe einer 'Konkretisierungsmatrix' (siehe Tab. E-3.2) mit den wichtigsten Handlungsfeldern des Personalwesens (z.B. Personalbedarfsplanung, Personalbeschaffung, Personalentwicklung) konfrontiert. Für einzelne Zellen dieser Matrix wurden von Personalexperten Handlungsthemen definiert, die künftig bearbeitet werden sollen (siehe Tab. E-3.2: "längerfristige Personalbedarfsprognosen primär nach Qualitäten nicht nach Quantität").

Die Organisation von Szenarien

In vielen Organisationen ist Wissen, welches für die Erstellung von Szenarien benötigt wird, bereits vorhanden. Unterscheidet sich die bisherige Planungsphilosophie grundlegend von der der Szenario-Analyse, so muss die Vorgehensweise 'politisch' abgesichert werden; etwa durch die Einrichtung eines 'Mentorenkreises', der sich aus einflussreichen Mitgliedern der Organisation zusammensetzt und der gewährleisten soll, dass die für das Szenario-Projekt benötigten Ressourcen tatsächlich zur Verfügung gestellt werden.

Szenario-Ergebnisse	These 1	These 2	These 3	These 4
Personalpolitische Handlungsfelder	'Der qualifizierte Mitarbeiter...'	'Der eigentliche Schlüssel für ..'	'Qualifizierung wird zum...'	etc.
Personalbedarfsplanung	Längerfristige Pesonalbedarfs-prognosen primär nach Qualitäten, nicht nach Quantität			
Personalbeschaffung	Langfristige Arbeitsmarktanalyse stärker nach Qualifikationen/Regionen differenzieren		Bei der Personalbeschaffung auf eine ausgewogene Mischung zwischen Generalisten und Spezialisten achten	
Personalentwicklung		Verstärkung von OE-haften Technikeinführungs-/Organisations-Prozessen (Mitarbeiter als Mitgestalter)		
Personalführung				
etc.				

Tab. E-3.2:   Konkretisierungsmatrix (nach: *Scholz* 1994, 123)

Bei der Zusammensetzung der Szenario-Gruppen ist in erster Linie Expertenwissen gefragt, allerdings sollen sich die Teilnehmer in ihrem hierarchischen Status nicht zu stark unterscheiden, da sonst die Gefahr zu groß wäre, dass ranghöhere Mitglieder zu sehr dominieren.

Die Kommunikation der Szenario-Ergebnisse spielt im Hinblick auf ihre Akzeptanz eine besonders wichtige Rolle. Von vielen unterschiedlichen Stellen in einer Organisation werden mit den Szenarien verschiedene Erwartungen verbunden. Viele Missverständnisse resultieren bereits daraus, dass Unklarheit darüber besteht, was Szenarien eigentlich leisten können. Manchmal werden 'harte' Daten erwartet, die eine eindeutige Auskunft über künftige Entwicklungen geben können. Eine unvermeidliche Konfliktquelle resultiert daraus, dass in jeder Organisation unterschiedliche Interessen und Ziele verfolgt werden und jedes Mitglied bzw. jede Gruppe die Unterstützung ihrer Position durch das Szenario erhofft.

Solche Probleme können nur vermieden werden, wenn die Erwartungen, die mit einem Szenario-Projekt verbunden sind, vorher abgeklärt werden und wenn bereits vor der Erstellung eines Szenarios über die Stärken und Schwächen dieser Methode informiert wird.

Anhand solcher Überlegungen wird deutlich, dass Szenarien neben den oben genannten eine Reihe weiterer (latenter) Ziele verfolgen. So stellen Szenarien etwa ein wichtiges Kommunikationsmedium für eine Organisation dar, um Annahmen über künftige wichtige Entwicklungen allen Mitgliedern einer Organisation nahezubringen; dies trägt wiederum zu einer stärkeren Identifikation mit den Planungen dieser Organisation bei (v.a. dann, wenn zahlreiche Mitglieder bzw. Gruppen an der Erarbeitung des Szenarios beteiligt waren). Zudem können Szenarien zum Entstehen einer neuen, eher hermeneutischen[23] Planungsphilosophie und damit auch zu einer Veränderung der Organisationskultur beitragen.

Grundsätzlich zwingen Szenarien PlanerInnen und EntscheiderInnen dazu, sich mit den Widersprüchlichkeiten und Unsicherheiten künftiger Entwicklungen auseinanderzusetzen und machen die impliziten Annahmen der Beteiligten über die Zukunft 'sichtbar'. Allerdings können auch Szenarien den Verantwortlichen Entscheidungen letztlich nicht abnehmen; Szenarien können - bestenfalls - für mögliche Zukünfte sensibilisieren - die Entscheidungen, wie auf diese Eventualitäten reagiert werden soll, müssen immer von den Verantwortlichen selbst getroffen werden. Vielleicht ist dies auch ein Grund dafür, dass in der betrieblichen Praxis der Kerngedanke der Szenario-Technik - die Idee der multiplen Zukunft - nicht ausreichend berücksichtigt wird; nach *Gausemeier u.a.* (1995) richten sich etwa zwei Drittel aller Unternehmen, in denen die Szenario-Technik eingesetzt wird, nur an *einem* wahrscheinlichen Szenario aus.

Diskussion

Mit Hilfe der Szenarioplanung können sowohl große globale als auch firmenspezifische Problemstellungen analysiert werden. Im Gegensatz zur Prognoserechnung, in der ausschließlich fest vorgegebene quantitative Größen unter der Annahme der Zeitstabilität hochgerechnet werden, versucht die Szenario-Technik auch qualitative Daten und generelle Tendenzen in Zusammenhänge einzubetten und ganzheitliches Denken zu praktizieren. Da mögliche Entwicklungstendenzen berücksichtigt werden, liefert die Szenario-Technik nicht *ein* Ergebnis, sondern zeigt mögliche Tendenzen auf. Planer können sich nicht (mehr) auf einen festen Prognosewert stützen, sondern müssen lernen in Alternativen zu denken.

Für die erfolgreiche Durchführung einer Szenarioplanung ist Gruppenarbeit nötig. Insofern ist die Szenario-Technik ein wirklich inter-aktiver Prozess, bei dem mehrere ExpertInnen beteiligt sind. Alles in allem stellt die Szenario-Technik ein plausibles, differenziertes und transparentes Verfahren für ein vorausschauendes (antizi-

---

[23] hermeneutisch = erklärend, auslegend, interpretierend

pierendes) Vorgehen dar, in dessen Verlauf plastische bildliche Resultate entwickelt werden. Allerdings bestimmen die Annahmen, die in der Prognose-Phase getroffen werden, sehr stark die Qualität der Szenarien. Sind diese Annahmen nicht fundiert, so können in den darauf folgenden Phasen keine qualitativ hochwertigen Zukunftsbilder beschrieben werden.

Auch bei der Szenario-Technik kann zwischen manifesten und latenten Funktionen unterschieden werden. Es wird deutlich vor Augen geführt, dass das Problem im Grunde so komplex ist, dass es nicht gelöst werden kann - dennoch wird suggestiv die Machbarkeit vorgeführt. Durch die Vergabe von Wahrscheinlichkeiten wird beispielsweise eine (mathematische) Genauigkeit suggeriert, die in Wirklichkeit nicht gegeben ist, da sie auf der Grundlage subjektiver Einschätzungen bzw. intuitiver Logik beruhen.

Im Grunde werden nur sehr allgemein Entwicklungsmöglichkeiten identifiziert, die lediglich qualitative Weichenstellungen anregen; für eine quantitative Personalplanung jedoch keine unmittelbaren Anhaltspunkte bieten. Dies ist mit ein Grund, warum der Prozess der Szenario-Erstellung für viele potentielle Anwender zu wenig transparent und nachvollziehbar ist (z.B. die Frage danach, was im Rahmen der PC-basierten Auswertung der Cross-Impact-Matrix passiert) und warum es zu Akzeptanz-Problemen beim Einsatz dieser Methode kommen kann.

Die Umsetzungs-Phase ist diejenige, die bisher am wenigsten methodisch bearbeitet wurde. Dies wiegt umso schwerer, als Szenarien nur dann als Basis für anstehende Entscheidungen dienen können, wenn sie in den Planungsprozess von Unternehmen integriert sind. Eine Ursache für dieses Defizit resultiert daraus, dass die Szenario-Technik über ihr konkretes inhaltliches Ergebnis hinaus planungsübergreifende Sensibilisierungs-, Politisierungs- und Partizipationsprozesse in Gang setzt. Szenario-Planung ist auch symbolisches Management. Sie zeigt:

- Es gibt Alternativen! (statt des 'one best way').
- Wir kennen sie! (Angstabbau, Zuversicht).
- Wir beherrschen die Zukunft!
- Wir bewältigen sie gemeinsam!
- Wer sich beteiligt, verpflichtet sich!

3.4 Schlussfolgerung

Auf den ersten Blick scheint die Verbindung zwischen Personalplanung und Ökonomie problematisch zu sein. Im Rahmen ökonomischer Überlegungen geht es in erster Linie um technische und 'unpersönliche' Fragen wie etwa die Allokation von Ressourcen, die auf den ersten Blick nichts mit Angelegenheiten des Personals zu tun haben. Allerdings haben sich Ökonomen in den letzten Jahren nicht mehr ausschließlich mit leicht quantifizierbaren Variablen beschäftigt, sondern haben ihre

Aufmerksamkeit auch Fragen gewidmet, die für Personalverantwortliche von großem Interesse sind. So werden etwa nicht-monetäre Komponenten der Arbeitszufriedenheit wie z.b. Stolz, Status, Arbeitsbedingungen, im Rahmen ökonomischer Theoriegebäude analysiert (z.B. *Lazear* 1996 1998). Die einfache ökonomische Annahme, die diesen Analysen zugrunde liegt, lautet: Unternehmen und Beschäftigte handeln so, dass ihre eigenen Interessen am besten befriedigt werden. Ein Gegenstand ökonomischer Fragestellungen ist deshalb die Frage nach der Entstehung und Abwicklung von Tauschverhältnissen. Besonders die Transaktionskostentheorie kann aufgrund ihrer vertraglichen, austauschbezogenen Sichtweise zu ökonomischen Analysen und Interpretationen herangezogen werden. Es ist daher auch nicht überraschend, dass Beispiele für ökonomische Untersuchungen personalwirtschaftlicher Teilprobleme in erster Linie für Themen wie 'Anreizsysteme', 'Personalbeschaffung' und 'Personalabbau' zu finden sind. 'Personalplanung' wird in keinem der uns bekannten (personal-) ökonomisch orientierten Texten als eigener Baustein behandelt.

Wir haben deshalb versucht herauszuarbeiten, wann sich Personalplanung 'lohnt'. Aus unserer Sicht findet Personalplanung allgemein dann statt, wenn Planung besser funktioniert als ihre funktionalen Äquivalente. Wenn etwas dem Unternehmen sehr wichtig ist, wird es nie nur einem Verfahren oder einer Institution überlassen. Zielsetzungen, die durch Personalplanung erreicht werden sollen (z.B. Steigerung der Leistung, Senkung der Personalkosten, Verbesserung der Wirtschaftlichkeit, Erhöhung der Innovationsfähigkeit, Sicherung und Ausweitung des Marktanteils, Sicherung und Steigerung der Gewinne), werden auch durch andere Einrichtungen abgesichert, wie z.B. die 'interne' Herstellung von Qualifikationen durch Personalentwicklung.

Eine Organisation, die nicht plant, wird als reaktiv, kurzsichtig und 'ungesteuert' angesehen. Planung wird zwar als Mittel zum Zweck der Rationalisierung von Entscheidungen gefordert und gefördert, und in dieser Perspektive wird über die Installation von Planungseinrichtungen entschieden, aber damit lässt sich (nach *Luhmann* 1981) das Realgeschehen der Planung nicht zureichend begreifen. Planung ist (auch) zu einer Zeremonie geworden, die periodisch auszuführen ist, um die Legitimitätsfassaden (im Sinn von *Meyer & Rowan*) einer Organisation zu erhalten. Trifft es aber zu, dass die Entwicklung von Systemen prinzipiell nicht vorhergesehen werden kann, dann muss Planung eher als 'adaptives Lernen' durch Versuch-Irrtums-Erfahrungen verstanden werden, welches im Verlauf eines komplexen, interaktiven und evolutionären Prozesses stattfindet. Mit dieser Erkenntnis sind aber die offiziell genannten Begründungen für Planung nur schwer vereinbar. Es liegt deshalb nahe, darüber nachzudenken, ob Planung nicht noch zusätzliche (wichtige) Funktionen erfüllt, über die offiziell nicht gesprochen wird.

Personal-Planung ist ein Symbol. Um Legitimität zu erhalten, muss man bestimmte Operationen durchführen. Planung symbolisiert Rationalität, Mitbestimmung, organisationale Demokratie, Sieg der Rationalität, positive Bewertung neuer Ideen, Wert quantitativer Informationen usw. Planung ist ein Signal an die Organisations-*Umwelt:*

Es geht bei uns vernünftig bzw. kontrolliert zu! Und an die Organisations-Innenwelt: Dem verwirrten desorientieren Einzelnen wird bedeutet(!): Es gibt Ordnung und Perspektive. Pläne werden somit auch zur 'Reklame' für einzelne Personen/Abteilungen/Bereiche/Projekte. Sie werden als Nachweis von Attraktivität, Aktivität und Bedeutung benutzt. In Planungsentwürfen wird Selbstdarstellung betrieben.

Personal-Pläne suggerieren Vorhersehbarkeit/Gestaltbarkeit/Rationalität und bestärken den Glauben an entsprechende Organisationsmythen. Ersatzkriterien für die in der *Sache* fehlende Rationalität sind z.B. logische Konsistenz, Quantifizierung, Tabellierung, mathematische Formelsprache usw. Dadurch wird Planung zu einer *dramaturgischen Inszinierung*. Es können mit ihr verschiedene Rituale, Zeremonien und 'scripts' (Drehbücher) aufgeführt werden (siehe etwa die Planung der Personalbudgets: Unterstreichen der Bedeutung verschiedener Stellen oder Personen).

Personal-Pläne gestalten Unternehmens-Identität (und drücken sie aus). Was *gewollt* wird, lässt sich schneller beschreiben als das, was *erreicht* wird. Pläne beschreiben/entwerfen Visionen und konkretisieren die 'mission'. Durch die scheinbare Sach-Rationalität von Vorgehensweisen, Inhalten und Ergebnissen soll der *politische* Prozess (Durchsetzung von Interessen) jedoch verschleiert werden. Gleichzeitig zeigen Pläne aber auch die Machtverhältnisse auf (bzw. verschleiern sie für den Uneingeweihten hinter quasi-objektiven Fassaden). Pläne sind Medium und Ergebnis des Einsatzes von Macht bzw. Einfluss.

Kapitel F: Beschäftigungssysteme - Übersicht -

F-1: Zur ökonomischen Perspektive: Arbeits-Märkte

| 1.1 Arbeitsmärkte als Vermittlung zwischen Arbeitsangebot und Arbeitsnachfrage | 1.2 Arbeitsmarkt-Theorien Neoklassische Ansätze Segmentierungstheorien | 1.3 Vorschläge zur Lösung des Beschäftigungsproblemes auf gesamtwirtschaftlicher Ebene | 1.4 Ist der deutsche Arbeitsmarkt sklerotisch? |

F-2: Zur politischen Perspektive: Die rechtliche Regulierung des Personalabbaus

| 2.1 Politik und Regulierung | 2.2 Personalabbau: Kündigung | 2.3 Deregulierung und Flexibilisierung |

F-3: Zur Management-Perspektive: Das Management von Beschäftigungssystemen

| 3.1 Ökonomischer Kontext und betriebliche Strategie | 3.2 Die Konstitution von Beschäftigungssystemen | 3.3 Die Modifikation von Beschäftigungssystemen | 3.4 Logiken des Managements von Beschäftigungssystemen |

---

0. Einleitung und Überblick

Aufbau und Anpassung von Beschäftigungssystemen erfordern zahlreiche Entscheidungen (z.B. Rekrutierung, Qualifizierung, Motivation, Gratifikation etc.). Weil auf einige dieser Probleme schon in anderen Basistexten dieser Reihe eingegangen wird, soll im vorliegenden Kapitel die Thematik der Konstitution und Veränderung von Beschäftigungssystemen in den Mittelpunkt gestellt werden. 'Beschäftigungssystem' kann zuweilen als Synonym von 'Belegschaft' oder 'Personal' gebraucht werden, aber das gilt nicht immer. Innerhalb einer Belegschaft kann es unterschiedliche Beschäftigungssysteme geben. Das ist dann der Fall, wenn sich Teilbelegschaften abgrenzen lassen, auf die unterschiedliche Personalstrategien angewandt werden. So können z.B. einer vollzeitbeschäftigten Stammbelegschaft Randbelegschaften gegenübergestellt werden, die aus 'geringfügig Beschäftigten' und/oder Leiharbeitskräften bestehen und in vielerlei Hinsicht anders behandelt werden.

Der in 'Personalwesen 1' vorgestellten Konzeption entsprechend behandelt auch die folgende Darstellung das Thema aus drei Perspektiven, nämlich aus den Blickwinkeln Arbeits*markt, politische (sozioökonomische) Regelung* (hier v.a.: *Kündigungs-recht)* und *Management* (Strategie und Praxis einzelbetrieblicher Gestaltung von Beschäftigungssystemen). Diese drei Hinsichten fokussieren Beschäftigungssyste-me, also konsistente unternehmensspezifische Organisationsformen des 'Faktors Ar-beit', die durch Interessen und Machtverhältnisse begründet und durch Institutionen, Strategien und Verfahren reguliert sind (siehe auch die Definition von *Lutz* in Fuß-note 10, S. 178).

Für Beschäftigungssysteme können zahlreiche alternative Gestaltungsmöglichkeiten existieren oder erfunden und vereinbart werden. Es ist die Funktion des Manage-ments, im Rahmen einer Vielzahl von Beschränkungen und Möglichkeiten diejeni-gen Beschäftigungssysteme einzurichten und zu betreiben, die eine bestmögliche oder befriedigende Verwirklichung seiner heterogenen, instabilen und mehrdimen-sionalen Ziele erlauben. So formuliert erweist sich 'Personalanpassung' (das Mana-gement von Beschäftigungssystemen) als eine Aufgabe, für die es keinen 'one best way' gibt. Umso herausfordernder ist sie.

Im folgenden Kapitel F werden deshalb drei Themenkreise behandelt:

Im ersten Unterkapitel F-1 stellen wir zunächst zwei theoretische Ansätze vor, die die Besonderheiten von Arbeitsmärkten zu erklären suchen. Die mikroökonomische neoklassische Variante skizzieren wir nur kurz; ausführlicher gehen wir auf die in-stitutionalistischen Segmentationstheorien ein, weil diese die für das Personalwesen besonders bedeutsamen 'internen Arbeitsmärkte' thematisieren. Weil Segmentierun-gen durch Abschließungen vom Markt gekennzeichnet sind, diskutieren wir in die-sem Zusammenhang auch die Bewegungsintensität auf den internen und externen Arbeitsmärkten und untersuchen anhand empirischer Belege die Frage, ob speziell der deutsche Arbeitmarkt im Vergleich mit anderen Arbeitsmärkten durch besonders hohe Rigidität gekennzeichnet ist.

Da Arbeitsmärkte typischerweise unvollkommene, weil reglementierte Märkte, sind, beschäftigen wir uns im zweiten Unterkapitel F-2 mit der politisch-institutionellen (speziell: der *rechtlichen*) Regulierung von Beschäftigungsverhältnissen (wobei wir den Schwerpunkt auf Personal*abbau* legen). Dieses Kapitel wird abgeschlossen mit Überlegungen zu Bedingungen, Formen und Grenzen der (De-)Regulierung.

Im letzten Unterkapitel F-3 geht es um *Management*strategien zur Gestaltung von Beschäftigungssystemen. Wir behandeln zunächst Möglichkeiten zur *Konstitution* von Beschäftigungssystemen, die neben 'normalen' auch eine Vielzahl 'atypischer' Formen der Beschäftigung enthalten können. Danach stellen wir Praxis-Techniken dar, die zur *Anpassung* bestehender Beschäftigungssysteme an einen reduzierten Personalbedarf empfohlen werden. Die Vielzahl dieser pragmatischen Vorgehens-weisen interpretieren wir abschließend als Ausdruck mehrerer teils antagonistischer Handlungslogiken.

F-1: Zur ökonomischen Perspektive: Arbeits-Märkte - Übersicht -

1.1 Der Arbeitsmarkt als Vermittlung von Arbeitsangebot und Arbeitsnachfrage

Arbeitsmärkte sind unvollkommene Märkte (Teilmärkte, Intransparenz)
Konzeptionelle Klärungen

Angebotsseite: Wohnbevölkerung, Erwerbstätige, Arbeitslose, Stille Reserve	Arten von Arbeitslosigkeit: konjunkturelle/saisonale, strukturelle, friktionelle, institutionelle	Nachfrageseite: Personalmarketingstrategien, Beschäftigungspolitiken, implizite Verträge

1.2 Arbeitsmarkt-Theorien

Neoklassische Ansätze: Grundannahmen: Homogenität, Mobilität, Transparenz, keine Interessengegensätze, rein ökonomische Determination usw.	Segmentierungsansätze: Grundannahmen: Abschottungen (Barrieren, Schließungen), die institutionell abgesichert sind

zweigeteilter (dualer Arbeitsmarkt): Herausbildung interner Arbeitsmärkte. Kennzeichen: Beschäftigungssicherheit, Eintrittspositionen, Karriere, Senioritätslöhne, allgemeine Stellenbeschreibung, nicht-monetäre Motivation usw. Differenzierung zwischen Stamm- u. Randbelegschaften	dreigeteilter Arbeitsmarkt: - berufsfachliches Segment - betriebsspezifisches Segment - unspezifisches Segment

Bewegungen zwischen den Segmenten, Übergangsarbeitsmärkte; abschließende Würdigung

1.3 Vorschläge zur Lösung des Beschäftigungsproblems auf gesamtwirtschaftlicher Ebene

Kosten und Folgen der Arbeitslosigkeit
Lösungsvorschläge

Neoklassische Vorschläge: Güternachfrage stimulieren, Arbeitsangebot verknappen, Arbeitsnachfrage erhöhen, marktliche Koordination sichern	Institutionalistische Vorschläge: Marktversagen erfordert institutionalistische Eingriffe; Beispiele: generell: Zweiter Arbeitsmarkt speziell: Beschäftigungspläne und -gesellschaften, gemeinnützige Pools

1.4 Ist der deutsche Arbeitsmarkt sklerotisch?

Job Turnover und Labor Turnover in Deutschland	Das USA-Beschäftigungswunder - ein Vorbild? -
Empirische Befunde: Bemerkenswerte Dynamik. Job turnover: ca. 8%, Labor turnover: ca. 20-30%. Unterschiede im Kündigungsverhalten der Betriebe und zwischen Brutto- und Nettoströmen; Branchen- und Unternehmen; Übergewicht von Expansion/Schrumpfung gegenüber Gründung/Schließung	Kennzeichen und Folgen der US-Lösung: stärkeres Jobwachstum, hohe Mobilität, starke Lohnspreizung, Reallohnsenkung in mittleren und unteren Lohngruppen, hoher Dienstleistungsanteil; niedrige Produktivität, geringe Sozialtransfers; höhere Kriminalitätsrate

1. Zur ökonomischen Perspektive: Arbeits-Märkte

1.0 Überblick

Wir gehen zu Beginn auf (volkswirtschaftliche) arbeitsmarkttheoretische Überlegungen und Befunde ein, weil die Einzelwirtschaft zum externen Arbeitsmarkt in Austausch- und Abhängigkeitsbeziehungen steht, in ihn eingebettet ist, sich von ihm abschottet und ihn (z.T.) intern simuliert. Der Arbeitsmarkt ist kein homogenes Reservoir, aus dem sich die Unternehmung bedient und in das sie überflüssige Kapazitäten einspeist; er ist ein durch und durch reglementiertes und institutionalisiertes System, dessen Einrichtungen und Funktionsweisen Handlungsmöglichkeiten der Unternehmung einerseits beschränken und andererseits ermöglichen. Die Beziehung ist aber nicht nur einseitig zu denken: durch die betrieblichen Beschäftigungspolitiken entstehen Arbeitsmarktungleichgewichte, die sich wiederum auf die Betriebe (z.B. über Veränderungen in Arbeitsangebot, Lohnsatz, Abgaben, Steuern, Auflagen und Förderprogrammen etc.) auswirken.

Wir diskutieren in einem Personalwesen-Text deshalb so ausführlich Arbeitsmarkt-Aspekte, weil in den typischerweise aggregierten und abstrakten Aussagen der Arbeitsmarktforschung den Arbeitsmarkt-Teilnehmern (Betrieben, Arbeitskräften) ein Spiegel vorgehalten wird, in dem sie die Folgen ihrer eigenen atomistischen Aktionen sehen. Diese selbstgeschaffenen Wirkungen kehren rekursiv als Bedingungen zurück und konditionieren das Spektrum weiterer Handlungen. Wenn Betriebe Stellen auf- und/oder abbauen und Personalzugänge und/oder -abgänge veranlassen und andererseits Beschäftigte sich aus persönlichen Motiven und Zwängen für oder gegen neue Arbeitsverhältnisse oder Erwerbs- bzw. Arbeitslosigkeit entscheiden, dann sind das zunächst nur Myriaden von Einzelentscheidungen. Deren Aggregation schafft jedoch für die Akteure Chancen und Beschränkungen, die als quasi-objektive, strukturelle Größen wirken und die Handlungsfelder und Kalküle der Beteiligten bestimmen.

Die folgende Darstellung ist in vier Teile gegliedert: Zunächst geben wir einen Überblick über die wichtigsten *Konzepte*, die bei der Gegenüberstellung von Arbeitsangebot und -nachfrage verwandt werden. Danach werden *theoretische* Modellierungen von Funktion und Konstitution von Arbeitsmärkten vorgestellt; darauf folgen Vorschläge, die verschiedene theoretische Richtungen zur Lösung des Beschäftigungsproblems auf gesamtwirtschaftlicher Ebene machen. Abschließend werden *empirische Befunde* über Arbeitsmarkt-Bewegungen referiert und die Frage analysiert, ob die für den deutschen Arbeitsmarkt oft unterstellte Rigidität besteht.

1.1 Der Arbeitsmarkt als Vermittlung von Arbeitsangebot und -nachfrage

"Der Gesamtarbeitsmarkt war und ist ein typisch unvollkommener Markt" (*Lampert* 1994, 179) und er ist durch folgende Eigenheiten gekennzeichnet:

- "Er besteht aus einer Vielzahl von Märkten, die fachlich-beruflich, personell und räumlich differenziert sind" und er ist "... kein Punktmarkt, sondern in eine große Zahl regionaler und lokaler Arbeitsmärkte untergliedert" (*a.a.O*).

- Er ist zudem durch mangelhafte Transparenz charakterisiert und zwar für beide Parteien, die Arbeits(kraft)anbietenden und Arbeits(kraft)nachfragenden [bzw. Arbeitsplatznachfragenden und Arbeitsplatzanbietenden].

Märkte sind (ursprünglich) jene sozialen Orte, an denen Angebot und Nachfrage aufeinandertreffen und Transaktionen auf der Grundlage freier (Tausch-)Verträge zwischen eigennutzorientierten Akteuren stattfinden. Der Arbeitsmarkt ist allerdings - wie erwähnt - ein notorisch unvollkommener Markt. *Keller* (1991, 177) komprimiert die Funktionen der Arbeitsmarktpolitik auf zwei zentrale Aufgaben: sie müssen Angebot und Nachfrage von Arbeitskräften vermitteln (*Ausgleichsfunktion*) und sie weisen den Arbeitskräften und den von ihnen Abhängigen individuelle und soziale Chancen zu (*Verteilungsfunktion*). *Keller* (*a.a.O.*) fährt fort:

> "In der Realität fallen beide Funktionen häufig auseinander. 'Verkaufszwang, Subjektgebundenheit der Arbeit, Wertlosigkeit der Ware für ihren arbeitslosen Besitzer und oligopolistischer Nachfragermarkt beschreiben das normative Dilemma der Konstruktion Arbeitsmarkt und kennzeichnen die problematische Begrenztheit einer rein ökonomietheoretischen Sichtweise des Arbeitsmarkts.'"[1]

Bei freien und unorganisierten Arbeitsmärkten - wie sie etwa in der ersten Hälfte des 19. Jahrhunderts typisch waren - konkurriert ein 'atomisiertes' (z.B. regional fixiertes, immobiles, gewerkschaftlich nicht organisiertes) Arbeitsangebot um knappe Arbeitsplätze und reagiert 'anomal':

> "Im Gegensatz zu Gütermärkten, auf denen eine Verringerung des Preises einen Angebotsrückgang induziert, reagiert das Arbeitsangebot auf niedrige Löhne mit einer Zunahme des Angebots. Bei einem Lohnsatz in der Nähe des Existenzminimums, bei dem die Existenz der Familie nicht mehr durch die Arbeit des Familienvaters allein gesichert werden kann, bieten Frauen und Kinder Arbeit an" (*Lampert* 1994, 35).

Allerdings hinkt der Vergleich zwischen Waren- und Arbeitskraft-Verkauf. *Offe & Hinrich* (1984, 50ff.) begründen z.B. die prinzipielle Unterlegenheit der Arbeitskraft-Anbieter gegenüber den Unternehmen: Die zu verkaufende 'Ware' Arbeitskraft ist nur im übertragenen Sinn eine Ware, weil sie nicht zum Zweck des Verkaufs produziert wird und die Angebotsmenge deshalb nicht strategisch angepasst werden kann; Arbeitskräfte können, wenn oder weil sie nicht über andere Produktionsmittel

---

[1] *Keller* zitiert hier *Fischer & Heier* (1983, 12).

verfügen, nicht auf günstige Verkaufsgelegenheiten warten (Verkaufszwang); die Nachfrager können die Effizienz ihrer Produktion steigern, die Anbieter aber nicht die Effizienz ihrer Reproduktion; das Kapital hat eine höhere Liquidität (Plastizität, Verwandlungsfähigkeit) als die Arbeitskraft. Als Nachfrager ist der einzelne Betrieb auf dem Arbeitsmarkt Akteur und (re-)produziert durch sein Handeln die Strukturen, denen er unterworfen ist. Analoges gilt für die Anbieterin (die Arbeitskraft), die - wie der einzelne Betrieb - nur ein unselbständiges Element in diesem übergreifenden Zusammenhang ist. Es liegt im Interesse beider Parteien, ihren jeweiligen Informationsstand zu erhöhen und ihre Handlungsmöglichkeiten zu vermehren, um die eigenen Ziele besser erreichen zu können. Die generellen Bedingungen, mit denen sich beide Seiten konfrontiert sehen, sind in Abb. F-1.1 wiedergegeben.

Diese Abbildung soll kurz interpretiert werden, wobei vorausgeschickt wird, dass sie mit der Gegenüberstellung von Angebot- und Nachfrageseite eine starke Vereinfachung vornimmt. In Wirklichkeit ist das Geschehen wesentlich komplexer, weil noch eine Vielzahl weiterer Akteure am (regionalen) Arbeitsmarkt tätig ist. Auf einige dieser Akteure und ihre Strategien wird später eingegangen [siehe dazu das Stakeholder-Diagramm in Abb. F-2.1, S. 229].

Zur Angebotsseite:

Weil Arbeitsvermögen an Menschen gebunden ist, ist jene Grundmenge, aus der sich Arbeitskräfte rekrutieren, die Wohnbevölkerung, die aufgrund von Geburten und Todesfällen, sowie Zu- und Abwanderungen ständig fluktuiert. Die *Erwerbsquote* in einer Wohnbevölkerung, d.h. das Verhältnis der Erwerbstätigen und Arbeitslosen zur Gesamtbevölkerung, ist eine variable Größe, die von kulturellen Traditionen und ökonomischen Zwängen abhängt; es gibt Gesellschaften, in denen Kinder- und/oder Greisenarbeit üblich ist oder in denen z.B. religiös begründete Verbote der Erwerbsbetätigung für bestimmte Personengruppen existieren (z.B. für Frauen oder Mütter; 'unreine' Berufe, die bestimmten Kasten vorbehalten sind). Auch die 'Erwerbsneigung' kann variieren, also die Bereitschaft, eine Erwerbsbeschäftigung zu suchen oder vielmehr in der 'Stillen Reserve' zu verharren.

> "Zur Stillen Reserve zählen Erwerbspersonen, die aktiv Arbeit suchen, ohne sich arbeitslos zu melden, und deshalb unregistriert bleiben, sowie Personen, die sich zwar aktuell aus Mangel an Arbeitsplätzen passiv verhalten, bei verbesserter Arbeitsmarktlage aber erstmals oder wieder als Arbeitsplatzsuchende auftreten. In prognostischen Arbeitsmarktbilanzen gehören auch Personenkreise zur Stillen Reserve, die zwar auf Dauer, aber vorzeitig aus dem Erwerbsleben ausgeschieden sind oder auf eine Arbeitsaufnahme verzichtet haben" (*Engelen-Kefer, Kühl, Peschel u. Ullmann* 1995, 175).

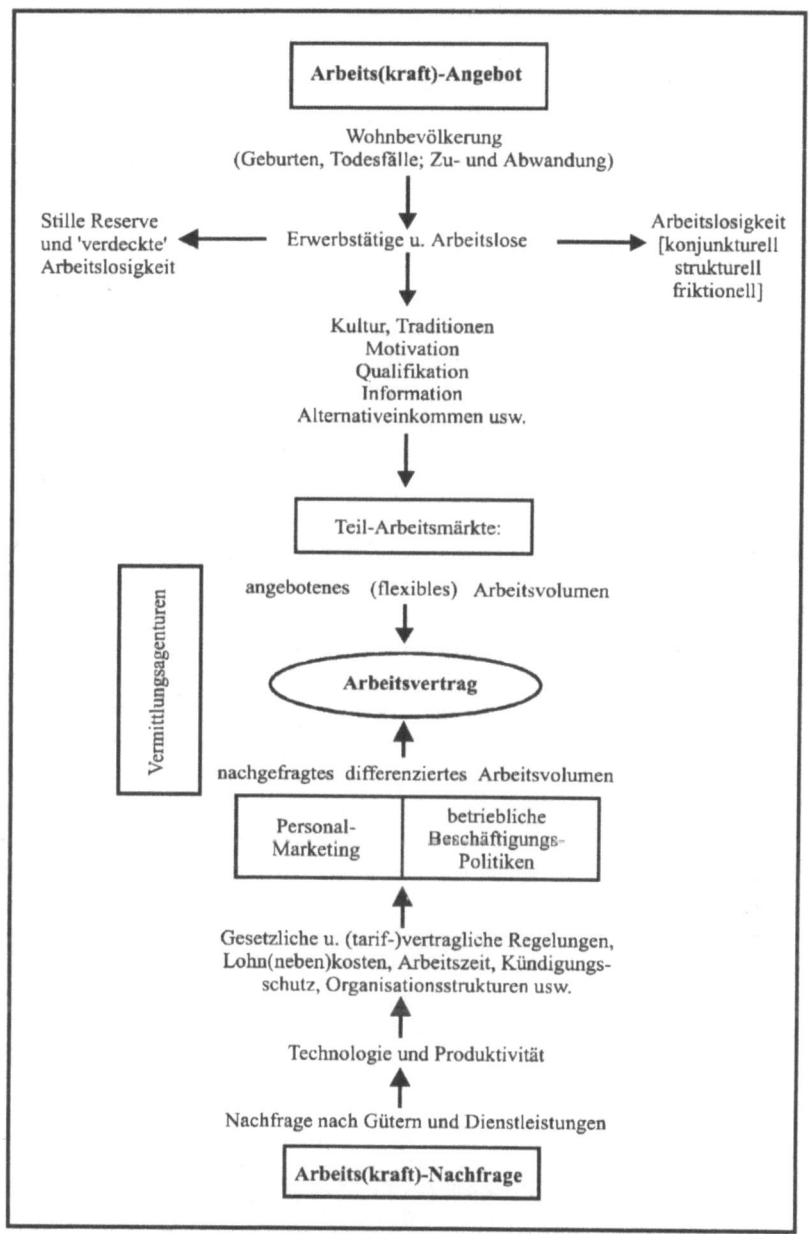

Abb. F-1.1:   Das Zusammentreffen von Arbeitsangebot und Arbeitsnachfrage

In Tab.. F-1.1 sind die eben diskutierten Größen anhand der Zeitreihe von 1992 bis 1996 für die Bundesrepublik dargestellt. Aus den Untergliederungen zur 'Stillen Reserve in Maßnahmen' sind auch Inhalte und Empfängerzahlen von Leistungen für offiziell nicht Arbeitslose ersichtlich.

Aus der Aufstellung geht hervor, dass für 1996 z.B. für Gesamtdeutschland die registrierte Arbeitslosigkeit im Jahresdurchschnitt bei 3,965 Mio. lag und die Stille Reserve bei 3.320 Mio. - das ergäbe eine Gesamtzahl von fast 7,3 Mio. arbeitslosen Erwerbsfähigen. 1997 haben sich *beide* Werte noch einmal deutlich erhöht.

Die Arbeitslosen - jene registrierten Erwerbslosen, die an einer Beschäftigung interessiert sind - können auf sehr unterschiedliche Weise in diese Situation gekommen sein: aus *konjunkturellen* (und *saisonalen*) Gründen (weil Unternehmen auf temporäre Unterauslastung mit Entlassungen reagiert haben, wie etwa bei Winterentlassungen in der Bauindustrie oder Gastronomie); aus *strukturellen* Gründen (weil wegen des Wandels der Wirtschaftsstruktur ihre funktionalen und extrafunktionalen Qualifikationen nicht mehr gefragt sind, z.B. in Folge von technologischen oder organisatorischen Änderungen), und schließlich kann Arbeitslosigkeit *friktionell* bedingt sein (Übergangs- und Wartezeit-Arbeitslosigkeit: weil zwischen Ausscheiden und neuer Einstellung - vor allem wegen der Intransparenz des Arbeitsmarkts - Such- und Entscheidungsprozesse liegen, die Zeit und Geld kosten). Wenn in maßgeblichem Umfang offene Stellen vorhanden sind, wird zuweilen auch von *'institutioneller* Arbeitslosigkeit' geredet, wobei unterstellt wird, dass Institutionen der sozialen Sicherung (Arbeitslosengeld und -hilfe, Sozialhilfe etc.) dafür verantwortlich sind, dass manche Erwerbslose gar nicht aktiv nach Arbeit suchen, weil sie mit den Lohnersatzleistungen auskommen (oder sogar ganz gut fahren, sofern sie noch zusätzliche unangemeldete Einkünfte haben).[2] Darüber hinaus gibt es auch noch eine *'verdeckte'* Arbeitslosigkeit, die als solche auf dem Arbeitsmarkt nicht in Erscheinung tritt, weil die Betroffenen, wie z.B. in der oben genannten 'Stillen Reserve' i.e.S., als Arbeitssuchende offiziell nicht auftauchen oder weil sie in Umschulungsmaßnahmen sind, die - realistisch gesehen - keine Verbesserung ihrer Vermittlungschancen bewirken (auch innerbetrieblich kann es eine 'verdeckte Tätigkeitslosigkeit' geben, wenn Arbeitskräfte zwar in Brot und Lohn sind, ihre Stellen aber unnötig oder unproduktiv sind, sodass dieselbe Arbeit mit weniger Kräften genauso gut ge-

---

2 *Lampert* spricht in diesem Zusammenhang von arbeitnehmerschutzinduzierter und abgabeninduzierter Arbeitslosigkeit. Der erste Fall bezieht sich auf die (unintendierten?) Konsequenzen von Schutzbestimmungen z.B. für Jugendliche oder Frauen bzw. werdende Mütter, Kündigungsschutzregeln, Mindestlohnvorschriften etc., die wegen der daran erwarteten höheren Transaktionskosten (insbesondere bei der Beendigung des Arbeitsverhältnisses) dazu führen, dass keine oder weniger Arbeitsverhältnisse begründet werden oder Arbeit durch Technologie substituiert wird. Abgabeninduzierte Arbeitslosigkeit wird v.a. im Zusammenhang mit den Lohnzusatzkosten diskutiert; sie wird auch mit unerwünschten Beschäftigungsformen wie z.B. Schwarzarbeit oder illegaler Beschäftigung in Beziehung gebracht.

	Personen in 1000				
	1992	1993	1994	1995	1996
Wohnbevölkerung	**80.594**	**81.179**	**81.422**	**81.661**	**81.832**
Erwerbspersonen-potential insgesamt	**41.620**	**41.816**	**41.813**	**41.784**	**41.750**
Deutsche	38.242	38.145	37.986	37.797	37.603
Ausländer	3.378	3.671	3.827	3.987	4.147
Erwerbstätige insgesamt	**35.842**	**35.217**	**34.979**	**34.868**	**34.465**
Deutsche	33.319	32.507	32.259	32.152	31.778
Ausländer	2.523	2.710	2.720	2.716	2.687
davon: Selbständige und Mithelfende insgesamt	3.485	3.535	3.586	3.622	3.651
Beschäftigte Arbeitnehmer	32.357	31.682	31.393	31.246	30.814
Nachr.: Kurzarbeiter	653	948	372	199	277
Die Arbeitskräftebilanz					
Registrierte Arbeitslose insgesamt	**2.978**	**3.419**	**3.698**	**3.612**	**3.965**
Deutsche	2.708	3.059	3.277	3.176	3.474
Ausländer	270	360	421	436	491
Stille Reserve insgesamt	**2.800**	**3.180**	**3.136**	**3.304**	**3.320**
dav. Stille Reserve im engeren Sinne	1.054	1.418	1.688	2.088	2.264
Stille Reserve in Maßnahmen davon:	1.746	1.762	1.448	1.216	1.056
Vollzeit Fortbildungs- und Umschulungs-Teilnehmer	675	583	467	500	506
Deutschlehrgänge	54	61	57	53	50
Reha	59	59	43	42	44
Leistungsempfänger nach § 105 a-c AFG	134	198	225	244	268
Altersübergangsgeld	517	641	527	343	188
Vorruhestandsgeld	307	220	129	34	0

Tab. F-1.1: Erwerbspersonenpotential, Erwerbstätige und Arbeitskräftebilanz in der BRD von 1992-1996. Die Angaben sind entnommen aus *Autorengemeinschaft* (1997, 24 u. 25) sowie *Statistisches Jahrbuch* (1997)

leistet werden könnte. Bei einem funktionierenden Marktmechanismus *und* entsprechender Managementstrategie werden derartige Personalüberhänge über kurz oder lang zu Abbaumaßnahmen führen). Andererseits ist nicht jeder Fall offizieller (registrierter) Arbeitslosigkeit im technischen Sinn arbeitslos; wenn nämlich die Bereitschaft fehlt, eine Vermittlung in eine neue Tätigkeit aktiv anzustreben und ernsthafte Angebote anzunehmen. In solchen Fällen[3] wird für eine gewisse Zeit das Arbeitslosengeld 'mitgenommen', weil aus einer Reihe von Gründen eine (sofortige) Vermittlung nicht wirklich angestrebt wird, dies aber dem Arbeitsamt nicht mitgeteilt wird, um 'Kasse machen' zu können. Die regelmäßige Verschärfung der 'Zumutbarkeitskriterien' (siehe Fußnote 26, S. 210) und die Vermehrung von Kontrollen und Auflagen weisen darauf hin, dass von 'Sozialmissbrauch' in nicht unerheblichem Ausmaße ausgegangen wird. Die Fokussierung der Aufmerksamkeit auf sog. Schmarotzer dient auch dazu, von anderen (z.B. strukturellen) Gründen und Verantwortlichkeiten für (Langzeit-)Arbeitslosigkeit abzulenken, die im Regelfall nicht absichtlich gewollt ist und gravierende Folgen hat (Veränderung der Beziehungen im Familien-, Bekannten- und Freundeskreis, verringerte Teilhabe am politischen und gesellschaftlichen Leben, Senkung von aktuellem und künftigem Lebensstandard, Beeinträchtigung des Selbstwertgefühls, Entwertung von Humankapital, Verminderung des gesellschaftlichen Ansehens, Veränderung des Zeiterlebens usw.).

Die wichtigsten Unterscheidungen sind in Tab. F-1.2 zusammengestellt, die - leicht modifiziert - eine Veranschaulichung in *Engelen-Kefer u.a.* (1995, 38) wiedergibt.

Die Differenzierung von Arbeitslosigkeits-Typen ist für das Personalmanagement relevant, weil die einzelnen Arten unterschiedliche Rückwirkungen auf die Wahl und Durchsetzung von Beschäftigungsstrategien haben.

---

[3] "Zu den 'unechten' Arbeitslosen werden gesellschaftlich randständige 'freiwillige Arbeitslose' gezählt, dann Zweitverdiener und nur zum Schein gemeldete Frauen, die früher einmal berufstätig waren" (*Engelen-Kefer* u.a. 1995, 169). Die AutorInnen berichten über eine repräsentative Infratest-Befragung, die 1989 bei Arbeitgebern, Arbeitslosen und Arbeitsvermittlern durchgeführt wurde. Arbeitsvermittler hielten 21% der von ihnen betreuten Arbeitslosen für 'nicht ernsthaft' an einer Vermittlung interessiert. 18% der Arbeitslosen standen vor einem Übergang (in Rente, Ausbildung, Wehr- oder Zivildienst, Mutterschaft) oder hatten bereits eine neue Stelle in Aussicht, die sie vertragsbedingt noch nicht antreten konnten. 8% erhielten vom Arbeitsamt weder Leistungen, noch erwarteten sie Vermittlungsangebote, sie wollten "Rentenanwartschaften, Sozialhilfe, Kindergeld und Unterhaltsleistungen gewahrt wissen" (*a.a.O.*, 172).

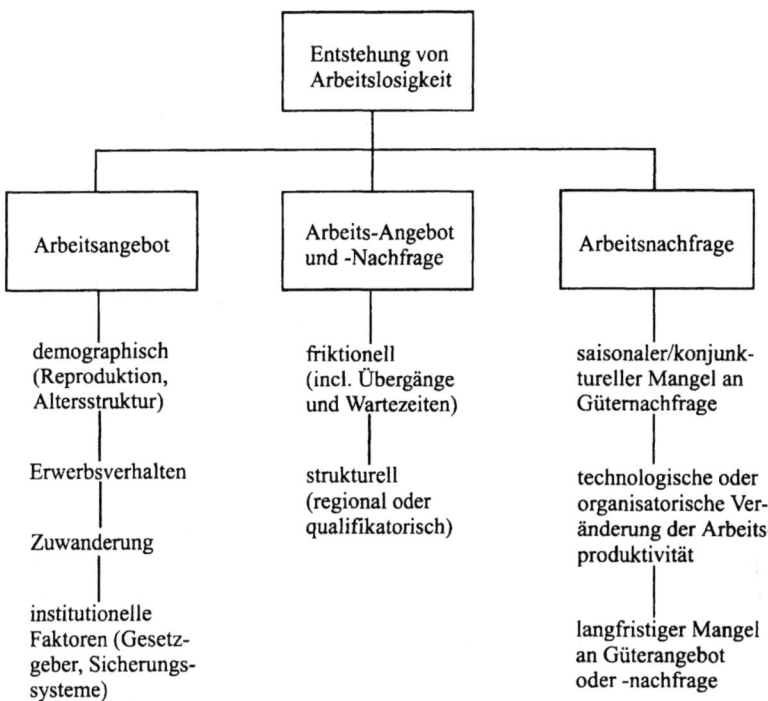

Entstehung von Arbeitslosigkeit		
Arbeitsangebot	Arbeits-Angebot und -Nachfrage	Arbeitsnachfrage
demographisch (Reproduktion, Altersstruktur)	friktionell (incl. Übergänge und Wartezeiten)	saisonaler/konjunktureller Mangel an Güternachfrage
Erwerbsverhalten Zuwanderung	strukturell (regional oder qualifikatorisch)	technologische oder organisatorische Veränderung der Arbeitsproduktivität
institutionelle Faktoren (Gesetzgeber, Sicherungssysteme)		langfristiger Mangel an Güterangebot oder -nachfrage

Tab. F-1.2: Gründe für die Entstehung von Arbeitslosigkeit
(modifiziert nach: *Engelen-Kefer u.a.* (1995, 38))

Nicht alle Erwerbsbereiten kommen für alle angebotenen Arbeitsplätze in Frage; es gibt eine Vielzahl von Restriktionen, die das Arbeits(kraft)angebot differenzieren: manche Personen können oder wollen nur für oder zu eine(r) bestimmte(n) Zeit zur Verfügung stehen, andere schließen bestimmte Orte oder Lohnsätze, Arbeitsbedingungen, Arbeitsinhalte usw. aus, wieder andere haben benötigte Fähigkeiten oder Fertigkeiten nicht und für weitere gilt, dass das erzielbare Einkommen für sie nicht attraktiv ist, weil sie anderweitig (besser) versorgt sind ... Zu alledem kommt hinzu, dass die Arbeitskräfte nicht vollständig informiert sind - weder über ihre eigenen Fähigkeiten, Wünsche und Potentiale, noch über Möglichkeiten und Erwartungen der anderen Seite. Auf diese Weise existiert eine schwer überschaubare Angebotslage mit vielfältigen (lokal, temporal, qualifikatorisch, aspiratorisch[4] etc. differenzierten) Teilarbeitsmärkten.

---

[4] Aspirationen: Ansprüche, Erwartungen, Hoffnungen

Kapitel F

Zur Nachfrageseite:

Den Angeboten steht eine Nachfrage gegenüber, die von der Quantität und Qualität der Güter und Leistungen abhängt, die produziert und abgesetzt werden können/sollen. Der unmittelbare Zusammenhang zwischen Output bzw. Absatz und Arbeitsnachfrage ist einerseits moderiert durch den Einsatz von Technologie und die Produktivität der Arbeitenden, andererseits konditioniert durch ökonomische und soziale Bedingungen der Leistungserstellung, wie z.B. Lohn(neben)kosten, zumutbare Arbeitszeiten, geforderte Arbeitsplatzausstattungen (Arbeitsplatzkosten), vorherrschende Organisationsmodelle, Flexibilität und Mobilität des vorhandenen Personals usw. Sogenannte ökonomische Zwänge legen also keineswegs alternativlos fest; sie definieren vielmehr Korridore, innerhalb derer unterschiedliche Beschäftigungsstrategien praktiziert werden können (bei Personalüberhängen muss man nicht unbedingt sofort entlassen, sondern kann derzeit unbenötigte Arbeitskräfte 'durchfüttern', umsetzen, höherqualifizieren, ausleihen, Überstunden abfeiern lassen usw.).

Der Umgang mit den Restriktionen und Chancen bündelt sich zu 'betrieblichen Beschäftigungspolitiken', die als Strategien des Einsatzes von Humanressourcen praktiziert werden (etwa Hire & Fire oder 'betriebszentrierte Segmentierung', siehe ausführlich dazu unten). Hinzu kommen noch Strategien des (externen) Personalmarketing, mit dem sich das Unternehmen als attraktiver Arbeitgeber auf den relevanten Teilarbeitsmärkten präsentiert.

Wenn nicht spezifische Schließungen gegeben oder gewollt sind (z.B. lokale Arbeitsmärkte, interne Arbeitsmärkte), dann muss dafür gesorgt werden, dass die Intransparenzen von sowohl Angebot wie Nachfrage zum Teil aufgeklärt werden. Zu diesem Zweck können neben individueller Suche professionelle Dienstleister in Anspruch genommen werden, die als (staatliche oder private) Organisationen oder *Agenturen* Vermittlungsdienste leisten. Wie für andere Märkte gilt auch hier, dass Käufer und Verkäufer nicht unmittelbar miteinander in Beziehung treten, sondern sich eigenständige Transaktions-*Organisationen* herausbilden, die zum einen eigene Interessen verfolgen und zum anderen untereinander konkurrieren (siehe z.B. die Diskussion um die Aufhebung des Vermittlungsmonopols der Öffentlichen Arbeitsvermittlung zugunsten privater Vermittler).

Kommt es zu Vertragsverhandlungen, in denen die gegenseitigen Leistungen vereinbart werden sollen, können die Form der Verträge (explizit vs. implizit; standardisiert vs. frei ausgehandelt; befristet vs. unbefristet) und die Sicherung gegen Informationsasymmetrien und opportunistisches Verhalten weitere Gründe für den 'mis-match' (also die fehlende Passung) von Arbeitsangebot und -nachfrage liefern (siehe dazu *Alewell* 1993).

Zu berücksichtigen ist generell, dass es bei einem (freiwilligen) Vertrag mit der formellen Übertragung von *Rechten* nicht sein Bewenden hat. Die Vertragsschließenden gehen regelmäßig auch das *Risiko* ein, dass die Rechteübertragungen nicht

wie vereinbart stattfinden und dass die Vorteilserwartungen, die den Vertragsschluss motivierten, enttäuscht werden. Eine besondere Bedeutung für Arbeitsverträge hat die Tatsache, dass Vertragsinhalte zuweilen nicht exakt und abschließend
bestimmt werden (können), sodass es nicht nur auf den Buchstaben, sondern auch
auf den *Geist* des Vertrags (Absichten, Treu und Glauben, allgemeine Übung, Sitte
etc.) ankommt. Es gibt deshalb normalerweise eine unabhängige *dritte Partei*, die
die explizite und implizite Vertragseinhaltung überwacht, garantiert oder sanktioniert (sie kann ein institutionalisiertes Rechtssystem sein, aber auch eine Gemeinschaft oder die Öffentlichkeit, die z.B. Reputation - und damit Beteiligungschancen -
entziehen kann, wenn Metaregeln, wie etwa Fairness oder Gerechtigkeit, verletzt
werden). Und schließlich kann es sich herausstellen, dass die *Kontexte*, von denen
zusätzlich zum Willen der Vertragsschließenden die Ergebnisse abhängen, sich
nicht so entwickeln wie prognostiziert; aus diesem Grund können Nachverhandlun-
gen, neue Forderungen, Konzessionen etc. nötig werden. Die Verträge, die auf Arbeitsmärkten geschlossen werden, unterliegen all diesen Bedingungen; es überrascht
deshalb nicht, dass es zusätzlich zur Vertragsunterzeichnung oder zum 'Handschlag'
noch einer Reihe weiterer Institutionen bedarf, um die Vertragserfüllung zu sichern.
Für das (Dauer-)Verhältnis, das durch einen Arbeitsvertrag begründet und geregelt
wird, spielt dabei das nachvertragliche Aushandeln, Interpretieren und Sanktionieren eine besondere Rolle: es ist der Kern der alltäglichen Personal*arbeit* (siehe dazu
aus informationsökonomischer Perspektive: *Alewell* 1993). Diese Bemerkungen
sollen daran erinnern, dass durch Arbeitsverträge zwar Beschäftigungs*systeme* konstituiert werden, der konkrete Arbeits*prozess* damit jedoch noch längst nicht determiniert ist.

1.2 Arbeitsmarkttheorien

Durch unsere Darstellung der *ökonomischen* Perspektive zieht sich wie ein roter Fa-
den die Differenzierung zwischen *neoklassischen* und *institutionalistischen* Konzeptionen (s. *Sengenberger* 1978, 26f., *Lutz* 1987, 7ff.). Die mikroökonomischen
Modelle der Neoklassik basieren auf der Annahme rationaler Entscheidungen nut-
zenmaximierender Akteure; optimale Effizienz und Gleichgewicht stellen sich ein,
wenn das 'freie Spiel der Kräfte', also der Wettbewerb der Marktteilnehmer, nicht
behindert wird (z.B. durch staatliche Eingriffe, Kartelle, Monopole usw.). Demgegenüber bezeichnen Institutionalisten den sich selbst regulierenden Markt als Fiktion: der Markt ist eine gesellschaftliche Institution, die von anderen gesellschaftlichen Institutionen (z.B. des Rechts, der Politik, der Kultur usw.) geprägt ist. Märkte
sind nicht nur jene abstrakten Orte, an denen Angebot und Nachfrage aufeinandertreffen und Tauschhandlungen für Gleichgewichte sorgen, weil - damit dieser Mechanismus funktioniert - *gesellschaftliche* Vor-Bedingungen geschaffen werden müssen. Wenn auf dem Markt Besitz- oder Verfügungsrechte getauscht werden, müssen

z.B. Rechtssicherheit (Schutz des Eigentums, Ahndung von Betrug oder Täuschung), Vertragstreue, Vertrauen, Fairness etc. gegeben sein. Diese gesellschaftlichen Bedingungen müssen nicht als exogene (wirtschaftsfremd von außen vorgegebene) Einflüsse gesehen werden, sie können auch als endogen produziert betrachtet werden: jene Formen des Wirtschaftens führen auf lange Sicht zu der ominösen, immer wieder beschworenen Zielgröße der 'größten gemeinsamen Wohlfahrt', bei denen sich die Akteure an Spielregeln halten, Verfügungsrechte respektieren, sich auf Konfliktschlichtungsprozeduren einigen usw. 'Reine' Ökonomen plädieren dafür, die Wirtschaft sich selbst zu überlassen; Polit- oder Sozio-Ökonomen und Institutionalisten prognostizieren bei einer derartigen Liberalisierung Marktversagen und sehen wirtschaftliche Freiheit begrenzt durch höherwertige Grundrechte und moralische Normen. Zu deren Schutz werden Regulierungen eingeführt und machtvoll durchgesetzt, die bestimmte wirtschaftliche Aktivitäten verbieten, behindern, kanalisieren oder fördern können. Die Geschichte liefert reiches Beispielsmaterial für unerträgliche Konsequenzen schrankenloser Verfolgung ökonomischer Interessen (Sklaverei, Ausbeutung, Verelendung, Kriegstreiberei, mafioser Terror, Umweltzerstörung usw.; man braucht nur an die Konsequenzen eines professionell organisierten Drogen- oder Frauenmarkts zu denken). Funktionierendes Wirtschaften bildet Institutionen aus (unter unseren Verhältnissen z.B. Aufsichtsräte; Kammern, Verbände, Gewerkschaften; ein differenziertes Steuer- und Arbeitsrecht; tiefgegliederte interne Organisationsstrukturen, die z.B. Managementebenen, Stäbe, Nebenhierarchien, Vertretungsorgane usw. kennen). Der Arbeitsmarkt ist ein strukturierter und regulierter Markt; deshalb ist es möglich, auch von 'internen Arbeitsmärkten' zu reden (siehe unten), die im Prinzip gar keine 'Märkte' im eigentlichen Sinn mehr sind, sondern differenzierte Institutionen (s. dazu *Blien* 1986, 107, 117f., 122f.).

Diese knappen Überlegungen sollen vor Augen führen, dass die exakte Passung von Arbeitsangebot und -nachfrage ein höchst komplexes, ja geradezu unwahrscheinliches Ereignis ist. Im Folgenden soll zunächst kurz auf angebots- und nachfrageorientierte mikroökonomische Modellierungen eingegangen werden; ausführlicher werden dann die Segmentierungsansätze behandelt, weil sie eine besondere Nähe zu personalwirtschaftlichen Fragestellungen haben.

1.2.1 Neoklassische und neoinstitutionalistische Interpretationen des Arbeitsmarkts

Für die klassische *neoliberale* Position ist Arbeitslosigkeit in erster Linie 'Mindestlohnarbeitslosigkeit', also darauf zurückzuführen, dass der Faktor Arbeit zu überhöhten (zu nicht marktgerechten) Preisen angeboten wird. Die Therapie ist: die Lohnkosten senken (z.B. Beschäftigte untertariflich bezahlen; siehe z.B. *Vaubel* 1989, 28ff.).

Nach *keynesianischer* Auffassung resultiert - vereinfacht gesagt - Arbeitslosigkeit, wenn die Güterpreise zu hoch sind, also die Nachfrage - und damit die Produktion - zurückgeht. Therapie: die Nachfrage stimulieren, z.B. durch Steuersenkung oder erhöhte Ausgaben der Öffentlichen Hand (Staatsverschuldung, deficit spending). In der ersten Kur wird Arbeit billiger *angeboten*, in der zweiten stärker *nachgefragt*.

Pfriem resümiert die neoklassische Interpretation der Struktur und Funktionsweise des Arbeitsmarkts in folgenden Thesen und macht damit die Restriktivität der Voraussetzungen sichtbar:

"- Für alle Arbeitskräfte existiert nur ein einziger Arbeitsmarkt. Aufgrund der Homogenitätsbedingung (alle Arbeitskräfte sind gleich produktiv und daher vollkommen substituierbar) können qualitativ unterschiedliche Teilarbeitsmärkte ex definitione nicht existieren.

- Die Arbeitskräfte zeichnen sich durch uneingeschränkte Mobilitätsfähigkeit und -bereitschaft aus.

- Die Arbeitsbedingungen sind vollkommen transparent.

- Da vollkommene Information und Homogenität auf Seiten der Arbeitskräfte besteht, entstehen beim Wechsel von einem Arbeitsplatz zu einem anderen keine Anpassungskosten.

- Lohnstruktur und Lohnhöhe sind ausschließlich ökonomisch bestimmt, soziale Einflüsse werden negiert.

- Es existieren keine antagonistischen Interessengegensätze, alle Individuen besitzen als Nutzenmaximierer die strukturell gleiche Interessenlage.

- Das auf dem Markt stattfindende Interessenclearing nach der Maxime des 'do ut des'[5] stellt das unter den gegebenen Bedingungen erreichbare gesellschaftliche Optimum dar" (*Pfriem* 1978, 50; ähnlich auch *Keller* 1991, 178).

Die neoklassischen Erklärungsansätze sind sehr allgemein, abstrakt und artefiziell; für personalwirtschaftliche Überlegungen haben sie eine grundsätzliche - aber eben nur: grundsätzliche - Bedeutung. Sie sind die Grundlage der herrschenden Wirtschaftspolitik, sodass die aus dieser Konzeption abgeleitete Rezeptologie zur Bewältigung von Beschäftigungsproblemen unmittelbar in Vorschläge für Personalstrategien mündet.

Das klassische Grundmodell homogener transparenter Arbeitsmärkte ist weiterentwickelt worden; von besonderer Bedeutung sind die humankapital- und vertragstheoretischen Ansätze der 'Neuen Institutionellen Ökonomie'. Die Vertragstheorien nehmen z.B. Besonderheiten des Arbeitsvertrags als Ausgangspunkt (s.a. *Balzer* 1988). *Sadowski* (1988, 224f.) resümiert die Positionen wie folgt:

---

[5] 'do ut des' (wörtlich: 'Ich gebe, damit du gibst'): Gegenseitigkeit, ausgeglichenes Geben und Nehmen.

"Das typische durch Arbeitsvertrag begründete Arbeitsverhältnis wird heute vielfach als Dauerschuldverhältnis, wie ein Mietvertrag, verstanden. Während verschiedene Interessengegensätze hierfür typisch sind, unterscheidet sich das Arbeitsverhältnis vom üblichen Tausch von Vermögenswerten in zweierlei Hinsicht.

(1) Die Leistung des Arbeitnehmers ist in der Regel nur unscharf beschreibbar. ‚Arbeitsverträge sind zum großen Teil 'inhaltsleer''. Sie laufen faktisch auf eine Anerkennung der im Laufe des Vertrags konkretisierbaren Leitungsmacht des Arbeitgebers hinaus. Auch wenn deren Verbindlichkeit als einer stillschweigenden Implikation rechtlich umstritten ist, illustriert *Birks* Wort von dem Arbeitsvertrag als 'konstruktiver Wundertüte' eine erste Grenze arbeitsvertraglicher Regelungskraft.

(2) In Arbeitsverträgen ist der Mensch als Person in die Rechtbeziehung einbezogen, was Schutzpflichten für den Arbeitgeber nach sich zieht. Dieser rechtliche Schutz der Person des Arbeitnehmers geht in das Kalkül des Arbeitgebers auf folgende Weise ein. Unabdingbare rechtliche Ansprüche der Arbeitnehmer erhöhen typischerweise die Kosten von Arbeitsverhältnissen und reduzieren daher ceteris paribus die Arbeitsnachfrage 'kostenbewusster' Unternehmen ... Sollten nicht alle Arbeitsverträge in der gleichen Weise geschützt sein, ist ceteris paribus mit einem Ausweichen auf die billigeren Arbeitskräfte zu rechnen, etwa auf Arbeitskräfte mit reduzierter oder ohne Sozialversicherungspflicht, auf Leiharbeitnehmer oder auf 'freie Mitarbeiter', die als selbständige Unternehmer Dienstleistungen erbringen. Wenn Schutzregelungen an Alter oder Seniorität gekoppelt sind, dürfte das Erreichen der kritischen Altersschwellen von Arbeitgebern tendenziell vermieden werden ... Insbesondere die rechtlich unabdingbare Kündigungsmöglichkeit, die Arbeitnehmer besitzen, hat nennenswerte betriebswirtschaftliche Konsequenzen ... Auch hier sind ceteris paribus antizipierende Reaktionen zu erwarten, nämlich die Risikominderung durch Bleibensanreize, Lohnzuschläge etwa, oder die Verteuerung einer möglichen Abwanderung durch Ablösesummen. Prekär sind Arbeitsverträge nicht nur durch die dauernden Kündigungsmöglichkeiten, sondern auch den hinter dem Versprechen zurückbleibenden Vertragsvollzug. ... [Das zeigt] dass erquickliche Beschäftigungsverhältnisse zumindest rechtlich nicht erzwingbare motivationale Voraussetzungen haben. Die dominierende organisationspsychologische Orientierung der personalwirtschaftlichen Literatur kann als Ausdruck dieses prekären Charakters von Arbeitsverträgen verstanden werden."

1.2.2 Segmentierungsansätze (Gespaltene Arbeitsmärkte)

Eine Reaktion auf die - buchstäblich - undifferenzierten Annahmen der Neoklassik (siehe Seite 167) war die Entwicklung des Konzepts der Arbeitsmarktspaltung (Segmentation).

Der Grundgedanke der Segmentierungsansätze ist, dass - wie oben schon ausgeführt - der Arbeitsmarkt kein vollkommener Punktmarkt ist, sondern dass der Ausgleich von Angebot und Nachfrage durch zahlreiche Abschottungen, Spaltungen, Schließungen, Zu- und Austrittsbarrieren, Ab- und Auf-Teilungen - eben: Segmentierungen - gekennzeichnet ist. So gibt es z.B. auf dem Arbeitsmarkt 'unsichtbare Grenzen' zwischen *insiders* (Arbeitsplatzbesitzern) und *outsiders* (Arbeitslosen), Männern und Frauen, normal Leistungsfähigen und Behinderten, Deutschen und Ausländern, Hoch- und Niedrigqualifizierten usw. Die Existenz von Teil-Arbeitsmärkten folgt aus der Tatsache, dass Arbeitsmärkte reguliert und organisiert sind: der Staat, die Arbeitgeber(verbände), die Gewerkschaften, die betrieblichen Interessenvertretungen und die 'Normalarbeitsplatzbesitzenden' haben dafür gesorgt, dass der 'freie' Austausch gehemmt und in bestimmte Bahnen gelenkt wird, was von Vertretern einer reinen Marktwirtschaft - wie etwa *v. Hayek* (1971) - als Ursache der Ineffizienzen eines solchermaßen strukturierten Markts betrachtet wird.

Die Abschottungen sind institutionell produziert und gesichert. Damit wird verdeutlicht, dass nicht nutzenmaximierende Entscheidungen rationaler Akteure die Ursache für die Ausgestaltung bestimmter Arbeitsverhältnisse (Vertragsformen) sind, sondern dass die Akteure - durch Sozialisation, Zwang und Verstärkung geprägt - sozusagen 'hinter ihrem Rücken' (vor-)bestimmt werden. *Scharpf* (1983, 13f.) differenziert drei 'Ebenen', an denen sichtbar wird, dass freie Entscheidungen von Einzelakteuren nicht als (alleinige) Grundlage wirtschaftlicher Handlungen und Verhältnisse angesehen werden können:

- "Auf der Ebene des *Wollens* sind individuelle Handlungsmotive und Ziele weder universell vorgegeben noch ausschließlich frei gewählt. Sie werden vielmehr beeinflusst durch soziale Normen, kulturelle und subkulturelle Tabus."
- "Auf der Ebene des *sozialstrukturellen Könnens* ist die Bedeutung institutioneller Faktoren offensichtlich: Unter modernen Bedingungen können die wenigsten Ziele menschlichen Handelns durch individuelle Aktionen allein verwirklicht werden." Die dazu erforderlichen Organisationen "ermöglichen jedoch nicht nur soziales Handeln, sondern sie schränken es auch ein. Einmal etabliert haben sie ihre eigene Entwicklungslogik ..."
- "Auf der Ebene des *kollektiven Handelns* schließlich lassen sich weitere Verhaltensregelmäßigkeiten entdecken. ... Gemeint sind damit Routinen, Strategien oder Verhaltens-Repertoires, die nicht jederzeit zur Disposition stehen" (s.a. *Blien* 1986, 103).

Das Geschehen auf dem Arbeitsmarkt wird nach Auffassung der 'Institutionalisten' durch die Berücksichtigung *sozialer* (gesellschaftlicher) Konfigurationen und Regulierungen besser verständlich. Wie oben erwähnt versucht die sogenannte *Neue* Institutionelle Ökonomie (NIÖ, s. Band 'Personalwesen 1'), Arbeitsmarkt-Arrangements auf 'rational choice' zurückzuführen, anstatt sie als *sozio*ökonomische objektiv(iert)e Strukturen zu betrachten.

1.2.2.1 Der zweigeteilte (duale) Arbeitsmarkt

Der Begriff der Arbeitsmarktsegmentierung wurde - nach frühen Vorläufern (*Marshall, Kerr*) - Ende der 60er Jahre in den USA populär, als erkannt worden war, dass Arbeitslosigkeit gehäuft bestimmte Gruppen traf (Frauen, Jugendliche und vor allem die Angehörigen rassischer oder ethnischer Minderheiten). Die neoklassische Arbeitsmarkttheorie erklärte das mit der geringeren Produktivität dieser Gruppen, die nicht zuletzt zurückzuführen sei auf die schlechtere allgemeine und berufliche

Bildung bzw. das geringere Humankapital[6] dieser Gruppen, das als die "produzierte und produktive Qualifikation der Arbeitskräfte" (*Keller* 1991, 193) zu verstehen ist. Das damals kreierte Konzept des 'dualen Arbeitsmarkts' machte demgegenüber *sozioökonomische* Faktoren für die Spaltung des Arbeitsmarkts verantwortlich (Herkunft, Rasse, Geschlecht, Branche, Unternehmensgröße). *Doeringer & Piore* (1971/ 1985) unterschieden zwischen einem primären und einem sekundären (industriellen) Sektor. Im 'ersten' Sektor finden sich marktmächtige, hoch produktive und kapitalstarke Unternehmen, die Hochtechnologie einsetzen und eine gute Gewinnsituation haben. Diese Unternehmen bieten ihren Beschäftigten sichere Arbeitsplätze und innerbetriebliche Karrieren, überdurchschnittliche Löhne und günstige Arbeitsbedingungen. Der 'sekundäre' Sektor[7] enthält jene Unternehmen, die mit geringem Kapitaleinsatz auskommen müssen, also beschäftigungsintensiv arbeiten, weniger ausgefeilte Technologien einsetzen, sehr konjunkturreagibel sind und deshalb auch keine langfristige Beschäftigungsgarantie und wenig Karriereaussichten bieten, schlechtere Löhne zahlen und weniger günstige Arbeitsbedingungen aufweisen.[8]

Firmen des primären Sektors überwälzen sowohl das variable oder unsichere Segment der Güternachfrage, wie auch die technologisch anspruchsloseren oder arbeitsintensiven Produktionsprozesse auf den sekundären Sektor und sichern sich so gleichmäßigere Auslastung und höhere Profitabilität.

In der aktuellen Diskussion um lean management, Beschränkung auf Kernkompetenzen, outsourcing usw. zeigt sich eine Renaissance dieser Überlegungen, die als Innovation verkauft wird. Sie führt zu einer ähnlichen 'Sekundarisierung' und Prekarisierung, wie sie von den dualen Arbeitsmarkt-Theoretikern beschrieben wurde. Als Lebensmuster der 'Unterschicht' wurden von *Doeringer & Piore* (1985, 86ff.) Planlosigkeit, Unstetheit, Entwurzelung (Verlust von Gruppenbindungen), episodische Arbeitsmuster, 'Straßenleben' usw. diagnostiziert. Bestimmte Aspekte der Jugendkultur (keine langfristige Lebensplanung, keine Übernahme von Verantwortung für andere, Cliquenorientierung usw.) würden von der Unterschicht ins Erwachsenenalter übertragen, während die Arbeiter- und Mittelschichtangehörigen karrierebewusst würden. Es zeigt sich hier eine Parallele zu Richtungen der Wertewandelforschung, die z.B. zwischen 'karriereorientierten Realisten' und 'freizeitorientierter Schonhaltung' unterscheiden (s. z.B. *von Rosenstiel & Sten-*

---

6 Im Anschluss an *Becker* verkörpert für *Fearn* (1981, 86) der Humankapitalstock "einen Bestand an Können und produktiven Fähigkeiten ..., von dem ein Einkommensstrom fließt oder fließen kann." Damit wird die Nähe zum klassischen Kapitalbegriff sichtbar: Arbeitskräfte werden zu Kapitalbesitzern und der Interessengegensatz zwischen Kapital und Arbeit löst sich per definitionem auf.

7 Im deutschen Sprachgebrauch ist davon der sog. 'zweite Arbeitsmarkt' abzuheben. Siehe dazu unten S. 197ff.).

8 "Die Unterschiede zwischen Arbeitskräften in den beiden Sektoren gehen parallel mit denjenigen zwischen den Jobs: Arbeitskräfte im sekundären Sektor zeigen im Verhältnis zu denen im primären Sektor höhere Fluktuation, höhere Raten an Unpünktlichkeit und Fehlzeiten, mehr Aufsässigkeit und mehr kleine Diebereien und Abstaubereien. Der Theorie zufolge sind benachteiligte Arbeiter auf den sekundären Markt beschränkt wegen ihres Wohnorts, unzulänglichen Fertigkeiten, negativer Arbeitsgeschichte und Diskriminierung" (*Doeringer & Piore* 1985, 165f).

gel 1987). Der von einigen Trend'forschern' für die Zukunft skizzierte Typus des *job surfers* ähnelt jener Beschreibung: mehrere und/oder atypische und prekäre Jobs, keine dauerhafte Bindung an eine Firma oder einen Beruf ('Selbständigkeit'), Gelegenheitsarbeit, perforierte Erwerbsbiografie, Erlebnis- und/oder Erwerbsorientierung, keine langfristige Lebensplanung ... Die gepriesene 'Verjugendlichung' ist die Verklärung einer Sekundarisierung des Arbeitsmarkts. Zwar wird für einen kleineren Teil, z.B. gut ausgebildete Yuppies, der neue nomaden- und söldnerhafte Arbeits- und Lebensstil attraktiv sein, weil und wenn sie trotz instabiler Beschäftigung über hohe Einkommen verfügen können, für den größeren Teil aber wird er 'working poor' bedeuten. Der Arbeitsmarkt nähert sich dem in der Mikroökonomie favorisierten Spotmarkt an. Die Bewusstseinsindustrie arbeitet am Marketing der neuen 'riskanten Freiheiten' und stellt ihre Chancen in den Vordergrund; die Kehrseite der Fokussierung auf marktgängige Fähigkeiten und Haltungen (employability) und des geforderten perspektivenlosen Opportunismus wird weit seltener thematisiert.

Unter den Bedingungen dieses Arbeitsmarkt-Dualismus bilden sich interne Arbeitsmärkte aus. *Doeringer & Piore*, die den Begriff geprägt haben, entwickeln ihn wie folgt:

"Die grundlegende Behauptung dieses Buchs ist, dass Arbeitsmärkte eine institutionelle Struktur haben, die sich in einer scharfen Unterscheidung zwischen internen und externen Marktarrangements spiegelt. Der interne Arbeitsmarkt wird definiert durch ein Unternehmen oder einen Teil eines Unternehmens oder durch ein Handwerk oder einen Professionellenverband. Der Eintritt in solche Märkte ist beschränkt auf bestimmte Jobs oder Eintrittspunkte. Die Bezahlung der Arbeit und ihre Allokation vom Eintrittspunkt in andere Arbeitsstellen ist bestimmt durch administrative Regeln und Gewohnheiten. Diese Regeln und Gewohnheiten differenzieren Mitglieder des internen Arbeitsmarkts von Außenstehenden und weisen ihnen Rechte und Privilegien zu, die anderweitig nicht verfügbar sind. Diese 'internen' Rechte beinhalten typischerweise bestimmte Garantien der Arbeitsplatzsicherheit, Gelegenheiten für Karrieremobilität und gerechte und vorschriftsmäßige Behandlung am Arbeitsplatz ..." *(Doeringer & Piore 1985/1971, X)*.

Ihr Buch führt die 'duale Arbeitsmarkt'-Hypothese in ihrem Bezug zu internen Arbeitsmärkten ein. Die Basis dieser Hypothese ist, dass die Hauptmerkmale, die interne von externen Arbeitsmärkten unterscheiden, nur einen Teil des Arbeitsmarkts - den primären Sektor - charakterisieren.

Für die neoklassische Orthodoxie sind interne Arbeitsmärkte eine Anomalie; Vertreter dieser Richtung haben versucht, die unbestrittene Existenz dieser Anomalie theoriekonform zu erklären, z.B. durch spezifisches Humankapital, impiizite Verträge oder idiosynkratische Beziehungen (s. auch den kritischen Überblick in *Blien* 1986).

Doeringer & Piore (1985/1971, XXII) stellen ausdrücklich fest:

"Insbesondere glauben wir nicht, dass man interne Arbeitsmärkte im Rahmen einer Theorie verstehen kann, die mit Individuen als der Grundeinheit der Analyse beginnt. Der tatsächliche Prozess, durch den interne Arbeitsmärkte entstehen und sich im Laufe der Zeit entwickeln, beinhaltet eindeutig die Bildung und Interaktion kohäsiver sozialer Gruppen. ... Die institutionellen Strukturen interner Arbeitsmärkte sind manchmal das Produkt formeller Verhandlungen zwischen organisierten Gruppen wie z.B. Gewerkschaften und

Unternehmen. Aber die Alternative zu solchen Verhandlungen ist nicht die Interaktion von Individuen in einem Marktprozess. Vielmehr ist es das Zusammenspiel formeller und informeller Gruppen, die verschiedene Arten sozialen Drucks ausüben. Dieser Druck reicht vom Lächerlichmachen oder Ostrazismus[9] widerstrebender Mitglieder über Androhungen körperlicher Gewalt bis hin zu ökonomischen Sanktionen wie Streiks, Arbeitsverlangsamung und industrieller Sabotage".

Doeringer & Piore (1985/1971, 13ff.) nennen drei Hauptfaktoren, die für das Entstehen interner Arbeitsmärkte verantwortlich sind:

- *Spezifität der Fertigkeiten* (skill specificity). Dieses Konzept ist im Anschluss an *Gary Becker*s Begriff des spezifischen Humankapitals modelliert. Wenn für die Erledigung der Arbeitsaufgaben spezifische Fertigkeiten erforderlich sind, die nicht jedermann besitzt, entstehen dem Arbeitgeber eine Reihe von Kosten (Training *off*-the-job, Anwerbung, Auswahl); eine hohe Investition in eine Arbeitskraft stellt 'versunkene Kosten' dar und außerdem wird der Arbeitgeber erpressbar, weil er die spezielle Arbeitskraft nicht leicht ersetzen kann (im Prinzip entsteht ein zweiseitiges Monopol, weil auch die Arbeitskraft ihre Spezialfertigkeiten nicht auf dem allgemeinen Arbeitsmarkt 'verkaufen' kann). Es besteht deshalb ein Interesse des Arbeitgebers, derartige MitarbeiterInnen langfristig im Betrieb zu halten und ihnen Anreize zu geben, ihr Bestes zu leisten.

- *On-the-job Training.* Mit zunehmender Betriebszugehörigkeitsdauer erwerben die Arbeitskräfte implizites Wissen und praktische Fertigkeiten (Tricks und Kniffe), die es ihnen erlauben, Probleme zu lösen, Störungen zu beheben, mit den Eigenheiten von Personen, Prozeduren und Maschinen erfolgreich umzugehen; sie kennen formelle und informelle betriebliche Vorgehensweisen und Qualitätsstandards und bauen soziale Netzwerke zur gegenseitigen Unterstützung auf etc. Dieses Training ist zeitraubend und kostenintensiv und darum ist es nachvollziehbar, dass Arbeitgeber versuchen werden, derart sozialisierte, erprobte und kompetente MitarbeiterInnen nicht zu verlieren und es sich nicht mit ihnen zu verderben. Außerdem müssen sie dafür sorgen, dass die erfahrenen Arbeitskräfte bei Versetzungen, Beförderungen oder Expansionen ihr praktisches Wissen an die Neuen weitergeben, ohne danach Angst haben zu müssen, ihren Job oder Privilegien an die Neueingeweihten zu verlieren.

- *Gewohnheiten* (customs). Gemeint sind damit Gewohnheitsrechte, Traditionen, 'Sitten und Gebräuche', das, 'was sich gehört' und legitim (nicht nur: legal) ist. Derartige informelle Normen

"sind ein Satz ungeschriebener Regeln, der zum großen Teil auf Erfahrung und Präzedenzfällen basiert. Diese Regeln können jeden Aspekt der Arbeitsbeziehung bestimmen, von der Arbeitsdisziplin bis zur Entlohnung. ... Bei stabiler Beschäftigung kommen dieselben Arbeiter in regelmäßigen und wiederholten Kontakt miteinander. Das Resultat ist die Bildung sozialer Gruppen oder Gemeinschaften innerhalb des internen Arbeitsmarkts. Gemeinschaften dieser Art ... tendieren dazu, einen Satz ungeschriebener Regeln zu entwickeln, die die Handlungen ihrer Mitglieder und die Beziehungen zwischen Mitgliedern

---

[9] Ostrazismus: Verbannung, Ächtung, Ausschluss, Verfemung (ursprünglich: Scherbengericht)

und Außenstehenden regulieren. Letztlich erhalten sie eine ethische oder quasi-ethische Aura" (*Doeringer & Piore* 1985/1971, 23).

"Die zentrale Frage, die durch dieses Phänomen gestellt wird, ist: Wie können Gewohnheitsrechte am Arbeitsplatz in einem Kontext fortgesetzt befolgt werden, in dem das institutionelle Überleben vom ökonomischen Erfolg abhängt?

Die ultimativen Sanktionen gegen die Wirkung von Gewohnheiten sind in der Tat ökonomisch. Zum Beispiel wirken der Wille und die Fähigkeit der Belegschaft, Verletzungen von Gewohnheitsrechten durch das Management zu bestrafen, durch ökonomischen Druck, dessen extreme Form Streik oder Sabotage sind. Außer solch extremen Handlungen kann jedoch eine unzufriedene Belegschaft das Management auf verschiedene Weise zermürben - reduziertes Arbeitstempo, 'verlegte' Werkzeuge und Materialien, Epidemien kleinerer Maschinenausfälle, Anstieg der Ausschussproduktion und kleinere Regelverletzungen, die zu geringfügig sind, um sie individuell zu bestrafen. Solche kleinen unorganisierten ökonomischen Schikanen, für die sich keine Verantwortung nachweisen lässt, sind jene Form ökonomischen Drucks, die Manager am meisten zu fürchten scheinen, wenn Gewohnheitsrechte verletzt werden. Die Befolgung von Gewohnheitsrechten kann auch ihren Preis haben. Falls Gewohnheiten mit ökonomischer Effizienz konfligieren und es nicht gelingt sie anzupassen, um den Konflikt zu lösen, beginnen ökonomische Beschränkungen Gewinne, Löhne und Beschäftigung nachteilig zu beeinflussen. Die ultimative Sanktion gegen Gewohnheiten ist ökonomischer Misserfolg" (*Doeringer & Piore* 1985, 24).

Nach diesen Begründungen für unternehmensinterne Arbeitsmärkte sollen einige in der Literatur immer wieder betonte *Kennzeichen* solche Märkte genannt werden:

- spezifische Entgeltsysteme: Das Entgelt orientiert sich an der *Stelle* (Arbeitsplatz) und nicht an der *Person* (Arbeitsleistung); Praktizierung des Senioritätsprinzips;
- allgemeine, statt spezifischer Stellen- oder Arbeitsbeschreibungen (sodass breiterer Einsatz und interne Umsetzungen möglich sind); generell: Entwicklung von Verfahren und Systemen zur 'Objektivierung' von Auswahl, Aufstieg, Arbeitsbewertung, Entgeltfindung, Eingruppierung etc.
- bestimmte Eintrittspositionen (am unteren Ende der Stellenhierarchie) und Beförderungen 'aus den eigenen Reihen' (Aufstiegs- und Mobilitätsketten; auch hier wird oft die Senioritätsregel praktiziert: die Älteren bekommen die besseren Stellen);
- hohe Arbeitsplatzsicherheit (unbefristete, lebenslange Beschäftigung),
- Ergänzung von monetären durch nicht-monetäre Motivationstechniken (Vertrauen, Mitsprache, Beschwerderegeln, Partizipationsgremien usw.).

In diesen Merkmalen liegt auch eine Erklärung dafür, dass sich in allen Volkswirtschaften interne Arbeitsmärkte durchgesetzt haben. Ihre Vorteile:

- Sie werden von den Belegschaften geschätzt (hohe Arbeitsplatzsicherheit, Aufstiegsmöglichkeiten, formell oder durch Gewohnheitsrechte abgesicherte Ansprüche auf faire und willkürfreie Behandlung).
- Sie senken die Fluktuation eingearbeiteter, erprobter und loyaler MitarbeiterInnen und bringen damit erhebliche Kostenvorteile; je länger die Perioden sind, über

die sich die Beschäftigungsfixkosten (Rekrutierungs- und Einarbeitungskosten) amortisieren, desto günstiger für den Beschäftiger (*Brandes & Buttler* 1988, 99f.).

- Sie sind effizient und kostengünstig in Bezug auf die Anwerbung, Auswahl und Ausbildung der Belegschaft (positives Renommé auf dem externen Arbeitsmarkt, Bildung von 'Warteschlangen' an den Eintrittspositionen und günstige Selektionsrate, informelles Anlernen und Sozialisieren).

- Sie erlauben flexible Personaldisposition und -allokation (breitere Qualifikation ermöglicht interne Umsetzungen, die auch wegen Lohngarantie, Aufstiegsmöglichkeiten und Loyalität zur Firma akzeptiert werden).

- Sie machen eine leichtere Kontrolle und eine interne Verhaltenssteuerung der Belegschaft möglich (Herausbildung von informellen Normen, gegenseitigem Vertrauen, dienlichen Werteorientierungen). Dies ist wichtig wegen der Unspezifität des Arbeitsvertrags, für dessen inhaltliche Ausfüllung Direktionsrechte der innerbetrieblichen Hierarchie sorgen. Interne Arbeitsmärkte haben Mechanismen, die auch bei Unmöglichkeit oder Schwierigkeit der Messung individueller Beiträge und/oder des (gemeinsamen) Outputs Einwirkungen auf die Arbeitskräfte ermöglichen (z.B. über nicht-monetäre Anreize und Sanktionen).

Zunächst glaubte man, die internen Arbeitsmärkte seien auf Unternehmen des primären Sektors beschränkt, doch wurde die enge Koppelung zwischen 'primärem' Sektor und 'internem' Arbeitsmarkt später fallengelassen, als gezeigt wurde, dass Unternehmen des primären Sektors interne Differenzierungen aufwiesen (Kernbelegschaften im internen Arbeitsmarkt und Randbelegschaften in atypischen und prekären Beschäftigungsverhältnissen). 'Randbelegschaften' unterscheiden sich von der 'Stammbelegschaft' dadurch, dass sie in Status und Lohn schlechter gestellt sind, keinen innerbetrieblichen Aufstieg zu erwarten haben und mit einem wesentlich höheren Beschäftigungsrisiko konfrontiert sind (s. *Köhler & Preisendörfer* 1989, 151f.).

In der folgenden Abb. F-1.2 sind die Beziehungen zwischen Stamm- und Randbelegschaft und dem externen Arbeitsmarkt skizziert: Die Randbelegschaft ist zwar Teil des betrieblichen Beschäftigungssystems, mit diesem aber nur locker - am ausfransenden 'Rand' (!) verbunden: sie ist in steter Gefahr, in den externen Arbeitsmarkt entlassen zu werden bzw. wird aus diesem nur befristet und/oder mit ungünstigen zeitlichen und finanziellen Konditionen für die 'schlechteren' Arbeitsplätze rekrutiert.

Außerdem gibt es noch 'intermediäre' oder 'Übergangs-Arbeitsmärkte'. Damit sind Zwischen-Beschäftigungsverhältnisse gemeint, in denen Erwerbspersonen vorübergehend (zeitlich befristet) beschäftigt werden, um die Entlassungen abzuwenden, zu verzögern oder abzupuffern oder um (Langzeit-)Arbeitslose in eine 'Vermittlungsgesellschaft' zu integrieren, die sich um ihre Neuplatzierung (und Qualifizierung) bemüht.

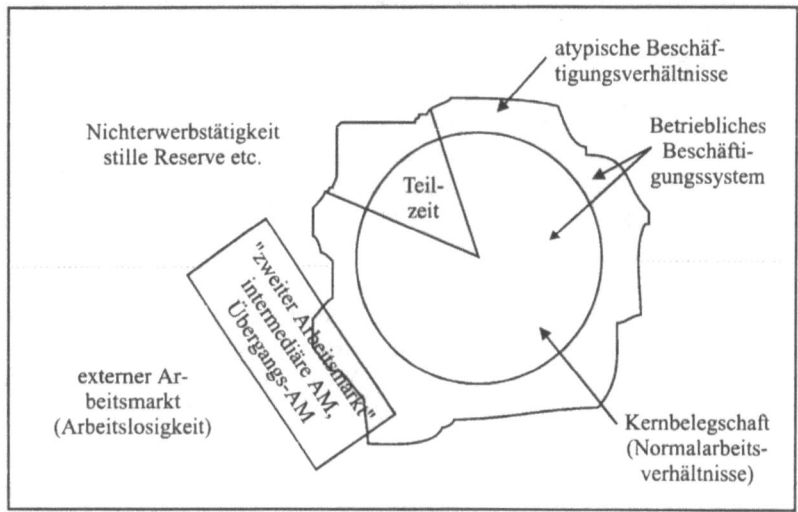

Abb. F-1.2: Zur Topographie von Kern- oder Stammbelegschaft, Randbelegschaft, externen und intermediären Arbeitsmärkten

Es ist allerdings in der Literatur umstritten, ob Randbelegschaften Ergebnis einer strategischen Beschäftigungspolitik (als *gezielt* aufgebaute Schwankungsreserve oder Risikopuffer) sind. Die Existenz eines sozialen Phänomens muss nicht unbedingt auf den erklärten Willen von Akteuren zurückgeführt werden; es gibt auch unintendierte Konsequenzen von Maßnahmen, die eigentlich ganz andere Ziele verfolgten. Randbelegschaften sind keine inhaltlich homogene Gruppe (deswegen sprechen wir von 'Randbelegschaft*en*'), sondern nur eine Zusammenfassung jener Beschäftigungsverhältnisse, die *nicht zur Stammbelegschaft* gerechnet werden. Ein Beispiel für die Willkür von Abgrenzungen liefert das Vorgehen der eben zitierten Autoren (*Bellmann et al.* 1996, 15ff.), die in ihrer Auswertung der Daten des IAB-Betriebspanels zur Randbelegschaft folgende Beschäftigungsverhältnisse zählen:

- befristet Beschäftigte
- Aushilfen, Praktikanten, Gelegenheitsarbeiter,
- überlassene Arbeitnehmer,
- freie Mitarbeiter mit Dienst- oder Werkverträgen.

Sie klammern z.B. die Gruppe der Teilzeitbeschäftigten ebenso aus wie die der 'geringfügig Beschäftigten', obgleich jede dieser Gruppen für sich mehr Beschäftigte umfasst als die vier erfassten Gruppen zusammen (auch Scheinselbständige, Heim-

und TelearbeiterInnen und über Arbeitsförderungsmaßnahmen Finanzierte werden nicht berücksichtigt). Die Auswertung ihrer Daten ergibt, dass die von ihnen definierte Randbelegschaft im Durchschnitt der Betriebe ca. 8% aller Beschäftigungsverhältnisse umfasst (wobei in Kleinbetrieben bis zu 9 Beschäftigten der Anteil doppelt bis dreifach so hoch ist wie in Großbetrieben über 5000 MitarbeiterInnen). Rechnet man die nicht erfassten atypischen Arbeitsverhältnisse hinzu, dann gehören nahezu 30% aller Beschäftigten nicht zur Kernbelegschaft - eine durchaus erhebliche Größe. Sie zeigt, dass die 'atypischen' Beschäftigungsverhältnisse umfassend genutzt werden, sei es, um Auslastungsschwankungen zu begegnen, um Vor- oder Nebenleistungen erledigen oder Personal(neben)kosten einsparen zu können. Die Existenz dieser weniger privilegierten Belegschaften ist für die Stammmannschaft einerseits eine Bedrohung (Unterbietungskonkurrenz, Substitutionsmöglichkeit), andererseits auch eine Bestätigung des eigenen Werts und einer Vorzugsstellung, die zu besonderen Gegenleistungen verpflichtet.

Erwähnt werden soll noch, dass es im Unterschied zu effizienzorientierten Erklärungen der Arbeitsmarktsegmentation auch machttheoretische gibt: Nach Auffassung der 'Radical Economics' - einer marxistisch orientierten Gruppe US-amerikanischer Ökonomen - werden Segmentierungen des Arbeitsmarkts vorgenommen und verfestigt, weil damit die Interessen dominanter Koalitionen befriedigt werden, die quasi Reservate für ihre Privilegien errichten. Die Spaltung der Arbeitsmärkte wird als direkter Ausdruck der 'Teile-und-Herrsche'-Strategie der Arbeitgeber interpretiert, mit der sie eine Homogenisierung und Solidarisierung der Beschäftigten verhindert haben (s. z.B. *Reich, Gordon & Edwards* 1978).

1.2.2.2 Der dreigeteilte Arbeitsmarkt

In der BRD herrschte zunächst die Auffassung vor, der deutsche Arbeitsmarkt sei - nicht zuletzt aufgrund des ausgefeilten Berufsausbildungssystems - vorwiegend durch 'berufsfachliche' Teilarbeitsmärkte strukturiert, eine Auffassung, die von Autoren des Münchner Instituts für sozialwissenschaftliche Forschung (ISF) bestritten wurde:

> "In einer Erhebung von Arbeitsmarktvorgängen in der Region Augsburg ermittelte man, dass zwischenbetriebliche Mobilität der Arbeitskräfte nur in einem Teil der Wirtschaft die Allokation und Reallokation bewirkte, dass hingegen in einem beträchtlichen Sektor, vor allem in dem von Großbetrieben und kapitalintensiver Produktion beherrschten und im öffentlichen Bereich der Strukturwandel sich nicht primär über Arbeitskräfteaustausch zwischen Beschäftigern oder über berufliche Mobilität, sondern über fortlaufende Veränderungen der Arbeitsplätze und der Arbeitsorganisation und über betriebsgebundene Qualifizierungsprozesse und interne Umsetzungen vollzieht ... Vor allem die Großbetriebe verfolgen für mehr oder weniger große Teile ihrer Belegschaften eine Strategie der Personalstabilisierung, die zu unternehmens- und betriebsinternen Teilarbeitsmärkten führte" (*Sengenberger* 1978, 31).

Die theoretische Interpretation dieser Herausbildung stabiler 'Personalstämme' und instabiler Randbelegschaften durch das ISF basiert auf einer Umkehrung der üblichen Humankapitallogik, die in mikroökonomischer Tradition von der *Angebotsseite* her argumentiert: die Entscheidung über Erwerb und Einsatz von Humankapital wurde nicht bei den Beschäftigten, sondern den Beschäftigern (auf der *Nachfrageseite*) lokalisiert. Der Münchner 'betriebsstrategische Ansatz' (*Altmann & Bechtle* 1971) stützt sich auf die Überlegung, dass die Einzelwirtschaften keine willenlosen Vollzugsorgane der Kapitalverwertungslogik und den 'Marktgesetzen' alternativenlos unterworfen sind, sondern dass sie im Gegenteil versuchen, ihren Handlungsspielraum (Autonomie) durch ein gezieltes Management ihrer Abhängigkeiten zu erweitern und Unsicherheitszonen zu kontrollieren. In einer kapitalistischen Wirtschaft sind die Einzelbetriebe stets in ihrer Existenz und Entwicklung gefährdet. Sie sind deshalb bemüht, jene Faktoren unter Kontrolle zu bringen, die ihre Aktionsmöglichkeiten einschränken können. Dazu gehört auch der 'Faktor Arbeit'. Wenn die Zukunft unsicher und die Marktentwicklungen intransparent sind, ist es nicht sinnvoll, mit der gesamten Belegschaft langfristige Verträge zu schließen und hohe Beschäftigungsfixkosten zu riskieren; es ist besser, einen Teil der Belegschaft als 'Dispositionsmasse' zu verwenden, die je nach Lage dem externen Arbeitsmarkt überstellt und/oder bei Bedarf von ihm (wieder) bezogen werden kann. Zusätzlich zum unmittelbaren Austausch können auch noch verschiedene andere Möglichkeiten genutzt werden, z.B. Zweigbetriebe als Flexibilitätsreserve, Outsourcing und Produktionsaufträge an Zulieferfirmen, Leiharbeit, prekäre Beschäftigungsverhältnisse usw. Die Nachfrageseite operiert also mit einem komplexen 'Beschäftigungsmix', um den Faktor Arbeit entsprechend *ihren* Rentabilitätsinteressen einzusetzen, eine Strategie, die sich nicht realisieren ließe, wenn es nicht gelänge, die (Interessen der) Beschäftigten zu 'segmentieren'.

Anders als bei der von US-Theoretikern verbreiteten Dualisierung werden beim ISF-Ansatz drei Teil-Arbeitsmärkte - orientiert am Leitmerkmal der Qualifikation - unterschieden:

- Das *(berufs-)fachliche (*oder *professionalisierte) Arbeitsmarktsegment* basiert auf außerbetrieblich erworbenen, standardisierten und betriebsübergreifend verwertbaren Fachqualifikationen, die in geregelten und zertifizierten Ausbildungsgängen angeeignet werden (Facharbeiter, Professionelle). Diese Qualifikationen erlauben den problemlosen Wechsel zwischen Betrieben, denen durch den Ausbildungsabschluss Inhalte (und extrafunktionale Qualitäten) des erworbenen Arbeitsvermögens signalisiert werden (sodass Such-, Prüfungs-, Anlern- und Einarbeitungskosten reduziert werden).

- Das *betriebszentrierte Arbeitsmarktsegment* besteht aus Beschäftigten, die ihre wesentliche Qualifikation *im Betrieb* erworben haben; diese betriebsspezifische Ausstattung kann anderweitig kaum verwertet werden. Die mangelnde externe Mobilität wird kompensiert durch eine hohe betriebsinterne Mobilität (Rotation, Aufstieg).

- Das *unspezifische (unstrukturierte) Arbeitsmarktsegment* schließlich umfaßt Beschäftigte mit Jedermanns- oder Allerweltsqualifikationen; ihre lediglich basale Ausbildung qualifiziert sie nur für Aufgaben mit niedrigem Anforderungsniveau. Diese Arbeitskräfte haben keine Betriebsbindung, zeigen hohe Fluktuationsraten und besetzen die untersten Lohngruppen.

Lutz (1987) unterscheidet innerhalb der Betriebe noch zwischen 'internem' und 'betriebsspezifischem' Arbeitsmarkt, wobei der 'betriebsspezifische' Markt eine Steigerungsform des 'internen' ist, weil zusätzlich zur *einseitigen* Bindung der Arbeitnehmer an den Betrieb auch noch Verpflichtungen des Betriebs gegenüber den Arbeitnehmern in Vereinbarungen, Regeln, Systemen etc. festschreibt, sodass die *wechselseitige* Abhängigkeit erhöht wird.

Weil die Dispositionsfreiheit der Betriebe durch 'betriebszentrierte Arbeitsmarktsegmentation' wesentlich stärker als durch interne Arbeitsmärkte (in seinem Sinn) eingeschränkt ist, nimmt *Lutz* spezifische historische Konstellationen (europäische Prosperität nach dem Zweiten Weltkrieg: 'wohlfahrtsstaatliche Konstellation') an, die zu dieser Strategie der Gestaltung von Beschäftigungssystemen oder Arbeitskräftestrategien[10] geführt haben. Wichtig ist dabei auch der *Zeithorizont* der Vermittlung zwischen 'innen' und 'außen' (etwa: unmittelbares Reagieren oder langfristig geplante Gestaltung). Eine tayloristische Arbeitsorganisation nutzt andere Qualifikations- und Bindungsmuster[11] als etwa eine 'professionelle Arbeitsorganisation', die sich z.B. auf Facharbeiter stützt.

Lutz verwendet einen ungewöhnlich weiten Qualifikationsbegriff, den er zudem inkonsistent gebraucht (siehe die Kritik von *Alewell* 1993, 50f.). Mit 'Qualifikation' wird im Grunde die Gesamtheit aller Merkmale beinhaltet, mit denen Arbeitskräfte in ihrer Besonderheit, Eignung oder Nützlichkeit beschrieben werden können, weshalb es *Lutz* möglich ist, das Qualifikationsproblem zum zentralen Problem des Beschäftigungssystems zu machen:

---

[10] "Mit Arbeitskräftestrategie ist ... die Gesamtheit der betrieblichen Strukturen, Politiken und Maßnahmen gemeint, die sicherstellen, dass dem Betrieb die zur Realisierung seiner Globalstrategie benötigte Arbeitskraft und Arbeitsleistung zu akzeptablen Kosten zur Verfügung steht. Betriebliche Arbeitskräftestrategien artikulieren und manifestieren sich in Strukturen relativ hoher Stabilität und innerer Geschlossenheit, die als betriebliches Arbeitssystem bezeichnet werden können und alle Aspekte und Dimensionen der Nutzung von Arbeitskraft umfassen, von Rekrutierung, Selektion und Qualifikation über Motivation und Gratifikation bis zu Einsatz, Leistungsabforderung und Leistungskontrolle" (*Lutz* 1987, 20). Was *Lutz* hier 'betriebliches Arbeitssystem' nennt, deckt sich mit dem Konzept 'Beschäftigungssystem'.

[11] *Lutz* spricht in Bezug auf die Qualifikationen in tayloristischen Strukturen von einer 'eskamotierenden' Lösung (eskamotieren: etwas heimlich verschwinden lassen, wegzaubern): Das Erfordernis höherer Qualifikation kann z.B. durch Organisationsmaßnahmen (Spezialisierung, Standardisierung, Formalisierung usw.) eskamotiert werden, indem man anforderungsarme Arbeitsverhältnisse schafft; die dazu benötigten Arbeitskräfte mit 'Jedermannqualifikationen' kann man billig und problemlos auf dem externen Arbeitsmarkt rekrutieren.

"Fasst man den Qualifikationsbegriff sehr weit, so dass z.B. auch psychische Dispositionen wie Motivation und Loyalität einerseits, physische Konstitution und Leistungsfähigkeit andererseits als Bestandteile von Qualifikation gelten, so lassen sich die meisten denkbaren Arbeitskräfteprobleme als Qualifikationsprobleme definieren" (*Lutz* 1987, 34).[12]

Die Passung von (individueller) Qualifikation und (organisationaler) Anforderung lässt sich auf verschiedenem Niveau und auf verschiedene Weise herstellen: niedrig qualifizierte Arbeitskräfte passen zu anforderungsreduzierten Arbeitsplätzen, für schwierige, vielfältige, schlechtstrukturierte Arbeitsaufgaben braucht man breit- oder hochqualifizierte Leute.

Kritisch ist in diesem Zusammenhang anzumerken, dass die Passungs- oder Fit-These, auf die schon im Kapitel E eingegangen wurde, ein sehr komplexes Problem radikal vereinfacht. Man kann sich die Vieldimensionalität der Zuordnung klar machen, wenn man sich einige der in der Praxis üblichen Kriterien vor Augen hält, die für die Beurteilung des Erfolgs einer Stellenbesetzung herangezogen werden. StelleninhaberInnen können beurteilt werden nach

- Output, Leistung (aktuell vs. durchschnittlich oder langfristig; quantitativ vs. qualitativ; konstant, verlässlich, planbar vs. irregulär, sprunghaft; Leistungsfähigkeit vs. Leistungsmotivation);
- Multifunktionalität, Einsatzbreite; Substituierbarkeit;
- Fügsamkeit, Führbarkeit, Folgsamkeit, Unterordnungsbereitschaft, 'Pflegeleichtigkeit';
- Integrierbarkeit, Verträglichkeit, sozialer Passung, Sozialkompetenz, Einordnungsbereitschaft, Teamfähigkeit;
- Loyalität, Identifikation; Bindung an den Betrieb (Fluktuationswahrscheinlichkeit);
- Verfügbarkeit (Unterordnung privater Interessen unter betriebliche), Versetzbarkeit, Mobilitätsbereitschaft;
- Vorzeigbarkeit, Erscheinungsbild, Auftreten;
- Kreativität, Innovationskraft; Lernfähigkeit, Entwicklungsfähigkeit, Potential;
- ersparten Ausbildungskosten;
- Anspruchsniveau (z.B.: Sind sie mit dem Konkurrenzlohn oder Mindestlohn zufrieden?) bzw. Marktwert (Einkaufspreis, der das bestehende Gehaltsgefüge sprengt und das Gehaltstabu nötig macht; 'Veräußerungsgewinn', Ablösesumme) usw.

Ein gut ausgebildeter und leistungsfähiger Arbeitnehmer, der aber streitsüchtig und renitent ist oder wegen politischer Forderungen 'Unruhe in die Belegschaft' bringt,

---

[12] Man könnte für die extreme Ausdehnung des Qualifikationsbegriffs das Argument ins Feld führen, dass auch formale Bildungsabschlüsse (zertifizierte Qualifikationen) nicht nur einen bestimmten Bestand an Wissen und Fertigkeiten dokumentieren, sondern auch belegen, dass jene, die längere Ausbildungen erfolgreich abgeschlossen haben, zugleich anstrengungsbereit, diszipliniert, verlässlich, gehorsam, konform, lernfähig etc. sind - also zusätzlich zu den 'funktionalen' Qualifikationen auch noch solche 'extrafunktionalen' Qualifikationen vorweisen können, die für das produktive Funktionieren in Organisationen wichtig sind.

wird normalerweise nicht als Besetzungserfolg betrachtet werden. Anhand der eben genannten Dimensionen wird veranschaulicht, dass sich 'Segmentierungen' auf sehr verschiedene Kriterien stützen können, sodass die systematische Ausgrenzung z.B. von alleinerziehenden Müttern, AusländerInnen, Behinderten, aktiven GewerkschaftlerInnen, Moslems, Älteren, Straffälligen usw. nachvollziehbar wird.

In Abb. F-1.3 haben wir versucht, Grundgedanken der Konzeption eines segmentierten Arbeitsmarkts und die Vielzahl der möglichen Bewegungen zwischen den Segmenten zu visualisieren. In der Abbildung sind - durch zwei große Dreiecke - zwei Betriebe symbolisiert, die - durch 'Übergangsarbeitsmärkte' gepuffert - mit dem 'berufsfachlichen' und dem 'unspezifischen' Arbeitsmarktsegment in Austauschbeziehungen stehen. Ein weiteres drittes kleines Dreieck soll die Arbeitsform (Schein-) Selbständigkeit symbolisieren[13].

Das Konzept der 'Übergangsarbeitsmärkte' wird im Beleg F-1.1 vorgestellt (die Lektüre dieses Belegs ist nötig, um die in Abb. F-1.3 durchnummerierten Beziehungen zu verstehen).

Beziehung 1: Damit ist der Eintritt von Arbeitskräften aus dem unspezifischen externen Arbeitsmarkt in die Eintrittsarbeitsplätze auf dem 'Boden' der betrieblichen Status- und Lohnpyramide bezeichnet. Verbleiben sie dort (werden sie also nicht betriebsspezifisch qualifiziert und/oder befördert), dann zählen sie häufig zu den Randbelegschaften, die als erste wieder in den externen Arbeitsmarkt entlassen werden (den 'career chains' entsprechen also 'bumping chains': z.B. nach dem LIFO-Prinzip: last in, first out).

Beziehung 2: Auch vom 'berufsfachlichen' Segment werden unmittelbar Arbeitskräfte rekrutiert; sie können leichter bessere (besser in Bezug auf Status, Lohn, Hierarchie) Positionen erhalten, aber meist müssen auch sie zunächst die Eingangsarbeitsplätze durchlaufen. Ein 'Seiteneinstieg' ist jedoch durchaus möglich (z.B. für Führungskräfte).

Beziehungen 3, 4, 5: Die mit diesen Pfeilen bezeichneten Bewegungen laufen über 'Übergangsarbeitsmärkte', die im Schema von *Lutz* nicht vorgesehen sind, aber in jüngster Zeit verstärkt Aufmerksamkeit gefunden haben (s. *Schmid* 1996, 1997; siehe dazu Beleg F-1.1). Zu diesen 'intermediären' Arbeitsmärkten werden auch dauerhafte Entsendungen oder 'Abordnungen', (firmeninterne oder firmenübergreifende) Pools und (gemeinnützige) Vermittlungsgesellschaften gerechnet (s. etwa für den japanischen Arbeitsmarkt: *Dirks* 1997).

---

[13] Diese Ergänzung wäre strenggenommen nicht notwendig, weil der Wechsel in/aus 'Selbständigkeit' mit 'zwischenbetrieblichem Wechsel' (⑦) gleichgesetzt werden könnte. Wir haben sie dennoch vorgenommen, weil wir zweierlei hervorheben möchten: der 'neue Betrieb' existierte vorher noch nicht (bzw. existiert nach dem Wechsel nicht mehr) und Wechsel in/aus Selbständigkeit ist arbeitsstatistisch etwas anderes als ein zwischenbetrieblicher Wechsel mit dem gleichbleibenden Status als abhängig sozialversicherungspflichtig beschäftigt. Darüber hinaus spielen in der Arbeitsmarkt-Diskussion Existenzgründungen und Scheinselbständigkeit eine besondere Rolle (auf die wir im 3. Kapitel noch eingehen).

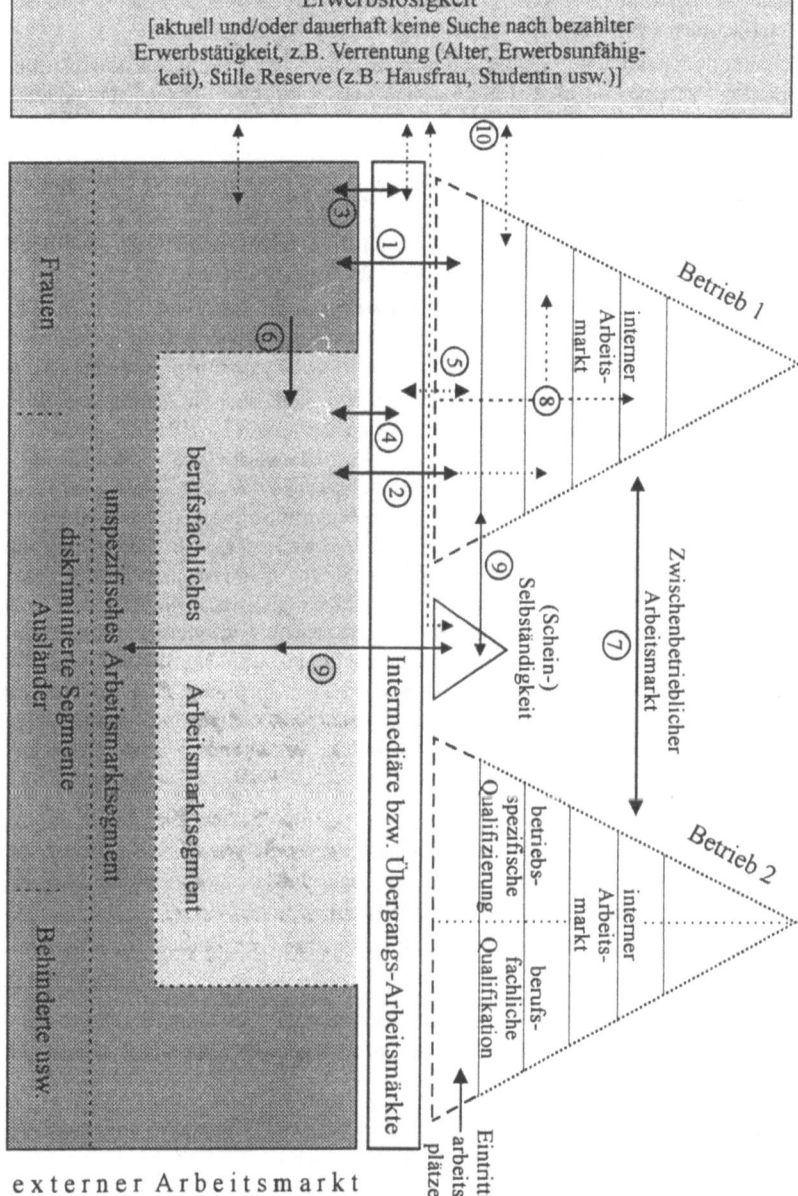

Abb. F-1.3: Mögliche Bewegungen in segmentierten Arbeitsmärkten

Beziehung 6: Vom 'unspezifischen' Segment können - durch Qualifikationsmaßnahmen - Arbeitskräfte in das berufsfachliche Segment überwechseln und so ihre Beschäftigungschancen bzw. Beschäftigungsqualität steigern.

Beziehung 7: Obwohl bei Existenz interner Arbeitsmärkte Neu- oder Ersatzrekrutierungen vorzugsweise über 'Eintrittsarbeitsplätze' erfolgen, gibt es immer auch 'zwischenbetriebliche Fluktuation'. Arbeitskräfte wechseln unmittelbar von einem Betrieb in den anderen, ohne zwischenzeitlich einem der beiden basalen Arbeitsmarktsegmente überstellt zu werden und dort Wartezeit- oder Übergangsarbeitslosigkeit in Kauf nehmen zu müssen.

Beziehung 8: Im 'internen Arbeitsmarkt' kann man 'betriebsspezifisch' qualifiziert werden oder in Aufstiegs- und Versetzungsketten integriert sein.

Beziehung 9: Aus existierenden Betrieben, Übergangsarbeitsmärkten und unspezifischem bzw. berufsfachlichem Arbeitsmarkt kann per Neugründung in Selbständigkeit gewechselt werden (und von dort aus in die angegebenen Orte zurück).

Beziehung 10: Aus Betrieben und Arbeitsmärkten kann auch in 'Erwerbslosigkeit' gewechselt werden (und von dort zurück). Dabei kommt es auf den Unterschied zwischen 'arbeitslos' und 'erwerbslos' an: entsprechend der gesetzlichen Definition gilt als arbeitslos, wer aktuell ohne Erwerbstätigkeit ist, sich registrieren lässt, vermittlungsbereit ist und (aktiv) nach einer bezahlten Beschäftigung sucht. Es gibt jedoch auch eine große Anzahl von nicht Erwerbstätigen, die keine bezahlte Arbeit suchen, weil sie sich z.B. für Familienarbeit (etwa Haushaltsführung, Kindererziehung) entschieden haben, krankheitsbedingt erwerbsunfähig sind, aus Altersgründen aus dem Erwerbsleben ausgeschieden sind oder eine längerdauernde Weiterbildungmaßnahme (Meisterausbildung, Studium) begonnen haben. Das Ausscheiden aus dem Arbeitsmarkt muss nicht endgültig sein; ein Teil der Erwerbslosen kann später wieder für Erwerbstätigkeit votieren (z.B. geringfügige Beschäftigung von Hausfrauen, RentnerInnen, Studierenden) oder illegal beschäftigt sein (z.B. Schwarzarbeit).

Es ist wichtig daran zu erinnern, dass in Abb. F-1.3 nur 'numerische Flexibilität' erfasst ist (Veränderung der Zahl der Beschäftigungsverhältnisse). Das in einer bestimmten Zeit genutzte Arbeitsvolumen kann aber auch in anderer Weise flexibilisiert werden (z.B. durch Ausdehnung/Verkürzung der Arbeitszeit, Mobilität zwischen Betriebsstätten), sodass funktionale Äquivalente zur Beschäftigungsausweitung oder -schrumpfung vorliegen.

Auf weitere Beispiele für Übergangsarbeitsmärkte gehen wir unten bei der Diskussion von 'Zweitem Arbeitsmarkt' und 'Beschäftigungsgesellschaften und -plänen' ein (s. S. 197-208).

Im Grunde legen die Teilarbeitsmärkte *allgemeine* Beschäftigungs*politiken* und Arbeitskräfte*strategien* fest, etwa für das unspezifische Segment eine tayloristische Arbeitsorganisation mit Hire-and-Fire-Politik. Als Typologien stellen Arbeitsmarkt-Zwei- oder -Dreiteilung Idealisierungen dar, die in der Praxis trennscharf nicht vorfindbar sind.

Beleg F-1.1:   Übergangsarbeitsmärkte (nach *Schmid* 1996a und b, 1997,
Rogowski & Schmid 1997, *Auer* 1997)

"*Organisatorisch* sind Übergangsarbeitsmärkte Brücken zwischen bezahlter abhängiger Beschäftigung und anderen Erwerbsformen oder produktiven Aktivitäten. Rechtlich bieten sie dauerhafte und somit berechenbare Optionen zum Wechsel oder zur Kombination verschiedener Arbeitsverhältnisse, z.B. geregelte Wechsel zwischen Vollzeit- und Teilzeitarbeit, Wechsel zwischen (Weiter-)Bildung und Arbeit oder Kombinationen von beidem; Wechsel zwischen unselbständiger und selbständiger Arbeit oder auch hier (ein zunehmender Trend übrigens) Kombinationen von beidem. *Finanziell* kompensieren Übergangsarbeitsmärkte zeitweise vermindertes Erwerbseinkommen teilweise mit Transferleistungen oder mit eigenen zweckgebundenen Sparleistungen, die eventuell noch steuerlich begünstigt sind. Da Übergangsarbeitsmärkte nicht Untätigkeit, sondern kreative Aktivitäten organisieren, sind sie letzlich auch volkswirtschaftlich effizienter als Arbeitslosigkeit. *Ordnungspolitisch* sind Übergangsarbeitsmärkte also Institutionen, die Variabilität in der Dauerhaftigkeit von Beschäftigungsverhältnissen unterstützen" (*Schmid* 1996a, 631).

Übergangsarbeitsmärkte sind für *Schmid* institutionalisierte Brücken zwischen regulären Beschäftigungsformen im ersten Arbeitsmarkt und zwischen erstem Arbeitsmarkt und Arbeitslosigkeit. Diese *intermediäre* Position kann sich in einer breiten Palette von Beschäftigungsalternativen konkretisieren (siehe unten), deren Gemeinsames ist, dass sie *"zeitlich begrenzte Statuspassagen"* darstellen (*Schmid* 1996).

Schmid (1996b, 739) nennt fünf mögliche Übergangsarbeitsmärkte:

- im ersten Arbeitsmarkt: zwischen verkürzter und vollzeitiger Beschäftigung [bei verkürzter Arbeitszeit (wie etwa in der VW-4-Tage-Woche) könnte z.B. verfügbare Zeit zur betriebsspezifischen Weiterbildung der Arbeitskräfte genutzt werden];

- zwischen Arbeitslosigkeit und Beschäftigung (Hilfen für Existenzgründung, Lohnkostensubventionen, produktive Arbeitsförderung, Beschäftigungsgesellschaften, ABM, Sozialbetriebe etc.). Wie in den §§ 249h und 242s AFG vorgesehen, können z.B. Arbeitslose in sozial wichtigen Aufgaben eingesetzt werden, sich dabei Qualifikationen aneignen, Arbeitserfahrung sammeln und zugleich bezahlte produktive Tätigkeit ausführen;

- zwischen Bildungs- und Beschäftigungssystem (u.a. Qualifizierungsgesellschaften); Rotationsmodelle wie in Dänemark oder Schweden können z.B. vorsehen, dass MitarbeiterInnen, die Langzeit-Qualifizierungen mitmachen, durch befristet beschäftigte Arbeitslose ersetzt/vertreten werden (vgl. *Höcker & Reissert* 1995). Ähnlich könnte bei längeren Sabbaticals verfahren werden; auch zeitweiliges Ausscheiden (z.B. Erziehungsurlaub) kann in diesem Sinn interpretiert werden;

- zwischen unbezahlten privaten Tätigkeiten (ehrenamtliche Tätigkeit, Bürgerarbeit) und marktwirtschaftlicher bezahlter Erwerbsarbeit;

- zwischen Beschäftigung und Rente. Altersteilzeitmodelle können ein 'gleitendes' Ausscheiden aus dem Arbeitsleben vorsehen, wobei im gleichen Umfang Arbeitslose oder BerufsanfängerInnen eingestellt werden können.

Wenn Segmente behauptet werden, muss man die Kriterien oder Operationen angeben, anhand derer die Abteilungen vorgenommen werden sollen. Es wird immer wieder betont, dass die Abgrenzungen nicht klar konturiert und eindimensional sind und dass es Unschärfen und Überlappungsbereiche gibt. Man kann das an den drei obengenannten Hauptmerkmalen illustrieren, die *Doeringer & Piore* genannt haben:

- *skill specificity*: Wie lassen sich z.B. Spezialfertigkeiten von Jedermannsqualifikationen empirisch unterscheiden? Genügt es, 'Jahre der Ausbildung' oder 'Titel und Grade' (formale Bildungsabschlüsse) heranzuziehen? Mit welcher Begründung werden letztere in eine Rangordnung gebracht? Ist ein Abitur mehr oder weniger wert als eine Berufsausbildung? Ist ein Hochschuldiplom mehr oder weniger Wert als ein Fachhochschuldiplom?

- *on-the-job training*: Kann die Vielzahl der Wissensinhalte, Methoden, Erfahrungen und Haltungen, die im Lernen während der Arbeit erworben werden, durch "Dauer der Betriebszugehörigkeit" abgebildet werden? Sind diejenigen auf den besseren oder anspruchsvolleren Arbeitsplätzen die Mitglieder des internen Segments?

- *customs, customary law*: Welche Messvorschriften kann man für 'ungeschriebene Gesetze', 'informelle Normen', 'Unternehmenskultur' usw. entwickeln? Ist 'Dauer der Zugehörigkeit zu einer Gruppe oder Unternehmung' ein hinreichend gültiges Maß? Oder sollte man Fehlzeitenhöhe, Fluktuationsrate, Ausschussquote, Menge der Verbesserungsvorschläge, Beschwerdehäufigkeiten usw. als Indikatoren heranziehen?

An dieser Aufzählung zeigt sich auch, dass Bedingungen und Folgen sich vermischen: Lange Betriebszugehörigkeit muss nicht Kriterium der Aufnahme in den internen Arbeitsmarkt sein, sondern kann die Konsequenz einer solchen Entscheidung sein - aber je länger jemand dem Betrieb angehört, desto mehr Prüfsituationen hat er oder sie überstanden, desto mehr implizite Normen wurden verinnerlicht, desto mehr betriebsspezifische Kenntnisse konnten angeeignet werden usw.

Die Beschäftigung in einer Leiharbeitsfirma gilt nicht als 'Übergang' (auch wenn sie in Vermittlungsabsicht erfolgt), weil es sich dabei um ein reguläres Arbeitsverhältnis im ersten Arbeitsmarkt handelt.

Ein anschauliche Darstellung der vielen möglichen Übergangssituationen bietet die Abb. F-1.4, die - etwas modifiziert - aus *Slubetzky* (1997, 117) entnommen ist.

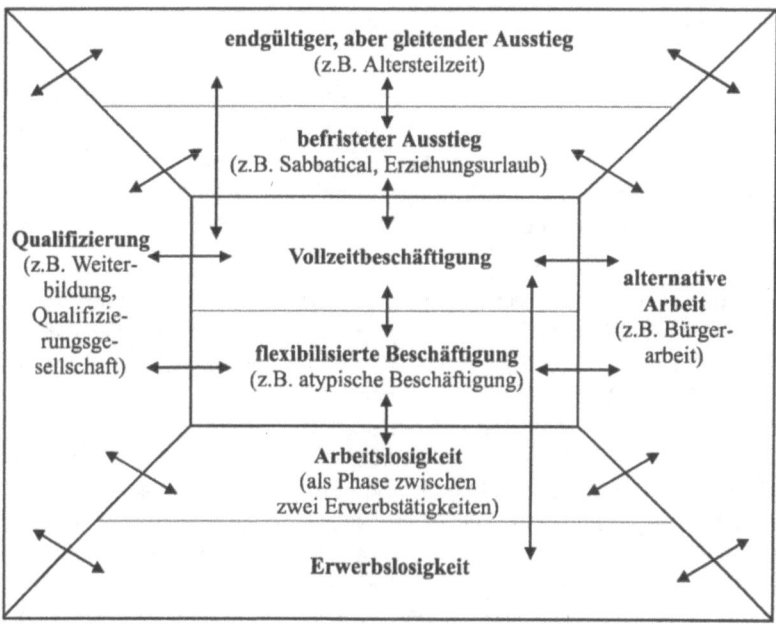

Abb. F-1.4:   Übergänge zwischen Beschäftigungs-Teilsystemen
                (nach: *Slubetzky* 1997, 117)

1.2.3   Abschließende Würdigung der Segmentationsansätze

Die Segmentierungsansätze liefern ein analytisches Instrument, das Möglichkeiten
der Unternehmen aufzeigt, in einer riskanten und intransparenten externen und internen Umwelt flexibel zu agieren (zu den Funktionen und Dysfunktionen siehe
auch *Rastetter* 1996, 40-43). Insbesondere die 'Zutat' des berufsfachlichen Teilarbeitsmarkts, die das ISF-Modell des *drei*geteilten Arbeitsmarkts dem *dualen* Ar-
beitsmarktmodell hinzugefügt hat, ist auf Kritik gestoßen. *Sengenberger* (1978a, 13f.)
konzediert, dass die Bedeutung des berufsfachlichen Segments abgenommen hat,
und zwar zugunsten des betriebsspezifischen (weil nämlich Betriebe dazu tendieren,
die gut ausgebildeten, vielseitig einsetzbaren, lern- und anpassungsbereiten Fachleute innerbetrieblich zu 'horten' und so das professionelle Segment ausdünnen).
Darüber hinaus zeigen *Köhler & Sengenberger* (1983) beim Vergleich der deutschen
und amerikanischen Autoindustrie, dass über die betrieblichen Arbeitskräftestrategi-
en hinaus (und diese konditionierend) die Pfadabhängigkeit der jeweiligen wirtschaftlichen Entwicklung, die gesetzlichen Regelungen und die Organisation und

Funktion der Gewerkschaften für die Besonderheiten der jeweiligen Arbeitsmärkte wichtig sind.

Unabhängig von Zahl und Begründung der Segmente sind bislang nicht befriedigend gelöste Probleme (1) Auswahl und Operationalisierung derjenigen Merkmale, anhand derer Ausmaß und Art der Segmentierung bestimmt werden sollen. Erst wenn diese Frage befriedigend gelöst ist, kann die Folgefrage (2) untersucht werden, ob es tatsächlich Arbeitsmarktsegmentierungen gibt, die den von der Theorie behaupteten entsprechen.

zu (1): Eine zentrale These der Segmentierungstheorien ist, dass Firmen in bestimmten (Arbeits-)Marktpositionen sich in ihren Beschäftigungspolitiken unterscheiden (Merkmale solcher Firmen sind z.b. Größe, Marktanteil, Finanzkraft, regionale Dominanz, Wirtschaftszweig). 'Primäre' Unternehmen zeigen andere Arbeitskräftestrategien als 'sekundäre': die ersteren haben interne Beförderungsketten, betriebsspezifische Qualifizierung, intern entwickelte und überwachte Normen, Systeme der Personalbeurteilung und Leistungsmessung; die letzteren haben hohe Belegschaftsfluktuation ('hire & fire'), hohe Teilzeitraten, einen großen Anteil an Randbelegschaften usw. (s. a. *Gallie & White* 1994). In einem - im Vergleich mit den oben dargestellten Differenzierungsmerkmalen, die *Doeringer & Piore* verwenden - erweiterten Verständnis von 'internen Arbeitsmärkten', schlägt *Rubery* (1994, 37f.) vor, alle Strategien, die ein Gefälle zwischen *insiders* und *outsiders* herstellen oder aufrechterhalten, zu berücksichtigen (z.B. übertarifliche Löhne, Beförderung aus den eigenen Reihen, unbefristete Verträge usw.). Je nachdem, welche Merkmale man berücksichtigt, werden andere Trennlinien zwischen den verglichenen Unternehmungen gezogen. Selbst wenn man sich auf Merkmale geeinigt hätte, bliebe immer noch das Problem, sie zu operationalisieren (für das Merkmal 'Qualifikation' beispielsweise kommt eine große Zahl heterogener Bestimmungen in Frage; oder - wie oben erörtert - wie lässt sich festlegen, wer zu den 'Randbelegschaften' gehört und wie groß diese im Vergleich zu den Stammbelegschaften sind?). Ein Beispiel für einseitige Operationalisierungen ist die Studie von *Szydlich* (1990). In seiner Auswertung von Daten des Sozioökonomischen Panels hat er (nur) zwei Größen gewählt, um Arbeitsmarktsegmentierungen zu bestimmen: Größe (Belegschaftszahl) und 'Anzahl der Ungelernten' (in jenen Berufsklassen (!), zu denen sich die Befragten gezählt haben).

zu (2): *Gallie & White* (1994) konnten in ihrer Studie in Großbritannien zeigen, dass nahezu alle Firmen fast alle Strategien (wenngleich in unterschiedlichem Ausmaß) nutzten und dass sehr unterschiedliche Kombinationen einzelner Politiken zu finden sind. Ähnliche Probleme, die interne Homogenität der Segmente zu belegen, hatten auch die oben zitierten Autoren des ISF bei ihren Erhebungen. Die interne Stimmigkeit innerhalb der Segmente ist offenbar zu hoch angesetzt, es werden in der Praxis scheinbar inkompatible Elemente gleichzeitig praktiziert.

Segmentierungen sind keinesweges allein arbeit*geber*induziert, sie können auch partikulären Interessen einzelner Beschäftigtengruppen entsprechen (wenn sich z.B. die privilegierten *insiders* gegen Schmälerung ihrer Vorteile wehren). Außerdem müssen vorfindbare Spaltungen - siehe *Delsen* (1995, 63-66) - nicht auf gezielte Arbeitskräfte*strategien* des Managements zurückzuführen sein, sondern können aus unkoordinierten Re-Aktionen, planlosen 'Reparaturen' oder lokalen Initiativen entstanden sein.

Die Segmentationstheorien müssen deshalb als allgemeine Entwürfe charakterisiert werden, deren analytische Klarheit sich in der recht 'verunreinigten' Empirie noch nicht befriedigend hat bestätigen lassen.

Ebenso wie die Vertreter des 'betriebsstrategischen Ansatzes' (s.u.) sieht *Rubery* (1994) die Unternehmen nicht als einseitig fremdbestimmt. Sie müssen nicht nur auf Zwänge und Chancen des externen Markts re-agieren, sondern sind als aktive Gestalter ihres (regionalen) Arbeitsmarkts zu sehen, den sie durch ihre Beschäftigungspolitik strukturieren. Eine einseitig marktzentrierte Betrachtungsweise (wie sie im Extrem die Neoklassik vertritt) soll aber nicht durch eine einseitig arbeitgeberzentrierte Betrachtungsweise abgelöst werden. *Rubery* plädiert vielmehr für ein Interaktionsmodell, bei dem Autonomiestrategien des Managements konditioniert werden durch Marktbedingungen (nicht nur des Arbeits-, sondern auch des Produkt- oder Finanzmarkts), die sich jedoch zumindest partiell im Interesse des Managements gestalten lassen. Ein Unternehmen kann z.B. den Arbeitsmarkt internalisieren, es kann sich aber auch stabilisieren, indem es Risiken und Unsicherheit externalisiert (z.B. das Auslastungsproblem auf Randbelegschaften oder Fremdfirmen überwälzt).

Rubery & Wilkinson (1994, 4ff.) sehen die klassischen Segmentationsansätze herausgefordert durch:

- die Theorie der 'flexiblen Unternehmung', derzufolge die Spaltung zwischen stabilen (primären) und instabilen (sekundären) Firmen aufgehoben wird zugunsten der Internalisierung der Instabilität in die Firmen, die scheinbar paradoxerweise durch diese 'funktionale Flexibilität' stabiler werden;
- die Überwindung des auf standardisierte Massenproduktion ausgerichteten Fordismus durch den Post-Fordismus und seine hochflexiblen Produktionssysteme, die hochqualifizierte *und* hochflexible Belegschaften benötigen; dazu gehört auch die wichtigere Rolle der oftmals kleineren Zulieferfirmen und neuer Inter-Firmen-Netzwerke;
- die im Zuge tayloristischer Dequalifikationsstrategien gestiegene Bedeutung des Managements als Planungs- und Kontrollinstanz, die durch neue dezentralisierte Produktionsformen wieder reduziert wird, sodass anstelle hierarchischer Steuerung unterschiedliche Einbindungs-, Motivations- und Kontrollpraktiken wichtig werden, die auf sehr 'durchmischte' Belegschaften bezogen sind;

- die zurückgehende Bedeutung der Gewerkschaften, die einhergeht mit Individualisierungstendenzen unter den Beschäftigten, sodass Segmente mit homogener Interessenlage seltener werden bzw. in weitere Differenzierungen zerlegt werden, für die es keine starke repräsentative Vertretung (Betriebsräte, Gewerkschaften) mehr gibt (siehe die Tendenz zu individualisierten Kontrakten oder neue Commitment-Strategien wie etwa die Unternehmenskulturbewegung usw.);

- die Sensibilisierung für die Geschlechterdifferenz, die dazu geführt hat, dass nicht mehr ohne weiteres traditionelle Koppelungen (z.B.: Frau = niedrige Erwerbsbeteiligung = niedrige Qualifikation = instabile Arbeitsverhältnisse = niedrige Lohnsätze) aufrechtzuerhalten sind und anstelle eindimensionaler Segmentierungen, die ja immer auch Diskriminierungen sind, komplexere Arrangements treten.

Trotz dieser Argumente kann keine Rede von einem Ende der *Schließung* von Arbeitsmärkten und der Nicht-Existenz von Teilarbeitsmärkten sein. Die Abschottung, die speziell *interne* Arbeitsmärkte (mit unbefristeten Arbeitsverträgen, Vollzeitbeschäftigung, Qualifikations- und Aufstiegsmöglichkeiten) charakterisiert, hat eine Reihe von Nachteilen: der Konkurrenz- und Disziplinierungsdruck durch den externen Arbeitsmarkt wird reduziert, die Konfrontation mit neuen oder abweichenden Ideen unterbleibt ('Betriebsblindheit'), der Ersatz von Arbeitskräften, die den Anforderungen nicht mehr gewachsen sind, fällt wegen der impliziten Beschäftigungsgarantie schwerer, sodass es insgesamt durchaus eine riskante Strategie sein kann, sich gegen den externen Arbeitsmarkt abzuschotten. Die Balancierungsstrategie, die in der Flexibilisierungsdebatte (siehe unten, S. 210f.) des öfteren thematisiert wird, lässt sich als *'flexicurity'* (flexibility & security, s. *Rogowski & Schmidt* 1997) bezeichnen: Der Schließung nach außen muss eine Öffnung nach innen korrespondieren, weil die *insiders* als Gegenleistung für die Stabilität und Sicherheit ihrer Beschäftigungsverhältnisse erhöhte Flexibilitätsbereitschaft zeigen müssen, sodass das Management auf gewandelte Herausforderungen nicht mit einem Austausch der Belegschaft reagieren muss, sondern Umsetzungen, Neuqualifikationen, Konzessionen etc. mögliche Fehlanpassungen verhindern oder beseitigen helfen. Zwar müssen erfahrene Arbeitskräfte eine Garantie erhalten, dass sie nicht ersetzt werden, wenn sie ihr Wissen an jüngere weitergeben, und dass ihre Betriebstreue belohnt wird, wenn sie Abwerbungsversuchen widerstehen, dennoch aber muss eine interne (Einkommens-, Leistungs- und Aufstiegs-)*Konkurrenz* erhalten bleiben, die durch entsprechende Gestaltung von Bezahlungs- und Beförderungssystemen erreicht werden kann (s.a. *Sengenberger* 1987).

1.3 Ansätze zur Lösung des Beschäftigungsproblems auf gesamtwirtschaftlicher Ebene

Beschäftigungssysteme und Arbeitskräftestrategien der Unternehmen stehen in engem Zusammenhang mit der Diskussion über Strukturwandel und -brüche, konjunkturelle Zyklen, weltweite Lohnkonkurrenz im Rahmen der Globalisierung, Standort-

Vorteile und -Nachteile, Steuersysteme, neue Technologien, Systeme der Sozialen Sicherung, regionale oder nationale Förderpolitiken und Subventionspraktiken (z.B. für Industrieanlagen 10 Jahre Steuerbefreiung und keine Erschließungskosten). Wegen der permanenten Volumen- und Strukturanpassungen in einer Volkswirtschaft ist es nicht möglich, zu jedem Zeitpunkt Vollbeschäftigung zu sichern (siehe auch das 'magische Viereck': Geldwertstabilität - Außenhandelsgleichgewicht - Vollbeschäftigung - Wachstum). Anzumerken ist, dass selbst 'Vollbeschäftigung' nicht gleichbedeutend ist mit der Existenz einer Arbeitslosenquote von Null (wegen der sog. 'friktionellen' Arbeitslosigkeit oder aufgrund der Existenz von Übergangsarbeitsmärkten).

1.3.1   Der Problemdruck: Kosten und Folgen der Arbeitslosigkeit

Arbeitslosigkeit ist extrem teuer, sie verursacht hohe Kosten und Einnahmeausfälle. *Engelen-Kefer, Kühl, Peschel u. Ullmann* (1995, 166ff.) differenzieren z.B. folgende Kostenarten:

- Opportunitätskosten (nicht produzierte Güter und Dienstleistungen);
- Ausfall von Steuerzahlungen und Sozialversicherungsbeiträgen;
- Erhöhung der Arbeitslosenversicherung [sie betrug lange Jahre (1957-1975) 2%, wurde dann 1990 auf 4,3%, 1992 auf 6,3%, 1995 auf 6,5% erhöht]; eine ähnliche 'Dynamik' ist für die Rentenversicherung zu konstatieren;
- Lohnersatzleistungen (Arbeitslosengeld, Arbeitslosenhilfe)[14]; Hilfe zum Lebensunterhalt. Aufgegliedert ergab sich 1993 ein Gesamtbetrag für Arbeitslosen*geld* in Höhe von 28,0 Mrd; für Arbeitslosen*hilfe*: 13,0 Mrd; für Arbeitslose ohne Leistungsbezug: 13,4 Mrd. = insg. ca. 54,6 Mrd. DM. Für BezieherInnen von Arbeitslosen*geld* teilt sich der Betrag von 28,0 Mrd. DM folgendermaßen auf:

  - Übernahme von Versicherungsleistungen für Arbeitslosengeld-EmpfängerInnen (Krankenversicherung, Rentenversicherung), Sozialhilfe und Wohngeld
  - Mindereinnahmen von direkten und indirekten Steuern
  - Mindereinnahmen von Sozialbeiträgen (Rentenversicherung, Arbeitslosenversicherung, Krankenversicherung)

---

[14] Arbeitslosen*geld*, das von der Bundesanstalt für Arbeit bezahlt wird, betrug 1998 bei mindestens 1 Kind 67% des vorherigen Nettoentgelts; ohne Kind: 60%; Arbeitslosen*hilfe* (die vom Bund bezahlt wird): 57% bzw. 53%. Wichtig sind auch *Sperrzeiten* (z.B. nach eigener Kündigung: 12 Wochen; aber auch bei Ablehnung einer angebotenen Arbeit, Ablehnung oder Abbruch einer Bildungsmaßnahme) und *Ruhezeiten* und nicht zuletzt die Anrechnung von Abfindungen (das wird an einem Beispiel unten - siehe Beleg F-2.3, S. 256- illustriert). Auf S. 210 (Fußnote 26) wird auch auf die Neufassung der sog. Zumutbarkeitsregeln eingegangen. Nicht zuletzt ist darauf hinzuweisen, dass sich Arbeitslose dem Arbeitsamt verfügbar halten müssen, was die persönliche Zeitdisposition sehr gravierend beeinflussen kann. Außerdem müssen seit dem 1.1.98 Arbeitslose dem Arbeitsamt nachweisen (z.B. durch Kopien von Bewerbungsschreiben), dass sie sich *aktiv* um eine neue Stelle bemüht haben.

Ohne Berücksichtigung der Opportunitätskosten wurden 1997 die Kosten der Arbeitslosigkeit vom Institut für Arbeitsmarkt- und Berufsforschung (IAB) für die öffentlichen Haushalte auf ca. 180 Milliarden Mark geschätzt (1996 waren es noch 158,9 Milliarden gewesen, 1991 - im ersten Jahr gesamtdeutscher Berechnungen - 68 Milliarden). Umgerechnet auf den einzelnen Arbeitslosen machte das 1997 ca. 41.000 DM aus; davon bekam der Arbeitslose allerdings nur ca. 12.000 DM an direkter Unterstützung ausbezahlt (s. Abb. F-1.5).

Angesichts der Höhe dieser 'unproduktiven' Leistungen überrascht es nicht, dass immer wieder gefordert wird, mit den öffentlichen Zahlungen einen *zweiten, regulierten Arbeitsmarkt* zu schaffen, in dem mit öffentlichen Mitteln finanzierte Beschäftigungsverhältnisse für gesellschaftlich nützliche Tätigkeiten, z.B. Umweltschutz-Arbeiten, Alten- und Krankenpflege eingerichtet werden. Dies allerdings kann wiederum Auswirkungen auf den 'normalen' Arbeitsmarkt haben (siehe dazu S. 197ff.)..

Die hohen volkswirtschaftlichen Kosten der Finanzierung von Arbeitslosigkeit sind jedoch nicht die einzigen Konsequenzen, die zu berücksichtigen sind. Es ist auch zu rechnen mit einem Aufblühen der Schattenwirtschaft und mit Lohndumping. Außerdem können sich Sucht- und Drogenprobleme, politische Radikalisierung oder Apathie und Kriminalisierung verstärken.

Die *Gekündigten* müssen mit folgenden Konsequenzen rechnen:

- Einkommenseinbußen in der Zeit der Arbeitslosigkeit;
- Verlust von Rechten oder Vorteilen, die mit langjähriger Betriebszugehörigkeit verbunden sind, z.B. verlängerte Kündigungsfristen, Treueprämien, Anwartschaften auf betriebliche Leistungen. Wenn wieder ein neuer Arbeitsplatz gefunden wird, müssen Senioritätsrechte erst wieder aufgebaut werden, bei neuerlichen Kündigungswellen besteht eine ungünstige 'Rangposition';
- Qualifikationsentwertung: neue Arbeitsplätze bieten oder fordern eventuell weniger (oder andere, erst zu erwerbende) Qualifikationen als frühere ("sozialer Abstieg"); Arbeitseinkünfte und Arbeitsbedingungen können sich verschlechtern, Arbeitswege länger werden (Zumutbarkeit!);
- Verlust an Sozialprestige (s. Hausfrauen-Syndrom; Isolierung, Kontaktverluste);
- Psychische Destabilisierung, Selbstwertgefühlseinbrüche (s. dazu ausführlicher: *Kleinhenz* 1989 und vor allem die klassische Marienthal-Studie von *Jahoda, Lazarsfeld & Zeisel* (1933 bzw. 1960); Zerstörung von Zeitstrukturen etc.; Aggression, Versager-Syndrom;
- Behinderung der Persönlichkeitsentfaltung aufgrund der fehlenden fachlichen und sozialen Herausforderungen in einem Arbeitsverhältnis;
- Reduktion des gesellschaftlichen und politischen Engagements, Zerfall von Lebensrhythmen und sozialen Netzen.

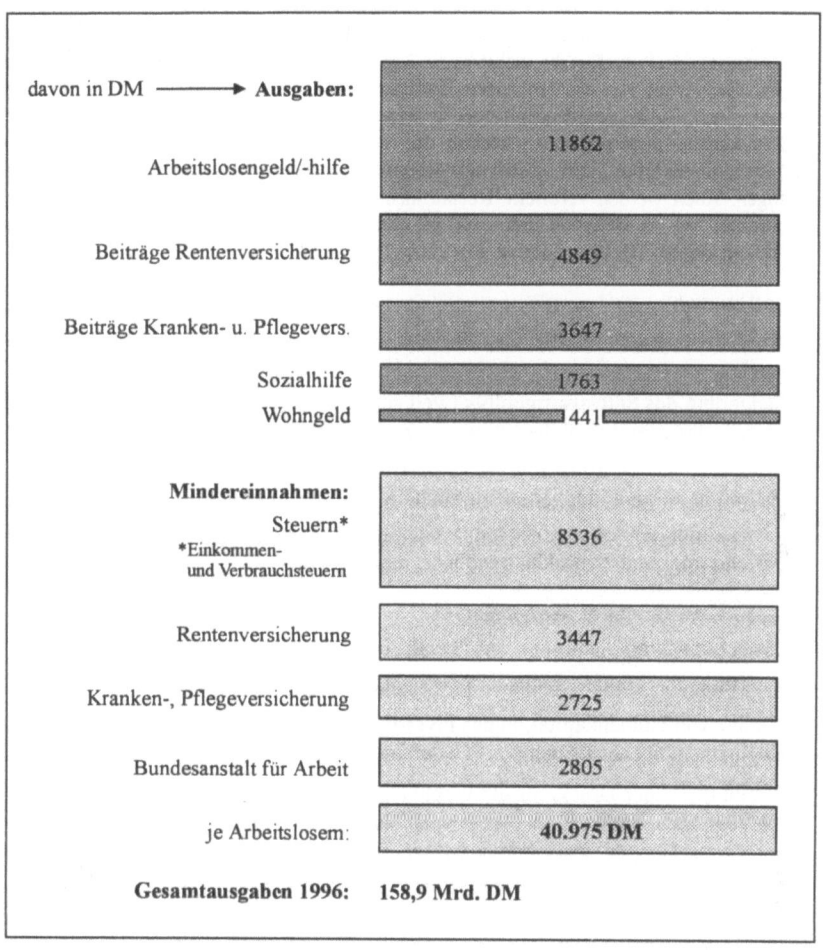

davon in DM ⟶ **Ausgaben:**	
Arbeitslosengeld/-hilfe	11862
Beiträge Rentenversicherung	4849
Beiträge Kranken- u. Pflegevers.	3647
Sozialhilfe	1763
Wohngeld	441
Mindereinnahmen:	
Steuern* *Einkommen- und Verbrauchsteuern	8536
Rentenversicherung	3447
Kranken-, Pflegeversicherung	2725
Bundesanstalt für Arbeit	2805
je Arbeitslosem:	**40.975 DM**
Gesamtausgaben 1996:	**158,9 Mrd. DM**

Abb. F-1.5: Staatliche Ausgaben bzw. Mindereinnahmen durch Arbeitslosigkeit 1996 (nach: *Süddeutsche Zeitung*, 21.6.1997)[15]

---

[15] Für 1997 berichtet die SZ (26.5.1998, 1) einen Gesamtwert von 166 Mrd. DM

Kapitel F

Konsequenzen für die *verbleibenden Belegschaftsmitglieder*:

"Der Personalabbau hat darüber hinaus großen Einfluss auf die noch Beschäftigten, deren Verhalten durch die Gefahr, selbst in die Lage des Gekündigten zu kommen, beeinflusst wird. Die Angst vor der drohenden Entlassung führt zu einer Verschärfung des Leistungs- und Konkurrenzdrucks in der Unternehmung und begünstigt dadurch einerseits Entsolidarisierungstendenzen innerhalb der Belegschaft, andererseits führt die erhöhte Leistungsbereitschaft zu Produktivitätssteigerungen, die wiederum Personalabbau begünstigen. Auch werden verbriefte Rechte nicht voll oder überhaupt nicht mehr wahrgenommen, wie die Beispiele unterlassener, aber berechtigter Krankmeldungen oder Kuranträge zeigen" (*Deters, Karg & Rosenberg* 1985, 263).

Hinzukommen:

- Dankbarkeit gegenüber der Organisation, die sich in höherer Loyalität ausdrücken kann;
- Steigerung des Selbstwertgefühls (weil sich eine nichtgekündigte Arbeitskraft als besser oder unentbehrlicher fühlen kann als die entlassenen);
- Erhöhung von Konformismus ('nur ja nicht negativ auffallen');
- generell niedrigere Fehlzeiten, um nicht in Kündigungsgefahr zu geraten;
- bei massenhafter Arbeitslosigkeit: Steigerung der Lohnnebenkosten (Arbeitslosenversicherung) und Zurückhaltung bei Lohnforderungen.

Konsequenzen für das *Unternehmen*:

- Kostenentlastung (gemindert durch evtl. Abfindungen);
- Schaffung der Voraussetzungen für organisatorische Umstrukturierungen;
- Verlust von Humankapital, in das investiert worden war;
- Möglichkeit, bei nachfolgenden Wiedereinstellungen 'frisches Blut' zu bekommen;
- disziplinierender Druck auf die verbliebene Belegschaft; bei verhaltensbedingten Kündigungen: Signal, dass der Arbeitgeber sein Direktionsrecht wahrnimmt;
- Negativpropaganda der Gekündigten im Bekanntenkreis, wenn und weil sie sich ungerecht behandelt fühlen; negative Publicity in den Medien; Reputationsverluste für das kündigende Unternehmen ...;
- verbesserte Verhandlungsposition beim Aushandeln von Zugeständnissen (z.B. Verzicht auf Zuschläge, 'freiwillige' Sonderleistungen, erhöhte Flexibilität im Gegenzug zu Beschäftigungsgarantien).

Hält man sich die Vielzahl der Konsequenzen vor Augen, dann wird man nicht auf Patentrezepte hoffen können, die für alle Probleme gleichermaßen helfen. Die beteiligten Akteure haben zum Teil antagonistische Interessen und verfolgen unterschiedliche Ziele. Es überrascht deshalb nicht, dass die verschiedenen Schulrichtungen der Wirtschaftstheorie sich in den von ihnen empfohlenen Rezepten für Beschäftigungsförderung unterscheiden.

1.3.2 Neoklassische und institutionalistische Vorschläge zur Bekämpfung der Arbeitslosigkeit

1.3.2.1 Neoklassische Ansätze

Wie schon erwähnt, wird aus neoliberaler Perspektive ein hohes Niveau an Arbeitslosigkeit auf die Ineffizienz regulierter Arbeitsmärkte zurückgeführt. Als Gegenmittel werden verschiedene Abhilfemaßnahmen diskutiert, die im Folgenden zunächst kurz vorgestellt werden. Ausführlich soll dann auf die Forderung nach 'Flexibilisierung' eingegangen werden. Dabei werden verschiedene Flexibilisierungsmöglichkeiten diskutiert und geprüft, ob es empirische Belege für die Ausprägung der Rigidität des deutschen Arbeitsmarkts gibt und ob die Empfehlungen zu seiner Flexibilisierung erfolgversprechend sind.

In neoliberal begründeten Vorschlägen zur Bekämpfung von Arbeitslosigkeit kommen zugleich Problemdiagnosen zum Ausdruck. Im Folgenden sollen vier immer wieder gegebene Empfehlungen vorgestellt werden (siehe *Vaubel* 1989, 25ff.):

1. Die Güternachfrage stimulieren (durch entsprechende Geld- und Fiskalpolitik).

   Eine Senkung z.B. der Mehrwertsteuer könnte nachfragesteigernde Wirkung haben, auf die Unternehmen mit einer Ausweitung der Produktion und erhöhter Beschäftigung reagieren (sofern die Produktionsverfahren arbeitselastisch sind).

2. Das Arbeitsangebot verknappen.

   "Erreichen lässt sich dies zum Beispiel dadurch, dass man a) die Arbeitszeit verkürzt - und zwar ohne vollen Lohnausgleich, b) Frauen und Ältere durch sozialpolitische Maßnahmen (Babyjahr, Erziehungsurlaub, Vorruhestand) aus dem Markt herauskauft, c) die berufstätigen Frauen - z.B. über das Anrechnungsverfahren in der Hinterbliebenenversorgung - schlechter stellt, oder d) zusätzliche Schuljahre, Ausbildungsanforderungen und Aufbaustudiengänge einführt. Allen diesen Maßnahmen ist gemein, dass sie nicht die Beschäftigung erhöhen, sondern nur die offene Arbeitslosigkeit vermindern. Es sind Therapien, die nicht die Ursachen der Krankheit bekämpfen, sondern nur die Symptome unterdrücken. Werden bereits Beschäftigte über kollektive Arbeitszeitverkürzung oder 'Abwrackprämien' aus dem Markt gedrängt, so nimmt die Beschäftigung - in Arbeitsstunden gemessen - sogar ab, wenn die Arbeitslosen eine geringere Produktivität aufweisen oder ein Lohnausgleich vereinbart wird, dem kein entsprechender Produktivitätszuwachs gegenübersteht" (*Vaubel* 1989, 26f).

3. Die Arbeitsnachfrage (zu den gegebenen Reallöhnen) erhöhen.

   "In Frage kommen erstens Maßnahmen, die die Arbeitsproduktivität steigern: Flexibilisierung, Qualifizierungsoffensive, Spar- und Investitionsförderung etc., zweitens eine Verminderung der gesetzlichen Lohnnebenkosten: niedrigere Arbeitgeberbeiträge zur Sozialversicherung, Entlastungen bei der Lohnfortzahlung im Krankheitsfall, im Sozialplanrecht, beim Kündigungsschutz - bis hin zu einer direkten Subventionierung der Arbeitskosten; drittens eine Ausweitung der Beschäftigung im öffentlichen Dienst; viertens die Behinderung von Rationalisierungsinvestitionen. Auch für diese Rezepte gilt: sie können nicht mit ihren Beschäftigungswirkungen gerechtfertigt werden. Sie müssen danach beurteilt werden, ob sie - unabhängig vom Verhalten der Tarifparteien - allokativ effizient sind" (*a.a.O.*, 27).

4. Durch den Markt koordinieren.

Für diese von ihm als Neoklassiker präferierte Lösung schlägt *Vaubel* zum einen die vollständige Beseitigung des Vermittlungsmonopols der Bundesanstalt für Arbeit vor und zum zweiten - wichtiger - die Reform der Lohnfindung mit dem Ziel, die Verbindlichkeit von (Lohn-)Tarifabschlüssen für alle aufzuheben, um so die Möglichkeit zu schaffen, bisher Arbeitslose zu untertariflichen (Einstiegs-)Löhnen einzustellen. (Im selben Tagungsband werden empirische Fundierung und Wirksamkeit dieser Empfehlung z.B. von *Sadowski* und *Kleinheinz* in Frage gestellt; auch an die Kritik *Sadowskis* an den Vorschlägen *Wengers* ist in diesem Zusammenhang zu erinnern).

Diese 'Empfehlungen' sind auf sehr unterschiedliche Begründungen für Beschäftigungsdefizite bezogen. Die Ent-Fesselung des Marktes muss nicht unbedingt - und schon gar nicht: kurzfristig - zur Beschäftigungsausweitung führen. Es sind weitere Gründe in Betracht zu ziehen:

- Die vorhandenen Kapazitäten sind aufgrund von konjunktureller Nachfrageschwäche unterausgelastet; um Personal(fix)kosten zu verringern, wird aus 'dringenden betrieblichen Erfordernissen' entlassen; ähnliche Wirkung zeigt der nachhaltige Umbau der Wirtschaftsstruktur z.B. vom Produzierenden Gewerbe auf Dienstleistungen.
- Die Arbeitsplätze sind nicht wettbewerbsfähig (andere Anbieter produzieren besser, billiger, schneller, weil sie rationalisiert und damit eine höhere Produktivität haben, geringere Lohnkosten zu tragen haben, bessere Qualität liefern, attraktivere Leistungen bieten oder ein besseres Marketing haben).
- Es besteht eine mangelnde Passung von Arbeitsangebot und -nachfrage (Mismatch-Arbeitslosigkeit: Abweichung von der durchschnittlichen Differenz zwischen der Zahl der Arbeitslosen und der offenen Stellen); das regionale oder qualifikatorische Potential bzw. die Ansprüche passen nicht zu den Anforderungen der suchenden Betriebe; die nachfragenden ArbeitnehmerInnen sind nicht zu Mobilität oder Personalentwicklung oder Lohnzugeständnissen bereit oder fähig; Intransparenz des Arbeitsmarkts, mangelnde Informationen, schwerfällige Vermittlungsarbeit etc. erschweren den 'Fit'.
- Systeme der sozialen Sicherung können die materiellen Konsequenzen von Überwechseln und Verbleib in Arbeitslosigkeit entschärfen, sodass für bestimmte Personengruppen ein geringerer Anreiz besteht, sich aktiv und konzessionsbereit um den Wiedereinstieg zu bemühen.
- Rechtliche und vertragliche Regulierungen oder (unternehmens-)kulturelle Traditionen behindern bzw. erleichtern eine 'Beschäftigung auf Abruf'. Wenn z.B. konjunkturelle Zyklen absehbar sind, aber keine befristeten Arbeitsverträge geschlossen werden dürfen, können den eigentlich nötigen Neueinstellungen Überstunden, Leiharbeit, Aushilfen, Werkverträge usw. als Substitute vorgezogen werden. Betriebliche Arbeitsmarktpolitiken können eine große Rolle spielen, z.B. Aufbau und Pflege eines internen Arbeitsmarkts oder Dominanz des externen Arbeitsmarkts; Lokalisation des Betriebs im primären oder im sekundären Arbeitsmarkt.

- Es gibt Veränderungen in der Arbeitsnachfrage z.B. durch Ansteigen der Erwerbsquote oder des Erwerbstätigenbesatzes[16], was dazu führt, dass mehr Menschen um die vorhandenen Arbeitsplätze konkurrieren und ein größerer Teil leer ausgeht. Eine größere Erwerbsquote kann auf demografische Entwicklungen oder politökonomische Einflüsse zurückgehen (so sank z.B. die vormals sehr hohe Erwerbsquote der Frauen in der DDR nach der Wiedervereinigung ganz erheblich; auch eine veränderte Einstellung zur Teilzeitarbeit und die entsprechende Bereitstellung von Teilzeit-Arbeitsplätzen kann die Erwerbsquote beeinflussen).

Allein schon diese kurzen Überlegungen zeigen, dass isolierte Lösungen, die aus den einzelnen Bedingungsgrößen abgeleitet werden, nicht viel helfen [z.B.: Lohn-(zusatz)kosten senken! Deregulierung![17] Zumutbarkeitskriterien lockern! Private Arbeitsvermittlung einschalten! Teilzeitjobs schaffen! usw.]. Die Einzelwirtschaft kann auf Personalüberhang sehr unterschiedlich reagieren (siehe dazu ausführlich unten), sie kann mit sehr unterschiedlichen Überlegungen auf Neueinstellungen verzichten.

1.3.2.2 Institutionalistische Ansätze

Institutionalisten sind skeptisch in Bezug auf die Selbstregulierungskräfte des Marktes; sie konstatieren zum einen, dass Wirtschaft in Gesellschaft eingebettet ist und von ihren Normen, Gesetzen, Rechtsgarantien, Infrastrukturleistungen etc. abhängt, und zum zweiten, dass es ohne regulierenden Eingriff zum Marktversagen kommen würde.

"Außermarktmäßige Beziehungsnetzwerke hängen von der Kompetenz der *Zivilgesellschaft* und von ihrer die Individuen als Marktteilnehmer vergesellschaftenden Kraft, von den Zugängen zu Informationen, von Vertrauen und reziproken Beziehungen, von Konsens und wechselseitiger Anerkennung ab. Alle diese Zusammenhänge von Wirtschaft als einem gesellschaftlich-kommunikativen System sind in der ökonomischen Theorie des Marktes wenig geklärt; die 'invisible hand' ist so unsichtbar, dass niemand weiter nach ihrer Anatomie und nach dem Körper fragt, dessen Organ sie ist. Obendrein geben sich die Markttheoretiker häufig mit der einen, der 'invisible' Hand zufrieden, ohne nach der zweiten, der 'visible hand' (*Chandler* 1990), oder gar der dritten, der 'third hand' (*Elson* 1990) zu fragen" (*Altvater & Mahnkopf* 1996, 138f.).

---

[16] Die 'Erwerbsquote' ist das Verhältnis der Summe der Erwerbstätigen und Arbeitslosen zur Einwohnerzahl; sie betrug 1996 in Deutschland 46,9 (siehe die obige Abb. F-1.2, S. 161). Der 'Erwerbstätigenbesatz' ist das Prozentverhältnis der zivilen Erwerbstätigen im Alter von 15-64 Jahren zur Gesamtbevölkerung; er betrug z.B. im Jahr 1993 in Japan 74,2%, in den USA 70,9%, in Westdeutschland 62,6% und in Frankreich 57,7% (s. *Schröder* 1995, 21).

[17] *Semlinger* (1991, 18f.) bemerkt dazu: "Bei genauer Betrachtung offenbart sich jedoch, dass es sich bei der Forderung nach einer Rückkehr zu den Wurzeln der Marktwirtschaft nicht um das Ergebnis eines Lernprozesses handelt, sondern um eine resignative Rückbesinnung auf ein überkommenes Steuerungsmuster, für dessen Wirksamkeit lediglich modelltheoretische Überlegungen angeführt werden können, die ihre bestechende Stringenz einer überzogenen Abstraktion der auf realen Märkten ablaufenden Prozesse verdanken."

Institutionalisten gehen deshalb davon aus, dass es unverzichtbar ist, in das Marktgeschehen einzugreifen, um unerwünschte Folgen wirtschaftlicher Betätigung zu bekämpfen (Beispiel: Umweltzerstörung, gesundheitsgefährdende Arbeitsbedingungen), wettbewerbsverzerrende Entwicklungen zu unterbinden (Anti-Monopol- oder Kartellgesetze, Patentrecht), Verletzungen von Gesetzen und Spielregeln zu ahnden (Beispiele: Betrug, Korruption, Insider-Geschäfte), Anreize für gesellschaftlich sinnvolle Aktivitäten zu geben (Beispiel: Anschubfinanzierungen, Bürgschaften, Kredite für innovative Technologien).

Um die Bandbreite staatlicher Interventionen zu illustrieren, sollen Instrumente der Regulierung der Beschäftigung auf den miteinander vernetzten arbeits-, fiskal-, steuer-, struktur- und sozialpolitischen Aktionsfeldern ufgezählt werden:

- Konjunkturprogramme ('Gemeinschaftsprogramme', Abschreibungsmöglichkeiten, Investitionszulagen, Steuervorteile bei Beschäftigungseffekten);
  Reduktion der Steuerlast (um Produktions-Verlagerung in Billiglohnländer zu verhindern: "Lohnveredelung");
  Einsatz von Subventionen und Transferleistungen (z.B. solche der EU; Beispiele sind die Landwirtschaft, Stahl-, Werft-, Textil-Industrie, Fischerei, Weinbau etc.);
- Bildung von Fonds für Sondermaßnahmen;
- Instrumente des Arbeitsförderungsgesetzes (AFG) oder des Beschäftigungsförderungsgesetzes (BeschFG); z.B. AB-Maßnahmen der Bundesanstalt für Arbeit, Einarbeitungszuschüsse, Eingliederungsbeihilfen; öffentliche Gelder zur Umschulung, Fortbildung, Weiterbildung; Mobilitätshilfen; Überbrückungsgelder bei Existenz-Neugründungen ...;
  (Mit-)Finanzierung von Beschäftigungsplänen und Beschäftigungsgesellschaften; produktive Lohnkostenzuschüsse (§§ 242 s, 249 h AFG);
- Gesetzliche Regelungen zur Erhöhung der Flexibilität der Unternehmen (befristete Arbeitsverträge, erleichterte Kündigungen);
- Beschäftigungsauflagen bei Staatsaufträgen (Beispiel USA: Quoten für Frauen, Diskriminierungsverbote); spezieller Schutz von Schwerbehinderten, Jugendlichen etc. (wobei solche Schutzrechte unbeabsichtigt mittelfristig Einstellungen *behindern* können, wenn Arbeitgeber diese Autonomieeinschränkung nicht in Kauf nehmen wollen); Beteiligung von KMU[18] bei Großaufträgen;
- Verschärfte Kontrollen der Arbeitslosen bei Verdacht auf Leistungsmissbrauch (Erreichbarkeit, Vermittelbarkeit); dies wirkt - zusammen mit der Absenkung der Lohnersatzleistungen - auch als 'Generalprävention', um den Status als leistungsbeziehender Arbeitsloser unattraktiver zu machen. Verschärfung von 'Zumutbarkeits-Regeln' (Pflicht zur Annahme auch 'minderwertigerer' Tätigkeiten; Hinnahme von Einkommenseinbußen und längeren Pendelzeiten);

---

[18] KMU: Klein- und Mittelunternehmen (manchmal findet sich auch die Abkürzung KUM)

- Stärkere Kontrollen der Bundesanstalt in Betrieben/an Arbeitsstätten, um zu prüfen, ob die Arbeitenden tatsächlich sozialversichert sind (oder zu 'Dumpinglöhnen' arbeiten); Einsatz von 'Sozialdetektiven'; Entsenderichtlinien für ausländische ArbeitnehmerInnen, Mindestlöhne;
- verschärfte Kontrollen von Werkverträgen, Leiharbeitsfirmen und Subunternehmen;
- Veränderung der (rechtlichen) Rahmenbedingungen für Lebensarbeitszeit oder Langzeiturlaub. Beispiel für einen Zick-Zack-Kurs ist die Verrentungspolitik: zuerst 58-er Regelung, dann Vorruhestand, Altersteilzeit, Altersteilrente, Anhebung des Renteneintrittsalters, Verlängerung der Lebensarbeitzeit, Absenkung der Rentenleistung, um private Vorsorge zu stimulieren usw.

Obwohl hier nur ein unvollständiger Überblick gegeben wurde, entsteht ein Eindruck von der Fülle der Eingriffsmöglichkeiten in das Arbeitsmarktgeschehen. Weil die Interventionen mit Ineffizienzen (Schlagwort: Bürokratie), Missbrauchsmöglichkeiten, Mitnahme-Effekten, kontraintuitiven und kontraproduktiven Folgen verbunden sein können[19], wird immer wieder der Ruf nach Deregulierung und Flexibilisierung laut. Darauf werden wir unten (s. S. 255ff.) ausführlich eingehen. Zunächst soll auf Möglichkeiten einer 'aktiven Arbeitsmarktpolitik' am Beispiel des sog. 'zweiten Arbeitsmarkts' eingegangen werden.

Generell: Zweiter Arbeitsmarkt

Der Arbeitsmarkt ist insgesamt - wie oben insbesondere bei den Segmentationstheorien schon ausgeführt - kein homogener und schon gar nicht: ein vollkommener Markt, er ist in hohem Maße reguliert und durch staatliches Eingreifen gekennzeichnet. Dies gilt insbesondere für den sog. *zweiten Arbeitsmarkt*, der nicht mit dem 'sekundären Arbeitsmarkt' der Segmentationstheoretiker oder dem 'zweiten Arbeitsmarkt' der Schattenwirtschaft zu verwechseln ist.

In ihrer zusammenfassenden Dokumentation definiert *Ulrike Kress* (1994, 3):

"Der zweite Arbeitsmarkt bietet öffentlich subventionierte Beschäftigung für bestimmte Zielgruppen oder regionale/sektorale Schwerpunkte der Unterbeschäftigung. Dazu gehören Dauerarbeitslose, gesundheitlich Beeinträchtigte und andere eingeschränkt Leistungsfähige, ältere Arbeitnehmer und Jugendliche ohne Ausbildungsabschluss. Die Tätigkeiten liegen im öffentlichen Interesse und werden im regulären Produktions- und Dienstleistungsbereich nicht abgedeckt (Zusätzlichkeit). Sie werden mit einem Entgelt vergütet, das zwischen Mehraufwandsentschädigung und Tariflohn liegt. Typische Einsatzfelder sind soziale und kulturelle Dienste, Landschafts- und Umweltschutz, Verbesserung des Wohnumfelds und arbeitsintensive handwerkliche Reparaturarbeiten. Ziel des zweiten Arbeitsmarktes ist es, den hier Beschäftigten über eine befristete Tätigkeit und

---

[19] Siehe die oben schon erwähnte 'institutionelle Arbeitslosigkeit': Es handelt sich um 'freiwillig' Arbeitslose, Zweitverdiener und nur zum Schein gemeldete Frauen, die früher einmal berufstätig waren. Arbeitsvermittler hielten 1989 21% der von ihnen betreuten Arbeitslosen für 'nicht ernsthaft an einer Arbeitsaufnahme interessiert' (*Engelen-Kefer, Kühl, Peschel u. Ullmann 1995*, 169).

Qualifizierung die Einmündung in den ersten Arbeitsmarkt zu ermöglichen[20]. Für Personen mit dauerhaft eingeschränkter Leistungsfähigkeit kann der zweite Arbeitsmarkt aber auch langfristig angelegt sein."

Aus dieser Definition geht hervor, dass der zweite Arbeitsmarkt kein einheitliches Gebilde ist. *Kress* arbeitet (*a.a.O.*, 14) einige Unterscheidungsdimensionen heraus, die die Vielfalt möglicher Beschäftigungsformen begründen: Maßnahmen können

- *zeitlich begrenzt* (klassische Arbeitsbeschaffungsmaßnahmen[21]) oder *auf Dauer* orientiert sein (z.B. Werkstätten für Behinderte),

- *zielgruppenorientiert* sein (Langzeitarbeitslose) oder der Bewältigung von *Strukturproblemen* dienen (Beseitigung von industriellen Altlasten, Verbesserung der Infrastruktur),

- *einfachfinanziert* (Lohnsubvention durch die Bundesanstalt) oder *mehrfachfinanziert* sein (Europäischer Sozialfonds, Bundesmittel, kommunale Mittel, Mittel der Bundesanstalt),

- *partikular* (auf ein eng umgrenztes Vorhaben beschränkt) oder *universell* (inhaltlich nicht festgelegt) sein,

- *sozialpolitisch* motiviert (z.B. Behinderten ein sinnvolles Arbeitsleben ermöglichen) oder *ökonomisch-* bzw. ertragsorientiert sein (Aufbau der Infrastruktur für Industrieansiedlungen),

- *problemgruppenorientiert* (für ältere ArbeitnehmerInnen, Jugendliche ohne Ausbildungsabschluss) oder *projektorientiert* sein (Landschaftspflege, Umweltschutz),

---

[20] und - so wäre hinzuzufügen - die öffentlichen Haushalte von den Folgekosten der Arbeitslosigkeit zu entlasten und die gesellschaftlichen Folgen von massenhafter Dauerarbeitslosigkeit zu mildern.

[21] Im Arbeitsförderungsgesetz (AFG) § 91 heißt es dazu: "(2) Arbeiten, die im öffentlichen Interesse liegen, können durch die Gewährung von Zuschüssen [aus Mitteln der Bundesanstalt, W. & N.] an die Träger der Maßnahmen gefördert werden, soweit die Arbeiten sonst nicht oder erst zu einem späteren Zeitpunkt durchgeführt würden und die Förderung nach Lage und Entwicklung des Arbeitsmarktes zweckmäßig erscheint ...

(3) Bevorzugt zu fördern sind Arbeiten, die geeignet sind,
1. die Voraussetzungen für die Beschäftigung von Arbeitslosen in Dauerarbeit zu schaffen, insbesondere die Folgen von Strukturveränderungen oder der technischen Entwicklung auszugleichen oder
2. strukturverbessernde Maßnahmen vorzubereiten, zu ermöglichen oder zu ergänzen oder
3. Arbeitsgelegenheiten für langfristig arbeitslose Arbeitnehmer zu schaffen oder
4. die soziale Infrastruktur zu verbessern oder der Erhaltung oder Verbesserung der Umwelt zu dienen.

(4) Die Förderung von Arbeiten in Arbeitsamtsbezirken mit einer im Verhältnis zum Bundesdurchschnitt guten Beschäftigungslage ist ausgeschlossen."
Die 'klassischen' ABM waren auf 1-3 Jahre begrenzt, normalen tarifvertraglichen Regelungen (100% Tariflohn) unterworfen, erhielten den Anspruch auf AFG-Leistungen aufrecht und begründeten einen neuen Anspruch auf Arbeitslosengeld. *Die neu eingeführten ABM (Ost) sind in ihrer Dauer ebenfalls begrenzt, sehen aber eine Absenkung des Entgelts unter den Tariflohn vor. Der Prozentsatz dieser Minderung hat sich im Lauf der Zeit verändert;* wegen der Finanzengpässe von Bund und Bundesanstalt ist der ursprüngliche Satz von 90% inzwischen deutlich reduziert worden.

- ein *Sozialverhältnis* oder ein *Arbeitsverhältnis* begründen (wenn z.b. SozialhilfeempfängerInnen Arbeiten ausführen, die dem Gemeinwohl dienen oder wenn sozialversicherungspflichtige Arbeitsverhältnisse unter tariflichen Bedingungen geschaffen werden),

- *private* oder *öffentliche* Träger haben,

- als grundsätzliche *Alternative* zum Erwerbssystem (Dauerbeschäftigung von Leistungsgeminderten) oder als vorübergehende *Stützung* gedacht sein (Qualifizierung für den Wiedereintritt in den ersten Arbeitsmarkt),

- *'Zwangsarbeit'* (Verpflichtung von SozialhilfeempfängerInnen) vs. *freiwillige* Arbeit darstellen (z.B. in Beschäftigungsgesellschaften).

Angesichts dieses Facettenreichtums kommt der Herausarbeitung der Kernmerkmale besondere Bedeutung zu. *Alexandra Wagner* (1995, 209f.) nennt folgende vier Bestimmungen, um eine Abgrenzung vorzunehmen z.b. gegenüber den subventionierten Arbeitsplätzen im ersten Arbeitsmarkt (zu denken wäre etwa an Kohlebergbau und Landwirtschaft) oder zu sozialrechtlich bestimmten Beschäftigungsverhältnissen (Entschädigungen für Mehraufwendungen zusätzlich zur Sozialhilfe bei der 'Hilfe zur Arbeit'):

- "Die Beschäftigungsverhältnisse wären ohne öffentliche Förderung nicht zustande gekommen und sind nach normalen Bedingungen des Arbeits- und Sozialversicherungsrechts, sowie tarifvertraglich geregelt.
- Die Beschäftigung ist zusätzlich in dem Sinne, dass sie reguläre Arbeitsplätze nicht verdrängt und ersetzt.
- Die Beschäftigung ist jeweils zeitlich befristet.
- Die Einstellungskriterien richten sich nicht ausschließlich nach marktlichen Prinzipien, sondern auch nach arbeitsmarkt- und sozialpolitischen Zielen (Förderung von Langzeitarbeitslosen, Schwervermittelbaren usw.)."

Mit der Festlegung auf diese Merkmale wird zugleich der Kritik aus dem Arbeitgeberlager und von neoliberalen Wissenschaftlern begegnet, die befürchten, durch den zweiten Arbeitsmarkt würden Ressourcen fehlgeleitet, reguläre Beschäftigung verdrängt (Kannibalisierung regulärer Betriebe durch die öffentlichen Subventionen), unrentable Strukturen erhalten, notwendige Anpassungen verzögert oder behindert (sich einrichten in konkurrenzgeschützten Verhältnissen, 'Beschäftigung um der Beschäftigung willen'), und lediglich die Aufbewahrung oder gar die soziale Kontrolle der Arbeitslosen verfolgt. Aus dieser Perspektive wird ein *regulierter* öffentlich subventionierter Arbeitsmarkt abgelehnt, stattdessen wird für marginale Lohnsubventionen plädiert:

"Die neoklassische Politikoption zur Verringerung der Arbeitsplatzlücke oder zumindest zur Rückkehr zu einem Unterbeschäftigungsgleichgewicht wie zu Anfang des Jahrzehnts wäre die Veränderung der relativen Faktorpreise durch eine relative Verbilligung des Faktors Arbeit. Soweit nun dieser Strategie - wofür es genügend theoretische, anekdotische und empirische Evidenz gibt - tarifpolitische, verteilungs- und sozialpolitische Widerstände entgegenstehen, kann in einem 'Second best'-Arrangement versucht werden, die Faktorpreisrelation durch eine Lohnsubvention soweit zu korrigieren, dass sich die Arbeitsnachfrage der Unternehmen trotz unveränderter Produzentenlöhne und Wertgrenzprodukte der Arbeitnehmer erhöht. Lohnsubventionen haben daher gegenüber einem öffentlich geförderten Beschäftigungssektor den Vorteil, dass über verschiedene instrumentelle Varianten die Arbeitsangebotskurven der Arbeitnehmer und die Arbeitsnachfragekurven der Arbeitgeber zumindest teilweise 'abgetastet' werden können" (*Klös* 1997, 66f.).

Klös sieht dabei auch Probleme einer solchen Lösung: Es kann - ein moral hazard Effekt - zur Entdisziplinierung der Tarifparteien kommen, die in Vorwegnahme von Lohnsubventionen unangemessene Lohnsätze vereinbaren; es kann zur Substitution unsubventionierter durch subventionierte Beschäftigung kommen und schließlich sind Mitnahme-Effekte denkbar, weil Arbeitgeber sich die Barwerte der Subvention aneignen, ohne Verhalten und Entscheidungen neu zu orientieren.

In seinen weiteren Vorschlägen verkennt *Klös* jedoch nicht, dass Beschäftigung im zweiten Arbeitsmarkt kein Dauerverhältnis für den einzelnen Arbeitnehmer sein soll, sondern lediglich eine Brücke für den Übergang in eine reguläre Beschäftigung. Das betont auch *Wagner*, wenn sie die 'Idee' des zweiten Arbeitsmarkts rechtfertigt:

- "*Erstens* bedarf es spezifischer Hilfen, um die Konzentration der Arbeitslosigkeit auf bestimmte Personengruppen und Regionen mit den daraus folgenden gesellschaftlich unerwünschten Verarmungs-, Ausgrenzungs- und möglicherweise auch politischen Destabilisierungstendenzen zu verhindern bzw. wenigstens zu mildern.
- *Zweitens* gibt es seit langem die Forderung, Arbeit statt Arbeitslosigkeit zu finanzieren, die sich ihrerseits auf die errechneten hohen Selbstfinanzierungseffekte geförderter Arbeit stützt.[22]
- *Drittens* gibt es einen Widerspruch zwischen der Existenz eines Millionenheeres von Erwerbslosen auf der einen und nicht gedeckter Bedarfe an gesellschaftlich notwendiger Arbeit auf der anderen Seite" (*Wagner* 1995, 211f.).

Auch wenn ein großer Teil der Geförderten den Sprung in reguläre Arbeitsverhältnisse nicht (sofort) schaffe und für die meisten Langzeitarbeitslosen ABM nur eine Unterbrechung der Arbeitslosigkeit bedeute, so habe der zweite Arbeitsmarkt neben der Funktion, ein aktuelle sinnvolle und tarifvertraglich gesicherte Tätigkeit zu vermitteln, noch die weitere Aufgabe, Qualifikation und Leistungsfähigkeit der Geförderten zu erhalten oder zu verbessern und soziale Ausgrenzungs- und Verarmungsprozesse zu vermeiden. Das impliziert, dass nicht flächendeckend, sondern zielgruppen- und regionalspezifisch, nicht auf Dauer (in Form einer bedingungslosen Be-

---

[22] *Wagner* verweist in diesem Zusammenhang auf Arbeiten des IAB (Institut für Arbeitsmarkt- und Berufsforschung), das für das Jahr 1991 Selbstfinanzierungsraten bei ABM (Arbeitsbeschaffungsmaßnahmen) einschließlich indirekter Effekte von 82 vH (Ostdeutschland) und 95 vH (Westdeutschland) errechnete. Die oben abgedruckte Abb. F-1.7 (S. 191) macht verständlich, wie es zu diesen Raten kommen kann.

schäftigungsgarantie), sondern vorübergehend, nicht alte Strukturen konservierend, sondern marktnah und erwerbswirtschaftlich ausgerichtet gefördert werden soll.

Einig sind sich die verschiedenen Lager darüber, dass nicht allein arbeitsmarktpolitische Zielsetzungen verfolgt werden sollen, sondern dass es geradezu das Charakteristikum der Einrichtung eines zweiten Arbeitsmarkts sei, zwischen Arbeitsmarkt- und Struktur-, Regional-, Wirtschafts- und Sozialpolitik zu vermitteln. (Nicht übersehen werden darf der Entlastungseffekt für die Kommunen, die die Sozialhilfe zu finanzieren haben: Wenn sie einen Sozialhilfeempfänger ein Jahr lang regulär beschäftigen, entsteht für ihn nach der Beendigung des Arbeitsverhältnisses Anspruch auf Arbeitslosengeld, das dann die Bundesanstalt zu bezahlen hat). Damit diese Vermittlungsfunktion geleistet werden kann, werden - abgeleitet aus der Analyse bisheriger Erfahrungen - zahlreiche Vorschläge gemacht, die die Weiterentwicklung bisheriger und die Erprobung neuer Regulationsformen beinhalten (siehe z.B. *Klös* 1997, 70-90; *Wagner* 1995, 214ff.).

"In gut 10jähriger Erfahrung traten in einer Vielzahl von Beschäftigungsinitiativen ähnliche Probleme auf. Dazu gehören die Sicherung der Finanzierung, die Kontinuität der Projektarbeiten bei hoher Teilnehmer- und Mitarbeiterfluktuation, soziale Probleme und mangelnde Beschäftigungsaussichten der Teilnehmer. Diese leiden in vielen Fällen nicht nur unter dem Gefühl einer zweitrangigen Unterbringung am Arbeitsmarkt, sondern auch unter der Perspektivlosigkeit ihrer Beschäftigung und enttäuschten Hoffnungen, wenn die ABM nicht zu einer Übernahme in eine Dauerbeschäftigung geführt hat" (*Kress* 1994, 5).

In seiner empirisch gestützten Übersicht konstatiert *Trube* (1997), dass der zweite Arbeitsmarkt fiskalisch, arbeitsmarktlich und sozial positive Effekte hat.

Weil in diesem Text personalwirtschaftliche Überlegungen im Mittelpunkt stehen, soll nicht das ganze Spektrum der aktiven Arbeitsmarktpolitik referiert werden. Stattdessen greifen wir (auch auf dem Hintergrund der Ausführungen zu den 'Übergangsarbeitsmärkten', siehe Beleg F-1.1, S. 183) einen wichtigen Teilbereich heraus, den wir ausführlicher darstellen.

Speziell: Beschäftigungspläne und Beschäftigungsgesellschaften

Interessenausgleich und Sozialplan [siehe ausführlicher dazu S. 245ff.] sind Instrumente des Ausgleichs sozialer Härten, die *einzelnen* ArbeitnehmerInnen durch Betriebsänderungen entstehen (können). Sie wirken wie Versicherungsleistungen im eingetretenen Schadensfall. Demgegenüber sind Beschäftigungspläne und -gesellschaften ihrer Absicht nach vorbeugende Institutionen, die die massenhafte Freisetzung von ArbeitnehmerInnen verhindern (oder zeitlich strecken) sollen; Lohnersatzleistungen, die von der Bundesanstalt für Arbeit zur Verfügung gestellt werden, und Mittel aus Sozialplänen sollen dabei bestehende oder neugegründete Betriebe bzw. Gesellschaften in den Stand setzen, für *Gruppen* von ArbeitnehmerInnen beschäftigungssichernde und qualifizierende Leistungen zu erbringen. Unvermeidlicher Strukturwandel soll nicht extern, sondern intern bewältigt werden: anstatt überzählige Arbeitskräfte in den externen Arbeitsmarkt zu entlassen, sollen sie zu großen Teilen innerbetrieblich oder betriebsnah gehalten werden, um sie für Tätigkeiten *nach* der Umstrukturierung zu qualifizieren. Es geht also um die konstruktive Überbrückung einer Zeit- und Qualifikationslücke. Statt erzwungenes Nichtstun mit Arbeitslosengeld oder Arbeitslosenhilfe zu bezahlen, soll die vorausschauende Schaffung neuer wettbewerbsfähiger Arbeitsplätze (oder auch der sozialverträgliche Übergang in den Ruhestand) mit einem Bündel von Maßnahmen unterstützt werden.

Beschäftigungspläne gibt es in der Bundesrepublik schon seit längerem, der erste wurde 1985 bei Grundig abgeschlossen (s. *Krippendorf, Lobodda & Pfäfflin* 1991). Beschäftigungspläne können unterschiedlich ausgestaltet sein; weil es um *strukturelle* Probleme von Branchen oder Betrieben geht (z.B. in der Unterhaltungselektronik, bei Werften, Stahlerzeugung, Rüstungskonversion etc.), werden zum Beispiel paritätische Kommissionen eingesetzt, die über Produktdifferenzierungen und -innovationen und organisatorische Umstrukturierungen beraten, und Qualifizierungseinrichtungen geschaffen, in denen die Belegschaft für neue Arbeitstätigkeiten umgeschult werden soll. Beispiele sind in Tab. F-1.3 zusammengestellt; daraus geht hervor, dass sehr verschiedene Modelle möglich sind: die Schaffung innerbetrieblicher Pools (Personaleinsatzbetriebe) unter Inanspruchnahme von Kurzarbeitergeld, die Umschulung von Beschäftigten bei ruhendem oder befristetem Arbeitsverhältnis, vorübergehende Entlassung für Zwecke der Qualifizierung (Warteschleifenmodell) oder die Errichtung einer betrieblichen Qualifizierungs- und Beschäftigungsgesellschaft (siehe dazu *Bosch & Neumann* 1991, 24f.; *Müller* 1992, 19f.; *Osenberg* 1995, 21f.).

Das *Qualifizierungsmodell* kennt zwei Varianten: bei *Weiterbeschäftigung* werden von der Entlassung Bedrohte vorübergehend und nacheinander (rotierend) aus der Produktion herausgenommen und qualifiziert. Bei *Entlassung* werden die ArbeitnehmerInnen extern qualifiziert und erhalten nach erfolgreichem Abschluss (nach Möglichkeit) eine Wiedereinstellungschance.

Beim *Warteschleifenmodell* werden die Betroffenen entlassen, ihr Arbeitslosengeld aber vom Betrieb (oder dem jeweiligen Bundesland) aufgestockt. Gab es eine Wiedereinstellungszusage, werden die begünstigten ArbeitnehmerInnen bevorzugt wieder eingestellt, wenn sich die wirtschaftliche Lage bessert; ältere ArbeitnehmerInnen können nach der 'Warteschleife' in den Ruhestand überwechseln.

Das *Beschäftigungsmodell* ist darauf gerichtet, für die bedrohten Arbeitskräfte neue Beschäftigungsmöglichkeiten im alten Betrieb zu schaffen (z.B. durch Produktdiversifikation, Konversion, Umweltsanierung usw.).

Personaleinsatzbetriebe (Arbeitskräftepools) fassen 'überschüssige' Beschäftigte in 'Einsatzbetrieben' zusammen, die als selbständige Betriebseinheit angesehen werden (und bei Unterbeschäftigung Kurzarbeit beantragen können). Aus diesen Einsatzbetrieben können andere Betriebsteile bei Bedarf Arbeitskräfte anfordern; zuweilen werden hier auch ältere ArbeitnehmerInnen zusammengefaßt, "die in Dauerkurzarbeit auf den vorzeitigen Ruhestand warten" (*Müller* 1992, 21).

Müller (ebd., 22) resümiert, dass das 'Warteschleifenmodell' in der Bundesrepublik "bei weitem" überwog (und zwar das Modell *ohne* Qualifizierung). Das 'Qualifizierungsmodell' hatte einen geringen Stellenwert und noch seltener war das 'Beschäftigungsmodell' erfolgreich: es wurden kaum neue Produkte entwickelt; sinnvolle Infrastrukturmaßnahmen scheiterten meist an den finanziellen Engpässen der Kommunen.

Innerbetrieblicher Arbeitskräftepool	1	Personaleinsatzbetriebe der Stahlindustrie auf Kurzarbeitsbasis Beispiel: Hoesch (ohne Qualifizierung)		
Qualifizierung von Beschäftigten/Ruhendes Beschäftigungsverhältnis	2	Unbefristetes Beschäftigungsverhältnis Beispiel: Blohm & Voss	3	Für die Dauer der Qualifizierung befristetes Beschäftigungsverhältnis Beispiel: HDW-Ross
Warteschleifenmodell ohne Qualifizierungsverpflichtung	4	Wiedereinstellungszusage Beispiel: Krupp	5	Keine Wiedereinstellungszusage Beispiel: Saarstahl (allerdings moralische Wiedereinstellungsverpflichtung)
Warteschleifenmodell mit Qualifizierungsverpflichtung	6	Wiedereinstellungszusage Beispiel: Klöckner-Becorit	7	Keine Wiedereinstellungszusage Beispiel: Stahlstiftung Voest-Alpine
Betriebliche Beschäftigungsgesellschaft	8	Ausbildungs- und Beschäftigungsgesellschaft Beispiel: Thomson (Weiterbildung, Kurzarbeit, externe und interne Vermittlung)		

Tab. F-1.3:   Modelle für Beschäftigungspläne (aus: *Bosch & Neumann* 1991, 24)

Struktur und Wirkungsweise von Beschäftigungsgesellschaften sind in Abb. F-1.6 veranschaulicht.

Kapitel F

Gründung:

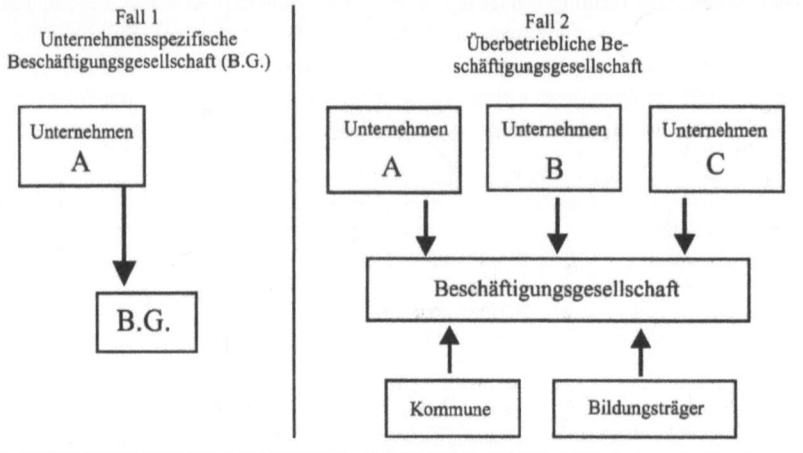

Arbeitsweise:

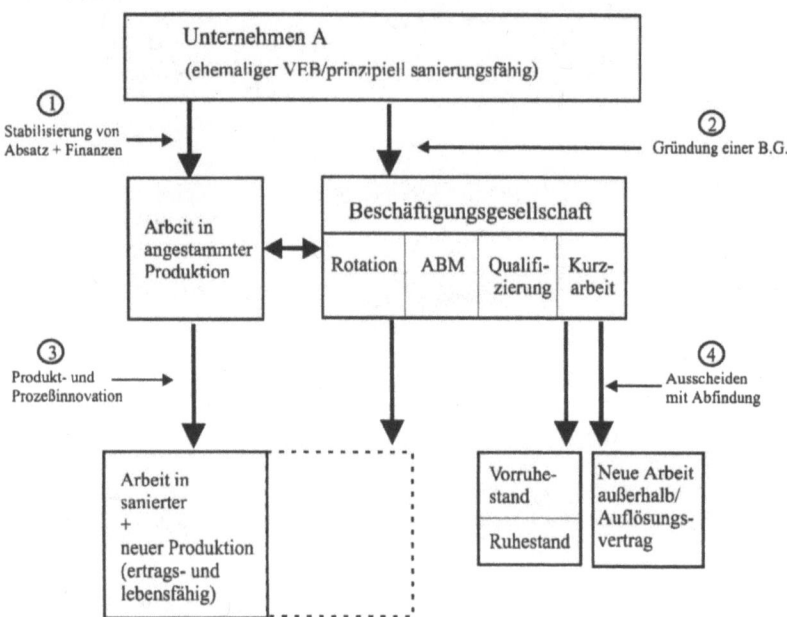

Abb. F-1.6: **Struktur und Arbeitsweise von Beschäftigungsgesellschaften**
(aus: *Bosch & Neumann* 1991, 37)

An dieser Abbildung (vor allem "Fall 2") lässt sich auch die Struktur von Beschäftigungsgesellschaften nachvollziehen, wie sie häufig in den neuen Bundesländern zur Bewältigung der vereinigungsbedingten Umstrukturierungsprozesse und der dadurch bedingten Massenarbeitslosigkeit gegründet wurden. Mit Hilfe arbeitsmarktpolitischer Instrumente [Gelder für Arbeits-Beschaffungs-Maßnahmen (ABM) im Betrieb oder außerhalb, Kurzarbeitergeld (bis hin zu 'Kurzarbeit Null'), Unterhaltsleistungen etc.] wurde den Betrieben eine lohnpolitische Atempause verschafft, während der sie ihre Umorganisation bewältigen sollten. Dabei wurden - häufig mit Unterstützung externer Bildungsträger - Qualifizierungsgesellschaften betrieben. Nur ein Teil der Belegschaft arbeitete im angestammten Geschäft weiter, ein anderer Teil wurde neu qualifiziert, und wieder andere wurden auf die Entlassung vorbereitet (z.B. Bewerbungsschulung, Informationen zum Aufbau einer Selbständigen-Existenz, Abfindungen) oder in Kurzarbeit quasi im Wartestand solange beschäftigt, bis sie in den (vorgezogenen) Ruhestand entlassen werden konnten. Im Beleg F-1.2 (S. 206) ist die Mischung von Initiativen in einem Praxisbeispiel illustriert.

Oftmals wurden in den neuen Bundesländern überbetriebliche Gesellschaften gegründet, die von Kommunen oder Ländern getragen wurden (ABS-Gesellschaften)[23]. Diese Institutionen des 'zweiten Arbeitsmarkts' sollen gesellschaftlich nützliche Arbeit statt unproduktiver Arbeitslosigkeit finanzieren. Auf diese Weise gelingt es, die 'offene Arbeitslosigkeit' zu reduzieren, es werden jedoch keine Dauerarbeitsplätze geschaffen.

Wie erheblich die Entlastung des Arbeitsmarkts durch diese Maßnahmen der aktiven Arbeitsmarktpolitik ist, geht aus der Zahl der Personen hervor, die sich 'in Maßnahmen befinden' (siehe dazu die Tab. F-1.1 auf S. 161).

---

[23] ABS steht für "Gesellschaften zur Arbeitsförderung, Beschäftigung und Strukturentwicklung", für deren Finanzierung § 249h AFG das Fundament geschaffen hat. Im § 249h, der auf die neuen Bundesländer beschränkt ist (aber sein West-Äquivalent im §242s hat), heißt es, dass die "Bundesanstalt die Beschäftigung arbeitsloser Arbeitnehmer in Arbeiten, deren Durchführung ... der Verbesserung der Umwelt, der sozialen Dienste oder Jugendhilfe dienen soll, durch die Gewährung von Zuschüssen an Arbeitgeber" [also nicht direkt an die ArbeitnehmerInnen!] fördern kann. Die Arbeitsentgelte müssen dabei "angemessen niedriger" sein als die Arbeitsentgelte Normalbeschäftigter; die Maßnahmen sind auf drei Jahre beschränkt.
Die Personalmittel für ABS-Gesellschaften, die sich vorwiegend der Sanierung industrieller Standorte, infrastrukturverbessernden Projekten, Landschaftspflege, Altenbetreuung usw. widmen, werden also weitgehend von der Bundesanstalt für Arbeit gestellt, die Sachmittel stammen von den Ländern und Kommunen.

Beleg F-1.2: Ein Praxisbeispiel

Ehmann (1994) berichtet über das Maßnahmenbündel, das die Firma WANDEL & GOLTERMANN in Reutlingen ergriffen hat, um ihr Ziel - Personalabbau ohne Entlassungen - zu erreichen. Die 'Projekt- und Dienstleistungsgesellschaft' ist nur eine von mehreren Aktivitäten:

- Abfindungsangebote: Eigentliche Zielgruppe waren die älteren MitarbeiterInnen: "Bei Frühpensionierungen wurde von 80% des letzten monatlichen Nettoeinkommens ausgegangen, der Rentenverlust der BfA/LVA ausgeglichen sowie die Betriebsrente auf das Alter 63 hochgerechnet" (S. 11). Die Abfindungsangebote wurden jedoch überproportional von der Altersklasse um 30 und von Frauen in Halbtagspositionen wahrgenommen.

- Qualifizierungen: Zum Beispiel: Ausbildung zur Bürokauffrau, zum technischen Betriebswirt etc. Englisch, PC-Kenntnisse ... "Statt Abfindung erhielt der Mitarbeiter einen sogenannten Qualifikations-Scheck, den er in seinem neuen Unternehmen einlösen kann" (S. 11). "Sehr hilfreich für das gesamte Projekt war die Idee eines runden Tisches aus Mitgliedern der IHK, HK, vom Arbeitsamt, mit Bildungsträgern und dem städtischen Regionalvertreter" (S. 12).

- Ausgründungen: Seminare der IHK zu Unternehmensgründungen unterstützen den Weg in die Selbständigkeit. "Der Unternehmensbeitrag war: fairer Preis bei Miete und Mobiliar; Starthilfe in Form von Abfindungen oder alternativ eine garantierte Volumenzusage für begrenzte Zeit. Teilzeit-Angebote, Job-Sharing, bezahlte Freistellungen und Verlängerung der Erziehungszeiten ergänzten das Maßnahmenbündel" (S. 12).

- Projekt- und Dienstleistungsgesellschaft: Die durch den Umbau tatsächlich betroffenen restlichen Mitarbeiter ... "wurden entsprechend ihrem Können und ihren Erfahrungen in eine Projekt- und Dienstleistungsgesellschaft versetzt und mit neuen Aufgaben betraut. Dieser Weg erforderte viel Kommunikation durch die Führungskraft" (S. 13).

- Beratung: "Dafür muss das Unternehmen in die Beratung der Mitarbeiter investieren. An einer gut zugänglichen Stelle entstand ein Infoshop, in dem sich Mitarbeiter zum Gespräch verabreden konnten. Dort liegen regionale und überregionale Samstagsausgaben aus. Angebote regional ansässiger Firmen werden an einem speziellen Brett ausgehängt. Eine Handbibliothek zu Bewerbungsaktivitäten und Existenzgründungen steht zur Verfügung. Arbeitsamt und Kammern kommen zu Beratungen und Kurzvorträgen dorthin, Video- und Audiobänder können dort benutzt bzw. ausgeliehen werden. Ein PC für das Schreiben von Bewerbungen steht zur Verfügung. In Musterbewerbungen kann man hilfreiche Ideen für die eigene Bewerbung finden. Noch wenig Zuspruch fanden bisher Einzelberatungen und Seminare zur Analyse der eigenen Situation im Sinne einer Lebensplanung. Viel Zuspruch dagegen finden Gruppentrainings zur Verbesserung der Chancen bei einer Bewerbung" (S. 14f.).

Der beschäftigungspolitische Erfolg der Beschäftigungspläne und -gesellschaften in den neuen Bundesländern ist umstritten; es gelang meist nicht, dauerhaft wettbewerbsfähige neue Arbeitsplätze in genügender Zahl zu schaffen. Es ist vielmehr die Rede von "ABM als unbeliebte(r) Beschäftigungstherapie in unproduktiver Arbeit"

(*Bosch & Neumann* 1991, 36) oder als "Auffanglager für Problemgruppen, die auf dem ersten Arbeitsmarkt längst keine Chance mehr haben" (*Der Spiegel* 1993, 32).

Müller (1992, 51) argumentiert differenzierter und zieht für die Kommunen eine eher positive Bilanz:

> "Die bisherigen Erfahrungen mit Beschäftigungsgesellschaften auf kommunaler Ebene sind positiv. Die Schaffung von neuen sich selbst tragenden Arbeitsplätzen gelingt nur in beschränktem Maße, nicht zu unterschätzen sind aber die indirekten Auswirkungen der Schaffung von Arbeitsplätzen. Zunächst führen sie bei den Betroffenen zu regulären Einkommen, die i.d.R. über dem Arbeitslosengeld oder der Sozialhilfe liegen. Bei den Kommunen entstehen dadurch Steuereinnahmen, in der Wirtschaft vor Ort erhöht sich die Nachfrage, so dass insgesamt mehr Geld in die Region fließt. Die Kommunen werden außerdem von Sozialhilfeleistungen entlastet. So führt eine aktive Arbeitsmarktpolitik, an der sich Städte und Gemeinden finanziell beteiligen, in der Regel zu nicht unerheblichen Einsparungen. Die Kommune handelt somit nicht nur sozialpolitisch verantwortlich, sondern 'macht sogar noch ein Geschäft'."

Sund stellt Vor- und Nachteile von Beschäftigungsgesellschaften gegenüber (siehe Beleg F-1.3).

Die Bedenken, die *Sund* schon 1991 vorsichtig angemeldet hatte, sind inzwischen mehr als bestätigt worden. Trotz enormer Transferleistungen[24] sind die erhofften Resultate nicht eingetreten. Offene und verdeckte Arbeitslosigkeit sind nach wie vor sehr hoch. Es hat sich - vorsichtig formuliert - als sehr schwer erwiesen, Betriebe, Branchen und Regionen umzustrukturieren und Arbeitssuchende für künftige, noch nicht konkretisierte Bedarfe zu qualifizieren. Viele der Beschäftigungsinitiativen erwiesen sich als kurzes Strohfeuer; nachdem die Subventionsbefristung abgelaufen war, konnten in den meisten Fällen keine selbsttragenden Beschäftigungsmöglichkeiten gefunden werden.

> "Der Begriff Beschäftigungsgesellschaft suggeriert die Hoffnung, gewissermaßen auf Nebenwegen ins Zentrum von Waren- und Dienstleistungsmärkten zu gelangen. Es geht aber nicht darum, besondere oder alternative Marktsegmente ausfindig zu machen oder neu zu erschließen in Marktstrukturen, die ansonsten gewachsen sind. Das wäre der Fall der [alten] Bundesrepublik und die mögliche Perspektive von Beschäftigungsgesellschaften hier. [In Ostdeutschland] ... werden in aller Regel Produktivitätssprünge zu verkraften sein, die allesamt auch mit Personaleinschränkungen und mit höheren Qualifikationsanforderungen verbunden sind. Hier sind Rand- und Nischenlösungen nicht geeignet, gleichsam das Zentrum auszumachen. Die vorübergehend im Vordergrund stehende Qualifizierungsaufgabe ist befristet, im Anschluss daran muss Qualifizierung zur produktionsbegleitenden Selbstverständlichkeit werden" (*Sund* 1991, 337).

---

[24] Nach Angaben des Bundesfinanzministeriums wurden von 1991 bis 1995 vom Bund 330 Mrd. DM (v.a. für Sozialausgaben) und von den Sozialversicherungen 140 Mrd. DM in den Osten transferiert (*Süddeutsche Zeitung*, 18.10.96, 23).

Beleg F-1.3: Pro und Contra Beschäftigungsgesellschaften
(aus: *Sund* 1991, 333f.)

"Das Konzept der Beschäftigungsgesellschaften überzeugt erst einmal auf Anhieb:

- Die betroffenen Arbeitnehmer bleiben sozial verbunden und im Betrieb verortet.

- Anpassungs- und Neuqualifizierungen verbessern zukünftige Arbeitsmarktchancen im bisherigen Betrieb oder am Arbeitsmarkt allgemein.

- Die Arbeitnehmer können durch Bildung motiviert und aktiviert werden, die nachhaltigen Wirkungen passiver Arbeitslosigkeit bleiben ihnen so erspart.

- Die Leistungen der Arbeitslosenversicherung, vielfach durch tarifliche Leistungen ergänzt, sichern übergangsweise den Lebensunterhalt.

- Die Betriebe können ihre Belegschaften zusammenhalten.

- Die Betriebe können bestehende Qualifizierungseinrichtungen nutzen.

- Wegfallende Lohnkosten mildern die Belastung bei Stillständen oder Teilstillständen, ohne sie allerdings ganz auffangen zu können.

Es gibt aber auch andere Wirkungen zu bedenken:

- Qualifizierungsangebote müssen ausreichend und attraktiv sein und als förderlich empfunden werden. Andernfalls kommt es zu Blockaden und innerem oder äußerem Boykott.

- Es gibt anhaltende Unsicherheiten, ob Betrieb und Produktion bestehenbleiben. Die Sorge, andere Entwicklungen und Chancen zu verpassen, bringt Abwanderungen aus den Maßnahmen.

- Auch wenn die neuen tariflichen Regelungen in wichtigen Branchen, die Qualifizierung statt Entlassung sichern wollen und Aufstockungen von Leistungen nach dem Arbeitsförderungsgesetz beinhalten, ein neues Feld eröffnen, sind damit jedoch zusätzliche Kosten für die Betriebe verbunden ...

- Die Nutzung des Betriebes als Lernort erfordert logistische Kosten, die nicht vollständig über die Qualifizierungskosten, die durch die Arbeitsämter ersetzt werden, abgerechnet werden können.

- Die Nutzung des Betriebes als Lernort und seine vorübergehende Zweckbestimmung dafür behindern dessen Verwertbarkeit, wenn es zu Veräußerungen kommen muss, auch dann, wenn es nur zu vorübergehenden Nutzungseinschränkungen kommt.

- Ein Verbleiben im Betrieb kann gerade dann eine Illusion von Beschäftigung vermitteln, wenn eine Abkehr besonders geboten wäre. Aufbewahrung in der Kurzarbeit kann nur ein vorübergehendes Hilfsmittel sein, die Qualifizierung während der Kurzarbeit muss daher von Beratung begleitet sein. Es geht nicht darum, Strukturen vorübergehend zu konservieren und darüber vielleicht wichtige Entwicklungen zu verpassen: Die Zeit muss genutzt werden. Das Projekt Kurzarbeit muss stets mit einer perspektivischen und dynamischen Komponente der Strukturentwicklung - sektoral und regional - verbunden werden."

Zur 'produktionsbegleitenden Selbstverständlichkeit' kam es meistenteils nicht, weil zu wenig marktfähige Betriebe aufgebaut wurden. Deshalb konnten die zu allgemein orientierten Qualifizierungs- und Beschäftigungsgesellschaften lediglich Auffangnetze mit beschränkter Haltbarkeit sein, zu denen es aber aus sozialpolitischer Perspektive kaum Alternativen gab.

Speziell: Gemeinnützige Arbeitskräftepools

Arbeitskräftepools weisen Strukturähnlichkeiten sowohl mit der gewerblichen Arbeitnehmerüberlassung wie mit Beschäftigungsgesellschaften auf; im Unterschied zu letzteren sind sie aber an konkret existierender Arbeitsnachfrage orientiert und im Unterschied zur gewinnorientierten Leiharbeit sind sie gemeinnützig organisiert. Claudia *Weinkopf* (1996) zeigt in ihrer Monografie, dass es solche Pools seit langem gibt (z.B. die Hafenbetriebe, die für die wechselnden Einsatzbedarfe bei Schiffsentladungen einen überbetrieblichen Pool von qualifizierten Arbeitskräften in Dauerarbeitsverhältnissen beschäftigen, die dann an einzelne Nachfrager vorübergehend 'ausgeliehen' werden). Auch aus Schweden und den Niederlanden sind solche über- oder zwischenbetrieblichen Initiativen bekannt. So können sich z.B. mehrere Betriebe zusammentun und ihre vorübergehend nicht benötigten Arbeitskräfte untereinander ausleihen, ohne dass sich am Dauerarbeitsverhältnis und Einkommen der Beschäftigten etwas änderte. Gemeinnützig organisierte Pool-Lösungen haben gegenüber der gewerblichen Leiharbeit den Vorteil günstigerer Arbeitskosten, weil kein Gewinn gemacht wird. Anders als bei Zeitarbeitsfirmen wird es begrüßt, wenn die aufnehmenden Firmen die Poolbeschäftigten 'abwerben', nachdem sie Gelegenheit hatten, Qualifikation, Motivation und soziale Passung der so Vermittelten zu testen.

1.4 Ist der deutsche Arbeitsmarkt sklerotisch?

1.4.1 Zur Arbeitsplatz- und Beschäftigtenfluktuation (job turnover, labor turnover)

Der Personalbestand in Unternehmen ist keine fixe Größe, er fluktuiert fortwährend in sehr erheblichem Ausmaß (was unten anhand von empirischen Daten belegt werden wird). Das Wachsen und Schrumpfen von Unternehmen/Betrieben ist normal in wettbewerbsorientierten Marktwirtschaften. Personalabbau und -aufbau bzw. Umschichtungen sind darum an der Tagesordnung; sie gewinnen eine zusätzliche Dimension, wenn man an die für viele Wirtschaftszweige zunehmenden Tendenzen zur Globalisierung[25] denkt; eine weltweite Standortkonkurrenz kann insbesondere

---

[25] Schon vor 150 Jahren haben *Marx* und *Engels* im 'Manifest der Kommunistischen Partei' diagnostiziert, was derzeit als 'neue Entwicklung' registriert wird: "Das Bedürfnis nach einem stets ausgedehnten Absatz für ihre Produkte jagt die Bourgeoisie über die ganze Erdkugel. Überall muss sie sich einnisten, überall anbauen, überall Verbindungen herstellen. Die Bourgeoisie hat durch

bei hohen Arbeitskosten zur Steigerung der Produktivität und zu Rationalisierungs-maßnahmen zwingen, die mit Personalabbau verbunden sein können.

Für die verschiedenen Arten von Arbeitslosigkeit (konjunkturelle, strukturelle, frik-tionelle, institutionelle) können verschiedene Ursachen verantwortlich gemacht werden, sodass es sicher nicht *ein* Rezept für alle Probleme gibt. Dennoch wird als ein übergreifendes Hindernis mangelnde Flexibilität geltend gemacht, weil durch starre Traditionen, Besitzstände, Gesetze, Institutionen, Strukturen etc. schnelle und effiziente Anpassungen erschwert oder unmöglich gemacht würden. Es wird deshalb quasi an allen Fronten Flexibilisierung gefordert, etwa:

- *temporale* (neue Arbeitszeitregimes),
- *numerische* (ungehinderter Beschäftigungsaufbau und -abbau durch Lockerung oder Öffnung gesetzlicher und tariflicher Bestimmungen; insofern könnte auch von 'juristischer' Flexibilisierung oder Deregulierung gesprochen werden),
- *finanzielle* (Lohnzugeständnisse, Erhöhung der Lohndifferentiale; Vergrößerung der Abstände zwischen Arbeitseinkommen und Lohnersatz- oder Transferein-kommen),
- *funktionale* (Vergrößerung der Einsatzfähigkeit der ArbeitnehmerInnen durch verbesserte Qualifikation und Vergrößerung ihrer Einsatzbereitschaft durch Neu-fassung von Bezahlungssystemen oder Zumutbarkeitsregeln[26]),
- *lokale* (Erhöhung der Mobilitätsbereitschaft),
- *systemische* (Einführung neuer Beschäftigungsformen, die eine Abkehr vom klas-sischen abhängigen Normal-Vollzeit-Arbeitsverhältnis bedeuten).

Angesichts dieser Möglichkeiten ist es eine Einengung, die Diskussion auf die *nu-merische* Flexibilität zu reduzieren und die für kontinentaleuropäische Länder und insbesondere für Deutschland typische rechtliche Regulierung des Arbeitsmarkts (s. z.B. *Rogowski & Schmid* 1997) mit dem Vorwurf hoher Rigidität zu verbinden. Im Folgenden soll untersucht werden, ob diese Annahme durch empirische Belege ge-stützt wird.

---

ihre Exploitation des Weltmarkts die Produktion und Konsumtion aller Länder kosmopolitisch gestaltet."

[26] Für die öffentliche Arbeitsvermittlung gilt der Grundsatz: "Arbeitslosengeld erhält nur, wer bereit ist, jede 'zumutbare' Beschäftigung anzunehmen". Die 'Zumutbarkeitsregeln' werden immer wie-der neu definiert; 1997 sah die 'Zumutbarkeitsanordnung' u.a. folgende Bestimmungen vor: Weg-fall des sog. Berufsschutzes, den die arbeitslose Person unabhängig von dem in einer neuen Posi-tion erreichbaren Entgelt hatte (so konnte z.B. früher eine Hochschulabsolventin eine Tätigkeit ablehnen, die 'nur' eine Facharbeiterinnenausbildung erforderte). Außerdem ist seit 1997 in den ersten drei Monaten der Arbeitslosigkeit eine Beschäftigung zumutbar, in der bis zu 20% weniger verdient wird als in der letzten Stelle; vom 4. bis zum 6. Monat der Arbeitslosigkeit sind Ein-kommensminderungen bis zu 30%, vom 7. Monat an dann alle Nettolöhne, die das Arbeitslosen-geld übersteigen, hinzunehmen. Für Vollzeitarbeitskräfte sind tägliche Pendelzeiten bis zu drei Stunden (für Teilzeitkräfte bis zu 2 ½ Stunden!) zumutbar.

Bei der Abschätzung des Ausmaßes von Erstarrung oder Beweglichkeit des Arbeitsmarktes müssten im Grunde *alle* Ströme berücksichtigt werden, die in Abb. F-1.3 visualisiert wurden. Allerdings liegen nicht für alle Bewegungen solide Zahlen vor. Für die Gruppe der 'sozialversicherungspflichtig Beschäftigten' existieren jedoch - wegen der amtlichen Meldepflichten - relativ zuverlässige Daten; für die quantitativ sehr bedeutsame Größe der *inner*betrieblichen Fluktuation (in Abb. F-1.3: Beziehung 8) ist die Datenlage wesentlich schlechter[27]. Die Zahlen werden auch nicht in der analytischen Differenzierung vorgelegt, die in Abb. F-1.3 vorgenommen wurde (weil in den amtlichen Statistiken z.B. nicht zwischen Wechsel aus dem unspezifischen und dem berufsfachlichen Segment unterschieden wird). Es macht außerdem einen großen Unterschied, ob Bestandsdaten (z.B. Jahres-Mittel- oder Stichtagswerte) oder Bewegungsdaten (Anzahl der Veränderungen innerhalb eines Zeitraums, z.B. eines Jahres) zugrundegelegt werden.

In der folgenden Diskussion gehen wir deshalb nicht auf alle Bewegungen ein, sondern nur auf die in der Arbeitsmarkt-Literatur meistdiskutierten. Das bedeutet, dass mit dieser eingeschränkten Bezugsbasis die aktuelle Fluktuation auf den Arbeitsmärkten weit unterschätzt wird. Wenn schon aufgrund dieser reduzierten Basis gezeigt werden kann, dass die Arbeitsmärkte nicht 'sklerotisch' sind, dann gilt das erst recht, wenn die Gesamtheit der Ströme zugrundegelegt würde.

In volkswirtschaftlichen Analysen wird zwischen Arbeitsplatz- und Arbeitsplatzinhaber-Fluktuation oder -turbulenz (job turnover vs. labor turnover[28], Beschäftigungs- vs. Beschäftigtenumschlag) unterschieden.

Cramer & Koller (1988, 362) berichten, dass die OECD 1987 zum ersten Mal das Job-Turnover-Konzept aufgegriffen habe.

"Job Turnover ist dabei definiert als Absolutwert der Differenz von Entlassungen und Einstellungen eines Betriebes innerhalb eines bestimmten Zeitraums. Dividert man diese Größe durch die Zahl der Beschäftigten, erhält man die sogenannte Job-Turnover-Rate." Nach Auffassung der OECD ist diese Rate ein Maß für die Arbeitsplatz-Reallokation: "If x jobs are lost in one establishment and y jobs are created in another (possibly in another

---

[27] Als Indiz sei eine Äußerung des Vorsitzenden des Gesamt- und Konzernbetriebsrats von VW, Klaus Volkert, zitiert: "Im vergangenen Jahr hatten wir hier 50 000 Personalverschiebungen. Das heißt, dass 19 000 Mitarbeiter in der Golf-Fertigung 50 000 mal in Bewegung gesetzt wurden" (*Süddeutsche Zeitung*, 12.1.98, 21). Bei VW müssen sich, wie bei anderen Automobilherstellern auch, ArbeitnehmerInnen seit einigen Jahren im Einstellungsvertrag verpflichten, sich notfalls auch in anderen Standorten einsetzen zu lassen.

[28] *Schettkat* (1995) definiert '*Job* turnover' als "Variation der Arbeitsplätze zwischen zwei Zeitpunkten unabhängig davon, wer auf diesen Arbeitsplätzen beschäftigt ist" (455). *Labor* turnover erfasst demgegenüber die Dynamik der Beschäftigungskontrakte, also alle neu abgeschlossenen Arbeitsverträge und alle beendeten Arbeitsverträge (456). "Arbeitsplatzveränderungen (job turnover) beeinflussen immer die Beschäftigungskontrakte (labor turnover), aber labor turnover kann auch unabhängig von Veränderungen der Arbeitsplätze entstehen" (456). Verschiedene Messmethoden für job- und labor turnover werden in *Cramer & Koller* (1988, 363f.) diskutiert.

industry or region), the sum (x+y) provides a measure of job reallocation between the two" (*a.a.O.*).

Cramer & Koller verwenden - abweichend von der OECD-Definition -

"... wegen der besseren Normierung und Relation zur Labour-Turnover-Ziffer die Hälfte der dort angegebenen Messziffer[29]. Ein Job-Turnover-Wert von 10% beispielsweise besagt, dass sich im Verlauf von 10 Jahren alle Stellen im Durchschnitt einmal erneuern würden, wenn die Gesamtzahl der Stellen in diesem Zeitraum gleich bliebe. Oder anders herum: die durchschnittliche Verweilzeit einer besetzten Stelle beträgt dann 10 Jahre" (*a.a.O.*, 363)

Der im Zitat angesprochene Labor Turnover bezieht sich auf die Arbeits*kräfte*fluktuation, also die Anzahl der Inhaber einer Stelle pro Zeitraum (meist 1 Jahr). Während also Job Turnover (nur) erfasst, wieviel Vollzeit-Stellen in einem Betrieb z.B. am 1.1. und 31.12. eines Jahres *besetzt* waren (und diese faktische Besetzung als Indiz für das Vorhandensein einer Stelle nimmt), gibt Labor Turnover darüber Aufschluss, *wieviele Personen* während eines Jahres diese Stellen besetzt haben. Das Betriebsbeispiel in Beleg F-1.4 führt den Unterschied plastisch vor Augen.

Beleg F-1.4:   Für 181 neue Stellen 608 Einstellungen

Um aus einer personalwirtschaftlichen Perspektive einen Eindruck von den enormen 'Brutto'-Bewegungen zu geben, die sich hinter Einstellungs- und Kündigungszahlen *in einem Betrieb* verbergen können, sei ein Ergebnis aus einer Studie bei Vorwerk referiert (*Hinze & Nieder* 1980). Dort wurde im Jahr 1977 eine Gesamtfluktuation von 20,14% gemessen; männliche ausländische Mitarbeiter (10,75% der Arbeiter) verursachten 28,69% der Austritte dieser Gruppe.

"Der Bestand an männlichen Arbeitern war 1977 um 18,01% höher als 1976. Gleichzeitig stieg die Zahl der Austritte, was die These zulässt, dass mit Erhöhung der Einstellungen gleichzeitig die Zahl der Austritte steigt ... Dies zeigt sich besonders deutlich in der abteilungsbezogenen Analyse. So waren in einer Abteilung zur Steigerung des Personals um 19,93% (von 908 Jahresanfang auf 1089 Jahresende [also 181 Stellen, W & N] insgesamt 608 Einstellungen nötig, da insgesamt 471 Personen den Betrieb verließen" (*Hinze & Nieder* 1980, 56).

Weil eine bestehende Stelle pro Jahr mehrfach besetzt oder geräumt werden kann, spielt dieser Arbeits*kräfte*umschlag (labor turnover) neben dem Arbeits*platz*umschlag eine wichtige Rolle, weil er Anhaltspunkte für die 'Beweglichkeit' der Arbeitskräfte gibt (inner- und zwischenbetriebliche Mobilität, freiwilliger Wechsel in Nichterwerbstätigkeit, Verrentung von StelleninhaberInnen und Wiederbesetzung

---

[29] Nicht alle Arbeiten verwenden diese Halbierung, sodass Unterschiede in den berichteten Raten evtl. auf diese statistische Operation zurückzuführen sind.

der Stelle mit anderen Kräften usw.). Außerdem liefert der labor turnover auch Anhaltspunkte für die Höhe der Transaktionskosten, die unmittelbar (Stellenausschreibung, Bewerbersuche und -auswahl, Einarbeitung) und mittelbar (Verlust von Organisationskapital) mit hoher Beschäftigtenfluktuation verbunden sind.

Ohne die Erhebungsgrundlage näher zu belegen, stellen *Engelen-Kefer u.a.* (1995, 129) fest:

> "Zu diesen Bewegungen auf dem externen Arbeitsmarkt kommen etwa 6 Mio. innerbetriebliche Umsetzungen pro Jahr, also Auf- und Abstieg, Mobilitätsketten, Neugruppierungen usw., die die tatsächliche Arbeitsmarktflexibilität noch einmal verdoppeln."

Die Labor Turnover-Kennziffer kann man in Analogie zur BDA-Kennziffer für die Personalfluktuation innerhalb eines Unternehmens sehen (die wiederum einem Lagerumschlags-Koeffizienten nachgebildet ist):

$$\text{Fluktuation} = \frac{\Sigma\ (\text{Abgänge in Periode i})}{\frac{1}{2}\ (\text{Anfangsbestand i} + \text{Endbestand in Periode i})}$$

Es wird also die Zahl der Abgänge (oder Zugänge) mit dem Durchschnittsbestand ins Verhältnis gesetzt. Wenn eine 1000-Mann-Firma 5 Stellen abbaut, hat das eine andere Wirkung als wenn eine 15-Mann-Firma dasselbe tut.

Der Unterschied zwischen Labor und Job Turnover ist in den folgenden Formeln ausgedrückt (aus *Cramer & Koller* 1988, 363; siehe dazu auch *Schettkat* 1995, 455ff.):

$$\text{Labor Turnover} = \frac{\frac{1}{2}\ \Sigma\ (A_i + S_i)}{\Sigma\ E_i} \qquad \text{Job Turnover} = \frac{\frac{1}{2}\ \Sigma\ |A_i - S_i|}{\Sigma\ E_i}$$

(wobei: A_i: Einstellungen im Betrieb i; S_i: Entlassungen aus Betrieb i; E_i: Beschäftigte im Betrieb i).

Der Stellenumschlag geht - wie die Formel zeigt - von (absoluten) *Differenz*werten, der Personalumschlag dagegen von *Summen*werten aus. Darum ist der Job Turnover mit meist ca. 6-8% im Regelfall wesentlich niedriger als der Labor Turnover, der im allgemeinen um die 25-30% liegt[30].

In der Literatur werden für den *job turnover* mehrere Ursachen unterschieden, die in verschiedenen Quotienten erfasst werden können:

---

[30] *Klös* (1992) hat die Labor turnover-Werte für die Jahre 1987 und 1990 verglichen und sehr hohe Branchendifferenzen gefunden (einige Werte für 1990: Energie 11%, Kreditinstitute 12%, Handel 30%, Verkehr 41%, Baugewerbe 49%). Auch für verschiedene Berufsgruppen wurden erhebliche Unterschiede gefunden: Bankfachleute 10%, Reinigungsberufe 33%, Hilfsarbeiter 50%, Gästebetreuer 73%. Der Durchschnittswert für die gesamte Volkswirtschaft lag 1990 bei 31%, d.h., dass nahezu jeder dritte Arbeitsplatz im Laufe eines Jahres neu besetzt wurde oder dass die durchschnittliche 'Arbeitsplatzbesetzungsdauer' 3 Jahre war.

- *Expansions*rate (prozentuale Beschäftigungszunahme durch Ausweitungen bestehender Betriebe);

- *Gründungs*rate (prozentuale Beschäftigungszunahme durch neugegründete Betriebe);

- *Schrumpfungs*rate (prozentuale Beschäftigungsabnahme durch Beschäftigungsabbau in bestehenden Betrieben);

- *Schließungs*rate (prozentuale Beschäftigungsabnahme durch endgültig schließende Betriebe).

Der jährliche Arbeitsplatzumschlag (*job* turnover) ist die Summe dieser vier Raten, geteilt durch 2.

Unmittelbar relevant sind nicht Aussagen über ganze Betriebe (z.B. Anzahl der Gründungen und Schließungen), sondern über die Zahl der Stellen oder Arbeitsplätze, die bei Gründungen/Schließungen oder Expansionen/Schrumpfungen entstehen oder verlorengehen (Stellenumschlag, job turnover).

Kühl macht zum quantitativen Umfang der *Beschäftigten*fluktuation folgende Angaben:

"Neben dieser Betriebsturbulenz[31] gibt es jährlich millionenfach *Beginn und Beendigung von Beschäftigungsverhältnissen*[32]: 1991 wurden z.B. 6,7 Mio. neue Arbeitsverhältnisse und 0,54 Mio. Ausbildungsverhältnisse abgeschlossen, zusammen also 7,2 Mio. Beschäftigungsverhältnisse begonnen, etwas weniger beendet. Bezogen auf die SV-Beschäftigtenzahl zur Jahresmitte waren also 31,1% aller Beschäftigungsverhältnisse neu vereinbart, ihre durchschnittliche Dauer sank auf 3,2 Jahre. Die gesamte Nettoveränderung der betrieblichen Beschäftigung ist auf jene in Neugründungen, auf Anwachsen und Schrumpfen der Belegschaften in bestehenden Betrieben sowie auf die Beschäftigungsverluste in untergehenden Betrieben zurückgeführt worden ...

Neugründungen sind mit 2 bis 5 Beschäftigten einschl. Gründer und Partner durchschnittlich sehr klein, 37% bis 50% scheitern binnen 5 Jahren. Doch entfallen auf die Überlebenden der neuen Betriebe nach einem Jahrzehnt noch gut ein Zehntel aller Beschäftigten" (*Kühl* 1992, 335f.).

---

[31] *Kühl* hatte dazu folgende Angaben gemacht:
"In den letzten 15 Jahren waren in Westdeutschland schätzungsweise insgesamt 2,5 Mio. Betriebe in dem Sinne wirtschaftlich aktiv, dass sie sozialversicherungspflichtig [SV] Beschäftigte aufwiesen. Mitte 1991 bestanden 1,575 Mio. solcher Betriebe mit 23,173 Mio. SV-Beschäftigten. Es erfolgen etwa 300 000 bis 400 000 Neugründungen von Betrieben pro Jahr [und ca. 10-20% weniger Schließungen, W. & N.], die freilich nicht alle wirtschaftsaktiv werden und Arbeitsplätze besetzen. Da der Gründungssaldo in den vergangenen 15 Jahren stets positiv war, gab es deutlich weniger *Abmeldungen/Registerlöschungen* von Betrieben. Bei positiver Nettomarktzutrittsrate bestand stets eine hohe Betriebsturbulenz" (*Kühl* 1992, 335).

[32] Bei der Ermittlung des jährlichen 'Beschäftigungsumschlags' werden "die Bestände an sozialversicherungspflichtigen [SV] Beschäftigten zur Jahresmitte pro Betrieb mit dem Vorjahresstand verglichen" (124 f.). Bei den im Folgenden zitierten Ergebnissen sind nicht enthalten Landwirtschaft, Bundesbahn, Gebietskörperschaften und Sozialversicherungen, Selbständige, z.T. mithelfende Angehörige, Beamte, Soldaten, geringfügig Beschäftigte ohne Sozialversicherung.

Für die Diskussion des job turnover ist auf den großen Unterschied zwischen Brutto- und Nettowerten hinzuweisen. Folgende Größenordnungen werden berichtet:

"Von Mitte 1987 bis Mitte 1988 stieg die Gesamtbeschäftigung um 1,2% an. Hinter dieser geringen Nettoveränderung steht aber eine Beschäftigungsausweitung von 5,8% in bestehenden Betrieben und von 2,4% in neuen Betrieben, während 5,3% durch Belegschaftsabbau in vorhandenen Betrieben und 1,7% in schließenden Betrieben verlorengingen. Der Beschäftigungsumschlag von 7,6% [(5,8 + 2,4 + 5,3 + 1,7):2, W. & N.] besagt, dass 1987/88 jedes dreizehnte Beschäftigungsverhältnis 'erneuert' wurde. Dies ist auch der langjährige Wert [für die Spanne von 1977 - 1988; W. & N.], sodass die durchschnittliche Dauer eines Arbeitsvertrags etwa 12,5 Jahre beträgt. Der Stellenumschlag über die Betriebsgrenzen ist freilich größer, die Durchschnittsdauer also geringer, denn auch in Betrieben mit konstanter Belegschaft im Vorjahresvergleich gibt es Einstellungen und Beendigungen von Beschäftigung in freilich unbekannter Zahl, die sich die Waage halten" (*Engelen-Kefer, Kühl, Peschel u. Ullmann* 1995, 125f.).

In ihrem 10-Jahres-Überblick (für die Jahre 1977 - 1987) zeigten *Cramer & Koller* (1988), dass die Expansionsraten zwischen 4,8% (in einer Rezessionsphase) und 7,0% (in einem Aufschwungjahr) variierten und die Schrumpfungsraten sich zwischen 7,4% (Rezession) und 5,2% lagen. Das bedeutet, dass in Rezessionen pro Jahr 1,4 Mio. Arbeitsplätze, in Aufschwungzeiten 970.000 verlorengingen. Im Vergleich dazu nehmen sich die Gründungs- und Schließungsraten wesentlich geringer aus: sie variieren um 2%, wobei die Gründungsraten in allen Jahren höher als die Schließungsraten waren. Konjunktur- (gleichförmige Auf-/Abschwünge für alle Marktteilnehmer) und Struktureffekte (Umbau der Wirtschaft, wachsende/schrumpfende Branchen) nehmen sich im Vergleich zu Konkurrenzeffekten (Unternehmensunterschiede innerhalb derselben Branche) sehr gering aus.

Cramer & Koller berichten auch Labor Turnover-Werte (1988, 366): "Im Zeitraum 1977 bis 1980 betrug der Arbeitskräfteumschlag etwa 33%, d.h. ein Beschäftigungsverhältnis dauerte im Durchschnitt drei Jahre. Danach ging der Umschlag auf unter 30% zurück, und zwar in allen betrachteten Sektoren. Damit ergibt sich folgendes Bild aus den Umschlagsprozessen der Stellen (Job Turnover) und der Arbeitskräfte (Labour Turnover): Im Durchschnitt wechseln sich dreieinhalb (1983-1984) bis viereinhalb (1979) Beschäftigungsverhältnisse im Laufe der Zeit auf einem Arbeitsplatz (genauer: einem fortwährend besetzten Arbeitsplatz) ab."

Als vorläufiges Resümee ist festzuhalten, dass - über die Jahre hinweg relativ konstant - jährlich Job turnover-Raten von ca. 8% und Labor Turnover-Raten von ca. 30% zu beobachten waren - was auf eindrucksvolle Weise eine deutliche Dynamik des deutschen Arbeitsmarkts belegt.

Diese Ergebnisse stammen aus neun Sektoren und 142 Arbeitsamtsbezirken. Sie sollen im Folgenden durch Analysen des IAB-Betriebspanels und eine niedersächsische Langzeitstudie ergänzt werden.

Ergebnisse des IAB-Betriebspanels

Das IAB-Betriebspanel (*Projektgruppe Betriebspanel* 1995), in dem - wie oben schon ausgeführt - eine repräsentative Stichprobe der ca. 1,6 Mio. Betriebe und Verwaltungen Westdeutschlands (und seit 1996 auch der neuen Bundesländer) regelmäßig untersucht wird, hat für das 1. Halbjahr 1994 die in der folgenden Tab. F-1.4 aufgeführten Personalbewegungen (Labor Turnover) ermittelt.

Betriebsgrößen-klasse	Beschäftigte am 30.6.94 in 1000	Einstellungen im 1. Halbjahr 1994 insges. in 1000	Personalabgänge im 1. Halbjahr 1994 in 1000	Saldo aus Zu- und Abgängen in 1000	Zugänge in % der Beschäftigten	Abgänge in % der Beschäftigten	Zu- und Abgänge in % der Beschäftigten
1 bis 4	1.787	146	120	+26	8,2	6,7	14,9
5 bis 9	3.377	252	194	+58	7,4	5,7	13,1
10 bis 19	3.146	191	196	-5	6,1	6,2	12,3
20 bis 49	4.098	272	221	+51	6,6	5,3	11,9
KUM*	12.408	861	731	+130	6,9	5,9	12,8
50 bis 99	2.811	130	128	+2	4,6	4,6	9,2
100 bis 199	2.768	118	135	-17	4,2	4,9	9,1
200 bis 499	3.697	197	207	-10	5,3	5,6	10,9
500 bis 999	2.544	87	137	-50	3,4	5,4	8,8
1000 bis 1999	2.085	68	99	-31	3,3	4,7	8,0
2000 bis 4999	1.636	90	147	-57	5,5	9,0	14,5
5000 und mehr	1.237	23	52	-29	1,9	4,2	6,1
insgesamt	29.185	1.577	1.635	-58	5,4	5,6	11,0

* Zwischensumme für Klein- und Mittelbetriebe

Tab. F-1.4:   Personaleinstellungen und -abgänge im 1. Halbjahr 1994 (nach Betriebsgrößen) auf der Grundlage des IAB-Betriebspanels (*Projektgruppe Betriebspanel* 1995, 50)

In dieser Tabelle werden die 'Abgänge' in den externen Arbeitsmarkt und die 'Zugänge' vom Arbeitsmarkt erfaßt. Mit 11% des Beschäftigtenstands (Summe letzte Spalte) liegt der Wert für die *Halb*(!)jahres-Periode etwa in der immer wieder berichteten Größenordnung des (externen) Personalumschlags (labor turnover) pro Jahr (!) in Höhe von 20-25% des Bestandes. Interessant sind die Verteilungen der Werte auf 'Klein- und Mittelunternehmen' (KMU) einerseits und Großbetriebe andererseits: Während die KMU einen positiven Saldo aus Zu- und Abgängen haben, überwiegen bei den Großbetrieben die Abgänge (bei denen es aber auch eine bemerkenswerte Variabilität gibt; siehe etwa den Ausreißer bei den Betrieben 'unter 5000'). Der insgesamt positive Beschäftigungseffekt ist auf die KMU zurückzuführen.

Die Bedeutung von Existenzgründungen

In diesem Zusammenhang wird die Existenzgründung als Mittel zur Bewältigung der Beschäftigungskrise empfohlen und durch öffentliche Fördermittel und -programme unterstützt. *Audretsch* (1996) zeigt jedoch unter Rückgriff auf eine große Zahl internationaler Studien, dass die arbeitsplatzschaffende Kraft kleiner Betriebe nicht überbewertet werden darf, weil ihre Überlebensrate wesentlich geringer ist als die von Mittel- und Großbetrieben. Diesen Befund einer hohen 'Säuglingssterblichkeit' für Neugründungen belegen auch *Fritsch & Audretsch* (1995) bei ihrer Untersuchung der Beschäftigungswirkungen von Neugründungen und Stilllegungen im Zeitraum von 1986-1989 in Westdeutschland. Auch sie registrieren, dass ca. 10% des Betriebsbestands jährlich ausgetauscht werden:

> "Festzuhalten ist jedoch, dass an das Gründungsgeschehen keine allzu großen Hoffnungen hinsichtlich eines Beschäftigungszuwachses geknüpft werden sollten - was allerdings seine Bedeutung für die Stabilisierung des Beschäftigungsniveaus nicht schmälert - und dass eine hohe Betriebsdynamik, die lediglich zu hoher Turbulenz führt, im bundesdeutschen Kontext - anders als offenbar in den USA - eher mit negativen Beschäftigungseffekten verbunden ist. Die Ergebnisse der Untersuchung sind somit geeignet, die Gründungsförderung als wachstums- und beschäftigungspolitische Strategie in Frage zu stellen. Dies betrifft vor allem eine unspezifische Förderung von Unternehmensgründungen, die gleichsam 'mit der Gießkanne' vorgeht" (*a.a.O.*, 71f.; s.a. *Audretsch* 1996).

Die oft positiv kommentierten Langzeiteffekte von Neugründungen müssen aus statistischen Gründen relativiert werden, wenn - wie es oft geschieht - nur die Arbeitsplatzwirkungen der 'überlebenden' Betriebe herausgestellt werden, aber übersehen wird, dass bei einer Mehrjahresbilanz auch jene Betriebe einzurechnen sind, die zwischenzeitlich geschlossen wurden.

Eine Langzeitstudie in Niedersachsen

Ein Langzeitstudie mit *Betriebs*daten haben *Gerlach & Wagner* (1995) vorgelegt. Sie untersuchten die Arbeitsplatzdynamik im Verarbeitenden Gewerbe Niedersachsens über einen 23-Jahres-Zeitraum (1978-1990) und erfassten die Daten von über 10 000 Betrieben. *Gerlach & Wagner* fanden, dass über Branchen oder Größenklassen aggregierte Daten wenig aussagekräftig sind, weil *innerhalb* dieser Aggregate eine erhebliche Heterogenität herrscht, also z.B. innerhalb ein und derselben Branche nicht alle Betriebe gleichermaßen von Rezession oder Aufschwung betroffen sind, sondern eine Koexistenz von wachsenden *und* schrumpfenden Betrieben, von Neugründungen *und* Schließungen besteht.

Gerlach & Wagner ermittelten eine Reihe von 'Bruttoströmen', nämlich den Anstieg der Anzahl Erwerbstätiger durch Wechsel aus anderen Industrien, Neugründungen und Betriebswachstum bzw. die Abnahme der Erwerbstätigenzahl durch Betriebsschrumpfung, Wechsel in andere Industrien und schließlich Abgänge. Für Periodenvergleiche stellten sie prozentuale 'Veränderungsraten' fest (Erwerbstätigenzahl zu

Periodenbeginn und -ende), außerdem errechneten sie einen 'Turbulenzindikator' (gebildet aus der Summe der Bruttoströme geteilt durch die Veränderungsrate).

Ihre Ergebnisse:

- Die Summe aller absoluten *Brutto*ströme schwankt um die Maßzahl 10%.

- Die Bruttoströme übertreffen die Nettoströme erheblich[33]: "Auch in Perioden mit einer sich kaum verändernden Beschäftigtenzahl, d.h. geringer Nettoveränderung, sind also starke Bruttoströme nachweisbar. Somit wird deutlich, dass auch in Zeiten stagnierender Gesamtbeschäftigung erhebliche Verschiebungen über den externen Arbeitsmarkt stattfinden, in deren Verlauf die Arbeitsplatzverluste in einigen Betrieben durch neue Arbeitsplätze in anderen Betrieben ausgeglichen werden" (*Gerlach & Wagner* 1995, 46f.).

- "Auch in Zeiten einer ausgeprägt negativen (positiven) Gesamttendenz der Beschäftigungsentwicklung wie in der Periode 1982/83 (1989/90) existieren deutlich positive (negative) Bruttoströme" (*a.a.O.*, 47).

- "Die Beschäftigungswirkungen expandierender und schrumpfender Betriebe sind bedeutsamer als die von Neugründungen und Schließungen" (*a.a.O.*).

Diese Ergebnisse, die auf einer großen Datenbasis über einen langen Zeitraum beruhen, machen deutlich, dass "der Schleier der Aggregation" erhebliche Unterschiede zwischen den einzelnen Betrieben verdeckt. Ganz offenkundig wirken konjunkturelle Einflüsse nicht gleichsinnig und gleich stark auf alle Betriebe einer Region oder Branche, vielmehr wird die Beschäftigungsdynamik durch die Besonderheiten und Strategien der Einzelbetriebe stark geprägt.

Auf diesem Hintergrund notieren *Engelen-Kefer u.a.* ein auffälliges Defizit:

> "Kostenrechnungen für die Gesamtheit aller externen und internen Arbeitsmarktbewegungen, die sämtliche Transaktionskosten (für Suche, Auswahl, Einstellung, Einarbeitung, Weiterqualifizierung, Umsetzung und Lösung von Arbeitsverträgen) umfassen, liegen nicht vor. Es erstaunt, dass Arbeitgeber und ihre Verbände zwar auf Senkung der Lohn- und Lohnzusatzkosten abstellen, die Transaktionskosten des eigenen Arbeitsmarktverhaltens aber kaum problematisieren" (*Engelen-Kefer, Kühl, Peschel u. Ullmann* 1995, 130).

Kündigungsverhalten und Novellierung des Beschäftigungsförderungsgesetzes

Büchtemann (1990) berichtet über eine Repräsentativerhebung in 2392 Betrieben der Privatwirtschaft mit 5 und mehr Beschäftigten zwischen Mai 1985 und April 1987. Ein Ziel der Studie war es zu untersuchen, ob die vorausgegangen Lockerungen des Kündigungsschutzes und die neuen Möglichkeiten des BeschFG (z.B. zur Befristung von Arbeitsverhältnissen) das Einstellungs- und Kündigungsverhalten der Betriebe verändert hätten. In diesem Zweijahreszeitraum kam es zu 32.000 Neu-

---

[33] Ein Beispiel aus der Studie von *Kühl* (1995, 30): "Nach Angaben der Kreditreform gab es 1993 rund 22.000 Unternehmenszusammenbrüche, die knapp 168.000 Arbeitsplätze kosteten. Ihnen

einstellungen und 31.000 Abgängen, was einer jährlichen Zu- und Abgangsquote von 13% entspricht.[34]

Büchtemann (1990) prüfte für die Jahre 1987/1988 anhand arbeitsstatistischer Daten die These, dass Flexibilisierung und Deregulierung des Kündigungsschutzes positive Beschäftigungseffekte hätten. Er konnte diese Erwartung *nicht* bestätigen.

Wenngleich sich in der Zwischenzeit die gesetzlichen Bestimmungen erneut geändert haben[35], so sind doch die Struktur seiner Differenzierungen und die Tendenz seiner Ergebnisse nach wie vor interessant. Neuere Studien von *Bielinski, Kohler & Schreiber-Kittl* (1994) und *Projektgruppe Betriebspanel* (1997), auf die wir unten (siehe Seite 221) eingehen werden, belegen, dass die grundsätzlichen Befunde und Schlussfolgerungen von *Büchtemann* nicht revidiert werden müssen.

Büchtemann macht zunächst deutlich, dass ohnehin nur ein Teil der Beschäftigten den Regelungen des KSchG (Kündigungsschutzgesetz) unterworfen ist. Wegen der Möglichkeit des Betriebsrats, einer Kündigung zu widersprechen, ist auch die Existenz eines Betriebsrats (der erst ab 5 Beschäftigten gewählt werden kann) von Bedeutung. Unabhängig davon genießt etwa ein Achtel aller Beschäftigten einen *besonderen* Kündigungsschutz (vor allem aufgrund langer Betriebszugehörigkeit oder eines besonderen Status, z.B. als Schwerbehinderte, Personen im Erziehungsurlaub, Betriebsräte etc.).

Büchtemann zeigt des weiteren, dass es in fast der Hälfte der Betriebe zu *keinen* arbeitgeberseitigen Kündigungen gekommen war und dass sich hohe Kündigungsraten (12% und mehr) auf etwa ein Viertel (24,3%) aller Betriebe konzentrierten, die (nur) 15,5% aller Beschäftigten umfassten. Auf diese wenigen Betriebe entfielen zwei Drittel (66,5%) aller Arbeitgeber-Kündigungen!

Offenbar sind die Regelungen des KSchG Mindestvorschriften, die (ähnlich wie Mindestlöhne) nur von Betrieben mit schlechter Marktposition in Anspruch genommen werden, weil im Wettbewerb um qualifizierte Kräfte höhere Löhne (im

---

standen etwa 60.000 Neugründungen gegenüber, die 152.000 Arbeitsplätze schufen." Dem Nettoeffekt von 16.000 Arbeitsplätzen stehen also zehnmal so hohe Bruttowerte gegenüber.

[34] Die im Verhältnis zur amtlichen Statistik niedrigere Quote führt *Büchtemann* darauf zurück, dass in seiner Studie fluktuationsintensive Bereiche [Land-/Forstwirtschaft und Öffentlicher Dienst (Bundespost!)] ebenso ausgeklammert waren wie Kleinstbetriebe mit weniger als 5 MitarbeiterInnen. Außerdem erfasste er keine Zahlen im Zusammenhang mit 'Unternehmensfluktuation' (Neugründung und Schließung von Betrieben).
Für das Jahr 1988 teilen *Auer & Büchtemann* (1989) eine Gesamtzahl von 5.530.000 Neueinstellungen mit, das sind "28,6% des Ausgangsbestands beschäftigter Arbeiter und Angestellter (ohne Auszubildende)" (*a.a.O.*, 7).

[35] So sind - um nur zwei Beispiele zu nennen - 1996 Gesetzesänderungen in Kraft getreten, die für die prozentualen Verteilungen in der Übersicht *Büchtemann*s Konsequenzen haben: vom Geltungsbereich des KSchG werden seit 1996 Betriebe bis zu 10 Beschäftigten (früher: 5) ausgenommen; Befristungen von Arbeitsverträgen können bis zu 18 Monaten (bei Neugründung: 24 Monaten) vorgenommen werden.

Regelfall übertarifliche Löhne) bezahlt und freiwilliger Verzicht auf Kündigungsmöglichkeiten vereinbart werden (s. die Ausführungen zum 'internen Arbeitsmarkt').

Büchtemann resümiert:

" ... die Tatsache, dass - wenngleich nur wenige - Betriebe in der Privatwirtschaft exten-
siv von arbeitgeberseitigen Kündigungen Gebrauch machen, widerspricht der Annahme,
dass universell (d.h. für alle Betriebe im Geltungsbereich des KSchG) geltende Be-
standsschutzregelungen Kündigungen durch den Arbeitgeber weitgehend unmöglich gemacht haben; sie legt vielmehr die Vermutung nahe, dass die geringe Kündigungshäufig-
keit der großen Mehrheit der Betriebe eher nicht-institutionelle, d.h. ökonomische bzw.
betriebswirtschaftliche Faktoren, denn (eigenständige) Auswirkungen des Kündigungsschutzes widerspiegelt." " ... die deutlich häufigeren Personalprobleme kündigungs-
intensiver Betriebe schließlich rechtfertigen starke Zweifel an der Annahme, externe Be-
schäftigungsanpassungen qua 'Feuern und Heuern' stellten zugleich in jedem Fall den betriebswirtschaftlich effizienteren Modus betrieblicher Personalanpassung dar"(*aaO.*, 403).

Auch *Büchtemann* hebt hervor, dass generalisierende Aussagen über 'den' Arbeitsmarkt große interne Differenzen kaschieren:

"Zu den fluktuationsintensiven Betrieben zählen vor allem kleine und mittlere Betriebe im
Baugewerbe sowie im Bereich der einfachen Dienstleistungen, insbesondere des Ga-
stronomie-, Reinigungs-, Körperpflege- und privaten Verkehrsgewerbes. Innerhalb des
Verarbeitenden Gewerbes sind es in erster Linie die Bereiche Metallverarbeitung und
Elektrotechnik sowie als weitere größere Branche die Nahrungs- und Genussmittelher-
stellung, die von einer überdurchschnittlichen Personalfluktuation geprägt sind; demgegenüber rangieren der im Untersuchungszeitraum beschäftigungsexpansive Maschinen-
und Anlagenbau sowie die ebenfalls expansiven 'qualifizierten' Dienstleistungsbranchen
[Kredit- und Versicherungsgewerbe, Wirtschafts- und Rechtsberatung, private Dienstleistungen im Gesundheitsbereich] am unteren Ende der Fluktuationsskala" (*Büchtemann*
1990, 402).

Arbeitgeberseitige Kündigungen machten in der Stichprobe der 2392 Betriebe nur
etwa ein Viertel (27%) aller Personalabgänge aus. Dabei zeichnet sich eine starke
Konzentration auf eine kleine Minderheit von 13% der Betriebe ab, auf die etwa die
Hälfte (47%) aller arbeitgeberseitigen Kündigungen entfällt. Diese 'Heuer-und-
Feuer'-Betriebe weisen eine jährliche Entlassungsrate von ca. 25% auf.

"Auch hierbei handelt es sich größtenteils um lohnkostenintensive, kleinere Betriebe im
Baugewerbe sowie in eher geringqualifizierten Dienstleistungsbranchen mit häufigen Pro-
duktions- und Auslastungsschwankungen, sowie hohem Belegschaftsanteil Un- und An-
gelernter" (*Büchtemann* 1990, 402f.).

Geht man davon aus, dass Kleinbetriebe besonders kündigungsintensiv sind, dann
könnte es nach der Lockerung des Kündigungsschutzgesetzes von 1996 (Betriebe
bis zu 10 Beschäftigten sind - wie erwähnt - inzwischen vom KSchG ausgenommen) zu einem höheren labor turnover kommen. Zwar ist die Zahl der damit neu
ausgeklammerten *Betriebe* beträchtlich (über 80% aller Betriebe unterliegen nun
nicht mehr dem § 1 KSchG), aber die Anzahl der davon zusätzlich betroffenen *Beschäftigten* hält sich in Grenzen (ca. 6-8%).

Tab. F-1.5 gibt einen Eindruck von der Betriebsstruktur (Verteilung der Betriebs-größen-Klassen und Verteilung der Beschäftigten auf die verschiedenen Größen-klassen) in Deutschland. Um Westdeutschland herauszugreifen: Ca. 86,5% aller *Betriebe* sind Kleinunternehmen (unter 20 Beschäftigte), sie beschäftigen aber nicht einmal ein Drittel der (sozialversicherungspflichtigen) Erwerbstätigen. Die große Bedeutung der Klein- und Mittelbetriebe für den Arbeitsmarkt zeigt sich darin, dass ziemlich genau drei Viertel aller Beschäftigten in Betrieben bis zu 500 Mitarbeite-rInnen arbeitet!

| | Westdeutschland | | | | Ostdeutschland | | | |
| | Beschäftigte | | Betriebe | | Beschäftigte | | Betriebe | |
Größenklasse (GK)	in Tsd (pro GK)	% an allen	in Tsd (pro GK)	% an allen	in Tsd (pro GK)	% an allen	in Tsd (pro GK)	% an allen
1 bis 19 Beschäftigte	8349,0	28,6	1413,1	86,5	1776,6	29,6	338,0	84,6
20 bis 199 Beschäftigte	9984,3	34,2	202,8	12,4	2381,2	39.7	49.2	12.3
200 bis 499 Beschäftigte	3691,4	12,7	12,1	0,7	694,0	11,6	10,8	2,7
500 bis 1999 Beschäftigte	4429,0	15,2	5,1	0,3	814,3	13,6	0,9	0,2
2000 u.m. Beschäftigte	2708,4	9,3	0,6	0,0	330,6	5,5	0,7	0,2
Beschäftigte Tsd	**29162,1**	**100,0**	**1633,7**	**100,0**	**5996,7**	**100,0**	**399,6**	**100,0**

Tab. F-1.5: Verteilung der Beschäftigten nach Betriebsgrößenklassen (IAB-Be-triebspanel, Stichtag: 30.6.96); (zusammengestellt nach den Angaben in: *Projektgruppe Betriebspanel 1997*, 51)

Resümee

Zur Frage, ob der deutsche Arbeitsmarkt 'sklerotisch' ist, kann insgesamt folgendes Resümee gezogen werden:

- Der deutsche Arbeitsmarkt ist nicht sklerotisch (im Sinne von 'erstarrt', 'bewe-gungslos'). Das gilt sowohl für die Arbeitsplatz- wie die Arbeitspersonen-Ebene. Es gibt bei einem Bestand von ca. 1,6 Mio. Betrieben (in Westdeutschland) jähr-lich etwa 0,3 bis 0,4 Mio. Neugründungen (und fast ebenso viele Schließungen); die jährlich neu geschlossenen (und beendeten) Arbeitsverhältnisse machen - be-zogen auf den Bestand aller sozialversicherungspflichtigen Beschäftigungsver-hältnisse - je nach konjunktureller Situation 20 bis 30% aus.

- Hinter den Nettowerten (Bestandsdifferenzen im Jahresvergleich) verbergen sich außerordentlich hohe Bruttowerte: es herrscht eine hohe 'Turbulenz' sowohl bei den Arbeitsplätzen wie bei den auf ihnen Beschäftigten.

- Zwischen den einzelnen Betrieben einer Branche und/oder Region gibt es eine erhebliche Variationsbreite: in derselben konjunkturellen Situation wachsen die einen, während die anderen schrumpfen.

- Betriebe werden durch die vorhandenen gesetzlichen Regelungen nicht daran gehindert, ihren Personalbestand dem Bedarf anzupassen. Neben (Massen-)-Entlassungen aus betriebsbedingten Gründen, die meist als ultima ratio vorgenommen werden, gibt es eine Vielzahl anderer Aktions- und Reaktionsmöglichkeiten (auf die wir ausführlich in Kap. 3.3, S. 312-318, eingehen werden).

1.4.2 Ein Nationenvergleich (Zum 'Beschäftigungswunder' in den USA)

Weil die USA immer als Musterland einer flexiblen Beschäftigungspolitik genannt werden, ist ein Vergleich zwischen den USA und Deutschland im Hinblick auf Job-Turnover und Labor-Turnover interessant, den *Leonard & Schettkat* (1995) durchführten. Sie stellen zunächst ganz allgemein fest:

"Nur ein geringer Teil der Beschäftigtenmobilität wird durch die Nettoveränderung der Gesamtbeschäftigung verursacht. Der weitaus größte Teil der Mobilität ist zurückzuführen auf (1) den Strukturwandel, d.h. die Veränderung der sektoralen Wirtschaftsstruktur und damit auf den Beschäftigungsaustausch zwischen den Branchen, (2) den Wettbewerb zwischen den Betrieben einer Branche, der Expansions- und Schrumpfungsprozesse innerhalb einer Branche induziert, (3) Veränderungen der Länge des Arbeitslebens (z.B. durch Variationen der Rentenaltersgrenze), die die natürliche Fluktuation verändern, und demographische Einflüsse sowie auf (4) institutionelle Einflüsse, wie z.B. Kündigungs-schutzregelungen, Fristigkeit von Arbeitsverträgen, Kurzarbeitergeld etc." (*a.a.O.*, 98).

Im Nationenvergleich finden sie Folgendes:

"Nun sind in der Bundesrepublik nicht nur die Arbeitsplätze stabiler als in den USA, sondern auch die Beschäftigungsverhältnisse (Labor-Turnover): Die durchschnittliche Betriebszugehörigkeitsdauer liegt in der Bundesrepublik um rund 40% über der in den USA (...). Dieser Wert liegt in der Nähe der durchschnittlichen 'Lebenserwartung' eines Arbeitsplatzes, die in der Bundesrepublik um rund 30% höher ist als in den USA. Im Durchschnitt kann in Deutschland rund ein Drittel des Labor-Turnover durch den Job-Turnover erklärt werden; dabei zeigen sich aber erhebliche branchenspezifische Schwankungen" (*Leonard & Schettkat* 1995, 98f.).

Werner (1997) untersucht eine Reihe möglicher Gründe für das amerikanische 'Job-wunder'. Er stellt fest, dass in Bezug auf das *Wirtschaftswachstum* zwischen den USA und der BRD (West) im Vergleichszeitraum (1983-1993) praktisch kein Unterschied bestand, unterschiedlich war jedoch die *Beschäftigungsintensität* des Wachstums: in den USA verteilt sich das Wachstum auf mehr Beschäftigte (geringere Arbeitsproduktivität) und dies wiederum hängt damit zusammen, dass die Lohnspreizung wesentlich größer ist als in der BRD: die obersten und untersten Dezile der Lohnverteilung klaffen in den USA weit stärker auseinander als in der BRD; außerdem kam es zu einer Reallohnsenkung in den niedrigeren Einkommensstufen ('working poor')[36]. Hinzukommt, dass Arbeitslosigkeit in Amerika durch Sozialtransfers (Arbeitslosenunterstützung, Krankenversicherung, negative Einkommenssteuer) weniger gemildert wird, sodass ein institutioneller Anreiz besteht, auch zu niedrigeren Lohneinkommen zu arbeiten. *Werner* belegt jedoch, dass das Beschäftigungswachstum in den USA nicht allein auf das untere Lohnsegment beschränkt ist (McJobs), sondern dass auch viele hochbezahlte neue Tätigkeiten - nicht zuletzt im unternehmensbezogenen Dienstleistungssektor - entstanden sind. Die amerikanische Wirtschaft ist weniger als die bundesdeutsche (und europäische) dem internationalen Konkurrenzdruck ausgesetzt; in Deutschland wird auf diesen Druck mit Rationalisierung und Produktivitätssteigerung reagiert, dessen arbeitsplatzreduzierende Wirkung durch Sozialtransfers abgefedert wird. In den USA werden mehr Personen zu geringeren Löhnen beschäftigt, dabei sind aber Teilzeitarbeit und Mehrfachbeschäftigung nicht erheblich gestiegen. Es gibt auch keinen wesentlich größeren Anteil an Selbständigen; einen Einfluss haben jedoch weitere institutionelle Regelungen (s. *Werner* 1997, 595): der gewerkschaftliche Organisationsgrad ist niedrig (etwa 10%), Tarifverhandlungen werden dezentral geführt, die durchschnittliche Dauer der Betriebszugehörigkeit ist niedrig (siehe auch die obigen Angaben bei *Schettkat*), es gibt kein allgemein gültiges Kündigungsschutzgesetz, die Arbeitslosenunterstützung beträgt nur ca. 20-40% des vorherigen Nettolohns (nur etwa 30-40% aller Arbeitslosen erhalten überhaupt eine), es ist nicht automatisch eine staatliche Krankenversicherung bei Arbeitslosigkeit garantiert, es gibt kein institutionalisiertes Berufsausbildungswesen und die Freiheit der Berufsausübung ist kaum eingeschränkt (keine Handwerksrolle!). *Werner* (1997, 598) macht darauf aufmerksam, dass das USA-System der steigenden, durch Transfers kaum abgesicherten Lohndisparitäten soziale Ungleichheit und wachsende Armut eines großen Teils der Bevölkerung bedeutet (mangelnde Gesundheitsfürsorge, soziale Ausgrenzung, Gettobildung, Kriminalität). Er belegt, dass z.B. die Anzahl der Amerikaner, die im Gefängnis (oder auf Bewährung) sind, ca. zehnmal höher ist als der vergleichbare Wert in der BRD und dass z.B. jeder vierte männliche Afro-Amerikaner ('Schwarzer') zwischen 18 und 34 Jahren im Gefängnis oder auf Bewährung ist!

Leonard & Schettkat (1995) interpretieren ihren Europa-USA-Vergleich auf dem Hintergrund der sog. Eurosklerose-These (derzufolge die Arbeitsmärkte in Europa, speziell in Deutschland erstarrt, überreguliert und rigide seien). Erklärungen, die auf die stabilisierenden Effekte von Kurzarbeitergeld und Lohnrigiditäten, die 'Insider-

---

[36] *Bosch* (1998, 17): "Ein Amerikaner im untersten Einkommenszehntel verdient heute, in Kaufkraft gerechnet, nur 44 Prozent des Einkommens eines Deutschen in dieser Gruppe. Um amerikanische Lohnstrukturen zu erreichen, müsste das Gehalt einer Verkäuferin in Deutschland von 2000 auf 900 Mark verringert werden."

Outsider-Theorie'[37] und die Subventionierung schrumpfender Wirtschaftszweige zurückgreifen, halten sie für wenig überzeugend. Zwar ist die Flexibilität in Deutschland geringer als in den USA, andererseits ist aber auch der Flexibilitäts*bedarf* geringer. Vorrangiges Interesse von Unternehmen sei es, Unsicherheit zu reduzieren. Wenn diese durch *institutionelle Arrangements* verringert werden kann, brauchen Unternehmen nicht mehr auf die Strategie einer sofortigen Anpassung an Auslastungs- oder Ertragsschwankungen (im Personalbereich: Hire & Fire) zurückzugreifen. Die Autoren erörtern beispielhaft zwei typische deutsche Institutionen, die unsicherheitsreduzierend wirken: das Universalbank-Prinzip (das den Banken Aufsichtsrat-Sitze in verschiedenen Industrien erlaubt und damit Indikatoren zur Verfügung stellt, die langfristiges Planen erlauben) und die Einflussreichen Gewerkschaften, die auf der Branchen-, statt Betriebsebene agieren und - zusammen mit dem Ausbildungssystem - eine höhere *interne* Flexibilität des Faktors Arbeit garantieren; wenn ein größeres Einsatzspektrum an verschiedenen Arbeitsplätzen besteht, muss nicht unmittelbar mit Entlassungen und Einstellungen reagiert werden.

Man kann das Unsicherheitsproblem auf verschiedene Weise lösen. Im Vorgriff auf Managementstrategien (s. Kap. F-3), sei eine Typologie *Kühls* (1992, 337) zitiert, der - einem Ansatz von *Doeringer* (1992) folgend - zwischen vier Arten allgemeiner betrieblicher Beschäftigungspolitik (BBP) differenziert, die auf einem "logischen Kontinuum zwischen unverzüglicher Anpassung und nur noch betriebsinternen Arbeitsmärkten" liegen:

---

[37] Sie erklärt Dauerarbeitslosigkeit damit, dass die bereits Beschäftigten (Insider) aufgrund nennenswerter Fixkosten von Beschäftigungsverhältnissen (z.B. Such- und Einarbeitungskosten), 'Renten' realisieren können, die höher sind als der Marktlohn; deshalb verhindern sie die weitere Einstellung von 'Outsidern' (*Leonard & Schettkat* 1995, 102). Damit gibt es eine Koalition zwischen den (bereits) Beschäftigten und den Beschäftigern: Weil die Betriebe die Unsicherheiten, Probleme und Kosten bei der Suche, Einarbeitung und Eingliederung neuer MitarbeiterInnen scheuen, sind sie an der langfristigen Beschäftigung loyaler und fähiger MitarbeiterInnen interessiert und vermeiden es, 'bei Bedarf' zu entlassen und einzustellen; eher wird Personal 'gehortet', vor allem wenn es gelingt, die MitarbeiterInnen zu Konzessionen in Bezug auf Arbeitszeit, Lohnhöhe und Mobilität zu bewegen. Das sorgt für eine Abschottung des Betriebs gegen die 'Außenstehenden', die keine Chance erhalten, ihre Eignung zu beweisen; der Austausch mit dem externen Arbeitsmarkt kommt zum Erliegen. Möglicherweise bessere und billigere Arbeitskräfte erhalten keine Chance, so dass mit einer Erhöhung der Arbeitskosten zu rechnen ist.
Eine andere Variante bietet der Neoklassiker *Vaubel* (1989, 24) an: "Gewerkschaftsführer sind an Macht und Ansehen interessiert. Deshalb möchten sie zusätzliche Mitglieder gewinnen. Ihnen ist aber auch - schon allein um ihre Wiederwahl zu sichern - an möglichst großen Lohnerhöhungen für ihre bisherigen Mitglieder gelegen. Diese beiden Ziele konkurrieren miteinander. ... unter den derzeitigen arbeitsrechtlichen Bedingungen haben die Gewerkschaften kein Interesse an einer Beseitigung der Massenarbeitslosigkeit. ... Die Interessenpolitik der Gewerkschaften geht dabei langfristig nicht so sehr zu Lasten des Kapitals - denn die Kapitalmobilität ist langfristig hoch - sondern zu Lasten der Arbeitslosen. Die gut organisierten Starken bereichern sich zu Lasten der nicht organisierten Schwachen, die Arbeitsplatz-Besitzenden zu Lasten der Arbeitsplatz-Besitzlosen."

1. "Unverzügliches Anpassen der Belegschaft ('Heuern und Feuern') je nach Auf-
   trags-, Absatz-Ertragslage und -erwartungen" (*a.a.O.*). In solchen Betrieben herrschen vor: "niedrige Löhne, befristete Beschäftigung, Arbeit auf Abruf, Arbeitnehmerüberlassung, kaum innerbetriebliche Qualifizierung, Sackgassenberufe" (*aaO.*).

2. "Zeitlich verzögerte Anpassung der Belegschaften an die wirtschaftliche Lage und
   Erwartung ..., unterschiedlicher Anpassungsumfang bei Kern- und Randbelg-
   schaften" (*a.a.O.*).

3. "Strukturumbau der Belegschaften bei verzögerter Anpassung, z.B. Höherqualifi-
   zierung, Horten von Stammkräften, überdurchschnittlicher Abbau von nicht benötigten Mitarbeitern der Randbelegschaften, eine aktive, fast schon strategische
   BBP entwickelt sich" (*a.a.O.*).

4. "Möglichst dauerhafte Vollbeschäftigung für die vorhandenen Belegschaften,
   betriebliche Beschäftigungspolitik der mittleren Linie: Ausbildung und Fortbildung sichern betriebsspezifisches Humankapital; es erfolgen hauptsächlich innerbetriebliche Personalumsetzungen bei garantierter Beschäftigungssicherheit;
   alles zusammen sichert hohe Arbeitsproduktivität. Die Betriebe verfolgen aus eigenem Interesse eine langfristige, auf Personalpläne gestützte BBP. Natürlich wäre damit die Gefahr geschlossener betrieblicher Arbeitsmärkte verbunden"(*a.a.O.*);
   für Neuzugänge bestünden hohe Eintrittsbarrieren.

Der sprichwörtliche amerikanische Weg ist der erste, der idealtypisch europäische
(und vor allem: deutsche) der letzte (s. dazu auch *Schettkat* 1996 mit einer ähnlichen
Modellierung). Voraussetzung und Folge des zweiten Modells ist ein funktionieren-
der interner Arbeitsmarkt mit qualifizierten und loyalen Beschäftigten, deren Engagement durch soziale Absicherung und eine sog. 'Vertrauenskultur' stabilisiert wird.

Auf das Spannungsverhältnis zwischen Flexibilität und Stabilität werden wir am
Ende des nächsten Hauptkapitels zurückkommen. Zuvor soll die wohl wichtigste Institution der Regulierung, das Arbeitsrecht (und speziell das Kündigungsschutzrecht) diskutiert werden. Es schafft für das Management von Beschäftigungssystemen politische, und das heißt hier: rechtliche Rahmenbedingungen, die Handlungsmöglichkeiten der Akteure einerseits einschränken und andererseits ermöglichen.

F-2: Zur politischen Perspektive: Die rechtliche Regulierung des Personal-Abbaus - Übersicht -

2.0 Überblick

2.1 Politik und Regulierung: Drei Facetten des Politischen: polity, policy, politics
Die Akteure am (regionalen) Arbeitsmarkt

2.2 Personalabbau: Kündigung

arbeitgeberseitige ordentliche Kündigung Soziale Rechfertigung personbedingte Gründe verhaltensbedingte Gründe betriebsbedingte Gründe: (Auswahlrichtlinien) Resümee zum Kündigungs- schutz	außerordentliche Kündigung Form der Kündigung Weiterbeschäftigung Änderungskündigung und Betriebsänderung	Massenentlassungen Interessenausgleich Sozialplan

Alternativen zur Kündigung: Natürliche Fluktuation, Aufhebungsverträge

2.3 Deregulierung und Flexibilisierung

Varianten der Flexibilisierung • interne (funktionale) und • externe (numerische) Flexibilisierung	Grenzen der Flexibilisierung	Zusammenfassung: Argumente für und gegen Deregulierung

2. Zur politischen Perspektive: Die rechtliche Regulierung des Personalabbaus

2.0 Überblick

Das folgende Unterkapitel F-2 ist - nach zwei Einleitungsabsätzen - im wesentlichen in zwei Hauptabschnitte gegliedert:

In den orientierenden Vorbemerkungen, die verschiedene Bedeutungsgehalte des Begriffs 'Politik' explizieren, wird eine Festlegung auf die 'polity'-Dimension ange-kündigt. Die wichtigsten 'Interessenten', die an der Gestaltung dieser Verfassung beteiligt sind, werden in einem Stakeholder-Diagramm vorgestellt.

Um die geordnete Interaktion der Arbeitsmarktteilnehmer zu ermöglichen, bedarf es eines Rahmens, der durch politische, vor allem legislative Entscheidungen geschaffen wird. Den Löwenanteil des Kapitels macht die Darstellung der Regelungen des *Kündigungsschutzgesetzes* aus, weil es für die praktische Personalarbeit fundamentale Bedeutung besitzt. Neben den Varianten der Einzelkündigung wird auch auf Massenentlassungen (und Sozialpläne) eingegangen. Im Vordergrund stehen nicht juristische, sondern personalwirtschaftliche Überlegungen.

Im zweiten Hauptabschnitt wird die verbreitete These erörtert, der deutsche Arbeitsmarkt sei exzessiv 'verrechtlicht' und müsse dringend 'dereguliert' werden. Verschiedene Flexibilisierungs- und Deregulierungsoptionen werden vorgestellt und gegeneinander abgewogen.

2.1 Politik und Regulierung

2.1.1 Polity - Policy - Politics

Der Markt, und erst recht der Arbeitsmarkt, ist kein rechts- und politikfreier Raum, sondern institutionell reguliert. Außerdem stehen die vielen beteiligten natürlichen und korporativen Akteure [z.B. ArbeitnehmerInnen (Insiders) und Arbeitslose (Outsiders), Arbeitgeber, Betriebsrat, Gewerkschaften, Bundesanstalt für Arbeit, Arbeitsminister, Kommunen, Sozialversicherungsträger] in einem Spannungsverhältnis zueinander: alle versuchen, im Rahmen der gegebenen Institutionen ihre eigenen Interessen zu verfolgen.

Die *Ökonomie* der Arbeitsplatz- und Arbeitskraftanpassung ist deshalb aufs engste mit der *Politik* verbunden, die diese Bewegungen bedingt (und auf sie reagiert), sodass manche Trennungen und Zuordnungen willkürlich sind. Dies wird auch durch die positive Mehrdeutigkeit des Begriffs 'Politik' unterstrichen, die in der Trias der englischsprachigen Terminologie besonders klar zum Ausdruck kommt, bei der zwischen polity, policy und politics unterschieden wird. Auf die vorliegende Thematik angewandt sind unter dem Stichwort 'polity' (Verfassung, Grundordnung) die Verfasstheit der inner- und außerbetrieblichen Arbeitsmärkte, sowie deren normative und institutionelle Steuerungsmechanismen zu verstehen. 'Policy' bezieht sich auf die Prinzipien, Leitlinien und Grundsätze der strategischen Ausgestaltung jener Spielräume und Optionen, die die 'polity' einräumt. 'Politics' schließlich beschreibt das Alltagsgeschäft der Realpolitik; im Vordergrund steht dabei die konkrete Anstrengung aller Beteiligten, Macht aufzubauen und zu nutzen, um in Ungewissheitszonen eigene Interessen durchzusetzen.

Diese Differenzierungen liegen der folgenden Analyse der Personalanpassung zugrunde. Im Themenkreis der *Polity* greifen wir die *rechtliche Regulierung* der notorisch unvollkommenen Arbeitsmärkte heraus, die vor allem durch Gesetze und

(Tarif-)Verträge erfolgt. Im vorliegenden Zusammenhang soll auf einige wichtige Gesetze näher eingegangen werden (KSchG, BetrVG, AFG, BeschFG).

Auf variable (staatliche) Beschäftigungs*politik* (im Sinne von 'policy') ist oben bei der Diskussion von Maßnahmen zur Bekämpfung von struktureller und konjunktureller Arbeitsmarkt-Ungleichgewichte schon eingegangen worden. Sie wird - zusammen mit taktischen 'politics'-Maßnahmen - auch im 3. Kapitel (Management von Beschäftigungssystemen) noch eine Rolle spielen.

Zunächst sollen wichtige Akteure im Politikfeld 'Arbeitsmarkt' vorgestellt werden.

2.1.2 Die Akteure auf dem regionalen Arbeitsmarkt

Dass bestimmte Gesetze vorhanden sind, heißt nicht, dass dadurch die Verhältnisse auf dem Arbeitsmarkt und in den Unternehmungen eindeutig festgeschrieben sind. Gesetze regeln häufig nur Mindeststandards, die durch freie Vereinbarungen in Tarif- und Arbeitsverträgen überschritten werden können (Beispiel: Obwohl das Bundesurlaubsgesetz 24 Tage Jahresurlaub festlegt, findet sich faktisch kein Unternehmen, das diesen Mindestwert praktiziert; 30 Tage sind Norm geworden). Die Vielzahl der Regelungstatbestände und 'Interessenten' (stakeholders) erlaubt und erfordert politische Anstrengungen, um Vereinbarungen auszuhandeln. In einem ersten Überblick sollen die beteiligten Akteure und Einrichtungen zunächst nur genannt werden (s. Abb. F-2.1); ihr jeweiliger Part wird bei der Behandlung einzelner Vorgehensweisen und Restriktionen näher beschrieben.

Das Netz der zum Teil intransparenten und antagonistischen Regelungen, Interessen und Ressourcen ist außerordentlich komplex - ein ideales Politikfeld, das vielfältige Möglichkeiten der Einflussnahme auf das Geschehen eröffnet, andererseits aber auch die Notwendigkeit verdeutlicht, für eine rechtliche Ordnung zu sorgen, die Planung, Kooperation und Konfliktbewältigung erlaubt. Gesetze, Normen, Instrumente und Bedingungen sollen Handlungssicherheit bieten, aber auch innovative und differenzierte (Re-)Aktionen zulassen, damit die Chancen genutzt und die Probleme bewältigt werden können, die aus Globalisierung, demografischer Entwicklung, konjunkturellen Schwankungen, neuen Produkten, Organisationsformen und Technologien und der konkreten Struktur und Geschichte der betrieblichen Beschäftigungspolitik resultieren.

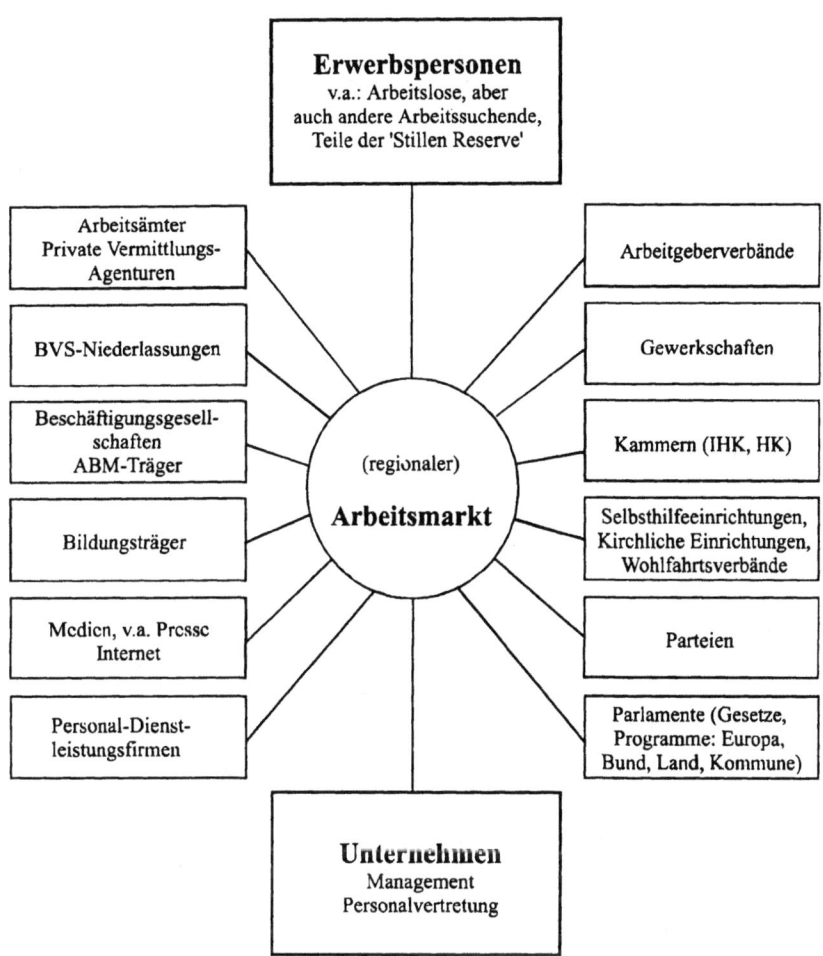

Abb. F-2.1: Akteure am (regionalen) Arbeitsmarkt [modifiziert nach einer Darstellung im IAB-Werkstattbericht Nr. 20 (20.10.92, 70), zit. in *Engelen-Kefer u.a.* 1995]

2.2 Möglichkeiten des Personalabbaus aus rechtlicher Perspektive

Vorgänge, die wichtige gesellschaftliche Interessen berühren, sind von zahlreichen Rechtsnormen, sowohl auf individual- wie kollektivrechtlicher Ebene gesichert. So auch die Begründung und Beendigung von Beschäftigungsverhältnissen: Von größter Bedeutung ist das Kündigungsschutzgesetz; wichtig sind aber auch andere

Schutzgesetze (z.B. Mutterschutz- und Jugendarbeitsschutz-Gesetz, Bundeserzie-hungsgeldgesetz, Schwerbehinderten-Gesetz, Arbeitsplatz-Schutzgesetz), das Arbeitnehmerüberlassungsgesetz, das Altersteilzeitgesetz, das Arbeitsförderungsgesetz, das Beschäftigungsförderungsgesetz und - grundlegend - das Betriebsverfassungsgesetz. Häufige Novellierungen (vor allem des AFG, BeschFG und auch des KSchG) indizieren die fortwährenden Bemühungen der Arbeits(markt)politik, die konjunkturellen Schwankungen und strukturellen Wandlungsprozesse durch Anpassung der gesetzlichen Regulationen zu kontrollieren. Das Tarifvertragsgesetz sichert die Autonomie der Tarifparteien, zusätzlich Ausgestaltungen und über gesetzliche Mindeststandards hinausgehende Regelungen vorzunehmen (z.B. Rationalisierungsschutzabkommen, Lohnfortzahlung bei Krankheit, Beschäftigungsgesellschaften, Altersteilzeit etc.).

Selbst eine scheinbar so nebensächliche, aber jahrzehntelang diskutierte Frage wie die Angleichung der Kündigungsfristen von ArbeiterInnen und Angestellten, die schließlich im BVerfG-Auftrag von 1993 vorgenommen wurde, hat heftige Diskussionen über Besitzstände ausgelöst. Auch die Differenziertheit der Regelung belegt, dass es um umkämpfte Schutzrechte ging:

> Die für ArbeiterInnen und Angestellte einheitlichen Fristen für ordentliche Kündigungen betragen seit 1993 vier Wochen zum 15. oder zum Ende des Kalendermonats; in Betrieben unter 20 ArbeitnehmerInnen kann einzelvertraglich eine 4-wöchige Frist ohne festen Termin vereinbart werden. Außerdem wurde - abhängig von der Betriebszugehörigkeitsdauer - eine Verlängerung der Fristen festgelegt. Die Spannweite:
>
> - bei 2-jähriger Betriebszugehörigkeitsdauer: ein Monat zum Monatsende; in sechs weiteren Schritten wird differenziert bis hin zu
>
> - 20-jähriger Betriebszugehörigkeitsdauer: 7 Monate zum Monatsende.
>
> Wichtig ist, dass die Tarifvertragsparteien abweichende Regelungen treffen, also die Fristen verlängern, aber auch verkürzen können.

Im Folgenden argumentieren wir primär aus der Perspektive der *rechtlichen* Regulierung. Die Vielzahl der Möglichkeiten der Personalbestandssteuerung (oder noch allgemeiner: Arbeitskostensenkung oder -optimierung) werden wir ausführlich im 3. Kapitel ('Das Management von Beschäftigungssystemen') darstellen.

2.2.1 Die arbeitgeberseitige Kündigung auf der Grundlage von Kündigungs-schutz- und Betriebsverfassungsgesetz

Obgleich die Arbeitgeberkündigung keineswegs der häufigste Fall von Kündigung ist (siehe unten), ist sie doch am ausführlichsten gesetzlich geregelt, weil sie einen gravierenden und meist ungewollten Eingriff in die Lebensführung und -planung der Beschäftigten darstellt. Bedingungen und Modalitäten der Kündigung sind im Kündigungsschutzgesetz (KSchG) geregelt. Das KSchG gilt nur für Betriebe mit mehr als 10 Beschäftigten und für ArbeitnehmerInnen, die mehr als 6 Monate im Betrieb sind. Teilzeitbeschäftigte werden bei der Zählung der Beschäftigten in einem bestimmten Schlüsselverhältnis mitberücksichtigt (Teilzeitbeschäftigte mit einer Wochenarbeitszeit von 20-30 Stunden gehen z.B. mit dem Faktor 0,75 in die Berechnung ein, wenn die Wochenarbeitszeit 40 Std. beträgt).

Der zentrale Paragraph 1 ist - zusammen mit dem in ihm erwähnten § 102 BetrVG - im folgenden Beleg F-2.1 abgedruckt.

Beleg F-2.1: § 1 des Kündigungsschutzgesetzes

§ 1 Sozial ungerechtfertigte Kündigungen.

(1) Die Kündigung des Arbeitsverhältnisses gegenüber einem Arbeitnehmer, dessen Arbeitsverhältnis in demselben Betrieb oder Unternehmen ohne Unterbrechung länger als sechs Monate bestanden hat, ist rechtsunwirksam, wenn sie sozial ungerechtfertigt ist.

(2) Sozial ungerechtfertigt ist die Kündigung, wenn sie nicht durch Gründe, die in der Person oder in dem Verhalten des Arbeitnehmers liegen, oder durch dringende betriebliche Erfordernisse, die einer Weiterbeschäftigung dieses Arbeitnehmers in diesem Betrieb entgegenstehen, bedingt sind. Die Kündigung ist auch sozial ungerechtfertigt, wenn

1. in Betrieben des privaten Rechts

   a) die Kündigung gegen eine Richtlinie nach § 95 des Betriebsverfassungsgesetzes[38] verstößt,

   b) der Arbeitnehmer an einem anderen Arbeitsplatz in demselben Betrieb oder in einem anderen Betrieb des Unternehmens weiterbeschäftigt werden kann und der Betriebsrat oder eine andere nach dem Betriebsverfassungsgesetz insoweit zuständige Vertretung der Arbeitnehmer aus einem dieser Gründe der Kündigung innerhalb der Frist des § 102 Abs. 2 Satz 1 des Betriebsverfassungsgesetzes schriftlich widersprochen hat ...

   Satz 2 gilt entsprechend, wenn die Weiterbeschäftigung des Arbeitnehmers nach zumutbaren Umschulungs- oder Fortbildungsmaßnahmen oder eine Weiterbeschäftigung des Arbeitnehmers unter geänderten Arbeitsbedingungen möglich ist und der Arbeitnehmer sein Einverständnis hiermit erklärt hat. Der Arbeitgeber hat die Tatsachen zu beweisen, die die Kündigung bedingen.

(3) Ist einem Arbeitnehmer aus dringenden betrieblichen Erfordernissen im Sinne des Absatzes 2 gekündigt worden, so ist die Kündigung trotzdem sozial ungerechtfertigt, wenn der Arbeitgeber bei der Auswahl des Arbeitnehmers die Dauer der Betriebszugehörigkeit, das Lebensalter und die Unterhaltspflichten des Arbeitnehmers nicht oder nicht ausreichend berücksichtigt hat; auf Verlangen des Arbeitnehmers hat der Arbeitgeber dem Arbeitnehmer die Gründe anzugeben, die zu der getroffenen sozialen Auswahl geführt haben. In die soziale Auswahl nach Satz 1 sind Arbeitnehmer nicht einzubeziehen, deren Weiterbeschäftigung, insbesondere wegen ihrer Kenntnisse, Fähigkeiten und

---

[38] In § 95 des BetrVG ("Auswahlrichtlinien") heißt es: "Richtlinien über die personelle Auswahl bei Einstellungen, Versetzungen, Umgruppierungen und Kündigungen bedürfen der Zustimmung des Betriebsrats. Kommt eine Einigung über die Richtlinien oder ihren Inhalt nicht zustande, so entscheidet auf Antrag des Arbeitgebers die Einigungsstelle."

Leistungen oder zur Sicherung einer ausgewogenen Personalstruktur des Betriebes, im berechtigten Interesse liegt. Der Arbeitnehmer hat die Tatsachen zu beweisen, die die Kündigung als sozial ungerechtfertigt im Sinne des Satzes 1 erscheinen lassen ..."

§ 102 BetrVG ("Mitbestimmung bei Kündigungen")

"(1) Der Betriebsrat ist vor jeder Kündigung zu hören. Der Arbeitgeber hat ihm die Gründe für die Kündigung mitzuteilen. Eine ohne Anhörung des Betriebsrats ausgesprochene Kündigung ist unwirksam.

(2) Hat der Betriebsrat gegen eine ordentliche Kündigung Bedenken, so hat er diese unter Angabe der Gründe dem Arbeitgeber spätestens innerhalb einer Woche schriftlich mitzuteilen. Äußert er sich innerhalb dieser Frist nicht, gilt seine Zustimmung zur Kündigung als erteilt. Hat der Betriebsrat gegen eine außerordentliche Kündigung Bedenken, so hat er diese unter der Angabe der Gründe dem Arbeitgeber unverzüglich, spätestens jedoch innerhalb von drei Tagen, schriftlich mitzuteilen. Der Betriebsrat soll, soweit dies erforderlich erscheint, vor seiner Stellungnahme den betroffenen Arbeitnehmer hören. ...

(3) Der Betriebsrat kann innerhalb der Frist des Absatzes 2 Satz 1 der ordentlichen Kündigung widersprechen, wenn

1. der Arbeitgeber bei der Auswahl des zu kündigenden Arbeitnehmers soziale Gesichtspunkte nicht oder nicht ausreichend berücksichtigt hat,

2. die Kündigung gegen eine Richtlinie nach § 95 verstößt,

3. der zu kündigende Arbeitnehmer an einem anderen Arbeitsplatz im selben Betrieb oder in einem anderen Betrieb des Unternehmens weiterbeschäftigt werden kann,

4. die Weiterbeschäftigung des Arbeitnehmers nach den Fortbildungsmaßnahmen möglich ist oder

5. eine Weiterbeschäftigung des Arbeitnehmers unter geänderten Vertragsbedingungen möglich ist und der Arbeitnehmer sein Einverständnis erklärt hat.

(4) Kündigt der Arbeitgeber, obwohl der Betriebsrat nach Absatz 3 der Kündigung widersprochen hat, so hat er dem Arbeitnehmer mit der Kündigung eine Abschrift der Stellungnahme des Betriebsrats zuzuleiten.

(5) Hat der Betriebsrat einer ordentlichen Kündigung frist- und ordnungsgemäß widersprochen, und hat der Arbeitnehmer nach dem Kündigungsschutzgesetz Klage auf Feststellung erhoben, dass das Arbeitsverhältnis durch die Kündigung nicht aufgelöst ist, so muss der Arbeitgeber auf Verlangen des Arbeitnehmers diesen nach Ablauf der Kündigungsfrist bis zum rechtskräftigen Abschluss des Rechtsstreits bei unveränderten Arbeitsbedingungen weiterbeschäftigen ..."

Angesichts der Widerspruchsmöglichkeit, die dem Betriebsrat bei Kündigungen eingeräumt wird, taucht die Frage auf, ob bzw. wie häufig Betriebsräte diese Möglichkeit nutzen. *Höland* (1985) untersuchte das anhand einer großangelegten Untersuchung, in der a) 5000 Betriebe zur Hälfte mit Fragebogen befragt, zur Hälfte um je 2 konkrete Fallschilderungen ersucht wurden, b) Arbeitsgerichtsprozesse ausgewertet und c) 2825 Betriebsräte befragt wurden. Zwar kann sich in der Zwischenzeit einiges geändert haben, doch liegt eine ähnlich umfangreiche Studie neueren Datums nicht vor. Die Ergebnisse zeigen, dass schon damals - zu Zeiten höherer Regulierung - die Betriebsräte keineswegs Kündigungsabsichten der Arbeitgeber grundsätzlich hintertrieben haben. Alle drei Quellen stimmen darin überein, dass 'ausdrückliche Zustimmung' die häufigste Reaktion der Betriebsräte war (a: 66%; b: zw. 55,5 u. 70,3%; c: 44,6%). Die nächsthäufige Reaktion war 'Schweigen/Kenntnisnahme' (a: 19,6%; b: zw. 27,6 u. 14,3%; c: 18,9%). 'Bedenken' wurden seltener geäußert (a: 6,2%, b: zw. 6,6 u. 8,8%; c: 14,6%). In Bezug auf 'Widerspruch' allerdings gehen die Angaben in den drei Quellen deutlich auseinander: die Unternehmen (a) berichten Widerspruch der Betriebsräte in 8,2% der Fälle, in den Arbeits- bzw. Landesarbeitsgerichts-Dokumenten lagen die Werte zwischen 10,3 und 6,6%, die Betriebsräte selbst aber gaben an, in 21,9% der Fälle Widerspruch eingelegt zu haben.

Es scheint, als ob in der Erinnerung und Selbstdarstellung der befragten Betriebsräte der aus der Attributionstheorie bekannte 'self-serving bias' wirksam geworden sei, demzufolge Wahrnehmungen in selbstwertdienlicher Richtung 'verfälscht' werden. Da es die wichtigste Aufgabe von Betriebsräten ist, für ihre Klientel einzutreten und im Kündigungsgeschehen das Widerspruchsrecht des Betriebsrats dessen stärkste Waffe ist, liegt es nahe, dass in der Erinnerung vor allem solche Fälle präsent bleiben, in denen es - eventuell sogar erfolgreich - in Anspruch genommen wurde.

Aber auch wenn man diese Diskrepanzen außer acht lässt, so zeigt sich, dass in der weit überwiegenden Zahl der Fälle die Betriebsräte die Arbeitgeberentscheidungen akzeptiert oder sogar ausdrücklich bestätigt haben.

2.2.1.1 Zur sozialen Rechtfertigung von ordentlichen Kündigungen

Im Folgenden soll auf einige der wichtigsten Regelungen des KSchG vertieft eingegangen werden, ohne dass wir eine arbeitsrechtliche Fachdiskussion eröffnen wollen (siehe dazu *Dütz* 1994, *Halbach et al.* 1997, *Kadel* 1990). Entscheidend ist der Grundgedanke, dass Kündigungen der letzte Ausweg ('ultima ratio - Prinzip') sein sollen, wenn andere Möglichkeiten der Problemlösung nicht (mehr) in Frage kommen. Die Existenz von Regulierungen, die die unternehmerische Entscheidungsfreiheit einengen, lässt sich damit rechtfertigen, dass auf diese Weise Hürden aufgebaut werden, die eine umstandslose Externalisierung der Kündigungskosten auf die ArbeitnehmerInnen oder auf die gesamte Volkswirtschaft erschweren sollen. Bevor Kosten auf andere überwälzt werden, sollen zunächst die eigenen Möglichkeiten ausgeschöpft werden. Allerdings dürfen die Hürden nicht so groß werden, dass überhaupt keine Entlassung mehr möglich ist. Denn dies würde bedeuten, dass auch unfähige oder überflüssige ArbeitnehmerInnen weiterbeschäftigt werden müssten, deren Einkommen zu Lasten des Einkommens der anderen Beschäftigten und des Unternehmensgewinns finanziert werden müsste. Langfristig wäre ein solcher Betrieb in einer Marktwirtschaft nicht mehr konkurrenzfähig, weil er seine Produkte und Leistungen nicht mehr zu Marktpreisen verkaufen könnte. Wenn z.B. 10 MitarbeiterInnen bezahlt, aber nur 9 benötigt werden, sind die Stückkosten um 10% höher als im gut organisierten und angemessen ausgestatteten Konkurrenzbetrieb. Lassen sich diese höheren Kosten nicht über entsprechend höhere Absatzpreise hereinholen, verschlechtert das Unternehmen seine Wettbewerbsposition und läuft Gefahr, aus dem Markt auszuscheiden.

Im konkreten Praxisfall ist die Vergleichsrechnung meist nicht so simpel wie im Beispiel. Deshalb sind Kündigungsschutzbestimmungen ganz allgemein als gesellschaftliche Institution zu verstehen, die die Einzelwirtschaft (und somit alle Einzelwirtschaften) zwingt, in der Verfolgung ihrer eigenen Kapitalverwertungsinteressen auch einen Teil der volkswirtschaftlichen Kosten zu übernehmen, die Freisetzung und Arbeitslosigkeit mit sich bringen (siehe auch Art. 14 GG, in dem die Sozialpflichtigkeit des Eigentums betont wird). Der einzelne Betrieb kann dazu beitragen durch verlängerte Kündigungsfristen, Abfindungszahlungen, innovative Organisationskonzepte, Bezahlung von Umschulungskosten, Einsatz geeigneter Führungs- und Motivationsinstrumente, erhöhte Bemühungen um Produktentwicklung und Absatzsteigerung usw. Derartige Anstrengungen unterblieben, wenn es allzu leicht gemacht würde, sich von momentan unbenötigten oder unqualifizierten Beschäftigten zu trennen, sie dem Arbeitsmarkt zu überstellen und sich bei Bedarf neue Arbeitskräfte einzukaufen, deren Humankapitalausstattung man nicht selbst finanziert hat.

Fristen und Begründungspflichten, die im Folgenden besprochen werden sollen, sind deshalb nicht nur Wohltaten, die der geschmähte Sozialstaat durch die Unternehmen finanzieren lässt, sondern für diese auch Randbedingungen, die ein vorausschauendes und kreatives Management mit Wettbewerbsvorteilen belohnen.

Ordentlich sind Kündigungen unbefristeter Arbeitsverhältnisse, bei denen die Beendigungswirkung nach Ablauf der erwähnten Kündigungsfristen zu einem bestimmten Termin eintreten soll. *Außerordentliche* Kündigungen sind vorzeitige Kündigungen aus wichtigem Grund, bei denen - nach Einzelfallprüfung und Interessenabwägung - diese Fristen nicht eingehalten werden müssen; sie erfolgen meist fristlos (siehe unten).

In Betrieben, in denen ein Betriebsrat existiert, ist dieser *vor* jeder Kündigung des Arbeitgebers, sei sie ordentlich, außerordentlich oder eine Änderungskündigung, zu hören; geschieht das nicht, ist die Kündigung unwirksam (s. den in Beleg B-2.1 abgedruckten § 102 BetrVG).

Ordentliche Kündigungen sind - wie oben schon belegt - unwirksam, wenn sie sozial ungerechtfertigt sind. Der Gesetzgeber hat drei Klassen von Gründen als 'sozial gerechtfertigt' anerkannt: solche, die in der Person oder im Verhalten der Arbeitskraft oder in 'dringenden betrieblichen Erfordernissen' liegen.

Personbedingte Gründe

In erster Linie kommt hier *Krankheit* als Grund in Frage. Aber nicht jede Erkrankung kann als Kündigungsgrund herangezogen werden:

- Es müssen erhebliche Ausfälle aufgetreten sein (z.B. in 3 Jahren Fehlzeiten von jeweils über 25%) oder die Krankheit muss langanhaltend sein (z.B. voraussichtlich noch 6 Monate dauern). Wenn die Erkrankung auf *betriebliche* Ursachen zurückzuführen ist, können dem Arbeitgeber längere Fristen zugemutet werden.
- Die Krankheit muss häufig auftreten und sich voraussichtlich in Zukunft nicht bessern.
- Es ist eine Störung der betrieblichen Abläufe eingetreten oder zu befürchten. Überbrückungsmaßnahmen (wie z.B. Aushilfen einstellen, anderen Arbeitskräften Überstunden zumuten, Umorganisationen) müssen erschöpft oder unzumutbar sein. Wenn die Arbeitskraft auf Dauer unfähig ist, die geschuldete Arbeitsleistung zu erbringen, brauchen betriebliche Störungen nicht eingetreten zu sein.
- Der Arbeitgeber soll durch die finanziellen, organisatorischen und sonstigen Belastungen, die aus der längerdauernden Erkrankung resultieren, nicht überfordert werden (diese Klausel impliziert, dass z.B. finanzstarke Großbetriebe eine größere Anzahl von 'Sozialfällen' zu alimentieren haben als Kleinbetriebe; Großbetriebe haben auch mehr Möglichkeiten, Leistungsgeminderte oder -gewandelte an geeigneten Arbeitsplätzen zu beschäftigen. Allerdings wird diese Voraussetzung in Zeiten von 'lean management' immer mehr in Frage zu stellen sein).

Die Rechtsprechung schreibt dem Arbeitgeber in einer recht dehnbaren Formulierung vor, eine *Interessenabwägung* vom "Standpunkt eines sozial gerecht denkenden Arbeitgebers" aus vorzunehmen, wobei der "wirtschaftliche Sinn des Arbeitsverhältnisses (Gewinn) nicht entwertet werden darf" (*Däubler* 1979). Die Weiterbeschäftigung muss für den Arbeitgeber eine unzumutbare wirtschaftliche Belastung bedeuten.

Ein anderer Grund für personbedingte Kündigungen ist *Leistungsminderung*. Im Grunde gelten hier die gleichen Überlegungen wie bei Krankheit. Keinesfalls kann allein aufgrund krankheits- oder altersbedingtem Leistungsabfall gekündigt werden; wenn die Leistungsminderung jedoch vom Arbeitnehmer oder der Arbeitnehmerin zu vertreten ist (z.B. wenn sie auf "unvernünftige Lebensführung" zurückzuführen ist), dann ist - vorherige Abmahnungen vorausgesetzt - Kündigung möglich.

Sonderregelungen gelten auch für 'Tendenzbetriebe', in denen Beschränkungen der politischen, weltanschaulichen oder religiösen Meinungsäußerung hingenommen werden müssen. So ist es z.B. rechtens, die Leiterin eines katholischen Kindergartens zu kündigen, wenn sie einen geschiedenen Mann (oder noch schlimmer: einen katholischen Priester) heiratet oder aus der Kirche austritt (*Wenzel* 1994, 73f.).

Kapitel F

Verhaltensbedingte Gründe

Kündigungen können begründet werden mit einem Verhalten, das gegen die arbeitsvertraglichen Pflichten verstößt (also nicht einem 'anstößigen' Verhalten in der Freizeit, solange dieses nicht den Betriebsfrieden oder die Leistungen stört - was z.B. bei Nachwirkungen übermäßigen Alkoholkonsums durchaus der Fall sein kann). Das Verhalten ist - so *Däubler* - zu beurteilen unter "verständiger Würdigung in Abwägung der Interessen ...", die Bewertung muss "billigenswert und angemessen" sein, sie ist akzeptabel, "wenn ein objektiver, verständig urteilender Arbeitgeber einen Umstand als Kündigungsgrund ansehen würde" oder es handelt sich z.B. um einen "Pflichtverstoß, der schuldhaft begangen wurde". Es muss also ein gravierendes Ereignis und großes Verschulden des oder der Beschäftigten vorliegen.

Verhaltensbedingt kann erst dann gekündigt werden, wenn mildere Mittel - v.a. die Abmahnung[39] - nichts gefruchtet haben. Die abgemahnten Verstöße dürfen jedoch nicht mehr Grund der Kündigung sein.

Viele der Gründe, die - siehe Beleg F-2.2 auf S. 241 - außerordentliche Kündigungen rechtfertigen, können bei abgeschwächtem Auftreten auch für verhaltensbedingte ordentliche Kündigungen geltend gemacht werden. In der Praxis finden sich vor allem folgende Gründe: (nicht krankheitsbedingte) häufige Fehlzeiten oder unentschuldigtes Fernbleiben oder regelmäßige Unpünktlichkeit, mangelnde oder mangelhafte Leistung, Störungen des Betriebsfriedens (Denunzierung von KollegInnen oder Vorgesetzten, Anzeigen bei Gericht, Tätlichkeiten), Alkoholmissbrauch, Arbeitsverweigerung.

Dringende betriebliche Erfordernisse

Argumentiert der Arbeitgeber mit *dringenden betrieblichen Erfordernissen*, dann gilt die Unantastbarkeit der unternehmerischen Entscheidung (was den Arbeitgeber aber nicht freistellt von einer vernünftigen Sozialauswahl der Gekündigten; siehe unten).

Die unternehmerische Entscheidung wird nicht auf Notwendigkeit oder Zweckmäßigkeit geprüft, es sei denn, sie ist

a) offensichtlich unsachlich, unvernünftig oder willkürlich und/oder

b) verstößt gegen geltendes Recht und/oder

c) eine Abwägung von Arbeitgeber- und Arbeitnehmer-Interessen lässt die Kündigung nicht als billigenswert erscheinen.

---

[39] Eine Abmahnung muss das beanstandete Verhalten *konkret* beschreiben, der oder die Beanstandete muss aufgefordert werden, die Pflichtverletzung künftig zu unterlassen, und für den Fall, dass dies nicht geschieht, muss unmissverständlich die Kündigung angedroht werden.

Damit haben Gekündigte in der Praxis kaum Chancen, sich gegen eine derart begründete Kündigung zu wehren, denn die Beweislast liegt bei ihnen. Die wichtigsten Gründe, mit denen in der Praxis betriebliche Erfordernisse geltend gemacht werden, sind nämlich nicht justiziabel: *Auftragsmangel, wirtschaftliche Schwierigkeiten, technologische und organisatorische Rationalisierung.* Zudem heißt "dringend" *nicht,* dass keine andere Wahl bliebe. Um dennoch einen Druck auf die Arbeitgeber auszuüben, werden ihnen bei 'betrieblich bedingten Kündigungen' einige Auflagen gemacht, die im § 1 Abs. 2 und 3 KSchG (siehe Beleg F-2.1) aufgeführt sind: Es ist vor einer Beendigungskündigung zu prüfen, ob eine Weiterbeschäftigung nach Umschulung oder unter geänderten Arbeitsbedingungen (Umsetzung nicht nur innerhalb des Betriebs, sondern des Unternehmens) möglich und zumutbar ist, und es ist schließlich eine Sozialauswahl zu treffen. Diese Sozialauswahl zielt darauf ab, nicht wettbewerbsstarke Arbeitskräfte zu schützen und die Unternehmen indirekt an der Finanzierung von Arbeitslosigkeit zu beteiligen. Denn MitarbeiterInnen, die voraussichtlich woanders nicht (so schnell) wieder eingestellt werden (wie z.B. ältere MitarbeiterInnen mit langer Betriebszugehörigkeit und solche mit betriebsspezifischem Humankapital), müssten von der Allgemeinheit (längere Zeit) alimentiert werden, wenn sie arbeitslos würden; das gilt auch für Beschäftigte mit hohen Unterhaltspflichten. Es ist jedoch nicht gesagt, dass diese besonders geschützten Personen immer auch besonders leistungsstark sind. Deshalb droht dem Arbeitgeber bei 'reiner' Sozialauswahl (hoher Kündigungsschutz für Ältere und Unterhaltspflichtige) eine negative Personalselektion: er muss *zum Teil* Leistungsschwächere behalten und Leistungsstärkeren kündigen. In der Neufassung des Kündigungsschutzgesetzes (1996) wird die Möglichkeit eingeräumt, bei 'berechtigten betrieblichen Interessen' von der Sozialauswahl abzuweichen, indem explizit die Leistungsstärke der MitarbeiterInnen oder eine ausgewogene Personalstruktur berücksichtigt wird. Die (schwache) Hürde der 'berechtigten betrieblichen Interessen' soll den Arbeitgeber dazu anhalten, sich entweder an der Finanzierung der Arbeitslosigkeit der Schwächeren zu beteiligen (Abfindungszahlungen) oder aber durch die Gestaltung von Arbeitsplätzen, Lohnsystemen, Arbeitszeitregimes und Organisationsformen dafür zu sorgen, dass Beschäftigte mit unterschiedlichen Qualifikations- und Leistungsniveaus produktiv eingesetzt werden.

In der Praxis ist es ein großes Problem, Gruppen vergleichbarer und austauschbarer Tätigkeiten zu definieren, innerhalb derer die Sozialauswahl zu treffen ist. Es gibt nur einen *horizontalen,* grundsätzlich aber *keinen vertikalen* Vergleich (s. *Heckelmann* 1994, 50), d.h. man kann nicht mehr Leute aus niedrigeren Tätigkeitsgruppen entlassen, um dafür in höheren Gruppen einige mehr behalten zu können. Im Einzelfall können allerdings Unklarheiten darüber bestehen, ob sich der Vergleich auf Berufsgruppen (Facharbeiter etc.), Ausbildungsniveaus, tarifliche Eingruppierung etc. bezieht und wie definiert und begründet wird, welche MitarbeiterInnen aus betrieblichen Gründen 'unverzichtbar' sind und deshalb außerhalb der Sozialauswahl stehen (dürfen).

Obwohl bei der Sozialauswahl immer der Einzelfall zu prüfen ist, haben sich aufgrund der Rechtsprechung allgemeine Schemata herausgebildet:

> "In der betrieblichen Praxis orientiert man sich vielfach an Punktwerttabellen. Die sog. Hammer Tabelle berücksichtigt jedes Beschäftigungsjahr mit 4 Punkten, sowie jedes unterhaltsberechtigte Kind mit 5 Punkten. Das Alter schlägt bis zum 20. Lebensjahr überhaupt nicht zu Buch und bringt sodann in jedem Lebensjahrzehnt einen Punkt in die Rechnung ein. Dem Schwerbehinderten werden 10 Zusatzpunkte gutgebracht. Dem Doppelverdiener werden 10 Punkte abgezogen" (*Wenzel* 1994, 89). Einer *Vor*auswahl aufgrund solcher Richtwerte muss aber eine einzelfallbezogene Schlusswertung folgen.

Die Novellierung des KSchG 1996 hat unter anderem auch die Sozialauswahl auf basale Kriterien beschränkt (Alter, Betriebszugehörigkeitsdauer, Unterhaltspflichten); Aussichten auf dem Arbeitsmarkt, Krankheiten oder wirtschaftliche Lage sind nicht mehr zu berücksichtigen. Die 'betrieblichen Notwendigkeiten' erhalten ein größeres Gewicht, sodass auch eine ausgewogene Personalstruktur und Kenntnisse, Fähigkeiten und Leistungen des Arbeitnehmers als Kriterien herangezogen werden können.

Mayer (1995) hat in Ergänzung der gesetzlich vorgeschriebenen Kriterien (Alter, Dienstalter, Unterhaltspflichten) ein Punktesystem vorgestellt, bei dem auch 'berechtigte betriebliche Bedürfnisse' quantifiziert werden. Seine Systematik greift zurück auf Daten, die bei Einsatz eines der üblichen Personalbeurteilungsverfahren ohnehin vorliegen (können). Er schlägt z.B. drei betriebliche Kriterienklassen vor, für die jeweils 5 - 10 Punkte zu vergeben wären: bisherige und erwartete Leistungen, betrieblich nutzbare Qualifikationen, Zusammenarbeit und Teamfähigkeit. Auf diese Weise kann es gelingen, die im KSchG §1 Abs. 3 nur allgemein beschriebenen 'betrieblichen Bedürfnisse' nachprüfbar zu definieren.

Weil *betriebsbedingte* Kündigungen ineffizient sein können (negative Personalauswahl), begründungsaufwendig sind, zu langwierigen Auseinandersetzungen vor dem Arbeitsgericht mit unsicherem Ausgang führen und Folgemaßnahmen nach sich ziehen können (Umsetzungen, Umschulungen), werden häufiger Ausweichstrategien eingesetzt. Bevorzugt werden nach den Ergebnissen von *Falke et al.* (1981) (neben Einstellungsstopp, Rückfahren von Überstunden, Kurzarbeit) das Umschwenken auf verhaltens- und personbedingte Kündigungen, das Schließen von Aufhebungsverträgen mit Abfindungszahlungen[40], der (inzwischen durch 'Altersteilzeit' ersetzte) Versuch der Frühverrentung und der vorbeugende Aufbau flexibler Personalreserven über labile Arbeitsvertragsformen, wie z.B. Teilzeit, Zeitverträge/Befristungen, Leiharbeit usw.

---

[40] Die Höhe der Abfindung kann bis zu 12 Monatsverdiensten betragen (s. § 10 KSchG), bei über 55-jährigen mit über 20-jähriger Betriebszugehörigkeit kann sie auf bis zu 18 Monatsverdiensten festgelegt werden. Wichtig ist dabei, dass inzwischen Abfindungen zur Hälfte auf das Arbeitslosengeld angerechnet werden: es wird solange nur zu 50% ausbezahlt, bis der halbe Abfindungsbetrag 'eingespart' ist.

Wenn De-Regulierung des Kündigungsschutzes gefordert wird, geht man offenbar von der Voraussetzung aus, dass die bisherigen Regelungen Personalanpassungen für die Unternehmen zu stark eingeengt haben. Die Belege für eine solche Unterstellung sind jedoch dürftig. Mehrere Befragungen und makroökonomische Studien [zusammenfassend referiert bei *Büchtemann* (1990, 399f., 406f.)] haben gezeigt, dass Personalverantwortliche durch die gegebenen Regeln nicht gehindert werden, sich von Personal zu trennen. Besondere Problembereiche lassen sich durchaus bewältigen, wie z.B. die ultima ratio[41] "Massenentlassungen" (siehe unten).

Von neoliberalen Kritikern wird unterstellt, dass die 'Überregulierung' des Kündigungsschutzes den Unternehmen und generell dem Arbeitsmarkt schade. Auf diesem Hintergrund untersucht *Frick* (1995) die Frage, ob Mitbestimmung (durch Gewerkschaften oder Betriebsräte) als das Wirken 'wohlfahrtsmindernder Kartelle' oder als produktivitätssteigernd zu betrachten ist. Die erste Position argumentiert pragmatisch und - wie es typisch ist für mikroökonomische Ansätze - unter Ausblendung der Bedeutung der Machtfrage: Wenn Mitbestimmung wohlfahrtssteigernd wirkte, müsste man die Kapitaleigner nicht durch Gesetze zwingen, sie zuzulassen. Die zweite Position hebt hervor, dass durch die Mitarbeit der Belegschaftsvertretungen frühzeitig Informationen (über Präferenzen, Probleme, Möglichkeiten) geliefert und Verpflichtungen geschaffen werden, die Unsicherheiten abbauen und die 'user costs of labor' verringern. *Frick* macht im Anschluss an *Sadowski* (1989) darauf aufmerksam, dass zu den letztgenannten Kosten

"... nicht nur Lohn und Lohnnebenkosten, sondern auch Kontroll-, Fluktuations- und Suchkosten, Kosten der Einhaltung arbeits- und sozialrechtlicher Vorschriften sowie impliziter, nicht-justitiabler Vereinbarungen"

zu zählen sind und deshalb stets auch der Investitions- und Systemcharakter von Personalentscheidungen zu berücksichtigen sei (*a.a.O.*, 127).

"Wenn die Bereitschaft von Arbeitnehmern, Arbeitsleistung zu erbringen, sich fortzubilden und umsetzen zu lassen, nicht erzwungen werden kann, sondern von deren Kooperationsbereitschaft abhängt, dann ist es unerlässlich, nicht nur die mikroökonomischen Funktionsbedingungen betrieblicher Arbeitsmärkte zu analysieren, sondern gleichzeitig nach der Legitimität und Akzeptanz personalpolitischer Entscheidungen innerhalb der jeweiligen Belegschaft zu fragen" (*a.a.O.*, 127).

In *Frick*s eigener Studie wurden die Daten von 1.976 Betrieben für den Zwei(!)jahreszeitraum Mai 85 bis April 87 ausgewertet; für diesen Zeitraum betrug die durchschnittliche Fluktuationsrate über 35% (*Frick* 1995, 131).[42] In Betrieben *mit* Be-

---

[41] Sie greift erst, wenn andere Maßnahmen erschöpft sind (natürliche Fluktuation, Frühverrentung, Kurzarbeit etc.); dabei werden in nicht geringem Umfang 'öffentliche' Gelder in Anspruch genommen.

[42] *Frick* merkt in einer Fußnote an, dass der Jahreswert von knapp 18% deutlich niedriger ist als die Werte der amtlichen Statistik für die genannten Jahre, die zwischen 26,8 und 27,3 lagen; er führt den Unterschied vor allem darauf zurück, dass in seiner Stichprobe Neugründungen und die fluktuationsintensiven Kleinbetriebe mit maximal 4 Beschäftigten *nicht* vertreten waren.

triebsräten war die *zweijährige* Fluktuationsrate 26% (und je 100 Beschäftigten wurden arbeitgeberseitig 7,7 gekündigt); dagegen war in solchen *ohne* Betriebsrat die Fluktuationsrate über 38% und 14,4% wurde gekündigt. Ob diese Unterschiede allein auf die Existenz und Arbeit von Betriebsräten zurückzuführen ist, lässt sich nicht eindeutig klären, weil Unternehmen, die Betriebsräte haben, sich auch in anderen Merkmalen von den betriebsratslosen unterscheiden. Die 'Entlassungsdichte' geht zurück mit Betriebsgröße, Betriebsalter und Belegschaftsqualifikation und sie ist höher bei arbeitsintensiven Unternehmen, hoher sektoraler Arbeitslosenquote und bei Unternehmen, die auch bei offenen Stellen über Besetzungsprobleme klagen.

Frick erklärt seine Befunde damit, dass z.B. bei höherqualifizierten Arbeitskräften eine Politik des 'Hortens' kostengünstig ist, weil hohe Qualifizierungsaufwendungen erbracht wurden und hohe Suchkosten etc. entstünden, wenn wiederbesetzt werden müsste. Ist dagegen die sektorale Arbeitslosenrate hoch, fallen bei Entlassungen die 'Reputationsverluste' nicht so hoch aus (weil ja auch die anderen Betriebe entlassen). *Frick* plädiert - generell gesehen - für eine stärkere Berücksichtigung der vielfältigen Transaktionskosten, die bei einer radikalen Hire-and-Fire-Politik zu gewärtigen sind.

2.2.1.2 Außerordentliche Kündigung

Wie oben schon angemerkt, ist eine *außerordentliche* Kündigung (nach § 626 Abs. 1 BGB) aus wichtigem Grund und ohne Einhaltung einer Kündigungsfrist möglich. Ein 'wichtiger Grund' ist gegeben, "wenn Tatsachen vorliegen, aufgrund derer dem Kündigenden unter Berücksichtigung aller Umstände des Einzelfalls und in Abwägung der Interessen beider Vertragsteile die Fortsetzung des Dienstverhältnisses bis zum Ablauf der Kündigungsfrist oder bis zur vereinbarten Beendigung des Dienstverhältnisses nicht zugemutet werden kann" (§ 626 Abs. 1 BGB). Beispiele für solch wichtige Gründe sind im Beleg F-2.2 aufgeführt. Innerhalb von zwei Wochen, nachdem dem Kündigungsberechtigten die relevanten Tatsachen bekannt wurden, muss er kündigen, wenn er die Kündigung auf diese Tatsachen stützen möchte.

Meist ist die außerordentliche Kündigung fristlos, es kann aber auch eine Auslauffrist zugestanden werden. Sicherheitshalber und vorsorglich wird in der Praxis eine außerordentliche Kündigung häufig mit einer ordentlichen verbunden. *Höland* (1985, 63) berichtet in seiner Auswertung von insg. 1.228.887 Kündigungen in 1978, dass fast 80% davon 'ordentliche' und etwa 20% 'außerordentliche' Kündigungen waren. In Betrieben bis zu 5 Beschäftigten, in denen das KSchG (damals) nicht galt, wurden überproportional viele (fast 40%) außerordentliche Kündigungen ausgesprochen.

Beleg F-2.2:   Gründe, die eine außerordentliche Kündigung rechtfertigen kön-
               nen (nach *Hromadka* 1987, 89).

Abwerbung;

wiederholte Trunkenheit (bei strikten Alkoholverboten);

Anzeige des Arbeitgebers durch den Arbeitnehmer bei zuständigen Behörden (wie Finanzamt, Gewerbeaufsicht, Strafbehörden). Eine Anzeige ist im Regelfall selbst bei Ge-
setzesverstößen und Vertragsverletzungen nicht erlaubt;

gravierende und gefährdende Fälle der Missachtung von Arbeitsschutzbestimmungen;

Arbeitsverweigerung (Arbeit nicht, nicht mit voller Leistung, nicht richtig machen; an-
geordnete Überstunden nicht ausführen etc.);

außerdienstliches Verhalten ist nur dann ein Kündigungsgrund, wenn es sich aufs Arbeitsverhältnis auswirkt (z.B. tendenzwidriges Verhalten in Tendenzbetrieben);

grobe Beleidigung (dabei sind aber die konkreten Umstände und der betriebsübliche
Sprachgebrauch zu berücksichtigen);

erhebliche Störung der betrieblichen Ordnung oder des Betriebsfriedens (Flugblätter,
heimliche Tonbandaufnahmen in der Betriebsversammlung, provozierende politische Betätigung);

Diebstahl (auch bei Aneignung geringwertiger Sachen);

mangelnde Eignung (Führungseignung, Kraftfahr-Eignung);

Fotokopieren von Unterlagen bei ausdrücklichem Verbot;

Konkurrenztätigkeit im fachlichen und räumlichen Tätigkeitsbereich des Arbeitgebers;

Umgehung oder Missbrauch von Kontrolleinrichtungen (z.B. Stempelnlassen durch Dritte);

unerlaubte Nebentätigkeit (z.B. während der Arbeit, für Konkurrenz);

beharrliche Weigerung, Rücksprache mit dem Vorgesetzten zu nehmen;

Fordern oder Annehmen von Schmiergeld; Spesenbetrug;

Tätlichkeiten;

unerlaubte private Telefongespräche;

Bruch der Verschwiegenheit, Weitergabe von Betriebsgeheimnissen und betrieblicher
Interna (einschließlich strafbarer Handlungen des Arbeitgebers);

wiederholtes Zuspätkommen, Überziehen der Pausen, vorzeitiges Weggehen;

eigenmächtiger Urlaubs-Antritt oder Urlaubs-Verlängerung ohne Zustimmung des Arbeitsgebers.

2.2.1.3 Zur Form der Kündigung

Das Gesetz legt für die Kündigung keine bestimmte Form (mündlich, schriftlich)
fest, einige Tarifverträge und Betriebsvereinbarungen sehen aber Schriftform vor.
Der Zugang der Kündigung in den 'tatsächlichen Verfügungsbereich' muss sichergestellt sein; z.B. mündlich, schriftlich (Übergabe, Postkasten oder -fach, Angehörigen

aushändigen, Telegramm etc.). Jeder Prokurist und Generalhandlungsbevollmächtigte kann eine Kündigung vornehmen.

Eine Kündigung muss eindeutig erklärt werden (das kann auch mündlich geschehen); sie darf nicht mit Bedingungen verbunden werden, auf die der Gekündigte keinen Einfluss hat. Alle dem Arbeitgeber bekannten Kündigungs-Gründe sowie Art und Termin der Kündigung sind dem Betriebsrat (als Gremium, nicht allein dem Vorsitzenden) mitzuteilen. Der Betriebsrat muss Bedenken innerhalb bestimmter Fristen anmelden (siehe Beleg F-2.1 zum § 102 BetrVG). Die Anhörung des/der *Betroffenen* ist nicht erforderlich. Kündigungsgründe sind dem Betriebsrat immer, dem/der Beschäftigten nur, wenn diese(r) es verlangt, zu nennen.

2.2.1.4 Weiterbeschäftigung während eines Kündigungsprozesses

Will eine gekündigte Arbeitskraft die Kündigung nicht akzeptieren, dann muss sie innerhalb von 3 Wochen vor dem Arbeitsgericht klagen und zwar auf "Feststellung, dass das Arbeitsverhältnis durch die Kündigung nicht aufgelöst ist". Die Beweislast liegt beim Arbeitgeber. Hat der Betriebsrat der Kündigung *widersprochen*, ist der/die ArbeitnehmerIn bis zum Ende des Verfahrens weiterzubeschäftigen, wenn das Arbeitsgericht keine einstweilige Verfügung erlässt. Ein allgemeiner Weiterbeschäftigungsanspruch besteht nach der Rechtsprechung, wenn die Kündigung unwirksam war und keine schutzwürdigen Interessen des Arbeitgebers entgegenstehen.

Weiterhin gilt, dass eine "umfassende" Interessenabwägung vorzunehmen ist und alle rechtsfähigen Tatsachen(!) zu beweisen sind. Eine Kündigung ist unwirksam, wenn sie willkürlich oder grundlos erscheint und in verletzender Form (z.B. auf dem WC) ausgesprochen wurde oder wenn sie verstößt

- gegen gesetzliche Verbote (gewerkschaftliche Betätigung ist z.B. kein Kündigungsgrund),
- gegen die guten Sitten (wenn sie z.B. aus 'verwerflichen Gründen', Rachsucht, Vergeltung usw. erfolgt),
- gegen den Grundsatz von Treu und Glauben (wenn z.B. eine zugesagte Lebensstellung nach 14 Tagen gekündigt wird).

Der Arbeitsrechtler *Hromadka* (1987, 81) stellt in diesem Zusammenhang fest:

> "Das Kündigungsschutzrecht gehört zu den umstrittensten Rechtsgebieten. Achtzig Prozent aller Prozesse aus dem Individualarbeitsrecht sind Kündigungsschutzverfahren. Der Ausgang ist häufig nicht vorhersehbar. Das hat zu einem außerordentlich hohen Anteil an Vergleichen geführt. Die Vergleiche enden meist mit einer Auflösung des Arbeitsverhältnisses gegen Abfindung."

Man geht wohl nicht fehl in der Annahme, dass der *Zweck* der meisten Verfahren eben diese Abfindung (und nicht etwa die Wiedereinstellung) ist.

2.2.1.5 Änderungskündigung und Betriebsänderung

Bei *Änderungs*kündigungen wird ein Teil des Arbeitsvertrags gekündigt (einzelne Arbeitsbedingungen sollen zum Vorteil der kündigenden Partei geändert werden). Willigt der Adressat der Kündigung (Arbeitgeber oder Arbeitnehmer) nicht in die Änderung ein, führt dies zur Beendigung des gesamten Arbeitsvertrags, wobei der Arbeitgeber den Vorschriften des Kündigungsschutzgesetzes unterliegt.

Der Arbeitgeber bietet mit einer Änderungskündigung die Fortsetzung des Arbeitsverhältnisses an (z.B. nach Umschulung, an einem anderen Arbeitsplatz, zu anderen Bedingungen). Eine Ablehnung dieses Angebots kann deshalb (nach § 1 KSchG) bedeuten, dass eine darauffolgende Beendigungskündigung 'sozial gerechtfertigt' ist. Natürlich kann man auch gegen eine Änderungskündigung Kündigungsschutzklage einreichen, vor allem dann, wenn man die Änderung unter Vorbehalt (§ 2 KSchG) akzeptiert hat, denn auch Änderungskündigungen aus 'dringenden betrieblichen Erfordernissen' müssen die Prinzipien einer gerechten Sozialauswahl beachten (bei der, wie oben schon ausgeführt, seit 1996 nur noch die Dauer der Betriebszugehörigkeit, das Lebensalter und die Unterhaltspflichten zu berücksichtigen sind).

Auf dem Hintergrund von 'Ausgründungs-Strategien' wird § 111 BetrVG relevant. Sind von geplanten Betriebsänderungen in Betrieben mit mehr als 20 MitarbeiterInnen wesentliche Nachteile für die Belegschaft oder Teile von ihr zu erwarten, muss der Betriebsrat rechtzeitig und umfassend informiert und zu Beratungen herangezogen werden. Betriebsänderungen im Sinne des Gesetzes sind

"1. Einschränkung und Stilllegung des ganzen Betriebs oder von wesentlichen Betriebsteilen,

2. Verlegung des ganzen Betriebs oder von wesentlichen Betriebsteilen,

3. Zusammenschluss mit anderen Betrieben oder die Spaltung von Betrieben,

4. grundlegende Änderung der Betriebsorganisation, des Betriebszwecks oder der Betriebsanlagen,

5. Einführung grundlegend neuer Arbeitsmethoden und Fertigungsverfahren" (§ 111 KSchG).

Die Ausgliederung der Personalabrechnungs-Abteilung, der Kantine, der PE-Abteilung, die Gründung einer Beschäftigungs- und Qualifizierungsgesellschaft können solche Betriebsänderungen sein, die zu einem Interessenausgleich und Sozialplan (§ 112 KSchG) führen, der unter Umständen erzwingbar ist. Kommt nach Vermittlung keine Einigung zustande, entscheidet die Einigungsstelle. Konkret bedeutet das, dass bei Betriebsänderungen auf den Arbeitgeber erhebliche finanzielle Belastungen zukommen können, für die rechtzeitig Rückstellungen vorzunehmen sind.

Kapitel F

Zusammenfassung

Trotz der zahlreichen Beschränkungen des Kündigungsrechts wäre der Eindruck verfehlt, dass damit Kündigungen praktisch unmöglich würden und Arbeitgeber sich nur durch teure Abfindungen aus Arbeitsverträgen 'herauskaufen' könnten. Bei der Diskussion von Job- und Labor-Turnover haben wir oben schon die empirischen Daten berichtet, die eine erhebliche Dynamik des Arbeitsmarktgeschehens belegen. Wichtige Gründe dafür sollen kurz noch einmal resümiert werden:

- Das Kündigungsschutzgesetz gilt nur für Betriebe mit mehr als 10 Beschäftigten; damit sind von vornehrein die meisten Betriebe und ca. 20% der Beschäftigten vom § 1 des Kündigungsschutzgesetzes ausgenommen.

- Mitspracherechte des Betriebsrats existieren naturgemäß nur in solchen Betrieben, die einen Betriebsrat haben.

- Die Betriebsräte stimmen den meisten Kündigungen ausdrücklich zu, oder sie nehmen Kenntnis (äußern sich nicht).

- Die Zahl der arbeitgeberseitigen Kündigungen wird bei weitem durch die Zahl der Eigenkündigungen der ArbeitnehmerInnen übertroffen. *Boerner & Schramm* (1998, 83) berichten für eine 6-Jahres-Periode (von 1991 bis 1996) in Auswertung von Daten des Soziökonomischen Panels, dass die Eigenkündigungen (E) *stets* wesentlich höher waren als die Arbeitgeberkündigungen (A): in Westdeutschland gab es das höchste E-A-Verhältnis 1991 (E: 2,32 Mio., A: 0,38 Mio.), das niedrigste 1995, wobei aber immer noch 0,86 Mio. Eigenkündigungen ein Wert von 0,57 Mio. Arbeitgeberkündigungen gegenüberstand.[43]

- Begründungen von 'dringenden betrieblichen Erfordernissen', auf denen Kündigungen basieren können, sind im allgemeinen nicht justiziabel. Für die 'Sozialauswahl' gibt es zahlreiche Ausnahmen.

- Bei verhaltens- und personbedingten Kündigungen ist weder eine Sozialauswahl zu treffen, noch sind Weiterbeschäftigungs- oder Umschulungsangebote zu machen.

- Für einen nicht geringen Teil der Beschäftigten in einem Beschäftigungssystem ist das Kündigungsschutzrecht von keiner großen Bedeutung (befristete Arbeitsverhältnisse, Leiharbeit, Scheinselbständigkeit, Werkverträge). Solche Arbeitsverhältnisse sind allerdings zum Teil eine Reaktion auf die antizipierten Schwierigkeiten eines Personalabbaus, der den Filter des KSchG zu passieren hat.

Die oben berichteten Befunde über den relativ hohen labor turnover in Deutschland erhalten durch diese Analyse der Rechtslage eine Fundierung. Personalabbau wird aus guten Gründen - wie noch zu zeigen ist - zwar erschwert, aber keineswegs nahezu unmöglich gemacht.

---

[43] Die Situation ist anders, wenn man die Gründe für *Arbeitslosen*meldungen klassifiziert: bei ihnen sind - nach Auswertungen der Bundesanstalt für Arbeit (siehe *Süddeutsche Zeitung* 21.9.97, S. 2) - 56,7% durch Arbeitgeberkündigungen, 16,3% durch Eigenkündigungen, 3% durch Kündigungen im gegenseitigen Einvernehmen und 23,8% durch das Auslaufen befristeter Verhältnisse bedingt. Dabei spielt vermutlich eine Rolle, dass nur bei Arbeitgeberkündigungen keine nachteiligen Wirkungen auf Lohnersatzleistungen und Fristen zu erwarten sind.

Das relativ hohe Maß der Personalbewegungen stellt andererseits für die Betriebe eine enorme Belastung dar. Dabei geht es nicht nur um die direkten Lohnkosten der Fluktuation, sondern auch um Nichtlohn-Kosten, wie Vakanz-, Such-, Einarbeitungs-, Eingliederungs-, Austrittskosten, Verluste an Humankapitalinvestitionen, Reputationskosten etc. (siehe *Sadowski & Stengelhofen* 1989). Was hier in Termini von Kosten formuliert wurde, schlägt sich in der alltäglichen Personalarbeit in Engpässen, Spannungen, Mehrbelastungen, Konflikten etc. nieder, die sich unter Umständen negativ auf Effizienz und Effektivität auswirken. Andererseits dürfen die Nutzen von Fluktuation nicht außer acht gelassen werden, etwa Abbau von Spannungen (wenn ein Störenfried entlassen wurde); 'frisches Blut' durch Neuzugänge; Chancen für einen Strukturwandel (wenn BesitzerInnen von Erbhöfen ausgeschieden sind), Motivationssignale an die verbleibende Belegschaft ('Leistung lohnt', erhöhte Beförderungsmöglichkeiten, verringerte Entlassungsangst).

2.2.1.6 Massenentlassungen, Interessenausgleich, Sozialplan

Im Betriebsverfassungsgesetz ist festgelegt (§ 111), dass in Betrieben mit mehr als 20 Arbeitnehmern der

> "Betriebsrat über geplante Betriebsänderungen, die wesentliche Nachteile für die Belegschaft oder erhebliche Teile der Belegschaft zur Folge haben können, rechtzeitig und umfassend zu unterrichten"

ist. Zu den Betriebsänderungen gehören u.a. "Einschränkung und Stilllegung des ganzen Betriebs oder von wesentlichen Teilen". Über die Betriebsänderung ist ein *Interessenausgleich* herzustellen (§ 112 BetrVG); das bedeutet, dass Arbeitgeber- und Betriebsratsseite darüber zu beraten haben, wie die Betriebsänderung am günstigsten zu gestalten sind. Es geht also um die bestmöglichen *Strategien zur Bewältigung der Betriebsänderung*, unter anderem zum Beispiel darum, ob die Änderung nötig ist oder vermieden werden kann, wie ihr zeitlicher Ablauf gestaltet werden kann oder soll, ob und wieviele ArbeitnehmerInnen entlassen werden müssen (oder ob andere Maßnahmen wie Überstundenabbau oder Kurzarbeit, Aufhebungsverträge, Frühverrentungen helfen würden), ob Umsetzungen oder Umschulung möglich sind, ob durch Produkt- oder Organisationsinnovationen die negativen Beschäftigungsfolgen umgangen werden können usw. Zum Ausgleich oder zur Milderung der wirtschaftlichen Nachteile, die infolge der geplanten Betriebsänderung entstehen, ist ein *Sozialplan* zu erstellen, der die Wirkung einer Betriebsvereinbarung hat. Kommt keine Einigung zustande, kann letzten Endes die Einigungsstelle entscheiden, die neben den *sozialen Belangen* der betroffenen Arbeitnehmer auch die *wirtschaftliche Vertretbarkeit* für das Unternehmen zu berücksichtigen hat.

Wenn eine Betriebsänderung allein in der Entlassung von Arbeitnehmern besteht, dann ist von 'Massenentlassungen' zu reden, wenn

1. innerhalb von 30 Kalendertagen

2. bei Belegschaften

   - zwischen 20-60 Beschäftigten: 5 ArbeitnehmerInnen,

   - zwischen 60 - 500 Beschäftigten: 10% oder mehr als 25 Beschäftigte,

   - über 500 Beschäftigte: 30 ArbeitnehmerInnen

   entlassen werden sollen; des weiteren ist zu beachten:

3. Der Betriebsrat ist zu informieren;

4. beim Arbeitsamt ist das Vorhaben anzuzeigen;

5. es tritt eine mindestens 1-monatige Sperrzeit in Kraft, während der nicht gekündigt werden darf.

Der Begriff 'Sozialplan' wurde erstmals 1965 verwendet und 1972 in Nachvollzug der gängigen Praxis in das Betriebsverfassungsgesetz aufgenommen.

"Aus ökonomischer Sicht sollen Sozialpläne das Verursacherprinzip, das sich bei der Lösung der Umweltprobleme bewährt hat, auch im Arbeitsrecht institutionalisieren ... Die Unternehmen sollen durch die Sanktion von Abfindungszahlungen angeregt werden, nach belegschaftsfreundlichen Anpassungsmethoden zu suchen, um die sozialen Härten der Arbeitnehmer und damit auch die eigenen Sozialplankosten zu vermindern ... Bildlich gesprochen heftet der Sozialplan an jede einzelne Anpassungsmaßnahme ein Preisschild, welches dem Unternehmer in Geldwerten signalisiert, welche Härten jeweils den Arbeitnehmern entstehen" (*Schellhaaß* 1989, 176f.). Volkswirtschaftlich gesehen ist es "Aufgabe der Steuerungsfunktion des Sozialplans, durch die Internalisierung von externen Anpassungskosten die volkswirtschaftlich günstigste Wahl zwischen interner und externer Suche nach einem neuen Arbeitsplatz zu induzieren" (*a.a.O.*, 179).

Bar jeglicher sozialromantischen Humanitätsduselei konstatiert *Schellhaaß* in nüchterner ökonomischer Terminologie:

"Entlassungen haben aus betrieblicher Sicht nicht nur den Vorteil zukünftig entfallender Lohnzahlungen, sondern auch den Nachteil des Verlustes wertvollen Humankapitals. Für das Unternehmen ist dabei nicht die Entwertung des Humankapitals des bisherigen Mitarbeiters als solche relevant, sondern nur der Barwert des Betrages, der bei einer Umschulung für eine neue Tätigkeit oder bei einer Wiederverwendung am bisherigen Arbeitsplatz im nächsten Konjunkturaufschwung gegenüber einem externen Bewerber eingespart werden könnte. Dieses nach der Betriebsänderung noch verwertbare Humankapital ist mit den Kosten aufzurechnen, die zur Abwendung einer Entlassung erforderlich sind. Technisch gesprochen vermindern sich in diesem Umfange die Grenzkosten der Vermeidung" (*Schellhaaß* 1989, 181).

Um volkswirtschaftlich effiziente Allokationen zu begünstigen, müssen dem einzelwirtschaftlichen Kalkül die Kosten der *Wiedereingliederung* aufgebürdet werden. Denn irgendwo in der Volkswirtschaft entstehen solche Kosten (Bewerbung, Umzug, Umschulung, Verlust vertrauter sozialer Beziehungen, psychische Belastungen);

durch den Verzicht auf Entlassung könnten sie vermieden werden. In seinem Kalkül nimmt *Schellhaaß* also eine Gegenüberstellung zweier Kosten vor: 'betriebliche Vermeidungskosten' (Kosten, die anfallen, wenn Entlassungen vermieden werden: z.B. Kosten für Umschulungen, Überbezahlung Unterbeschäftigter, Kapitalkosten) und 'individuelle Wiedereingliederungskosten' (Transaktionskosten des Arbeitsplatzwechsels). Angesichts dieser Kosten *interner* und *externer* Anpassung ist nach einem Arrangement zu suchen, das notwendige (Massen-)Entlassungen nicht verhindert, aber für *beide* Seiten Anreize setzt, die Kosten zu minimieren: die Betriebe können das, indem sie mildere Alternativen suchen und/oder nur Arbeitskräfte entlassen, die gute Wiederbeschäftigungsmöglichkeiten (= geringe Wiedereingliederungskosten) haben; die entlassenen ArbeitnehmerInnen, indem sie sich aktiv um Wiedereinstellung bemühen, Umschulungen vornehmen oder die Bereitschaft zeigen, schlechtere oder schlechter bezahlte Arbeitsplätze anzunehmen. Dennoch kann es für Betriebe sinnvoll sein, selbst hohe Abfindungen zu bezahlen, wenn der Erwartungswert der Erlöse aus der Weiterbeschäftigung bestimmter ArbeitnehmerInnen niedriger ist als die Abfindungssumme.

"Es ist Aufgabe der Steuerungsfunktion des Sozialplans, vermeidbare Wiedereingliederungskosten durch die Internalisierung der externen Anpassungskosten betriebswirtschaftlich unattraktiv zu machen" (*a.a.O.*, 195).

"Bei einer rein buchhalterischen Betrachtungsweise gilt - im Gegensatz zur herrschenden Lehre -, dass jeder realisierte Sozialplan die wirtschaftliche Lage gegenüber einer fortdauernden Status-quo-Situation verbessert. Dies folgt aus der Freiheit des Unternehmens, Sozialpläne, die seine wirtschaftliche Lage verschlechtern würden, unter Verzicht auf Betriebsänderung abzulehnen" (*a.a.O.*, 188).

Das gilt nicht nur in Wachstumsbranchen (wenn in unrentablen Betrieben entlassen wird), sondern auch in schrumpfenden Branchen, weil auch hier die Sozialplankosten stets unter dem Barwert der zu erwartenden fortdauernden Verluste liegen. Letztlich werden die Sozialplankosten durch Lohnkürzungen von den ArbeitnehmerInnen bezahlt. Werden allerdings nur einzelne Betriebe einer Branche von sozialplanpflichtigen Betriebsänderungen betroffen, dann liegt der Verdacht auf Managementfehler nahe (*a.a.O.*, 189), die der Markt bestraft und die zu einem Vermögensverlust des bisherigen Eigentümers führen können.

Diese Überlegungen gelten, wenn der Sozialplan die Wiedereingliederungskosten ausgleicht, nicht jedoch, wenn auch besitzstandswahrende Leistungen erbracht werden müssen (Ausgleich von Einkommensminderungen, des Wegfalls von Sonderleistungen, des Verlusts von Betriebsrenten-Anwartschaften). Besitzstandswahrung *kann* - bei sehr langfristiger und genereller Betrachtungsweise - produktivitätssteigernd sein, weil sie ein Signal setzt, dass riskante Investitionen in betriebsspezifisches Humankapital auch dann erstattet werden, wenn die spezifische Qualifikation nicht mehr benötigt wird (ansonsten wäre es für ArbeitnehmerInnen nicht mehr rational, in spezifische Qualifikationen zu investieren). Auch bei einem Senioritätslohn-Schema kann es sinnvoll sein, entgangene Anwartschaften zu erstatten. Bei einem solchen Schema werden ArbeitnehmerInnen zu Beginn ihrer innerbetrieblichen Laufbahn unterdurchschnittlich bezahlt, aber mit der Hoffnung auf dienstaltersabhängige Lohnsteigerungen ans Unternehmen gebunden. Würden sie *vor* diesen Kompensationszahlungen ausscheiden, wäre der zinslose Kredit, den sie dem Unternehmen gegeben haben, verfallen. Produktivitätsmindernd wirkt Besitzstandswahrung, weil sie es für ArbeitnehmerInnen unattraktiv macht, sich in Krisenbranchen selbständig und aktiv um Alternativen auf dem Arbeitsmarkt zu bemühen: sie genießen ja in ihrer gegenwärtigen Stellung Einkommensgarantie (s. dazu *Siebert* 1989, 277).

"Arbeit wird zu einem quasi-fixen Faktor, und im intertemporalen Maximierungsproblem behandelt die Unternehmung Arbeit als eine Bestandsgröße, der ab einem Zeitpunkt t_1 ein negativer Schattenpreis zugeordnet wird. ... Kündigungsschutz und Sozialplan sind Anreize, Arbeitskräfte eher *nicht* nachzufragen. In diesem Sinne ist dieses institutionelle Arrangement eine Ursache der Arbeitslosigkeit" (*a.a.O.*, 274/275). *Siebert* resümiert: "Man kann nicht alles drei auf einmal haben: Sicherheit des Arbeitsplatzes für den einzelnen Arbeitnehmer, konstante Nominallöhne ohne starke Differenzierung der Lohnstruktur und Vollbeschäftigung" (*a.a.O.*, 278).

In einer Umfrage bei 163 Unternehmen, die im Zeitraum von 1980 bis 1985 nach den Bestimmungen des Betriebsverfassungsgesetzes mindestens einen Sozialplan mit dem Betriebsrat abgeschlossen haben, fand *Hemmer* (1988, 1989), dass es im wesentlich drei Gründe waren, die Sozialpläne auslösten ('reine Personalverminderung': 36%, 'Einschränkung und Stillegung des ganzen Betriebs oder von wesentlichen Betriebsteilen': 45%, Verlegung des ganzen Betriebs oder von wesentlichen Betriebsteilen': 16%). Die Abfindungssummen pro ArbeitnehmerIn schwankten stark:

Abfindungssumme	Anzahl der Arbeit- nehmerInnen (%)
bis 5000 DM	17,2%
5000 - 10 000 DM	25,2%
10 000 - 15 000 DM	18,4%
15 000 - 20 000 DM	13,1%
20 000 - 30 000 DM	12,5%
30 000 - 40 000 DM	7,5%
40 000 DM und mehr	6,0%

Diese Schwankungen waren nicht nur betrieblich bedingt (je nach Finanzkraft und zugrundegelegter Berechnungsformel, s.u.), sie variierten auch zwischen den Branchen: Im Durchschnitt wurde als Abfindungssumme das 4,6fache eines monatlichen Bruttolohns ausbezahlt; in der Chemie-Industrie war es das 5,8fache, in der Metall-Industrie das 3,8fache und in der Textil-Industrie das 1,6fache.

Hemmer zeigt, dass eine große Bandbreite von Maßnahmen zum Ausgleich sozialer Härten vereinbart wurde (Arbeitgeberdarlehen, Ausgleichszahlungen, Altersversorgung, Härtefonds, Mobilitätshilfen, Wohnhilfen, Übernahme von Bewerbungs- und

Umschulungskosten, Freizeitgewährung, Wiedereinstellungsklauseln usw., s. *Hemmer* 1988, 53). Bei den Abfindungsformeln wurden am häufigsten die Betriebszugehörigkeitsdauer (BZD), das Lebensalter (LA) und das Monatseinkommen (ME) berücksichtigt.

Die gebräuchlichste Formel, die - *Hemmer*s Umfrage zufolge - in 73 der 163 sozialplanerfahrenen Unternehmen angewandt wurde, lautete:

$$\frac{LA \times BZD \times ME}{Divisor} = \text{Höhe der Abfindung}$$

Der Divisor ist, wie die Formel insgesamt, ein Ergebnis der Verhandlungen mit den Betriebsräten; er zeigte in der Erhebung eine enorme Schwankungsbreite (zwischen den Werten 50 und 140!).

Im Rückblick auf *Hemmer*s Studie stellt *Klös* 1997 fest:

"Während in früheren empirischen Erhebungen von durchschnittlichen sozialplanbedingten Abfindungszahlungen in Höhe von etwa 10.000 DM je ausscheidendem Arbeitnehmer berichtet wird (*Hemmer* 1988), sind in jüngerer Zeit weitaus höhere Abfindungsbeträge bekannt geworden, die bis zu einer Größenordnung von über 200.000 DM und damit fast an die durchschnittliche Kapitalausstattung eines neuen Arbeitsplatzes reichen. Kritiker dieser Entwicklung ... sehen darin einen Beleg für die Einschätzung, dass sich der Kündigungsschutz inzwischen zu einem 'Abfindungshandel' entwickelt habe. *Schmidt* (1989, 304) mahnt - weniger drastisch - an: 'Der Zweck des Sozialplans sollte in der zeitlich begrenzten Überbrückung der durch den Verlust des Arbeitsplatzes bewirkten wirtschaftlichen Nachteile ... der von der Betriebsänderung betroffenen Arbeitnehmer, nicht jedoch in der Entschädigung für den Verlust des Arbeitsplatzes selbst gesehen werden.' Allerdings zeigt die betriebliche Realität, dass die betroffenen Arbeitnehmer oft eine ausgeprägte Präferenz für die Abfindungszahlung haben" (*Klös* 1997, 75f.).

2.2.1.7 Resümee zum Kündigungsschutz

Büchtemann (1990, 400) fasst zusammen: "Insgesamt legt die verfügbare empirische Evidenz somit eher die Schlussfolgerung nahe, dass die eigenständigen Auswirkungen von Kündigungsschutzregelungen auf das betriebliche Beschäftigungsverhalten und damit auch auf die Beschäftigungsentwicklung insgesamt - zumindest im Hinblick auf die Bundesrepublik Deutschland - in der gegenwärtigen 'Flexibilisierungs'-Diskussion mitunter stark überschätzt werden."

Kündigungsschutz als Kernstück der Regulierung hat zwei zentrale Funktionen: er dient erstens der Stabilisierung von Beschäftigungsverhältnissen und zweitens der Begrenzung des Machtgefälles im Arbeitsvertrag (*Brandes, Buttler, Dorndorf & Walwei* 1991, 113). Das soll näher erläutert werden:

Kapitel F

Zur Stabilisierungsfunktion:

Kündigungsschutz ermöglicht

"Stabilisierung von Einkommen, Sicherung der Rendite beziehungsspezifischer Investitionen und Reduzierung von Transaktionskosten des Vertragsabschlusses, Sicherung hoher Arbeitsproduktivität und Reduzierung der Kosten der Vertragsdurchsetzung" (*a.a.O.*, 115).

Im einzelnen bedeutet das:

Einkommen:

"Nach der Theorie impliziter Kontrakte nehmen [Beschäftigte] ... unterhalb ihrer Wertgrenzproduktivität liegende Löhne, d.h. eine Differenz als 'Versicherungsprämie' gegen Entlassungen, in Kauf."

Beziehungsspezifische Investitionen: Für jeden Beschäftigten fallen Fixkosten an (Kosten für die Suche, Einstellung, Einarbeitung, Weiterbildung, Entlassung).

"Die Amortisation partnerspezifischer Investitionen ist an die Kontinuität der Verträge gebunden, denn zum Zeitpunkt der Entlassung müssen die getätigten und noch nicht amortisierten Beschäftigungsfixkosten als verloren angesehen werden ('sunk costs'). Weil somit Kündigungsschutzregelungen gleichermaßen Einstellungen und Entlassungen erschweren, stabilisieren sie konjunkturelle Beschäftigungsschwankungen" (*a.a.O.*, 116).

Transaktionskostenersparnis: Fortgesetztes 'recontracting' wäre teuer und ineffizient; je länger die Vertragsparteien zusammenarbeiten, desto mehr 'Organisationskapital' sammelt sich an und für beide Seiten wird eine Trennung immer weniger attraktiv.

Arbeitsproduktivität: Wegen der vorhandenen Informationsasymmetrien könnten sich beide Vertragsparteien opportunistisch verhalten. Langfristige Beziehungen mindern diese Gefahr, weil oder wenn in ihnen Vertrauen aufgebaut wird. Es kommt zu einer "Ausdehnung des Schattens der Zukunft":

"In diesem Sinne haben Kündigungsschutzregeln eine 'Ex-ante'-Wirkung auf die Vertragserfüllung, und nicht nur eine 'Ex-post'-Wirkung auf die Bestandssicherung" (*a.a.O.*, 118).

Zur Machtbegrenzung:

"Der Arbeitsmarkt ist ökonomisch ... unzutreffend erfaßt, wenn er Güter- oder Kapitalmärkten gleichgesetzt wird; er ist vielmehr *auch* ein durch Direktionsrecht und Weisungsunterworfenheit gekennzeichnetes Allokationssystem. Für die Effizienzanalyse bedeutet das, dass sie durch die Vernachlässigung von *Zwang*selementen im Arbeitsverhältnis in eben dem Maße ihrer Argumentationskraft beraubt wird, wie die Autorität des Arbeitgebers und die Hierarchie der Arbeitsorganisation von den betroffenen Arbeitnehmern als nutzensenkend ... empfunden wird ... Als Bestandteil einer Arbeits*markt*-Ordnung ist gesetzlicher Kündigungsschutz insofern angemessen, als er dem nicht-marktlichen, hierarchischen Element in Arbeitsbeziehungen entgegenwirkt" (*Brandes, Buttler, Dorndorf & Walwei* 1991, 123f.).

Die Regelungen des § 1 des Kündigungsschutzgesetzes (KSchG) schränken die Möglichkeiten des Arbeitgebers zur Entlassung ein, indem sie ihm Begründungspflichten auferlegen: Kündigungen sind nur gerechtfertigt, wenn sie verhaltens-, person- oder betriebsbedingt sind. Im letzteren Fall hat der Arbeitgeber nach anderweitigen Einsatz- und/oder Umschulungsmöglichkeiten zu suchen und *auch* Grundsätze der Sozialauswahl zu berücksichtigen. Diese Rechtsnormen binden alle Marktteilnehmer, sodass es zu keiner Unterbietungskonkurrenz kommen kann. Die 'Sozialauswahl' zwingt den Arbeitgeber, "nach der Reihenfolge der (aus Arbeitnehmersicht) geringsten Abwanderungskosten" (*a.a.O.*, 125) zu entlassen und orientiert sich damit am Kriterium der Bedarfsgerechtigkeit (oder Verteilungsgerechtigkeit), wenn z.B. die Anzahl der Unterhaltsbedürftigen berücksichtigt wird.

In den Effizienzlohn- und Insider-Outsider-Modellen wird ein Widerspruch zwischen Anreiz- und Allokationsfunktion des Lohns thematisiert:

"Höhere Anreizlöhne zur Sicherstellung der Leistungsbereitschaft der Beschäftigten verhindern niedrigere Vollbeschäftigungslöhne, woraus eine Erklärung für Arbeitslosigkeit abgeleitet wird" (*Brandes, Buttler, Dorndorf & Walwei* 1991, 126).

Die Autoren nehmen auf *Levine* (1989) Bezug, indem sie seine drei Argumente vorstellen, die für *effizienzfördernde* Wirkungen des gesetzlichen Kündigungsschutzes sprechen. Zum einen werden gesamtwirtschaftlich Transaktionskosten gesenkt, weil nicht jeweils separate Verträge ausgehandelt werden müssen; zum anderen wird 'adverse Selektion' verhindert (Unternehmen, die Beschäftigungssicherheit anbieten, würden langfristig auf jenen Beschäftigten 'sitzenbleiben', die anderswo keine Chance erhalten und/oder würden weitere Immobile anziehen). Schließlich werden die externen Effekte einer ungezügelten Heuer- & Feuer-Politik vermieden: Wenn eine Entlassene sehr schnell wieder woanders eine gleichwertige Stelle bekommt, senkt dies gesamtwirtschaftlich die 'Arbeitsplatzverlustkosten' und beseitigt ein Druckmittel der Arbeitgeber (Arbeitslosigkeit als Sanktionsdrohung), die zudem bei einer Spotmarkt-Politik höhere Such-, Einarbeitungs- und Entlassungskosten zu tragen haben. Die Strategie 'Arbeit aus dem Wasserhahn' (Einstellen und Entlassen nach aktuellem Bedarf) lohnt sich nur bei Arbeitsplätzen, die lediglich Jedermannsqualifikationen erfordern.

2.2.2 Alternativen zur Kündigung

Es wird immer wieder berichtet, dass das 'Durchhalten' von Beschäftigten nicht durch das KSchG erzwungen wird, sondern dass es sich eher um ein 'Horten' aus ökonomischen Überlegungen handelt: Es führte nämlich zu hohen Transaktionskosten (Such-, Einstellungs- und Einarbeitungskosten), wenn eine Politik der kurzfristigen oder kurzsichtigen Personalanpassung betrieben würde, die unmittelbar auf konjunkturelle Auslastungsschwankungen reagiert, und es käme auf Dauer zu einer negativen Selektion, weil das Unternehmen auf dem Arbeitsmarkt ein schlechtes Image bei Nachfragenden erhielte und Gekündigte nach Möglichkeit Arbeitgeber mit einer besseren Reputation suchten. Darüber hinaus geht nicht nur Humankapital, sondern auch 'Organisationskapital' (*Sadowski*) verloren. Es überrascht deshalb nicht, dass ökonomische Gründe für eine 'Personalpolitik der mittleren Linie' (*Posth* 1980) sprechen.

Stehen in naher oder mittlerer Zukunft Personalabbaumaßnahmen an, so ist zunächst zu prüfen, ob vor dem 'harten' Mittel der Kündigung alternative Arten der Gestaltung oder Beendigung des Arbeitsverhältnisses möglich sind. In Frage kommen natürliche Fluktuation, Befristungen, auflösende Bedingungen im Arbeitsvertrag, Aufhebungsverträge, neue Arbeitszeitregimes. Auf die letzteren ist - unter anderem am Beispiel der Einführung der 'VW-Woche', der Jahresarbeitszeitverträge, der kapazitätsorientierten variablen Arbeitszeit etc. - schon im Band 1 eingegangen worden, sodass sie hier ausgespart bleiben sollen.

2.2.2.1 Natürliche Fluktuation

Eine immer wieder genannte Strategie ist das Ausnützen der 'natürlichen Fluktuation'. Damit ist ein ganzes Bündel von Effekten gemeint, denen gemeinsam ist, dass die Entscheidung zur Beendigung eines Arbeitsverhältnisses nicht vom Unternehmen induziert ist. Zum einen ist der in der Praxis sehr hohe Prozentsatz von Eigenkündigungen gemeint, die ArbeitnehmerInnen einreichen, um sich z.b. beruflich oder finanziell in einem anderen Unternehmen zu verbessern, familiäre Pflichten zu übernehmen, dem Partner oder der Partnerin bei dessen/deren Mobilität zu folgen usw. Eine solche arbeitnehmerseitige Kündigung kann durch den Arbeitgeber finanziell 'unterstützt' werden; dies hat aber unter Umständen negative Konsequenzen für Lohnersatzleistungen (z.B. Sperrfristen und Kürzungen beim Arbeitslosengeld, Erstattungspflichten für den Arbeitgeber, s. § 128 AFG).

Natürliche Fluktuation hat aber auch andere Gründe, wie Unfälle oder schwere Erkrankungen (die zu Berufs- oder gar Erwerbsunfähigkeit führen), altersbedingtes Ausscheiden (Verrentung) oder Tod.

Tab. F-2.1 (zusammengestellt nach Angaben der Tab. 2.1 in *Bellmann, Düll, Kühl, Lahner & Lehmann* 1996) gibt einen Eindruck von der relativen Häufigkeit der von den Betrieben veranlassten Vertragsauflösungen im Verhältnis zu anderen Formen des Ausscheidens. Es wird gezeigt, dass nur etwa 40% dieser Vorgänge auf unmittelbaren betrieblichen Initiativen beruhen; ein fast ebenso großer Anteil geht auf Entscheidungen der Arbeitskräfte zurück, die - zusammen mit Übergängen in Ruhestand oder Berufs- bzw. Erwerbsunfähigkeit - die sog. 'natürliche Fluktuation' ausmachen. Das macht deutlich, dass in den betrieblichen Kalkülen des Umfangs und der Kosten etwaiger Abbaumaßnahmen die Erfahrungswerte für die natürliche Fluktuation einen sehr großen Stellenwert haben. Einer IW-Studie zufolge (s. *Süddeutsche Zeitung* 2.4.97, 26) nimmt unter allen Maßnahmen zur Belegschaftsverkleinerung nach Angaben der befragten Betriebe die 'natürliche Fluktuation' den Spitzenplatz ein (73% der Betriebe nutzen diese Möglichkeit); andere Formen werden seltener praktiziert (Einstellungsstopp 58%, Aufhebungsverträge 54%, Frühverrentung 43%, betriebsbedingte Kündigungen ohne Sozialplan 34%, mit Sozialplan 25%, Vermittlung in befreundete Unternehmen 9% und Freistellungen 5%).

Die Frühverrentung (Vorruhestand, Altersteilzeit etc.) hat in der politischen Diskussion immer eine besondere Rolle gespielt. Ihre Forcierung ist eine Möglichkeit, das Arbeitsangebot zu verringern und die (offizielle) Arbeitslosigkeit zu senken (eine Taktik, die z.B. - neben der hohen Teilzeitquote - das 'Beschäftigungswunder' in den Niederlanden oder die niedrige Arbeitslosigkeit in Japan erklärt). In den verschiedenen Modellen vorgezogener Verrentung haben die Unternehmen - mit staatlicher Unterstützung und gewerkschaftlichem Druck nachgebend - relativ kostengünstige Abbaumaßnahmen verwirklicht, durch die sie sich mit Hilfe von Abfindungen und Übergangszahlungen von MitarbeiterInnen trennen können, die das Renteneintrittsalter noch längst nicht erreicht hatten. Damit wird auf 'elegante' Weise das Problem umgangen, dass ältere MitarbeiterInnen auf der Grundlage des Kündigungsschutzgesetzes (§ 1) eine sehr hohe Schutzbedürftigkeit haben bzw. sehr hohe Abfindungen verlangen könnten (weil sie meist auch eine lange Betriebszugehörigkeit aufweisen). Oftmals sind ältere Mitarbeiter nicht mehr bereit oder in der Lage, sich für neue technische Entwicklungen zu qualifizieren; aber auch für Betriebe wären entsprechende Humankapitalinvestitionen angesichts der kurzen Nutzungsdauer nicht mehr rentabel.

Ausscheiden von Arbeitskräften wegen	insgesamt		
	1993 in %	1994 in %	1995 in %
Kündigung seitens des Arbeitnehmers	36,0	31,7	38,0
Kündigung seitens des Betriebes	24,0	24,3	22,2
Nichtübernahme nach Ausbildung	4,0	4,2	3,8
Ablauf eines befristeten Vertrages	9,0	7,7	9,8
einvernehmlicher Auflösung	14,0	13,8	8,1
Versetzung in anderen Betrieb des Unternehmens	0,0	3,6	3,3
Ruhestand/Berufs-/Erwerbsun- fähigkeit	9,0	10,4	10,9
sonstiger Beendigungen	4,0	4,1	3,8
Insgesamt	100,0	99,8	99,9
vom Betrieb veranlasste Auflösungen	37,0	36,2	35,8
einschl. 50% der einvernehmlichen Auflösungen	44,0	43,1	39,9

Tab. F-2.1:   Gründe für das Ausscheiden von Arbeitskräften
(aus: *Bellmann et. al.* 1996, 8)

Die in jüngster Zeit realisierte Variante ist die sog. 'Altersteilzeit', für die 1996 das Altersteilzeit-Gesetz die Grundlage geschaffen hat. Es gilt für über 55-jährige, die nur die halbe Wochenarbeitszeit arbeiten wollen und in den letzten 5 Jahren versicherungspflichtig beschäftigt waren. Sie bekommen trotz nur 50%-iger Arbeitszeit 70% des früheren Nettolohns und ihre Rentenversicherungsbeiträge werden auf 90% des vorherigen Niveaus aufgestockt. Wenn ein zuvor Arbeitsloser eingestellt oder ein Azubi übernommen wird, zahlt die Bundesanstalt die Aufstockungsbeträge. In einer Reihe von Tarifverträgen und Betriebsvereinbarungen wurden die gesetzlichen Bestimmungen arbeitnehmerfreundlich verbessert. Zum Beispiel kann für die Zeit zwischen dem 55. und dem 60. Lebensjahr ein Teilzeitmodell verwirklicht werden, bei dem die Betroffenen in der ersten Hälfte voll, in der zweiten gar nicht mehr arbeiten, aber für die gesamte 5-Jahres-Periode ein gleichbleibend hohes Einkommen und Sozialversicherung beziehen. Im Donaueschinger Metalltarifvertrag (1997) werden die Rentenbeiträge auf 95% aufgestockt und 82% des früheren Nettolohns garantiert.

Allgemein ist zu berücksichtigen, dass das Arbeitsverhältnis *nicht* von selbst endet mit Erreichen eines bestimmten Lebensalters[44], bei langer Krankheit, Konkurs oder auch nur schlichtem Fernbleiben. Das Ende muss durch vertragliche Vereinbarung oder Kündigung herbeigeführt werden, es sei denn, in Tarifverträgen, Betriebsvereinbarungen oder Einzelverträgen ist die Altersgrenze von 65 Jahren festgeschrieben (SGB VI ÄndG vom 26.7.94, § 41 IV). Einige Tarifverträge sehen einen *Ausschluss* von ordentlichen 'betrieblich bedingten' Kündigungen vor, wenn eine Arbeitskraft langjährig im Betrieb beschäftigt war. Für den Öffentlichen Dienst "... bestimmt § 53 Abs. 3 BAT, dass der Angestellte nach einer Beschäftigungszeit von 15 Jahren, frühestens jedoch nach Vollendung des 40. Lebensjahres unkündbar ist" (*Wenzel* 1994, 15).

Die 'natürliche' Fluktuation ist - bis auf die gezielte 'Frühverrentung' - ein vom Unternehmen nicht gesteuerter Prozess, der unter Umständen auch eine unerwünschte Mitarbeiterdrift mit sich bringt (wenn z.B. hochqualifizierte und leistungsfähige MitarbeiterInnen das Unternehmen verlassen, weniger einsatzfähige und -freudige aber bleiben). Deshalb werden auch andere Praktiken zur Steuerung der Zusammensetzung des Beschäftigungssystems genutzt. Auf die Möglichkeit der *Befristung* und auf '*Ausgründungen*' gehen wir unten im Zusammenhang mit der Diskussion 'atypischer Beschäftigungsverhältnisse' (s. S. 280ff.) ausführlicher ein, sodass sie hier nur erwähnt wird. Im Folgenden erörtern wir Aufhebungsverträge und vor allem die verschiedenen Varianten der Kündigung.

---

[44] Festzuhalten ist, dass das Erreichen der sog. Altersgrenze (65 Jahre, gesetzliches Renteneintrittsalter) für sich genommen *kein* zwingender Grund für das Ausscheiden einer Arbeitskraft ist, es sei denn, dieses Datum ist im Einzelarbeitsvertrag ausdrücklich festgeschrieben (s. *Wenzel* 1994, 16f.). Die früher üblichen allgemeinen tarifvertraglichen Regelungen gelten seit 1992 nur, wenn sie vom Arbeitnehmer oder der Arbeitnehmerin bestätigt wurden. Der Gesetzgeber wollte damit - nicht zuletzt, um die Rentenkassen zu entlasten - die Flexibilisierung der Lebensarbeitszeit in beiden Richtungen, der Verkürzung und der *Verlängerung*, ermöglichen.

2.2.2.2 Aufhebungsverträge

Sie kommen zum einen statt einer Kündigung aus person- oder verhaltensbedingten Gründen (oder nach deren Scheitern) in Frage, v.a. dann, wenn die Rechtsgrundlage für solche Kündigungen zweifelhaft ist und/oder mit langwierigen arbeitsgerichtlichen Auseinandersetzungen zu rechnen ist. Ein anderer wichtiger Grund ist, dass damit auch betrieblich begründete Kündigungen *ohne* Sozialauswahl vorgenommen werden können.

"Vor allem Großbetriebe favorisieren das Mittel des mit Abfindungszahlungen verbundenen Aufhebungsvertrags - bei massenhafter Anwendung als 'Aufhebungsaktion' bezeichnet - als eine rasche, reibungsarme und gut steuerbare Methode der Personalanpassung" (*Höland* 1985, 50f.).

Wesentlich für einen Aufhebungsvertrag ist die *Einigung*(!) über die (vorzeitige) Beendigung des Arbeitsverhältnisses (s.a. *Bauer* 1997). Dafür ist die Schriftform nicht unbedingt nötig (sie erhöht aber die Beweiskraft); wenn nach Lage der Dinge klar ist, dass beide Parteien die Beendigung wollen und ihr zustimmen, hat die Übereinkunft Rechtskraft. Die meisten Aufhebungsverträge werden schriftlich abgeschlossen, wobei im Regelfall auch die näheren Bedingungen (vor allem Abfindungen) fixiert werden.

Zu Beginn der 80er Jahre wurden ca. 10% aller Arbeitsverhältnisse per Aufhebungsvertrag beendet (*Höland* 1985, 49). Er wurde häufig praktiziert bei Vorruhestandslösungen oder Frühverrentungen in "Kombination von kalkulierbarer, maximal einjähriger Arbeitslosigkeit und dem anschließend (ab dem vollendeten 60. Lebensjahr) einsetzenden Anspruch auf vorgezogenes Altersruhegeld aus der gesetzlichen Rentenversicherung" (a.a.O, 50). Inzwischen sind derartige Regelungen wegen ihres massenhaften Missbrauchs (auch im Zusammenhang mit 'einvernehmlicher Trennung') mehrfach geändert worden. Es wurden z.B. Sperr- und Ruhezeiten für das Arbeitslosengeld eingeführt. Im Beleg F-2.3 wird veranschaulicht, zu welcher Komplexität der Regelungen derartige Nachbesserungen führen können.

2.3 Deregulierung und Flexibilisierung: der Königsweg zur Lösung des Beschäftigungsproblems?

Im Lebenszyklus der Beschäftigten folgen verschiedene Phasen aufeinander: einen Betrieb auswählen bzw. durch ihn ausgewählt werden, Einarbeitung und Eingliederung, als Vollmitglied Leistung bringen und Anerkennung finden, sich weiterbilden, versetzt oder befördert werden, in einen anderen Betrieb wechseln (und alle genannten Schritte wiederholen) oder arbeitslos werden, aus dem Erwerbsleben ausscheiden ...

Beleg F-2.3:   Der Aufhebungsvertrag und seine Folgen - ein Beispiel für kaum durchschaubaren Bürokratismus

Hans M., 56 Jahre, 20 Jahre Betriebszugehörigkeit, löst sein Arbeitsverhältnis durch Aufhebungsvertrag am 10. Januar '95 zum 31. Dezember '95 ohne wichtigen Grund gegen Zahlung von 90.000 DM Abfindung. Die maßgebliche Kündigungsfrist: sieben Monate zum Ende des Kalendermonats. Letzter Bruttoverdienst: 150 DM/Tag (4500 DM/Monat).

Auswirkungen - Punkt für Punkt

Am 1. Februar meldet er sich arbeitslos und beantragt Arbeitslosengeld. Was sind nun die Auswirkungen?

Erstens: Hans M. bekommt eine Sperrfrist von zwölf Wochen. Sie beginnt am 1. Februar 1995 und endet am 25. April 1995. Während dieser Zeit wird wegen unberechtigter Arbeitsaufgabe kein Arbeitslosengeld gezahlt.

Zweitens: Hans M. hat auf die Einhaltung der Kündigungsfrist verzichtet. Die Abfindung schiebt den Beginn der Zahlung von Arbeitslosengeld hinaus. Dies wird folgendermaßen berechnet:

- Abfindung 90.000 DM.
- Wegen des Alters und der langen Betriebszugehörigkeit werden nur 30 Prozent berücksichtigt: hier also 27.000 DM (im Höchstfall könnten es 70 Prozent sein).
- 27.000 DM, geteilt durch das bisherige kalendertägliche Arbeitsentgelt von 150 DM ergibt einen Ruhenszeitraum von 180 Kalendertagen (1. Februar bis 30. Juli 1995), der sich mit dem Ruhenszeitraum wegen der Sperrzeit teilweise deckt. Arbeitslosengeld wird während dieser Zeit nicht gezahlt.

Drittens: Da eine Sperrzeit eingetreten ist und eine Abfindung gezahlt wurde, ergibt sich ein weiterer Ruhenszeitraum im Anschluss an den Ruhenszeitraum nach "Erstens" oder "Zweitens" (je nachdem, welcher der längere ist), der sich wie folgt errechnet:

- Abfindung: 90.000 DM,
- abzüglich bereits bei "Zweitens" berücksichtigter Betrag: 27.000 DM,
- abzüglich Freibetrag: 13.500 DM (90faches kalendertägliches Arbeitsentgelt)
- ergibt einen Restbetrag von 49.500 DM,
- davon zu berücksichtigen: 20 Prozent, hier also 9.900 DM,
- zu berücksichtigender Abfindungsanteil (9.900 DM) geteilt durch kalendertägliches Arbeitsentgelt (150 DM) ergibt 66 Kalendertage (= 57 Werktage).

Über acht Monate ohne Zahlung

Es ergibt sich somit ein weiterer Ruhenszeitraum vom 31. Juli bis 4. Oktober 1995, für den kein Arbeitslosengeld gezahlt wird. Insgesamt, so die Bundesanstalt im Beispiel weiter, bekommt also Hans M. vom Februar bis 4. Oktober 1995 kein Arbeitslosengeld gezahlt.

Viertens: Darüber hinaus mindert sich die Dauer des Anspruchs auf Arbeitslosengeld wie folgt:

- Ursprüngliche Anspruchsdauer: 832 Werktage,
- abzüglich Tage der Sperrzeit, mindestens aber ein Viertel der Anspruchsdauer: minus 208 Werktage,
- abzüglich Tage des Ruhenszeitraums nach Drittens: minus 57 Werktage.

ergibt Anspruchsdauer neu: 567 Werktage.

Fünftens: Ab 5. Oktober 1995 erhält Hans M. Arbeitslosengeld bis 26. Juli 1997.

Der Arbeitsmarkt kennt kein statisches Gleichgewicht, das sich in stabilen Beschäftigungsverhältnissen[45] materialisiert. Er befindet sich vielmehr fortwährend im Fluß: *Betriebe* werden neu gegründet, expandieren, schrumpfen, werden stillgelegt (siehe die obigen Ausführungen zum job- und labor turnover); *Personen* scheiden - ohne dass Stellen abgebaut werden - aus privaten Gründen freiwillig oder unfreiwillig aus. Der Personalbestand eines Unternehmens ist keine fixe Größe, sondern schwankt fortwährend innerhalb einer Betrachtungsperiode. Personalbestandsrechnungen, wie sie meist bei der quantitativen Personalplanung vorgenommen werden, zeigen, dass Ist-Größen des Personal*bestandes* immer nur Durchschnittswerte von Personal*bewegungen* sind: Arbeitskräfte werden neu kontrahiert, kehren aus Erziehungsurlaub oder Wehrdienst zurück, wechseln in andere Unternehmensteile oder kommen zurück, kündigen oder werden entlassen, scheiden aus Altersgründen oder wegen Erwerbs- oder Berufsunfähigkeit oder Vertragsablaufs aus, sterben usw.

Aus Arbeitgebersicht ist das 'Halten' von Personal kein Ziel für sich; Arbeitskräfte sind vielmehr Einsatzfaktoren, die sich rechnen müssen. Dies aber bedeutet, dass Betriebe eine übermäßige Belastung durch Personal-Leerkosten vermeiden müssen (die entstehen, wenn die vorhandene Belegschaft nicht ausgelastet ist und nicht abgebaut werden kann). Das lässt sich auf verschiedene Weise erreichen, z.B. durch Lohnkonzessionen oder Arbeitszeitverkürzungen, durch Steigerung der Einsetzbarkeit und Einsatzbereitschaft an anderen Arbeitsplätzen (Qualifikation, Motivation, Mobilität), durch vorübergehende Unterbrechung des Arbeitsverhältnisses usw. Die Flexibilität eines Beschäftigungs*systems* kann nicht anhand einer Einzeldimension bestimmt werden, etwa nach dem Muster: "Weil der *Kündigungsschutz* in Deutschland sehr ausgeprägt ist, ist der deutsche Arbeitsmarkt rigide." Man muss stattdessen das gesamte System der Bedingungen betrachten, von denen Produktivität und Rentabilität des Personals abhängen. Im Folgenden seien einige Aspekte genannt (siehe dazu auch die Flexibilisierungs-Dimensionen, die im Kapitel 'Arbeitszeitflexibilisierung' des Bandes 'Personalwesen 1' erörtert werden). Die Logik der folgenden Aufstellung in Tab. F-2.3 ist, dass Personaleinsatz in *mehrfacher* Hinsicht starr oder beweglich sein kann (s.a. *Hamel* 1992). Mit dieser Bestimmung ist eine grundsätzlich mehrstellige Betrachtungsweise verbunden: Anpassungsprobleme können in der Zielbestimmung, in der Ist-Situation, in den Institutionen, Grundsätzen, Kriterien (Effizienz, Zeithorizont, Kosten, Restriktionen), Maßnahmen und Instrumenten der Diskrepanzbewältigung - oder in mehreren oder allen dieser Aspekte - begründet sein.

---

[45] Aus volkswirtschaftlicher Perspektive dazu ein Beleg: *Engelen-Kefer, Kühl, Peschel & Ullmann* (1995, 119f.) erinnern daran, dass man zwischen Personen, Beschäftigungsfällen pro Periode und deren Dauer unterscheiden muss: "Für die 24,1 Mio. Personen, die zum Beispiel 1989 sozialversicherungspflichtig beschäftigt waren, bestanden 28,7 Mio. Beschäftigungsverhältnisse, also 119 für 100 Personen. Während ein Beschäftigungsverhältnis im Mittel 271 Tage dauerte, betrug die mittlere Beschäftigungsdauer pro Person 322 Tage."

Dabei tauchen zwei Schwierigkeiten auf: Einmal ist es Ansichts- oder Definitionssache, was als Gegenpol zu 'flexibel' gewählt wird (in Frage kommen z.B.: segmentiert; starr, rigide, sklerotisch; reguliert). Es gibt wohl kaum einen Bereich, der in den Flexibilitätsdimensionen *inhaltlicher Varianz* (Wahlmöglichkeit, Optionalität), *zeitlicher Veränderung* und *Anschlussfähigkeit* (Kombinierbarkeit) absolut fix ist. Zum anderen lässt sich die - unten noch ausführlicher erörterte - These formulieren, dass man, um *einen* Bereich flexibel oder flexibler zu gestalten, einen *anderen* stabil(er) halten oder machen muss. Wenn alles gleichzeitig flexibilisiert wird, können Planungs- und Koordinationsaufgaben nicht mehr im Vorgriff gelöst werden; stattdessen dominiert dann kurzatmiges Nachregeln.

Betrachtet man nicht einzelne Aspekte, sondern das ganze Beschäftigungs*system*, dann können mehrere Bereiche voneinander unabhängig flexibel eingerichtet sein. In Tabelle F-2.2 sind dafür einige Beispiele genannt.

Bezugsproblem	rigide Variante (Beispiele)	flexible Variante (Beispiele)
1. Personalbestand (Zahl, Struktur)	Unkündbarkeit interner Arbeitsmarkt	Heuern und Feuern Randbelegschaft, prekäre Arbeitsverhältnisse
2. Arbeitsanforderungen Personalqualifikation	genau definiert hoch spezialisiert	undefiniert, offen multi-skilled, polyvalent
3. Arbeitszeitregimes Entkopplung	Normalarbeitszeitverhältnis an Betriebszeit gekoppelt	Variable Arbeitszeit von Betriebszeit entkoppelt
4. Lohn (Struktur, Höhe)	festgelegt, formalisiert, verbindliche Sätze u. Strukturen	keine starren Vorgaben, Entscheidungsspielräume der Vorgesetzten
5. arbeitsrechtlicher Status: typisch (Kernbelegschaft) atypisch (Randbelegschaft)	Normalarbeitsverhältnis, unbefristeter Vertrag Befristung	Job sharing Werkvertrag, Scheinselbständigkeit, Leiharbeit
6. Arbeitsort	Betrieb	zuhause, alternierend
7. Mitgliedschaft	Unternehmensmitglied	freier Mitarbeiter, Leiharbeitnehmer, Scheinselbständiger
8. Formalisierungsgrad (Regeln und Systeme) Geltungsanspruch	substantielle Vorschriften generell	Verfahrensregeln fallweise, situativ

Tab. F-2.2:   Flexibilisierungsfelder im Beschäftigungssystem

Dass Beschäftigungssysteme in Deutschland nicht durch und durch rigide sind, ist oben wiederholt festgestellt worden; dies kann auch anhand einer Auswertung des IAB-Betriebspanels belegt werden, in dem ein repräsentativer Querschnitt aller deutschen Betriebe in Bezug auf 'Flexibilitätsmuster' befragt wurde. Die Autoren (*Bellmann, Düll, Kühl, Lahner & Lehmann* 1996) haben in ihrer Interpretation der Daten zum einen zwischen 'numerischer' und 'funktionaler' Anpassung unterschieden[46], zum anderen differenziert nach der vorherrschenden 'Orientierung': ob also eine Maßnahme rein 'interne' Umdispositionen vorsah, oder aber 'externe' Systeme betraf (z.B. Einstellungen/Entlassungen, Leiharbeit, Fremdfirmeneinsatz etc.). In Tab. F-2.3 kommt zum Ausdruck, dass sich ein hoher Prozentsatz der Betriebe flexibler Strategien bediente, dass 'interne-numerische' Anpassung am häufigsten praktiziert wurde und dass zwischen produzierendem und dienstleistendem Gewerbe keine gravierenden Unterschiede bestanden.

Produzierendes Gewerbe					
[1] Dienstleistungsbereich ohne private Haushalte und Organisationen ohne Erwerbszweck					
	Numerische Anpassung			**Funktionale Anpassung**	
Interne Orientierung	... Auf- und Abbau von Überstunden/Sonder- schichten/Kurzarbeit	70,8	53,3[1]	... Innerbetriebliche Um- setzungen von Arbeits- kräften	20,3	21,8[1]
	... Vorziehen oder Ver- schieben von Urlauben	44,5	41,5	... Veränderungen in der Auftragsabwicklung	28,9	13,5
	... mit mindestens einer intern-numerischen An- passungsmaßnahme	82,1	68,3	*... mit mindestens einer intern-funktionalen An- passungsmaßnahme*	41,5	32,4
Externe Orientierung	... Einsatz von befriste- ten oder Leiharbeits- kräften/Einstellungen/ Entlassungen/Aufhe- bungsverträge	48,5	41,5[1]	... Vergabe bzw. Rück- nahme von Aufträgen an Fremdfirmen	23,3	12,3[1]
	... Nichtersetzung der Personalfluktuation	10,3	8,3			
	... mit mindestens einer extern-numerischen Anpassungsmaßnahme	53,0	43,7	*... mit mindestens einer extern-funktionalen An- passungsmaßnahme*	23,3	12,3

Tab. F-2.3: Eine Klassifikation von Anpassungsmaßnahmen im produzierenden und dienstleistenden Gewerbe

---

[46] Unter 'numerischer' Flexibilisierung verstehen sie rein quantitative Anpassungsstrategien, die sich auf den Bestand von Arbeitskräften bzw. die Inanspruchnahme des von ihnen bereitgestellten Arbeitszeitvolumens beziehen; 'funktionale' Flexibilisierung erstreckt sich auf Veränderung der Einsatzorte, der Arbeitsorganisation oder der Inanspruchnahme von Fremdleistungen.

2.3.1 Grenzen der Flexibilisierung

Flexibilität als Fähigkeit, sich neuen Herausforderungen zu stellen, kann von zwei Seiten her gesehen werden: als Fähigkeit, *sich* als Akteur an Bedingungen anzupassen (Assimilation), und als Fähigkeit, *Bedingungen* so zu variieren, dass sie zum oder dem Akteur passen (Akkomodation). In der Flexibilitätsdiskussion wird von allen beteiligten Parteien - in der Hauptsache Arbeitgeber(verbände), Arbeitnehmer(vertreter) und Staat - den jeweils anderen die Doppelstrategie empfohlen, sich den unausweichlichen Sachzwängen zu fügen (z.B. Ansprüche zurückzuschrauben, überholte Besitzstände nicht länger zu verteidigen, Kompromissbereitschaft zu zeigen) *und* alles in der Macht stehende zu tun, um die Bedingungen günstiger zu gestalten (hemmende Bestimmungen abzubauen, Tarifverträge zu öffnen usw.).

Semlinger (1991, 20f.) diskutiert drei Probleme, die einer unkritischen Verabsolutierung der Forderung nach Flexibilität entgegenstehen:

- *Kosten der Flexibilität*: "Diese fallen an, wenn Investitionen vor ihrer Amortisation abgeschrieben werden müssen, aber auch, wenn entsprechende investive Festlegungen im Interesse hoher Anpassungsfähigkeit ohne adäquaten Ersatz unterlassen werden" (*a.a.O.*). Aufwand entsteht aber auch durch die Transaktionskosten, die jeder Wandel notwendig mit sich bringt; außerdem fordern Aufbau und Unterhalt eines Flexibilitätspotentials Kosten. Flexibilität lässt sich auch durch "redundante oder polyvalente Investitionen erzeugen" (*a.a.O.*, 20), die Zeit und Geld kosten, ohne dass garantiert wäre, dass sie eine größere Effizienz haben als z.B. straffe und vorgegebene Koppelungen.

- *Überschießende Dynamik*: Es kommt zu einer *zu großen* Flexibilität, die "eine optimale Anpassung des Systems behindert, wenn nicht gar vereitelt" (*a.a.O.*). "Aktivistisch-reformistische, permanente Anpassungen" können die Aufkündigung von Verbindlichkeit, Berechenbarkeit und Durchhaltevermögen bedeuten, die für eine langfristige Optimierung Voraussetzungen sind. Es ist nicht sinnvoll, jeder aktuellen Mode zu folgen, sein Mäntelchen stets nach den wechselnden Winden zu hängen und erfahrungsgesättigte bewährte Strukturen und Prozesse aufzugeben.

- Es gibt auch eine *"unmittelbar prekäre Form" der Flexibilität*, die *Semlinger* anhand der Gegenüberstellung von "aktiver Beweglichkeit" und "passiver Beugsamkeit" verdeutlicht, wobei letztere die Bereitschaft ist, "(externen) Anpassungsforderungen auch unter Preisgabe gegebener Ziele und unter Inkaufnahme längerfristiger Entwicklungsrisiken nachzugeben" (*a.a.O.*, 22f.).

Flexibilität bedarf - so folgert *Semlinger* - aus Kosten-, Effizienz- und Verteilungsgründen einer gewissen System*stabilität*, sowohl zu ihrer Begrenzung, wie auch zu ihrer Unterstützung. Das heißt - worauf oben schon einmal hingewiesen wurde -, "dass ein System weder auf allen Ebenen gleichzeitig flexibel sein muss noch sein darf" (*a.a.O.*, 24). Damit relativiert er die unbedingte und buchstäblich unqualifizierte Forderung nach stärkerer Flexibilisierung, die diese als Allheilmittel preist. Zu eng wäre es, die Optimierung der Personalausstattung ausschließlich von der Deregulierung des *Arbeitsmarkts* abhängig zu machen; man könnte auch an flexiblere

Finanzierung, flexiblere Gestaltung der Produktions- und Geschäftsprozesse, Einwirkung auf die auslösenden Bedingungen usw. denken (z.B. neben oder statt Arbeitsverträgen z.b. auch Kauf- und Kreditverträge 'flexibilisieren'); auch die *innere* Anpassungsfähigkeit des betrieblichen Arbeitsvermögens könnte erhöht werden (Personalentwicklung). Der in allen Volkswirtschaften beobachtbare Aufbau eines stabilen internen Arbeitsmarkts, der auf einer langfristigen Bindung der Arbeitskräfte an das Unternehmen basiert, ist ein Beleg dafür, dass Betriebe von einer hohen Mobilität des Faktors Arbeit nicht nur profitieren würden. Augenfällig nachteilig wäre es, wenn sich eingearbeitete und schwer ersetzbare Kräfte hochflexibel zeigten und kurzfristig kündigten, um andere Chancen wahrzunehmen. Dabei ginge nicht nur individuelles Humankapital (Know how) verloren, auch das Funktionieren von Netzen und Kooperationsketten könnte beeinträchtigt werden. In Arbeitsverträgen gehen die Parteien Bindungen ein, die Flexibilität beschränken, aber eben auch Vorteile für *beide* Seiten haben (für den Arbeitgeber z.B.: Planbarkeit, Hereinholen der Kosten für Humankapitalbildung, Kassieren von Loyalitätsrenten, die sich in erhöhter Motivation, Identifikation, Mitdenken, Verbesserungsvorschlägen usw. manifestieren können). Gesetzlicher, tariflicher oder betrieblicher Kündigungsschutz ist also nicht allein als der Arbeitgeberseite aufgezwungene Handlungseinschränkung oder als deren generöse Geste zu sehen, sondern als (formalisiertes) Verhandlungsergebnis, das nicht nur Individuen für ihren höchstpersönlichen Arbeitsvertrag erreicht haben, sondern das kollektive Akteure (Arbeitgeber- und Arbeitnehmerorganisationen, Staat) als vorläufig gültiges Referenzsystem und arbeitsfähige Kompromisslinie kodifiziert haben (nicht ohne Ausnahmen und Abdingungsmöglichkeiten vorzusehen: siehe Aufhebungsverträge, Abfindungen, Sozialpläne). Die Vorteile eines internen Arbeitsmarkts sind nicht umsonst zu haben; ihr Preis ist u.a. die Einschränkung der Flexibilität (Kündigungsfähigkeit) des Arbeitgebers, der versuchen wird, das Transformationsproblem (Arbeitsvermögen in Arbeitsleistung zu überführen) durch gestufte Auswahlprozeduren und kontingente Belohnungen (Gehaltserhöhungen, Beförderungen) zu lösen, dem aber für den Notfall auch Druckmittel (Überwachung, Kündigungsdrohung) nicht genommen sind.

Kündigungsschutzgesetze sind ein Beispiel für gesellschaftliche Garantien, die es der normalerweise stärkeren Seite (dem Arbeitgeber) erschweren, Arbeitskräfte nach kurzfristigen Erwägungen zu heuern und zu feuern, weil es auch ein über die Belange der Einzelwirtschaften hinausgehendes *gesellschaftliches* Interesse an Planungs- und Einkommenssicherheit der abhängig Beschäftigten gibt. Dennoch sind die bestehenden Kündigungsschutzrechte keineswegs eine Fessel, die Arbeitgeber und -nehmer auf ewig aneinander bindet. Rechte schaffen oder begrenzen Handlungs*möglichkeiten*, sie versorgen nicht mit Gelegenheiten und Fähigkeiten (jedermann hat das Recht, aber nicht die Mittel, sich einen Porsche zu kaufen). Unter Bezugnahme auf das in der Arbeitsmarkt-Diskussion beliebte medizinische Bild der Verkalkung fordert *Semlinger* (1991, 36) statt einer Deregulierung (auf Gesetzesebene) eine Re-Regulierung (von Aushandlungsprozessen), weil "einer Sklerose des Beschäftigungssystems nicht durch punktuelle Eingriffe in den normativen Stützapparat begegnet werden kann"; nicht das Aufheben rechtlicher Begrenzungen, sondern die Entwicklung von Handlungs-Fähigkeiten (etwa durch polyvalente Qualifizierung) trägt zur nachhaltigen Problemlösung bei.

Wenn es ein Zuviel und ein Zuwenig an Flexibilität geben kann (s. *Semlinger* 1991, *Walwei* 1996), dann kann fehlende *externe* Arbeitsmarktflexibilität (im Sinne einer verzögerungsfreien Anpassung der Belegschaft an die Auftragslage) mit *innerer* Flexibilität kompensiert werden. Als eine 'Kernfrage der Flexibilisierungsdiskussion' formuliert *Walwei* (1996, 221): "Wie flexibel müssen die Beschäftigungsverhältnisse auf der Mikroebene sein, damit nicht Probleme auf der Makroebene entstehen (bzw. nicht beseitigt werden können)" (*Walwei* 1996, 221). Und er resümiert: "Nicht alle Elemente des Arbeitsverhältnisses müssen gleichzeitig flexibel sein ... Auch dürfen nicht alle Elemente des Arbeitsverhältnisses gleichzeitig flexibel sein" (*a.a.O.*, 227). An anderer Stelle ergänzt er (s. *Brandes, Buttler, Dorndorf & Walwei* 1991, 111f.): "Je rigider Regelungen in einem Teilbereich der Arbeitsbeziehungen sind, desto flexibler müssen Anpassungen in anderen Teilbereichen erfolgen können, um die Funktionsfähigkeit von internen und externen Arbeitsmärkten zu gewährleisten."

Schon 1984 hatte *Sengenberger* in einer kritischen Diskussion des amerikanischen 'Beschäftigungswunders' darauf aufmerksam gemacht, dass Flexibilität kein Wert an sich ist, dass es verschiedene Formen der Flexibilisierung gibt, dass die oft geradezu verteufelten Regulierungen Flexibilität (und nicht nur Rigidität) ermöglichen können und dass externe Effekte nicht außer Acht gelassen werden dürfen:

"Viel Bewegung kann sogar ein Hinweis auf ineffiziente Anpassung und Ressourcenallokation sein, ähnlich wie eine Fußballmannschaft mit schlechtem Stellungsspiel sich mehr bewegen muss, um am Ball zu bleiben und ein Spieler mit schlechter Ballbeherrschung dem Ball öfters nachlaufen muss als ein guter Balltechniker" (*Sengenberger* 1984, 20).

"Zwar generieren Regelungen Starrheiten oder verminderte Elastizität in Bezug auf bestimmte Anpassungsmöglichkeiten; aber diese Rigiditäten können durch andere gleichwertige Anpassungschancen kompensiert werden und werden es in der Regel auch. Häufig eröffnen, erweitern oder verbessern Rigiditäten sogar bestimmte Anpassungsspielräume, insofern mit den Restriktionen Schutzwirkungen verbunden sind. Denn zwischen Beschäftigungssicherheit und Anpassungsbereitschaft und -fähigkeit besteht im Grunde ein positiver Zusammenhang ... Auch der freie Markt restringiert die realen, kostenmäßig gangbaren Anpassungsoptionen. Regelung bedeutet nicht notwendig Einschränkung, sondern Strukturierung oder auch Modifizierung von Anpassungsspielräumen und Anpassungsprozessen. Schließlich ist Flexibilität nicht ein Wert an sich, sondern nur insoweit nützlich, als sie zur Produktivität und damit zur Wettbewerbsfähigkeit beiträgt, oder das Innovationsvermögen und somit zukünftige Wettbewerbskraft erhöht. Nicht jede Anpassungsmaßnahme aber verträgt sich gleichermaßen mit dem Produktivitätsziel. Manche sind sogar effizienzhemmend. Und häufig öffnet sich eine große Schere zwischen individueller und sozialer Effizienz, die alle Folgen ökonomischer Handlungen für alle Individuen zu berücksichtigen hätte" (*a.a.O.*, 29).

"Eine ausgezeichnete Kennerin westlicher Industriegesellschaften, Shirley Williams, hat jüngst Unternehmer und Manager mit Gulliver auf seinen Reisen ins Land der Liliputaner verglichen: 'Sie glauben sich festgebunden von tausend kleinen Fesseln und Schnüren; sie möchten befreit sein von allen Bindungen und Verpflichtungen wie in einem regel- und kontrollfreien Paradies'" (*a.a.O.*, 35). Beschäftigungsschutzmaßnahmen und öffentliche Leistungen sind aber, so *Sengenberger*, "weder der Produktivität abträglich noch ein Luxus, den man sich generell oder in schlechten Zeiten nicht leisten könnte, sondern ein notwendiges Instrument, um negative Externalisierung betrieblicher Anpassungskosten auf die Allgemeinheit einzudämmen und somit einzel- und gesamtwirtschaftliche Interessen besser auf einen Nenner zu bringen. Im Gegensatz zu den Beteuerungen, dass Eingriffe die Arbeitskosten hochtreiben, muss gesagt werden, dass im Gegenteil die Interventionen dazu dienen sollen, die langfristigen Sozialkosten in Grenzen zu halten" (*a.a.O.*, 36).

*Sengenberger*s Plädoyer läuft darauf hinaus, die scheinbare Ideallösung einer möglichst schrankenlosen 'Vermarktung' aufzugeben und davon auszugehen, dass es verschiedene Wege zu Gestaltung von Beschäftigungssystemen gibt. Der deutsche Weg hoher *interner* Flexibilität, die durch ein Netz von Regulierungen geschützt und ermöglicht wird, gibt den Unternehmen Planungssicherheit und erlaubt 'Produktivitäts- und Sozialpakte', weil und wenn die Belegschaft nicht als ein homogener 'Faktor Arbeit' gesehen wird, sondern als eine differenzierte Ressource, deren Potential nicht besonders effektiv durch die Einforderung von untertariflichen Lohnzugeständnissen aktiviert wird.

Marsden (1997) stellt bei einem Vergleich der (deregulierten) US-amerikanischen und britischen mit den hochregulierten deutschen und niederländischen Arbeitsmärkten fest:

"Deregulierung kann unter Umständen Vertrauen in die Arbeitsbeziehungen beschädigen und so die Grundlage für kooperative Teamarbeit - eine wichtige Bestimmungsgröße für internationale Wettbewerbsfähigkeit - untergraben. Ob Deregulierung überhaupt zu mehr Beschäftigung führt, ist nicht allein mit einem Verweis auf den deregulierten Arbeitsmarkt der USA beantwortet: der deregulierte britische Arbeitsmarkt zeichnet sich anders als der US-amerikanische eben nicht durch ein 'Beschäftigungswunder' aus (*a.a.O.*, 247).

Marsden differenziert drei Segmente von Arbeitskräften nach den Kriterien 'Einkommen/Qualifikation': das untere Segment (niedrige Einkommen, geringe Qualifikation) weist eine geringe Produktivität auf; Deregulierung führt in diesem Segment vielleicht zu einer Erhöhung des Arbeitskräfteangebots, trägt aber wenig zu wirtschaftlichem Wachstum und Wohlfahrtserhöhung bei. Im mittleren Segment erfüllt ein ausgebautes System von Schutzrechten die Funktion, Proteste ('voice') intern zu kanalisieren und den unerwünschten Wechsel der Firma ('exit') - unter Mitnahme wertvoller Humankapitalinvestitionen - zu vermeiden[47]. Im oberen Segment der Bezieher hoher Einkommen wird durch eben diese die hohe Flexibilitätsbereitschaft

---

[47] Wie oben schon bei *Doeringer & Piore* dargestellt, existiert noch die dritte Strategie der 'Loyalität' (bzw. deren Aufkündigung in Streiks, Sabotage, Ausschussproduktion, Fehlzeiten etc.). Bei loyalen MitarbeiterInnen nimmt die 'Kooperationsrente' und damit der zu verteilende 'Kuchen' zu.

honoriert. Geht man davon aus, dass *flexibler Arbeitseinsatz* (Mobilitätsbereitschaft, Einsatzbreite, 'multi-tasking') und *effektiver Informationsaustausch* (Verbesserungsvorschläge, Einsatz impliziten Wissens) für Unternehmen, die in einem intensiven Wettbewerb stehen, immer wichtiger werden, dann ist ein Preis für diese Gegenleistungen zu zahlen, der nicht in individuellen Leistungsprämien besteht, sondern in der kollektiven Strukturierung des Beschäftigungssystems derart, dass ein gemeinsamer Rahmen (Schutzrechte, Unternehmenskultur) entwickelt wird. Er hat für *beide* Seiten Bindungswirkung und kann nicht einfach aufgekündigt werden, wenn eine Seite glaubt, einen aktuellen Vorteil zu haben. Auch wenn 'exit' (Ausscheiden) wegen der Arbeitsmarktlage ausfallen und 'voice' (Widerstand) durch Abbau von Vertretungsorganen und Schutzeinrichtungen reduziert werden sollte, so blieben doch immer noch 'disloyalty' und 'neglect', die sich manifestieren könnten in offener oder verdeckter Obstruktion oder im Verweigern bislang geleisteter überlebenswichtiger Zu-Taten wie Mitdenken, Engagement und Kooperation.

Angesichts der schon erwähnten Unterbestimmtheit des Arbeitsvertrags können derartige Haltungen oder Leistungen nicht erzwungen werden, sondern müssen - der ökonomischen Logik durchaus entsprechend - eingetauscht werden durch Gegenleistungen, wie sie etwa im Modus des internen Arbeitsmarkts oben genannt wurden. Das 'freie Unternehmertum' oder der verdinglichte 'freie Markt' haben kein Mandat, die Gesellschaft zu kolonisieren; im Gegenteil, beide werden ermöglicht und geschützt von den Institutionen der Gesellschaft, an deren Fortbestand sie ein Interesse (!) haben müssen (s. etwa den Ruf nach 'law and order' in den osteuropäischen Ländern, damit die Sicherheit von Investititonen garantiert wird). Die partiell antagonistische Gleichzeitigkeit unterschiedlicher Regulierungsinstanzen sichert Freiheit; es ist nicht einzusehen, warum diese unbequeme, aber bewährte Form der Gewaltenteilung zugunsten einer Entfesselung des Gullivers Kapital aufgegeben werden sollte. Noch dazu, wenn man sich vergegenwärtigt, dass die Fesseln so eng nicht sind, die der Staat oder die Tarifverbände den Betrieben anlegen. Immer wieder wird hervorgehoben - z.B. von *Sadowski* (1989) unter Rückgriff auf empirische Erhebungen -, dass sich Unternehmensleitungen und Betriebsräte gegenüber den Vorgaben ihrer Verbände und des Staates erhebliche Freiheitsgrade bewahrt und eigenständige Lösungen entwickelt haben.

2.3.2 Argumente für und gegen De-Regulierung

Man darf zum einen nicht übersehen, dass Rigiditäten nicht *nur* aus arbeitsrechtlichen Festlegungen stammen: auch Markt- und Organisationsversagen, Festlegungen durch vorhandene Technologien (lock-in [Verriegelung][48], Pfadabhängigkeit), frei-

---

[48] Damit ist gemeint, dass hohe Investitionen in eine vorhandene Technologie (Gebäude, Maschinenausstattung, Arbeitsprogramme, Qualifizierung von Beschäftigten usw.) das Umsteigen auf eine eigentlich viel effizientere Alternative unökonomisch erscheinen lassen.

willige(!) Tarifvereinbarungen und Gewohnheitsrechte können den Handlungsspielraum von und in Unternehmen einschränken. Zum zweiten ist immer auch an die *positiven* Wirkungen von Stabilität zu denken.

Für Deregulierung sprechen folgende Argumente:

- Regulierungen konservieren den Status Quo und behindern den Strukturwandel; zugunsten des Bestandsschutzes verzögern sie Anpassungen.

- Regulierungen wie der Kündigungsschutz wirken kostentreibend, weil sie ein schnelles Reagieren auf Auslastungsschwankungen erschweren. Bei hoher Personalrigidität steigt die Wahrscheinlichkeit der Substitution durch Technologie, sodass - langfristig - negative Beschäftigungseffekte zu erwarten sind.

- 'Schutzgesetze' reduzieren die Notwendigkeit und Bereitschaft zu Fluktuation und Mobilität: der Arbeitsmarkt wird zähflüssig, weil die 'Insiders' vor der Konkurrenz der 'Outsiders' geschützt werden. Mögliche Einstellungen unterbleiben, weil antizipiert wird, dass eine später beabsichtigte Trennung zu schwierig oder zu teuer (monetäre und Reputationskosten) werden kann (s. etwa den erhöhten Kündigungsschutz für Schwerbehinderte, Schwangere oder den tarifvertraglichen Schutz aufgrund von Alter oder Betriebszugehörigkeitsdauer). Die Verbleibswahrscheinlichkeit in Arbeitslosigkeit wird durch die Schutzgesetze *erhöht*.

- Zu rigide Reglementierungen veranlassen die Unternehmen, nach Umgehungsstrategien zu suchen und nicht den 'starren' Weg von Normalarbeitsverhältnissen zu gehen, sondern atypische und zuweilen prekäre Beschäftigungsformen vorzuziehen (Zeitarbeit, Befristungen, Scheinselbständigkeit, geringfügige Beschäftigung).

Argumente *gegen Deregulierung*:

- Ohne einen Schutz der Schwächeren käme es zu einer abwärts gerichteten Spirale der Verschlechterung der Arbeitsbedingungen und -rechte; den ohnehin schon Benachteiligten würden immer mehr Risiken und Belastungen aufgebürdet. Um überhaupt einen Arbeitsplatz zu ergattern, müssen sich die Arbeitskräfte zu Niedrigstlöhnen verdingen (working poor). Dies führt aber andererseits zu gesellschaftlichen Problemen (Kriminalität, Überforderung durch hohe Transferleistungen usw.) und innerhalb der Betriebe steigen die Transaktionskosten. Staat und Arbeitnehmervertretungen versuchen deshalb, Folgen von Entlassungsentscheidungen zum Teil zu internalisieren (Abfindungen, Sozialplan, Sperrfristen, Auflagen der Sozialauswahl), um Unternehmungen zu zwingen, auch 'mildere' Alternativen ins Kalkül zu ziehen.

- Befolgte Regeln schaffen Planungssicherheit und gesamtwirtschaftliche Stabilität; sie senken Transaktionskosten und erleichtern Kooperation, weil die standardisierten Vertragsbedingungen nicht jeweils neu ausgehandelt werden müssen. Ein völlig dereguliertes System wäre buchstäblich an-archisch, nicht planbar, vom Gesetz des jeweils Stärkeren beherrscht. Ordnungen werden auf jeden Fall aufgezwungen oder ausgehandelt; in einem demokratischen Rechtsstaat sorgen Gesetze auch für den Schutz von Minderheiten und Schwächeren.

- Erhöhte Betriebstreue aufgrund gesicherter Randbedingungen gewährleistet eine bessere Amortisation der Beschäftigungskosten (Anwerbung, Auslese, Einarbeitung, Qualifizierung etc.).

- Beschäftigungssicherheit fördert die Identifikation mit dem Betrieb und steigert die Bereitschaft zu interner Flexibilität und Loyalität.

- *Lampert* (1994) macht darauf aufmerksam, dass sozialpolitische Maßnahmen der Arbeitsmarktregulierung nicht nur für die politische Stabilität wichtig sind, sondern auch die volkswirtschaftlich notwendigen Umbaumaßnahmen unterstützen, indem sie Einkommensausfälle bei Umschulungen oder Umorientierungen ausgleichen oder mildern, sowie zu einer Glättung der Nachfrage beitragen und damit auch wirtschaftliche Stabilität und Planungssicherheit unterstützen.

F-3: Zur Management-Perspektive: Das Management von Beschäftigungssystemen - Übersicht -

3.0 Überblick

3.1 Ökonomischer Kontext und betriebliche Strategie

3.1.1 Aktuelle Entwicklungen als Herausforderungen des Personalwesens
3.1.2 Betriebsstrategische Ziele: Autonomie und Machtasymmetrie

3.2 Konstitution von Beschäftigungssystemen	**3.3 Modifikation von Beschäftigungssystemen**
3.2.1 Normale Beschäftigungsverhältnisse 3.2.2 Atypische bzw. prekäre Beschäftigungsverhältnisse 3.2.2.1 Befristete Arbeitsverträge 3.2.2.2 Geringfügige Beschäftigung 3.2.2.3 Leiharbeit 3.2.2.4 Werkverträge, Fremdfirmeneinsatz 3.2.2.5 Scheinselbständigkeit 3.2.2.6 Heimarbeit und Telearbeit 3.2.2.7 Illegale Beschäftigung (Schwarzarbeit) 3.2.2.8 Arbeitsmarktpolit. Maßnahmen	3.3.1 Der Überblick von *Kühl* 3.3.2 Das RKW-Schema 3.3.3 Eine entscheidungsorientierte Synthese bei Personalabbau-Maßnahmen

3.4 Logiken des Managements von Beschäftigungssystemen

3.4.1 Entwicklung eines Bezugsrahmens

3.4.2 Logiken der Kernprozesse	**3.4.3 Logiken der Kontexte**
3.4.2.1 Produktionslogik 3.4.2.2 Verwertungs- und Akkumulationslogik 3.4.2.3 Vergemeinschaftungs- und Beziehungslogik 3.4.2.4 Herrschaftslogik	3.4.3.1 Marktlogik $_1$: Kooperation 3.4.3.2 Marktlogik $_2$: Gewinn/Konkurrenz 3.4.3.3 Anpassungslogik $_1$: Transformation 3.4.3.4 Anpassungslogik $_2$: Vergesellschaftung, Legitimation

3.   Das Management von Beschäftigungssystemen

3.0   Überblick

Die einleitenden Ausführungen skizzieren mit 'ökonomischen Kontexten' und 'betrieblichen Strategien' das Handlungsfeld, in dem die Transformation der Beschäftigungssysteme stattfindet: Die ökonomische Entwicklung, die mit dem unscharfen Begriff der 'Globalisierung' umschrieben wird, stellt Personalwesen und Personalarbeit vor neue Herausforderungen. Die Dominanz des 'Normalarbeitsverhältnisses' besteht nicht mehr, es bildet sich eine Vielzahl neuer Formen der Arbeit heraus, die einerseits dem Kapitalverwertungsinteresse unterworfen bleiben, andererseits durch einzelbetriebliche strategische Ziele konditioniert werden.

In zwei weiteren Unterkapiteln wird zum einen auf die *Konstitution*, zum anderen auf die *Modifikation* von Beschäftigungssystemen eingegangen. Am Referenzmodell der 'normalen' Beschäftigungsverhältnisse werden Varianten atypischer (oder prekärer) Arbeitsverhältnisse gemessen; im einzelnen werden Befristungen, geringfügige Beschäftigung, Leiharbeit, Werkverträge und Outsourcing, Scheinselbständigkeit, Heim- und Telearbeit, sowie illegale Beschäftigung vorgestellt und im Hinblick auf ihre empirische Verbreitung und ihre Probleme analysiert. Anschließend werden drei verschiedene Ordnungsversuche präsentiert und erläutert, in denen betriebliche Möglichkeiten der Reaktion auf veränderte Personalbedarfe behandelt werden.

Diese deskriptiven Ausführungen zeigen, dass den Betrieben ein großes Repertoire an Handlungsmöglichkeiten zur Verfügung steht. Prinzipien der Auswahl aus diesen Möglichkeiten werden im letzten Unterkapitel vorgestellt, in dem 'Managementlogiken' thematisiert werden. Dabei liegt ein doppeltes Ordnungsprinzip zugrunde: Zum einen werden Gestaltungsmaximen für die innerbetrieblichen *Kernprozesse* und Zwänge und Chancen außerbetrieblicher Kontexte, zum anderen *ökonomische* und *sozioökonomische* Akzentsetzungen gegenübergestellt. Die acht Managementlogiken werden in ihren Auswirkungen auf die konkrete Gestaltung von Beschäftigungssystemen untersucht.

3.1   Ökonomischer Kontext und betriebliche Strategie

3.1.1   Aktuelle Entwicklungen als Herausforderungen des Personalwesens

Die Einzelwirtschaft ist bei der Lösung des Beschäftigungsproblems nicht autark, sondern in zahlreiche Abhängigkeiten eingespannt, die Handlungsoptionen zugleich beschränken und ermöglichen. Die oben genannten Bedingungen einer 'wohlfahrtsstaatlichen Konstellation' (*Lutz* 1987) erlaubten oder konditionierten eine bestimmte Segmentierung des Arbeitsmarkts; es ist fraglich, ob das damalige Leitbild einer wirtschaftlichen Organisation auch heute noch dominiert. Änderungen der geoökonomischen und -politischen Bedingungen in Richtung auf einen globalen spekulativen Kapitalismus, das Aufgehen von Nationalstaaten (und ihrer wirtschafts- und finanzpolitischen Kompetenz) in größere politische Einheiten unter der militärischen Dominanz der USA bringen auch für die 'Formen der Produktion' neue Zwänge und Chancen. Das Szenario künftiger Bedingungen, denen sich die Einzelwirtschaft anzupassen hat bzw. die sie nutzen und damit reproduzieren und verstärken kann, soll mit einigen Schlagworten skizziert werden:

- Überforderung des Staates und nachfolgender Rückzug aus einer Vielzahl von Aufgabenfeldern (Sozialsystem, öffentliche Dienstleistungen, Gesundheit, Bildung, Infrastruktur, Verkehr, Information usw.);
- damit verbunden Deregulierung und Privatisierung;
- verstärkte Individualisierung und Entsolidarisierung (sein Leben selbst in die Hand nehmen, für sich selbst sorgen; Abbau kollektivverbindlicher normativer Regeln und Werte, Pluralisierung von Lebensstilen; 'Unternehmer der eigenen Arbeitskraft' etc.);
- intensive Nutzung neuer Informations- und Kommunikationstechnologien; neue Formen des Wissensmanagements (Speicherung, Zugang, Kombination), weltweite 'Vergleichzeitigung' von Informationen, Omnipräsenz durch Virtualisierung;
- 'Durchkapitalisierung', Dominanz des Akkumulations- und Verwertungsinteresses;
- Inter-Nationalisierung oder Globalisierung von Recht, Wissenschaft, Bildung, Kultur, Produkten usw.

Weit davon entfernt, hier eine einheitliche und widerspruchsfreie Entwicklung zu prognostizieren, soll dennoch auf einige Tendenzen hingewiesen werden, die in Ansätzen bereits verwirklicht sind und die für die Konstitution von Beschäftigungssystemen in künftigen Unternehmen relevant sind.

Der Mobilität und Wandlungsfähigkeit des Kapitals hat die Mobilität und Wandlungsfähigkeit des 'Faktors Arbeit' zu folgen: Rund-um-die-Uhr- und Rund-um-die-Welt-Verfügbarkeit (Telearbeit, Aufhebung der Trennung von Arbeits- und Lebensort oder -raum, Bereitschaft zu regionaler Mobilität); Anpassung an neue Allianzen, Kooperationen, Akquisitionen, Fusionen; Temporalisierung von Aufgaben (Projektarbeit), Beziehungen (Arbeitsgruppe) und Identifikationen (mit Firma, Job, Leitbildern); Vervielfältigung von Einsatzmöglichkeiten und Qualifizierungen, Bereitschaft zu stetem (Ver-)Lernen, 'perforierte Erwerbsbiografien' (Wechsel zwischen abhängiger, selbständiger, unbezahlter sozialer und Eigen-Arbeit) ...

Es versteht sich, dass angesichts solcher Umwälzungen und Visionen das Leitbild des 'Normalarbeitsverhältnisses' nicht länger aufrechtzuerhalten ist. Allerdings zeichnen sich auch noch keine Konturen einer dominanten Alternative ab; vielmehr ist ein großer Artenreichtum von Organisationen und Beschäftigungsverhältnissen zu registrieren, dessen Gemeinsames die Betonung von Variabilität, Vielfalt, Flexibilität, Pluralisierung, Ambiguität, Dynamik, Virtualität[49] etc. ist. Vom Personalwesen wird erwartet, auf folgende Entwicklungen programmatische Lösungen zu finden, die von neuen Instrumenten über neue Strategien und Politiken bis hin zur Selbstauflösung als Institution gehen können:

- Dezentralisierung: Agilität durch Kleinheit ('downsizing') und Selbständigkeit (Center-Lösungen); Vernetzung statt hierarchischer Steuerung (Netzwerke, Allianzen, joint ventures, Partnerschaften); Outsourcing aller Funktionen, die nicht 'Kernkompetenz' sind;
- Markt statt Hierarchie; pretiale Lenkung; interne Konkurrenz;
- fluide Loyalitäten (Söldner-Mentalität; job- und company-hopping); Tribalisierung (überschaubare 'Stammes-Kulturen' statt Stammbelegschaften);
- Problemorientierung statt Fachspezialisierung; multi-skilling; breites 'Portfolio' an Fähigkeiten und damit Einsätzmöglichkeiten ('employability');
- Funktionieren in wechselnden Partnerschaften; Kooperationsfähigkeit in Projekten;
- Intrapreneurship; free-lancing (neue Selbständigkeit; Unternehmer der eigenen Arbeitskraft), idiosynkratische Jobs: sich selbst Aufgaben suchen (statt Vorgaben und Stellenbeschreibungen zu exekutieren) und sie auf eine eigensinnige und selbstbestimmte Weise ausführen; sich selbst vermarkten und verkaufen (Showbusiness; impression management);
- Zeit-Arbeit: keine Dauerstelle, sondern zu bestimmten Zeiten (just-in-time, auf Abruf) und für bestimmte Zeiten (Teil-Zeit, Kontrakt-Zeit) verfügbar sein; Werkverträge statt Dauerstellen;
- Leistungs- und Ergebnisabhängigkeit der Bezahlung; Erfolgsbeteiligung; Beteiligung an der Unternehmenswertentwicklung; Menü- oder Cafeteria-Systeme mit monetären und nicht-monetären Elementen; Multi-Optionalität;
- Chancen-, statt Laufbahnorientierung; Bereitschaft zum Wechsel von Aufgaben, Teams, Unternehmen; diskontinuierliche Biografie;
- hohe Sensibilität für Markt- und Kundenbedürfnisse; Serviceorientierung; Problemlösung statt Produktlieferung.

Das Schlagwort 'Globalisierung' genügt vielen KommentatorInnen, um die fraglose Dominanz des (Welt-)Marktes zu konstatieren, die keine 'sachfremden' (und das heißt hier: gesellschaftlichen, institutionellen) Interventionen mehr zulässt. Den Gesetzen (?) von Effizienz, Erfolg, Profit, shareholder value ist zu gehorchen; es bleibt scheinbar nur die Anpassung an diese Bedingungen, nicht deren Veränderung. In einer selbsterfüllenden Prophezeiung materialisieren sich die Geister, die zunächst aus nur modelllogischen Gründen (an-)gerufen wurden (egoistisches Nutzenkalkül, Individualisierung, Opportunismus ...), zu unumstößlichen Funktionsbedingungen. Was *Marx* den Fetischcharakter der Waren genannt hat, wird zum Prinzip: Selbstge-

---

[49] 'Virtualität' ist hier in ihrer speziellen organisationstheoretischen Bedeutung gemeint: eine Arbeitskraft gehört nicht mehr einer bestimmten Unternehmung als Dauermitglied an, sondern arbeitet in wechselnden Netzwerken und Projekten.

schaffene Götzen (vor allem: der Markt) errichten Denkverbote; eine nicht nur ent-
fesselte, sondern auch 'entbettete' Ökonomie funktioniert nach ihren Gesetzen, deren
historische Bedingtheit vergessen wird und die - 'bei Strafe des Untergangs' - Unterwerfung fordert. Die Vision der Vermarktung der Organisationen kehrt um, was
bislang der Fall war: die Organisation des Marktes. An die Stelle institutionell regulierter Dauerbeziehungen treten spotmarktähnliche Konstruktionen: autonome rationale Akteure handeln Verträge über eine projektbezogene und projektbegrenzte Zusammenarbeit aus, nach deren Beendigung sie sich neue Projekte und Partner suchen. Die reale Vermachtung und Verorganisierung der Märkte und Beziehungen
- gesteuert über das scheinbar neutrale Kriterium einer bestimmten Kapitalrendite -
wird zugunsten der Fiktion souveräner Individuen ('Kinder der Freiheit') aus den
Augen verloren.

Im Extremfall gibt es bei einem solchen Szenario kein Personalwesen als Institution
mehr, weil es keine (Groß-)Organisation mehr gibt, wenn alle sich selbst vermarkten. *Dieses* Reich der Freiheit wird jedoch nicht kommen, weil nicht damit zu rechnen ist, dass die evolutionären Vorteile von Organisationen (Bewältigung komplexer
Probleme, Sicherung von Kooperationsrenten, Stabilisierung von Handlungsketten)
preisgegeben werden. Dennoch werden jene, die Beschäftigungssysteme organisieren wollen, vor folgenden Problemen stehen, die deregulierte Beziehungen mit sich
bringen:

- Wie gewinnt und hält man Leistungsträger? Welche Probleme für die Personalauswahl verursacht die Vervollkommnung von Techniken der eigenen Selbstdarstellung?
- Wie verkraftet man die hohen Transaktionskosten einer mobilen Belegschaft
  (Suche, Anwerbung, Auswahl, Vertragsgestaltung, Einarbeitung, Leistungsüber-
  wachung, Trennung, Überbrückung von Vakanzen...)?
- Kann man auf implizites Wissen, das oft über jahrelange on-the-job-Erfahrung
  erworben wird, ohne weiteres verzichten? Ist es möglich, allein mit transferierba-
  rem Wissen und allgemein verwertbaren Fertigkeiten nichtimitierbare Problemlösungen zu entwickeln und anzubieten?
- Sind jeweils die benötigten Kräfte auf dem Markt zu vernünftigen Preisen verfügbar? Sind langfristige Investition und Planung bei einer Heuern-und-Feuern-
  Politik möglich? Sind MitarbeiterInnen zu der ungewissen und zeitintensiven Investition bereit, die eine Spezialausbildung bedeutet? Wer sorgt - zu welchen
  Preisen - für die lange Grundausbildung der breitqualifizierten Multioptionalisten?
- Wie lassen sich hohe Qualität und Termintreue der Leistungen und unternehmens-
  orientierte Beziehungspflege zu und Interessenvertretung gegenüber Marktpart-
  nern (Zulieferern, Kunden) bei stets wechselnden Belegschaften oder gar free-
  lancers realisieren?
- Bei der systemtypischen Züchtung von Egoismus und Opportunismus: Wie begegnet man 'hold-up' und 'moral hazard' (und zwar von beiden Seiten, den Arbeitgebern und den Arbeitnehmern)? Gibt es genügend viele Menschen mit hoher

Risikopräferenz? Wie kann man transaktionskostenmindernde Arrangements (z.B. Vertrauensorganisation) bei opportunistischen und wechselnden Belegschaften einführen?

- Welche neuen Instrumente müssen entwickelt werden, um bei kurzer und unsicherer Verweil- oder Verwertungsdauer dennoch Loyalität und Einsatz sicherzustellen (Geiseln, Pfänder, Versicherungen)? Welche (neue) Rolle spielen explizite gegenüber impliziten Verträgen?

- Wie werden freiwillige und erzwungene Auszeiten (Zeiten erwerbswirtschaftlicher fehlender Engagements etc.) überbrückt? Welche Auswirkungen hat es auf Identität und Selbstbild, nur dann gebraucht und bezahlt zu werden, wenn man Leistung bringt?

- Wie kann unternehmenskulturelle Steuerung substituiert werden? Zu denken wäre etwa an Insider-Sprache vs. globales Business-Esperanto, informelle Normen, geteilte Werte, blindes Verstehen und Vertrauen, implizite Verträge, unartikulierbares Wissen (tacit knowledge).

- Welche (volkswirtschaftlichen, betrieblichen und individuellen) Kosten verursacht der Verlust produktiver Arbeitszeit aufgrund der ständigen Suche nach besseren oder nachfolgenden Engagements?

- Wird die Einarbeitungs- und Qualifizierungsbereitschaft gering sein, wenn keine längere Perspektive geboten wird und sich die Kosten der Einarbeitung/Qualifizierung nicht mehr amortisieren?

- Welche neuen Inhalte und Bewertungen von eignungsdiagnostischen Informationen (signalling und screening) werden wichtig? Wie erfährt man valide, wer geeignet ist, wenn Festanstellungen und Laufbahnen - die beide vielfältige Beurteilungsgelegenheiten liefern - zur Seltenheit werden?

- Bilden sich Makler-Agenturen (Personalvermittlungen, Beratungsagenturen Leiharbeitsfirmen etc.) heraus, die die Transaktionen vermitteln und dafür Garantien übernehmen (die bezahlt werden müssen)? Wer sucht, beauftragt, motiviert und kontrolliert die Makler? Wie kommen die Makler-Organisationen(!) zu ihrem Wissen, Können und Personal?

Die Lobpreisung der neuen Pluralität, Fungibilität und Disponibilität liest sich wie ein Widerruf all jener Vorzüge, die dem zugleich stabilen wie flexiblen 'internen Arbeitsmarkt' zugesprochen wurden. Es hat den Anschein, als würde die schöne neue Jobwelt im Grunde ein globaler 'externer' Arbeitsmarkt für unspezifische Jedermannsqualifikationen und unsichere, befristete Kurzzeitjobs - bloß 'getuned' durch gutklingende Worte (multi-skilling, flexible portfolio worker, Agilität, employability, virtuelle Unternehmung etc.; s.a. *Sattelberger* 1997). Zwischen den Extremen der McJobs (einfache McDonald-Jobs und hochqualifizierte McKinsey-Jobs) scheint es kein breites Mittelfeld eines betriebszentrierten Teilarbeitsmarkts mehr zu geben.

3.1.2 Betriebsstrategische Ziele: Autonomie und Machtasymmetrie

Unternehmen sind nicht frei in der Wahl ihrer Beschäftigungsstrategie, sie sind aber ebensowenig auf ein rigides Normalarbeitsverhältnis festgelegt. Die Neoklassik vereinfachte das Unternehmen zum persongleichen Akteur, der Spielball der Marktgesetze ist. Öffnet man aber die black box 'Unternehmung', dann werden strategische Optionen sichtbar, die dem Über-Blick einer Makroökonomik, die mit hochaggregierten Daten und Auf-lange-Sicht-Klauseln arbeitet, verborgen bleiben. In einer unsicheren, dynamischen und intransparenten Welt gibt es für Ziele (wie z.b. Marktanteil, Umsatz, Rendite, Gewinn) keineswegs nur den berühmten 'einen besten Weg', sondern zahlreiche ergebnisoffene Alternativen. Deshalb kommt es darauf an, sich die Handlungsfähigkeit in mehrdeutigen Situationen zu erhalten. Dies ist ein anderer Ausdruck für Macht als einer Fähigkeit, Zonen der Unsicherheit kontrollieren zu können und das Gesetz des Handelns nicht von anderen diktiert zu bekommen. Es geht hier nicht um innerorganisatorische Machtkämpfe oder -spiele verschiedener Fraktionen im Management [oder zwischen Management und Belegschaft(svertretung)], sondern um Strategien des - als Kollektivaktor gedachten - Unternehmens, Autonomie (Handlungsspielräume) zu sichern und über Ressourcen verfügen zu können, um sie kontingent einsetzen zu können. Kontingenz ist - so *Luhmann* (1984) - die Negation von Unmöglichkeit und Notwendigkeit, oder (als ein Doppel von nur scheinbar banalen Management-Maximen formuliert): 'Nichts ist unmöglich' und 'Es gibt immer eine andere Möglichkeit'. Das setzt Autonomie und Machtasymmetrie voraus und reproduziert sie - im Erfolgsfall. Weil wirtschaftliches Handeln zum einen *technisches* Problemlösen ist, das mit Unsicherheit, beschränkter Rationalität und konsequentem Eigennutzstreben fertig werden muss, und zum anderen ein *sozialer* Wettkampf ist, bei dem man mit intelligenten Gegnern zu tun hat, muss man buchstäblich eigenmächtig handeln können, um einen Vorsprung zu bekommen, den einzuholen die andere Seite Ressourcen und Zeit kostet.

Technische, logistische, finanzielle Schachzüge einmal ausgeblendet: Welche Möglichkeiten gibt es im *Personal*bereich, Wettbewerbsvorteile zu erringen? Die mikroökonomische Fiktion ist es, die Unternehmung als Handlungs*einheit* zu betrachten, deren Überleben auf dem Markt aus dieser aggregierten Perspektive analysiert wird. Über das *Zustandekommen* dieser Einheit und ihrer Strategien werden keine Aussagen gemacht, es wird lediglich die Erfolgsträchtigkeit bestimmter Arrangements untersucht. Institutionalistische Ansätze zeichnen sich dadurch aus, dass sie die strategische Wahl - und damit indirekt die Rolle des Managements - zwischen Gestaltungsalternativen thematisieren: Wie sieht die *interne* Strukturierung in Abhängigkeit von *externen* Zwängen und Möglichkeiten aus? Dabei ist das widersprüchliche Zusammenspiel von typisierten (oder auch organisierten) Akteuren (Eigentümer, Manager, Belegschaft bzw. deren Vertreter, Verbände und Gewerkschaften, Staat) ebenso zu berücksichtigen wie die resultierende Konfiguration und Strategie der fragwürdigen 'Einheit'. Für den vorliegenden Zusammenhang ist die Zusammensetzung und Struktur des Beschäftigungssystems in seiner doppelten Abhängigkeit sowohl von 'externen' Arbeits-Markt-Gegebenheiten wie von 'internen' Leitbildern oder Strategien relevant. Am Beispiel illustriert: Für welche Probleme (Chancen und Restriktionen, Interessen und Politiken) ist die Differenzierung zwischen Stamm- und Randbelegschaft oder die Zwei- bzw. Dreiteilung des Arbeitsmarkts eine sinnvolle oder effiziente Lösung?

Fundamentale Voraussetzung ist, dass ein Beschäftigungsverhältnis ein auf Einkommenserzielung gerichtetes justiziables Vertragsverhältnis ist (also kein Freundschaftsdienst, keine Liebesbeziehung, keine der Tradition geschuldete Verpflichtung oder die spontane Mithilfe in einem Gemeinschaftsprojekt). Mit Verträgen bindet man sich und andere.

Der Arbeitsvertrag ist ein zum Teil unbestimmter Vertrag, der ein schuldrechtliches *Dauer*verhältnis begründet: die Arbeitskraft tauscht ein Leistungsversprechen gegen eine Einkommenszusage, gleichzeitig unterwirft sie sich dem Direktionsrecht des Managements und verzichtet auf unmittelbare Teilhabe am Gewinn, der in der Vertragsbeziehung erwirtschaftet wird (ohne aber aus dem Arbeitsplatzrisiko entlassen zu sein, das bei nachhaltigen Verlusten droht). Das Faustpfand, das die Arbeitskraft (als einzelne und als Kollektiv) behält, ist die Möglichkeit der Leistungszurückhaltung oder Abwanderung. Manager sind Agenten, die für den Prinzipal (Kapitaleigner) handeln. Aufgrund dieser Interessenposition müssen sie bemüht sein, das Beschäftigungssystem effektiv und effizient zu gestalten. Bei der Lösung dieser Aufgabe sind sie zahlreichen marktlichen und rechtlich-politischen Restriktionen unterworfen, andererseits steht ihnen auch eine große Bandbreite von Möglichkeiten zur Verfügung.

Bevor wir diese Möglichkeiten im einzelnen darstellen, erörtern wir die *formalen* Anforderungen, die das Management an das von ihm gewählte Arrangement richtet. Grundlage der folgenden Überlegungen ist die (politische) These, dass es - wie oben schon einmal erwähnt - dem einzelnen Betrieb um Autonomie und Macht geht (s. auch *Altmann & Bechtle* 1971; *Bechtle* 1980). Macht wird benötigt und benutzt, um Unsicherheitszonen zu kontrollieren oder anders: Macht ist die Fähigkeit, Mehrdeutigkeit zu nutzen oder herbeizuführen, um eigene Interessen (auch gegen Widerstand) durchzusetzen. Angesichts der zahlreichen Kontingenzen, denen das Management als der Organisator der Kapitalverwertung unterworfen ist, steht es in der ständigen Gefahr, fremdbestimmt zu werden. Um seine eigene Existenz zu rechtfertigen und zu sichern, muss es deshalb versuchen, die Kontrolle über jene Ressourcen zu erreichen, von denen der Gewinn abhängt, der angeeignet werden soll. Voraussetzung dafür ist der *institutionelle* Schutz seiner Vor-Rechte, vor allem des Direktionsrechts, das die Organisation und Kombination der Produktionsfaktoren erlaubt. Kreativität und Erfolg eines Managements erweisen sich in seiner Fähigkeit, die einzelnen Produktionsfaktoren und ihr Zusammenspiel so zu gestalten, dass die unaufhebbare Abhängigkeit der Einzelwirtschaft nicht zur Fremdbestimmung wird, sondern zur Alternativensuche und -generierung befähigt. Gerade weil für die konkrete *Einzel*wirtschaft der Gang der Dinge *nicht* vorgezeichnet ist, kann sie im Wettbewerb ihre Position verbessern.

Ist ein Unternehmen als Dauerveranstaltung konzipiert, muss es mit den Überraschungen, die Zukunft und Umwelt bereithalten, fertigwerden. Aus Personalperspektive sind vor allem folgende Unsicherheiten zu bewältigen:

- Wieviel und welche Leute werden zum Zeitpunkt t_1 gebraucht und was werden sie (dann) kosten? Dies angesichts von Unsicherheiten in Absatzmärkten, Technologieentwicklung, Kapitalverfügbarkeit etc.
- Wieviel bzw. welche Leute werden (freiwillig) abwandern?
- Wie leicht oder schwer ist es, nicht mehr benötigte Arbeitskräfte 'loszuwerden'? Welche Rechtsentwicklung (z.B. auch: Rechtsangleichung innerhalb der EU) ist zu erwarten?
- Wie werden sich Struktur und Niveau der Kosten entwickeln? Welche Innovationen und Substitute für das derzeitige Beschäftigungssystem werden verfügbar sein (Organisation, Technologie, Globalisierung; siehe als konkretes Beispiel die Möglichkeit, auf prekäre Beschäftigungsformen auszuweichen)?
- Wie sehr wird das 'Direktionsrecht' des Arbeitsgebers eingeschränkt oder erweitert werden (z.B. durch Gewerkschaftsmacht, Gesetzgebung, Rechtsprechung, innerbetriebliche Kräftekonstellationen usw.)? Wie wird sich die Gegenmacht der ArbeitnehmerInnen entwickeln (z.B. neuartige Koalitionen, Leistungsrestriktion, Fehlzeiten, Sabotage etc.).

In ihrem Bestreben, Fremdbestimmung zu vermeiden, wird das Management versuchen, sich möglichst viele Optionen offen zu halten, um flexibel Vorteile wahrnehmen und Nachteile vermeiden zu können. Deswegen wird es langfristige, detaillierte und justiziable Festlegungen nach Möglichkeit vermeiden, *ohne* aber die Vorteile einer konfliktfreien und loyalen Belegschaft aufzugeben. Praktiken einer *im Notfall* widerrufbaren Selbstbindung bieten sich dafür an (s. *Sadowski* 1991). Paternalistischer Führungsstil, überhöhte Löhne und Sozialleistungen, Konsultationsmechanismen, Offene-Tür-Politik, Corporate Identity-Programme etc. dienen dazu, die Belegschaft im Vergleich zu marktüblichen Bedingungen besser zu stellen, ohne aber formell fixierte und einklagbare Verpflichtungen einzugehen. Zu diesem Set von Maßnahmen gehören auch die Schaffung interner Arbeitsmärkte durch Zugangshürden, differenzierte Lohnsysteme und Laufbahnen, Senioritätsregeln, Altersvorsorge, abgestufter Kündigungsschutz etc.

Solche Regeln müssen aber intern überwacht werden (können), sodass Verstöße unmittelbar als Wort- oder Vertrauensbruch erkannt werden. Deshalb sind in größeren Unternehmen Kontroll- oder Vertretungsorgane (wie z.B. ein Betriebsrat) unverzichtbar, weil ansonsten angesichts der Unüberschaubarkeit und Intransparenz der Verhältnisse die Nichteinhaltung von Zusagen allzu leicht individualisiert und nicht als allgemeines Programm (an-)erkannt werden kann.

Seinem Kontroll-Interesse entsprechend strebt das Management an, die Entscheidung über Zusammensetzung und Einsatz des Arbeitsvermögens möglichst unbeschränkt ausüben zu können. 'Zusammensetzung' meint, dass der Faktor Arbeit kein homogenes Gut ist, sondern in sehr verschiedenen Erscheinungsformen und Dimensionen existiert; 'Einsatz' bezieht sich darauf, dass die Abstimmung des Faktors Arbeit mit anderen Faktoren und Restriktionen seine effiziente Nutzung ganz entscheidend bestimmt. Beim Management von Beschäftigungssystemen geht es also nicht bloß um Volumenänderungen (Einstellung bzw. Entlassung von Personal oder Schaffung bzw. Einzug von Stellen), es geht vielmehr um alle Varianten, die die Nutzung des Faktors Arbeit im Vergleich zu Alternativen attraktiv (oder: weniger attraktiv) erscheinen lassen - also um Kosten, Flexibilität, Kombinier- und Substituierbarkeit, Disponibilität etc.

Man kann die betriebliche Beschäftigungspolitik besser verstehen, wenn man den Einzelbetrieb als eine strategisch handelnde Einheit sieht, die bei der Verfolgung eigener wirtschaftlicher Interessen gleichzeitig mit allgemeinen (volks- und weltwirtschaftlichen) Zwängen und Chancen konfrontiert ist. Entlassungen oder Nicht-Einstellungen im einzelnen Unternehmen bedeuten auf gesellschaftlicher Ebene Arbeitslosigkeit[50].

Ein bestimmter Sockel an Arbeitslosigkeit kommt den Arbeitgebern als Disziplinierungsmittel durchaus gelegen, wenngleich die Einzelwirtschaft ihre eigene Beschäftigungspolitik wohl kaum an dieser objektiven Interessenlage ausrichtet. Als Denkfigur ist ein solcher Zusammenhang bei arbeitsökonomischen Argumentationen jedoch stets präsent, wenn davon ausgegangen wird, dass Arbeitseinsatz, Lohnhöhe, Flexibilität etc. von den Drohpotentialen einer möglichen Entlassung *und* verringerten Wiederbeschäftigungschancen abhängen können.

---

[50] Arbeitslosigkeit wird im § 101 Arbeitsförderungsgesetz (AFG) wie folgt definiert: "(1) Arbeitslos im Sinne dieses Gesetzes ist ein Arbeitnehmer, der vorübergehend nicht in einem Beschäftigungsverhältnis steht oder nur eine geringfügige Beschäftigung (§ 8 des Vierten Buches Sozialgesetzbuch) ausübt. Der Arbeitnehmer ist jedoch nicht arbeitslos, wenn er
1. eine Tätigkeit als Selbständiger oder mithelfender Familienangehöriger ausübt [die die o.a. Geringfügigkeitsgrenze überschreitet] oder
2. mehrere geringfügige Beschäftigungen oder Tätigkeiten entsprechenden Umfanges ausübt, die zusammen die [Geringfügigkeitsgrenze] überschreiten."
Der Korridor ist schmal geworden zwischen einer Regelarbeitszeit von 28,8-Std-Woche bei VW und dem Status als 'arbeitslos' bei 15 Wochenstunden (weil dafür keine Arbeitslosenversicherungsbeiträge bezahlt werden müssen und deshalb auch keine Leistungen beansprucht werden können). Um für die amtliche Statistik als 'arbeitslos' zu gelten, muss man ohne Arbeitsverhältnis sein, sich als arbeitssuchend beim Arbeitsamt gemeldet haben, eine Beschäftigung für mindestens 16 Stunden wöchentlich für mehr als drei Monate suchen, das Arbeitsamt täglich aufsuchen können und für das Arbeitsamt erreichbar sein, aktiv nach Arbeit suchen und bereit sein, jede zumutbare Beschäftigung anzunehmen, nicht arbeitsunfähig erkrankt sein und 'nach der im Arbeitsleben herrschenden Auffassung' für eine Beschäftigung in Frage kommen und das 65. Lebensjahr noch nicht vollendet haben.

Wenn es um die Konstitution und den Einsatz eines Beschäftigungssystems geht, wird sich das Management, um Dispositionsfreiheit (Autonomie, Handlungsspielraum) zu behalten oder zu erlangen, an einer Reihe von Handlungslogiken orientieren (müssen), die zum Teil untereinander unverträglich sind, sodass sich die fürs Management konstitutive Aufgabe der Unsicherheitsbewältigung im Innenverhältnis wiederholt. Weil diese Aufgabe so komplex und kontingent ist, gibt es keinen bewährten sicheren Weg zu ihrer optimalen Bewältigung. Vielmehr sind auch hier die vielzitierten Intrapreneurstugenden gefragt: Experimentierfreude, Wagemut, Innovationskraft, Rücksichtslosigkeit, Unkonventionalität, Erfolgsbesessenheit usw. Management ist insofern eher Montage- oder Collagearbeit, denn technisch rationales Problemlösen.

Bevor wir auf die Handlungslogiken zu sprechen kommen, werden wir - quasi als Anschauungsmaterial - verschiedene Optionen der Bewältigung von Beschäftigungsproblemen vorstellen. Unsere Diskussion ist dabei so aufgebaut, dass wir zunächst Möglichkeiten der *Konstitution* von Beschäftigungssystemen darstellen und dann auf deren *Modifikation* eingehen. Die spezifische Zusammensetzung legt die Restriktionen und Chancen vorbeugend fest, die im Bedarfsfall die Realisierung konkreter beschäftigungspolitischer Maßnahmen bestimmen. Wenn ein Unternehmen z.B. den Anteil prekärer Beschäftigungsverhältnisse ausbaut, kann es sich in Krisensituationen ohne großen Aufwand und Human-, sowie Organisationskapitalverlust von erheblichen Teilen der Belegschaft trennen. Setzt es dagegen auf den Ausbau interner Arbeitsmärkte, wird es in größerem Umfang Strategien der Flexibilisierung anwenden müssen.

Zunächst aber soll noch kurz auf den Begriff 'Personalabbau' und seine Synonyme eingegangen werden. Jede Gesellschaft hält für jene Themen und Inhalte, die (ihr) besonders wichtig sind, zahlreiche Differenzierungen und Benennungen bereit. Die Vielzahl der Wortschöpfungen zur Be- und Umschreibung von Personalabbau ist ein Indiz für die hohe gesellschaftliche Aufmerksamkeit, die dieser Vorgang findet. Im Beleg F-3.1 sind die häufigsten Bezeichnungen aufgeführt, wobei nicht nur auf die zahlreichen Facetten des Problems, sondern auch auf die zum Teil euphemistisch-verbrämenden oder aber sarkastisch oder zynisch entlarvenden Formulierungen aufmerksam gemacht werden soll.

Die folgenden Ausführungen gliedern sich in drei große Abschnitte, die die betriebliche Beschäftigungspolitik in den Mittelpunkt stellen. Im ersten geht es um die *Konstitution des Beschäftigungssystems*. Damit ist der konkrete Mix an Beschäftigungsverhältnissen gemeint, durch den ein Unternehmen charakterisiert ist; im wesentlichen werden wir 'atypische' Beschäftigungsverhältnisse erörtern, die neben den 'typischen' Normalarbeitsverhältnissen eingerichtet werden (können). Im zweiten Abschnitt (*Modifikation*) behandeln wir die Möglichkeiten, die dem einzelnen Betrieb zur Verfügung stehen, seinen Personalbestand einem gesunkenen Personalbedarf anzupassen; in erster Linie ist damit *Personalabbau* gemeint. Auch hier steht ein breites Spektrum an Möglichkeiten zur Verfügung. Deshalb wird im dritten Abschnitt auf die (impliziten) *Logiken* eingegangen, die den gewählten Arbeitskräftestrategien zugrundeliegen.

Beleg F-3.1:   Umschreibungen des Begriffs 'Personalabbau'- eine Sammlung aus personalwirtschaftlichen Texten.

Kündigung, Entlassung, Freisetzung, Freistellung, (Personal-)Ausstellung, Personalüberhang abbauen, Personaleinschränkung, Stellenabbau, das Arbeitsverhältnis auflösen oder beenden, sich im gegenseitigen Einvernehmen trennen, von der Verantwortung für das Unternehmen entbinden, negative Beschäftigungsvorgänge oder -effekte, Minuswachstum im Personalbereich, negatives Personalwachstum, negative Personalentwicklung, Personalabwicklung, Beschäftigungskontraktion, Personalabbau, Personalverdünnung oder -ausdünnung, dem externen Arbeitsmarkt überstellen, Personalumschlag, Beschäftigtenumschlag, Beschäftigungselastizität, Personalbestandsvariation, Reagibilität des Beschäftigungsvolumens, Unstetigkeit im Einsatz von Arbeitskraft, den Arbeitskräfteüberschuss auf dem Arbeitsmarkt erhöhen, neue Personalressourcenallokation, den Abbau der Restriktionen im Beschäftigungssystem konsequent nutzen, die Flexibilität des Beschäftigungssystems steigern, negativen Personalnettobedarf realisieren, Personalanpassung, Mengenanpassung im Beschäftigungsbereich, rückläufige Entwicklung des Personalbestands, rückläufige quantitative Personalstandsentwicklung, Personalbestandsveränderungen, Stelleneinzug, Stellenstreichung, Entlastungsmaßnahmen im Personalbereich, Abbau von Überhängen, job killing, zwischenbetrieblicher Arbeitskräfteaustausch, Überwechseln in die Arbeitslosigkeit, die natürliche Fluktuation ausnutzen, Abwanderung von Leistungsträgern, Fluktuationsanreize setzen, Entstetigung der Beschäftigungsverhältnisse, rationalisieren oder "den Strukturwandel durch Rationalisierungen im Personalbereich begleiten", Reallokation von Arbeitskräften auf niedrigerem Niveau, eine diskontinuierliche Erwerbsbiografie verursachen, Bestandsgarantien für Beschäftigungsverhältnisse lockern, die personelle Dimension wirtschaftlicher Kontraktionsprozesse, Umschichtung der Personalstruktur mit Entlastungseffekten, den Wachstumspfad im Personalbereich verlassen, den externen Arbeitsmarkt belasten, die Politik des Hortens von Mitarbeitern aufgeben, labor turnover, demassing, 'riffing' (*reduction in force*), Dekrutierung, Einsparung von Arbeitskräften, Abschmelzungsprozess, verschlanken, Personalreduktion, Personalbestandsverringerung, quantitative Veränderungen im Beschäftigungsmix, Outplacement, Selfplacement aktiv unterstützen, Entsorgung, Sortierprozesse einleiten, Beschäftigte loswerden, Rausschmiss, Köpfe rollen lassen, abspecken, vor die Türe setzen, feuern, die Papiere oder den blauen Brief zusenden, ausrangieren, abschießen, rauskekeln, mit goldenem Handschlag oder goldenem Fallschirm verabschieden ...

278

3.2 Die Konstitution von Beschäftigungssystemen

Die *Konstitution* (Zusammensetzung, Verfasstheit) eines Beschäftigungssystems ist Ausdruck und Folge einer 'polity'-Entscheidung, die ex ante bestimmte strukturelle Bedingungen schafft. Die *Modifikation* eines Beschäftigungssystems ist eine ex post 'policy'-Entscheidung, die sich im Rahmen der strukturellen Vorgaben bewegt und sie aktuellen Bedürfnissen anzupassen sucht. Konstitutive Entscheidungen betreffen vorregelnde (strategische) Grundsätze der dauerhaften Gestaltung von ganzen Organisationseinheiten (z.B. firmenweite Einführung von Teilzeit, Angebot geringfügiger Beschäftigung, Einsatz von Fremdfirmen etc.), durch die ein neuer 'Beschäftigungsmix' herbeigeführt wird. Die Modifikation hat demgegenüber eher operativen Gehalt: in konkreten Situationen (z.B. Auftrags- oder Absatzschwächen) wird versucht, vorübergehende Problemlösungen durch ad-hoc-Veränderungen des Beschäftigungssystems zu erreichen.

3.2.1 Normale Beschäftigungsverhältnisse

Die Differenz(ierung) von Kern- und Randbelegschaft stützt sich auf eine Reihe wichtiger Merkmale (Qualifikation, Betriebszugehörigkeitsdauer, Arbeitsplatzsicherheit, Aufstiegsmöglichkeiten, Einkommen etc.). Das Beschäftigungssystem 'interner Arbeitsmarkt' erhält seine Besonderheit nur dadurch, dass es sich von anderen Beschäftigungssystemen unterscheidet, die *nicht* 'primär', typisch, normal sind. Meist wird als Bezugssystem das sog. 'Normalarbeitsverhältnis' gewählt; es ist definiert durch

"- eine unbefristete Vollzeitbeschäftigung mit einem Standardarbeitsvertrag über Vergütung usw.,

- die Einhaltung sowohl der arbeits- u. sozialrechtlichen Bestimmungen als auch der Tarifverträge und Betriebsvereinbarungen,

- Erwerbsarbeit in Betrieben oder Dienststellen (also z.B. keine Heim- oder Telearbeit),

- Bestandsschutz, Sozialleistungen und Weiterbildungsangebote, die meist mit der Dauer der Betriebszugehörigkeit wachsen.

Geteilte Vollzeitarbeitsplätze, Teilzeitarbeit über 14 Wochenstunden mit arbeits- und sozialversicherungsrechtlicher Regelung, nicht ganzjährige Beschäftigung und Mehrfachbeschäftigung pro Tag oder pro Woche stellen entwickelte Abweichungen dar, die zunehmend die vier genannten Kriterien erfüllen" (*Engelen-Kefer, Kühl, Peschel & Ullmann* 1995, 177).

Das Normalarbeitsverhältnis verliert zwar empirisch gesehen seine dominante Stellung, wird aber nach wie vor als Referenzmodell genutzt.

Gerade weil InhaberInnen von Normalarbeitsverhältnissen unbefristete (Vollzeit-) Verträge haben, durch on-the-job Training betriebsspezifische Qualifikationen erwerben können, dem Unternehmen in besonderer Loyalität verbunden sind und durch Repräsentanten in einer Reihe von Angelegenheiten Mitsprache ausüben können, kann sich der Betrieb nicht ohne weiteres und kurzfristig von ihnen trennen, wenn durch Absatzeinbrüche, technologische oder organisatorische Änderungen die Arbeitsnachfrage sinkt. In Antizipation solcher Schwankungen kann man von vorneherein verschiedene Beschäftigungssysteme einrichten (siehe die obige Diskussion über numerische und funktionale Flexibilität). Im Folgenden werden wir näher auf Voraussetzungen zur Sicherung eines gewissen Maßes an numerischer Flexibilität eingehen, die Betrieben dadurch eröffnet wird, dass sie qualitativ sehr verschiedene Beschäftigungsformen anbieten können. Das 'Standardmodell' des Vollzeitarbeitsplatzes wollen wir nicht diskutieren; die häufigste Variante der Abweichung (die Flexibilisierung der *Arbeitszeit*) ist im Band 1 schon ausführlich dargestellt worden; deswegen konzentrieren wir uns nun auf die sog. 'atypischen' Beschäftigungsverhältnisse.

3.2.2 'Atypische' und 'prekäre' Beschäftigungsverhältnisse

Atypisch sind Beschäftigungsverhältnisse, wenn sie vom Typischen (dem Normalarbeitsverhältnis) abweichen; prekär (oder prekarisiert)[51] sind sie, wenn sie von den Beschäftigten ungewollt eingegangen oder negativ erlebt werden. Unter '*atypischen*' Beschäftigungsmustern verstehen verschiedene AutorInnen Unterschiedliches; die folgende Aufstellung soll einen ersten Überblick über häufig subsumierte Formen geben; wir werden die wichtigsten Varianten später ausführlicher behandeln.

- Sozialversicherungsfreie Beschäftigungsverhältnisse (als Neben- oder Mehrfachtätigkeit oder als ausschließliche, sog. 'geringfügige' Beschäftigung);
- 'abhängige Selbständigkeit' (Scheinselbständigkeit); sie ist vermehrt im Verkaufsbereich des Handels (Verkaufsfahrer, Propagandistinnen) zu finden, sowie im Außendienst von Versicherungen und im Straßengüterverkehr; hinzurechnen kann man noch einen Teil der Werk-, Dienst- und Honorarverträge (z.B. bei Künstlern und sog. 'freien Mitarbeitern' im Medienbereich);
- befristete Arbeitsverhältnisse; sie sind verbreitet im Gast-, Reinigungs- und Verkehrsgewerbe und im Bildungsbereich (z.B. Beamte auf Zeit);
- Leiharbeit; sie hat ihren Schwerpunkt im Metall- und Elektrobereich (bei den Männern) und im Büroarbeitsbereich (bei den Frauen);

---

[51] Den Begriff '*atypisch*' verwenden wir rein beschreibend im Sinne von 'abweichend vom vorherrschenden Typ'; *prekär* (die lexikalische Bedeutung dieses Worts ist: unsicher, riskant, fragwürdig, aufkündbar, gefährlich) werden atypische Arbeitsverhältnisse dann genannt, wenn sie aus der Perspektive der Beschäftigten mit besonderen Risiken und/oder Nachteilen verbunden sind. In der englischsprachigen Literatur wird statt von atypischer meist von 'kontingenter' Arbeit (contingent work) geredet; 'contingent' bedeutet hier: bedingt, ungewiss, ungeplant, unvorhergesehen, (zufalls-) abhängig.

- Telearbeit (Informationsverarbeitung, Vertrieb, Außendienst, Büroarbeiten) und Heimarbeit (häufig: einfache Montagearbeiten);
- von der Dauer arbeitsmarktpolitischer Maßnahmen abhängige Einkommensquellen (im Zusammenhang mit Arbeitsbeschaffungsmaßnahmen, Beschäftigungsplänen und -gesellschaften; s. *Engelen-Kefer, Kühl, Peschel &. Ullmann* 1995, 177, 179ff.)

Unfreiwillige Teilzeitarbeit, Saisonbeschäftigung, mehrfach jährlich unterbrochene Beschäftigungen, Gelegenheitsarbeit, Arbeit auf Abruf und sogar Tagelöhnertum gehören ebenfalls zu den atypischen prekären Arbeitsverhältnissen. *Engelen-Kefer, Kühl, Peschel &. Ullmann* (1995, 191) lassen es dahingestellt sein,

> "ob Zivildienst, entlohnte Arbeit in Gefängnissen, geschlossenen Anstalten und in besonderen Werkstätten, ehrenamtliche Tätigkeit auf Spesenbasis oder entgoltene Nachbarschaftshilfe auch unter die genannte Kategorie prekärer Arbeitsverhältnisse fallen."

Atypische Beschäftigungsverhältnisse unterscheiden sich von den 'Normalarbeitsverhältnissen' in mehreren Dimensionen (s. z.B. *Mückenberger* 1991, 204f.; *Landenberger* 1991, 272; *Keller & Seifert* 1995, 245f.):

- Fehlende Integration in einen vom Arbeitgeber bestimmten Organisationsbereich (dieses Merkmal ist z.B. bei LeiharbeiterInnen und Scheinselbständigen gegeben; auch in Subunternehmen ausgelagerte Funktionen, in denen sich die Beschäftigungsbedingungen gegenüber früher deutlich verschlechtert haben, können hier eingeordnet werden);
- kurze Dauer und fehlende Kontinuität der Beschäftigung (sie ist z.B. der Fall bei befristeten Arbeitsverhältnissen; faktisch häufig auch bei der Leiharbeit);
- niedriger Umfang der vertraglichen und tatsächlichen Wochenarbeitszeit (dies trifft z.B. auf die 'geringfügig Beschäftigten', aber auch auf TeilzeitarbeiterInnen mit sehr kurzen Arbeitszeiten zu);
- fehlende Absicherung in den Sozialversicherungssystemen (Kranken-, Pflege-, Renten-, Arbeitslosenversicherung); dadurch sind die sozialversicherungsfrei geringfügig Beschäftigten charakterisiert;
- anderer rechtlicher Status der Erwerbstätigkeit (freie Mitarbeiter, abhängige Selbständige, Werkvertragsnehmer);
- Arbeitsverhältnisse, die aufgrund persönlicher Merkmale oder Interessen der betroffenen ArbeitnehmerInnen (Alter, Geschlecht, Nationalität, Teilhabe an Arbeitgeberfunktionen) vom Normalitätsmuster abweichen (etwa Kinderarbeit, Rentnerarbeit, fehlende Arbeitserlaubnis, Au-Pair-Mädchen, Zeit- oder LeiharbeitnehmerInnen);
- Abstriche im Ausmaß der Interessenvertretung (betriebliche Mitbestimmungsrechte), in der Einbindung in Tarifverträge und der Partizipation an Rechten. Es kann unterschieden werden zwischen unteilbaren Rechten (wie Mindestarbeitsbedingungen, Arbeitsschutzvorschriften, Kündigungsschutz etc.) und teilbaren Rechten (wie Entgelt, Urlaub, betriebliche Sozialleistungen), die nach dem 'pro

rata'- Prinzip[52] in Anspruch genommen werden können und in denen atypisch Beschäftigte dann Kürzungen hinnehmen müssen.

Niedriges und/oder unstetes Einkommen könnte man dieser Liste hinzufügen, wenn man auch 'reguläre' Teilzeitarbeit zu den atypischen Beschäftigungsformen rechnet oder selbständig zu tragende Sozialversicherungskosten einrechnet (bei den Scheinselbständigen oder den geringfügig Beschäftigten) oder wenn das Einkommen nicht auf die Arbeits(vertrags)zeit bezogen, sondern an Ergebnissen orientiert ist, wie z.B. bei Werkverträgen (denen dann auftragslose Zeiten folgen). Einige Beschäftigungsverhältnisse kombinieren mehrere dieser Aspekte.[53]

Praktisch durchaus bedeutsam sind auch *illegale* Beschäftigungsformen wie etwa verbotene Leiharbeit auf Baustellen, 'Sozialdumping' mithilfe ausländischer Arbeitskräfte (subcontracting), 'Schwarzarbeit'[54], Missbrauch von Werkverträgen etc. Auch bei *un*befristeten Arbeitsverhältnissen sind die ersten 6 Monate, in denen Kündigungen nicht sozial gerechtfertigt werden müssen, für die ArbeitnehmerInnen 'prekär'.

Für die Betriebe hat nach Meinung von *Bollinger, Cornetz & Pfau-Effinger* (1991) oder *Delsen* (1995) der Einsatz 'abweichender' Beschäftigung folgende Funktionen:

- Anpassung der Personalkapazität an Absatzschwankungen,
- Flexibilisierung der Personalkapazität im Zuge technisch-organisatorischer Veränderungen,
- Kompensation von Schwankungen in der Personalkapazität (Fehlzeiten, Urlaub, Mutterschaft etc.),
- Verbilligung des Arbeitseinsatzes ("die Stundenlöhne unter das tarifliche Maß senken und/oder Lohnnebenkosten einsparen"),
- verbesserte Möglichkeit der Arbeitskräfteerprobung.

Hinzu kommt, dass prekäre Arbeitsverhältnisse den Disziplinierungsdruck auf die Stammbelegschaften erhöhen. Durch die Spaltung der Belegschaft in privilegierte und benachteiligte Segmente wird den privilegierten vor Augen geführt, was sie verlieren können, wenn sie sich ihrer Vorrechte nicht als würdig erweisen (z.B. durch hohen Einsatz, lange Arbeitszeiten, Mobilität und Flexibilität etc.).

"Vielfach ist die instabile Beschäftigung der Arbeitskräfte in 'atypischen' Beschäftigungsverhältnissen die Kehrseite der stabilen Beschäftigung der Kernbelegschaften" (*Bollinger et al.* 1991, 185).

---

[52] pro rata: 'im Verhältnis' (z.B. proportional zur Arbeitszeit Einkommen oder Urlaub erhalten).

[53] "Außerdem können die verschiedenen Formen auch in einem substitutiven Verhältnis zueinander stehen, z.B. befristete Beschäftigung und Leiharbeit. Wir können davon ausgehen, dass mindestens ein Viertel aller bestehenden Beschäftigungsverhältnisse atypische Formen aufweisen" (*Keller & Seifert* 1995, 235). An anderer Stelle spricht *Keller* (1997, 230) sogar von Rechnungen, die bis zu einem Drittel ergeben.

[54] Statt von 'Schwarzarbeit' ist manchmal auch - besonders in der englischsprachigen Literatur - von 'informellen Vertragsverhältnissen' die Rede; häufigstes Beispiel dürften Haushaltshilfen sein, die z.B. einmal pro Woche für 5 Stunden beschäftigt werden.

oder noch extremer gesagt (s. *Delsen* 1995): Damit es für einen privilegierten Teil der Belegschaft stabile Vollzeit-Beschäftigungsverhältnisse geben kann, muss der Ausgleich von Nachfrageschwankungen und die Bewältigung von Besetzungsproblemen von einem benachteiligten Segment in atypischen oder gar prekären Verhältnissen übernommen werden.

Allerdings haben atypische Arbeitsverhältnisse nicht für alle Beschäftigten nur Nachteile. Sie entsprechen zum Teil persönlichen Wünschen oder sind akzeptable Lösungen für Zwangssituationen: Hinzuverdienst ohne die Absicht einer langfristigen Erwerbsperspektive (Jobs bei Studierenden), Doppelarbeit (Nebenverdienst als Versicherungsvertreterin neben einem Normalarbeitsverhältnis), Wiedereinstieg in Arbeit oder Kontakthalten mit dem früheren Betrieb oder reduzierte Teilnahme am Arbeitsleben (z.B. nach einem Erziehungsurlaub ohne Rückkehr auf eine Vollstelle), reduzierte zeitliche Verfügbarkeit aufgrund familiärer Verpflichtungen, Abwendung von Arbeitslosigkeit[55], Suche nach Abwechslung, etc.).

Als oft zitierter Fluchtpunkt der Entwicklung 'atypischer' Beschäftigungsverhältnisse gilt der (Schein-)Selbständige ('Unternehmer seiner Arbeitskraft'), der kein festes Arbeitsverhältnis zu einem Arbeitgeber mehr hat, sondern seine Arbeitskraft quasi auf Abruf für wechselnde Projekte in wechselnden - zuweilen sogar 'virtuellen' - Unternehmen zu Verfügung stellt. In ihm scheint der Arbeitgeber-Arbeitnehmer-Gegensatz aufgehoben. In den allermeisten Fällen dürfte damit aber nur aus der Not eine Tugend gemacht und eine beschönigende Bezeichnung für einen Beschäftigungstypus gefunden worden sein, der Parallelen zum Tagelöhner bzw. Gelegenheitsarbeiter aufweist: der einzelne verdingt sich auf kurze Zeit und für diskontinuierlich wechselnde Auftraggeber, für die er auftragsabhängig und weisungsgebunden tätig ist. Es handelt sich also meist nicht um den idealisierten Typ des Professionals, der in eigener Regie Problemlösungen verkauft und ein selbstgewähltes Marlboro-Leben in Freiheit und Abenteuer führt.

Mückenberger (1991, 206) kommt zu dem Schluss, dass die 'neuen' Beschäftigungsformen gekennzeichnet sind durch

---

[55] *Bollinger, Cornetz & Pfau-Effinger* (1991, 194) stellen in diesem Zusammenhang fest: "So hat eine international vergleichende Studie ergeben, dass fast überall die Zahl der Firmenneugründungen in Zeiten der Arbeitslosigkeit ansteigt - insbesondere im Bereich der Einpersonen-Unternehmen und der kleinen Familienbetriebe (vgl. *Bögenhold & Staber* 1990). Nach Aussagen des Ifo-Instituts (*Heinze, Schedl & Vogler-Ludwig* 1986) lässt sich in jedem zweiten Fall der Neugründung eines Betriebes ein Zusammenhang mit der Arbeitsmarktkrise herstellen, und Untersuchungen des Instituts für Mittelstandsforschung zufolge werden häufig von Personen angemeldet, die entweder arbeitslos sind (17% der Gründer) oder ihren Arbeitsplatz als unsicher empfinden (43%). Insgesamt also eine Fülle von Hinweisen, dass der 'Gründerboom' der vergangenen Jahre zumindest in Teilen nicht auf die freie Entscheidung der Gründer, sondern häufig auf einen Mangel an Erwerbsalternativen in abhängiger Beschäftigung zurückzuführen ist."

"Externalisierung der vom Unternehmen zu tragenden Risiken auf Arbeitnehmer, deren Familien und die Gesellschaft insgesamt." Konstitutiv für ein 'normales' abhängiges Arbeitsverhältnis ist die "dauerhafte Asymmetrie vor allem der Weisungsbefugnis und der Gewinnaussicht der Parteien ... Die Einseitigkeit von Weisungsbefugnis und Gewinnaussicht des Unternehmens wird dadurch zugunsten des Arbeitnehmers ausgeglichen, dass dem Unternehmen bestimmte Betriebs- und Wirtschafts-, damit aber auch Lohn- und Bestandsschutzrisiken übertragen werden" (*Mückenberger* 1991, 206). Dieser Rechte-Pflichten-Zusammenhang wird durch die atypischen Beschäftigungsformen gelockert oder gelöst, die nicht zuletzt darin motiviert sind, "die einzelwirtschaftliche Kostenrechnung so weit wie möglich von Kostenelementen zu entlasten, die kosten- und gefahrlos nach außen verlagert, eben 'externalisiert' werden können" (*a.a.O.*). "Jede Risikoexternalisierung [aber] wirft die Frage des Zusammenhangs von Sachherrschaft und Folgenhaftung - des Verursacherprinzips bei Entstehung externer (nicht nur monetär verstandener) Kosten - auf und legt die Re-Internalisierung dieser Kosten auf die verursachende Instanz nahe. Im Falle neuer Beschäftigungsformen würde sich diese regulative Grundidee dahingehend konkretisieren, dass Risikoverlagerungen unterbunden, rückgängig gemacht oder ausgeglichen werden" (*a.a.O.*, 207).

Besonders bemerkenswert sind die sozialrechtlichen (Langzeit-)Folgen dieser Beschäftigungsformen: Wenn die ArbeitnehmerInnen von Kranken-, Renten- und Arbeitslosenversicherung 'befreit' sind, können sie im Bedarfsfall natürlich auch nicht mit den entsprechenden Lohnersatz- und Fürsorgeleistungen rechnen, was sie dann meist zu Sozialhilfefällen macht[56].

Landenberger (1991, 280) zieht folgendes Fazit:

"Ein Großteil der flexiblen Arbeitszeit- und Beschäftigungsformen begünstigt die Unternehmen im Sinne kurzfristiger Kosteneinsparungen, während bei den Arbeitnehmern damit Einbußen vor allem im Hinblick auf die langfristige soziale Sicherung verbunden sind."

Sie fordert deshalb:

"Die staatliche Arbeitsmarkt- und Sozialpolitik hätte darauf abzuzielen, dass sich die Flexibilisierungsbestrebungen der Privatwirtschaft nicht auf die schwachen Arbeitnehmergruppen konzentrieren. Außerdem müssten die Möglichkeiten für die Unternehmen eingeschränkt werden, die 'Kosten' der Flexibilisierung einseitig auf die Arbeitnehmer zu verlagern. Auch die Sozialversicherungssysteme sind nicht geeignet, die Finanzierung der Beschäftigungsflexibilisierung zu tragen. Vielmehr sollte für arbeitsmarkt- und sozialpolitisch erwünschte Formen verringerter Erwerbsbeteiligung ein steuerfinanzierter Einkommensausgleich vorgesehen werden; im Falle von Flexibilisierungsformen, die wirtschaftsseitigen Interessen dienen, sollten dagegen die Unternehmen Ausgleichsleistungen finanzieren" (*a.a.O.*, 289f.).

---

[56] "... das deutsche System der sozialen Alterssicherung [ruht] auf den Säulen '*Dauer der Erwerbstätigkeit*' und '*Lebenseinkommensposition*'. Um einen Anspruch auf Altersrente in Höhe des Sozialhilfeniveaus zu erwerben, muss ein Vollzeiterwerbstätiger mit Durchschnittsverdienst immerhin 26 Jahre lang Beiträge entrichten" (*Landenberger* 1991, 276), s.a. das in Fussnote 64 auf S. 291 zitierte Rentenbeispiel.

An anderer Stelle schlägt *Landenberger* zusätzlich vor, die Sozialversicherungspflicht auszudehnen (z.B. durch Abschaffung der sozialversicherungsrechtlichen Geringfügigkeitsgrenze), wobei dann, um Substitutionseffekte zu vermeiden, die Sozialversicherungspflicht zumindest auch auf einen Teil der Selbständigen auszudehnen wäre. Durch Ausdehnung der Sozialversicherungspflicht auf geringfügig Beschäftigte können Versicherungslücken (s. Mindestversicherungs- bzw. Wartezeiten bei der Rentenversicherung) vermieden werden. "Außerdem könnten veränderte Modalitäten der Leistungsbemessung den Spielraum der Beschäftigten zur Flexibilisierung ihrer Wochen- und Lebensarbeitszeit erhöhen. Auch hier liefern Schweden und Frankreich Denkanstöße. Es gehen dort nicht alle Erwerbs- und Versicherungsjahre gleichgewichtig in die Rentenberechnung ein, sondern die 15 bzw. 10 'besten' Einkommensjahre" (*Landenberger* 1995, 180f.).

Auch *Mückenberger* (1991, 213) hält z.B. "'Prekaritätsprämien' zugunsten der prekär Beschäftigten und 'Prekaritätslasten' zuungunsten der prekär beschäftigenden Unternehmen" (z.B. Abfindungen bei befristeten Arbeitsverhältnissen) für sinnvoll. Im Sinne einer 'Re-Regulierung' könnte man auch an ein "System von Optionen des Übergangs in andere Beschäftigungsformen" denken (*a.a.O.*, 219) und an kompensierende Ungleichbehandlung statt formeller Gleichbehandlung (etwa im Zusammenhang mit der Frauenförderung, *a.a.O.*, 220). Auch sollten für die Repräsentanten der Beschäftigten ein genereller Informationszugang über Art und Veränderung der Beschäftigungsverhältnisse und Beratungs- oder Einflussrechte gewährleistet sein. Damit nicht allein die Kernbelegschaften die Vertretung der 'atypisch' Beschäftigten wahrnehmen, müsste auch an überbetriebliche Interessenvertretungen gedacht werden. Wegen der zunehmenden Obsolenz der 'Alleinverdienerehe' und der fortschreitenden Individualisierung der Gesellschaft fordert *Mückenberger* ebenfalls eine von den Arbeitsverhältnissen entkoppelte steuerfinanzierte Grundsicherung (s.a. die Vorschläge von *Klös* 1995).

Auf einige der Varianten der atypischen Beschäftigung werden wir im Folgenden näher eingehen, um die Bandbreite der Handlungsmöglichkeiten, die dem Personalmanagement zur Verfügung stehen, zu illustrieren und Nutzungshäufigkeit und -probleme zu diskutieren.

Die Teilnahme an arbeitsmarktpolitischen Maßnahmen (Beschäftigungspläne und -gesellschaften) werden wir bei dieser Besprechung aussparen, weil auf diese Formen atypischer Beschäftigung schon im Kapitel über den 'Zweiten Arbeitsmarkt' eingegangen wurde.

3.2.2.1 Befristete Beschäftigung

Klammert man Teilzeit aus, dann sind unter den atypischen Beschäftigungsverhältnissen die befristeten Beschäftigungen die größte Einzelgruppe. Solche Arbeitsverhältnisse enden ohne Erklärung, Kündigung oder Ankündigung mit Ablauf der vereinbarten Frist. Seit 1996 ist für Befristungen bis zu 24 Monaten das Erfordernis der 'sachlichen Begründung' weggefallen (§ 1 BeschFG). Nach geltender Rechtsprechung waren solche Befristungsgründe z.B. Vertretung vorübergehend Abwesender (Mutterschaft, Wehrdienst, Urlaub, Erziehungsurlaub, längerfristig Erkrankte), Aushilfstätigkeiten bei besonders hohem Arbeitsanfall, Saisonarbeit, Projektarbeit (Montagetätigkeit), Nachwuchsförderungsstelle (Praktikum, Volontariat, Berufsausbildung). Natürlich kann eine Befristung auch vertraglich vereinbart werden, wenn es der Arbeit*nehmer* ausdrücklich wünscht. 'Auflösende Bedingungen', die vorsehen, dass mit Eintritt eines zukünftigen unsicheren oder nicht genau datierbaren Ereignisses das Arbeitsverhältnis endet, sind normalerweise nicht zulässig, können aber auf Wunsch des Arbeit*nehmers* in den Arbeitsvertrag aufgenommen werden.[57]

> "In der Privatwirtschaft werden jährlich ca. 1,7 Millionen - also jede dritte *Neu*einstellung - befristete Arbeitsverhältnisse eingegangen. Der Befristungsanteil [in den *bestehenden* Arbeitsverhältnissen, W. & N.] beträgt 7,3% aller Beschäftigten, woraus der hohe Umschlag des Beschäftigungsvolumens folgt. Im öffentlichen Dienst werden jährlich etwa 0,5 Millionen - also jede zweite Neueinstellung - befristete Arbeitsverträge abgeschlossen, 9,4% aller Dienstverhältnisse sind befristet" (*Engelen-Kefer, Kühl, Peschel & Ullmann* 1995, 180).

Eine Generalisierung dieser Befunde ist jedoch nicht ohne weiteres möglich, worin sich einmal mehr die Schwierigkeit zeigt, die relativen Anteile atypischer Beschäftigungsverhältnisse exakt zu fassen: Im IAB-Betriebspanel (*Projektgruppe Betriebspanel* 1997, 62) wurde für das 1. Halbjahr 1996 eine Befristungsquote von 3% gefunden. Die Autoren weisen aber daraufhin, dass im Mikrozensus 1993 5% und in einer Arbeitnehmerbefragung desselben Jahres[58] 7% gefunden wurden: "Neben den unterschiedlichen Abgrenzungen von Grundgesamtheit, Erhebungsmethoden und zeitlichen Bezugspunkten dürften auch saisonale Einflüsse eine Rolle spielen ..." (*a.a.O.*).

Etwa ein Drittel aller von den Arbeitsämtern vermittelten Beschäftigungen (über 7 Tage) waren 1992 befristet (ABM herausgerechnet); 70% aller Befristungen überschreiten nicht 6 Monate (*Engelen-Kefer u.a.* 1995, 183). Die AutorInnen folgern, dass die Annahme des Beschäftigungsförderungsgesetzes (BeschFG), dass der arbeitsrechtliche Bestandsschutz einstellungshemmend sei, nicht zutraf. Meist fehlte es vielmehr an Nachfrage oder aber sie wurde - vorübergehend - mit Mehrarbeit bewältigt.

> "In der überwiegenden Mehrheit der Fälle erfolgte die Befristung auf der Basis des sog. alten Rechts; Befristungen nach dem BeschFG spielen im Arbeitskräftebestand nur eine untergeordnete Rolle. Lediglich 6 vH aller befristet beschäftigten Arbeiter und Angestellten haben einen befristeten Arbeitsvertrag auf der Grundlage des BeschFG; bezogen auf den Gesamtbestand aller Arbeitnehmer liegt der Anteil von Befristungen nach dem

---

[57] Das Erfordernis der vertraglichen Befristung hat in kleinen Betrieben (bis zu 10 MitarbeiterInnen), für die das Kündigungsschutzgesetz nicht gilt, eine wesentlich geringere praktische Bedeutung, weil dort ohnehin jederzeit (unter Wahrung von Kündigungsfristen) gekündigt werden kann. Auch bei unbefristeten Verträgen greift in den ersten 6 Monaten ('Probezeit') das KSchG nicht.

[58] s. dazu: *Bielinski, Kohler & Schreiber-Kittl* (1994).

BeschFG also unter 0,5 vH" (*Bielinski & Kohler* 1995[59], 145f.). "Von sich aus an einer befristeten Tätigkeit interessiert war[60] etwa jeder vierte (24 vH) befristet Beschäftigte in den alten Bundesländern (*a.a.O.*, 150) ... Etwa die Hälfte der auf der Basis des BeschFG eingestellten Arbeitskräfte wird nach Ablauf der Befristung jedoch in ein unbefristetes Arbeitsverhältnis übernommen. Damit ergibt sich für das Jahr 1992 im privatwirtschaftlichen Bereich bundesweit eine Zahl von 20 000 bis 45 000 durch das BeschFG zusätzlich geschaffener Dauerarbeitsplätze" (*a.a.O.*, 155).

Für den Beispielfall der befristeten Arbeitsverträge legen *Linne & Voswinkel* (1991) Ergebnisse qualitativer Interviews mit Betroffenen vor. Vorab stellen sie fest, dass Befristungen für Arbeitgeber zwar viele Vorteile haben [keine Kündigungsfristen, keine Beteiligung der Interessenvertretungen, kein besonderer Personenschutz (Sozialauswahl), verlängerbare Probezeiten, Schonung des Firmenimage nach innen und außen bei Personalabbau, kein besonderes engagiertes Eintreten der Interessenvertretung für diese Personengruppe, Vermeidung des persönlich belastenden Vorgangs, eine Kündigung von Angesicht zu Angesicht *aussprechen* zu müssen], andererseits auch mit Nachteilen bezahlt werden müssen: wenn eine befristet beschäftigte Arbeitskraft sich keine Chancen auf Übernahme ausrechnet, wird sie weniger sorgfältig arbeiten, unkalkulierbar sein und keine langfristigen Investitionen in betriebsspezifisches Human- und Organisationskapital tätigen.

Um jenen negativen Wirkungen zu begegnen, setzen Vorgesetzte viel daran, die Möglichkeit einer Übernahme immer wieder anzudeuten, ohne sich aber festzulegen. Nicht nur *ob* sie übernommen werden, ist für die 'Befristeten' unsicher, auch *von welchen Kriterien* eine eventuelle Übernahme abhängen würde, ist für sie intransparent und unklar. Deshalb sehen sie sich subjektiv einem erhöhten Erwartungsdruck ausgesetzt und haben Schwierigkeiten, Überstunden zu verweigern, sich gegen eine extensive Versetzungspraxis zu wehren, und ein legitimes Maß an Leistungsbegrenzung zu praktizieren (*Linne & Voswinkel* 1991, 169)[61].

"Zusammengefasst ist in den Interviews mit befristet beschäftigten Arbeitnehmern ein hohes Maß an Selbstbeobachtung und Selbstüberwachung des eigenen Leistungsverhaltens festzustellen. Dabei ist den befristet Beschäftigten durchaus bewusst, was sie *eigentlich* müssen bzw. dürfen und was nicht. Doch sind sie sich nicht sicher, ob auch sie nur das zu tun brauchen, wozu sie regulär verpflichtet sind, und ob sie geltende - insbesondere auch ungeschriebene - Rechte tatsächlich in Anspruch nehmen können. Es ist vor allem diese permanente Verunsicherung über Maß und Grenzen der betrieblichen Leistungserwartungen, die die Situation befristet Beschäftigter charakterisiert, wobei die Durchmischung der Vermutungen über Weiterbeschäftigungschancen und -kriterien mit

---

[59] Diese Aussagen beruhen auf dem Forschungsbericht von *Bielinski, Kohler & Schreiber-Kittl* (1994).

[60] - in einer Befragung, die *Bielinski & Kohler* 1992 durchführten -

[61] *Bielinski & Kohler* fanden demgegenüber in ihrer Befragung nur einen kleinen Teil (ca. 10%) von befristet Beschäftigten, die angaben, mehr leisten zu müssen als die unbefristet Beschäftigten und ihnen gegenüber in Arbeitnehmerrechten beschnitten zu sein.

Irritationen und Skepsis eine ungebrochene Verhaltensorientierung an den tatsächlichen oder vermuteten Leistungserwartungen konterkariert" (*a.a.O.*, 172).

Bielinski & Kohler (1995, 161) gehen auch der Frage nach

"... ob und auf welche Weise die erhöhte Beschäftigungsunsicherheit befristeter Arbeitsverträge zumindest kompensatorisch abgemildert werden kann, wenn sie sich schon nicht vermeiden lässt. In der Literatur wird vorgeschlagen, zu diesem Zweck Risiko- oder Prekaritätsprämien zu zahlen. Solche Prämien könnten in verschiedener Form gezahlt werden: Als generelle Zuschläge zum Lohn bzw. Gehalt (prozentual oder als Festbetrag) bei befristeten Arbeitsverträgen; als Abfindungsprämien, die nur dann fällig werden, wenn das Arbeitsverhältnis mit Ablauf des befristeten Arbeitsvertrages tatsächlich endet; oder in Form von höheren Beiträgen zur Arbeitslosenversicherung." Bei der Lohnzuschlagslösung taucht das Problem der Rückzahlung auf, wenn die Arbeitskräfte unbefristet übernommen werden; die Prämien- und die Versicherungslösung scheinen unangebracht, wenn die Befristung auf eigenen Wunsch erfolgt (z.B. bei Nebentätigkeiten von Studenten oder Hausfrauen). Das Problem ließe sich jedoch lösen, wenn die Abfindungssumme proportional zur Dauer der Beschäftigung gestaffelt wäre und die Abfindungsberechtigung erst ab einem bestimmten Schwellenwert (z.B. 6 Monate) einsetzen würde.

Insgesamt kann man feststellen, dass der Prozentsatz befristeter Beschäftigungen am Gesamtbestand aller Beschäftigungsverhältnisse seit über einem Jahrzehnt relativ konstant bei etwa 6% liegt (fast ein Drittel davon sind Nebenerwerbstätige), dass aber Neueinstellungen - ebenfalls seit längerem konstant - zu einem Drittel befristet erfolgen - was die Funktion dieses Beschäftigungsverhältnisses als Testinstrument (Probezeit) und Engpass-Überbrückung unterstreicht.

"Der arbeitsmarktpolitische Nutzen des BeschFG dürfte vor allem darin liegen, dass Betriebe dazu ermutigt werden, Neueinstellungen zeitlich vorzuziehen. Dort, wo es die wirtschaftliche Entwicklung erlaubt und die Eignung des Arbeitnehmers gegeben ist, gibt es eine hohe Wahrscheinlichkeit für eine spätere unbefristete Übernahme"[62] (*Bielinski, Kohler & Schreiber-Kittl* 1994, 21).

Exkurs: Zur Bedeutung von Rückrufen (Recalls)

Ein weiteres interessantes Indiz für die Arbeitsmarkt-Dynamik ist die Häufigkeit von sogenannten 'Rückrufen'. Während 'recalls' nach 'temporary layoffs' in den USA verbreitet sind, scheint diese Form der Personalanpassung aufgrund der Arbeits- und Sozialgesetzgebung in Deutschland kaum verbreitet zu sein. Eine Studie von *Mavromaras & Rudolph* (1995) belegt jedoch, dass auch in Deutschland von dieser Art der Beschäftigungssteuerung Gebrauch gemacht wird.[63] Die beiden Autoren unter-

---

[62] Etwa die Hälfte der nach BeschFG befristet Eingestellten erhält später eine Dauerstelle (*Bielinski, Kohler & Schreiber-Kittl* 1994, 21).

[63] Besonders dramatisch ist dies im Winter 1996/97 vor Augen geführt worden. In der Bauindustrie war das Schlechtwettergeld für die Winterpause abgeschafft worden; viele Bauunternehmen reagierten darauf mit Entlassungen und der (impliziten) Zusage an die Gekündigten, sie im Frühjahr wieder einzustellen. In der Zwischenzeit bezogen die Entlassenen Arbeitslosengeld. Diese Aktion brachte für die Bundesanstalt für Arbeit eine erhebliche Schlechterstellung gegenüber der Schlechtwettergeldregelung. Im Winter 97/98 trat deshalb eine Neuregelung in Kraft.

suchten in der 1%-igen IAB-Beschäftigtenstichprobe bei 440.083 sozialversicherungspflichtigen Beschäftigten die Unterbrechungen der Beschäftigungsverhältnisse. Sie unterscheiden dabei verschiedene Klassen von Übergängen zwischen Beschäftigungsabschnitten oder -verhältnissen:

1. *Betriebswechsel* (zwischenbetriebliche Fluktuation).

2. *Recalls* (Wiedereinstellung in den früheren Betrieb nach Beendigung des Beschäftigungsverhältnisses); die Autoren unterscheiden 'ökonomische' Recalls (z.B. wegen saisonaler oder konjunktureller Unterauslastung) und 'individuelle' Recalls (vorübergehendes Ausscheiden, um sich fortzubilden, zu studieren oder familiäre Pflichten zu übernehmen).

   Neben diesen beiden Gruppen gibt es noch Sonderfälle, wie z.B. befristete Arbeitsverträge die durch (kurze) Arbeitslosigkeiten unterbrochen sind (um 'Kettenverträge' zu vermeiden), kurzfristige Engagements (von Künstlern oder Journalisten), Aushilfen für Saisonspitzen (Weihnachtsgeschäft, Schlussverkauf).

3. (Versicherungsrechtliche) *Unterbrechungen* (Wiederaufnahme der Arbeit im selben Betrieb nach Unterbrechensmeldung; Beispiele: Wehrdienst, Mutterschaft, Erziehungsurlaub oder langanhaltende Krankheit). Zu dieser Gruppe kann man auch Unterbrechungen zählen, die durch Streik oder Aussperrung bedingt sind.

4. *Unterbrechungen mit Betriebswechsel*: nach einer Unterbrechung wird in einem *anderen* Betrieb wieder ein Beschäftigungsverhältnis aufgenommen.

Im folgenden Überblick sind die entsprechenden Zahlenwerte *pro Jahr* im Untersuchungszeitraum (1975-1990) genannt (*a.a.O.*, 175):

1. Betriebswechsel:	3.400.000	- 4.100.000
2. Recalls:	712.000	- 1.040.000
3. Unterbrechungen:	596.000	- 666.000
4. Betriebswechsel nach Unterbrechung:	48.000	- 109.000

Hinzu kommen erstmalige Beschäftigungen (Berufseinstieg), die jährlich zu 1,1 - 1,6 Mio. Einstellungen führten, sodass insgesamt pro Jahr zwischen 6,1 und 8,2 Einstellungen vorgenommen wurden (was den Zahlen entspricht, die oben bei der Diskussion des 'Beschäftigungsumschlags' berichtet wurden). Bezogen auf die Gesamtzahl der sozialversicherungspflichtigen Erwerbstätigen machen diese Zahlenwerte fast ein Drittel aus - ein weiterer Beleg dafür, dass der deutsche Arbeitsmarkt alles andere als 'sklerotisch' ist. Wiedereinstellungen durch den alten Betrieb (Recalls) erreichten im Durchschnitt der untersuchten 16-Jahres-Periode etwa 10% bis 15% aller Einstellungen. Besonders häufig waren jüngere ArbeitnehmerInnen bei den Recalls vertreten, ebenso ArbeitnehmerInnen ohne Ausbildung oder mit betrieblicher Ausbildung, bei den Frauen Teilzeitbeschäftigte und einfache Arbeiterinnen, bei den Männern Facharbeiter; überproportional vertreten waren auch Angehörige der Wirtschaftsbereiche Land- und Forstwirtschaft, Bauwirtschaft und Gebietskörperschaften.

Die Autoren resümieren, dass sich die Betriebe in bemerkenswertem Umfang aus dem 'betriebsnahen Arbeitsmarkt' bedienen, wenn sie Einstellungsbedarf haben.

"Offenbar gibt es umfangreiche Bindungen zwischen Betrieben und Arbeitnehmern, die nach Beendigung eines Beschäftigungsverhältnisses bestehen bleiben und zu einer Fortsetzung der Beschäftigung führen ... Externe Beschäftigungsflexibilität ist also in bedeutendem Umfang im deutschen Arbeitsmarkt vorhanden. Sie erstreckt sich nicht nur auf das Segment der Hilfskräfte, sondern ist bei Männern auch im Segment der Facharbeiter gegeben" (*a.a.O.*, 183f.).

Recalls im Sinne von 'Warteschleifenmodellen' spielen auch bei Beschäftigungsplänen eine Rolle (s. dazu oben S. 202ff.).

3.2.2.2 Geringfügige Beschäftigung

Als geringfügig beschäftigt gilt,

- wer regelmäßig unter 15 Stunden pro Woche arbeitet und eine bestimmte Höhe des Arbeitseinkommens nicht überschreitet (1998 in den 'alten' Bundesländern 620 DM, in den 'neuen' 520 DM), oder
- wer (unregelmäßig) in Arbeitsverhältnissen beschäftigt ist, die von vornherein auf bis zu 50 Arbeitstage oder 2 Monate pro Jahr befristet wurden.

Wichtig ist auch die zusätzliche Differenzierung nach Haupt- (oder Allein-) und Nebentätigkeit. Gut ein Viertel der geringfügig Beschäftigten übt diese Arbeitsform nämlich zusätzlich zu einer sozialrechtlich voll abgesicherten Tätigkeit aus (arbeitet z.B. vor oder nach Dienstschluss als Vertreter, Wachmann, Zeitungsausträger usw.).

Weil geringfügige Beschäftigungen nicht der Sozialversicherungspflicht unterliegen, erhalten die so Beschäftigten demzufolge auch keine Leistungen aus Kranken-, Renten- und Arbeitslosenversicherung. Es wird vom Arbeit*geber* lediglich (1998) eine pauschale Lohnsteuer von 20% erhoben; er muss eine geringfügige Beschäftigung der Krankenkasse (lediglich) *melden*. Die meistausgeübten Tätigkeiten (in der Reihenfolge ihrer Häufigkeit) sind: Pflege und Betreuung, Taxi- und Botenfahrten, Nachhilfe und Erziehung, Verkaufen und Vertreten, Saubermachen, handwerkliche Arbeiten, Produzieren, Erntehilfe, Kellnern, Bauhilfsarbeiten (s. *Engelen-Kefer, Kühl, Peschel & Ullmann* 1995, 186).

Über den Umfang der geringfügigen Beschäftigung gibt es sehr verschiedene Angaben. Die 1990 eingeführte Meldepflicht hat keine klaren Auskünfte erbracht, weil zwar die neuen Fälle gemeldet wurden, es vielfach aber unterlassen wurde, bei Beendung die Abmeldung vorzunehmen, sodass 1995 die unrealistische Zahl von über 12 Mio. Fällen registriert wurde (*Friedrich* 1995, 66).

Im Mikrozensus 1990 (der sich auf eine bestimmte Woche [April 1990] bezieht) waren von 29,3 Mio. Erwerbstätigen insg. in der BRD 1,55 Mio. geringfügig beschäftigt, davon hatten 1,13 Mio. (3,9% aller Erwerbstätigen) *nur* diese eine Beschäftigung (drei Viertel dieser 1,13 Mio. waren Frauen, die meisten davon - 76% - verheiratet); der Rest hatte zwei oder mehr Beschäftigungsverhältnisse. 71% der geringfügig beschäftigten Frauen hatte ein *persönliches* Nettoeinkommen von unter 600 DM. Den meisten entsprach diese Art von Erwerbsbeteiligung: nur 7% gaben 1990 an, eine andere Tätigkeit zu suchen, knapp 4% bezeichneten sich als arbeitslos (*Engelen-Kefer, Kühl, Peschel & Ullmann* 1995, 184).

Das Kölner Institut für Sozialforschung und Gesellschaftspolitik (ISG) hat demgegenüber in einer Untersuchung im Auftrag des BMA festgestellt, dass 1992 insg. 4,452 Mio. Arbeitnehmersozialversicherungsfrei beschäftigt oder geringfügig nebentätig waren. Ausschließlich sozialversicherungsfrei beschäftigt waren 2,979 Mio. (meist Hausfrauen - sie machten fast 50% aus -, SchülerInnen, Studierende, RentnerInnen, Arbeitslose); der Rest nahm zusätzlich zu einer sozialversicherten Beschäftigung eine versicherungsfreie Nebentätigkeit wahr. Auch Freiberufler oder Selbständige übten (z.B. als BuchhaltungshelferInnen, LehrerInnen, VersicherungsvertreterInnen) Nebentätigkeiten aus (s. *Friedrich* 1995, 68).

Im IAB-Betriebspanel wurden für 1995 ca. 3,5 Mio. geringfügig Beschäftigte errechnet und nach einer anderen Betriebsbefragung von *Kohler u.a.* waren es für das gleiche Jahr 3,3 Mio. (s. *Bellmann, Düll, Kühl, Lahner & Lehmann* 1996, 15).

Das Deutsche Institut für Wirtschaftsforschung (DIW) schließlich hat für 1996 5,4 Mio. derartiger Beschäftigungsverhältnisse errechnet (*Süddeutsche Zeitung*, 18.9.97, 29); demzufolge wären über 11% aller abhängig Beschäftigten sozialversicherungsfrei beschäftigt. Das Bundesfinanzministerium bezifferte in einer Parlamentsanfrage die Zahl der geringfügigen Beschäftigungsverhältnisse in 1997 mit 5,6 Mio (s. *SZ* 24.4.98, 23).

Die EU plant eine Sozialversicherungspflicht für alle Arbeitsverhältnisse mit mehr als 8 Std. pro Woche.[64] Um ein Ausweichen in Honorarverträge, Werkverträge und Scheinselbständigkeit zu unterbinden, wäre jedoch eine Versicherungspflicht aller Selbständigen nötig (*Engelen-Kefer, Kühl, Peschel & Ullmann* 1995, 186f.), die jedoch einerseits Ansprüche begründen würde (was die ohnehin strapazierten Sozialkassen belasten würde) und andererseits ein Abdriften in illegale Arbeit (Schwarzarbeit) begünstigen könnte. Die Einführung des 'Haushaltsschecks' ist ein Versuch, vor allem für geringfügig Beschäftigte in Privathaushalten Versicherungsschutz zu begründen. Die Arbeitgeber plädieren - so *Friedrich* (1995, 82) - für die Beibehaltung der bisherigen Regelungen und begründen das mit dem Flexibilisierungspoten-

---

[64] *Friedrich* (1995, 80) rechnet vor, welche monatlichen Rentenansprüche entstehen würden, wenn innerhalb der bestehenden Geringfügigkeitsgrenzen Rentenbeiträge gezahlt würden:

bei 5-jähriger Beschäftigung	28 DM
bei 10-jähriger Beschäftigung	56 DM
bei 15-jähriger Beschäftigung	84 DM
bei 20-jähriger Beschäftigung	112 DM
bei 25-jähriger Beschäftigung	140 DM

Allerdings könnten überproportionale Renteneffekte ausgelöst werden, wenn durch Beiträge aus Zeiten geringfügiger Beschäftigung Lücken geschlossen und Wartezeiten erfüllt werden.

tial (Saisonspitzen, Urlaubsvertretungen). *Friedrich* äußert jedoch die Vermutung, dass die geringfügig beschäftigten Arbeitskräfte

"... - teilweise im Widerspruch zu einschlägigen gesetzlichen Bestimmungen - von Sozialleistungen etc. ausgeschlossen werden. Zu nennen sind insbesondere: keine Lohnfortzahlung im Krankheitsfall, kein bezahlter Urlaub, kein Weihnachts- und Urlaubsgeld, Nichteinhaltung von Kündigungsbestimmungen" (*a.a.O.*, 83).

Wegen der hohen Abgabelasten auf reguläre Arbeitsverhältnisse erklären sich (hinzuverdienende) Beschäftigte bereit, auf diese Beschäftigungsform umzuwechseln[65], die für sie dann von Vorteil ist, wenn ihre soziale Absicherung auf andere Weise (PartnerIn, Hauptarbeitsverhältnis) gewährleistet ist. Für die Betriebe stellen diese Beschäftigten ein hochflexibles Beschäftigtensegment dar (das sich in nahezu beliebigen Schichten arrangieren lässt), insbesondere dann, wenn das Vertragsverhältnis befristet wird.

3.2.2.3 Leiharbeit (Zeitarbeit, Personalleasing, Arbeitnehmerüberlassung)

Leiharbeit dient der flexiblen Anpassung an Personalbedarf und soll Personal-Leerkosten vermeiden, die durch einen Personalbestand verursacht würden, der an Spitzenbelastungen ausgerichtet ist. In dieser Absicht konkurriert Leiharbeit mit anderen Flexibilisierungsmöglichkeiten (vor allem Überstunden, aber auch befristeten Beschäftigungsverhältnissen und Outsourcing).

Leiharbeit ist im 'Arbeitnehmerüberlassungsgesetz' geregelt. Es wird ein Dreiecksverhältnis begründet (siehe Abb. F-3.1). Der Leiharbeiter wird als Beschäftigter eines Verleihbetriebs von diesem versichert und bezahlt, ist aber dem Direktionsrecht des zuständigen Vorgesetzten im Einsatzbetrieb (Entleiher) unterworfen (s. *Brose, Schulze-Böing & Wohlrab-Sahr* 1987).

Die gewerbliche Arbeitnehmerüberlassung bedarf der Genehmigung durch die Bundesanstalt für Arbeit (BA); Mitte 1995 waren 7513 Verleihbetriebe am deutschen Arbeitsmarkt präsent; etwa 70% davon hatten eine Beschäftigtenzahl von 1-49, nur 1,8% über 200 MitarbeiterInnen (*Rudolph & Schröder* 1997, 110 bzw. 111).[66] Allerdings ist auf diesem Markt in jüngster Zeit eine Konzentrationswelle zu beob-

---

[65] *Der Spiegel* (Nr. 35, 1996, 89) rechnet folgendes Beispiel vor: "Eine junge Verkäuferin, die 20 Stunden pro Woche arbeitet, verdient bei einem Stundenlohn von 16,60 Mark insgesamt 1328 Mark brutto im Monat. Nach Abzug von Steuern und Sozialabgaben bleiben ihr in Steuerklasse fünf nur gut 700 Mark. Verdingt sie sich hingegen nur knapp neun Stunden pro Woche nach der Billigregel [damals: 590 DM, W. & N.], dann verdient sie kaum weniger: 590 Mark - aber bei nicht einmal dem halben Zeitaufwand."

[66] Aus einer Marktübersicht der Zeitschrift 'Personalwirtschaft' (1998, Heft 2, 12-13) geht hervor, dass die vier *größten* Zeitarbeitsfirmen auf dem deutschen Markt 1997 folgende Durchschnittszahlen beschäftigter ZeitarbeitnehmerInnen hatten: Manpower (14.000), Adecco (7.000), Randstad (6.400) und Time Power (6.000).

achten, es bilden sich durch Fusion größere Einheiten, die auch international tätig sind (*Wulff* 1997). Im Verlauf des Jahres 1995 bestanden insg. ca. 450.000 Leiharbeitsverhältnisse; die hohe Fluktuation wird sichtbar, wenn man dem eine Stichtagsbetrachtung gegenüberstellt: am 30.6. desselben Jahres wurden 176.185 Leiharbeitsverhältnisse ermittelt (*Personalwirtschaft* 1996, 6, S. 11); das erklärt auch, warum Stichtagsbetrachtungen, etwa die des IAB-Betriebspanels oder des Mikrozensus den hohen labor turnover nicht wiedergeben können. Jedenfalls ist zu einem gegebenen Zeitpunkt nicht einmal ein Prozent aller Erwerbstätigen in Leiharbeit beschäftigt (siehe unten).

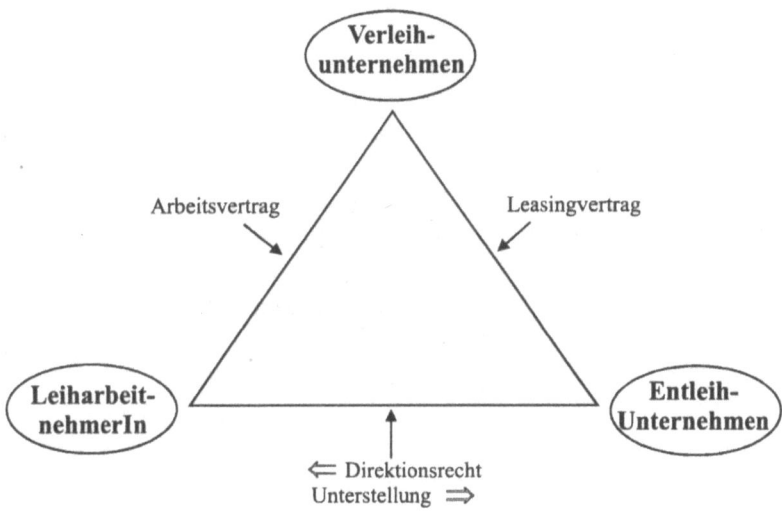

Abb. F-3.1: Das 'trilaterale' Design der Beschäftigungsform 'Leiharbeit'

Um das *relative* Gewicht der *betrieblichen* Nutzung dieser Form atypischer Beschäftigung zu ermessen, ist der Vergleich mit ähnlichen Arbeitsverhältnissen interessant. Im IAB-Betriebspanel für 1996 wurde z.B. festgestellt, dass in Westdeutschland "Aushilfen und Praktikanten" von 15,9% der Betriebe beschäftigt wurden, Leiharbeitskräfte von 1,3% und "Freie Mitarbeiter" von 3,6% (*Projektgruppe Betriebspanel* 1997, 64).

Um den Missbrauch der Arbeitnehmerüberlassung einzuschränken[67], sind eine Reihe von Verboten und Begrenzungen eingeführt worden, die aber zum Teil neuen Entwicklungen angepasst wurden:

Erlaubnis: Ein Leiharbeitsunternehmen muss von der Bundesanstalt für Arbeit eine grundsätzlich auf 1 Jahr befristete (aber erneuerbare) Betriebserlaubnis erhalten (§ 1 AÜG [Arbeitnehmerüberlassungsgesetz]). Ein Arbeitgeber mit weniger als 50 Beschäftigten bedarf keiner Erlaubnis, wenn er zur Vermeidung von Kurzarbeit oder Entlassungen Arbeitskräfte bis zur Dauer von einem Jahr ausleiht - er muss das Vorhaben lediglich dem Landesarbeitsamt anzeigen.

Befristungsverbot: Es muss grundsätzlich ein unbefristetes Arbeitsverhältnis zwischen Verleihfirma und ArbeitnehmerIn geschlossen werden. Wiederholte befristete Verträge sind normalerweise unzulässig. Das *Wiedereinstellungsverbot* (nach Kündigung eines unbefristeten Vertrags durch die Verleihfirma kann ein Arbeitnehmer nicht innerhalb von drei Monaten wieder eingestellt werden) ist im wesentlichen bestätigt worden.

Das *Synchronisationsverbot* (der Verleiher begrenzt das Arbeitsverhältnis eines Leiharbeiters auf die Dauer des Arbeitsverhältnisses beim Entleiher) wird für den ersten Einsatz aufgehoben, damit der Verleiher den Leiharbeiter 'erproben' kann. Es gilt auch nicht, wenn ein als schwer vermittelbar eingestufter Arbeitnehmer unmittelbar nach Vertragsablauf vom Entleiher angestellt wird.

Begrenzung der *Ausleihdauer*: Die zulässige Überlassungsdauer an denselben Entleiher wurde 1997 auf 12 Monate verlängert.

Delsen (1995, 75) stellt in seiner Übersicht über eine große Zahl von Studien folgende nach Wichtigkeit geordnete Rangfolge von Arbeitgeber-Gründen für Zeitarbeit und Befristungen zusammen:

- saisonale und andere Schwankungen in der Arbeitsauslastung;
- Abdecken des Fehlens permanenter ArbeitnehmerInnen aufgrund von Urlaub, Krankheit, Fehlzeiten, Mutterschutz;
- spezielle Projekte;
- Ausfüllen von Vakanzen, bis ein regulärer Mitarbeiter angestellt wird;
- gute KandidatInnen für reguläre Arbeitsplätze identifizieren;
- Pufferbildung für die reguläre Belegschaft, um bei Nachfrageeinbrüchen nicht mit Entlassungen reagieren zu müssen;
- ineffizientes Personalmanagement bzw. Personalplanung;
- Ersatz langwieriger Beschaffungsprozeduren;
- rezessionsbedingte Unsicherheit über künftige Aktivitäten;
- Bedarf für längere Ausbildungsperioden;

---

[67] Der insbesondere in der Bauindustrie so groß war, dass sie dort völlig verboten wurde; zwischen Firmen des Baugewerbes ist allerdings 'Kollegenhilfe' erlaubt

- Sorge für Spezialexpertise, die in der gegenwärtigen Belegschaft nicht vorhanden ist;
- einmalige Ereignisse;
- Personalausstattung für die Anlaufphase neuer Entwicklungen.

Diesen 'klassischen' Gründen stellt er 'neue' gegenüber, die aus dem Motiv stammen, angesichts von Marktunsicherheit und -turbulenz die Festlegung auf permanente Belegschaften zu vermeiden.

- Optimierung der Personalauswahl on-the-job, ohne mit Kündigungsschutzrechten in Konflikt zu kommen;
- wegen des Fehlens von Arbeitnehmer-Schutzrechten leichtere Anpassung der Belegschaft an veränderliche Geschäftsaktivitäten;
- Abbau von Überstunden der Kern-Belegschaft durch Zusatzeinstellungen vom externen Arbeitsmarkt (um die Abhängigkeit vom goodwill der Kernmannschaft zu verringern).

Then, Geschäftsführer der Zeitarbeitsfirma Randstad, argumentiert, dass Leiharbeit "überbetriebliche Beschäftigung auf überbetrieblichen Arbeitsplätzen" schaffe. In seinem Plädoyer mystifiziert er den Markt, der ein Mittel ist, zum Ziel und Handlungssubjekt:

> "Das entscheidende schutzbedürftige Objekt ist deshalb nach meiner Ansicht nicht der individuelle Arbeitsplatz, sondern die Sicherung eines funktionsfähigen dynamischen Arbeitsmarktes. Er allein schafft Arbeitsplätze. Die gegenwärtige Sozial- und Tarifpolitik schützt jedoch im wesentlichen den Arbeitsbesitzer vor der Konkurrenz der Arbeitslosen. Deshalb darf nicht wie bisher 'Arbeitsplatzsicherheit' das entscheidende Thema bei Tarifverhandlungen sein. Die neue Aufgabe muss 'Beschäftigungssicherheit' heißen. Mit entsprechender Innovationsbereitschaft bezogen auf die Arbeitszeit und Arbeitsorganisation müssten wir erreichen, dass durch mehr Beweglichkeit im Arbeitssystem eine Struktur entsteht, die neben der Arbeitsplatzsicherheit in einem bestimmten Betrieb eine strukturelle Beschäftigungssicherheit durch den wieder flott gemachten Arbeitsmarkt gewährleistet" (*Then* 1987, 31f., Unterstreichungen des Originals weggelassen).

Die 'überbetriebliche Beschäftigung' scheint jedoch wenig stabil zu sein, wenn man sich vergegenwärtigt, dass die durchschnittliche Vermittlungsdauer zwischen 3-4 Monaten liegt und in Leiharbeitsfirmen eine vergleichsweise hohe Fluktuation besteht.

Leiharbeit im Verhältnis zu anderen Flexibilisierungsmaßnahmen

Rudolph & Schröder (1997, 105) gehen in diesem Zusammenhang von einem 'Phasenmodell' der betrieblichen Beschäftigungspolitik aus: interne Flexibilisierungsmaßnahmen rangieren vor externen (also: Überstunden vor Rekrutierung) und Eigeneinstellungen vor 'Fremdbezug'. Leiharbeit ist sozusagen Methode der letzten Wahl (gerade auch auf dem Hintergrund der Liberalisierung der Befristungen von Arbeitsverhältnissen). Auf empirische Befunde zu diesem Phasenmodell werden wir unten bei der Besprechung der Abb. F-3.2 noch einmal zurückkommen. *Rudolph & Schröder* sehen ein erschwerendes Moment in der Notwendigkeit eines doppelten 'matching': Die Leiharbeitsfirma sucht (für sich) passende Leute und diese Personen müssen dann auch mit den Anforderungen der Entleihfirma übereinstimmen.

In ihrem Überblicksartikel bezeichnen *Rudolph & Schröder* (1997, 106) dennoch Leiharbeit als den wahrscheinlich am stärksten expandierenden Wirtschaftszweig der Gesamtwirtschaft. Die Leiharbeitnehmerquote (= überlassene Leiharbeitnehmer-Innen in Prozent der sozialversicherungspflichtig Beschäftigten) ist in Westdeutschland von 0,17 in 1973 auf 0,72 in 1995 gestiegen; über 80% der verliehenen Arbeitskräfte sind Männer, wobei jüngere (20-35 Jahre) überwiegen, die vor allem im gewerblichen Bereich eingesetzt werden [Schlosser, Mechaniker (28,3%), Hilfsarbeiter (19,2%) und Elektriker (13,0) führen bei den Männern die Rangliste an; bei den Frauen ist die Reihenfolge: Organisations-, Verwaltungs- u. Büroberufe (54,7%), Hilfsarbeiterinnen (16,4%) und Verkehrsberufe (10,6%) (s. *a.a.O.*, 108)]. Die Beschäftigung ist stark konjunkturabhängig. *Rudolph & Schröder* (1997, 109) ziehen das vorläufige Fazit, "dass die Expansion der Leiharbeit ihre Ursache eher im flexiblen Einsatz von Hilfskräften als in der Nachfrage nach Spezialisten oder einem Fachkräftemangel" hat. Ein Grund dafür könnte sein, dass anspruchsvollere Aufgaben im Rahmen des Outsourcing an spezialisierte Firmen übertragen werden. Auffällig ist auch, dass bei den Entleihern mit großem Abstand (70% aller Entleiher) Kleinbetriebe (mit 1-19 MitarbeiterInnen) an erster Stelle stehen, was verdeutlicht, dass gerade kleine Unternehmen sehr schnell an Kapazitätsgrenzen kommen, die sie nicht mehr mit Überstunden ausgleichen können, andererseits aber auch nicht durch (befristete) Einstellungen (Such-, Auswahl-, Vertragskosten!) bewältigen wollen (es sei denn, sie können auf den betriebsnahen Arbeitsmarkt zurückgreifen: und ehemalige MitarbeiterInnen in der Stillen Reserve oder RentnerInnen gewinnen). Das atypische Vertragsverhältnis ist in gewisser Weise auch prekär, weil die Arbeitskräfte in den Verleihbetrieben im Mittel lediglich 63,4% der Verdienste erreichten, die Beschäftigte in der Gesamtwirtschaft erzielten (*Rudolph & Schröder* 1997, 117). Vielleicht auch aus diesem Grund ist die Beschäftigungsdauer in den *Ver*leihfirmen relativ kurz: über 90% der Vertragsverhältnisse dauerten bis zu einem Jahr; es werden also überwiegend durch Leiharbeit keine 'überbetrieblichen' Dauerarbeitsplätze geschaffen (siehe das zitierte Argument von *Then*), vielmehr scheinen erwerbslose Phasen überbrückt zu werden; auch die Möglichkeit, sich beruflich neu zu orientieren oder sich einen passenden Arbeitgeber auszusuchen, wird des öfteren als Motiv der Mitarbeit genannt.

Rudolph & Schröder berichten über die Auswertung einer IAB/ifo-Befragung aus dem Jahr 1994, in der u.a. Personalanpassungs-Strategien der Betriebe untersucht wurden. Für die Betriebe in Westdeutschland fanden sie die in der folgenden Tab. F-3.1 berichteten Häufigkeiten.

Mit diesem Befragungsergebnis stützen die AutorInnen ihr oben genanntes Phasenmodell: zuerst werden interne Maßnahmen ergriffen (extensive Nutzung des vorhandenen Personals, organisatorische oder technische Rationalisierung); dann erst nutzt man externe Möglichkeiten (befristete Einstellung neuer MitarbeiterInnen) und schließlich gibt man das Personalproblem an die Kunden weiter (Wartezeiten) oder verzichtet gar auf Aufträge. Das würde auch den prozyklischen Charakter von Leiharbeit erklären; dabei substituiert Leiharbeit die Überstunden nicht, sondern wird komplementär eingesetzt: Je mehr Überstunden, desto mehr Leiharbeit, wobei Leiharbeit die durch Überstunden nicht mehr bewältigbaren Leistungsspitzen abdecken soll; befristete Einstellungen bilden dagegen eine direkte Alternative zur Leiharbeit (*Rudolph & Schröder* 1997, 116).

Anpassungsmaßnahmen	%-Häufigkeit ihres Einsatzes
Überstunden/Sonderschichten	60,7
Rationalisierung	45,3
Befristete Einstellungen	38,6
Zusätzl. Aushilfskräfte	37,5
Auftragsweitergabe an Subunternehmen	19,5
Leiharbeit	18,2
Verlängerung von Lieferfristen oder Wartezeiten	15,6
Verzicht auf Aufträge oder Leistungen	12,3

Tab. F-3.1:   Anpassungsmaßnahmen an Auslastungsspitzen (Auswertung einer IAB/ifo-Befragung aus dem Jahr 1994; wiedergegeben ist der Anteil der Betriebe, die eine Maßnahme 'sehr stark' oder 'weniger stark' nutzten) (nach *Rudolph & Schröder* 1997, 113).

Als innovative Variante zur gewerblichen Arbeitnehmerüberlassung wurde 1992 in Nordrhein-Westfalen das Projekt 'START Zeitarbeit' realisiert, das einem in den Niederlanden entwickelten Modell folgt. Öffentliche Gesellschafter (hier: das Land NRW, kommunale Spitzenverbände, Arbeitgeberverbände, Gewerkschaftsbund und BA) nutzen Leiharbeit in ihrer Brückenfunktion zur Wiedereingliederung von Arbeitslosen in den ersten Arbeitsmarkt; in den verleihfreien Zeiten werden die festangestellten Arbeitskräfte qualifiziert.

In diese Richtung geht auch ein Vorschlag der Gewerkschaften, aus 'Personalpools' der Wirtschaft (Einsatzbetrieben, Beschäftigungsgesellschaften) Leiharbeitende zu verleihen; die Organisation sollen gemeinnützige Gesellschaften übernehmen.

3.2.2.4 Werkverträge, Fremdfirmeneinsatz

In der Fachdiskussion werden 'Werkverträge' als Alternative zu bzw. als Verschleierung von Leiharbeitsverhältnissen behandelt.

Das BGB defniert in § 613:

> "(1) Durch den Werkvertrag wird der Unternehmer zur Herstellung des versprochenen Werkes, der Besteller zur Entrichtung der vereinbarten Vergütung verpflichtet. (2) Der Gegenstand des Werkvertrags kann sowohl die Herstellung oder Veränderung einer Sache als ein anderer durch Arbeit oder Dienstleistung herbeizuführender Erfolg sein."

Eingesetzte ArbeitnehmerInnen sind Erfüllungsgehilfen des Werkunternehmers, der seinerseits allerdings auch 'Subunternehmen' (subcontracting) beauftragen kann.

Die Arbeitsgerichte hatten sich des öfteren mit Abgrenzungsproblemen zwischen Werkvertrag und Arbeitnehmerüberlassung zu beschäftigen. Eine exakte Grenzziehung gelingt nicht; wenn die folgenden Indizien vorliegen, wird im Regelfall davon ausgegangen, dass kein Werkvertrag, sondern Leiharbeit vorliegt (s. *Backhaus* 1987, 45f.):

- mangelnde Abgrenzbarkeit des Arbeits*ergebnisses* (das 'Werk' oder der 'Erfolg' können nicht eindeutig bestimmt werden);
- 'Atomisierung' (kein größeres selbständiges 'Werk', sondern völlige Integration in laufende Arbeitsprozesse; Zuarbeiten, Handlangerdienste);
- Benutzung von Werkzeugen, Maschinen und Materialien des Auftraggebers;
- die tatsächliche Ausübung des Weisungsrechts bezieht sich nicht auf das Ergebnis, sondern auf Prozesse, wie etwa die Bestimmung von Arbeitszeiten und -orten, Anweisungen während laufender Arbeiten usw.; es wird in vermischten Gruppen (eng verzahnt mit Arbeitskräften des Auftraggebers) gearbeitet;
- Ausschluss der vollen Gewährleistungspflicht;
- Abrechnungsmodalitäten (z.B. nicht nach Termin und Qualität des Ergebnisses oder Pauschalsummen und Einheitspreisen, sondern nach Arbeitsstunden).

Die Unterscheidung zwischen beiden Beschäftigungsarten ist wichtig, weil das Outsourcing (die Beauftragung fremder Firmen mit dem Erbringen von Leistungen) eine Reihe von Folgen hat:

- Für Fremdfirmen ist keine Erlaubnis der Bundesanstalt für Arbeit nötig;
- für die Einhaltung der Arbeitszeitordnung, der Gewerbeordnung, des Arbeitssicherheitsschutzes usw. ist bei Werkverträgen nicht der 'Besteller' verantwortlich;
- der Betriebsrat des 'Bestellers' hat für auf dem Werksgelände arbeitende Auftragnehmer kein Mitbestimmungsrecht;
- für im Rahmen von Werkverträgen Arbeitende gilt ihr individueller Arbeitsvertrag; eine Reihe von Schutzrechten, die die Arbeitnehmerüberlassung regulieren, entfallen (z.B. bei Auftragslosigkeit betriebsbedingte Kündigung; es können täglich neue Einzelwerkverträge geschlossen werden);

- bei Leiharbeit haftet der Entleiher für die Sozialversicherungsbeiträge, wenn diese vom Verleiher nicht bezahlt wurden; bei Fremdfirmen entfällt dieser Schutz.

Firmen vergeben einerseits Arbeit an (bestehende) Fremdfirmen, sie lagern aber auch bestimmte Aufgaben in von ihnen selbst neu gegründete Unternehmen aus oder zerlegen sich selbst in verschiedene Gesellschaften (wie etwa Produktions-, Dienstleistungs-, Vertriebsgesellschaften). Neugegründete Firmen unterliegen evtl. nicht den Tarifverträgen des Stammunternehmens und können bestimmte Aufgaben mit deutlich niedrigeren Personalkosten (incl. reduzierten Sozialleistungen) ausführen. Wegen reduzierter Größe und neuer Führung sind die neuen Einheiten oftmals beweglicher und können nach detaillierteren Erfolgsmaßstäben geführt werden. In diesem Zusammenhang soll auch noch einmal auf die oben behandelten 'Beschäftigungsgesellschaften' hingewiesen werden. Firmen können (z.B. in Zusammenarbeit mit Zeitarbeitsunternehmen) für gekündigte MitarbeiterInnen eine Beschäftigungsgesellschaft gründen und den Gekündigten befristete Arbeitsverträge in dieser Firma anbieten (unter Reduktion des bisherigen Einkommens und mit Anrechnung von Teilen der in Sozialplänen vorgesehenen Abfindungen).

§ 613a BGB regelt, dass bei Ausgliederungen der Arbeitsvertrag in Kraft bleibt, einschließlich aller erworbenen Rechte, die bei fehlender einvernehmlicher Einigung nur durch Änderungskündigung revidiert werden können. Ein Mitarbeiter hat das Recht, den Übergang auf das neue Unternehmen zu verweigern. Das 'Christel-Schmidt-Urteil' des Europäischen Gerichtshof (1994) hat Maßstäbe gesetzt: es handelt sich auch dann um einen Betriebsübergang, wenn lediglich *eine* Teilzeitkraft davon betroffen ist, dass bestimmte regelmäßig ausgeführte Aufgaben nicht mehr innerbetrieblich wahrgenommen, sondern in Zukunft von einer Fremdfirma als 'wirtschaftliche Einheit' gekauft werden sollen.

Es liegt auf der Hand, dass mit den Instrumenten des Werkvertrags und der Auslagerung beträchtliche Flexibilisierungs- und Kostenentlastungspotentiale entstehen. Wegen fehlender Meldepflichten gibt es keine gesicherten Daten über die Inanspruchnahme und die Substitutionseffekte. Auf die Individualisierung der Beauftragung (1-Person-Unternehmen) gehen wir in der folgenden Diskussion der Scheinselbständigkeit ein.

3.2.2.5 Scheinselbständigkeit

Als Mittel zur Behebung der Beschäftigungskrise werden Existenzgründungen in besonderem Maße gefördert, weil sie - obgleich die meisten Neugründungen Kleinstbetriebe sind - einen positiven Nettoeffekt haben sollen (siehe dazu oben S. 214ff.). Im Zuge der Auslagerung des unternehmerischen Risikos der Auslastung des vorhandenen Personalbestands kommt es aber auch verstärkt dazu, dass MitarbeiterInnen dazu gedrängt werden, sich 'selbständig' zu machen und zugesichert bekommen, dass das Unternehmen sie mit existenzsichernden Aufträgen versehen wird. Im

Grunde geht es dabei um die Fortführung der bisherigen Tätigkeit, aber nun 'auf eigene Rechnung' und eigenes Risiko[68]; nicht selten werden auch noch Arbeitsmittel (LKW, Bürotechnik, Einrichtungen etc.) günstig zur Verfügung gestellt (verkauft, geleast, als Abfindungsleistung verrechnet etc.).

Die Abgrenzung von Scheinselbständigen zu echten Selbständigen ist verständlicherweise nicht leicht. Das Bundesarbeitsgericht (BAG) und das Bundessozialgericht (BSG) haben in langjähriger Rechtsprechung festgestellt, dass für die Beurteilung von Scheinselbständigkeit nicht die bürgerlich-rechtliche Beurteilung des Vertragsverhältnisses von Bedeutung ist, sondern allein die Weisungsbindung, also die *persönliche Abhängigkeit* des Arbeitnehmers vom Arbeitgeber. In Tab. F-3.2 wird dieser Leitbegriff des "BAG-Modells" durch fünf konkrete Kriterien weiter präzisiert; daneben wird dieses Modell - auf der Grundlage der empirischen Studie von *Dietrich* (1996) - kontrastiert mit zwei weiteren Modellen: einem "Alternativmodell" (das von mehreren Landesarbeits- und -sozialgerichten genutzt wird und prüft, ob tatsächlich ein echtes '"Unternehmerrisiko" übernommen wurde oder ob 'soziale Schutzbedürftigkeit' und 'Verlust der Dispositionsfreiheit' zu konstatieren sind) und einem "Verbandsmodell", das die Spitzenverbände der Sozialversicherungsträger favorisieren und das auf Pflichtversicherung abhebt.[69]

Es gibt außerordentlich stark divergierende Angaben über die Anzahl der Scheinselbständigen: *Dietrich* (1996, 7) stellt die Schätzungen von fünf Studien (zwischen 1978 und 1992) gegenüber, die von 100.000 bis 1.000.000 reichen:

> "Dabei wird insbesondere auf Beispiele verwiesen, wie abhängig Selbständige im Bereich der Medien (freie Mitarbeiter), des Baugewerbes (Ein-Mann-Subunternehmen), des gewerblichen Güterkraftverkehrs (selbstfahrende Unternehmer), des Versicherungsaußendienstes (selbständige Versicherungskaufleute), des Handels (Propagandisten, Franchising), oder in anderen Branchen etwa in Form der Telearbeit" (*Dietrich* 1996, 7).

Die Scheinselbständigen finden sich auch als KurierfahrerInnen, Kellner, freie Texterfasserinnen, Propagandistinnen für Kosmetikartikel in Warenhäusern, im Direktvertrieb von Tiefkühlkost, als Honorarkräfte im Bildungs-, Presse- und Medienbereich, als MitarbeiterInnen in Konstruktions- und Entwicklungsbüros, als selbständig arbeitende Monteure, TaxifahrerInnen, MitarbeiterInnen in ausgelagerten verselbständigten Betriebsabteilungen usw.

---

[68] "Im Klartext heißt dies: Scheinselbständige haben keine Absicherung gegen Arbeitslosigkeit, die Krankenversicherung ist teuer, die Rentenversicherung wird ... Lücken aufweisen" (*Engelen-Kefer, Kühl, Peschel & Ullmann* 1995, 192).

[69] Die Versicherungsträger haben an einer verbindlichen Regelung deshalb ein vitales Interesse, weil sie durch mehrere Gerichtsurteile verpflichtet wurden, z.B. nach Arbeitsunfällen die Sozialversicherungslasten für Scheinselbständige zu tragen und die 'eigentlichen' Arbeitgeber nicht in Regress nehmen konnten (z.B. weil diese nur für die letzten vier Jahre nachzahlen müssen oder inzwischen Konkurs gemacht hatten).

BAG-Modell	Alternativmodell	Verbandsmodell
Leitbegriff:	Leitbegriff:	Leitbegriff:
persönliche Abhängigkeit (= Weisungsgebundenheit) **Eingliederung in die Organisation des Auftraggebers**	**Unternehmerrisiko**	**Versicherungs- und Beitragspflicht**
• örtliche Weisungsbindung • zeitliche Weisungsbindung • inhaltliche bzw. fachliche Weisungsbindung • Zusammenarbeit mit Mitarbeitern des Auftraggebers (= personelle Eingliederung) • Arbeit mit Arbeitsmitteln des Auftraggebers (= materielle Eingliederung)	• keine eigene Unternehmensorganisation: • nämlich: keine eigenen Mitarbeiter, keine eigenen Geschäftsräume kein eigenes Betriebskapital • kein Auftreten am Markt (nur ein Auftraggeber) • keine angemessene Verteilung von Chancen und Risiken: keine örtliche unternehmerische Freiheit keine zeitliche unternehmerische Freiheit (freie Zeiteinteilung) keine inhaltliche unternehmerische Freiheit: kein eigener Kundenstamm keine freie Preisgestaltung Hilfskriterium: **freiwillige Übernahme des Unternehmerrisikos**	Personen sollten in die Sozialversicherung eingebunden werden, die: • erwerbsmäßig tätig sind, ohne sozialversicherungspflichtige Mitarbeiter, und • regelmäßig nur für einen Auftraggeber tätig sind und • eine für Beschäftigte typische Arbeitsleistung erbringen. (diese drei Merkmale müssen kumulativ erfüllt sein)

Tab. F-3.2:   Zentrale Kriterien der drei arbeits- und sozialrechtlichen Konzepte zur Abgrenzung von abhängiger und selbständiger Erwerbstätigkeit (nach: *Dietrich* 1996, 2).

In seiner Befragung von 21.486 Personen fand *Dietrich* (1996, 33) 929 Personen (4,3%), die er der 'Grauzone' zwischen Selbständigen und abhängig Beschäftigten zurechnete. Erwerbstätige wurden der 'Grauzone' zugerechnet, wenn

"- sich die Befragten selbst als Selbständige oder Freiberufler einstufen, jedoch überwiegend ohne sozialversicherungspflichtig beschäftigte Mitarbeiter, sowie weitgehend für einen Auftraggeber tätig sind;

- sich die Befragten selbst als abhängig Beschäftigte einstufen, gleichzeitig jedoch der Arbeitgeber keine Beiträge zur Sozialversicherung zahlt und die Befragten vom Arbeitgeber nach eigenen Angaben keine Lohnfortzahlung im Krankheitsfall erhalten;

- sich die Befragten selbst als abhängig Beschäftigte, Beamte oder Lehrlinge einstufen, zusätzlich jedoch eine selbständige freiberufliche Nebentätigkeit ausüben, wobei sie da überwiegend für einen Vertragspartner (Auftrag-/Arbeitgeber) tätig sind sowie

- Personen, die sich als Arbeitslose bzw. Nichterwerbspersonen (insbesondere Schüler und Studenten, Hausfrauen oder Rentner) bezeichnen, gleichzeitig jedoch eine selbständige oder freiberufliche Erwerbstätigkeit ausüben, wobei sie dabei ebenfalls überwiegend für einen Vertragspartner (Auftrag-/Arbeitgeber) tätig sind" (*Dietrich* 1996, 18).

Von den genannten 4,3% in der 'Grauzone' entfielen 1,3% auf die erste, 0,4% auf die zweite, 1,1,% auf die dritte und 1,5% auf die letzte Gruppe.

Heinrich zeigt, dass je nach verwendeten Abgrenzungskriterien sehr unterschiedliche Zahlen für die Zuordnung der Personen in der 'Grauzone' resultieren. Für die *Haupt*erwerbstätigkeiten (hochgerechnet immerhin ca. 938 000 Erwerbstätige) gelten die in Tab. F-3.3 dargestellten folgenden Verhältnisse.

	BAG-Modell	Alternativmodell	Verbandsmodell
Selbständige	48	30	14
Semiabhängige*	30	24	--
abhängig Beschäftigte	19	44	46
nicht zuordenbare Fälle	3	2	40

* Semiabhängig werden Beschäftigte genannt, bei denen ein Teil der jeweiligen Kriterien zutrifft, ein anderer Teil aber nicht.

Tab. F-3.3: Die Zuordnung von Personen aus der 'Grauzone' zu den drei Modellen der Bestimmung von Scheinselbständigen (nach *Dietrich* 1996, 82).

Diese Übersicht führt sehr plastisch vor Augen, dass je nach Modell höchst unterschiedliche Häufigkeiten für die Gruppenzuweisungen gefunden werden, sodass allgemeine Aussagen über *die* Zahl der Scheinselbständigen fragwürdig sind. Andererseits zeigt sich auch, dass damit eine Beschäftigungsform existiert, die sehr 'plastisch' gehandhabt wird und die sich offenbar in traditionelle Schablonen nicht ohne weiteres einfügt, so dass sich Arbeitgebern und ArbeitnehmerInnen erhebliche Freiräume eröffnen, die von ihnen bevorzugte Selbstdefinition durchzusetzen.

Die Existenz von Scheinselbständigen wirft die grundsätzliche Frage nach der Definition des *Arbeitnehmerstatus* auf, nicht zuletzt auch deshalb, weil im Rahmen der Europäischen Union die einzelnen Nationen unterschiedliche Regelungen haben. In Großbritannien ist die Institution der 'self-employed persons' verbreitet, sie können als Subunternehmer (subcontractors) Vertragspartner von Unternehmen werden[70], andererseits wird "'agency workers'[71] nach einer neueren Rechtsprechung die Arbeitnehmereigenschaft abgesprochen" (*Mückenberger* 1995, 209).

Mückenberger (1995, 224) sieht drei Möglichkeiten für eine Neuregelung, weil das Kriterium der 'Unselbständigkeit' oder der 'persönlichen' (im Unterschied zur bloß wirtschaftlichen) Abhängigkeit zunehmend seine regulative Kraft einbüßt:

- "Entweder wird der Arbeitnehmerbegriff auf Fälle sachlicher oder organisatorischer Abhängigkeit, in denen die Definitionsmacht über die Rechtsform beim Auftraggeber liegt, ausgedehnt.

- Oder es wird eine Mittelkategorie von Nicht-Arbeitnehmern - nach Art der 'arbeitnehmerähnlichen Personen' im deutschen Recht - gebildet und entsprechend der Risikoexternalisierung ausgedehnt, auf die wegen ihres sozialen Schutzbedarfs Teile des Arbeits- und Sozialrechts angewandt werden.

- Oder rechtliche Gewährleistungen werden - wie etwa im englischen Anti-Diskriminierungsrecht - womöglich überhaupt vom Erfordernis eines Arbeitsverhältnisses abgekoppelt. Wahrscheinlich wird allein eine Kombination der drei Möglichkeiten die Anwendungshürde entschärfen."

Derartige Vorschläge können aus der Sicht einer neoliberalen Arbeitsmarkttheorie als effizienzmindernd eingestuft werden, weil sie neue rechtliche und bürokratische Hürden aufbauen; andererseits zeigt sich, dass die Risikoübertragung auf besonders schwache ArbeitsmarktteilnehmerInnen strukturelle Benachteiligungen einzelner Gruppen mit sich bringt, die langfristig von allen Gesellschaftsmitgliedern zu tragen sind.

3.2.2.6 Heimarbeit und Telearbeit

1992 gab es in Westdeutschland offiziell ca. 170.000 Heimarbeitende (*Engelen-Kefer, Kühl, Peschel & Ullmann 1995*, 190f.); *Brandes* (1995, 85) geht jedoch von einer Dunkelziffer von 40% aus. Die klassische Heimarbeit erfordert geringes Qualifikationsniveau; inzwischen existiert jedoch die Alternative der 'Telearbeit', für die bis zum Jahr 2000 ein Potential von ca. 800.000 Arbeitsplätzen in Deutschland geschätzt wird (*Zorn* 1997). Derzeit - so in einer Ratgeberschrift (*Bundesministerium für Wirtschaft* 1997, 8) - gibt es in der BRD "zwischen einigen zehntausend und 150.000 Telearbeitern" - ein Satz, der deutlich unter der 0,5%-Marke für alle abhängig Beschäftigten liegt.

---

[70] Besitzt ein britischer Arbeitnehmer als 'subcontractor' die Bescheinigung E 101, gelten für ihn die britischen Rechtsvorschriften für die soziale Sicherung. Bei einem Arbeitsunfall auf einer deutschen Baustelle aber ist die deutsche Bau-Berufsgenossenschaft leistungspflichtig, obwohl keine Beiträge geleistet wurden, weil die nach deutschem Recht durchzuführende Prüfung des Arbeitsverhältnisses dieses als 'abhängig' erkennen würde.

[71] gemeint sind damit - weil durch eine Agentur vermittelt - LeiharbeitnehmerInnen.

"Die Schätzung des Potentials der Teleheimarbeit gestaltet sich schwierig. Die veröffentlichten Prognosen zeigen insgesamt eine große Spannweite. Das US-amerikanische Kommunikationsunternehmen AT&T lieferte im Jahre 1971 die wohl spektakulärste (Fehl-)Einschätzung für die Ausbreitung von Heimarbeit in den USA. Bereits 1990 sollten alle US-Amerikaner von zu Hause aus arbeiten" (*Brandes* 1995, 90).

In § 2 Heimarbeitsgesetz (HAG) wird als Heimarbeiter definiert, wer

"in selbstgewählter Arbeitsstätte (eigener Wohnung oder selbstgewählter Betriebsstätte), allein oder mit seinen Familienangehörigen im Auftrag von Gewerbetreibenden ... erwerbsmäßig arbeitet, jedoch die Verwertung der Arbeitsergebnisse dem ... auftraggebenden Gewerbetreibenden überlässt."

Der Heimarbeiter ist rechtlich eine Art Zwitterwesen, weder abhängig Beschäftigter noch Selbständiger; er gilt als 'arbeitnehmerähnliche Person'

"... weil er in der selbstgewählten Arbeitsstätte über freie Zeiteinteilung verfüge und dem Direktionsrecht des Arbeitgebers nicht unterworfen sei (fehlende 'persönliche' Abhängigkeit). Ihm werden aus diesem Grunde nicht die vollen arbeits- und sozialrechtlichen Schutzrechte wie den üblichen Arbeitnehmern eingeräumt ..." (*Brandes* 1995, 88).

Auf diesem Hintergrund ist die Telearbeit nicht notwendig (klassische) Heimarbeit, weil sie nicht beschränkt ist auf off-line Arbeiten in Eigenregie (etwa in einem häuslichen Schreibbüro, in dem Texte oder Daten erfasst werden). Ein viel größeres Potential wird darin gesehen, dass Telearbeit eine Kombination von 'flexitime' mit 'flexiplace' ist. Allerdings genügen diese beiden Kriterien nicht, weil sonst nämlich LKW- und BusfahrerInnen, ZugbegleiterInnen, StreifenpolizistInnen usw. auch 'TelearbeiterInnen' wären. Zusätzlich muss also ein 'fiktiver' Normalarbeitsplatz mitgedacht werden, der eigentlich die physische Anwesenheit des Beschäftigten erfordert. Wer seine Arbeit regelmäßig und vertraglich gesichert an einem anderen Ort als dem Standardarbeitsplatz erledigt, arbeitet *tele*: 'in der Ferne'.

In einer von mehreren Fachleuten zusammengestellten Informationsbroschüre (*Bundesministerium für Wirtschaft* 1997, 7) wird Telearbeit folgendermaßen definiert:

"Telearbeit ist

- jede auf Informations- und Kommunikationstechniken gestützte Tätigkeit,
- die ausschließlich oder alternierend ... an einem außerhalb des Betriebs liegenden Arbeitsplatz verrichtet wird (z.B. Privatwohnung, Nachbarschaftsbüro, Satellitenbüro, Telehaus, mobiler Arbeitsplatz),
- der mit der zentralen Betriebsstätte durch elektronische Kommunikationsmittel verbunden ist."

Dabei werden unterschiedliche Varianten der Zusammenarbeit mit dem Unternehmen praktiziert; TelearbeiterInnen können tätig sein als

- isolierte HeimarbeiterInnen, die über moderne Kommunikationsmedien Zugriff auf das Rechenzentrum haben und gestellte Aufgaben zu Hause erledigen; in Frage kommen z.B. Konzeptions-, Prüf- und Entwicklungsarbeiten;

- alternierende TelearbeiterInnen, die abwechselnd daheim und in der Firma arbeiten (z.B. die Hälfte der Zeit zu Hause, die Hälfte in ihrem Büro, wobei sie sich dann ihren Schreibtisch mit einem Kollegen oder einer Kollegin teilen, sodass die Firma nur noch den halben Satz an Büroarbeitsplätzen vorzuhalten hat);
- mobile TelearbeiterInnen, die von unterwegs oder wechselnden Aufenthaltsorten aus mit dem Unternehmen kommunizieren. Dies ist das typische Revier für Außendienstleute, BeraterInnen, Servicepersonal, JournalistInnen etc.; vielleicht können sogar ManagerInnen auf Geschäftsreisen dazugerechnet werden. *Zorn*, Projektleiter Telearbeit bei der IBM Deutschland, berichtet (1997, 173), dass von den 2.600 TelearbeiterInnen dieses Unternehmens 1997 2.300 im Außendienst beschäftigt waren. Wird TelearbeiterIn genannt, wer mehr als 50% seiner/ihrer Gesamtarbeitszeit mit dem Unternehmen über Laptop, E-mail, Internet usw. in Verbindung steht, dann allerdings dürfte die Zahl derartiger Telearbeitsplätze in Deutschland relativ hoch sein;
- TelearbeiterIn in einem Satellitenbüro der Firma, in dem wohnortnah die nötigen technischen Einrichtungen für die dezentrale Aufgabenerledigung bestehen (was den Vorteil hat, dass nicht in persönlicher Isolation - 'Einsiedelei' - gearbeitet werden muss und dass der Zugang dritter Personen zu sensiblen Daten kontrolliert werden kann);
- TelearbeiterIn in einem Teleservice-Center (oder 'Nachbarschaftsbüro', Telehaus), das von mehreren Unternehmen gemeinsam betrieben oder geleast wird und in dem die nötige technische Infrastruktur bereitgehalten wird.

"Glaser/Glaser (1995) definieren Telearbeit anhand von vier Dimensionen: Arbeitsort[72], Umfang der außerhalb der Zentrale verbrachten Arbeitszeit, informations- und kommunikationstechnische Arbeitsplatzausstattung, sowie anhand der Rechtsform ... Grundsätzlich sind für die Telearbeit vier Rechtsformen möglich: die Beibehaltung des Arbeitnehmerstatus, ein Werkvertrag, ein freier Dienstvertrag sowie ein auf dem Heimarbeitsgesetz basierendes Beschäftigungsverhältnis ... beim freien Dienstvertrag und beim Werkvertrag entfallen der gesamte Schutz des Arbeitsrechts, und Teleheimarbeiter(-innen) müssen für ihre soziale Sicherung selbst sorgen ..." (*Büssing & Aumann* 1996a, 225f.)

Telearbeit ist für die Unternehmen attraktiv, eine zunehmende Zahl von Veröffentlichungen propagiert die Ausweitung dieser Beschäftigungsform (z.B. *Seimert* 1997, *Bundesministerium für Wirtschaft* 1997, *Kordey & Korte* 1996, *Godehardt, Worch & Förster* 1996, *Glaser & Glaser* 1995, *Reichwald & Oldenburg* 1996) und liefert neben Gestaltungsvorschlägen auch ökonomische Argumente: Einsparung von Büroflächen, Infrastrukturausstattungen, Sozialleistungen; Verlagerung von Ausfall-, Leerlauf- und Wartezeiten auf die MitarbeiterInnen; leichte Handhabung von Überstundenregelungen, Reduzierung von Fehlzeiten (*Büssing & Aumann* 1996c, 141);

---

[72] Nur den lokalen Aspekt betonen Synonyme für Telearbeit, die man zuweilen findet: 'außerbetriebliche Arbeitsstätten', 'dezentrale Arbeitsplätze', 'familienorientierte Arbeitsplätze', 'standortunabhängige Dienstleistungen', 'Mobilbüro', 'Fernarbeit'. Würde man zur Defintion von Telearbeit nur den Arbeits*ort* heranziehen, wäre - einer Analyse des Statistischen Bundesamts zufolge - 1996 mehr als ein Viertel der BeamtInnen mindestens teilweise 'teleworkers' (z.B. LehrerInnen, die zu Hause korrigieren und Unterricht vorbereiten).

Verringerung der Chancen kollektiver Interessenvertretung; für international operierende Unternehmen wird Rund-um-die-Uhr-Arbeiten möglich und das Unterlaufen von Arbeitskämpfen durch Verlagerung der Arbeit in nicht berührte Regionen; es werden mögliche Produktivitätssteigerungen von bis zu 70% angenommen (s. *Büssing & Aumann* 1996a, 227f.) wegen der flexiblen und autonomen, persönlichen Rhythmen angepassten Arbeitsorganisation, dem Wegfall von Störungen und Ablenkungen durch KollegInnen.[73] Andererseits steigen auf Unternehmensseite Dispositions- und Kommunikationskosten und es können Datenschutzprobleme auftreten, weil der Zugang von Dritten zu den Arbeitsplätzen nicht kontrolliert werden kann.

Für die ArbeitnehmerInnen verringern sich die Pendelzeiten und -kosten (was insbesondere bei verkürzten Arbeitszeiten zu Buche schlägt); zuweilen kann die Arbeitseinteilung nach privaten Bedürfnissen und individuellen Rhythmen gestaltet werden (insbesondere bei off-line Tätigkeiten); die Kontinuität der Erwerbsbiografie kann gewahrt werden (trotz 'Familienpause' den Anschluss an die Firma und den Beruf wahren, sich eine erworbene Qualifikation erhalten) (s. *Büssing & Aumann* 1996b).

Andererseits kann der (partielle) Ausschluss aus den informellen Kommunikationsnetzen und -gelegenheiten Nachteile bei der Befriedigung von Kontaktbedürfnissen und der mikropolitischen Durchsetzung von Interessen bedeuten; es kann zu Leistungsverdichtung und Selbstausbeutung kommen (z.B. arbeiten trotz Erkrankung); die Kontrollmöglichkeiten der individuellen Leistung können erhöht werden. Die vorgebliche Autonomie und Flexibilität entpuppt sich

"in der Regel als Scheinflexibilität, da gerade die durch den schwankenden Markt vorgegebene Auftragslage in Verbindung mit einer engen Terminierung die Autonomie zu Wahrnehmung der flexiblen Arbeitszeiten wesentlich einschränkt" ... Häusliche und zeitflexible Telearbeit bietet der Familie wie auch Freunden die Gelegenheit zu 'allzeitigen' privaten Kontakten; aber eben diese Chance bringt für den/die Arbeitnehmer/-in häufig Störungen im Arbeitsprozess mit sich. Wird also mit dieser Möglichkeit nicht angemessen umgegangen, kann es leicht zu sozialen und familiären Konflikten kommen, ein Umstand, der oftmals von TelearbeiterInnen beklagt wird. Darüber hinaus kann die räumliche Nähe von beruflicher und familialer Welt eine Übertragung von beruflichem Stress und Mehrfachbelastungen auf das Familienleben und umgekehrt fördern" (*Büssing &*

---

[73] Der Mythos von der (endlich durchgesetzten) Sach- und Ergebnisorientierung bricht sich Bahn: "Weitere Produktivitätsgewinne gibt es durch den Abbau unproduktiver Gespräche, durch eine dramatische Reduzierung der Meetings und einen Rückgang von ad hoc-Beauftragungen durch die Vorgesetzten" (*Zorn* 1997, 175). *Zorn* berichtet, dass die IBM USA mit Telearbeit auf eine Produktivitätssteigerung von 12 bis 20 Prozent gekommen sei (*a.a.O.*). "Arbeit ist weniger, was wir tun, also das Ergebnis unserer Tätigkeit, sondern weit mehr als wir wahrhaben wollen, wo und wie wir das tun ... Wer [in der bestehenden Arbeitskultur] zur vereinbarten Arbeits-Zeit am vereinbarten Arbeits-Ort ist, braucht nicht mehr nachzuweisen, dass er auch arbeitet. Der Vorgesetzte hat vielmehr nachzuweisen, dass man nicht arbeitet ... Mit der Einführung der Telearbeit funktioniert dieses Modell nicht mehr, weil es die beiden Konventionen 'Arbeitsort' und 'Arbeitszeit' nicht mehr gibt. Durch den damit verbundenen Übergang auf MbO, d.h. kunden- und ergebnisorientierte Ziele, verlagert sich der Gegenstand der Vereinbarungen automatisch auf das Arbeitsergebnis. Wann und wo das erbracht wird, ist nicht mehr wichtig" (*a.a.O.*, 174).

Aumann 1996b, 451 bzw. 457f.). "Ein weiteres Problem von vorwiegend wohnungszen-trierten Telearbeiter/-innen ist die fehlende Erholung von der Familie im Betrieb. Es feh-len die berufsbedingten Anlässe, das familiäre Umfeld zu verlassen; es wird die Gefahr gesehen, enger als erwünscht 'aufeinanderzuhängen' (*Büssing & Aumann*, 1996a, 233). Für Frauen kann die Teleheimarbeit das Risiko bedeuten, "familiäre Rollenteilung durch ständige Verfügbarkeit weniger aufzuheben als zu verfestigen. 'Teleheimarbeiterinnen sind mehr noch als bei außerhäuslicher Berufstätigkeit völlig für Haushalt und Kindererzie-hung verantwortlich'" (*Büssing & Aumann* 1996c, 140).

Einigen Problemen isolierter Telearbeit kann durch bestimmte Organisationsformen abgeholfen werden (z.b. den oben genannten Varianten der alternierenden Telearbeit oder der Arbeit in Satelliten- oder Nachbarschaftsbüros). Auf das sog. 'Telekommu-nikations-Paradoxon' wird unten (siehe S. 341) näher eingegangen.

Eine generelle Ablehnung von Telearbeit ist wenig zweckmäßig, einerseits, weil sie ökonomische Vorteile für den Arbeitgeber bringt und auch den Interessen vieler Ar-beitnehmerInnen entgegenkommt und weil zum anderen - zumindest für einen Teil des Leistungsspektrums - Substitutionskonkurrenz durch (billigere) Leistungsange-bote aus dem Ausland besteht. Ein Problem bei dieser sehr mobilen und flexiblen Beschäftigungsform liegt in der innewohnenden Tendenz zur Individualisierung, die die kollektive Durchsetzung von Interessen, die Pflege informaler sozialer Kontakte mit anderen Unternehmensmitgliedern (und die Weitergabe von 'tacit knowledge') und die Sicherstellung schädigungs- und beeinträchtigungsloser Arbeitsbedingungen erschwert (s.a. die "Frankfurter Thesen zur Arbeitswelt in der Informationsgesell-schaft", *o.V.* 1996).

3.2.2.7 Illegale Beschäftigung

Engelen-Kefer, Kühl, Peschel & Ullmann (1995, 200) unterscheiden ebenso wie der Bundesarbeitsminister (*BMA* 1996) folgende fünf Erscheinungsformen illegaler Be-schäftigung:

- Missbrauch von Sozialleistungen der Bundesanstalt während nicht gemeldeter Be-schäftigung[74];
- illegale Beschäftigung von Ausländern ohne Arbeitserlaubnis;
- unerlaubte Arbeitnehmerüberlassung;
- Schwarzarbeit, auch zusätzlich zu regulärer Beschäftigung;
- Hinterziehung von Steuern und Sozialabgaben trotz Beschäftigung;

---

[74] Der *Stern* berichtet (5.6.97, 22f.) über den "größten Fall von Schwarzarbeit, der jemals in Schleswig-Holstein aufgedeckt wurde": fast alle Fahrer der vier in Heide ansässigen Taxiunter-nehmen bezogen gleichzeitig Arbeitslosengeld oder Sozialhilfe. "Der Schaden für das Finanzamt, das Arbeitsamt und das Sozialamt beträgt für zwei Jahre mindestens 2,5 Millionen Mark. Die 76 Fahrer haben dabei zusammen um eine halbe Million betrogen. Die vier 'Arbeitgeber' steckten den Rest ein."

1992 wurden aus derartigen Gründen 432.000 Bußgelder verhängt oder Strafverfahren eingeleitet, vor allem wegen des Missbrauchs von Sozialleistungen:

> "Außer dem widerrechtlichen Bezug von Lohnersatzleistungen werden Staat und Wirtschaft durch Hinterziehung von Steuern und Sozialbeiträgen geschädigt. Die Sozialschädlichkeit zeigt sich auch darin, dass legale Arbeitsplätze vernichtet und die Schaffung neuer Beschäftigungsmöglichkeiten verhindert werden. Die illegale Beschäftigung beeinträchtigt den sozial- und arbeitsrechtlichen Schutz der Arbeitnehmer, sie führt auf den Märkten zu Wettbewerbsverzerrungen, die den Ruin anderer Unternehmen bedeuten können. Illegale Beschäftigung ist in nahezu allen Wirtschaftszweigen verbreitet, besonders ausgeprägt indessen in jenen Branchen, in denen nicht in festen Arbeitsstätten, sondern in Außenbereichen gearbeitet wird. Exakte Berechnungen gibt es naturgemäß nicht. Die Bundesregierung schätzt den volkswirtschaftlichen Gesamtschaden jedoch auf 100 Milliarden DM für das Jahr 1991" (*Engelen-Kefer, Kühl, Peschel & Ullmann* 1995, 203).

Über den Umfang des 'informellen Sektors' (Schattenwirtschaft; Schwarzarbeit und illegale Beschäftigung) gibt es aus verständlichen Gründen keine genauen Angaben. Mit verschiedenen Methoden (s. dazu *Schneider* 1994) wurden sehr unterschiedliche Anteile der Schattenwirtschaft (in % des offiziellen Bruttoinlandsprodukts) ermittelt; die Schätzungen schwanken für dasselbe Jahr zwischen 8,3% und 37,5% (s. *Schneider* 1994, 259f.); *Wolff* (1991) berichtet in seiner Synopse verschiedener Studien von Werten zwischen ca. 1% und 10% des Bruttosozialprodukts. Die *Süddeutsche Zeitung* informiert (21.8.1997, 23) über eine Schätzung des arbeitgebernahen 'Instituts der deutschen Wirtschaft' (IW) für 1997, die den Umsatz von Schwarzarbeit in Deutschland auf 550 Milliarden DM veranschlagt (15% des BIP), wobei 45% dieser Leistung im Bereich 'Bau, Renovierung, Reparaturen' angefallen seien, gefolgt von 'Schreiben, Übersetzen' (9%) und 'Kraftfahrdiensten' (5%).

Die weit auseinandergehenden Angaben hängen mit der Definition von 'Schattenwirtschaft' zusammen. Versteht man sie - gemäß der internationalen Verwendung des Begriffs 'shadow economy' als "die Summe aller Wertschöpfungsprozesse, die außerhalb der offiziellen Wirtschaft getätigt werden" (*Wolff* 1991, 22), dann gehören dazu neben der illegalen 'Untergrundwirtschaft' (Gesetzesübertretungen wie z.B. Drogenhandel, Zigarettenschmuggel, Subventionsbetrug und Abgabenhinterziehung, wie etwa Geschäfte ohne Rechnung, Schwarzarbeit) auch alle legalen Selbstversorgungsaktivitäten im Privatbereich (z.B. Hausarbeit, Do-it-yourself-Tätigkeiten) (siehe Beleg F-3.2 auf S. 310).

Die enge Definition des 'Gesetzes zur Bekämpfung der Schwarzarbeit' (SchwarbG i.d.F. von 1997) begrenzt diese (siehe § 1) auf Verletzung von Mitteilungspflichten und unbefugtes Betreiben eines Gewerbes oder Handwerks. *Wolff* schlägt deshalb einen weiter gefassten Schwarzarbeits-Begriff vor, nämlich "individuelle Erwerbstätigkeit, die mit Hinterziehung von Steuern und/oder Sozialabgaben verbunden ist" (1991, 26f.). Zusammen mit illegaler Arbeitnehmerüberlassung und illegaler Ausländerbeschäftigung wäre damit der Gesamtkomplex der illegalen Erwerbsarbeit bezeichnet. Während die letzten beiden Formen organisiert erfolgen, ist Schwarzarbeit eine *individuelle* Versorgungsstrategie, die auf die Erzielung von Einkommensvorteilen gerichtet ist. Sie genießt in der Bevölkerung relativ hohe Akzeptanz (*a.a.O.*, 27), vor allem auf dem Hintergrund sehr hoher Steuer- und Abgabenbelastung, ausgeprägter Regelungsdichte und Bürokratisierung und des subjektiven Eindrucks, dass den hohen Zahlungen, die man zu leisten hat, kein angemessener Gegenwert oder keine nützliche Verwendung gegenüberstehen.

1997 macht der '*Stern*' (5.6.97, 26) folgende Rechnung auf: Die Arbeitsstunde eines Fliesenlegers wird mit 79,20 DM kalkuliert. "Der Geselle bekommt davon ganze 14,46 Mark ausgezahlt. Wo bleibt der Rest? Lohnsteuer, Soli, Sozialversicherungen, Urlaub und Krankheit schrauben die Lohnkosten auf über 43 Mark hinauf. 25 Mark kostet es, den Betrieb zu unterhalten, mit Miete, Strom, Sekretärin und Maschinen. Dann kommen noch 10,20 Mehrwertsteuer dazu, macht 78 Mark und 20 Pfennig. Jetzt gönnen wir dem Unternehmer auch noch einen Gewinn, sagen wir 1 Mark." Bei Schwarzarbeit zahlt der Kunde 25 Mark und der Geselle bekommt rein netto eben diese 25 Mark.

Überdie Schädlichkeit für die Volkswirtschaft gibt es äußerst konträre Auffassungen (siehe dazu *Merz* 1997, der Pro- und Contra-Argumente gegenübergestellt). Schwarzarbeit ist vor allem im Bereich der Kleinbetriebe verbreitet, weil dort die notwendige Vertraulichkeit und der kleine Mitwisserkreis am ehesten gesichert sind. Sie verzerrt die Marktbedingungen und treibt die Kosten für die 'Ehrlichen' umso steiler hinauf. Es handelt sich - darin sind sich alle BeobachterInnen einig - um eine in allen Volkswirtschaften verbreitete, quantitativ sehr bedeutsame[75] 'atypische' Beschäftigung, die es den Unternehmen vor allem beim Angebot prekärer Arbeitsverhältnisse (niedrige Löhne, kurzfristige Beschäftigung, keine Qualifikations- und Aufstiegsmöglichkeiten, hohe Konzessionsbereitschaft in Bezug auf Arbeitszeit, -ort und -inhalte) erschwert, zu wirtschaftlichen Konditionen Personal zu rekrutieren. Das lässt verstehen, warum ein Teil von Tätigkeitsfeldern von reellen Anbietern zunehmend geräumt und zur Domäne von Schwarzarbeit wird (z.B. Bau-, Reinigungs-, Gaststätten-, Transportgewerbe).

3.2.2.8 Arbeitsmarktpolitische Maßnahmen

Auf Beschäftigte, die sich in 'arbeitsmarktpolitischen Maßnahmen' befinden (ABM, ABS, Beschäftigungsgesellschaften, gemeinnützige Pools usw.), soll hier - obwohl es sich ebenfalls um atypische und oft auch prekäre Beschäftigungen handelt - nicht weiter eingegangen werden, weil darüber schon oben (im Zusammenhang mit der Diskussion des 'Zweiten Arbeitsmarkts') Näheres gesagt wurde.

---

[75] *Wolff* (1991, 67) kommt auf Basis seiner Befragung von fast 8000 Personen zu einer Hochrechnung für das Jahr 1984, in der eine Obergrenze von 4,35 und eine Untergrenze von 2,2 Millionen Schwarzarbeitern in der damaligen Bundesrepublik (West) angenommen wird. Dabei wurden durchschnittliche Monatseinkommen von zwischen ca. 300 und 430 Mark angegeben.

Beleg F-3.2:   Versteckte erwerbswirtschaftliche Aktivitäten in der Untergrundwirtschaft [aus *Werner* (1990, 16) bzw. *Cassel & Caspers*
(1984, 5)]

Private Haushalte

Legale Aktivitäten mit Abgabenhinterziehung:

- Gelegentliche geringfügige, aber steuerpflichtige gewerbliche, freiberufliche oder land-
wirtschaftliche Tätigkeit (Vortrags- und Lehrtätigkeit, Schreib- und Büroarbeiten)
- Steuerpflichtige Vermietung, Verpachtung und Kreditvergabe
- Steuerpflichtige Annahme von Trinkgeldern, Geschenken, Miet- und Pachtverzichte
- Naturaltausch, Austausch von Waren und Dienstleistungen zwischen privaten Haus-
halten

Illegale Aktivitäten mit Abgabenhinterziehung:

- Schwarzarbeit: Teilnahme am Markt für entgeltliche Dienst- oder Werkleistungen ohne vollständige Übernahme der dabei öffentlich-rechtlich allen Wettbewerbern auferlegten Lasten
- Organisiertes und nicht organisiertes Verbrechen, soweit dadurch unversteuertes Einkommen oder wertschöpfungsmindernde Vorleistungen entstehen (Firmendiebstahl,
Schmuggel, Hehlerei, Wucher, Drogenhandel)
- Prostitution und Zuhälterei

Private Unternehmen

Legale Aktivitäten mit Abgabenhinterziehung:

- Legale, aber nicht verbuchte Umsätze (Verkauf ohne Rechnung, insbesondere im
Handwerk, Handel, Gaststättengewerbe und bei freien Berufen)
- Naturaltausch: Nicht verbuchte Gegengeschäfte im Handwerk, Handel, usw.
- Privater Eigenverbrauch und private Ausgaben, die als Betriebsaufwand verbucht sind
(Warenentnahme, Reisespesen, Privatwagen auf Firmenkosten, Bewirtung von Gä-
sten, usw.)

Illegale Aktivitäten mit Abgabenhinterziehung:

- Umsätze mit verbotenen oder illegal erworbenen Waren und Dienstleistungen (Dro-
gen, Waffen, Schmuggel- und Hehlergut)
- Nicht deklarierte Geschäfte aufgrund Beschäftigung von Schwarzarbeitern (illegale
Leiharbeit, Heimarbeit, illegale Ausländerbeschäftigung)
- Aktive Bestechung und Schmiergeldzahlungen
- Verlagerung von Einkommen in Länder mit niedriger Besteuerung durch international
tätige Unternehmen mit Hilfe unternehmensinterner Verrechnungspreise
- Ausstellen und Absetzen fingierter oder überhöhter Rechnungen (Bewirtungskosten)

Zusammenfassung zu den 'prekären' Beschäftigungsverhältnissen

Prekäre Beschäftigungsverhältnisse unterscheiden sich untereinander in einer Reihe von Merkmalen (siehe die Merkmalsliste, die oben - S. 281ff. - referiert wurde. Prekäre Beschäftigungsverhältnisse nehmen eine Zwischenposition zwischen Arbeitslosigkeit und regulären (Normal-)Arbeitsverhältnissen ein. In Tab. F-3.4 wird eine verkürzte vergleichende Gegenüberstellung vorgenommen. Für alle Formen könnte noch das Merkmal 'freiwillig gewählt' vs. 'aufgezwungen und als prekär empfunden' berücksichtigt werden; es ist in der Tabelle nicht aufgeführt, weil die Einschätzung von den jeweiligen Präferenzen bzw. der aktuellen Lebenssituation abhängt.

	Hoher Verbreitungsgrad	niedrige(re)s Einkommen	kurze Arbeitszeit	Befristung/ Instabilität	kein sozialversicherungsrechtlicher Schutz	räuml. Mobilitätserfordernis	Illegalität
befristete Arbeit	x	-	-	x	-	-	-
Geringfügige Beschäftigung	x	x	x	(x)	x		(-)
Leiharbeit	-	(x)	-	(x)	-	x	-
Scheinselbständigkeit	(x)	-	-	-	x	-	(x)
Werkverträge etc.	x	(x)	-	x	x	x	-
Telearbeit	-	-	-	-	-	(x)	-
Schwarzarbeit	x	-	(x)	(x)	x	x	x
arbeitsmarktpolitische Maßnahmen	(x)	x	-	x	-	(x)	-

Tab. F-3.4: Atypische Beschäftigungsverhältnisse im Raster verschiedener Bewertungskriterien (x = gegeben; - = entfällt/selten/gering; eingeklammerte Symbole bedeuten, dass unter bestimmten Bedingungen die angegebene Tendenz zu erwarten ist)

'Prekär' sind - wie gesagt - die Optionen für Beschäftigte nur dann, wenn sie ihnen gegen ihren Willen aufgezwungen werden; einzelne Erwerbspersonen zeigen jedoch ausdrückliche Präferenzen für bestimmte Beschäftigungsformen, weil diese ihren persönlichen Bedürfnissen oder Lebensumständen am besten entgegenkommen (siehe etwa 'geringfügige Beschäftigung' für Hausfrauen, Studierende, RentnerInnen). Für das Management sind atypische Beschäftigungsverhältnisse eine oftmals willkommene Flexibilisierungsvariante, die strukturelle (oder 'konstitutionelle') Grundlagen für eine erhöhte Autonomie liefern. Diese Autonomie ist weitgehend personbezogen-quantitativ definiert: bei Personalengpässen oder -überhängen wird es - legal oder faktisch - erleichtert, entsprechende Korrekturen vorzunehmen. Geht man aber von einer individuumsbezogenen *Humankapital*-Perspektive auf eine organisations-bezogene *Sozialkapital*-Perspektive über, dann zeigt sich, dass für die 'Volatilität' dieser Beschäftigungsformen ein Preis zu entrichten ist. Normalerweise sind die 'prekär' Beschäftigten weniger in Beziehungs- und Lernnetze integriert und/oder mit der Firma weniger identifiziert und/oder seltener bereit bzw. in der Lage, sich be-triebsspezifisch weiterzuqualifizieren. Atypische Beschäftigungsformen sind im all-gemeinen keine Substitute für auf Normalarbeitsverhältnisse aufgebaute interne Ar-beitsmärkte, sondern Mittel zu deren bedarfsweiser Ergänzung; sie erhöhen außer-dem den Druck auf die normal Beschäftigten, sich zu Konzessionen in Richtung hö-herer interner Flexibilität bereitzuerklären.

3.3 Zur Modifikation von Beschäftigungssystemen

Das Personal eines Unternehmens besteht - strukturell gesehen - aus einem Mix an unterschiedlichen Beschäftigungsverhältnissen. Dieses Aggregat verändert sich, wie oben belegt, fortwährend, und zwar sowohl quantitativ wie qualitativ. Im Folgenden sollen die Möglichkeiten vorgestellt werden, die ein Unternehmen hat, sich auf ei-nen gesunkenen Personalbedarf einzustellen. Im Mittelpunkt stehen dabei Formen des Personal*abbaus*; bevor wir darauf eingehen, sollen zunächst noch andere An-passungsmöglichkeiten genannt werden.

Wir drucken zu diesem Zweck zwei Übersichten ab: zum einen eine Zusammen-stellung von *Kühl*, die sich an den drei Hauptakteuren (Management, Staat und Ta-rifpartner, Arbeitsverwaltung) orientiert und dann ein vielzitiertes, ursprünglich vom WSI entwickeltes Schema, das vom Rationalisierungskuratorium der Wirtschaft (RKW) in seinen Veröffentlichungen verbreitet wurde.

3.3.1 Betriebliche Beschäftigungspolitiken (Kühl 1992)

Einen ersten Überblick über Handlungsmöglichkeiten bietet eine Schematik von *Kühl* (1992, 335; siehe Abb. F-3.2). *Kühl* unterscheidet dabei drei Dimensionen be-trieblicher Beschäftigungspolitik (BP): *interne betriebliche BP* (von Management und Betriebsrat gestaltet), *externe betriebliche BP* (Maßnahmen, die extern angeregt und finanziert werden und bei starkem Abbau "Stütz-, Auffang- und Ersatzlösungen für die betroffenen Betriebe bieten") und schließlich *externe staatliche* Arbeits-markt- und Beschäftigungspolitik, die auf betrieblicher Ebene implementiert wird. Die in Abb. F-3.2 dargestellten Maßnahmen lassen erkennen, aus welcher Vielzahl von Instrumenten und Strategien ausgewählt werden kann, sodass dieses Arsenal die Zusammenstellung 'maßgeschneiderter' Vorgehensweisen erlaubt.

Beeinflussung von Niveau, Struktur und Entwicklung der Beschäftigung im Betrieb durch Leitung/Management, Kapitaleigner sowie Personalvertretungen (interne betriebliche Beschäftigungspolitik) | **Maßnahmen des Staates und der Tarifparteien bei starkem Beschäftigungsabbau, drohenden Betriebsstillegungen und Liquidationen bestimmter Betriebe (externe betriebliche Beschäftigungspolitik)** | **Arbeitsmarkt und Beschäftigungspolitik für Betriebe (Implementation auf betrieblicher Ebene)**

Management Betriebs-, Konzernleitung	Betriebsrat, Personalrat	Staat, örtliche Träger	Tarifparteien	Bundesanstalt für Arbeit AFG-Politik Leistungen an Arbeitgeber	übrige Arbeitsmarkt- und Beschäftigungspolitik
• Planung von Personalbedarf, Personalentwicklung und Personaleinsatz • Personalanpassung - Heuern und Feuern je nach Auftrags- und Ertragslage - verzögerte Anpassung, unterschiedliche Anpassung bei Stamm- und Randbelegschaften - Strukturumbau der Belegschaft - interne Umsetzung bei stabilen Beschäftigungsverhältnissen - Stetige betriebliche Vollbeschäftigung	• Arbeitserhaltende und arbeitsbeschaffende Stabilisierung der Beschäftigung • Verringerung und Verteilung der Arbeitszeiten • Strukturierung des Personalabbaus, Sozialauswahl • Kompensationsmaßnahmen • Verhandlungen über Personalkostensenkungen • Maßnahmen für bestimmte Zielgruppen • Beschäftigungs- und Sozialpläne • Interessenausgleich	• öffentliche Aufträge, Subventionen, Bürgschaften, Kredithilfen etc. • Restrukturierungshilfen, Innovation, Modernisierung • Ausgründungen • Struktur- und Regionalförderung • soziale Betriebe • Beschäftigung nach dem Bundessozialhilfegesetz • spezielle Beschäftigungsgesellschaft für Behinderte • Netzwerke • Zweiter Arbeitsmarkt	• überbetriebliche Beschäftigungs- und Qualifizierungsgesellschaften • Personaleinsatzbetriebe i.S. genehmigter Überlassung von Belegschaftsteilen an andere Betriebe ohne Entlassungen • Arbeitskräftepools • Entwicklungszentren vor Ort • Maßnahmen bei Betriebsstillegungen • AFG-gestützte Auffanggesellschaften	• Förderung der beruflichen Bildung (Einarbeitungszuschusse, institutionell, Berufsausbildung) • Eingliederungsbeihilfe • Kurzarbeitergeld • ABM allgemein und für Ältere • Arbeits- und Berufsförderung Behinderter • Leistungen nach dem Altersteilzeitgesetz und vorgezogene Altersabgänge auf Kosten der Sozialversicherung • Beschäftigungshilfen für Langzeitarbeitslose	• Arbeits- und Betriebszeitenpolitik/Arbeitszeitordnung • Beschäftigungsprogramme • Sonderprogramme für Zielgruppen wie Frauen, Jugendliche, Ältere, Ausländer, Schwervermittelbar • Staat als Arbeitgeber und Ausbilder • Existenzgründungsförderung • Arbeits-, Unfall- und Umweltschutz, auch als Standortfaktor für Ansiedlung oder Verlagerung

Abb. F-3.2: Betriebliche Beschäftigungspolitik (aus: *Kühl* 1992, 335)

3.3.2 Das RKW-Schema: Ein Überblick über Möglichkeiten der Beschäftigungsanpassung

Das Schema des Rationalisierungskuratoriums der Wirtschaft ist in Abb. F-3.3 - leicht abgeändert - wiedergegeben. Die einzelnen Alternativen in dieser pragmatischen Zusammenstellung sollen kurz skizziert werden.

Produktions- und absatzpolitische Maßnahmen

Im RKW-Schema wird das Anpassungsproblem zunächst als ein generelles Problem der aktuell oder langfristig reduzierten Nachfrage nach Arbeitsleistungen gesehen. Folglich wird der Blick in einer ersten Alternative (Personalplanung - Produktionsplanung) auf die Möglichkeit gelenkt, vorhandene personale Arbeitskapazität nicht abzubauen oder zu transformieren, sondern anderweitig betrieblich zu nutzen. Es muss demzufolge untersucht werden, ob mit qualitativ und quantitativ *gleichbleibendem* Arbeitskräftebestand weitergearbeitet werden kann, wenn und weil absehbar ist, dass es sich um eine vorübergehende Auslastungsschwäche handelt. In einer solchen Situation könnte produktions- oder absatzpolitisch reagiert werden, z.B.

- auf Lager produzieren,
- Fremdaufträge zurücknehmen und stattdessen Eigenfertigung betreiben,
- Reparatur- und Erneuerungsaufgaben vorziehen,
- andere Produkte, für die es bessere Marktchancen gibt, ins Programm aufnehmen und/oder Maßnahmen der Absatzförderung ergreifen,
- arbeitssparende Rationalisierungen aufschieben (wenn z.B. Lohnzugeständnisse erreicht werden können).

All dies setzt eine Vielzahl von - manchmal nur langfristig zu schaffenden - Bedingungen voraus (vorhandene technische Kapazitäten, ausgearbeitete Produktions- und Absatzpläne, ausreichende Lagerkapazitäten und Logistikkonzepte, gute Kapitalausstattung bzw. intelligente Finanzierungskonzepte etc.).

Sind produktions- und absatzpolitische Alternativen nicht möglich oder erschöpft, muss personalpolitisch reagiert werden; dabei wird zwischen qualitativen und quantitativen Maßnahmen unterschieden.

Qualitative Maßnahmen

Damit sind im RKW-Konzept Variabilisierungen des Personaleinsatzes gemeint, die zum einen durch Qualifizierung, zum anderen durch Arbeitsgestaltung erfolgen können:

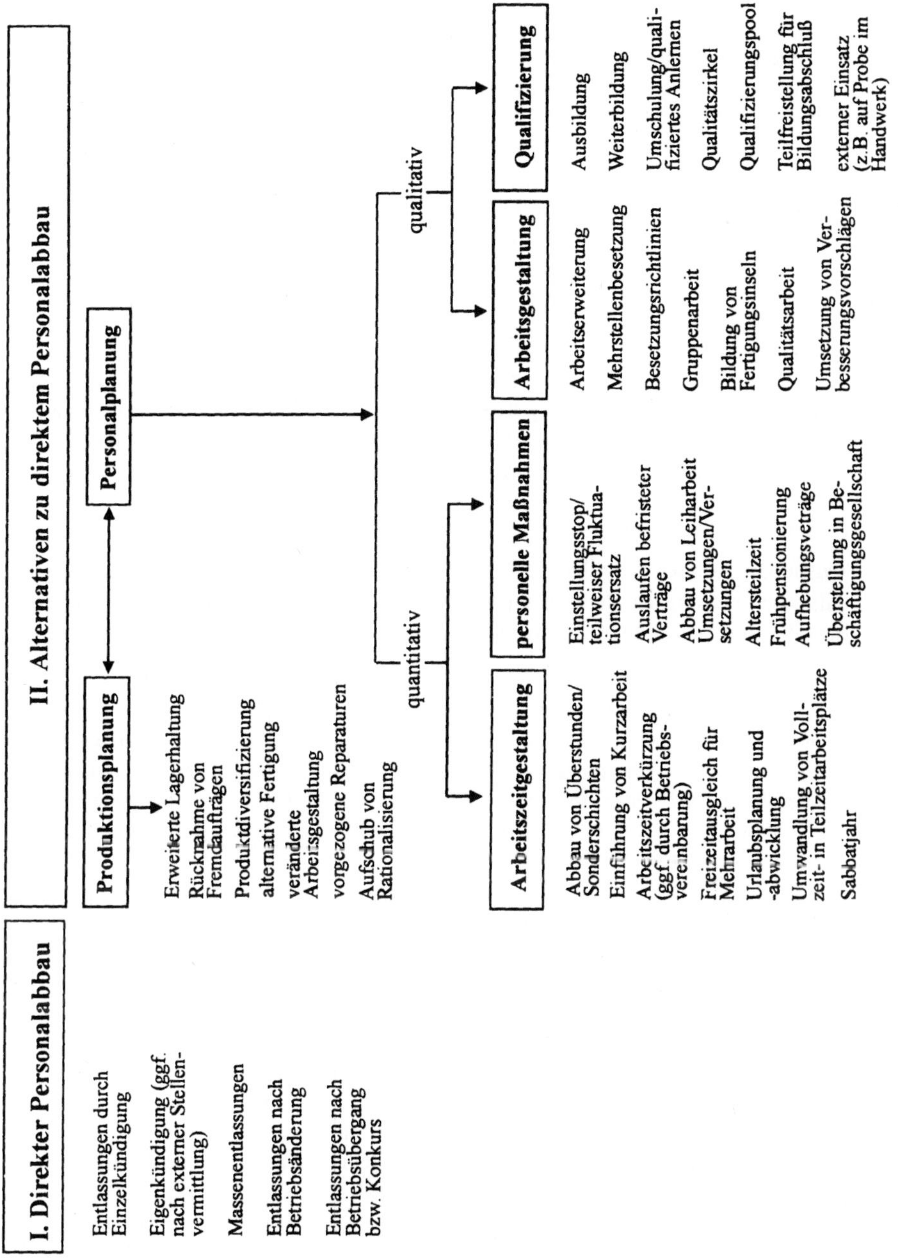

I. Direkter Personalabbau

Entlassungen durch Einzelkündigung

Eigenkündigung (ggf. nach externer Stellenvermittlung)

Massenentlassungen

Entlassungen nach Betriebsänderung

Entlassungen nach Betriebsübergang bzw. Konkurs

II. Alternativen zu direktem Personalabbau

Produktionsplanung ↔ Personalplanung

Produktionsplanung

Erweiterte Lagerhaltung

Rücknahme von Fremdaufträgen

Produktdiversifizierung

alternative Fertigung

veränderte Arbeitsgestaltung

vorgezogene Reparaturen

Aufschub von Rationalisierung

Personalplanung

quantitativ

Arbeitszeitgestaltung

Abbau von Überstunden/Sonderschichten

Einführung von Kurzarbeit

Arbeitszeitverkürzung (ggf. durch Betriebsvereinbarung)

Freizeitausgleich für Mehrarbeit

Urlaubsplanung und -abwicklung

Umwandlung von Vollzeit- in Teilzeitarbeitsplätze

Sabbatjahr

personelle Maßnahmen

Einstellungsstop/teilweiser Fluktuationsersatz

Auslaufen befristeter Verträge

Abbau von Leiharbeit

Umsetzungen/Versetzungen

Altersteilzeit

Frühpensionierung

Aufhebungsverträge

Überstellung in Beschäftigungsgesellschaft

qualitativ

Arbeitsgestaltung

Arbeitserweiterung

Mehrstellenbesetzung

Besetzungsrichtlinien

Gruppenarbeit

Bildung von Fertigungsinseln

Qualitätsarbeit

Umsetzung von Verbesserungsvorschlägen

Qualifizierung

Ausbildung

Weiterbildung

Umschulung/qualifiziertes Anlernen

Qualitätszirkel

Qualifizierungspool

Teilfreistellung für Bildungsabschluß

externer Einsatz (z.B. auf Probe im Handwerk)

Abb. F-3.3: Beschäftigungspolitische Anpassungsmöglichkeiten bei zu hohem Personalbestand (modifiziert nach: *RKW* 1996, 208)

- *Qualifikation*: Um die vorhandenen Arbeitskräfte nicht entlassen zu müssen, werden ihnen alternative Arbeitsplätze in Aussicht gestellt, die jedoch die Bereitschaft zum Umlernen verlangen. Auf diese Weise werden ihnen im Regelfall *betriebsspezifische* Qualifikationen vermittelt, die auch die Einsatzbreite vergrößern sollen. Damit steht diese Maßnahme in Zusammenhang mit einer neuen

- *Arbeitsgestaltung*: Arbeitsplätze werden so zugeschnitten, dass sie mit unterschiedlichen Qualifikationshintergründen ausgefüllt werden können. Um individuelle Entlassungen zu vermeiden, erklären sich Arbeitskräfte bereit, auch vor- oder nachgelagerte Aufgaben auszuführen - oder sie verweigern eben dies ('Mehrstellenbegrenzung'); es werden - zum Teil im Sinne einer Verwaltung des Mangels - Besetzungsrichtlinien eingeführt, die für freiwerdende Arbeitsplätze Kriterien der internen Nachfolge definieren. Neue Formen der Arbeit (wie etwa Gruppenarbeit oder die Bildung von Fertigungsinseln) oder Initiativen im Rahmen von Verbesserungsvorschlagwesen, 'kontinuierlicher Verbesserung' und TQM können dazu führen, dass nicht mehr Arbeitskräfte, sondern anders qualifizierte und motivierte gebraucht und geformt werden.

Quantitative Maßnahmen

'Quantitativ' werden die folgenden drei Maßnahmengruppen (Arbeitszeitgestaltung, indirekter und direkter Personalabbau) deshalb genannt, weil es um die Verringerung der Bestandsgröße 'Arbeitsvolumen' geht.

Arbeitszeitgestaltung

- Abbau von Überstunden und Sonderschichten; Freizeit für Mehrarbeit (statt sie monetär zu entgelten); konsequente Urlaubspolitik (den gesamten zustehenden Urlaub nehmen, Übertragungsmöglichkeit auf das Folgejahr einengen, Urlaubsüberhänge oder -reste abfeiern, kollektiver Betriebsurlaub; Erleichterung oder Forcierung von Langzeiturlauben und unbezahlten Freistellungen): all das verknappt das innerbetriebliche Arbeitsangebot;

- Einführung von Kurzarbeit, um Entlassungen während Auslastungstälern zu vermeiden;

- Verkürzung der kollektiven regulären Arbeitszeiten (ein Beispiel ist das VW-Modell der 28,8-Std.-Woche mit Lohnverzicht); Umwandlung von Voll- in Teilzeit-Arbeitsplätze.

Indirekter Personalabbau

Beim indirekten Personalabbau wird zwar nicht in den *Personal*-, wohl aber in den *Stellen*bestand des Betriebs aktiv eingegriffen; es werden z.B. beim Freiwerden von Arbeitsplätzen die entsprechenden Stellen eingezogen oder es wird extern zugekaufte Arbeit in Zukunft intern erledigt:

- Nichtersetzen der natürlichen Fluktuation, Einstellungsstopp, mehrmonatige Wiederbesetzungssperrfristen, Zwang zu detaillierten Begründungen bei Wiederbesetzungsanträgen;

- kein weiterer Einsatz von Leiharbeit, Werkverträgen oder Heimarbeit;

- Beendigung der Beschäftigung von Aushilfskräften, PraktikantInnen, RentnerInnen, geringfügig Beschäftigten usw., sowie Nichtverlängerung von befristeten Verträgen;
- innerbetrieblicher Stellenausgleich, bei dem - z.b. per Änderungskündigung - Arbeitskräfte aus schrumpfenden in florierende Betriebsteile versetzt oder umgesetzt werden.

Direkter Personalabbau

Hier geht es um den aktiven Abbau von Personal *und* den Einzug von Stellen, z.B. durch

- Streichung von Personalplanstellen und gleichzeitige Erhöhung des Sachetats, sodass ein Teil des Ausfalls durch Zeitarbeit, Werkverträge etc. kompensiert werden kann;
- Frühpensionierung bzw. Frühverrentung (aktualisiert in Formen der Altersteilzeit);
- Aufhebungsverträge;
- Entlassungen (Einzelkündigungen, Massenentlassungen).

Stellungnahme

Das RKW-Schema ist eine Zusammenstellung von pragmatischen Alternativen aus dem 'Werkzeugkasten' des (Personal-)Managements. Die Auflistung ist inhaltlich unvollständig und in ihrer Systematik sowohl auf Normalarbeitsverhältnisse (also ohne atypische Verhältnisse) wie auf Stellen (also ohne *personelle* Maßnahmen) beschränkt. Es fehlen auch einige *extern* induzierte und finanzierte Maßnahmen, wie sie z.B. in *Kühl*s Schema (s. oben, S. 313 einen breiten Raum einnehmen (siehe dazu auch die Liste der Möglichkeiten auf arbeitsmarkt-, steuer-, struktur- und sozialpolitischen Aktionsfeldern S. 196f.). In ihnen geht es generell um Kostenentlastung und um die Beseitigung von Flexibilitätsbarrieren.

3.3.3 Eine entscheidungsorientierte Synthese

Es ist natürlich schwierig, für einen so unscharf abgegrenzten Sachverhalt wie den der Beschäftigungspolitik eine erschöpfende Aufstellung zu liefern, noch dazu wo der Kreativität der PraktikerInnen kaum Grenzen in der Erfindung neuer Möglichkeiten gesetzt sind, die sich insbesondere auch durch die Nutzung und Kombination der Vielfalt von Flexibilisierungsstrategien (rechtliche, zeitliche, qualifikatorische, organisationale etc.) eröffnen. Wir haben dennoch versucht, für den eingeschränkten Bereich der "Maßnahmen zur Bewältigung von Personalüberkapazitäten" einen geordneten Überblick zu bieten (s. Abb. F-3.4 auf S. 319).

Wir unterscheiden drei Reaktionstypen oder Ansatzpunkte:
- Der derzeitige *Bestand* an Arbeitsplätzen und/oder Arbeitskräften wird reduziert.
- Die Arbeitskraft-Arbeitsplatz-*Zuordnung* (Person-Stellen-Zuordnung) wird verändert.

- Der *Leistungsbeitrag* einer weiterbestehenden Stelle wird vorübergehend nicht (oder nicht im bisherigen Umfang) benötigt.

In Abb. F-3.4 werden folgende Differenzen behandelt:

- rational begründete vs. irrationale Maßnahmen[76];
- Stelle (Arbeitsplatz) vs. Person (Arbeitskraft); es kann z.b. eine Stelle eingezogen, aber eine Person weiterbeschäftigt werden;
- dauerhafte vs. vorübergehende Veränderungen;
- Normalarbeitsverhältnisse vs. atypische Beschäftigungsverhältnisse;
- auf eine einzelne Stelle vs. auf viele Stellen bezogene Maßnahmen (z.b. Einzelkündigung vs. Massenentlassung);
- innerbetriebliche vs. die Betriebsgrenzen überschreitende Bewegungen (z.b. Änderungskündigungen vs. Kündigungen; inner- vs. überbetriebliche Pool-Lösungen; grenzüberschreitend sind auch Ausgründungen oder Beschäftigungsgesellschaften);
- symmetrische (einvernehmliche) vs. asymmetrische (herrschaftliche) Aktionen (z.B. Auflösungsvertrag vs. Kündigung);
- Maßnahmen mit vs. ohne Betriebsratsbeteiligung.

Das Schema F-3.4 soll nicht weiter erläutert werden, weil es selbsterklärend ist. Es vermittelt jedoch einen anschaulichen Eindruck von der Vielzahl der Möglichkeiten, die bei 'Überkapazitäten' praktiziert werden (können).

Im Folgenden werden wir versuchen, die unterschiedlichen *Logiken* zu analysieren, die den Maßnahmen zur Modifikation von Beschäftigungssystemen und -verhältnissen zugrundeliegen. Das Management kann keine dieser Logiken außer Kraft setzen oder völlig missachten, aber es kann sie in unterschiedlicher Gewichtung und Mischung einsetzen.

3.4 Logiken des Managements von Beschäftigungssystemen

Das Management von Beschäftigungssystemen steht im Zusammenhang mit dem umfassenderen Problem der Sicherung eines optimalen Arbeitseinsatzes. Managemententscheidungen sind nicht unvermittelter Ausdruck verwertungslogischer Imperative (z.B.: 'Keine Fehlallokation von Personal!', 'Keine Ressourcenverschwendung!'). Management balanciert partiell antagonistische Logiken aus und das erklärt auch die bemerkenswerte 'Unreinheit' seiner Massnahmen, die immer wieder von KritikerInnen aus dem Lager der Reinen (mikroökonomischen TheoretikerInnen) konstatiert wird. Es herrscht ein Mix von nur locker koordinierten Techniken vor, die sich in ihrer Gesamtheit nicht einer einzigen stimmigen Konzeption fügen.

---

[76] 'Rational begründet' oder 'rationalisiert' nennen wir Aktionen, die vermutlich der Nachprüfung durch eine dritte Stelle (Betriebsrat, Einigungsstelle, Arbeitsgericht) standhalten können; 'nicht begründet' (sozial nicht gerechtfertigt, unwirksam) sind offenkundig irrationale, spontane, unsachliche Massnahmen, die jedoch zuweilen von den Betroffenen 'klaglos' hingenommen werden.

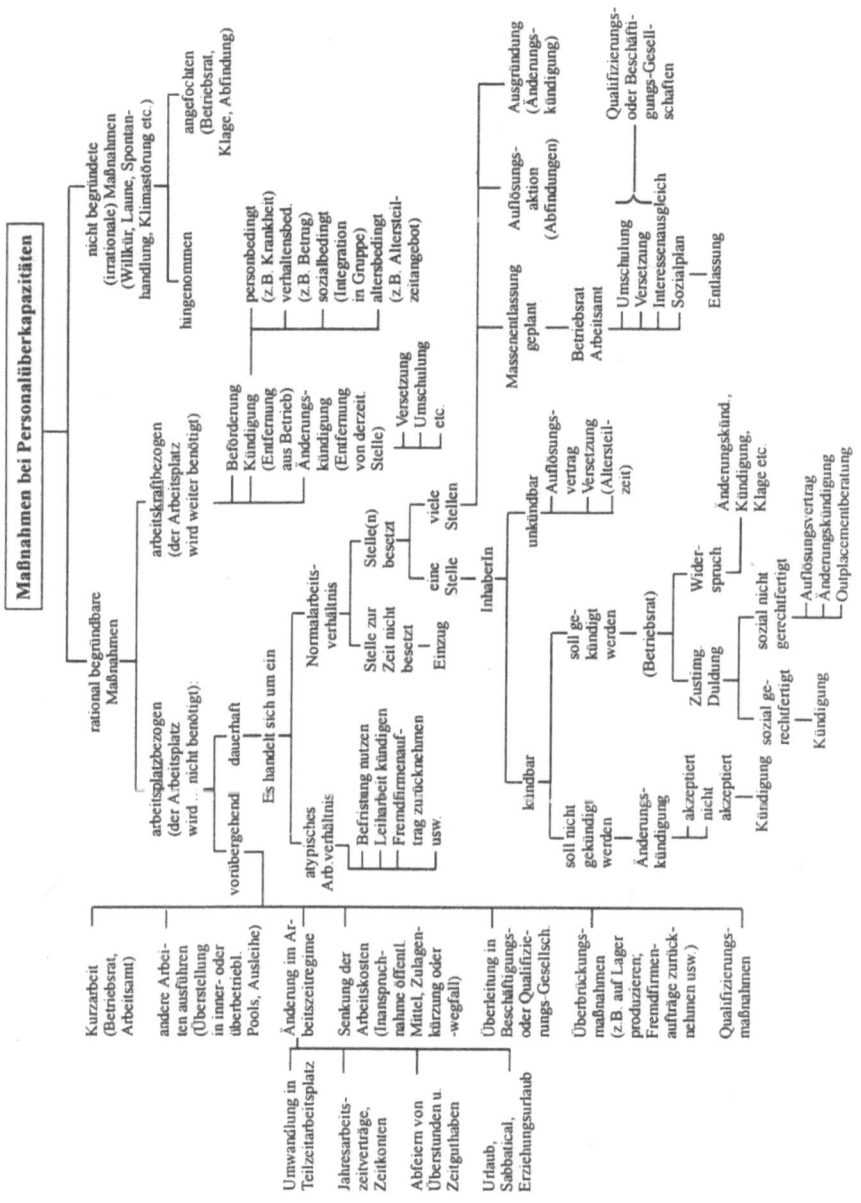

Abb. F-3.4: Überblick über Massnahmen bei Personalüberkapazitäten

Die allgemeine Problemstellung, in deren Rahmen Personalabbau nur eine Unterkategorie darstellt, ist Personal-Anpassung. Personal-Anpassungs-Probleme treten - wie oben schon angemerkt - immer dann auf, wenn *irgendein* Bereich der Personalwirtschaft suboptimal gestaltet ist, d.h. wenn zwischen Soll und Ist eine Diskrepanz klafft, die durch personalwirtschaftliches Handeln überbrückt werden kann (siehe *Hamel* 1992, 464f.). Die Differenzierung der personalwirtschaftlichen Tätigkeitsfelder (Personalbedarfsplanung, Personalbeschaffung, Personalentwicklung, Personaleinsatz, Personalführung etc.) ist orientiert an der Schließung besonders bedeutsamer Lücken (z.B. zwischen vorhandenen und benötigten Arbeitsvolumina oder Qualifikationen, geplanten und realisierten Kosten, Leistungen, Abläufen usw.). Personalinformationssysteme und Personal-Controlling werden zu immer wichtigeren Instrumenten der permanenten Überwachung und Steuerung der Beziehungen zwischen Soll und Ist. Personalwirtschaftslehre kann insgesamt als ökonomische Bewältigung von Soll-Ist-Diskrepanzen im Zusammenhang mit dem 'Faktor Arbeit' bestimmt werden.

Weil an diesem Produktionsfaktor im Arbeitsvertrag ein Nutzungsrecht, aber kein Eigentum erworben wird, besteht ein Unterschied zwischen dem im Unternehmen vorhandenen (aber deshalb nicht unbedingt verfügbaren) *Arbeitsvermögen* und der tatsächlich abgegebenen *Arbeitsleistung*. Indikatoren solcher Soll-Ist-Diskrepanzen sind Fehlzeiten, Fluktuation, Unzufriedenheit, Leistungsabfall, Qualitätseinbußen, Prozess- und Organisationsmängel.

Personal-Anpassungs-Entscheidungen - zu denen auch Personalentwicklung, Personalauswahl, Personalführung etc. gehören - sind nicht nur *operative* Problembewältigung, sondern sie implizieren (wegen der Soll-Komponente in der Diskrepanzbestimmung) unternehmens*politische* Entscheidungen. Dies deshalb, weil das Management

a) verschiedene Optionen hat, unter denen es auswählen kann (also nicht determiniert ist z.B. durch den vielberufenen Sachzwang); es kann überdies nicht nur *auswählen*, sondern neue Optionen *kreieren* (und sei es durch Kombination vorhandener Elemente);

b) in seinen Entscheidungen nicht völlig autonom ist, sondern - obwohl es diese Autonomie anstrebt - stets abhängig bleibt von anderen 'stakeholders' (Kapitalgeber, Arbeitskräfte, Öffentliche Hand usw.), die es beschränken und von denen es zugleich profitiert;

c) durch sein Handeln Bedingungen seines Handelns sowohl produziert wie reproduziert;

d) die Mehrdeutigkeit und Unsicherheit der Situation nicht grundsätzlich, sondern nur vorübergehend beseitigen kann, sodass es fortwährend unausweichlichen neuen Bewährungsproben ausgesetzt ist, in denen es scheitern kann. Zu dieser Mehrdeutigkeit gehört insbesondere, dass die Kriterien, an denen Erfolg gemessen wird, mehrdimensional, widersprüchlich und instabil sind. Management ist -

als Institution und Funktion - deshalb auch daran interessiert (!), nicht nur Problemlöser zu sein, sondern auch die Bewertungskriterien in seinem Sinn zu definieren.

Aus diesen Überlegungen folgt, dass das Management nicht dem Markt und dem Staat als das steuernde unabhängige Dritte gegenübergestellt werden kann, sondern dass es einerseits als unselbständiges Moment von diesen erzeugt wird und auf sie re-agiert, andererseits aber Form und Fortbestand von Markt und Staat mitgestaltet. Um 'beeinflusster Beeinflusser' sein zu können, muss es jedoch - wie gesagt - Autonomie oder Macht haben, d.h. den anderen Beteiligten Überraschungen bereiten können, die sie nötigen, im gewollten Sinn zu reagieren. Im vorliegenden Zusammenhang interessiert in erster Linie die Kontrolle des Faktors Arbeit durch das Management.

Die Gestaltungsaufgabe des Managements liegt darin, aus den möglichen Modulen ein Beschäftigungs*system* zusammenzusetzen, das der eigenen 'policy' genügt. Je nachdem, welche Anforderungen in Bezug auf Fähigkeiten, Loyalität oder Motivation an die Belegschaft gestellt werden, kann eine hochqualifizierte 'Kernbelegschaft' von 'Satelliten'-Belegschaften umgeben sein, die für kurzfristige Auftragsspitzen, einmalige Vorhaben, Vorbereitung neuer Initiativen, weniger qualifizierte Tätigkeiten, standardisierte Leistungskomponenten etc. genutzt werden. Wenn die verschiedenen Komponenten dieses 'Beschäftigungs-Mix' gegeneinander ausgespielt werden (können), weil sie partiell substituierbar sind, ist es möglich, Zugeständnisse im Hinblick auf Preise, Verfügbarkeit, Arbeitsqualität etc. auszuhandeln oder zu erpressen.

Um den Blick dafür zu schärfen, dass es zu den bei uns (bislang) selbstverständlichen Beschäftigungssystemen auch Alternativen gibt, ist in Beleg F-3.3 eine Kollage von Elementen japanischer Beschäftigungssysteme zusammengestellt.

3.4.1 Entwicklung eines Bezugsrahmens

Wie oben gezeigt wurde, findet sich eine sehr große Vielfalt an Möglichkeiten der Konstitution, Modifikation und des Managements von Beschäftigungssystemen. Daraus ergeben sich einige Fragen, auf die im Folgenden eingegangen werden soll: Warum gibt es diese Vielfalt? Wie wird daraus gewählt? Von welchen Bedingungen und welchen Kriterien hängt die Wahl ab? Wir gehen zunächst kurz auf *Bedingungen* ein und werden dann ausführlich zu *Leitbildern bzw. Logiken* Stellung nehmen.

Die Gruppe der sog. 'Kontingenz-Ansätze' in der Organisationsforschung basiert auf der Annahme, dass Organisationsstrukturen und -prozesse abhängig (kontingent) sind von bestimmten Determinanten (wie z.B. Branche, Technologie, Eigentumsverhältnisse, Größe etc.). Für die Wahl von Beschäftigungssystemen dürften folgende Bedingungen besonders relevant sein:

Beleg F-3.3:   Das japanische Beschäftigungssystem

Es ist selbstredend nicht möglich, über 'das' japanische Beschäftigungssystem eine Aussage zu machen, weil auch dort die Unternehmen verschiedener Branchen und Größen unterschiedliche Strategien praktizieren. Dennoch sollen - um eine Art Kontrast zu den uns gewohnten Beschäftigungsformen herzustellen - typische Merkmale japanischer Beschäftigungspraktiken aufgeführt werden:

1. Prinzip der 'lebenslangen Beschäftigung' für die Stammbelegschaften (in den Großbetrieben, die allerdings nur einen kleinen Teil der japanischen ArbeitnehmerInnen beschäftigen, denn drei Viertel von ihnen arbeiten in Betrieben mit bis zu 100 MitarbeiterInnen). In Rezessionszeiten wird von den Stammbelegschaften die Bereitschaft zu temporären oder dauerhaften Entsendungen (Ausleihungen) in andere - auch fremde - Unternehmungen erwartet (s. *Dirks* 1997).

2. Lange Arbeitszeiten. 1993 betrug die durchschnittliche Jahresarbeitszeit in Japan 1993 Stunden, in der BRD waren es 370 Stunden weniger (*Seifert* 1995, 53).

3. Hohe Zahl von Überstunden. 1993 waren es pro Arbeitnehmer 133 (in der BRD ca. 57) (*a.a.O.*, 55). Damit hohe Elastizität des Arbeitszeitvolumens.

4. Bei einem ohnehin niedrigen Urlaubsanspruch von 20 Tagen pro Jahr wird nur etwa die Hälfte tatsächlich genommen, u.a. auch deshalb, weil es kaum flexible Personalreserven in den Betrieben gibt.

5. Relativ niedrige Teilzeitquote (1991: 12,6%; in der BRD: 15,5%); für viele Teilzeitarbeitende gibt es keine Sozialversicherung und Altersversorgung;

6. Ein beträchtlicher Teil des Einkommens wird über Boni bezahlt, die zuweilen bis zu 50% des Gesamteinkommens ausmachen können. Damit ist eine sehr hohe Lohnflexibilität gegeben. Denn wo Liquidität gesichert wird, können Entlassungen vermieden werden.

7. Über lange Jahre war das Rentenalter 55 Jahre, inzwischen ist es auf ca. 60 erhöht worden. Die jährlichen Gehaltssteigerungen werden allerdings bei älteren MitarbeiterInnen sukzessive verringert, so dass sich die Einkommen vor der Altersgrenze kaum noch erhöhen (eine wichtige Voraussetzung für die Möglichkeit der Erhöhung der Altersgrenze auf 60 oder 65 Jahre). Die öffentliche Altersversorgung beginnt erst mit dem 65. Lebensjahr.

8. Nach dem Ausscheiden arbeiten viele Rentner unter wesentlich schlechteren Bedingungen (z.B. in Zulieferbetrieben) weiter.

9. Von jungen Frauen wird erwartet, dass sie im Alter von 25-30 Jahren zur 'Familienpause' ausscheiden und ihren Arbeitsplatz für jüngere freimachen. Nach dem Wiedereinstieg fallen Zahlungen, die an die Betriebszugehörigkeitsdauer geknüpft sind, wesentlich niedriger aus.

10. Als arbeitslos gilt, wer weniger als 20 Stunden pro Monat arbeitet.

11. Die Ausbildung für die Betriebe ist eher allgemein (nicht fachspezifisch); die innerbetriebliche Flexibilität und die betriebsspezifische Qualifizierung sind ausgeprägt.

- *Größe*. Es bestehen - wie gezeigt - deutliche Unterschiede in den Arbeitskräftestrategien von KUM und Großbetrieben, z.b. wegen gesetzlicher Ausnahmeregelungen (siehe z.b. Größenklauseln im KSchG und AFG); die Abhängigkeit von einzelnen Arbeitskräften ist bei Klein- und Mittelbetrieben besonders hoch; das Produktionsspektrum ist insbesondere bei Kleinbetrieben meist schmal, weshalb bei Marktenge kaum Ausweichmöglichkeiten bestehen und auf Auslastungstäler mit Personalabbau reagiert wird;
- *Finanzkraft* (slack, also: 'Polster'), Liquiditätsengpässe, Bilanzpolitik (s. etwa die 'Philosophie' der Maximierung des shareholder value);
- *Technologie* (Substitutionseffekte, Störanfälligkeit, Verriegelungswirkungen);
- *Konkurrenzsituation* (sog. funktionierende Märkte; Nischen, Monopole);
- (allgemeine, weltweite, nationale, branchenspezifische) *Konjunktur;*
- *Kooperationsmöglichkeiten* oder *-netze* usw.

Der kontingenztheoretische (situative) Ansatz soll aber hier nicht vertieft werden, weil er eine zu deterministische und mechanistische Sicht der Dinge vertritt und die Bedeutung von Managementstrategien und -optionen unterschätzt. Stattdessen wird - der *Child*schen Kritik an den Kontingenzansätzen folgend - die Bedeutung von 'strategic choice' hervorgehoben: das Management hat die Wahl. Bei einer solchen Perspektive werden zwar die situativen Bedingungen als Beschränkungen der Wahl-Freiheit berücksichtigt, wichtiger aber ist, an welchen Zielvorstellungen und Erfolgsmaßstäben die Entscheidung zwischen den stets verfügbaren unterschiedlichen Möglichkeiten orientiert ist.

Das Management generell und natürlich auch das Personalmanagement ist abhängiges unselbständiges Organ in einem größeren Kontext, das Autonomie sucht und nutzt, um eigene Interessen zu verfolgen. In der Principal-Agent-Theorie ist dieser Konflikt auf den Punkt gebracht: der Prinzipal[77] (die metaphorische Inkarnation der Kapitalinteressen) misstraut erfahrungsgesättigt und in selbsterfüllender Prophezeiung seinen AgentInnen (den ManagerInnen): sie sind nicht selbstlose DienerInnen ihres Herrn, sondern neigen dazu, in die eigene Tasche zu wirtschaften, sich ein angenehmes Leben zu machen, den Herrn mit weniger als dem Möglichen abzuspeisen usw. Das ist deshalb möglich, weil der Herr nicht Gott und deshalb nicht allwissend und allmächtig ist; anders gesagt: weil die Handlungssituation so komplex, mehrdeutig, instabil und widersprüchlich ist, dass triviale Lösungen unmöglich sind. Sobald aber AgentInnen eingeschaltet werden müssen, entstehen *wechselseitige* Abhängigkeitsbeziehungen. Für den Herrn taucht ein Kontrollproblem auf, das mehrere Facetten hat: er weiß nicht genau und sicher, ob seine AgentInnen genügend fähig, motiviert und loyal sind. Er wird - wie wir an anderer Stelle (siehe 'Personalwesen 1') ausgeführt haben - bei der Selektion seiner AgentInnen auf verräterische Signale achten, selbstzwingende Verträge konstruieren, geeignete Anreizsysteme entwickeln usw. Bei alledem lässt sich dennoch ein Problem nicht aus der Welt schaffen, auf das im Folgenden näher eingegangen wird: es gibt stets verschiedene Wege zu den Zielen und die Ziele sind nicht immer klar bekannt, eindeutig operationalisierbar, widerspruchsfrei, kontext- und zeitunabhängig formulierbar. Dies ist für das Management kein unerfreulicher Zustand, im Gegenteil: es ist die Begründung seiner Daseinsberechtigung und die Bedingung der Möglichkeit autonomen Handelns bzw. weniger radikal formuliert: der Ausweitung der Spielräume selbstbestimmten Handelns.

Orientiert an den oben dargestellten alternativen Verfahren zur Lösung für 'mis-fits' von Beschäftigungssystemen, wollen wir herausarbeiten, welchen unterschiedlichen Logiken Personalverantwortliche folgen können bzw. müssen. Unter 'Logiken' ist nicht standardisiertes Schlussfolgern oder exakte Analyse von Denkbewegungen zu verstehen, sondern - wie in der Organisationstheorie üblich - der Sammelbegriff für Leitbilder, Kerngedanken, Handlungsprinzipien, Ansprüchen oder Maximen, die eine beobachtete Praxis anleiten oder folgerichtig und stimmig erscheinen lassen.

Kernthese der folgenden Ausführungen ist, dass für die Wahl zwischen Beschäftigungssystemen *stets zugleich mehrere* Logiken gelten und dass sie untereinander *nicht immer kompatibel* sind. Der Grund dafür ist, dass Beschäftigungs-Management selten ein wohlstrukturiertes technisches Mittel-Zweck-Problem (das ließe sich durch ExpertInnen lösen und routinisieren), sondern meist ein schlechtstrukturiertes politisches (Ziel-)Problem ist.

In Abb. F-3.5 haben wir versucht, unsere Vorstellung von der Rolle des (Personal-)Managements zu visualisieren, indem wir es in einen umfassenden sozioökonomischen Kontext eingebettet haben. Die Darstellung ist symmetrisch aufgebaut, sie besteht aus (1) zwei Kernprozessen und (2) dem Kontext, der wiederum zweigeteilt ist.

(1) Im Mittelpunkt stehen - mit einem Doppelpfeil veranschaulicht - die beiden Kernprozesse der *Produktion* und *Reproduktion*. Der ökonomische Produktionsprozess (a) ist - *Marx* folgend - zugleich ein Arbeits- und ein Wertbildungsprozess. Auf ihm baut, durch ihn bestimmt und ihn bestimmend, der soziale Reproduktionsprozess (b) auf, der einerseits einer Vergemeinschaftungs- und andererseits einer Herrschaftslogik folgt.

zu (a): Der ökonomische Kernprozess ist in zwei Ebenen der Wertschöpfung gegliedert, die zirkulär in den Marktprozess integriert sind: die basale und materielle Schicht ist die *Produktion* (a_1) als Schaffung von Gebrauchswert. In der darüberliegenden Schicht geht es um die Steuerung des Produktionsprozesses durch den *Verwertungs*prozess (a_2): der Gebrauchswert von Produkten wird in den Tauschwert von Waren transformiert. In einer kapitalistischen Ökonomie erfolgt Produktion unter dem Regime der Verwertung, genauer: der Erzielung von Einnahmeüberschüssen und deren Kapitalisierung als 'sich selbst verwertender Wert'.

---

[77] Wir bleiben bei der männlichen Form, um der patriarchalischen Realität Ausdruck zu geben.

zu (b): Der soziale Kernprozess ist mit dem Waren- und Geldproduktionsprozess verschränkt: einerseits ermöglicht und sichert er ihn und andererseits wird er von ihm dominiert und kolonisiert. Basal ist hier der *kooperative* Prozess 'lebendiger' Arbeit (b₁), durch den die schöpferischen Potenzen der Subjekte koordiniert und genutzt werden (Vergemeinschaftung, Beziehung). Dieser Arbeitsprozess wird überlagert von einem Organisationsprozess, der den Apparat (die 'Verhältnisse') ausbildet und erhält (b₂), mit dessen Hilfe der basale Prozess gesteuert und kontrolliert wird. Im Rahmen dieser 'Strukturmuster-Erhaltung' [pattern maintenance oder latency (*Parsons*)] spielt die Einrichtung und Sicherung von *Herrschaft* eine besondere Rolle, die so weit gehen kann, dass Herrschaft vom Mittel zum Ziel mutiert.

Wie sich beim ökonomischen Prozess die Teilfunktionen 'Produktion' und 'Verwertung' in einem Spannungsverhältnis gegenüberstehen, so auch beim sozialen Prozess die Funktionen 'Vergemeinschaftung' und 'Herrschaft'. *Vergemeinschaftung* ist der Sammelname für Vermenschlichung, Nähe, Subjektivierung, lebendige Kooperation, Beziehung; *Herrschaft* ist der Stellvertreterbegriff für Distanzierung, Versachlichung, Objektivierung, Trennung und Unterwerfung.

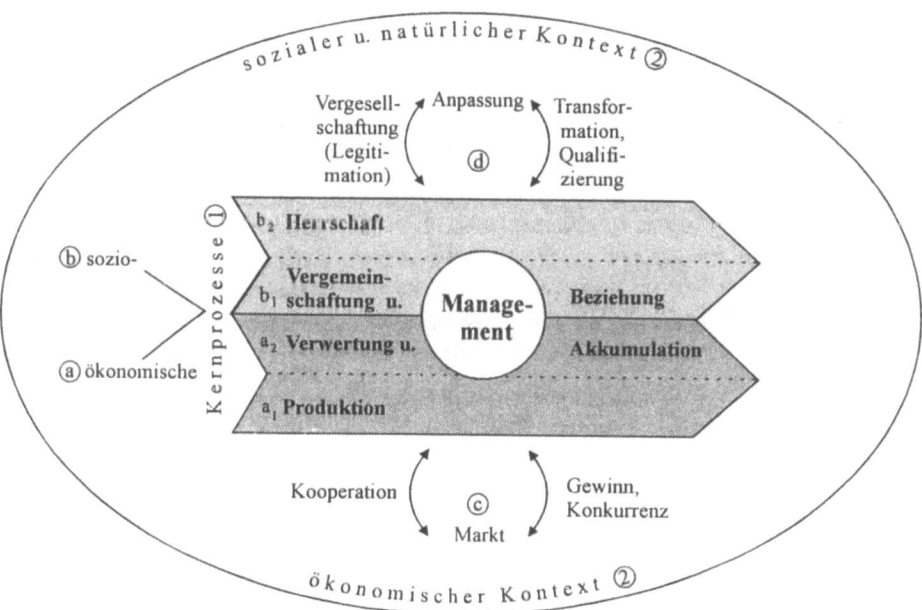

Abb. F-3.5: Die Logiken der Kernprozesse und des Kontextes

(2) Im *Kontext* wiederholt sich die sozio-ökonomische Doppelung. Was in den Kernprozessen der Fall ist, spiegelt die Bedingungen und Prozesse wieder, die 'außen' (im Umfeld) existieren. Diese Widerspiegelung ist als Strukturationsprozess zu verstehen: Das Außen bestimmt das Innen, das seinerseits zirkulär das Außen (re-)produziert.

Aus ökonomischer Perspektive (c) ist auf das *Markt*geschehen einzugehen. Die Marktlogik lässt sich in zwei Facetten zerlegen, die der Produktions- und der Verwertungslogik korrespondieren.

c_1: Die Produktionslogik ist dominiert durch die Maxime: "Das beste Produkt herstellen!" Dieser Anspruch auf umfassende Qualität impliziert im Außenverhältnis *Kooperation*. Einerseits bedeutet das statt der Bevormundung des Kunden Zusammenarbeit mit ihm, weil es im Interesse künftiger Geschäfte um die Optimierung des Gebrauchswerts für den Kunden geht. Andererseits müssen alle Möglichkeiten der Kooperation mit Externen ausgeschöpft werden, sei es mit Zulieferern, Behörden, Verbänden, Gewerkschaften und nicht zuletzt auch Konkurrenten. Die Zusammenarbeit mit letzteren kann sich in Allianzen, joint ventures, Projekten etc. manifestieren, um gemeinsam Know how zu produzieren und zu nutzen. Ziel all dieser Aktivitäten ist möglichst hohe Gebrauchswertschöpfung.

c_2: In der marktbezogenen Ausformung des Verwertungsprinzips dominiert die *Gewinn*orientierung. Alle Aktivitäten werden danach bemessen, wie sehr sie die eigene Einkommenserzielung zu fördern versprechen. Nicht Gebrauchswertoptimierung für den Kunden steht im Mittelpunkt, sondern Einkommenserzielung für das Unternehmen. Es kann zwar vorteilhaft sein, durch langfristige Kundenbindung Transaktionskosten dauerhaft zu senken und Folgegeschäfte zu sichern, das darf aber nicht soweit gehen, erheblich über das durch die Konkurrenz mitdefinierte Kosten-Qualitäts-Verhältnis hinauszugehen, weil das die eigene Gewinnsituation beeinträchtigen würde. Auch die anderen Außenbeziehungen werden durch das Verwertungsinteresse bestimmt, das darauf gerichtet ist, sich selbst in eine möglichst günstige, die Konkurrenten in eine möglichst schlechte Position zu bringen und sie letztlich aus dem Markt zu verdrängen.

Aus sozialer Perspektive (d) werden die Beziehungen zu Staat, Gesellschaft und ('natürlicher') Umwelt thematisiert. Staat bezeichnet die Trias aus Legislative, Exekutive und Jurisdiktion und die angeschlossenen Organe. Obwohl der Staat auch als Unternehmer auftritt, stehen Rechtsetzung, Rechtsprechung und Rechtdurchsetzung im Mittelpunkt staatlicher Einwirkungen auf die Unternehmen. Der Staat ist jene regulierende gesellschaftliche Institution, die - gedeckt durch das Gewaltmonopol - garantiert und legitimiert, subventioniert und abschöpft, begrenzt und kontrolliert. Andere gesellschaftliche Sphären (Erziehung, Wissenschaft, Religion, Kunst, Unterhaltung, Information) sind selbst organisational verfasst und zum Teil unternehmerisch tätig (s. die Rede vom Kulturbetrieb oder der Kulturindustrie), sie prägen

Normen und Gewohnheiten, Wissen und Ansichten, Motive und Fähigkeiten der BürgerInnen. Nicht zuletzt ist unternehmerisches Handeln vernetzt mit der sog. 'natürlichen' Umwelt, die es nutzt und verändert, sodass sie längst eine kultivierte oder industrialisierte ist. Auch die sozialen Kontexte spiegeln jene sozialen Kernprozesse wider, denen sie entsprechen und die sie mitgestalten. Den Zwang, sich den gesellschaftlichen Verhältnissen anpassen zu müssen, und die Chance, diese Verhältnisse den eigenen Interessen anpassen zu können, diskutieren wir am Beispiel zweier 'Anpassungs'-Logiken:

d_1: Als Gegenpol zum Vergemeinschaftungsprinzip fungiert die *Vergesellschaftungslogik*. Soziale Strukturen und Prozesse werden aus ihrem unmittelbaren Bezug abstrahiert und in die übergreifenden gesellschaftlichen Muster integriert. Die Gesellschaft hält Werte, Weltanschauungen, Normen, Gesetze, Institutionen, Verfahren und Praktiken vor, die - mit ebenfalls gesellschaftlich definiertem Verbindlichkeitsgrad - als Vorlage für das konkrete Handeln der (Kollektiv-)Akteure fungieren. Organisationen profitieren von dieser Norm(alis)ierung, Koordination und Stabilisierung und werden gleichzeitig überwacht, sodass Abweichungen registriert und sanktioniert werden. Deshalb kommt der *Legitimation* des eigenen Vorgehens eine große Bedeutung zu, weil sie die Unternehmung das Reservoir der gesellschaftlichen Geltungsgründe für eigene Zwecke nutzen lässt, die Konformität mit den geltenden Ansprüchen signalisiert wird und gesellschaftliche oder staatliche Eingriffe abgewehrt werden.

d_2: Als Pendant zur Herrschaftslogik greifen wir im sozialen Kontext die *Transformationslogik* heraus. Auch dabei geht es - wie bei der Legitimation - um Anpassung an gesellschaftliche Vorgaben. Gesellschaft und Staat werden dabei jedoch nicht als statisch, sondern dynamisch gesehen: sie verändern sich fortwährend. Unternehmen tragen einerseits bei zu diesen Veränderungen und haben sich andererseits zu fügen. Diese laufenden Akkomodations- und Assimilationsprozesse erfordern von den Unternehmen (und ihren Beschäftigungssystemen) hohe Agilität und Flexibilität. Entwicklung, Qualifizierung, Lernen sind deshalb nicht Ausnahme, sondern Alltag in Organisationen und die Chancen und Risiken dieser Dynamik zwingen zu einer passenden (und das heißt auch: variablen) Gestaltung der Beschäftigungssysteme.

Die Kernprozesse haben wir in der Abb. F-3.5 als Pfeile gezeichnet, um zu symbolisieren, dass sie - als Prozesse (!) - historisch kontingent sind, d.h. sich in der Zeit ändern. Ihre Entwicklung folgt keiner Naturgesetzlichkeit, sondern ist pfadabhängig. Der Anpassungsdruck, der selbstredend auch vom ökonomischen Kontext ausgeht, zwingt zu einer ständigen 'Qualifizierung' der Kernprozesse, die somit 'immer anders' sind.

Hohe Komplexität und fortwährende Veränderung der Kernprozesse und Kontexte gefährden die Interessen der beteiligten Akteure, die darum versuchen werden, den Gang der Dinge strukturell (geplant, institutionell) und ad hoc (improvisierend, korrigierend) zu steuern. Um den Kapitalverwertungsinteressen zu dienen, wurde zur Bewältigung der internen und externen Kontingenz die Institution *Management* eingerichtet, die in der Abbildung als zentrales Relais eingezeichnet ist. Management ist eine Herrschaftsinstanz, die durch Instrumentalisierung von Produktion und Kooperation eine optimale Kapitalverwertung sichern soll, wozu auch erforderlich ist, die Kontextbedingungen in geeigneter Weise zu nutzen und/oder zu gestalten. Die Institution Management ist dabei nicht auf eine selbstlos dienende Rolle festgelegt, sondern kann ihre Position - als Parasit im *Serres*schen Sinn, als Schaltstelle, die fremde Energie für sich abzweigt, als Makler, der von seinen Geschäften profitiert - zum Ausbau eigener Interessen nutzen.

Orientiert an diesen Überlegungen werden wir im Folgenden ohne Anspruch auf Vollständigkeit einige wichtige Logiken[78] herausgreifen, die für das Management von Beschäftigungssystemen von besonderer Bedeutung sind. Mit dieser Diskussion versuchen wir, das buntscheckige Instrumentarium, das für die Konstitution und Modifikation von Beschäftigungssystemen eingesetzt wird, als Konkretisierung unterschiedlicher Logiken zu verstehen. Aus einer solchen Perspektive überraschen Vielzahl und Widersprüchlichkeit der praktizierten Techniken nicht.

Wir haben acht Logiken ausgewählt, vier aus dem Bereich der Kernprozesse (*Produktion, Verwertung/Akkumulation, Vergemeinschaftung/Beziehung* und *Herrschaft*) und vier aus den Kontexten (aus der Perspektive gesellschaftlicher Anpassung *Legitimation, Transformation* und aus marktlicher Perspektive einerseits *Kooperation* und andererseits *Gewinn/Konnkurrenz*) (siehe Abb. F-3.6).

---

[78] Als angewandte Wissenschaft ist die Betriebswirtschaftslehre orientiert an Problemstellungen der Praxis, die sie reflektiert und theoretisch erklärt. Es überrascht deshalb nicht, wenn ihre disziplinäre Spezialisierung in Beziehung zu den thematisierten Logiken gebracht werden kann: Produktion, Logistik, Operations Research (Produktion), Controlling, Rechnungswesen (Verwertung, Herrschaft, Legitimation), Marketing, Absatzwirtschaft, Handel (Kundenorientierung/Qualität, Verwertung), Finanzierung, Banken, Steuern (Verwertung), Organisation, Unternehmensführung (Herrschaft, Anpassung), Personal (Kooperation, Herrschaft, Anpassung).

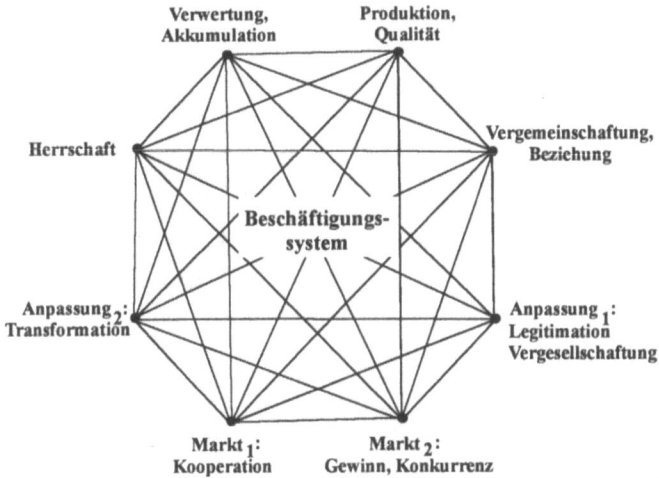

Abb. F-3.6: Das Beschäftigungssystem im Netz unterschiedlicher Logiken

3.4.2 Die Logiken der Kernprozesse

3.4.2.1 Produktionslogik

Auf die Produktionslogik soll hier nur kurz eingegangen werden, weil sie in einem anderen Band der vorliegenden Basistext-Reihe (*Heller* 1995) im Mittelpunkt steht. Dort werden die Bedingungen, Formen und Begründungen der Gestaltung von Arbeit in (kapitalistischen) Organisationen ausführlich dargestellt.

Unter kapitalistischen Bedingungen erschöpft sich der Arbeitsprozess - an diese 'Selbstverständlichkeit' soll zu Beginn erinnert werden - nicht im intrinsischen Genuss seiner selbst; er erhält seine Bestimmung durch die (Verwertungs-)Absicht, in der Produkte erzeugt werden. Arbeitsprozess und Produkt sind unselbständige Momente in einem zirkulären Prozess, der durch Verwertung und Aneignung bestimmt ist.

Ohne diese Formbestimmung (durch Verwertung und Aneignung) könnte Produktion nach dem Modus handwerklichen Schaffens interpretiert werden: das Werk steht im Mittelpunkt, es wird in lebendiger Arbeit mit Hingabe und hohem, traditionell bestimmten Qualitätsanspruch hergestellt und als individuelle oder gemeinsame Leistung, die Erfahrung und Kunstfertigkeit erfordert, gestaltet. Der Verkauf dieses Produkts dient nicht so sehr der Gewinnmaximierung, sondern vielmehr der Sicherung eines angemessenen Lebensunterhalts.

In einer kapitalistischen Ordnung ändern sich nahezu alle diese Charakteristika der Produktion fundamental: die Herstellung wird rationalisiert, Fertigungskosten werden exakt kalkuliert (Lagerhaltung, Durchlaufzeiten, Maschinenverschleiss, Löhne etc.), Ziel ist kein einmaliges, sondern ein anforderungsgerechtes Produkt, das vereinbarten Qualitätsstandards entspricht und zu möglichst günstigen Konditionen verkauft werden soll. Nicht zünftige Regeln, sondern alle nur denkbaren Innovationen sollen genutzt werden, um mehr, schneller, besser, billiger produzieren zu können. Diese imperativen Komparative kennzeichnen die Produktionslogik.

In seiner reinen Form wäre ein produktionslogisch optimaler Arbeitsprozess, der gebrauchs- und nicht tauschwertorientiert ist, charakterisiert durch

- Transparenz im Hinblick auf Bedingungen, Instrumente, Verfahren und Ziele. Das erforderte die korrekte informationelle Abbildung des gesamten Prozesses und die unmittelbare und verzögerungsfreie Rückmeldung aller relevanten Zustände (Störungen, Engpässe, Änderungen) an die *Produzierenden* (nicht: die Herrschenden/Aneignenden).

- Die arbeitsteilig organisierten Einzelvorgänge (Disposition, Materialbeschaffung, Prüfung, Fertigungssteuerung, Fertigung, Qualitätssicherung etc.) müssen perfekt und verschwendungsfrei aufeinander abgestimmt werden.

- Zur Sicherstellung reibungslosen Anschlusshandelns müssen alle wesentlichen Aktivitäten und Materialien vereinbarten Standards (Zeit, Menge, Qualität) entsprechen.

- Um störungsfreien Produktionsfluss und ständige Verbesserung der Bedingungen zu gewährleisten, sind alle Beteiligten zu hoher Qualität (Null-Fehler-Haltung), selbstlosem Einsatz (Mängelbeseitigung, KollegInnenhilfe), Mit- und Vorausdenken (um Ausfälle und Störungen zu minimieren), offenem Informationsaustausch, Qualifikationserhaltung und -ausbau (Fach-, Methoden- und Sozialkompetenz), sowie Termintreue motiviert.

Ginge es allein um produktionslogische Optimierung, müssten Beschäftigungssysteme so eingerichtet sein, dass jederzeit (nur) die jeweils benötigten, ausreichend qualifizierten und hochmotivierten Arbeitskräfte verfügbar sind, dass alle beteiligten Spezialabteilungen effizient zusammenarbeiten, um eine optimale Koordination und Kombination der Produktionsfaktoren sicherzustellen, dass ein flächendeckendes Betriebsdatenerfassungssystem mit Echtzeitwerten etabliert ist ...

In einer solch perfekten Produktionswelt gäbe es keine Trägheit, Bummelei, Fehlertoleranz, Sabotage, Aggression, Gedankenlosigkeit, Intransparenz, Planungsfehler, Abstimmungsprobleme usw. Die Tatsache, dass im Alltag mit all diesen Widrigkeiten zu rechnen ist, zeigt die Kluft zwischen Realität und Idealität.

Die Konstitution der real existierenden Beschäftigungssysteme verrät, dass fortwährend eine Vielzahl von meist verwertungslogisch begründeten Kompromissen geschlossen werden muss: um Personalkosten zu senken, werden Besetzungsstärken gewählt, die nicht an hoher, sondern an normaler (oder gar an niedriger) Auslastung

orientiert sind; bei Bedarf werden Überstunden angeordnet, Aushilfskräfte oder Zeit-
arbeitskräfte eingestellt; hohe Humankapitalinvestitionen werden nur bei Stammbelegschaften getätigt, für die anderen müssen Arbeitsplätze eingerichtet werden, an
denen mit Jedermannsqualifikationen gearbeitet werden kann (was oftmals demotivierend ist und deshalb höheren Kontrollaufwand oder ausgefeilte Anreizsysteme
erfordert); solche Arbeitskräfte sind überdies nicht multifunktional einsetzbar, sodass bei anhaltenden Nachfrageeinbrüchen Massenentlassungen vorgenommen werden, was wiederum spezifische Human- und Organisationskapital-Investitionen ver-
nichten kann usw.

Was zur rationalen Gebrauchswert-Schöpfung produktionslogisch ideal wäre (hochqualifizierte und variabel, flexibel und mobil einsetzbare Belegschaften in hochko-
häsiven selbstorganisierenden Teams, die auf eine perfekte informationelle und organisatorische Infrastruktur zurückgreifen können), wird aus aneignungs-, herr-
schafts- und verwertungslogischen Gründen nicht realisiert. Daraus erklärt sich dann
die für die Praxis typische Adhocerei, Flickschusterei, Improvisation und vor allem
die starke Inanspruchnahme der 'Elastizität des Faktors Arbeit'. Sie manifestiert sich
konkret in der Zumutung von Mehr- und Kurzarbeit, unsicheren Arbeitsverhältnissen, Unterordnung unter die vorhandene Technologie usw. Dabei werden dann Arbeitskräfte als Manövriermasse im Rahmen undurchschauter Produktions-, Absatz-
und Investitionspolitiken genutzt.

3.4.2.2 Verwertungs- und Akkumulationslogik

Kapitalverwertung ist das zentrale Prinzipal- oder, weil dies nur ein Pseudonym ist,
Kapitalinteresse. Dessen distanzierte, coole Perspektive ist fixiert auf jenen Mix von
Produktionsfaktoren, der eine optimale Kapitalverwertung und -mehrung verspricht.
Dabei gibt es keinen Sonderstatus des Faktors Arbeit; Arbeitskräfte sind (wie) Wa-
ren und Maschinen und werden nach ihren Preisen, ihrer Elastizität und Fungibilität
beurteilt.

Gerade bei der Gestaltung von Beschäftigungssystemen spielen Preise/Kosten des
Faktors Arbeit eine große Rolle. Wenn es zum Beispiel um die Steigerung der Produktivität (als mengen- oder wertmäßigem Input-Output-Verhältnis) geht, lässt sich
dies in vielen Fällen am schnellsten durch Personalabbau erreichen - unter der Voraussetzung, dass das verbleibende Personal 'elastisch' ist, und z.B. bei reduzierter
Stärke zu höherer Ausbringung fähig und bereit ist. Eine solche technische Hinsicht
ist indifferent in Bezug auf die Substitution lebendiger Arbeit durch tote: wenn effi-
zienzsteigernd rationalisiert und technisiert werden kann, so geschieht das - und zu
teures Personal wird 'freigesetzt'.

Verwertung meint Konversion in (Geld-)Kapital als dem gemeinsamen Nenner, der
alles in *sein* Verhältnis setzt. In systemischer Hinsicht wird das als evolutorischer
Fortschritt ausgegeben, weil das so Verglichene (und "Vergleichte") nun für belie-

bige Synthesen zur Verfügung steht, die nicht mehr durch sperrige Eigenwerte oder Priorisierungen ('Der Mensch ist Mittelpunkt') behindert werden. Rücksichts- und bindungslos, nämlich traditionelle Rücksichten und sozio-kulturelle Bindungen los, können neuartige künstliche Synthesen konstruiert werden, die sich auf einer Dimension (eindimensional) messen lassen, sodass die Unentscheidbarkeit des früheren Wertepluralismus nun einem klaren Maßstab weicht: shareholder value (darin sind sich *Milton Friedman* ("money matters") und *Jürgen Schrempp* ("Profit, Profit, Profit") einig.[79]

Der Kapitallogik zufolge müssen sich Investitionen in Beschäftigungssysteme rechnen: Qualifizierungskosten sind auf die Nutzungsdauer zu beziehen, unbefristete Arbeitsverträge müssen gegen die Risiken von Drückebergertum und nachvertraglichem Opportunismus abgesichert werden; Arbeitsvermögen muss genauso beweglich (mobil, variabel und flexibel) werden wie Geldanlagen (s. etwa die Bereitschaft zu 'unorthodoxen' Zeitarrangements oder zu inner- und zwischenbetrieblichen, sowie internationalen Versetzungen); fixe (zeitbezogene, garantierte) Einkommen sollen abgelöst werden durch ergebnis- oder erfolgsabhängig variabilisierte; die Vorsorge für Arbeitslosigkeit, Erkrankung, Alter soll privatisiert und/oder über steuerlich subventionierte Fonds auch betrieblich genutzt werden; Arbeitskräfte sollen sich Rechte abkaufen lassen können (siehe z.B. Aufhebungsverträge, Abfindungszahlungen). Konsequent verwertungslogisch handeln z.B. kommunale Verbände, die Beschäftigungsgesellschaften gründen. Mit geringen Aufwendungen bislang subventionierte Sozialhilfe-*Empfänger* zu Steuer-*Zahlern* zu machen, entlastet die eigenen Kassen und sorgt überdies dafür, dass nach Jahresfrist bei erneuter Arbeitslosigkeit andere zahlen müssen.

Auf den Maßstab 'Kosten' bezogen lassen sich etwa durch Personalabbau relativ rasch quantifizierbare Einsparungen nachweisen. Anders kann die Bewertung ausfallen, wenn die Effizienz dieser Einsparungen kalkuliert wird, indem sie mit Nutzenveränderungen in Beziehung gesetzt werden: Wenn im proportionalen Umfang Leistungen entfallen oder Qualitäten gemindert werden, ist wenig gewonnen. Deshalb wird Abbau meist mit Leistungsverdichtung und Total Quality Management gekoppelt, was unter dem Disziplinierungsdruck eines angespannten Arbeitsmarkts (oder internationalen 'Lohndumpings') zumindest kurzfristig durchaus eine Option ist.

---

[79] Interessanterweise wird die bestmögliche Allokation (Gleichgewicht) nicht rationalen Entscheidungen der Akteure zugesprochen, sondern dem unverstandenen Wirken des Marktes (invisible hand). Die Marktteilnehmer aber lassen "in einem 'zweiseitigen Rückkopplungsmechanismus' ihre jeweiligen Erwartungen über das Verhalten der anderen in ihre Entscheidungen einfließen ...", wie es *Soros* besonders auf den ihm vertrauten Finanzmärkten beobachtet hat: Einer denkt, was der andere denkt, dass jener meinen könnte, wie er selber wohl denkt. Diese wirren gegenseitigen Erwartungen führen nicht unbedingt zum Gleichgewicht, der Märkte, so *Soros*, sondern zu Instabilität und Chaos" (*Schmidt-Klingenberg* 1997, 85). Rationale Verwertungslogik und Marktlogik schließen sich so gesehen aus, es sei denn, man erklärte es für rational, dem irrationalen Markt nicht ins Handwerk zu pfuschen.

Das für technische Investitionen beschriebene Phänomen des 'lock-in' (Verriegelung; s. *Ortmann* 1995) gilt auch für Human- und Organisationskapitalinvestionen. Ebenso wie es produktiver sein kann, mit einer technisch veralteten Anlage weiterzumachen als sie mit großem finanziellen Aufwand zu modernisieren, kann es teuer zu stehen kommen, bewährte personelle Kooperationsnetze zu zerschneiden oder über Jahre angesammeltes Know-how zu entwerten, wobei nicht nur kurzfristige direkte 'Abschreibungen' vorzunehmen sind, sondern auch indirekte langfristige Vertrauens- und Reputationsverluste zu Buche schlagen können.

Würden Beschäftigungssysteme *allein* auf Basis der Verwertungslogik gestaltet und betrieben, müssten alle Bewegungen rechenbar gemacht werden. Es müsste ein lückenloses Controlling etabliert sein, das jederzeit über den Stand der Dinge Aufschluss geben kann. Die Tatsache, dass ein solches Controlling nirgendwo existiert (siehe dazu unten), ist ein Indiz dafür, dass neben einer strikten Verwertungslogik noch andere Logiken gelten.

Allerdings gibt es abkürzende Verfahren. Es ist denkbar, dass sich ein Unternehmen nicht selbst die Mühe machen will, alle seine Prozesse und Ergebnisse (monetär) zu quantifzieren und zu dokumentieren, sondern sich auf die Nachahmung erfolgreicher Vorbilder verlässt, denen unterstellt wird, dass sie es - eben weil sie als erfolgreich gelten - richtig machen. Ein praktisches Verfahren dafür ist 'benchmarking': entkontextualisiert werden Praktiken der 'Klassenbesten' imitiert, was letzten Endes, wenn dies alle täten, zur Homogenisierung der Prozesse in einer Organisationspopulation führen müsste ("Man kann niemand überholen, in dessen Fußstapfen man tritt!"). Das wiederum kann sinnvolle Varietät verringern und bei Änderung der Umwelt 'Massensterben' oder suboptimale Verriegelungseffekte zur Folge haben. Dass kollektive Nachahmung kein Randphänomen ist, zeigen Studien zur 'Isomorphie' (Gleichförmigkeit) (s. *DiMaggio & Powell* 1983) von Unternehmungen. Ein Beispiel ist der zuweilen sarkastisch kommentierte Gleichschritt in der Übernahme von Management- und Organisationsmoden, deren Effektivität nicht bewiesen oder beweisbar ist. In diesem Sinn kann die Tatsache interpretiert werden, dass die Methode 'Personalabbau' in Zeiten von Rezession die am meisten kopierte Praxis ist, obwohl in vielen Fällen alternative Maßnahmen langfristig gesehen auch der Verwertungslogik besser dienen würden. Andererseits kann die Externalisierung von Kosten (auf Gekündigte oder die Öffentliche Hand) durchaus eine rationale Sanierungsstrategie sein. Die leitet über zu einem weiteren Aspekt der Verwertungslogik, die nicht vollständig beschrieben wäre, würde man sie auf Rationalisierung unter geldwirtschaftlichem Vorzeichen (Mehrwertproduktion) beschränken.

Es kommen Aneignung und Akkumulation hinzu:

Die konsequente Durchsetzung des (Kapital-)Verwertungsgedankens bedeutet die Konzentration auf ausschließlich *ein* Ziel und erzwingt die Unterordnung aller anderen Interessen unter dieses Ziel, sodass es maximiert werden kann. Das impliziert an sich noch keine Festlegung auf eine bestimmte Verteilung und Nutzung des gemeinsam Erwirtschafteten. Für ein kapitalistisches Wirtschaftssystem ist deshalb eine zweite Bedingung essentiell: der Gewinn wird von den Kapitalbesitzern angeeignet; *sie* entscheiden - im Rahmen der Restriktionen, die ihnen Staat und Gesellschaft auferlegen können bzw. dürfen - über die weitere Verwendung. Voraussetzung für die Aneignung ist die Garantie des Privat-Eigentums (wobei die Konnotationen des Worts 'privat' aufschlussreich sind: abgetrennt, besonders, geraubt ...). Die Institution Privateigentum ist Bedingung und Folge der staatlich garantierten Möglichkeit sich zu nehmen, für sich zu behalten und anzuhäufen, wobei diese Akkumulation nicht untätige Lagerung bedeutet, sondern Reinvestition [Kapital als 'sich selbst verwertender Wert'; siehe auch das archetypische Motiv, Geld für sich (!) arbeiten zu lassen]. Die fulminante Dynamik des Kapitalismus besteht darin, dass resultierende Wertsteigerungen in endlosem Wiederholungszwang wiederum privatisiert und reinvestiert werden usw.

Wie unter anderen *Marx* herausgearbeitet hat, ist eine Bedingung für die Bereitschaft der Produzenten, in großem Umfang für 'fremde Kasse' zu arbeiten, dass ihnen Arbeit zur Lebensnotwendigkeit gemacht wird. Weil sie aufgrund fortgeschrittener Arbeitsteilung und fehlender priva(tisier)ter Ressourcen gezwungen sind, ihre Arbeitskraft zu verkaufen ('ihre Haut zu Markte zu tragen'), besteht der stille und ständige Zwang, sich zu verding(lich)en. Arbeitslosigkeit ist in fortgeschrittenen Industriestaaten zwar nicht mehr existenzbedrohend, mindert aber ganz erheblich die Chancen zur Teilnahme am gesellschaftlichen Leben und hat - oder: hatte früher?[80] - eine Deformierung des Selbstkonzepts zu Folge. Die Arbeitskraft-Erwerber andererseits haben ein quasi-natürliches Interesse an einem Arbeitskräfteüberangebot, das ihre Verhandlungsposition stärkt, die andere Seite zu Konzessionen zwingt und auch für die (derzeit) Arbeitsplatzbesitzenden disziplinierend wirkt, weil ihnen mit Entlassung gedroht werden kann und/oder weil Unterbietungskonkurrenz besteht.

Diese Bedingungen erklären, warum interne und externe Arbeitsmärkte segmentiert oder gespalten sind (divide et impera), warum Arbeitgeber und *insiders* an Lohnspreizung - auch im Verhältnis zu den *outsiders* - interessiert sind und warum das Angebot langfristiger (oder gar unkündbarer) Arbeitsverträge mit Lohnzugeständnissen und/oder besonderer Loyalität und Flexibilität erkauft werden muss.

Die dauerhafte und legitimierte An-Eignung von Ressourcen setzt nicht nur Ent-Eignung in der Ressourcen-Dimension voraus, sie führt auch zu weiteren Trennungen, um die Aneignung abzusichern. Um einige Beispiele zu nennen: Segmentierungen der Belegschaften, der Arbeitsuchenden, der Geschlechter; Abtrennung von Lust, Leidenschaft und Körperlichkeit (um den plan- und verwertbaren 'Normal-

---

[80] Es ist in Mode gekommen (vor allem von seiten Vermögender oder Verbeamteter) die existenzielle Verunsicherung als 'bunte Vielfalt' oder Chance zur Selbstverwirklichung umzuwerten oder umzuworten.

arbeitsmenschen' zu konstituieren); Ausschluss von Geltungsansprüchen, die in anderen Lebenssphären wurzeln (Moral, Schönheit, Wahrheit, Wahrhaftigkeit) zugunsten von Nützlichkeit bzw. Nutzbarkeit.

Allerdings - und dieser Punkt ist in anderem Zusammenhang schon betont worden - bietet die Aneignung der Ware Arbeitskraft (der Kauf von Arbeits*vermögen*) noch lange nicht die Gewähr, dass die erwartete Arbeits*leistung* erbracht wird, weil diese spezielle Ware die Eigentümlichkeit hat, in der Verfügung des Verkäufers zu verbleiben. Für den Käufer entstehen Verpflichtungen, mit dem Verkäufer/Besitzer sorgsam umzugehen, um eine nach Möglichkeit umfassende Nutzung des erworbenen Eigentums sicherzustellen. Insbesondere bei Faktorspezifität und Informationsasymmetrien lohnt sich ein Entgegenkommen. Beschäftigungssysteme nach dem Muster interner Arbeitsmärkte bieten deshalb 'Qualität der Arbeit', Karriere- und Entwicklungsmöglichkeiten, Mitbeteiligung an Entscheidungen und Erfolgen, 'Unternehmenskultur' usw., um freiwilligen Leistungseinsatz zu stimulieren oder Transaktionskosten zu senken.

Eigene Interessen des Managements: ein Sonderfall von 'Aneignung':

Bei allen Abhängigen motiviert Unsicherheit zu Schutzvorkehrungen. Das gilt auch für die ManagerInnen: die Sicherung der eigenen Position und ihrer Ressourcen wird zum verselbständigten Ziel. Die *principal agent theory* rechnet damit und rät dem betrügbaren Herrn zu verstärkten Kontrollen der Kontrolleure, was aber das Problem zirkulär ad infinitum erneuert, weil man weitere *agents* braucht, die wiederum eigene Interessen verfolgen usw. Wegen ihrer höheren Freiheitsgrade und besseren Ausstattung haben ManagerInnen mehr Möglichkeiten und mehr Motivation, ihren Status Quo zu verteidigen und ihre Vorrechte auszubauen. Wenn allen Eigennutz unterstellt wird, dann auch denen, die eigentlich dafür sorgen sollten, dass das Marktmotiv (egoistische Nutzenmaximierung) innerhalb der Unternehmung in pauschal abgegoltene Folgsamkeit transformiert wird. Es leuchtet deshalb ein, dass jene Beschäftigungssysteme, die keine eindeutig zurechenbaren Leistungsnachweise liefern und durch Technik und Routineverfahren nicht gesteuert werden können, viel aufwendiger entlohnt und sozialisiert werden, um Loyalität und Commitment zu erhalten. Und umso größer ist die Gefahr, dass die Besserstellung nicht als rückzahlbare Vorleistung, sondern als ausbaubares Geschäftsfeld gesehen wird, in dem auf eigene Rechnung akquiriert wird. Im Prinzip ist das ein Spezialfall von 'Aneignung', der so nicht vorgesehen war, weil sich die Akteure eigenmächtig von der Expropriation ausnehmen.

Hinzukommt die allzumenschliche Neigung, das, was als Attribut der Stelle gedacht ist, als eigenes Verdienst misszuverstehen. Die Unterwürfigkeit oder Achtung, mit der ihnen als AmtsinhaberInnen begegnet wird, kann von den Prominenten in narzisstischem Fehlschluss der Größe der eigenen Person attribuiert werden. Umso größer ist die Ent-Täuschung, wenn ihnen Amt und Insignien entzogen werden und sie erkennen müssen, dass sie ohne dieses Staffage eine ganz normale Figur machen und sich kaum vom früher übersehenen Jedermann unterscheiden. Unterstellt man, dass die Tatsache dieser (notwendigen?) Selbsttäuschung unterschwellig präsent ist, kann man verstehen, dass die nüchterne Lageeinschätzung, die normalerweise verlangt wird, im eigenen Fall nicht gelingt. Der Hofstaat und seine Vorzüge werden genossen, womit allerdings die Gefahr wächst, von nicht Verstrickten als nackter Kaiser erkannt zu werden.

Wenn man viel zu verlieren hat, steigt die Tendenz, diesen Verlust um jeden Preis zu verhindern. Dies liefert den systematischen Grund für Fassadenarbeit, Informationsfilterung und geduldeten bzw. geförderten Personenkult. Wer sich keine Blöße geben darf, wird zu 'Tarnen, Täuschen, Tricksen'[81] als Überlebenstechnik angehalten. In Paraphrasierung der *Chandler*-These[82] lässt sich resümieren: *form substitutes function* oder *symbols dominate substance*. Das kann unter anderem dazu führen, dass produktions- oder kostenlogisch begründbare Personalabbaumaßnahmen unterbleiben, weil die Größe der Personalausstattung ein Statussymbol ist. Auch andere strategische Elemente von Beschäftigungssystemen, wie etwa die Vergütungspolitik von Führungskräften (s. *Bucksteeg* 1994), lassen sich so ausgestalten, dass nicht strikt verwertungs- oder produktionslogisch gehandelt, sondern Statusdemonstration begünstigt wird (meistzitierte Beispiele: Titel, Dienstwagen, Zimmergröße und -ausstattung).

3.4.2.3 Vergemeinschaftungs- und Beziehungslogik

Die Tatsache, dass in Organisationen Menschen zusammenarbeiten und dass dabei Beziehungen und Bindungen entstehen und genutzt werden, kann man aus anthropologischer oder psychologischer Perspektive würdigen. Das Faktum ist aber auch ökonomisch relevant, vor allem wenn Arbeitskräftestrategien praktiziert werden, in denen die Stabilität interner Beziehungen zugunsten hoher Flexibilität preisgegeben wird (prekäre Beschäftigungsverhältnisse, Projektarbeit, Allianzen, Joint Ventures usw.). Funktionierten Arbeitsbeziehungen nach dem Muster von Transaktionen auf Punkt-Märkten, dann böten anonyme Arbeitskräfte ihre Ware (eben: Arbeitskraft) an, erhielten von einem Nachfrager ein Angebot, lieferten Leistung und bekämen die vereinbarte Gegenleistung. Ende der Episode. Nun hat natürlich auch die marktfixierte neoliberale Ökonomie zur Kenntnis genommen, dass dauerhafte Vertrags*beziehungen* (relational contracting) von Vorteil sein können, weil sie transaktionskostensparend sind: wenn man sich kennt und aufeinander verlassen kann, braucht man nicht aufwendig zu suchen, zu prüfen, zu überwachen, sich zu versichern usw.

---

81 So die Headline auf dem Titelblatt der Januar-Nummer 1998 des Manager Magazins, in dem die Titelgeschichte dem 'wirklichen Leben' auf deutschen Vorstandsetagen gewidmet war.

82 Der Wirtschaftshistoriker *Chandler* prägte die Formel 'structure follows strategy': Die Organisationsstruktur passt sich Wandlungen der Unternehmensstrategie an.

Eine gute Transaktionsatmosphäre, Vertrauen, gemeinsame Werthaltungen sind Manifestationen hohen *Organisations- oder Sozialkapitals.* Anders als bei *Humankapital,* das an seinen Träger gebunden ist und mit seinem Ausscheiden für die Unternehmung verloren ist, ist Organisationskapital robuster: es kann erhalten bleiben, wenn einzelne die Unternehmung verlassen, weil das Netz den Verlust kompensiert oder weil andere in die Leerstellen integriert und passend sozialisiert werden. Insofern hat Sozialkapital die zentrale Eigenschaft von Kapital: es ist wertbildende Potenz oder aktivierbares Vermögen und deshalb kostbar (siehe etwa die Rolle von intangiblen Ressourcen bei der Ermittlung des Firmenwerts). Wie Finanzkapital auch, erhält - im Doppelsinn - es seinen Wert, wenn es glaubhaft verspricht, bestimmte Erwartungen zu erfüllen. Beziehungskapital wird zwar durch das Handeln und Erwarten Einzelner (re-)produziert, ist aber nicht an diese gebunden, sondern ist 'ungreifbar' als ein 'Zwischen' im Netz verankert. Beziehungskapital darf nicht aus 'kuhsoziologischen Erwägungen'[83] auf eine Art 'Wohlfühlfaktor' reduziert werden, wozu eine reiche, zumindest umfang-reiche Literatur über Führungsstile und Motivationstechniken Anlass geben könnte. Beziehungsgestaltung ist ein Managementproblem: Bei der Konstitution und Operation von Beschäftigungssystemen ist die Qualität von Beziehungen zur Erleichterung oder Optimierung von Verwertung, Aneignung, Herrschaft und Produktion instrumentalisierbar. Wie diese Logiken, so kann sich auch 'Vergemeinschaftung' verselbständigen und/oder sich kontraproduktiv gegenüber den anderen Logiken entfalten (siehe etwa realitätsferne Allmachtsphantasien im 'groupthink'[84] oder die leistungs- und innovationshemmende Viskosität kollektiven Drückebergertums, das die Gemütlichkeit von Freizeitclubs in Arbeitsverhältnisse überträgt). Im Folgenden soll untersucht werden, in welchen Facetten sich die Gemeinschafts-Logik konkretisiert und wie die zirkuläre Beziehung zwischen Vergemeinschaftung einerseits und Beschäftigungssystemen andererseits zu verstehen ist.

Verschiedene Beschäftigungssysteme forcieren oder vernachlässigen jeweils andere Modalitäten von Beziehungen. Um einige Beispiele zu geben:

- In Stammbelegschaften überwiegen persönliche Beziehungen zu konkreten anderen (von Angesicht zu Angesicht), während WerkvertragsnehmerInnen oder Tele-ArbeiterInnen zum Teil auf formalisierte, typisierte und mediatisierte (über technische Medien vermittelte) Beziehung angewiesen sind.
- Beziehungen können sich auf Organisationsinterne beschränken oder grenzüberschreitend zu Organisationsexternen gepflegt werden [z.B. Zusammenarbeit in Projekten mit Mitgliedern kooperierender Unternehmungen; Kooperation mit

---

[83] Leitspruch: Glückliche Kühe geben mehr Milch!

[84] groupthink: ein von *Janis* geprägter Begriff, der die Tendenz geschlossener und hochmotivierter Gruppen bezeichnet, sich für unverwundbar und im Alleinbesitz von Wissen, Wahrheit und Gerechtigkeit zu halten.

(Schein-)Selbständigen; Mitgliedschaft in mehreren Organisationen (Leiharbeit, Beschäftigungsgesellschaften)].

- Intern können auf Hierarchie-Ebenen beschränkte oder sie überbrückende Beziehungen etabliert werden (horizontal, vertikal, lateral). So können lokale (oder eben: kosmopolitische) Gemeinschaften entstehen, in denen das Handeln durch spezifische (oder: allgemeine) Normen und Werte reguliert ist.

- Es können Beziehungen zu abstrakten oder imaginären Entitäten aufgebaut werden: Wenn sich z.B. Telearbeitende trotz reduzierter physischer Anwesenheit 'ihrem' Unternehmen verbunden fühlen sollen, müssen sie sich mit der Organisation 'als Ganzer', mit der eigenen Aufgabe oder Gruppe identifizieren können. Neben einer persönlichen Loyalität (gegenüber KollegInnen und Vorgesetzten) gibt es auch eine Loyalität gegenüber Kollektivakteuren (Gemeinschaften).

- Beziehungsnetze können sich unterscheiden im Ausmaß, in dem die einzelnen in Kommunikationsbeziehungen dauerhaft und vollständig integriert sind. Je nach Beschäftigungsverhältnis (z.B. Kernbelegschaftsmitglied vs. Zeitarbeitskraft) können erhebliche Unterschiede in Bezug auf die Frage bestehen, über wie vieles man wie viel mit wie vielen reden kann. In allgemeiner Fassung analysiert die Graphen- und Netzwerktheorie die Anzahl der 'Knoten', die Art und Dichte der Verbindung zwischen ihnen, die 'Durchlässigkeit' der Verbindungen und Restriktivität der austauschbaren Inhalte, die Stellung im Netz (Zentralität, Peripherikalität) usw.

Wichtig ist somit nicht die einzelne Person oder die isolierte Position, sondern ihre Stellung im Netz und die damit verbundene Aktivierbarkeit von Informationen und Machtressourcen. Die Vergemeinschaftungslogik thematisiert den Unterschied zwischen der technizistisch-elementaristischen Fiktion der Austauschbarkeit des einzelnen (wie sie etwa das tayloristische Scientific Management zugrundelegte) und einer systemischen Betrachtungsweise, der es nicht so sehr auf die Elemente, als vielmehr auf die Beziehungen zwischen den Elementen und die Grenzziehungen (Identität/Differenz) ankommt.

- Simulationen der Spieltheorie (s. Prisoners' Dilemma) haben gezeigt, dass auch die erwartete *Dauer* der Beziehung im Hinblick auf die gewählten Strategien von großer Bedeutung ist. Kann man sich darauf einstellen, dass die Zusammenarbeit nur kurzfristig ist, ist die Wahrscheinlichkeit egoistischer und täuschender Strategien wesentlich größer, als wenn die Kooperation unbefristet ist. In befristeten Arbeitsverhältnissen kann man unter Umständen nicht mit den gleichen Niveaus von Loyalität, Opferbereitschaft und Belohnungsaufschub rechnen wie bei Stammbelegschaften.

- Aus einer rationalen Perspektive scheint es zunächst unwichtig zu sein, ob Beziehungen auf formellen, distanziert sachlichen, 'kühlen' technischen Informationsaustausch beschränkt bleiben oder eine affektive Dimension erhalten (Wärme, Sympathie, Herzlichkeit, Freundschaft). Wir werden unten auf den konstruktiven Beitrag von Emotionalität für die Beziehungsgestaltung in kritischen Situationen zurückkommen. Freundschaftliche Beziehungen können tragfähiger, belastbarer, vertrauenswürdiger und stabiler sein als neutrale. Wenn aber Beziehungsentwick-

lung Zeit braucht, dann ist bei geringfügig Beschäftigten, Telearbeitenden, Leiharbeitskräften etc. der Aufbau positiver Relationen strukturell erschwert.

- Auch politische und sozialisatorische Effekte sind zu bedenken: Wer einander
und die Organisation gut kennt, kann in den alltäglichen 'Spielen' kompetent mitmachen - oder ist auf 'Dienst nach Vorschrift' festgelegt. Die nötige Solidarität,
um gemeinsame Interessen durchzusetzen, kann man bei prekären und kontin-
genten Belegschaften nicht erwarten (was aus herrschaftslogischer Perspektive -
divide et impera - durchaus ein Grund sein kann, sie zu bevorzugen).

Das Alltagsvokabular in Organisationen umschreibt in vielfältiger Weise die Bedeutung von Nähe, Freundschaft, Subjektivierung und Beziehungen in Beschäftigungssystemen, insbesondere den Aspekt von Inklusion versus Ausgrenzung oder Isolation:

> Vitamin B, kleiner Dienstweg, zum inneren Zirkel gehören, eingeweiht sein, die unge-
> schriebenen Gesetze kennen, alter Hase sein, die Sprache der Eingeborenen sprechen
> können, Stallgeruch haben, an die Buschtrommel angeschlossen sein, das Gras wachsen
> hören, seine Informanten haben, zwischen den Zeilen lesen können. Eingeweihten (!) ist
> auch die Bedeutung von Cliquen, Seilschaften, Promotionsbündnissen, old-boys-
> networks, 'kameradschaftlicher Bürokratie'[85] bekannt.

Für das Management von Beschäftigungssystemen kann deren Gemeinschaftslogik
ein Steuerungs-Problem oder eine Steuerungs-Chance sein: die Ideale von Transparenz, Planmäßigkeit, Steuerbarkeit, Rationalisierung und technischer Effizienz (Eliminierung von Verschwendung) müssen aufgegeben werden, andererseits aber eröffnen sich neue Möglichkeiten indirekter Steuerung (Identifkation, Loyalität, Vertrauen, Commitment, unkonventionelle wechselseitige Hilfeleistung etc.). Beziehungspflege ist deshalb keine humanitär motivierte oder resignative Konzession ans
Allzumenschliche und auch keine vermeidbare Verunreinigung wohlgeplanter Prozesse, sondern ökonomisch rational und geboten, weil bzw. sofern sie Transaktionskosten senkt. Dies gilt besonders auf dem Hintergrund der oben beschriebenen hohen Turbulenz auf den innerbetrieblichen Arbeitsmärkten.

Sähe man Nicht-Wissen allein rein sachlich (als fehlende Information), dann könnte
diesem Mangel durch Informationsbeschaffung und rationale Problemlösung etc.
abgeholfen werden; Strategien der Wissensenteignung und Expertensysteme operieren nach diesem Modell. Anders ist es, wenn die Kontrolle und Ausweitung von
Ungewissheitszonen als Machtressource betrachtet wird. Es geht dann nicht um die
Behebung einer Produktionsstörung, sondern um das genaue Gegenteil: die Störung
wird manifest herbeigeführt oder als Drohung latent gehalten, um die eigene Expertise und Unentbehrlichkeit zu unterstreichen und als Trumpf in die täglichen Verhandlungen um Rechte, Ressourcen und Regeln einzuführen.

---

[85] *Bosetzky* bezeichnet damit das informelle Geflecht gegenseitiger Informations-, Schutz-, Fürsor-
ge- und Versorgungsverpflichtungen, das den einzelnen auch davor bewahrt, singulärer Adressat
exzessiver Leistungsforderungen zu werden.

Die Bedeutung von Gemeinschaft(en) in Organisationen ist aber nicht auf das Moment taktischer Kalküle zu begrenzen. Die Beziehungslogik erhält eine weitere Dimension durch die Tatsache, dass ökonomische Tausch- und technische Leistungsbeziehungen in aller Regel lebendige Arbeit konkreter Menschen voraussetzen. Vor allem *Granovetter* hat sich sowohl gegen unter-, wie auch gegen übersozialisierte Auffassungen gewandt. Untersozialisiert nennt er die *homo oeconomicus*-Konzeption der Neoklassik, die den einzelnen als Individualakteur sieht, der - ungehemmt von sozialen Rücksichten, Programmierungen und Normen - allein den eigenen Nutzen zu maximieren sucht. Übersozialisiert ist für ihn der *homo sociologicus* als willenlose Marionette sozialer Prägungen und Kräfte, die ihn 'hinter seinem Rücken' determinieren. *Granovetter*s Begriff der 'Einbettung' (*embeddedness*) formuliert eine vermittelnde Position: integriert in konkrete soziale Beziehungen verfolgt die Person ihre Interessen, muss aber gleichzeitig bemüht sein, eben dieses Netz zu erhalten, das sie braucht. Sie muss relational denken und handeln: sich in Beziehung sehen und setzen.

Das ist weit entfernt von der Beschwörung des Gemeinschaftsmythos, der die freiwillige, begeisterte, vorbehaltlose Eingliederung ins Ganze fordert. Dieser Corpsgeist fordert, sich füreinander verantwortlich zu fühlen und einzusetzen, stolz auf die 'Einheit' zu sein, motiviert zu sein, ihre (?) Ziele zu erreichen. In einer Kultur zunehmender Individualisierung hat das als Gegenmodell zwar durchaus einen Reiz (als eine Art Regression in einen heilen Gemeinschaftsuterus), aber keine Chance, weil Fungibilität (Ersetzbarkeit) und Mobilität durch zuviel 'Bindung' bedroht werden. Die Beziehungswünsche werden deshalb in Machermanier eher oberflächlich bedient, indem die Firma als Fun- und Erlebnisgesellschaft präsentiert wird; in aktuellem Denglish[86] wird eine breite Palette von Möglichkeiten offeriert: get-together-meetings, house-warming-parties, kick-off-Veranstaltungen, start-up-Programme, joining-in-sessions; die alten sensitivity trainings, encounters und Team-Entwicklungen wären ebenso dazuzuzählen wie die technomorphen Quality Circles.

Relationalität wird wesentlich bestimmt durch die Norm der Reziprozität, also die Verpflichtung, *wechselseitig* ausgewogen zu geben und zu nehmen. Damit ist der der Ökonomie nicht fremde Tauschgedanke in die Tiefenstruktur organisationaler Beziehungen eingelassen. Die Kategorie des Vertrauens lässt sich - als riskante Vorleistung, die erfahrungsbewährt auf Erwiderung hoffen darf - ebenso in diesem Rahmen verstehen wie das Instrument der Selbstbindung oder -verpflichtung. Bei letzterer verspricht ein Arbeitgeber nichtvertragliche Gratifikationen oder beschränkt einseitig und freiwillig seine Sanktionsmöglichkeiten. Diese Selbstfestlegung bindet implizit auch die andere Seite: sie muss zurückzahlen, will sie sich nicht beschämen lassen, Gesicht und Reputation verlieren und für sie vorteilhafte Beziehungen - gegenwärtige und künftig mögliche - aufs Spiel setzen. Übertarifliche Löhne und Zu-

---

[86] Der Jargonbegriff für das in den Großbetrieben grassierende Pidgin-Deutsch (Deutsch-English)

lagen, freiwillige Sozialleistungen, der Verzicht auf betriebsbedingte Kündigungen, bevor nicht alle anderen Möglichkeiten ausgeschöpft sind, Wiedereinstellungszusagen (recalls), schonendes Outplacement für Führungskräfte oder Stammbelegschaftsmitglieder sind Beispiele dafür.

Bei riskanten Entscheidungen ist Rückhalt nötig, der auch durch eine belastbare Gemeinschaft gestiftet wird. Beispiel: Die Arbeitsplatzgarantie in internen Arbeitsmärkten ermöglicht es Stammkräften, implizites Wissen an Neulinge weiterzugeben, weil sie nicht befürchten müssen, damit die eigene Position zu gefährden.

Krackhardt (1992) betont die Bedeutung sowohl starker affektiver Bindungen wie auch von Freunden, wenn in Organisation große Veränderungen zu bewältigen sind. Eine *Philos*-Beziehung[87] ent- oder besteht, wenn die Beteiligten

- häufig miteinander interagieren (Informationsaustausch, Produktion gemeinsamen Wissens; dieser Aspekt kennzeichnet auch 'Ratgebernetze') *und*
- affektive Bindungen zueinander haben (dies sorgt für eine zahlenmäßige Begrenzung der Personen in Philos-Netzen, denn enge Beziehungen kann man nur zu wenigen haben) *und*
- auf eine gemeinsame Interaktionsgeschichte zurückblicken können, also in genügend vielen Situationen testen konnten, dass sie sich aufeinander verlassen können.

Prekär Beschäftigte können kaum in solche Netzwerke integriert werden. Sie sind darum in kritischen Situationen auch nicht zu Gegen-Leistungen verpflichtet, können aber auch andererseits nicht mit Vorzugsbehandlung rechnen. Kein Wunder, wenn sie eine rücksichtslose 'instrumentelle Orientierung' dem Unternehmen gegenüber entwickeln.

Dem immer wieder angekündigten Siegeszug der Telekommunikation zum Trotz hält sich in Organisationen eine scheinbar atavistische Vorliebe für Kommunikation von Angesicht zu Angesicht. Das hat zum einen mit der 'Informationsreichhaltigkeit' dieser Kommunikationsform zu tun (Redundanz, Stimulation, Bildhaftigkeit, natürliche, statt formaler oder technisierter Sprache; weil gleichzeitig mehrere Kommunikationskanäle aktiviert sind, gibt es vielfältigere Testmöglichkeiten in Bezug auf Seriosität, Glaubwürdigkeit, Atmosphäre usw. ...). ManagerInnen bevorzugen die face-to-face-Kommunikation. Neben der genannten technischen Informationsreichhaltigkeit gewährleistet sie höhere Vertraulichkeit. Gerade in heiklen Situationen scheint physische Präsenz unsimulierbar zu sein (s. die Pendeldiplomatie bei internationalen Krisen). *Pribilla, Reichwald & Goecke* (1996) diagnostizierten ein 'Telekommunikationsparadoxon': Die Nutzung von Telekommunikations-Medien substituiert nicht - wie prognostiziert - Dienstreisen, vielmehr wird das Gegenteil bestätigt: "Viel-Nutzer von Telekommunikationsmedien sind offensichtlich auch die 'Viel-Reisenden'" (*Pribilla et al.* 1996, 238); die Autoren stellen fest, dass "... die Face-to-Face-Kommunikation im obersten Management offenbar nicht oder nur im

---

[87] So benannt nach dem griech. 'philos' = Freund.

geringen Ausmaß durch die verfügbaren Telemedien substituiert wird" (a.a.O., 162). In ähnlicher Weise wird von Telearbeitenden berichtet, dass sie sich - wenn sie nicht ab und zu unmittelbare Kontakte zu ihren Bezugspersonen haben - isoliert und nicht mehr 'auf dem Laufenden' fühlen. Vermutlich ist die Fähigkeit zur 'elektronischen Beziehungspflege' noch nicht so weit entwickelt, als dass sie die Reichhaltigkeit unmittelbarer Begegnungen substituieren könnte. In ihnen werden eben nicht nur in höchstmöglicher Präzision Sachinformationen ausgetauscht, sondern auch Hintergrundwissen gehandelt, Philos-Bündnisse erneuert und Rituale der Beziehungspflege inszeniert, in denen sich die Beteiligten ihrer Wertschätzung und Sympathie versichern, die 'narrative Gestaltung' ihrer gemeinsamen Vergangenheit und Zukunft vornehmen und sich über das Unverstandene verständigen (z.B. grundlegende Reorganisationen, Fusionen, Gewinneinbrüche, Vorstandswechsel, große Disinvestitionen oder Investitionen usw.).

Unternehmen lassen sich die Vergemeinschaftung etwas kosten (siehe z.B. Jubiläen, Betriebsfeiern und -ausflüge, Firmenvereine, Hilfsfonds, Traditionspflege, bis hin zur patriarchalen Bevormundung, die hinter einigen Sozialleistungen steht). Die Söldnermentalität der 'Wanderarbeiter' und ihr utilitaristisches Einbindungsmuster wird offenbar für riskant und kostspielig gehalten.

Zum Zusammenhang zwischen formellen und informellen Beziehungen:

Auch LinienmanagerInnen sind 'gemeinschaftlich' gebunden; ein Indiz dafür ist, dass es Vorgesetzte häufig scheuen, 'harte' Personalentscheidungen zu treffen. Es werden deshalb Institutionen geschaffen, die sie das Gesicht (als für 'ihre' Belegschaft sorgend) wahren lassen. Die übliche Taktik: Es werden 'von oben' unverhandelbare Vorschriften erlassen oder Vorgaben gemacht oder eine andere Stelle übernimmt die unangenehme Pflicht, unpopuläre (!) Entscheidungen auszuführen. Vorzugsweise das Personalwesen (als Institution) wird in die 'Henkerrolle' gedrängt und soll anderenorts getroffene Entscheidungen exekutieren (auch externe Spezialisten, wie z.B. Outplacement-Beratungsfirmen kommen in Betracht). Von Gekündigten wird ein solcher Rückzug der unmittelbaren Vorgesetzten meist verbittert als Feigheit interpretiert, weil klar ist, dass Entlassungen der Zustimmung (oder gar: des Vorschlags) der zuständigen Führungskraft bedürfen. Entgegen anderslautender Bekundungen wird die Sündenbockrolle vom Personalbereich durchaus nicht ungern übernommen, weil damit in der innerbetrieblichen Tauschbeziehung die eigene Position gefestigt wird und die entlasteten Führungskräfte implizit zu Rückzahlungen verpflichtet sind. Durch diese Spaltung erweitert die Organisation ihr Repertoire an Handlungsmöglichkeiten: es kann sowohl offiziell und formell, wie - den Führungskräften informell delegiert - affektiv gebunden agiert werden.

Um den beziehungsbelastenden Schock einer plötzlichen 'Urteilsverkündung' zu vermeiden, wird auch zu weicheren Strategien gegriffen. Die Vorgesetzten werden ganz offiziell verpflichtet, sog. 'Vermittlungslisten' aufzustellen *und* diese ihren

Unterstellten bekanntzugeben. Dabei müssen jene *Positionen* genannt werden, auf die - wenn es denn hart auf hart ginge - noch am ehesten verzichtet werden könnte oder es müssen *Personen* aufgelistet (oder in eine Rangordnung gebracht) werden, deren Beitrag notfalls entbehrlich wäre bzw. von anderen mitübernommen werden könnte oder die im Unternehmen an anderer Stelle bessere Einsatz- oder Entwicklungsmöglichkeiten finden könnten. Die Vorgesetzten werden im Regelfall gebeten, die doppelte Anzahl der eigentlich abzubauenden Stellen zu benennen (damit ausgewählt werden kann und nicht nur 'Ladenhüter' angeboten werden) und zudem konkret anzugeben, an welcher anderen Stelle im Unternehmen sie beschäftigt werden könnten (was - wegen der fälligen Änderungskündigung - erfordert, dass mit den Betroffenen über ihre Zukunftsvorstellungen geredet wird). Auf diese Weise werden jedenfalls unmissverständliche Signale ausgesandt, die die ausgewählten KandidatInnen veranlassen werden, sich innerlich auf das Bevorstehende einzurichten oder aktiv nach Alternativen zu suchen. Gleichzeitig werden die Nicht-Deplatzierten indirekt gelobt und auf weitere Hochleistung verpflichtet. Eine ähnliche Variante sind innerbetriebliche (oder unternehmensweite) Stellenbörsen (auch im Intranet), bei denen sich MitarbeiterInnen informieren können, welche Angebote es gibt. Um Vorgesetzten das Unterbinden von innerbetrieblichen 'Weg-Bewerbungen' und das Horten guter Kräfte zu erschweren, werden ihnen Platzierungserfolge als Kriterium weiterer Beförderbarkeit angerechnet (wobei allerdings zu kontrollieren wäre, ob gehäufte Stellenwechsel nicht eine Flucht vor einem schlechten Arbeitsklima sind).

Auch außerbetriebliche Beziehungspflege kann aktiviert werden, indem z.B. mit Arbeitsamt, Kammern oder privaten Stellenvermittlungs-Firmen kooperiert wird, um auf diese Weise lokale Angebot-Nachfrage-Ungleichgewichte zu beseitigen. Hingewiesen wird in diesem Zusammenhang auf private und öffentliche Stellenvermittlungen: Die in den Niederlanden eingeführte private Organisation 'Maatwerk' (Maßarbeit) sucht z.B. für Langzeitarbeitslose in eigener Initiative passende Stellen und bekommt pro gelungener Vermittlung 4000.- bis 5000.- DM (1997). Solche privaten Organisation leben von guten Kontakten und Informationsnetzwerken, um jene Firmen oder Arbeitsplätze zu finden, bei denen sie ihre KandidatInnen erfolgreich unterbringen können. In ähnlicher Weise haben Kommunen mit Landesunterstützung gemeinnützige Vermittlungsgesellschaften gegründet, in denen - nach dem Muster von Beschäftigungsgesellschaften - Langzeitarbeitslose einerseits beschäftigt werden, andererseits aber so schnell wie möglich in 'normale' Arbeitsverhältnisse ausgeliehen und/oder vermittelt werden (s. die Ausführungen zum 'Zweiten Arbeitsmarkt'). Auch gute zwischenbetriebliche Kontakte von Personalverantwortlichen können die Platzierungschancen von Gekündigten erhöhen. In anderen europäischen Ländern verbreitete (und bei uns z.B. auch in der Fußball-Bundesliga praktizierte) Möglichkeiten liegen darin, derzeit nicht benötigte MitarbeiterInnen an 'befreundete' Unternehmungen vorübergehend auszuleihen, das Vertragsverhältnis mit diesen MitarbeiterInnen aber nicht zu beenden (siehe die in Rezessionszeiten in Japan stark genutzte Institution der 'Entsendungen' (*Dirks* 1997).

In anekdotischen Fallschilderungen, aber durch stichhaltige Untersuchungen nicht erhärtet, wird über 'negatives Beziehungsmanagement' berichtet, das unter wechselnden Bezeichnungen firmiert: Mobbing, Bossing, Schikanieren, Hinausekeln, die Hölle heiß oder das Leben schwer machen ... (ein Beispiel wird in Beleg F-3.4 beschrieben). Durch eine mehr oder weniger gezielte Verschlechterung der Beziehungen wird den Betroffenen klar gemacht, dass sie von sich aus die Konsequenzen ziehen sollen, bevor dies von anderer Seite geschieht. Kündigungsvorbereitende Maßnahmen sind z.b. Abmahnungen, Entzug bisheriger Vorrechte, Statussymbole oder Arbeitsinhalte (z.B. auch Zuweisung überflüssiger oder sinnloser Aufgaben), Versetzung an ungünstige oder unbeliebte Arbeitsplätze, häufige und pedantische Kontrollen, übertriebene Kritik und öffentliche Bloßstellung, Ausgrenzung bei sozialen Anlässen, Nichtberücksichtigung bei Beförderungen oder Gehaltserhöhungen usw. (vgl. *Neuberger* 1995).

Beleg F-3.4:   "Rausschmiss auf die japanische Art"

"Wenn ein japanischer Manager - sagen wir mal auf der Stufe stellvertretender Abteilungsleiter - eines morgens auf seinem Schreibtisch kein Telefon mehr vorfindet, war dies gewiss kein Versehen der nächtlichen Reinigungsbrigade. In der Regel weiß der Mann dann ganz genau, was der Entzug dieses wichtigen Arbeitsinstruments bedeutet: Rausschmiss. ... Kreidekreise um den Arbeitsstuhl bedeuten, der Überflüssige ist 'gebannt'. Für jahrzehntelang loyale, aber heute nicht mehr benötigte Angestellte gibt es auch den berüchtigten 'Fensterplatz'. Sie dürfen zwar weiter im Büro sitzen und den anderen zuschauen, bekommen aber völlig belanglose oder gar keine Aufträge mehr. Zunehmende Fragen der Kollegen von der Art: 'Wie, sind Sie immer noch hier?' machen mürbe. Für den Hinweis des Chefs 'Sehen Sie nicht ein, dass wir für Ihr Gehalt zwei jüngere Mitarbeiter weiter beschäftigen könnten', hat nur selten jemand Nerven und Gegenwehr. Typisch ist auch die Methode, einem Mitfünfziger seinen in drei Jahrzehnten mühsam erdienten kleinen Titel - beispielsweise Gruppenleiter oder Vorarbeiter - abzuerkennen. Bei der nächsten Gehaltszahlung fehlt ein Viertel der gewohnten Bezüge. Oder ein Betrieb gibt offiziell bekannt, hundert Freiwillige für den vorzeitigen Ruhestand zu suchen und lässt als offenes Geheimnis schwarze Listen mit 'Wunschkandidaten' kursieren. Ganz diskret, versteht sich, bekommt jeder sie auf irgendeine Weise zu lesen. Auch eine 'zeitlich offene' Versetzung in eine Filiale oder Niederlassung tausend Kilometer entfernt, wo ein Pendeln der Familie nicht zuzumuten ist und eine Zweitwohnung in Japan angesichts der hohen Preise unbezahlbar ist, sagt eindeutig: Verschwinde!" (*Rainer Köhler*, Südd. Zeitung, 11.5.93, 20; s.a. ders. SZ 31.7.95, 3).

Sehr verklausuliert spricht z.B. *Drumm* (1995) von einer Entlassung "mit Attitüden-Strategien zum Abbau von Bindungswirkungen und internalisierter Motivation". Gemeint ist damit, wie er erklärt, dass Bindungen an den bisherigen Arbeitgeber abgebaut werden sollen. "Dies kann fairerweise nur dadurch geschehen, dass dem freizusetzenden Personal die Aussichtslosigkeit von Weiterbeschäftigungserwartungen deutlich gemacht wird - nicht, indem man es hinausekelt" (*a.a.O.*, 248).

Es bedarf wohl keiner weiteren Begründung, dass 'Attitüden-Strategien' wegen ihrer unkontrollierbaren Nebenwirkungen und Kosten meist ineffizient sein dürften, ganz zu schweigen von Belastungen, die sie für alle Beteiligten mit sich bringen (wenn man nicht sado-masochistische Veranlagungen ins Spiel bringt). Traut man den Kolportagen, wird dieses Vorgehen vorzugsweise dort eingesetzt, wo die Betroffenen aufgrund ihres Kündigungsschutzes (Senioritätsrechte, Behindertenstatus, Mutterschutz) nicht oder nicht schnell bzw. kostengünstig genug entlassen werden können. Eine amerikanische Art des 'Abbaus von Bindungen' ist in Beleg F-3.5 beschrieben.

Beleg F-3.5:   Amerikanisches 'Arbeitskräftemanagement'

Die *Süddeutsche Zeitung* berichtete 1996 über das Vorhaben von AT&T, seine Belegschaft um ein Siebtel abzubauen (40.000 von 300.000 MitarbeiterInnen sollten entlassen werden). Den MitarbeiterInnen wurden 'Kulanzpakete' angeboten; wenn sie innerhalb von 30 bis 60 Tagen ausschieden, erhielten sie für amerikanische Verhältnisse großzügige Abfindungen. Dennoch lehnte eine klare Mehrheit die 'Kulanzpakete' ab. Um Imageverluste zu vermeiden, erhielt jeder Mitarbeiter eine zweite Chance: "Die gekündigten Mitarbeiter werden aufgefordert, noch während der Betriebszugehörigkeit eine 'Bewerbung' einzureichen. Neben den üblichen Unterlagen wird auch eine ausführliche Erklärung verlangt, wie sie AT&T weiter nützlich sein können und warum die Position trotz der geplanten Rationalisierung nicht verzichtbar sei. Anschließend werden in geheimen Konferenzen die 'Zweitbewerbungen' bewertet; an den Gesprächen nehmen außer AT&T-Spitzenmanagern Unternehmensberater und Rechtsanwälte teil ... Wer die Feuertaufe besteht, bekommt in derselben Eigenschaft wie früher einen vorläufigen Arbeitsvertrag. Wer dennoch entlassen werden soll, ist mit dem Makel 'auftragslos' behaftet, keineswegs aber gekündigt oder entlassen. Der 'auftragslose Mitarbeiter' bekommt ein 'unfreiwilliges Abfindungsangebot', das fast haargenau mit der Offerte übereinstimmt, die ihm mehrere Monate zuvor gemacht wurde. Wer auch dieses ablehnt, sitzt effektiv auf der Straße. Doch im AT&T-Sprachgebrauch heißt es anders: Sogenannte 'Resource Centers' ermöglichen es den Auftragslosen, sich mit Telefonseelsorge zu trösten und über private Arbeitsvermittler einen neuen Job zu suchen. Eine Konzernsprecherin betont, dass es sich 'nicht um Entlassungen, sondern vielmehr um Arbeitskräftemanagement handelt'" (*SZ*, 17./18.2.96, 25).

3.4.2.4 Herrschaftslogik

(Ab-)Trennung von Arbeitsergebnissen und aneignende Enteignung verschlechtern Einkommenspositionen und Lebenschancen; es ist deshalb mit der Reaktanz der Benachteiligten zu rechnen. Um Trägheit, Renitenz oder gar dem Umsturz der Verhältnisse vorzubeugen, wird dauerhafte und legitimierte Herrschaft angestrebt. Sie sichert primär die private Aneignung und nicht so sehr die rationalisierende Verwertung und Produktion (die würden z.b. statt der Trivialisierung auf die Selbstorganisation komplexer Netzwerke setzen). Dabei geht es nicht um die kurzen Triumphe der Unterwerfung durch überlegene Macht, sondern um Permanenz und Freiwilligkeit der Unterordnung. Angestrebt wird die Erzeugung der Bereitschaft zu Gehorsam, Folgsamkeit und Konformität und die Akzeptanz der Verhältnisse als sinnvoll, gerecht und unabänderlich.

Das bedeutet, dass von denen, die Herrschaft errichten, nicht nur die Produktionsmittel und -resultate angeeignet werden, sondern auch die Herrschaftsmittel (genauer gesagt: dass diese Herrschaftsmittel mit fortschreitender Aneignung Zug um Zug auf- und ausgebaut werden). Das bedeutsamste Mittel ist - wie die Bezeichnung 'abhängig beschäftigt' schon zeigt - die 'Befreiung' der Arbeitskraft, nämlich ihre Befreiung von der Möglichkeit, mit eigenen Ressourcen ihre Subsistenz zu bestreiten. Es werden (Produktions-)Verhältnisse geschaffen, die kaum eine Wahl lassen: man *muss* sich einem Arbeit-Geber - und sei es einem kommunistischen Kollektivakteur - verdingen.

Damit ist jedoch (nur) die allgemeine Grundlage beschrieben. In der konkreten Umsetzung geht es dem Erwerber der Ware Arbeitskraft darum, sie optimal (oder gar: maximal) zu nutzen. Weil dem das Transformationsproblem entgegensteht, müssen geeignete Vorkehrungen getroffen werden, von denen einige oben schon skizziert wurden. Im Folgenden soll auf eine spezielle Technik eingegangen werden: die Etablierung von *inner*betrieblicher Herrschaft durch Führungs*positionen*. Die erwähnte Vertretungstheorie (principal-agent-theory) ist auf dieses Problem zugeschnitten: Weil der Prinzipal (wie gesagt: die Personifizierung des Kapitals) die Kontrolle der Produzenten nicht selbst übernehmen kann oder will, stellt er 'AgentInnen' ein [die für ihn handeln ('agere'), oder als Manager Hand anlegen ('manu agere') oder als Dompteure ('maneggiare') fungieren]. Allerdings - und das ist die oben schon erwähnte Pointe - kann er auch diesen AgentInnen nicht trauen: sie könnten ihn täuschen, sich nicht genug anstrengen, mit den Produzierenden gemeinsame Sache machen, allein den eigenen Vorteil suchen usw. Also muss er auch sie überwachen. Er (also: der Kapitalismus) sieht sich somit gezwungen, ein dichtes Netz von Überwachung, Kontrolle, Kontrollkontrolle, automatischer Programmierung, kanalisierenden Anreizen, Verpflichtungen usw. aufzubauen. Die Erfahrung zeigt, dass die verschiedenen Formen von Herrschaft nicht gleich effizient und effektiv sind, weil in vielen Fällen eine Verstärkung der Kontrolle nicht mit erhöhtem Nutzen verbunden ist, sondern stattdessen zu unbeabsichtigten Folgen führt: Statt bessere Leistung zu

erzwingen, wird Kreativität in der Erfindung von Überlistungsmöglichkeiten ge-
züchtet oder es kommt zu 'innerer Kündigung', Dienst nach Vorschrift, Sabotage,
Aggression usw. Herrschaft gibt es nicht umsonst, sie verursacht Transaktionskosten
und diese müssen in einem sinnvollen Verhältnis zu den erzielten Vorteilen stehen.

Um Widerstand zu unterlaufen, wird deshalb nach 'positiven' (transaktionskosten-
sparenden) Formen der Herrschaft gesucht. Beispiele dafür: eine generelle Lei-
stungs- oder Arbeitsmoral soll vermittelt werden (gesellschaftliche Sozialisation,
Werteorientierung; Selektion nach guten Schulnoten als Belege für 'passende' Tugenden wie Leistungsbereitschaft, Gehorsam, Konformität); das 'Bedürfnis' nach
quantitativer und qualitativer Hochleistung soll internalisiert werden (intrinsische
Motivation); es soll Interessenharmonie suggeriert werden ('Wir sitzen in einem
Boot', 'Wir sind eine verschworene Gemeinschaft'); es sollen verständnis- und ver-
trauensvolle Formen 'humaner' Führung praktiziert werden (Partizipation, Teament-
wicklung); es soll sich sichtbar lohnen, sein Bestes zu geben (übertarifliche Bezahlung; Zulagen, die entzogen werden können; leistungs- und/oder erfolgsabhängi-
ge Bezahlung bzw. Beförderung oder Statussymbolvergabe) usw.

Gleichzeitig wird - meist ohne es in den Vordergrund zu rücken - mit latenten Drohungen und indirektem Druck gearbeitet: es werden kurze Vertragsdauern angeboten (befristete Verträge), um Test-, Selektions- und Erpressungsmöglichkeiten zu
haben; es kann implizit auf die benachteiligte Situation von Randbelegschaften oder
gar von *outsiders* verwiesen werden; es wird eine Reputation als 'attraktiver Arbeitgeber' aufgebaut; es werden - um 'interessante' Arbeitskräfte zu binden - großzügige
Sozialleistungen angeboten, z.T. ohne eine formell einklagbare Verpflichtung einzugehen; störende Einwirkungen werden ferngehalten (etwa gewerkschaftlicher Einfluss, 'unangenehme' Betriebsräte).

Angesichts der formellen und informellen Möglichkeiten, die Betriebsräte haben,
Interessen der Belegschaft zu aktivieren und zu vertreten, wird - gerade aus kon-
trolltheoretischer Sicht - der 'Herr-im-Hause-Standpunkt' nachvollziehbar, der ver-
einzelt Arbeitgeber veranlasst, Beschäftigungssysteme *ohne* Betriebsrat zu erzwingen. Auch das Ausscheren von Arbeitgebern aus der Tarifbindung kann in dem Bestreben begründet sein, größere individuelle Spielräume insbesondere bei der Gestaltung von Arbeitsbedingungen und Löhnen zu gewinnen.

Das Management ist in seinem zwar vergeblichen, aber dennoch unbeirrten Streben
nach Autonomie motiviert, sein *eigener* Gesetzgeber zu sein, der anderen die Gesetze ihres Handelns oktroyiert. Die Ironie liegt darin, dass 'Management' seiner Funktion nach höriger Diener seines Herrn, des sich selbst verwertenden Werts, sein soll;
es verdankt seinen Handlungsspielraum allein der Tatsache, dass die Kapitalgesetze,
wie andere menschengemachte Gesetze auch, zu ihrer Durchsetzung einer Exekutive - eben der *executives* - bedürfen. Sie haben mit allen geeigneten Mitteln - List,
Härte, Paternalismus, Suggestion und Bestechung - dafür zu sorgen, dass *sein* Wille

geschehe. Dabei ist es eine allzu grobe Vereinfachung, von 'dem' Management zu reden; in Wirklichkeit zerlegt es sich in hierarchische Ebenen und unterschiedlich interessierte Fraktionen, verdoppelt also in sich, was es gegenüber den Kontrollierten praktiziert: Spaltung, Schichtung, misstrauische Überwachung, Aufstiegsversprechen für Loyalität und Leistung. Insofern ist das Management ein Beschäftigungssystem, das nach analogen Regeln konstituiert ist: es kennt spezifische Selektionsbarrieren und Sozialisationsinhalte und -verfahren, besondere Gratifikationsarten und -niveaus (Einkommen, Privilegien, Status), eigene Einbindungsmuster, Qualifikationen und Qualifizierungstechniken, Laufbahnperspektiven und Organisationsformen. Es gibt einen wichtigen Unterschied: das abgehobene und segmentierte System Management dient - vereinfacht gesagt - nicht der Produktion, sondern der Transaktion und Aneignung, weshalb - mit zunehmender hierarchischer Ebene ausgeprägter - nicht so sehr spezifisches Produktions-, als vielmehr generelles Herrschaftswissen vonnöten ist. Darum lassen sich, wenn alternative Steuerungstechniken praktiziert werden können, leicht einzelne hierarchische Ebenen herausbrechen, die dann entweder als parasitäre Lähm- oder Lehmschichten verhöhnt werden oder denen eine aufwendige Beratung und Hilfeleistung zugute kommt [*Outplacement*; siehe dazu z.B. *Dürndorfer* (1998), *Sauer* (1991), *Schulz et al.* (1989), *Stoebe* (1993)]. Wer das Verfügen über andere gewohnt war, hat sich nun selbst zu fügen; die Macher entpuppen sich als Objekte.

3.4.3 Logiken der Kontexte

Wir untersuchen zunächst (ökonomische) Logiken, die das Agieren der Unternehmung auf dem Markt charakterisieren, auf dem es Güter und Leistungen absetzen will. In einer ersten Logik, die wir *Kooperationslogik* genannt haben, geht es um konstruktive Beziehungen einerseits zu den Kunden, denen Gebrauchswert geboten werden soll, und andererseits zu externen *stakeholders*, insbesondere zu Konkurrenten, deren Kooperation gewonnen werden soll, um effektiv und effizient produzieren zu können. Eine zweite Logik, die *Gewinn- und Konkurrenzlogik*, betrachtet die Beziehung zu Kunden und anderen Marktteilnehmern als ein Aneignungsverhältnis, bei dem nicht die Qualität einer Leistung, sondern der abschöpfbare Vorteil und die unangefochtene Dominanzposition im Vordergrund stehen.

In nächsten Abschnitt greifen wir (soziale) Logiken heraus, die die Anpassung des Unternehmens an die Gesellschaft thematisieren. Zum einen diskutieren wir die *Vergesellschaftungs*ansprüche, denen sich das Unternehmen zu stellen hat und die es zwingen, Strukturen, Entscheidungen und Handlungen zu *legitimieren*. Zum anderen betonen wir mit den Leitbildern *Transformation und Qualifizierung*, dass sich Unternehmen fortwährend gesellschaftlichen Veränderungen stellen müssen, indem sie sich intern weiterentwickeln, womit sie auch Impulse für gesellschaftliche Veränderungen geben.

3.4.3.1 Marktlogik₁: Kooperation

Es ist oben skizziert worden, dass *innerhalb* von Unternehmungen Kooperation und Konkurrenz kultiviert werden, um die Vorteile beider nutzen und die jeweiligen Nachteile durch das polare Gegeneinander bekämpfen zu können.

Ähnliche Überlegungen gelten auch für die außerbetrieblichen *marktlichen* Aktivitäten der Unternehmen und zwar sowohl gegenüber den Kunden, wie gegenüber den 'Konkurrenten' (die zugleich Kollaborateure sind).

Kundenorientierung ist zu einem der wichtigsten Schlagworte der Management-Diskussion geworden. Es soll daran erinnern, dass es die Kunden sind, die die Produkte des Unternehmens abnehmen und bezahlen und so dessen Existenz ermöglichen. Produkte und Leistungen müssen nicht den Bedürfnissen, Anforderungen und Möglichkeiten der Produzenten, sondern der Konsumenten entsprechen, sodass Entwicklungs-, Fertigungs- und Kontrollprozesse aus Sicht der Kunden zu entwerfen sind. Diese Grundhaltung 'von-außen-nach-innen' wirkt sich auch auf die Beschäftigungssysteme aus. Zum einen dadurch, dass die Lieferanten-Kunden-Beziehung auch unternehmensintern propagiert wird und eine neue Qualität der innerbetrieblichen Beziehungen (siehe Vergemeinschaftung) begründen soll. Zum anderen geht es um die Einbeziehung des externen Kunden in die betriebliche Wertschöpfungskette. Kunden sollen mitwirken in Produktplanung und -entwicklung, Fertigungsverfahren müssen umgestellt werden, sodass sie auf den Einzelkunden bezogene, 'maßgeschneiderte' Produkte erlauben, Qualitätsansprüche werden nicht erst bei der Aus- oder Ablieferung berücksichtigt, sondern in alle Entwicklungs- und Fertigungsstufen integriert. Diese Prinzipien fordern eine fähige, mobile, mitdenkende und loyale Belegschaft. Sie muss motiviert sein, hohe Qualität zu produzieren, ständige Verbesserungen vorzuschlagen und einzuführen, Störungen effizient zu beheben, Prozesse in eigener Verantwortung zu organisieren, egoistische Gewinne zugunsten gemeinsamer Vorteile hintanzustellen usw. Ein solcher Anforderungskatalog liest sich wie eine Funktionsbeschreibung interner Arbeitsmärkte, denen der langfristige Aufbau betriebsspezifischen Human- und Organisationskapitals gelungen ist. Prekäre Beschäftigungsverhältnisse lassen zwar lokale und kurzfristige Kostenvorteile erwarten, gefährden aber die Erreichung der Ziele, die durch hohe Qualitätsmaßstäbe angesichts komplexer arbeitsteiliger Produktionsverfahren und individualisierter Kundenwünsche gekennzeichnet sind.

Aber auch in der Zusammenarbeit mit anderen Unternehmungen, seien es Zulieferer oder Konkurrenten, haben sich die Bedingungen gewandelt. Es geht nicht mehr in erster Linie darum, die Zulieferer mit Preis-, Qualitäts- und Termindiktaten an die Grenzen ihrer Möglichkeiten zu treiben, sondern mit ihnen zusammen Möglichkeiten zu suchen, den *gemeinsamen* Erfolg zu suchen und zu teilen. Ähnliches gilt auch für die vormaligen Konkurrenten, die man nicht eliminieren muss, sondern zu Verbündeten machen kann, um *gemeinsam* neue Märkte zu erschließen, teure Entwicklungen zu finanzieren, am jeweiligen Know how zu partizipieren. Das eigene Verwertungsinteresse wird dabei keineswegs aufgegeben, im Gegenteil: man erspart sich ressourcenverzehrende Parallel- und Konkurrenzentwicklungen (zum Teil natürlich auch auf Kosten der Kunden).

In der neoliberalen Tradition gehört Konkurrenz zu den Kernelementen einer funktionierenden Wirtschaft, wobei Wettbewerb ironischerweise dazu dient, den Konkurrenten auszuschalten und unbedrängter Monopolist zu werden. Wenn (ideale) Märkte durch Wettbewerb bestimmt sind, muss es gute Gründe geben, diese Konkurrenz organisationsintern aufzuheben und in Kooperation zu transformieren. Dass das nicht immer gelingt, wird durch Phänomene wie Mobbing, Rivalität, Korruption, Sabotage, Informationsblockade, Abteilungsegoismus usw. belegt. Angesichts der behaupteten Überlegenheit von Märkten gegenüber Organisationen hat die Frage, warum es überhaupt Firmen gibt, neoliberale Ökonomen immer wieder beschäftigt. Organisation bedeutet Regulierung, Regulierung bedeutet Rigidität - und beides behindert optimale Allokation. Organisations-Vorteile liegen in der Senkung von Transaktionskosten (Suche, Prüfung, Erwerb, Einbau geeigneter Partner und Verfahren; Vermeidung unnötiger Kampf-Kosten) und in Sicherung und Ausbau der Möglichkeiten zur Durchsetzung eigener Interessen. Die Markt-Organisations-Frage hat neue Aktualität erhalten durch die Entwicklung innovativer Kooperationsformen zwischen Unternehmen (Allianzen, Projekte, Joint Ventures), durch die Zunahme von Unternehmenskäufen und -fusionen, und durch die Visionen der 'grenzenlosen' und 'virtuellen' Organisation, die als eine projektbezogene Zusammenarbeit rechtlich selbständiger (Kollektiv-)Akteure vorgestellt wird, die sich für diesen Zweck vorübergehend zusammentun und nach Erledigung der Aufgabe wieder in neuen Zusammenstellungen neue Engagements suchen (ein Beispiel ist die befristete Zusammenarbeit einer großen Zahl von Professionellen und Organisation zur Realisation eines 100-Millionen-Dollar Hollywood-Films). Diese Organisationsform kommt scheinbar dem modernen individualisierten Arbeitnehmertyp entgegen, der als selbstbewusst, selbständig, flexibel, kreativ, aktiv, engagiert imaginiert wird (s. *Hanft* 1991, 76). Wird es - wie in modernen Ehen auch - vermieden, langfristige Beziehungen einzugehen, können auch die Vorteile dieser Beziehungen nicht realisiert werden. Neue Kooperationsformen erlauben es MitarbeiterInnen andere Unternehmen kennenzulernen, die vielleicht attraktivere Arbeitsbedingungen oder größere Karrierechancen bieten. Umso wichtiger wird es für die Stamm-Unternehmen, selbst konkurrenzfähige Beschäftigungssysteme und -kulturen zu entwickeln, um nicht den Preis hoher Fluktuation zahlen zu müssen.

Die Gleichzeitigkeit von Konkurrenz und Kooperation auf den Märkten hat unternehmensintern zu hybriden Konstruktionen geführt. Im Rahmen stabiler Beziehungen wird durch die Etablierung verschiedener Hierarchien (Einkommen, Befugnisse, Status, Privilegien) und die Kontrolle des Zugangs zu den attraktiveren Positionen die Konkurrenz- mit der Beziehungslogik versöhnt. Marktkonkurrenz wird ins Unternehmen importiert, Beziehungslogik wird exportiert (wenn gemeinsame Projekte oder Allianzen praktiziert werden). Typisch ist der Turniergedanke für den *inner*betrieblichen Aufstieg: Nur jene Personen kommen in die nächste Runde, die es in Ausscheidungswettkämpfen geschafft haben, die KonkurrentInnen zu übertreffen. Turniere sind in hohem Maße ritualisiert, um regel- und rücksichtslosen Kampf aller gegen alle zu verhindern. Es geht also nicht um ein sozialdarwinistisches Selektionsmodell, bei dem der Verlierer nicht überlebt; er wird höchstens eliminiert (hier: aus der Organisation ausgegrenzt) oder in unteren Rängen festgehalten, wobei weiter für ihn gesorgt wird, um seine Kooperationsbereitschaft (und die der organisationsinternen Beobachter als potentiellen weiteren Opfern) zu erhalten.

Im Grunde kann die Einrichtung unterschiedlicher Beschäftigungssysteme als Mittel und Ergebnis solcher Mischungen von Konkurrenz- und Kooperationslogik angesehen werden: In Organisationen finden pausenlos Wettkämpfe statt, in denen entschieden wird, a) in welcher Liga man spielen darf und b) welchen Rangplatz man in dieser Liga einnimmt. Beschäftigte in prekären Arbeitsverhältnissen spielen in einer niedrigen und finanziell schlecht ausgestatteten Liga; vielversprechende Talente werden sofort in höhere Ligen abgeworben.

Die Implantation des Konkurrenzprinzips soll das konservierende Moment stabiler Beziehungen überwinden helfen (Sklerotisierung, Änderungsresistenz aufgrund wechselseitiger Beistandspflichten bei Status-Bedrohungen, Ausschluss von störenden Innovatoren). Die Irritation[88] durch Konkurrenz ist funktional, wenn die Beziehungsstrukturen und -regeln nicht zerstört werden. Eine kameradschaftliche Bürokratie, die Bestandsschutz pflegt und sich im Wenigen, aber Sicheren eingerichtet hat, unterscheidet sich vom 'hungrigen Team' vor allem dadurch, dass es für sie *weder individuelle, noch kollektive* Perspektiven gibt, die sich lohnen würden.

3.4.3.2 Marktlogik$_2$: Gewinn, Konkurrenz

Kooperation mit Kunden und 'Konkurrenten' setzt das zentrale Motiv einer kapitalistischen Marktwirtschaft nicht außer Kraft: es geht um Akkumulation von Kapital mit dem Ziel, die Kontrolle über Märkte zu erreichen, sodass die Verwertungsbedingungen im eigenen Interesse gestaltet werden können.

Es ist pure Ideologie, den Kunden zum König zu stilisieren und zu verschweigen, dass es letztlich sein Geld ist, das man will. Die Erfahrung zeigt, dass hohe Qualität, Termintreue, niedrige Preise, Servicefreundlichkeit usw. *keine unverrückbaren* Kriterien sind. Wenn es die Umstände (die Konkurrenten, der Staat) erlauben, werden andere Wege gegangen, die leichter zum Ziel der Marktmacht und der Rentabilitätssteigerung führen.

---

[88] Irritation soll hier in ihrer ganzen Bedeutungsfülle verstanden werden: Anreiz, Erregung, Verärgerung, Störung.

Die Dominanz der Verwertungsinteressen führt dazu, dass Beschäftigungssysteme dem Dauerzwang ausgesetzt sind, 'sich rechnen' zu müssen. Darauf werden wir im Kapitel 'Personal-Controlling' ausführlich eingehen. An dieser Stelle soll lediglich angemerkt werden, dass in Zeiten hoher Turbulenz und drohender Krisen häufig das Quartalsdenken langfristige Strategien dominiert. Dies wirkt sich auf alle Kostenarten aus, natürlich auch auf die Personalkosten. Kurzfristige Aktionen zur Senkung der Personalkosten können jedoch das Gegenteil bewirken; zu denken ist nur an die Kosten von Aufhebungsaktionen oder an Restriktionen wie Sozialplan oder Abfindungen, durch die der Gesetzgeber die Externalisierung von Kündigungskosten zu verhindern sucht. Deswegen werden vorausschauend Beschäftigungssysteme so *konstituiert*, dass sie an Auslastungsschwankungen, Technologie-Entwicklungen, Produktinnovationen, Organisationsveränderungen etc. leicht angepasst werden können. Nominelle Kostenersparnisse können durch Belegschaftsverringerungen schnell erzielt werden; auch die Nutzung von Satellitenbelegschaften, Konzessionen in den Zeitregimes, rechtliche Deregulierungen können spürbare und dauerhafte Entlastungen bringen. Man muss jedoch auch die Gegenrechnung aufmachen und die Einsparungen mit höheren Belastungen in anderen Positionen ins Verhältnis setzen (Qualitätsmängel, Innovationsarmut, Transaktionskostenssteigerung, Überforderung der allzu bulimischen Belegschaften). Wegen der in vielen Fällen noch weitgehend undurchschauten Beziehungen zwischen den Faktoren und Wirkungen, vor allem aber wegen der nicht systematisch zugerechneten Verantwortlichkeiten erhalten sich die unterschiedlichsten Beschäftigungs-Biotope. Diese Intransparenz ist auch einer der Gründe dafür, dass von einem ausgefeilten Personal-Controlling die Aufklärung des Unerkannten und Unverstandenen erwartet wird. Das nährt auch die Phantasie, das endlich Durchschaute würde seine einfachen Gesetzmäßigkeiten preisgeben, sodass Bestlösungen für die Beschäftigungsprobleme installiert werden könnten.

Einmal mehr ist daran zu erinnern, dass die verschiedenen Kern- und Kontextlogiken nicht immer kompatibel sind. So kann z.B. eine ausgeprägte Verwertungs- und Gewinnorientierung, die auf Outsourcing, Verschlankung, numerische Flexibilisierung und Befristung setzt, durchaus mit der Herrschafts- oder der Produktions- oder der Vergemeinschaftungslogik kollidieren und es kann sich zeigen, dass das Management z.B. nicht die kostengünstigste, sondern die seine Herrschaft stabilisierende Variante bevorzugt.

3.4.3.3 Anpassungslogik$_1$: Vergesellschaftung (Legitimation)

Herrschaft ist - im Unterschied zu faktischer Macht - *legitimer* Einfluss, der sich auf gesellschaftlich akzeptierte Geltungsansprüche stützen kann. Andererseits ist eben diese Legitimitätsproduktion ein weiteres Anliegen, das sich verselbständigen kann und gesondert verwirklicht wird. Die Festigung des Glaubens daran, dass alles mit rechten Dingen zugeht, dass das eigene Handeln durch Gesetze, Traditionen, Sitte,

Regeln, Verträge abgesichert ist, ist allein schon aus Gründen der Transaktionskostenersparnis von fundamentaler Bedeutung. Der Legitimationsbeschaffung und der
Fassadenarbeit (Reputation) wird deshalb große Aufmerksamkeit geschenkt.

Meyer & Rowan (1977) haben in einem vielzitierten Beitrag zur institutionalistischen Organisationsanalyse zwischen zwei Aufgaben unterschieden, die in Organisationen zu erfüllen sind: Produktion und Legitimation. Die erste Funktion ist evident, die zweite bedarf der Erläuterung: *Meyer & Rowan* haben unter anderem festgestellt, dass Organisationen von ihrer Umwelt und insbesondere von zentralen *stakeholders,* die wichtige Ressourcen kontrollieren, beobachtet werden im Hinblick
auf die Erfüllung normativer Erwartungen. Gerade wenn die Produktionsziele der
Organisation schwer zu operationalisieren sind, werden ersatzweise andere Kriteri-
en herangezogen (wie etwa Rationalität, Transparenz, Vertrauenswürdigkeit, Korrektheit usw.). Wenn es gelingt, durch *symbolic management* die Umwelt von der
Seriosität und Leistungsfähigkeit der Organisation zu überzeugen, sind Goodwill,
und damit eine günstige Verhandlungsposition und Ressourcenzufluss gesichert. Die
Präsentation eines transparenten Organigramms und eines formgerechten Investiti-
onsplans beruhigen eine kreditgebende Bank, auch wenn die Dinge in Wirklichkeit
ganz anders laufen.

Betrachtet man unter diesem Aspekt das Management von Beschäftigungssystemen,
dann kann angenommen werden, dass Arbeitssuchende normalerweise nicht in der
Lage sind, die tatsächliche *performance* einer Unternehmung zutreffend einzuschät-
zen; sie orientieren sich vielmehr an deren (Selbst-)Präsentation. Das kommunizierte
Bild der Unternehmung wird im Raster der obengenannten Erwartungen analysiert.

Aber nicht nur für *outsiders* ist diese Legitimationsarbeit zu leisten. Auch intern
wird von allen Beteiligten fortwährend geprüft, ob Versprechen gehalten, Vorschriften befolgt und Rechte beachtet werden. Es muss darum, um Legitimität zu
wahren, prozedurale Exaktheit gewahrt werden; es müssen demonstrative, geradezu
theatralische Aktionen inszeniert werden, wenn allzu offenkundig wichtige Spielregeln verletzt werden, es gibt plakative, aber nichtjustiziable Festlegungen (z.B. Un-
ternehmensgrundsätze, Führungsleitlinien, Corporate Identity-Kampagnen, Visionen
usw.). Im Personalbereich finden sich z.B. 'Offen Gesagt'-Aktionen, Fallgeschichten
in Mitarbeiterzeitschriften, Qualitätszirkel zu verschiedenen 'weichen' Fragen, Fo-
ren, Versammlungen, auf denen der Vorstandsvorsitzende höchstpersönlich auftritt
und das 'Bündnis für Erfolg' erneuert.

Die hohe Bedeutung der Legitimationsfunktion wird nicht zuletzt am großen Be-
gründungs- und Darstellungsaufwand deutlich, der bei bevorstehenden Massenentlassungen getrieben wird. Solche Gelegenheiten sind eine Brutstätte für Euphemis-
men zum Begriff 'Personalabbau', über die oben - siehe Beleg F-3.1, S. 278 - schon
berichtet wurde.

3.4.3.4 Anpassungslogik$_2$: Transformationslogik, Qualifizierungslogik

Anpassung ist im Kern Veränderung, Transformation, Qualifizierung [wörtlich genommen: besonders, eigenartig (qualis) werden, (sich) geeignet machen]. Die Anpassung an neue Entwicklungen bezieht sich auf Veränderung der personalen Human-, wie der interpersonalen Sozialkapitalausstattung, wie auch der Schaffung und Veränderung apersonaler Strukturen, Techniken und Routinen (die z.B. Einführung neuer Technologien oder Organisationsformen mit sich bringt). Ausgangsthese ist, dass sich Beschäftigungssysteme fortwährend wandeln oder qualifizieren. Diese Transformation kann endogen (durch innere Widersprüche oder Impulse verursacht sein) oder exogen (von außen erzwungen oder angeregt) sein. Vor allem der exogene Veränderungsdruck macht - denkt man nur an die Dynamik von Märkten, vor allem auch von Finanzmärkten - die Fähigkeit zur schnellen Anpassung überlebensnotwendig. Die Entwicklung von Menschen, Beziehungen, Strukturen, Verfahren und Artefakten ist aufwendig, facettenreich vernetzt, nicht exakt planbar und ergebnisunsicher. Wenn Transformation Ressourcen (Zeit, Personal, Geld) bindet, dann ist sie als Investition zu betrachten, die (verwertungslogisch) gerechtfertigt werden muss. Je weniger die Zielzustände bekannt sind, auf die hin Anpassungspotentiale entwickelt werden sollen, desto riskanter ist die Investition: man weiß nicht genau, ob sie ihr Geld wert ist, ob sie die erhoffte Anpassung dauerhaft gewährleistet und ob sie - evtl. selbsttragend - weitere Zukunftsoptionen ermöglicht oder ausschließt. Je weniger Qualifizierungsmaßnahmen auf ganz spezifische und konkretisierte Anpassungsleistungen programmiert sind, desto größer ist die Gefahr der Fehlallokation von Ressourcen. Eine breite (multioptionale) Qualifizierung erfordert überdies 'slack' (frei verfügbare Ressourcen) - und dieser muss stets gegen das Argument verteidigt werden, dass eine alternative Verwendung eine höhere oder sicherere Rendite abwerfen würde. Umfassende Eignung (eigentlich ein Paradoxon: allgemeine Besonderheit) erlaubt einerseits multifunktionale Verwendung, bedeutet aber andererseits notwendigerweise ungenutztes Potential (Verschwendung). Zudem folgt aus herrschaftslogischer Perspektive, dass breite Qualifizierung ihren Trägern/Besitzern größere Unabhängigkeit aufgrund geringerer Faktorspezifität ermöglicht und ihnen die (bessere) Kontrolle strategischer Ungewissheitszonen erlaubt. Die Qualifizierten werden wertvoller oder unersetzlicher und können in anstehenden Verhandlungen eigene Interessen eher durchsetzen und Kooperationsrenten aneignen.

In dem Maße, wie die unaufhörliche Transformation von Personen und Organisationen immer wichtiger wird, um die Dynamik der Entwicklung zu meistern (es ist nur an einige Schlagworte zu erinnern: TQM, KVP, Kaizen, organizational learning, Imitationsschutz, Wissensmanagement), gewinnt die 'Qualifizierungsoffensive' Eigendynamik. Keine Person und keine Organisation kann es sich erlauben, sich aus dem Wettlauf auszuschalten, weil die Gefahr besteht, dann den nächsten Entwicklungsschritt nicht mehr, nicht rechtzeitig oder nur mit prohibitivem Aufwand bewältigen zu können. Die Vorbereitung auf künftige Herausforderungen macht andererseits zum Teil für die Bewältigung aktueller Probleme untauglich(er) und das unumgängliche Verlernen kann genauso viel Ressourcen verzehren wie das Neulernen. Gerade die Entwicklung der Computertechnik verdeutlicht, dass 'Qualifizierung' zudem nicht nur die 'Wetware' betrifft (nämlich die Menschen, die mit den Innovationen umgehen oder sie beherrschen lernen sollen), sondern gleichzeitig weitere Faktoren, die sich gegenseitig unter Veränderungsdruck setzen: Hardware, Vernetzung, Software. Spezifische Investitionen in Human- und Sozialkapital haben überdies die unter Umständen unerwünschte Eigenschaft, künftige Veränderungsbereitschaft und -fähigkeit 'einzufrieren' (siehe etwa die Bewahrung von Gewohnheiten und Besitzständen, lock-in-Phänomene), sodass, um Neues zu ermöglichen, die Trennung von Menschen, Organisationseinheiten und Technologien effizienter und effektiver erscheint als das Bemühen um Transformation. Bei der Transformation von Beschäftigungssystemen kann das bedeuten, dass es für Unternehmen ökonomischer ist, 'alte' Belegschaften auszuwechseln ('zu entsorgen'), als ihnen (oder sich) den mühevollen Weg des Ver- und Neulernens zuzumuten. Die gezielte 'Bereinigung' des Personalbestands kann z.B. über Aufhebungsverträge und Abfindungen oder über das Outsourcing ganzer Funktionsbereiche erfolgen; man kann die Belegschaft segmentieren in einen geringqualifizierten ungesicherten 'Rand' und einen polyvalenten mobilen 'Kern'; statt erhöhte Wertschöpfung über Personalentwicklung anzustreben, kann man sie über rationalisierende Technik- oder Organisationsveränderungen erreichen; den möglichen Opportunismus der Nutznießer von Höherqualifikation kann man durch entsprechende institutionelle Arrangements zu kontrollieren suchen (Senioritätslöhne, Erfolgsbeteiligung, Beschäftigungsgarantien usw.).

Wie verschiedentlich angemerkt, kann die Anpassungs- und Transformationslogik mit anderen Logiken in einem Spannungsverhältnis stehen. Ganz besonders gilt das für die Aneignungslogik; vor allem personale Qualifikation geht über in die Verfügung des Subjekts, sodass hier einmal mehr ein Nutzungs- und Transformationsproblem besteht. Die BesitzerInnen der Qualifikation müssen dafür gewonnen werden, a) nicht ohne Kompensation der Qualifikationskosten in eine andere Organisation zu wechseln, und b) ihr Potential tatsächlich auch zu realisieren. Bei dieser Realisierung entsteht das weitere Problem, dass die Qualifizierung entweder produktions- und verwertungslogisch instrumentalisiert werden kann oder aber als 'Eigenwert' betrachtet wird, der vom Subjekt konsumiert wird (Persönlichkeitsförderlichkeit, Selbstverwirklichung). Die Doppelbödigkeit wird besonders deutlich bei einigen Tugenden, die in letzter Zeit immer häufiger gefordert werden: Querdenken, Experimentierfreude, kreative Verrücktheit ('Spinnen'), Fehlertoleranz usw. Es wäre falsch, solche Qualifikationen ausschließlich personalisiert zu sehen; sie benötigen eine organisationale Infrastruktur, um entwickelt und kontrolliert zu werden. Coole, distanzierte Wander- oder Söldnerbelegschaften können aus Verwertungs- und Herrschaftsperspektive Probleme bereiten.

3.4.4 Schluss

Die Konkurrenz zwischen den Logiken ist kein Desaster oder ein Mangel, der zugunsten von Stimmigkeit behoben werden sollte, sondern ein evolutionärer Vorteil, weil damit Wahlmöglichkeiten gegeben sind und sich die Überlegenheit bestimmter Entscheidungen gegenüber anderen ergeben kann.

"Zurück zu der Frage, woher der Kapitalismus seine Bestandskraft bezieht. Vielleicht hat es damit zu tun, dass er das einzige System darstellt, das seine unversöhnlichen Gegensätze zynisch, offen und angreifbar einräumt und daher Dissidenz, Legitimationskrisen und Aufbegehren nicht zu den Pathologien, sondern zu den Kraftquellen rechnen kann" (*Zielcke* 1998, 13).

Kapitel G: Personalkosten - Übersicht -

G-1: Zum Begriff der Personal- bzw. Arbeitskosten

1.1 Personal- bzw. Arbeitskosten: Transaktionskostentheoretische Perspektive

1.2 Anwendungsbeispiele

G-2-5: Arbeitskosten aus gesamtwirtschaftlicher Sicht

2. Systematisierungen:

2.1 Die amtliche Arbeitskostenerhebung
2.2 Institut der deutschen Wirtschaft (IW)
2.3 Wirtschafts- u. Sozialwissenschaftliches Institut des Deutschen Gewerkschaftsbundes (WSI)

Empirische Befunde:

3. Arbeitskosten in (West-)Deutschland (empirische Befunde)
4. Arbeitskosten in der Europäischen Union (empirische Befunde)
5. Arbeitskosten und 'Standort Deutschland'

G-6: Personalkosten aus einzelwirtschaftlicher Sicht

6.1 Systematisierungen:

6.1.1 Das betriebliche Rechnungswesen
6.1.2 Das System der DGFP

6.1.3 Humanvermögensrechnung
6.1.4 Der Ansatz des Non-Accounting
6.1.5 Personalkosten und Wertschöpfung

G-7: Personalkostenrechnung als politisches Phänomen

7.1 Die irrationale Kostendiskussion in der Öffentlichkeit

7.2 Alltagspolitik mit Personalkosten

7.3 Personalkostenrechnung als Herrschaftsinstrument

0. Einleitung und Überblick

Das Thema Arbeits- bzw.Personalkosten schien bis vor kurzem in der öffentlichen Diskussion einen größeren Stellenwert einzunehmen als in personalwirtschaftlichen Lehrbüchern. Während v.a. in der deutschen Öffentlichkeit häufig auf die (zu) hohen Personal(neben)kosten und die damit verbundenen Standortnachteile hingewiesen wurde, konzentrierten sich die meisten Lehrtexte eher auf Aspekte wie 'Personalcontrolling', 'Entlohnungsformen', 'Kostenbudgetierungen' usw.

Dies ist um so überraschender als in der betrieblichen Praxis personelle Maßnahmen v.a. auch im Hinblick auf ihre kostenmäßigen Auswirkungen betrachtet werden. Auf mögliche Gründe für die 'stiefmütterliche' Behandlung der Arbeits- bzw. Personalkosten in der 'Theorie' wollen wir nur sehr kurz eingehen. Wir haben bereits oben darauf hingewiesen, dass das Personalwesen in der Praxis meist eine 'abgeleitete' Funktion einnimmt und bei strategischen Entscheidungen personelle Überlegungen eine eher unbedeutende Rolle spielen. Wenn im Vorfeld von Entscheidungen über deren mögliche Konsequenzen für Arbeits- bzw. Personalkosten nachgedacht wird, so werden die entsprechenden Analysen häufig nicht vom Personalwesen, sondern vom (zentralen) Finanz- und/oder Rechnungswesen durchgeführt. Dies ist ein weiterer Hinweis darauf, dass der Einfluß des Personalwesens auf strategische Entscheidungen gering ist und dass das Personalressort im Vergleich zu anderen Unternehmensbereichen ein 'Leichtgewicht' darstellt. Verstärkt wurden diese Entwicklungen auch durch die in vielen Betrieben erfolgte Dezentralisierung der Personalarbeit, welche u.a. zur Folge hatte, dass Führungskräfte direkt für die kostenmäßigen Auswirkungen ihrer personellen Entscheidungen verantwortlich gemacht werden konnten (siehe unten).

Erst in jüngster Zeit wird die Notwendigkeit einer stärkeren Ökonomisierung des Personalwesens erkannt und u.a. mit der wachsenden Bedeutung des Personalaufwands bzw. des Humankapitals für den Erfolg eines Unternehmens begründet (z.B. *Staffelbach* 1997).

Wie immer man die Forderung nach einer Ökonomisierung der Personalwirtschaftslehre auch bewerten mag (siehe Band 1), es ist sicher kein Zufall, dass die Intensivierung dieser Diskussion zeitlich zusammenfällt mit einem zunehmenden Kostenbewußtsein in staatlichen und wirtschaftlichen Organisationen. Als Indikatoren hierfür können die schnelle Verbreitung von modernen Techniken des Rechnungswesens und des Controllings in der betrieblichen Praxis sowie das Vordringen von Vertretern des Rechnungswesens in höhere Führungspositionen gewertet werden. Zusätzlich verstärkt werden diese Tendenzen durch die desolate Situation der Öffentlichen Kassen bzw. Haushalte. Es ist auch nicht verwunderlich, dass in diesem Zusammenhang den Kosten für Personal als flexiblem 'Einsatzgut' besondere Aufmerksamkeit gewidmet wird. Wenn in der Managementpraxis, beispielsweise im Rahmen von Dezentralisierungsstrategien, die Verantwortung für Budgets, sowie für

Personal und die Gestaltung der Organisation an die Linienvorgesetzten delegiert wird (s. *Wimmer* 1994), dann können diese 'Personal' bzw. personalwirtschaftliche Leistungen auf dem internen oder dem externen Markt 'einkaufen' (z.B. Profitcenter oder Costcenter). Werden diese Vorgesetzten in erster Linie daran gemessen, inwieweit sie die durch das (zentrale) betriebliche Rechnungswesen vorgegebenen (bzw. angepaßten) Budgets erfüllen, so werden sie bei finanziellen Engpässen vermutlich dort zuerst einsparen, wo dies (trotz Kündigungsschutzgesetz) am schnellsten möglich ist und wo die entgangenen Profite für das Unternehmen am schwierigsten zu quantifizieren sind. Genau dies trifft für viele personalwirtschaftliche Aspekte zu. Besonders die 'weichen' Resultate der Personalarbeit, die eine eher mittel- bis langfristige Perspektive beinhalten, wie etwa Arbeitszufriedenheit, Unternehmenskultur, Organisationsentwicklung sowie bestimmte Themen der Personalentwicklung können an Bedeutung verlieren - wobei dem Unternehmen auf längere Sicht Schaden entstehen kann (in der Strategielehre gewinnt die Einsicht an Gewicht, dass v.a. die Qualifikation und die Motivation der Mitarbeiter darüber entscheiden, ob und wie den Herausforderungen der nächsten Jahrzehnte begegnet werden kann).

Allerdings verlieren selbst 'harte' Fakten, wie etwa die Höhe der Entlohnung schnell an Eindeutigkeit, wenn man sie mit 'Kosten für den Faktor Arbeit' gleichsetzt. So können etwa höhere Löhne dazu führen, dass die Kosten für Fluktuation reduziert werden oder die Arbeitsproduktivität zunimmt (wenn z.B. bessere Arbeitskräfte gewonnen wurden). Ähnlich verhält es sich, wenn Arbeits- bzw. Personalkosten durch Outsourcing verringert werden sollen. Wenn Gesamt- oder Teilaufgaben einer oder mehrerer Stellen innerhalb eines Unternehmens umgelagert oder außerhalb der bisherigen formalen Organisation wahrgenommen werden, so kann dies die Kosten reduzieren. Allerdings muss dabei auch berücksichtigt werden, dass nach wie vor Kosten für die verbleibenden Restfunktionen entstehen, wie etwa Steuerungs-, Vertragsabschluß- und Überwachungskosten, Kosten für verbleibendes Personal, das u.U. nicht mehr so qualifiziert eingesetzt werden kann, aber weiterhin bezahlt wird oder anhand von Abfindungsangeboten zum Verlassen des Unternehmens animiert werden soll. Zudem müssen Kosten für nicht gleichbleibende Qualität, für mögliche zeitliche Verzögerungen oder für Nacharbeiten, für Abstimmungsprobleme oder Einarbeitung des externen Partners, der i.d.R. nicht über das gleiche Know-how verfügt wie die bisher Verantwortlichen, berücksichtigt werden; weiter müßten noch die Kosten für die Kommunikation 'in Rechnung gestellt werden', die nicht nur für die laufende Abstimmung zwischen den kooperierenden Unternehmen anfallen, sondern auch durch den permanenten gegenseitigen Know-how-Transfer.

Im folgenden Kapitel G werden wir deshalb drei Themenkreise behandeln:

In den Unterkapiteln 2 - 5 beschäftigen wir uns mit dem Thema Arbeits- bzw. Personalkosten aus gesamtwirtschaftlicher Sicht. Dabei gehen wir zunächst auf die Systematisierungen dieser Kosten durch die amtliche Statistik, durch das Wirtschafts-

und Sozialwissenschaftliche Institut der deutschen Wirtschaft (IW) sowie durch das Wirtschafts- und Sozialwissenschaftliche Institut des Deutschen Gewerkschaftsbundes (WSI) ein. Im Anschluß daran untersuchen wir die empirischen Befunde zu den Arbeits- und Personalkosten in der Bundesrepublik Deutschland sowie die Arbeitskosten in der EU. Auf der Basis dieser Ergebnisse schließen wir diesen Themenkreis mit einer Reflexion der Diskussion um den 'Standort Deutschland ab'.

Im zweiten Themenkreis behandeln wir Personalkosten aus einzelwirtschaftlicher Sicht. Auch hier geht es zunächst primär um Systematisierungen wie sie etwa im Rahmen des betrieblichen Rechnungswesens oder durch das System der Deutschen Gesellschaft für Personalführung vorgeschlagen werden. Da 'Personal' nicht ausschließlich als Kostenfaktor, sondern auch als Aktivum betrachtet werden kann, reflektieren wir die Brauchbarkeit des herkömmlichen Rechnungswesens zur Erfassung aller kostenrelevanter Aspekte des betrieblichen Personalwesens anhand der sog. 'Humanvermögensrechnung'.

Da Informationen zu Arbeits- bzw. Personalkosten im Rahmen von Interessenkonflikten und im Bewußtsein politischer Entscheidungskonsequenzen beschafft und weitergegeben werden, gehen wir im dritten Themenkreis ausführlich auf die Prinzipien, Leitlinien und Grundsätze (policies) der Ausgestaltung von Spiel(!)räumen und Optionen ein, die den inner- und außerbetrieblichen Akteuren im Zusammenhang mit Arbeits- bzw. Personalkosten zur Verfügung stehen. Dabei werden wir auch auf das Alltagsgeschäft der Realpolitik zu sprechen kommen und diskutieren, mit welchen Tricks, Techniken usw. (politics) Macht aufgebaut und benutzt wird, um eigene Interessen durchzusetzen.

1. Zum Begriff der Personal- bzw. Arbeitskosten

1.0 Überblick

Die Antwort auf die Frage, was die Kosten menschlicher Arbeit sind, ist keineswegs eindeutig. Für *Schneider* (1987, 324) sind es bei nicht selbständiger (objektbezogener) Arbeit die marktbezogenen Kosten, d.h. die Ausgaben für Löhne und Gehälter einschließlich der Lohnnebenkosten, soweit menschliche Dienste über Märkte erworben werden (und soweit hinsichtlich der Lohnnebenkosten Rechtsvorschriften zusätzliche Ausgaben verlangen). Voraussetzung für diese einzelwirtschaftliche Bestimmung der Kosten menschlicher Arbeit ist allerdings das Bestehen von Marktpreisen für menschliche Dienste. Bestehen solche Marktpreise nicht, macht es dann überhaupt Sinn von Kosten menschlicher Arbeit zu sprechen? *Schneider* (1987) hält Kosten menschlicher Arbeit für eine sinnwidrige Begriffsbildung, wenn keine Marktpreise hierfür gegeben sind. Für Schneider ist deshalb auch die Frage nach den Kosten für selbständige menschliche Arbeit bzw. nach den Kosten teilweise selbständiger (dispositiver) Tätigkeit nicht zu beantworten, da dieses Einkommen *Folge* der

Marktpreisbildung und nicht dessen Ursache ist. Kosten als theoretischer Begriff für einen noch zu beobachtenden Sachverhalt müßten dann aus einem vorzugebenden Einkommensbegriff abgeleitet werden.

Nach *Schneider* (1987) sind die Kosten des Arbeitseinsatzes für personenbezogene Unternehmen scheinbar leicht zu kennzeichnen. Es sind die sog. *Opportunitätskosten*, d.h. der Nutzen einer Handlung, der dadurch entgeht, "weil diese Handlung und nicht die beste deswegen nicht mehr durchführbare Handlungsmöglichkeit verwirklicht wurde" (S. 319). Das Konzept der Opportunitätskosten kann auf alle menschlichen Tätigkeiten ausgedehnt werden, soweit dem Einzelnen Handlungsspielräume offenstehen. Danach sind - im Rahmen der ihm auferlegten Beschränkungen - Kosten der Arbeit eines Menschen ein quantitatives Maß für die 'Erwünschtheit' der besten nicht mehr zum Zuge kommenden Handlungsmöglichkeiten (*a.a.O.*, 319).

Sind in Betrieben *mehrere* Arbeitnehmer 'dispositiv' tätig, ist die Bestimmung der Kosten menschlicher Arbeit ein Problem, das nur durch eine gemeinsame Nutzenfunktion (eine soziale Entscheidungsfunktion) gelöst werden kann. Dieses Problem ist aber bisher in der einzelwirtschaftlichen Theorie nicht gelöst. Nach *Schneider* (1987, 319) ist dies der Grund, weshalb die Theorie der Lohnfindung auf einem so unbefriedigenden Stand verharrt. Grundsätzlich weist *Schneider* (1987, 392) darauf hin, dass im Rechnungswesen nicht die betriebliche 'Wirklichkeit' gemessen wird, sondern theoretische Begriffe anhand von Aufzeichnungen (Beobachtungen) über die Wirklichkeit (siehe Abschnitt H - Personal-Controlling).

Bereits anhand solcher Überlegungen wird deutlich, dass sowohl die Frage danach, was eigentlich 'Kosten' sind (Input-Perspektive), als auch die kostenmäßigen Auswirkungen allen personellen Handelns (Output-Perspektive), die eine möglichst effektive und rationale Zuteilung von Ressourcen (z.B. Budgets, Stellen) gewährleisten sollen, keineswegs ohne weiteres mit meßbaren oder zumindest objektiv erfaßbaren Daten festzustellen sind; genau dies geschieht jedoch herkömmlicherweise.

Wir wollen deshalb 'Personalkosten' bzw. 'Arbeitskosten' und die ihnen zugrunde liegenden Begriffe, Merkmale und Systematisierungen, welche in der klassischen Managementliteratur eher unter einer "engen" und "objektiven" Sichtweise behandelt werden im Folgenden unter einer erweiterten Perspektive untersuchen.

1.1 Personal- bzw. Arbeitskosten unter transaktionskostentheoretischer Perspektive

Beschränkt man die Überlegungen zum Thema Personalkosten nicht nur auf Geldbeträge, die den MitarbeiterInnen gezahlt (oder ihnen vorenthalten) werden, so bietet sich der Transaktions*kosten*(!)-Begriff zur Reflexion an. Allerdings haben wir bereits in Band 1 darauf hingewiesen, dass der Kostenbegriff, der im Rahmen dieser Ansätze Eingang findet, eher vage ist. Meist werden nur die verschiedenen Bestandteile der gesamten Transaktionskosten aufgezählt, wobei die Gliederung der einzelnen Bestandteile sich zumeist an den zeitlichen Phasen der Transaktion orientiert (z.B. Suchkosten, Informationskosten, Entscheidungskosten, Bargainingkosten, Kontrollkosten). Offen bleibt dabei, welcher Kostenbegriff gemeint ist. *Alewell* (1993) vermutet, dass es sich "bei der deutschen Fassung des Begriffs als Transaktionskosten um eine zu enge fachsprachliche Übersetzung und Interpretation des alltagssprachlichen amerikanischen Begriffs 'costs' handelt, der im amerikanischen durchaus im Sinne von Nachteil oder Nutzenverlust verwendet wird" (*a.a.O.*, 24). Nach *Alewell* (1993) spricht für eine Verwendung des Begriffs im Sinn von Nutzenverlusten v.a. auch ein inhaltliches Argument, da es sich bei anfallenden Transaktionskosten überwiegend um unsichere Größen handelt.

Wie wir in Band 1 (S. 79ff.) gezeigt haben, werden im Rahmen der Neuen Institutionenökonomie bzw. der Personalökonomie die Prämissen der neoklassischen Arbeitsmarkttheorie

- vollständige Informationen, d.h. keine Informationsasymmetrien,
- homogene und austauschbare Arbeitskräfte,
- vollständige und von den Vertragsparteien selbst durchgesetzte Verträge,
- Risikoneutralität

in Frage gestellt. Vielmehr wird von der Existenz zahlreicher Informationsasymmetrien in internen und externen Segmenten des (Arbeits-)Marktes ausgegangen, die auf der Basis mikroökonomischer Analysen realistischer bewertet werden können sowie von heterogenen und nicht beliebig austauschbaren Arbeitskräften (idiosynkratischen Arbeitsverhältnissen) und - v.a. im Hinblick auf den Arbeitsvertrag - von risikoaversen Arbeitnehmern (*Backes-Gellner* u.a. 1997).

Demnach lassen sich die Grundschritte einer transaktionskostentheoretischen Analyse vereinfacht folgendermaßen darstellen: Ausgehend von der Beschreibung von Transaktionspartnern (Akteuren) über die Verhaltensannahmen begrenzter Rationalität, mögliche Neigung zu opportunistischem Verhalten (u.a. Eigennutz, Täuschung, Hinterlist) sowie Risikoneutralität werden Transaktionen in den Mittelpunkt der Analyse gestellt.

Bei der Analyse der Kostenwirksamkeit von Transaktionen werden transaktionsspezifische Investitionen (Faktorspezifität), Unsicherheit und Komplexität, Häufigkeit und Meßbarkeit unterschieden. Im Grunde leistet die Transaktionskostentheorie einen Kostenvergleich alternativer institutioneller Arrangements der Abwicklung und Organisation von Transaktionen. Ihr Ziel ist es, zu bestimmen, welche Arten von Transaktionen (die sich in bestimmten kostenrelevanten Aspekten unterscheiden) in welchen institutionellen Arrangements (die sich ebenfalls in verschiedenen kostenrelevanten Aspekten unterscheiden) relativ am kostengünstigsten abgewickelt und organisiert werden können (*Williamson* 1985, 41).

Nach *Backes-Gellner* u.a. (1997) ist "der zentrale Gegenstand der Personalökonomie der Arbeitsvertrag im ökonomischen Sinne; d.h. die in der Empirie vorzufindende Ausgestaltung des Austauschverhältnisses zwischen Arbeitgeber und Arbeitnehmer". Im Zusammenhang mit den hier angestellten Überlegungen geht es dabei neben Einstellungs-, Bildungs-, Versetzungs-, Beförderungs- und Entlassungsstrategien vor allem auch um die Analyse alternativer Kompensationspakete. Allerdings erweisen sich die verschiedenen institutionellen Arrangements hinsichtlich Anreizintensität, Ausmaß bürokratischer Steuerung und Kontrolle sowie ihrer Anpassungsfähigkeit als unterschiedlich effizient. Die Zwänge des (Arbeits-) Marktes und institutionelle Rahmenbedingungen wie z.B. das Arbeitsrecht oder Berufsbildungssysteme spielen dabei eine besondere Rolle.

1.2 Transaktionskostenökonomie und Personal- bzw. Arbeitskosten: Anwendungsbeispiele

Im Rahmen theoretischer Überlegungen zur Personalökonomie haben sich mittlerweile eine Reihe von Autoren aus sehr unterschiedlichen theoretischen Perspektiven mit Personalproblemen und deren Lösung beschäftigt (vgl. die Überblicksarbeiten von *Backes-Gellner* 1996; *Eigler* 1996; *Lazear* 1995, 1998; *Milgrom & Roberts* 1992; *Lewin & Mitchell* 1995; *Richter & Furubotn* 1996). Die Transaktionskostentheorie erhebt nicht den Anspruch, personalwirtschaftliche Probleme vollständig erklären zu können. Ihr Ziel ist es primär, einen Beitrag dazu zu leisten, Arbeitsmarkttransaktionen auch aus einer ökonomischen Perspektive zu betrachten. Dabei werden unter Arbeitsmarkttransaktionen Austauschverhältnisse zwischen einer arbeitgebenden Organisation und einem Arbeitnehmer verstanden. In der Regel tauscht der Arbeitnehmer seine Arbeitsleistung gegen Entgelt ein. Typisch für eine Zusammenstellung personalwirtschaftlicher Instrumente, die aus verschiedenen transaktionstheoretischen Ansätzen hergeleitet werden, ist das Konzept *Interner Arbeitsmärkte* (*Alewell* 1993). *Pull* (1996) versteht die Entscheidung der Unternehmen für ein bestimmtes Leistungsniveau als Ergebnis einer "impliziten Verhandlung" zwischen Unternehmensleitung und Arbeitnehmern; dieses hängt dann sowohl von unternehmensspezifischen Faktoren wie Arbeitsintensität und Ausmaß spezifischer (Personal-) Investitionen, als auch von den Konkurrenzbedingungen auf den (externen) (Arbeits-) Märkten sowie rechtlichen Mindeststandards ab.

Hardes & Grünzinger (1993, 91f.) zeigen die Anwendungsmöglichkeiten der Transaktionskostentheorie im Rahmen ihrer Ausführungen zur Flexibilisierung der betrieblichen Beschäftigungs- und Entgeltpolitik auf. Die beiden Autoren gehen davon aus, dass beispielsweise bei einer Veränderung von Property-Rights-Strukturen durch Kontrakte für Beteiligungslöhne (z.B. Gewinn- oder Vermögensbeteiligung) Transaktionskosten entstehen (der Property-Right-Ansatz bezieht das Rechtssystem in ökonomische Überlegungen ein und analysiert u.a. die Effekte einer spezifischen

Verteilung von Rechten). Da durch die Dezentralisierung der Lohnpolitik als Folge einzelwirtschaftlicher Gewinnbeteiligung periodische betriebliche Verhandlungen über die Bezugsbasis, die Höhe der Basisgrößen und die Verteilungsparameter erforderlich wären, entstünden bei Verhandlungen Ex ante-Transaktionskosten, die höher sein dürften als im traditionellen Entgeltsystem.

Hardes & Uhly (1996) analysieren - unter Rückgriff auf effizienzlohntheoretische Ansätze -, wie mögliche Anreizeffekte (bzw. die Vermeidung von Leistungszurückhaltung) aus längerfristigen, senioritätsorientierten Entgeltstrukturen zu erwarten sind. Ein Entgeltvertrag, der für alle an längerfristiger Beschäftigung im Betrieb interessierten Arbeitnehmer einen Leistungsanreiz darstellt, gilt dann als optimal, wenn er dem von *Lazear* (1981, zit. nach *Hardes & Uhly* 1996, 84) formulierten Prinzip,

... pay workers less than the value of marginal products .. when they are young and more than the value of marginal products when they are old",

folgt. Demnach zahlen Arbeitnehmer in den ersten Jahren ihrer Beschäftigung im Betrieb "quasi eine Versicherungssumme (Differenz von individueller Produktivität und Entgelt), die im späteren Verlauf der Beschäftigung in Form von Einkommenssteigerungen, welche über die individuelle Produktivität hinaus gehen, wieder zurückerstattet werden. Als Leistungsanreiz dient also der drohende Verlust der Versicherungssumme, wenn infolge eines beobachteten *shirking* eine betriebliche Kündigung erfolgt" (*Hardes & Uhly* 1996, 84). Dies soll dazu führen, dass jüngere Arbeitnehmer aus Angst vor vorzeitigem Verlust ihres Arbeitsplatzes eine optimale Leistung erbringen. Auf diese Weise dient "ein Entgeltsystem mit impliziten Aussichten auf höhere Verdienstmöglichkeiten im Verlauf der Betriebszugehörigkeit als ein strategisches System des Leistungsanreizes, der Produktivitätsförderung und der betrieblichen Bindung, v.a. von erfahrenen Mitarbeitern in Betrieben mit Merkmalen betriebsinterner Arbeitsmärkte" (*Hardes & Uhly* 1996, 84). Allerdings setzt dies voraus, dass alle Konkurrenzbetriebe ähnliche Systeme haben und keine negative Zeitpräferenz besteht. Weitere Beispiele für Ansätze, mit denen Transaktionskosten möglichst niedrig gehalten werden sollen, sind:

- Errichtung interner Aufstiegsketten
- Boni (z.B. erfolgsabhängiger Weihnachtsbonus)
- Gewinnbeteiligungen
- Gehaltssprünge zwischen Hierarchiestufen
- Übertarifliche Löhne und Gehälter
- Freiwillige betriebliche Sozialleistungen

Einen möglichen 'Störfaktor' bei Senioritätssystemen der Vergütung sehen *Hardes u.a.* (1996) dann, "wenn jenseits von nicht näher konkretisierten Altersgrenzen die Produktivitäts- unterhalb der Entgeltpfade verlaufen" (S. 85). Als Lösung dieser altersbezogenen Personalkostenprobleme sehen die Autoren die selektive Ausgliederung von älteren Mitarbeitern (z.B. durch Vorruhestandsmodelle), wobei sich bei Frühverrentungen dieser Vorschlag für ein Unternehmen nicht 'rechnet'.

Allerdings kann die Bedeutung von Senioritätsentlohnung sowohl für die Anreiz- als auch für die Kostenwirkung auch völlig anders interpretiert werden. So macht etwa *Knoll* (1996) darauf aufmerksam, dass dann, wenn ein Anspruch explizit als unverfallbar festgelegt ist, sich nach Vertragsabschluß weder Anreize für den Arbeitnehmer noch, bei alternden Belegschaften, Reaktionsmöglichkeiten durch selektive Ausgliederung für den Arbeitgeber ergeben, da die akkumulierte Versicherungssumme in jedem Fall zurückerstattet werden muss (S. 267). Eignet sich ein Arbeitgeber sein Pfand durch vorzeitige Entlassung an (ohne, dass der Arbeitnehmer 'shirking' zeigt), so führt dies zu einer stark verminderten Glaubwürdigkeit des Unternehmens und zu einer geringen Bereitschaft der Arbeitnehmer, derartige implizite Arrangements anzunehmen.

Eine Gefahr im Hinblick auf die Akzeptanz der oben geschilderten Modelle stellt die unternehmerische Bilanzpolitik bei asymmetrischen Informationen zu Lasten der Arbeitnehmer dar: "Angesichts der Manipulationsmöglichkeiten, die Firmenleitungen bei Erlös- und Gewinnkalkulationen zur Verfügung stehen, ist es naheliegend, dass hier ein ziemlicher Raum für Informations- und Mitbestimmungskonflikte entstehen würde" (*Rothschild* 1989, 187, zit. nach *Hardes und Grünzinger* 1993, 91). Allerdings weisen die Autoren auch darauf hin, dass bei Unternehmensformen, deren Anteile an Kapitalmärkten gehandelt werden, in gravierenden Fällen von Bilanzmanipulationen negative Reaktionen der Kapitalmarktakteure drohen. Vermutlich ist das Management primär an einer zeitlichen 'Glättung' der ausgewiesenen (Bilanz-)Gewinne interessiert, wobei sich bei betriebsinternen Arbeitsmärkten mit längerfristigen Arbeitsbeziehungen die möglichen Probleme aus der periodischen Bemessung der Beteilungungsentgelte eher verringern dürften.

Im Hinblick auf Transaktionskosten, die entstehen können, weil Arbeitskräfte heterogen und nicht beliebig austauschbar sind, verweisen *Backes-Gellner* u.a. (1997) v.a. auf drei personalökonomische Probleme (siehe auch die Ausführungen im Planungs-Teil):

a) Zuordnung von Arbeitnehmern zu Arbeitgebern

b) Finanzierung von beziehungsspezifischen Investitionen und Aufteilung von Quasirenten

c) Hold-Up-Probleme

Zu a) Bei der Zuordnung von Arbeitnehmern auf Arbeitgeber geht es in erster Linie um die Kosten und Selektion von Fluktuation. Ein Beispiel für eine entsprechende 'Steuerung' (im Rahmen von NIÖ-Überlegungen) mittels monetärer Anreize liefert *Alewell* (1994). Bestehen etwa Informationsasymmetrien im Hinblick auf die Fluktuationswahrscheinlichkeit eines (potentiellen) Arbeitnehmers, so können Arbeitgeber versuchen, durch ein bestimmtes Entlohnungsangebot die Arbeitnehmer mit der höchsten Fluktuationswahrscheinlichkeit abzuschrecken.

Zu b) Im Zusammenhang mit der Finanzierung beziehungsspezifischer Investitionen und der Aufteilung von Quasirenten wird beispielsweise im Rahmen der Humankapitaltheorie über die Teilung der Kosten und Erträge betriebsspezifischer Ausbildung über steigende Alterseinkommensprofile nachgedacht.

Zu c) Bei Hold-Up-Problemen (siehe Band 1, Tab A-2, 91) geht es um das opportunistische Ausnutzen des durch spezifische Investitionen gebundenen Tauschpartners. Typische Gegenstrategien sind in diesem Zusammenhang Selbstregulierungs-Regimes wie z.B. Einstiegsarbeitsplätze, interne Rekrutierung, Karriereleitern und langfristige Arbeitsverhältnisse oder Unterlaufen von Fremdregulierungen wie z.B. Kündigungsschutz, betriebliche Mitbestimmung, Tarifrecht auf Transaktionen.

1.3   Schlussfolgerung

Da eine ausführliche Würdigung der Transaktionskostentheorie bereits in Band 1 (S. 108ff.) erfolgt ist, werden wir uns an dieser Stelle auf eine komprimierte Kritik beschränken.

Die Neue Institutionelle Ökonomie ist sicher eines der interessantesten und erfolgreichsten neuen Forschungsprogramme innerhalb des ökonomischen Theoriegebäudes. In dem von uns behandelten Kontext besteht die Herausforderung darin, eine einheitliche, integrative und ökonomisch operierende Theorie der Personalökonomie zu schaffen. Dies sollte um so eher gelingen, als ein Charakteristikum der Transaktionskostentheorie ihre universelle Anwendbarkeit ist, da sie "eine logisch aufgebaute, mikroökonomisch fundierte Theorie hohen Allgemeinheitsgrades darstellt, die sich weniger einfacher, organisationstheoretisch etablierter Annahmen und Konzepte bedient" (*Ebers & Gotsch* 1993, 235).

Nach *Staffelbach* (1997, 120) lässt sich die Leistungsfähigkeit einer *Personal*ökonomie in drei Punkten umreissen:

1) "Mit den Verhaltensannahmen der Ökonomik lassen sich über die personalwirtschaftliche Realität neue Aussagen gewinnen und interpretieren. In diesem Sinne hat sie eine

   - analytische Funktion, indem sie auf Umstände aufmerksam machen kann, deren man sich in der personalwirtschaftlichen Praxis noch nicht bewußt geworden ist,

   - eine Aufklärungs- und kritische Funktion, indem die Interessenproblematik im Personalbereich durch die Personalökonomik pointiert thematisiert wird,

   - eine heuristische Funktion, indem sich z.B. aus ökonomischen Modellen alternative Gestaltungsvarianten generieren lassen.

2) Sie integriert und verbindet Fragestellungen und Antwortspektren, die bis dahin in der BWL und VWL getrennt behandelt wurden, indem sie z.B. personalwirtschaftliche Praktiken ökonomisch begründen und umgekehrt ökonomische Theo-

rien mit Empirie und Praxis bereichern kann, beispielsweise wenn es um die Gestaltungspraxis interner Arbeitsmärkte geht.

3) Sie hat Katalysatorfunktion und ggf. eine Orientierungsfunktion, wo ihr Effizienznachweise gelingen."

Gerade diese Vielseitigkeit der Theorie kann jedoch auch zu simplifizierten Aussagen führen, da i.d.R. nur Aussagen sehr allgemeiner Art möglich sind. Ein Beispiel für die Schlichtheit der Verhaltensannahmen der Theorie stellt das Konstrukt des "Opportunismus" dar, welches von einem negativen Menschenbild ausgeht und die komplexen Motivstrukturen von Individuen nicht ausreichend berücksichtigt (s. *Ghoshal & Moran* 1996). *Williamson* stellt den 'Opportunismus' als eine Eigenschaft der individuellen menschlichen Natur dar und nimmt einfach an, dass diese Vorstellung in gleicher Weise sowohl auf Märkte als auch auf Unternehmen anwendbar sei. Dass die Bildung von Präferenzen und damit von Handlungsgrundlagen auch durch institutionelle Gegebenheiten beeinflußt werden können, wird nicht thematisiert. Daraus kann als ein weiteres Defizit v.a. transaktionskostentheoretischer Aussagen ihre 'kognitive Blindheit' abgeleitet werden: Nach den Vorstellungen des Modells handeln individuelle Akteure so, als ob sie dasselbe Modell der Welt teilten - individuelle Interpretationen oder Wahrnehmungen kommen als Ursache für Probleme, die aus unvollständigen Informationen resultieren, nicht in Frage. Andererseits ist gerade der von *Williamson* - in unterschiedlicher Stärke und Ausprägung - immer wieder betonte Opportunismus ein Beispiel für individuelle Interessensgegensätze und Zielkonflikte, die die effiziente Koordination eines Unternehmens gefährden (*Pirker* 1997).

Ähnlich wird der Begriff der Transaktionskosten kritisiert, da er aufgrund seiner unzureichenden Präzisierung und Konzeptionalisierung erhebliche Interpretationsspielräume eröffnet. Dies gilt auch für die Faktorspezifität, für die höchstens relative Aussagen im Hinblick auf vergleichbare Unternehmen erlaubt sind. Zudem wird gegen transaktionskostentheoretische Argumente der Vorwurf der Beliebigkeit erhoben, da sie häufig zu ex post-Erklärungen von Phänomenen herangezogen werden.

Im Hinblick auf die Anwendung der Transaktionskostentheorie auf personalwirtschaftliche Probleme weist *Alewell* (1994) darauf hin, dass bei der Untersuchung von Arbeitsmarkttransaktionen die Argumentation der Transaktionskostentheorie vor allem für die Bedeutung betriebsspezifischen Kapitals betont wird. Danach werden beispielsweise betriebsspezifische Qualifikationsbestandteile bei zwischenbetrieblicher Mobilität u.U. entwertet, bei innerbetrieblicher Mobilität dagegen wertvoller eingesetzt. Dies sei jedoch nur bei kontinuierlichen Versetzungsketten der Fall, die auf bereits vorhandenen Qualifikationen aufbauen (*Alewell* 1994, 86ff.).

Allerdings räumt *Staffelbach* (1997) ein, dass ein personalökonomisches Defizit in der personalwirtschaftlichen Praxis besteht und dass die suggestive Wirkung des Rechnungswesens einen zentralen Grund dafür darstellt:

"Zur ökonomischen Steuerung der Leistungsprozesse braucht es Mess-, Vergleichs- und Leistungsgrößen. Aber in der Buchführung passiert erst dann etwas, wenn es buchbar ist und buchbar sind nur Zahlen. Damit wird die Ökonomik letztlich auf Monetik reduziert" (S. 120).

Nach Auffassung des Autors lässt sich Handeln nicht ausschließlich auf monetäre Ursachen zurückführen; knappe 'Güter' wie 'Vertrauen' oder 'intrinsisches Engagement' können jedoch nicht in Zahlen berechnet werden. Deshalb besteht die große Gefahr darin, sich in erster Linie auf 'berechenbare' Ergebnisse zu konzentrieren und Erfolgsbedingungen, die nicht in Zahlen ausgedrückt werden können (z.B. 'Lernen', 'Innovation'), zu vernachlässigen.

Wir werden im folgenden Text den Begriff 'Arbeitskosten' primär im Zusammenhang mit ökonomischen und den der 'Personalkosten' mit einzelwirtschaftlichen Überlegungen verwenden. Diese Unterscheidung kann jedoch nicht immer konsequent durchgehalten werden, da vor allem das Institut der deutschen Wirtschaft auch im gesamtwirtschaftlichen Kontext auf die Begriffe Personal- bzw. Personalnebenkosten zurückgreift.

G-2-5: Arbeitskosten aus gesamtwirtschaftlicher Sicht - Übersicht -

2. Systematisierungen:		
2.1 Die amtliche Arbeitsko- stenerhebung Ziel: Nachweis des effektiv geleisteten Arbeitsvolumens	2.2 Institut der deutschen Wirtschaft (IW) Ziel: Analyse bzw. Fort- schreibung der Personal*zu- satz*kosten	2.3 Wirtschafts- und sozial- wissenschaftliches Insti- tut des Deutschen Ge- werkschaftsbundes (WSI): Ziel: Betonung des Arbeits- einkommens und der Be- deutung von Verteilungs- konflikten

3. Arbeitskosten in (West-)Deutschland (empirische Befunde)	4. Arbeitskosten in der Europäischen Union (empirische Befunde)	
Struktur u. Entwicklung der Arbeitskosten im: 3.3.1 Produzierenden Gewerbe 3.3.2 Dienstleistungssektor	4.1. Konzepte 4.2 Struktur der Kosten 4.3 Entwicklung der Kosten	

5. Arbeitskosten und 'Standort Deutschland'	
5.1. Lohnstückkosten	5.2 Direktinvestitionen im Ausland

2. Systematisierungen der Kosten für Arbeit aus gesamt- wirtschaftlicher Sicht

2.0 Überblick

Mit der jeweiligen Klassifikation von Arbeitskosten werden sehr unterschiedliche Ziele verfolgt. Eine weitverbreitete Unterscheidung ist die zwischen *direkten* und *indirekten* bzw. *unmittelbaren* und *mittelbaren* Arbeitskosten. Die direkten Arbeits- kosten beinhalten in der Regel Direktlöhne, Gehälter, Prämien, Gratifikationen und andere unmittelbar für erbrachte Leistungen gezahlte Entgelte. Indirekte Arbeitsko- sten entsprechen den Personalzusatzkosten (amerikanische Begriffe hierfür sind *"fringe benefits"* - nur die vom Betrieb bezahlten Sozialleistungen - oder *"non wage labor costs"*).

Nach *Kaiser & Werner* (1989, 46f.) erweist es sich häufig als sinnvoll, die Arbeitskosten und ihre Wirkungen nach weiteren Kriterien zu unterscheiden, wie

- nach Art der Kosten (fixe vs. variable; einmalige vs. sich wiederholende);
- nach der Vorhersehbarkeit der Kosten (z.B. im Hinblick auf ein bestimmtes Kostenziel);
- nach erwarteten Produktivitätsleistungen, etwa danach, ob mit höheren Arbeitskosten die Arbeitseffizienz (z.B. durch Verringerung der Fehlzeiten) erhöht wird;
- nach der Anspruchsberechtigung, etwa danach, ob die Kosten Arbeitern oder Angestellten, in- oder ausländischen, männlichen oder weiblichen Arbeitskräften etc. zugute kommen (sollen);
- nach endogenen oder exogenen Gesichtspunkten. Freiwillige Leistungen (z.B. freiwillig geleistete Aufwendungen zur sozialen Sicherung) sind eher als endogen zu klassifizieren, während gesetzliche Ausgaben (z.B. zur gesetzlichen Sozialversicherung) eher exogen orientiert sind.

Je nach der Zielsetzung der Arbeitskosten-Systematisierungen werden also sehr unterschiedliche Gliederungs-Kriterien verwendet. So determinieren etwa spezielle Zwecksetzungen, Art und Größe der Unternehmen, Gestaltung der betrieblichen Personal- und Sozialpolitik, Zugehörigkeit zu bestimmten Tarifbereichen usw. die unterscheidbaren Personalkostenarten.

Weil die Begriffe, die im Zusammenhang mit 'Arbeitskosten' verwendet werden, sehr heterogen sind, wollen wir im folgenden exemplarisch einige Systematisierungsansätze, die v.a. in der gesamtwirtschaftlichen Diskussion eine Rolle spielen, herausgreifen und die aus den einzelnen Ansätzen resultierenden Berechnungsmethoden darstellen und diskutieren (wenn wir unsere Ausführungen mit den gesamtwirtschaftlichen Systematisierungen der Arbeitskosten beginnen, so hat dies auch damit zu tun, dass viele dieser Ansätze auch in der betrieblichen Praxis eine große Rolle spielen).

In den meisten wissenschaftlichen Publikationen und in der betrieblichen Praxis wird Personalwesen in erster Linie als eine *betriebswirtschaftliche* Aktivität verstanden. Personalwirtschaftliches Handeln ist jedoch immer auch eingebettet in *gesamtwirtschaftliche* Kontexte (z.B. Recht, Institutionen, Verbände, Wirtschaftssysteme), die für die Einzelwirtschaft Daten oder Restriktionen bedeuten, durch welche die unternehmerische Handlungsfreiheit einerseits zwar stark eingeschränkt ist, andererseits aber auch Handlungsstrategien (policies) ermöglicht werden. Gerade angesichts von Entwicklungen wie 'Globalisierung' oder 'Deregulierung'(!) verbietet sich eine bloß einzelwirtschaftliche Nabelschau bzw. lokales 'muddling through'. Der 'Faktor Arbeit' steht immer unter Rationalisierungs- und Substitutionsdruck (Technologie, Organisation etc.); aus diesem Grund werden wir im folgenden Abschnitt auch die Herkunft und Stärke (und Alternativenlosigkeit?) dieser Zwänge reflektieren.

Die folgenden Ausführungen beruhen auf *aggregierten* Daten, die zwar auf die Einzelwirtschaft zurückgehen, jedoch an der Gesamtschau orientiert sind. Dies bedeutet, dass nicht die Einzelwirtschaft im Mittelpunkt steht, obgleich über deren Praktiken bzw. Schemata geredet wird.

2.1 Die amtliche Arbeitskostenerhebung

Seit 1966 wurden aufgrund von Verordnungen des Rates der Europäischen Gemeinschaften alle drei Jahre Arbeitskostenerhebungen im Produzierenden Gewerbe durchgeführt. Seit 1984 wurde die Periodizität (vor allem aus Kostengründen) auf vier Jahre verlängert. Die Arbeitskostenerhebungen im Groß- und Einzelhandel sowie im Bank- und Versicherungsgewerbe wurden 1970 und 1974 als eigenständige Erhebungen, seit 1978 parallel mit den Befragungen im Produzierenden Gewerbe durchgeführt.

2.1.1 Ziele der Arbeitskostenerhebung

Die amtliche Arbeitskostenerhebung muss den Zielsetzungen von drei Institutionen gerecht werden: der Internationalen Arbeitsorganisation (ILO), dem Rat der Europäischen Union sowie der Regierung der Bundesrepublik Deutschland. Die von diesen Institutionen verfolgten Zielsetzungen unterscheiden sich kaum voneinander - es geht primär um die zuverlässige Messung der Höhe und Zusammensetzung sowie die Entwicklung der gesamten Aufwendungen der Arbeitgeber für ihre Beschäftigten, einschließlich der Aufwendungen, die nicht Lohn darstellen. Modifikationen zeigen sich in erster Linie in der Erhebungsmethode und in der Art der Ergebnisdarstellung. So ist beispielsweise die Europäische Kommission für die Verwaltung des Struktur- und Personalfonds v.a. an regionalisierten Daten interessiert und ermittelt deshalb im Produzierenden Gewerbe nicht Ergebnisse für Unternehmen, sondern für örtliche Einheiten.

Das Bundesministerium für Arbeit und Sozialordnung (BMA) nennt als weiteres Ziel seiner Erhebung die Aufteilung der Arbeitskosten in 'Lohn- und Lohnnebenkosten' sowie die Entwicklung dieser Komponenten im Zeitablauf. Zudem verwendet das BMA die Angaben der Arbeitskostenerhebung für die Zusammenstellung des Sozialbudgets; dies ist der Grund, warum die Aufwendungen der Arbeitgeber in der Bundesrepublik (vom Statistischen Bundesamt) nach den Gliederungspositionen des Sozialbudgets erhoben werden.

2.1.2 Klassifikation und Messung der Arbeitskosten

Im Oktober 1966 definierte die 11. internationale Konferenz der Arbeitsstatistiker die Arbeitskosten folgendermaßen: "Labour cost is the cost incurred by the employer in the employment of labour". Diese Begriffbestimmung erwies sich als viel zu abstrakt, um daraus konkrete Positionen eines Erhebungsinstruments ableiten zu können. Deshalb einigten sich die Arbeitsstatistiker auf eine internationale Standardklassifikation der Arbeitskosten, die im wesentlichen von der 'Art der Kosten' ausgeht und folgende Positionen umfaßt (s. *Kaukewitsch* 1995, 400):

- Verdienste (in der Gliederung: Entgelt für geleistete Arbeit, Vergütung arbeitsfreier Zeiten, Sonderzahlungen, Naturalleistungen einschl. Wohnungsfürsorge);
- Arbeitgeberleistungen für die soziale Sicherheit ihrer Arbeitnehmer, darunter Arbeitgeberpflichtbeiträge zur Sozialversicherung, Aufwendungen für die betriebliche Altersversorgung;
- Sonstige Arbeitskosten, mit gesondertem Nachweis der Aufwendungen für die berufliche Bildung sowie der Kosten für die Belegschaftseinrichtungen;
- als Arbeitskosten betrachtete Abgaben, wie die Ausgleichsabgabe nach dem Schwerbehindertengesetz, und als "negative" Aufwendungen die Erstattung von Arbeitskosten durch den Staat (z.B. Lohnzuschüsse, Eingliederungshilfen).

Diese Standardklassifizierung bildet nur *den Rahmen* für die nationalen Erhebungen in den einzelnen Mitgliedsstaaten, um international vergleichbare Ergebnisse zu erhalten. Die *Ausgestaltung* der Fragebögen zur Erhebung dieser Information soll sich an den jeweiligen nationalen Gegebenheiten orientieren. In der Arbeitsgruppe 'Lohnstatistik' beim Statistischen Amt der Europäischen Union (Eurostat) wird vor jeder Erhebung ein Gemeinschaftsfragebogen für die Mitgliedsstaaten festgelegt. Aber auch dieses Instrument stellt nur ein 'Modell' dar, welches an jeweilige nationale Gegebenheiten angepaßt werden kann.

Die 'nationalen' Instrumente unterscheiden sich z.T. erheblich von dem Ausgangsmodell. So werden beispielsweise in Deutschland (aus erhebungstechnischen Gründen) die 'direkten' Löhne und Gehälter nicht unmittelbar erfragt, sondern in der Aufbereitung der Daten - durch Subtraktion der Vergütung arbeitsfreier Tage sowie der Sonderzahlungen von den Löhnen und Gehältern insgesamt - errechnet. Die Aufwendungen für den Arbeitsplatz werden nicht als Arbeitskosten betrachtet; dies scheint auf den ersten Blickt plausibel - allerdings kann auch davon ausgegangen werden, dass die Ausgestaltung von Arbeitsplätzen das Verhalten von Individuen auf dem Arbeitsmarkt insofern beeinflußt, als für eine entsprechende Ausgestaltung u.U. Abschläge beim Verdienst in Kauf genommen werden.

Ziel der Arbeitskostenerhebung ist es, das effektiv geleistete Arbeitsvolumen nachzuweisen. Die Vorgehensweise des Statistischen Bundesamts beschreibt *Kaukewitsch* (1995, 400f.).

"Das Arbeitsvolumen wird durch die geleisteten Arbeitsstunden der Arbeiter und Angestellten quantifiziert. Da Arbeiter meist nach den zu bezahlenden Arbeitsstunden entlohnt werden, Angestellte dagegen ein von der Stundenzahl unabhängiges Gehalt beziehen, wurden in den vorangegangenen (vor 1992 durchgeführten - W&N) Erhebungen nur für Arbeiter die geleisteten Arbeitsstunden direkt erfragt, während für Angestellte eine Schätzgröße für die geleistete Arbeitszeit, ohne Berücksichtigung der Krankheitstage und Mehrarbeitsstunden, erhoben wurde. Bei der Erhebung 1992 wurde auch für Angestellte die effektiv geleistete Arbeitszeit erfragt, da die Einführung von Zeiterfassungssystemen weiter fortgeschritten ist. Darüber hinaus wurde die geleistete Arbeitszeit für Voll- und Teilzeitbeschäftigte getrennt erfaßt. Somit konnten die Teilzeitbeschäftigten anhand der geleisteten Arbeitszeiten in Vollzeiteinheiten (!) umgerechnet werden. In den früheren Erhebungen hatte man für die Umrechnung - mangels präziser Angaben - einen konstanten Faktor eingesetzt".

Durch den Nachweis der Arbeitskosten je Arbeitnehmer und je geleisteter Arbeitsstunde erfaßt die Arbeitskostenerhebung als einzige unter den Lohnstatistiken das effektiv geleistete Arbeitsvolumen und ermöglicht dadurch die Berechnung der effektiven Kosten je geleisteter Arbeitsstunde. So hatten beispielsweise im Jahr 1992 die Unternehmen des Produzierenden Gewerbes im früheren Bundesgebiet für eine Arbeitsstunde von Arbeitern durchschnittlich 40,38 DM und für eine Arbeitsstunde von Angestellten 59,54 DM zu bezahlen.

Diese Angaben stellen allerdings nur Durchschnittswerte für alle Angestellten und Arbeiter dar. Geht man (realistischerweise) von einer starken Streuung der Verdienste für diese beiden Gruppen aus, so bilden die durchschnittlichen Arbeitskosten je Stunde keine brauchbare Kalkulationsgrundlage zur Ermittlung der Personalkosten. Aus diesem Grund gliedert das Statistische Bundesamt die Arbeitkosten zunächst in zwei Hauptbestandteile: das 'Entgelt für geleistete Arbeit' und die 'Personalnebenkosten'. Das Entgelt für geleistete Arbeit ist definiert als die laufend gezahlten Lohn- und Gehaltsbestandteile für die effektiv geleisteten Zeiten. Es entspricht der Direktvergütung der Internationalen Arbeitsorganisation und wurde als Begriff vom Industriekontenrahmen übernommen. Alle anderen Arbeitskostenpositionen gelten als Personalnebenkosten; diese werden vom Statistischen Bundesamt wie folgt untergliedert:

- Sonderzahlungen
- Entgelt für arbeitsfreie Tage
- Aufwendungen für Vorsorgeeinrichtungen
- sonstige Personalzusatzkosten.

In der nachfolgenden Tab. G-1 sind die Aufwandsblöcke des Statistischen Bundesamtes für Personalnebenkosten weiter aufgegliedert und als Strukturelemente der Personalkosten dargestellt (siehe *Hemmer* 1997; *AWV* 1995).

Die Unterscheidung zwischen Personalnebenkosten und Entgelt für geleistete Arbeit hat v.a. eine kalkulatorische Zielsetzung, da sie die Berechnung der Kennziffer

"Personalnebenkosten/Entgelt für geleistete Arbeit" ermöglicht, die als Zuschlags-
satz auf den Stundenlohn für die bei einem Auftrag anzusetzende Arbeitszeit angerechnet werden kann, um die gesamten Kosten der Arbeitsstunde zu ermitteln.
Deutlich wird dieser Zusammenhang an folgendem Beispiel:

Die Personalnebenkosten beliefen sich je Arbeitnehmer im Produzierenden Gewerbe 1996 auf 38.700 DM und das Entgelt für geleistete Arbeit auf 48.000 DM;
für die Kennziffer "Personalnebenkosten/Entgelt für geleistete Arbeit" errechnet
sich somit ein Wert von 0,8. Die Unternehmen im Produzierenden Gewerbe mussten demnach dem durchschnittlichen Stundenverdienst von ca. 25 DM weitere 20
DM (25 DM x 0,8) als Personalnebenkosten zuschlagen, um die gesamten Lohnkosten einer geleisteten Arbeitsstunde zu berücksichtigen.

Entgelt für geleistete Arbeit
+ Entgelt für arbeitsfreie Tage   • Feiertag   • Urlaub   • Krankheit   **+ Sonderzahlungen**   • 13. Monatsgehalt   • Urlaubsgeld   • Vermögenswirksame Leistungen
= Bruttolohn/Gehalt
+ Aufwendungen für Vorsorgeeinrichtungen   • Arbeitgeberpflichtbeiträge zur Sozialversicherung   (Rentenversicherung, Arbeitslosenversicherung,   Krankenversicherung, Unfallversicherung)   • Betriebliche Altersversorgung   **+ Sonstige Personalzusatzkosten**
= Personalkosten insgesamt

*Vom IW zusammengestellt nach Definitionen des Statistischen Bundesamtes.

Tab. G-1:   Übersicht: Struktur der Personalkosten* (aus: *AWV* 1995, 16)

Bei der Beurteilung der "Güte" solcher Kennzahlen muss allerdings berücksichtigt
werden, dass von der Annahme ihrer Gleich-Gültigkeit für alle Arbeiter- und Ange-
stelltengruppen, sowie von einer (relativen) Konstanz der Kennzahlen innerhalb der
Erhebungszeiträume ausgegangen wird.

Das Verhältnis "Personalnebenkosten/Entgelt für geleistete Arbeit" spielt auch in der wirtschaftspolitischen Diskussion sowie als Grundlage für die Tarifparteien bei Lohn- und Gehaltsverhandlungen eine wichtige Rolle. So wird beispielsweise derzeit intensiv diskutiert, ob zur Bekämpfung der Arbeitslosigkeit (ähnlich wie in den USA) die Löhne 'differenziert' bzw. 'gespreizt' werden sollten, da nach unten flexible Löhne eine relativ starke Nachfrage (v.a. im Dienstleistungsbereich) hervorrufen könnten (*Schettkat* 1996); *Krelle* (1997) schlägt vor, anstelle flächendeckender globaler Lohnerhöhungen die Vertragsfreiheit der Tarifpartner durch die automatische Verlängerung aller bestehenden Tarifverträge solange einzuengen, bis die Arbeitslosigkeit unter einen bestimmten Prozentsatz gefallen ist. In anderen Ansätzen wird auf die steigenden Grenzkosten der Arbeit hingweisen und es werden die Kosten, die bei der Beschaffung und Einarbeitung von Beschäftigten anfallen, betont. Um diese Kosten zu reduzieren, werden höhere als markträumende Löhne bezahlt, wobei diese um so höher sind, je mehr Einstellungen vorgenommen werden sollen (*Bellmann* 1997, 142). In diesem Zusammenhang geht es auch immer wieder um die Frage, welcher Anteil der Personalnebenkosten auf den Gesetzgeber, die Tarifparteien und auf die einzelnen Betriebe zurückzuführen ist. Die Arbeitskostenerhebung kann jedoch nur Daten über die gesetzlichen und nichtgesetzlichen Personalnebenkosten zur Verfügung stellen - über die weitere Aufteilung der 'nichtgesetzlichen' in 'tarifliche' und 'betriebliche' kann sie keine Auskunft geben (siehe unten).

2.1.3 Würdigung

Das den amtlichen Erhebungen zugrunde liegende Konzept gibt einen relativ vollständigen und detaillierten Überblick über die Personalkosten (bei jedoch geringer Gliederung der Arbeitnehmergruppen: nämlich nur in Arbeiter und Angestellte). Allerdings durfen einige Schwächen dieser Klassifizierung von Arbeitskosten nicht übersehen werden. Nach *Kaiser & Werner* (1989, 47) sollte die Unterscheidung zwischen direkten und indirekten Arbeitskosten nicht zu rigide gehandhabt werden. Die beiden Autoren verdeutlichen dies exemplarisch an der Kategorie 'Entlohnung für nicht gearbeitete Tage', deren Aufgliederung und Zuordnung sie für konzeptionell 'nicht unbedenklich' halten:

> "Überstunden, die an gesetzlichen Feiertagen gearbeitet werden, werden oft mit Überstundenzuschlägen *und* entsprechendem Freizeitausgleich an anderen Werktagen entschädigt. Überstundenzuschläge sind der Kategorie "direkte Entgelte und regelmäßig gezahlte Prämien und Gratifikationen" zuzurechnen und der in Geldwert umgerechnete "Freizeitausgleich" eher der Kategorie "Entlohnung für nicht gearbeitete Tage."

Kritik an der Zuordnung der Personalzusatzkosten durch das Statistische Bundesamt übt auch die Bundesvereinigung der Deutschen Arbeitgeberverbände. Um die Behauptung zu widerlegen, dass die betrieblich bzw. tariflich bedingten Personalzusatzkosten deutlich höher seien als die gesetzlich verursachten, schlägt *Hansen* (1993) eine Neugliederung der Personalzusatzkosten vor, in welcher die in der amtlichen Statistik im Zusatzkostenblock der tariflichen bzw. betrieblichen Leistungen aufgeführten Aufwendungen, die aber - seiner Meinung nach - gesetzlich bedingt sind, dem Aufwandsblock der gesetzlichen Sozialleistungen zugeordnet werden. Im einzelnen handelt es sich dabei um folgende Aufwandsarten:

- Kürzung der Urlaubsvergütung um die Vergütung des *gesetzlichen* Mindesturlaubs.

- Kürzung der Gesamtaufwendungen für die betriebliche Altersversorgung um die Aufwendungen aus den Vorschriften des Betriebsrenten*gesetzes*.

- Kürzung der Position "sonstige Personalzusatzkosten" um die Aufwendungen für Sozialräume, die sich aus der Arbeitsstätten*verordnung* sowie aus den Arbeitsstätten*richtlinien* ergeben.

Die Konsequenzen dieses Vorschlags zur Neugliederung der Personalzusatzkosten werden anhand eines Beispiels (nach: *AWV 1995*, 22f.) deutlich: Geht man von den Personalzusatzkosten des Produzierenden Gewerbes Westdeutschlands für das Jahr 1994 aus, so führt die Kürzung der (tariflichen bzw. betrieblichen) Position 'Urlaub' um die Vergütung für 4 Wochen gesetzlichen Mindesturlaub zu einem Korrekturfaktor von -9,6 Prozent. Setzt man die Aufwendungen für die betriebliche Altersversorgung, die sich aus den Vorschriften des Betriebsrentengesetzes ergeben, auf 20 Prozent der Gesamtaufwendungen (die Arbeitgeberverbände berufen sich bei dieser Zahl - ohne dies näher zu spezifizieren - auf die Meinung von Sachverständigen), so ergibt sich ein Korrekturbedarf von 1,4 Prozent. Unterstellt man, dass die Beachtung von Verordnungen bzw. Richtlinien die Aufwendungen für Sozialräume um 50 Prozent verteuern, so schlägt dies mit 0,5 Prozent im System der Zusatzkosten zu Buche (siehe Tab. G-2).

Insgesamt ergibt sich in diesem Beispiel für das Jahr 1994 ein Korrekturbedarf von 11,5 Prozent. Während nach der Systematik des Statistischen Bundesamtes 36,3% aller Zusatzkosten auf die gesetzlichen und 43,9% auf die tariflichen/betrieblichen Leistungen entfallen, steigen die gesetzlichen Zusatzkosten nach dem Berechnungsvorschlag der Bundesvereinigung der Arbeitgeberverbände auf 47,8 % und die tariflichen/betrieblichen Zusatzkosten sinken auf 32,4 %. Bei der Bewertung dieses Vorschlags muss allerdings beachtet werden, dass auf die Zuschüsse zur Altersversorgung nicht per se ein gesetzlicher Anspruch besteht, sondern erst, wenn diese von einem Betrieb tatsächlich eingerichtet wird. Beim wichtigsten Punkt dieses Vorschlags (der 'Urlaubsvergütung') ist zu beachten, dass die tariflichen Urlaubsvereinbarungen die gesetzlichen Ansprüche i.d.R. deutlich überschreiten.

Ein weiteres Zuordnungsproblem wird anhand der betrieblichen Altersversorgung deutlich. Die Angaben über betriebliche Ruhegeldzusagen sind überhöht, da die Nettorückstellungen zu den Pensionsverpflichtungen die - im Unternehmen tatsächlich erwirtschafteten - Zinserträge enthalten. Dagegen werden bei Pensionskassen nur die Beiträge nachgewiesen; die aus dem akkumulierten Kapital erwirtschafteten Erträge werden nicht berücksichtigt.

	Systematik Stat. Bundesamt	Korrektur-faktoren	Neuberechnung
	1994	1994	1994
Gesetzliche Personalzusatzkosten	36,3		47,8
Sozialversicherungsbeiträge der Arbeitgeber[2] einschließlich Un-fallversicherungsbeiträge	26,5		26,5
Bezahlte Feiertage[3]	4,5	+ 9,6	14,1
Entgeltfortzahlung im Krank-heitsfall	4,9		4,9
Sonstige gesetzliche Personalzusatzkosten[4]	0,4	+ 0,5/+ 1,4	2,3
Tarifliche und betriebliche Personal-zusatzkosten	43,9		32,4
Urlaub einschließlich Urlaubsgeld	19,3	- 9,6	9,7
Sonderzahlungen (Gratifikationen, 13. Monatsgehalt usw.)	8,3		8,3
Betriebliche Altersversorgung	7,1	- 1,4	5,7
Vermögensbildung	1,2		1,2
Sonstige Personalzusatzkosten (Familienbeihilfen, Abfindungen)	8,0	- 0,5	7,5
Insgesamt	80,2		80,2

[1] Unternehmen mit 10 und mehr Beschäftigten
[2] Dieser Prozentsatz weicht von den in der betrieblichen Praxis verwendeten Beitragssätzen in der Sozial-versicherung ab, da hier das Entgelt für geleistete Arbeit die Basis bildet. Das Entgelt für geleistete Ar-beit entspricht dem um die Personalzusatzkostenbestandteile verminderten Bruttogehalt.
[3] Aus methodischen Gründen wurde mit einer konstanten Zahl von Feiertagen gerechnet.
[4] Mutterschutz, Schwerbehindertengesetz usw.
(Quelle: Statistisches Bundesamt, IW-Berechnungen)

Tab. G-2:   Personalzusatzkosten im Produzierenden Gewerbe[1] Westdeutschlands 1994 - in Prozent des Entgelts für geleistete Arbeit (aus: *AWV* 1995, 23)

Generell ist festzustellen, dass die Begriffe 'Personalnebenkosten' und 'Entgelt für geleistete Arbeit' keine anschaulichen Vorstellungen von den betroffenen Kostenar-ten geben und v.a. die Öffentlichkeit zu Fehlinterpretationen einladen (siehe auch auf S. 382f. die Kritik des DGB an der amtlichen Statistik). Gerade in der aktuellen politischen Diskussion werden regelmäßige Einmalzahlungen, auf die der Arbeitnehmer einen Vergütungsanspruch hat, wie z.B. Weihnachts- und Urlaubsgeld bzw. 13. und 14. Monatsgehalt als (freiwillige) Zusatzleistungen der Arbeitgeber dargestellt, die in wirtschaftlich schlechten Zeiten einseitig gekürzt bzw. gestrichen werden können. Die Zuordnung von monatlich erfolgten Zahlungen zu den Personalkosten, der jährlich erfolgten jedoch zu den Personalzusatzkosten ist nur schwer nachvollziehbar; sie erklärt teilweise die in einigen Branchen (Banken, Versicherungen) besonders hohen Zusatzkosten und erschwert somit den Vergleich zwischen verschiedenen Wirtschaftszweigen.

Bei internationalen Arbeitskostenvergleichen ist zu bedenken, dass in verschiedenen Ländern Beschäftigungs- oder Lohnsummensteuern abzuführen sind, während in anderen Ländern Regierungen Zuschüsse und Unterstützungsleistungen (negative Arbeitskosten) aufwenden, um die Beschäftigung zu fördern (z.B. Arbeitsbeschaffungsmaßnahmen). Zudem werden einzelne Kostenkategorien in verschiedenen Ländern unterschiedlich interpretiert. So lehnen sich die Bundesrepublik Deutschland oder die Niederlande eng an die Internationale Standardklassifikation der Arbeitskosten an, während Belgien, Luxemburg oder das Vereinigte Königreich sich dieser nur ansatzweise nähern. Im Hinblick auf die Personalzusatzkosten gibt es v.a. für südeuropäische Länder aufgrund teilweise widersprüchlicher oder fehlender Informationen lediglich Schätzungen. Die veröffentlichten Werte basieren zum Teil auf wenig gesicherten Hochrechnungen und weisen daher u.U. nur eine geringe Reliabilität auf. Internationale Personalkostenvergleiche sind deshalb mit Vorsicht zu interpretieren.

Ein zusätzliches Problem der amtlichen Erhebungen besteht darin, dass sie wegen ihrer vierjährlichen Periodizität und einer relativ langen Aufbereitungszeit keine aktuellen Daten liefern können; zudem sind selbst begründete Änderungen nur schwer durchsetzbar, da den Erhebungen des Statistischen Bundesamts zum Teil internationale Vereinbarungen zugrunde liegen.

2.2 Das (Fortschreibungs-)Modell des Instituts der deutschen Wirtschaft (IW)

Bereits 1949 und 1952 wurden von der Bundesvereinigung der Deutschen Arbeitgeberverbände erste Umfragen zur Entwicklung der betrieblichen Sozialleistungen durchgeführt, deren Erhebungsmethodik die amtliche Statistik nachhaltig geprägt hat. Da sich Mitgliedsverbände und viele Unternehmen für die wirtschaftliche Analyse der Personalzusatzkosten interessierten, beschäftigt sich das Institut der deutschen Wirtschaft seit Mitte der sechziger Jahre mit der Entwicklung der betrieblichen Sozialleistungen und legt jährlich eine Fortschreibung der Personal- und Personalzusatzkosten vor.

2.2.1 Methode

Grundlage für die Analyse der Personalzusatzkosten im Produzierenden Gewerbe sind die Daten der amtlichen Statistik. Aktuellere Aussagen als die amtlichen Daten zur Entwicklung der Personal*zusatz*kosten durch das Institut der deutschen Wirtschaft basieren auf Extrapolationen folgender Hilfsstatistiken, die bis ins Jahr 1972 zurückreichen:

- Beitragssätze und Beitragsbemessungsgrenzen in der Sozialversicherung;
- Sozialbericht der Bundesregierung;
- jährliche Auswertung der Tarifverträge durch das Bundesministerium für Arbeit und Sozialordnung sowie
- Krankenstandsstatistiken der Betriebs- und Ortskrankenkassen;
- außerdem werden Modellrechnungen von Personalzusatzkosten einzelner Verbände und Betriebe vergleichend ausgewertet.

2.2.2 Systematik und Berechnungen

Das Basismodell des Statistischen Bundesamtes zur Struktur der Personalkosten wird vom Institut der deutschen Wirtschaft weiter aufgegliedert, indem bei den Personalzusatzkosten zwischen gesetzlichen sowie tariflichen und betrieblichen unterschieden wird. Ein gesonderter Ausweis der freiwilligen Leistungen scheitert an der Datenlage. Welche neue Aufteilung sich durch die Unterteilung in gesetzliche, tarifliche und betriebliche Leistungen sowie durch die Fortschreibung ergibt, zeigt Abb. G-1.

Da - kalenderbedingt - Feiertage auf Sonntage fallen können und dies zu einer Veränderung der Personalzusatzkosten um über einen Prozentpunkt nach oben oder unten führen kann, wird aus methodischen Gründen mit einer konstanten Zahl von Feiertagen gerechnet. Dass sich die Anzahl dieser Feiertage verändern kann, zeigt auch das Beispiel des 1995 wegen der Pflegeversicherung gestrichenen Feiertags (wobei derzeit - auf Druck von Interessengruppen - diskutiert wird, diesen Feiertag wieder einzuführen). Seit 1992 ist die Arbeitskostenstatistik des Instituts der deutschen Wirtschaft auf die Basis 'Unternehmen mit 10 und mehr Beschäftigten' umgestellt worden. Bis dahin wurden nur Unternehmen mit 50 und mehr Beschäftigten berücksichtigt (d.h. ca. 80% aller Betriebe wurden nicht erfaßt!). Geht man davon aus, dass Unternehmen mit einer niedrigeren Beschäftigtenzahl in der Regel auch geringere Zusatzkostenquoten aufweisen, so muss dies bei Vergleichen von Arbeitskostenanalysen des Instituts der deutschen Wirtschaft berücksichtigt werden.

2.2.3 Würdigung

Da es sich beim Modell des Instituts der deutschen Wirtschaft um ein Fortschreibungsmodell handelt, welches auf der amtlichen Statistik beruht, gelten die oben aufgeführten Anmerkungen auch für dieses System. Ungelöst sind v.a. die Zuordnungsprobleme wie beispielsweise die Zurechnung gesetzlich bedingter Zusatzkosten (z.B. Mindesturlaub) zu den betrieblichen Leistungen. Zudem kann es bei einzelnen Kostenarten zu Doppelerfassungen und damit zu einem überhöhten Ausweis der Personalkosten kommen; etwa bei den Kosten von Sozial- und Bildungseinrichtungen, bei denen es sich um zusammengesetzte (sekundäre) Kostenarten handelt; d.h. die Löhne der in Sozial- und Bildungseinrichtung tätigen Mitarbeiter werden unter den Kosten dieser Einrichtungen und zugleich als (primäre) Lohnkosten erfaßt. Doppelerfassungen können grundsätzlich auch bei anderen Personalkostenarten auftreten.

Eine Kürzung einzelner Kostenpositionen vorab verursacht jedoch Informationsverluste und birgt bei uneinheitlicher Vorgehensweise die Gefahr, dass die zwischenbetriebliche Vergleichbarkeit nicht mehr gewährleistet ist. Daher werden alle Personalkosten i.d.R. zunächst in voller Höhe ausgewiesen und die Doppelerfassungen dann gesondert bei der Zusammenfassung der Kostenpositionen im Rahmen der Kostenauswertung berücksichtigt. Allerdings ist der damit verbundene Aufwand so hoch, dass man sich in der Praxis häufig mit 'Schätzwerten' zufrieden gibt.

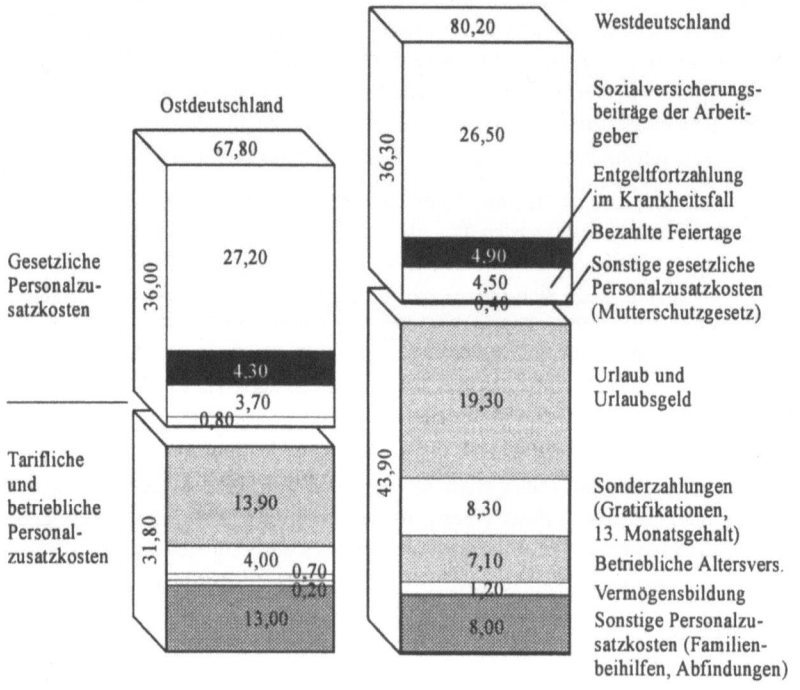

Abb. G-1:   Personalzusatzkosten 1994 (aus: *AWV* 1995, 17)

2.3 Die Methode des Wirtschafts- und Sozialwissenschaftlichen Instituts des Deutschen Gewerkschaftbundes (WSI)

Die folgenden Ausführungen basieren auf einer Veröffentlichung von Rudolf *Welzmüller* aus dem Jahr 1987. Nach (mündlicher) Auskunft des Autors (Nov. 1996) spiegeln die in dieser Publikation vorgebrachten Argumente - trotz veränderter Datenlage - auch die aktuelle Position des Deutschen Gewerkschaftsbundes zum Thema 'Personalkosten' wieder.

Im Mittelpunkt der WSI-Überlegungen stehen die Arbeitseinkommen, da diese nicht nur die materielle Basis für die Bereitstellung des Lebensunterhalts während der aktiven Beschäftigungsphase, sondern auch die Bezugsbasis für die 'Ersatzeinkommen' bei Arbeitlosigkeit, Krankheit und im Alter darstellen. Dass die Finanzierung der Sozialeinkommen an die Arbeitseinkommen geknüpft wird, ist nach WSI einer der systematischen Hintergründe für die Entwicklung der sog. 'Personalnebenkosten'.

Anstelle des Begriffes 'Personalnebenkosten' sei es hilfreicher, einfach von Lohn- und Lohnersatzkosten zu sprechen. Dies würde auch den Kern der Personalnebenkosten benennen, welche zu einem großen Teil Lohnbestandteile nur in 'anderem Gewande' seien und in einem anderen Rhythmus gezahlt werden und darüber hinaus Lohnersatz für Zeiten der Nichtarbeit darstellen, für die es wiederum verschiedene Ursachen gäbe. Dabei werden als Lohn alle Formen des Arbeitseinkommens aus unselbständiger Tätigkeit bezeichnet, also auch Gehalt, Vergütungen usw.

Dem WSI zufolge sind die Auseinandersetzungen über die Arbeitskosten im Grunde Widerspiegelungen eines Verteilungskonfliktes. Dabei geht es in erster Linie darum, wer welche Sozialleistungen bekommen soll, wie hoch diese sein sollen und wer sie finanzieren soll.

2.3.1 Inhaltliche Gliederung

Ausgangspunkt der Überlegungen des WSI sind die Arbeitskosten, die die gesamten Aufwendungen der Arbeitgeber für die bei ihnen beschäftigten Personen umfassen (ausgenommen: Vorstandsmitglieder bzw. Geschäftsführer und Angestellte auf Provisionsbasis) einschließlich der Aufwendungen, die nicht Lohn im engeren Sinn sind. So werden beispielsweise auch die Sachkosten für die berufliche Aus- und Weiterbildung, für den betrieblichen Gesundheitsdienst und Verpflegungszuschüsse erfaßt.

Berücksichtigt werden muss auch, dass sich Änderungen in der Beschäftigtenstruktur in der Höhe der Arbeitskosten niederschlagen. Verringert sich etwa der Anteil der Arbeiter an der Belegschaft, so erhöht sich entsprechend der Angestelltenanteil; da Angestellte i.d.R. aber über ein höheres durchschnittliches Arbeitseinkommen verfügen, steigen allein durch diese Verschiebung der Arbeitsstruktur die Arbeitskosten.

2.3.2 'Entgelt für geleistete Arbeit' - und wofür wird der Rest bezahlt?

Die statistische Darstellung der gesamten Arbeitskosten und ihrer einzelnen Komponenten sollte nach Meinung des WSI eigentlich unproblematisch sein: Die Gesamtsumme der Arbeitskosten könne auf einzelne, sachlogisch abgegrenzte Kostenarten aufgeteilt und deren jeweilige quantitative Bedeutung mittels Prozentwerten verdeutlicht werden.

Die amtliche Statistik geht jedoch einen anderen Weg: Sie gliedert die Arbeitskosten in 'Entgelt für geleistete Arbeit' und in sogenannte 'Zusatzkosten'. Dabei spielt der Begriff des Entgelts für geleistete Arbeit eine besondere Rolle. Auf der Basis dieses Begriffs wird die jeweilige Bedeutung der Zusatzkosten gemessen. Diese Art der Beschreibung sei nicht sinnvoll, da Entgelt als Bezugsbasis für den Zusatzkostenanteil relativ klein ist. Je nach Größe der Bezugsbasis ändert sich der Zusatzkostenanteil. Ist die Bezugsbasis klein, so wird der Zusatzkostenanteil relativ groß. Dass auf der Basis solcher Informationen eine unter betriebswirtschaftlichen Gesichtspunkten sinnvolle Kontrolle der Personalkosten möglich ist, wird vom WSI bezweifelt.

Das Interesse der Unternehmen richtet sich v.a. auf die Erfassung von und Zuordnung zu jenen Kosten, die in Abhängigkeit vom Auslastungsgrad der Produktionskapazität als 'fix' oder 'variabel' beschrieben werden können: Unternehmerisches Interesse sei es, insbesondere der Entstehung weiterer fixer Kosten entgegenzuwirken. Zu diesem kostenanalytischen Themenkomplex sagt aber die derzeit praktizierte Gliederung der Arbeitskosten nichts aus, da mit der Unterscheidung in Zusatzkosten und Kosten für geleistete Arbeit keineswegs der Trennung von fixen und variablen Kosten entsprochen werde. In den Zusatzkosten seien sowohl fixe als auch variable Kosten enthalten.

2.3.3 Die statistische Abgrenzung von 'Entgelt für geleistete Arbeit'

Die methodische Vorgehensweise des Statistischen Bundesamtes bei der Berechnung des Entgelts ist laut WSI einfach: Von den insgesamt bezahlten Arbeitsstunden werden alle Stunden für Ausfallzeiten wie Urlaub, gesetzliche Feiertage, Krankheitstage abgezogen. Die so ermittelte effektive Arbeitszeit wird mit dem durchschnittlichen Brutto-Stundenverdienst (ermittelt im Rahmen der laufenden vierteljährlichen Verdiensterhebungen) multipliziert. Im Ergebnis sollen auf diese Weise die 'direkten' Kosten für die Jahresarbeitszeit eines Arbeitnehmers ermittelt werden. Entscheidend für die Berechnung sind also die beiden Faktoren: Geleistete Arbeits*zeit* und *Stundenverdienst*. Aber schon die Abgrenzung dessen, was unter diese direkten Kosten fällt, ist nicht konsequent, da in das Entgelt wohl die vom Arbeitnehmer zu leistenden Sozialabgaben, nicht aber die Arbeitgeberanteile einbezogen werden. Dies führt dazu, dass das Problem einseitig aus der Sicht des Einkommensempfängers betrachtet wird: Das, was dem Arbeitseinkommensempfänger als monatliches (Brutto-)Einkommen erscheint, enthält den Sozialabgabenanteil des Arbeitgebers nicht. Eine solche an der Zahlungstechnik orientierte *Einkommens*betrachtung wird dem tatsächlichen Zusammenhang nicht gerecht. Geht man vom rechtlichen Anspruch der abhängig Beschäftigten auf die sog. 'Lohnersatzeinkommen' im Fall von Krankheit, Alter, Arbeitslosigkeit aus, so müssten diese mit den *gesamten* Sozialabgaben begründet werden. In der juristischen Betrachtung werden nach WSI die gegenwärtigen Arbeitgeberanteile an der Sozialversicherung entweder als 'Beitrag des Arbeitnehmers' oder als 'fremdnützige Sonderabgabe' eingestuft. Völlig unhaltbar wird laut WSI diese Trennung bei der Kostenanalyse, die ja der eigentliche Gegenstand dieser amtlichen Statistik sein soll.

Wenn man die Kriterien ernst nimmt, die das Statistische Bundesamt für die Abgrenzung des 'Entgelts für geleistete Arbeit' nennt (Regelmäßigkeit der Zahlung und die Zuordnung zur 'geleisteten Arbeitszeit'), dann sind die Sozialabgaben (Arbeitnehmer- *und* Arbeitgeberanteil) hinsichtlich ihrer rechtlichen und erhebungstechnischen Gestaltung unmittelbar 'direkt' verknüpft mit dem Entgelt und müssen *laufend* mit diesem gezahlt werden. Unter Kostengesichtspunkten ist es unbegründet, die Arbeitnehmeranteile als 'direkte', die Arbeitgeberanteile als 'indirekte', nicht mit der geleisteten Arbeitzeit verknüpfte Kosten zu bezeichnen. Vielmehr sei bei wirtschaftlicher Betrachtungsweise davon auszugehen, dass der Arbeitgeber bei der Bemessung des Arbeitsentgelts seinen Arbeitgeberanteil zur Sozialversicherung mitberücksichtigt, der Arbeitnehmer diesen Anteil also miterarbeitet. Folglich müßten die 'Basiskosten pro Stunde' immer auch die Sozialabgaben der Arbeitgeber beinhalten.

Sollte es innerhalb einer Kostenanalyse um die Ermittlung und Darstellung der verschiedenen Arten der Arbeitskosten gehen, dann müßten alle Sozialabgaben als 'Kosten für gesellschaftlich organisierte individuelle Vorsorge' betrachtet und auch so behandelt werden. Will man das Definitionsgerüst des Statistischen Bundesamts beibehalten, dann müßten in die Ermittlung des Entgelts pro geleisteter Stunde die *gesamten* Sozialabgaben einbezogen werden.

2.3.4 Die statistische Abgrenzung der Arbeitskosten unter tarifpolitischer und ökonomischer Sicht

Als verwirrend empfindet es das WSI, dass aus der 'geleisteten Arbeitszeit' plötzlich der Begriff 'geleistete Arbeit' wird. Demnach hätten Urlaubsgeld und Weihnachtsgeld nichts mit 'geleisteter Arbeit' zu tun, sondern seien vorgeblich eine soziale Wohltat des Unternehmens. Hier werde sowohl die tarifpolitische als auch die ökonomische Wirklichkeit mißachtet. Tarifpolitisch seien Vereinbarungen über Urlaubsgeld und Sonderzahlungen immer Bestandteil des Gesamtpakets, das wiederum vor dem jeweiligen branchenbezogenen Hintergrund der erbrachten wirtschaftlichen Leistung (Produktivität) verhandelt wird. Urlaubsgeldvereinbarungen führen somit zu Einkommensverbesserungen, die andernfalls als unmittelbare Lohn- und Gehaltszuwächse ausgehandelt worden wären. Beides hat mit der erbrachten Leistung zu tun; der Unterschied liegt allenfalls in auszahlungstechnischen Aspekten.

Auch unter ökonomischen Aspekten sei die von statistischen Begriffen suggerierte Trennung dieses Zusammenhangs nicht haltbar. Das, was an ökonomischem Wert im Laufe einer Periode geschaffen wird, das sogenannte Bruttoinlandsprodukt, ist das Ergebnis arbeitsteilig organisierter gesellschaftlicher Arbeit. Dies bedeutet, dass das *gesamte* Sozialprodukt als Ergebnis der 'geleisteten Arbeit' betrachtet werden kann. Analog zum Sozialprodukt, welches sich aus der Wertschöpfung der Einzelunternehmen zusammensetzt, basiert die betriebliche Wertschöpfung auf der betrieblich 'geleisteten Arbeit'. Damit liegt *jeder Form* der Entgelt-Zahlung 'geleistete Arbeit' zugrunde.

Gleichgültig in welcher Gesellschaftsform, das gesamte in einer Periode geschaffene gesellschaftliche Produkt kann nicht ausschließlich an die aktiven Beschäftigten verteilt werden. Ein Teil des Gesamtprodukts wird für Neuinvestitionen verwendet und erhöht somit das sachliche Produktionspotential; ein anderer Teil fließt z.B. über Steuern und Abgaben in die allgemeinen gemeinschaftlichen Aufwendungen (z.B. staatliche Infrastruktur) und ein weiterer Teil zu den nicht erwerbstätigen Personen. Erst der verbleibende Teil wird zwischen den Erwerbstätigen aufgeteilt. Somit können die Erwerbstätigen niemals den Gegenwert für 'geleistete Arbeit' als individuell verfügbaren Arbeitslohn erhalten (auch nicht unter nichtkapitalistischen Vorzeichen). Das Reden vom Arbeitsentgelt für 'geleistete Arbeit' ist deshalb nach WSI-Meinung ökonomisch unsinnig.

2.3.5 Der Vorschlag des WSI zur Gliederung der Arbeitskosten

Im Interesse einer wünschenswerten und sinnvollen Arbeitskostenanalyse sollte auf den Begriff 'Entgelt für geleistete Arbeit' völlig verzichtet werden. Auch die Begriffe 'Personalzusatzkosten' und 'Personalnebenkosten' seien untauglich, da sie weder eine betriebswirtschaftlich präzise Aufgliederung der Arbeitskostenarten liefern, noch zu einer klaren Beschreibung der wirtschaftlichen und finanzierungstechnischen Zusammenhänge zwischen Löhnen und Gehältern einerseits, sowie Versorgungsaufwendungen andererseits beitragen.

Statt dessen sollten die *gesamten Arbeitskosten* Ausgangspunkt für die weitere Unterteilung in sachlogisch abgegrenzte Kostenarten sein. Im Grunde handelt es sich bei den Arbeitskosten um Lohn- und Lohnersatzkosten. Die quantitative Bedeutung dieser Kostenarten wird dann anhand des jeweiligen Anteils an den Gesamtkosten gemessen. Aus diesem Grund werden die gesamten Arbeitskosten in Löhne/Gehälter (inklusive Sonderzahlungen usw.), Vorsorgeaufwendungen (Beiträge zur Sozialversicherung usw.) und sonstige Kosten, insbesondere der Beschaffung und Qualifizierung von Personal unterteilt. Dieser übergeordneten Abgrenzung wären dann einzelne Kosten*arten* zuzuordnen (siehe Tab. G-3).

Vorschlag für eine Gliederung der Arbeitskosten in einzelne Kosten*arten* Gesamte Arbeitskosten der Unternehmung		
Löhne und Gehälter darunter: **Sonderzahlungen** • Gratifikationen • Urlaubsgeld • Vermögenswirksame Leistungen • Deputate • etc. **Lohnersatzleistungen** • Lohnfortzahlung • Vergütung von Ausfallzeiten	**Vorsorgeaufwendungen** (für den Lohnersatz im Risikofall) darunter: **gesetzlich** • Sozialabgaben **betrieblich** • Betriebliche Altersversorgung	**Sonstige Kosten** insbesondere der Beschaffung und der Qualifizierung von Personal

Tab. G-3: Vorschlag des WSI zur Gliederung der Arbeitskosten (nach: *Welzmüller* 1987, 8)

2.3.6 Würdigung

Der Vorteil dieser (stark vereinfachten) Darstellung der Arbeitskosten liegt in der leichten Ermittelbarkeit der Daten, da diese aufgrund des bilanziellen Ausweises i.d.R. verfügbar sind; auf diese Weise werden sowohl innerbetriebliche als auch überbetriebliche Vergleiche (Geschäftsbericht) etwa in Form von Kennzahlenbildungen erleichtert. Allerdings lässt die undifferenzierte und unspezifizierte Art der Darstellung der kostenrelevanten Informationen keine weitere Analyse einzelner wichtiger Kostenbestandteile zu. Der Nutzen des WSI-Ansatzes für die betriebliche Praxis dürfte somit eher gering sein.

3. Arbeitskosten in (West-) Deutschland (empirische Befunde)

3.0 Überblick

Im folgenden geht es um konkrete Ergebnisse bzw. empirische Befunde zu den Arbeitskosten in (West-)Deutschland, die der amtlichen Statistik zugrunde liegen. Bevor wir auf die konkreten Befunde näher eingehen, werden wir die Vorgehensweise des Statistischen Bundesamtes, die Zusammensetzung der Stichprobe und die Aufbereitung der Daten beschreiben, um den (methodischen) Stellenwert der Daten würdigen zu können.

3.1 Die Zusammensetzung der Stichprobe

Die Arbeitskostenerhebung wird, um die Unternehmen und Statistischen Ämter zu entlasten, als geschichtete Stichprobe durchgeführt. Die Schichtung erfolgt nach Bundesländern, Wirtschaftszweigen und Unternehmensgröße.

Als Auswahlgrundlage für die befragten Unternehmen werden 'die Kartei des Produzierenden Gewerbes' sowie die Ergebnisse der Arbeitsstättenzählung von 1987 für das frühere Bundesgebiet und die Ergebnisse der Berufstätigenerhebung 1990 für die neuen Länder und Berlin-Ost herangezogen. 1992 wurden in den alten Bundesländern von den rund 175 000 Unternehmen mit 10 und mehr Arbeitnehmern rund 27 000, das heißt durchschnittlich rund 15% ausgewählt; die Auswahlquote in den neuen Ländern betrug durchschnittlich 58 %: Von 19 000 in der Auswahlgrundlage verzeichneten Unternehmen wurden rund 11 000 Stichprobenunternehmen ausgewählt. Der Gesamtsatz für das Bundesgebiet betrug somit rund 20 %" (*Kaukewitsch* 1995, 401).

Gegenüber der Erhebung 1988 wurden bei der Arbeitskostenerhebung 1992 einige wichtige Verfahrensunterschiede eingeführt:

- Auf Wunsch von Eurostat wurden die Jahressonderzahlungen zusätzlich in der Untergliederung nach 'fest vereinbarten' und 'leistungs- und gewinnabhängigen' Zahlungen erfragt;
- zudem werden die Kosten für die Anwerbung von Beschäftigten sowie die Aufwendungen für Kantinen und Essenszuschüsse erhoben;
- für Vergleichszwecke wurden außerdem die Zahlungen an Zeitarbeitsfirmen für die überlassenen Arbeitskräfte sowie deren geleistete Arbeitszeit erfaßt;
- durch die Einbeziehung der neuen Länder und von Berlin-Ost standen erstmals Angaben für die neuen Bundesländer zur Verfügung. Allerdings erlauben etwaige Kostenvergleiche keine Rückschlüsse auf die *relative* Einkommensposition der Arbeitnehmer. Während die Arbeitskosten je Stunde ein wichtiger Indikator für die Wettbewerbssituation einer Region (oder einer Nation) sein kann, müßten bei

einem internationalen Vergleich von Einkommen andere Kennzahlen, wie beispielsweise die Kaufkraftparitäten, herangezogen werden.

3.2 Die Aufbereitung der Daten

Als Berichtseinheit hat Eurostat im Produzierenden Gewerbe den Betrieb und in den
Dienstleistungsbereichen das Unternehmen vorgesehen. Während Eurostat den Betrieb als Berichtseinheit v.a. deshalb befürwortet, weil bei Betrieben eine genaue regionale und relativ gute Zuordnung nach Wirtschaftszweigen möglich ist, halten die
deutschen Statistiker aus erhebungstechnischen Gründen das Unternehmen für geeigneter, da Betriebe für zentrale Belegschaftseinrichtungen wie Pensionskassen, Erholungsheime und andere Gesundheitseinrichtungen oder Ausbildungsstätten häufig
keine Angaben machen können. Die deutschen Statistiker kommen Eurostat insofern
entgegen, als für das Produzierende Gewerbe zwar Unternehmen ausgewählt werden,
diese aber für jeden ihrer Betriebe einen eigenen Fragebogen auszufüllen haben.

Bei dieser ('deutschen') Vorgehensweise geht man von der Annahme aus, dass die
Befragung von Unternehmen eher als die von Betrieben zu vollständigen Angaben
führen, da u.a. die Meldungen für zentral verwaltete Einrichtungen (z.B. die für die
betriebliche Altersversorgung) einbezogen werden; zudem ist die *zentrale* Buchhaltung eher in der Lage Betriebsmeldungen aufeinander abzustimmen, indem sie etwa
verhindert, dass in mehreren Betrieben tätige Personen weder vollständig vernachlässigt noch mehrfach gezählt werden. Die Tatsache, dass Deutschland nur Unter-
nehmensergebnisse veröffentlicht, obwohl auch Betriebsmeldungen erzeugt werden,
hängt damit zusammen, dass die Betriebsergebnisse wegen der Konzentration von
Unternehmensfunktionen wie z.B. Weiterbildung sowie Forschung und Entwicklung
auf einzelne Betriebe erheblich von den für das gesamte Unternehmen ermittelten
Durchschnittswerten abweichen können.

Bei der Darstellung der Ergebnisse nach Beschäftigtengrößenklassen kann z.B. die
kleinste Beschäftigungsgrößenklasse zugleich einen hochspezialisierten Betrieb eines Großunternehmens und ein selbständiges Kleinunternehmen beinhalten. Auf
diese Weise können sehr unterschiedliche Arbeitskostenniveaus in einen Topf ge-
worfen werden, deren Durchschnittswerte nur sehr schwer zu interpretieren sind.

Allerdings mussten die Ergebnisse der Erhebung 1992 für West- und Ostdeutschland aufgrund der sehr unterschiedlichen Arbeitskostenniveaus getrennt dargestellt
werden. Aus diesem Grund konnte das Unternehmenskonzept in den Veröffentlichungen nicht konsequent durchgehalten werden. Die im Osten und Westen gelege-
nen Teile von Mehrländerunternehmen wurden jeweils als selbständige Unternehmen nachgewiesen.

Der Erhebungsaufwand ist für Unternehmen und statistische Ämter erheblich. Exemplarisch soll dies an zwei Aufgaben, die von Sachbearbeitern in den Betrieben auszuführen sind, gezeigt werden:

1) *Die Bereinigung von Buchhaltungsdaten*: Viele Positionen des Fragebogens wie 'Löhne und Gehälter', 'Sozialversicherungsbeiträge' und die Arbeitnehmerangaben sind im betrieblichen Rechnungswesen problemlos aufzufinden. Allerdings enthalten diese Daten auch Aufwendungen für Personengruppen, die nicht in die Erhebung einzubeziehen sind (z.B. Vertreter, juristische Personen, Heimarbeiter und Geringverdiener); die Daten müssen in zeitaufwendiger (und fehleranfälliger) Arbeit bereinigt werden, bevor sie in den Fragebogen eingetragen werden.

2) *Vermeidung von Doppelerfassungen und Erfassungslücken*: Im Rahmen der Arbeitskostenerhebung wird die Lohn- und Gehaltssumme insgesamt, sowie einige ihrer Bestandteile (z.B. Sonderzahlungen, Vergütung arbeitsfreier Tage) erhoben. Ein typischer Fehler besteht darin, dass einige Betriebe die Vergütung arbeitsfreier Tage und die Sonderzahlungen von der Lohn- und Gehaltssumme abziehen; dies führt zu einer Verminderung der nachgewiesenen Werte. Zusätzlich können - wie bei allen Befragungen - Erfassungslücken durch die Nichtangabe bestimmter Aufwendungen entstehen.

Ein für die Arbeitskosten typisches Problem besteht in der Doppelerfassung. So können etwa viele Personalnebenkosten, weil sie beispielsweise der Lohnsteuer unterliegen und daher in der Lohnabrechnung berücksichtigt werden müssen, auch in der Lohn- und Gehaltssumme enthalten sein. Zu diesen Aufwendungen zählen alle direkten Zahlungen an die Arbeitnehmer (z.B. die Lohn- und Gehaltsfortzahlung über den gesetzlichen Rahmen hinaus, Zuschüsse zum von der Sozialversicherung gewährten Krankengeld, betriebliches Kurzarbeitergeld, Miet- und Familienzuschüsse, vom Arbeitgeber getragene Arbeitnehmerbeiträge zur Sozialversicherung, Beiträge an Pensionskassen und Lebensversicherungen).

Um solche Doppelzählungen zu vermeiden, wurde die Frage nach den Aufwendungen für viele Kostenarten durch die Zusatzfrage 'davon in den Löhnen und Gehältern enthalten' ergänzt. Diese 'Davon'-Positionen werden von den Sonderzahlungen und der Vergütung arbeitsfreier Tage von den Löhnen und Gehältern subtrahiert, um das Direktentgelt zu ermitteln. Werden Personalnebenkosten, die in den Löhnen und Gehältern enthalten sind, nicht angegeben, so verfälscht dies nicht das *Niveau* der Arbeitskosten, sondern die Kennziffer bzw. die *Relation* 'Personalnebenkosten/Entgelt für geleistete Arbeit'.

Die statistischen Ämter versuchen die Fehleranfälligkeit der erhobenen Daten durch eine intensive Prüfung in den Griff zu bekommen. Zu diesem Zweck werden die gelieferten Angaben (maschinell) mit Schätzwerten verglichen, die sich an den Ergebnissen der laufenden Verdiensterhebung, den Beitragssätzen für die gesetzliche Sozialversicherung, den Angaben aus Tarifvereinbarungen sowie den Daten der vorangegangenen Erhebung orientieren.

Auf Wunsch von Eurostat wurde der Katalog der erhobenen Merkmale um zusätzliche Kostenpositionen erweitert (wobei diese Zusatzgrößen plastisch zeigen, welch große Differenzierung das Thema 'Arbeitskosten' erfordert) :

- Sonstige im voraus fest vereinbarte Sonderzahlungen sowie von den persönlichen Leistungen oder dem Unternehmenserfolg u.ä. abhängige Sonderzahlungen,
- Vergütung sonstiger betrieblicher oder tariflicher arbeitsfreier Tage,
- freiwillige Zahlungen an Einrichtungen zur Unterstützung der Arbeitnehmer bei Kurzarbeit und Arbeitslosigkeit,
- freiwillige Zahlungen an Einrichtungen zur Unterstützung im Krankheitsfall,
- betriebliches oder tarifliches Kurzarbeitergeld,
- Umlage für das Konkursausfallgeld,
- Kantinenkosten, Esssensgutscheine und Essensmarken,
- Anwerbungskosten,
- Zahlungen an Zeitarbeitsfirmen für die Überlassung von Personal,
- bezahlte Stunden des Zeitarbeitspersonals.

Zu einem besseren Verständnis der nachfolgenden Angaben, Tabellen und Statistiken zum Thema Arbeitskosten haben wir die wichtigsten Definitionen, die den Erhebungsbögen des Statistischen Bundesamtes zugrunde liegen, im Beleg G-1 dargestellt.

Beleg G-1:   (nach: *AWV* 1995, 94f.)

Arbeiter, Angestellte, Arbeitnehmer:

Als Arbeiter/Angestellte werden die arbeiter-/angestelltenrentenversicherungspflichtigen Arbeitnehmer ohne Heimarbeiter, Vertreter juristischer Personen und ohne ausschließlich auf Provisionsbasis tätige Personen gezahlt. Teilzeitbeschäftigte werden entsprechend ihrer Arbeitszeit in Vollbeschäftigte umgerechnet.

Geleistete Arbeitsstunden:

Als geleistete Arbeitsstunden werden die geleisteten Stunden abzüglich der bezahlten Ausfallstunden (Urlaub, Krankheit, gesetzliche Feiertage und sonstige vergütete Ausfallstunden) erfaßt.

Entgelt für geleistete Arbeit:

Bruttolöhne und -gehälter vermindert um die in den Personalnebenkosten nachgewiesenen Bestandteile: die Sonderzahlungen und die Vergütung arbeitsfreier Tage.

Sonderzahlungen:

Zu den Sonderzahlungen rechnen die vermögenswirksamen Leistungen nach dem Vermögensbildungsgesetz, das zum normalen Entgelt für die Urlaubstage gezahlte "zusätzliche" Urlaubsgeld sowie Gratifikationen, 13. Monatsgehalt, Jahresabschlußzahlungen und sonstige unregelmäßige Zahlungen, wie Jubiläumsgelder und Prämien für Verbesserungsvorschläge.

Kapitel G

Vergütung arbeitsfreier Tage:

Nachgewiesen werden hier das Urlaubsentgelt (einschl. der Urlaubsentschädigungen), die gesetzliche Lohn-und Gehaltsfortzahlung (Lohn- und Gehaltsfortzahlung im Krankheitsfall bis zur sechsten Kalenderwoche), Lohn- und Gehaltsfortzahlungen über die sechste Kalenderwoche hinaus, insbesondere die Zuschüsse zum Krankengeld, und die Lohn- und Gehaltszahlungen für gesetzliche Feiertage und sonstige Ausfallzeiten, wie arbeitsfreie bezahlte Tage bei Familienereignissen und Ausübung eines Ehrenamtes oder Ausfallzeiten bei Betriebsversammlungen, Arztbesuche während der Arbeitszeit, sowie tarifliche oder freiwillig bezahlte Pausen.

Aufwendungen für Vorsorgeeinrichtungen:

Sie umfassen neben den Arbeitgeberpflichtbeiträgen zur Renten-, Kranken-, Arbeitslosen- und Unfallversicherung die Aufwendungen für die betriebliche Altersversorgung (Rentenzahlungen aufgrund betrieblicher Ruhegeldzusagen, Nettozuführungen zu den Pensionsrückstellungen nach § 6a EStG, Zuwendungen an Pensions- und Unterstützungskassen, Beiträge zu Direktversicherungen, Beiträge an den Pensions-Sicherungs-Verein V.V.a.G.), vom Arbeitgeber übernommene Arbeitnehmeranteile zur Rentenversicherung, Zuwendungen an die Zusatzversorgungskasse des Öffentlichen Dienstes, vom Arbeitgeber übernommene Beiträge zu Kranken-, Unfall- und sonstigen Versicherungen des Arbeitnehmers, Zuwendungen an Unterstützungskassen, soweit sie nicht der Altersvorsorge dienen, betriebliches Kurzarbeitergeld, Aufwendungen zur Verdienstsicherung bei Krankheit oder Rationalisierung u.ä.

Sonstige Personalnebenkosten:

Hierzu gehören die Entlassungsentschädigungen (einschl. der bei Beendigung von Arbeitsverhältnissen gezahlten Abfindungen); sonstige gesetzliche Leistungen wie die Ausgleichabgabe nach dem Schwerbehindertengesetz, Zuschuß zum Mutterschaftsgeld, Umlage für das Konkursausfallgeld, Winterbauumlage, Familienunterstützungen (Verheirateten-, Kinderzuschläge, Zuwendungen bei Heirat, Krankheit, Geburt, Tod, im Öffentlichen Dienst die Differenz zwischen dem Ortszuschlag für Ledige und dem tatsächlich gezahlten Ortszuschlag), Wohnungsfürsorge (Mietzuschüsse, verlorene Baukostenzuschüsse des Arbeitgebers, Aufwendungen durch verbilligt abgegebenen Mietraum, verbilligte Kredite, verbilligtes Bauland), Beihilfen im Krankheitsfall (einschl. der Aufwendungen für Kur- und Erholungsaufenthalte, für Zahnersatz und medizinische Hilfsmittel), Verpflegungszuschüsse, Auslösungen (einschl. Wegezeitvergütungen, ohne Ersatz betriebsbedingter Aufwendungen des Arbeitnehmers, wie z.B. der Fahrtkosten), Naturalleistungen (Aufwendungen für Deputatkohle, Verpflegung, Getränke, Sachgeschenke jeder Art, Beköstigung der Arbeitnehmer anläßlich von Betriebsfeiern, Kosten der Betriebsausflüge), Aufwendungen für Belegschaftseinrichtungen (Sach- und Fremdkosten für den betrieblichen Gesundheitsdienst einschl. Erholungsfürsorge sowie für den Betriebsrat, für Kantinen, Werksbibliotheken, Sportanlagen, Kindergärten, Verkehrsmittel, soweit sie der Beförderung zwischen Wohnung und Arbeitsplatz dienen u.ä.), sonstige Zuwendungen (vom Arbeitgeber übernommene Lohn- und Kirchensteuer, Umzugsvergütungen, Vorstellungskosten, den Arbeitnehmern erstattete Kontoführungsgebühren u.ä.), Ausbildungsvergütungen.

3.3 Struktur und Entwicklung der Arbeitskosten in der Bundesrepublik

Im System der Lohnstatistiken existieren neben vierteljährlichen Statistiken über die Verdienstentwicklung Erhebungen, die - wie die Arbeitskostenerhebung - über die Schichtung der Verdienste und ihre Abstufung nach relevanten Merkmalen berichten bzw. die gesamten Arbeitskosten der Unternehmen durchleuchten und im Abstand von mehreren Jahren durchgeführt werden.

Bei der Darstellung und der Diskussion der Arbeitskosten in der Bundesrepublik beziehen wir uns deshalb in erster Linie auf die Arbeitskostenerhebungen des Statistischen Bundesamtes (primär auf die Veröffentlichungen des Statistischen Bundesamtes in der Fachserie 16 bzw. in der Zeitschrift 'Wirtschaft und Statistik'); zur Ergänzung bzw. Aktualisierung dieser Ergebnisse werden wir auf die Berechnungen des Instituts der deutschen Wirtschaft (IW) zurückgreifen. Wenn wir die Ergebnisse für das Produzierende Gewerbe und den Dienstleistungsbereich getrennt darstellen, dann deshalb, weil im Dienstleistungsbereich auf die Trennung der Aufwendungen für Arbeiter und Angestellte verzichtet wird. Arbeiter spielen in den meisten Dienstleistungszweigen eine unbedeutende Rolle; im Handel, dem Wirtschaftsbereich mit relativ vielen Arbeitern sind die Verdienstunterschiede zwischen Arbeitern und Angestellten relativ gering. Im Dienstleistungsbereich werden auch ArbeitnehmerInnen nicht berücksichtigt, die von der Sozialversicherungspflicht wegen geringfügiger Entlohnung oder kurzfristiger Beschäftigung befreit sind; dies ist besonders bei der Interpretation der Ergebnisse für Wirtschaftszweige zu beachten, in denen diese Beschäftigungsform stark verbreitet ist, wie z.B. dem Einzelhandel und dem Reinigungsgewerbe (siehe Fachserie 16; Heft 2).

3.3.1 Arbeitskosten im Produzierenden Gewerbe im früheren Bundesgebiet

Entwicklung der gesamten Arbeitskosten

Die folgenden Ergebnisse interessieren nicht primär in ihrem konkreten Zahlenwert, sondern eher insofern, als Themen strukturierbar oder Entwicklungen bzw. Zusammensetzungen deutlich werden, die auch bei aktualisiertem Zahlenmaterial relevant sind.

In Abbildung G-2 kommt die Entwicklung der Arbeitskosten, der Direktentgelte sowie der Personalzusatzkosten für das Produzierende Gewerbe in den alten Bundesländern von 1972 bis 1997 zum Ausdruck. Im Rahmen der Arbeitskostenerhebung 1992 wurden als durchschnittliche Arbeitskosten der Arbeitnehmer des Produzierenden Gewerbes 75.197 DM ermittelt. Auf dieser Basis hat das Institut der deutschen Wirtschaft die Personalkosten und die Personalzusatzkosten fortgeschrieben.

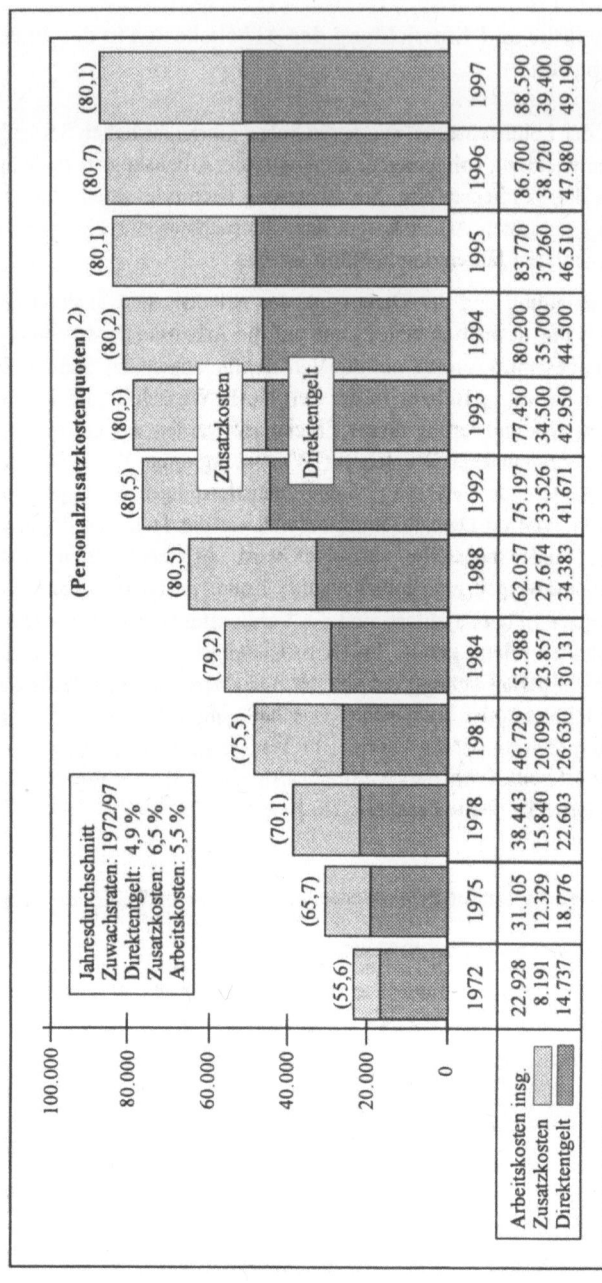

Abb. G-2: Personalzusatzkosten im Produzierenden Gewerbe Westdeutschlands[1] (aus: *Hemmer* 1998, 68) - DM je Arbeitnehmer und Jahr -

Im Jahresdurchschnitt betrugen die Zuwachsraten der gesamten Arbeitskosten zwischen 1972 und 1997 5,7 und die des Direktentgelts 5,0 Prozent. Dies bedeutet, dass seit der (letzten) amtlichen Erhebung die Direktentgelte zwischen 1992 und dem Jahr 1997 unterdurchschnittlich nämlich um ca. 3,8 Prozent angestiegen sind.

Für nahezu alle Erhebungen gilt ein positiver Zusammenhang zwischen der Höhe der Arbeitskosten und der Unternehmensgröße. 1992 betrugen die Arbeitskosten in Kleinunternehmen (zwischen 10 und 49 Beschäftigten) knapp 70 % des Vergleichswertes für Großunternehmen (mehr als 1000 Beschäftigte). Eine noch größere Schwankung der Arbeitskosten ist zwischen den verschiedenen Wirtschaftszweigen zu verzeichnen. Wirtschaftszweige mit hohem Kapitaleinsatz und hohem technischem Entwicklungsstand (z.B. Energie- und Wasserversorgung bzw. Chemische Industrie) liegen am höchsten, während Wirtschaftszweige, die Gebrauchsgüter produzieren, die niedersten Werte aufweisen.

Der Einfluß der Unternehmensgröße auf die Arbeitskosten ist bei den Angestellten noch deutlicher ausgeprägt als bei Arbeitern. Großunternehmen gaben 1992 bei Angestellten um 57% und bei Arbeitern um 27% höhere Aufwendungen an als Kleinunternehmen. Diese Unterschiede können damit erklärt werden, dass Angestellte in Großunternehmen häufiger anspruchsvollere Tätigkeiten ausüben als in Kleinunternehmen, während Arbeiter in Kleinunternehmen auch für höherwertige Aufgaben eingesetzt werden (s. *Kaukewitsch* 1995, 401).

Bei der Differenzierung nach Wirtschaftszweigen ist für beide Gruppen von Arbeitnehmern eine geringere Abstufung der Arbeitskosten zu verzeichnen als für Arbeitnehmer insgesamt. Ursache hierfür sind die Unterschiede in der Beschäftigungsstruktur der einzelnen Wirtschaftszweige.

Betrachtet man die Entwicklung der Arbeitskosten im Zeitverlauf, so stellt man fest, dass sich in den neun Jahren von 1972 bis 1981 die Arbeitskosten mehr als verdoppelt haben. Verantwortlich dafür war v.a. der Anstieg der Arbeitskosten in den Wirtschaftszweigen mit den höchsten Zuwachsraten (z.B. Herstellung von Büromaschinen usw., Mineralölverarbeitung, Luftfahrzeugbau und -reparatur).

Von 1981 bis 1984 sind die Arbeitskosten je vollbeschäftigten Arbeitnehmer im Produzierenden Gewerbe von 46.730 DM auf 53.990 DM (d.h. um 15 %) gestiegen. Die Aufwendungen je Angestellten (16,7 %) stiegen dabei stärker als der Gesamtdurchschnitt, die der Arbeiter lag mit 13,4 % darunter. Die Wachstumsrate für den Gesamtdurchschnitt wurde auch durch die Veränderung der Beschäftigtenstruktur beeinflußt. Einer leichten Reduzierung des Anteils der Arbeiter stand eine entsprechende Erhöhung des Angestelltenanteils gegenüber. Ohne diese Änderung hätten sich die Arbeitskosten nur um 14,7 % erhöht (s. *Kaukewitsch* 1986).

Auch der Zuwachs der Arbeitskosten von 1984 bis 1988 um knapp 14,8 % war zum großen Teil auf eine Veränderung der Beschäftigtenstruktur zurückzuführen. Der Anteil der Angestellten nahm in diesem Zeitraum von 30,7 auf 31,8 % zu. Da die

Arbeitskosten für Angestellte deutlich über dem Kostenniveau für Arbeiter liegen, hat diese Strukturveränderung die Wachstumsrate erhöht; ohne diese Veränderung hätte sie nur 14,3 % betragen. Der Trend, der seit 1972 zu beobachten war, dass die Arbeitskosten in Großunternehmen deutlich stärker zunahmen als in Kleinunternehmen, setzte sich auch von 1984 bis 1988 fort (+ 16 % vs. + 12 %).

Zwischen 1988 und 1992 stiegen die Arbeitskosten eines Arbeitnehmers (+ 21,7 %) deutlich stärker als von 1984 bis 1988 (+ 14,5 %). Im Gegensatz zu vorangegangenen Erhebungen, in denen sich tendenziell eine stärkere Differenzierung zwischen Angestellten und Arbeitern gezeigt hatte, verringerte sich dieser Abstand von 1988 bis 1992: Arbeiter hatten eine Zunahme von 22 % und Angestellte eine von 20,1 % zu verzeichnen. Eine derartige Nivellierung hatte sich zuvor nur in den Jahren von 1978 bis 1981 ergeben. Da sich die Wirtschaft in den Erhebungsjahren 1981 und 1992 in einer rückläufigen konjunkturellen Entwicklung befand, wird vermutet (siehe *Kaukewitsch*, 1995, 405), dass konjunkturelle Schwächeperioden bei Angestellten einen stärkeren Einfluss auf die Arbeitskosten ausüben als bei Arbeitern. Zudem macht *Kaukewitsch* (1995) darauf aufmerksam, dass Unternehmen bei Arbeitern Kostensenkungen in größerem Umfang durch Personalabbau vorgenommen haben. Auch strukturelle Veränderungen haben die Durchschnittswerte beeinflußt: Von 1988 bis 1992 verringerte sich der Anteil der in Großunternehmen beschäftigten Arbeitnehmer an der Gesamtzahl um knapp 3 %, während die Anteile aller anderer Unternehmensklassen zunahmen. Da Großunternehmen die weitaus höchsten Arbeitskosten aufweisen, verursachte die Abnahme ihres Beschäftigtenanteils eine Verringerung der allgemeinen Zuwachsrate.

Zwischen der Entwicklung der Arbeitskosten nach Arbeitnehmergruppen, Unternehmensgrößenklassen und Wirtschaftszweigen bestehen vielfältige Wechselwirkungen. Beispielsweise sind Großunternehmen in den Wirtschaftszweigen mit geringen Wachstumsraten - Bergbau, Metallerzeugung und Chemische Industrie - besonders dominant; die geringere Zuwachsrate der Großunternehmen ist somit zu einem Großteil auf die Entwicklung dieser Branchen zurückzuführen. Unter den Kleinunternehmen ist das Baugewerbe besonders stark vertreten; die hohe Zunahme der Arbeitskosten in dieser Größenklasse geht somit im wesentlichen auf die Entwicklung im Baugewerbe zurück.

Von 1992 bis 1997 haben sich die Zuwachsraten der Arbeitskosten (insgesamt) je Arbeitnehmer im Jahresdurchschnitt deutlich langsamer als zwischen 1972 und 1997 (+ 5,2 %) um 3,8 % erhöht. Dies kann auf die erschreckende Lage auf dem Arbeitsmarkt und, als Folge davon, auf die maßvollen Tarifabschlüsse in diesem Zeitraum zurückgeführt werden. Auch 1997 hatte sich die Situation auf dem Arbeitsmarkt nicht verbessert; im Gegenteil: das Ausmaß der Katastrophe wird deutlich, wenn man zu den 4,85 Millionen Erwerbslosen (Februar 1998) all diejenigen hinzurechnet, die resigniert die Arbeitssuche aufgegeben haben, vorzeitig in den Ruhestand geschickt wurden, in Beschaffungsmaßnahmen beschäftigt wurden und an Qualifizierungs-

oder Sprachlehrgängen teilnahmen, dann fehlten rund 8 Millionen Arbeitsplätze. Angst und Unsicherheit haben auch viele erfaßt, die noch einen Arbeitsplatz besitzen. Selbst im vermeintlich zukunftssicheren Dienstleistungsbereich wurden Ende 1996 ca. 80% mehr Arbeitlose gemeldet als Anfang der neunziger Jahre. Obwohl der Sachverständigenrat in seinem Jahresgutachten 1994/95 bestätigt hat, dass mit Lohnzurückhaltung und stärkerer Differenzierung der Löhne allein die bestehende Arbeitslosigkeit nicht bekämpft werden kann, wird v.a. in der öffentlichen Diskussion den Beschäftigten 'die Rechnung präsentiert' - nicht zuletzt mit der Absicht, die Arbeitnehmer im Hinblick auf künftige Lohnverhandlungen zu disziplinieren.

Entwicklung der Lohnnebenkosten im Produzierenden Gewerbe (Westdeutschlands)

Generell lassen sich auf der Basis der Arbeitskostenerhebungen des Statistischen Bundesamtes folgende Zusammenhänge beobachten:

a) Wirtschaftszweige mit hohem Arbeitskostenniveau haben i.d.R. einen hohen Personalnebenkostenanteil; die Personalnebenkosten tragen mehr zur Streuung der Arbeitskosten zwischen den Wirtschaftszweigen bei als das Entgelt für geleistet Arbeit.

b) Die Unterschiede in den Arbeitskosten nach der Unternehmensgröße ist in stärkerem Maß auf die Personalnebenkosten als auf das Entgelt für geleistete Arbeit zurückzuführen: dies gilt insbesondere für die Differenzierung bei Arbeitern.

c) Der Anteil der Nebenkosten liegt bei den Arbeitern im Durchschnitt und in den meisten Wirtschaftszweigen über dem Niveau des Anteils für Angestellte.

Im einzelnen lassen sich für die Personalnebenkosten zwischen 1972 und 1992 folgende Entwicklungen beobachten (siehe Tabelle G-4):

Während sich zwischen 1972 und 1992 im Produzierenden Gewerbe das Direktentgelt für geleistete Arbeit pro ArbeitnehmerIn von 14.737 DM auf 41.687 DM (d.h. um 283 %) erhöhte, stiegen die Personalnebenkosten von 8.191 DM auf 33.520 DM (d.h. um 409 %). Nach Wirtschaftszweigen differenziert, schwankten die Zuwachsraten des Entgelts deutlich geringer, als die der Personalnebenkosten. Der Abstand zwischen dem Wirtschaftszweig mit den höchsten und den geringsten Werten bei den Personalnebenkosten betrug 1972: 9.000 DM; der entsprechende Wert für 1992 betrug 31.635 DM. Dabei wurden 1992 die höchsten Nebenkostenquoten in der Energie- und Wasserversorgung sowie im Bergbau registriert. Im Ledergewerbe ist die Quote um ca. 11,5 % niederer. Für dieses Gefälle waren in erster Linie unterschiedlich hohe Sonderzahlungen (z.B. Urlaubs- und Weihnachtsgeld) sowie Aufwendungen für die betriebliche Altersversorgung verantwortlich. Die höchsten jährlichen Arbeitskosten fielen 1992 bei der Mineralölverarbeitung (DM 118.383) an; sie waren etwa doppelt so hoch wie im Ledergewerbe, bei welchem die Arbeitskosten am niedersten waren.

	Produzierendes Gewerbe			Dienstleistungssektor		
	1992	1995	1996	1992	1995	1996
Gesetzliche Personal-zusatzkosten	35,4	36,2	36,8	32,8	33,3	34,0
Sozialversicherungsbeiträge der Arbeitgeber[2] (einschl. Unfallver-sicherung)	25,4	26,6	27,5	23,5	24,5	25,4
Bezahlte Feiertage[3]	4,5	4,1	4,1	4,4	4,0	4,0
Entgeltfortzahlung im Krank-heitsfall	5,1	5,1	4,8	4,4	4,5	4,3
Sonstige gesetzliche Personal-zusatzkosten[4]	0,4	0,4	0,4	0,4	0,4	0,4
Tarifliche und betriebliche Personal-zusatzkosten	45,1	43,9	43,9	45,0	43,0	43,0
Urlaub einschl. Urlaubsgeld	19,3	19,2	19,2	17,0	17,0	17,0
Sonderzahlungen (Gratifikationen, 13. Monatsgehalt)	9,2	8,5	8,5	12,7	12,3	11,6
Betriebliche Altersversorgung	7,4	7,1	7,1	8,9	8,6	8,6
Vermögensbildung	1,3	1,2	1,2	1,4	1,3	1,3
Sonstige Personalzusatzkosten	7,9	7,9	7,9	5,9	8,5	8,6
Insgesamt	80,5	80,1	80,7	66,3	69,9	71,2

[1] Unternehmen mit 10 und mehr Beschäftigten
[2] Dieser Prozentsatz weicht von den in der betrieblichen Praxis verwendeten Beitragssätzen in der Sozialversicherung ab, da hier das Entgelt für geleistete Arbeit die Basis bildet. Das Entgelt für geleistete Arbeit entspricht dem um die Personalzusatzkosten-Bestandteile verminderten Brutto-gehalt.
[3] Aus methodischen Gründen wurde mit einer konstanten Zahl von Feiertagen gerechnet. Berück-sichtigt wird seit 1995 der Wegfall des Buß- und Bettages.
[4] Nach Mutterschutz- und Schwerbehindertengesetz sowie Zulage zum Konkursausfallgeld.

Tab. G-4: Lohnzusatzkosten im Produzierenden Gewerbe[1] und im Dienstleistungssektor Westdeutschlands - in Prozent des Entgelts für geleistete Arbeit (nach: *Hemmer* 1997, 48)

Die stärkere Abstufung in den Personalkosten zwischen den Unternehmensgrößen-klassen kam dagegen überwiegend durch die unterschiedliche Entwicklung des Ent-gelts für geleistete Arbeit zustande, welches bei Großunternehmen deutlich stärker als bei Kleinunternehmen zugenommen hatte, während die Zuwachsraten bei den Personalnebenkosten zunächst zwar deutlich höher als die für das Direktentgelt aus-fielen, jedoch für alle Unternehmensgrößenklassen etwa gleich hoch waren.

Ab 1988 unterschieden sich die Zuwachsraten der beiden Aufwendungsarten wesentlich geringer als dies früher der Fall war. Es schien so, als ob sich die Wachstumsraten dieser beiden Größen allmählich angleichen würden. Betrachtet man die einzelnen Kostenarten, so stellt man fest, dass die Zunahme der gesamten tariflichen und freiwilligen Aufwendungen (das entspricht 55 % der gesamten Personalnebenkosten) bereits 1988 beinahe dem Wachstum des Entgelts für geleistete Arbeit entsprach (14,4 vs. 14,1 %). Beeinflußt wurde das Ergebnis v.a. durch die geringe Zunahme der übrigen Personalnebenkosten (+ 6,2 %), da sich die Sonderzahlungen (+16,5 %), insbesondere die Gratifikationen (+19,4 %), die Vergütung arbeitsfreier Tage (+16,1 %) sowie die Aufwendungen für die betriebliche Altersversorgung (+15,3 %) etwas stärker als das Entgelt für geleistete Arbeit erhöhten. Erklärt wird die Entwicklung dieser Verdienstbestandteile v.a. durch die konjunkturelle und tarifpolitische Situation. In wichtigen Wirtschaftszweigen vereinbarten die Tarifparteien überwiegend Arbeitszeitverkürzungen und verzichteten auf Abschlüsse über Zusatzleistungen wie Verlängerung des Urlaubs, Erhöhung des Urlaubsgeldes oder der vermögenswirksamen Leistungen (s. *Kaukewitsch* 1990)

1992 entfielen 44,4 % der gesamten Arbeitskosten je Arbeitnehmer (DM 75.200) auf die Personalnebenkosten. Während in den vorangegangenen Erhebungen die Personalnebenkosten stets stärker zugenommen hatten als das Entgelt für geleistete Arbeit sind diese beiden Größen zwischen 1988 und 1992 in nahezu gleichem Ausmaß gestiegen. Verantwortlich hierfür waren u.a. strukturelle Veränderungen: Der Anteil der Großunternehmen an der gesamten Beschäftigungszahl ging um 3 % zurück. Da Großunternehmen besonders hohe Personalnebenkosten aufweisen, wirkte sich diese Entwicklung dämpfend auf das Niveau der Personalnebenkosten aus. In die gleiche Richtung wirkte der Rückgang des Anteils der Arbeiter an der gesamten Arbeitnehmerzahl um 1 % (s. *Kaukewitsch* 1995).

Bei einer differenzierten Betrachtung der Entwicklung der Personalnebenkosten ist davon auszugehen, dass die Personalnebenkosten im Produzierenden Gewerbe in erster Linie (zu ca. 80 %) durch die folgenden Aufwandsarten gebildet werden:

- die Vergütung arbeitsfreier Tage,
- die Arbeitgeberpflichtbeiträge zur Sozialversicherung,
- die Sonderzahlungen,
- Aufwendungen für die betriebliche Altersversorgung.

Von den übrigen Kostenarten sind lediglich die Aufwendungen für die berufliche Aus- und Weiterbildung von - geringerer - Bedeutung.

Vergütung arbeitsfreier Tage

Bei der Vergütung arbeitsfreier Tage handelt es sich um Aufwendungen für Urlaub, Krankheits- sowie gesetzliche Feiertage (einschließlich sonstiger Ausfallzeiten). Die Einflußfaktoren auf diese Aufwendungen sind vielfältig und reichen von der 'Lage' der Feiertage (z.B. wieviele auf einen Samstag oder Sonntag fallen), über Erhöhung (oder Verminderung) der durchschnittlichen Urlaubsdauer sowie der sonstigen bezahlten freien Zeiten bis zu Veränderungen der Lohnfortzahlung im Krankheitsfall.

Arbeitgeberpflichtbeiträge zur Sozialversicherung

Von den Pflichtbeiträgen zur Sozialversicherung entfielen 1997 etwa neun Zehntel auf die Beiträge zur *Renten-, Kranken-, Pflege- und Arbeitslosenversicherung* und ein Zehntel auf die *Unfallversicherung.* Die Entwicklung der Bemessungsgrenzen und Beitragssätze der Sozialversicherung zwischen 1995 und 1998 geht aus Tab. G-5 hervor. Diese Werte sprechen für sich und sollen deshalb an dieser Stelle (siehe unten) nicht weiter kommentiert werden. Allerdings ist auch für die nahe Zukunft ein Anstieg der Beiträge zur Sozialversicherung nicht auszuschließen. So wurden etwa zum 1.1.1998 die Beitragsbemessungsgrenzen bei allen vier Sozialversicherungssparten angehoben. Im Oktober 1997 wurde eine Erhöhung des Beitragssatzes zur gesetzlichen Rentenversicherung für 1998 anstatt auf 20,3 auf den 'Rekordwert' von 21 Prozent des Bruttoarbeitsentgelts diskutiert. Als Ursache für diese Anhebung wurden unvorhergesehene Einnahmeverluste der Rentenversicherungträger im laufenden Jahr (1997) von 3,2 Milliarden Mark angegeben (s. SZ Nr. 251); begründet wurden diese Verluste v.a. mit der wachsenden Arbeitslosigkeit und dem damit verbundenen Verlust von Beitragszahlern sowie mit der zunehmenden Umwandlung von Vollzeitarbeitsplätzen in sozialversicherungsfreie 610-Mark-Jobs und mit der immer häufigeren Scheinselbständigkeit. Als Strategien zur Entlastung der Rentenversicherung wurden u.a. die Anhebung der Mineralölsteuer sowie der Mehrwertsteuer erwogen.

Art der Sozial-	Bemessungsgrenzen			Beitragssätze			Höchstbeiträge		
versicherung	1996	1997	1998	1996	1997	1998	1996	1997	1998
	DM/Monat			in Prozent			DM/Monat		
Rentenver-sicherung	8.000	8.200	8.400	19,2	20,3	20,3	1.536,00	1.664,60	1.705,20
Arbeitslosen-versicherung	8.000	8.200	8.400	6,5	6,5	6,5	520,00	533,00	546,00
Krankenver-sicherung	6.000	6.150	6.300	13,5	13,4	13,6	810,00	824.10	856,80
Pflegever-sicherung	6.000	6.150	6.300	1,0	1,7	1,7	60,00	104,55	107,10
Insgesamt				40,2	41,9	42,1	2.926,00	3.126,25	3.215,10

Quelle: Institut der deutschen Wirtschaft Köln.

Tab. G-5:   Höchstbeiträge in der Sozialversicherung in Westdeutschland
(nach: *Hemmer* 1998, 255)

Sonderzahlungen

Unter den sonstigen Personalkosten spielten die Aufwendungen für die *betriebliche Altersversorgung* eine wichtige Rolle. Daneben umfaßt diese Position die Aufwendungen für die *berufliche Bildung* (u.a. auch die *Ausbildungsvergütung*), die *vermögenswirksamen Leistungen,* die *Gratifikationen* und das *zusätzliche Urlaubsgeld.* Die Tatsache, dass die Wachstumsraten der Sonderzahlungen und der Gratifikationen in den einzelnen Wirtschaftzweigen stark streut, deutet darauf hin, dass in der Entwicklung der Sonderzahlungen die konjunkturelle Situation der einzelnen Wirtschaftszweige stärker als in der Lohn- und Gehaltsentwicklung zum Ausdruck kommt.

Zwischen 1988 und 1992 ergaben sich für die jeweiligen Unterpositionen der Sonderzahlungen sehr unterschiedliche Entwicklungen. Während die Sonderzahlungen insgesamt eine unterdurchschnittliche Zuwachsrate zu verzeichnen hatten, wuchs das zusätzliche Urlaubsgeld analog zur Entwicklung der Personalnebenkosten; die vermögenswirksamen Leistungen erhöhten sich kaum und auch die sonstigen Sonderzahlungen hatten aufgrund der ungünstigen Konjunkturlage die durchschnittlichen Zuwachsraten nicht erreicht (s. *Kaukewitsch* 1995).

Übrige Kostenarten

Bei den freiwilligen Leistungen der Arbeitgeber handelt es sich primär um die *betriebliche Altersversorgung* und die *Nettozuführung zu den Pensionsrückstellungen* . Da diese Aufwendungen nach Unternehmensgrößen und Wirtschaftszweigen starken Schwankungen unterliegt, kann aus dem Zuwachs dieser Positionen nicht auf eine Ausweitung der betrieblichen Altersversorgung oder auf eine Erhöhung der künftigen Rentenleistungen geschlossen werden. Alternative Erklärungen für die Zunahme der entsprechenden Werte sind etwa die Anwendung einer neuen Sterbetafel bei der Ermittlung der Pensionsrückstellungen, die Durchführung von Rentenanpassungen, welche höhere Rentenzahlungen, aber v.a. auch ungewöhnlich hohe Rückstellungen für Pensionsverpflichtungen zur Folge hatten oder außerordentliche Leistungen für die betriebliche Altersversorgung zur Finanzierung von Vorruhestandsleistungen sowie ähnlicher Aufwendungen für Maßnahmen zum Personalabbau. Generell stellt das Statistische Bundesamt für diese Aufwandsart fest, dass Aussagen zu Entwicklungstrends v.a. deshalb erschwert werden, weil die bedeutendste Aufwandsposition, die Nettozuführung zu den Pensionsrückstellungen, häufig nicht die dem Erhebungsjahr zuzurechnenden Kosten wiedergibt. Änderungen in den Vorschriften über die steuerliche Anerkennung der Pensionsrückstellungen, wie z.B. eine Änderung des bei der Bildung der Pensionsrückstellungen zu verwendenden Zinsfußes oder die Vorschriften über die in dreijährigem Turnus vorzunehmende Rentenanpassung sowie die Berücksichtigung bilanzpolitischer Gesichtspunkte können eine starke Fluktuation dieser Größe bewirken, die mit der Kostenbelastung der einzelnen Perioden in keinem Zusammenhang steht.

Gerade aufgrund der schwierigen Beschäftigungssituation ab 1992 war bei den sonstigen Personalnebenkosten v.a. die Zunahme der Entlassungsentschädigungen und der Aufwendungen für Sozialpläne von Bedeutung; für die Aufwendungen für die Aus- und Weiterbildung (ohne Ausbildungsvergütung) galt ab 1992 die umgekehrte Relation: während diese Position beispielsweise von 1984 bis 1988 stark zunahm (+43 %) betrug der entsprechende Wert für die Erhebung 1992 nur noch 6 %.

Die Fortschreibung der Lohnnebenkosten durch das Institut der deutschen Wirtschaft

Die Lohnnebenkosten im Produzierenden Gewerbe sind von 1972 bis 1997 im Jahresdurchschnitt deutlich rascher gestiegen als das Direktentgelt (6,5% vs. 4,9%). Nach den Berechnungen des Instituts der deutschen Wirtschaft ist der Anteil der Personalnebenkosten am Direktentgelt zwischen 1992 und 1995 leicht - von 80,5 auf 80,1 % - gesunken. Allerdings erreichte er 1996 mit 80,7 Prozent einen neuen Höchststand (s. Tab. G-4). Nach *Hemmer* (1997, 47) waren für diesen kräftigen Anstieg zwei gegenläufige Bewegungen verantwortlich:

a) "Einen Schub von 0,9 Prozentpunkten bei der Personalzusatzkostenquote verursachte der Anstieg der Beitragssätze in der Sozialversicherung (siehe Tab. G-8): In der Rentenversicherung erhöhte sich der Beitragssatz von 18,6 Prozent auf 19,2 Prozent. In der Krankenversicherung stieg er um 0,3 Prozentpunkte auf 13,5 Prozent. In der Pflegeversicherung wurde Mitte 1996 der Beitragssatz von 1,0 auf 1,7 Prozent angehoben; im Jahresdurchschnitt machte dies 1,4 Prozent aus.

b) In die entgegengesetzte Richtung wirkte der Rückgang des Krankenstandes. Die Entgeltfortzahlung im Krankheitsfall ging deshalb in Westdeutschland um 0,3 Prozentpunkte zurück.

Der Saldo aus Be- und Entlastung betrug somit 0,6 Prozentpunkte".

Von 1996 auf 1997 ist die Personalzusatzkostenquote um 0,6 Prozentpunkte gesunken. Ausschlaggebend hierfür waren folgende Be- und Entlastungen (nach *Hemmer* 1998, 253f.):

a) Der Rückgang des Krankenstandes um 0,58 Prozentpunkte auf 4,64% und damit verbunden, eine Erhöhung der effektiv geleisteten Arbeitszeit und damit auch des Direktentgelts.

b) Die (gesetzliche) Absenkung der Entgeltfortzahlung im Krankheitsfall auf 80%, die allerdings nur in einigen Branchen realisiert wurde. In anderen Wirtschaftszweigen wurde kompensatorisch der Urlaub gekürzt bzw. bei der Entgeltfortzahlung Überstundenzuschläge nicht mehr berücksichtigt.

c) Die Sozialversicherungsbeiträge wurden erhöht, und zwar um 1,1 Prozentpunkte bei der Rentenversicherung, um 0,3 Prozentpunkte bei der Krankenversicherung und um 0,35 Prozentpunkte bei der Pflegeversicherung.

3.3.2 Arbeitskosten im Dienstleistungbereich im früheren Bundesgebiet

Während Arbeitskostenerhebungen im Produzierenden Gewerbe bereits seit 1966 durchgeführt wurden, fanden derartige Erhebungen im Dienstleistungsbereich erst in den siebziger Jahren statt. Seit 1978 werden die Arbeitskostenerhebungen im Produzierenden Gewerbe und im Dienstleistungsbereich nach weitgehend vergleichbaren Konzepten und zum gleichen Zeitpunkt durchgeführt.

Nachdem wir im vorangegangenen Abschnitt am Beispiel des Produzierenden Gewerbes sehr differenziert auf die Struktur und die historische Entwicklung der Arbeitskosten sowie ihre Ursachen eingegangen sind, wollen wir uns bei der Darstellung der Kosten im Dienstleistungssektor auf die Darstellung der generellen Entwicklungen der wichtigsten Kostenkomponenten bis zum Jahr 1997 beschränken.

Die Unternehmen der befragten Dienstleistungsbereiche haben 1992 im Durchschnitt ca. 77.000 DM für die Beschäftigung eines Arbeitnehmers aufgewendet; dies waren knapp mehr als die Unternehmen des Produzierenden Gewerbes (75.200 DM). Die Gliederung nach Wirtschaftszweigen zeigt jedoch eine starke Streuung: Während die Werte für den Großhandel diesem Durchschnittswert in etwa entsprachen, lagen die Aufwendungen im Kredit- und Versicherungsgewerbe ca. 25 % über diesem Durchschnitt; die im Einzelhandel dagegen um mehr als 30 % darunter.

Anders als im Produzierenden Gewerbe ergab sich in den Dienstleistungsbereichen ein allenfalls geringer Einfluß der Unternehmensgröße auf die Höhe der Arbeitskosten. Während sich im Produzierenden Gewerbe mit steigender Unternehmensgröße eine Tendenz zur Beschäftigung von mehr Arbeitnehmern mit anspruchsvollen und daher besser bezahlten Tätigkeiten zeigte, konnte dieser Zusammenhang im Handel oder im Kredit- und Versicherungsgewerbe nicht beobachtet werden.

Der Anteil der Personalnebenkosten an den aufgewendeten Arbeitskosten betrug 1992 42,8 %; d.h. der Anteil des Entgelts für geleistete Arbeit betrug 57,2 %. Dieses Verhältnis unterschied sich deutlich von dem im Produzierenden Gewerbe (55,4 % vs. 44,6 %). Auch hier war die Streuung zwischen den verschiedenen Wirtschaftszweigen erheblich. War der Anteil der Personalnebenkosten im Kredit- und Versicherungsgewerbe mit 49,5 bzw. 48,5 % höher als der Durchschnitt, so lagen andere Wirtschaftszweige mit Werten von 38,9 bis 42,2 % darunter. Die relativ niederen Nebenkosten in den erstmals erfassten Dienstleistungszweigen (z.B. Forschung und Entwicklung; Datenverarbeitung und Datenbanken) sind darauf zurückzuführen, dass hier teilweise andere Entgeltsysteme zur Anwendung kommen als in anderen Wirtschaftszweigen.

Dienstleistungsbereich	1992	1993	1995	1996	1997
Personalkosten gesamt					
Einzelhandel	53.494	55.330	59.390	61.100	62.500
Großhandel	69.568	71.950	76.420	78.560	80.370
Kreditgewerbe	89.737	92.810	99.690	102.380	104.420
Versicherungsgewerbe	95.385	99.420	107.370	110.160	112.250
Nachrichtlich: Produzierendes Gewerbe	75.197	77.450	83.770	86.700	88.590
darunter: Personalzusatzkosten					
Einzelhandel	21.330	22.100	23.720	24.500	25.120
Großhandel	27.760	28.710	30.630	31.660	32.450
Kreditgewerbe	44.345	45.910	49.240	50.780	51.820
Versicherungsgewerbe	46.261	48.150	51.940	53.520	54.560
Nachrichtlich: Produzierendes Gewerbe	33.526	34.500	37.260	38.720	39.400

Quelle: Statistisches Bundesamt; Institut der deutschen Wirtschaft Köln

Tab. G-6:   Personalkosten im westdeutschen Dienstleistungssektor
(DM je Arbeitnehmer) (aus: *Hemmer* 1998, 254)

Bei einer differenzierten Betrachtung der Zusammensetzung der Personalnebenkosten, stellt man fest, dass 1992 50 % der aufgewendeten Personalnebenkosten je vollbeschäftigten Arbeitnehmer auf Verdienstbestandteile fielen (Sonderzahlungen: 19,8 %; Vergütung arbeitsfreier Tage: 30,2 %); auf Arbeitgeberbeiträge zur Sozialversicherung entfielen 31,8 %, auf die Aufwendungen für die betriebliche Altersversorgung 8,9 % sowie auf die übrigen Personalnebenkosten 9,8 %.

Aus den Erhebungsergebnissen der Arbeitskosten der Jahre 1988 und 1992 lassen sich für die seit 1978 befragten Dienstleistungsbereiche Zuwachsraten zwischen 20,2 % (Einzelhandel) und 24,6 % (Großhandel) feststellen. Dies bedeutet, dass sich die Entwicklung der Arbeitskosten gegenüber dem Zeitraum von 1984 bis 1988 beschleunigt, aber auch vereinheitlicht hatte; in dieser Zeit stiegen die Arbeitskosten mit 10,9 % (Einzelhandel) und 17,6 % (Kreditgewerbe) zwar deutlich schwächer, aber mit einer stärkeren Differenzierung zwischen den Wirtschaftszweigen. Betrachtet man den gesamten Berichtszeitraum von 1978 bis 1992, so wird offensichtlich, dass sich die Arbeitskosten im Einzelhandel deutlich weniger als in anderen Wirtschaftsbereichen erhöht hatten.

Nach den Berechnungen des IW galt dies auch für die Arbeitskostendynamik der Jahre 1992-1997 (s. Tab. G-6). Während für diesen Zeitraum das Versicherungsgewerbe mit 12,5% einen Spitzenplatz belegte, wichen die Zuwachsraten im Kreditgewerbe und im Großhandel nicht wesentlich von denen des Produzierenden Gewerbes ab.

Bei einer durchschnittlichen Quote der Zusatzkosten von 76,8 % reichten die Werte 1997 von 98,5 % im Kreditgewerbe bis 67,2 % im Einzelhandel. Analog zum Produzierenden Gewerbe hatten auch in den meisten Dienstleistungsunternehmen (mit Ausnahme des Einzelhandels) die tariflichen und betrieblichen Zusatzkosten ein höheres Gewicht als die gesetzlichen. In besonderem Maß galt dies für das Kreditgewerbe und die Versicherungen, bei denen die Sonderzahlungen (14. bzw. 15. Monatsgehalt) und die betriebliche Altersversorgung als Hauptkostenträger besonders ins Gewicht fielen.

3.3.3 Exkurs: Zum Problem der Unterscheidung zwischen gesetzlichen, tariflichen und betrieblichen Zusatzleistungen

Die vom Institut der deutschen Wirtschaft vorgenommene Unterteilung der Personalnebenkosten in gesetzliche sowie tariflich/betriebliche ist v.a. deshalb problematisch, weil eine eindeutige Zuordnung in vielen Fällen schwerfällt. Dies ist ein Grund, weshalb das Statistische Bundesamt nur Daten über die gesetzlichen und nichtgesetzlichen Personalnebenkosten zur Verfügung stellt. Eindeutig zu den gesetzlich bestimmten Personalnebenkosten zählen Arbeitgeberpflichtbeiträge zur Sozialversicherung, gesetzliche Lohnfortzahlung im Krankheitsfall, Vergütung für gesetzliche Feiertage und sonstige gesetzliche Ausfallzeiten wie gesetzlicher Bildungsurlaub, sowie sonstige gesetzliche Aufwendungen wie z.B. Mutterschaftsgeld und Ausgleichsabgaben nach dem Schwerbehindertengesetz.

Ab 1992 wurden zur Präzisierung der gesetzlich verursachten Kostenarten die gesetzlichen Feiertage und sonstige Ausfallzeiten als Einzelpositionen nachgewiesen; in den vorangegangenen Erhebungen wurden sie mit den sonstigen betrieblichen und tariflichen Ausfallzeiten zusammen erfaßt.

Die - oben bereits beschriebene - Forderung, weitere Kostenarten, wie den gesetzlichen Mindesturlaub, die Beiträge an den Pensions-Sicherungs-Verein und die Aufwendungen für die Rentenanpassung nach dem Betriebsrentengesetz in die gesetzlichen Personalnebenkosten einzubeziehen, wird vom Statistischen Bundesamt abgelehnt, da dies eine detailliertere Erhebung erfordern würde, die durch die Rechtsgrundlage nicht abgedeckt ist (s. *Kaukewitsch* 1995). Das *Statistische Bundesamt* stellt fest, dass die nachgewiesenen gesetzlichen Nebenkosten die wesentlichen Aufwendungen dieser Art zusammenfassen und damit eine Untergrenze darstellen (1992 entsprach der Wert der *gesetzlichen* Nebenkosten 44 % der *gesamten* Personalnebenkosten). Aus den obigen Ausführungen zu den Personalnebenkosten geht hervor, dass in Deutschland die Kennziffer 'gesetzliche Nebenkosten/Entgelt für geleistete Arbeit' einen wesentlich konstanteren Wert zwischen Wirtschaftszweigen und Unternehmen unterschiedlicher Größenordnung bildet als die Kennziffer 'Personalnebenkosten insgesamt/Entgelt für geleistete Arbeit'.

Die Unternehmen, Arbeitnehmer und Arbeitnehmervertretungen in den verschiedenen Wirtschaftszweigen bewerten die tariflichen und freiwilligen Personalnebenkosten sehr unterschiedlich. In Unternehmen mit hohen Personalkosten bilden die nichtgesetzlichen Personalnebenkosten einen besonders hohen Anteil. In der Höhe und in der Ausgestaltung der nichtgesetzlichen Nebenkosten kommen Motive und Verhaltensweisen zahlreicher Personengruppen und vielfältiger Sachverhalte zum Ausdruck.

Prinz (1995) stellt aus *ökonomischer* Sicht die grundlegende Frage, weshalb denn überhaupt Lohnnebenleistungen bezahlt werden, da aus der elementaren Mikroökonomik bekannt sei, dass (individuelle bzw. isolierte!) Arbeitnehmer, die vor die Wahl gestellt werden, sich für einen cash-Betrag von X DM oder ein Gut, das X DM wert ist, zu entscheiden, stets den Geldbetrag wählen. Arbeitnehmer würden sich nie freiwillig für die Entlohnung durch Güter entscheiden[1], da mit dem Geldbetrag jedes beliebige (und damit auch alternative) Gut gekauft werden kann. Aus dieser Sicht ist es erstaunlich, dass der Direktlohn in vielen europäischen Ländern nur etwa die Hälfte der Gesamtentlohnung beträgt.

Wenn die Arbeitgeber - vorausgesetzt die Lohnzahlungen in Geld- und Güterform sind vollkommen substituierbar - indifferent gegenüber der Form der Entlohnung sind, dann bestimmen allein die Präferenzen der Arbeitnehmer die Struktur der Entlohnung und damit die Arbeitskosten. Wenn dem so wäre, dann müßte die Zahlung ausschließlich in Form von Direktlöhnen erfolgen.

Nun haben wir bereits an anderer Stelle (Fehlzeiten) darauf hingewiesen, dass 'freiwillige' Leistungen durchaus ökonomischem Kalkül entsprechen können; auf das Thema 'Personalkosten' übertragen bedeutet dies, dass bestimmte Formen der Entlohnung (unter austauschtheoretischen Gesichtspunkten) als Anreizinstrumente eingesetzt werden, um damit den internen Arbeitsmarkt zu pflegen mit dem Ziel der Sicherung von Loyalität, Identifikation mit dem Unternehmen, Betriebstreue usw. Die - häufig implizite - Annahme lautet: Arbeitnehmer, die z. B. Prämien erhalten, werden eine dieser patriarchalisch-gönnerhaften Geste entsprechende Gegenleistung erbringen (s. *Prinz* 1995). Ob diese Form der extrinsischen Belohnung auch tatsächlich die intrinsische Arbeitsmotivation erhöht, ist zumindest umstritten.

---

1   Siehe aber oben zum Vergleich von Sozialleistungen etc. mit *Versicherungen*; dort wurde festgestellt, dass dann, wenn Arbeitnehmer risiko*avers* sind, es durchaus rational ist, wenn sie jetzt eine Prämie bezahlen und später 'kassieren'

Neben Prämienzahlungen werden v.a. aufgeschobene Lohn- und Gehaltszahlungen in Form von Betriebsrenten als Mittel der Personalpolitik eingesetzt (in Deutschland sind diese allerdings 'mitnehmbar`). Da ein vorzeitiges Ausscheiden aus dem Unternehmen für die betroffenen Arbeitnehmer Vermögensnachteile nach sich ziehen kann, eignet sich diese Form der Entlohnung besonders dazu, die Betriebstreue bestimmter Gruppen von Arbeitnehmern (Fluktuation in der Stammbelegschaft wäre für das Unternehmen teuer) mit firmenspezifischem Humankapital zu fördern.

Prinz (1995) weist auf zwei weitere Gründe hin, die aus Sicht der Arbeitnehmer Lohnzahlungen in Form funktionaler Äquivalente durchaus attraktiv erscheinen lassen. Zum einen können Gruppenversicherungen für Arbeitnehmer billiger sein als individuelle, so dass Arbeitgeber eine Lohnnebenleistung anbieten können, für die die Arbeitnehmer auf dem 'freien Markt' mehr bezahlen müssten. Arbeitnehmer sind deshalb eher bereit, einen Teil ihres Direktlohns gegen eine Versicherungspolice einzutauschen. Zum anderen eröffnet die unterschiedliche steuer- und sozialversicherungsrechtliche Behandlung der Entlohnungsformen trade-offs zwischen Löhnen und Lohnnebenleistungen. Wenn alle Entlohnungsformen in der gleichen Weise durch Einkommenssteuer und Sozialversicherungsbeiträge erfaßt werden würden, gäbe es vermutlich keine Anreize zur Substitution von Löhnen durch Lohnnebenleistungen. Wenn aber Sozialabgaben und Steuern auf den Geldlohn die Zahlung des Arbeitsentgelts in Form von Nebenleistungen 'verbilligen', dann werden - v.a. wenn zwangsweise neue Sozialleistungen wie etwa die Pflegeversicherung eingeführt werden - tendenziell die Lohnnebenleistungen in Relation zu den Geldlöhnen steigen.

Unter einer wirtschaftspolitischen Perspektive zeigt *Prinz* (1995) auf, dass v.a. fixe Lohn(neben)kosten sowie der Einkommenssteuer- und Sozialabgabesatz störend wirken, da die fixen Lohnkosten die Beschäftigung (zugunsten einer längeren Arbeitszeit der Insider) senken und die Einkommensteuer- und Sozialabgabesätze einen Keil zwischen die Grenzproduktivität des Faktors Arbeit und die Entlohnung treiben. Eine Erhöhung der Sozialabgaben wird dann vermutlich zu einer Verringerung der Zahl der Arbeitskräfte und zu einer Erhöhung der durchschnittlichen Arbeitszeit führen (dies dürfte auch der Grund für die Forderung der Arbeitgeberverbände nach Wiedereinführung der 40-Stunden-Woche sein). Unter dieser Perspektive läge es nahe, die fixen Lohnnebenkosten zu reduzieren und die Beitragssätze zu den Sozialversicherungen niedrig zu halten, um so über die Veränderung der Arbeitskostenstruktur (nicht aber des Niveaus) Beschäftigungs- und Arbeitszeiteffekte zu erzielen.

Zudem könnten durch die gleiche Besteuerung und die Sozialabgabepflicht aller Arbeitseinkommens-Komponenten die Verzerrungen der Preise für Geldlöhne und Lohnnebenleistungen beseitigt werden und die Präferenzen der Arbeitnehmer stärker zum Tragen kommen. Ergeben sich dann noch Vorteile für die Arbeitnehmer durch die Bereitstellung betrieblicher Lohnnebenleistungen, so ist dies entweder darauf zurückzuführen, dass Arbeitgeber tatsächlich bestimmte Güter kostengünstiger bereitstellen oder darauf, dass durch solche Leistungen der interne Arbeitsmarkt gepflegt werden soll.

Wirtschaftspolitisch wäre es (auch wenn die Unternehmen dadurch an Flexibilisierungsspielraum einbüßen) generell zu begrüßen, wenn die Lohnnebenkosten gesenkt bzw. in Geldlöhne zurückverwandelt würden, da bei der Einbeziehung aller Entgelte in die Einkommensbesteuerung die Bereitschaft der Unternehmen, Lohnnebenleistungen anstelle des Direktlohns anzubieten, sinken würde. Sozialpolitisch wünschenswert wäre dies insofern, als dadurch Verzerrungen und falsche Anreize beseitigt werden könnten und Arbeitnehmer besser ihren Präferenzen folgen und negative Beschäftigungseffekte abgebaut werden könnten (allerdings kann die Gefahr nicht ausgeschlossen werden, dass sich die meisten Arbeitnehmer dann nicht oder nicht ausreichend versichern würden - v.a. da die derzeitige Zwangsversicherung, verglichen mit langfristigen Kapitalanlagen, ein schlechtes Geschäft ist).

Das einzige Datenmaterial der amtlichen Statistik zur Analyse der nichtgesetzlichen Personalnebenkosten besteht in den Ergebnissen des umfangreichen Kostenartenkatalogs und der tiefen Gliederung nach Wirtschaftszweigen und Unternehmensgrößenklassen. Wir wollen dies exemplarisch anhand der betrieblichen Altersversorgung - eine der wichtigsten freiwilligen Leistungen - erläutern:

Ein Unternehmen wird diese Leistung (bei rationalem Verhalten) nur dann anbieten, wenn die aufzuwendenden Mittel einen größeren Ertrag versprechen als eine entsprechende Gehaltserhöhung. Die Vorteile des Unternehmens können etwa darin bestehen, dass auf diese Weise wichtige Fachkräfte gebunden werden, da die Anwartschaft auf eine Versorgungsleistung erst nach 10 Jahren bei einem Wechsel des Arbeitgebers unverfallbar wird. Zudem kann das Unternehmen Finanzierungsvorteile erzielen, indem es das für die Altersvorsorge zurückgestellte Kapital bis zur Auszahlung nutzt. Für den Arbeitnehmer kann diese Leistung insofern interessant werden, als er die für die Altersversorgung verwendeten Mittel (z.B. aus steuerlichen Gründen) höher einschätzt als ein entsprechend höheres Gehalt; d.h. das Unternehmen muss somit bei einer Kombination von Gehaltsvereinbarung und Versorgungszusage insgesamt geringere Mittel für die Beschäftigung oder Anwerbung eines Mitarbeiters aufwenden als bei einer Gehaltsvereinbarung ohne Vorsorgungszusage.

Der letzte Punkt macht deutlich, dass betriebliche Aufwendungen für ein Unternehmen nur bei einer bestimmten Präferenzstruktur der Arbeitnehmer sinnvoll eingesetzt werden können. So muss der Arbeitnehmer beispielsweise bereit sein, in Erwartung der gesetzlichen Vorsorgungsleistung zugunsten einer besseren Altersversorgung auf momentanen Konsum zu verzichten; zudem muss er den Gehaltsverzicht zugunsten einer privaten Altersversorgung für eine bessere Anlageform halten als alle anderen ihm verfügbaren Anlageformen (siehe die Diskussion um Kombilohn und Belegschaftsaktien). Erleichtert werden entsprechende Entscheidungen durch Rentenabsenkungen und die dadurch ausgelöste Notwendigkeit privater Vorsorge (siehe etwa betriebliche Angebote wie z.B. VW-Beschäftigungsscheck und Aktien(-optionen).

Durch die Bestimmung der Einkommenssteuersätze und die steuerliche Behandlung von Vorsorgeaufwendungen sowie durch das zu erwartende Versorgungsniveau aus der gesetzlichen Sozialversicherung beeinflußt auch der Staat die hier zu treffenden Entscheidungen.

Die Arbeitskostenerhebung liefert Angaben über die Zahl der Unternehmen mit betrieblicher Altersversorgung und deren entsprechenden Aufwendungen differenziert nach Gestaltungsformen für Arbeiter und Angestellte. Dadurch erhalten Unternehmen Informationen über Art und Umfang der Aufwendungen ihrer Konkurrenten und können personalpolitische Strategien (u.a. Entgeltsysteme) darauf abstimmen. Der Staat kann anhand des Aufwandsvolumens und seiner Aufteilung die Erreichung des angestrebten wirtschaftspolitischen Zieles überprüfen. Die Gewerkschaften, die bisher nur in Ausnahmefällen tarifliche Vereinbarungen über Versorgungsleistungen abgeschlossen haben, können diese Daten zur Überprüfung ihres bisherigen Verhaltens nutzen. Schließlich dienen diese Daten als Basis für Verhandlungen zwischen Betriebsrat und Unternehmensleitung bei der Verhandlung über die Errichtung oder Umgestaltung der betrieblichen Versorgungswerke.

Bei den gesetzlichen Zusatzleistungen erwiesen sich (längerfristig) die Beiträge zur Sozialversicherung (Renten-, Kranken, Arbeitslosen- und Pflegeversicherung) als Haupteinflußfaktoren bei der Entwicklung der Kosten. Von Seiten der Arbeitgeber und Gewerkschaften wurde deshalb gefordert, Renten-, Kranken- und Arbeitslosenversicherungen von allgemeingesellschaftlichen Aufgaben zu befreien (Schlagwort: 'Sozialmissbrauch'). Durch diese Entlastungen der Sozialkassen könnten die von Arbeitgebern und Arbeitnehmern bezahlten Sozialbeiträge um 4 bis 5 Prozent gesenkt werden.

Der Vorsitzende des Vorstandes der Bundesversicherungsanstalt für Angestellte machte am 22.2.1996 in einem Referat vor der Presse darauf aufmerksam, dass in der Angestellten- und Arbeiterversicherung mehr als 30 % der Rentenausgaben auf Leistungen zurückgehen, denen keine Beitragszahlung zugrundeliegt bzw. die nicht zum eigentlichen Leistungsspektrum einer Rentenversicherung gehören. Insgesamt handelte es sich 1995 dabei um ein Volumen von ca. 100 Mrd. DM. Obwohl die Rentenversicherung - sozusagen als Kompensation für die versicherungsfremden Leistungen - 1995 einen Bundeszuschuß von 60 Mrd. DM erhielten, verblieben immer noch versicherungsfremde Leistungen von über 30 Mrd. DM, die von Versicherten und Arbeitgebern finanziert wurden. Das entsprach 2 vollen Beitragssatzpunkten. Zu den versicherungsfremden Leistungen gehörten (die Zahl in Klammern steht für den prozentualen Anteil an versicherungsfremden Leistungen): Kriegsfolgelasten, wie z.B. Ersatzzeiten oder Fremdrentenrecht (28 %); arbeitsmarktbedingte Leistungen, wie z.B. Frührenten oder BU-/EU-Renten (21 %); Anrechnungszeiten, z.B. für Ausbildung oder Arbeitslosigkeit (17 %); Höherbewertung von Zeiten z.B. Berufsausbildung oder Rente nach Mindesteinkommen (13 %); einigungsbedingte Leistungen, z.B. Auffüllbeträge (8 %). (Quelle: Mitteilung der *BVA* an die Presse vom 22.02.1996).

Insgesamt mussten die Versicherungsträger im Jahr 1995 fast 200 Milliarden Mark für Leistungen aufwenden, denen keine Beiträge gegenüberstehen. In der Krankenversicherung mussten 1995 nahezu 90 Prozent aller versicherungsfremden Leistungen (von ca. 63 Milliarden Mark) für die Mitversicherung der Familienangehörigen der Beitragszahler bezahlt werden. Bei der Bundesanstalt für Arbeit wurden im gleichen Jahr ca. 90 Prozent (ca. 32 Milliarden Mark) für Umschulungen, Arbeitsbeschaffungsmaßnahmen und Vorruhestand verwendet. Bei allen drei Versicherungsträgern zusammen wird ein Drittel dieser Fremdleistungen systemgerecht durch Bundeszuschüsse ausgeglichen. Für die verbleibenden 133 Milliarden Mark mussten aber Versicherte und Arbeitgeber aufkommen (wobei allerdings die Industrie einseitig durch Vorruhestandsregelungen profitiert, durch die eine vorzeitige Beanspruchung der Rentenleistungen erfolgt, ohne dass hierfür ein finanzieller Ausgleich geschaffen wurde - 1997 mussten die Beitragszahler hierfür ca. 19 Milliarden Mark aufwenden).

Obwohl das Deutsche Institut für Wirtschaftsforschung in Berlin (DIW) im Herbst 1997 nachgewiesen hat (s. SZ Nr. 258, 26), dass v.a. vereinigungsbedingte Sonderbelastungen in Ostdeutschland die hohen Defizite der öffentlichen Haushalte verursacht haben, werden die Forderungen nach einer deutlichen Reduzierung der staatlichen Ansprüche (und der weiteren Forderung danach, die staatlichen Sozialleistungen nicht weiter auszubauen) immer lauter (s. z.B. das Jahresgutachten des Sachverständigenrates 1993/94). Die Arbeitgeber schlagen vor, die Sozialsysteme auf Kernrisiken zu beschränken und den Anteil der Eigenleistungen der Versicherten deutlich zu erhöhen; dagegen halten es die Gewerkschaften für verteilungspolitisch kontraproduktiv, gesamtgesellschaftliche Aufgaben nur von den Beitragszahlern finanzieren zu lassen und Beamte, Selbständige sowie die Monatseinkommen oberhalb von 8.000 DM davon auszunehmen. Zudem sei es im Hinblick auf den Wirtschaftsstandort Bundesrepublik und damit auch auf den Arbeitsmarkt unsinnig, die Arbeitskosten dadurch unnötig in die Höhe zu treiben. Gerade am Beispiel der Rentenfinanzierung werde deutlich, dass die Struktur der Beitragsfinanzierung mit dem abgabenrechtlichen Gebot der Belastung nach Leistungsfähigkeit unvereinbar sei. Im Unterschied zur Einkommenssteuer gibt es nämlich bei der Beitragsfinanzierung weder Freibeträge für niedere Einkommen, noch einen progressiven Tarifverlauf. Statt dessen existieren durch die Beitragsbemessungsgrenzen sogar eine Art 'Luxusfreibeträge' für hohe Einkommen; das kombinierte Ergebnis ist dann eine um so extremere Belastung, je niederer das Einkommen ist: Der Einkommensmillionär zahlt denselben Höchstbetrag von ca. 20.000 DM wie der, der 100.000 Mark im Jahr verdient; für den einen sind das 2, für den anderen aber 20 Prozent. Dieser Belastungseffekt tritt um so schärfer zutage, je höher einerseits die Beitragslast wird und je mehr der soziale Ausgleich schwindet. Ein System, welches hinter der Fassade eines Solidarsystems in Wirklichkeit eine unerträgliche Umverteilung von unten nach oben bewirkt, sei verfassungsrechtlich nicht mehr zu retten. Erst recht nicht, wenn sich die Rentenleistungen immer mehr dem (*steuer*finanzierten) Sozialhilfeniveau nähern.

Generell wird darauf hingewiesen, dass die Notwendigkeit von Sozialleistungen keine Schönwetterfrage sein, sondern sich aus dem Sozialstaatsgebot des Grundgesetzes sowie aus Artikel 1 Grundgesetz, dem Schutz der Menschenwürde als Verpflichtung aller staatlichen Gewalt, also aus zwei konstituierenden Elementen unserer Demokratie ergebe. *Engelen-Kefer* u.a. (1995) machen zusätzlich darauf aufmerksam, dass dann, wenn steigende Kosten für Sozialleistungen zu einer Erhöhung der Sozialversicherungen und damit auch zu einer Zunahme der jeweiligen mit den Beiträgen verbundenen Zusatzkosten führen, die Belastungen im Staatshaushalt noch ein zweites Mal auf die Unternehmen zurückfallen, nämlich dann, wenn eine vom Staat durch Mehrwertsteuererhöhungen und Gebühren- und Abgabenerhöhungen ausgelöste Preissteigerungsrate ihren Niederschlag in den Lohnverhandlungen findet.

4.   Die Arbeitskosten in der Europäischen Union (EU)

4.0   Überblick

Sowohl von den politischen Parteien in der Bundesrepublik als auch von internationalen Organisationen wie der Europäischen Komission oder OECD wird eine Verminderung der Lohn(neben)kosten zum Abbau der Arbeitslosigkeit in West- und Mittel-Europa gefordert. Wir wollen deshalb im folgenden die Entwicklung der Arbeitskosten in den EU-Ländern anhand wichtiger Indikatoren nachzeichnen.

4.1   Konzepte, Definitionen und Operationalisierungen

Die in den Ländern der EU durchgeführten Arbeitskostenerhebungen sollen nicht nur tief gegliederte Daten über Arbeitskosten bereitstellen, sondern auch die sich darauf beziehenden Arbeitskräftebestände, Arbeitszeitdauern und Arbeitsvolumina erfassen. Arbeitskostenerhebungen sind in allen Ländern als Stichproben (mit vergleichbaren Stichprobenplänen) angelegt und werden bei Betrieben mit mindestens 10 und mehr Beschäftigten durchgeführt. Die Erfassung der Arbeitskosten in der Eurostat-Statistik weicht zwar (wie oben ausgeführt) von der des Statistischen Bundesamtes etwas ab, aber es ist auch hier möglich, zwischen gesetzlichen bzw. tariflichen und betrieblichen Personalzusatzkosten zu unterscheiden. Im Hinblick auf Arbeitnehmer- und Arbeitszeitkonzepte geht die Arbeitskostenanalyse von folgenden Definitionen aus:

Arbeitnehmer: Nachgewiesen wird die Zahl der mit einem Arbeitsvertrag im Betrieb bzw. Unternehmen beschäftigten Arbeitnehmer (einschließlich Teilzeitbeschäftigter), die ein Entgelt beziehen.

Arbeiter: Alle im Betrieb oder Unternehmen manuell beschäftigten Arbeitnehmer (ohne Meister und Überwachungspersonal), auch wenn sie monatlich entlohnt werden (das Kriterium "manuell beschäftigt" macht für uns - W&N - in diesem Zusammenhang wenig Sinn, da beispielsweise auch eine Sekretärin manuell arbeitet, wenn sie tippt).

Angestellte: Alle übrigen Arbeitnehmer. Dazu gehören die Meister, das Überwachungspersonal, Ingenieure und höhere Führungskräfte.

Berechnet wird der Jahresdurchschnitt der zum Ende eines jeden Monats in der Personalkartei eingeschriebenen Personen.

Arbeitszeit/-dauer: Für die *Arbeiter* wird die Gesamtheit der tatsächlich geleisteten Arbeitsstunden und Überstunden nachgewiesen; d.h. einschließlich der Zeit für Sonntagsarbeit, Feiertags- und Nachtarbeit, der am Arbeitsplatz verbrachten kurzen Ruhepausen und Arbeitsunterbrechungen. Ausgeschlossen ist jede bezahlte oder nicht bezahlte Abwesenheit. Für die *Angestellten* werden die geleisteten Jahresarbeitsstunden nachgewiesen. Eingeschlossen sind die bezahlten Abwesenheitszeiten wegen Krankheit oder gesetzlichem, tariflichem oder freiwillig gewährtem Sonderurlaub. Ausgeschlossen sind die Zeiten, die auf bezahltem Jahresurlaub und auf Feiertage fallen sowie alle Mehrarbeitsstunden.

Die Gesamtarbeitskosten im Verarbeitenden Gewerbe werden für die einzelnen EU-Länder mit Hilfe folgender drei Variablen berechnet:
- durchschnittliche Zahl der Arbeitskräfte (Arbeitskräftebestand pro Jahr)
- durchschnittliche Arbeitszeit je Arbeitskraft
- durchschnittliche Stundenkosten in nationalen und europäischen Währungseinheiten.

Die Arbeitskosten für alle in einem Wirtschaftszweig oder in einer Volkswirtschaft eingesetzten Arbeitkräfte errechnet sich aus dem Produkt der obigen Größen. Darüber hinaus werden aus diesen drei Komponenten folgende Basiskonzepte in ihrem Umfang geschätzt und trendmäßig analysiert:
- Arbeitsvolumen insgesamt (geleistete Arbeitsstunden pro Jahr)
- jährliche Arbeitskosten je Arbeitnehmer (in nationaler und europäischer Währung)
- stündliche Arbeitkosten für die Gesamtheit der eingesetzten Arbeitskräfte
- Gesamtarbeitskosten (für das Verarbeitende Gewerbe).

Die verschiedenen Kostenkomponenten stehen in einer engen Wechselbeziehung zueinander: Beispielsweise reagieren Betriebe auf Arbeitskostenveränderungen, die sich durch Veränderungen in der Zusammensetzung des Arbeitsvolumens ergeben können und umgekehrt. So korrelieren etwa in vielen Ländern der Europäischen Union die Erhöhung der Arbeitskosten mit der Verringerung des Arbeitsvolumens; d.h. alle Kostenkomponenten können sich verändern, wenn sich nur eine von ihnen verändert (s. *Kaiser & Werner* 1989). Allerdings gilt dies nur für die linearen und periodengleichen Aufwendungen - alle Transaktionskosten (z.B. bei Teilzeit) werden vernachlässigt.

Alle Kostenkomponenten werden in Indizes mit dem Basisjahr 1975 = 100% umgesetzt. Auf diese Weise werden nicht nur Vergleiche zwischen den einzelnen EU-Ländern erleichtert, sondern die Arbeitskostenentwicklungen können besser mit Hilfe von Trendanalysen untersucht werden. Allerdings muss bedacht werden, dass die Festlegung der Bezugsbasis willkürlich erfolgt ist und damit das Ausgangsniveau der zu betrachtenden Arbeitskostenkomponenten künstlich gleichgesetzt wird.

Trendschätzungen der Arbeitskostenindizes in ECU erfolgen mit Hilfe linearer Regressionen. Dabei wird von folgender Formel ausgegangen (*Kaiser & Werner* 1989, 49):

$$y = a + bt$$

Dabei bildet "t" die Zeitachse ab und läuft von den Werten 1....n, wobei der Wert "1" den ersten Erhebungszeitpunkt für die einzelnen Komponenten der Arbeitkosten symbolisiert (z.B. für die Bundesrepublik Deutschland sind t = 1 die Werte der Arbeitskostenkomponenten des Jahres 1966 zugeordnet). Der Parameter "a" gibt das Indexniveau zum Zeitpunkt t = 0 an und der Parameter "b" die trendmäßige Zu- oder Abnahme (gemessen in Indexpunkten = prozentuale Entwicklung gegenüber dem Basisjahr 1975) pro Jahr. Dies bedeutet, dass je höher der Wert von "b" ist, desto stärker sind - je nach Vorzeichen - Anstieg bzw. Abnahme der Arbeitskosten.

4.2 Die Struktur der Arbeitskosten in der EU

Die letzte Erhebung der Arbeitskosten in der EU durch Eurostat bezieht sich auf das Jahr 1992. Da die Arbeitskostenerhebungen alle vier Jahre durchgeführt werden, müssen für die dazwischen liegenden Jahre Höhe und Struktur der Kosten geschätzt werden (Die Ergebnisse der Arbeitskostenerhebung 1996 standen uns Anfang 1998 noch nicht zur Verfügung). Eurostat hat zu diesem Zweck in Zusammenarbeit mit zuständigen statistischen Diensten der Mitgliedstaaten ein Aktualisierungsverfahren entwickelt, das es jedem Land ermöglicht, seine Schätzungen anhand der eigenen Basisdaten durchzuführen.

Die Arbeitskostenerhebung 1992 fand in den 12 Mitgliedstaaten der Europäischen Gemeinschaft statt. Da 1992 eine etwas andere Systematik der Wirtschaftszweige als in den früheren Erhebungen verwendet wurde, sind direkte Vergleiche zwischen der 1992er Erhebung und ihren Vorgängern nur für bestimmte Wirtschaftsaktivitäten möglich (z.B. die 'Industrie insgesamt'). Wir werden uns deshalb im Folgenden primär auf die 1992er Daten und die Ergebnisse neuerer Schätzungen beziehen. Soweit wir über die Daten für Österreich, Finnland und Schweden verfügen, haben wir sie in unsere Überlegungen integriert.

Zwischen den Arbeitskostenniveaus der EU-Länder bestehen erhebliche Unterschiede. Geht man von den industriellen Bruttostundenlöhnen (zum Dienstleitungsbereich standen uns keine aktuellen Daten zur Verfügung - insofern können die im folgenden beschriebenen Daten nur in sehr eingeschränktem Maß Auskunft über die *gesamten* Volkswirtschaften geben) in vergleichbaren Währungseinheiten (in *ECU* - bei den Umrechnungskursen handelt es sich um jährliche Mittelwerte) aus, so lagen 1994 Deutschland und Dänemark an der Spitze, gefolgt von den Beneluxstaaten und Österreich. Im Gegensatz zu diesen Hochlohn-Ländern gelten v.a. Portugal und Griechenland als Niedriglohn-Länder, in denen die Bruttolöhne lediglich 33,7% (P) bzw. 50% (GR) des deutschen Niveaus erreichten (siehe Abb. G-3).

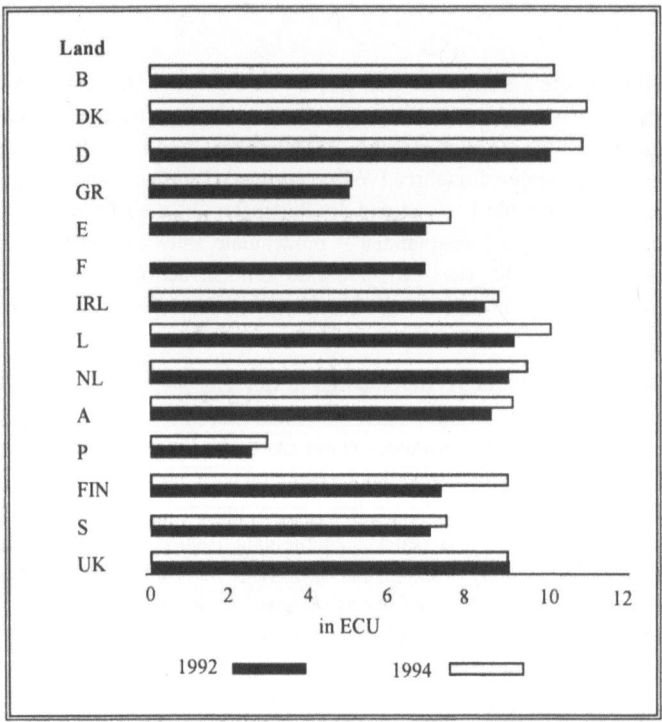

Abb. G-3:   Bruttostundenverdienste EU, 1992/94, Industrie, Arbeiter
(aus: *Eurostat*. Statistische Grundzahlen 1996, 189)

Nachdem die Bruttolöhne die Personalzusatzkosten der Betriebe nicht enthalten, sind die Personalkosten je Stunde einschließlich der Zusatzkosten v.a. aus betrieblicher Sicht ein wichtiger Indikator. Im Vergleich zu den Bruttolöhnen zeigt Abb G-4. ein im Durchschnitt höheres Niveau der industriellen Personalkosten und einige Verschiebungen in der Rangposition der Länder.

Die erste Position in den Hochlohnländern nahm 1994 Deutschland ein, gefolgt von Belgien (B), Österreich (A), Niederlande (NL), Dänemark (DK), Frankreich (F), Luxemburg (L), Italien (I) mit einem vergleichbaren Niveau der industriellen Lohnkosten. Portugal (21% der Personalkosten/Std. in Deutschland) und Griechenland (29% der Personalkosten/Std. in Deutschland) nahmen auch hier die letzten Rangplätze ein. In den Jahren zwischen 1992 und 1994 sind die Arbeitskosten in Deutschland, Belgien und Österreich stärker als in anderen EU-Ländern und darüber hinaus deutlich stärker als in den Niedriglohn-Ländern der EU gestiegen.

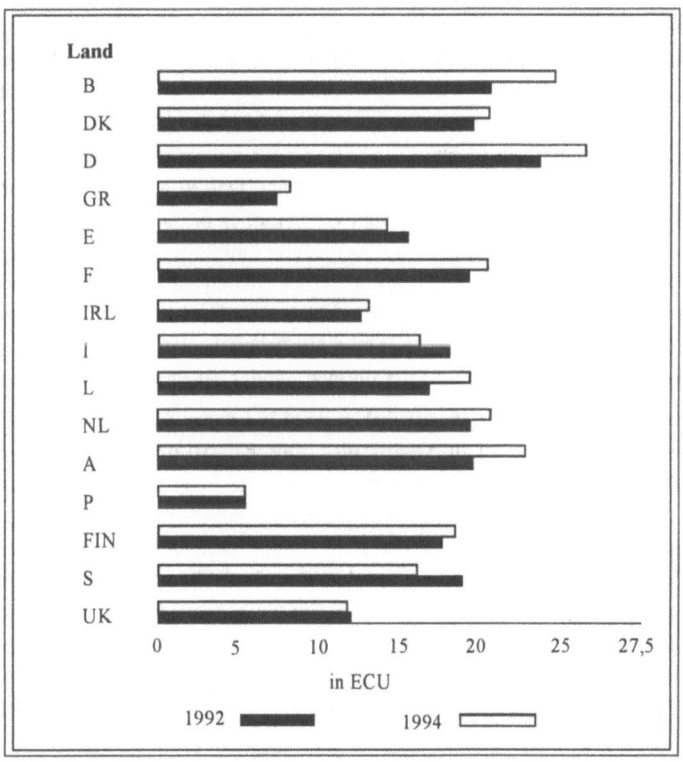

Abb. G-4:   Arbeitskosten je Std. EU-Länder, 1992/1994, Verarb. Gewerbe, Arbeiter/Angestellte (aus: *Eurostat*. Statistische Grundzahlen 1996, 193)

Allerdings muss beachtet werden, dass diese Befunde nur dann sinnvoll interpretiert werden können, wenn die Arbeitsproduktivität und das Versicherungsmix der verglichenen Länder berücksichtigt werden (wir werden diese Thematik weiter unten ausführlich behandeln).

Auch bei der Struktur der Personalzusatzkosten zeigen sich erhebliche Unterschiede zwischen den EU-Ländern (s. Tab.G- 7).

Am deutlichsten zeigen sich diese im Hinblick auf den Anteil der Zusatzkosten an den Gesamtkosten. In einer großen Gruppe von EU-Ländern betrug 1990 der Anteil der Zusatzkosten von 45 % bis über 50 % der gesamten Arbeitskosten.

Belgien (51%) und Dänemark (17%) besetzen hier die Extrempositionen; der große Abstand zwischen diesen beiden Ländern kommt primär durch den hohen Gesamtkostenanteil der Prämien und Gratifikationen sowie der Arbeitgeberleistungen zur sozialen Sicherheit in Belgien (insgesamt 40%) und den sehr viel geringeren Aufwendungen in Dänemark (4%) zustande. Ein Vergleich mit den Strukturen in den anderen europäischen Ländern zeigt, dass zwei Gruppen von Ländern unterschieden werden müssen: solche mit gegliedertem gesetzlichen Sozialversicherungssystem und solche mit einer Nationalen Versicherung (Allgemeine Sozialversicherung, die alle Leistungen umfaßt) oder rein bzw. überwiegend steuerfinanzierte Systeme der sozialen Sicherung. Zur ersten Gruppe zählten 1990 Deutschland, Frankreich, die Niederlande, Belgien, Luxemburg und Griechenland; zur zweiten gehören die übrigen EU-Staaten. Die Länder der zweiten Gruppe weisen grundsätzlich höhere Anteile der direkten Arbeitskosten an den Gesamtarbeitskosten auf als diejenigen der ersten (Ausnahme Luxemburg, das sehr niedere Anteile freiwilliger Arbeitgeberbeiträge zur sozialen Sicherung und Sonstige Arbeitskosten aufweist). Da in den Ländern der zweiten Gruppe soziale Sicherung über steuer- (und teilweise beitrags-) finanzierte Sicherungssysteme stattfindet, sind die Arbeitskostenstrukturen dieser Länder nicht unmittelbar mit denjenigen der übrigen Länder vergleichbar (s. *Prinz* 1995).

Beachtenswert ist, dass bei der Mehrheit der EU-Länder die relativen Zusatzkosten für die Bezahlung von Nicht-Arbeitstagen zwischen 10 und 12 % lagen, während dieser Wert in den Niedriglohn-Ländern deutlich geringer war. Während *Hardes & Schmitz* (1994, 649) vermuten, dass die unterschiedlichen Anteile von Sonderzahlungen in erster Linie durch methodische Unterschiede der Abgrenzung sowie der Entgeltzahlung zustande kommen, macht *Schröder* (1996) darauf aufmerksam, dass der große Einfluß, den die Sonderzahlungen in einigen Ländern (z.B. Österreich) auf die Personalzusatzkosten haben v.a. deshalb zustande kommt weil - infolge der steuerlichen Begünstigung - häufig ein 14. Monatsgehalt gewährt wird. Ein besonderes Gewicht kommt den Extrazahlungen in Japan zu, dort machen die halbjährlichen Bonuszahlungen bis zu 50 Prozent der Direktentgelte aus.

	PK in ECU	Strukturanteile				
		(1)	(2)	(3)	(4)	(5)
B	17,65	49,1	11,0	9,2	28,9	1,8
DK	16,85	83,1	0,8	12,3	3,0	0,8
D	20,09	56,0	8,8	11,4	21,5	2,3
GR	5,09	61,0	11,0	7,0	19,0	2,0
E	11,17	55,3	7,0	12,4	24,5	0,8
F	17,02	51,4	6,2	9,4	28,6	4,4
IRL	11,15	70,5	1,4	10,3	14,0	2,9
I	16,67	50,3	7,9	11,4	26,7	3,8
L	16,65	67,4	4,1	11,2	16,3	1,0
NL	17,49	54,3	7,2	11,0	23,2	4,3
P	3,47	56,0	11,8	6,0	21,7	4,5
GB	11,84	73,0	1,3	11,0	11,5	3,2

Legende:
(1) = Direktentgelt (%)
(2) = Boni/Gratifikationen (%)
(3) = Bezahlung Nicht-Arbeitstage (%)
(4) = Sozialaufwendungen (%)
(5) = Sonstige (%)

Tab. G-7:   Struktur der Personalkosten (PK) je Std., EG-Länder, 1990 - bei fehlenden Angaben für 1990 Übernahme der Strukturdaten des Jahres 1988 (aus: *Hardes & Schmitz* 1994, 648)

Wenn nicht alle Länder ihre Sozialversicherungssysteme im gleichen Ausmaß über Beiträge der Versicherten finanzieren und der 'Versicherungsmix' aus Beitrags- und Steuerfinanzierung von Land zu Land höchst unterschiedlich ist, so ist es fraglich, ob die deutschen Lohnzusatzkosten ohne weiteres mit denen im Ausland verglichen werden können. Innerhalb der Europäischen Union reicht der Anteil der von Steuergeldern gezahlten staatlichen Zuschüsse zur Finanzierung der Sozialversicherung von knapp 19% in den Niederlanden bis zu über 80% in Dänemark. Die Bundesrepublik gehört mit ca. 27% staatlichem Zuschussanteil zu den Ländern, die in erster Linie auf Beitragsfinanzierung setzen, also den Faktor Arbeit relativ hoch belasten. Andere Länder belasten den Standortfaktor Arbeit weniger und zweigen dafür mehr aus dem allgemeinen Steueraufkommen für die Sozialversicherung ab. Für die Unternehmen ist dies sicherlich ein Vorteil, denn Steuern lasten im Gegensatz zu den Sozialabgaben auf vielen Schultern und nicht zur Hälfte auf denen der Unternehmen.

Auch in den USA ist es viel stärker als bei uns üblich, privat für das Alter vorzusorgen. Teile des Direktentgelts müssen deshalb zum Aufbau eines Vermögens abgezweigt werden, dessen Erträge später als Alterssicherung dienen. Zudem werden Sozialversicherungsbeiträge der Arbeitgeber sowie Konsumsteuern in voller Höhe von den Arbeitnehmern getragen. Es ist deshalb nicht verwunderlich, dass die Direktentgelte in den USA relativ hoch sind, während die Lohnzusatzkosten etwa in der BRD stärker als dort ins Gewicht fallen. Ein isolierter Vergleich von Direktentgelten oder Personalzusatzkosten macht deshalb in der Standortdiskussion wenig Sinn.

Wie und in welche Richtung sich die Struktur der Arbeitskosten im Zeitverlauf geändert haben, zeigt Tab. G-8.

Arbeitskosten komponente	D	F	I	NL	B	LUX	GB[1]	IRE[2]	DK[1]	GR[3]	P[4]
Δ DAK[5] darunter:	-6.9	-4.3	-2.2	-6.2	-11.0	-1.2	-3.4	-3.9	0.8	-3.0	-0.4
Δ DL[6]	-13.4	-8.3	-5.5	-9.3	-16.0	-1.6	-6.9	-6.7	1.7	-3.0	-2.7
Δ PG[7]	5.4	2.7	0.8	3.2	7.4	-0.2	0.4	0.5	0.8	-1.0	1.5
Δ EFNGT	1.9	2.0	2.4	0.7	-1.0	2.1	3.2	2.5	2.1	0.0	0.7
Δ GesB[2]	5.9	0.6	6.7	5.3	7.8	0.8	1.9	2.7	-1.2	2.0	2.6
Δ VerB[10]	1.3	6.2	0.5	1.7	2.0	1.5	0.6	1.8	-0.6	1.0	0.7
Δ REST[11]	-0.9	-3.4	-4.9	-1.6	-0.6	-2.6	0.6	-0.8	-3.0	-1.0	-3.1

1. Veränderungen 1973-1988.
2. Veränderungen 1975-1988.
3. Veränderungen 1981-1988.
4. Veränderungen 1984-1988.
5. Veränderung der direkten Arbeitkosten.
6. Veränderung des Direktlohns.
7. Veränderungen der Prämien und Gratifikationen.
8. Veränderung der Entlohnung für nicht gearbeitete Tage.
9. Veränderung der gesetzlichen Beiträge der Arbeitgeber zur sozialen Sicherung.
10. Veränderung der vertraglichen und freiwilligen Beiträge der Arbeitgeber zur sozialen Sicherung.
11. Veränderung des "Rests"

Tab. G-8:   Veränderung der Struktur der Arbeitskosten 1966-1988 in der EG (Veränderung in Prozentpunkten) (aus: *Prinz* 1995, 271)

Nach *Prinz* (1995, 270f.) lassen sich diese Befunde folgendermaßen zusammenfassen:

1. "In *allen* EG-Staaten (Ausnahme Dänemark) ist der Anteil des Direktlohns an den Arbeitskosten zwischen 1966 und 1988 mehr oder weniger deutlich gesun-

ken. Am stärksten ausgeprägt ist dieser Effekt in Belgien (-16 Prozentpunkte), Deutschland (-13,4 Prozentpunkte) sowie den Niederlanden (-9,3 Prozentpunkte) und Frankreich (-8,3 Prozentpunkte).

2. Der stärkste Rückgang des Anteils des Direktlohns erfolgte in den am weitesten entwickelten europäischen Volkswirtschaften, die darüber hinaus im wesentlichen durch ein gegliedertes System der obligatorischen sozialen Sicherung gekennzeichnet sind. Aber auch in Ländern wie Großbritannien und Irland (Nationale Soziale Sicherung) sind vergleichbare Tendenzen zu erkennen.

3. Den stärksten relativen *Anstieg* unter den Komponenten der Arbeitskosten erzielten die gesetzlichen Beiträge zur sozialen Sicherung (Arbeitgeberanteil), und zwar gerade in den Ländern, in denen ein relativ starker Rückgang des Direktlohns vorzufinden ist (Ausnahme: Frankreich; dort stieg der Anteil der vertraglichen Beiträge zur sozialen Sicherung am stärksten an).

4. Überraschenderweise ist der Anteil der vertraglichen Beiträge zur sozialen Sicherung nicht etwa zurückgegangen - wie es der Anstieg der gesetzlichen Beiträge auf den ersten Blick nahelegen würde -, sondern (z.T. allerdings nur leicht) gestiegen (Ausnahme: Dänemark).

5. Ebenfalls angestiegen ist der Anteil von Prämien und Gratifikationen (Ausnahmen: Luxemburg und Griechenland) sowie die Entlohnung für nicht gearbeitete Tage (Ausnahme: Belgien)".

Damit kann festgehalten werden, dass nicht nur in der Bundesrepublik Deutschland (siehe die Ausführungen oben), sondern in der gesamten EU einer relativen Abnahme der direkten Entlohnung für geleistete Arbeit ein Anstieg der Beiträge zu sozialen Sicherung (indirekte Entlohnung) gegenübersteht.

5. Arbeitskosten und 'Standort Deutschland'

5.0 Einleitung und Überblick

Die von der ökonomischen Theorie angebotenen Konzepte zur internationalen Wettbewerbsfähigkeit unterscheiden sich nicht nur in ihrer theoretischen Fundierung, sondern auch im Hinblick auf ihre Vorschläge zur Operationalisierung. Zwischen 1985 und 1993 sind mehr als 800 wissenschaftliche Arbeiten zur internationalen Wettbewerbsfähigkeit Deutschlands entstanden; trotz dieser Informationsflut kommt *Trabold* (1995) zu der Schlußfolgerung, dass der Begriff 'internationale Wettbewerbsfähigkeit' keineswegs eindeutig definiert ist und er geradezu einlädt, ihn als werbewirksamen Aufhänger zu verwenden, um die unterschiedlichsten Problemfelder zu analysieren und Empfehlungen abzugeben (*a.a.O.*,169). Zur Strukturierung der unterschiedlichen Konzepte zur Erfassung der internationalen Wettbewerbsfähigkeit unterteilt *Trabold* (1995, 169ff.) die verschiedenen Ansätze in fünf Gruppen:

1. Außenwirtschaftlich orientierte Ansätze: Dabei geht es um die Vorstellung, dass die internationale Wettbewerbsfähigkeit im wesentlichen von der *'ability to sell'* abhängt. Als Indikatoren zur Beurteilung dieser 'ability' werden v.a. der Leistungsbilanzsaldo, der Weltmarktanteil, die mit Hilfe der 'constant market shares'-Analyse ermittelte Wettbewerbskomponente sowie reale effektive Wechselkurse vorgeschlagen.

2. Input-orientierte Ansätze: Diese Gruppe von Ansätzen geht davon aus, dass Volkswirtschaften primär auf der Inputseite konkurrieren, und zwar im wesentlichen um mobile Produktionsfaktoren, insbesondere Kapital (*'ability to attract'*). Indikatoren zur Beurteilung der Standortqualität sind entweder die Standortfaktoren (z.B. Löhne und Gehälter), der Saldo der ausländischen Direktinvestitionen oder die Arbeitslosenquote.

3. Zur dritten (und vierten) Gruppe zählen all die Ansätze, die einen Rekurs auf die oben genannten Indikatoren für problematisch halten. Sie definieren internationale Wettbewerbsfähigkeit entweder als *'ability to adjust'* und stellen Anpassungsfähigkeit und -geschwindigkeit sowie die Effizienz dieses Prozesses in den Mittelpunkt oder sie folgen dem

4. Konzept der *'ability to earn'* , nach welchem das Ziel des Wirtschaftens in erster Linie in der Erzielung eines hohen Realeinkommens besteht.

5. Diese Gruppe umfaßt all jene Autoren, die den Begriff 'internationale Wettbewerbsfähigkeit im Zusammenhang mit Volkswirtschaften ablehnen, da Ökonomien im Gegensatz zu Unternehmen nicht miteinander konkurrieren und auch nicht wettbewerbsunfähig werden können.

Beinahe alle diese Konzepte zur Erfassung der internationalen Wettbewerbsfähigkeit einer Volkswirtschaft oder der Attraktivität eines Wirtschaftsstandortes vernachlässigen das eigentliche Ziel des Wirtschaftens nämlich die Erzielung eines möglichst hohen realen Pro-Kopf-Einkommens. Nach den meisten der oben angeführten Kriterien kann ein armes Entwicklungsland nahezu genauso wettbewerbsfähig sein wie ein hochentwickeltes Industrieland. Deshalb gewinnen zunehmend solche Konzeptualisierungen des Begriffs Wettbewerbsfähigkeit an Bedeutung, die explizit die 'ability to earn' betonen und die Erhaltung bzw. die Erhöhung des realen Pro-Kopf-Einkommens einbeziehen (*Trabold* 1995).

Da es in diesem Abschnitt primär um die Kosten der Arbeit geht und diese vorwiegend im Rahmen input-orientierter Ansätze diskutiert werden, wollen wir uns an dieser Stelle in erster Linie mit (Kosten-) Aspekten des 'Standortes Deutschland' beschäftigen. Weiter unten werden wir dann auf verschiedene Indikatoren für 'Internationale Wettbewerbsfähigkeit' u.a. auch auf das reale Pro-Kopf-Einkommen oder damit im Zusammenhang stehende Größen wie die Arbeitsproduktivität eines Landes eingehen.

Standorttheorien argumentieren i.d.R. multifaktoriell; d.h. es wird eine Vielzahl von sog. Standortfaktoren, mit denen die Standortqualität beschrieben werden soll, untersucht. Aus diesen Einzelindikatoren (im "International Competitive Report" werden über 300 solcher Kriterien unterschieden) wird dann ein Gesamtindikator gebildet. Nach *Hübner & Bley* (1996) sind solche Gesamtindikatoren methodisch nicht sonderlich ernst zu nehmen, da es nahezu unmöglich ist, eine seriöse Gewichtung der zahlreichen Einzelindikatoren vorzunehmen (S. 11). Dies ist vermutlich auch der Grund, weshalb sich die verschiedenen gesellschaftlichen Gruppen der unterschiedlichen empirischen Befunde von Standorttheorien bedienen, um in ideologischer Absicht ihren Interessen Nachdruck zu verleihen. Gerade bei Löhnen (und Steuern) als sogenannte traditionelle Standortfaktoren wird von interessierter Seite deren einseitige Belastungsfunktion immer wieder deutlich herausgestellt (*Trabold* 1995).

Wir werden zunächst die Lohnstückkosten und im Anschluss daran einen weiteren Wettbewerbsfaktor näher untersuchen, der im Zusammenhang mit den Arbeitskosten in der öffentlichen Diskussion eine besondere Rolle spielt und als besonders valider Indikator für die Attraktivität eines Standortes angeführt wird: der Saldo der Direktinvestitionen.

5.1 Lohnstückkosten und internationale Wettbewerbsfähigkeit

Der in der öffentlichen Diskussion am häufigsten genannte und zugleich umstrittenste Indikator für die internationale Wettbewerbsfähigkeit sind die Lohnstückkosten. Für sich betrachtet genügen Arbeitskosten nicht zur Beurteilung der Effizienz oder der Wettbewerbssituation eines Landes, sondern der damit erzielte Output muss einbezogen werden. Von dem berühmten amerikanischen Ökonomen *Krugman* stammt der Satz "productivity isn't everything, but in the long run it's almost everything". Auch wenn gelegentlich gegen die Verwendung von Lohnstückkosten angeführt wird, dass die Lohnkosten nur einen geringen Teil der Belastung eines Unternehmens ausmachen, so kann dies zwar einzelwirtschaftlich zutreffen, gesamtwirtschaftlich muss beachtet werden, dass Kosten für international handelbare Inputs nur dann als wichtige Ursache für die Wettbewerbsfähigkeit in Betracht kommen, wenn sie mit stark unterschiedlicher Intensität in den Produktionsprozeß eingehen - genau dies ist für 'Arbeit' als immobilem Input der Fall (*Trabold* 1995, 172). Dies bedeutet, dass nur mit hoher Produktivität - z.B. im Bereich der Forschung und Entwicklung, der Beschaffung, der Fertigung und der Distribution - ein Zeit-, Innovations-, Qualitäts- oder Kostenvorsprung im internationalen Wettbewerb gewonnen wird.

5.1.1 Die Erfassung der Lohnstückkosten

Neben der Unterschiedlichkeit verfügbarer nationaler Statistiken im Hinblick auf Rechtsvorschriften und Verwaltungspraktiken, ist bei einer Bewertung der Arbeitskosten folglich v.a. zu berücksichtigen, dass es bei der Einrichtung eines Arbeitsplatzes im Prinzip nicht nur auf die absolute Höhe der Stundenlöhne ankommt, sondern auch darauf, was pro Arbeitsstunde geleistet wird. Bei hoher stündlicher Leistung (Produktivität) verteilt sich der Stundenlohn auf eine entsprechend große Anzahl von Produkten; die Lohnkosten für jedes einzelne Produkt (Lohnstückkosten) können selbst bei den hohen deutschen Stundenlöhnen niedriger sein als in konkurrierenden Ländern mit weniger rationeller Fertigung (dies gilt auch für Arbeitszeitvergleiche, da kürzere Arbeitszeiten unproblematisch sind, wenn sie durch eine entsprechende höhere Arbeitsstundenproduktivität ausgeglichen werden). Damit rückt das Verhältnis von Arbeitskosten und Produktivität, also die sogenannten Lohnstückkosten in den Mittelpunkt des Interesses. Ländervergleiche von Wettbewerbsvorteilen bzw. -nachteilen im Hinblick auf Arbeitskosten müssen deshalb die 'Arbeitskosten je Produktionseinheit' als relevanten Indikator verwenden.

Bei den Lohnstückkosten handelt es sich um eine *theoretische* Größe, die in der wirtschaftlichen Realität nicht unmittelbar zu beobachten ist. Anders als beispielsweise die Wertschöpfung oder die Einkommen eines Wirtschaftsbereichs oder der Gesamtwirtschaft, die im Prinzip unmittelbar aus Unternehmensdaten abgeleitet werden können, werden die Lohnstückkosten auf der Grundlage unterschiedlicher Rechenkonzepte als Quotient mehrerer Größen ermittelt. Herkömmlicherweise werden die Lohnstückkosten als Bruttoeinkommen aus unselbständiger Arbeit je beschäftigtem Arbeitnehmer in Relation zum Bruttoinlandprodukt in konstanten Preisen je Erwerbstätigen (im Inland) definiert. Daneben besteht auch die Möglichkeit, die Lohnkosten und die Produktivität je Arbeitsstunde zu verwenden oder nur die Einkommen aus unselbständiger Arbeit durch das Bruttoinlandprodukt zu dividieren. Generell gilt: Steigen die Löhne um denselben Prozentsatz wie die Arbeitsproduktivität, so bleiben die Lohnstückkosten konstant. In dem Maß, wie dieser Indikator die Bruttostundenlöhne und die Arbeitsproduktivität auf Stundenbasis widerspiegelt, ist er ein valider Indikator zur Erfassung der Kosten des Faktors Arbeit. Allerdings stößt man auf große methodische Probleme, wenn man die Produktivitätsniveaus *international* vergleichen will. Da die Angaben in der Regel in nationaler Währung vorliegen, bräuchte man Werte, die um die Preissteigerungen und die Wechselkursschwankungen bereinigt sein sollten. Der üblicherweise verwendete Sozialproduktsdeflator (Berücksichtigung der unterschiedlichen Preisniveaus) bezieht sich auf das gesamte Sozialprodukt und nicht auf einzelne Wirtschaftssektoren (z.B. das Verarbeitende Gewerbe), die üblicherweise miteinander verglichen werden. Doch selbst wenn man den richtigen Deflator hätte, würden Wechselkursverschiebungen, die nicht auf unterschiedlichen Inflationsentwicklungen beruhen, Vergleiche schwierig machen. Kaufkraftparitäten könnten zur Bereinigung herangezogen werden, aber diese beziehen sich auf alle Konsumgüter und nicht nur auf die Produktion einzelner Sektoren. Zieht man beispielsweise die Nettowertschöpfung je Arbeitsstunde (also den Wert, den ein Unternehmen einem Produkt nach Abzug der Vorleistungen, Abschreibungen, indirekten Steuern abzüglich Subventionen durch Bearbeitung hinzufügt) als Maß für die Produktivität heran, so stellt man fest, dass die Wertschöpfungsstruktur von Land zu Land sehr unterschiedlich ist. Dass Vergleiche der Arbeitskosten stark von Wechselkursveränderungen beeinflußt werden können, geht aus folgendem Beispiel hervor: die westdeutsche Arbeitskosten*dynamik* lag im Zeitraum zwischen 1980-1995, im oberen Mittelfeld der in Tabelle G-9 aufgeführten Industrieländer.

Die Aufwertung der D-Mark fiel jedoch häufig stärker aus, als es die relativen Arbeitskostenvorteile gerechtfertigt hätten. Im Vergleich zu Westdeutschland stiegen die Arbeitskosten (auf Nationalwährungsbasis gerechnet) seit 1980 in Frankreich eineinhalbmal und in Italien dreimal so stark wie in Westdeutschland. Dieser relative deutsche Wettbewerbsvorteil wurde jedoch durch die Aufwertung der D-Mark überkompensiert. Auf DM-Basis waren die schwedische Arbeitskostendynamik um 70 % und die englische um ca. 50% niederer als die westdeutsche. Auch Italien und Frankreich hatten noch einen Vorteil von 30 Prozentpunkten gegenüber der Bundesrepublik zu verzeichnen.

In der politischen Diskussion wird sowohl mit realen Lohnstückkosten als auch mit Lohnstückkosten in einer einheitlichen Währung sowie mit Lohnstückkosten in Landeswährung argumentiert. Nach *Hardes & Schmitz* (1994) macht es keinen Sinn, die Stückkosten in ECU-Einheiten zu ermitteln, da Zähler *und* Nenner in gleicher Währungseinheit umgerechnet werden müßten. Das ifo-Institut macht in seinem Gutachten zum Standort Deutschland (s. *Köddermann* 1996) darauf aufmerksam, dass die Entwicklungen nominaler Lohnstückkosten in Landeswährung nicht miteinander verglichen werden sollten, da Inflationsraten, wenn sie weitgehend korrekt antizipiert werden, bei ökonomischen Entscheidungen keine Rolle spielen. Nur bei Geldillusion (d.h. irrtümlicherweise wird von konstanten Reallöhnen ausgegangen, da der Preisanstieg nicht so schnell bemerkt wird) wären nominale Lohnstückkosten in Landeswährung für einen Vergleich geeignet. Ob nun Lohnstückkosten in einheitlicher Währung oder Lohnstückkosten in Landeswährung berücksichtigt werden, hängt vom Ziel der jeweiligen Analyse ab: erstere geben Aufschluß über die preisliche Wettbewerbsfähigkeit deutscher Produkte und erfassen neben Lohn- und Produktivitätseffekten auch Wechselkursänderungen, während reale Lohnstückkosten Informationen über die Verhandlungsergebnisse der Tarifrunden liefern. In eine einheitliche Währung umgerechnete Lohnstückkosten sind somit *kein reiner Arbeitskostenindikator*, da sie in einem Land, dessen Währung kontinuierlich aufwertet, zwangsläufig stark ansteigen werden, ohne dass sich die Löhne stärker erhöhen als die Produktivität. Arbeitskosten und Wechselkurse sind zwar wichtige Standortfaktoren, müssen aber klar voneinander getrennt werden (*Köddermann* 1996).

Das ifo-Institut (*Köddermann* 1996) schlägt deshalb vor, als Arbeitskostenindikator reale gesamtwirtschaftliche Lohnstückkosten (dies entspricht der Lohnquote) heranzuziehen, also:

- Nominaleinkommen je abhängig Beschäftigten (in Landeswährung) deflationiert mit dem Preisindex des Bruttosozialprodukts

Arbeitskosten je Beschäftigtenstunde		
1980/95	**1980/89**	**1989/95**
Italien	296,5	169,9	46,9
Großbritannien	224,5	121,4	46,6
Schweden	188,2	111,8	36,0
Norwegen	178,8	126,5	23,1
Frankreich	161,9	110,7	24,3
Dänemark	124,8	76,6	27,3
Westdeutschland	116,6	54,9	39,8
Kanada	111,1	72,3	22,6
Belgien	109,0	61,9	29,1
USA	94,7	55,5	25,2
Japan	87,1	44,0	29,9
Niederlande	67,0	36,5	22,4
Reale Bruttowertschöpfung je Beschäftigtenstunde		
Japan	88,5	52,3	23,8
Belgien	87,9	54,7	21,5
Großbritannien	84,1	52,1	21,0
Italien	76,5	40,3	25,8
Niederlande	61,9	39,1	16,4
Frankreich	61,1	38,1	16,6
Schweden	55,4	26,8	22,5
USA	54,9	29,9	19,2
Westdeutschland	45,3	22,3	18,7
Norwegen	39,0	24,1	12,0
Kanada	38,8	20,1	15,5
Dänemark	22,8	7,8	14,0
Lohnstückkosten		
Italien	124,7	92,4	16,8
Norwegen	100,6	82,5	9,9
Schweden	85,5	67,0	11,0
Dänemark	83,1	63,9	11,7
Großbritannien	76,3	45,6	21,1
Frankreich	62,6	52,6	6,6
Kanada	52,1	43,4	6,1
Westdeutschland	49,1	26,6	17,8
USA	25,7	19,7	5,0
Belgien	11,3	4,7	6,3
Niederlande	3,1	-1,9	5,2
Japan	-0,8	-5,4	4,9

1) Verarbeitendes Gewerbe.

Tab. G-9: Arbeitskosten, Produktivität und Lohnstückkosten auf Nationalwährungsbasis[1]- Änderung in Prozent - (aus: *Schröder* 1996, 8)

- dividiert durch die reale Bruttowertschöpfung je Erwerbstätigen (Arbeitsproduktivität).

Wenn Produktivität und reale Entlohnung im gleichen Maß steigen, dann bleiben die realen Lohnstückkosten unverändert. Die realen Lohnstückkosten zweier Länder sind dann genau gleich hoch, wenn die Relation zwischen Realentlohnung je Arbeitnehmer und Arbeitsproduktivität in beiden Ländern gleich ist. Die *Entwicklung* dieses Indikators mißt somit auch die gesamtwirtschaftlichen *Verteilungseffekte* zwischen Arbeits- und Kapitaleinkommen. Steigen die realen Stückkosten an, so bedeutet dies einen expansiven Verteilungseffekt zugunsten von Arbeitseinkommen, während ein Rückgang eine Verbesserung der Verteilungsposition der Kapitaleinkommen zur Folge hat.

Gegen die Verwendung der Lohnstückkosten als Indikator für die internationale Wettbewerbsfähigkeit eines Landes sind eine Vielzahl von Argumenten ins Feld geführt worden. *Priewe* (1997, 39ff.) faßt die kritische Diskussion um diese Kennzahl zusammen:

a) Lohnstückkosten sind als alleinige Zielgröße untauglich, weil gleich niedrige Lohnstückkosten - je nach Ausmaß der Produktivität bzw. der Lohnkosten - sowohl von Hochlohn- wie auch von Niedriglohnländern erreicht werden können.

b) Die Lohnstückkosten sind von fünf Parametern abhängig: (1) von den nominalen Bruttolöhnen einschließlich den Lohnnebenkosten, (2) von der Inflationsrate, (3) von der Arbeitsproduktivität, (4) vom Anteil der Arbeitnehmer an den Selbständigen und dessen Veränderungsrate sowie - im internationalen Vergleich - (5) vom effektiven nominalen Wechselkurs. Dies bedeutet, dass die Lohnstückkosten ein Aggregat darstellen, das die Einflüsse von sehr unterschiedlichen Faktoren bündelt und vermischt. Die Abhängigkeit von der Inflationskomponente führt dazu, dass nicht einmal im nationalen Maßstab die Lohnkostenbelastung der Unternehmen zuverlässig erfaßt werden kann.

c) Überdurchschnittlich steigende Lohnstückkosten eines Landes können zu Inflation führen bzw. auf Inflation beruhen; bei flexiblen Wechselkursen führt dies i.d.R. dazu, dass eine Abwertung im Ausmaß der Inflationsdifferenz zum Ausland erfolgt. In Landeswährung scheint der überdurchschnittliche Anstieg der Lohnstückkosten als verschlechterte preisliche Wettbewerbsfähigkeit, die jedoch bei der Umrechnung in eine andere Währung neutralisiert würde. Reflektiert die Wechselkursveränderung jedoch nur das Inflationsgefälle zum Ausland, sondern auch andere Einflüsse (z.B. das Zinsgefälle, die Erwartungen von Geldvermögensbesitzern, dann kann der Zusammenhang von Lohnkostenentwicklung und Lohnstückkosten in einheitlicher Währung völlig verzerrt werden. Lohnstückkostenindices in nationaler Währung sind irreführend, weil sie neben den Lohnstückkostendifferenzen auch die Wechselkursfluktuationen widerspiegeln können.

d) Bezieht man die nominalen Lohnkosten auf die nominale Bruttowertschöpfung eines Sektors oder das nominale Bruttoinlandsprodukt der Volkswirtschaft, dann würden Lohnquoten erfaßt. Auf gesamtwirtschaftlicher Ebene ist der internationale Vergleich von Lohnquoten wenig sinnvoll, da diese auch von dem Anteil der Vermögenseinkommen, vom Anteil der Selbständigen an den Erwerbstätigen und anderen Variablen beeinflußt werden - Faktoren, die nichts mit der preislichen Wettbewerbsfähigkeit einer Volkswirtschaft zu tun haben.

e) Analog zu den Arbeitskosten wird auch der internationale Vergleich der Lohnstückkosten durch die unterschiedlichen Finanzierungssysteme (Steuern vs. Lohnzusatzkosten) der Sozialversicherungen verzerrt.

f) Bei ausschließlicher Betrachtung der Lohnkosten werden die importierten Vorleistungen, die in offenen, stark internationalisierten Volkswirtschaften wie Deutschland und v.a. in kleineren Ländern ein relevantes Gewicht erhalten, ebenso vernachlässigen wie die Zinskosten und die Steuern.

g) Bei unvollkommenen Gütermärkten, auf denen vorübergehende Monopol- oder Oligopolgewinne zu erzielen sind, können diese teilweise an Arbeitnehmer verteilt werden, so dass die Löhne schneller als die Produktivität steigen. Dies kann das Ergebnis von Verteilungskämpfen sein, aber auch der Ausdruck von Effizienzlöhnen und damit ein Indiz hoher Nicht-Preis-Wettbewerbsfähigkeit.

h) Die Entwicklung der Lohnstückkosten in einer Volkswirtschaft ist konjunkturabhängig, zum einen wegen des Einflusses der Kapazitätsauslastung auf die Produktivität, zum andern wegen der Konjunkturabhängigkeit der Effektivlöhne.

Aufgrund dieser Überlegungen kommt *Priewe* (1997, 41f.) zu der Schlußfolgerung, dass es außerordentlich schwierig ist, auf der Basis internationaler Lohnstückkostenvergleiche Aussagen zur preislichen und technologischen Wettbewerbsfähigkeit einer Volkswirtschaft zu treffen. Auf gar keinen Fall können die Lohnstückkosten als alleiniger Indikator der preislichen Wettbewerbsfähigkeit angesehen werden, da sie stark von der Produktivitätsentwicklung beeinflußt werden.

Für *Trabold* (1995) ist es deshalb nicht verwunderlich, dass wegen der "vielfältigen Möglichkeiten der Interpretation und Berechnung von realen effektiven Wechselkursen - insbesondere auf Lohnkostenbasis - sowohl ihre Entwicklung unterschiedlich diagnostiziert als auch ihre Relevanz unterschiedlich eingeschätzt wird" (*a.a.O.*, 174). So kommen beispielsweise das Institut der deutschen Wirtschaft (IW) und das Wirtschafts- und Sozialwissenschaftliche Institut des Deutschen Gewerkschaftsbundes (WSI) zu sehr unterschiedlichen Zahlen. Während das IW für Deutschland für 1991 die höchsten Lohnstückkosten der Welt ermittelt, kommt das WSI zu dem Ergebnis, dass es andere Länder gibt, in denen die Lohnstückkosten noch höher sind (*a.a.O.*,174).

5.1.2 Die Entwicklung der Lohnstückkosten in den G5-Ländern (das Standortgutachten des ifo-Instituts von 1996)

Das Münchner ifo-Institut für Wirtschaftsforschung setzte sich 1996 im Auftrag des Bundeswirtschaftsministeriums mit der Kritik am Standort Bundesrepublik auseinander. Neben steuerlichen Bestimmungen und staatlichen Vorschriften (v.a. bei den Genehmigungsverfahren) wurden v.a. die Lohnstückkosten in Deutschland im Vergleich zu Amerika, Japan, Frankreich und Großbritannien untersucht.

Aus Tabelle G-10 geht hervor, dass die realen Lohnstückkosten in Westdeutschland im internationalen Vergleich weder übermäßig hoch sind, noch dass sie seit 1980 überdurchschnittlich stark gestiegen sind.

Jahr	Deutschland	Frankreich	UK	USA	Japan
reale Lohnstückkosten, Absolutwerte					
1991	60,1	64,5	68,5	66,6	69,1
1995	57,9	62,3	65,5	66,3	66,7
Realeinkommen aus unselbständiger Arbeit je Beschäftigten, 1980 = 100					
1991	110,3	111,4	127,0	107,4	127,4
1995	112,8	115,5	135,3	113,1	124,6
reales BIP je Erwerbstätigen (= reale Arbeitsproduktivität), 1980 = 100					
1991	121,1	124,2	124,5	108,0	136,5
1995	128,8	133,1	138,7	114,3	138,3
reale Lohnstückkosten, 1980 = 100					
1991	91,1	89,8	102,1	99,6	93,4
1995	87,7	86,8	97,6	99,2	90,2
Veränderung (91/95)	-3,7 %	-3,3 %	-4,4 %	-0,4 %	-3,4 %
nominale Lohnstückkosten in DM, 1980 = 100					
1991	124,9	116,2	137,6	146,8	172,2
1995	135,2	119,1	115,0	139,4	216,2
Veränderung (91/95)	8,2 %	2,5 %	-16,4 %	-5,1 %	25,5 %
nominale Lohnstückkosten in Landeswährung, 1980 = 100					
1991	124,9	170,0	198,8	160,5	112,5
1995	135,2	178,4	214,9	176,5	114,0
Veränderung (91/95)	8,2 %	4,9 %	8,1 %	10,0 %	1,3 %

Tab. G-10: Realeinkommen, reale Arbeitsproduktivität und Lohnstückkosten 1991 und 1995 (Gesamtwirtschaft) (aus: *Köddermann* 1996, 8)

Betrachtet man die Werte für die realen gesamtwirtschaftlichen Lohnstückkosten der verglichenen (G5)-Länder, so stellt man fest, dass die realen Lohnstückkosten in

Deutschland sogar den niedersten Wert aufweisen, während Japan an der Spitze rangiert. Auch bei den *Veränderungen* schneidet Deutschland (gemeinsam mit Frankreich) am besten ab, während die schlechtesten Werte mit dem Vereinigten Königreich und den USA zwei Länder erreichen, die i.d.R. als wenig kostenintensiv bewertet werden. Unterschiede der Faktorkosten (Kosten für Produktionsmittel wie z.B. Arbeit, Boden, Kapital, Material, Energie) der Arbeit führen also nicht zwangsläufig zu Nachteilen der Hochlohnländer im internationalen Kostenwettbewerb.

Unterstützt werden diese Befunde durch Berechnungen des Deutschen Gewerkschaftsbundes (DGB) für das Jahr 1997, die auf Zahlen der Europäischen Kommission basieren. Demnach liegen die Lohnstückkosten in Westdeutschland niederer als in anderen großen Handelsnationen. Am höchsten seien die Lohnstückkosten in Japan (17,3 Prozent über dem Niveau in Westdeutschland); an zweiter Stelle folgen die USA mit einem Abstand von 15,2 Prozent gegenüber Westdeutschland. Auch in Großbritannien (8,3 Prozent), Italien (4,6 Prozent), Frankreich (1,7 Prozent) und den Niederlanden (0,8 Prozent) sind die Lohnstückkosten höher. Selbst die gesamtdeutschen Lohnstückkosten fallen nach Berechnungen des DGB keineswegs aus dem Rahmen. Sie lägen nur knapp höher als in Frankreich und in den Niederlanden, aber noch deutlich niederer als in den USA, Japan, Großbritannien und Italien (SZ Nr. 136 v. 17. Juni 1998, 25)

Vergleicht man Arbeitsproduktivitäten und Durchschnittseinkommen aus unselbständiger Arbeit, so wird deutlich, dass die reale Arbeitsproduktivität in keinem der fünf Länder schwächer gestiegen ist als in den USA, da dort neben hochbezahlten überwiegend auch zahlreiche schlechtbezahlte Stellen im Dienstleistungsbereich geschaffen wurden. Zudem investierten europäische Firmen stärker als US-amerikanische in Produktionsanlagen oder hielten über hohe Löhne die Produktivität hoch. Dies wird durch die Effizienzlohntheorie zu erklären versucht: Nach deren Hypothesen kann es für das Unternehmen nicht sinnvoll sein, trotz erheblicher allgemeiner Arbeitslosigkeit seine (hohen) Löhne und Gehälter zu senken, da dies die Produktivität seiner bisherigen Arbeitnehmer negativ beeinflussen würde. Durch die Beibehaltung des hohen Lohnniveaus werden folgende Vorteile für das Unternehmen erzielt: Die Betriebsverbundenheit ist hoch, da Entlassungen für den Betroffenen auch hohe finanzielle Einbußen bedeuten, so dass sie durch möglichst gute Erledigung ihrer Aufgaben kein Entlassungsrisiko eingehen wollen. Die hohe Arbeitsmoral und -qualität übertragen sich auch auf Neueinstellungen. Die Effizienzlohnhypothese erklärt somit die Reallohnrigidität bei gleichzeitig hoher Arbeitslosigkeit.

Den starken Anstieg im Vereinigten Königreich erklärt *Köddermann* (1996, 8) mit Rationalisierungsmaßnahmen, die seit 1984 nach dem erfolglosen Bergarbeiterstreik kontinuierlich durchgesetzt werden konnten. Für den moderaten Produktivitätsanstieg auf gesamtwirtschaftlicher Ebene in Deutschland macht das ifo-Institut die Kompensation von Rationalisierungsmaßnahmen in der Industrie durch eine verstärke "Tertiarisierung", d.h. die Verlagerung zu personalintensiven Dienstleistungs-

aktivitäten verantwortlich. Betrachtet man als die zweite Komponente der Lohnstückkosten die durchschnittlichen Realeinkommen je Arbeitnehmer, so stellt man
fest, dass diese nirgendwo schwächer gestiegen sind als in Deutschland. Ähnlich
niedere Werte ergeben sich nur für die USA. Diese Daten können "als Bestätigung
der These von den maßvollen deutschen Gewerkschaften und als Beleg dafür, dass
hohe Stundenlöhne bei kurzen effektiven Arbeitszeiten durch die Produktivität gerechtfertigt sind, interpretiert werden" (*Köddermann* 1996, 8).

Anhand der Werte für die nominalen Lohnstückkosten in einer einheitlichen Währung in Tabelle .G-10 kann für Deutschland eine erhebliche Positionsverschlechte-
rung festgestellt werden. Das ifo-Institut weist darauf hin, dass damit die These vom
Hochlohnland kaum belegt werden kann, da dieses Ergebnis nahezu ausschließlich
auf die Folgen der starken D-Mark zurückzuführen ist. Bei allen Vergleichen der
Steigerungsraten nominaler Lohnstückkosten erhält man ungünstige Werte für Länder mit hoher Inflation. Vermutlich ist dies ein Grund, warum in standortkritischen
Diskussionen auf solche Vergleiche verzichtet wird. Deutschland mit seiner niederen Inflationsrate schneidet bei einer solchen (langfristigen) Betrachtung sehr gut ab.

Noch etwas anders stellt sich die Situation dar, wenn man die Entwicklung in der
Industrie betrachtet (siehe Tab. G-11).

Land	Reale Lohnstückkosten		Reale Arbeitsproduktivität	
	Gesamt-wirtschaft	verarbeiten-des Gewerbe	Gesamt-wirtschaft	verarbeitendes Gewerbe
Deutschland	87,8	79,3	128,8	180,1
Frankreich	86,8	71,2	133,1	177,8
UK	97,6	78,9	138,7	195,6
USA	99,2	70,2	114,3	155,5
Japan	90,2	101,0	138,3	140,5

Tab. G-11 : Gesamtwirtschaft und verarbeitendes Gewerbe 1995 (1980 = 10)
(aus: *Köddermann* 1996, 8)

In allen Ländern (Ausnahme Japan) haben sich die realen Lohnstückkosten im verarbeitenden Gewerbe günstiger entwickelt als in der Gesamtwirtschaft. Allerdings
schneidet das deutsche verarbeitende Gewerbe im Gegensatz zur Gesamtwirtschaft
bei der Entwicklung der realen Lohnstückkosten nur durchschnittlich ab. Frankreich
und die USA erzielen deutlich bessere Ergebnisse, während auf gesamtwirtschaftlicher Ebene Deutschland gemeinsam mit Frankreich und Japan zur Spitzengruppe
zählt. Obwohl die Arbeitproduktivität in Deutschland stärker gestiegen ist als in
Frankreich und den USA, sind die Lohnstückkosten nicht so stark zurückgegangen

wie in den beiden anderen Ländern. Dies bedeutet, dass die günstige Entwicklung der deutschen Arbeitsproduktivität durch Lohnerhöhungen kompensiert wird.

Von Unternehmerseite wird argumentiert, dass Produktivitätsunterschiede bei Standortentscheidungen eine geringere Rolle spielen als angenommen. Begründet wird diese Einschätzung damit, dass die *durchschnittliche* Arbeitsproduktivität wenig aussagefähig ist, da sie das statistische Mittel der Produktivität älterer und hochmoderner Technik und Organisation sei. Für die Standortentscheidung kommt es allein auf die Wirtschaftlichkeit des konkreten *neuen* Projekts an. Dabei wird davon ausgegangen, dass bei einer Produktivitätsverlagerung ins Ausland über Direktinvestitionen auch der technische Standard und das Know-how international mobil werden. Wenn also hohe Produktivität mit niederen Arbeitskosten kombinierbar ist, so schlagen die Unterschiede bei den Arbeitskosten voll durch. Allerdings gilt dies nicht nur auf der Produktivitätsseite, sondern auch auf der Lohnseite. Zum einen sind hochmoderne Fertigungsanlagen häufig so teuer, dass im Verhältnis dazu die Arbeitskosten weniger stark ins Gewicht fallen als bei älteren Anlagen. Zum anderen bedeutet deren hohe Produktivität nichts anderes, als dass der Arbeitseinsatz für ihre Bedienung geringer ist als bei alten Anlagen. Statistisch drückt sich dies in einer steigenden Kapitalintensität aus.

Auf der Basis der vorangegangenen Überlegungen kommt das ifo-Institut zu der Schlußfolgerung, dass es kaum gerechtfertigt ist, Deutschland trotz hoher Lohnkosten je Arbeitsstunde - also einschließlich der Arbeits-, Urlaubs- und Ausfallkomponenten - pauschal als 'Hochlohnland' zu klassifizieren, da hohe Stundenlöhne bei Berücksichtigung von Arbeits- und Stundenproduktivität angemessen erscheinen. Gesamtwirtschaftlich sind die realen Lohnstückkosten in Deutschland weder übermäßig hoch, noch sind sie in den vergangenen Jahren überdurchschnittlich stark gestiegen. Allerdings haben die nominalen Lohnstückkosten in Deutschland im Vergleich zu anderen Ländern deutlich zugenommen, was in erster Linie auf die Aufwertung der D-Mark zurückzuführen ist.

Defizite gibt es jedoch im *verarbeitenden Gewerbe* (das weniger als 30% der gesamten Wirtschaftsleistung ausmacht und in dem etwa 40% aller Direktinvestitionen vorgenommen werden), da sich hier im Vergleich zur Gesamtwirtschaft die Lohnstückkosten in Deutschland weniger verbessert haben als in anderen Ländern (Ausnahme: Japan).

Angesicht dieser Ergebnisse kommt das ifo-Institut in seinem Standortgutachten (*Köddermann* 1996, 9f.) in Bezug auf das Problem der Produktionsverlagerungen ins Ausland und das mangelnde ausländische Interesse an Investitionen in Deutschland zu folgender Bewertung:

a) "Die Analyse zeigt, dass der Standort Deutschland angesichts der hohen Arbeitskosten nur dann wettbewerbsfähig sein kann, wenn die Arbeitsproduktivität erheblich höher ist als in anderen Ländern. Sehr hohe Arbeitsproduktivitäten sind für Deutschland essentiell. Die Analyse zeigt auch, dass in der Gesamtwirtschaft - und mit geringen Einschränkungen auch im verarbeitenden Gewerbe - der erforderliche Produktivitätsvorsprung existiert. Damit ist aber noch nicht gewährleistet, dass das auch bei neuen Investitionsobjekten der Fall ist.

b) Unterschiedliche Arbeitsproduktivitäten können grundsätzlich zwei Ursachen haben: Neben den Fähigkeiten der Mitarbeiter kann sich auch die Qualität des eingesetzten Kapitals von Land zu Land erheblich unterscheiden. Hohe Arbeitsproduktivitäten können zum einen die Folge gut ausgebildeter Mitarbeiter, zum andern aber auch die Konsequenz kapitalintensiver Produktionsmethoden mit modernen Maschinen sein (oder beides zusammen: Interaktionseffekte). In Deutschland trifft beides zu. Unterstellt man nun, dass alle neuerrichteten Anlagen unabhängig vom Lohnniveau immer die modernste Ausstattung erhalten, wird der Produktivitätsvorsprung Deutschlands bei Neuinvestitionen (im Ausland) geringer ausfallen. Damit kann es bei Neuerrichtungen durchaus Vorteile ausländischer Standorte geben. Dennoch sollten diese Vorteile nicht überschätzt werden, da die langfristige Arbeitsproduktivität neben Ausbildungsniveau der Arbeitnehmer und Qualität der eingesetzten Maschinen auch von anderen Faktoren wie etwa der politischen Stabilität und der Infrastruktur abhängt. Beides sind Bereiche, in denen Deutschland eindeutig Standortvorteile hat.

c) Häufig werden auch Länder Mittel- und Osteuropas (MOE) als neue Konkurrenten im Standortwettbewerb bezeichnet. Deren Lohnstückkosten liegen nicht wesentlich unter dem westdeutschen Niveau, wie das IW feststellt. Produktionsverlagerungen nach Polen, Ungarn, Tschechien oder in andere MOE-Staaten folgen den zuvor beschriebenen Motiven: Es werden modernste Produktionsstätten errichtet, um so mit nieder bezahlten Arbeitern annähernd westdeutsche Produktivitäten zu erreichen. Die Lohnstückkosten liegen dann erheblich unter dem durchschnittlichen Niveau des Landes. Dennoch konzediert selbst das arbeitgebernahe IW, dass durch derartige Investitionen kaum Arbeitsplätze in Deutschland verlorengehen: "Die Vorteile für Westdeutschland liegen ... auf der Hand. Sowohl bei der Verlagerung der Vorproduktion als auch bei der Lohnveredelung wird die Wettbewerbsfähigkeit der westdeutschen Unternehmen gestärkt. (...) Die Befürchtung, dass damit hierzulande in großen Umfang Arbeitsplätze verlorengehen, trifft nur zum Teil zu. Denn zum einen müssen die Arbeitsplatzeffekte berücksichtigt werden, die dadurch entstehen, dass die Bundesrepublik durch den kostengünstigen Vorleistungsimport ihre internationale Wettbewerbsfähigkeit stützt. Zum andern geht die Produktionsverlagerung westdeutscher Unternehmen häufig gar nicht zu Lasten des deutschen Standorts."

Für das ifo-Institut folgt daraus letztlich, dass Klagen über zu hohe Arbeitskosten nur in eingeschränktem Maß berechtigt und zu einem großen Teil interessenspolitisch motiviert seien. Unterstützt wird diese Annahme durch offenkundige Diskrepanzen in den jeweiligen Statistiken. Als Beleg für die interessenspolitisch motivierte und selektive Interpretation mag folgende Darstellung dienen:

Das IW veröffentlichte neue Zahlen zum Standort Deutschland, aus denen hervorgeht, dass u.a. in Norwegen, Großbritannien, den USA, Schweden, Italien und Kanada die Lohnstückkosten seit 1989 zwischen 9 und 30 Prozent gesunken seien. Laut den "Economic Indicators" der Financial Times sind die Lohnstückkosten in dieser Zeit in den USA aber um 5% gestiegen, in Italien um 20 Prozent und in Großbritannien um 18 Prozent! In Westdeutschland stieg der Index dagegen nicht einmal um 3 Prozent (SZ vom 15. 11. 1996, 21).

Die Ergebnisse aus der ifo-Untersuchung sind nicht unwidersprochen geblieben. Die ifo-Zahlen selbst wurden nicht in Frage gestellt, sondern ihre Bewertung durch das Münchner Institut. Vor allem von Seiten der Arbeitgeberverbände wurde gerügt, dass die Lage am deutschen Arbeitsmarkt ignoriert und die Bedeutung der verarbeitenden Industrie in einer von Exporten abhängigen Wirtschaft unterschätzt werde; zudem werde die unterschiedliche Steuerbarkeit von Löhnen und Wechselkursen vernachlässigt. Es sei deshalb falsch, dass der deutsche Produktivitätsvorsprung hohe Stundenlöhne und kurze Arbeitszeiten rechtfertige. Die Argumentation des Ifo-Instituts unterschlage, dass die Produktivitätssteigerungen der vergangenen Jahre nur durch einen hohen Personalabbau erkauft worden seien. Aus diesem Grund stütze das ifo-Gutachten die Arbeitsplatzbesitzer, vernachlässige aber die 4,5 Millionen Arbeitslose. Deshalb plädieren Arbeitgebervertreter dafür, die Lohn- und Zusatzkosten deutlich zu verringern. Dies könne anstelle von direkten Lohnkürzungen auch durch eine Verlängerung der Arbeitszeit geleistet werden. Allerdings wird bei dieser Argumentation 'übersehen', dass solche Rezepte in erster Linie bei der Massenproduktion standardisierter Güter funktionieren, d.h., wenn der Kunde das zu kaufen hat, was angeboten wird. Wenn viele angelernte Arbeiter für weniger Geld arbeiten, dann steigen eben Produktivität und Gewinne. Solche Rezepte mögen vielleicht für die aufstrebenden Industrieländer Osteuropas und Südostasiens (noch) gelten, aber nicht für Deutschland, dessen ökonomische Zukunft nicht von Rohstoffen und Maschinen abhängt, sondern von Wissen und Innovation. Man kann nicht die Arbeitskosten soweit reduzieren, dass man internationale Wettbewerbsfähigkeit (s. die Diskussion oben) allein über Kosten erreichen würde (auch Korea kann das nicht); ein Teil muss über Innovationen erfolgen. Die Debatte um verlängerte Arbeitszeiten trifft das Problem nicht, dass es künftig weniger wichtig wird, wieviel in einer bestimmten Zeit produziert wird, sondern ob Waren und Dienstleistungen innerhalb eines vereinbarten Zeitraums beim Kunden ankommen. Deshalb arbeiten erfolgreiche und produktive Unternehmen mit flexiblen Arbeitszeitmodellen, in welchen die Arbeit angefordert wird, wenn sie gebraucht wird (siehe Kapitel C in Band 1).

Ausgerechnet das arbeitgebernahe Institut der deutschen Wirtschaft bezeichnet es als verräterisch, dass die ifo-Studie ein Gutachten für das Bundeswirtschaftsministerium sei, dessen Auftrag - ob die Standortkritik angebracht sei oder lediglich Interessenstandpunkte vertreten würden - die Antwort präge. Im Gegensatz hierzu fühlt sich der Deutsche Gewerkschaftsbund durch die ifo-Ergebnisse bestätigt, wonach in Deutschland in den vergangenen 15 Jahren trotz der Höherbewertung der Währung die Lohnstückkosten nicht höher gestiegen seien als im Durchschnitt der wichtigsten Handelspartner. Auf einen weiteren Aspekt macht das Deutsche Institut für Wirtschaftsforschung (DIW) aufmerksam: Zwar sei mit Ausnahme der Jahre 1991 und 1992 die Entwicklung der Lohnstückkosten unterdurchschnittlich verlaufen; die hohen Stundenlöhne in Deutschland seien jedoch nur dann gerechtfertigt, solange sie von der hohen Produktivität, den Innovationen und den Investitionen gedeckt sind. Dies gelte schon jetzt nicht mehr für gering qualifizierte Arbeitnehmer, deren Löhne zu hoch bewertet seien. Deshalb sollte über eine *Spreizung der Löhne nach unten* nachgedacht werden, die allerdings angesichts des Preisniveaus nur bis zu einem bestimmten Grad durchsetzbar sei.

Von gewerkschaftlicher Seite wird generell in Frage gestellt, dass in Deutschland zu hohe Löhne (einschließlich der Lohnzusatzkosten) bezahlt würden (s. *Flassbeck* 1995); ganz im Gegenteil seien die Löhne, wenn man sie nur von den einheimischen Determinanten der Wettbewerbsfähigkeit her betrachtet, eher zu niedrig; um andauernde Ungleichgewichte der Handelsbilanz zu vermeiden, müßten sie eigentlich höher sein. Da die Koordination nationaler Kostenentwicklungen nach Meinung *Flassbecks* (1995) bisher nicht gelingt, muss das Weltwährungssystem verhindern, dass aus den nationalen Abständen bei den Lohnstückkosten dauerhafte Wettbewerbsvor- oder -nachteile entstehen. Anhaltend niedere Löhne oder gar 'zu niedere Löhne' führten daher zu anhaltender Aufwertung der Währung des betroffenen Landes. Genau das sei im Fall Westdeutschlands eingetreten. Weil die Lohnstückkosten immer weniger stark als im Ausland gestiegen sind, kam es zu einer Aufwertung der D-Mark, die die via Produktivität und Löhne gewonnenen Wettbewerbsvorsprünge wieder zunichte machten. In internationaler Währung gemessen ist kein erkennbarer Wettbewerbsvorsprung geblieben (*a.a.O.*, 702).

5.1.3 Schlussfolgerung

Internationale Lohnstückkostenvergleiche werden in vielen Fällen von Wechselkursänderungen dominiert. Auch das schlechte Abschneiden Deutschlands in den letzten Jahren bei derartigen Vergleichen wurde eher durch Wechselkursänderungen als durch einen überdurchschnittlichen Anstieg der Lohnstückkosten in DM verursacht. Bei einer Betrachtung der realen Lohnstückkosten zeigt sich, daß der Anteil der Lohnkosten an der Wirtschaftsleistung in den oben ausgewählten europäischen Staaten überraschend dicht beieinander liegt. In Frankreich werden die niedersten, in Großbritannien und Nordirland die höchsten realen Lohnstückkosten erreicht. Deutschland nimmt einen mittleren Platz ein, so dass von diesem Niveauvergleich nicht auf einen Wettbewerbsnachteil Deutschlands geschlossen werden kann.

Die Befunde der ifo-Studie stimmen im wesentlichen mit den Ergebnissen einer kritischen Analyse der Literatur zur technologischen Wettbewerbsfähigkeit Deutschlands - v.a. der Untersuchungen des Deutschen Instituts für Wirtschaftsforschung -

durch Jan *Priewe* (1997) überein. *Priewe* geht auch auf die Untersuchung des IW (s. *Schröder* 1996) ein, in welcher festgestellt wurde, dass im Zeitraum zwischen 1989 und 1995 die Lohnstückkosten in Westdeutschland um 20,6% stärker anstiegen als im Durchschnitt der betrachteten 12 OECD-Länder und ein Drittel dieses Anstiegs auf die heimischen Lohnstückkosten und zwei Drittel auf die Wechselkursentwicklung zurückzuführen waren. In dieser Studie wurde auch das absolute Niveau der industriellen Lohnstückkosten auf DM-Basis für das Jahr 1995 ermittelt; demnach hatte Westdeutschland hinter Großbritannien das zweithöchste Niveau unter den 12 Ländern - es lag um 17,6% über dem Durchschnitt dieser Ländergruppe (gewichtet mit den Anteilen am OECD-Export). Wenn der Außenwert der D-Mark auf dem Niveau von 1989 läge (um 16,1% niedriger), dann entsprächen die deutschen industriellen Lohnstückkosten nahezu dem Durchschnitt der vom Institut der Deutschen Wirtschaft untersuchten 12 OECD-Länder.

Für *Priewe* unterstreicht dies den Tatbestand des gravierenden Wechselkursproblems der deutschen Exportwirtschaft (wie auch der japanischen), während ein schwerwiegendes Lohnkostenproblem auch zu Beginn der 90er Jahre nicht zu erkennen sei. Zwar hätten für die Unternehmen Lohnstückkostenanstieg und Aufwertung die gleichen ungünstigen Auswirkungen auf die preisliche Wettbewerbsfähigkeit, die Ursachen und die Veränderungsmöglichkeiten seien jedoch völlig unterschiedlich.

Im Prinzip bestätigen die Ergebnisse des ifo-Instituts und die Analysen Priewes das, was durch die (hohen) Gewinnausweise der Unternehmen bereits vorher bekannt war. Die Industrie verdient trotz der Kritik am Standort Deutschland durchweg hervorragend. Die Schlußfolgerung der Untersuchung liegt eher im Gegenteil dessen, was sie besagt: Gerade wegen seiner hohen Produktivität kann der Standort Deutschland seinen Menschen nicht mehr genug Arbeit geben. Das ist ein Vorwurf, der sich an Wirtschaft und Staat richtet. Der Verlust an Weltmarktanteilen weist eher darauf hin, dass die Wirtschaft nicht genügend neue Produkte auf den Markt bringt.

Gerade solche Argumente sollten nicht dazu verleiten, die Herausforderungen durch neue Mitbewerber am Standortwettbewerb zu ignorieren. Die Frage aber, ob eine Verringerung der Lohnkosten Arbeitsplätze schaffen würde, da Deutschland auf diese Weise ein Lohnstückkostenniveau erreichen könnte, das klar unter dem seiner Mitbewerber liegen würde, bleibt bestehen. Wenn die Lohnstückkosten umso niederer liegen, je mehr Produkte mit derselben Zahl von Beschäftigten hergestellt werden kann oder je geringer die Zahl der Arbeitnehmer ist, die eine bestimmte Menge produzieren können, dann stellt das Lohnstückkostenniveau das Spiegelbild der Arbeitslosigkeit dar. Je mehr Leute ein Betrieb entlässt, ohne die Produktion entsprechend herunterzufahren, desto niederer sind anschließend die Lohnstückkosten. Wenn die Unternehmen (z.B. durch Leistungsverdichtung) nur genügend Personal abbauen können, erachten sie die Löhne nicht mehr als zu hoch und wären die Löhne niederer, würde dies tatsächlich zu einem Abbau der Arbeitslosigkeit beitragen?

Wenn man von einer Krise des Standorts Bundesrepublik sprechen will, dann geht es nicht um einige Lohnprozente oder Urlaubstage mehr oder weniger, sondern um eine Krise, die das Land spalten, es in verfeindete Lager aufteilen und es wachsender Gewaltbereitschaft ausliefern könnte: Arbeitsplatzbesitzer gegen Arbeitslose; Besitzende gegen Besitzlose, Reiche gegen Arme - eine Gesellschaft, die das gemeinsame Fundament, nämlich ihre soziale Symmetrie noch weiter (s. die Diskussion um 'Neue Armut', um die 'Zwei-Drittel-Gesellschaft' usw.) verlieren würde. Was passiert mit der Demokratie, wenn unter dem Druck der Globalisierung die Verteilungsgerechtigkeit ruiniert wird - ohne (europäische) Mindestlöhne, Dumpingverbot und Sozialstandards?

5.2   Arbeitskosten und Direktinvestitionen im Ausland

Der Saldo der ausländischen Direktinvestitionen wird als wichtiger Indikator für die "ablitiy to attract" angesehen. Unter Direktinvestitionen können solche Vermögensanlagen eines Inländers im Ausland verstanden werden, bei der der Investor einen spürbaren Einfluß auf die Geschäftspolitik des Investitionsprojekts nimmt (*Lorz* 1993, 149). Unter dem Aspekt der internationalen Wettbewerbsfähigkeit können Direktinvestitionen sehr unterschiedlich interpretiert werden. Hohe Bestände bzw. Zuwächse von Direktinvestitionen des Auslandes werden mit einer hohen Standortattraktivität dieses Raumes in Verbindung gebracht; auf der anderen Seite werden hohe Zuwächse ausländischer Direktinvestitionen von Inländern als Verschlechterung der Standortqualität dieses Landes interpretiert (Stichwort 'Kapitalflucht').

In der deutschen Öffentlichkeit wird der Eindruck erweckt, dass neben den hohen Steuern sowie den langen behördlichen Entscheidungsprozeduren und der Bürokratie vor allem die hohen Arbeitskosten verantwortlich sind, wenn deutsche Unternehmen ins Ausland gehen, um dort zu investieren beziehungsweise produzieren zu lassen. Dass dies nur die halbe Wahrheit ist, geht in der Diskussion gelegentlich unter.

In der Literatur werden vor allem folgende Faktoren genannt, die ein Unternehmen (neben der Aussicht auf hohe Gewinne) zu einer Direktinvestition im Ausland veranlassen (z.B. *Aharoni* 1966; *Jahrreiß* 1984; *Rugman & Hodgetts* 1995; *Perlitz* 1995):

- die Erschließung neuer Märkte;
- Angst, einen Markt zu verlieren;
- Mitläufer-Effekte;
- starke Konkurrenz von ausländischen Unternehmen auf den Inlandsmärkten;
- Kapitalüberlegungen (z.B.Wechselkursrisiken, Zinsunterschiede);
- Staatliche Investitionsanreize (z.B. Steueranreize, Subventionen);
- Marktbezogene Variablen (z.B. Marktgröße, Marktwachstum);
- Lohnkostendifferenzen;
- Steuersystem;

- politische Risiken;
- Ausschalten von Wettbewerb im Ausland durch Firmenaufkäufe;
- Ausnutzen monopolistischer Vorteile, die durch überlegene Technologien, besseren Zugang zu Kapital und eine Produktdifferenzierung erzielt werden können;
- oligopolistisches Parallelverhalten (z.B. Follow-the-Leader-Strategie);
- 'Imperialistische' Motive (z.B. Abstimmung zwischen den Regierungen kapitalistischer Staaten und multinationalen Unternehmen mit dem Ziel, die Kontrolle über Rohstoffquellen oder Absatzmärkte zu erlangen bzw. getätigte Investitionen abzusichern);
- Umgehen von Zollschranken, Importrestriktionen, Local-Content-Vorschriften
- Verkauf von Know-how;
- Verteilung von Forschungs- und Entwicklungskosten und sonstiger fixer Kosten auf die Auslandsgesellschaften;
- Schaffung eines Marktes für Zulieferprodukte, soweit diese nicht auch nach einer Direktinvestition im Ausland 'zu Hause' hergestellt werden können.

Im Prinzip ist eine Liste mit möglichen Determinanten von Entscheidungen für eine Direktinvestition im Ausland nahezu unerschöpflich. Es ist deshalb nicht weiter verwunderlich, dass Untersuchungen, die einen quantitativen Zusammenhang zwischen Direktinvestitionen eines Landes und spezifischen Standortbedingungen anderer Ökonomien herzustellen versuchen, auf große Erklärungsprobleme stoßen. Sammelreferate zu diesem Thema (z.B. *Jahreiß* 1984; *Perlitz* 1995) stellen jedoch fest, dass Investitionsanreize und das Steuersystem nur einen niederen Erklärungswert für das Zustandekommen von Direktinvestitionen im Ausland haben. Überraschend erklären auch politische Risiken nur einen geringen Teil der Varianz. Lohnkostendifferenzen besitzen nur dann einen Erklärungswert, wenn es sich um kostenintensive Direktinvestitionen im Ausland handelt. Am meisten tragen marktbezogene Variablen zu Erklärung bei, wobei v.a. das Potential eines Marktes ausschlaggebend ist.

Eine sehr allgemeine Erklärung für ausländische Direktinvestitionen ist das Ziel eine multinationale Organisation aufzubauen und somit den Einflußbereich zu erweitern (*Krugman & Obstfeld* 1994).

Bereits anhand dieser (kleinen) Aufzählung von möglichen Bestimmungsfaktoren für eine Auslandsinvestition wird deutlich, dass bei Standortanalysen die Konzentration auf Kostenfaktoren (z.B. Lohnniveau oder Steuervorteile) unter Vernachlässigung anderer Faktoren der Komplexität einer solchen Entscheidung nicht angemessen ist. Auch der Vorschlag, einzelne Indikatoren für bestimmte Teilaspekte der Standortqualität zu sammeln und entsprechend ihrer Bedeutung zu gewichten und zusammenzufassen, enthält erhebliche Probleme. Wie schwierig es ist, geeignete Indikatoren für die jeweilige Standorteigenschaft zu finden bzw. diese zu gewichten und zusammenzufassen, wird am Beispiel des Standortfaktors 'Lohnkosten' deutlich:

Der relativ starke Anstieg der deutschen Lohnkosten in den letzten 10 Jahren hat dazu geführt, dass 1993 der Faktor Arbeit im Vergleich von 18 OECD-Ländern in Westdeutschland am teuersten war. Die hohen Lohnkosten allein sind jedoch kein Zeichen für eine Standortschwäche. Sie können sogar Stärke signalisieren, wenn sie als frei vereinbarte Preise für die Bewertung der Arbeitskräfte durch die international tätigen Unternehmen widerspiegeln. Deshalb muss auch die unterschiedliche Qualität der Arbeitskräfte in den einzelnen Ländern berücksichtigt werden. Dies ist der Grund, warum bei entsprechenden Vergleichen die nominalen Lohnkosten in Beziehung zur Arbeitsproduktivität gesetzt werden (siehe oben die Ausführungen zu den Lohnstückkosten). Allerdings ist auch dieser Indikator für einen Standortvergleich nicht unproblematisch, da langfristig der Nenner der Lohnstückkosten, die durchschnittliche Arbeitsproduktivität, durch Arbeitsnachfrage der Firmen determiniert wird. Je stärker die Betriebe rationalisieren, desto höher ist die durchschnittliche Produktivität pro Arbeiter, um so günstiger also auch der Wert der Lohnstückkosten. Die Reaktion der Unternehmen auf hohe Lohnforderungen kann somit einen dämpfenden Einfluß auf die Lohnstückkosten haben, der jedoch nicht von einer verbesserten Standortqualität herrührt.

5.2.1 Die Bedeutung von Direktinvestitionen für den Standort (ein empirischer Beleg)

Bei der Frage danach, in welchem Ausmaß es Deutschland gelungen ist, mobiles Kapital anzulocken bzw. im Land zu halten, wird der negative Saldo zwischen den Direktinvestitionen (Neuanlagen abzüglich Rückflüsse) deutscher Unternehmen und den nach Deutschland einfließenden Direktinvestitionen immer wieder als Beleg für die schlechte Qualität des Standorts angeführt. Nach Angaben des BDI-Präsidenten Henkel lag die Differenz dieser beiden Größen 1995 bei 37 Mrd DM (*Der Tagesspiegel* vom 12. 04. 1996). Allerdings liegt dieser Saldo seit Anfang der 90er Jahre in dieser Größenordnung und ist jedoch im Verlauf der 80er Jahre gestiegen. Er entspricht damit nur knapp 5% der inländischen Bruttoanlageinvestitionen und trägt somit zu deren mangelnder Dynamik nur in sehr geringem Umfang bei (*Priewe* 1997, 25).

Um differenziertere Angaben über das Investitionsverhalten grenzübergreifend tätiger Unternehmen zu erhalten, hat das ifo Institut 1995 eine breit angelegte Befragung auf internationaler Ebene durchgeführt (s. *Wilhelm* 1996). Die Ergebnisse zum Direktinvestitionsverhalten resultieren aus den Antworten von 151 deutschen und 107 ausländischen (Groß-) Unternehmen. Neben Daten zum Investor und zur rechtlichen Stellung seiner Auslandstöchter wurden Angaben zur Struktur der Direktinvestitionen und v.a. zur Funktion der Auslandstöchter im Gesamtkonzern erhoben. Im dritten (und für unsere Ausführungen wichtigsten) Teil der Untersuchung wurden 15 Motive genannt, die die Adressaten gemäß ihrer Bedeutung gewichten sollten. Drei dieser Motive betrafen die Absatzorientierung (Absicht der Markterschließung, Verteidigung bereits errungener Marktanteile, Partizipation am Wachstum fremder Märkte). Zusätzlich wurde die mögliche Kostenorientierung der Direktinvestition sowie die Bedeutung verschiedener 'weicher' Standortfaktoren überprüft. Um herauszufinden, ob sich das Motivprofil in Zukunft ändert, wurden die Fragen nach den Motiven zeitlich dimensioniert. Zudem sollten die befragten deutschen und ausländischen Unternehmen die Schwächen Deutschlands im Hinblick auf die 15 aufgeführten Faktoren benennen. Um herauszufinden, welche Gründe in konkreten Entscheidungssituationen ausschlaggebend sind, wurden die Unternehmen gebeten, das Zielland und die Motive der letzten Direktinvestition anzugeben. Die Ergebnisse zu den Fragen nach der vergangenen bzw. künftigen Bedeutung der Standortfaktoren aus der Sicht deutscher Unternehmen sind in Abb. G-5 zusammengefaßt. Eine ausführliche Darstellung der Ergebnisse ist im Rahmen dieses Kapitels nicht möglich (siehe dazu *Wilhelm* 1996); wir beschränken uns auf die wichtigsten Ergebnisse dieser Untersuchung, die im Zusammenhang mit dem Thema 'Personalkosten' stehen:

Deutsche (Groß-) Unternehmen

Das Anlageverhalten der deutschen Großunternehmen im Ausland orientiert sich v.a. an den Absatzmärkten. Dabei wird diesen Motiven in Zukunft noch viel mehr Bedeutung zugemessen. Zwei Drittel der Unternehmen gaben an, in der Vergangenheit Direktinvestitionen vorgenommen zu haben, um den betreffenden Markt zu erschließen. Die Beweggründe, bereits errungene Marktanteile zu sichern und am Wachstum der Auslandsmärkte zu partizipieren, waren in der Vergangenheit mit etwa 50% der Nennungen gleich wichtig. Künftig wird jedoch das Wachstumsargument an Bedeutung zunehmen.

a) Bei der Beurteilung der Bedeutung der *Arbeitskosten* für Standortentscheidungen zeichnet sich ein Wandel ab; während in der Vergangenheit niedere Lohn- und Lohnnebenkosten für ein Drittel der Teilnehmer keine Bedeutung hatten und nur jedes fünfte Unternehmen diesen Faktor als "sehr wichtig" einstufte, kehrt sich im Hinblick auf künftige Entscheidungen diese Relation um.

b) Die Qualität des Humankapitals und der Infrastruktur waren zwar in den seltensten Fällen ausschlaggebend, wurden aber von einer Vielzahl von Unternehmen als positive Kriterien bei der Entscheidungsfindung berücksichtigt. Diese Beurteilung gilt auch für die Zukunft.

c) Bei der Beurteilung des Standorts Deutschland sieht die Mehrzahl der Befragten die größten Defizite im Niveau der Lohn- und Lohnnebenkosten sowie in der Steuerbelastung. Diese beiden Aspekte erhielten mit 85% bzw. 73% mit Abstand die meisten Nennungen. Rund jedes vierte Großunternehmen sah Defizite im Marktwachstum.

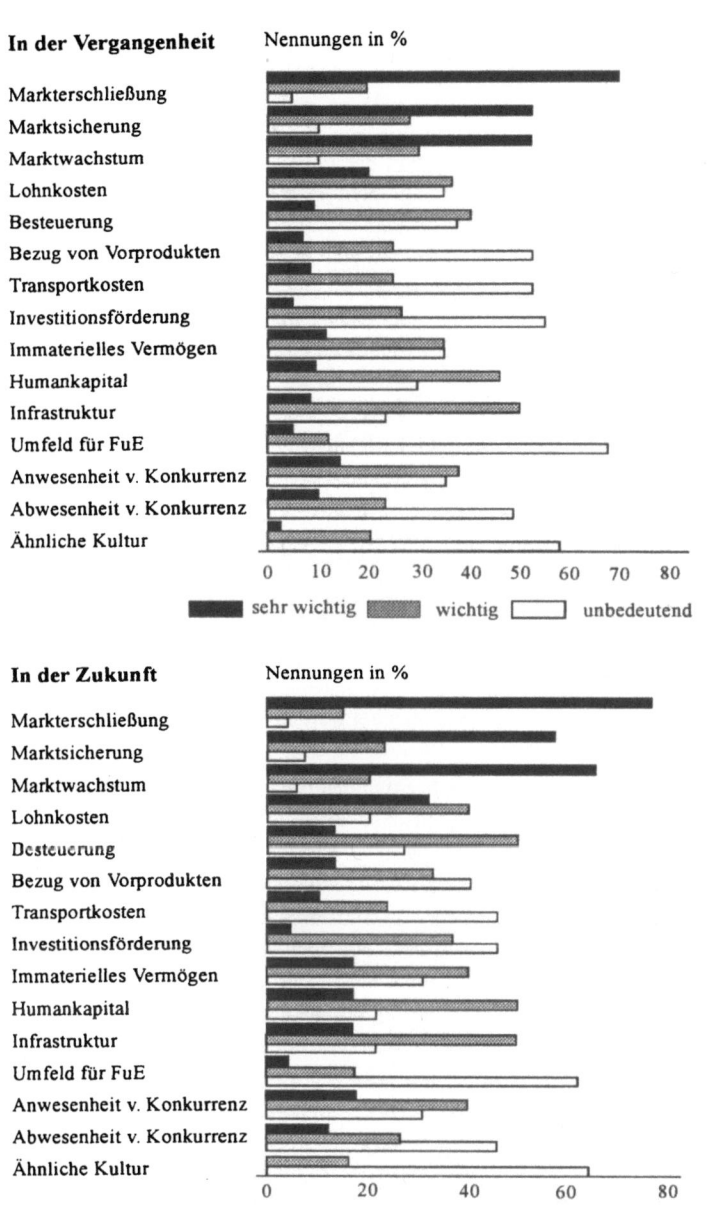

Abb. G-5:   Standortfaktoren im Urteil deutscher Unternehmen
(nach: *Wilhelm* 1996, 12)

d) In den konkreten Entscheidungssituationen waren jedoch meistens am Markt des Ziellands orientierte Überlegungen ausschlaggebend. Dabei ging es in erster Linie darum, durch die Direktinvestition den Markt des Ziellands zu erschließen. An zweiter Stelle wurde die Absicht genannt, am Marktwachstum des Ziellands teilzuhaben. Auf der Kostenseite waren v.a. die Arbeitskosten von Bedeutung. Jedes vierte Unternehmen gab an, dass der Lohnkostenaspekt bei seiner letzten Direktinvestition eine wichtige Rolle gespielt habe.

e) In einzelnen Branchen werden die Lohnkosten an den Auslandsstandorten unterschiedlich beurteilt. Während sie für Banken und v.a. für Versicherungen kein wichtiger Entscheidungsparameter waren, flossen sie bei der Standortwahl von Industrie- und Handelsunternehmen mit in das Kalkül ein. Vor allem im Verarbeitenden Gewerbe wird das Lohnkostenargument künftig stärker gewichtet werden.

Ausländische (Groß-) Unternehmen

a) Die Motivstrukturen deutscher und ausländischer Unternehmen unterscheiden sich kaum: im Vordergrund steht die Absatzorientierung; allerdings ist die relativ geringe Bedeutung der Lohn- und Lohnnebenkosten für die Entscheidung ausländischer Investoren überraschend. Lohnkostenargumente spielten in der Vergangenheit nur für jedes dritte Unternehmen eine Rolle und beinahe die Hälfte gab an, dass dieser Aspekt für sie bisher keine Bedeutung besaß. Allerdings werden sich künftige Investitionsentscheidungen stärker am Lohngefälle orientieren.

b) Die ausländischen Unternehmen sehen die Defizite des Standorts Deutschland vor allem in der Höhe der Lohn- und Lohnnebenkosten sowie in der Steuerbelastung. Allerdings fällt diese Beurteilung bei weitem nicht so einhellig aus wie bei den deutschen Unternehmen.

Für unsere Themenstellung lässt sich zusammenfassend feststellen, dass die Kostenorientierung der Direktinvestition nicht so ausgeprägt ist wie die Absatzorientierung. Auch künftig werden für deutsche und ausländische Unternehmen die Absatzmotive wesentlich wichtiger sein als die Lohnkostenargumente. Allerdings werden die Lohnkosten von allen Kosten am stärksten wahrgenommen (angesichts der vorliegenden Ergebnisse ist es schwer zu entscheiden, ob sich bei der Beantwortung der Frage nach der Bedeutung der Lohnkosten nicht auch Faktoren wie Rhetorik, politische Erpressung und/oder die Mimikry der allgemeinen Diskussion widerspiegeln). Eine Argumentation allein auf der Basis der Lohnkosten ist auch deshalb problematisch, weil auch die Arbeitsproduktivität zu berücksichtigen ist (siehe oben). Die Bedeutung, welche die Produktivität für Investitionsentscheidungen internationaler Großunternehmen besitzt, zeigt sich u.a. auch darin, dass auf produktivitätssteigernde Standortfaktoren wie die Qualität des Humankapitals sowie eine gute Infrastruktur Wert gelegt wird. Obwohl sowohl ausländische als auch deutsche Unternehmen das hohe deutsche Lohnniveau kritisierten, war bei den in jüngster Zeit realisierten Direktinvestitionen das Niveau des Nominallohns nicht ausschlaggebend, sondern in erster Linie die Größe und das Wachstum des Marktes, den die Auslandstochter beliefern soll.

5.2.2 Direktinvestitionen im Ausland und Beschäftigungswirkungen

In der öffentlichen Diskussion werden Auslandsinvestitionen deutscher Unternehmen gleichgesetzt mit der Verlagerung von Arbeitsplätzen ins Ausland. Dass dieser Zusammenhang keineswegs zwangsläufig ist, geht aus einer Untersuchung des Rheinisch-Westfälischen Instituts für Wirtschaftsforschung (RWI) von 80 Unternehmen des produzierenden Gewerbes hervor. Darin stellt das RWI fest, dass die Unternehmen, die zwischen 1990 und 1994 im Ausland kräftig investierten, nicht zu denen gehörten, die ihre Beschäftigung im Inland überdurchschnittlich reduzierten (SZ vom 10.09.96, 21) - einer Ausweitung der Beschäftigung im Ausland um 10% folgte eine Zunahme im Inland um 4% (wobei jedoch offen bleibt, wie sich die Beschäftigung entwickelt hätte, wenn die ins Ausland geflossenen Investitionen im Inland verwendet worden wären). Allerdings überwog im Inland ein autonomer Beschäftigungsabbau, der unabhängig von den Auslandsengagements im Durchschnitt der untersuchten Unternehmen ca. 12 Prozent betrug. Gleichzeitig wird darauf hingewiesen, dass der Handlungsspielraum eines Unternehmens mit jeder Auslandsinvestition größer wird und damit auch die Möglichkeiten, die Beschäftigung entsprechend der jeweiligen Kostensituation flexibel anzupassen. Zwar weitete 1991 etwa die Hälfte aller erfassten Unternehmen ihre Beschäftigung im Ausland aus, aber noch mehr, nämlich zwei Drittel, steigerten zusätzlich die Zahl ihrer Mitarbeiter im Inland. Allerdings kehrt sich das Verhältnis seitdem eher um; 1995 erhöhten fast 80 Prozent der befragten Unternehmen die Beschäftigung im Ausland, aber weniger als 30 Prozent die im Inland.

Betrachtet man die Art der Auslandsinvestitionen, so kann die These des RWI tendenziell aufrechterhalten werden. Es handelt sich überwiegend um Akquisitionen und Zusammenschlüsse, von denen nur geringe Impulse für neue Arbeitsplätze im Ausland ausgehen. Auch Engagements in China oder anderen asiatischen Ländern dienten primär dem Zweck, den Zugang zu diesen Märkten zu sichern. Sie ersetzen - schon aufgrund der geographischen Distanz - in der Regel kaum Produktion in Deutschland.

Diese Befunde entsprechen den Ergebnissen der oben beschriebenen ifo-Untersuchung (*Wilhelm* 1996); dort wurde berichtet, dass deutsche Unternehmen weltweit flächendeckend vertreten sind, wobei den meisten Auslandstöchtern eine unmittelbar umsatzfördernde Aufgabe zukommt. Über ein Drittel der Befragten gaben an, dass ihre Direktinvestitionen nicht in Konkurrenzbeziehung zu ihren Exporten stehen. Die Unternehmen, deren Direktinvestitionen Exporte ersetzen, sind mit lediglich 15% der Nennungen deutlich in der Minderheit. In den meisten Fällen (44% der Nennungen) gilt, dass die Märkte parallel über die Produktion der Auslandstöchter und die Exporte bedient werden.

5.2.3 Schlussfolgerungen

Es ist generell problematisch, einen positiven oder negativen Saldo der Direktinvestitionen mit der Wettbewerbsfähigkeit eines Landes in Verbindung zu bringen (s. *Trabold* 1995). Wenn Defizite bei den Direktinvestitionen als Wettbewerbsschwäche intepretiert werden, dann müßten Länder wie Japan oder Deutschland als wenig wettbewerbsfähig eingestuft werden, was angesichts der Exportstärke und des hohen Realeinkommens dieser beiden Volkswirtschaften äußerst unrealistisch ist. Geht man davon aus, dass der Saldo der Direktinvestitionen dem Leistungsbilanzsaldo folgt, so müßte ein Nettokapitalexport aus Direktinvestitionen vielmehr als Standortstärke interpretiert werden (*Trabold* 1995).

Neben saldenmechanischen sprechen auch ökonomische Gründe dafür, den Saldo der Direktinvestitionen als Indikator für die Wettbewerbsfähigkeit eines Landes als kritisch einzustufen. Zum einen sind Direktinvestitionen zum Vertrieb technologisch anspruchsvoller und humankapitalintensiver Güter im Ausland notwendige Voraussetzungen für Absatzerfolge. Zum andern geht aus der Internationalisierungstheorie hervor, dass die Auslandsaktivitäten eines Unternehmens häufig einem Phasenschema folgen, nach welchem sich die Unternehmen zuerst über Exporte auf den Auslandsmärkten etablieren und erst dann im Ausland produzieren, wobei der Export nicht aufgegeben wird. Danach bedeuten hohe Direktinvestitionen im Ausland, "dass sich die inländischen Unternehmen auch auf der Kapitalschiene in die internationale Arbeitsteilung integrieren" (*Trabold* 1995, 177). Wenn Deutschland oder Japan als erfolgreiche Exportländer mehr aus- als eingehende Direktinvestitionen aufweisen, dann ist dies völlig normal.

Angesichts solcher Befunde ist es verwunderlich, dass in der deutschen Öffentlichkeit der Schwerpunkt der Diskussion (neben den zu hohen Abgaben) nahezu ausschließlich auf die hohen Kosten der Arbeit gelegt wird. Nur sehr selten wird damit argumentiert, dass hohe Lohnkosten im Inland durch Standortvorteile ausgeglichen werden können. So besitzt Deutschland eine weit überdurchschnittlich ausgebaute Infrastruktur im Verkehrs- und Nachrichtenwesen, eine industriell-gewerbliche Tradition, hervorragende FacharbeiterInnen und TechnikerInnen, eine noch immer gute Schul- und Berufsausbildung und ein positives Sozialklima, welches u.a. in einer niederen Streikrate zum Ausdruck kommt. Die enge Zusammenarbeit zwischen Endproduzenten und Zulieferern und ein vielfältiges technologisches und wirtschaftliches Geflecht zwischen kooperierenden Unternehmen sind ebenfalls hoch einzuschätzende Positiv-Faktoren.

Engelen-Kefer u.a. (1995) weisen darauf hin, dass der florierende Export als Indikator der Standortqualität eines Landes bislang auch zeigte, dass insgesamt die Qualität deutscher Produkte ausschlaggebend war und diese Produkte - trotz hoher Herstellkosten - auf dem Weltmarkt als 'preiswert' gelten (wobei auffällt, dass sich die ganze Diskussion auf die Industrieproduktion, die in den USA ca. 25 % und in

der BRD ca. 35 % des BIP ausmacht, konzentriert). "Bei technologisch hochwertigen Waren, die einen Großteil der deutschen Exportgüter stellen, ist nicht der Preis
das Hauptkriterium für Kaufentscheidungen, sondern die Bündelung verschiedenster
Kriterien wie Qualität, Ausstattung, Service-Netz des Produkts oder eben die Tatsache, dass gut eingespielte Handelsbeziehungen existieren" (*a.a.O.*, 571).

Allerdings machen auch diese Autoren darauf aufmerksam, dass Exportzahlen, die
sich auf den deutschen Anteil an der gesamten Weltausfuhr (in jeweiligen Preisen)
beziehen, als Indikator für Standortschwäche oder Standortstärke eines Landes mit
Vorsicht zu genießen sind. Da immer mehrere Einflußfaktoren in Rechnung gestellt
werden müssen, sei eine seriöse Interpretationen der verfügbaren Daten selbst für
Experten schwierig. So verändern sich etwa Weltmarktanteile rein rechnerisch
durch Veränderungen der Rohstoffpreise (vor allem der Erdölpreise, die rechnerisch
die Gesamthöhe der Weltexporte erheblich verändern können) oder durch Wechselkursschwankungen des Dollars. Für Deutschland kommt noch hinzu, dass die unterschiedliche Bedeutung Ostdeutschland als Import- oder Exportgebiet das Gesamt-
bild der Exportstrukturen verzerrt (Vereinigungseffekt).

Das Problem bleibt jedoch bestehen, wie sich die Höhe der Exporterfolge im Zeichen einer zunehmenden Globalisierung künftig entwickeln wird, zumal wenn im
internationalen Wettbewerb Konkurrenten auftreten, die ihre wirtschaftlichen Verhältnisse 'um jeden Preis' verbessern wollen. Sucht man eine Antwort auf die Frage
nach den Zukunftschancen des Standorts Deutschlands, so erweist es sich als sinnvoll, die Position auf den Wachstumsmärkten, d.h. in wachstumstarken Regionen
und bei Produkten mit Wachstumschancen zu untersuchen. Eine differenzierte Betrachtung dieser Probleme würde allerdings den Rahmen dieser Arbeit, bei der es
primär um Kosten der Arbeit geht, sprengen. Neuere Analysen zu diesem Thema
(z.B. *Engelen-Kefer* u.a. 1995; *Köddermann* 1996) machen jedoch deutlich, dass die
Verlangsamung der Exportdynamik Deutschlands Anfang der neunziger Jahre mit
dem Argument, dass die Löhne in Deutschland zu hoch seien, allein nicht begründet
werden kann. Vielmehr müßten die Kostenprobleme als Teil in das Gesamtmosaik
der Standortmerkmale eingeordnet werden. Wenn all diese Argumente im Feuer der
politischen und tarifpolitischen Auseinandersetzungen untergehen und wenn immer
mehr Unternehmer und Politiker am eigenen Standort kein gutes Haar lassen, dann
ist es nicht weiter verwunderlich, dass potentielle ausländische Investoren nur noch
die hohen deutschen Kosten sehen. Selbst wenn Standortentscheidungen *vorwiegend*
auf der Basis 'rationaler' Überlegungen getroffen werden, so kann doch nicht übersehen werden, dass bei unternehmerischen Entscheidungen auch psychologische
Einflußgrößen eine wichtige Rolle spielen.

Natürlich kann niemand bestreiten, dass hohe Kosten, insbesondere hohe Arbeitskosten gerade für ein exportorientiertes Land wie die Bundesrepublik Deutschland
sehr ins Gewicht fallen. Gerade auf einem Weltmarkt, der sich in den Jahren nach
dem Fall des Eisernen Vorhangs revolutionär geöffnet hat, finden Stand und Ent-

wicklung der Arbeitskosten im internationalen Vergleich eine besondere Beachtung. Durch Einbeziehung der Transformationsländer in die internationale Arbeitsteilung wird die Ausnutzung beträchtlicher Lohndifferentiale möglich. Zudem ist zu erwarten, dass diese Länder u.a. wegen des Zustroms von Direktinvestitionskapitals erhebliche Produktivitätsfortschritte verzeichnen werden (mit einer Direktinvestition geht nicht nur die Übertragung von Kapital einher, sondern auch der Transfer von technischem Wissen, unternehmerischem Know-how usw.).

G-6: Personalkosten aus einzelwirtschaftlicher Sicht - Übersicht -

---

6.1 Systematisierungen der Personalkosten

6.1.1 Das betriebliche Rechnungswesen

Basis:
- gesetzlich gesicherte Informationsansprüche der amtlichen Statistik
- handels- und steuerrechtliche Anforderungen
- Vorschriften für die aktienrechtliche Gewinn- und Verlustrechnung

6.1.2 Das System der DGFP:

Basis:
- Personalaufwand in der Abgrenzung der aktienrechtlichen Gewinn- und Verlustrechnung und Zusatzerhebungen

6.1.3 Humanvermögensrechnung

Ziel:
- Einbeziehung verhaltenswissenschaftlicher Erkenntnisse in das Rechnungswesen

6.1.4 Der Ansatz des Non-Accounting

Ziel:
- Begründung für die Abstinenz detaillierter Personalkostenrechnungen

6.1.5 Personalkosten und Wertschöpfung

Ziel:
- Nachweis der Entstehung und Verteilung des Einkommens im Betrieb

---

6. Personalkosten aus einzelwirtschaftlicher Sicht

6.0 Überblick

Aus der Sicht der Gesamtanlage des Buches geht es in diesem Abschnitt darum, den für viele wohl wichtigsten Aspekt der (betrieblichen) Personal-*Wirtschaft* zu beleuchten. Wir werden deshalb in diesem Teilabschnitt v.a. Konzepte und Operationalisierungen sowie die Struktur der Kosten für das Personal aus betrieblicher Sicht untersuchen. Allerdings haben wir bereits eingangs darauf hingewiesen, dass im Rahmen des Human Ressource Management u.a. gefordert wird, 'Personal' nicht ausschließlich als Kostenfaktor zu betrachten, sondern v.a. auch als Aktivum (Asset bzw. Vermögen). Wir gehen deshalb auf diesen Aspekt im Zusammenhang mit Überlegungen zur Humanvermögensrechnung und zur Wertschöpfung ausführlich ein.

6.1 Systematisierungen der Personalkosten

Voraussetzung für den Aufbau eines Systems zur Analyse und Planung der Personalkosten ist eine möglichst exakte und umfassende Erfassung und Systematisierung sämtlicher Aufwendungen, die im Zusammenhang mit dem Personal entstehen. Einen Vorschlag zur Gliederung der Personalkosten, der, anders als die Systematik von *Kaiser & Werner*, welche eher eine gesamtwirtschaftliche Sichtweise widerspiegelt, Personalkosten unter betrieblichen Gesichtspunkten gliedert, wurde von *Hentze & Kammel* (1993) entwickelt:

Gliederungsmerkmal	Kostenarten
Rechtsgrundlage	Gesetzliche, tarifliche, freiwillige Leistungen
Form der Leistungs-gewährung	Geldleistungen, Sachleistungen, Nutzungsgewährung
Häufigkeit des Leistungsempfangs	fortlaufende, periodische, einmalige Leistungen
Regelmäßigkeit des Auftretens	regelmäßige und ereignisbezogene Personalkosten
Empfängerkreis	z.B. Leistungen für Führungskräfte (außertariflich), tarifliche Angestellte, ehemalige Belegschaftsmitglieder, Auszubildende
Bemessungsgrundlage	ertragsabhängige, ertragsunabhängige Zuwendungen
Zurechenbarkeit auf Arbeitnehmer	individuell-direkte und kollektive Personalkosten
Bezug zur menschlichen Arbeit im Betrieb	direkte Personalkosten (Entgelte, Personalzusatzkosten, kalkulatorischer Unternehmerlohn), indirekte Personalkosten (sonstige Kosten zur Realisierung der personalwirtschaftlichen Funktionen im Betrieb)
Kostenbereiche/Kosten in der Personalwirt-schaft	z.B. Personalbeschaffungs-, Personalentwicklungs-, Personaleinsatz-, Personalfreistellungskosten etc.
Investitionscharakter	investive und periodenaufwandsgleiche Personalkosten
Zusammenhang mit dem betrieblichen Leistungs-prozeß	unmittelbare, produktive und mittelbare ("unproduktive") Personalkosten
Kostenverhalten bei Beschäftigung	fixe und variable Kosten im Personalbereich
Managementebenen	Bestandskosten (Bereitstellungskosten), Aktionskosten für proaktive Maßnahmen im Personalbereich, Reaktionskosten als Folge von Einflussgrössen-Veränderungen.

Tab. G-12:   Beispiele für Gliederungsmöglichkeiten von Personalkosten
(aus: *Hentze & Kammel* 1993, 148)

Diese Kriterien werden in den anschließend diskutierten differenzierten Konzepten, Systematiken, Komponenten und Vorschlägen zu Messung der Personalkosten sowie deren Entwicklung sehr unterschiedlich berücksichtigt. In der betrieblichen Praxis werden am häufigsten die Gliederungskriterien 'Rechtsgrundlage', 'Mitarbeiterstatus' und 'Leistungs*gewährungs(!)*form' verwendet.

Wie wir bereits oben gezeigt haben, kann man jedoch davon ausgehen, dass die in den Unternehmen anfallenden Personalkosten im Hinblick auf Höhe, Verursachung, gegenseitige Abhängigkeit und Beeinflußbarkeit oft nicht hinreichend transparent sind. Eine der Ursachen hierfür liegt vermutlich darin, dass man in den vergangenen Jahren der Entwicklung der Personalkosten zu geringe Bedeutung zugemessen hat. Das zunehmende Gewicht der Personalkosten hat in den Unternehmen mittlerweile zu einer anderen Einstellung geführt. Gefordert wird eine nach Wert- und Mengengerüst getrennte, feingegliederte Arbeitskostenrechnung, die die wirtschaftliche Natur von Personalentscheidungen hervorhebt und unmittelbare Bedeutung für Interessenkonflikte, etwa bei Rationalisierungsinvestitionen, oder für Verteilungskonflikte zwischen Arbeitgebern und Arbeitnehmern, aber auch zwischen Arbeitnehmergruppen in der Lohnpolitik hat (*Sadowski & Schröder* 1994, 129).

Um die Personalkosten besser erfassen zu können, muss also ein praktikables Gliederungsschema für alle Personalkosten entwickelt werden. Dieses Schema muss so aufgebaut sein, dass kostenverursachende Faktoren einfach ermittelt werden können und gegenseitige Abhängigkeiten der Kostenarten zueinander deutlich werden. Erst dann werden Kostenkontrollen sowie über- und zwischenbetriebliche Vergleiche möglich. Wie wir bereits oben gezeigt haben, exisitiert kein solches Gliederungsschema, das von allen Unternehmen sowie von Gewerkschaften oder dem Statistischen Bundesamt anerkannt wird. Die Auffassungen darüber,

- was unter 'Entgelt für geleistete Arbeit' zu verstehen ist,
- wie es ermittelt wird,
- aus welchen Positionen sich die Personalzusatzkosten zusammensetzen,
- bei welcher Berechnungsmethode welche Personalkostenbestandteile in welche Position aufgenommen werden,
- welche Personalzusatzkosten gesetzlich und welche durch die Tarifparteien bedingt sind und welchen Kostenanteil man als rein betrieblich gestaltbar betrachten kann,
- welche Kosten fix bzw. variabel, periodengleich vs. investiv, zurechenbar vs. nicht zurechenbar sind,

gehen in den einzelnen Modellen stark auseinander.

6.1.1 Die Erfassung des Personalaufwandes im Rahmen des betrieblichen Rechnungswesens

Personalkosten werden in den verschiedenen Bereichen des betrieblichen Rechnungswesens je nach ihrer Zwecksetzungen in unterschiedlicher Abgrenzung und Aufgliederung verarbeitet; darüber hinaus können Unternehmen aber auch auf überbetriebliche Arbeitskostenerfassungen und -systematisierungen wie z.B. die amtliche Statistik und die Fortschreibungen des IW zurückgreifen. Eine dieser überbetrieblichen Systematisierungen stellt der Ansatz der Deutschen Gesellschaft für Personalführung (DGFP) dar. Im Grunde handelt es sich bei diesem System um eine weitere Tiefengliederung bzw. eine Ergänzung des Schemas des Statistischen Bundesamtes. Da die Auswertung unternehmensbezogen in absoluten Werten und im Verhältnis zur Arbeitnehmerzahl und zum Personalbasisaufwand erfolgt, ist dieses System nicht nur für Unternehmensvergleiche, sondern (v.a. in vereinfachter Form) besonders für einzelbetriebliche Erfassungszwecke geeignet. Aus diesem Grund werden wir das Modell der DGFP im Rahmen dieses Gliederungspunktes behandeln. Bevor wir jedoch auf diesen Ansatz näher eingehen, werden wir zunächst die gesetzlichen Erfordernisse im Hinblick auf die Informationspflicht über den Personalaufwand aufzeigen.

Sadowski & Schröder (1994, 129) weisen darauf hin, dass unabhängig von der Frage unternehmerischer bzw. personalpolitischer Zweckmäßigkeit die Unternehmen in der Bundesrepublik Deutschland per Gesetz dazu verpflichtet sind, Informationen aus dem Personalbereich, darunter auch Informationen zum Personalaufwand, bereitzustellen. Allein im Steuer-, Arbeits- und Sozialrecht bestehen mehr als 100 Spezialvorschriften, die die Betriebe zur Katalogisierung bzw. zur Ermittlung von Daten verpflichten.

Neben den gesetzlich gesicherten Informationsansprüchen der amtlichen Statistik gibt es handels- und steuerrechtliche Anforderungen an die Erfassung der Personalkosten. Allerdings wird die geringe Differenzierung der Personalkosten bereits in den angewandten Methoden des Rechnungswesens deutlich. Einer der Gründe hierfür wird in der nicht sehr tiefen Gliederung der Personalkosten in den Vorschriften für die aktienrechtliche Gewinn- und Verlustrechnung gesehen (*RKW-Handbuch* 1996). Während beim Umsatzkostenverfahren Personalaufwendungen nicht explizit aufgeführt werden, unterteilt das Gesamtkostenverfahren diese geschäftsjahresbezogen lediglich in die Positionen 16 (Löhne und Gehälter), 17 (soziale Abgaben, u.a. Arbeitgeberanteile zur Renten-, Arbeitslosen-, Kranken- und Pflegeversicherung sowie Pflichtabgaben zur Berufsgenossenschaft) und 18 (Aufwendungen für Altersversorgung und Unterstützung, u.a. Renten- und Pensionszahlungen, Rückstellungen hierfür sowie Beiträge zum Pensionssicherungsverein). Anhand dieser kurzen Darstellung wird deutlich, dass es sich bei der Position 'Löhne und Gehälter' um einen bunten Sammelposten handelt, der einer Analyse nur schwer zugänglich ist (s. *RKW-Handbuch* 1996, 497).

Die benötigten Daten können aus den Konten der Buchhaltung übernommen werden. Besondere Probleme für die vollständige Erfassung werfen das Wahlrecht bei der Bildung von Pensionsrückstellungen sowie die wahlweise Zuordnung einzelner Personalaufwandsarten zur GuV-Position 26 (sonstige Aufwendungen) auf. Aufwendungen, die im Zusammenhang mit der Errichtung und dem Betrieb von Sozialeinrichtungen stehen, können der aktienrechtlichen Erfolgsrechnung nicht unmittelbar entnommen werden, da die zugrundeliegenden primären Aufwandsarten in diversen GuV-Positionen (v.a. Position 19: Abschreibungen und Wertberichtigungen auf Sachanlagen und immaterielle Anlagewerte; Position 23: Zinsen und ähnliche Aufwendungen; Position 26: sonstige Aufwendungen) enthalten sind. Besondere Beachtung erfordert auch, dass u.u. periodenfremde Personalausgaben nicht ausgesondert sind, was zu eingeschränkter zeitlicher und zwischenbetrieblicher Vergleichbarkeit z.b. bei Nachzahlungen aufgrund von Tariferhöhungen oder außerordentlichen Zuführungen zu den Pensionsrückstellungen führen kann. Die aktienrechtliche Gliederung erweist sich nur dann für eine Analyse des Personalaufwandes geeignet, wenn den Aufwandspositionen intern eine nach einzelnen Personalaufwandsarten gegliederte Dokumentation vorgelagert ist und eine Ergänzung durch Sonderrechnungen vorgesehen ist (*Grünefeld* 1983; *AWV* 1995).

Nicht zuletzt aufgrund dieser Daten-Situation weisen viele Unternehmen in Geschäftsberichten sowie Personal- und Sozialberichten eine über die gesetzlichen Bestimmungen hinausgehende Dokumentation des Personalaufwandes und die Verteilung der unternehmerischen Wertschöpfung auf Arbeitnehmer, Arbeitgeber und die Öffentliche Hand aus (siehe Abb. G-6 und Tab. G-13)

Sadowski & Schröder (1994) vermuten, dass die für interne Unternehmenszwecke erstellten Personalaufwandsrechnungen, soweit sie bekannt sind, im großen und ganzen denselben Detaillierungsgrad der Personalaufwendungen wie bei ausführlicher externer Berichterstattung aufweisen. Eine Differenzierung erfolgt gelegentlich durch die Trennung der Aufwendungen für bestimmte Gruppen von Beschäftigten (z.B. Lohn- und Gehaltsempfänger sowie Zeit- und Fertigungslöhner) bzw. durch die zusätzliche Berücksichtigung einzelner Kostenarten. Die beiden Autoren kommen zu dem Schluß, dass Personalkostenanalysen in Personal- und Sozialberichten derzeit wohl die gängige Differenzierung der Personalkosten durch die Unternehmen darstellen (s. 130).

Vogt (1984, 863) stellt fest, dass in vielen Unternehmen personenbezogene Informationen nur für solche Aufwandsarten differenziert vorliegen, die im Zuge der Lohn- und Gehaltsabrechnung und der Brutto- und Nettogehaltsberechnung ermittelt werden. Weil Informationen über Zuwendungen in Form von Sozialleistungen und Sozialeinrichtungen sowie anderen Gemeinkosten des Personalbereichs der Lohn- und Gehaltsabrechnung nicht zu entnehmen sind, werden diese üblicherweise in Form kalkulatorischer Sozialkostenzuschläge bzw. Personalnebenkostenzuschläge als Jahresdurchschnittssätze auf die Lohn- und Gehaltskosten verrechnet.

Hoss (1989, 319ff.) hat im Rahmen seiner Dissertation acht Unternehmen der Automobilindustrie u.a. zum Thema der Systematisierung der Arbeitskosten untersucht und kommt dabei zum Ergebnis, dass die Ermittlung der Personalkosten mit Hilfe geschätzter oder überbetrieblichen Berechnungen entnommener Zuschlagsfaktoren sowohl bei der Ist-Kosten- als auch bei der Plankostenrechnung der Arbeitskosten praxisüblich ist. In den meisten der befragten Unternehmen werden die direkten Arbeitskosten im Fertigungsbereich über kostenstellenspezifische durchschnittliche

Lohnsätze ermittelt. Die Nebenkosten werden über Zuschlagssätze, die für das gesamte Unternehmen gelten, bestimmt, wobei für Angestellte und Arbeiter getrennte Zuschlagssätze festgelegt werden. Im Gegensatz zu den Arbeitern werden bei den Angestellten jedoch keine Fehl- und Ausfallzeitenbetrachtungen vorgenommen.

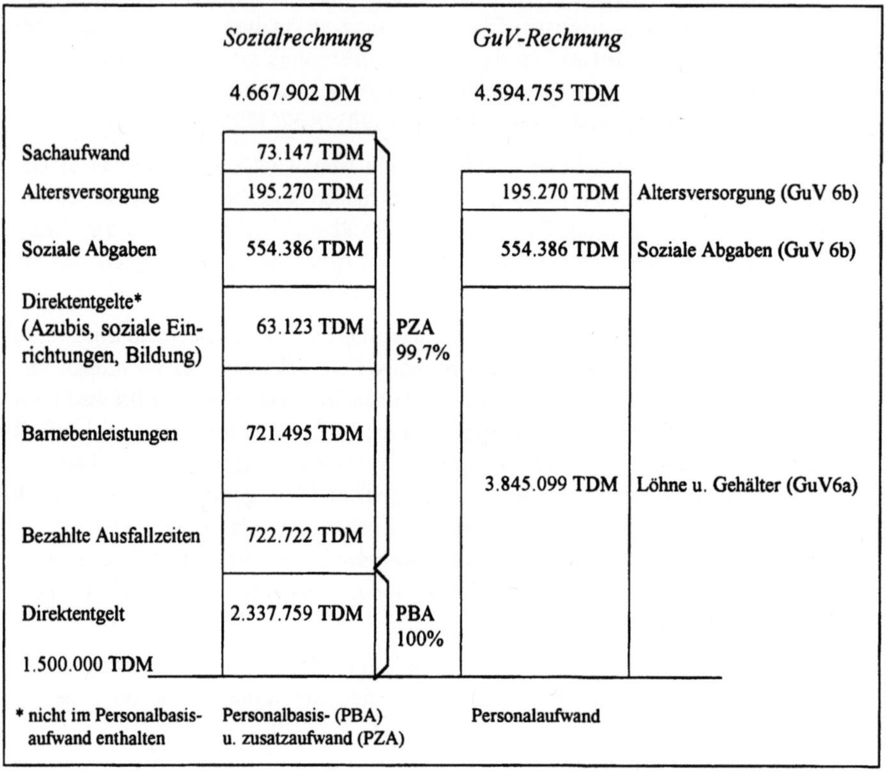

	Sozialrechnung			*GuV-Rechnung*	
	4.667.902 DM			4.594.755 TDM	
Sachaufwand	73.147 TDM				
Altersversorgung	195.270 TDM			195.270 TDM	Altersversorgung (GuV 6b)
Soziale Abgaben	554.386 TDM			554.386 TDM	Soziale Abgaben (GuV 6b)
Direktentgelte* (Azubis, soziale Einrichtungen, Bildung)	63.123 TDM	PZA 99,7%			
Barnebenleistungen	721.495 TDM				
				3.845.099 TDM	Löhne u. Gehälter (GuV6a)
Bezahlte Ausfallzeiten	722.722 TDM				
Direktentgelt	2.337.759 TDM	PBA 100%			
1.500.000 TDM					

* nicht im Personalbasisaufwand enthalten	Personalbasis- (PBA) u. zusatzaufwand (PZA)	Personalaufwand

Abb. G-6:   Personalaufwand BMW AG 1990 (nach: *Willenberg* 1991, 488)

Vier der acht untersuchten Unternehmen bereiteten ihre Personalkosten regelmäßig nach einer überbetrieblichen Systematik, nämlich derjenigen der Deutschen Gesellschaft für Personalführung e.V. (DGFP) auf. Dieses Modell wurde durch einen Arbeitskreis aus Unternehmensvertretern entworfen und verfolgt das Ziel, die inhaltlichen und methodischen Mängel veröffentlichter Personalkostenerhebungen mittels geeigneter Begriffsdefinitionen, Inhaltsbestimmungen und Berechnungsmethoden zu beheben, um so eine höhere Transparenz der Personalkosten und eine zwischenbetriebliche Vergleichbarkeit der Arbeitskostenerfassungen der Unternehmen zu gewährleisten.

Struktur des Personalaufwands der BMW AG	1990 Mio. DM	%[1]	1989 Mio. DM	%[1]
Personalbasisaufwand (Direktentgelt)	**2.337,8**	**100,0**	**2.151,3**	**100,0**
Personalzusatzaufwand	**2.330,0**	**99,7**	**2.045,9**	**95,1**
Bezahlte Ausfallzeiten	**722,6**	**30,9**	**620,5**	**28,8**
Feiertage	138,5		118,3	
Urlaub	390,3		335,1	
Krankheit	127,9		116,6	
Sonstige Ausfallzeiten	65,9		50,5	
Barnebenleistungen	**721,5**	**30,9**	**672,1**	**31,2**
Jahresvergütungen	423,0		368,0	
Urlaubsvergütungen	184,3		157,6	
Sonstige direkte Zuwendungen	71,7		101,0	
Vermögensbildung	42,5		45,5	
Soziale Abgaben	**554,4**	**23,7**	**522,4**	**24,3**
Sozialversicherungsbeiträge	527,8		498,0	
Berufsgenossenschaftsbeiträge	26,6		24,4	
Alterversorgung und Unterstützung	**195,2**	**8,4**	**105,6**	**4,9**
Soziale Dienste und Einrichtungen2)	**89,2**	**3,8**	**79,0**	**3,7**
Bildungsaufwand incl. Entgeltfortzahlung2)	**138,5**	**5,9**	**124,5**	**5,8**
doppelt erfasste Beträge	**-91,4**	**-3,9**	**-78,2**	**-3,6**
Personalbasis und Personalzusatzaufwand	**4.667,8**	**199,7**	**4.197,2**	**195,1**
davon sonstiger Aufwand	73,1		70,6	
Personalaufwand	**4.594,7**		**4.126,6**	

[1] vom Direktentgelt
[2] inkl. kalkulatorischer AfA und sonstiger kalkulatorischer Sachkosten

Tab. G-13:   Struktur des Personalaufwands (nach: *Willenberg* 1991, 488)

6.1.2 Das System der Deutschen Gesellschaft für Personalführung e.V. (DGFP)

Neben der verursachungsgerechten Zuordnung der Personalkosten soll das Personalkostensystem der DGFP vor allem die Bereitstellung von unternehmerischen Planungs- und Kontrollzwecken entsprechenden Personalkostenziffern und Informationen über deren Entwicklung im Zeitverlauf ermöglichen. Dem DGFP-Ansatz liegt der Personalaufwand in der Abgrenzung der aktienrechtlichen Gewinn- und Verlustrechnung, ergänzt durch Zusatzerhebungen zugrunde. Ziel ist es, alle Leistungen an die Mitarbeiter eines Unternehmens darzustellen, die diesen zufließen oder zugute kommen. Aufwendungen, die den Mitarbeitern nicht zugute kommen, können nicht Bestandteil des gesamten Personalaufwandes und damit auch nicht der Personalzusatzkosten sein. Hierzu gehören etwa Aufwendungen, die überwiegend im Unternehmensinteresse stehen, wie Reisekosten und Auslösungen, Arbeitsplatzkosten, Personal-Dispositionsaufwand (z.B. Verwaltungs-, Werbe- und Umzugskosten - soweit vom Unternehmen veranlaßt), Kosten für Personalinformation, Aufsichtsratsvergütungen und Arbeitgeberverbandsbeiträge.

Die DGFP stellt den Personalzusatzaufwand in den Mittelpunkt ihrer Analyse. Begründet wird dies folgendermaßen (s. *Grünefeld* 1988):

1) Der Personalzusatzaufwand tendierte (damals) innerhalb des Personalgesamtaufwands zu überproportionalen Zuwachsraten und erfordert daher eine besonders sorgfältige Analyse der Ursachen, Einflüsse und Auswirkungen.

2) Der Personalzusatzaufwand besteht aus sehr vielen Aufwandspositionen und ist daher in seiner Zusammensetzung schwer zu durchschauen.

3) Bei vielen dieser Aufwandspositionen besteht eine wechselseitige Abhängigkeit. Dies hat zur Folge, dass Faktoren, die auf den Personalzusatzaufwand wirken, häufig gleichzeitig mehrere Aufwandspositionen betreffen. Durch Einflüsse des Gesetzgebers und der Tarifpartner - aber auch durch betriebliche Maßnahmen - ergeben sich in der Zusammensetzung des Personalzusatzaufwandes besonders häufig Änderungen, die sich auf den Inhalt und auf seine Zusammensetzung nach Verursachern auswirken. Aus diesem Grund ist es erforderlich, den Personalzusatzaufwand sorgfältig zu analysieren, ihn auszuwerten und so darzustellen, dass die erforderlichen Informationen daraus hervorgehen und damit gleichzeitig ein entsprechendes Planungs- und Kontrollinstrument für das Unternehmen gewonnen wird.

Der Personalgesamtaufwand

Der Personalgesamtaufwand ist die Summe aus Personalbasis- und Personalzusatzaufwand. Grundlage für die Ermittlung des Personalgesamtaufwands sind die sich aus der Gewinn- und Verlustrechnung bei Anwendung des Gesamtkostenverfahrens ergebenden Werte. Hierbei wird folgende Formel zugrunde gelegt:

Personalaufwand laut Gewinn- und Verlustrechnung (Pos. 6a,6b)

+ Sonstige direkte Aufwendungen für die Mitarbeiter
(Teile der GuV-Pos. 8 und 16)

+ Sachaufwand aus den Kostenstellen der sozialen Einrichtungen
und der Aus- und Fortbildung
(Teile der GuV-Pos. 7,8,16)

= Personalgesamtaufwand

Die GuV-Position 'Löhne und Gehälter' enthält alle Arten von Bezügen der Mitarbeiter für ihre Arbeitsleistung, unabhängig von ihrer Bezeichnung, der Art der dafür geleisteten Arbeit oder der Form der Vergütung. Ausgewiesen wird der Bruttobetrag der Löhne und Gehälter, d.h. der Betrag *vor Abzug* der vom Arbeitnehmer zu tragenden Steuern und Sozialabgaben. Die Anteile des Arbeitgebers werden dagegen in der GuV-Position 6b berücksichtigt.

Neben dem Grundlohn und -gehalt werden bei der GuV-Position Nr. 6a folgende Entgeltbestandteile erfaßt: Entgelt für Überstunden, alle Arten von Zulagen und Zuschlägen, Urlaubs- und Feiertagslöhne, Löhne und Gehälter für Ausfallzeiten (Krankheit, Fortbildung, andere bezahlten Fehlzeiten), Weihnachts- und Urlaubsgeld, Zahlungen aufgrund des Lohnfortzahlungsgesetzes u.v.a.m.

Unter der GuV-Position 6b sind die vom Arbeitgeber zu tragenden Sozialabgaben und Aufwendungen für Altersversorgung und für Unterstützung zu einer Position zusammengefaßt. Aufgrund des "davon"-Vermerks erfolgt faktisch ein getrennter Ausweis für die Aufwendungen für die Altersversorgung (siehe Schema auf Seite 453).

Die Aufwendungen für *Altersversorgung* umfassen Pensionszahlungen mit oder ohne Rechtsanspruch, soweit sie nicht zu Lasten von Pensionsrückstellungen geleistet werden bzw. Zuführungen zu Pensionsrückstellungen, Zuweisungen zu anderen Versorgungseinrichtungen (Unterstützungs- und Pensionskassen), Beiträge zu Zusatzversorgungseinrichtungen u.v.a.m.

Zu den "*sozialen Ausgaben*" gehören die gesetzlichen Pflichtabgaben, soweit sie vom Arbeitgeber zu tragen sind. Die von dem Unternehmen einbehaltenen Beitragsanteile der Mitarbeiter gehören in die GuV-Position Nr. 6a, diese Beiträge sind Bestandteile von Lohn und Gehalt.

Die Aufteilung dieses Personalgesamtaufwandes bestimmt sich nun danach, ob die Aufwendungen unmittelbar für die betriebliche Leistungserstellung erbracht wurden (Personalbasisaufwand) oder ob sie nur in einem mittelbaren Zusammenhang mit der betrieblichen Leistungserstellung stehen (Personalzusatzaufwand).

Personalbasisaufwand

Der Personalbasisaufwand umfaßt alle Löhne und Gehälter, soweit sie unmittelbar mit der Leistungserstellung des Unternehmens aufgewandt werden und wird als Entgelt für geleistete Arbeitszeit (ohne das Entgelt für geleistete Arbeitszeit in sozialen Einrichtungen und in der Aus- und Fortbildung) definiert:

> Löhne und Gehälter laut GuV-Pos. 6a
>
> - Löhne und Gehälter für bezahlte Ausfallzeiten
> - Löhne und Gehälter ohne Stunden- und Leistungsbezug
>   (einschl. Ausgleichslöhne und -gehälter für Anwesenheitsstunden)
> - Ausbildungsvergütungen (soweit nicht für produktive Leistungen)
>
> ---
>
> = Löhne und Gehälter für geleistete Arbeitszeit
>
> - Löhne und Gehälter für geleistete Arbeitszeit in sozialen Einrichtungen
>
> - Löhne und Gehälter für geleistete Arbeitszeit der Mitarbeiter in der Aus- und Weiterbildung
>
> ---
>
> = Personalbasisaufwand

Zu den Löhnen/Gehältern ohne Stunden- bzw. Leistungsbezug gehört nach Meinung der DGFP beispielsweise auch das Weihnachtsgeld, das Urlaubsgeld sowie ein anteiliges 13./14. Monatseinkommen, soweit diese zusätzlichen Entgelte vereinbart sind (auf die Fragwürdigkeit dieser Klassifikation haben wir bereits oben hingewiesen). Sie sind somit nicht Bestandteil des Personalbasisaufwandes. Verdienstbestandteile von außertariflichen Mitarbeitern, die über 12 Monatsbezüge hinausgehen, werden hingegen in Zweifelsfällen als Entgelt für geleistete Arbeitszeit und damit als Personalbasisaufwand angesehen.

Personalzusatzaufwand

Als Personalzusatzaufwand wird derjenige Aufwand für Mitarbeiter bezeichnet, der über den Personalbasisaufwand hinausgeht. Hierbei handelt es sich um

- Vergütungen, die den Mitarbeitern direkt zufließen (z.B. Weihnachts- und Urlaubsgeld)
- Leistungen, die die Mitarbeiter indirekt erhalten (z.B. Sozialabgaben)
- Kosten von Einrichtungen, die den Mitarbeitern in ihrer Gesamtheit zugute kommen oder zur Verfügung stehen (z.B. Werkswohnungen, Erholungsheime).

Ohne die anschließende Diskussion vorwegzunehmen, soll an dieser Stelle darauf hingewiesen werden, dass es keineswegs eindeutig ist, was der Mitarbeiter als 'ihm zugute kommend' empfindet oder ob entsprechende Leistungen nicht überwiegend dem Betriebszweck dienen.

Der Personalzusatzaufwand wird dabei wie folgt bestimmt:

Löhne und Gehälter für bezahlte Ausfallzeiten

+ Löhne und Gehälter ohne Stunden- bzw. Leistungsbezug
+ Ausbildungsvergütung (ohne produktiven Anteil)
+ Löhne und Gehälter für geleistete Arbeitszeit der Mitarbeiter in sozialen
Einrichtungen und Aus- und Weiterbildung
(alles Teile der GuV-Pos. 6a, soweit als Personalzusatzaufwand definiert)

+ soziale Ausgaben (GuV-Pos. 6 b)

+ Altersversorgung und Unterstützung (GuV-Pos. 6b)

+ Sonstige direkte Aufwendungen für Mitarbeiter
(Teile der GuV-Pos. 8 und 16, soweit nach diesem Ansatz
als Personalzusatzaufwand definiert)

+ Sachaufwand in Kostenstellen für soziale Einrichtungen und Aus- und
Weiterbildung
(Teile der GuV-Pos. 7,8, und 16, soweit nach diesem Ansatz als
Personalzusatzaufwand defniert)

= Personalzusatzaufwand

Würdigung des DGFP-Ansatzes

Mit Hilfe dieser Einteilung soll die systematische Gliederung des Personalzusatzaufwandes und ein schneller Überblick über die wesentlichen Kostenbestandteile ermöglicht werden. So könnten etwa Aufwandsblöcke gebildet werden für
Löhne/Gehälter bei bezahlten Ausfallzeiten; Löhne/Gehälter ohne Stunden- bzw.
Leistungsbezug; soziale Abgaben, Altersversorgung und Unterstützung; Aufwendungen für soziale Einrichtungen oder Bildungsaufwand für Mitarbeiter.

Ferner könnte diese Einteilung genutzt werden, um Informationen über die Zusammensetzung des Personalaufwandes nach Verursachern zu erhalten. Dies würde zu
einer Aufteilung nach gesetzlichem, tariflichem und betrieblichem Personalzusatzaufwand führen, die einen ersten quantitativen Eindruck der Personalkostenan-
teile mit jeweils unterschiedlicher Intensität der unternehmerischen Gestaltungs-
und Beeinflußungsmöglichkeiten unter rechtlichen Gesichtspunkten ermitteln
könnte. Allerdings gibt es häufig mehrere Möglichkeiten der Zuordnung nach Verursachern und somit auch unterschiedliche Interpretationsmöglichkeiten. So zeigt
etwa *Vogt* (1984), dass "... auf die Kostenhöhe einer einkommensabhängigen Jah-
ressonderzahlung je nach tarifvertraglicher bzw. betrieblicher Regelung die Bestimmungsfaktoren Lohn- bzw. Gehaltshöhe, Arbeitszeit nach Dauer und Lage, Betriebszugehörigkeit, der Berechnung der Sonderzahlung zugrunde gelegte Prozent-
sätze vom Einkommen u.ä. wirken" (S. 869). Werden Personalaufwendungen als

Summe über alle Arbeitnehmer erfaßt und als Durchschnittswert je Arbeitnehmer ausgewiesen, so dürfte es äußerst schwierig sein, den Abhängigkeiten einzelner Personalaufwandsarten voneinander und dem Zusammenwirken verschiedener Bestimmungsfaktoren des Personalaufwandes auf die Spur zu kommen. Dies wäre aber v.a. zur Erklärung von Unterschieden bei zwischenbetrieblichen Kostenvergleichen nötig (vgl. *Vogt* 1984). Erforderlich wäre daher die Entwicklung allgemeiner Zuordnungskriterien. Dies ist allerdings bis heute noch nicht realisiert.

Bei dem von der DGFP vorgeschlagenen Ansatz handelt es sich um eine sehr aufwendige Methode, deren Praktikabilität nicht zuletzt wegen der hohen Kostenbelastung bei der Erhebung der teilweise sehr detaillierten Daten in Frage gestellt wird, die in der angestrebten Form i.d.R. nicht vorliegen und erst über umfangreiche Zusatzarbeiten erhoben werden müssen.

Dabei können viele Angaben nur auf der Basis von Hilfsrechnungen ermittelt werden, die lediglich auf Hypothesen beruhen (z.B. produktive Leistung eines Auszubildenden). Zudem zeichnen sich einige Begriffe nicht gerade durch Klarheit aus (z.B. 'zugute kommen'). Trotz der tief gegliederten Erfassung werden wichtige Kennziffern, wie z.B. die Personalkosten je Arbeitsstunde nicht dargestellt. *Sadowski & Schröder* (1994) gehen davon aus, dass Veröffentlichungen der Personalkosten nach dem DGFP-Schema eine formale Einheitlichkeit garantieren und so die Reliabilität bzw. die Transparenz der Erhebungen verbessern; gleichzeitig machen die beiden Autoren jedoch auch darauf aufmerksam, dass detaillierte Arbeitskostendarstellungen durch Unternehmen eher eine seltene Ausnahme bleiben: "Die Erfahrungen mit den üblichen Personalkostenerhebungen legen eher die Vermutung nahe, dass viele Unternehmen nicht in der Lage sind, die Kosten für die nachgefragten Personalkostenarten anzugeben - Pauschalität, Uneinheitlichkeit von Definitionen und vielfach fehlende Verfügbarkeit seien wohl generelle Kennzeichen der Informationslage in den Unternehmen" (S. 134).

Sadowski & Schröder (1994) kommen aufgrund dieser Überlegungen zu der Schlußfolgerung, dass wesentliche Teile der Arbeitskosten (v.a. die Organisations- und Nichtlohnarbeitskosten) aus den vorliegenden Arbeitskostenrechnungen für die Unternehmen weder personenbezogen noch arbeitnehmergruppenspezifisch entnommen werden können. Zudem wird auch von diesen Autoren auf die Aussagekraft des Verhältnisses von Personalnebenkosten zum Entgelt für geleistete Arbeit sowie die Unterteilung der Personalzusatzkosten in gesetzlich, tariflich und freiwillig in Frage gestellt. *Albach u.a.* (1985) konnten anhand empirischer Untersuchungen zeigen, dass (damals!) für Unternehmen nicht zählte, wer welche Kosten verursacht hat, sondern nur die Tatsache, dass dem Unternehmen Ausgaben entstehen, denen (scheinbar oder unmittelbar) keine Leistungen gegenüberstehen. Auch für dispositive Zwecke können aus dieser Kennziffer (Entgelt für geleistete Arbeit als Bezugsgröße der Personalzusatzkosten) kaum Anhaltspunkte gewonnen werden. *Vogt* (1984) weist darauf hin, dass etwa bei einem "vorübergehenden Absinken des Krankenstands eine geringe 'Belastung' mit Personalzusatzkosten angezeigt wird, da die entsprechenden Entgeltbestandteile nun nicht mehr als Personalzusatzkosten, sondern als Personalbasiskosten ausgewiesen sind. Insgesamt ist dennoch die gleiche Summe an Personalkosten weiterhin aufzuwenden, jedoch bei erhöhter Anwesenheitszeit der Arbeitskräfte und u.U. erhöhter Leistung des Unternehmens" (S. 867).

Vogt (1984) zeigt auch, dass Unterschiede bei der Gegenüberstellung und Aufgliederung korrespondierender Aufwandsgrößen zwischen Unternehmen auf dem unterschiedlichen Zusammenwirken verschiedener Bestimmungsfaktoren des Personalaufwands, die als Erklärungsfaktoren für Abweichungen in Betracht kommen, beruhen können. Dies bedeutet, dass der Einfluß einzelner Faktoren auf die Summe der über alle Arbeitnehmer eines Unternehmens erfassten und als Durchschnittwert je Arbeitnehmer ausgewiesenen Personalaufwendungen (nachträglich) nur schwer nachweisbar ist (S. 869).

Vogt (1984) kommt zu der Schlußfolgerung, dass durch eine vergleichende Betrachtung die Transparenz des Personalaufwandes und seiner Beeinflussungsmöglichkeiten nur insoweit erhöht wird, als Schwerpunkte und Unterschiede des Personalaufwandes erkennbar werden. Da aber die Verhältnisse in den verschiedenen Unternehmen bzw. Branchen sehr unterschiedlich sind und die Vielzahl möglicher Einflußfaktoren in einer unternehmensbezogenen Erhebung und Auswertung der Personalkosten nicht ausreichend berücksichtigt werden, bleiben die *Ursachen* auftretender Unterschiede einer vertiefenden Analyse weitgehend verschlossen.

Das Fehlen von Arbeitskostenrechnungen in Unternehmen, in denen ein elaboriertes Rechnungswesen zu erwarten wäre, kann nach *Sadowski & Schröder* (1994, 136) nicht mit mangelnden Angeboten aus der betriebswirtschaftlichen Theorie erklärt werden, da gerade in jüngster Zeit u.a. Personalcontrollingkonzepte entwickelt worden sind, die neben Kosten-Nutzen-Analysen zu Personalprogrammen und -einzelmaßnahmen insbesondere auch Methoden der Personalkostenerfassung und -analyse für Planungs- und Kontrollzwecke für die Praxis beinhalten. Gerade durch die zunehmende Verbreitung von computergestützten Personalinformationssystemen könnten Erfassungs-, Speicherungs- und Verarbeitungsprobleme gelöst sowie eine Vielzahl von Informationsverknüpfungen ermöglicht werden, die die notwendigen informatorischen Grundlagen für eine komplexere Erfassung der Personalkosten bilden könnten. Die beiden Autoren weisen darauf hin, dass auf der Basis von Tabellenkalkulationsprogrammen die Auswirkungen von gesetzlich, tariflich oder unternehmerisch bedingten Entscheidungen auf die Personalkosten problemlos ermittelt und die zu diesem Zweck benötigten Daten (Personalnummer, Tarifzugehörigkeit, Kostenstelle, Lohn bzw. Gehalt, Sozialleistungen) ohne weiteres aus den gängigen Personalinformationssystemen wie z.B. PAISY entnommen werden können (s. auch *Wimmer* 1985).

6.1.3 Die Humanvermögensrechnung

Angesichts der Kritik an der Brauchbarkeit des herkömmlichen Rechnungswesens zur Erfassung aller kostenrelevanter Aspekte des betrieblichen Personalwesens wurden bereits in den sechziger Jahren im Rahmen der sog. "Humanvermögensrechung" (Human Resource Accounting) eine Ertragsbewertung menschlicher Ressourcen vorgenommen (s. *Wimmer* 1985). Zur Überwindung der von der Fiktion des Homo Oeconomicus geprägten produktiv-technischen Betrachtungsweise der Personalkosten wurde u.a. die Einbeziehung verhaltenswissenschaftlicher Erkenntnisse in die Theorie der Unternehmensrechung gefordert. Ziel war es, durch die Berücksichtigung des ökonomischen Wertes des Humankapitals Entscheidungen im Unternehmen, die das Humanvermögen beeinflussen (z.B. Personalbeschaffung bzw. -abbau; Personalentwicklung) zu fundieren bzw. zu optimieren. Um das Informationsdefizit über den Wert der menschlichen Ressourcen zu beheben, sollte das Rechnungswesen - ähnlich wie die Anlagen- und Investitionsrechung für Sachvermögensgegenstände - durch eine Humanvermögensrechung ergänzt werden. Dementsprechend zielen die meisten Ansätze zur Humanvermögensrechnung darauf ab, das Humanvermögen in Geldwerten auszudrücken. Wenn es gelingt, Faktoren wie Fähigkeiten und Fertigkeiten, Gesundheit, Arbeitsmotivation, Fluktuationsbereitschaft usw. mit Hilfe monetärer Größen zu quantifizieren, so könnte ein Aktivposten 'Personal' in die Bilanz eines Unternehmens aufgenommen und damit die Bedeutung des Produktionsfaktors 'Arbeit' aufgewertet werden. Obwohl es nicht einfach sein dürfte, die über eine produktionsmittel-orientierte Betrachtungsweise hinausgehenden Aspekte der Arbeit (sinnvoll) zu quantifizieren, kommen *Sadowski & Schröder* (1994) zu der (optimistischen) Einschätzung, dass ein großer Teil der vorliegenden Verfahren zum Human Ressource Accouting verwirklicht werden könnte.

Allerdings ist das Ausdrücken in *Geld*-Werten(!) an sich schon ein Zugeständnis an die Verrechenbarkeit bzw. Be-preisung des Personals und dient in erster Linie nur instrumentellen Kapitalrentabilitätskalkülen. Insofern entspricht die Rechtfertigung von Aktivitäten des Personalwesen in der Begrifflichkeit des Rechnungswesens (z.B. die Behandlung von PE-Maßnahmen als Kosten und nicht als Investitionen) dem in Band 1 beschriebenen konformistischen Ansatz *Legges*: anstatt die Prämissen und Vorgehensweisen des traditionellen Rechnungswesens in Frage zu stellen, begibt sich das Personalwesen in seine Abhängigkeit und verstärkt die Erwartung, dass alle Aktivitäten des Personalwesens in Form kostenrelevanter Begriffe gerechtfertigt werden müssen; zudem überträgt das Personalwesen dadurch die Entscheidung darüber, ob bzw. welche Aktivitäten überhaupt durchgeführt werden, auf Manager außerhalb des Personalressorts. Eine alternative Position besteht darin, dass das Personalwesen die Unzulänglichkeiten des Rechnungswesens als alleinige Basis für (personelle) Entscheidungen des Managements aufzeigt. Allerdings setzt dies voraus, dass sich Personalmanager intensiv mit der 'Sprache' des Rechnungswesens vertraut machen - dies ist bisher aber nur ansatzweise geschehen.

6.1.4 Der Ansatz des Non-Accounting (von *Sadowski* und *Schröder*)

Da der defizitäre Zustand der Personalkosten-Rechnung nicht mit fehlenden theoretischen Ansätzen oder technischen Möglichkeiten gerechtfertigt werden kann, muss die Abstinenz der Unternehmen im Hinblick auf detaillierte Personalkostenrechnungen anders begründet werden. *Sadowski & Schröder* (1994, 137) formulieren vier Gründe, warum es für Arbeitgeber sinnvoll sein kann, auf Arbeitskostenrechnungen zu verzichten:

1) *Unwirtschaftlichkeit von Arbeitskostenrechnungen*: Selbst dann, "wenn die theoretisch vorgeschlagenen Arbeitskosteninformationen entscheidungsrelevant sind, kann der Verzicht auf sie ökonomisch vernünftig sein, und zwar dann, wenn ihre Ermittlung und Nutzung zu teuer sind. Wenn Faustregeln unter Kosten-Nutzen-Aspekten exakten Methoden überlegen sind, dann ist der Verzicht auf letztere ökonomisch geboten".

2) *Mangelnde Validität der Arbeitskostenmessung*: Im Hinblick auf die Genauigkeit, mit der die Arbeitskosten und deren Veränderungen abgebildet werden, stellen sich den Arbeitskostenrechnungen dieselben Probleme wie Kostenrechnungen im allgemeinen. Werden echte Gemeinkosten aufgeschlüsselt, führen auch kostspielige Rechenverfahren nur zu einer formalen Scheingenauigkeit. Dies wird besonders deutlich anhand der Probleme bei der Trennung von Arbeits- und Kapitalkosten: "Wenn faktorbezogene Produktivitäten und Kosten stets das Zusammenwirken von Produktionstechnologie, Personalpolitik, Arbeitsorganisation, Management und institutionellen Regeln widerspiegeln, dann sind nicht die partiellen Produktivitäten und Kosten, sondern die totale Faktorproduktivität und die Gesamtkosten die in unternehmerischen Entscheidungen interessierenden Variablen."

3) *Die Glaubwürdigkeit personalwirtschaftlicher Informationen aus Arbeitnehmersicht*: "Personalwirtschaftliche Informationen werden in einem Kontext von Interessenkonflikten und in dem Bewußtsein potentieller Entscheidungskonsequenzen beschafft und weitergegeben. Manche Autoren vermuten daher sogar, dass die meisten Informationen, die in einer Organisation erzeugt werden, Falschdarstellungen bzw. strategische Informationen sind, die mit der Absicht weitergegeben werden, jemanden zu einer bestimmten Handlung zu veranlassen.... Mehrdeutigkeiten oder Unklarheiten haben in einem Rechnungswesen nicht nur im Interessenkonflikt von Arbeitgeber und Arbeitnehmer erhebliche Bedeutung, sondern auch im Widerstreit unterschiedlicher Abteilungen eines Unternehmens. Sofern das Budget der Personalabteilung etwa wesentlich von dem ihr zugestandenen Bildungsbudget abhängt, wird die Personalabteilung der Tendenz unterliegen, Bildungserträge zu überschätzen und die Kosten der externen Rekrutierung qualifizierten Personals besonders hervorzuheben..."

4) *Mißtrauen angesichts der Rechenhaftigkeit der Arbeitsbeziehungen*: "Unter Berücksichtigung der Erkenntnis, dass Unternehmen auch Orte der politischen Auseinandersetzung sind, in denen die Einhaltung kollektiver Normen und Wertvorstellungen, die Akzeptanz von Entscheidungen seitens der Beschäftigten und die Gewährung von Autonomiespielräumen, auch dort, wo Kontrolle möglich wäre,

Voraussetzungen für Leistungsbereitschaft, Arbeitsmoral und Loyalität der Beschäftigten darstellen, kann der Verzicht der Unternehmenspraxis auf Verfahren der Arbeitskosten- und Humanvermögensrechnung und des Personalcontrollings als Investition in das Organisationskapital und die betrieblichen Vertrauensbeziehungen erklärt werden... Auch wenn es einem Betriebswirt naheliegt, zunächst darauf zu verweisen, dass die genaue Kenntnis des Humanvermögens und der individuellen Arbeits- und Fluktuationskosten die Effizienz des internen Arbeitsmarktes als Personalallokationssystem steigern kann, wird er die Problematik, die mit der Gleichsetzung von Mensch und Maschine als Rentabilitätsobjekte, die mit ihren Anschaffungskosten zu aktivieren und entsprechend ihrem Verschleiß abgeschrieben werden (siehe Verfahren des Human Resource Accounting) bzw. mit der Berechnung von Kapitalwerten von Beschäftigten verbunden sind, nicht leugnen können.... Vor diesem Hintergrund kann der weitgehende Verzicht der Praxis auf differenzierte Arbeitskostenrechnung auch als Indiz dafür gelten, dass die Unternehmen sich der Gefahr bewußt sind, aufgebautes Vertrauen in ihren Betrieben zu verspielen, wenn sie ihren Beschäftigten regelmäßig vorrechnen, ihre Fehl- und Ausfallzeiten seien zu hoch, die durch Arbeitsleistung begründeten Arbeitskosten gemessen an den fixen Arbeitskosten zu niedrig und die Tätigkeit des Betriebsrates und die betriebliche Fürsorge (Jubilarfeiern, Betriebssport, Kinderweihnachtsfeiern, Geschenke, Büroküchen usw.) nicht kostenlos. Derartige informationspolitische Aufgaben werden in der Regel den Arbeitgeberfachverbänden überlassen, da die aggregierten Branchendaten in dieser Hinsicht weniger brisant sind als Unternehmensdaten ... In einem personalpolitischen System, das darauf angelegt ist, einen Ausgleich von Leistungen und Gegenleistungen zwischen Unternehmen und Beschäftigten nicht periodisch, sondern über die gesamte Beschäftigungsdauer zu erzielen, kann eine effiziente Personalallokation auch ohne die genaue Kenntnis und gar Veröffentlichung der Arbeitskosten erfolgen.... Die Irrelevanz der angebotenen Verfahren der Arbeitskostenermittlung und -kontrolle für die Praxis kann daher auch darauf zurückzuführen sein, dass eine gelungene Personalpolitik auf anderen Strategien basiert, als auf den von den Rechnungswesentheoretikern vorgeschlagenen Planungs- und Kontrollstrategien".

6.1.5 Personalkosten und Wertschöpfung

Im Widerspruch zu den Überlegungen von *Sadowski & Schröder* scheint die in der betrieblichen Praxis verbreitete Darstellung über Umfang und Struktur der Personalkosten im Rahmen der Personal- und Sozialberichterstattung zu stehen. Darin werden Personalkosten häufig in Form einer *Wertschöpfungsrechnung* ausgewiesen. Die Wertschöpfungsrechnung wurde durch den Arbeitskreis 'Das Unternehmen in der Gesellschaft' des Verbandes der chemischen Industrie als Element der gesellschaftsbezogenen Berichterstattung eingeführt und wendet sich vorwiegend nach *außen*. Unter Wertschöpfung versteht man den Wertzuwachs "den ein Produktionsbetrieb über den Wert der Zulieferungen und Vorleistungen anderer Produktionsbetriebe hinaus erreicht" (*Chmielewicz* 1983, 152). Dies bedeutet, dass das vom Betrieb erzeugte *Gütereinkommen* dem vom Betrieb erzeugten *Geldeinkommen* nämlich der Summe von Arbeitserträgen, Gemeinerträgen (Steuern und Abgaben) und Kapitalerträgen (Saldo) entspricht. Die in der Wertschöpfungsrechung erfassten Beziehungen beschränken sich auf die Zahlungsströme zwischen Unternehmen und Mitarbeitern, den Kapitalgebern sowie der öffentlichen Hand. Wertschöpfungsrechnungen basieren auf der Gewinn- und Verlustrechnung (GuV) und beinhalten meist Gewinne und Dividenden, Löhne und Gehälter, Zinsen und Steuern. Ziel einer solchen allgemeinen Zusammenstellung der unternehmerischen Leistung ist es, auch dem betriebswirtschaftlich nicht Vorgebildeten die Entstehung und Verteilung des Einkommens im Betrieb darzustellen (siehe die Beispiele auf S. 460 in den Abb. G-7a und G-7b). Da keine einheitliche Begriffsbestimmung existiert, ist die Vergleichbarkeit der verschiedenen Wertschöpfungsrechnungen jedoch eher gering.

In der Praxis der (gesellschaftsbezogenen) Berichterstattung kommt hauptsächlich die Verteilungsrechnung zum Tragen. Je nach Adressat der Zahlungen unterscheidet *Chmielewicz* (1983, 153) drei unterschiedliche Wertschöpfungsbegriffe (siehe Tabelle G-14).

1.	Erträge	(ohne Zinsen, Dividenden und Subventionen)		940
2. -	Aufwand	für Vorleistungen (einschl. Material- und Abschreibungsaufwand, ohne Löhne, Zinsen und Steuern)		- 625
3. =	Wertschöpfung I			= 315
4. +	Subventionsertrag			+ 20
5. -	Steueraufwand			- 50
6. =	Wertschöpfung II			= 285
7. +	Zinsertrag			+ 20
8. +	Dividendenertrag			+ 20
9. -	Zinsaufwand			- 25
10. -	Dividenden(ausschüttung)			- 0
11. =	Wertschöpfung III			= 300
12. -	Lohn- und Gehaltsaufwand			- 275
13. -	Zinsaufwand			- 0
14. -	Dividenden(ausschüttung)			- 15
15. =	Gewinneinbehaltung			= 10

Linke Randbeschriftung: subtraktive Rechnung / additive Rechnung (Vorzeichen vertauschen)

Tab. G-14:   Alternative Wertschöpfungsbegriffe (aus: *Chmielewicz* 1983, 153)

ENTSTEHUNG:	in 1000 DM	┌► - Vorleistungen außer Abschreibungen		┌► -Vorleistungen aus Abschreibungen	
Umsatzerlöse	11.414.956	Aufwendungen für Roh-, Hilfs- und Betriebsstoffe sowie für bezogene Waren	4.757.834	Abschreibung und Wert- berichtigungen auf Sach- anlagen und immaterielle Anlagewerte	730.339
+Erhöhung des Bestan- des an fertigen und unfertigen Erzeugnissen	231.486	Verluste aus Wertminde- rungen oder dem Abgang von Gegenständen des Um- laufvermögens (außer Vor- räten und Einstellung in die Pauschalwettberichti- gung zu Forderungen	118.111	Abschreibung und Wert- berichtigungen auf Finanz- anlagen mit Ausnahme des Betrages, der in die Pau- schalwertberichtigung zu Forderungen eingestellt ist	19.303
+andere aktivierte Eigen- leistungen z.B. selbst- erstellte Anlagen	143.136				
=Gesamtleistung	11.789.578				
+alle übrigen Erträge z.B. Erlöse aus Neben- geschäften	551.864	Aufwendungen aus Verlustübernahme	98.289	Verluste aus dem Abgang von Gegenständen des Anlagevermögens	12.150
		Einstellung in Sonderpo- sten mit Rücklageanteil	77.745		
		Sonstige Aufwendungen z.B. Fremdleistungen für Reparaturen	1.941.845		
=Unternehmensleistung	12.341.442 ┘	= Wertschöpfung nach Abzug der Abschreibungen	5.347.618 ┘	= Wertschöpfung nach Abzug der Abschreibungen	4.585.826

Abb. G-7a: Beispiel einer Wertschöpfungs-Entstehungsrechnung
             (aus: *Wimmer* 1985, 172)

VERTEILUNG:

an MITARBEITER
(Löhne u. Gehälter, soziale
Abgaben, Aufwendungen für
Altersversorgung und Unter-
stützung)   3.532.155

an ÖFFENTLICHE HAND
(Steuern vom Einkommen,
vom Ertrag und vom Ver-
mögen, sonstige Steuern,
Lastenausgleichsvermögens-
abgabe)   534.133

an DARLEHENSGEBER
(Zinsen u. ähnliche Auf-
wendungen)   141.338

an AKTIONÄRE
(Bilanzgewinn)   298.200

an UNTERNEHMEN
(Rücklagenbildung)
(Einstellung aus dem Jahres-
überschuß in offene Rücklagen)
Saldo   80.000
                                                         ──────────
                                                         4.585.826

Abb. G-7b: Beispiel einer Wertschöpfungs-Verteilungsrechnung
             (aus: *Wimmer* 1985, 172)

Bei der Wertschöpfung III gehören zusätzlich zur Gewinneinbehaltung nur Lohn-, Zinsen- und Dividenden-Zahlungen an Haushaltungen zur Wertschöpfung (Tabelle G-14, Ziffern 12 - 15 bei additiver Rechnung), die darüber hinaus angeordneten Zahlungen an andere Empfänger zu den Vorleistungen. Bei der Wertschöpfung II werden Zins- und Dividendenzahlungen an andere Unternehmungen zur Wertschöpfung und nicht zu den Vorleistungen gezählt (Tab. G-14, Ziffern 9 und 10), bei der Wertschöpfung I sogar Steuerzahlungen an den Staat (Ziffer 5). Zur Vermeidung volkswirtschaftlicher Doppelzahlungen müssen bei der Wertschöpfung I und II Zins- und Dividendeneinnahmen (insbes. bei Banken bzw. Holdings, Ziffern 7,8) bzw. Subventionseinnahmen (Ziffer 4) von der Wertschöpfung abgesetzt werden.

In der Praxis wird meist die Wertschöpfung I verwendet, die Abzugsposten jedoch in der Regel vernachlässigt. *Chmielewicz* nimmt an, dass es bei dieser Art der freiwilligen Publikation in erster Linie darum geht, auf die hohen Lohn-, Steuer- und ggf. Zinsbelastungen sowie auf (zu) niedere Gewinne hinzuweisen. Aussagen zur einzelbetrieblichen Einkommensverteilung (siehe Ziffern 12 bis 15) sind aus der bereits vorhandenen GuV-Rechnung zu ersehen. Da das traditionelle Rechnungswesen keine Auskunft über externe Effekte geben kann, die Wertschöpfungsrechnung sich jedoch an der aktienrechtlichen Mindestgliederung der Gewinn- und Verlustrechnung orientiert, sagt der so ermittelte Betrag nichts über die tatsächliche Einkommensverteilung aus, da dabei auch außerbetriebliche Variablen (z.B. Lohntarife, Zinsniveau, Steuertarife) maßgeblich zum Tragen kommen. Weiter ist zu beachten, dass Einkommensverteilungsprozesse bereits bei den Vorleistungen erfolgen (z.B. durch überhöhte Konzernverrechnungspreise bei der Rohölpreisgestaltung von multinationalen Ölkonzernen). Für *Chmielewicz* (1983) folgt aus diesen Überlegungen, dass die Wertschöpfungsrechnung zur Dokumentation der einzelbetrieblichen Einkommensverteilung entbehrlich, wenn nicht sogar irreführend ist (S. 153). Selbst wenn man zur Beurteilung der Einkommensverteilung auch die Entstehungsseite (evtl. auch die Passivseite der Bilanz) berücksichtigen würde, würden sich immer noch einige Aufwandsgrößen einer verursachungsgerechten Zuordnung entziehen (*Kracke* 1982, 179).

Zur Verhinderung von Manipulationsmöglichkeiten bei Bewertungen und der daraus resultierenden 'Stillen Reserven' wird von gewerkschaftlicher Seite gefordert, Beteiligungs- und Finanzerträge mit in die Rechnung einzubeziehen, selbsterstellte Anlagen und Vorratsänderungen zu Marktpreisen zu bewerten und Abschreibungen als Vorleistungen - linear bewertet und verbrauchsbedingt - einzuordnen. Aber auch dann bleibt den Unternehmen aufgrund ihrer Bewertungspraxis und ihres aktienrechtlichen Spielraums genügend Gelegenheit, die Zuordnungskriterien in der Wertschöpfungsrechnung zu verschleiern. Im Grunde geht es bei der Wertschöpfungsrechnung nicht primär darum, den wirklichen Unternehmenserfolg und dessen Gründe offen darzustellen, sondern den Eindruck zu erwecken, dass dieser zu niedrig ausfällt, die öffentlichen Interessen und die Beschäftigten überproportional partizipieren und dass die Unternehmen transparent sind für die Öffentlichkeit und deren Ansprüche.

6.2 Schlussfolgerung

Im Hinblick auf die vorangegangenen Überlegungen sind die Vermutungen zum betrieblichen Informationsstand im Hinblick auf die Personalkosten von *Sadowski & Schröder* (1994) jedoch geradezu ernüchternd. Die Autoren gehen davon aus, dass obwohl entsprechende Informationen relativ billig zur Verfügung stehen, "personalpolitische Entscheidungen in Unternehmen nicht nach den Regeln ökonomischer Lehrbücher gefällt, sondern erheblich gröber begründet werden" (S. 134). Die Informationsnachfrage der Arbeitgeberseite beschreiben *Sadowski* und *Schröder* (1994) folgendermaßen:

> "In der Arbeitskostenrechnungspraxis herrscht ein Durchschnittsdenken vor. Es werden lediglich die durchschnittlichen Arbeitskosten ermittelt. Dabei wird zudem auf die betriebswirtschaftlich wichtige Aufteilung der gesamten Arbeitskosten in die Kostenarten, die in Abhängigkeit vom Auslastungsgrad der Produktionskapazität als "fix" oder als "variabel" beschrieben werden können, zugunsten einer Untergliederung in "Kosten für geleistete Arbeit" und "Zusatzkosten" verzichtet. Auch die Vermutung, mit dieser Unterscheidung werde wenigstens annäherungsweise der Trennung in fixe und variable Kosten entsprochen, trifft nicht zu: in den Zusatzkosten sind sowohl fixe als auch variable Kosten enthalten.

> Diese Vorgehensweise entspricht der allgemeinen Kostenrechnungspraxis in den Unternehmen: Die Praxis gruppiert die Kosten nicht in fixe und variable, sondern sie gruppiert sie nach Erfassungsgesichtspunkten in Einzelkosten und Gemeinkosten, und sie rechnet mit Durchschnittskosten. Dementsprechend liegen der Differenzierung der Arbeitskosten nach Kostenarten eher buchhalterische Überlegungen als betriebswirtschaftliche Erfordernisse zugrunde. Wer glaubt, die als entscheidungsrelevant charakterisierten Fluktuationskosten (Such-, Einstellungs- und Qualifikationskosten sowie Kosten der Verhinderung der Abwanderung) den Arbeitskostenrechnungen der Praxis entnehmen zu können, wird enttäuscht. Abgesehen von den Aus- und Weiterbildungskosten kann keine dieser Kostenarten den Arbeitskostenrechnungen der Praxis entnommen oder auch nur daraus abgeleitet werden. Selbst die ausgewiesenen Bildungskosten geben die entscheidungsrelevanten Qualifikationskosten nicht adäquat wieder, da die in der Regel erfassten Löhne und Gehälter der Ausbilder, Reisekosten, Honorare und Teilnehmergebühren für Referenten und Teilnehmer an Bildungsveranstaltungen sowie der Sachaufwand für Ausbildungsstätten dem Wert des im Laufe der Betriebszugehörigkeit geschaffenen Humankapitals für das Unternehmen nicht entsprechen.

> Die Ableitung der entscheidungsrelevanten Fluktuationskosten ist allein deshalb schon nicht möglich, weil die Arbeitskostenrechnungspraxis den insbesondere in der ökonomischen Humankapitaltheorie aufgezeigten Investitionscharakter mehrperiodisch anfallen-

der, personenfixer Nichtlohnarbeitskosten nicht berücksichtigt. Diese Investitionsausgaben werden, im Gegensatz zu den Ausgaben anderer Produktionsfaktoren (Anlagen, Maschinen usw.), nicht als Aktiva, als geschaffenes Personal- bzw. Humanvermögen, sondern als periodengleiche Kosten verbucht. Sie werden damit zum großen Block der Personalgemeinkosten. Bei der Zurechnung der Gemeinkosten bedient sich die Praxis darüber hinaus, anstelle einer exakten und differenzierten Verrechnung, oftmals kalkulatorischer Personalnebenkostenzuschläge, wobei in vielen Fällen auf Schätzungen oder Ergebnisse überbetrieblicher Personalkostenrechungen zurückgegriffen wird." (S. 134f.)

Anhand der Überlegungen von *Sadowski & Schröder* wird deutlich, dass immer bevor man über Verfahren nachdenkt, die den Beitrag einzelner Arbeitnehmer(-gruppen) zum Erfolg eines Unternehmens zurechenbar bzw. kalkulierbar machen, man sich darüber klar werden muss, was man meint, wenn man von Personal-*kosten* spricht. Versteht man darunter das, was den Leuten (in-)direkt zugute kommt bzw. das, was für das Arbeiten, die Leistung, die Anwesenheit oder für den 'Faktor Arbeit' bezahlt wird? Geht man davon aus, dass unter Personalkosten generell ein Teil der Transformationskosten zu verstehen ist, dann umfaßt dies auch das Sozial- oder Organisationskapital (s. Band 1). Unter diesem Aspekt stellt sich die Unterscheidung zwischen Kosten und Investition erneut. Wenn unter einer betriebswirtschaftlichen Perspektive Kosten nur dann Kosten darstellen, wenn dem Leistungen gegenüberstehen (also nicht bloß Auszahlungen oder Aufwendungen), dann schließt sich die Frage an, welche Leistungen den Personalkosten gegenüberstehen (z.B. Arbeitsleistung, Betriebstreue, Loyalität, Kreativität usw.). Wenn aber Personal auch als 'Human-Vermögen' betrachtet wird, dann bedeutet dies nicht nur, dass der unmittelbare Leistungsbeitrag für die GuV-Rechnung berechenbar sein muss, sondern auch, dass ein erweiterter Kostenbegriff nötig ist, in dem beispielsweise auch berücksichtigt wird, dass Kreativität und der potentielle Leistungsbeitrag erst entwickelt werden müssen und dies sowohl Kosten als auch Nutzen nach sich ziehen (können). Damit wird neben dem vordergründig objektiven Mess- und Rechenproblem (siehe auch unten) das Theorieproblem sichtbar: Welche Vorstellungen haben Unternehmen darüber, wie sich bestimmte Zahlungen für den einzelnen Arbeitnehmer oder 'die' Belegschaft auswirken werden (als Gegen-Leistung)? Ökonomische Rationalität gebietet, dass man weiß, wofür man zahlt und dass man auch nur in dem Maß zahlt, wie es sich lohnt.

Dementsprechend plädieren *Sadowski & Schröder* (1994) in Anlehnung an *Vogt* (1984) für einen weiten Begriff der Personalkosten, indem sie unter 'Personalkosten' drei Kostenarten subsumieren:

- "das Entgelt für geleistete Arbeit einschließlich aller lohnabhängigen Sozialabgaben;
- personfixe, mehrperiodisch anfallende Kosten, die den Investitionscharakter von Personaleinstellungen widerspiegeln und

463

- Organisationskosten, die immer dann auftreten, wenn die Arbeit mindestens zweier Personen koordiniert werden muss, wozu insbesondere die Kosten der sozialen Infrastruktur einer Organisation gehören" (S. 129).

Als Beispiele für die erste Kostenart nennen die Autoren "die betriebliche Umsetzung einer Tariferhöhung oder einer Änderung der Tariflohnstruktur; als personfixe Kosten wären jene Kosten von Einstellungen, Qualifizierungen oder Entlassungen zu bezeichnen, die etwa bei Fragen, ob Auftragsspitzen durch Überstunden oder Neueinstellungen ausgeglichen werden sollen, als Entscheidungsparameter dienen; die Frage, ob in Abteilungen Laufbahnen institutionalisiert oder Qualitätszirkel errichtet werden sollen, zielt auf eine Kostenberechnung in der dritten Dimension der Arbeitskosten" (S. 129). Allerdings ist auch eine solche Kostenauffassung nicht unproblematisch: würden plötzlich unvorbereitet neue Arbeitskosten entstehen, würde dann der Druck auf Lohnzurückhaltung steigen?

Im Rahmen solcher Überlegungen wird deutlich, dass die Personalkosten zum Teil *scheinbar* fremdbestimmt sind (gesetzlich, tariflich). Dieser Teil ist aber innerhalb einer Volkswirtschaft oder Branche irrelevant, weil ihn alle zu zahlen haben und er keinen Wettbewerbsvorteil oder -nachteil bietet (es sei denn, man könnte Substitutionsmöglichkeiten wie z.B. höhere Kapitalintensität, nutzen). Wir haben daher nicht nur formale Rechnungslegungsvorschriften bzw. -methoden diskutiert und danach gefragt, welche Lasten alle zu tragen haben und welche Schemata alle benutzen, sondern auch untersucht, wie Betriebe Personalkosten senken bzw. ihre Produktivität erhöhen, indem sie diejenigen Aspekte, die sie beeinflussen können in ihrem Sinn ausgestalten. Unter einer einzelwirtschaftlicher Perspektive geht es somit in erster Linie um die Frage, wie sich Betriebe in ihrem Umgang mit Personalkosten *unterscheiden*. *Gaugler* weist etwa im Editorial der Zeitschrift 'Personal' (1997, Heft 1) darauf hin, dass es bereits seit 150 Jahren Praxisbeispiele für flexible Entlohnungsformen gibt. So hatte etwa der Nationalökonom Johann Heinrich von Thünen seit dem Wirtschaftsjahr 1847/48 auf seinem Gut in Mecklenburg eine investive Ertragsbeteiligung eingeführt.

G-7: (Personal-)Kostenrechnung als politisches Phänomen - Übersicht -

7.1 Die (irrationale) Kostendiskussion in der Öffentlichkeit	7.2 Alltagspolitik mit Personalkosten	7.3 Personalkostenrechnung (PKR) als Herrschaftsmuster
Grundannahmen: Bei der PKR handelt es sich nicht um Fakten, sondern um Interpretationen, die Autorität erlangt haben	Grundannahmen: Intransparenz wird eingesetzt, um Fairness, Gleichbehandlung usw. zu unterlaufen	Grundannahmen: Erst durch die Auswirkungen der PKR kommt Macht zum Vorschein

7. (Personal-)Kostenrechnung als politisches Phänomen

7.0 Überblick

Wer (politische) Ziele durchsetzen oder legitimieren will, produziert bzw. greift auf sog. 'harte' Fakten bzw. Argumente in Form von konkreten Zahlen zurück. Wie wir aber bereits oben ausführlich aufgezeigt haben, handelt es sich aber weder bei den aggregierten Personalkostendaten der Verbände bzw. den ihnen nahestehenden Instituten noch bei den Daten des betrieblichen Rechnungswesens um wertneutrale 'Fakten', sondern um Interpretationen, die Autorität erlangt haben. Dabei erweist sich die Schwammigkeit der Begriffe als große Versuchung, die Illusion einer Präzision vorzugaukeln, die in Wirklichkeit nicht gegeben ist. Weil wir exakten Zahlen mehr vertrauen als groben Schätzungen, geben Datenhändler ihrer Ware gerne den Firnis ('objektiver') Ziffern.

Solche Argumente stellen die traditionelle Auffassung über das Rechnungswesen (und damit auch die Personalkostenrechung) in Frage, nach welcher dieses als Technik der Quantifizierung bzw. Berechnung verstanden wird, die als wichtige Voraussetzung für das reibungslose Funktionieren modernen Managements dient. Rechnungswesen ist (scheinbar) durchdrungen von Zweckrationalität und fungiert als rein formale Ansammlung von Techniken, die wertfrei und somit nicht weiter hinterfragbar sind; so gesehen, stellt das Rechnungswesen angemessene Mittel bzw. Methoden zur Verfügung, um bestimmte Informationsziele zu erreichen - selber setzen kann es diese Ziele jedoch nicht. Spezialisten für Kostenrechnung gelten als neutrale Experten für technische Finessen, die jedoch keinen Anspruch darauf erheben, Urteile über die Ziele von Entscheidungen abzugeben.

Was aber, wenn die Bestimmung der 'wahren' Kosten ein Mythos ist? Wenn es die ökonomische Realität an sich nicht gibt, dann hat das Rechnungswesen vermutlich eher die Funktion, die Realität (v.a. das Verhalten), die es vorgibt abzubilden, erst zu erschaffen. Gerade anhand der Diskussion um die Personalzusatzkosten ist deutlich geworden, dass die Kategorien von 'wahr' und 'falsch' durch vorwiegend instrumentelle Informationskonzepte ersetzt worden sind; d.h. Wissen wird ersetzt durch Quasi-Information, die wahr klingt, jedoch nur einen sehr flüchtigen Anspruch auf Glaubwürdigkeit erhebt. Eine selten thematisierte Bedeutung solcher Informationen liegt nicht darin, die Wirklichkeit abzubilden, sondern darin, Macht auszuüben und zu diskriminieren. Wenn wir uns im Folgenden mit der Personalkostenrechnung auseinandersetzen, dann geht es deshalb nicht so sehr um inhaltliche Aspekte, sondern um deren Verwendung als Steuerungs- und Kontrollinstrument. Dabei werden wir uns zuerst mit möglichen Gründen für die irrationale Kostendiskussion in der Öffentlichkeit beschäftigen und zeigen, dass es im Zusammenhang mit Personalkosten auch um die Reproduktion von Ordnung und das Durchsetzen und Aushandeln von Interessen geht. Abschließend werden wir zeigen, dass (Personal-)Kostenrechnung auch als politische Konstruktion verstanden werden kann, die die Realität, die sie vorgeblich abbildet erst schafft.

7.1 Gründe für die (irrationale) Kostendiskussion in der Öffentlichkeit

In grundsätzlichen Überlegungen wird durchaus auf die ideologische Funktion von betrieblichen oder überbetrieblichen Regeln hingewiesen. So führt etwa *Küller* (1979, 693) aus gewerkschaftlicher Sicht einige Ziele einer unternehmerischen Personalzusatzkostenrechnung (PZK) an:

a) *Beeinflussung der tariflichen Willensbildung*: Es soll nachgewiesen werden, dass jede Lohnerhöhung gleichzeitig eine Erhöhung der PZK nach sich zieht; dadurch werden der gewerkschaftlichen Tarifpolitik auch solche Kosten angelastet, deren Höhe sie nicht mitbestimmen kann - Sachkosten der Personalverwaltung, gesetzliche Sozialabgaben usw. Je höher der Block der Nebenkosten an gesamten Personalkosten ist, desto günstiger scheint es für die Unternehmen zu sein, mit dem Hinweise auf diesen Zusatzblock die tarifpolitischen Forderungen als nicht akzeptabel zu bezeichnen.

b) *Begründung einer Politik der Sozialdemontage*: Bei ansteigenden gesetzlichen Anteilen der Arbeitgeber an den PZK (z.B. Sozial-, Kranken- und Unfallversicherung) wird oft verschwiegen, dass die Arbeitnehmer ebenfalls höhere Beiträge zu entrichten haben, dies zum Ausbau der sozialen Sicherung der Arbeitnehmer beiträgt und dass die Folgen der Wirtschaftskrise diese Erhöhungen nötig machen. Ziel der Unternehmen ist es, diese Zusatzleistungen in der Öffentlichkeit als nicht mehr ausweitungsfähig bzw. als reduzierungsbedürftig darzustellen.

c) *Diskreditierung der Betriebsratsarbeit*: Ein großer Teil der Personalzusatzkosten (z.B. Weiterbildung, Wohnungswesen, Ausbildung) ist einer der Schwerpunkte der Arbeit von Betriebsräten. Die Bemühungen der Betriebsräte, diesen Teil ständig auszubauen, führt zu einem wachsenden Anteil an Zusatzkosten. Diese werden den Betriebsräten häufig als Kosten ihrer eigenen Politik angelastet. Den Arbeitnehmern soll klar gemacht werden, dass die Arbeit der Betriebsräte nur zu einem Anwachsen des unproduktiven Anteils der Kosten führt und aus unternehmerischer Sicht überflüssig bzw. schädlich ist.

d) *Unterstützung einer Politik steigenden Leistungsdrucks*: Der Begriff 'Entgelt für geleistete Arbeit' legt nahe, dass Lohnfortzahlung bei Krankheit, für Urlaub bzw. Feiertage eine unproduktive Last für die Unternehmer darstellt. Durch den Ausweis dieser Kosten soll demonstriert werden, wie wenig vom Lohn für unmittelbar geleistete Arbeit gezahlt wird.

e) *Erhaltung unternehmerischer Autonomie in der Personalpolitik*: Zwar wird von den Unternehmen darauf hingewiesen, wie groß der Anteil der gesetzlichen und tariflichen Regelungen an den Personalnebenkosten ist, beim 'direkten Leistungslohn' wird jedoch nie untersucht, wieviel davon tariflich abgesichert ist. Die übertariflichen bzw. außertariflichen Gehaltsbestandteile sollen offensichtlich nicht ausgewiesen werden; vermutlich deshalb, um die Arbeitnehmer nicht auf die Idee zu bringen, für diese Bestandteile eine tarifliche Absicherung zu fordern.

f) *Ablenkung von Arbeitnehmerkritik an der unternehmerischen Kostengestaltung*: Die Diskussion darüber, ob bestimmte Investitionen gerechtfertigt sind, soll vermieden werden (z.B. ob Investitionen für beschäftigungswirksame Maßnahmen getätigt werden sollen, ob verstärkt Gelder in die betriebliche Aus- und Weiterbildung fließen sollen usw.)

Welzmüller (1987, 11) weist auf eine weitere politische Funktion der Personal(neben)kosten hin: "Die Differenzierung der sozialen Zusatzabsicherung je nach Sektor, Branche und Unternehmensgröße bringt gleichzeitig eine Abstufung in der materiellen Lage der Beschäftigten mit sich. Hinzu tritt - insbesondere bei langanhaltenden Beschäftigungskrisen - eine weitere selektive Behandlung von Arbeitnehmern mit unterschiedlichem Arbeitsmarktstatus. Dies benachteiligt v.a. Frauen. Verkürzt gesprochen: Relativ stabil beschäftigte Stammbelegschaften sind durch betriebliche sozialpolitische Sonderleistungen abgesichert, die flexible Randbelegschaft hingegen - mangels erforderlicher Betriebszugehörigkeit beispielsweise - nicht".

Die (Personal-)Kostenrechnung dient jedoch nicht nur als Diziplinierungs- bzw. Steuerungs- und Kontroll-Medium, sondern kann v.a. für Großunternehmen einen willkommenen betriebswirtschaftlichen Vorteil bieten, wie dies am Beispiel der betrieblichen Altersversorgung deutlich wird: Rückstellungen für Pensionen wirken wie alle Rückstellungen gewinnmindernd. Gleichzeitig liefern sie für das Unternehmen eine willkommene Liquiditätsquelle. Die Nettozuführungen zu den Pensionsrückstellungen bleiben dem Unternehmen als Finanzmasse frei verfügbar; sie haben den Charakter von Eigenkapital. Unser Steuersystem führt dazu, dass Pensionsrückstellungen allein unter Renditegesichtspunkten gegenüber dem sonstigen Fremdkapital und erst recht dem Eigenkapital für das Unternehmen die eindeutig günstigere Möglichkeit der Kapitalbeschaffung sind (*Welzmüller* 1987).

Aus gewerkschaftlicher Sicht (*Welzmüller* 1987) zielen beispielsweise Forderungen der Arbeitgeber zur Reduzierung der gesetzlichen Zusatzleistungen (wie etwa die

Abschaffung der Lohnfortzahlung und die Integration dieser Absicherung in die allgemeine Krankenversicherung bzw. die stärkere Übernahme der Krankenkosten durch die Betroffenen) v.a. auf zwei Punkte: zum einen soll die Belastung des einzelnen Unternehmens durch die Verlagerung auf die generelle Versicherungsebene abgeschwächt und vereinheitlicht werden (Unternehmen müßten nur noch den halben Beitragssatz - analog zur jetzigen Regelung - bezahlen); zum anderen soll die gesellschaftlich organisierte soziale Sicherung durch verstärkte private Eigenvorsorge individualisiert werden. Nach *Welzmüller* (1987) würde dies zu einer Verteilungsverschiebung zu Lasten der Arbeitnehmer führen, da die verstärkt privat zu leistenden Beiträge und Selbstbeteiligungen (z.B. an den Leistungen des Gesundheitssystems) zu Lasten des Nettoeinkommens gehen würde.

Die Tatsache, dass Unternehmen (betriebliche) Zusatzleistungen als rekrutierungs- und anreizpolitisches Instrument einsetzen (z.B. betriebliche Altersversorgung, Gratifikationen) und deshalb ein starkes Interesse an einer möglichst großen Gestaltungsfreiheit dieser Einkommensbestandteile haben, führt bei den Gewerkschaften zu der Befürchtung, die Kompetenz in Lohn- und Gehaltsfragen (v.a. die tarifliche Absicherung von Sonderleistungen) zu verlieren. Die aktuelle Tendenz in vielen Unternehmen unternehmensspezifische Lohn- und Arbeitszeitmodelle zu entwickkeln, scheint Bedenken zu bestätigen, die eine Verlagerung von der kollektiven auf die betriebliche Ebene und damit eine Deregulierung des Wettbewerbs bzw. einen Verlust an Durchsetzungsmacht auf Seiten der Gewerkschaften sehen.

7.2 Alltagspolitik mit (Personal-)Kosten

Anhand dieser Beispiele wird deutlich, dass es bei Politik um Macht und Herrschaft, um die Reproduktion von Ordnung und das Durchsetzen und Aushandeln von Interessen geht. Politisches Handeln ist jedoch nicht gleichzusetzen mit Chaos oder dem Kampf aller gegen alle in selbstsüchtiger Verfolgung von eigenen Interessen, sondern ist auf soziale Ordnung gerichtet. Dies bedeutet (s. auch oben), dass sich 'politics' immer im Rahmen einer akzeptierten 'polity' bzw. eines 'Spiel- oder Regelsystems' abspielt (*Neuberger* 1990).

Da Unternehmen die Organisationsprobleme eines Kollektivs und damit politische Probleme und v.a. Verteilungskonflikte zu lösen haben, verspricht nach *Sadowski & Pull* (1997) die *politische* Analyse der betrieblichen Sozialleistungen Einsichten in das Funktionieren des Sozialverbandes Betrieb. Unter dieser Perspektive fragen die Autoren, warum die Kompensation eines Arbeitnehmers für erbrachte Leistungen nicht periodengerecht durch eine einzige, vertraglich vereinbarte Lohnzahlung entgolten, sondern in Form von Sachleistungen (Deputaten, Jahreswagen oder Betriebsschwimmbädern), Sonderzahlungen, Bildungsmöglichkeiten oder Altersruhegeldern kompliziert wird. Neben der Vermutung, dass die Aufspaltung der Kompensation zur Illusion einer höheren als der tatsächlich gewährten führt, und für die Arbeitnehmer der Vergleich der Kompensationspakete einzelner Unternehmen erschwert und somit die Bindung an die eigene Firma verstärkt wird, gehen die Autoren davon aus, dass durch die Interpretationsfähigkeit betrieblicher Sozialleistungen eine Ambiguität hergestellt wird, die zu den Grundmerkmalen des Politischen gehört. Selbst wo Interessenkonflikte gegeben sind, erleichtert nach *Sadowski & Pull* (1997) eine Vielzahl von Verhandlungsgegenständen den Tausch und die Kompromißfindung und lässt die Interessengegensätze eher verschwommen oder gar bewußt verschleiert erscheinen. Die beiden Autoren zeigen anhand von zwei ausgewählten Politikfeldern - der betrieblichen Altersversorgung sowie der betrieblichen Aus- und Weiterbildung -, die die höchsten Kosten für die Betriebe verursachen, dass diesen Sozialleistungen von jeder der Arbeitsvertrags- und Tarifparteien je nach Argumentationszweck und Situation unterschiedliche Funktionen und Wirkungen zugeschrieben werden. So weisen die Autoren, indem sie empirische Befunde zur Variabilität von Altersversorgungen im Hinblick auf Geschlecht, Bildungsstand, Unternehmensgröße, Verfallsrisiko und Anpassungschance beschreiben, nach, dass bereits eine einzige Sozialleistung, die betriebliche Altersversorgung, so ambig ist, dass sie als 'ökonomischer Rorschach-Test' gesehen werden kann. Diese Vieldeutigkeit ist - so die Autoren - kein zufälliger Umstand, sondern besitzt durchaus eine systematische Bedeutung für das Politikfeld 'betriebliche Sozialpolitik', da diese geförderte Undurchschaubarkeit von praktischen Interessen leicht vereinnahmt werden kann. Politik ist dann die Kunst(!), trotz divergierender oder sogar inkompatibler Handlungslogiken die Handlungsfähigkeit in oder von Institutionen sicherzustellen. Denn gerade um verschiedene Logiken geht es, wenn aus der Sicht konkurrierender Stakeholders die subjektiven und objektiven Interessen artikuliert werden, die mit bestimmten Entscheidungen, Programmen und Strategien (z.B. Sozialpolitik, Macht, Kapitalverwertung, Integration, Anpassung an die institutionelle Umwelt) verbunden sind. Wenn aber gleichzeitig verschiedene Handlungslogiken gelten, ist es nötig, anschließendes und vorausplanendes Handeln an jenen Leitdifferenzen zu orientieren, die wirtschaftliche Organisationen von karitativen, religiösen, künstlerischen oder wissenschaftlichen unterscheiden. Kandidaten sind Macht, Effizienz, Rentabilität, und mit letzterer partikuläre, kapitalorientierte Interessen, die nicht verständigungsorientiert universalisierbar sind (*Sadowski & Pull* 1997).

Bucksteeg (1994) hat im Rahmen seiner empirischen Studie über die Vergütungspolitik in Banken gezeigt, dass Intransparenz absichtlich eingesetzt wird, um Ansprüche wie Fairness, Gleichbehandlung, Nachprüfbarkeit im Sinne einer Politik(!) des Durchwurstelns, der okkasionellen und lokalen Rationalität zu unterlaufen. Dabei wurde auch deutlich, dass man sich nicht auf *einzelne* Maßnahmen beschränken darf, sondern das Geflecht der vielen anderen Maßnahmen sehen muss und dass der Inhomogenität der Interessen *innerhalb* der Gruppen (v.a. des Managements) große Bedeutung zukommt. Unter dieser Perspektive stellt (Personal-) Kostenrechnung kaum die Grundlage für einen (rationalen) Dialog über unklare bzw. zur Disposition stehende Ziele dar, sondern dient als Vehikel, bestimmte Interessen zu formulieren bzw. durchzusetzen.

Nach *Bucksteeg* (1994, 95) sind beispielsweise Machtbeziehungen zwischen Vorgesetzten und Mitarbeitern "mit Blick auf die Vergütungsentscheidungen von Vorgesetzten grundsätzlich konflikthaft, weil in diesen Beziehungen die Interessen und Erwartungen von Vorgesetzten und Mitarbeitern hinsichtlich einer leistungsgerechten Vergütung unterschiedlich und häufig auch widersprüchlich sind". Der Autor arbeitet - auf der Basis qualitativer Interviews, die er mit Mitarbeitern im Kundenbetreuungsbereich von Banken durchführte - Strategien und Spiele (politics) heraus, die von Vorgesetzten und Mitarbeitern im Hinblick auf Vergütungsentscheidungen eingesetzt werden. Solche 'Spiele' beinhalten etwa Drohungen (z.B. Kündigung) des Mitarbeiters bzw. Strategien von Vorgesetzten diese zu unterlaufen (z.B. 'empfindlich reagieren'); andererseits können Vorgesetzte selbst Spiele inszenieren, um potentiellen Mitarbeiterdruck bereits im Vorfeld auszuschalten (z.B. gute Leistungsbeurteilungen für alle; Verteilung von jährlichen Zusatzbudgets nach dem Gießkannenprinzip).

7.3   Personalkosten(-rechnung) als Herrschaftsinstrument

Nach *Foucault* geht es nicht darum, ob Personen oder Institutionen über Macht verfügen. Macht ist kein (ökonomisches) Gut, das man sich aneignen oder abtreten bzw. veräußern kann. Vielmehr stellt Macht eine operative Strategie dar, die sich anhand einer Pluralität von Manövern, Techniken, Verfahrensweisen und Taktiken äußert. Machtverhältnisse sind (und das klingt zunächst paradox) zugleich *nichtsubjektiv* und *intentional*. Sie lassen sich nicht auf die intentionalen Absichten eines Akteurs zurückführen, umgekehrt exisitiert aber keine Macht ohne Pläne, Bestrebungen, Zielsetzungen. Insofern bilden Machtbeziehungen anonyme, vielschichtige Felder von nicht-subjektiven Strategien und Kalkülen. Nach *Foucault* (1983) muss Macht deshalb eher als Netzwerk von Beziehungen, die systematisch miteinander verbunden sind bzw. als vielschichtiges, multidimensionales Kräfteverhältnis, verstanden werden.

"Unter Macht, scheint mir, ist zunächst zu verstehen: die Vielfältigkeit von Kräfteverhältnissen, die ein Gebiet bevölkern und organisieren; das Spiel, das in unaufhörlichen Kämpfen und Auseinandersetzungen diese Kräfteverhältnisse verwandelt, verstärkt, verkehrt; die Stützen, die diese Kräfteverhältnisse aneinander finden, indem sie sich zu Systemen verketten - oder die Verschiebungen und Widersprüche, die sie gegeneinander isolieren" (*Foucault* 1983, 113)

Macht kommt also erst durch die *Auswirkungen* bestimmter Praktiken, Verfahren usw. zum Vorschein. Somit bezieht sich Herrschaft nicht nur auf Institutionen, sondern auf Aktivitäten, die darauf abzielen, das Handeln von Menschen zu formen bzw. zu beeinflussen; allerdings muss etwas bekannt sein, bevor es beherrscht werden kann. *Barbara Townley* (1993, 520) formuliert diesen Zusammenhang folgendermaßen:

" Programs of government, for example, require vocabularies, ways of representing that which is to be governed, ways of ordering population (i.e., mechanisms for the supervision and administration of individuals and groups). Rationality is dependent upon specific knowledges and techniques of rendering something knowable and, as a result, governable. Governmentality, therefore, is a reference to those processes through which objects are rendered amenable to intervention and regulation by being formulated in a particular conceptual way".

Nach *Foucault* bedingen sich Macht und Wissen gegenseitig: Die Ausübung von Macht generiert Wissen, und umgekehrt geht Wissen mit bestimmten Machtwirkungen einher.

The exercise of power itself creates and causes to emerge new objects of knowledge and accumulates new bodies of information ... the exercise of power perpetually creates knowledge and, conversely, knowledge constantly induces effects of power .. It is not possible for power to be exercised without knowledge, it is impossible for knowledge not to engender power" (1980, 52; zit. nach *Townley* 1994).

Machtbeziehungen sind jedoch nicht starr fixiert, vielmehr bewegliche, instabile Zusammenhänge. Akteure, die in Machtbeziehungen verwickelt sind, verfügen potentiell über die Möglichkeit, die Machtverhältnisse zu verändern oder sogar umzukehren. Zudem kann es Machtbeziehungen nur in dem Maß geben, wie die Subjekte frei sind. "Wenn eines von beiden vollständig der Verfügung des anderen unterliegt und dessen Sache geworden ist, ein Objekt, über das dieses eine unendliche und unbegrenzte Gewalt ausüben kann, dann gibt es keine Machtbeziehungen" (*Foucault* 1985, 19). Soziale Zusammenhänge, in denen die Instabilität und Beweglichkeit der Machtbeziehungen getilgt sind, bezeichnet Foucault als Herrschaft. Während in Machtbeziehungen die Unterworfenen zumindest potentiell über die Möglichkeit einer Umkehrung der Machtverhältnisse verfügen, besteht in Herrschaftsverhältnissen diese Möglichkeit nicht. Ziel des Managements ist es, ein Feld von Machtbeziehungen zu blockieren, sie unbeweglich und starr zu machen und jede Umkehrbarkeit der Bewegung zu verhindern; d.h. einen permanenten Herrschaftszustand herzustellen.

Konsequenzen für das Verständnis der Personalkostenrechnung
Im *Foucault*schen Dreischritt 'Normierung - Normung - Normalisierung' wird auch das Zustandekommen des 'Zwangscharakters' der Personalkostenrechnung beschrieben: zuerst wird ein Verfahren der Messung zur Standardisierung entwickelt; dieses wird zur verbindlichen Vorschrift (Norm) und schließlich wird das Gewaltsame an dieser Errungenschaft dadurch verdrängt, dass sie alltäglich und selbstverständlich - normal - wird. Im Sinne *Foucaults* (1974) stellt die Personalkostenrechnung eine Technik der Beobachtung, Überwachung, Formung und Kontrolle von Verhalten dar,

durch welche 'Governmentality' (als Neologismus aus Government und Rationality) gewährleistet werden soll.

Aus dieser (politischen) Sicht fungiert Personalkostenrechung nicht als neutraler und passiver Apparat, sondern als (Kontroll-) Instrument, welches eindeutig bestimmten ökonomischen und politischen Zielen dient.

Natürlich beinhalten Systeme des Rechnungswesens auch technische Aspekte; diese müssen jedoch immer auch im Hinblick auf den (politischen) Kontext, in welchen sie eingebettet sind, verstanden werden. Ganz besonders deutlich wird dies anhand eines Beispiels, in dem die kalkulatorische Logik ins Extrem getrieben wurde und in welchem die vollständige Reduktion des Menschen bzw. der menschlichen Arbeitskraft auf Tauschwert, Geldwert und Erlös erfolgte. Die in Abb. G-8 wiedergegebene Rentabilitätsberechnung der SS über die Verwertung der Häftlinge in Konzentrationslagern zeigt einerseits eine akribische, pedantische Perfektionierung des Rechenschemas; auf der anderen Seite die Konsequenzen extremer Abstraktifizierung: Es zählen nicht mehr der Eigen-Wert des Menschen bzw. menschlicher Arbeit, sondern nur noch Verkaufbarkeit, nicht mehr die Würde, nur noch der Preis. Obwohl *Hannah Arendt* im Blick auf die Shoah den Begriff von der 'Banalität des Bösen' geprägt hat, um deutlich zu machen, dass die Vollstrecker in erster Linie aus bürokratischer Mentalität und erst in zweiter Linie aus ideologischen Antrieben heraus gehandelt haben, sieht man an diesem Beispiel auf Anhieb die andere Seite der Ordnung und es wird jede Ordnung suspekt.

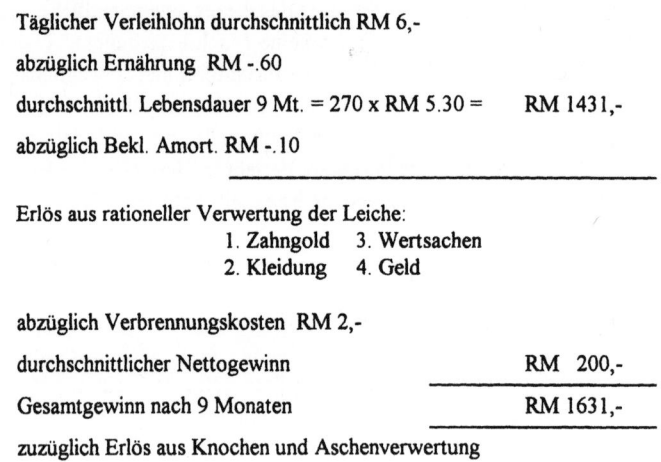

Täglicher Verleihlohn durchschnittlich RM 6,-

abzüglich Ernährung RM -.60

durchschnittl. Lebensdauer 9 Mt. = 270 x RM 5.30 =   RM 1431,-

abzüglich Bekl. Amort. RM -.10

Erlös aus rationeller Verwertung der Leiche:
                1. Zahngold   3. Wertsachen
                2. Kleidung   4. Geld

abzüglich Verbrennungskosten RM 2,-

durchschnittlicher Nettogewinn   RM   200,-

Gesamtgewinn nach 9 Monaten   RM 1631,-

zuzüglich Erlös aus Knochen und Aschenverwertung

Abb. G-8:   Rentabilitätsrechnung der SS über die Ausnützung der Häftlinge in den Konzentrationslagern (aus: *Schnabel* 1958, 67)

Foucault's Netzwerk-Argument sowie die negativen Konsequenzen instrumenteller Rationalität werden besonders deutlich, wenn man sich die Beschreibung der industriell organisierten Vernichtungsfabrik Auschwitz durch *Feingold* vor Augen führt:

"Auschwitz was a mundane extension of the modern factory system. Rather than producing goods, the raw material was human beings and the end product was death, so many units per day marked carefully on the manager's production charts. The chimneys, the very symbol of the modern factory system, poured forth acrid smoke produced by burning human flesh. The brilliantly organized railroad grid of modern Europe carried a new kind of raw material to the factories. It did so in the same manner as with other cargo. In the gas chambers the victim inhaled noxious gas generated by prussic acid pellets, which were produced by the advanced chemical industry of Germany. Engineers designed the crematoria; managers designed the system of bureaucray that worked with zest and efficiency more backward nations would envy. Even the overall plan itself was a reflection of the modern scientific spirit gone awry. What we witnessed was nothing less than a massive scheme of social engineering ...." (zit. nach *Legge* 1995, 326).

Allerdings besteht in einem normalen Arbeitsverhältnis keine Verfügungsmacht über Menschen, sondern über Arbeitsvermögen; das Konzentrationslager aber schwingt sich auf zur totalen Aneignung von Menschen und hat sie restlos(!) verwertet. Eine zu Ende geführte kapitalistische Logik mündet in das Programm, *alle* Produktionsfaktoren, neben Rohstoffen und Kapital also auch den Menschen, dem alleinigen Zweck der Kapitalverwertung zu unterwerfen.

Gegen eine voreilige 'Historisierung' (einmalige Auswüchse eines verbrecherischen, faschistischen Systems) spricht beispielsweise die aktuelle Diskussion über den Einsatz von 'Todescomputern' auf Intensivstationen, die die Überlebenswahrscheinlichkeit und die Behandlungskosten des einzelnen Patienten errechnen. Die jeweiligen Ergebnisse können dann als Entscheidungshilfe dafür dienen, ob sich ein bestimmter Therapieaufwand noch 'lohnt'.

Personalkostenrechnung kann in seiner ordnenden und strukturierenden Funktion als ein Indikator eines 'gut geführten Unternehmens' betrachtet werden. Anhand des KZ-Beispiels wird augenscheinlich, dass (Personal-)Kostenrechnung nicht einfach als Prozeß des Sammelns und Verarbeitens von Daten über Leistungen von Beschäftigten verstanden werden kann; sie ist auch keine isolierte und unabhängige Aktivität, die lediglich die Bedürfnisse von Managern nach Information befriedigt und in gleicher Weise für gute und schlechte Zwecke eingesetzt werden kann; vielmehr stellt das Rechnungswesen eine Praktik dar, die unentwirrbar in eine Matrix anderer Praktiken eingebettet ist. Für *Barbara Townley* (1994) sind (in Anlehnung an Foucault) in dieser Konstellation diskursiver Praktiken die Formen des Wissens identisch mit Formen der Repression. Da (einzelne) Mitarbeiter eingeordnet, kontrolliert, beobachtet, überprüft und die Ergebnisse dokumentiert werden, kommt es zu einer Formung der physischen und psychischen Existenz von Menschen durch die Gesamtheit der organisationalen Verfahren. Je mehr man über Menschen weiß, desto beherrschbarer werden sie.

Der relationale Charakter von Macht in wirtschaftlichen Organisationen bedeutet jedoch auch, dass man nicht ausschließlich ihre Funktion bei der Herstellung bzw. Disziplinierung von Untergebenen sehen kann, sondern auch, dass Vorgesetzte durch ihre Untergebenen hergestellt und diszipliniert werden, da alle Mitglieder einer Organisation in zahlreiche disziplinierende Praktiken verstrickt sind. Nimmt man im Sinn der NIÖ den Arbeitsvertrag als Ausgangspunkt der Überlegungen zum Thema Personalkosten, so wird das regelungs- und beherrschungsbedürftige Spannungsverhältnis unmittelbar sichtbar: Arbeitgeber sichern bestimmte Bedingungen (z.B. Entgelt, Zusatzleistungen) verbindlich zu, während die erwartete Gegen-Leistung nur in sehr allgemeinen Begriffen vereinbart wird. In dieser Asymmetrie des Tauschverhältnisses liegt ein wesentlicher Grund für die Tatsache, dass im Entgeltbereich die grundsätzliche 'policy' durch aktualisierende 'politics' ergänzt werden muss (und die 'policy' Ergebnis und Ausdruck von 'politic' ist). Gerade weil die Leistungs-Entgelt-Relation umkämpftes Terrain ist, muss sie auf der einen Seite institutionalisiert werden, auf der anderen Seite auch so flexibel handhabbar sein, dass sie wechselnden Erfordernissen angepaßt werden kann. Der Antagonismus, der in Bezug auf das Entgelt zwischen Arbeitgeber und Arbeitnehmer besteht (Kosten, die zu minimieren sind vs. Einkommen, das zu maximieren ist), erklärt die gleichzeitige Existenz von (scheinbar) eindeutigen, klaren und verbindlichen Regeln der Gehaltsfindung und -verrechnung und der recht freizügigen Handhabung dieser Regeln (bis hin zu ihrer Suspendierung, Überschreitung, Mißachtung). In der Auseinandersetzung der Tarifparteien wird eine - regulierte - Seite des Verhältnisses präsentiert, die andere Seite aber wird entweder tabuisiert oder als illegitime Abweichung relativiert (s. auch *Bosch* 1997).

7.4   Schlussfolgerung

Personalkostenrechung als neutrale und unabhängige Technik zu betrachten, ist eine starke Vereinfachung. Selbstverständlich beinhalten Systeme der Kostenrechnung technische Aspekte; diese müssen jedoch immer auch im Hinblick auf den Kontext in den sie eingebettet sind, betrachtet werden. Unter diesem Gesichtspunkt könnte Personalkostenrechnung als 'Sprachsystem eines Unternehmens' verstanden werden, welches bestimmte Aspekte eines Unternehmens abbildet und dessen 'Begriffe' oder 'Sätze' erst Bedeutung erlangen durch die historischen, gesellschaftlichen, ökonomischen und organisatorischen Kontexte, in die sie eingebettet sind. Da sich diese Bedeutungen ändern können und immer wieder von den Akteuren neu 'entdeckt' und definiert werden müssen, kann nie von allgemein gültigen oder gar 'objektiven' Bedeutungen ausgegangen werden.

Selbst wenn das (Personalkosten-)Rechnungswesen nur wahr klingt, so stellt es doch ein sehr einflußreiches Instrument in der ökonomischen Diskussion dar und es hat trotz aller Krisen und Skandale, in denen das Versagen des Rechnungswesens deutlich geworden ist, seine Glaubwürdigkeit in der (betrieblichen) Öffentlichkeit behalten. Anscheinend geht man davon aus, dass zur Kontrolle komplexer Organisationen immer elaboriertere Formen der ökonomischen Rechnungslegung benötigt werden; versagt eine Form, so führt dies dazu, dass sofort neue noch komplexere Formeln und Zahlengebilde eingeführt werden und das Rechnungswesen insgesamt auf diese Weise immunisiert wird - analog zur 'Entdeckung' von Epizyklen, um die zunehmend suspekte Ptolemäische Kosmologie aufrechterhalten zu können. Rechnungswesen wäre aus diesem Blickwinkel ein (funktionaler) Reflex auf die Komplexität, Unsicherheit und Bedrohlichkeit der internen und externen Umwelt eines Unternehmens (oder ein Ritual zur Reduzierung von Unsicherheiten). Es vermittelt Managern das Gefühl der Be-rechenbarkeit und Kalkulierbarkeit und damit die Illusion, eine Basis für 'rationale' Entscheidungen zu besitzen und mit Hilfe konventioneller Kontroll-Mittel (wie z.B. Gewinnziele, Budgetkriterien) Verhalten genau und zuverlässig steuern zu können - mit anderen Worten 'alles im Griff zu haben'.

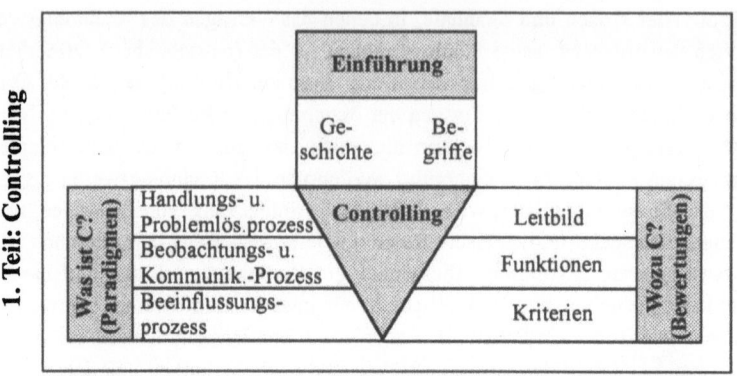

0. Überblick

Das Controlling-Kapitel H ist in zwei Hauptteile gegliedert; der eine befasst sich mit Controlling im allgemeinen, der zweite - wesentlich umfangreichere - mit Personal-Controlling.

Das erste Kapitel über 'Controlling' behandelt grundsätzliche Fragestellungen, damit später 'Personal-Controlling' in einen umfassenderen Kontext eingeordnet werden kann. Anmerkungen zur Herkunft des Controlling-Konzepts und lexikalische Definitionen von Controlling bereiten den Boden für die Diskussion von zwei Problemkreisen, nämlich (1) paradigmatischen Zugängen und (2) Bewertungsperspektiven. Zu (1): Drei grundsätzlich verschiedene Controlling-Sichtweisen werden vorgestellt:

Controlling als handlungskoordinierender Problemlösungsprozess, Controlling als Informationsbeschaffungs-, -verarbeitungs- und -vermittlungsprozess und schließlich Controlling als Beeinflussungsprozess. Zu (2): Ansätze zur Bewertung von Controlling werden aus drei Perspektiven referiert: zunächst wird ein Überblick über leitbildhafte und metaphorische Beschreibungen der *Controller-Rolle* gegeben, dann werden die Funktionen oder *Leistungen* referiert, die von Controlling erbracht werden (sollen) und zuletzt werden *Kriterien* vorgestellt, mit denen bestimmt werden kann, ob Controlling den geweckten Erwartungen gerecht wird.

Der zweite Hauptteil - Personal-Controlling - orientiert sich in seiner Gliederung an den drei Perspektiven, die in diesem Buch für die Auseinandersetzung mit dem Personalwesen gewählt wurden:

Die *ökonomische* Perspektive steht unter dem Motto *Lohnt es sich?*; dementsprechend werden Grundlageninformationen, Verfahrensbeispiele und Problemdiskussionen zum Kosten-, Effizienz- und Effektivitätscontrolling präsentiert.

Die *Management*-Perspektive folgt der Leitfrage: *Wie lassen sich pragmatische Lösungen für anstehende Probleme finden und durchsetzen?*' Im einzelnen wird auf praxisgenutzte Systeme der Handlungssteuerung eingegangen: Kennzahlen und Audits, Benchmarking und Balanced Scorecard, Gemeinkostenmanagement (Gemeinkostenwertanalyse und Zero Base Budgeting).

Die *politische* Perspektive ist motiviert von der Zielsetzung *beherrschter Ordnung*: es geht darum, gewollte Ordnungen zu (re-)produzieren und dabei eigene Interessen machtvoll durchzusetzen. Unter den Normalbedingungen hoher Intransparenz, Komplexität und Dynamik ist nicht sklavischer Gehorsam der MitarbeiterInnen erfolgversprechend, sondern eigenständige und eigeninteressierte Mitarbeit. Das selbstverantwortliche und zugleich fügsame Individuum (Souverän-Subjekt) ist Produkt eines historischen Prozesses der Zivilisierung und (Selbst-)Disziplinierung.

Freiheitsgrade des Handelns eröffnen sich, weil Controlling-Verfahren nicht so sehr Bezug auf eine bestimmte Wirklichkeit nehmen, sondern diese selbst aktiv miterzeugen, sodass zurecht von einer magischen, d.h. Wirklichkeit 'verzaubernden' Funktion von Personal-Controlling geredet werden kann.

Nicht zuletzt sind Institution und Praxis des Personal-Controlling herrschaftlich geprägt; das bedeutet auch, dass sie asymmetrisch - als Prinzipal-Agent-Beziehung - strukturiert und durch Machtkämpfe und 'Spiele' gekennzeichnet sind.

Es versteht sich, dass auch in diesem Kapitel H die ausgewählten Fragestellungen und Beispiele nicht erschöpfend sind. Sie sollen vor allem den Reichtum der Sichtweisen und Lösungsansätze veranschaulichen und deren Kontingenz[1] verdeutlichen - beides Grundlagen eigener kritischer Meinungsbildung.

---

[1] Kontingenz meint hier - einer Setzung *Luhmann*s folgend - die Negation von sowohl Unmöglichkeit wie Notwendigkeit oder kürzer: es könnte auch anders sein.

H-1: Controlling: Allgemeine Vorüberlegungen - Übersicht-

1.0 Vorbemerkung

1.1 Begriff und Geschichte des Controlling

1.2 Drei Facetten des Controlling

1.2.1 Probleme lösen	1.2.2 Wirklichkeit abbilden	1.2.3 Handeln steuern
Handlungsanalyse Regelkreismodell	Beobachtung, Information, Kommunikation	Control: Steuerung Intervention und Koordination

1.3 Leitbilder, Funktionen und Kriterien des Controlling

1.3.1 Leitbilder	1.3.2 Funktionen	1.2.3 Kriterien
Rollenmodelle für ControllerInnen	Spezielle Funktionen Generell: Systembildung und Systemkopplung	Anforderungen an das Controlling

1. Controlling: Allgemeine Vorüberlegungen

1.0 Vorbemerkung

Weil die Zusammenfassung des Kapitels H-1 im Gesamtüberblick (Seite 476f.) enthalten ist, gehen wir an dieser Stelle nicht mehr darauf ein und beschränken uns auf zwei Vorbemerkungen:

Wir übernehmen den eingebürgerten Fachbegriff *Controlling* unübersetzt ins Deutsche, weil es bei uns kein Wort gibt, das die Doppeldeutigkeit dieses englischen Worts zum Ausdruck bringt, nämlich zugleich Überwachung (Kontrolle i.e.S.) und Steuerung (Gestaltung, Herrschaft) zu sein. Wir behalten auch das deutsch-englische Zwitterwort Personal-Controlling - mit Bindestrich geschrieben - bei.

In vielen Personal-Controlling-Texten werden *Planung* und *Analyse der Arbeitskosten* als Bausteine des Controlling betrachtet. Wir haben im vorliegenden Text diesen beiden Themenkreisen jeweils eigene Kapitel gewidmet. Es ist müßig, darüber zu streiten, ob z.B. 'Planung' der Oberhoheit von Controlling zu unterwerfen ist oder als selbständige Aktivität gelten soll. 'Reifes' Controlling kann es nur geben, wenn Ziele vorgegeben und Pläne erarbeitet wurden, denn Controlling soll Informationen liefern, die zu beurteilen erlauben, *ob* die Ziele erreicht und die Pläne verwirklicht wurden, *warum* das (nicht) der Fall war und *was* daraufhin in Zukunft unternommen oder unterlassen werden sollte.

1.1 Was ist Controlling? Begriff und Geschichte des Controlling

Wenn es eine Gemeinsamkeit in der Controlling-Literatur gibt, dann die, dass es keine Gemeinsamkeit im Verständnis von Controlling gibt. Es gehört zu den regelmäßigen Übungen zu zeigen, dass der Begriff Controlling unterschiedlich eng oder weit gefasst wird, und das, was als Controlling praktiziert wird, sehr Verschiedenes beinhaltet.

Dies ist keine neue Situation; Kontroversen über Inhalt und Erstreckungsbereich begleiten Controlling seit Anbeginn. Dies soll mit einem kurzen Exkurs zu Begriff und Geschichte von 'Controlling' illustriert werden:

Amshoff (1993, 75) zitiert eine Arbeit, die 57 verschiedene Bedeutungen des Wortstammes 'to control' zusammengetragen hat. Wie verschiedene empirische Untersuchungen (etwa die Auswertung von Stellenanzeigen, siehe unten) belegt haben, verbergen sich auch hinter dem, was in der Praxis unter 'Controlling' firmiert, höchst unterschiedliche Aufgaben, Methoden und Einrichtungen.

Einen Hinweis auf den oftmals übersehenen Steuerungs- oder Einflussaspekt des Controlling gibt die Etymologie des Wortes Kontrolle. Es ist zusammengesetzt - (siehe *Bramsemann* 1987, 42f. und vor allem *Hoskin & Macve* 1986, 114) - aus *'contra'* und *'rotulus'*. Die Führung dieser Gegen-Rolle, einer zweiten oder dritten, für Kontrollzwecke vorgenommene Aufzeichnung über ein- bzw. ausgehende Güter und Gelder, oblag dem *contra rotulator* (counterroller). Die dafür in den USA auch gebräuchliche Bezeichnung 'comptroller' ist - nach *Horváth* - auf einen etymologischen Irrtum zurückzuführen, weil das französische 'compter' zur Basis der Schreibweise wurde. Die ursprüngliche Bedeutung Gegen-Rolle ist interessant, weil in ihr schon die Kontra-Position bzw. Oppositionsstellung des Controlling nahegelegt wird, die sehr häufig kaschiert wird, wenn ausschließlich von der Koordinations- und Informationsversorgungsfunktion die Rede ist. Die counter role wurde - im 12. Jahrhundert! - angefertigt, weil den Angaben in der 'pipe role' (der offiziellen Abrechnung) misstraut wurde (*Hoskin & Macve* 1986, 113). Im Begriff 'Controlling' ist somit von Anfang an implizit das Konträre, Überwachende und Herrschaftliche enthalten, das jeder Steuerungsfunktion innewohnt.

"Die ersten Controller finden sich in England und den USA im staatlichen Bereich. Unter der Stellenbezeichnung 'Countroller' waren am englischen Königshof schon im 15. Jahrhundert Aufzeichnungen über ein- und ausgehende Gelder und Güter zu machen. In ähnlicher Funktion hatte in den USA seit 1778 ein 'Comptroller' das Gleichgewicht zwischen Staatsbudget und der Verwendung der Staatsausgaben zu überwachen ... [Seit 1921 steht in den USA der] 'Comptroller General' an der Spitze der obersten Rechnungsprüfungsbehörde ..." (*Weber* 1995, 4; s.a. *Horváth* 1993, 26ff.).

Zur Unterscheidung zwischen Controlling (als unverzichtbarer Managementfunktion) und Controllership (als der spezialisierten Tätigkeit eigens dafür geschaffener Funktionäre, der ControllerInnen) führt *Horváth* aus: "Unter 'Control' versteht man in der englischsprachigen Managementliteratur Beherrschung, Lenkung, Steuerung, Regelung von Prozessen ... Grundsätzlich lässt sich festhalten, dass 'Control' nicht mit 'Kontrolle' übersetzt werden darf. In sinngemäßer Übersetzung könnte man von Unternehmenssteuerung sprechen. Controlling im Sinne von Steuerung ist eine zentrale Managementaufgabe. Jeder Manager übt auch Controlling aus ... Der Controller macht selbst kein 'Control' bzw. 'Controlling', er unterstützt vielmehr die Führung hierbei ... Da sich jedoch für die koordinierende Funktion der Informations- und Planungsunterstützung im deutschen Sprachgebrauch 'Controlling' (= Funktion) und 'Controller' (= Funktionsträger) eingebürgert haben, wollen wir diese Bezeichnungen weiter verwenden. Festgehalten sei, dass wir dabei immer 'Controllership' meinen" (*Horváth* 1993, 25f.).

Im Zusammenhang mit der Abgrenzung zwischen Controlling und Controllership wird in der Fachdiskussion auch die Frage erörtert, ob Controlling eine eigenständige Disziplin sei. *Küpper* (1995, 3ff.) nennt drei Möglichkeiten:

Controlling ist (a) lediglich eine *moderne Bezeichnung* für altbekannte Aufgabenbereiche [v.a.: (internes) Rechnungswesen, Unternehmensrechnung, Betriebswirtschaft].

Controlling kann (b) auch als *Oberbegriff* für mehrere Gebiete (Planung, Kontrolle, Informationsversorgung) gesehen werden, die unter dieser Bezeichnung zusammengefasst werden.

Und schließlich kann sich (c) mit Controlling ein *neuer Problembereich* herausschälen, der eine eigenständige Sicht auf bisher nicht wahrgenommene Entwicklungen bietet.

Alle drei Akzentsetzungen werden - so *Küpper* - derzeit vertreten.

Als Beispiel für ein sehr umfassendes und anspruchsvolles Controlling-Verständnis, das den Unterschied zu General Management aufhebt, seien zwei Definitionen eines der bekanntesten Controlling-Praktiker - *Deyhle* - zitiert:

"Die Controllingfunktion soll dafür sorgen, dass ein Apparat existiert, der darauf hinwirkt, dass das Unternehmen Gewinn erzielt. Das Controlling besteht im Vergleich zwischen Ist und Soll und im gezielten Reagieren als Folge von Abweichungen. Controlling ist insgesamt der Prozess der Zielsetzung, Planung und Steuerung" (*Deyhle* 1980, 124) [zitiert in *Hoss* 1988, 412].

"Controlling bedeutet
- Verluste verhindern (also rechnen!);
- rechtzeitig merken, dass Verluste entstehen können (also planen!);
- vorne rühren, damit es hinten nicht anbrennt;
- Maßnahmen vorher im Kopf haben, damit man sie nicht nachher bloß in den Beinen haben muss (Schuhsohlenplanung);
- über Ziele führen (statt durch den täglichen 'Sattelbefehl': der Chef kommandiert aus dem Sattel, wenn er gerade vorbeigaloppiert);
- Selbstkontrolle realisieren (also im Rahmen von Budgets Kompetenzen delegieren)" [*Deyhle* 1984 (Bd. I), 35].

Controlling kann - wie gesagt - zu Controllership ausdifferenziert werden; dabei wird die Controlling-*Funktion* einer spezialisierten Stelle, der Controlling-*Institution* überantwortet. Als Funktion ist Controlling eine *spezielle* (nämlich methodische, instrumentierte, professionalisierte und institutionalisierte) *Handlungsbeschreibung, -reflexion und -steuerung.*

Einem Begriff kann man keinen eindeutigen sachlichen Inhalt zuweisen, denn weder durch empirische Operationen, noch durch Umschreibung mit anderen Begriffen (lexikalisch, nominell) ist er einheitlich und unmissverständlich zu etablieren. Die folgende Darstellung zielt deshalb darauf ab, Hinsichten, Inhalte und Verwendungsweise zu entfalten, die eine näherungsweise Verortung erlauben.

Es ist wiederholt untersucht worden, was PraktikerInnen in ihren Unternehmen als 'Controlling' bezeichnen. In Zusammenschau einer Mehrzahl von Studien zieht *Amshoff* (1993, 71) zu diesem Vorgehen eine resignative Bilanz:

" ... die erwähnten Einzelfalldarstellungen sind offenbar wenig geeignet, typische Merkmale des Controlling zu gewinnen. Die Dokumentationen vermitteln eine Fülle von deskriptiven Eindrücken und Relevanzurteilen ... Die aus verschiedenen Perspektiven entwickelten Deskriptionen von realisierten unternehmensbezogenen Controllingsystemen erweisen sich als nahezu nicht vergleichbar und erlauben daher kaum ein Urteil über die reale Variabilität des Controlling. Die Realisationen des Controlling stellen offensichtlich äußerst variable Gebilde dar." *Amshoff* zitiert zustimmend das Urteil amerikanischer Autoren, die vor der Gefahr warnen, das Zufällige, Gelegentliche und Vermischte für das Wesentliche zu nehmen.

Eine ähnliche Strategie ist es, Stellenanzeigen für ControllerInnen auszuwerten; auch hier zeigt sich eine enorme Anforderungsvielfalt (s. *Weber & Bültel* 1992, *Zettelmeyer & Pfohl* 1986).

Die in der Fachliteratur am häufigsten gewählte Strategie ist die Analyse des Begriffsgebrauchs in Veröffentlichungen von WissenschaftlerInnen und PraktikerInnen. Einige derartige lexikalische Definitionen, die den 'Begriffswirrwar' bzw. die 'Begriffsinflation' (s. *Amshoff* 1993, 74f.) illustrieren, sind in Beleg H-1.1 zusammengestellt.

Zur Interpretation dieser Nominaldefinitionen kann man verschiedene Strategien wählen:

a) Wovon wird der Controlling-Begriff unterschieden (Abgrenzung zu verwandten Begriffen)? Ein Gegenstand gewinnt Identität, indem er zu anderen in Beziehung gesetzt und z.B. im Netz von Ober-, Unter- oder Gegenbegriffen verortet wird. Controlling kann auf diese Weise abgehoben werden von Rechnungswesen (Kostenrechnung), Planung (speziell Finanzplanung), Kontrolle, Informations- oder Berichtswesen, Buchhaltung, Investitions- und Wirtschaftlichkeitsrechnung, Budgetierung und Budgetkontrolle, Bilanzierung, Innerer Revision, Management ....

b) Welche Leistungen bezeichnet der Begriff (funktionale Perspektive)? Was sind die Aufgaben, die jemand erledigen muss, wenn er/sie ControllerIn genannt werden möchte? Kandidaten für solche Funktionen sind z.B. planen, koordinieren, berichten, kontrollieren, prüfen, beraten etc.

c) Welches theoretische Konzept oder Modell steht hinter Controlling (z.B. kybernetische Theorie oder Regelkreismodell, Systemtheorie, Kontingenztheorie, Entscheidungs- bzw. Problemlösungstheorie, Transaktionskostentheorie (s. z.B. *Amshoff* 1993, 53ff.)?

d) In welchen übergeordneten Kontext ist Controlling einzuordnen? Ist es eine Funktion oder Institution? Ist es eine Spezialdisziplin oder eine Querschnittsfunktion? Ist es auf die Gesamtunternehmung oder auf Teilprozesse oder Subsysteme bezogen? Ist es eine Philosophie oder ein Werkzeugkasten?

Beleg H-1.1: Controlling-Definitionen

"Der Controller leistet in begleitender Rolle betriebswirtschaftlichen Service; er sorgt für Kosten-, Ergebnis- sowie Strategietransparenz; koordiniert somit die Teilpläne des Unternehmens ganzheitlich und nicht nur zahlenmäßig; organisiert ein unternehmensübergreifendes Berichtswesen und sorgt für mehr Wirtschaftlichkeit im System" (Leitbild des deutschen 'Controller Verein e.V.', zit. in *Weber* 1995, 17).

"Unter Controlling ist die Gesamtheit der Aufgaben zu verstehen, welche die Sicherstellung der Informationsversorgung und die Koordination der Unternehmensführung zur optimalen Erreichung aller Unternehmensziele zum Gegenstand haben" (*Schweitzer & Friedl* 1992, 153).

"Controlling ist als informationsversorgendes System zur Unterstützung der Unternehmensführung durch Planung, Kontrolle, Analyse und Entwicklung von Handlungsalternativen zur Steuerung des Betriebsgeschehens zu verstehen" (*Serfling* 1983, 17)

"In einer formalen Betrachtungsweise sind die wesentlichen Ziele des Controlling die Unterstützung der Planung, die Koordination einzelner Teilbereiche sowie die Kontrolle der wirtschaftlichen Ergebnisse" (*Reichmann* 1990, 3).

"Controlling bezeichnet eine bestimmte Funktion innerhalb des Führungssystems von solchen Unternehmen, deren Ausführungssystem primär durch Pläne koordiniert wird. Die vom Controlling wahrgenommene Funktion ist Koordination. Sie umfasst die Strukturgestaltung aller Führungsteilsysteme, die zwischen diesen bestehenden Abstimmungen sowie führungsteilsysteminterne Koordination. Zur Lösung der Koordinationsaufgabe verfügt das Controlling über dieselben Instrumente und Mechanismen, die auch für die Primärkoordination des Ausführungs- durch das Führungssystem anwendbar sind. Das Ziel des Controlling besteht darin, Effizienz und Effektivität der Führung zu erhöhen und die Anpassungsfähigkeit an Veränderungen in der Um- und Innenwelt des Unternehmens zu steigern" (*Weber* 1995, 50).

In Anwendung der genannten Strategien praktizieren wir zwei Vorgehensweisen: im nächsten Kapitel identifizieren wir drei Facetten des Controlling-Begriffs, indem wir unterschiedliche Rahmenkonzeptionen herausarbeiten; im darauf folgenden Kapitel nähern wir uns dem Verständnis von Controlling, indem wir Leitbilder, Funktionen und Kriterien analysieren.

1.2 Drei Facetten: Probleme lösen, Wirklichkeit abbilden, Handeln steuern

1.2.1 Controlling als Handlungs- oder Problemlösungsprozess

Eine große Zahl von Systematisierungsansätzen des Controlling, die weitgehend übereinstimmende Phasenschemata des Controllingprozesses zugrundelegen, basiert auf dieser Hinsicht. Ausgangspunkt ist eine *lineare* Konzeption, wie sie in der folgenden Abbildung visualisiert ist; durch Rückkopplungsschleifen entsteht eine zirkuläre Variante, die üblicherweise als *Regel*kreis entworfen wird (s. Abb. H-1.2, S. 485).

Gleich zu Beginn soll auf eine oftmals unaufgelöste Doppeldeutigkeit aufmerksam gemacht werden: Manche AutorInnen gehen davon aus, dass Controlling selbst als ein solcher Handlungsprozess zu verstehen ist und eine aktive oder bestimmende Rolle in der Zielsetzung, Planung, Kontrolle usw. übernimmt; andere dagegen betonen die Unterstützungs- oder Koordinationsfunktion von Controlling, derzufolge das Zielesetzen, Planen, Kontrollieren von Linienvorgesetzten durch ein quasi über ihnen stehendes Controlling gestaltet, also z.B. instrumentiert, auf die Unternehmensziele ausgerichtet, prozess- oder abteilungsintern und/oder -übergreifend abgestimmt wird. Wenn ManagerInnen die 'Controlling-Denke' verinnerlicht haben und entsprechend geschult sind, können sie diese Funktion selbst wahrnehmen; ansonsten differenziert sich eine spezialisierte Instanz aus (Controllership, Controlling-Abteilung).

Die Phasen, in die Controlling als Handlungsprozess zerlegbar ist, sind in der folgenden Abbildung H-1.1 veranschaulicht.

Das Charakteristikum der handlungsorientierten Sichtweise ist, dass das Entscheidungs- oder Problemlösungsmodell eines individuellen Rationalakteurs zugrundegelegt wird. Controlling ist somit eine Aktivität, die entweder die einzelnen Phasen unmittelbar *jeweils für sich* oder in ihrer *Abfolge* methodisch strukturiert bzw. rationalisiert oder sie aus einem *externen* (übergeordneten) Blickwinkel koordiniert. Für jede Phase des Handlungsprozesses ist ein spezifisches Controlling denkbar (z.B. für die Zielsetzung ein Ziel- und Prämissen-Controlling, für die Situationsanalyse ein operatives oder strategisches Bedingungs- oder Umwelt-Controlling usw.). Entsprechend kann für alle funktionalen Bereiche in der Unternehmung ein spezielles Controlling geschaffen werden: Beschaffungs-, Finanz-, Produktions-, Entwicklungs-, Personal-Controlling usw.

Controlling im Regelkreis-Modell

Die Darstellung von Controlling als *lineares* Problemlösungsmodell erfasst zwar alle Controllingfunktionen, lässt aber die Vielschichtigkeit der Controlling-Aktivitäten nicht erkennen und vor allem macht sie nicht deutlich, dass Controlling sich auf *fremdes* Handeln bezieht. Ein Regelkreis-Modell wird diesen Ansprüchen eher gerecht. In Abb. H-1.2 ist in nichttechnischer Art ein solcher Regelkreis wiedergegeben.

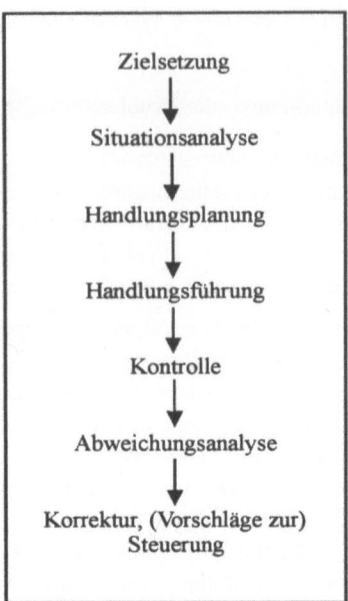

Abb. H-1-1:   Der Handlungsprozess des Controlling

Basale Bezugsgröße ist der *Handlungs- oder Wertschöpfungsprozess (Throughput)*, also das Insgesamt der Aktivitäten, die in einer Unternehmung ausgeführt werden. Damit er möglich ist, sind *Inputs* nötig (Kapital, Arbeit, Material, Maschinen ...); die *Outputs* sind die intendierten und unintendierten Ergebnisse der Unternehmensaktivitäten (Einkommen, Arbeitsplätze, Qualifikationen, Reputation, Umweltschäden etc.).

Input, Throughput und Output sind in mehrfacher Hinsicht Adressaten von organisationalen Aktivitäten:

- ihre *Sollwerte* werden als Planungsgrundlagen und Zielvorgaben bestimmt; damit sind die Erwartungen beschrieben, die die Prozesssteuerung anleiten;
- ihre *Istwerte* werden gemessen, um das Steuerungshandeln auf ein reales Fundament zu stellen;
- der *Vergleich* von Soll und Ist führt zu *steuerndem Eingreifen*; es soll bewirken, dass die beobachteten Diskrepanzen beseitigt werden; der Eingriff bezieht sich vor allem auf die Inputgrößen, es kann aber auch in die Prozesse selbst interveniert werden (z.B. Regeln, Gewohnheiten, Techniken ändern), das Ergebnis kann 'korrigiert' werden (z.B. anders interpretiert oder günstiger präsentiert werden) und schließlich kann es zur Modifikation des Solls kommen (z.B. Zielanpassung).

In Abb. H-1.2 kann die Aufgabenvielfalt von Controlling demonstriert werden:

- Es kann beauftragt sein mit der möglichst korrekten und flächendeckenden *Messung des Ist* und dem *Vergleich* von Ist- und Sollwerten (Controlling als Informationsversorgung und Realitätsabbildung; Controlling als Monitoring);
- es kann beteiligt sein an der *Definition der Sollwerte* (vor allem wenn Controlling und Planung zusammengeschlossen werden);
- vor allem aber kann es die Aufgabe der *steuernden Einwirkung* übernehmen (Koordinationsfunktion); diese Einflussnahme lässt sich in unterschiedlichen Verbindlichkeitsgraden wahrnehmen (von Information über Beratung bis zu Anordnung).

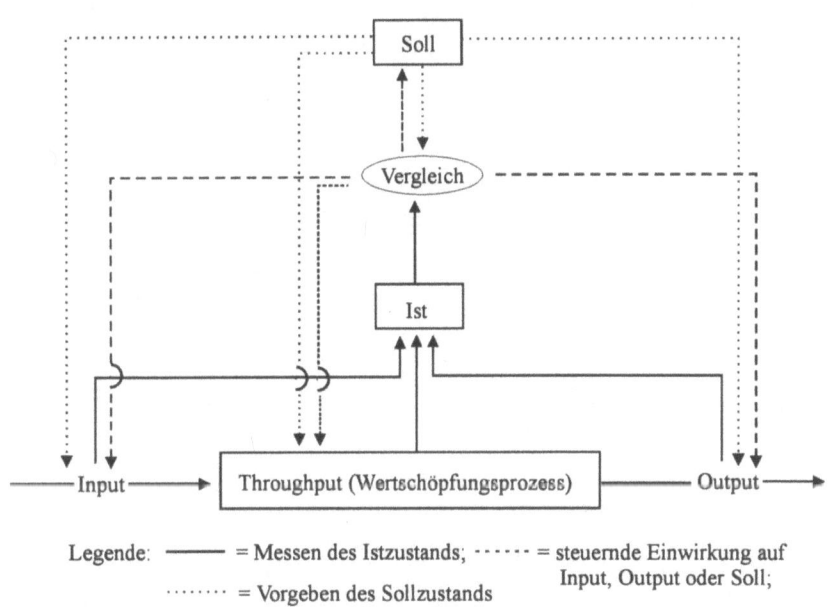

Legende: ——— = Messen des Istzustands; ······ = steuernde Einwirkung auf Input, Output oder Soll;
········· = Vorgeben des Sollzustands

Abb. H-1.2:   Controlling als Regelkreis

Das 'behavioral accounting' - eine Forschungsrichtung, die nicht normative Forderungen, sondern das konkrete Handeln in den Mittelpunkt ihres Interesses stellt (s. *Birnberg* 1993, *Haller* 1989, *Holzer & Lück* 1978) - hat empirische Belege dafür beigebracht, dass die Ergebnisse des Handelns organisationaler Akteure durch eine Vielzahl von Gestaltungsmöglichkeiten beeinflusst werden (etwa der Art und Weise des Feedbacks, der Schwierigkeit der gesetzten Ziele, den Anspruchsniveaus, der

Mitbeteiligung bei der Zielsetzung und Ergebniskontrolle usw.). Anders als in der normativen Controlling-Literatur meist unterstellt, sind die Ergebnisse (die auf Befragungen, teilnehmender Beobachtung, Laborexperimenten und Simulationen in Planspielen beruhen) höchst kontrovers, weil oft schon sehr kleine Variationen in Aufgabeninhalt, Informationsmenge und -darbietung, Komplexität etc. zu drastischen Resultatveränderungen führen (s. dazu den Überblick über eine Vielzahl von Studien in *Preuß* 1991, 50-249 oder *Haunschild* 1998, 195ff.).

Der zentrale Einwand gegen diese Perspektive auf Controlling ist, dass die Grenzlinie zu 'Management' verwischt wird, sofern man Management als zielbezogene Handlungsgestaltung oder -koordination interpretiert.

Während bei dieser ersten Facette der Handlungsprozess im Mittelpunkt steht ('Primat der Tat'), wird in der nun zu besprechenden zweiten Facette der Akzent auf Informationsverarbeitung (Beobachtung und Kommunikation) gelegt.

1.2.2 Controlling als Beobachtungs- und Kommunikationsprozess

Hier wird Controlling als 'Wiedergabe der Wirklichkeit' verstanden; es geht um Informationsbeschaffung, -auswertung, -verdichtung, -übermittlung, -interpretation.

Diese 'realistische' Auffassung kommt z.B. in einer Forderung *Bühner*s (1996, 35) an Kennzahlensysteme zum Ausdruck:

> "Um all diese Funktionen erfüllen zu können, ist zu fordern, dass die Kennzahlen den Führungskräften ein möglichst den realen Verhältnissen entsprechendes Urteil ermöglichen, d.h. dass sie maßstabs- und abbildgetreu das messen sollen, was sie vorgeben zu messen."

Mit der Abbildungsfunktion des Controlling sind die auf methodische und systematische Weise durchgeführte Bestandsaufnahme, Diagnose, Erfassung des Ist-Zustandes gemeint. 'Ist-Zustand' meint nicht nur Ergebnisse des - z.B. personalen oder personalwirtschaftlichen - Handelns, sondern auch *Maßnahmen* (Programme, Aktionen, Prozesse, Verfahren) und *Strukturen*.

Entscheidend ist dabei, dass Controlling nicht *irgendwelche* Informationen findet, erfasst und präsentiert. Im Unternehmen gibt es unüberschaubar viele Informationen; die Kunst ist es, die *relevanten* (z.B.: erfolgskritischen) herauszufiltern bzw. zu definieren und vor allem: schnell und kostengünstig aufzubereiten. Dies sollte dauerhaft, routinisiert, systematisch, nachvollziehbar etc. erfolgen.

Hentze & Kammel (1993, S. 69) nennen folgende getrennte Informationsaktivitäten: Informationsbedarfsermittlung, Informationsbeschaffung, Informationsaufbereitung, Informationsübermittlung. Dieser Aufzählung könnte man die Funktion 'Informationserzeugung' hinzufügen, weil 'Aufbereitung' und Thematisierung zum Teil Erschaffung vorher nicht vorhandenen Wissens sind; Informationen beziehen sich nicht nur auf etwas, das 'da' ist (Daten). Eine Information ist ein *interpretiertes* Datum; nach einer vielzitierten *Bateson*-Definition ist sie eine Unterscheidung, die einen Unterschied (Sinn) *macht* (!).

Die 'behavioral accounting'-Forschung hat gezeigt, dass in der Praxis von Rechnungswesen und Controlling zahlreiche Abweichungen von einem idealen Repräsentationsmodell zu beobachten sind: Menschen suchen gezielt Informationen, strukturieren interessengeleitet und wählen 'voreingenommen' aus, sind relativ schnell (schon durch geringe Informationsmengen) überfordert, haben spezifische 'kognitive Stile' im Umgang mit Informationen, empfinden mehrdeutige Daten als unangenehm, wenden einmal erlernte Verarbeitungsschemata auch dann noch an, wenn sie überholt sind usw. (siehe dazu die ausführlichen Belege in *Preuß* 1991, 241ff.; *Haunschild* 1998, 181ff.).

Eine naiv-realistische Position, die Rechnungswesen- oder Controlling-Informationen als 'naturgetreue Abbildung der Wirklichkeit' betrachtet, lässt sich nicht halten. Unverzerrte wahre Wirklichkeits-Abbildungen kann es nicht geben, sie wären im besten Fall informationslose Verdoppelung der Wirklichkeit. Die als Controlling-Aufgabe immer wieder genannte 'Informationsversorgung' ist deshalb ein außerordentlich differenzierter und voraussetzungsvoller Prozess. Abbilden impliziert einerseits immer schon Auswahl, Filterung, Übersetzung oder Konstruktion (als Erzeugung bzw. Verformung durch Kategorisierung und Codierung), Speicherung, Wiederaufruf, Interpretation, Aufbereitung, Färbung, Kontextualisierung und Rahmung, Deutung und Bedeutungsverleihung, Suggestion usw. Andererseits wird die Abbildung Dritten *kommuniziert* und von diesen *bewertet* und sie kann bei den Empfangenden höchst unterschiedliche Interpretationen und Reaktionen auslösen.

"Viele Leute wissen, dass sich in der realen Praxis die Arbeit der Kostenrechner auf ziemlich willkürliche Annahmen und Konventionen gründet. Sie wissen, dass die Kostenrechner eigentlich den Job haben, andere davon zu überzeugen, dass ihre Konzepte oder das jüngste Zahlenmaterial 'ein wahres und klares Bild' geben oder überlegenen Einblick vermitteln, wo doch in Wirklichkeit dieses Bild, was auch immer die Zahlen sagen, ebenso parteiisch ist wie irgendein anderes. Die Wirklichkeitssicht des Kostenrechners hat wegen der Machtverhältnisse, die mit der Zuweisung und Kontrolle knapper Ressourcen verbunden sind, oft mehr Gewicht als andere Ansichten. Aber das sollte auf keinen Fall auf die 'Objektivität' des Kostenrechners zurückgeführt werden" (*Morgan* 1988, 482)[2].

Eines der zentralen Probleme des Controlling ist die (Ent- bzw. Re-)Kontextualisierung der Informationen. Um Informationen sammeln, verdichten und vergleichen zu können, müssen sie im Regelfall abstrahiert, d.h. herausgelöst werden aus ihren konkreten Entstehungs- und Verwendungszusammenhängen. Das resultierende (Zahlen-) Werk bedarf dann der sachkundigen Interpretation; weil diese in einem Zentral-Controlling oft nicht möglich ist, werden unterstützend oder alternativ dezentrale Fach-Controllings etabliert.

---

2   Wir haben den Begriff 'accountant' mit 'Kostenrechner' übersetzt; andere Möglichkeiten wären Wirtschaftsprüfer, Finanzbuchhalter, Rechnungswesen-Spezialist, Controller u.ä.

Ein typisches Personalcontrolling-Thema ist in diesem Zusammenhang die Erfassung und Weiterverarbeitung von Beurteilungs- und/oder Test-Daten und ihre Verwendung in Job-Man-Fit-Modellen (siehe dazu die Kritik in *Heinrich & Pils* 1977, 1979).

Die Fokussierung auf 'Information' ist mit einigen Fragen verbunden: Gilt Information als Hol- oder als Bringschuld? Ist die Informationsarbeit dezentral oder zentral zu organisieren? Ist die Controllerin lediglich eine Informations-Brokerin, die die im Unternehmen im Überfluss vorhandenen Informationen sammelt, vermittelt, kanalisiert, archiviert, dokumentiert, aufbereitet, publiziert, 'verkauft'? Oder jemand, der Wissen (das in dieser Form und in diesem Inhalt noch nicht vorhanden war) *generiert* (z.B. als Moderatorin in Ausschüssen, Projekten, Quality Circles usw.)?

Eben dieser Prozess bringt weitere Transformationen der Information mit sich, die z.B. abhängig sind von den Adressaten, denen sie mitgeteilt wird und die sie verstehen, evtl. sogar akzeptieren (sollen). Eine übermittelte Information bleibt ohne *regelgerechte* Interpretation (Rahmung, Kontextualisierung, zeitliche und sachliche Verortung) unverständlich, ohne zielbezogene Bewertung beliebig und ohne Realisierungsabsicht bzw. Konsequenz spurenlos.

Controlling-Konzeptionen, die dem Beobachtungsparadigma verpflichtet sind, gehen davon aus, dass der in Abb. H-1.1 skizzierte Handlungsprozess lediglich als Informations-, Beobachtungs- oder Kommunikationsprozess interessiert. Auch hier werden Ablauf- oder Phasenschemata benutzt, die eine mehrstufige *Transformation* (nicht bloß ein 'naturgetreues Abbilden'[3]) ausdrücken:

In der Abb. H-1.3 wird der Controlling-Prozess als Wirklichkeitsbeschreibung (Bestandsaufnahme, *Ist*-Erhebung, "Was ist der Fall?") reformuliert. Man könnte einen analogen Ablauf entwerfen, der die *Soll*-Komponente zum Gegenstand hat. Gerade dann, wenn Controlling als das Messen eines Ist an einem Soll verstanden wird, kommt diesem Bezugswert große Bedeutung zu. Auch hier kann man sich fragen, aus welchem Universum an Werten, Zielen, Normen, Erwartungen usw. bestimmte ausgewählt, konkretisiert, übermittelt, kontextualisiert (integriert), interpretiert, kommuniziert, akzeptiert, legitimiert etc. werden. Die Sollwerte fallen nicht vom Himmel als unverrückbare Gebote, sondern sind Ergebnis von Entscheidungen zwi-

---

[3] Allzu leicht erliegen Manager- und ControllerInnen "der List der Abstraktion, die darin besteht, das Denken des Entscheiders derart zu infiltrieren, dass dieser mit der Zeit nicht mehr realisiert, dass es sich bei den Zahlenwerten um eine *ausschnitthafte Abbildung* eines Abbildungsinstruments handelt und nicht um die *ganze Realität*" (*Habersam* 1997, 55). Es geht jedoch nicht nur um das widerspiegelnde Abbilden "der ganzen Realität", sondern um deren Konstruktion oder Zurichtung durch die Controlling-Instrumente. Ginge es nur um Abbildung, müsste man *Habersam* zustimmen in seiner Kritik an einer zunehmenden Abstraktifizierung des Controllings wegen der "Dysfunktionalität eines wissenschaftlich-methodischen Vorgehens, das sich auf die Schaffung klarer Begrifflichkeiten über einen naturgemäß unklaren Beobachtungssachverhalt kapriziert" (*a.a.O.*, 77).

Prozess	Erläuterung
Zugrundegelegte 'objektive Wirklichkeit'	Dies ist das ontologische Fundament, das jeder Beobachtung unterlegt wird; also die Referenz der Beobachtung.
⇩	⇩
Selektive Wahrnehmung dieser Wirklichkeit	Es werden z.b. nur Chancen oder Risiken oder Kosten oder Nutzen etc. Wahrgenommen; nur Leistungen interessieren, nicht z.b. Gefühle oder Glaubensüberzeugungen.
⇩	⇩
Codierung, Konstruktion	Die Informationen werden meist übersetzt in Quantitäten (z.b. Mengen oder Preise) und *nur* Quantifizierbares wird weiterverarbeitet.
⇩	⇩
Interpretation	Rahmung, Einbettung in relevante(!) Problemkontexte, Sinnzuschreibung.
⇩	⇩
Verarbeitung, Speicherung, Wiederaufruf	Die Fülle der Informationen wird verdichtet in Kennwerte (Zahlen, Bilder, Typen etc.) übersetzt und evtl. auf andere (z.b. künftige) Situationen extrapoliert; es erfolgt eine Dokumentation in bestimmter Form und in einem bestimmten Medium, für das die Information angepasst werden muss, damit sie gelagert, wiedergefunden und wieder aufbereitet werden kann.
⇩	⇩
Mitteilung an Dritte	Hier beginnt der Kommunikationsprozess im engeren Sinn, der mit vielen Optionen einhergeht (Wem soll was wann wie, wie oft, wie genau, wie vollständig etc.) mitgeteilt werden? Mitteilungen können sich konkretisieren als Zahlenwerke, Berichte, Audits, Präsentationen, Gespräche...
⇩	⇩
Analyse, Bewertung, Interpretation, Handlungsvorschläge	Auf der Seite der Empfängerin erfolgt ein erneuter Einordnungs- und Bewertungsversuch. Damit ist im Grunde der Informationsprozess beendet; die folgenden Schritte bedeuten einen erneuten Durchlauf durch die genannten Phasen.
⇩	⇩
[Antworthandlung]	Diese interessiert hier nur als zu registrierender Ablauf von Tätigkeiten, auf die die oben genannten Operationen angewandt werden können.
⇩	⇩
[Konsequenzen]	Auch Konsequenzen sind Manifestationen einer 'objektiven Wirklichkeit', die wahrgenommen, codiert, interpretiert etc. wird.

Abb. H-1.3: Controlling als Informations- und Kommunikationsprozess

schen Alternativen, die erfunden, präsentiert und von verschiedenen Interessengruppen jeweils anders bewertet werden. Wenn z.B. Controlling auf *die* Ziele *des* Unternehmens verpflichtet wird und sie als Kriterien der Bewertung und Intervention zugrundelegt, ist - worauf im dritten Abschnitt noch einzugehen sein wird - eine politische Vorentscheidung getroffen oder akzeptiert worden.

Neben dieser *politischen* Perspektive (verschiedene Akteure haben unterschiedliche Interessen) sei auch noch die Facette der *Konstitution* erwähnt: Weil sich Beobachtungen (Unterscheidungen) nicht automatisch ereignen, sondern von Beobachtenden (Personen, Institutionen) gemacht werden, drücken die vorgenommenen Differenzierungen Identität aus bzw. stabilisieren oder kreieren (konstitutieren) diese. Wenn Controlling bestimmte Sichtweisen verbindlich machen kann, etabliert es sich selbst (als Funktion oder Institution, s.u.) - und um seine Existenz zu sichern, wird es alles daran setzen, die eigenen Anschauungen (im Doppelsinn: in bestimmter Weise sehen und gesehen werden) selbstverständlich zu machen.

Betrachtet man Controlling als einen Informationsverarbeitungsprozess, dann liegt dieser Sichtweise eine Art 'Informationslogik' (im Unterschied zur 'Handlungslogik' des ersten Zugangs) zugrunde, die nach einem Ebenenmodell organisiert ist. Die materielle Ebene wird von einer informationellen und diese von einer ökonomischen überlagert. Auf die ökonomische (Wert-)Ebene soll kurz eingegangen werden, sie wird später im Kontext des Personal-Controlling ausführlich erörtert werden.

Controlling kann in zweifacher Hinsicht 'ökonomisiert' werden:

a) Zum einen kann als ein Handlungsprinzip die Maxime *Economizing!* zugrunde gelegt werden ("Wähle zur näheren Betrachtung oder zur besseren Gestaltung jene Möglichkeit aus, die bestimmte Zielgrößen sparsam, schnell, sicher, rational etc. erreicht!"); diese Art der 'Ökonomisierung' kann auf jede einzelne der in Abb. H-1.1 differenzierten Phasen des *Handlungs*prozesses angewandt werden, aber auch auf ihre Gesamtheit bzw. ihr Ergebnis. Controlling als gestalteter *Beobachtungs*prozess kann an jeder der Handlungsphasen ansetzen, aber auch auf verschiedene Beobachtungs-Objekte (Personen, Programme, Kostenstellen etc.) oder -Adressaten bezogen werden (wie Top Management, Linien-Vorgesetzte, ausführend handelnde Personen oder Abteilungen; externe Interessenten, wie Kommunen, Staat, Medien, Verbände).

b) Zum anderen geht es um die Standpunkte, die für diese Bewertung eingenommen werden bzw. um die Ziele, die angestrebt werden: Sind es diejenigen des 'Gesamtunternehmens' (also des Prinzipals oder des Kapitalgebers - wie gemeinhin in Controlling-Definitionen unterstellt) oder anderer 'stakeholders' (z.B. der MitarbeiterInnen, die 'Sozialziele' verfolgen)? Anders als in a) wird nicht *formale* Rationalität (etwa: Wirtschaftlichkeit, siehe unten) zugrundegelegt, sondern *inhaltliche* Rationalität, deren Leitfrage ist: Welche Inhalte, Werte, Ziele, Kriterien sollen verwirklicht werden? Ein Beispiel ist die *Coleman*sche Doppelfrage: Wer hat Interesse woran und wer hat Kontrolle worüber?

Wird Controlling als eigenständige Institution eingerichtet, dann ist sie auf Fremd-*Beobachtung* spezialisiert; als eine ausgegliederte Instanz *registriert, kommuniziert* und *bewertet* sie, was Akteure getan und unterlassen haben. Dabei könnte es sein Bewenden haben, wenn nicht immer auch *Steuerung* mitbeabsichtigt wäre, die wiederum - ebenso wie die Beobachtung - ökonomisch zu erfolgen hat. Intervention ist in komplexen Systemen ohne Mittun oder Eigenaktivität der Akteure, in deren Handlungsbereich eingegriffen wird, ineffektiv und/oder ineffizient. Mittun setzt Macht voraus und begründet sie; darauf soll im Folgenden eingegangen werden.

1.2.3 Controlling als Beeinflussungsprozess

Wenn schon die Daten*erhebung* ihre Unschuld als neutraler und objektiver Vorgang verliert, dann umso mehr die *Intervention* als die zweite Hälfte des Geschehens. Datenerhebung erfolgt nicht zwecklos, sondern in Einflussabsicht. Der Aufwand, den sie bedeutet, muss sich rechnen durch den Nutzen, den sie stiftet. Voraussetzung ist, dass es alternative Handlungsmöglichkeiten gibt, die mit unterschiedlichen Kosten und Zielbeiträgen verbunden sind. Informationen werden benötigt, um Auswahl und Vorgabe von Handlungspfaden zu rechtfertigen und durchzusetzen.

Bei Ansätzen, die Controlling als Einflussnahme und Intervention sehen, wird die Wahl zwischen Selbst- und Fremd-Controlling, die als Option bei den beiden vorangehenden Konzeptionen möglich war, aufgehoben. Aus Einflussperspektive ist Controlling institutionalisiertes *Fremd*-Controlling (s. etwa: 'management by numbers').

Zur grundsätzlichen Differenzierung zwischen Führungs- und Ausführungssystem kommt nun noch eine interne Differenzierung des Führungssystems hinzu, das sich zunehmend spezialisiert (etwa in Logistik, Produktion, Finanzierung, Marketing usw.). In Fortführung der Strategie der Differenzierung wird eine weitere spezialisierte Einrichtung geschaffen, der die Aufgabe der (Re-)Integration des Differenzierten zufällt: Controlling. Es etabliert sich parallel zum Managementprozess als eine verselbständigte Überwachungs- und Koordinations*institution*. Was alle ManagerInnen ohnehin tun (müssen) [nämlich planen, kontrollieren, sich und andere informieren etc., generell: die sogenannten Managementfunktionen], wird nun zusätzlich (!) eigens dafür geschulten ExpertInnen übertragen, die sich auf die zentralen Controlling-Prozesse spezialisiert haben und (primär) die Hierarchie als RatgeberInnen unterstützen. Mit dieser Verdoppelung (ControllerInnen tun noch einmal, was ManagerInnen schon tun) wird eine höchst prekäre und konfliktbelastete Einrichtung etabliert. Denn diese Arbeitsteilung ist nicht rein funktional als Service, Beratung, Entlastung oder Unterstützung zu interpretieren, sie ist machtbegründet und -begründend. Die - auch zu Herrschaftszwecken - arbeitsteilig zerlegten Stellen können sich verselbständigen und eigene Interessen verfolgen; um das zu verhindern wird eine eigene Informationssammel- und Koordinationsstelle geschaffen. Die nur der Unternehmensleitung verantwortliche *Instanz oder Institution* Controlling tritt den Führenden und Ausführenden als ein Organ gegenüber, das einen privilegierten Zugang zu den Herrschenden hat bzw. sie wirkt mit geliehener Autorität selbst in deren Sinn auf das Geschehen ein bzw. verfolgt sogar eigene Bestands- und Expansionsinteressen auf Kosten beider (der Führenden und der Ausführenden). Die Etablierung der Einrichtung Controlling ist Ausdruck antagonistischer Interessen, die sie zugleich verstärkt. Damit wird Controlling als politisches Phänomen installiert: es ist (nur) deshalb nötig und nützlich, weil es mehrere Interessenten gibt, die in mehrdeutigen (unsicheren) Situationen um Machtressourcen konkurrieren und voneinander abhängig sind, ihre Aktionen unter Zeitdruck ausführen und sie legitimieren müssen. Die Instrumente des Controlling müssen dieser Bedingungs- bzw. Funktionsvielfalt Rechnung tragen.

Controlling ist nicht als bloß dyadisches Verhältnis zu verstehen, als eine konfliktreiche Beziehung zwischen Überwachenden und Überwachten oder Steuernden und Gesteuerten. Es muss noch eine dritte Partei hinzugefügt werden, von der die Institution Controlling eingerichtet wird und der sie zu berichten und zu dienen hat: das Top Management bzw. die Vertreter der Kapitalinteressen. In seiner Ganzheit ist Controlling eine Dreiecksbeziehung (siehe Abb. H-1.4): Eine handelnde Person oder Einheit - das Controllingobjekt ① - wird von einer anderen Person oder Einheit - dem Controller oder der Controlling-Abteilung ② - beobachtet, die ihre Erkenntnisse an eine dritte Person oder Einheit (Top Management) ③ weiterleiten und in deren Auftrag dafür sorgen muss, dass von ① die vorgegebenen Ziele, Pläne oder Programme tatsächlich realisiert werden.

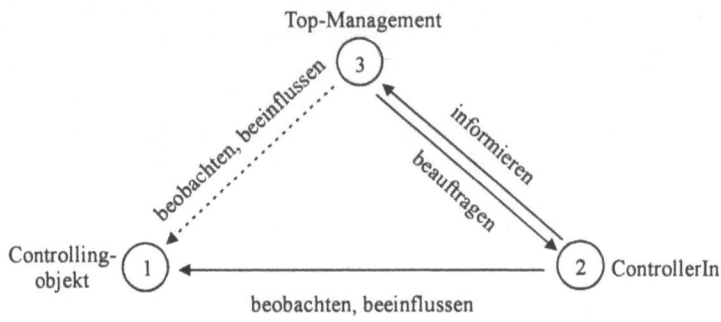

Abb. H-1.4:   Controlling als Dreiecksverhältnis

Voraussetzung für die Einrichtung der Funktion und Institution (Fremd-)Controlling ist deren partielle Autonomie und die Existenz einer mehrstufigen (hierarchischen) Organisationsstruktur, durch die Prozesse der Übermittlung und Vermittlung von Informationen (Anweisungen und Rückmeldungen) formalisiert werden. Im Prinzip wird die Controllingfunktion sowohl zwischen Prinzipal und Agent wie zwischen Agent und Objekt geschaltet: Das Tun und Unterlassen des Agenten soll für einen Dritten (den Prinzipal) transparent gemacht und seiner Steuerung unterworfen werden und der Agent muss sein eigenes Tun fortwährend daraufhin prüfen, ob es auf dem richtigen Weg zu den angestrebten Zielen ist.

Wird Controlling als Macht-Apparat verstanden, dann wird die Spaltung zwischen principal, agent und object (dem kontrollierten Vorgang oder Gegenstand) vorausgesetzt; Controlling ist ein Mittel, die Dreiecksbeziehung sowohl aufrechtzuerhalten wie zu überwinden; es ist zugleich hilfreich (für die einen) und bedrohlich (für die anderen) und wird für die jeweiligen Anliegen instrumentalisiert. Deshalb kann die Schaffung selbständiger Controlling-Organe zu unintendierten Nebenwirkungen führen: Wenn und weil es Spezialstellen gibt, müssen diese andere Interessen und Ziele haben als die von ihnen geplanten, kontrollierten, gesteuerten oder informierten; es kommt zur Spaltung von Fach- und Methodenkompetenz, zur Entmündigung von Linienvorgesetzten, zur Institutionalisierung von Misstrauen, zur Kreation partikulärer Interessen und zur Entwicklung spezieller Spielregeln (sich nicht in die Karten schauen lassen; andere auf frischer Tat ertappen oder festnageln wollen; heimlich Redundanzen aufbauen und kaschieren usw. - und all das kann Spiralen der Eskalation in Gang setzen).

Ein weiteres Indiz für die Bedeutung der Einflussperspektive ist die Analyse von Entstehungsgründen für Controlling (nach *Sathe* 1982 in *Amshoff* 1993, 131): Rezession und Inflation; Unterschlagung und Fälschung von Unterlagen; allgemeine Unsicherheit bei der Entscheidungsfindung. Dabei zeigt sich ein Dilemma: ControllerInnen sollen einerseits eng involviert sein ('am Ort des Geschehens', praxisnah, 'Hand am Puls', vertraut mit den Leuten und ihren Praktiken), andererseits aber sollen sie unabhängig, distanziert und neutral sein, um übergeordnete Zielsetzungen (Zielsetzungen Übergeordneter) konsequent verwirklichen zu können.

Sozusagen quer zum Vertretungs- oder Agency-Problem entsteht ein weiteres fundamentales Spannungsverhältnis, nämlich dasjenige zwischen Wissen und Macht. Erkenntnis und Interesse stehen sich nicht als unvereinbare Gegensätze oder unabhängige Dimensionen gegenüber, sondern als Pole, die einander bedingen und erzeugen. Darauf werden wir bei der Erörterung der *politischen* Perspektive auf Personal-Controlling (s. Kap. H-5) noch näher eingehen.

Meta-Controlling

Anzumerken ist schließlich noch die (Denk-)Figur des Meta-Controlling, die letztlich in einen unendlichen Regress mündet: Wenn der Prinzipal eine Controllerin einsetzt, um einen Agenten zu steuern und zu überwachen - wer überwacht dann die Controllerin? Eine weitere Controllerin? Und wer diese?

Außerdem: Erfüllt Controlling selbst jene Verpflichtungen (als Funktion und Institution), für die es geschaffen wurde bzw. die es von anderen betrieblichen Stellen einfordert? Stiftet Controlling mehr Nutzen als es kostet - und für wen produziert es diesen Mehrwert? Wie kann das belegt oder widerlegt werden - durch ein Controlling des Controlling?[4]

Zum Meta-Controlling sind auch jene Auffassungen zu rechnen, die Controlling nicht als Werkzeugkasten oder Technologie der Koordination und Informationsversorgung sehen, sondern als eine Denkhaltung (s. *Marr* 1989), die offen sein sollte für Weiterentwicklungen von Philosophie und Instrumentarium, sodass eine Festlegung auf *bestimmte* Methoden oder Funktionen voreilig und einengend ist. Der Kern dieser Denkhaltung ist das stets mitlaufende Bewusstsein, dass alle Handlungen zielorientiert auszurichten, ökonomisch zu gestalten und zu legitimieren sind.

Zwischenresümee

In den gängigen Definitionen von Controlling werden die drei Facetten Problemlösung - Abbildung - Einfluss entweder selektiv genutzt (sodass *eine* Perspektive für's Ganze genommen wird und die anderen ausgeblendet bleiben) oder sie werden - praxisnah - vermengt.

Zwischen Handlungskoordination, bewertender Abbildung und Einflussnahme bestehen Spannungsverhältnisse - nicht grundsätzlich, aber sehr häufig. Um die teils widersprüchliche Pluralität von Erwartungen, die an Controlling gerichtet werden, zu illustrieren, sollen im folgenden Unterkapitel einige der leitbildartigen Metaphorisierungen wiedergegeben werden, mit denen Fachautoren die Rollen von ControllerInnen beschreiben.

1.3 Leitbilder, Funktionen und Kriterien des Controlling

Im Folgenden soll der oben (S. 481) angekündigte zweite Zugang zum Verständnis von Controlling dargestellt werden. In der Absicht zu erhellen, was von PraktikerInnen und WissenschaftlerInnen unter Controlling verstanden wird, analysieren wir

---

[4] "Controlling trägt zum Erfolg bzw. zur Effizienz einer Unternehmung bei. ... Obwohl diese Hypothese aus vielen Gründen sehr plausibel erscheint, so konnte sie durch die bisherige empirische Forschung weder allgemein gesichert noch widerlegt werden. Zudem ist es 'bis heute nicht gelungen, den Wirkungszusammenhang zwischen Praktizierung des Controlling und der Effizienz der Unternehmensführung theoretisch fundiert zu belegen' (*Franz* 1989, 17)" (zit. in *Amshoff* 1993, 79). Controlling leistet (selbst) nichts im Sinne der Steigerung von Kundennutzen; es ist bestenfalls ein Unterstützungsapparat für diejenigen, die etwas leisten. Das ist eine durchaus wichtige Funktion: auch eine Krücke kann nicht selbst gehen, aber sie kann helfen, die Fortbewegung eines Behinderten zu verbessern. Aber wenn man einem Gesunden eine Prothese anschnallt, bewegt er sich schlechter als ohne sie. Controlling-Informationen sind klassischerweise Herrschaftsinformationen: den Untergebenen soll auf die Sprünge geholfen werden.

drei miteinander verwandte Ansätze: zum einen die typisierenden Selbst- und Fremd-beschreibungen von ControllerInnen ('Leitbilder'), dann Aufstellungen der vom Controlling wahrzunehmenden Aufgaben ('Funktionen') und schließlich die Maßstäbe, die zur Bewertung der Aufgabenerledigung herangezogen werden ('Kriterien').

1.3.1 Controlling-Leitbilder

Anhand einiger Zitate stellen wir zunächst dar, welche Rollen ControllerInnen zugeschrieben werden, bzw. in welchen Bildern das idealisierende oder abwertende Verständnis von Controlling plakativ zum Ausdruck gebracht wird. Quellen für derartige Etikettierungen sind Erfahrungen einzelner ControllerInnen, verklärende Wunschbilder, die in apologetischer oder moralisierender Absicht verfertigt werden oder Kontrastfolien, die die Spannweite der Berufsauffassungen aufzeigen, indem einzelne prominente Positionen markiert werden.

Navigator, Lotse, Steuermann, Co-Pilot

"Demnach ist der Controller eine Art betriebswirtschaftlicher Lotse oder Steuermann - ein 'kybernetes' - , der mit Hilfe von Zahleninformationen hilft, dass die 'Kapitäne' in Verkauf, Produktion, Forschung und Einkauf mit ihren 'Schiffen' sicher im unruhigen geschäftlichen 'Meer' operieren. Er muss signalisieren, wo die Gefahr eines Auflaufens besteht - wo die Zusammenhänge zwischen Umsatz, Kosten und Gewinn aus den Fugen geraten" (*Deyhle*, 1971, zitiert in *Weber* 1995, 366).

Horváth (1993, 158) nennt Controller 'Co-Piloten'.

Hofnarr

"Hofnarren waren am Königshaus die einzigen, die - gewollt - ungestraft die Schwächen ihrer Herren ansprechen konnten - kleideten sie sie denn in genügend schöne und lustige Verse. Controller haben ebenfalls oftmals unangenehme Wahrheiten zu vermitteln. Auch ihnen muss es gelingen, die Botschaften möglichst sozialverträglich an den Manager zu vermitteln, Schwächen transparent zu machen, ohne den Counterpart damit an den Pranger zu stellen ... Hofnarren sind in ihrem Job selten alt geworden. Er war spannend, aber begrenzt" (*Weber* 1995, 366).

Ökonomisches Gewissen

"Jemand, den man Controller nennt ..., hat die Aufgabe des betriebswirtschaftlichen Begleiters, Ratgebers, Lotsen und eines ökonomischen Gewissens. Auch deswegen, weil ein Manager eine ziemliche Portion Euphorie braucht und deshalb, um den Schwung nicht zu verlieren, manches vielleicht gar nicht so exakt analysieren soll. Solches wäre dem Controller anzuvertrauen" (*Deyhle* 1984 [Bd. I], 37; s.a. auch *Henzler* 1974, 60, der vom 'Zahlengewissen' spricht; s.a. *Gerpott* 1995).

Aufklärer, Detektiv

Zuweilen gilt der Controller als Agent der 'organizational intelligence', der - in Analogie zum CIA - innerbetriebliche Aufklärungsarbeit leistet und mit detektivischem Scharfsinn Verfehlungen aufdeckt. Das Tätigkeitsgebiet der Innenrevision wird dem Controlling einverleibt. Mit 'Röntgenblick' durchleuchtet es Strukturen oder mit 'Radar-Systemen' identifiziert es feindliche Objekte.

In freundlicherer Sicht der Dinge hat der Controller eine 'Transparentmachungsfunktion' (*Remmel* 1991) oder übt sogar die 'Hebammenkunst' aus (*Deyhle* 1991).

Spürhund, Zuchtmeister, Vollstrecker

Schon 1974 hat *Henzler* von Einschätzungen des Controllers als 'Spürhund' gesprochen.

Ein Spürhund soll Missmanagement aufdecken; ein Rationalisierer soll geheimgehaltene Produktivitätsreserven aufdecken; ein Zuchtmeister soll Widerstrebende zur Räson bringen. Auch bei der Analyse von Stellenanzeigen für ControllerInnen wurde gefunden, dass Durchsetzungsvermögen häufiger mit Controlling-Positionen verbunden ist als Kooperationsbereitschaft und Teamgeist (*Weber & Bültel* 1992, 542): ControllerInnen sind 'Vollstrecker', die 'Druck machen' und rigoros 'durchgreifen'. Dies bestätigt

" ... die in der Literatur vertretene Meinung, dass der Controller in seiner Koordinationsfunktion auch unpopuläre - und damit unkooperative - Wege gehen muss, wenn er seine Vorstellungen durchsetzen will. ... [Denn es ist] unmittelbar einsichtig, dass sich die von der Koordination betroffenen Teilsysteme - vor allem aber auch die Menschen, die sich dahinter verbergen - dem übergeordneten Ganzen unterordnen müssen, was oftmals gegen deren Willen zu erreichen ist" (*a.a.O.*).

[Anmerkung: Dieses Zitat offenbart in mehrfacher Hinsicht ideologische Positionen: Menschen 'verbergen' sich hinter Systemen, es gibt das 'übergeordnete Ganze', und ihm *muss* 'man' sich unterordnen ...].

Moderator, Kommunikator, Dolmetscher, Makler

Immer wieder wird auch - gerade in der Praktiker-Literatur - die Moderations- und Kommunikationsfunktion betont: ControllerInnen müssen die Beteiligten an einen Tisch und die heißen Eisen auf den Tisch bringen. Sie müssen mit Verhandlungsgeschick Konflikte regulieren oder schlichten, extreme Positione austarieren, Kompromisse aushandeln usw.

Für *Weber* (1995, 391) ist der Controller ein 'Dolmetscher', der z. B. die Sprach- und Mentalitätsbarrieren zwischen TechnikerInnen und Kaufleuten überbrücken hilft; *Horváth* (1993, 144) nennt ihn einen 'Schnittstellenspezialist'.

Gaulhofer (1989) thematisiert die Rollen 'change agent', Verkäufer und Verhandler.

Brüggemeier (1997) und im Anschluss an ihn *Haunschild* (1998) heben die Makler-Rolle von ControllerInnen hervor und können damit auch der mikropolitisch einflussreichen Position und Funktion Rechnung tragen.

Erbsenzähler, number cruncher

Wird unter Controlling im wesentlichen Rechnungswesen, Budgetierung, Kostenrechnung verstanden, kann - meist abwertend - auf das Stereotyp des zahlenfixierten Pedanten verwiesen werden:

"Controller sind in vielen Unternehmen wenig beliebt. Entgegen dem selbstformulierten Anspruch des Führungsdienstleisters gelten sie oft als 'Bremser', 'Zahlenfuzzies' und 'Erbsenzähler' (in den USA: 'bean counters')" (*Weber* 1995, 17). *Gaulhofer* (1989, 152) spricht in diesem Kontext von 'Zahlenknechten'.

Diener, Serviceleister

Besonders häufig finden sich Empfehlungen oder Selbstbeschreibungen, die für den Controller die Rolle des Dieners betonen. Er habe selbstlosen Service zu leisten, andere mit Methoden, Instrumenten und Informationen zu unterstützen und sich mit dem 'Haus' (dem Gesamtunternehmen) zu identifizieren. Controller werden auf die Rolle des bloßen 'Werkzeugmachers' (so *Horváth* 1993, 203) festgelegt.

Berater, Coach

Ähnlich der Diener-Rolle wird auch vom Controller als hausinternem Berater erwartet, dass er - gefragt oder ungefragt - mit unparteiischem Rat bei der Problemlösung hilft und wie ein Trainer Erfahrungen, Techniken und die nötige mentale Stärke vermittelt.

(Super-)Manager

Bei manchen Autoren mutiert der Controller zum Über-Führer ('Führung der Führung'); seine umfassende Informiertheit und seine Methodenkompetenz scheinen ihn zu prädestinieren, analog *Platons* Philosophenkönig selbst die Regentschaft zu übernehmen.

In Abschwächung dieser Extremposition, die von den meisten AutorInnen abgelehnt wird, findet sich aber die Auffassung vom Controller als 'Planungsmanager'. Während (inhaltliche) Planung die Sache der Linienmanager ist, ist das Managen des Planens des Controllers Domäne (*Weber* 1995, 347; in Anlehnung an *Szyperski & Müller-Böling*).

Zur Kontingenz der Leitbilder bzw. Rollen

Bei einigen Autoren findet sich auch die These, dass es nicht *die* ideale Controller-Rolle gäbe, sondern dass sie vieles zugleich oder je nach den Umständen ander(e)s sein müsse (solche Umstände sind z.B. der Entwicklungsstand der Unternehmung, die Turbulenz der Umwelt, der Reifegrad der MitarbeiterInnen usw.):

"In einer relativ stabilen Umwelt wirkt der Controller als *Registrator*, der als Buchhalter jene Berufsbezeichnung zu Unrecht trägt. In einer begrenzt dynamischen Umwelt tritt der Controller als *Navigator* auf, dessen wichtigstes Steuerungsinstrument die Integration von Planung und Kontrolle darstellt. In einer extrem dynamischen Umwelt erscheint der Controller als *Innovator*, der an Problemlösungsprozessen teilnimmt und für die Einrichtung von Frühwarnsystemen verantwortlich ist" (*Zünd* 1985, 32; Kursivsetzungen von W.& N.).

In ähnlicher Weise sind auch die Controlling-Typologien von *Welge* (1988) oder *Henzler* (1974) konzipiert, wenn sie ein reaktiv-vergangenheitsorientiertes, aktiv-zukunftsorientiertes und managementsystemorientiertes Controlling unterscheiden.

Beleg H-1.2: Der Controller als Seelsorger

Weber schlägt vor, den Sachaspekt des Navigator-Bilds und den Verhaltensaspekt des Hofnarren-Bilds im Bild des 'hauptamtlichen Seelsorgers' zusammenzufassen. Für dieses anspielungsreiche und zum Widerspruch reizende Bild gibt er eine Reihe von Argumenten. Interessant ist dabei vor allem der ökonomistische, heroische und moralisierende Subtext seiner Überlegungen [z.B.: der Controller ist im Besitz der 'heiligen' Wahrheit, die er heldenhaft (bis zum Märtyrertum) verkünden muss; er muss für seine Überzeugungen missionieren; die Heilsbotschaft ist 'Nutzen' ...]. In unserer Zitatauswahl haben wir *Weber*s 'Übersetzungshilfen' weggelassen, weil man leicht selbst für 'Pastor' jeweils 'Controller' einsetzen kann.

"Pastoren versuchen die Menschen kurzfristig auf dem Pfad der Tugend zu halten, indem sie langfristige Benefits in Aussicht stellen ... Ewiges Leben als langfristiges Ziel, das kurzfristigen Opportunismus (Sünde) begrenzt oder gar ganz verhindert. ...

Pastoren gewinnen ihre Legitimation aus persönlicher und fachlicher Kompetenz. Um zu überzeugen, müssen sie ihren Glauben leben. Sie müssen ihre Gemeinde kennen, jeden einzelnen einschätzen können, bei jedem einzelnen den Weg der Ansprache und Beeinflussung herausfinden. ... Gleichzeitig müssen Pastoren bibelfest sein, um nicht nur in den Grundlagen, sondern im Detail die christliche Botschaft verkünden zu können. ...

"[Ganz allgemein] ... besteht die Leistung des Seelsorgers in der Unterstützung bei der Lösung persönlicher Probleme. Der eine hat gefehlt und möchte wieder auf den Pfad der Tugend zurück. Der andere weiß in einer konkreten Situation nicht, was der richtige Weg ist und fragt nach Rat. Ein Dritter sucht vorgelagert einen kritischen Gesprächspartner, um seinen eigenen Weg besser finden zu können. In allen Fällen liefert der Pastor keine fertigen Lösungen. Er bietet lediglich Lösungsmuster an, versucht z.B. über Gleichnisse das anstehende Problem zu kennzeichnen und Wege zu seiner Bewältigung aufzuzeigen ... Pastoren müssen sich in positivem Sinn überall einmischen und unbequem sein ... Sie dürfen keiner Versuchung erliegen und müssen zu ihrem Glauben stehen, und sei es auf Kosten des Martyriums ...

... Ein Pastor, der nicht das Vertrauen seiner Gemeinde besitzt, kann seine Funktion nicht ausüben. [Vertrauen] ... bedeutet, mit keiner Parteilichkeit des Pastors rechnen zu müssen. Es bedeutet, dass die Preisgabe von Wissen über die individuelle Situation des Einzelnen nicht gegen diesen ausgenutzt wird ...

Der Kirche entspricht der Controllerdienst. Die christliche Botschaft bedarf professioneller Kommunikatoren ... die Kirche ist mehrstufig organisiert, der Controllerdienst gleichfalls. Zentralorgane sind ... für Grundsätze und Standardprozeduren zuständig, regeln den Zugang zur Organisation, bestimmen die Ausbildung und bieten Aufstiegschancen ...

Die Kirche leidet seit geraumer Zeit unter akutem Bedeutungsverlust. Die Zahl der Kirchenaustritte mehrt sich ..., die von der Kirche vertretenen Meinungen zeugen zuweilen nicht von Augenmaß für essentielle Probleme, sondern von Weltfremde ... Ein besseres rationales Verständnis der Welt braucht weniger Wunder zur Erklärung; die Erkenntnis der hohen Sinnhaftigkeit christlicher Grundwerte macht deren Promotion durch kirchliche Amts- und Würdenträger verzichtbarer.

Pfarrer wie Controller leben davon, dass ihr jeweiliges Gemeinwesen sie finanziert ... Beide sind folglich stets gefordert, ständig entsprechenden Nutzen zu erbringen - und diesen zu belegen" (s. *Weber* 1995, 367-371).

Gerade in seinen relativierend gemeinten Schlussbemerkungen, wenn er etwa dem Pastor 'Glauben', dem Controller aber 'Ratio' attestiert, (s. *a.a.O.*, 371) erweist sich *Weber*s ideologische Position.

Resümee

In Zusammenschau der genannten Rollenbilder entsteht ein außerordentlich breites Spektrum von Qualifikationen oder Aufgabeninhalten für ControllerInnen. Im wesentlichen bestätigt sich, was bei der Differenzierung der drei Facetten Handlung - Abbildung - Einfluss schon skizziert wurde: Controlling ist methodisch versierte Handlungsbegleitung und -anleitung, umfassende Informationssammlung, -auswertung und -versorgung, sowie zielgerichtete Intervention, die von Beratung über Moderation und Coaching bis hin zu kompromissloser Exekution gehen kann. Diese Palette von *Möglichkeiten* darf jedoch nicht glauben machen, im konkreten Fall wären sie alle verwirklicht. Es ist gerade die spezifische Akzentsetzung (oder Vereinseitigung), die meist beklagt wird. Die Fixierung auf Quantifizierung (Zahlenfetischismus) *oder* Informationssammlung ('Feind'-Aufklärung) *oder* 'Kurs halten' (Lotse) *oder* interne Unternehmensberatung *oder* Tugendwächter *oder* Werkzeugmacher *oder* ... , erschwert die Integration des Controlling in den Wertschöpfungsprozess, weil naturgemäß eine extreme Spezialisierung der Integration im Wege steht und der Tendenz gehorcht, *sich selbst* unentbehrlich zu machen; die Inkompetenz der anderen, ihre Arbeit in Eigenregie zu erledigen, wird nicht behoben, sondern verstärkt. Damit wird - ungewollt? unerkannt? - jene Unübersichtlichkeit und Unselbständigkeit am Leben erhalten, die Begründung für die Notwendigkeit des 'dispositiven Faktors' und sein Betätigungsfeld schafft, zugleich aber auch seine Abhängigkeit und Unzulänglichkeit produziert.

Geht man davon aus, dass speziell Personal-Controlling eine noch relativ junge Disziplin ist, dann kann man die dargestellten Rollenbilder auch als Liste latenter Motive für seine Einführung lesen: der richtungslose Personalbereich bedarf eines Navigators, 'Personal' muss endlich auf Heller und Pfennig belegen, was es kostet und bringt, rationale Pläne und Systeme müssen diesen 'soften' Bereich methodisch strukturieren und überprüfbar machen, jemand muss endlich die Wahrheit über die Kleider des nackten Kaisers 'Personal' aussprechen und Konsequenzen ziehen.

1.3.2 Funktionen des Controlling

Überblicksdarstellungen des Controlling (in Lehrbüchern, Dissertationen oder Praxisratgebern) enthalten umfassende Auflistungen von Funktionen des Controlling. Das Spektrum der Dienstleistungen, die Controlling zu bieten hat, fällt dabei regelmäßig recht beeindruckend aus. Zur Illustration dieses Urteils ist in Abb. H-1.5 eine aus Angaben in *Amshoff* (1993) zusammengestellte Übersicht abgedruckt.

Derartige Funktionslisten lassen sich als Zuständigkeitserklärungen und Anspruchsgrundlagen lesen. Sie markieren das Territorium, das von Controlling besetzt und beherrscht werden soll. Wenn wir hier *Amshoff* (1993, 181) folgen (weil er in seinem Überblick die Auffassungen vieler Autoren integriert hat), dann geht es im einzelnen um:

- Sicherung[5] der Planung;
- Sicherung der Kontrolle;
- Integration von Planung und Kontrolle (Planung ohne Kontrolle wäre unverbindlich und abstrakt; Kontrolle ohne Planung ist willkürlich und blind; nach Kontrolle soll der neue Planungszyklus entsprechend modifiziert werden);
- Sicherung der Steuerung (es geht nicht bloß um Abweichungs*analyse*, sondern auch um Vorschläge zur Behebung der Diskrepanz, also steuerndes Einwirken);
- Sicherung der Informationskongruenz (zuverlässige, führungsgerechte informatorische Unterstützung, wirtschaftlich erstellte Informationsversorgungsleistungen; Reduzierung der Informationsflut, Schaffung eines Gleichgewichts durch Abstimmung von Informationsbedarf, -angebot und -nachfrage);
- Beitrag zur Sicherung der Harmonisation. Nach *Amshoff* gibt es "eklatante Abstimmungsdefizite in und zwischen den Bereichen Planung, Kontrolle und Informationsversorgung" (1993, 183); Harmonisation ist der Oberbegriff für Integration und Koordination;
- Beitrag zur Sicherung der Entscheidungsqualität (Sicherstellung des Rationalverhaltens in der Unternehmensführung);
- Beitrag zur Sicherung der Flexibilität (gemeint sind reaktive Krisenbewältigung und proaktive Krisenvermeidung; Controlling soll für größere Handlungsspielräume, mehr Freiheitsgrade, kürzere Reaktionszeiten sorgen).

In *Amshoff*s empirischer Studie [einer schriftlichen Befragung in zwei Folgen von 320 bzw. 292 Unternehmen der (alten) BRD] wurde das Kontroll-Ziel mit großem Abstand als das wichtigste bezeichnet (gefolgt von Steuerung, Harmonisation, Entscheidungsqualität; s. *Amshoff* 1993, 461f.).

Dieses Resultat ist ein Indiz für die Richtigkeit der These, dass die Funktionskataloge *Möglichkeiten* aufzeigen, die in ihrer Gänze praktisch nirgendwo realisiert sind. Derartige Listen finden sich im Spannungsfeld von PR-Funktion, Soll- oder Möglichkeitsbestimmung und Realitätsbeschreibung. Es lassen sich allenfalls Controlling-*Typen* unterscheiden, die das Zusammenvorkommen bestimmter Einzelfunktionen bezeichnen. *Amshoff* hat auf der Basis seiner Befragung solche Typen gebildet und beschrieben.

Eine andere Möglichkeit, Funktionen des Controlling zu identifizieren, geht von den drei Grundprozessen aus, die wir eingangs beschrieben haben (Handeln, Abbilden, Beeinflussen). Es lässt sich für jeden dieser Prozesse prüfen, ob er vollständig (oder nur ausschnittsweise) durchlaufen und wie er im einzelnen ausgeführt wurde (s. unten: Bewertungskriterien).

Man kann dies durchspielen für die Handlungs-Phasen, die in Abb. H-1.1 (s. S. 484) genannt wurden oder für den Ablauf des Beobachtungs- und Kommunikationsprozesses, der in Abb. H-1.3 (s. S. 489) skizziert ist oder für den Beitrag des Controlling zum Aufbau, zur Aktivierung und zur Veränderung von Machtressourcen und Interessen(ten)konstellationen.

---

5 'Sicherung' meint hier Sicherstellung, dass eine Funktion überhaupt wahrgenommen wird und dass sie gut - fehlerfrei - wahrgenommen wird.

ZIELDIMENSIONEN	ZIELKRITERIEN	ZIELINDIKATOREN
Sicherung der Planung	• inhaltliche Planung	∧ systematische (Unterstützung der) Ermittlung und Bildung von Zielen ∧ systematische (Unterstützung der) Entwicklung von Strategien und Handlungsprogrammen
	• formale Planung	∧ Gewährleistung organisatorischer Rahmenbedingungen für die Planung ∧ methodisch-technische Unterstützung der Planung
Sicherung der Kontrolle	• Aufdeckungseffekt	∧ Verbesserung der laufenden Aufgabenerfüllung [durch Kontrollinformationen über zurückliegende und gegenwärtige Situationen]
	• Erfahrungseffekt	∧ Verbesserung der zukünftigen Aufgabenerfüllung [aufgrund von Erfahrungen/Lerneffekten, die aus Kontrollinformationen resultieren]
	• Verhaltenseffekt	∧ Herbeiführung eines zielgerichteten und ziel-(plan-)konformen Verhaltens
Integration von Planung und Kontrolle	• strukturorientierte Integration	∧ wechselseitige Abstimmung des Planungs- und Kontrollsystems
	• prozessorientierte Integration	∧ Vereinheitlichung und Synchronisation von Planungs- und Kontrollabläufen
	• organisatorische Integration	∧ organisatorische Verbindung von Planung und Kontrolle in einer Stelle
Sicherung der Steuerung	• Initialisierungseffekt	∧ Auslöser von Entscheidungen und Korrekturhandlungen
	• Präventiveffekt	∧ Vermeidung und Antizipation von zukünftigen Abweichungen
Sicherung der Informationskongruenz	• Informationsmarketing • Transformation	∧ Verbesserung des Informationsnachfrageverhaltens der Entscheider
	▶ inhaltliche Transformation	∧ systematische Gewinnung/Bereitstellung bedarfsgerechter Informationen
	▶ räumliche Transformation	∧ Gewährleistung eines optimalen Informationsflusses zwischen den einzelnen Unternehmungseinheiten [vertikal/horizontal/diagonal]
	▶ zeitliche Transformation	∧ systematische Aufzeichnung aller notwendigen Informationen
Beitrag zur Sicherung der Harmonisation	• Integration • Koordination	∧ systematische Bildung von unternehmungsgerechten Planungs-, Kontroll- und Informationsversorgungssystemen
	▶ intersystemische Koordination	∧ integrierende Verknüpfung bestehender Planungs-, Kontroll- und Informationsversorgungssysteme sowie -prozesse [Schnittstellenproblematik]
	▶ intrasystemische Koordination	∧ interne Abstimmung bestehender Planungs-, Kontroll- und Informationsversorgungssysteme sowie -prozesse
Beitrag zur Sicherung der Entscheidungsqualität	• Perzeptibilität	∧ Beschleunigung der Problemerkennung [Früherkennung/Frühwarnung]
	• Fundierung	∧ Verbesserung der Informationsbasis für Entscheidungen
	• Transparenz	∧ Nachvollziehbarkeit der Entscheidungs- und Realisationsprozesse
	• Entscheidungskoordination	∧ vertikale und/oder horizontale Abstimmung von Entscheidungen zwischen verschiedenen Unternehmungseinheiten
Beitrag zur Sicherung der Flexibilität	• externorientierte Flexibilität	∧ rasche Anpassung an sich verändernde externe Bedingungen
	• internorientierte Flexibilität	
	▶ Aktionsflexibilität	∧ systematische Schaffung und Erhöhung von Handlungsspielräumen
	▶ Systemflexibilität	∧ Vermeidung der Erstarrung von internen Strukturen und Systemen

Abb. H-1.5: Funktionen des Controlling (aus: *Amshoff* 1993, 176-177)

Wenn Controlling nicht bloß einzelfallbezogene Störungsbewältigung ist, sondern vor allem systembildend tätig werden soll, dann lässt sich der Beitrag des Controlling zum Unternehmenserfolg messen an der Wirksamkeit der Systeme, Verfahren, Techniken, Instrumente, Methoden etc., die es zur Lösung relevanter Probleme installiert hat und/oder betreut. Hält man sich die Vielzahl der routinisierten Prozeduren vor Augen, die es in jedem Teilgebiet der Organisation gibt, dann wird die Herkulesarbeit deutlich, die dem Controlling damit aufgebürdet wird und die es zwingt, extrem zu expandieren oder sich zu vervielfältigen (also in Teilsystem-Controllings aufzuspalten, z.B. Beschaffungs-Controlling, Finanz-Controlling, Absatz-Controlling, Personal-Controlling) oder sich auf Meta-Controlling zu beschränken (Controlling-Verfahren, -Prinzipien, -Philosophien anzubieten) oder 'Controlling by exception' zu machen (nur im Versagensfall einzugreifen) oder sich auf Stichproben zu beschränken ... Würde man alles, was in den Auflistungen von Controlling-Funktionen enthalten ist, in spezialisierten Controlling-Stellen bearbeiten, würde das die Unternehmung lahmlegen.

Exkurs: Controlling als Systembildung und Systemkopplung

Bei der Darstellung der drei Facetten des Controlling-Begriffs wurde immer wieder auf die Unterscheidung zwischen Funktion und Institution hingewiesen: Controllingaufgaben (Funktionen) nimmt jede Führungskraft wahr, wenn sie plant, Situationen analysiert, Problemlösungen entwickelt, koordiniert, kontrolliert, systematisch informiert etc. Werden diese Controllingfunktionen (zusätzlich) von einer allein darauf spezialisierten Instanz oder Institution betreut, kommt es im Grunde zu einer Doppelzuständigkeit für den betrieblichen Leistungsprozess von Linienvorgesetzten einerseits und Controlling-Positionen, -Abteilungen oder -Projekten andererseits. Dieses Problem wird noch intensiviert, wenn z.B. das Personalressort als eine Stabsabteilung ein 'Personal-Controlling' einrichtet und dabei nicht nur sich selbst (das Personalressort), sondern auch alle Personalaktivitäten der Linie 'controllen' möchte.

Die formale Lösung, die für diese potentielle Konfliktsituation vorgeschlagen wird, ist, dass die auf Controlling spezialisierten Akteure der Linie *dienen*, sie lediglich *beraten* oder *unterstützen* sollen. In der Praxis ist es mit dieser Selbstverleugnung und Bescheidenheit der ExpertInnen meist nicht weit her, weil sie wie alle (verselbständigten) Funktionäre die Tendenz haben, Bedeutung, Status und Einfluss auszudehnen: Sie versuchen sich unentbehrlich zu machen, Zuständigkeiten und Ressourcen an sich zu ziehen, privilegiertes Wissen zu gewinnen und den Zugang zu hochrangigen EntscheiderInnen zu monopolisieren. Das kann zu Bürokratisierungstendenzen, Machtkämpfen, Doppelarbeit, kultivierter Intransparenz usw. führen - also das Gegenteil dessen bewirken, was angestrebt wird: die Bündelung aller Kräfte auf ein gemeinsames Ziel hin.

Wie jede andere organisationale Einrichtung muss deshalb auch die Institution Controlling in Schach gehalten werden, damit sie nicht zum Selbstzweck wird, sondern ihren Beitrag zu den Zwecken der Interessenten leistet. Dazu werden mehrere Möglichkeiten praktiziert:

- Die Selbstanwendung des Controlling auf sich zwingt es, für sich selbst eine Kosten-Nutzen-Bilanz, eine Wirtschaftlichkeitsrechnung, eine Kostenaufstellung etc. zu verfertigen und sich - in Abläufen und Ergebnissen - transparent zu machen.
- Durch Einbindung in die Hierarchie wird Controlling anweisungs- und ressourcenabhängig und rechenschaftspflichtig gehalten. Für die Art der Einbindung gibt es mehrere Optionen, die in der Abb. H-1.6 (nach *Scholz* 1994, *Horváth* 1993) für das Beispiel 'Personalcontrolling' visualisiert sind.

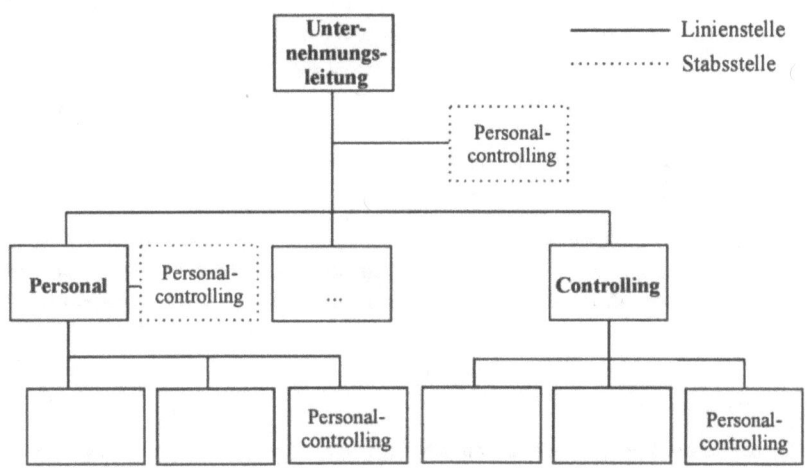

Abb. H-1.6:   Verschiedene Möglichkeiten der organisatorischen Verortung des Controlling (nach *Scholz* 1994, 670; s.a. *Horváth* 1993).

Diese Abbildung zeigt, in einem Bild komprimiert, vier alternative Möglichkeiten der Zuordnung einer Abteilung oder Stelle 'Personalcontrolling': einmal als Stabsfunktion direkt der Unternehmensleitung unterstellt, dann als Stabsfunktion der Personalleitung, drittens als Unterabteilung im Personalbereich und schließlich als ein spezielles Funktionscontrolling, das dem Bereich 'Controlling' unterstellt ist.

Alle Optionen haben Vor- und Nachteile, auf die hier jedoch nicht eingegangen werden soll. Die Varianten unterscheiden sich vor allem in der Zuordnung der Fach- und Methodenpromotoren des Controlling zu Machtpromotoren bzw. in ihrer Etablierung als (eigenständige) Machtpromotoren.

Wo immer Controlling organisatorisch positioniert ist, seine Leistung läßt sich aufspalten in einen systembildenden und einen systemkoppelnden Teil. Auf diese von *Horváth* eingeführte Differenzierung soll nun etwas ausführlicher eingegangen werden. Der Kerngedanke liegt darin, dass sich Controlling - als Institution - nach der Erledigung seiner system*bildenden* Aufgabe zurückzieht und nur noch fallweise (insbesondere bei Störungen) system*koppelnd* interveniert.

a) Systembildung

Horváth (1993, 108f., 127ff., 143, 191, 203f.,) stellt das 'Controllingsystem' als eigenständiges System dar, das sich partiell überlappt mit zwei anderen Systemen: einerseits dem 'Planungs- und Kontrollsystem' (PuK) und andererseits dem 'Informationsversorgungssystem' (IV), siehe Abb. H-1.7. System*bildend* ist Controlling, wenn es - buchstäblich maßgebend - mitwirkt an Konzeption, Aufbau und Abstimmung geeigneter Gebilde- und Prozessstrukturen (sie z.b. so entwirft und realisiert, dass sie nützlich, wirtschaftlich und zielbezogen arbeiten). Das Controllingsystem überlappt sich partiell mit den beiden anderen Systemen PuK/IV und ist selbst ein strukturiertes, auf Dauer gestelltes und formalisiertes System, in dem - in Selbstanwendung - Planung, Kontrolle und Informationsversorgung eine wichtige Rolle spielen.

Als Teil des 'Führungssystems' steht die *Institution* Controllingsystem dem 'Ausführungssystem' gegenüber. Führung wird durch die Ausführung einerseits mit einer unberechenbaren 'überraschenden' Umwelt konfrontiert, und hat andererseits mit unerwarteten komplexitäts- und interessenbedingten internen Koordinationsstörungen fertig zu werden.

b) Systemkopplung

Mit der einmaligen Gestaltung von intelligent konstruierten Systemen ist es nicht getan. Es muss *laufend* dafür gesorgt werden, dass bei Störungen, Überraschungen, Chancen, Abweichungen etc. zusätzlich zu den vorgeregelten Antworten (die in die Systemarchitektur eingebaut sind) ad hoc interveniert werden kann, weil neuartige Probleme oder unerwartete Konstellationen auftauchen, die mit den Mitteln und Richtlinien der etablierten Systeme nicht erfolgreich oder ökonomisch bearbeitet werden können. 'System*kopplung*' bezeichnet somit die einzelfallbezogenen Koordinationsaktivitäten, durch die unvorhergesehene Störungen beseitigt bzw. überraschende Chancen genutzt werden sollen.

Für *Horváth* ist die zentrale Funktion des Controlling sowohl bei Systembildung wie -kopplung *Koordination*, sie macht die Identität von Controlling aus. Systembildend wirkt Controlling als 'Koordination der Koordination' (*Horváth* 1993, 127), systemkoppelnd geht es um die ad hoc-Bewältigung unerwarteter Koordinationsprobleme (*a.a.O.*, 138).

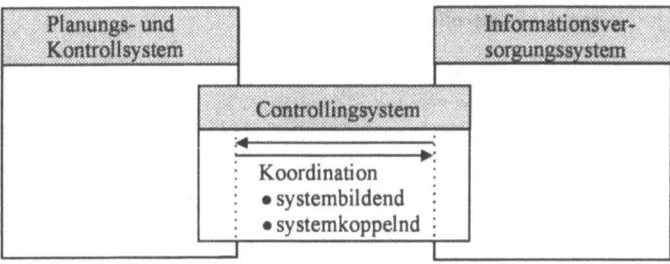

Abb. H-1.7: Systembildung und Systemkopplung als Aufgaben des Controllingsystems (nach *Horváth* 1993, 143).

Auch im Hinblick auf die spätere Auseinandersetzung mit Personal-Controlling ist *Horváth*s Differenzierung interessant, weil er darauf aufmerksam macht, dass Controlling in Verfahren und Routinen eingebaut sein muss oder kann, sodass die 'gebildeten Systeme' ihr Werk automatisch und unmerklich tun. Diese Form der impliziten Koordination stößt jedoch an Grenzen, weil wegen der Komplexität und Dynamik sowohl von Systemen wie ihren Umwelten nicht für alle Fälle organisatorische Vorkehrungen getroffen werden können. Wenn für bestimmte Fragestellungen keine routinisierbaren Lösungen oder Lösungswege vorgehalten werden können, wird letztlich auf den unprogrammierbaren 'subjektiven Faktor' zurückgegriffen, der mit Augenmaß, Erfahrung, Intuition, Methodenkompetenz, Unternehmensidentifikation etc. das Richtige tut. Damit spielen wir auf eine in vielen Controlling-Texten kommentierte Gegenüberstellung an: Man soll '*etwas richtig tun*' - nämlich effizient, regelgerecht, rational handeln - und man soll '*das Richtige tun*' (effektiv sein: Ziele verwirklichen, die es wert sind). Für das letztere ist Controlling als Koordinationseinrichtung im Grunde nicht mehr zuständig und kompetent. Die Forderung nach Systemkopplung läuft jedoch darauf hinaus, in unerwarteten Situationen das Richtige richtig zu tun - also entweder vorhandene Systeme oder Verfahren innovativ zu interpretieren bzw. zu kombinieren ('koordinieren'?), oder aber nicht dagewesene Systeme oder Verfahren zu kreieren, um vorgegebene (oder neue?) Ziele zu erreichen. System- oder Strukturkopplung ist ein durch 'Passung' definiertes Resultat von Koevolution; sie als bewusst angestrebte Leistung von *einzelnen* Institutionen oder Personen zu fordern, ist heroisch und wohl in den meisten Fällen eine Überschätzung ihrer Möglichkeiten. In seiner systemkoppelnden Funktion tendiert Controlling dazu, mit Management oder gar personaler Führung (leadership) zu verschmelzen.

1.3.3 Kriterien des Controlling

'Kriterien' liefern Bewertungsdimensionen und Standards oder Maßstäbe, mit denen geprüft werden kann, ob bzw. wie sehr die versprochenen Leistungen tatsächlich erbracht werden. Diese Maßstäbe kann das (Personal-)Controlling auch an sich selbst und nicht nur an die von ihm Geprüften und Beeinflussten anlegen.

Gerpott nennt (für das Personal-Controlling) sieben 'Grundmerkmale':
- Rationalität;
- erfolgswirtschaftliche Ausrichtung. "Zwar darf Personal-Controlling Mitarbeiterinteressen nicht außer acht lassen. Diese werden im Rahmen des Personal-Controlling jedoch als Randbedingungen, die bezüglich ihrer Wirkungen auf die Erreichung ökonomischer Unternehmensziele zu berücksichtigen sind, verstanden" (*Gerpott* 1995, 9f.). *Gerpott* denkt z.B. an Kenngrößen wie diskontierte Cash-flows, Deckungsbeiträge, Umsätze/Erlöse, Erträge, Kosten etc.;
- Entscheidungsorientierung (als Service- und Beratungsfunktion stellt Personal-Controlling Daten und Analysen für Entscheidungsträger zur Verfügung);
- Zukunftsorientierung;
- Informationsversorgung/Transparenzsicherung (proaktiv, in eigener Initiative, auch ohne besonderen Auftrag werden personalbezogene Daten beschafft, gespeichert, verarbeitet und gesendet);
- Koordination (aller Teilfelder innerhalb des Personalwesens und zu den anderen Organisationseinheiten des Unternehmens);
- Kontinuität (nicht nur sporadisch, sondern auf Dauer und alltäglich).

Auch *Hentze & Kammel* (1993) zählen (s. S. 19f.) einige 'übereinstimmende Merkmale' auf. Demzufolge ist Controlling ausgezeichnet durch rationales Vorgehen, Unterstützungscharakter, Informationsversorgung, Koordinationsfunktion, Zukunftsbezogenheit und schließlich Konstanz.

Übersetzt in eine Prüfliste könnte man z.B. fragen:
- Sind *alle* Aktivitäten, Verfahren und Systeme im Unternehmen auf ihren Beitrag zu den Unternehmenszielen geprüft und ausgerichtet?
- Maßt sich Controlling Managementfunktionen an? Ist es in der Lage, auch für komplexe Probleme Unterstützung zu leisten?
- Stellt Controlling sicher, dass alle für Planung, Durchführung und Kontrolle relevanten Informationen - praxistauglich aufbereitet - zur Verfügung gestellt werden (können)?
- Beschränkt sich Controlling auf ex-post-Erklärungen (findet Fehler, Gründe und Schuldige) und/oder gibt es Hilfen zur Bewältigung künftiger Herausforderungen und Chancen (feedforward, antizipatives oder präventives Controlling)?
- Ist Controlling ein Organ, das der Bewahrung des Bestehenden dient und für Einheitlichkeit und Vergleichbarkeit sorgt und/oder inspiriert und instrumentiert es kontinuierliche Entwicklung?

Alle diese Einzelbestimmungen sind voraussetzungsvoll und ideologieverdächtig: Praktiziertes Controlling (also nicht das Controlling-*Konzept*)

- ist keineswegs nur rational, was angesichts der Kritik am Rationalitätskonzept in der BWL auch nicht verwundert (siehe dazu für das Personal-Controlling *Haunschild* 1998);

- hat nicht allein dienende, sondern auch herrschende Funktion,

- versorgt nicht nur mit Informationen, es stellt diese Informationen her, unterdrückt Informationen und baut in Informationen Handlungsprogramme ein,

- koordiniert *und* kontrolliert,

- ist *auch* retrospektiv,

- muss flexibel, lernfähig und damit unkonstant sein und

- ist nicht nur funktional (akteurslos) zu sehen, sondern stark von den Subjekten geprägt, die als ControllerInnen tätig sind (weil sie beschränkt rational sind und auch eigene Interessen verfolgen). Deshalb spielt unter anderem auch der Controlling-*Stil* eine wichtige Rolle (z.B. Misstrauen vs. Vertrauen; Hilfe vs. Anklage/Hinrichtung; Fairness vs. Fallenstellerei; Pedanterie, Besserwissertum vs. Subsidiarität usw.).

Praktiziertes Controlling muss sich auch der kritischen Frage stellen, ob es das, was es von anderen erwartet (den Nachweis eines Wertschöpfungsbeitrags in einem sinnvollen Aufwand-Ergebnis-Verhältnis) auch für sich selbst gelten lässt: Was ist Controlling wert? Was trägt es bei? Welche Wirkungen und nichtintendierten Nebenwirkungen hat es (s. dazu Fußnote 4 auf S. 494)? Es ist bezeichnend, dass z.B. in einem 500-Seiten Lehrbuch über Controlling (*Küpper* 1995) lediglich zwei Seiten (454 ff.) dieser Frage gewidmet sind. Dies ist umso überraschender, als Controlling jene Disziplin ist, die u.a. auf Soll-Ist-Vergleiche und Kosten-, Effizienz- und Wirksamkeitsanalysen spezialisiert ist und andere betriebliche Funktionen unter Rechtfertigungsdruck setzt.

Was zu den drei Orientierungen des Controlling (Problemlösung, Wirklichkeitsabbildung, Steuerung) und zu seinen Leitbildern, Funktionen und Kriterien gesagt wurde, trifft ohne Abstriche auch auf die Teildisziplin Personal-Controlling zu. Darauf soll nun eingegangen werden.

H-2 bis H-5: Personal-Controlling - Übersicht -

H-2: Personal-Controlling: Einführung
2.0 Überblick
2.1 Begriff und Gegenstand des Personal-Controlling
2.2 Drei Perspektiven auf das Personal-Controlling (Ökonomie, Management, Politik): Eine einführende Charakterisierung

H-3: Ökonomische Perspketive	H-4: Management-Perspektive	H-5: Politische Perspektive
Kosten-Controlling Budgetierung Kostenrechnung Effizienz-Controlling Effektivitäts-Controlling	Personal-Audits Kennzahlen Benchmarking Balanced Sorecard Gemeinkosten-Management Gemeinkostenwertanalyse Zero-Base-Budgeting	Das Disziplinarindividuum als Voraussetzung und Produkt des P-C P-C als Realitätsbeschwörung (Magie) Beispiel: Benchmarking P-C als Mittel und Ergebnis von Machtkämpfen und Spielen

2.   Personal-Controlling: Einführung

2.0   Überblick

Wie die obenstehende Übersicht der Kap. H-2 bis H-5 veranschaulicht, haben wir unsere Auseinandersetzung mit dem Personal-Controlling in zwei Abschnitte gegliedert: im ersten (H-2) wird eine orientierende Grundlegung versucht, während im zweiten (H-3 bis H-5) einzelne Perspektiven differenziert behandelt werden.

Das Unterkapitel H-2 präsentiert zunächst eine Zusammenstellung von Definitionen des Personal-Controlling und arbeitet die Dimensionen heraus, die diesen sehr heterogenen Abgrenzungen zugrundeliegen. Ein wichtiger Punkt ist, dass offenbar nicht klar zwischen verschiedenen Gegenständen des Personal-Controlling unterschieden wird (Personal, Personalarbeit, Personalwesen als Institution und als Produzent von Verfahren und Systemen).

Im Anschluss daran werden in einer komprimierten Überleitung die drei Perspektiven (Ökonomie, Management, Politik) skizziert, die die folgenden Unterkapitel H-3 bis H-5 im einzelnen entfalten.

Weil bei diesen drei Kapiteln jeweils zu Beginn eine detaillierte Übersicht über Inhalte und Gliederung gegeben wird, soll die obige allgemein orientierende Synopse hier nicht weiter kommmentiert werden.

2.1 Begriff und Gegenstand des Personal-Controlling

Hentze & Kammel (1993, 28) binden Personal-Controlling an *Planung*, denn das Ist kann nur auf ein vorher entworfenes Soll ausgerichtet und an ihm bewertet werden. Das erscheint als eine zu enge Sichtweise (an die sich die Autoren selbst nicht halten), vor allem wenn man vom Konzept ausgefeilter Pläne ausgeht. In der Personalarbeit dominieren eher Programmpläne als Ergebnispläne: es gibt *vorgeschriebene oder vorgeregelte* Aktivitäten bzw. Prozesse der Personalarbeit - und es kann überprüft werden, ob diese Praktiken dokumentiert, formalisiert und standardisiert sind, ob sie wie geplant *effizient* realisiert werden und ob sie *effektiv* Ergebnisbeiträge leisten.

Personal-Controlling kann von der Entwicklung in der Kostenrechnung lernen, die sich nicht mit dem richtigen Rechnen begnügt - so dass die 'bottom-line'[6] stimmt -, sondern aufklären will, wie es zur bottom-line kam. Die retrograde Rechnung (Dokumentations- oder Entstehungsrechnung: "so-war-es") wird auf eine proaktive Planungs- oder Gestaltungsrechnung ("so soll es sein/werden") umgestellt. Voraussetzung dafür ist, dass der Schritt vom Nachzeichnen zum Vorschreiben getan wird und das setzt voraus, dass man durchschaut hat, nach welchen Gesetzmäßigkeiten Ergebnisse zustandekommen.[7] Man braucht also eine Landkarte, ein Modell oder eine Theorie. Theorien gibt es nur als Rahmenentwürfe (z.B. als allgemeine Handlungs- oder Systemtheorie); in der Praxis überwiegen erfahrungsgestützte (empirische) oder normative (praxeologische) Ansätze, die beide zugunsten der Praktikabilität auf Allgemeingültigkeit verzichten. Sowohl die Ableitung von Regeln aus der empirischen Analyse erfolgreicher Praktiken, wie auch der Entwurf von konsequent ausgerichteten Handlungsanleitungen sind notwendigerweise begrenzt: statt genereller Lösungen werden solche angeboten, die auf bestimmte Situationen oder Probleme fokussiert sind. Solche Systeme sind meist bei Änderungen der Bedingungen oder Ziele nicht anpassbar: sie müssen ersetzt werden. Eine Grenzplankostenrech-

---

6 Die Schlusszeile einer Rechnung, in der das Ergebnis steht (z.B. der Gewinn oder der Nettonutzen oder der Deckungsbeitrag ...).

7 *Haunschild* (1998, 100; 201f.) bestreitet, dass für das Verhalten in Organisationen in erheblichem Umfang Gesetzesaussagen formuliert werden können und macht deutlich, dass "einem Großteil sogenannter verhaltenswissenschaftlicher Kausalaussagen versteckte subjektivwissenschaftliche (begründungstheoretische) Prämissen zugrundeliegen", die sich - im Anschluss an *Holzkamp* - dadurch offenlegen lassen, dass man zwischen die Wenn- und die Dann-Komponente der Aussage die Formel 'vernünftigerweise' einfügt. Beispiel: Wenn die Kontrollintensität steigt, dann vermehren sich (vernünftigerweise) die Versuche der Kontrollierten, Ungewissheitszonen zu erhalten.

nung und eine Prozesskostenrechnung sind nicht ineinander überführbar; sie sind jeweils für bestimmte Absichten maßgeschneiderte Lösungen.

Bevor wir wie angekündigt Personal-Controlling aus Ökonomie-, Management- und Politik-Perspektive diskutieren, drucken wir als einführenden Überblick über den Facettenreichtum eine Collage von Definitionen des Personal-Controlling durch Fachautoren ab (s. Beleg H-2.1).

Beleg H-2.1:   Definitionen von Personal-Controlling

Potthoff & Trescher (1986, 1990) setzen Personal-Controlling praktisch mit Personalwirtschaft gleich bzw. sehen alle personalwirtschaftlichen Funktionen aus einer Controlling-Perspektive:

"Controlling in der Personalwirtschaft [umfasst] die Planung und Kontrolle aller personalwirtschaftlichen Vorgänge, soweit sie quantifizierbar sind" (*Potthoff & Trescher*, 1986, S. V).

Wunderer & Sailer definieren:

" ... Personal-Controlling ist unter anderem die bewußte, systematische wie integrierte Planung (Soll) und Kontrolle (Ist) personalwirtschaftlicher Tatbestände in messbaren Daten (unter anderem erfolgswirtschaftliche Kenngrößen) und die Rückkoppelung zwischen Kontrolle und Planung, bei der die Ergebnisse von Abweichungsanalysen zur Grundlage des Planungsprozesses werden" (*Wunderer & Sailer* 1987, 507).

Marr (1989) warnt vor voreiligen Festlegungen. Für ihn ist Personal-Controlling eine entwicklungsfähige und -bedürftige Idee, ein Denkmodell, das unter verschiedenen Bedingungen und zu verschiedenen Zeiten jeweils neu konkretisiert werden muss. In der Praktizierung von Personal-Controlling lernt man, was Personal-Controlling sein kann oder sein sollte; Fragestellungen, Ziele und Instrumente verändern sich dementsprechend. Diese Warnung ist angesichts autoritativer 'So-ist-es, basta-Setzungen' sympathisch, entbindet aber nicht von der Pflicht, schon jetzt ein inhaltlich definiertes Personal-Controlling zu praktizieren, das jedoch so konzipiert sein sollte, dass es nicht ab-, sondern aufschließt.

Brinkmann (1991) versteht Personal-Controlling als

" ... Personalplanungs-, -kontroll- und -steuerungssystem mit der Aufgabenstellung, mitzuhelfen, die operativen und strategischen Ziele eines Unternehmens zu realisieren. Personalcontrolling hat damit ebenso analysierenden und planenden wie begleitenden und steuernden Charakter" (11).

"Personalcontrolling im engeren Bereich der Personalwirtschaft heißt somit durchaus auch im Sinne des ökonomischen Prinzips immer, mit relativ geringstem Personalaufwand den relativ höchsten Wertschöpfungsbetrag zu erwirtschaften" (*Brinkmann* 1991, 25).

Der Praktiker *Willenberg* zählt für das Personal-Controlling als Funktions-Controlling eine Reihe von Aufgaben auf:

"Controlling = Informationsmanagement + Erfolgssteuerung + Erfolgskontrolle. Controlling ist deshalb eine Aufgabe (oder beinahe eine Philosophie), die nicht allein an einen einzelnen oder an eine Funktion delegiert werden kann, sondern im weitesten Sinne von jeder Führungskraft wahrzunehmen ist. ...

Einzelaufgaben einer Funktion Personal-Controlling insbesondere bei dezentralen Strukturen sollten sein:

- Personalinformationsmanagement
- Integrations- und Koordinationsaufgaben
- Steuerung und Integration von Detailplanungen des Personalwesens
- Analyse personalwirtschaftlicher Prozesse und (Struktur-)Entwicklungen im Sinne eines Frühwarnsystems
- Quantifizierung der Ressourceneinsätze für einzelne personalwirtschaftliche Aktivitäten, Prüfung unter Effizienzgesichtspunkten (Prozessanalysen)
- Erfassung, Planung und Steuerung des Aufwandes für Human-Ressourcen
- Einbindung der Personalplanungssysteme in den gesamthaften Prozess der Unternehmensplanung" (*Willenberg* 1991, 484, 485)

Präzisiert man mit *Drumm*

" ... Personalcontrolling als laufende Überprüfung der Effektivität und Effizienz personalwirtschaftlichen Handelns mit der Folge korrigierender Eingriffe bei unerwünschten Abweichungen, so wird der Blick rasch auf die methodischen Probleme der Bestimmung von Effektivität und Effizienz gelenkt (565) ... Hier wird unter Personalcontrolling die erfolgsorientierte Bewertung, Abstimmung und Korrektur personalwirtschaftlicher Maßnahmen verstanden (572) ... Miteinander verknüpfte Ziele des Personalcontrolling sind dann entweder die erfolgsorientierte Steuerung und ex-ante-Koordination oder die Regelung personalwirtschaftlichen Handelns im Führungssystem von Unternehmungen" (*Drumm* 1995, 574).

Nach *Scherm* soll Personal-Controlling dafür sorgen

"... dass personalwirtschaftliche Entscheidungen und Maßnahmen zu den Unternehmungszielen und den überwiegend daraus abgeleiteten personalwirtschaftlichen Zielsetzungen beitragen ... Ausgangspunkt dafür müssen Ziele sein, für die Zielabweichungen eindeutig bestimmt werden können ... Die Beschränkung auf messbare Zielabweichungen ist deshalb notwendig, weil nur subjektiv interpretierbare Sachverhalte, auf unzulässigen mathematischen Operationen beruhende Quantifizierungen oder nicht mehr nachvollziehbare Mittel-Zweck-Beziehungen nicht dazu geeignet sind, steuernde Eingriffe zur Sicherstellung der Zielerreichung auszulösen. Wo Operationalisierungsprobleme eine Messung unmöglich machen oder die Zurechnungsprobleme unlösbar sind, fehlt auch einem Personal-Controlling jede Informationsgrundlage für eine Steuerung" (*Scherm* 1992a, 311).

Ihrer Monografie legen *Hentze & Kammel* folgendes Personal-Controlling-Verständnis zugrunde:

"Personalcontrolling stellt in funktionaler Sicht eine umfassende, systematisch-zielbezogene und integrale Konzeption zur proaktiven Gestaltung, Koordination und Weiterentwicklung personalwirtschaftlicher Planungs-, Kontroll- und Informationsversorgungssysteme und zur Bereitstellung bedarfsgerecht aufbereiteter Informationen zwecks Sicherstellung der Realisierung der personalwirtschaftlichen Ziele dar ... Die grundlegende Fragestellung kann folgendermaßen formuliert werden: Wer verfolgt welche Ziele und Aufgaben des Personalcontrolling in welchen Funktionsbereichen und auf welchen Ebenen der Personalwirtschaft mit welchen Instrumenten?" (*Hentze & Kammel* 1993, 27).

Personal-Controlling ist für *Gerpott*

"- die primär unter Bereitstellung von relativ objektiv erfassbaren (d.h. möglichst mess- und rechenbaren) Daten erfolgende,

- an ökonomischen Unternehmenszielen orientierte,

- entscheidungsunterstützende, systematische und integrierte

- Planung, Kontrolle und Analyse

- aller personalbezogenen Kosten und systematischen Programme/Aktivitäten, die zur Sicherung der Personalverfügbarkeit und der positiven Beeinflussung des Leistungsverhaltens des Personals dienen" (*Gerpott* 1995, 9).

Dies ist ein Beispiel für eine zwar rein ökonomische, aber zugleich extrem weite Definition ('alle personalbezogenen Kosten und (!) systematischen Programme/Aktivitäten'), die die Grenze zu 'Personalmanagement' verschwimmen lässt.

Resümee

Diese Nominaldefinitionen lassen sich natürlich nicht zu einer synthetischen Globaldefinition zusammenfassen, in der alle Aspekte bewahrt sind. Wie grundsätzlich bei programmatischen Definitionen muss man mit Wortgeklingel und der Beschwörung von affektiv besetzten Komplexbegriffen rechnen, die sehr Verschiedenes offenbaren oder verbergen (können). Es soll deshalb in Form einer Art Prüfliste im Folgenden analysiert werden, wie heterogen die Forderungen an Personal-Controlling sind. Dabei muss das Problem der 'doppelten Hermeneutik' im Auge behalten werden, das *Haunschild* (1998, im Anschluss an *Manicas* und *Giddens*) hervorhebt: Die soziale Welt ist von Subjekten konstruiert - und das Wissen über diese Welt ist es ebenso. Laien interpretieren die von ihnen gestaltete Welt und handeln aufgrund ihrer Interpretationen; WissenschaftlerInnen wiederum interpretieren diese Interpretationen, wobei komplizierend hinzukommt, dass die sogenannten Laien die Interpretationen der WissenschaftlerInnen kennen, sich zu eigen machen, zur Beschreibung und Begründung ihres Tuns verwenden und in ihrem Handeln bestätigen. Ein Beispiel sind die von PraktikerInnen kooptierten Wissenschafts- oder Beratermoden.

In den zitierten Definitionen werden folgende Problemkreise des Personal-Controlling angesprochen:

- Seine *Identität* als Funktions- oder Bereichs-Controlling im Unterschied zum allgemeinen (Unternehmens-)Controlling; dazu gehört auch die Frage, ob Personal-Controlling ein *Werkzeugkasten* oder eine *Denkhaltung* (Philosophie) ist; auch die im allgemeinen Controlling diskutierte Problematik der Abgrenzung von Controlling zu Management taucht hier wiederum auf.

- Sein *Gegenstand*: Ist es auf 'alle' personalwirtschaftlichen Prozesse, Verfahren, Programme und Strukturen bezogen oder (nur) auf solche, die quantifizierbar und monetarisierbar sind? Oder nur auf jene, die vom 'Personalbereich' verantwortet werden? Die Facetten des Gegenstands von Personal-Controlling - Personal - werden in Beleg H-2.2 differenziert.

- Seine *Zielsetzungen*: Es hat effektiv und effizient zu sein, ist auf ökonomische und evtl. auch auf soziale Ziele auszurichten. Wie ist Personal-Controlling selbst zu 'controllen'? Hat es eine erfolgsverbessernde Wirkung und ist es sein Geld/seine Stellen wert?

Beleg H-2.2:   Zum Objekt des Personal-Controlling

Es kommen folgende vier Kandidaten in Frage:

Personen oder **Personal**

Diese Unterscheidung stellt auf ein Kernproblem des Personalwesens ab, auf das im Band 1 ausführlicher eingegangen wurde: Werden im Personal-Controlling die Menschen als Objekte (Personal) oder Subjekte (Personen) konzipiert oder gar konstituiert? Das 'personalwirtschaftliche Dilemma' (*Krell & Ortmann*) besteht darin, dass die Objekte Subjekte sind und dass der Versuch, Subjekte zu Objekten zu machen, am Eigensinn der Subjekte scheitert. Insofern überrascht es, dass mit wenigen Ausnahmen (z.B. *Haunschild* 1998; *Brüggemeier* 1997) Personal-Controlling quasi akteurslos beschrieben wird: die ControllerInnen und die 'Controllten' tauchen als Subjekte nicht auf, sondern verschwinden hinter abstrakten 'Funktionen', die (von wem?) 'wahrgenommen' werden.

Personal*arbeit*, und zwar:

- Gemeint sind hiermit die *Umsetzung* von Programmen, Plänen, Projekten oder die *Anwendung* von Systemen, Verfahren, Techniken, Instrumenten, die personalrelevant sind und nicht unbedingt von einer Personal*abteilung* entworfen oder durchgesetzt werden;
- Prozesse (Aktivitäten), mit denen Wert durch Personal geschaffen wird. Es geht hier um die Gesamtheit der Alltagshandlungen von Führungskräften, die auf den 'Faktor Arbeit' bezogen sind; hier sind auch Bezugsgrößen, Ursachen und Auslöser (Kostentreiber) aufzuklären, die für das Zustandekommen von Kosten und Erlösen verantwortlich sind;
- Personalstrukturen: Aufbauorganisation; Stellenbildung, -konfiguration und -integration; formelle und informelle Beziehungsmuster.

Personal*wesen*,

nämlich speziell die Personalabteilung oder der Personalbereich: Sind diese Institutionen oder *Organisation*seinheiten sinnvoll gestaltet und produktiv oder effizient oder effektiv?

Produkte des Personalwesens (Kostenträger),

also die von ihm entwickelten und verantworteten Programme, Prozesse und Strukturen. Diese Produkte können sich auch verselbständigen, sodass sie unabhängig vom Personalbereich als eigenständige Objekte wirken (etwa: eine Stellenbeschreibung, ein Zeiterfassungssystem, Richtlinien der Gehaltseingruppierung usw.).

- Seine *Funktionen*: Es geht - wie beim Controlling generell - um die Auflistung von Aufgabenfeldern: (Ex-ante-)Planung und (Ex-Post-)Kontrolle, Abweichungsanalyse, Koordination, Steuerung, Informationsversorgung und Bewertung ('Evaluationsinstrument') (siehe dazu auch die empirischen Studien von *Hoss* 1989, *Metz* 1995 und *Metz & Knauth* 1994).

- Seine *Methodik*: Hier sind nicht so sehr die konkreten Instrumente gemeint, die normalerweise in einer abstrakten Definition nicht vorgestellt werden, sondern die Forderungen an die Vorgehensweise. Folgende Postulate finden sich: Personal-Controlling soll systematisch (oder gar als integriertes System) erfolgen; es soll eine umfassende und laufende Aktivität sein; es hat eine strategische Ausrichtung (langfristig, potentialorientiert, Frühwarnsignale erspürend) und/oder eine operative Aufgabe (innerhalb festgelegter Ziel- und Mittelvorgaben soll die konkrete Alltagsarbeit koordiniert, kontrolliert etc. werden); es soll beschreibend und/oder erklärend und/oder bewertend angelegt sein.

- Seine *TrägerInnen*: Wird Personal-Controlling von SpezialistInnen besorgt, die der Personalleitung, dem Unternehmenscontrolling oder den Fachbereichsvorgesetzten unterstellt sein können, oder ist es Aufgabe jeder einzelnen Führungskraft?

- Seine *Machtressourcen*: Wenn es z.B. um die Abstimmung von Plänen, um die Durchführung von Kontrollen, die Bewertung von Maßnahmen geht, kann dann zurückgegriffen werden auf z.B. Beratungs-, Informations-, Interventions-, Sanktionskompetenz? Fast alle Definitionen gehen funktional vor und unterstellen allgemeine Unternehmens(leitungs)interessen. Haben die (Personal-)ControllerInnen selbst keine Eigeninteressen?

2.2 Drei Perspektiven auf das Personal-Controlling: eine einführende Charakterisierung

Wie die anderen Hauptkapitel des vorliegenden Basistexts haben wir auch die folgenden Ausführungen zum Personal-Controlling entsprechend den drei überlappenden Sichtweisen des Personalwesens gegliedert:

a) *Die ökonomische Perspektive* ist dem Rationalprinzip verpflichtet und beschäftigt sich mit Mengen, Preisen, Kosten und Nutzen, verkürzt gesagt: mit der Leitfrage *'Lohnt es sich?'* Diese Frage ist mehrdeutig, nämlich zum einen direkt, zum anderen reflexiv gemeint: 'Lohnt sich der geplante Prozess oder die dafür vorgesehene Einrichtung?' und 'Lohnt sich dessen Controlling bzw. die Einrichtung einer (diesbezüglichen) Controlling-Institution?' Im Mittelpunkt stehen die Planung, Gestaltung und Überwachung des betrieblichen Geschehens mit dem Ziel der angemessenen (rentabilitätssichernden oder -steigernden) Systembildung und -kopplung. Controlling befasst sich aus ökonomischer Sicht mit der Analyse von Kosten und Wirtschaftlichkeit und der Förderung der Erfolgsbeiträge aller Geschäftsprozesse. Wenn *Wunderer & Mittmann* (1983) in ihrer Analyse von Personalwesen-Lehrbüchern "von Ökonomie nur Spurenelemente" fanden, dann bezog sich ihr Urteil auf die fehlende *ökonomische Theorie*; es entsteht der Eindruck, dass Personal-Controlling ohne eine solche Theorie auskommen und sich allein als Werkzeugkasten effizienter und effektiver Instrumente präsentieren kann.

b) Die *Management-Perspektive* folgt den pragmatischen Fragen: Wie kann man den Wertschöpfungsprozess in den Griff bekommen? Was ist wie zu tun? Läuft alles erfolgreich? Es geht dabei um die Gestaltung und Anwendung von Systemen und Verfahren der Planung, Koordination und Kontrolle und die dafür notwendige Informationsversorgung. Ein sehr häufiger Vorschlag ist z.B. die Entwicklung von aussagefähigen und konsistenten Kennzahlen-Systemen [siehe z.B. *Bühner* (1996), *Potthoff & Trescher* (1990), *Schulte* (1989, 1990), *Papmehl & Petri* (1994)].

Das dominante Modell der Managementperspektive ist der Regelkreis, der das Steuerungsproblem neutralisiert oder entsubjektiviert:

Controlling ist dabei sowohl Standortbestimmung wie Kurskorrektur, der Controller ist 'kybernetes' (Steuermann): Normalerweise ist das Controlling (als *Funktion*) integraler Bestandteil eines Handlungszyklus (s.o. S. 483ff.: Regelkreismodell).

Dabei überwiegt die Binnensicht, die zudem durch *Geschlossenheit* ausgezeichnet ist: Innerhalb des Regelkreises wird nach vorgegebenen Prinzipien interveniert und die *Rückkehr* zu einem vorbestimmten Normal- oder Zielzustand hergestellt [Homöostase-Prinzip beim Feedback (nachträgliche Abweichungskorrektur); kontrollierter Zielwandel beim Feedforward (vorbeugende Abweichungsvermeidung)]. Woher die Ziele stammen, wie sie gerechtfertigt werden, wie die Steuerung erfolgt: das alles steht nicht zur Debatte.

Das kybernetische Modell erfüllt noch am ehesten die in der Literatur genannten Rationalansprüche des Controlling. Wann aber sind z.B. im Personalbereich folgende Voraussetzungen gegeben: Die Ziele sind bekannt, hierarchisch geordnet, klar formuliert und eindeutig operationalisiert; der Arbeitsprozess und seine Ergebnisse werden systematisch (v.a.: quantitativ) und lückenlos erfasst und mit den Vorgaben verglichen; es gibt gesicherte Methoden, Abweichungen zu korrigieren (oder Zielanpassungen vorzunehmen); alle Maßnahmen sind transparent, mit 'sachfremden' Widerständen ist nicht zu rechnen ... ?

c) *Die politische Perspektive* sucht Antworten auf die Frage: *Welche Ordnungen sollen (re-)produziert werden?* Aus sozioökonomischer Sicht ließe sich die Frage doppeldeutig umformulieren zu: *Welche Gesellschaft macht das?* Dabei ist Gesellschaft einerseits Subjekt, Agent und Ursache, andererseits aber Objekt, Opfer und Wirkung. Neben dieser polity-Frage spielt dann natürlich auch noch die politics-Thematik (*Wie wird das durchgesetzt?*) eine wichtige Rolle.

In den folgenden drei Kapiteln gehen wir ausführlich auf die drei erwähnten Perspektiven des Personal-Controlling ein: Ökonomie, Management, Politik.

H-3: Die ökonomische Perspektive des Personal-Controlling - Übersicht

3.0 Überblick: Die Grundfrage 'Lohnt es sich?'		
3.1 Kosten-Controlling Maxime: Sparen!	**3.2 Effizienz-Controlling Maxime: Es richtig tun!**	**3.3 Effektivitäts-Controlling. Maxime: Das Richtige tun!**
Budgetierung Kostenrechnung Prozesskostenrechnung	Zur Unterscheidung von Effizienz und Effektivität Exkurs: Arbeitsproduktivität	Output-Analyse: Das Beispiel Kosten-Nutzen-Analyse Das Beispiel Nutzwert-Analyse
3.4 Schluss		

3. Personal-Controlling aus ökonomischer Perspektive

3.0 Überblick: Die Grundfrage 'Lohnt es sich?'

Der organisationsbildende Doppelprozess von Differenzierung und Integration (Arbeits-Teilung und -Zusammenfassung) wird zum Problem, wenn Handlungsentschluss und -ausführung nicht mehr von *einem* Akteur besorgt werden, sondern wenn es um die Koorientierung, Koordination und Kooperation mehrerer Akteure geht. Dann müssen die Einzelhandlungen aufeinander abgestimmt, geplant, gesteuert und überwacht werden, sollen Ressourcenvergeudung, Doppel- oder Gegeneinanderarbeit, Ziellosigkeit, Zufälligkeit etc. vermieden werden; implizit wird unterstellt, dass die Zusammen-Arbeit rationell und rational - und nicht als zielloser Zeitvertreib oder mit Lust am Kontakt, Experimentierfreude, Überschussabfuhr, sinnlosem Zerstörungstrieb - betrieben werden soll und dass der 'Herr' das Ziel vorgibt. Dabei sind verschiedene Formen möglich: Koordination kann gesichert werden durch einen externen oder darüberstehenden 'Herrn', spontan durch die Akteure selbst, durch spezialisierte Formen (Pläne, Programme, Ressourcenzuweisung) oder Organe (befugte Gremien, Positionen). Formalisierung und Organisierung sind Anwendungen des Prozesses der Differenzierung auf sich selbst (Reflexivität); sie können ihrerseits in ein spezialisiertes und koordiniertes Werkzeug münden: *Controlling*.

Wird die Funktion Controlling zur Institution (Controllership) ausdifferenziert, so stellt das - wie oben schon ausgeführt - eine Sonderentwicklung dar, denn ihr Anliegen könnte im Prinzip auch 'unabgesondert' (integriert) durch Vorgesetzte und/oder die Akteure selbst ausgeübt werden.

Die Ausdifferenzierung des Controlling legt den Keim zu seiner Bürokratisierung, Rationalisierung und letztlich: Selbstentbehrlichung. Controlling muss die Kriterien, die es an andere anlegt, auch für sich gelten lassen: es muss schlank, effizient, effektiv, unpersönlich etc. werden. Das beste Controlling ist jenes, das gar nicht mehr als eigene Instanz existiert, wenn oder weil die Prozesse selbststeuernd organisiert sind oder die Akteure so kompetent, auf das Unternehmen eingeschworen und tatkräftig (empowered) sind, dass es nichts mehr zu 'controllen' gibt. Überspitzt gesagt: Solange ein eigenständiges Controlling neben der Linie existiert, hat es seine Aufgaben nicht perfekt gemacht oder es entlarvt sich in seiner untechnischen, weil herrschaftlichen Funktion.

In Kap. H-2.1 wurde ein rationales *'Lohnt es sich?'* als Motto der ökonomischen Perspektive formuliert. Diese nur auf den ersten Blick simple Frage soll im Folgenden entfaltet werden, wobei schon gleich zu Beginn darauf hinzuweisen ist, dass die Frage eigentlich vervollständigt werden müsste zu *'Für wen lohnt es sich?'* - und dass mit dieser Hinzufügung die Bedeutung einer politischen Ergänzung vorgemerkt wird.

Die ökonomische Theorie ist - insbesondere bei den Neo-Institutionalisten (s. "Personalwesen 1") - bemüht zu erklären, warum es überhaupt Unternehmen gibt, wenn doch die Kraft des Marktes die Marktteilnehmer zwingt, Angebot und Nachfrage ständig den Herausforderungen des Wettbewerbs anzupassen; rationalen Akteuren eröffnen sich im Markt große Wahlmöglichkeiten und sie werden sich nutzenmaximierend für die beste Chance entscheiden.

Anders die Firma: In ihr sind differenzierte Prozesse miteinander *verkettet* und dieses Wort aus der Sklavensprache bringt zum Ausdruck, dass die Wahlmöglichkeiten der Beteiligten, alternative 'Angebote' nachzufragen, erheblich eingeschränkt sind. Es muss gute Gründe geben, auf die heilsame (produktive) Funktion des Marktes zu verzichten und ihn durch 'Hierarchie' zu ersetzen. Wie in Band 1 erörtert, wird als zentrales Erklärungsargument die Ökonomisierung der Transaktionskosten benutzt. Dieser Logik zufolge hat die Internalisierung der Transaktionskosten zwei Konsequenzen: Wissen und Macht. Es muss Wissen angehäuft werden, um jederzeit über den Stand der Dinge im Bilde zu sein und es muss die Macht vorhanden sein, steuernd eingreifen zu können. (Personal-)Controlling wurde geschaffen, um beiden Ansprüchen genügen zu können. Je größer die Firmen wurden, desto komplexer wurden die internen Prozesse, desto mehr Steuerungsprobleme tauchten auf, desto mehr Informationsbedarf bei den zentralisierten Lenkungsinstanzen entstand und desto mehr Information und Macht konzentrierte sich an der Spitze. Erst durch den Lenkungsanspruch entstand die Notwendigkeit der Planung (im Gegensatz zur 'Anarchie des Marktes'), sowie der informatorischen Verdichtung des Geschehens, um jederzeit zu wissen, wo man in Bezug zum Plan und in Bezug zum Konkurrenten steht, und schließlich der Kompetenz, korrigierende re-allokative Entscheidungen zu treffen. Kehrseite dieser Wissen-Macht-Konzentration in den Zentralen ist Bürokratismus, der sich in Schwerfälligkeit, Formalismus, Planfixierung, Entscheidungs-schwäche des unteren Managements und der Ausführenden, Dienst nach Vorschrift, Scheinaktivität usw. äußert), und es wird - so *Crozier* in seiner These vom 'bürokra-tischen Teufelskreis' - auf diese Perversion mit noch mehr Bürokratismus (mehr Re-geln, detaillierteren Plänen und Kontrollen, mehr Macht in der Zentrale) reagiert. Die Karriere des (klassischen) Controlling verdankt sich dieser bürokratischen Lo-gik; umgekehrt ist zu erwarten, dass *dieses* Controlling umso mehr an Bedeutung verliert, je kleiner die Organisationseinheiten werden und je selbständiger und marktnäher sie operieren. Controlling als Institution vermehrt und erhält darum die Probleme, die es eigentlich lösen soll. Um ein *Karl-Kraus*-Wort zu paraphrasieren: Controlling ist die Krankheit, die es zu heilen vorgibt.

Auf diesem Hintergrund sollen auch die Bemühungen um ein ökonomisches Perso-nal-Controlling interpretiert werden. Personal-Controlling hat die Aufgabe, den Ent-scheidungsträgern (das können auch die Handelnden selbst sein) Informationen und Werkzeuge an die Hand zu geben, mit denen sie ihre Aufgabe besser lösen können. So allgemein gesagt, ist gegen diese Zielformel nichts einzuwenden. Die Probleme beginnen, wenn man sich die organisationale Struktur und die Methoden näher an-sieht, in bzw. mit denen Personal-Controlling operiert.

Personal-Controlling geht wie selbstverständlich davon aus, dass 'die Unterneh-mensziele' *vorgegeben* sind und dass Personal*wesen* und Personal*arbeit* dazu beitra-gen müssen, diese Ziele zu erreichen (und an diesem Beitrag gemessen werden). Es wird - sozusagen von Hause aus (!) - unterstellt, dass es eine Zentrale, Zielvorgaben, Pläne und Kontrollen gibt. Des weiteren ist nachvollziehbar, dass diese Zentrale (meist das Top Management) nicht an den qualitativen Details der Aufgabenerledi-gung interessiert ist, sondern abstrakte, vergleichbare, hochaggregierte Informatio-nen benötigt - und *quantitative* Daten genügen solchen Ansprüchen am besten. Deswegen besteht auch für das 'softe' Human Resource Management der Zwang zur Objektivierung, Quantifizierung, Entkontextualisierung, Aggregierung - und damit das Dilemma, dass alles Subjektive, Qualitative, Kontextspezifische und Einzelne auf dem Wege von unten nach oben eben diese Eigenschaften verliert, auf dem We-ge von oben nach unten aber wiederum ins Ursprüngliche rückübersetzt werden muss. Auf beiden Wegstrecken kommt einiges abhanden und anderes wird hinzu-gewonnen bzw. weg- und hinzuinterpretiert. Das lässt verstehen, dass die Wissen-Macht-Symbiose nicht zerteilt werden kann in die unparteiliche, rein sachliche In-formation und den 'interessierten' (gestaltenden, unternehmerischen) Einfluss, son-dern dass schon das Wissen *interessiertes* (Miss-)Verstehen ist und die Macht bere-chenbar ist, wenn oder weil sie sich in den Grenzen bewegt, die ihr die Pläne, Pro-gramme und Kontrollinformationen vorgeben.

Im Weiteren soll in groben Strichen nachgezeichnet werden, wie Personal-Control-ling in diesen Prozess verstrickt wird, der darin gipfelt, dass nur Zahlen zählen. Diese Konsequenz wird auch dadurch nicht abgeschwächt, dass gebetsmühlenhaft wiederholt wird, dass selbstverständlich auch *qualitative* Ziele und Daten zu berücksichtigen seien.

Beim Personal-Controlling wiederholt sich maßstabsverkleinert, was oben für das Unternehmens-Controlling diagnostiziert wurde: die wertschöpfenden Prozesse werden von einer Zentralinstanz organisiert und überwacht. Der Anteil menschlicher Arbeit am marktfähigen Produkt wird von einer spezialisierten Einrichtung (dem Personalwesen) mitgestaltet - und so gibt es vier Personal-Controlling-Objekte (siehe den obigen Beleg H-2.2): das Personal, die Personalarbeit, das Personalwesen als Institution und die Personalwesenprodukte.

Die Personal-Controlling-Objekte kosten etwas und sind etwas wert. Sie *kosten* etwas, weil sie nicht umsonst zu haben sind und sowohl periodengleiche wie periodenübergreifende (investive) Aufwände erfordern. Natürlich ist es sinnvoll zu prüfen, ob man die vier 'Gegenstände' nicht auch besser oder preiswerter haben kann (Effizienz).

Diese Objekte sind gleichzeitig etwas *wert*, weil (oder sofern) sie einen Beitrag zum Erfolg leisten (Effektivität). Die Frage ist dann, ob dieser Beitrag unersetzlich und unverzichtbar ist, oder ob es für die vier Objekte Substitutionsmöglichkeiten (funktionale Äquivalente) gibt. Alle vier Gegenstände sind im Prinzip einem Verdrängungswettbewerb durch Alternativen ausgesetzt, in dem sie sich durch Nachweis ihrer Notwendigkeit oder Vorteilhaftigkeit zu behaupten haben.

In diesem Zusammenhang sind zwei Probleme zu berücksichtigen. Zum einen Verbund- oder Interaktionseffekte: Personal-Arbeit ist immer gebunden an Organisation, Technologie, Ressourcen, sodass es oft schwerfällt, die jeweiligen Anteile heraus- oder zuzurechnen. Zum anderen das doppelte Transformationsproblem: Personen müssen zu Personal gemacht und Arbeitsvermögen in Arbeitsleistung überführt werden. Für das Personal-Controlling ist dabei die Reflexivität des 'Faktors Arbeit' relevant, weil alle Gestaltungen auf Menschen zielen, die sie interpretieren, die lernen und sich entwickeln und die miteinander in soziale Beziehungen treten (siehe die im Kapitel F erörterten 'Logiken').

Personal-Controlling muss sich deshalb einem Doppelziel stellen: die Ziele des Kollektivakteurs Unternehmung und die Ziele der Individualakteure sind zu berücksichtigen; was für die Unternehmung effizient ist, muss noch lange nicht auch für die MitarbeiterInnen effizient sein.

Das entfaltete Personal-Controlling-Problem lässt sich deshalb abstrakt als vierstellige Relation beschreiben:

- *Wer?* Welche Akteure oder Interessengruppen (stakeholders, constituencies) sind zu berücksichtigen?
- *Was?* Welche Aktivitäten, Programme oder Produkte sind zu erfassen und zu steuern?

- *Wie?* Nach welchen Kriterien sind sie zu bewerten oder zu beeinflussen?
- *Womit?* Mit welchen Instrumenten und Ressourcen wird registriert, kontrolliert und interveniert?

In der Controlling-Literatur haben sich verschiedene Einteilungen eingebürgert, die von fast allen AutorInnen diskutiert werden, z.B. diejenige zwischen strategischem und operativem, funktionalem und institutionalem oder input- und outputorientiertem Controlling. In diese Reihe gehört auch die Differenzierung nach dem Fokus des Controlling: Zielt es ab auf die *Kosten*, auf die *Wirtschaftlichkeit* oder auf die *Wirksamkeit*?[8] Die folgende Darstellung ist in drei Argumentationsstufen gegliedert:

- Kosten (Leitfrage: Wieviel kostet es?);
- Wirtschaftlichkeit, Effizienz (Leitfrage: Wie günstig ist es?);
- Effektivität (Leitfrage: Was bringt es?).

Unter 'es' sind Normalitätsstandards oder vorgegebene Ziele zu verstehen; auch wenn sie bei der *Effizienz* und *Effektivität* explizit formuliert werden, sind sie doch auch bei einer 'bloßen' Kostenbetrachtung jedenfalls implizit vorhanden - denn Kosten fallen für irgendwelche Leistungen an und es muss eine ungefähre Vorstellung darüber geben, welche Leistungen man für befriedigend oder normal hält.

Man wird vermutlich keinen Telefonisten beschäftigen, wenn pro Tag nur ein Anruf kommt. Aber wieviele müssen kommen, damit er 'ausgelastet' ist? Oder welche anderen Tätigkeiten können noch auf der Stelle zusammengefasst werden, damit sie ausgelastet ist oder einen Beitrag zum Unternehmenserfolg leistet (Schreibarbeiten, Archivieren, Dokumentieren, Sortieren, Korrigieren ...)? Eine übliche oder zufriedenstellende Auslastung ist jedoch nicht gleichzusetzen mit einer optimalen oder gar maximalen. Ihr Niveau kann man unternehmensintern oder -übergreifend durch *benchmarking* ermitteln oder durch arbeitswissenschaftliche Analysemethoden oder Systeme vorbestimmter Zeiten (s. *Schettgen* 1996 in der vorliegenden Basistext-Reihe).

3.1 Kosten-Controlling

In den folgenden Ausführungen werden wir Ansätze der Kostenrechnung skizzieren. Zunächst aber gehen wir auf einige allgemeine Fragen ein.

Alle Programme und Schemata von Kostenrechnung und -management lassen sich irgendwo auf dem Kontinuum zwischen den Extremen einer rationalen entscheidungsorientierten (differenziert zielbezogenen) und einer handlungsorientierten (pragmatisch an Durchsetzbarkeit ausgerichteten) Vorgehensweise positionieren. *Weber* beschreibt das Dilemma am Beispiel der Deckungsbeitragsrechnung:

---

8 In amerikanischen Texten zuweilen als die "drei E" bezeichnet: economy (Sparsamkeit), efficiency (Wirtschaftlichkeit) und effectiveness (Wirksamkeit); siehe auch *Budäus & Buchholtz* (1997, 323ff.).

"Um einen Deckungsbeitrag zu bilden, muss eine Verwertungsentscheidung (z.B. Verkauf einer Produkteinheit) untrennbar mit einer Einsatzentscheidung (Produktion dieser Einheit, Beschaffung der dafür erforderlichen Produktionsfaktoren) verbunden sein. Das in praxi zu unterstellen, ist bei näherem Hinsehen kaum anders als heroisch zu bezeichnen. Letztlich sind alle *Entscheidungen in einem Unternehmen netzförmig miteinander verbunden.* Einzelne Entscheidungen stehen in engem sachlichen und zeitlichen Verbund mit anderen Entscheidungen. Kostenrechnung verlangt deshalb explizit das *Zerschneiden von Entscheidungsnetzen* und den davon ausgehenden Verbundwirkungen. ...

- Je detaillierter die Kosten analysiert werden, desto mehr Entscheidungsverbunde werden sichtbar.
- Je mehr Entscheidungsverbunde sichtbar werden, desto weniger Kosten lassen sich einer Einzelentscheidung originär zurechnen.
- Je weniger Kosten einer Entscheidung originär zugerechnet werden können, *desto weniger Nutzen stiftet die Rechnung* über die reine Erkenntnis hinaus, dass alle Kosten mehr oder weniger miteinander verbunden sind" (*Weber* 1994, 100).

So gesehen sind letztlich alle Kosten 'Gemein'-Kosten; zumindest wird deutlich, dass die Abgrenzung von Einzel- und Gemeinkosten zum Teil willkürlich und kostenstellenbezogen ist, oder von spezifischen Gliederungen des Fertigungsprozesses abhängt. Die Kostenstellenbildung wiederum ist Ergebnis von rationaler Wahl oder Tradition - es gäbe andere Möglichkeiten der Zusammenfassung. Alle 'Kostenspaltung' ist (auch) Haarspalterei, 'interessiert' und entscheidungsabhängig und nicht unbedingt von der Sache selbst geboten. Target Costing (die 'retrograde' Bestimmung der Kostenobergrenzen, ausgehend von den auf dem Markt erlösbaren Preisen) ist ein Beleg dafür, dass es nicht um Abbildung und 'Aufklärung' naturgesetzlicher Notwendigkeiten geht, sondern dass Kosten (langfristig) *variabel* sind, d.h. hier: als konkrete Vorgaben wirken können, die betriebliche Prozesse zur Anpassungsplanung zwingen.

Gerade für die Personalarbeit (und die Personalabteilungen) wird immer wieder geltend gemacht, dass sich zwar die Kosten für Aktivitäten einigermaßen vollständig und genau erfassen ließen, nicht aber der Nutzen, den sie stiften oder die Wirksamkeit (also die (Erfolgs-)Beiträge zur Unternehmenszielsetzung), die Personalarbeit und -abteilung hat.

"Personalkosten sind alle in Geld bewerteten Güterverbrauche, die in irgendeiner Weise mit dem sachzielbezogenen Einsatz menschlicher Arbeitsleistungen im betrieblichen Leistungserstellungs- und -verwertungsprozess verbunden sind" (*Hoss* 1989, 51).

"Personalkosten fallen auch an, wenn Mitarbeiter aus betrieblichen oder persönlichen Gründen keine Arbeitsleistung erbringen. In Anlehnung an *Kosiol* kann dieser Sachverhalt als 'zeitlicher Vorrätigkeitsverbrauch', wie z.B. bei Zinsen, interpretiert werden. Die Arbeitsverbrauche sind durch den Zeitablauf und nicht durch die Arbeitsleistung bestimmt. Darüber hinaus existieren Kostenarten, die allein auf der Tatsache der Betriebszugehörigkeit beruhen (z.B. vermögenswirksame Leistungen, betriebliche Altersversorgung). Sie werden als Zwangsverbrauch gedeutet ... Würden solche Kostenumfänge (kostentheoretisch) als Wertkomponenten aufgefasst, so variierten die Kosten des gleichen Arbeitsverbrauchs mit der Personalstruktur und dem Mitarbeiterverhalten" (*Hoss* 1989, 57f.).

Wie voraussetzungsvoll die Annahmen der Kostentheorie sind, macht *Hoss* deutlich:

"Alle (traditionellen und produktionstheoretischen) Systematisierungen gehen von folgenden Prämissen aus:

(1) Die notwendigen Fähigkeiten sind bei allen Mitarbeitern ständig in gleichem Maße vorhanden.

(2) Die erforderliche Leistungsmotivation ist entwickelt.

(3) Die Arbeitskräfte entscheiden sich stets für die ökonomisch optimale Produktionsalternative" (*Hoss* 1989, 88).

Personalabteilungen werden häufig als Cost Center eingerichtet, die Service-Aufgaben zu erbringen haben und denen ein bestimmtes Budget zugewiesen wird, das den Rahmen für ihre Aktivitäten absteckt. 'Personal' wird vielfach pauschal dem Gemeinkostenbereich zugerechnet, weil sich ein eindeutiger und direkter Bezug zu den Unternehmensergebnissen nicht nachweisen ließe.

Gegen eine solche Auffassung ist Einspruch angemeldet worden und die unten dargestellten Überlegungen zum Effizienz- und Effektivitäts-Controlling belegen andere Herangehensweisen. Der Rückzug auf die Cost Center-Position sei nur ein Ausweichen vor der intensiven Auseinandersetzung mit den Möglichkeiten, die Institutionen und Programme der Personalarbeit differenzierter zu untersuchen, ihre Wertschöpfungsbeiträge zu ermitteln und Vorschläge zur Rationalisierung oder zur alternativen (besseren) Gestaltung zu entwickeln (so etwa *Gerpott* 1995).

Diese Kritik ist als fortschrittlich einzustufen; die Praxis scheint überwiegend mit ersten Schritten auf dem Weg von einem 'rein' kostenorientierten zu einem effizienz- und effektivitätsorientierten Verständnis der Personalarbeit zu beginnen.

Wie oben schon gesagt, spricht für das Kosten-Controlling der Personalarbeit, dass Kosten (scheinbar) exakt und quantifiziert bestimmbar sind und jährlich fortgeschriebene Budgets eine relativ einfache Planung der Personalkosten erlauben.

Im Folgenden gehen wir deshalb zunächst auf die budgetäre Lenkung ein, um dann im zweiten Schritt die Kostendifferenzierungen zu untersuchen, die den Budgets implizit oder explizit zugrundeliegen.

3.1.1 Budgetierung

Die Bezugsgrößen für Personalkostenbudgets sind *Kostenstellen*, *Programme* oder *Produkte* des Personalwesens (z.B. Assessment Center, Einführung eines neuen Lohnsystems, Weiterbildungsveranstaltungen), zuweilen auch *Zielgruppen* (z.B. Azubis, FacharbeiterInnen, Leitende Angestellte usw.). Entsprechende Teilbudgets werden auf verschiedene Weise (von unten nach oben, von oben nach unten oder - meist -

im top-down und bottom up verbindenden sog. 'Gegenstromverfahren') entwickelt, abgestimmt und festgelegt.

Die beschlossenen Budgets[9] sind Grundlage der konkreten Aktionsplanung und der Fortschritts- oder Ergebnis-Kontrolle. Bei unerwarteten Veränderungen der Prämissen, auf denen die Budgets beruhen (z.b. Nachfrageeinbrüche, Unternehmensfusionen, Arbeitskampfmaßnahmen usw.) können Plan- und Budgetrevisionen vorgesehen sein.

Ein Budget ist - *Horváth* folgend - ein formalzielorientierter, in wertmäßigen Größen (z.b. Kosten, Umsätzen, Ergebnisbeiträgen) formulierter Plan, der einer Entscheidungseinheit (z.B. Sparte oder Produkt-Gruppe, Funktion, Region) für eine bestimmte Planperiode (meist ein Jahr, zuweilen aber auch nur ein Quartal oder aber mehrere Jahre) mit einem bestimmten Verbindlichkeitsgrad (z.b. starr oder flexibel) vorgegeben wird (s.a. *Hoss* 1989, 116).

"Unter Budgetierung versteht man allgemein die Aufstellung eines monetären (insbesondere Kosten-)Plans, der pro Verantwortungsbereich im Unternehmen für die Planperiode (z.B. ein Jahr) (Kosten-)Werte ausweist, an die der jeweilige Verantwortungsträger innerhalb enger Grenzen gebunden ist" (*Weber* 1995, 132; im Original z.T. kursiv).

Hofstede (1970, 23f.) nennt vier Funktionen von Budgets:

- sie *autorisieren* (ermächtigen zu bestimmten Ausgaben),
- *sagen vorher* (z.B. eine bestimmte Entwicklung, die Ausgaben erfordert),
- *planen*, d.h. arrangieren die Mittel für bestimmte gewollte Ziele und weisen sie zu und sie
- *messen*, sind eine Bezugsgröße oder ein Standard, mit dem tatsächliches Verhalten verglichen wird.

Wenn man nicht einfach nur Vergangenheitswerte fortschreibt, setzt die rationale Festlegung eines Budgets eine zugrundeliegende Zusammenhangstheorie voraus: man muss wissen, was man will, wovon die Zielerreichung abhängt und wer für sie verantwortlich ist, welche der Parameter beinflussbar sind und welche Mittel einzusetzen sind, um einen ergebniswirksamen Einfluss auszuüben. Auf die Alternative, Budgets als Verhandlungs- und Problemlösungsprozess zu sehen, werden wir noch zweimal zu sprechen kommen: bei der Diskussion von Gemeinkostenwertanalyse und Zero-Base-Budgeting (S. 570ff.) und bei der Erörterung von 'Controlling-Spielen' (S. 602ff.).

Der Versuch einer *rationalen* Begründung von Budgets greift auf die unterschiedlichen Systeme der Kostenrechnung zurück.

---

[9] "Das englische Wort 'budget' stammt vom französischen 'bougette', einem Ledersack oder einer großen Börse, die Reisende in früheren Jahrhunderten an den Sattel ihres Pferdes gehängt haben" (*Hofstede* 1970, 19f.).

3.1.2 Kostenrechnung

Kosteninformationen werden einerseits genutzt zur Preisbildung (Kalkulation) und andererseits zum Kostenmanagement. Dieser groben Zweiteilung folgen wir, wenn wir zwischen einer *ökonomischen* und einer *Management*-Perspektive unterscheiden. Kalkulatorische Preise sind nicht unbedingt die Preise, die - mit einem Gewinnzuschlag versehen - auf dem Markt erlöst werden können, aber sie sind eine wichtige Grundlage für Entscheidungen über die Fortsetzung oder Aufnahme der Produktion bestimmter Güter oder Leistungen. Die Informationen, die dabei anfallen, können auch zur Verbesserung des Produktionsprozesses selbst genutzt werden: Beim Kostenmanagement geht es um die Kontrolle von Kosten, um Kostenvergleiche (z.B. Soll-Ist-, Ist-Ist-, Ist-Wird-Vergleiche) und nicht zuletzt darum, wie durch alternative Produktions- oder Gestaltungs-Entscheidungen Kostenstrukturen und -niveaus beeinflusst werden können. Controlling ist jedoch nicht beschränkt auf *Kosten*management; seine Schnittstellen zu Planung, Koordination und Kontrolle aller erfolgsrelevanten Aktivitäten belegen seinen umfassenden Interventions- und Gestaltungsanspruch als Kosten*management*.

Die Kosten'rechnung' ist - dem Kostenbegriff folgend - auf den Faktor*verbrauch* konzentriert. Zur Erstellung oder Ermöglichung von Leistungen sind Produktionsfaktoren nötig [klassisch: Boden, Kapital, Arbeit; oder: Umweltgüter, Material, Maschinen/Anlagen, (Finanz-)Mittel, Menschen]. Natürlich wird nicht der Produktionsfaktor 'Mensch' verbraucht oder gar 'verzehrt', wie es manchmal heißt, es wird vielmehr seine Zeit, seine Gesundheit oder seine Produktivkraft (Ideen, Körperkraft) in Anspruch genommen. Im Mittelpunkt stehen Transaktionen (z.B. Rechte-Übertragungen), die anderen Akteuren die Nutzung bestimmter Potenzen erlauben. Eine kapitalistische Ökonomie wird bei der Steuerung dieser Nutzung vom Prinzip der Profitabilität (Rentabilität) und Akkumulation geleitet; deshalb kommt der Abbildung aller Vorgänge in Geldwerten hohe Bedeutung zu. Letztes Ziel ist Kapitalmehrung, nicht etwa Bedürfnisbefriedigung oder Gebrauchswertschaffung - diese sind Mittel zum Zweck. Alle Realprozesse werden unter der Perspektive betrachtet, ob bzw. wie sehr sie dem Kapitalinteresse förderlich sind, und sie sind gegebenenfalls in diesem Sinne zu gestalten.

Das Grundprinzip der Kostenrechnung charakterisiert *Kilger*:

[Insbesondere bei Großunternehmen)] " ... muss, um das Prinzip der wirtschaftlichen Kombination der Produktionsfaktoren zu realisieren, das gesamte Betriebsgeschehen rechnerisch überwacht werden, indem man alle Geschäftsvorfälle, die in der Unternehmung Mengen- oder Wertveränderungen auslösen, belegmäßig erfasst, plant, koordiniert und rechnerisch auswertet. Diese rechnerische Erfassung, Planung und Kontrolle bezeichnet man als das *betriebliche Rechnungswesen*" (*Kilger* 1993, 1).

"Nach der wertmäßigen *Kostendefinition* sind Kosten der bewertete Verbrauch von Produktionsfaktoren für die Herstellung und den Absatz der betrieblichen Erzeugnisse und die Aufrechterhaltung der hierfür erforderlichen Kapazitäten (*Kilger* 1993, 2f.).

Im Unterschied zum *pagatorischen* Kostenbegriff (der allein die tatsächlichen Zahlungen bei Beschaffung/Einsatz eines Produktionsfaktors erfasst) werden beim *kalkulatorischen* (wertmäßigen, entscheidungsorientierten) Kostenbegriff Opportunitätskosten und die Bewertung zu Tages- oder Wiederbeschaffungspreisen berücksichtigt (s.a. *Kilger* 1993, 3).

Kostenstellen, Kostenarten und Kostenträger

Kostenstellen sind jene organisationalen Einheiten ('Abrechnungsbezirke'), denen Mittel zugewiesen werden und die die Verantwortung dafür tragen, dass definierte Leistungen erbracht bzw. vorgegebene Ziele erreicht werden. Auf sie werden die *Gemein*kosten zugerechnet, also jene 'übergreifenden' Kosten, die sich nicht unmittelbar und ausschließlich bestimmten Produkten zuordnen lassen [statt von Gemeinkosten spricht *Kilger* auch von "über Kostenstellen verrechneten Kosten" (*Kilger* 1993, 8)].

Bei den *Kostenarten* wird zunächst zwischen Einzel- und Gemeinkosten unterschieden. Einzelkosten sind jene Material- und Fertigungskosten, die unmittelbar bestimmten Prozessen oder Produkten zuzurechnen sind. Es gibt eine nahezu unendliche Vielzahl von Systematiken, die anfallenden Kosten zu sortieren. Kostenarten sind das Ergebnis eines Dekompositionsprozesses[10], bei dem die Zusammensetzung (Zustandekommen, Verursachung, Zuschreibung) der Kosten analysiert wird, z.B. Kapitalkosten, Materialkosten, Raumkosten, Instandhaltungskosten, Logistikkosten, Fertigungslöhne und -gehälter usw.; jede dieser Kostenarten kann jeweils tiefer gegliedert werden; am Beispiel der Personalkosten ist das in Kapitel G ausführlich demonstriert worden.

Schließlich sind die *Kostenträger* zu identifizieren, also jene Prozesse, Produkte, Aufträge oder Leistungen, denen die Kosten zugerechnet werden, weil sie als der Grund dafür angesehen werden, dass die Kosten[11] entstehen. Es geht also um das Aufzeigen jenes Abschnitts im Wertschöpfungsprozess eines Produkts oder eines (Leistungs-)Ergebnisses, dem eine bestimmte Aktivität einen Mehrwert ('added value') hinzufügt. Die Identifikation (Isolierung) des Kostenträgers ist eine besondere Herausforderung für alle indirekten oder Gemeinkostenbereiche (wie z.B. Organisation, Controlling, Personal, Unternehmensführung), weil sie für eine Vielzahl von Prozessen, Produkten oder Ergebnissen verantwortlich gemacht werden. Will man aber nachweisen, warum die Existenz der eigenen Stelle unverzichtbar (oder wirtschaftlich) ist, dann muss man gleichzeitig zeigen können, für welche Teilprozesse man Leistungen beisteuert, die nötig sind und nicht billiger oder besser von anderen erbracht werden können.

---

[10] Dekomposition: Aufgliederung, Zerlegung

[11] Es ist daran zu erinnern, dass Kosten als Güterverbrauch oder Werteverzehr definiert sind, der für die Erstellung eines anderen Gutes oder Wertes anfällt. Schon 1919 hatte *Schmalenbach* definiert, dass Kosten sich "nicht auf die Ausgabe von Geld [beziehen], sondern darauf, ob durch einen Erzeugungs- oder Vertriebsvorgang Güter verzehrt wurden" (268).

Auf dieses Problem konzentrieren sich Methoden des *Managements* von Gemeinkosten, auf die wir im Kapitel 4.3 ausführlicher eingehen werden (z.B. Gemeinkostenwertanalyse, Zero-Base-Budgeting).

Abkürzend kann man zusammenfassen, dass

- Kostenstellen die Frage nach dem Wo oder Wer,
- Kostenarten die Frage nach dem Was und
- Kostenträger die Frage nach dem Wofür

beantworten (s.a. *Ebert* 1991, 21). Der vor allem in der Prozesskostenrechnung gebrauchte Begriff 'Kostentreiber' steht für das Wodurch - bezieht sich also auf jene Einflussgrößen, von denen Art, Zusammensetzung und Höhe der anfallenden Kosten abhängen.

Im direkten Fertigungsbereich - der Domäne der klassischen Kostenrechnung - sind die Leistungsprozesse differenziert beschreibbar und die Ergebnisse eindeutig bestimmbar. Aber es gibt auch andere Fälle: Man kann z.B. das Ergebnis (etwa Absatzzahlen) messen, weiß aber nicht genau, wie es zustande kam, oder das Ergebnis ist nicht eindeutig messbar, die Tätigkeiten jedoch durchaus (beispielsweise manche Weiterbildungsveranstaltungen), oder die Prozesse sind ebenso wie ihre Beiträge zum Unternehmensziel weitgehend unbekannt (etwa die Arbeit höherer Führungskräfte).

Wenn man sagt, Personalaktivitäten würden *'nur über Kosten'* gesteuert und der Erfolg einer Abteilung oder Aktivität würde durch Kostenvergleiche ermittelt, so ist dies eine verkürzte Aussage. Die *Out*putseite (die Leistungen oder Beiträge) wird nicht weiter thematisiert, man versucht lediglich, die *In*putseite möglichst differenziert zu erfassen - und auch hier im Wesentlichen allein deren monetäre Abbildung. Es wird Klarheit und Einmütigkeit darüber herbeigeführt, welche Kostenarten berücksichtigt und verglichen werden sollen. Reine Kostenvergleiche gibt es im Grunde jedoch nicht, weil sie abgekoppelt von Leistungen buchstäblich sinnlos wären. Das liegt in der Natur des Kostenbegriffs begründet, der als ein polarer Begriff durch den Gegenpart - die Leistung - bestimmt wird. Zwar kann man z.B. die direkten Arbeitskosten für eine Stelle (z.B. Gehalt) benennen, ohne für diese Angabe wissen zu müssen, welche konkreten Leistungen erbracht wurden; aber unter normalen Umständen wird man auf Nachfrage auch angeben können, welche Leistungen von dieser Stelle erwartet werden und ob diese Erwartungen verfehlt, erfüllt oder übertroffen werden. Die Differenzierung zwischen einer Kosten- und einer Effizienzbetrachtung ist graduell: im einen Fall sind die Gegen-Leistungen implizit, undifferenziert, unqualifiziert und unquantifiziert, im anderen Fall ist das Gegenteil der Fall. Aber auch im ersten Fall werden zumindest mittelfristig den Kosten Leistungen gegenübergestellt; anderenfalls wäre nicht nachzuvollziehen, warum es die Position gibt.

Ist-, Normal- und Plankosten[12]- sowie Einzelkostenrechnung können ihre Herkunft aus arbeitswissenschaftlichen Analysen nicht verbergen, denn im Grunde wird der Leistungsprozess in elementare Bestandteile zerlegt, die getrennt erfasst und zu größeren Einheiten synthetisiert werden können. Es lassen sich dann als Kalkulationsgrundlagen die Mengen und Preise der elementaren Vorgänge benutzen.

Wichtige Probleme dieser Art des Controllings sind (s. z.B. *Hoss* 1989, 115):

- Es lassen sich kaum alle Kostenarten und deren Zusammenhänge ermitteln;
- primäre Bezugsgröße ist meist lediglich die Arbeitszeit*dauer*; die Lage und Stabilität der Arbeitszeit, die Arbeitsintensität und die Arbeitsqualität (Nacharbeiten, Fehler, Ausschuss) werden nicht berücksichtigt bzw. mit Norm- oder Durchschnittswerten angesetzt; Ausfallzeiten [durch Krankheit, Unfälle, Leerzeiten (aufgrund von Störungen, Wartezeiten, Organisationsmängeln) werden über erfahrungsgestützte Zuschläge eingerechnet;
- wenn der Personal*bestand* quantitativ und qualitativ wenig flexibel ist (z.B. aufgrund von Kündigungsschutz-Rechten), schlagen Auslastungsschwankungen entweder in Leerkosten oder in Überstundenzuschlägen zu Buche; außerdem gibt es Interaktionseffekte (z.B. können bei erhöht Mehrarbeit Unfallzahlen und Fehlzeiten steigen, Arbeitsintensitäten sinken);
- differenzierte Planvorgaben lassen sich ökonomisch nur für homogene Aufgabenfelder, gleichförmige Arbeitsinhalte (z.B. bei Massen- oder Serienproduktion) und konstante sowie eingearbeitete Belegschaften (niedrige Fluktuation) machen;
- ein großer Teil der betrieblichen Aktivitäten kann nur dann verlässlich und mit vertretbarem Aufwand erfasst werden, wenn gleichzeitig ausgebaute Produktionsplanungs- und Betriebsdatenerfassungs-Systeme installiert sind;
- Schwankungsbreite und Unregelmäßigkeit menschlicher Leistungsabgabe werden durch Durchschnittsbildung und Homogenisierung eliminiert; vor allem bei zeitkritischen Tätigkeiten und verbundener Arbeit können aber erhebliche Abstimmungsprobleme auftreten; deshalb werden Zeitpuffer eingeplant, die wiederum Leerkosten implizieren.

Insgesamt entsteht der Eindruck, dass die Systeme der Kostenrechnung repetitive Teilvorgänge sehr exakt erfassen, für die Abbildung und Planung komplexer Vollzüge und für hochaggregierte Leistungsverbünde jedoch weniger geeignet sind. Hier wird in der Praxis häufig mit Erfahrungswerten, ausgehandelten Zuschlägen, branchenüblichen Korrekturfaktoren usw. operiert, sodass man eher von Scheingenauigkeit sprechen muss.

---

[12] Istkosten sind die tatsächlich in einer bestimmten Abrechnungsperiode angefallenen Kosten; Normalkosten sind die tatsächlichen Kosten, die über mehrere Perioden hinweg gemittelt wurden, um Zufallsschwankungen zu eliminieren; Plankosten sind Sollkosten, die anfallen (würden), wenn vermeidbare Unwirtschaftlichkeiten vermieden würden (s. z.B. *Ebert* 1991, 131ff.).

Kostenmäßig abgebildet werden vor allem (manchmal: lediglich) solche Prozesse, die
- in gleichförmiger Weise wiederholt bzw. oft auftreten (also nicht kreative, innovative, einmalige Aktivitäten),
- regelmäßig oder (logisch/technisch) zwingend auftreten,
- öfter (bei einer größeren Zahl von Stellen/Arbeitsabläufen) ablaufen,
- abgrenzbar und isolierbar sind,
- bekannt und transparent sind, einsichtig kausal verbunden sind,
- messbar und quantifizierbar sind, bzw. von den betrieblichen Interessengruppen als messbar vereinbart wurden (z.B. je nach dem ausgehandelten Lohnsystem),
- sich personell oder sachlich zurechnen lassen, sich günstigenfalls proportional mit der Veränderung bestimmter Bezugsgrößen (cost drivers, Kostentreiber) ändern.

Die ausführenden Mitarbeiter werden als homogen, durchschnittlich fähig und motiviert angesehen. Die *Dispositions*grundlagen (z.B. Aufträge, Mehrarbeit, Personal-Struktur und -Umfang) werden nicht weiter 'rationalisiert'.

Es lassen sich nicht immer alle Kostentreiber identifizieren, nicht alle sind gleich wichtig und wirken mit gleicher Intensität in die gleiche Richtung, die Beziehungen zu den Kosten sind nicht immer linear, es gibt Verbund- oder Interaktionseffekte (z.B. Alter, Geschlecht, Bildungsstand, hierarchische Position); sie haben - s. *Fischer* (1993) - 'doppelte Funktionalität', d.h. wirken als Einflussgrößen für die Preis*kalkulation und* als Hebel für das Kosten*management*.

Zusammenfassend: Kostenrechnung
- ist dem analytischen ingenieurswissenschaftlichen Denken verwandt [exakt, zerlegend, resynthetisierend, mechanistisch; auf gleichbleibenden (gesetzmäßigen) Abläufen basierend, quantifizierend, homogenisierend, d.h. individuelle Idiosynkrasien negierend oder ausklammernd];
- ist monetarisierend [Zuordnung von Werten, Preisen - unabhängig von den Marktpreisen (eigentlich den Arbeitswerttheorien nahestehend), s.a. 'target costing'];
- rekonstruiert alle Ausssagen aus Mengen, Zeiten und Werten;
- rekurriert auf basale Ursachenfaktoren ('Bezugsgrößen') und
- ist normativ, weil letztlich auf Effizienzsteigerung bedacht (Wirkungsgrad erhöhen, Mängel beseitigen, Beherrschbarkeit steigern, Rationalität gewährleisten).

3.1.3 Das Beispiel Prozesskostenrechnung

In jüngster Zeit wird in der Fachliteratur vermehrt die Einführung der Prozesskostenrechnung im Personalbereich vorgeschlagen; Erfahrungen damit gibt es aber - so *Haunschild* 1998, 238f. - kaum. Die Logik der Prozesskostenrechnung ist dem Denkschema der analytischen Arbeitsbewertung verwandt. Es geht darum, den undifferenzierten Gemeinkostenblock 'Personal' aufzugliedern, indem man die einzelnen Leistungsprozesse, die die 'Personalabteilung' verantwortet, differenziert untersucht.

Die Entwicklung des 'activity based costing' (s. *Cooper & Kaplan* 1991, *Kaplan* 1992; *Fischer* 1993; *Horváth, Kieninger, Mayer & Schimank* 1993; *Muff* 1995, *Coenenberg* 1997, 220ff.) ist eine Antwort auf die Veränderung der Leistungsprozesse: der Gemeinkostenanteil steigt immer stärker, die Einzelkosten gehen drastisch zurück. *Miller & Vollmann* (1985) zeigten z.B., dass sich von 1950 bis 1980 das Verhältnis von Einzel- zu Gemeinkosten von 40:60 auf 25:75 verändert hat[13]. Zuschlagskalkulationen, die auf Einzelkosten zurückgreifen, machen deshalb immer weniger Sinn. Und es wird zunehmend wichtiger, den großen Block der Gemeinkosten, die vor allem in den 'indirekten Bereichen' anfallen (Beschaffung, Produktionssteuerung, Verwaltung, Forschung und Entwicklung, Personal etc.), differenziert zu analysieren.

Der Grundgedanke der Prozesskostenrechnung ist einfach. Es sind die Aktivitäten oder Prozesse zu definieren, die von den 'indirekten' Bereichen erbracht werden und es sind deren 'Kostentreiber' zu identifizieren: Welche Aktivitäten sind für eine Leistungserstellung nötig und was treibt die Kosten dieser Aktivitäten?.

Aufgaben oder Aktivitäten werden nach Funktionseinheiten erfasst durch die Beantwortung der folgenden Fragestellungen:

> "'Wer macht was, in welchem Umfang, in welcher Qualität, zu welchen Kosten (Preisen), für wen?' Die gesamte Funktionsanalyse wird beherrscht von den Fragen: 'Warum unternehmen wir diese Aktivitäten? Was sind die Leistungen? Was treibt die Kosten? Wie können wir die Prozesses einfacher, wirksamer und kostengünstiger gestalten? Welche Prozesse können entfallen?'" (*Muff* 1995, 425).

Prozesskostenrechnung legt ein 'kundenorientiertes' Denken nahe: Der Anbieter oder Produzent einer Leistung (z.B. die Abteilung Personalentwicklung) muss sein Produkt (z.B. eine Trainingsveranstaltung) einem Kunden (z.B. einer Fertigungsabteilung) 'verkaufen' und dafür sorgen, dass sein Produkt für den Kunden eine Problemlösung bietet. Das Produkt muss in Qualität, Zeit, Kosten etc. den Kundenanforderungen entsprechen (klare Definition der Leistungen!) und konkurrenzfähig sein. Die liefernde (Personal-)Abteilung steht vor dem Problem, den gesamten Prozess 'Verkauf einer Trainingsveranstaltung' zu kalkulieren. Dazu ist die Aufschlüsselung in Teilprozesse vorzunehmen (Bedarfserhebung, Methodenentwicklung, Erstellung von Materialien, Organisation, Durchführung, Transfersicherung, Erfolgskontrolle) und für alle Teilprozesse sind die 'Kostentreiber' für die variablen 'leistungsmengeninduzierten' Kosten zu ermitteln; zusätzlich fallen 'leistungsmengenneutrale' Kosten an (z.B. Leitung einer Personalabteilung). Die Gesamtkosten werden dem Kunden in Rechnung gestellt, der dann entscheiden muss, ob er das Angebot annimmt.

---

[13] Für das Siemens Gerätewerk Amberg haben *Küting & Lorson* (1991, 1421) für den Zeitraum von 1960 bis 1990 eine Veränderung von 34% Gemeinkosten und 66% Einzelkosten (Löhne u. Material) zu 70% Gemein- und 30% Einzelkosten berichtet.

In Tab. H-3.1 ist der Grundgedanke für den Prozess 'Stellenbesetzung' skizziert. Für die Einzelprozesse wären nach dem üblichen Vorgehen der Plankostenrechnung Kostensätze zu ermitteln, mit den jeweils verbrauchten Zeiten zu gewichten und für den Gesamtprozess aufzuaddieren. Den Prozess*kosten* als Güterverbrauch muss der geschaffene Wert gegenübergestellt werden; es genügt ja nicht, dass irgendwelche Aktivitäten buchstabengetreu ausgeführt werden, vielmehr müssen gewollte Ergebnisse erreicht werden, die wiederum in Maßgrößen abzubilden und zu bewerten sind (siehe die rechte Spalte). Für diese Effizienz- oder Effektivitätsanalyse liefert die Prozesskostenrechnung nur eine Grundlage; es muss mit anderen Verfahren abgeschätzt werden, ob der Aufwand in einem sinnvollen Verhältnis zum Ergebnis steht.

Bezugsgrößen	Einzelprozesse	Ergebnis des Gesamtprozesses
(alles, was den Aufwand steigert; 'Kostentreiber')	(isolierbare Aktivitäten; Mengen und Teilkosten)	(messbare Wirkungen)
z.B.: Zahl der zu besetzenden Positionen, Stellencharakteristika (Spezifität, Qualifikationshöhe, Verantwortungshöhe, Entgelthöhe), Anzahl der am Prozess zu Beteiligenden (incl. Externe, BeraterInnen), BewerberInnenzahl ...	z.B.: Bedarfsermittlung, Stellenbildung, Anforderungsanalyse, Stellengenehmigung, Ausschreibung (z.B. Stellenanzeige), Bewerbungseingang, Empfangsbestätigungen, Bewerbungsvorauslese, Einladung, Prüfverfahren, Auswahl, Entscheidung, Vertragsangebote, -verhandlungen, -abschlüsse; Absagen und Rücksendung der Unterlagen, Auslagenerstattung; Einstellung, Arbeitsaufnahme, Einführung, Betreuung...	z.B.: Dauer von Stellenvakanzen, Bewährung der Eingestellten (Leistung, Integration); Gehaltszahlungen an die Eingestellten, Kosten für ihre Einarbeitung; Nutzen der Eingestellten (Beitrag zum Unternehmenserfolg); Dysfunktionalitäten (z.B. Imageschaden durch eine unzulängliche Einstellungspraxis)...

Tab. H-3.1: Elemente einer Prozesskostenrechnung am Beispiel der Stellenbesetzung

In der linken Spalte sind die 'Kostentreiber' aufgeführt, also jene Einflussgrößen, von deren Ausprägung es abhängt, welche Kosten in welcher Höhe anfallen. In der Mittelspalte sind die Einzelprozesse detailliert. Für jeden dieser Einzelschritte sind die Kosten zu ermitteln und zuzurechnen (danach aufgegliedert, ob sie 'leistungsmengenneutral' (lmn) oder 'leistungsmengeninduziert' (lmi) sind. Eine Anforderungsanalyse muss z.b. nur einmal pro Stelle angefertigt werden, egal wieviele BewerberInnen sich melden, während die Kosten für die BewerberInnenanalyse variieren mit der Zahl der BewerberInnen. Außerdem muss pro Einzelprozess ermittelt werden, wieviel er kostet und wo diese Kosten anfallen, und - siehe rechte Spalte - ob und wie sehr er zum Haupt- oder Gesamtprozess beiträgt und wodurch das gemessen werden kann.

Auf diese Weise wird Kostentransparenz geschaffen. Die größten 'Kostentreiber' können identifiziert werden (beispielsweise ist eine Stellenanzeige, die viele Bewerbungen auslöst, vermutlich schlecht formuliert und weniger effektiv[14] als eine, die nur ein paar - aber perfekt geeignete - BewerberInnen animiert). Die Analyse gibt auch Anregungen für eine Neuorganisation der Prozesse, z.B. Verschlankung, Verkürzung der Durchlaufzeiten, EDV-technologische Unterstützung, Einsatz weniger teuren Personals oder gar Auslagerung in eine Fremdfirma (Personalberatungs-Unternehmen, Headhunter).

Dem Verbesserungspotential durch Prozesskostenrechnung stellt *Haunschild* (1998, 239f.) einige kritische Einwände gegenüber:

- Da die Prozesskostenrechnung im wesentlichen für repetitive und standardisierbare Aufgaben geeignet ist, bleibt ihr Anwendungsbereich in der Personalarbeit beschränkt.
- Die Prozesskostenrechnung identifiziert einen hauptverantwortlichen 'Prozesseigner'; das führt dann zu Schwierigkeiten in der Kompetenzverteilung, wenn Linienvorgesetzte, Personalfachleute und ControllerInnen beteiligt sind.
- Die Prozesskostenrechnung impliziert (deswegen) organisatorische Umstellungen, weil das Unternehmen nicht mehr funktional, sondern nach Prozessen zu gliedern ist. Eine solche Organisationsform ist eher dem Projektmanagement verwandt und kann Auslastungs- und Zurechnungsprobleme mit sich bringen.

Wenn eine Prozesskostenrechnung gelingt, dann können bei Ermittlung der Gemeinkosten undifferenzierte, durch prozentuale Zuschläge festgesetzte *wert*bezogene Umlagen (z.B. Kopplung an die Summe der Fertigungslöhne) - zumindest bei den 'leistungsmengeninduzierten' Prozessen - ersetzt werden durch die Bezugnahme auf Art und Umfang der in Anspruch genommenen Kapazitäten. Das zentrale Problem scheint das zugrundeliegende Menschenbild bzw. die Einrichtung der Aufgaben zu sein: menschliche Arbeit wird objektiviert und standardisiert (siehe das in Beleg H-4.2 zitierte Beispiel aus *Bühner* 1996). Solche Prozesse können leicht technisiert und rationalisiert werden. Anders verhält es sich mit Prozessen, bei denen die spezifischen Vorteile menschlicher Arbeit genutzt werden sollen (Interpretation, Mitdenken, Improvisation, Problemlösung, Vermittlung usw.). Zudem stellt

---

[14] Sie verursacht z.B. Vorauswahlkosten, Absagekosten, Reaktanzen bei den Zurückgewiesenen, verringerte Zeit für die tatsächlich in Frage kommenden KandidatInnen usw.

sich die Frage, ob der hohe (bürokratische) Datenerhebungs- und -pflegeaufwand durch die Nutzensteigerung gerechtfertigt wird, die durch die differenziertere Analyse erwartet wird. Auf die damit angesprochene Effizienz- und Effektivitätsproblematik soll im Folgenden eingegangen werden.

3.2 Effizienz-Controlling

3.2.1 Zum Unterschied zwischen Effizienz und Effektivität

Effizienz-Controlling bezieht den Ressourcen-Einsatz oder -Aufwand (Input) auf das Ergebnis bzw. den Ertrag (Output) und benötigt zur Bewertung Vergleichsdaten, die die erreichte Produktivität etc. einzuordnen erlauben (s. *Benchmarking*). Es kann jedoch leider nicht davon ausgegangen werden, dass die Abgrenzung von Effizienz zu Effektivität einheitlich erfolgt; *Hoss* (1989, 38f.) notiert vier unterschiedliche Verwendungsweisen der Begriffe:

"(1) Effizienz und Effektivität werden synonym verwandt und mit Wirksamkeit, Wirkkraft und Leistungsfähigkeit umschrieben.

(2) Effizienz wird als Maßgröße für die Befriedigung der individuellen und sozialen Bedürfnisse der Systemmitglieder verstanden. Effektivität ist die Maßgröße für die Erfüllung des objektiven Unternehmenszweckes.

(3) Effizienz steht für die Leistungsfähigkeit einer Unternehmung in bezug auf den Ressourceneinsatz gemäß dem ökonomischen Prinzip. Effektivität misst die Wirksamkeit der Beziehungen der Unternehmung zu ihrer Umwelt. Es werden die Wirkungen der unternehmerischen Handlungen gemessen.

(4) Effizienz wird durch die Relation Input zu Output gemessen. Effektivität gibt die Beziehung zwischen Output (Ergebnis) und angestrebtem Ziel wieder. Diese Definition beinhaltet bzw. konkretisiert die Differenzierung unter (3)."

In der Controlling-Literatur überwiegen die Bestimmungen, die unter (3) und (4) genannt wurden.[15]

---

[15] Als Beispiel für eine andere Akzentsetzung sei *Drumm* (1995, 574) zitiert; er definiert als Gegenstände des Personalcontrolling

1. die Bestimmung von quantitativen und qualitativen Zielbeiträgen personalwirtschaftlicher Handlungen, also deren Effektivität,

2. die Zurechnung von Kosten oder Aufwendungen oder qualitativen Inputs auf Zielbeiträge, also die Effizienz...

3. korrigierende Eingriffe bei Zielabweichungen mit einer Veränderung von Effektivität und Effizienz...

4. die Abstimmung des Handelns auf verschiedenen personalwirtschaftlichen Funktionsfeldern..., soweit diese Funktion nicht bereits als Teil strategischen, taktischen oder operativen Personalmanagements ausgefüllt worden ist; ...die Kontrolle der Koordination als verbleibende 'Restaufgabe';

5. die Koordination personalwirtschaftlicher Handlungen mit Handlungen auf den übrigen Funktionsfeldern einer Unternehmung..., wenn diese Koordinationsleistung nicht bereits bei der Planung erbracht worden ist."

Um für die Unterschiedlichkeit der Begriffsverwendungen zu sensibilisieren, sei noch eine Aufstellung von *Haunschild* wiedergegeben, der *Kossbiels* (1994) Position referiert. Effizienz wird als relationaler Begriff aufgefasst, "der zur Beurteilung von Instrumenten bzw. Maßnahmen unter einer Zielperspektive dient".

Folgende Varianten des Begriffsverständnisses werden unterschieden:

"a) Beabsichtigte Wirkungen werden mit erwarteten oder eingetretenen Wirkungen verglichen bzw. verfolgte Ziele mit der Zielerreichung (*Tauglichkeit*) ...

b) Die Vorteile (positive Wirkungen, Erträge, Nutzen usw.) werden den Nachteilen (negative Wirkungen, Aufwendungen, Kosten usw.) gegenübergestellt (*Vorteilhaftigkeit*).

c) Die erwarteten Wirkungen zweier oder mehrerer Instrumente oder Maßnahmen werden verglichen. Effizient (*nicht-dominiert*) sind sie, wenn kein Instrument bzw. keine Maßnahme existiert, das/die bei gleichem Input zu einem höheren Output bzw. bei einem niedrigeren Input zum gleichen Output führt.

d) Eine Maßnahme oder ein Instrument ist effizient (im Sinne von *pareto-optimal*), wenn es keine Maßnahme oder kein Instrument gibt, bei der/dem der Nutzen für einen 'Betroffenen' größer und der Nutzen für alle weiteren 'Betroffenen' gleich groß ist" (*Haunschild* 1998, 236).

In Abb. H-3.1 ist eine Systematik von *Dellmann* (1992, 120) abgedruckt, die seine begriffliche Ordnung visualisiert. *Dellmann* stellt in den Mittelpunkt der Bestimmung von 'Unternehmensperformance' die *Qualität*, die er im Ursprungssinn des Wortes neutral als die Erfüllung von Anforderungen definiert (ohne sich darauf festzulegen, wer diese Anforderungen formuliert hat). Die Qualität der Ergebnisse und Prozesse kann zum einen aus einer finanziellen (wertmäßigen) Perspektive bewertet werden (*Profitabilität*), zum anderen können auf materieller Ebene mengenmäßige Input-Output-Relationen (*Produktivität*) ermittelt werden. Ob die getroffenen Entscheidungen, die installierten Programme, die erzielten Ergebnisse tatsächlich die definierten Qualitätsstandards erreichen, untersucht die Prüfung ihrer *Effektivität* ("das Richtige getan haben"); eine Frage der *Effizienz* aber ist es, ob ökonomisch (maximierend, minimierend, optimierend) mit den Ressourcen umgegangen wurde ("richtig gehandelt haben").

Bemerkenswert ist im Schema von *Dellmann* (siehe Abb. H-3.1), dass zwar 'Produktivität' und 'Profitabilität' gleichrangig nebeneinander stehen, aber nicht aufeinander bezogen sind. Das ist konsequent, weil es durchaus denkbar ist, dass der finanzielle Erfolg (Profitabilität) nicht unmittelbar mit dem 'technischen' Wirkungsgrad (Produktivität) zusammenhängt. Es kann z.B. für ein Unternehmen durchaus lohnend sein, mit einer - im Vergleich zu aktuellen technischen Möglichkeiten - ineffizienten Anlage zu arbeiten, wenn diese Anlage amortisiert ist und von den

---

Fortsetzung FN 15:   Eine ähnliche Einteilung findet sich bei *Wunderer & Sailer* (1987).

MitarbeiterInnen kompetent beherrscht wird, während eine neue effizientere Technologie sehr hohe Investitionen in hardware und Mitarbeiterschulung erforderte.

Profitabilität wäre mit Effektivität identisch, wenn *allein* das Kapitalverwertungsziel verfolgt würde: alle Mittel und Ergebnisse würden ausschließlich daran gemessen, wie sehr sie der Rentabilität dienten. Weil das in der Praxis kaum der Fall ist, entsteht ein Spannungsverhältnis.

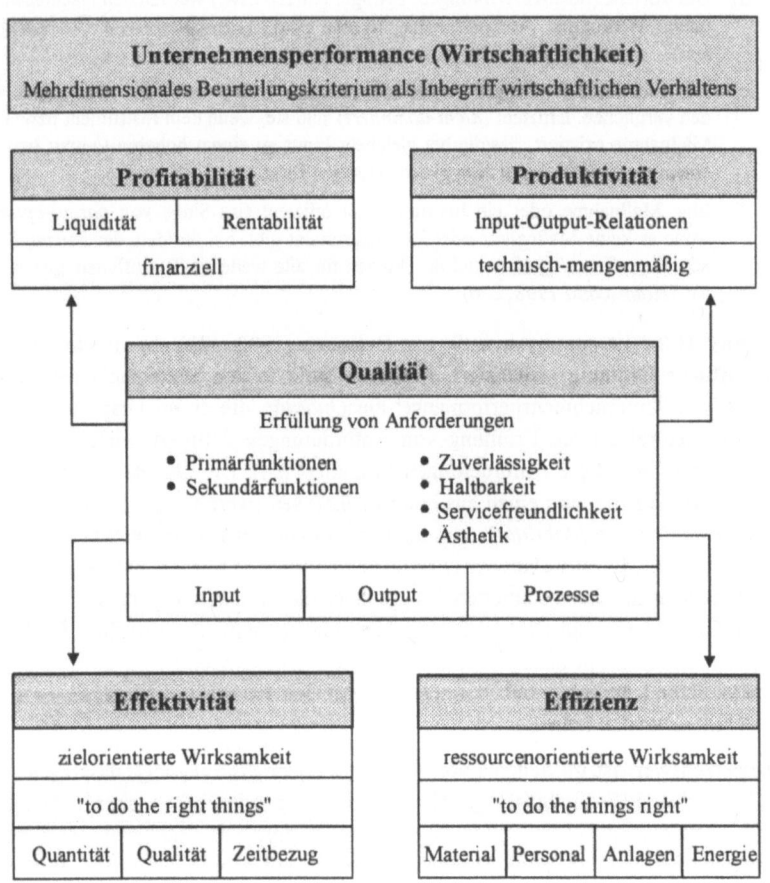

Abb. H-3.1: Dimensionen der Wirtschaftlichkeit (nach: *Dellmann* 1992, 120)

Es wird zwar immer wieder geltend gemacht, dass 'auf lange Sicht' oder 'in letzter Instanz' in einer kapitalistischen Wirtschaftsordnung Kapitalverwertungsziele den Ausschlag gäben, aber das ist buchstäblich praxisfern (weil es vollkommene Märkte, perfekte Information, verzögerungsfreies Handeln, null Transaktionskosten usw. voraussetzte). Hinzu kommt das *Ortmann*sche Argument der 'Ergänzung' der Ziele durch die Mittel (s. dazu S. 541). Für (Personal-)Controlling sind diese Überlegungen deshalb von so großer Bedeutung, weil sie die verbreitete Legitimations- und Referenzgröße Profitabilität differenzierter sehen lassen. Sie ist nicht das oberste (allgemeinste) und letzte (jedes andere dominierendes) Ziel, sie ist vielmehr eine Leerformel - nicht in dem Sinn, dass sie nichtssagend wäre, sondern dass sie konkret aufgefüllt werden kann und muss. Zu diesem entfernten und verschwommenen Ziel führen viele verschlungene Wege und es sieht aus jeder Richtung, aus der man sich annähert, anders aus. Das abstrakte (abgehobene) und paradoxe Ziele (aus Geld mehr Geld machen) zwingt zur Spezifikation der Ableitungskette und daran wird zweierlei sichtbar:

- *Mittel 'ergänzen' den Zweck.*

  Die Geld-aus-Geld-Sequenz lässt sich nur konstruieren, wenn man sie entkontextualisiert, d.h. den Geldschleier über die Realökonomie legt, der die nackte Tatsache verhüllt, dass die Selbsterschaffung des Kapitals auf Externalisierung (Ausklammerung, Vernachlässigung), Abtrennung (Entfernung, Enteignung, Entfremdung) und Aneignung gründet, erfahrbar z.B. an der Frustration oder Perversion lebensweltlicher Bedürfnisse und der Vergeudung und Zerstörung natürlicher Lebensgrundlagen.[16] Nur wenn diese 'Kosten' unberücksichtigt bleiben, 'rechnet es sich' und der Geld*mechanismus* kann Eigen*leben* entwickeln.

- *Das Mittel wird der Zweck.*

  Die Funktion, die abstrakten und widersprüchlichen (Unternehmens-)Ziele zu konkretisieren, wird unter anderem auch von den Instrumenten des Controlling übernommen. Sie sind nur scheinbar 'bloße Werkzeuge', denn sie zwingen zu ganz bestimmtem Handeln und die Erfüllung der Instrument-Forderungen selbst kann zum Zweck, zum Selbstzweck werden.

  Ursprünglich - einer jener Ursprungsmythen ! - war Geld reines Mittel (allgemeines Tauschmedium, Wertindikator, Preissignal); im Kapitalismus ist es zum alleinigen und höchsten Zweck avanciert, der alle Mittel in Dienst nimmt.

---

[16] Wenn befriedigende Outputs mit niedrigem Ressourcenverzehr (vor allem: monetär bewerteter Ressourcen!) produziert werden können, dann werden diese Optionen gewählt werden. Ist z.B. Kinderarbeit zwar unproduktiver (pro Person, pro Zeiteinheit) als Erwachsenenarbeit, aber wesentlich billiger und können die den Kindern zugefügten Schäden problemlos 'externalisiert' werden - dann müsste ein an Effektivität orientiertes ökonomisches Kalkül Kinderarbeit wählen (ein ähnliches Kalkül gilt für Atomstromproduktion, wenn die Kosten für die Beseitigung der strahlenden 'Abfälle' externalisiert werden können oder für die Kohlestromproduktion, wenn die Luftverschmutzung und Klimaerwärmung unberücksichtigt bleiben).

Die beiden skizzierten Bewegungen (Zweck→Mittel, Mittel→Zweck) sind zirkulär in einer Art gegenseitigen 'Strukturation' miteinander verschränkt:

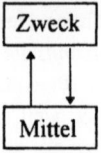

Die Frage nach Ursprung und Folge oder Anfang und Ende ist deshalb nur noch durch willkürliche Interpunktion zu lösen. Sie markiert Phasen in einem offenen Entwicklungs*prozess*. Das wird auch durch Formeln wie „Der Weg ist das Ziel" zum Ausdruck gebracht.

In diesem Durcheinander (durch einander definiert werden) hält (Personal-)Controlling im Interesse des 'Prinzipals' das Schiff auf Kurs (siehe die oben diskutierten Metaphern des Steuermanns, Lotsen, Navigators). Damit aber muss es auch gegen eigene Produkte (die Werkzeuge, Mittel) kämpfen, um deren Verselbständigung zum Zweck zu verhindern (s. Phänomene wie Zahlenfetischismus oder -gläubigkeit, Schönfärberei und Frisieren von Daten, window dressing, geistloser Formalismus; siehe dazu auch die Auswüchse von Kennzahlensystemen, auf die wir im Kap. 4.1.2 eingehen). Forderungen wie die nach einem Controlling des Controlling sind auf diesem Hintergrund zu verstehen.

Für das Personalcontrolling resultiert aus dieser Diagnose die Möglichkeit, durch Gestaltung von Verfahren und Techniken sozusagen unter der Hand die Ziele zu 'ergänzen'. Einmal eingeführte Systeme haben einerseits ein Trägheitsmoment, wenn und weil sie handlungs- und bewusstseinsprägend sind und verschachtelt aufeinander bezogen sind, sodass sie sich wechselseitig stabilisieren und das Gesamtsystem wegen dieser Ausgleichsmechanismen zu schwer zu ändern ist. Andererseits liegt in der Bedeutung der (lokalen) Mittel die Chance, dem nur scheinbar lückenlosen Zwang des 'stählernen Gehäuses der Hörigkeit' (*Max Weber*) zu entrinnen. Wenn an mehreren Stellen jeweils (kleine) Veränderungen in den Mitteln durchgesetzt werden, können die emergenten (ungeplanten, spontanen) Effekte eskalieren und zu einem radikalen Systemwandel führen.

Die zitierten Systematiken von *Hoss, Drumm, Dellmann* und *Kossbiel* sollen deutlich machen, dass es zu den scheinbar eindeutigen Grundlagen-Begriffen Effizienz und Effektivität recht unterschiedliche Auffassungen gibt. Weil die beiden Termini im Diskurs des Personal-Controlling einen hohen Stellenwert haben, legen wir im Folgenden unser Verständnis offen, das sich an jene Verwendungsweise anschließt, die bei *Hoss* (siehe oben, S. 532) als (4) aufgeführt ist und im Schema von *Dellmann* (siehe Abb. H-3.1) als 'ressourcenorientierte Wirksamkeit' geführt wird. Abweichend von *Dellmann* (der zwar zwischen Produktivität und Effizienz unterscheidet, aber keine differenzbegründende Operation angibt), behandeln wir die beiden

Begriffe als synonym. *Produktivität* ist in Analogie zum technischen Wirkungsgrad das Verhältnis zwischen (Faktor-)Einsatz und (Faktor-)Ausbringung, oder wie *Gutenberg* (1968, 29) es definiert:

$$\text{Produktivität} = \frac{\text{Ergebnis (Ertrag) der Faktoreinsatzmengen}}{\text{Faktoreinsatzmengen}^{17}}$$

Produktivität ist somit ein Maß für die Ausschöpfung eines Leistungs*potentials*.

Effektivität ist demgegenüber ein komplexeres Maß, weil es zugleich zwei Beziehungen umfasst: einmal den Zusammenhang zwischen Mitteleinsatz (Ressourcenverbrauch) und Ergebnissen (Wirkungen, Output) und zum zweiten den Zusammenhang zwischen diesen Ergebnissen und Zielen. Verknüpft man diese Ko-Relationen, dann erkennt man, dass der Gesamtwert nie höher sein kann als der niedrigere Einzelwert. Diese Rekonstruktion verweist auf die oben schon beschriebene Doppelbeziehung der Effektivität (Mittel→Wirkung, Wirkung→Ziel), während Effizienz durch eine einfache Verhältniszahl ausgedrückt wird.[18]

Eine Effektivitäts-Aussage ist komplexer, weil sie durch drei Unsicherheiten belastet ist: jedes Mittel hat mehrere Wirkungen, jede Wirkung hat mehrere Ursachen und kann mit mehreren Zielen in Beziehung gesetzt werden. Die folgende Skizze soll diesen Zusammenhänge visualisieren:

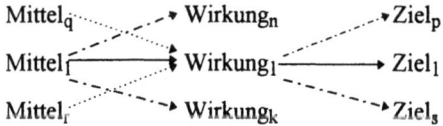

Eine Maßnahme oder ein Ressourceneinsatz sind umso erfolgreicher (effektiver), je besser sie ein angestrebtes Ziel realisieren (genauer: je besser sie Ergebnisse produzieren, deren Inhalte und Niveaus mit den Zielvorgaben übereinstimmen). Effektivität ist eine andere Perspektive auf den Ressourceneinsatz als Effizienz: geht es bei dieser um den Nutzungsgrad des Potentials, das in Ressourcen (Inputs) steckt (Leitfrage: Wird das Bestmögliche aus den eingesetzten Ressourcen herausgeholt?); so bei jener um die Tauglichkeit von Inputs für Outputs *und* die Förderung von Zielen durch Outputs (Leitfragen: Wie korrespondieren die genutzten Ressourcen

---

[17] Von *Wirtschaftlichkeit* spricht man, wenn Ertrag und Einsatz jeweils mit *Preisen* multipliziert werden.

[18] Für Effektivität kommen z.B. Distanzmaße in Frage (Abstand zwischen Wirkung und Ziel) oder Wahrscheinlichkeitswerte (Mit welcher Wahrscheinlichkeit führt ein bestimmtes Mittel zu einem definierten Zielerreichungsgrad?).

mit bestimmten Ergebnissen und wie sehr befriedigen oder gefährden diese die angestrebten Ziele? Oder kürzer: Wurden die Ziele erreicht?).

Beispiel: Eine rein statistische Datenauswertung im Assessment Center ist der klinischen Interpretation durch die Assessors überlegen (effizienter), wenn es um die Ausschöpfung der Informationen im Datenmaterial geht. Gleichzeitig aber 'produziert' diese Art der Datenverarbeitung noch andere Ergebnisse: Entmündigung der Assessoren, Akzeptanzeinbußen, Einengung auf formalisierte Kriterien und Prozeduren (Verzicht auf Gefühle, Intuition, Erfahrung), Intransparenz, Entpolitisierung etc. - und *diese* Ergebnisse können für (manifeste und latente) Ziele des AC 'tödlich' sein.

Hohe Effizienz ist normalerweise eine notwendige, aber keine hinreichende Bedingung für hohe Effektivität. Effizienzüberlegungen gehen von den eingesetzten Verfahren (Mitteln, Ressourcen, Faktoren, Inputs) aus und fragen, wie gut sie genutzt wurden. Effektivitätsanalysen nähern sich dem Problem von der anderen Seite: sie gehen von den Zielen und Ergebnissen aus und fragen, ob dafür die richtigen Verfahren etc. gewählt wurden.

Wenn 10 Männer mit großer Körperkraft, hohem Fleiß und guter Technik eine Baugrube schaufeln, setzen sie ihre Ressourcen effizient ein. Mit einem geleasten Bagger kann 1 Mann dieselbe Arbeit viel effektiver leisten (in kürzerer Zeit zu geringeren Kosten), wenn er als Baggerführer erfahren ist und seine Maschine funktioniert. Ob der Mann mit seinem Bagger effizient arbeitet, kann man nur bestimmen, wenn man weiß, welche Leistung ein geübter und motivierter Baggerführer mit einem geeigneten und funktionstüchtigen Gerät maximal erbringen kann. Effizienz ist ressourcenspezifisch; man kann die Effizienz der Hand-Arbeiter nicht unmittelbar mit der Effizienz des Maschinen-Arbeiters vergleichen - wohl aber ihre Effektivität: Wenn die Zielkriterien klar sind (im vorliegenden Fall: Zeit, Kosten, Qualität), lässt sich entscheiden, welche Vorgehensweise effektiver ist.

In der folgenden Abb. H-3.2 sind die Beziehungen visualisiert:

Legende:

Die Inputs bestehen aus mehreren voneinander unabhängigen Ressourcen, die in unterschiedlichem Ausmaß eingesetzt werden (s. Balkenlänge); einige dieser in Anspruch genommenen Ressourcen werden nicht explizit berücksichtigt, sie bleiben 'eingeklammert' (z.B. Gesundheit, Identifikationsbereitschaft). In Abb. H-3.2 ist auch die in der obigen Skizze (S. 537) schon abstrakt beschriebene Pluralität möglicher Beziehungen am Beispiel 'Arbeitszeit→Quantität→Mengenziel' mit Pfeilen eingetragen: 'Arbeitszeit' hat neben 'Quantität' noch andere Wirkungen, 'Quantität' hängt auch noch von anderen Bedingungen ab und steht mit mehreren Zielen in Beziehung.

Auch die Outputs - die tatsächlichen Handlungsfolgen - sind normalerweise im Plural zu betrachten (z.B. Menge und Qualität der Güter oder Leistungen, Kundenzufriedenheit, Gewinn) und auch hier bleiben im allgemeinen einige Ergebnisse unbeachtet (z.B. Abfall, Umweltzerstörung, Gesundheitsverschleiß).

Mit 'Zielen' sind *angestrebte* Output-Niveaus gemeint, die von den tatsächlichen Outputs verfehlt, erreicht oder u. U. sogar überschritten werden können (z.B. 0,1% Fehlerrate, Umsatzsteigerung um 10%, Halbierung des Krankenstands usw.). Auch bei den

Zielen wiederholt sich die Dichotomie der Perspektiven: es gibt einerseits offiziell proklamierte und andererseits latente, heimliche oder informelle.

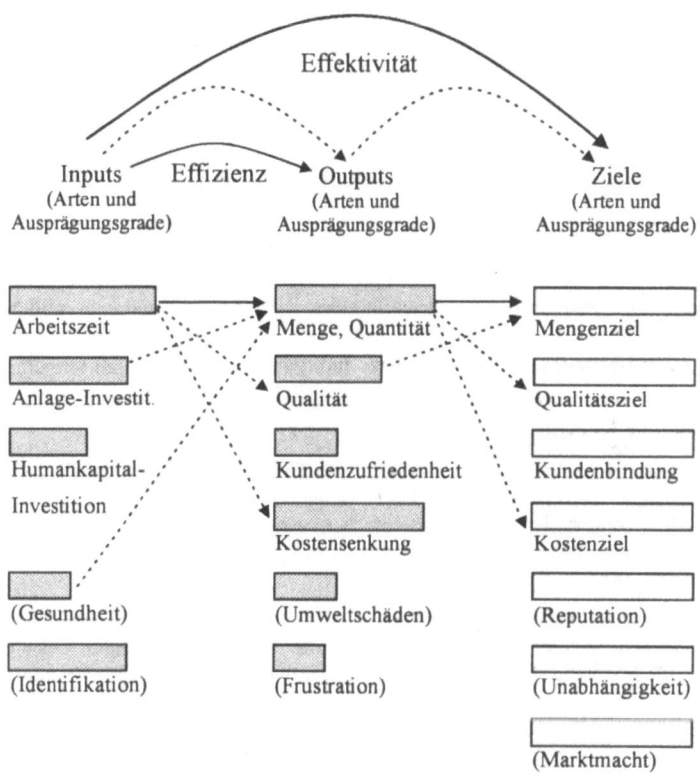

Abb. H-3.2: Zur Beziehung zwischen Effizienz und Effektivität
(zu den Pfeilen siehe die Hinweise im Text)

Dabei ist auf einige sowohl praktisch wie theoretisch wichtige Faktoren hinzuweisen.

- Es wird davon ausgegangen, dass sich Inputs, Outputs und Ziele eindeutig voneinander unterscheiden lassen. Aber nicht *alle* Stakeholders müssen *jederzeit* dieselben Auffassungen haben. Auf der Grundlage der Outputs der vergangenen Periode kann man z.B. erkennen, dass ein Zielwandel oder eine Zielerhöhung nötig/möglich sind; oder: Ist Mitarbeiterzufriedenheit eine Bedingung (Inputgröße) oder eine Folge (Outputgröße) hoher Leistung? Ist Arbeitszeit ein Input (Dauer

der vertraglichen Arbeitszeit) oder ein Output (Verkürzung durch Verbesserungsvorschläge oder höhere Arbeitsintensität)?.

- Bei Inputs, Outputs und Zielen lassen sich jeweils *Einzel*größen oder -dimen-
sionen unterscheiden. Das gibt zu der Vermutung Anlass, dass auch andere Selektionen und/oder Kombinationen, Interaktionen und Aggregationen möglich
wären. Jeder Input kann mit mehreren Output verbunden sein und jeder Output
kann von mehreren Inputs abhängen. Kennziffern sind vielfach - worauf wir unten näher eingehen, siehe S. 555ff.) - Formalisierungen solcher herausgegriffener
Beziehungen. Angesichts der Vielfalt möglicher Zusammenhänge überrascht die
in der Praxis berichtete Inflationierung von Kennzahlen nicht (dies ist für die erste Ziele in der Abb. H-3.2 durch Pfeile veranschaulicht).

- Bei Inputs, Outputs und Zielen gibt es jeweils eingeklammerte (oder: ausgeklam-
merte) Aspekte, die derzeit in Rechenwerken, Entscheidungskalkülen, Dokumentationen nicht offiziell berücksichtigt werden. Darauf weist insbesondere *Ortmann* (1995, 98ff.) sehr nachdrücklich hin, wenn er von (seltener) willkürlichen
oder (meist) systembedingten „Schnitten in die Welt" spricht, die alle Produkti-
vitäts-, Wirtschaftlichkeits-, Effizienz- und Effektivitäts-Aussagen vornehmen.

Ortmann meint damit, dass es grundsätzlich nicht möglich ist, *alle* Inputs und
Outputs zu betrachten:

„Denn was nichts kostet, wie die Sonne oder die Luft, das wird jedenfalls nicht zu den
Inputmengen, und was nicht - am Markt - Geld bringt, wie Abfall, nicht zu den Output-
mengen gezählt werden. Den Mühen der Betriebswirtschaftslehre um die 'Isolierung der
Betriebsleistung' von Preis- und Markteinflüssen haftet daher immer etwas Illusionäres
an" (1995, 99).

„Zwar legen Produktivitätsberechnungen und die praktische Inanspruchnahme von Ressourcen als Produktionsfaktoren, als Input, resp. als Produkte, Output, Schnitte in die
Welt, die jede Rede von 'der' Produktivität wegen ihrer institutionellen Voraussetzungen
und ihrer externen - externalisierten - Kosten willkürlich erscheinen lassen. Gleichwohl
folgt all das einer verbindlichen, rekonstruierbaren einzelwirtschaftlichen Logik ... Die
Eignung der Produktivität oder des Wirtschaftlichkeits*prinzips* als Ausgangspunkt, als
Ursprung für die Erklärung des Verhaltens von Unternehmen, wird aber durch etwas anderes unterminiert, dadurch nämlich, dass dieses Prinzip nicht nur dieses, ein 'Erstes',
sondern auch ein 'Letztes', nicht nur Ur-Sprung, sondern auch Endprodukt, rekursiv
hervorgebrachtes Resultat sozialen Handelns ist" (*a.a.O.*, 104).

Mit diesen Überlegungen thematisiert *Ortmann* ein für das (Personal-)Controlling
und die Input-Output-Ziel-Differenzierung fundamentales Problem: Ziele und Zwecke sind nicht jene selbständigen und unabhängigen Bezugsgrößen, an denen die
unselbständigen Mittel gemessen werden (z.B. in ihrem 'Zielerreichungsbeitrag', ihrer Effektivität); vielmehr 'ergänzen' (oder 'erfüllen' oder gar: erzeugen) die Mittel
die Ziele erst. Die Mittel (z.B. Verfahren, Werkzeuge, Technologien) verlieren ihre
Unschuld als bloße Instrumente, weil sie in ihrer Anwendung neue Möglichkeiten
(Ziele) schaffen oder erkennen lassen; die Mittel führen(!) zum Zielwandel. *Ortmann* illustriert das ausführlich am Beispiel des Computers, eines universalen Mittels, das neue Ziele ermöglicht hat und stellenweise sich selbst zum Ziel gemacht

hat. Effizienz und Effektivität sind auf diesem Hintergrund stets als rekursive Hervorbringungen zu sehen. Unter Rekursivität versteht *Ortmann* in diesem Kontext offene zirkuläre Kausalität: wenn man in Rechnung stellt, dass die Folgen einer Handlung als Bedingungen einer neuen Handlungsfolge zurückkehren, wird lineares Input-Output-Denken überwunden und Ziele werden als bestimmtes Bestimmendes erkannt; sie sind bestimmt (sowohl eindeutig festgelegt wie konditioniert oder bedingt) durch die Mittel, deren Einsatz und Wert sie andererseits bestimmen (messen und begrenzen).

Als konkretisierendes Beispiel für diese abstrakten Überlegungen soll wieder das 'Mittel' Assessment Center (AC) dienen: Ursprünglich war es allein ein Selektionsverfahren, das Führungsnachwuchskräfte besser als die herkömmlichen Verfahren auszuwählen versprach. Im Hinblick auf dieses Ziel hat es sich als effektiv erwiesen - aber es hat im Laufe der Zeit neue Ziele kreiert, von denen ursprünglich nicht die Rede war: Linienvorgesetzte werden als Assessors eingebunden und sorgen so für Akzeptanz und Immunisierung des Verfahrens, das die Stellung der Personalabteilung stärkt (und Linienvorgesetzte, die bisher entschieden hatten, tendenziell entmachtet); die AC-Übungen können als Schulungsinstrumente für beurteilende Vorgesetzte genutzt werden; ein Stellen- und Ressourcenwachstum der Personalabteilung kann legitimiert werden; das AC lässt sich als Public Relations-Instrument fürs Hochschulmarketing oder für die Selbstdarstellung von PersonalerInnen in Fachzeitschriften nutzen ...

Ähnliche Überlegungen lassen sich für Systeme der analytischen Arbeitsbewertung im Angestelltenbereich anstellen, die nicht allein der anforderungsgerechten Eingruppierung einer Stelle dienen, sondern - pervers - dazu führen (können), dass zugesagte Eingruppierungsangebote an neu Rekrutierte umständlich legitimiert und ratifiziert werden müssen. Eine Erzeugung neuer Ziele durch die Mittel kann auch bei Initiativen im Rahmen eines Total Quality Management gefunden werden: statt der Verbesserung der Qualität für den Kunden entsteht ein ausuferndes Handbuch- und Zertifizierungswesen, das Einkommenschancen für die Beratungsindustrie bietet.

Das grundsätzliche Problem liegt darin, dass eine Managementlogik, die auf Beherrschung fixiert ist, die Isolierung und Neugestaltung einzelner *Prozesse* oder (Wertschöpfungs-)*Ketten* anstreben muss. Für solche linear(isiert)en Konstruktionen ist das Input-Output-Ziel-Denken angemessen. Was aber, wenn man nicht von wohlgeordneten Prozess-Phasen ausgeht, sondern von komplexen unüberschaubaren Netzen mit zahlreichen zirkulären Interdependenzen, Rückkoppelungen und Rekursionen? Wenn 'Einsatz' und 'Ausbringung' nicht mehr eindeutig identifiziert werden können, kann auch 'Effizienz' nur noch ungefähr geschätzt und unspezifisch beeinflusst werden. Analoges gilt für Effektivität.

Es bleibt dann nur das Ausschneiden oder Isolieren vorab definierter Prozess-Schritte (im folgenden Bild: a) und die Inanspruchnahme der Ceteris-Paribus-Klausel. Aus dem Netz (siehe unten: b) werden künstlich einzelne Prozesse herausgeschnitten und in eine lineare Abfolge gebracht, sodass sie wie (a) aussehen. Für solche herausgetrennten Ab-Schnitte lassen sich leicht(er) exakte Output-Input-Verhältnisse errechnen; und weil das so ist - ein weiteres Indiz für die Dominanz von Mitteln über Zwecke - werden die Verhältnisse so eingerichtet, dass *allein* die so bestimmten (!) Zusammenhänge bearbeitet und berücksichtigt werden. Als Gegengift gegen diese Tendenz zur linearisierenden Komplexitätsreduktion werden dann intrapreneurship, empowerment, Querdenken, organisationales Lernen, visionäre Führung, Appelle an ganzheitliches 'systemisches' Denken und dergl. eingesetzt. Sie sollen verhindern, dass die Leute im Dienst nach Vorschrift tatsächlich nur noch das tun, was in Prozess(kosten)analysen, Audits, Kennzahlen-Systemen oder Scoreboards (siehe dazu Kap. 4) abgeprüft wird.

a) Lineares Prozess-Denken

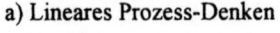

b) Vernetztes Denken

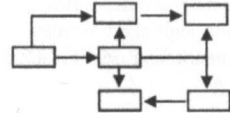

3.2.2 Arbeitsproduktivität als Beispiel für Effizienz-Controlling

Die Probleme sollen am Beispiel *Arbeitsproduktivität* demonstriert werden. Sie wird meist definiert als das Verhältnis von Umsatzerlösen zu eingesetzter Arbeitszeit oder, wenn diese konstant ist, zur Zahl der Beschäftigten ('Kopfzahl').

Eine andere Auffassung vertritt z.B. *Brinkmann*, der folgende Relation unterstellt (1991, 27):

$$\text{Arbeitsproduktivität} = \frac{\text{Output}}{\text{Arbeitsmenge}} = \frac{\text{Wertschöpfung}}{\text{geleistete Arbeitsstunden}}$$

Schulte (1989, 70) sucht dem Bedeutungsreichtum von 'Arbeitsproduktivität' dadurch gerecht zu werden, dass er verschiedene Zugänge skizziert - ein weiterer Beleg dafür, dass Begriffe nahezu nichtssagend sind, solange ihre Operationalisierung nicht bekannt ist:

a) reine Mengenverhältnisse:

$$\frac{\text{Stück Erzeugnisse}}{\text{Anzahl Mitarbeiter}}$$

b) reine Wertverhältnisse:

$$\frac{\text{Betriebliche Wertschöpfung}}{\text{Lohnzahlungen}}$$

c) gemischte Kennzahlen:

$$\frac{\text{Stück Erzeugnisse}}{\text{Lohnzahlungen}}$$

Grundsätzlich gilt, dass es sich bei den jeweils in Beziehung gesetzten Größen um hochaggregierte Maße handelt; vor allem das unterstellte Zusammenhangsmodell wird nicht offengelegt oder ist sehr abstrakt, d.h. bereinigt um eine Vielzahl von praktisch relevanten Größen, die vor allem für Interventionsabsichten wichtig sein können.

Zum Nenner[19] in den Formeln für Arbeitsproduktivität: Es wird unterschiedslos die Arbeitszeit oder die gesamte Lohnsumme *aller* in der Wertschöpfungskette Beteiligten (von Entwicklung über Beschaffung bis Absatz) zusammengezählt; sowohl die technologische Ausstattung geht *im*plizit (und das heißt: nicht im einzelnen nachvollziehbar) ein wie auch die Arbeitsmotivation (oder -intensität), die für alle Beteiligten 'verdurchschnittlicht' wird. Bei den Umsatzerlösen spielen die Vertriebswege, die Konkurrenzsituation, die Rabatte, die verkaufsfördernden Maßnahmen, die Zahlungsmoral etc. eine wichtige, in der Aggregation aber verschleierte Rolle. Das Problem wird evident, wenn es darum geht, Hebel zu finden, um eine zu niedrige Arbeitsproduktivität zu steigern. Spätestens dann muss man auf all jene Einzelfaktoren und ihre Interaktionen zurückgreifen, die auf Input- wie auf Outputseite zusammenwirken, um das Verhältnis zu produzieren. Eine bestimmte Arbeitszeitsumme kann z.B. durch sehr unterschiedliche Arbeitszeitmodelle für Beschäftigte in sehr verschiedenen Beschäftigungsverhältnissen (Teilzeit, befristete Arbeit, Leiharbeit, etc.) zustandekommen. Die Arbeitszeiten verschiedener Beteiligter müssen deshalb auf Normalarbeitsverhältnisse umgerechnet oder anderweitig (z.B. auf Stundenbasis) normalisiert werden. Für Interventionszwecke aber ist es wichtig zu wissen, wieviel direkte und wieviel indirekte Arbeit (overhead) eingebracht werden und vor allem: wie dieses Mischungsverhältnis besser (produktiver) gestaltet werden kann (Deregulierung, Dezentralisation und Selbstorganisation verringern Überwachungskosten, zugleich aber auch direkte Steuerungsmöglichkeiten). Es geht somit nicht um die schiere Arbeitszeit, sondern um Arbeits-Prozesse und deren Organisation und technologische Unterstützung, die auf Rationalisierungsmöglichkeiten untersucht werden müssen.

Der 'Quantensprung' effizienzorientierter Betrachtungsweisen über reine Kostenerfassungen hinaus liegt darin, dass das 'Wozu' und 'Wie' der Leistungen oder Kosten berücksichtigt und letztere miteinander in Beziehung gesetzt werden. Entsprechend dem ökonomischen Prinzip, ein bestimmtes Ergebnis mit minimalem Aufwand oder

---

[19] Wir diskutieren hier als Beispiel die Arbeitszeit; für Mitarbeiterzahl oder Lohnzahlungen würden analoge Argumente gelten.

mit bestimmtem Aufwand ein maximales Resultat zu erreichen, präsentiert ein Effizienzwert sozusagen auf einen Blick, wie sehr es gelungen ist, dieses Ziel zu erreichen und wie man - im Vergleich zu anderen - damit dasteht.

Als Controlling-Information haben Effizienzkennziffern eine fokussierende Funktion: sie orientieren und lenken, weil sie klarmachen, worauf es den Beurteilenden ankommt und worauf (deshalb) die Anstrengungen der Beurteilten zu konzentrieren sind. In dieser Fokussierung liegt aber zugleich das Kernproblem: Weil grundsätzlich nicht alle Inputs und Outputs zu berücksichtigen sind, wird mit unausgesprochenen ceteris-paribus-Klauseln gearbeitet. Viele Bedingungen und/oder Vor- und Nebenleistungen werden stillschweigend vorausgesetzt, obwohl auch sie einen Ressourcenverzehr oder eine Ressourcenbindung bedeuten können (worauf wir im Kapitel über 'Kennzahlen' noch eingehen werden). Eine strikte Handhabung des Effizienzkriteriums führt deshalb regelmäßig dazu, dass diese anderen Rücksichten vernachlässigt werden und sich die mit Effizienzmaßen bewerteten Personen *ausschließlich* und selektiv auf die formalisierte Vergleichsoperation konzentrieren. Das hat zur Folge, dass immer mehr Effizienz-Kennzahlen produziert werden, die - wenn sie nicht strikt hierarchisiert sind[20] - große Unübersichtlichkeit schaffen und Ausflüchte ermöglichen (ein illustratives Beispiel eines solchen 'Kennzahlen-Netzwerks' der Firma HP ist in *Schuller* 1995, 273 abgedruckt). Letztlich hängt alles von dem schon genannten Zusammenhangsmodell ab; wenn es unvollständig oder unplausibel ist, können Effizienzmaße ihr Potential als Lenkungsinstrumente nicht entfalten.

Definiert man Wirtschaftlichkeit als Quotient aus Outputs und Inputs, ist

"Für die Praxis [...] diese 'Präzisierung' der Wirtschaftlichkeit des Personalbereichs jedoch dann wenig hilfreich, wenn offen bleibt, wie denn die Inputs und vor allem die Outputs des Personalbereichs verursachungsgerecht, vollständig und möglichst monetarisiert erfasst/abgebildet werden können. Die meisten Vertreter der Wissenschaft betonen hier einhellig, dass es an aussagekräftigen Kriterien zur zuverlässigen und objektiven Messung der Outputs von Personalbereichen mangelt" (*Gerpott* 1995, 7).

Effizienz-Controlling wird für den Personalbereich zwar immer gefordert, die Realität sieht jedoch ernüchternd aus:

"Instrumente der Wirtschaftlichkeitsbewertung im Personalbereich [werden] von ca. 80 - 85% der Unternehmen *nicht* eingesetzt ... Schlüssige empirische Nachweise von positiven oder negativen Wirkungen der Einführung von Personal-Controlling auf die Prozessqualität oder die Wirtschaftlichkeit von Personalprogrammen fehlen bislang. ... Weniger als 20% der Unternehmen verrechnen die Einzelkosten von 'Produkten' des Personalbereichs (z.B. arbeitsrechtliche Beratung für Vorgesetzte) verursachungsgerecht auf die unternehmensinternen 'Kunden'. Die Kosten des Personalbereichs legen etwa 50% der Unternehmen anhand einer Bemessungsgrundlage fest, die keinen direkten Bezug zur Inanspruchnahme von Produkten dieses Bereichs aufweist (z.B. Zahl der Mitarbeiter), und etwa 30% der Unternehmen überhaupt nicht auf andere Unternehmensbereiche (also die Kunden des Personalbereichs) um" (*Gerpott* 1995, 13).

---

[20] wie etwa das vielzitierte *Dupont*-Schema, das ROI, return on investment, als oberstes Ziel setzt.

3.3   Effektivitäts-Controlling

Effektivitäts- oder Erfolgs-Controlling sucht a) die tatsächliche Zielerreichung *im untersuchten Prozess* und b) den Beitrag einzelner Prozesse zum Ziel nachzuweisen. Rentabilitäts-Controlling ist z.b. ein Effektivitäts-Controlling, das auf ein *wertmäßiges* Unternehmensziel fokussiert ist.

Entsprechend der oben entwickelten Abgrenzung zwischen Effizienz und Effektivität geht es bei letzterer um 'Wirksamkeit' (nicht: Wirtschaftlichkeit). Effektivität ist die Antwort auf die Frage: Trägt eine Maßnahme überhaupt zu einem Ergebnis bei? Bei Effizienz wird dagegen danach gefragt, wie sparsam (oder ökonomisch) durch eine Maßnahme ein Ergebnis realisiert wird; 'Effektivität' macht eine Ausage darüber, ob oder wie gut gesetzte Ziele tatsächlich erreicht wurden (und nicht: mit welchem Aufwand sie erreicht wurden). Im Sinne des oben erwähnten Zusammenhangsmodells wäre also zu fragen, ob eine bestimmte Aktivität geeignet war, ein gewolltes Ergebnis herbeizuführen oder ob sie wirkungslos (!), irrelevant oder gar schädlich war.

Eine (reine) Outputanalyse untersucht lediglich, welche Wirkungen oder Folgen produziert wurden und was sie wert sind; über eine solche Outputanalyse geht eine Effektivitätsanalyse hinaus, weil sie eine *Ist-Soll-Differenz*aussage macht und das Abhängigkeitsgeflecht entwirrt (siehe dazu die obige Abb. H-3.1).

Wenn z.B. die Rede von 'Kostenwirksamkeit' ist, dann steht zur Debatte, ob bei einer bestimmten Maßnahme durch 'Drehen an der Kostenschraube' unterschiedliche Wirkungen produziert werden oder ob die Variation der Kosten von vernachlässigenswerter Bedeutung für ein Ergebnis ist (weil z.B. andere Kriterien - wie Schnelligkeit oder Qualität - viel wichtiger sind). *Bühner* (1994, 397) zitiert in diesem Zusammenhang ein Bonmot von *H.T. Johnson*: "The pathway to global competitive excellence is not reached by doing better what should not be done at all."

Effektivitätsanalysen sind ebenfalls komparative Analysen, aber sie vergleichen nicht *Mengen* bestimmter Inputs mit *Mengen* bestimmter Outputs, sondern (bewertete) Outputs mit Sollvorgaben.

Beispiel: Wenn eine Personalabteilung durch hohe Fluktuationsraten beunruhigt ist, dann kann sie auf verschiedene Weise versuchen, diese zu senken - z.B. durch Senioritätslöhne, 'Treueprämien', Team-building Workshops, Führungsstiltraining, Corporate Identity-Programmen, neue Rekrutierungsstrategien, regelmäßige Mitarbeiterbefragungen usw. Es kann sich zeigen, dass bestimmte Maßnahmen bessere Wirkungen zeigen als andere. Einer solchen Effektivitätsanalyse könnte sich dann eine Effizienzanalyse anschließen, die prüfen würde, welche Variationen des Aufwands für *eine bestimmte* Maßnahme (z.B. Führungsstiltraining) zu welchen Variationen der Fluktuationsrate führen.

*Drumm*s Differenzierung setzt die Akzente etwas anders: Er unterscheidet zwischen Outputorientierung (Effektivität), In- und Outputorientierung (Effizienz) und Inputorientierung (Abweichungsanalyse mithilfe von Kennziffern). Für die hier interessierenden outputorientierten Methoden registriert er

"... ein altes Dilemma: Je ranghöher etwa auf der Stufe von Bereichszielen einerseits die Erfolgsziele der Unternehmung sind, um so weniger können diesen Zielen personalwirtschaftliche Einzelbeiträge zugerechnet werden. Solche ranghohen Ziele sind z.B. die Periodenrentabilität, kurzfristiger Betriebserfolg, Erfolg aus normaler Geschäftstätigkeit, Gesamtdeckungsbeiträge und im Grenzfall der Jahresüberschuss. Je rangniedriger andererseits Erfolgsziele etwa auf der Stufe von Handlungszielen formuliert werden, umso stochastischer wird der Bezug zwischen Handlungszielen und ranghohen Unternehmungszielen" (*Drumm* 1995, 578).

Er schlägt deshalb für die *Wirkungsanalyse* ein zweistufiges Vorgehen vor: Auf der ersten Stufe werden alle Handlungsziele herausgegriffen, für die gut zurechenbare Handlungserfolge vorliegen. Unter diesen greift man dann nur auf diejenigen zurück, für die eine eindeutige finale Beziehung zu Unternehmenszielen herstellbar ist. Diese Überlegung läuft auf die Erstellung von Prozess- oder Wertschöpfungsketten hinaus. Beispiel: Wenn SachbearbeiterInnen an vernetzten PCs arbeiten, können sie auf zentrale Daten- und Methodenbanken zurückgreifen, ihre Entscheidungszeiten und -ergebnisse werden verbessert, es kommt zu weniger Leerzeiten und verringerten Opportunitätskosten, weshalb mehr Geschäftsabschlüsse mit Kunden möglich sind, was sich wiederum positiv auf die Gewinnerzielung auswirkt (*Drumm* 1995, 579).

Diese Überlegungen machen klar, dass es für Effektivitätsprüfungen keine ähnlich ausgefeilten Standardisierungen gibt wie für Effizienzbewertungen, für die reich assortierte Kennziffernsysteme vorliegen (s. dazu unten, Kap. 4.1). Aussagen über die Wirksamkeit von Maßnahmen haben insbesondere Rücksicht zu nehmen auf Kontext- und Verbundwirkungen, was simple lineare Wenn-Dann-Kausalketten erheblich erschwert. Eine Maßnahme lässt sich eigentlich nur im Labor oder in der Simulation isoliert bewerten; in der Praxis ist sie im Regelfall verwoben mit einer großen Zahl gleichzeitig wirksamer Strukturen und Prozesse, sodass eine Effektivitäts- immer auch eine Theorieprüfung ist und fast nie zu eindeutigen, 'auf alle Fälle' generalisierbaren Aussagen führt, sondern bestenfalls angeben kann, wovon es (noch) abhängt, wenn bestimmte Effekte auftreten.

Bislang hat die Outputanalyse vergleichsweise wenig Aufmerksamkeit in der Personalarbeit bzw. der Institution Personalwesen gefunden, sodass in der Bestandsaufnahme und Bewertung der Wirkungen oder 'Erfolgsbeiträge' noch Nachholbedarf besteht.

Auch wenn Personalabteilungen dem Gemeinkostenbereich zugeschlagen werden, stellt sich die Frage nach rationalen Begründungen für diesen Kostenblock bzw. nach Möglichkeiten, ihn zu reduzieren oder effektiver/effizienter zu nutzen.

Systeme der 'Gemeinkostenwertanalyse' (GWA) [siehe dazu Kap. 4.3] streben z.B. an, die internen Abhängigkeitsbeziehungen von Maßnahmen, Zielen und Ergebnissen sichtbar zu machen, Zielbeiträge (möglichst) zu quantifizieren und Vorschläge zu erarbeiten, wie bestimmte Ziele (bzw. Zielniveaus) anders oder sparsamer erreicht werden können. Voraussetzung dazu ist eine Outputanalyse ("Was leistet die Stelle/die Abteilung/das

Programm derzeit?"), an die sich dann Effektivitätsanalysen ("Welchen Beitrag leistet sie in der derzeitigen Form zu den Unternehmenszielen?") und Effizienzanalysen ("Wie könnten befriedigende Zielniveaus auf andere Weise und vor allem: mit weniger Aufwand erreicht werden?") anschließen können.

Im Folgenden stellen wir einige Varianten von Effektivitäts-Analysen vor, die vielfach aus volkswirtschaftlichen Projektbewertungen übernommen wurden. Die folgenden Differenzierungsgesichtspunkte sind zugrundegelegt:

- quantitative oder qualitative Bewertung: Neben Quantifizierungen auf Kardinal- oder Intervallskalenniveau finden sich auch eher qualitative Aussagen auf Ordinal- oder Nominalskalenniveau (bei letzten werden bestimmte Zieldimensionen verbal beschrieben). Audits (siehe Kap. 4.1.1) sind beispielsweise nominale Prüfprozeduren, die checklistenartig - meist im Ja-Nein-Modus - abfragen, ob bestimmte Ergebnisse oder Zustände zu registrieren sind;
- Nutzen - Kosten: Einige der outputorientierten Verfahren begnügen sich mit der Nutzen- oder Wirksamkeitsanalyse, andere stellen dem zusätzlich die Kosten gegenüber;
- Gesamtnutzen vs. Teilnutzen: Die Aussagen werden entweder zu einem Gesamtnutzen aggregiert oder die einzelnen Teilnutzenwerte werden separat berichtet, sodass die Gewichtung und Zusammenfassung dem Adressaten überlassen bleiben;
- montetäre vs. nicht-monetäre Bewertung: die Nutzenbewertung erfolgt monetär oder in nicht-monetären Mengen- oder Verhältnisangaben bzw. in verbalen Beschreibungen.

Als Varianten von Effektivitäts-Analysen stellen wir im Folgenden die Grundzüge von Kosten-Nutzen- und Nutzwert-Analysen vor. Dies nicht etwa deshalb, weil sie im Personal-Controlling häufig zu finden sind, sondern um die Logik zu veranschaulichen, die ein entsprechendes Vorgehen voraussetzt. Die beiden vor allem in der volkswirtschaftlichen Bewertung von Projekten genutzten Methoden lassen sich auch für das Personal-Controlling adaptieren.

3.3.1 Kosten-Nutzen-Analyse

Hanusch, Biene & Schlumberger skizzieren die Kernmerkmale einer traditionellen Kosten-Nutzen-Analyse:

"Nach herkömmlicher Auffassung hat die Nutzen-Kosten-Analyse folgende Teilaufgaben zu erfüllen:
(1) Bestimmung der relevanten Nebenbedingungen;
(2) Formulierung und Vorauswahl von Alternativen;
(3) Bestimmung der Projektwirkungen; Erfassung und Bewertung der positiven und negativen Wirkungen von Alternativen in Form ihrer monetären Nutzen und Kosten;
(4) Zeitliche Homogenisierung der Nutzen und Kosten auf dem Wege der Diskontierung;
(5) Gegenüberstellung von Nutzen und Kosten für die verschiedenen Alternativen; Synthese zu eindimensionalen Güte- oder Entscheidungsmaßen;

(6) Berücksichtigung von Risiko und Unsicherheit, eventuell Modifizierung der Entscheidungsmaße;

(7) Aufstellung einer Rangordnung der Alternativen anhand der Entscheidungsmaße und Empfehlung einer oder mehrerer Alternativen" (*Hanusch, Biene & Schlumberger* 1987, 6).

Diese Schrittfolge entspricht im Prinzip den Schemata, die für rationales Problemlösen und Entscheiden verwendet werden (siehe Abb. H-1.1). Allerdings werden einige heroische Voraussetzungen gemacht: Die (Neben-)Bedingungen, Handlungsalternativen und -wirkungen gelten - zumindest probabilistisch - als bekannt und können monetär bewertet werden; klar ist auch, in welchen Dimensionen Kosten und Nutzen bestimmt, gegenübergestellt und jeweils aggregiert werden sollen und welche Entscheidungsverfahren zur Wahl zwischen den Alternativen angewandt werden können. Es versteht sich, dass in der Praxis so hohe Anforderungen bestenfalls approximiert werden können und dass zahlreiche Kompromisse zu schließen sind. Letzteres ist durchaus auch politisch zu sehen, weil Sichtweisen und Präferenzen der Beteiligten sich nicht (immer) 'homogenisieren' lassen. Der Wert eines derartigen normativen Schemas besteht im Entwurf eines Bezugssystems, das deutlich erkennen lässt, an welchen Stellen von der Ideallinie abgewichen wird. *Wunderer & Sailer* (1987, 1, 506) illustrieren das anhand eines Witzes:

"Der Fahrgast ist verzweifelt, dass der Zug wieder einmal Verspätung hat. Schließlich fragt er den Fahrdienstleiter: 'Warum habt ihr überhaupt einen Fahrplan, wenn kein Zug pünktlich ist?' Darauf der Fahrdienstleiter: 'Wenn wir keinen Fahrplan hätten, wüssten Sie ja nicht einmal, dass wir überhaupt Verspätung haben'."

Der allgemeine Rahmen der Kosten-Nutzen-Analyse erfordert zu seiner Ausfüllung weitere Entscheidungen, die wiederum auf den Rahmen selbst zurückwirken können. Mit Blick auf konkrete personalwirtschaftliche Programme (wie z.B. Assessment Center, Weiterbildungsveranstaltungen, Lohnsysteme) soll an Probleme erinnert werden, die bei der Konkretisierung regelmäßig auftauchen:

- Welche (organisationalen, sozialen, materiellen, technischen, wirtschaftlichen, rechtlichen, politischen, kulturellen ...) Bedingungen sollen systematisch ins Kalkül einbezogen werden?

- Welche Inhalte und Gewichtungen von Zielen sollen unterstellt werden? Nur 'ökonomische' - und was hieße das? *Wessen* Ziele sollen Vorrang haben?

- Welche Effekte sollen berücksichtigt werden (interne und externe, tangible und intangible, kurz-, mittel- und langfristige, monetäre und nichtmonetäre ...)?

- Auf welche Weise (z.B. mit welchem Zinssatz) soll auf Gegenwartswerte diskontiert werden? (Wobei natürlich nominale oder ordinale Werte nicht diskontiert werden können).

- Wie stabil sind die Zukunftsannahmen? Wie werden zukünftige unsichere Entwicklungen berücksichtigt (z.B. Trendbrüche, Störereignisse)?

Diese Überlegungen machen einmal mehr deutlich, dass es weniger um Rationalität, denn um Rationalisierung und Legitimierung geht. Entscheidungen sollen abgesichert werden. Der Modus, der größte gesellschaftliche und organisationale Anerkennung findet, ist die 'instrumentelle Rationalität'; diesem Modell werden die Vorgehensweisen angeglichen, wenngleich ein näherer Blick zeigt, dass hinter dieser Fassade eine Fülle von Auslassungen, Zusatzhandlungen, Ummodelungen, Pakten, Willkürhandlungen etc. zu beobachten (und nötig) sind, damit Entscheidungen gefällt bzw. Entwicklungspfade gerechtfertigt - gegen Kritik und Revision abgesichert - werden können.

Im personalwirtschaftlichen Bereich stellen sich für die Kosten-Nutzen-Analyse folgende Probleme (s.a. *Hentze & Kammel* 1993, 171):

- Welche Wirkungen sind als Nutzen, welche als Kosten einzustufen?
- Wie werden indirekte Effekte (z.B. Reputationsgewinne oder -verluste, Steigerung oder Senkung der Arbeitszufriedenheit etc.) bewertet? Wie kann man überhaupt im Personalbereich eine eindeutige Beziehung zwischen Inputs und Outputs belegen?
- Wie kann man zeitverzögerte Wirkungen personalwirtschaftlicher Maßnahmen - die oft Investititionscharakter haben - verlässlich berücksichtigen?
- Wie eindeutig sind die Komponenten (Kosten, Nutzen; Input, Output) zu messen? Sind sie kardinal messbar - was Voraussetzung für die Bildung einer Verhältnis-(Kenn-)Zahl wäre? Wie werden Interaktionseffekte festgestellt und/oder berücksichtigt?

3.3.2 Nutzwertanalyse

Für Handlungen (oder Prozesse oder Programme) werden die möglichen (erwarteten, wahrscheinlichen) *Wirkungen* ermittelt. Diese Wirkungen werden im Raster von Beurteilungskriterien bewertet, die aus einem Zielsystem abgeleitet sind. Drei Einschätzungen sind vorzunehmen:

- Wie wichtig sind welche Ziele oder Zielkomponenten?
- Welchen Zielen dient ein Ergebnis bzw. eine Wirkung?
- Wie ausgeprägt ist der Beitrag zur Zielerfüllung?

Die Antworten auf diese Fragen determinieren den ersten Schritt [die Ermittlung der (Teil-)Wirkungen], weil aus Sparsamkeitsgründen nur solche Effekte analysiert werden, die zielrelevant sind. Sie werfen überdies das Problem der *Operationalisierung* auf, dessen Lösung auf sehr verschiedene Weise erfolgen kann. Operationalisierung meint buchstäblich genommen die Angabe der konkreten Operation (Messoder Bestimmungs*handlung*), durch die die Vieldeutigkeit einer *nominalen* Bezeichnung in relative Eindeutigkeit überführt werden soll (Beispiel: die nominale Größe 'Personalbestand' kann operationalisiert werden als die Zahl der am Stichtag

1. April durch einen Arbeitsvertrag an das Unternehmen gebundenen Personen, umgerechnet auf Vollzeitäquivalente[21]).

Das Prinzip lässt sich am Beispiel der Institution der Warentests illustrieren: Zunächst wird festgelegt, welche Eigenschaften (Ziele) von einem Staubsauger erwartet werden: Reinigungswirkung, Bedienungsfreundlichkeit, Haltbarkeit, Reparaturanfälligkeit, Lärm, Umweltverträglichkeit, Sicherheit usw. Diese Ziele werden gewichtet (z.B. Reinigungswirkung erhält ein Gewicht von 40%, Umweltverträglichkeit 5% usw.) und schließlich wird geprüft, wie hoch die Reinigungswirkung etc. eines bestimmten Staubsaugers (im Vergleich zu den Konkurrenzprodukten) tatsächlich ist. Für die verglichenen Produkte können die gewichteten Zielerreichungsgrade pro Zieldimension (oder über alle hinweg aggregiert) gegenübergestellt werden, um dem Käufer die Entscheidung für ein bestimmtes Produkt zu erleichtern.[22] Für eine Wirkungsanalyse sind Gewichtung und Zusammenfassung jedoch kein Definitionsmerkmal, weil häufig dem Entscheidungsträger die Souveränität gelassen wird, seine eigenen Gewichtungen und Aggregationsverfahren zu nutzen.

Am Beispiel von Arbeitszeitmodellen haben z.B. *Ackermann & Hofmann* (1988) dieses Vorgehen praktiziert und ausführlich dokumentiert.

Folgende Voraussetzungen sind zu unterstellen: Die einzelnen Kriterien können *unabhängig* voneinander gemessen werden (keine Interaktionseffekte), *alle* wichtigen Nutzendimensionen sind erfasst, die Zielerreichungsgrade können für *jedes* Teilziel (jede Nutzendimension) *eindeutig* bestimmt werden (Einigung auf ein Messverfahren) und sind *stabil* (werden bei einer Messwiederholung bestätigt). Für die Entscheidungsinstanz gilt zusätzlich, dass sich ihre Präferenzen für bestimmte Zieldimensionen *nicht ändern* (die Gewichte bleiben - zumindest kurzfristig - konstant).

Eine Nutzwertanalyse zeigt nur, welche von den konkret verglichenen Alternativen *den anderen* (gegebenenfalls) überlegen ist, nicht aber, ob es eine noch wesentlich günstigere Möglichkeit gäbe.

Man kann auch versuchen, die Nutzwertanalyse zu einer Kosten-Nutzwertanalyse zu erweitern. Das erfordert die Identifikation von Kosten (oder Aufwänden), die sich für *einzelne* Zieldimensionen ermitteln lassen oder die für die jeweilige Alternative *insgesamt* anfallen. Bei der Kosten- (und/oder Aufwands-)Ermittlung fallen analoge Schritte wie bei der Nutzwertanalyse an: es ist die Kostenstruktur zu definieren (Kostenarten), sie sind zu erfassen und zuzurechnen und gegebenenfalls zu aggregieren. Die Unterscheidung zwischen negativem Nutzen und (nichtmonetären)

---

[21] Damit ist gemeint, dass Teilzeitbeschäftigte oder geringfügig Beschäftigte in die Bestandsrechnung entsprechend ihren Zeitanteilen zu (fiktiven) Vollzeitkräften aggregiert werden. Drei geringfügig Beschäftigte können dann z.B. als 1 Vollzeitkraft gezählt werden. Für Personal*struktur*analysen wäre eine solche Operationalisierung natürlich völlig unangemessen.

[22] Nutzwertanalysen werden auch *Scoring*-Verfahren genannt, wenn für alle Alternativen die Gewichte der Einzelziele und ihre Erreichungsgrade in Punktwerten (scores) ausgedrückt werden.

Aufwendungen dürfte nicht immer leicht sein; auch eine Aggregation von Kosten und nichtmonetären Aufwendungen bringt Probleme mit sich.

Die systemische Qualität der Beziehungen wird an folgenden Fragen deutlich: Welcher Güterverbrauch (Kosten) entsteht, wenn eine bestimmte personalwirtschaftliche Maßnahme *unterbleibt* bzw. wenn stattdessen andere Maßnahmen ergriffen wurden? Welche *Folge*kosten und Kosten*einsparungen* entstehen (wo), wenn eine Maßnahme erfolgreich realisiert wurde? Mit welchem Kosten ist zu rechnen, wenn ein bestimmter Nutzen erreicht werden soll?

3.4   Schluss

Betrachtet man die *ökonomische* Perspektive auf das Personal-Controlling, dann lässt sich feststellen, dass sich die Fachdiskussion vor allem mit der Aufstellung von Schemata der Kostenrechnung und Forderungen an Effizienz- und Effektivitäts-Controlling befasst hat. Die Verwertungslogik steht dabei ganz eindeutig im Vordergrund: Es geht darum, Personalausgaben i.w.S. (also Ausgaben für Personal, Personalarbeit, Personalwesen, Personalwesenprodukte) differenziert zu erfassen und systematisch auf ihre Vorteilhaftigkeit und Wirksamkeit zu untersuchen. Dabei werden verschiedene Facetten von Controlling unterschiedlich gut bedient: Für die Kostenanalyse und -überwachung werden konkrete und ausgearbeitete Vorschläge gemacht, die allerdings vor allem solche Aspekte des 'Faktors Arbeit' erfassen, die repetitiv und standardisiert sind. Koordinations- und Durchsetzungsaspekte werden jedoch kaum untersucht und bei dem zentralen Anliegen, Wirkungsgrad und Erfolgsbeitrag der vorhandenen oder vorgeschlagenen Lösungen zu untersuchen, überwiegen konzeptionelle Vorschläge, deren Umsetzung in die Praxis zahlreiche Probleme aufwirft. Um diese Fragen der Umsetzung, die zahlreiche Kompromissbildungen erfordert, geht es im folgenden Unterkapitel, das das *Management* von Personal-Controlling zum Gegenstand hat.

H-4: Personal-Controlling aus der Management-Perspektive - Übersicht

4.0 Überblick: Die Managementperspektive im Personal-Controlling: Bescheid wissen, die Dinge im Griff haben, am Ende gut dastehen.		
4.1 Prüfen und orientieren: Personal-Audits und - Kennzahlen	**4.2 Vergleichen und stimulieren: Balanced Scorecard und Benchmarking**	**4.3 Aufdecken und Neugestalten: Gemeinkosten managen (GWA und ZBB)**
•Prüflisten und Kennzahlen: qualitative und quantitative Bestandsaufnahmen •Abbildung der Personal-Realität und •Vorgabe von Sollgrößen	•Landkarten zeichnen, Aktivitäten und Akteure einordnen •Zusammenhänge herstellen •Standards festlegen, Positionen bestimmen, Abstände messen, anspornen	•Das Bestehende und Gewohnte in Frage stellen •Für Kosten sensibilisieren •Neue Wege gehen
4.4 Schluss: Total Quality Management und seine Beziehung zum Personalwesen		

4. Personal-Controlling aus Management-Perspektive

4.0 Überblick

Weber (1995, 343) zeichnet - *Deyhle* folgend - ein Venn-Diagramm aus zwei überlappenden Ellipsen. Eine symbolisiert den 'Manager', die andere den 'Controller'; die
Schnittmenge beider Ellipsen ist 'Controlling'. Damit will *Weber* deutlich machen,
dass Controlling keine exklusive Domäne der ControllerInnen ist, sondern dass ManagerInnen alltäglich Controlling ausüben (im Sinne des Regelkreismodells geplanter, überwachter, korrigierter und koordinierter Handlungen). Das mündet in den
schon eingangs thematisierten Konflikt zwischen Linienmanagement und Controllership: während zwischen Management und Controlling kein Konflikt bestehen kann,
weil Controlling der Koordinations- und Kontrollaspekt von Management ist, kann
es durchaus zu Spannungen zwischen ManagerInnen und (spezialisierten, professio-
nalisierten) ControllerInnen kommen, weil diese - vor allem wenn sie Anordnungs-
befugnis haben - in die Handlungsprozesse der ManagerInnen eingreifen können.

Wenn zwei Instanzen (Linie/Stab oder ManagerIn/ControllerIn) mit Koordination befasst sind, entstehen Transaktionskosten (der Koordination), Missverständnisse, Abgrenzungen, Eigenleben, Dominierungsbestrebungen, Verantwortungsdiffusion und
-delegation (Unzuständigkeitserklärung der ManagerInnen für Controllingaufgaben,

weil es dafür ja eine Spezialstelle gibt). Das kann zu komplizierten Verantwortungs-konstruktionen führen (*Weber* - 1995, 351 - differenziert z.B. zwischen Gesamt-, Gestaltungs-, Prozess-, Informations- und Initiierungsverantwortung). (Spezial-) Controlling - als Service-Funktion gedacht - steht in einer typischen Herr-Knecht-Dialektik gegenüber dem (Linien-)Management: Weiß der Diener zu viel und macht alles, wird er zum Herrn, nur um zu erfahren, dass er als Herr auf Diener angewiesen ist, die die Arbeit tun.

Management ist eine herrschaftliche Einrichtung, die dazu geschaffen wurde, arbeitsteilig organisierte Unternehmungen angesichts von Unsicherheit und Mehrdeutigkeit der internen und externen Umwelten handlungsfähig zu erhalten. Um Anpassungsentscheidungen treffen zu können, braucht es Informationen und Macht - beides knappe und deshalb umkämpfte Ressourcen. Controlling ist in diesem Zusammenhang ein (machtvolles) Mittel, die Entscheidungsunsicherheit zu reduzieren, indem es Informationen handlungsrelevant aufbereitet, sowie zeitgerecht und kostengünstig zur Verfügung stellt. Dabei geht es nicht nur um die Beschreibung des Ist oder die Rekonstruktion der Vergangenheit (Rechnungswesen), sondern um die Intervention in die bestehende Praxis, um sie zielentsprechend zu verändern. Deswegen orientiert sich Management nicht an analytischen Kostenrechnungs-Kriterien (wie z.B. Richtigkeit, Vollständigkeit, Differenziertheit, Zurechenbarkeit usw.), sondern an drei pragmatischen Kriterien: Bescheid wissen, die Dinge im Griff haben, am Ende gut dastehen.

Für diese Ziele wurden Verfahren entwickelt, die im Folgenden anhand exemplarischer Beispiele vorgestellt werden. Alle Instrumente erfüllen die Trias der Controlling-Funktionen, die eingangs erörtert wurden: Problemlösung, Wirklichkeitsabbildung, Intervention. Die genutzten Techniken sind Antworten auf fundamentale Managementprobleme: Orientierung angesichts überwältigender Komplexität und Unsicherheit, Verantwortung für das Nichtbeeinflussbare, Sicherung der Kooperation eigennütziger Akteure.

Audits und Kennzahlen legen den Akzent auf komprimierte qualitative oder quantitative Re-Präsentation der Wirklichkeit und liefern implizite oder explizite Steuerungsgrößen; Benchmarking und Balanced Scorecard sind Techniken, die Unsicherheit über eigene Leistungen und Möglichkeiten abzubauen und neue Standards zu finden und durchzusetzen; Gemeinkosten-Wertanalyse und Zero-Base Budgeting schließlich sind Analyseverfahren, die zugleich die beteiligten Akteure zwingen, neue Wege zu gehen und sich am (quantifizierten) Ergebnis messen zu lassen.

Und immer geht es darum, das Verborgene ans Licht zu bringen, das Verflochtene zu entwirren, das Geheime zu veröffentlichen, das Einmalige vergleichbar zu machen, das Gewohnte in Frage zu stellen, den Eigensinn zu domestizieren, das Divergierende auszurichten, kurz: Controlling - Kontrolle und Steuerung - zu praktizieren.

Kapitel H

4.1 Prüfen und Orientieren: Personal-Audits und Kennzahlen

4.1.1 Personal-Audits

Audit meint (Buch-, Rechnungs- oder Wirtschafts-)Prüfung, (interne) Revision oder Berichterstattung, die von Dritten durchgeführt wird, sodass auf einen untersuchten Bereich mit fremden Augen geblickt wird.

Ihrem Wortsinn nach - vom lat. 'audire' (hören) abstammend - sind Audits Anhörungen ('hearings'). Die ursprüngliche Form der Prüfung war ein öffentliches Verfahren, bei dem die Geprüften ihre Sache vor einer Öffentlichkeit (Auditorium) in Rede und Gegenrede zu verteidigen hatten (s.a. *Hoskin & Macve* 1986, *Power* 1994). Diese dialogische Situation wurde mit dem Siegeszug der Verschriftlichung beseitigt; inzwischen versteht man unter Audits die systematische Bestandsaufnahme und Dokumentation durch Dritte.

Mit Hilfe von Audits soll auf strukturierte Weise festgestellt werden, ob bestimmte Zustände, Vorgehensweisen und Ergebnisse ordnungsgemäß und plangetreu sind. Beim Audit geht es nicht unmittelbar um Steuerung oder Koordination, sondern eher um kritische Nachprüfung und Zertifizierung der Regeltreue. Was der Bundesrechnungshof für die öffentlichen Haushalte leistet, ist miniaturisiert fürs Personalwesen die Funktion von Personal-Audits: Sie sollen untersuchen, ob im Personalbereich zielentsprechend und wirtschaftlich gehandelt wurde. Oftmals sind es pragmatische Zusammenstellungen von betriebsspezifischen 'maßgeschneiderten' Fragen, die dazu anregen sollen, ein Problemgebiet intensiv zu analysieren.

> "Im Mittelpunkt steht die umfassende, gründliche und systematische Überprüfung des gesamten personalwirtschaftlichen Handelns einschließlich der zugrundeliegenden Strategien und des Zielsystems sowie der verwandten Planungsmethoden, des Informationsmanagements, der Kontrollaktivitäten und der Personalorganisation. Außerdem dient das Personal-Audit der Feststellung, ob und inwieweit personalverantwortliche Führungskräfte und Mitarbeiter in der Lage sind, das Instrumentarium des Personalmanagements ziel- und strategieadäquat ein- bzw. umzusetzen" (*Hentze & Kammel* 1993, 140).

Mithilfe von Personal-Audits möchte man nicht nur eventuelle Erfolge *konstatieren*, sondern ihr Zustandekommen oder Verfehlen *erhellen*. Deswegen zielen sie auf eine möglichst umfassende Beschreibung von Leistungserstellungs-Bedingungen, Alternativen, Chancen und Korrekturmöglichkeiten.

In einem ausführlichen Anhang (S. 238 - 242) stellen *Hentze & Kammel* (1993) verschiedene Audits vor:

- Prämissen-Audit (Annahmen über Gesetzmäßigkeiten und Strukturen des 'Umsystems' der Personalwirtschaft);
- Strategie- und Ziel-Audit;
- Maßnahmen-Audit (Handlungsprogramm der Personalwirtschaft, sowie Höhe und Struktur des dazugehörigen Budgets);

- Organisations-Audit (Organisation des Personalwesens und seiner Beziehungen zu anderen betrieblichen Funktionsbereichen);
- Prozess-Audit (Metacontrolling der Planungs-, Kontroll- und Informationsversorgungsprozesse).

Bislang gibt es kein standardisiertes oder allgemein akzeptiertes Procedere für Personal-Audits; im Grunde kann alles in Audits erfasst und analysiert werden, was zu tun hat mit der Einhaltung von betrieblichen, tariflichen oder gesetzlichen Vorschriften, der sparsamen Mittelverwendung, aufschlussreichen Bestandsgrößen oder Entwicklungen (wie etwa Altersstruktur, Qualifikationsstruktur; Unfallhäufigkeit, Fluktuationsrate, Fehlzeitenquote, Mitarbeiterzufriedenheit, Betriebsklima usw.), der Bewährung von Routinen und Systemen (Inanspruchnahme von Alternativen bei Cafeteria-Modellen, Anzahl der Bewerbungen pro Stellenanzeige) oder Entscheidungsbedarfen (z.B. Budgetüberschreitungen).

Audits können mit Prüflisten arbeiten [siehe das Beispiel bei *Hoss* (1989, 274-277); oder die fünfseitige Prüfliste in *Hentze & Kammel* (1993, 238-242); s.a. *Bühner* 1996, *Krüger* 1997]; Ein Beispiel aus *Bühner* ist in Tab. H-4.1 abgedruckt. Es können auch Dokumentanalysen, Befragungen und Beobachtungen eingesetzt sowie inner- und überbetriebliche Kennzahlenvergleiche vorgenommen werden. Wesentlich ist, dass Audits von Unabhängigen durchgeführte *Fremd*kontrollen sind, deren Ergebnisse vorgesetzten Stellen präsentiert werden (mit allen Problemen von Misstrauen, strategischer Selbstdarstellung, Vertuschung, Entkontextualisierung usw.). Der Theorie nach setzen Audits klare Soll- oder Bezugsgrößen voraus, an denen die erfassten Ist-Zustände gemessen werden können; in der Praxis kann es durchaus vorkommen, dass Ist-Größen Anspruchsniveaus erst induzieren: man kommt auf 'neue Gedanken', weil/wenn man erkennt, was sein könnte oder was man wollen könnte. *Haunschild* (1998, 297) zufolge kann es eine Aufgabe von Audits sein, Probleme zu definieren, die bislang niemandem zum Problem wurden, um so aus Beobachterperspektive Handlungsdruck zu erzeugen. Das (Personal-)Audit ist darum eher ein Management-Werkzeug als ein allein auf ökonomische Bezüge fixiertes Instrument.

4.1.2 Personal-Kennzahlen

Bei den Kennzahlen(systemen) zeigt sich die eingangs beschriebene Differenz zwischen Controlling-Facetten besonders deutlich. Sie sind einerseits komprimierte *Abbildungen* der Wirklichkeit, andererseits *Steuerungs*instrumente. Letzteres nicht deshalb, weil sie in Handlungsmodellen den Part der Ist-Beschreibung spielen, sondern weil sie auch als Soll- und Vergleichswerte eingesetzt werden und ihre Existenz die Akteure veranlasst oder unter Druck setzt, die in Kennzahlen ausgedrückten Verhältnisse (genauer: die Zielwerte dieser Verhältnisse) zu realisieren. Aus diesem zweiten pragmatischen Grund behandeln wir Kennzahlen-Systeme als Beispiele für die Management-Perspektive von Personal-Controlling. Als Ziele oder Funktio-

Verbesserung der Mitarbeiterführung

Führungskraft ⎯⎯⎯⎯⎯⎯ Auditor ⎯⎯⎯⎯⎯⎯

Bereich ⎯⎯⎯⎯⎯⎯ Datum ⎯⎯⎯⎯⎯⎯

	Bewertung					Bemerkung
	nicht erfüllt				voll erfüllt	
	0	1	2	3	4	
1. Führt die Führungskraft regelmäßige Gespräche mit ihren Mitarbeitern?			x			Jährlich mit 80 % der Mitarbeiter
2. Werden Führungs-Workshops mit den Mitarbeitern durchgeführt?		x				sporadisch, keine FMEA*-Workshops
3. Holt die Führungskraft aktiv Informationen bei Dritten über ihre Führung ein?			x			hat zweimal vergeblich versucht, ihre Führungskraft darauf anzusprechen
4. Wird eine regelmäßige Beurteilung der Führungskraft durch Dritte vorgenommen?			x			Mitarbeiterbefragung alle zwei Jahre
5. Werden Führungsfehler rückgemeldet?					x	Meldekarte über Führungsfehler
6. Werden Führungsfehler visualisiert?				x		der größte Führungsfehler wird monatlich herausgestellt
7. Setzt die Führungskraft Qualitätstechniken zur Fehleranalyse ein?			x			Fehlerstrichlisten
8. Ergreift die Führungskraft gezielte Maßnahmen zur Verbesserung ihrer Führung?				x		regelmäßige Kommunikationsseminare mit Mitarbeitern
9. Wie überprüft die Führungskraft ihren Führungsfortschritt?				x		durch monatliche Erfassung auf Basis eines Führungsbarometers
Gesamtpunktzahl (Bestanden ab 29 Punkten)	0	1	8	9	4	Audit bestanden ☐
			22			nicht bestanden ☒

Tab. H-4.1: Audit zur Verbesserung der Mitarbeiterführung
(aus: *Bühner* 1996, 205)
* [FMEA: Failure Mode and Effects Analysis]

nen von Kennzahlen(systemen) werden nicht nur Operationalisierung und Informationsverdichtung, Zielsetzung, Steuerung und Kontrolle genannt, sondern auch vergleichende Bewertung, Entscheidungshilfe und Dokumentation (s. *Potthoff & Trescher* 1986, 230, *Weber* 1995, 204, *Küpper* 1995, 320ff.).

Quasi alle Bereiche der Personalwirtschaft lassen sich in "Kennzahlen" abbilden. Ein Beispiel dafür liefert *Schulte* (1989, 1990), dessen System in Abb. H-4.1 abgedruckt ist. Ein anderes, konsequent am Ziel 'Cashflow pro Mitarbeiter' ausgerichtetes System stellt *Bühner* (1996) vor.

Schultes Überblick über Kennzahlen im Personalbereich offenbart ein 'imperialistisches' (oder bürokratisches?) Verständnis von Personal-Controlling, weil jegliche Datenerfassung im Personalwesen dem Controlling zugeschlagen wird, Urlaubspläne ebenso wie Arbeitswerte, Fehlzeiten, Sozialleistungen, Test- und Beurteilungswerte, Stellenpläne usw. Der Anspruch, ein Kennzahlen*system* vorgelegt zu haben, ist nicht eingelöst, weil nicht nachzuvollziehen ist, aus welchem übergeordneten Gesichtspunkt die einzelnen Kennwerte abgeleitet wurden.

In formaler Hinsicht werden verschiedene Varianten von Kennzahlen im (Personal-) Controlling unterschieden (s.a. *Schulte* 1989, 3; *Hentze & Kammel* 1993, 86; *Küpper* 1995, 317f.):

a) *absolute* Zahlen (Mittelwerte, Summen, Differenzen; z.B. Anzahl der AT-Angestellten, Altersverteilung, Anzahl befristeter Arbeitsverhältnisse);

b) *relative* oder *Verhältnis*zahlen; letztere werden weiter untergliedert in
- *Gliederungs*zahlen (eine Teilmenge wird zu einer Gesamtmenge in Beziehung gesetzt, z.B. Frauenanteil in der Belegschaft; Kranke im Verhältnis zur Gesamtbelegschaft; direkte Lohnkosten zu Lohnnebenkosten);
- *Beziehungs*zahlen ('wesensverschiedene' Mengen werden zueinander in Beziehung gesetzt, z.B. Umsatz pro Arbeitnehmer);
- *Index*zahlen. Hier geht es um Zeitreihen, die die Entwicklung einer Größe oder Relation vor Augen führen sollen:

"Gleichartige Werte, die aber zu unterschiedlichen Zeitpunkten angefallen sind, werden zu einem Basiswert in Beziehung gesetzt, z.B. Verhältnis Krankenstand verschiedener Jahre zum Stand in einem bestimmten Basisjahr" (*Schulte* 1989, 3).

Kennzahlen können sich unterscheiden im Hinblick auf:
- Ziel- und Aufgabenorientierung (es soll z.B. spezifiziert werden, wofür eine bestimmte Kennzahl erhoben wird und welche Aktionen sie bei kritischen Werten auslösen soll);

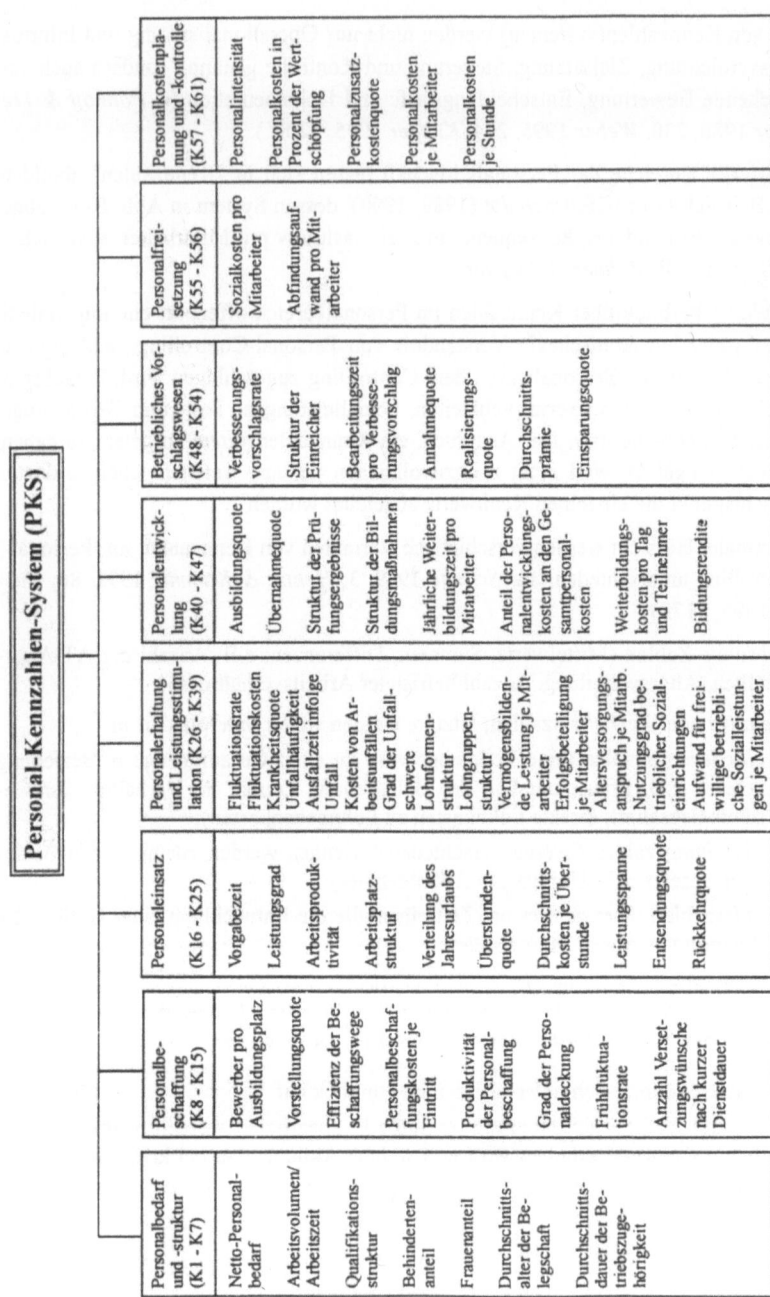

Abb. H-4.1:   Das Kennziffernsystem von *Schulte* (1989)

- den definierten Objektbereich (Kennzahlen können für unterschiedliche Aggregationsniveaus entwickelt werden: z.b. für das Gesamtunternehmen, Teilbereiche, einzelne Programme);
- die Art des Handlungsbezugs (*normativ*, wenn der Bezug zu einem angestrebten Soll sichtbar gemacht wird oder *deskriptiv*, wenn über eine empirische Verteilung berichtet wird).

In fast allen Controlling-Texten werden Listen von Anforderungen präsentiert, denen Kennzahlen(systeme) zu genügen haben (siehe z.b. *Grünefeld* 1981, *Schulte* 1989, *Potthoff & Trescher* 1986 bzw. 1990, *Reichmann* 1985 bzw.1990). Sie sollen

- auf wesentliche und relevante Inhalte beschränkt sein,
- eindeutig operationalisiert und standardisiert sein (von allen in gleicher Weise erhoben und interpretiert werden),
- Vergleiche ermöglichen (Quer- und Längsschnittvergleiche innerhalb eines Unternehmens oder einer Branche, zwischen Ländern usw.), verschiedene Auswertungen zulassen (Soll-Ist-Vergleiche, Aggregationen),
- einen erkennbaren Gestaltungs- oder Entscheidungsbezug haben,
- ökonomisch erfasst werden können (z.B. unter Rückgriff auf Daten aus dem Personalinformationssystem, der Lohn- und Gehaltsbuchhaltung, dem Betriebsdatenerfassungssystem, der Kostenrechnung usw.); der Erhebungsaufwand soll in vernünftigem Verhältnis zum Nutzen stehen;
- regelmäßig erhoben, stets aktualisiert werden, also zeitnah sein,
- Veränderungen sensibel registrieren und angemessen abbilden,
- in sich konsistent und in sinnvoller Weise zu einem 'System' miteinander verknüpfbar sein.

Die Anforderungen, die Kennzahlen in ihren beiden wichtigsten Funktionen (Abbildung, Steuerung) erfüllen müssen, sollten ihre Konstruktion und Interpretation anleiten. Das ist aber nicht immer der Fall. Regelmäßig finden sich deshalb warnende Stimmen, die auf Unzulänglichkeiten in Definition, Erhebung und Verwendung von Kennzahlen hinweisen:

- Zuweilen dominiert die leichte Verfügbarkeit von (quantifizierten) Informationen die Entscheidungsunterstützungsfunktion: es ist nicht klar, wofür Kennzahlen stehen. Wenn sie nicht unmittelbare (Sub-)Ziele sind, müsste ein Handlungsmodell existieren, das ihren Zielbeitrag erkennen lässt.
- Es sollte bekannt sein, welche Entscheidungen oder Handlungen bestimmte Kennzahlenwerte auslösen sollen; Kennzahlen sind nicht 'nice to have', sondern Warnsignale oder implizite Handlungsimperative - und es müsste für jede Kennzahl feststehen, welche Maßnahmen auszulösen sind, wenn bestimmte Werte über- oder unterschritten werden (s. dazu als Beispiel für eine missratene Kennziffer Beleg H-4.1).

Beleg H-4.1:

Veronika Blankenagel (1993, 307) zitiert in ihrem Überblick über Kennzahlen folgenden Kennwert, den *Fitz-enz*[*] vorschlägt:

Recruiter Effectiveness:

Response Time + Time to fill + Hire Rate + Cost per Hire + Quality per Hire
Number of Indicators [hier also : 5]

Kommentar:

Es ist zwar nachvollziehbar, dass die Schnelligkeit, mit der auf eine Stellenanzeige reagiert wird, die Dauer der Zeit, bis die Stelle endlich besetzt ist, das Verhältnis der Bewerbungen zu den Einstellungen, die Kosten pro Einstellung und die Qualität der Eingestellten die Effektivität von Stellenbesetzungen (mit-)bestimmen, aber diese Art der Zusammenstellung äußerst heterogener Einzelindikatoren hat noch weit weniger Sinn als die Addition von Erd-, Granat- und Pferdeäpfeln zu einer Größe. Einen Wert hätte die Formel allenfalls, wenn alle Zählerpositionen gleichnamig gemacht würden (z.B. in Kostenwerten vereinheitlicht wären) und wenn die verschiedenen Kriterien annähernd gleich bedeutsam wären.

Blankenagel diskutiert an einigen Beispielen aus ihrer Zusammenstellung, dass Kennzahlen öfter einen problematischen Aussagegehalt haben, dass die Frage ihrer Beeinflussbarkeit nicht berücksichtigt wird, dass sie ungenau formuliert und operationalisiert sind und Erfassungs- und Anwendungshinweise unterbleiben.

- Die den Kennzahlen zugrundeliegenden Maßgrößen sind - trotz gleicher Benennung - nur dann eindeutig, wenn die Messoperationen gleich sind. Oft gehen zahlreiche Vorentscheidungen in die operationalen Definitionen ein (wie werden z.B. 'Fehlzeiten' oder 'Herstellkosten' oder 'Weiterbildungskosten' definiert?). Dies ist besonders bei der Verwendung von *benchmarks* relevant.

Kennzahlen haben selten einen fixen eindeutigen Gehalt; sie geben vielmehr Denkanstöße oder sind Anlass zu weiteren Untersuchungen. Wenn man z.B. weiß, wieviel Personen sich auf eine Stellenanzeige beworben haben, was weiß man dann? Es muss weiter gefragt werden, wie qualifiziert diese BewerberInnen waren, wieviele sich bei anderen Firmen (oder früher) auf solche Anzeigen beworben haben, ob die BewerberInnen wirklich interessiert waren (oder nur ihren Marktwert testen oder Bewerbungserfahrung sammeln wollten), ob eine hohe Zahl negativ zu bewerten ist, weil vielen Leuten abgesagt werden muss, was hohen Aufwand bedeutet und bei den Abgewiesenen zu negativen Einstellungen gegenüber der Firma führt ...

Generell bedeutet das, dass viele Kennzahlen nicht entkontextualisiert zu verwenden sind, sondern immer auf Vergleiche oder Normwerte bzw. bestimmte Fragestellungen bezogen bleiben. Beachtet man das nicht, dann sieht man vor lauter Antworten (Zahlen, Säulen-, Balken- oder Kuchendiagrammen, Kurvenzü-

---

[*] Weil wir immer wieder auf diesen Namen angesprochen wurden: man schreibt ihn tatsächlich so.

gen, Tabellen) die Frage bzw. das eigentliche Ziel nicht mehr. Man vergisst, warum Kennzahlen ursprünglich entwickelt wurden; sie beginnen ein Eigenleben zu führen und werden um ihrer selbst willen erhoben (Zahlenfriedhöfe, Datenfetischismus)[23], oder sind nicht Wegweiser zu Zielen, sondern werden selbst zu Zielen (was zu der offenbar unausrottbaren Praxis führt, wichtige Zahlen zu 'frisieren').

Die Verselbständigung der Kennzahlen bewirkt, dass andere Zielgrößen, die nicht regelmäßig quantitativ erfasst und bewertet werden, vernachlässigt werden (siehe das sog. 'Quartalsdenken').

Die schiere Anhäufung von Kennzahlen konterkariert das ursprüngliche Ziel, Informationen zu verdichten und Zusammenhänge vereinfacht darzustellen. Man könnte hier geradezu von einem Kennzahlen-Paradox sprechen: Je mehr Kennzahlen man hat, desto weniger sind sie wert. Sie lassen sich dann gegeneinander ausspielen oder selektiv präsentieren; sie verwirren, führen zur Etablierung von Kennzahlen-ExpertInnen, die die Kunst beherrschen, Kennzahlen richtig zu lesen oder zu verstehen; begünstigen die Inflation von Kennzahlen, weil für offene Fragen immer neue Kennzahlen gefordert werden. So werden dann nicht mehr nur Ergebnisse erfasst, sondern Zwischenstände, Vorbedingungen, latente Prozesse usw.

Bei verschiedenen Adressaten können Kennzahlen Unterschiedliches auslösen. So macht z.B. *Weber* darauf aufmerksam, dass falsch interpretierte Deckungsbeitragszahlen manche Vertreter zu ungerechtfertigten Preiszugeständnissen an Kunden animiert haben.

Auch bei Betriebsvergleichen (s. unten: *benchmarking*) besteht die Gefahr, dass Branchen-*Durchschnitts*werte unter der Hand zu Zielwerten für das einzelne Unternehmen umfunktioniert werden, wobei dann die besondere Situation des Einzelunternehmens aus den Augen verloren wird. Häufig vermindert sich die erforderliche kritische Distanz zu Kennzahlen mit der Zeit des Umgangs mit ihnen (s. *Weber* 1995, 214).

Ein praktisches Problem ist in diesem Zusammenhang auch die Differenz zwischen dem sog. objektiven Informationsbedarf und den subjektiven Informationswünschen. Die letzteren sind unersättlich, weil auch die psychologischen und politischen Funktionen von Information Legion sind: Sicherheit, Dazugehören, Status/Anerkennung, Machtressource, Entscheidungsvoraussetzung, Selbstpräsentation usw.; Informationen können/sollen Sachverhalte darstellen oder verschleiern, Aufmerksamkeit (ab)lenken, Interesse wecken, Akzeptanz sichern, motivieren, Probleme lösen, Entscheidungen rechtfertigen ... Deswegen kann es nicht den one-best-way der Datenerhebung, Informationsverarbeitung und Berichterstattung geben.

Im Beleg H-4.2 stellen wir *Bühners* Konzept des 'Total Produktiven Mitarbeiters' vor und kommentieren diese konsequente Anwendung des Kennzahlen-Gedankens im Personalbereich kritisch.

---

[23] *Schuller* (1995, 272) berichtet, dass bei der deutschen Hewlett-Packard GmbH vor der Umstellung des Verfahrens das jährliche Personalkennzahlen-Paket zu einem Werk von 120 Seiten angeschwollen war.

Beleg H-4.2   *Bühners* Konzeption des *Total Produktiven Mitarbeiters*

Leitbild *Bühners* ist TPM, der Total Produktive Mitarbeiter (71ff.), ein Begriff, der nach dem Konzept der 'Total Productive Maintenance' der vorbeugenden Anlagewartung modelliert ist.

"Was mich an diesem Konzept fasziniert, ist seine totale Produktivitätsorientierung für die installierten Betriebsanlagen unter Einschluss jedes einzelnen Mitarbeiters. Angesichts der praktischen Erfolge liegt es nahe, das TPM-Konzept aufzugreifen und Parallelen zur Mitarbeiterproduktivität oder zum Effektivitätsgrad von Mitarbeitern zu ziehen. Auch beim Mitarbeiter geht es um die Ausschöpfung seines Leistungsvermögens. Im Gegensatz zur Maschine ist dies zweifelsfrei viel schwieriger, aber eben deshalb auch vielversprechender, da die Mitarbeiter nicht nur über eine bestimmte Leistungskapazität verfügen, sondern darüber hinaus Lern- und Entwicklungspotentiale haben. Ich höre schon Ihren Einwand: Man kann doch nicht ein Maschinenkonzept auf Mitarbeiter übertragen, eine Gesamtanlageneffektivität als Norm für eine totale Mitarbeiterproduktivität setzen! Warum eigentlich nicht? Ökonomisch kommt es nur darauf an, was herauskommt, und nicht, was einen stört!" (72).

"Die 'totale Mitarbeitereffektivität' wird von drei Faktoren bestimmt: Verfügbarkeit, Leistung und Qualität der Mitarbeiter. Die Verfügbarkeit misst die 'Zeit', während der der Mitarbeiter dem Betrieb zur Verfügung steht; die Leistung misst die 'Geschwindigkeit', mit der er seine Arbeit vollbringt; und die 'Qualität' misst die fehlerfreie und tadellose Leistungserbringung. Die totale Mitarbeitereffektivität misst folglich die Vermeidung von Verlusten an Zeit, Geschwindigkeit und Qualität" (74).

'Sieben große Verlustquellen' werden bestimmt, nämlich Verluste durch (1) Leerzeiten, Überstundenzuschläge, und Zeitverluste durch Kurzarbeit, (2) Krankheit, Unfälle und sonstige Fehlzeiten, (3) Fluktuation, (4) Über- und Unterqualifikation, (5) mangelnden Leistungswillen (innere Kündigung), (6) Fehler im Arbeitsprozess und (7) Fehler im Lernprozess (74f.).

Auf dem Hintergrund dieser Überlegungen kommt *Bühner* zu einer multiplikativen Formel für Totale Mitarbeitereffektivität (siehe das Bild auf der nächste Seite).

Mitarbeitereffektivität ist kein Selbstzweck, sondern führt zu einer Erhöhung des (wertmäßigen) Cashflow bzw. der (mengenmäßigen) Produktivität. Dies ist in *Bühners* Kennzahlensystem die oberste Kennziffer (Cashflow pro Mitarbeiter). Natürlich setzt all das Zahlen zur Messung der totalen Mitarbeitereffektivität voraus: "ein Team von Mitarbeitern oder die Führungskraft vor Ort" (79) haben die nötigen Maße zu erheben.

"Dem Messteam ist auch die Zuständigkeit für die Fortentwicklung von Performance - Maßen zu übertragen, insbesondere für die Herausbildung von ganzheitlichen Maßen über die gesamte Betriebszugehörigkeitsdauer von Mitarbeitern. Bis heute ist es üblich, die Mitarbeiter nur punktuell zu messen (zu beurteilen)" (80).

"Gegen eine systematische Sammlung von Mitarbeiterinformationen wird teilweise eingewandt, dass dies ein Schritt zum gläsernen Mitarbeiter sei. Das 'Mehr-wissen-Wollen' über die Mitarbeiter ist aber Voraussetzung für eine bessere Führungsarbeit. Ohne eine systematische Sammlung solcher oder ähnlicher Mitarbeiterinformationen gleicht Führungsarbeit einem Blindflug ohne Armaturentafel und Steuerungsgrößen. Wer folglich den gläsernen Mitarbeiter als Angstgespenst vor den richtigen Umgang mit ihm setzt, der verschließt sich grundsätzlichen Verbesserungen im Führungsbereich" (81).

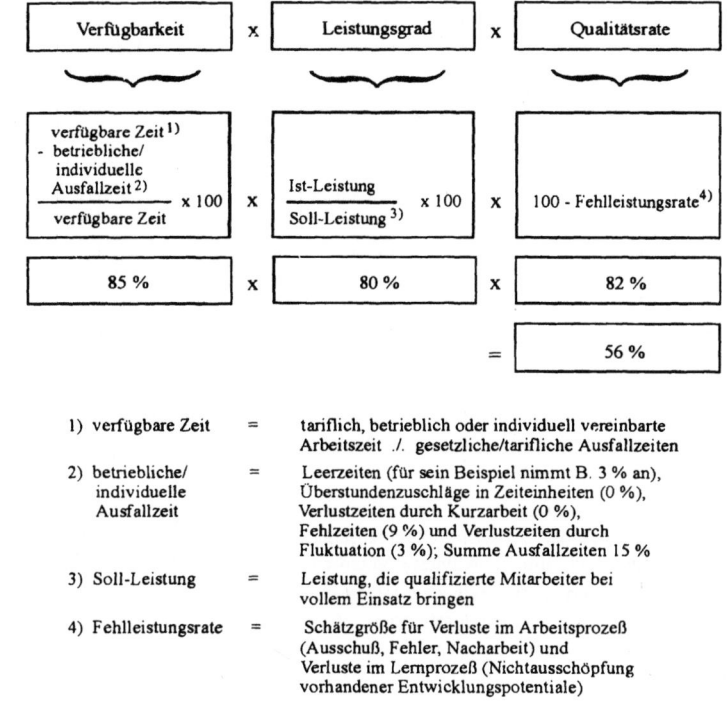

1) verfügbare Zeit = tariflich, betrieblich oder individuell vereinbarte Arbeitszeit ./. gesetzliche/tarifliche Ausfallzeiten

2) betriebliche/ = Leerzeiten (für sein Beispiel nimmt B. 3 % an), individuelle Überstundenzuschläge in Zeiteinheiten (0 %), Ausfallzeit Verlustzeiten durch Kurzarbeit (0 %), Fehlzeiten (9 %) und Verlustzeiten durch Fluktuation (3 %); Summe Ausfallzeiten 15 %

3) Soll-Leistung = Leistung, die qualifizierte Mitarbeiter bei vollem Einsatz bringen

4) Fehlleistungsrate = Schätzgröße für Verluste im Arbeitsprozeß (Ausschuß, Fehler, Nacharbeit) und Verluste im Lernprozeß (Nichtausschöpfung vorhandener Entwicklungspotentiale)

Kritische Stellungnahme:

*Bühner*s Vorschlag ist eine konsequente Anwendung der Verwertungslogik: Ihn interessiert nur, was 'ökonomisch herauskommt'. MitarbeiterInnen werden als Objekte gesehen, die genauso wie Anlagen zu betrachten sind, ohne jeden Eigenwert als Menschen, rein instrumentell. Diese Perspektive ist angemessen, aber sie bleibt bei *Bühner* die einzige und wird nicht in ihrem Konflikt zu anderen Perspektiven oder Logiken gesehen (siehe dazu die Ausführungen in Kapitel F). Abgesehen von diesem grundsätzlichen Argument ist der Ansatz aus methodischen Gründen fragwürdig:

- *Bühner* vereinfacht in 'theorieloser' Weise das Effektivitätsproblem auf die drei Größen Zeit, Geschwindigkeit und Qualität, ohne Begründung dafür, warum gerade und nur diese drei Kriterien gewählt wurden.

- Innerhalb dieser drei Kriterien werden wiederum Operationalisierungen angeboten (siehe die 'sieben großen Verlustquellen'), die sehr selektiv sind.

- Eine exakte Bestimmung der 'Verlustquellen' dürfte am ehesten bei beobachtbaren, repetitiven Arbeitsvollzügen möglich sein. Wendet man fairerweise das Modell auch auf professionelle und Führungspositionen an, dann zeigen sich die erheblichen Erfassungs- und Zurechnungsprobleme, die *Bühner* völlig übergeht.

- Es bleibt offen, ob diese 'Verlustquellen' von den Mitarbeitern selbst oder aber der Organisation oder Technologie zu verantworten sind. Für *Bühner*s ist das aber irrelevant, weil eine Verlustquelle zu stopfen ist, egal von wem oder was sie verursacht ist.

- Die drei Messkriterien werden in multiplikativer Form verknüpft, was eine Messung auf Kardinalskalenniveau voraussetzte. Nur durch die Umrechnung in Prozentwerte (die auf fiktive oder normative Größen bezogen sind) wird dieses Skalenniveau erreicht.

- Eigeninteressen der MitarbeiterInnen werden nicht berücksichtigt: sie werden allein aus Verwertungsperspektive betrachtet. Was aber wären die Konsequenzen totaler Produktivität: größere Anspannung (Stress, Verschleiß), geringere Zahl benötigter MitarbeiterInnen (Personalabbau), wesentlich höheres Einkommen (sofern die geringere Mitarbeiterzahl angemessen an der Wertschöpfung beteiligt wird). Geht man davon aus, dass das aktuelle Einkommensniveau an der 'geringeren' Produktivität orientiert ist (also nicht auf fiktive 100%, sondern auf reale 56% abgestimmt ist), dann besteht aus Mitarbeiter- und Unternehmenssicht ein Abwägungsproblem. Höhere Effektivität lohnt sich aus Unternehmenssicht nur, wenn die Produktivitätsgewinne nicht in vollem Umfang an die MitarbeiterInnen weitergegeben werden.

- Andere Zielsetzungen, die *Bühner* im Zusammenhang mit dem Qualitätsmodell der *European Foundation for Quality Management* (E.F.Q.M., s. unten, S. 578ff.) durchaus nennt (z.B. Mitarbeiterorientierung, Mitarbeiterzufriedenheit) tauchen in seinem Rechenschema nicht mehr auf.

Resümee: *Bühner*s Konzeption ist ein radikal verwertungslogischer Ansatz, der nicht theoretisch begründet ist, sondern in pragmatischer Weise einige herausgegriffene Kennwerte zusammenstellt, um objektivierte MitarbeiterInnen im Rahmen einer tayloristischen Effizienzsteigerungsstrategie einzusetzen.[24] Ausgeklammert bleiben folgende Probleme: Interdependenz von Einflussfaktoren, Zurechenbarkeit, Multifaktorialität, Substitution, Interaktion, Abhängigkeit von externen Einflüssen, Diskontinuität, Intentionalität menschlichen Handelns, Opportunitätskostenüberlegungen, Differenz zwischen Potential (Arbeitsvermögen) und Arbeitsleistung (Transformations-Problem). Für ManagerInnen, die dem Machermythos verfallen sind (Primat der Tat) hat dieser Entwurf vermutlich großen Reiz - ob er aber effektiv ist (sein Ziel erreicht), steht dahin.

Der euphorischen Anpreisung *Bühner*s, der letztlich dem Personal-Controlling hegemoniale Vorrechte in der Personalwirtschaft einräumt, sind *Drumm*s (1995) Bedenken gegenüberzustellen. Er warnt vor der Anlage von Datenfriedhöfen und nennt als wichtigstes Anliegen von Personalcontrolling-Methoden, dass sie ihre Benutzer zu klugem Nachdenken über die Ursachen und Wirkungen personalwirtschaftlicher Handlungen anregen müssen.

Kennzahlen(systeme) sind nicht auf ihre Abbildungseigenschaften einzuengen. Sie arrangieren nicht nur vorhandene Informationen, sie erzeugen neue Daten, eigenartige Referenz-Systeme und somit neues Wissen, das aber kontingent bleibt: es muss rückbezogen werden sowohl auf die Urdaten wie auf die Zwecke, um deretwillen die Kennzahlen erhoben und konfiguriert wurden. Diese Daten-*Verarbeitung* ist einerseits ein Problemlösungsprozess, aber andererseits auch ein Machtaufbau- und -durchsetzungsprozess.

---

[24] Das erinnert an die Aussage eines interviewten Vorgesetzten in der Budget-Studie von *Argyris* (1952, 24) "Der menschliche Faktor, der ist wichtig. Wenn man Menschen wie Menschen behandelt, dann kann man sie besser nutzen und mehr aus ihnen herausholen".

Beispiele für diese These lassen sich in großer Zahl finden, wenn man die Krankenstands- und Fehlzeitendiskussion verfolgt (siehe dazu die Ausführungen in Kap. D von "Personalwesen 1") oder die Auseinandersetzung über Personalkosten und Personalzusatzkosten (speziell deren Operationalisierung, Zusammensetzung, Höhe, Entwicklung, Vergleich usw.), die im Kap. G referiert und kommentiert wurde.

Viele der in der Praxis [z.B. von *Schulte* (1989)] vorgeschlagenen Kennzahlen scheinen *Scherm* nicht geeignet für Controllingzwecke (z.B. Frauenanteil, Vorgabezeiten, Verteilung des Jahresurlaubs, Durchschnittskosten je Überstunde usw.).

"Sie sind durch personalwirtschaftliche Maßnahmen nicht zu beeinflussen oder haben keinen erkennbaren Aussagewert für die Steuerungsfunktion des Personal-Controlling. Es kann daher nicht Ziel sein, möglichst alle personalwirtschaftlichen Aufgabenfelder mit einer Reihe von Kennzahlen abdecken zu wollen, nur um von einem umfassenden Kennzahlensystem sprechen zu können. Vielmehr sollten nur solche Kennzahlen herangezogen werden, die durch personalwirtschaftliche Maßnahmen zu beeinflussen sind und deren Ausprägungen den jeweiligen Zielerreichungsgrad ausdrücken" (*Scherm* 1992, 316).

Das Verdikt von *Scherm* scheint zu pauschal, weil er offenbar *bestimmte* (eindeutig offengelegte) Zielsetzungen unterstellt. Es ist aber durchaus denkbar, dass z.B. der Frauenanteil in betrieblichen Positionen ein Auslöser für personalwirtschaftliche Aktivitäten sein kann (Beförderungen, Quotierungssysteme etc.), um die Reputation des Unternehmens auf dem Arbeitsmarkt zu steigern, gesetzlichen Vorgaben (Nichtdiskriminierung) zu genügen oder ökonomische Vorteile zu suchen (weil Frauen für einige Positionen oder Aufgaben besser oder billiger sind).

Kennzahlen sind häufig hoch aggregiert und erschweren deshalb *Ursachen*analysen bei Abweichungen. Wenn z.B. Ist- mit Soll- oder Plankosten verglichen werden, ist dies nur ein erster Schritt für ein Controlling, weil die mit diesen Kosten erstellten Leistungen (Effekte) vergleichbar oder standardisiert sein müssen, wenn die Abweichung als solche interpretiert werden soll. Im Prinzip ist jede Abweichung vom Sollwert eine Aufforderung, über mögliche Ursachen und Verbesserungen nachzudenken und zu beraten.

Es gehört zu den Spezifika der Personalarbeit, dass man sich nicht auf die 'sichere Seite' zurückziehen und allein mit 'harten Daten' (Kosten, Auszahlungen, Erträgen usw.) rechnen kann, weil auch qualitative Ziele, Langzeit-Effekte, Prozessbeiträge etc. zu berücksichtigen sind. Diese sind schwer zu erfassen, weshalb Kennzahlensystemen zuweilen der Vorwurf zu machen ist, dass zwischen Relevanz und Exaktheit ein inverses Verhältnis besteht.

An seine Kritik knüpft *Scherm* (1992, 314) den Vorschlag, nicht Kostenträger- oder Kostenstellen-Analysen vorzunehmen, sondern personalwirtschaftliche Maßnahmen, Aktivitäten oder Prozesse zu evaluieren. Zu einem solchen Controlling von Personalprogrammen hat *Gerpott* (1995) eine Monographie herausgegeben, auf die unten noch eingegangen wird.

4.2 Vergleichen und Stimulieren: Balanced Scorecard und Benchmarking

4.2.1 Balanced Scorecard

Kaplan & Norton (1996) berichten über ein Projekt, an dem sich eine große Zahl US-amerikanischer Unternehmen beteiligte. Ziel war, ein Verfahren zu entwickeln und zu prüfen, das die ausschließliche Dominanz finanzwirtschaftlicher Maße zur Bewertung des Unternehmenserfolgs überwinden sollte. Auf der Basis einer Wert-schöpfungsanalyse werden drei weitere Bereiche hinzugefügt: *Finanzziele* können nur erreicht werden, wenn *Kunden* zufriedengestellt werden. Diese wiederum kann man nur zufriedenstellen, wenn die *internen Leistungsprozesse* optimal gestaltet sind. Und um diese einzurichten und auf hohem Niveau zu halten, bedarf es des fortwährenden *Lernens* und der *Innovation.*

Die Diskussionen führten zur Konzeption einer 'ausgeglichenen Punktekarte' (balanced scorecard, BSC),

> "Der Name spiegelte die gebotene Ausgewogenheit wider zwischen kurz- und langfristi-gen Zielen, finanziellen und nichtfinanziellen Maßen, zwischen vergangenheits- und zu-kunftsorientierten [lagging and leading] Indikatoren und zwischen externen und internen Leistungsperspektiven" (VIII).

Als Vorteil wird gesehen, dass das System über ein reines Messsystem hinaus zu ei-nem zentralen Managementsystem entwickelt werden konnte.

> "Die BSC übersetzt die Mission und Strategie einer Organisation in einen umfassenden Satz von Leistungsmaßen, die einen Rahmen für ein strategisches Mess- und Manage-mentsystem bieten" (*Kaplan & Norton* 1996, 2).

Im Grunde wird ein systematisch durchlaufener zirkulärer Prozess mit vier Teilpro-zessen angestoßen: Im ersten Schritt geht es in der Unternehmensspitze um die 'Klä-rung und Übersetzung von Vision und Strategie' und die Konsensfindung für diese Grundbestimmung. In der nächsten Phase 'Kommunizieren und Verbinden' werden diese obersten Leitideen allen MitarbeiterInnen kommuniziert, es werden Leistungs-ziele gesetzt und Belohnungen mit Leistungsmaßen verknüpft. Der dritte Schritt 'Planung und Sollwertbestimmung' sieht das Setzen von Vorgaben, die Harmonisie-rung strategischer Initiativen, die Zuweisung von Ressourcen und die Festlegung von Meilensteinen vor. In der letzten Phase schließlich ('Strategisches Feedback und Lernen') wird die geteilte Vision konkretisiert, strategisches Feedback gegeben und strategisches Auswerten und Lernen erleichtert.

In Abb. H-4.2 ist das Grundmuster einer BSC für den Bereich 'Vision und Strategie' wiedergegeben, das die vier Analysebereiche (Finanz-, Kunden-, Lern- und Wachs-tums- sowie auf interne Geschäftsprozesse bezogene Ziele) zeigt und neben den je-weiligen Leitfragen auch das Raster der Realisierungskriterien zeigt (Endziele, Ma-ße, Vorgaben und Initiativen).

Als entscheidenden Fortschritt gegenüber vergleichbaren Ansätzen sehen die Autoren, dass nicht nur eine Art 'Armaturentafel' vorgegeben wird, auf dem der Stand einer ungeordneten Vielzahl von Einzelmaßen abzulesen ist (s. das französische 'tableau de bord' (*Kaplan & Norton* 1996, 29), sondern dass die einzelnen Maße systematisch aus übergeordneten Visionen und Strategien abgeleitet sind, die für den strategischen Erfolg der Organisation kritisch sind (*a.a.O.*, 14). Es geht also nicht um kurzfristige Kostenreduktionsprogramme ('slash and burn rationale'), sondern um den langfristigen und systematischen Aufbau von Erfolgspotentialen, die in jährlichen Sollvorgaben konkretisiert werden. Maxime ist: "Wenn man's nicht messen kann, kann man's nicht managen" (*a.a.O.*, 21); die Autoren betonen jedoch ausdrücklich, dass die BSC kein Kontroll-, sondern ein Kommunikations-, Informations- und Lernsystem sein soll (*a.a.O.*, 25). Wenngleich die BSC eine Vielzahl von Maßen enthält, beansprucht sie - bei 'richtiger Konstruktion' - eine einheitliche Ausrichtung, weil die Einzelmaße auf eine integrative Strategie bezogen sind. Die Autoren führen das an einem Beispiel (*a.a.O.*, 31) vor, das (unwillkürlich?) die unangetastete Priorität der finanziellen Ziele zeigt und vor allem vorführt, dass ein differenziertes Zusammenhangsmodell zugrunde gelegt wird: Als oberstes Ziel (Finanzaspekt) wird Kapitalrentabilität gesetzt; es kann erreicht werden, wenn hohe Kundenbindung (Kundenaspekt) gelingt. Diese wiederum ist abhängig von termingetreuer Lieferung. Voraussetzung dafür ist (Aspekt interne Prozesse) Prozess-Qualität und eine entsprechende Prozess-Zykluszeit. Auf der Lern- und Wachstumsebene ist die Grundlage dafür das Vorhandensein fähiger Mitarbeiter:

> "Eine richtig konstruierte BSC sollte die Geschichte der Strategie der Geschäftseinheit erzählen. Sie sollte die Sequenz der Hypothesen über Ursache-Wirkungs-Beziehungen zwischen Ergebnis-Maßen und Leistungstreibern für diese Ergebnisse identifizieren und offenlegen" (*a.a.O.*, 31).

Die Autoren belegen damit ihre 'technomorphe' kausalanalytische Grundhaltung, die davon ausgeht, dass es überschaubare und systematisch isolierbare (und/oder gestaltbare) Abhängigkeiten gibt, die einen Prozess zielgerichtet zu steuern erlauben[25].

Es ist eine sehr rationalistische Sicht der Dinge davon auszugehen, dass aus einem (finanzwirtschaftlichen) Oberziel konsequent und widerspruchsfrei definitive Subziel-Kaskaden abgeleitet werden können (eine Phantasie, die auch dem früheren 'Managemengt by objectives' zugrundeliegt; s.a. *Maschmeyer* 1998). Mit den vier Ebenen (Finanzen, Kunden, Prozesse, Lernen) wird verschleiert, dass eine fundierte Theorie des Erfolges fehlt; der pragmatische Charakter eines selektiven Management-Instruments kommt zum Vorschein.

---

[25] Dem entspricht auch ihre Strategiedefinition: "Eine Strategie ist ein Satz von Hypothesen über Ursache und Wirkung" (*a.a.O.*, 30).

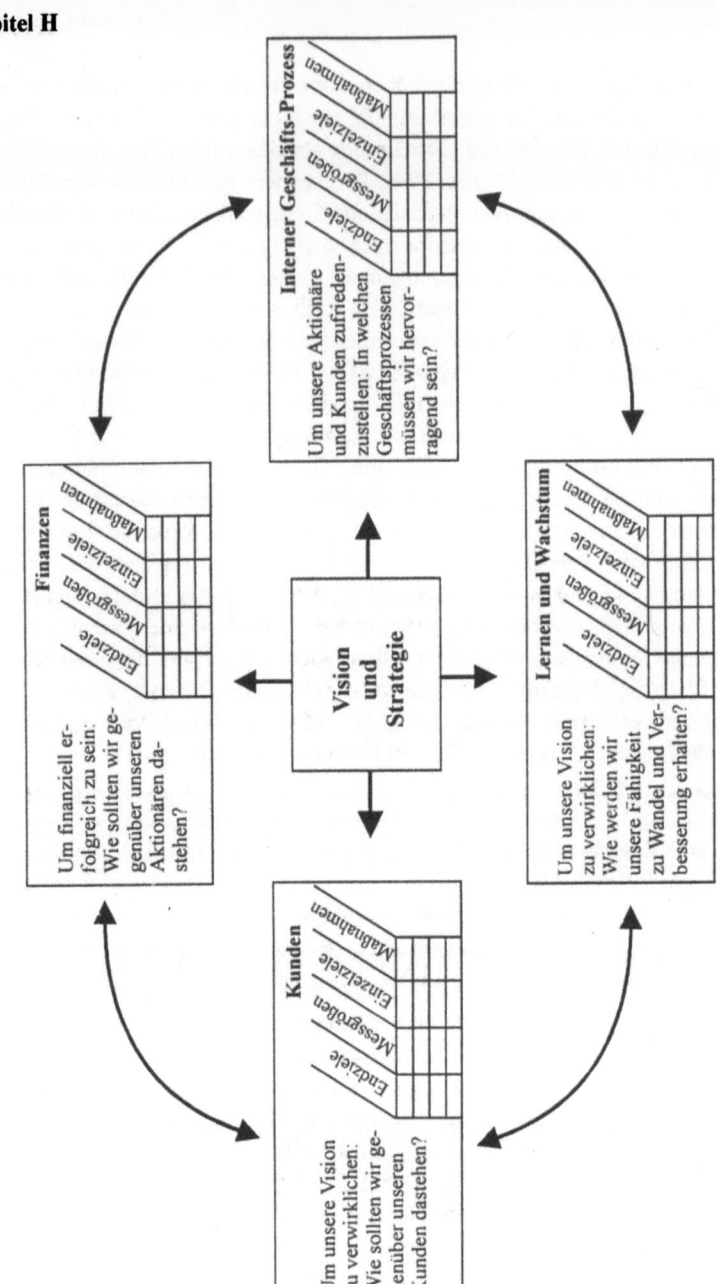

Abb. H-4.2: Balanced Scorecard als Rahmenkonzept zur Übersetzung einer Strategie in operationale Größen (nach: *Kaplan & Norton* 1996, 9)

Eine alternative Deutung könnte davon ausgehen, dass eben diese Sicht der Dinge den geordneten Prozess *vorgibt*, an dem sich die Akteure orientieren und den sie dann zu realisieren (Wirklichkeit *werden* zu lassen) versuchen. Wenn es dem Management gelingt, eine bestimmte 'Sicht der Dinge' verbindlich zu machen, sind Instrumente wie die BSC konsequente flächendeckende Kennzahlen- oder Auditing-Systeme, die eine Art 'Rundum-Ausrichtung' des Geführtenverhaltens erzielen und die Durchsetzung einer quasi panoptischen Strategie (siehe dazu unten, S. 588ff.) symbolisieren.

4.2.2 Benchmarking

Die Alternativbezeichnung '*best practice*' für *benchmarking* lässt erkennen, dass hier kein theoretischer Entwurf die Grundlage ist, sondern die Suche nach vorbildlichen Modellen *in der Praxis*. Benchmarking ist ein Plädoyer für 'Lernen durch Nachahmung': man will sich all die teuren und langwierigen Versuchs- und Irrtumsprozesse, die dem Erfolg vorausgehen, ersparen und wählt deshalb das abkürzende Verfahren, den Sieger intelligent zu imitieren.

Der amerikanische Begriff *benchmark* bezeichnet eine Einkerbung oder Markierung an einem feststehenden Objekt, die als Referenzpunkt dient. Übertragen bedeutet *benchmark* einen Standard(wert), an dem man sich orientieren kann oder muss.

"Benchmarking ist ein kontinuierlicher Prozess, bei dem Produkte, Dienstleistungen und insbesondere Prozesse und Methoden betrieblicher Funktionen über mehrere Unternehmen hinweg verglichen werden" (*Horváth & Herter* 1992, 5).

Die zentralen Elemente von *benchmarking* als Managementmethode sind (1) beständige und systematische Suche nach einem (2) herausragenden Vorbild, dessen erfolgreiche Praxis (3) 'kapiert und kopiert' werden soll.

zu (1): *Benchmarking* ist nicht als einmalige Aktion gedacht, sondern als fortgesetztes, auf Dauer gestelltes Programm der Suche nach Verbesserungsmöglichkeiten. Im Rahmen von TQM (Total Quality Management) ist deshalb *benchmarking* ein zentrales Werkzeug. Meist werden spezielle Projektgruppen eingerichtet, die für erkannte Missstände Problemlösungen bei anderen Firmen suchen und analysieren sollen. Ein idealtypischer Ablauf ist in Abb. H-4.3 wiedergegeben.

zu (2): Normalerweise wird als Vorbild ein unmittelbarer Wettbewerber gewählt; es ist aber durchaus auch möglich, im eigenen Unternehmen nach Bereichen zu suchen, die hervorragende Problemlösungen gefunden haben oder aber von branchenfremden Unternehmungen intelligente Innovationen zu übernehmen. Wichtig ist, dass es sich nicht um bloße Konzepte oder Vorschläge handelt, sondern dass Praxisbewährung vorliegt.

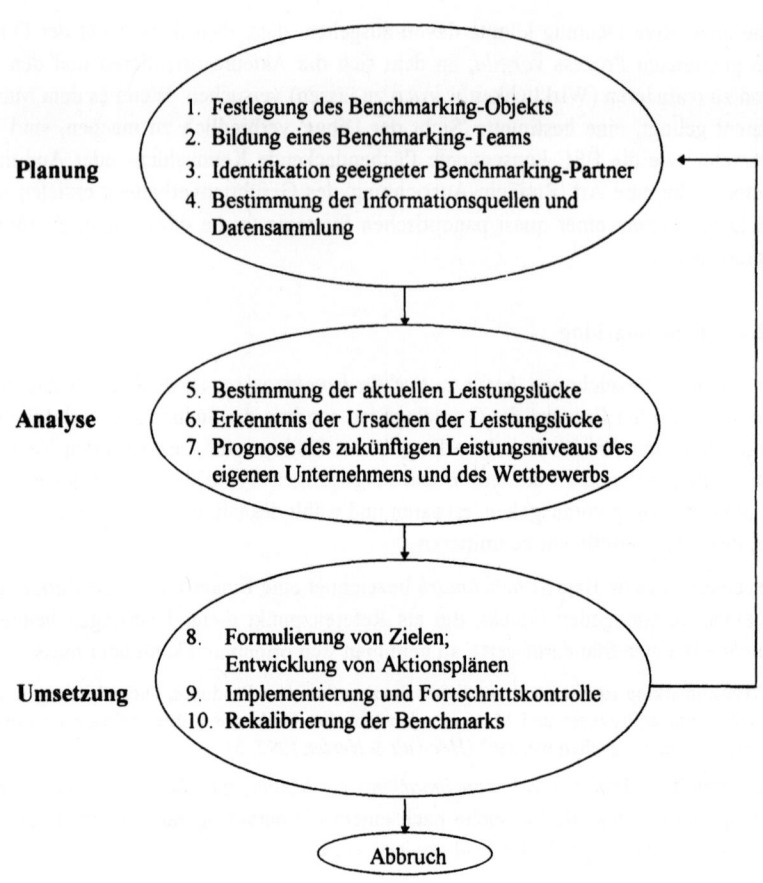

Planung

1. Festlegung des Benchmarking-Objekts
2. Bildung eines Benchmarking-Teams
3. Identifikation geeigneter Benchmarking-Partner
4. Bestimmung der Informationsquellen und Datensammlung

Analyse

5. Bestimmung der aktuellen Leistungslücke
6. Erkenntnis der Ursachen der Leistungslücke
7. Prognose des zukünftigen Leistungsniveaus des eigenen Unternehmens und des Wettbewerbs

Umsetzung

8. Formulierung von Zielen; Entwicklung von Aktionsplänen
9. Implementierung und Fortschrittskontrolle
10. Rekalibrierung der Benchmarks

Abbruch

Abb. H-4.3:   Benchmarking-Zyklus (aus: *Lasch* 1997, 138)

zu (3): Das zu imitierende Modell wird analysiert, um seine Wirkungsweise kennenzulernen und um abschätzen zu können, ob es (als Ganzes oder in Teilen) auf die eigene Unternehmung oder Problemstellung übertragen werden kann. Es geht also nicht um blindes 'Abkupfern', sondern um den durchdachten und evtl. selektiven Transfer auf die besondere eigene Situation. Im Grunde lernt man, die eigene Unternehmung mit fremden Augen zu betrachten, um sowohl Problemdefinitionen wie -lösungen, auf die man bislang nicht gekommen war (wegen mentaler Blockaden[26],

---

[26] Am häufigsten wird hier das NIH-syndrome (not invented here) genannt.

heiliger Traditionen, personaler Vorlieben oder Gewohnheiten, Revierabgrenzungen, der Verriegelung durch vorhandene Technologien usw.) zu entdecken und zu erproben. Diese externe Suche und Sicht unterscheidet benchmarking auch von 'Kaizen' und 'Kontinuierlichen Verbesserungsprozessen' (KVP), bei denen im eigenen Unternehmen praktizierte Vorgehensweisen sukzessive verbessert werden und zwar vor Ort, von allen MitarbeiterInnen, an jedem Arbeitsplatz durch Fehleranalyse und/oder kreative Verbesserungsvorschläge, die individuell honoriert werden.

Lasch (1997, 124) weist darauf hin, dass eine der Quellen von benchmarking der in den 60er und 70er Jahren propagierte *Betriebsvergleich* ist.

> "Der Betriebsvergleich beruht im wesentlichen auf einem Richtwertevergleich, bei dem Betriebe zu Branchendurchschnitten in Beziehung gesetzt werden. Da die übergeordneten Ziele des Betriebsvergleichs monetärer Art sind, werden neben wenigen nichtmonetären Größen, wie z.B. Produktivitäten oder Umschlagshäufigkeiten, im wesentlichen monetäre Größen verwendet" (*Lasch* 1997, 125).

Eine andere Quelle war die 'Profit Impact of Marketing Strategies' (PIMS)-Studie, bei der in kontingenztheoretischer Tradition eine große Zahl von Unternehmungen, über die jeweils eine Fülle von Kennzahlen erhoben wurden, im Hinblick auf erfolgsrelevante Strukturen und Strategien verglichen wurde.

Benchmarking ist demgegenüber weniger zahlenfixiert, sondern an Prozessen, Analogien, Praktiken interessiert und sucht nicht den Vergleich mit Durchschnittswerten, sondern das Vorbild der Besten ('Weltklasse').

Lasch hat in seiner Unternehmensbefragung in Deutschland, bei der die jeweils 10 erfolgreichsten Firmen aus 10 Branchen kontaktiert wurden, bei 51 antwortenden Firmen 38 Unternehmen gefunden, die benchmarking-Projekte durchgeführt hatten. Die meisten benchmarking-Projekte gab es im Logistik- und Produktionsbereich (*u.a.O.*, 158). 'Personal' taucht in seiner Befragung als eigener Bereich nicht auf. Von der Häufigkeit aus zu schließen, mit der das Thema in Fachzeitschriften und Kongress-Veranstaltungen aufgegriffen wird, kann man folgern, dass auch 'PersonalerInnen' sehr daran interessiert sind, von den Erfahrungen anderer zu profitieren. Besonders häufig werden in diesem Zusammenhang Entgeltsysteme, Arbeitszeitmodelle, Outsourcing-Strategien und Personal- bzw. Organisationsentwicklungsansätze behandelt [siehe z.B. *DGFP* 1996, *Kienbaum* 1997, *Marr & Göhre* 1997, *Ulrich, Brockbank, Yeung* 1989, *Lampen & Zesch* 1996, *Clermont & Schmeisser* 1997, *Maurer* 1996; siehe auch die Artikel im Schwerpunktheft der 'Personalwirtschaft' 1997 (2)].

Ulrich, Brockbank & Yeung (1989, 312) nennen folgende Gründe für die Wertsteigerung durch *benchmarking*: Es kann

- den wirtschaftlichen Wert eines Unternehmens erhöhen, weil Praktiken verbessert werden;

- helfen, Prioritäten zu setzen, indem man sich auf diejenigen Human Resources (HR)-Aktivitäten fokussiert, die den größten Zusatznutzen stiften (statt 'alles' gut machen zu wollen);
- dazu beitragen, Leistungsbemühungen zu orientieren, indem es herausfordernde Vergleichwerte bereitstellt,
- die professionelle Entwicklung fördern, weil sich die HR-SpezialistInnen mit den Vorgehensweisen und Erfolgen von ihresgleichen messen können und
- Glaubwürdigkeit kultivieren und dokumentieren, dass die HR-Spezialisten genauso gut oder besser sind wie/als ihre KonkurrentInnen.

Fitz-enz (1997) warnt vor drei Problemen: Das erste ist die Erwartung, einfache Lösungen für die heutzutage sehr komplexen Organisations- und Management-Probleme zu bekommen. Von deren Unmöglichkeit wissen zwar alle, aber dennoch ist die Neigung groß, sich durch Wunder-Versprechen täuschen zu lassen. Das zweite ist der Fehler, das, was jemand über seine Firma als 'best practice' in einer Fachzeitschrift schreibt, für bare Münze zu nehmen; vielfach wird maßlos übertrieben oder sogar falsch berichtet. *Fitz-enz* erwähnt Analysen seiner Beratungsfirma, derzufolge mindestens 70% der in Fachzeitschriften berichteten vorbildlichen Lösungen 'Märchen' gewesen seien. Das dritte Paradox ist, dass die Erhellung der Zukunft durch das Studium der Vergangenheit erwartet wird. Was erfolgreiche Firmen *bisher* getan haben, kann ein Anachronismus sein: auch erfolgreiche Firmen müssen ihre Praktiken fortwährend weiterentwickeln und das, was bisher gut war, in Frage stellen. Insofern muss 'best practice' immer viel mehr als 'past practice' sein.[27]

Wenn die Suche nach Vorbildern davon abhält, eigene Problemlösungskompetenz aufzubauen und eigene Wege zu gehen, dann führt das Nachahmen von Vorgehensweisen, die früher und woanders erfolgreich waren, in evolutionäre Sackgassen, also Anpassungsdefizite. Wer sein Heil allein in *benchmarking* suchte, wäre autoritätsgläubig, konformistisch, selbstunsicher und risikoscheu - und das sind keineswegs die Eigenschaften, die für *intrapreneurship* erforderlich sind.

Beim Vergleich von 22 sehr erfolgreichen Unternehmen fand *Fitz-enz*, dass sich die programmatischen Lösungen für *dasselbe* Problem oft diametral unterschieden - ein Hinweis darauf, dass die Suche nach dem einen 'idealen Weg' irreführend ist und dass es für ähnliche Probleme höchst unterschiedliche erfolgreiche Lösungen geben kann. Als Quintessenz formuliert *Fitz-enz* das Motto: "Nicht, was du siehst, sondern warum du es siehst" (macht etwas zum Antrieb einer best-practice-Aneignung). In der fremden Lösung das eigene Problem erkennen und bearbeiten können, scheint

---

[27] "Der Erfolg von heute ist der Misserfolg von morgen. Meistens wird in diesem Zusammenhang der Eindruck zu erwecken versucht, auch wenn dies nicht immer ausdrücklich gesagt wird, dass eine Strategie, die im nachhinein für die Vergangenheit als richtig erkannt wurde, auch in Zukunft richtig sein müsse. Die Geschichte zeigt allerdings gerade, dass dies nicht der Fall ist, sondern dass im Gegenteil das, was heute goldrichtig ist, schon morgen ein tödlicher Irrtum sein kann" (*Malik* 1982, 397).

eine Erfolgsvoraussetzung zu sein. So ist zum Beispiel der Glaube einer Firma, dass es auf Kommunikation ankommt, wichtiger als die Kommunikation selbst: "Der *Glaube*, der den Prozess treibt, ist die eigentliche best practice" (*Fitz-enz*, 101). Auf diese Warnung, *benchmarking* als eine rein sachlich-technische Aktivität misszuverstehen, werden wir unten noch einmal zurückkommen (Kap. 5.2.1, S. 598).

4.3   Aufdecken und Neugestalten: Das Management der Gemeinkosten

Es ist eine zentrale Aufgabe des Managements, fortwährend nach Ergebnisverbesserungsmöglichkeiten zu suchen. Im Sinne der Maxime des *Schumpeter*schen Unternehmers bedeutet das im Kern 'schöpferische Zerstörung', also den Ersatz bisheriger Praktiken durch neue, z.b. kostengünstigere, wirksamere, wirtschaftlichere. Diese Bemühungen stoßen im Regelfall auf den Widerstand derjenigen, die sich an die Verhältnisse gewöhnt haben und/oder von ihnen profitieren, weil sie damit Unsicherheitszonen kontrollieren, KonkurrentInnen fernhalten, Monopolrenten kassieren und/oder von einer Veränderung der Dinge Nachteile (z.B. Besitzstandverluste) erwarten. Das Durchsetzen von Innovationen ist - wie eine reiche Organisationsentwicklungs-Literatur zeigt - ein sehr komplexes und störanfälliges Geschehen, bei dem zahlreiche Techniken, Verfahren, Instrumente und Taktiken eingesetzt werden (Druck von oben, Mitbeteiligung der Betroffenen, Einsatz von ExpertInnen, Anreizgestaltung etc.). Während z.B. der Produktionsbereich, insbesondere bei beobachtbaren und messbaren Vollzügen, auf eine lange Tradition der Arbeitsanalyse zurückblicken und mit großen Produktivitätssteigerungen aufwarten kann, werden im indirekten Bereich (bei den Gemeinkosten) hohe Produktivitätsreserven vermutet. Weil man bei komplexen, vernetzten und unbeobachtbaren Tätigkeiten mit Stoppuhr und Beobachtungsbogen nur wenig erreicht, werden andere Rationalisierungstechniken eingesetzt.

Die traditionelle Kostenrechnung ist noch sehr stark an der Analyse von (Fertigungs-)Einzelkosten orientiert, die sie in bemerkenswerte Tiefe und Präzision - und unter großem Aufwand! - aufschlüsselt. Es wird jedoch immer mehr in Frage gestellt, ob sich dieser Aufwand lohnt, weil sich inzwischen - wie wir oben bei der Diskussion der Prozesskostenrechnung schon belegt haben - eine Verlagerung der Kostenstrukturen weg von den Einzel- und hin zu den Gemeinkosten ergeben habe. Das krasse Missverhältnis wird in der folgenden Abbildung H-4.4 veranschaulicht.

Für 'Personal' als einem der wichtigsten Gemeinkostenbereiche ist diese Akzentverlagerung von großer Bedeutung für die Zielrichtung des Personal-Controlling. Der Personalaufwand soll nicht mehr als undifferenzierter Kostenblock über Zuschläge weiterverrechnet werden, er ist vielmehr im Hinblick auf seine wertschöpfenden Aktivitäten differenzierter zu analysieren. Diese Akzentsetzung auf Personal*programme* werden wir unten näher analysieren.

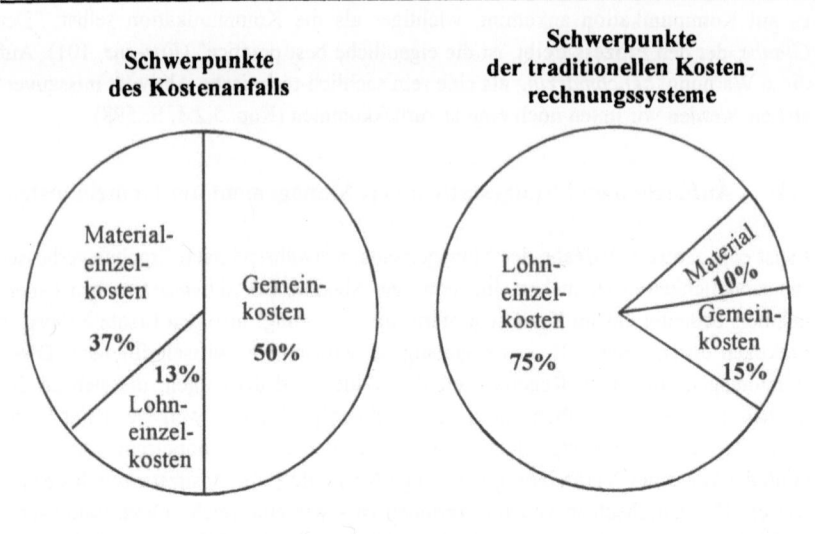

Schwerpunkte
des Kostenanfalls

Schwerpunkte
der traditionellen Kostenrechnungssysteme

Abb. H-4.4: Tatsächliche Kostenstruktur und Schwerpunkte der Kostenrechnungssysteme (nach: *Rayner* 1987, 120; übernommen aus *Fischer* 1993, 162)

Auch die Unterscheidung zwischen 'fixen' und 'variablen' Kosten ist nicht immer
klar durchzuhalten.[28] Sie kann gebunden sein an *Periodenlängen* (auf lange Sicht
sind alle Kosten 'variabel'), *Entscheidungen* [durch eine Managemententscheidung
(z.B. Outsourcing) können bislang fixe Kosten variabilisiert werden] oder *Prozess-
mengen*: Kosten, die mengenunabhängig entstehen, wie z.B. Leitung einer Abteilung, gelten als 'fix', weil sie unabhängig vom Auslastungsgrad (Stückzahl, Losgrö-
ßen, Produktvarianten) in gleicher Höhe anfallen. Personalkosten sind nicht generell
Fixkosten[29]: Im Stückakkord variieren z.B. Fertigungslöhne - zum Teil - mit der
Ausbringungsmenge; aber mit der Tendenz zu Monatslöhnen oder Gehältern geht
die unmittelbare Leistungsabhängigkeit der Löhne zurück; sie müssen durch andere

---

[28] Zu dieser Kosten*spaltung* bemerkt *Riebel* (1974, 502): "Ohne mehr oder weniger große Willkür
gelingt diese Trennung wohl nur in ganz besonders günstigen Fällen."

[29] In *Riebels* relativer Einzelkosten- und Deckungsbeitragsrechnung gelten z.B. Lohneinzelkosten
(kurzfristig) - entgegen der üblichen Praxis - *nicht* als variabel, weil aus arbeitsrechtlichen Gründen eine kurzfristige Anpassung des Personalbestands an den Auslastungsgrad verboten oder un-
wirtschaftlich ist (s. *Riebel* 1990, 169).

Flexibilisierungstechniken (etwa Jahresarbeitszeitverträge) auf Auslastungsgrade bezogen werden.

Bei Analyse und Management von Kosten ist auch an die - gerade für den Personalbereich wichtige - schwierige Abgrenzung zwischen Kosten und Investitionen zu erinnern. Die Konvention kategorisiert als *Kosten* die periodenbezogene (kurzfristige) Nutzung vorhandener Betriebskapazitäten bzw. den periodengleichen Verbrauch von Produktionsfaktoren (wie Material, menschlicher Arbeitszeit); *Investitionen* sind demgegenüber langfristige Bindungen (Anschaffungen, Verträge, Ausbildungen etc.), die mit dem diskontierten Gegenwartswert der dadurch fixierten künftigen Ein- und Auszahlungen verrechnet werden. Nimmt man als Periode das Quartal oder das Jahr, dann ist ersichtlich, dass viele Management-Entscheidungen - insbesondere im Personalsektor - Investitionscharakter haben (etwa der Aufbau einer Unternehmenskultur, die Anstrengungen zur Weiterbildung, die Bezahlung von Senioritätslöhnen, das Engagement in Sozialleistungen etc.). Es fällt nicht leicht, bei einer kurzfristigen Betrachtung diesen Investitionen Gegenwartswerte zuzuschreiben, wenngleich es genügend differenzierte Kalküle für Investitionsrechnungen gibt. Im Personalbereich gilt zudem die Besonderheit, dass der Produktionsfaktor Arbeit nicht in das exklusive Verfügungsrecht des Arbeitgebers übergeht. Dieser erwirbt - wie insbesondere im ersten Band ausführlich erörtert - nur das Arbeitsvermögen; ob diese Potenz bzw. das Leistungsversprechen tatsächlich im erwarteten Umfang realisiert wird, hängt von weiteren Bedingungen ab, die weniger verlässlich prognostiziert und gestaltet werden können als das z.B. bei Investitionen in Maschinen der Fall ist (die der Wartung und Instandhaltung bedürfen und sachgerecht bedient werden müssen; diese Ingenieursperspektive wird nicht selten auch auf menschliche Arbeit übertragen, s. das auf S. 562f. angeführte TPM-Konzept *Bühners*).

Im folgenden sollen zwei Beispiele referiert werden, die in der Praxis Verbreitung und Bedeutung erlangt haben: die Gemeinkosten-Wertanalyse und das Zero-Base-Budgeting. Gerade für das Personalwesen als Institution spielen sie eine große Rolle, weil Personalabteilungen oft als budgetierte Service- oder Cost-Centers (als Gemeinkostenstelle) eingerichtet werden.

4.3.1 Gemeinkosten-Wertanalyse (GWA), Overhead Value Analysis (OVA)

Dieser Ansatz ist insbesondere mit dem Namen der Unternehmensberatung *McKinsey* verbunden. Die GWA gilt als Rationalisierungstechnik, die unter PraktikerInnen vor allem dafür bekannt ist, dass ihr Ziel (oder Resultat) meist Personalabbau ist. Organisation und Vorgehen folgen dem Struktur- und Prozessmuster, das aus Qualitätszirkeln bekannt ist mit der allerdings wichtigen Ausnahme, dass die Zielsetzung vorgegeben und die Teilnahme nicht freiwillig ist. Im Auftrag der Unternehmensleitung bestimmt eine Steuerungsgruppe die organisatorischen Einheiten, bei denen eine GWA durchgeführt werden soll. Die GWA wird als Projekt betrieben;

ProjektleiterIn ist normalerweise der oder die reguläre Vorgesetzte der untersuchten Einheit; die Projektbeteiligten werden von einem Analyseteam, dem neben internen SpezialistInnen auch externe BeraterInnen angehören, in Sachen GWA instruiert, geschult und supervidiert. Die projektleitenden Vorgesetzten präsentieren die Ergebnisse dem Top Mangement und haben - nach dessen Entscheidung - die Umsetzung zu verantworten (siehe auch *Roever* 1980, 1982).

Dieses Arrangement ist nötig, weil in indirekten Bereichen die Leistungsprozesse für Externe kaum beobachtbar oder durchschaubar sind, sodass die Beteiligten selbst zur Mitarbeit gewonnen oder gedrängt werden müssen. Wenn die Beteiligten die Betroffenen (von Rationalisierungsmaßnahmen) sind, muss mit Betriebsblindheit, Bereichsegoismus und Besitzstandwahrung gerechnet werden. Für Erfolge wird dadurch gesorgt, dass ein strukturiertes Vorgehen praktiziert wird, externe Fachleute mit *benchmarking*-Erfahrungen und -Daten beteiligt werden und - z.T. massiver - Druck 'von oben' ausgeübt wird. Damit ist eine GWA nicht allein ein sachlicher Problemlöseprozess, sondern ein Aushandlungs- bzw. Machtprozess.

Die Analyse beginnt normalerweise mit der Auflistung der Ziele der Einheit, ihrer Leistungen, die sie für interne und externe Kunden erbringt (die meist auch zur Bewertung dieser Leistungen aufgefordert werden) und dem Ressourcenverzehr, der dabei anfällt. Für Leistungen mit schlechten Nutzen-Kosten-Relationen wird im nächsten Schritt das Rationalisierungspotential eingekreist: es sind Vorschläge zu entwickeln, welche Leistungen bei einer (z.B.) 40%-igen Ressourcenkürzung (vorwiegend: Planstellenabbau) wegfallen, verlagert oder eingeschränkt werden können oder durch andere effizientere Maßnahmengestaltung aufrechterhalten werden können. Es muss auch gezeigt werden, welche Konsequenzen eine nicht substituierte Leistungskürzung für interne und externe Kunden hätte. Nach einer Realisierbarkeitsprüfung werden Aktionsprogramme formuliert und - nach Bestätigung durch höhere Instanzen - implementiert.

Normalerweise werden sich die Linienvorgesetzten, um die in Aussicht gestellten massiven Einschnitte abzuwenden, zu Konzessionen und Verbesserungsvorschlägen bereitfinden, die beide Seiten das Gesicht wahren lassen. In der Praxis werden Einsparungen zwischen 10 und 20% berichtet (s. *Hentze & Kammel* 1993, 161), wobei normalerweise am alten Leistungsniveau keine wesentlichen Abstriche gemacht werden.

Gemeinkosten-Wertanalysen sind einmalige Aktionen in Krisensituationen, die sich an der bestehenden Aufbauorganisation orientieren und sie im Regelfall unverändert lassen. Radikale Umstrukturierungen sind nicht vorgesehen, nicht zuletzt deshalb, weil nicht flächendeckend, sondern nur punktuell (meist: kostenstellenbezogen) analysiert wird; deswegen werden selten bereichsübergreifende Lösungen gefunden. Es geht im wesentlichen um - letztlich autoritär durchgesetzte - effizienzverbessernde Maßnahmen, deren Akzeptanz bei den Ausführenden nicht gesichert ist.

4.3.2   Zero-Base-Budgeting (ZBB)

Das ZBB ist anders als die GWA nicht auf das Kostensenkungsziel fixiert, sondern strebt Ressourcenumverteilungen an, sodass auch Koste*nerhöhungen* resultieren können, wenn dem unternehmenszielkonforme Leistungs- oder Nutzenszuwächse entsprechen.

Seinen Namen hat das ZBB von der Aufforderung, quasi 'von Basis Null' auszugehen; man soll sich also *nicht* an *bestehenden* Strukturen und Prozessen orientieren, sondern diese grundsätzlich in Frage stellen und bessere Alternativen konzipieren.

Es lassen sich folgende Schritte unterscheiden (siehe auch: *Meyer-Piening* 1989, 2278):

(1)   Festlegung und Kommunikation der Unternehmenszielsetzung;

(2)   Auswahl der zu analysierenden (Kostenstellen-)Bereiche; Beschreibung der Ziele dieser Einheiten;

(3)   Unterscheidung von verschiedenen Leistungsniveaus:

a) niedriges Niveau, das gerade noch ausreicht, die Kernfunktionen zu garantieren (z.B. 60% des gegenwärtigen Niveaus);

b) gegenwärtiges Niveau (mit der Prüfung alternativer Verfahrensmöglichkeiten);

c) angestrebtes höheres Niveau (z.B. 120% des gegenwärtigen Zustands).

Diese Leistungsniveaus sind durch eindeutig definierte Arbeitsergebnisse zu beschreiben; die internen Auftraggeber und Kunden haben Stellung zu nehmen;

(4)   Erarbeiten von alternativen Verfahren zur Erreichung der Leistungsniveaus; Auswahl der wirtschaftlichsten Verfahren;

(5)   Beschreibung der Vor- und Nachteile der verschiedenen Leistungsniveaus, Beschreibung der vorgeschlagenen Verfahren und der Kosten und Nutzen; Zusammenfassung zu Entscheidungspaketen;

(6)   Festlegung von Prioritäten der Ressourcenverwendung: Rangordnung der Entscheidungspakete;

(7)   Entscheidung (der Unternehmensleitung) über die Mittelverwendung (Budgetschnitt: alle Pakete unterhalb dieser Linie werden nicht realisiert);

(8)   Abstimmung der Maßnahmen mit den betroffenen Führungskräften;

(9)   Budgetzuweisung und Überwachung der Durchführung der beschlossenen Maßnahmen.

Wie die GWA ist auch das ZBB eine 'von oben' durchgesetzte Ergebnisverbesserungsstrategie, die die Betroffenen durch Beteiligung einzubinden sucht. Es geht aber nicht so sehr um Kostensenkung, sondern um Umverteilung der Ressourcen: obsolet gewordene Aktivitäten sollen abgebaut und die freiwerdenden Mittel neuen Verwendungen zugeführt werden; deshalb wird großer Wert auf die Entwicklung neuer Ideen zur Zielverwirklichung gelegt; anspruchsvolles methodisches Prinzip ist es ja, bei der Ist(!)-Analyse die Vergangenheit zu vergessen, damit alte Fehler nicht fortgeschrieben werden. Allerdings wird von einem *gegebenen* Budgetvolumen ausgegangen, das neu verteilt werden soll; das Zustandekommen dieses Budgetvolumens wird nicht analysiert. Auch das ZBB ist an der Aufbauorganisation orientiert, erfordert aber stärkere Kommunikation mit innerbetrieblichen Leistungsempfängern und kann neue Kooperationsbeziehungen begründen. Der Zwang zu Paket-Vergleichen sensibilisiert für Kosten-Nutzen-Abwägungen, was gerade für Gemein-kostenbereiche ein neues Bewusstsein schafft. Für das Top-Management ist es ein nicht zu unterschätzendes Ergebnis, dass Legitimationsdruck und Erarbeitung sehr differenzierter Leistungspakete die Gemeinkostenbereiche *transparenter* machen, sodass neue Eingriffs- und Steuerungsmöglichkeiten eröffnet werden. Wenn man davon ausgeht, dass es den Akteuren in Organisationen darum geht, strategische Ungewissheitszonen zu kontrollieren, wird man nicht so blauäugig sein anzuneh-men, dass die untersuchten Einheiten rückhaltlos alle Reserven und Möglichkeiten offenlegen. Weil sie privilegierten Zugang zu den Interna ihrer Arbeit haben, wer-den sie versuchen, die - notwendigerweise oft nur global zu schätzenden - Arten und Umfänge der Kosten- und Nutzenkomponenten im eigenen Interesse zu definieren. Darauf werden wir bei der Diskussion von Controlling-Spielen (s. Kap. 5.3.2) noch zurückkommen.

Zusammenfassung zu GWA und ZBB

GWA und ZBB gründen sich nicht auf Theorien oder Modelle des Wertschöpfungs-prozesses, sondern sind pragmatische Verfahren, die dazu dienen, ungenutzte Po-tentiale zu erschließen. Dies geschieht durch ein austariertes Zusammenspiel von Druck und Partizipation, durch das die Ausführungsverantwortlichen motiviert wer-den, an der Intensivierung ihrer eigenen Leistungen bzw. deren Umorientierung mit-zuarbeiten und gegebene oder angestrebte Besitzstände durch verbesserte Ergebnis-se zu rechtfertigen. Controlling wird hier nicht als ein Fremd-Controlling ausgeübt, das auf objektive Beobachtungen und Maße gestützt ist, sondern als ergebnisoffene Steuerung der Selbstverpflichtung, neue Möglichkeiten der Erfolgsverbesserung zu finden und zu realisieren. Deshalb haben wir diese Techniken nicht unter die Ko-sten-*Rechnung*, sondern unter das Kosten-*Management* subsumiert.

4.4 Schluss: Total Quality Management und seine Beziehung zum Personalwesen

Management ist eine - vom mythischen Prinzipal beauftragte - Steuerungseinrich-tung, die für die Geschäftsergebnisse (im weitesten Sinne) verantwortlich gemacht wird. Weil Management an seinem *Erfolg* bewertet wird, ist verständlich, dass der näheren Bestimmung dieser Größe hohe Bedeutung zukommt. In jüngster Zeit ist ein Kandidat dafür in den Mittelpunkt des Interesses gerückt: Qualität bzw. totale oder umfassende Qualität. Die TQM-Bewegung hat auch personalwirtschaftliche Autoren inspiriert (s. z.B. *Bühner* 1993 und 1996, *Bertram* 1996, *Gerpott* 1996, *Kolb & Bergmann* 1996, *Wunderer, Gehrig & Hauser* 1997, *Marr & Göhre* 1997).

Das früher in der Produktion etablierte Konzept der Qualität wurde auch auf Dienstleistungen übertragen und vor allem in mehrfacher Hinsicht generalisiert:

- es sind nicht mehr einzelne SpezialistInnen (Qualitätskontrolleure) betroffen, sondern *jede(r)* einzelne ist dem Qualitätsziel verpflichtet;
- Qualitätsorientierung beschränkt sich nicht auf bestimmte Ergebnisse, sondern bezieht sich auf *alle* Resultate und den gesamten vorgelagerten Prozess;
- Qualitätsorientierung ist kein punktueller Akt, sondern eine *immer* mitlaufende Grundhaltung oder Verpflichtung;
- es geht nicht um hinreichende, sondern *höchste* Qualität;
- der Fluchtpunkt aller Qualitätsbestrebungen ist die Erfüllung von *Kunden*wünschen.

Kurz gesagt: Ziel ist, dass jede(r) immer in allem das Bestmögliche für den Kunden tut. Dabei wird zugestanden, dass dieses hohe Ziel nicht auf einmal, vielleicht sogar nie erreicht werden kann, denn höchste Qualität ist ein bewegliches Ziel, das sich bei Annäherung entfernt. Es muss deshalb ein fortwährender Lernprozess installiert werden, der dem Anliegen der 'kontinuierlichen Verbesserung' verpflichtet ist.

TQM ist, wie oft gesagt wird, eine 'Philosophie', womit in Managementkreisen allgemeines Prinzip, Kerngedanke oder grundsätzliche Orientierung gemeint ist. Diese abstrakte konzeptionelle Ausrichtung muss operationalisiert, also in konkretes Handeln überführt werden, sodass Steuerung und Messung möglich werden.

Japanischen und amerikanischen Vorbildern folgend, wurde 1988 von 14 führenden europäischen Unternehmen eine *European Foundation for Quality Management* (EFQM) gegründet, die inzwischen mehrere hundert Unternehmen als Mitglieder zählt. Es werden ein jährlicher *European Quality Award* sowie weitere Qualitätspreise vergeben. Seit 1992 gibt es ein fortlaufend verbessertes EFQM-Modell, das der Preisvergabe und der Selbstbewertung zugrundegelegt wird. Dieses Modells ist in Abb. H-4.5 wiedergegeben.

Das Modell reguliert die Bewertung der Qualitätsbemühungen. Insgesamt werden 1000 Punkte vergeben, 500 für *Befähiger* (Potentiale, Ressourcen, Leistungsermöglicher) und 500 für *Ergebnisse*. Innerhalb dieser Gruppen wird - wie aus dem Schema H-4.5 ersichtlich - weiter untergliedert; die einzelnen Aspekte tragen mit unterschiedlichem Gewicht zur Gesamtpunktzahl bei [die Ressource 'Mitarbeiterorientierung' geht z.B. mit 9%-igem Gewicht (90 Punkten) in die Gesamtbewertung ein, während 'Politik und Strategie' 1% weniger zählen]. Im entsprechenden Handbuch sind die Kriterien für die Punktvergabe weiter aufgeschlüsselt. So geht es z.B. im Befähiger-Bereich "Führung" um die Beurteilung der Anstrengung aller Führungskräfte, 'umfassende Qualität' als einen kontinuierlichen Verbesserungsprozess zu initiieren, durchzusetzen und zu reflektieren. Im einzelnen wird das in folgende Unterpunkte aufgegliedert (s. *EFQM* 1996/1997 13ff.):

1. sichtbares Engagement und Vorbildfunktion in Bezug auf umfassende Qualität;

2. eine beständige TQM-Kultur;

3. rechtzeitiges Anerkennen und Würdigen der Anstrengungen und Erfolge von Einzelpersonen und Teams;

4. Förderung von Total Quality durch Bereitstellung geeigneter Ressourcen und Unterstützung;

5. Engagement bei Kunden und Lieferanten;

6. aktive Förderung von umfassender Qualität außerhalb des Unternehmens.

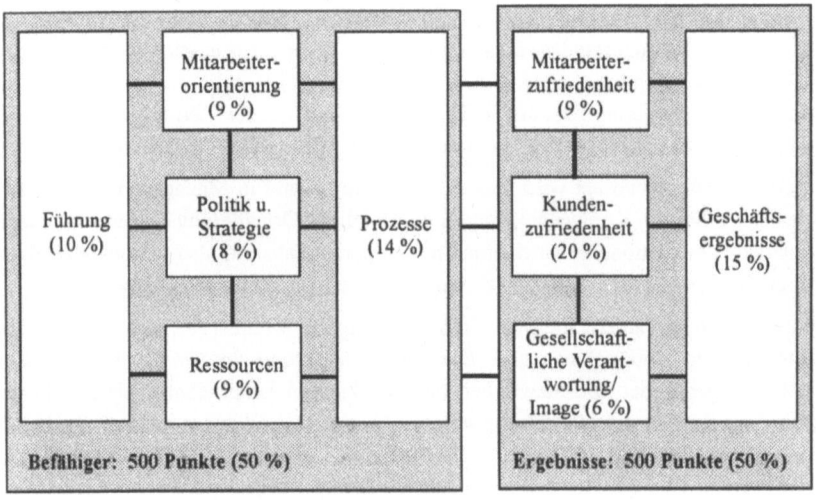

Abb. H-4.5: Das Modell der European Foundation for Quality Management

Alle Unterpunkte bei den 'Befähiger'-Kriterien werden nach *Vorgehen* (Konzept, Entwurf) und *Umsetzung* (Realisierung, Anwendung) bewertet; ähnlich erfolgt bei den 'Ergebnissen' eine Bewertung aus den Perspektiven *Güte* und *Umfang*.

Kommentar: Es handelt sich beim EFQM-Modell um eine weitgehend willkürliche Zusammenstellung von Meßgrößen und Gewichtungen. Die einzelnen Konzepte werden in keinen theoretischen Zusammenhang gebracht, nicht eindeutig definiert und nicht verbindlich operationalisiert. An verschiedenen Stellen tauchen ähnliche Kriterien auf, wie denn überhaupt zu Interdependenzen und Interaktionen keine Aussagen gemacht werden. Das Schema täuscht Exaktheit vor (Quantifizierbarkeit,

Punkteaufteilungen); seine symmetrische ästhetische Gestaltung suggeriert Ausgewogenheit und die Einfachheit und Eleganz geometrischer Konstruktionen. Es wird nicht offengelegt, warum gerade die aufgeführten Kriterien ausgewählt wurden; vollends kryptisch ist das Zustandekommen der Gewichtungen [die bei Selbstbewertungen nicht für verbindlich erklärt werden, um unternehmensspezifische Akzentsetzungen zu erlauben]. Auf Messprobleme wird nur beiläufig eingegangen; bedenkt man - um ein Beispiel herauszugreifen - wie schwierig und umstritten die Operationalisierung von 'Mitarbeiterzufriedenheit' ist, dann kann man die Entschiedenheit nur bewundern, mit der dieses Kriterium mit dem exakten Wert von 9% in das Gesamturteil eingeht. Ist schon der Diagnose-Wert des Modells skeptisch zu beurteilen, dann umso mehr die Hilfestellung zur Implementierung, zu der nur wenig und allgemeine Aussagen gemacht werden.

Eine derartige theoretische und methodische Kritik wird diesem *Management*-Instrument jedoch nicht ganz gerecht. Aus Managementperspektive stehen andere Leistungen im Vordergrund: Wie lässt sich ein komplexes Thema einfach kommunizieren? Wie kann man etwas im Grunde nicht Durchschautes in Angriff (!) nehmen? Wie lässt sich eine reine Ergebnis-Fixierung aufbrechen, sodass auch andere Aspekte von Geschäftsprozessen in den Blick kommen? Wie können Impulse gegeben werden, ganz bestimmte Problembereiche zum Gegenstand von (konzertierten?) Aktionen zu machen? Wie kann ein Top Management seine Entschlossenheit demonstrieren, es mit dem umfassenden Qualitätscontrolling ernst zu meinen?

Die praktische Umsetzung dieser Impulse macht - im doppelten Sinn - zu schaffen, insbesondere verschafft sie einer blühenden Auditierungs- und Kongress-Industrie Arbeit. Die Aufgliederung in einen mit exakten Punktzahlen bewerteten Satz von scheinbar unabhängigen Einzelgrößen, die in einen formalen Zusammenhang gebracht werden, bedient die vielzitierte behavioristische Management-Maxime, dass nur gemanagt werden kann, was sich messen lässt und nur getan wird, was gemessen wird. Der Quantifizierungswahn ist Ausdruck jener Zahlengläubigkeit, die sich auch unkritisch auf Kennzahlen wie ROI, Cashflow, Deckungsbeiträge, Gemeinkostenzuschläge usw. einschwören lässt. Beim EFQM-Modell kommt hinzu, dass trotz der exakten prozentualen Gewichtung die Inhalte der Ziele vage und auslegungsfähig bleiben, sodass sie jeweils passend interpretiert werden können und genau genommen unerfüllbar sind. Aus Personalwesensicht wird zuweilen mit Stolz hervorgehoben, dass den weichen Human Resource-Kriterien ein hoher Stellenwert eingeräumt wird (fast 30% der Gesamtpunktzahl); dass - in einem kapitalistischen Wirtschaftssystem - den 'Geschäftsergebnissen' demgegenüber nur 15% beigemessen werden, lässt die Deutung zu, dass das EFQM die wahren Bewertungsverhältnisse mystifiziert.

Wir haben oben ausgeführt, dass Personal-Audits und -Kennzahlen prüfen und orientieren, dass Techniken wie Balanced Scorecard und Benchmarking Verschiedenes vergleichen und durch Zielvorgabe anspornen, dass Verfahren des Gemeinkostenmanagements Gewohntes in Frage stellen, Rechtfertigungsdruck aufbauen und neue Wege bahnen. Für einen Prozess schöpferischer Zerstörung werden Energien freigesetzt, um das Bestehende zugunsten des managementdefinierten Besseren zu überwinden. All diese Funktionen erfüllt auch das TQM-Modell der EFQM und wie die anderen Instrumente erzeugt es eine verallgemeinerte Prüfungsbereitschaft, die sie zugleich bestätigt und nutzt. Auf diese sozioökonomisch bedeutsame Gemeinsamkeit werden wir am Schluss des Kapitels H-5 noch einmal zurückkommen.

H-5: Personal-Controlling aus politischer Perspektive - Übersicht

5.0 Überblick		

5.1 Das Disziplinarindividuum als Voraussetzung und Produkt des Personal-Controlling	5.2 Personal-Controlling als Realitätsbeschwörung	5.3 Personal-Controlling als Mittel und Ergebnis von Machtkämpfen und Spielen
Die Geburt des Individuums aus dem panoptischen Geiste.

Im außerökonomischen Bereich (Schulen, Klöster, Armeen, Staatsverwaltung, Spitäler) verbreiten sich Systeme des Zählens, Messens, Prüfens, Bewertens, Einordnens und Archivierens.

Überwacht werden wird durch Selbstüberwachung potenziert. Selbstdisziplinierung ersetzt zwar nicht Fremdherrschaft, steigert aber deren Wirksamkeit.

Deshalb hat Personal-Controlling die Doppelaufgabe, Fügsamkeit *und* Selbständigkeit zu bewirken. | Wirklichkeit abbilden oder erzeugen? Modelle der Realität dienen der Modellierung der Realität. Controlling ist weniger 'Erkenntnismaschine' als Wirklichkeitserzeugungstechnik.

Welche Wirklichkeit wird in Zahlen und welche in Geschichten wiedergegeben?

Benchmarking als magisches Handeln: Nachahmung und Kontrollillusion.

Personal-Controlling als Magie: Latente Funktionen von Wunschdenken und Wunschhandeln. | Personal-Controlling-Praktiken als Herrschaftstechniken: Machtkampf statt Problemlösung.

Die Struktur der Herrschaftsbeziehung als misstrauisches Prinzipal-Agenten-Verhältnis: Controlling als Instrumentierung der Agentenbeherrschung.

Spiele als Vereinigung von Freiheit und Zwang:

Spiele *im* Controlling: Budgetspiele als Beispiel.

Personal-Controlling *als* Spiel: Controlling als Wettkampf-Spiel. Spiel-Räume als Bedrohung und Voraussetzung des Controlling-Erfolgs. |

5.4 Schluss: Das geprüfte Personal		

5.   Personal-Controlling aus politischer Perspektive

5.0   Überblick

In den vorangegangenen Hauptkapiteln (Ökonomie, Management) wurde Personal-Controlling als objektive, 'rein sachliche' Funktion dargestellt. Dieser Zugang soll im Folgenden ergänzt werden durch eine politische Perspektive. Die *ökonomische* Sichtweise war dominiert durch das Kalkül rationaler Akteure, die ihre Tauschbeziehungen in Termini von Kosten, Nutzen, Preisen, Ressourcen- und Ergebnisallokation regulieren. Bei der *Managementorientierung* des Personal-Controlling stand die pragmatische (aktionsbetonte) Lösung von Problemen der Koordination, Steuerung und Zielerreichung im Vordergrund.

Der nun zu diskutierende *politische* Zugang betont

- die *Einbettung* von Personal-Controlling in gesellschaftliche, historische und organisationale Kontexte, welche Genese, Gestaltung und Legitimation von Handlungen und Strukturen konditionieren (nicht: determinieren);
- die *Reflexivität* bzw. *Rekursivität* des Geschehens: im 'bedingten' Handeln werden eben jene Bedingungen (re-)produziert, die das Handeln ermöglichen und beschränken;
- statt systemischer objektiver Funktionen die *'Interessiertheit'* aller beteiligten *Akteure* (stakeholders), die nicht so sehr ein fiktives Gesamtwohl, sondern partikuläre Ziele verfolgen und dafür Machtressourcen aufbauen, aneignen und einsetzen, um andere Menschen für eigene Zwecke zu instrumentalisieren;
- die Formulierung und Durchsetzung von Regeln und Normen, um *Ordnung* zu errichten, die sich zu legitimieren und gegen stets mögliche alternative Ordnungen zu verteidigen hat.

Vorschau: Im Rahmen dieses Politikverständnisses haben wir die folgende Auseinandersetzung in drei Kapitel gegliedert:

a) *Das Disziplinarindividuum als Voraussetzung und Produkt des Personal-Controlling*

Personal-Controlling kann es in seiner jeweiligen historischen Formbestimmung nur geben, wenn und weil Gesellschaft, Organisationspraktiken und Individuen *koevoluieren*. Als Souverän-Subjekt vereinigt das Disziplinarindividuum Fügsamkeit *und* Selbständigkeit.

b) *Realitätsabbildung als Realitätsbeschwörung (Magie)*

Mit der Abbildung von Wirklichkeit im Rahmen bestimmter Verfahren wird diese Wirklichkeit nicht so sehr 'wahrheitsgemäß' erkannt als vielmehr 'magisch' beschworen, produziert und beherrscht.

c) *Personal-Controlling-Praxis als Machtkampf und Spiel*

Die Beziehung zwischen den Beteiligten ist konflikthaft und machtdurchtränkt; die getroffenen Arrangements sollen helfen, eigene Interessen auch gegen Widerstand durchzusetzen. Dieser Zusammenhang soll zum einen als Herrschaftsbeziehung, zum anderen als 'Spiel' interpretiert werden.

5.1 Das Disziplinarindividuum als Voraussetzung und Produkt des Personal-Controlling

Wenn in Gesellschaften und Organisationen bestimmte Praktiken und Institutionen entwickelt werden (z.B. Initiationsriten, Feste, Ehen, Irrenhäuser, Geheimpolizei ...), dann sind diese Regulierungen sowohl Ausdrucksform wie Gestaltungsmittel: Sie sind geformte Behältnisse für ansonsten diffuse Ängste, Bedürfnisse, Interessen und Ziele, die sich nun konkretisieren und 'behandeln' lassen; die gesellschaftlichen Einrichtungen geben zu diesem Zweck bestimmte Inhalte, Handlungsmuster und Strukturen verbindlich vor.

> Initiationsriten regulieren z.B. den Übergang von der Kindes- zur Erwachsenen-Rolle und die Aufnahme in die Erwachsenengesellschaft durch ritualisierte Prozeduren, die in symbolischer Form Konflikte und deren Lösung inszenieren; gleichzeitig werden damit Rollen, Privilegien und Strukturen stabilisiert.

Auch für das (Personal-)Controlling ist zu untersuchen, unter welchen gesellschaftlichen bzw. organisationalen Bedingungen es sich entwickeln konnte.

> Der Kontroll-, Dokumentations- und Koordinationsbedarf steigt z.B., wenn es viele und/ oder anonyme Eigentümer gibt, wenn die Regelung von Erbfragen ansteht, wenn wichtige externe Interessenten auftreten (Zünfte, Staat), mit entwickelter Geldwirtschaft (leichterer Veräußerbarkeit), wenn das Gewinnziel dominant wird etc. Damit (Personal-) Controlling realisiert werden kann, müssen gesellschaftliche Vorbedingungen geschaffen sein (Religion, Pädagogik, Wissenschaft; Entwicklung einer Zahlen- und 'grammato-zentrischen' Schriftkultur, s. *Hoskin & Macve* 1986).

Welche spezifische Form hat (Personal-)Controlling in verschiedenen Entwicklungsstufen gehabt? Wie hat sein Vollzug jeweils formend zurückgewirkt auf die Bedingungen und die Akteure? Wie mussten die Akteure 'zugerichtet' werden, damit sie Controlling-Subjekte und -Objekte werden konnten?

Grundthesen sind, dass (1) Controlling nichts Fertiges ist, sondern sich entwickelt und in verschiedenen historischen Stadien anders aussieht und dass (2) jeweils ein spannungsgeladener 'Fit' bzw. eine 'strukturelle Kopplung' zwischen den beteiligten Handlungssystemen (Gesellschaft, Organisation, Subjekt) zu beobachten ist.

Ein Beleg für die erste These müsste beschreiben, wie sich die moderne Unternehmung aus ihren Vorformen entwickelt hat und welche Institutionen und Praktiken jeweils existierten, um das zu erledigen, was wir heute Controlling-Funktionen nennen (koordinieren, vergleichen, kontrollieren, steuern, dokumentieren ...). Die Venezianischen oder Augsburger Handelsimperien hatten anderen 'Controlling'-Bedarf als mittelalterliche Handwerksbetriebe oder Klöster; Verlagssysteme, Manufakturen und Fabriken hatten unterschiedliche Kontrollmethoden, Steuerungseinrichtungen und Dokumentations- und Rechnungssysteme; international operierende Großkonzerne brauchen ein anderes Controlling als regionale Nischenanbieter. Lehrbücher der Geschichte der BWL - wie z.B. das von *Schneider* (1994) - liefern reiches Anschauungsmaterial für diese evolutionären Prozesse.

Fast alle Fachtexte zu Rechnungswesen, Buchhaltung, Controlling oder Management enthalten historische Abrisse, die Entwicklungspfade nachzeichnen. Die Entstehung des Controlling aus seinen Frühformen (vielzitiert: die 'Erfindung' der doppelten Buchführung) skizzieren z.B. *Hoskin & Macve* (1986, 1988), *Hopwood* (1987).

Kapitel H

Aus der Perspektive des Management Accounting (Rechnungswesen) argumentieren *Johnson & Kaplan* (1987).

Die zweite These greift die kontroverse Controlling-Interpretation aus *Foucault*-Perspektive auf. Kerngedanke ist, dass Controlling ein Disziplinierungsinstrument ist, das die allseitige Beobachtung des Subjekts realisiert und in Wissen-Macht-Verschränkung das organisations- und verwertungstaugliche Subjekt (re-)produziert. [Pro: *Hoskin & Macve* 1986, *Grey* 1994, *Hoskin* 1994; contra: *Neimark* 1990, 1994)].

Im vorliegenden Text geht es jedoch nicht um Controlling generell, sondern um Personal-Controlling. Bei den Fachautoren herrscht überwiegend die Meinung vor, dass es im deutschsprachigen Raum ein spezielles Personal-Controlling erst seit wenigen Jahren gibt (etwa ab Mitte der 80-er Jahre finden sich Monografien mit diesem Titel und Beiträge in Fachzeitschriften, s. z.B. *Potthoff & Trescher* 1986, *Schulte* 1989, *Wunderer & Sailer* 1987; zur Geschichte des Personal-Controlling s.a. *Haunschild* 1998). Das bedeutet natürlich nicht, dass vor dieser Zeit Personalarbeit nicht 'controlled' worden wäre; es heißt nur, dass vorher Notwendigkeit und Ausgestaltung *spezifischer* Personal-Controllings nicht thematisiert worden sind, weil offenkundig dafür kein Bedarf bestand. Vorher wurden die entsprechenden Aufgaben durch andere Institutionen und/oder auf andere Weise wahrgenommen.

Es lässt sich z.B. mit guten Gründen die Meinung vertreten, dass *Taylor*s 'Scientific Management' im Kern eine controlling-gesteuerte Konzeption war, weil es ihm um die Zerlegung komplexer Arbeitsabläufe in einzelne Module ging, für die er Ausführungszeiten, Qualitätsnormen, Ausführungsbedingungen und Kosten standardisieren konnte. Die Zuordnung von gering qualifizierten, schnell anlernbaren, billigen und gehorsamen Arbeitskräften zu diesen 'wissenschaftlich' geplanten Arbeitsprozessen erlaubte eine kostengünstige Massen- und Serienproduktion. Die Arbeitsausführung wurde zentral konzipiert, geplant und vorgeschrieben, vor Ort wurde sie eng überwacht und umfassend dokumentiert. Es herrschte ein 'hegemoniales Regime' des Arbeitsprozesses, das entsprechende Arbeitskräfte benötigte *und* produzierte (fügsam, desinteressiert, spezialqualifiziert, austauschbar, anspruchslos ...). Ein solches Regime und solche Arbeitskräfte waren nicht länger funktional, als sich Produkte und Produktionskonzepte änderten. Wenn nicht mehr homogene Massenprodukte, sondern auf Kundenbedürfnisse hin maßgeschneiderte Kleinserien oder Einzelprodukte mit hochtechnisierten Anlagen gefertigt werden, dann werden in 'fraktalen Fabriken' MitarbeiterInnen gebraucht, die mitdenken, verbessern, disponieren, sich selbst organisieren und kontrollieren etc. Beim Umschalten von der Misstrauens- auf die Vertrauenskultur werden neue Muster des Personal-Controlling und neue Typen oder Charaktere von MitarbeiterInnen nötig [zu den Vorläufern von *Taylor* - z.B. *Tyler* - s.a. *Hoskin & Macve* (1988), *Ezzamel, Hoskin & Macve* (1990)].

Wesentlich früher setzten *Hoskin & Macve* (1986) die Vorformen des Personal-Controlling an, wenn sie auf die aus der schulischen Pädagogik übernommenen Disziplinierungstechniken verweisen: mündliche und schriftliche Prüfungen, Klassenbücher, Rangordnungen der Schüler nach Leistung und Betragen, Preise und Strafen und vor allem: die Erfindung der Schulnote, durch die nicht nur ein *Leistungsergebnis* bezeichnet, sondern die *Person* - in ihren Fähigkeiten - beschrieben wird. Erst die Schulnote ermöglicht den Vergleich, die Bilanzierung von guten und schlechten Leistungen, die abkürzende Charakterisierung des oder der Lernenden.

Habersam (1997) zeichnet in seiner instruktiven Monografie die Entwicklung des Rechnungswesens beim englischen Industriepionier *J. Wedgwood* nach, in dessen System von Anfang an der Kontrolle, Disziplinierung, Belohnung und Einbindung der MitarbeiterInnen ein hoher Stellenwert zukam.

Die Entwicklungstendenz lief von herrschaftlich-repressiver Fremdkontrolle hin zu Selbstkontrolle. Anstelle des 'äußeren Herrn' fungieren beim 'modernen' Individuum als nunmehr verinnerlichte Lenkungsinstanzen Gewissen, Bürgerideal, Normalitätsstandards, Rollenschemata usw. Bevor wir aber ein vorschnelles Lob des Selbst-Controlling der zum Intrapreneur mutierten Arbeitskraft singen, sei zunächst auf die sozioökonomische Genese des Typus des 'Subjekts' (oder Individuums) zurückgeblickt. Denn dieses Individuum ist Bedingung für die Möglichkeit der Selbstkontrolle.

In früheren, funktional weniger differenzierten Gesellschaften waren die Lebens- und Arbeitsrollen der Menschen klar und dauerhaft bestimmt. Jede Person wusste, was sie an dem ihr zugewiesenen überschaubaren sozialen Ort zu tun und zu lassen hatte, wer das Sagen und wer zu gehorchen hatte, mit welchen Strafen und Belohnungen zu rechnen war.

Dies änderte sich im ausklingenden Mittelalter und speziell mit der fortschreitenden Industrialisierung und Kapitalisierung der Wirtschaft. Es wurden neue Märkte erschlossen, ökonomische und gesellschaftliche Innovationen stellten die Menschen vor völlig neue Herausforderungen. Die Gesellschaft(en) differenzierte(n) sich in einem vorher nie dagewesenen Ausmaß und Tempo. Vorgezeichnete Lebensentwürfe machten - damals schon! - neuen 'riskanten Freiheiten' Platz. Damit vermehrten sich jedoch gleichzeitig die Steuerungsprobleme; zunehmend mehr erwies sich die bewährte hierarchische Zentralsteuerung als ineffizient und ineffektiv. Der Prozess der Zivilisation, der - *Elias* zufolge - durch die erwähnte Umstellung von Fremdherrschaft auf Selbstbeherrschung gekennzeichnet ist, benötigte und schuf neue Subjekte; er ist gleichzeitig ein Prozess der Individualisierung (Vereinzelung, Loslösung aus ständischen Bindungen, traditionellen Rollen), Mobilisierung (Trennung von herkömmlichen Wohnorten und sozialen Milieus), Qualifizierung (der Bereitschaft, sich neuen Herausforderungen durch Anpassung zu stellen) und Politisierung (Kampf um Positionen und Rechte).

Die 'neue Unübersichtlichkeit' war durch die gewohnte Form persönlicher (autoritärer) Anweisung nicht mehr wirksam zu steuern; es wurden neue Steuerungsformen entwickelt und teils komplementär, teil konkurrierend eingesetzt: die wichtigsten Varianten waren Regeln, Pläne und Selbstabstimmung - und diese Alternativen hatten jeweils eigene informatorische, organisatorische und personale Voraussetzungen und Folgen. Die Hoch-Zeit des Controlling brach an, als komplexe Systeme über Pläne gesteuert wurden (s. *Weber* 1995); bei einer Entwicklung zur Steuerung durch Selbstabstimmung müss(t)en deshalb neue Formen des Controlling gefunden/ praktiziert werden.

Steuerung durch Pläne kann auf Selbstorganisation nicht verzichten, weil eine perfekte Fremdsteuerung viel zu aufwendig wäre. Es müssen deshalb - neben vielem anderen - geeignete Subjekte erzeugt werden, die *von sich aus* tun (können und wollen), was sie sollen. Die Produktion dieser selbstkontrollierten Individuen war eine historische Innovation.

Ihre Genese beschreibt z.B. *Foucault* am Modell des 'panoptischen Blicks'. Er bezieht sich dabei auf eine von *Bentham* entworfene Gefängnisarchitektur, bei der um einen runden Zentralturm herum in einem mehrstöckigen kreisförmigen Gebäude die einzelnen Gefängniszellen angeordnet sind und zwar so, dass sie vom Mittelturm aus jederzeit eingesehen werden können. Die Gefangenen sind so immer 'sichtbar', nicht aber die Wärter; ja die Gefangenen wissen nicht einmal, ob sie zu einem bestimmten Zeitpunkt tatsächlich beobachtet werden. Weil sie damit aber immer rechnen müssen, verinnerlichen sie gleichsam den Blick des Wärters und fühlen sich ständig 'unter Kontrolle', was vorlaufend ihr Handeln bestimmt.

Foucault zeichnet nach, wie diese Technik der Sichtbarmachung als Grundlage subjektivierender Machtausübung kultiviert wurde. In Klöstern, im Militär, in Krankenhäusern und Schulen oder Fabriken - immer wieder ging es darum, die Verteilung der Körper auf Raum und Zeit so zu arrangieren, dass die anfängliche Fremdsteuerung in Selbstdisziplinierung überführt wurde. Ein wichtiges Moment war dabei die Institution der Prüfung, welche der Kontrolle, der Sichtbarmachung des Latenten oder Verborgenen und der vorbeugenden Prägung diente. Wenn die Zuweisung von Vorteilen, wie z.B. Status, Position, Einkommen, vom Nachweis bestimmter Qualifikationen (Haltungen, Wissen, Fähigkeiten etc.) abhängig gemacht wird, dann muss man sich diese Qualifikationen aneignen, sie also ver*inner*lichen, und zugleich ihren Besitz ver*äußer*lichen, d.h. dem prüfenden Blick vorlegen können. In Erwartung der Prüfung gewinnen die erforderlichen Qualifikationen eine Zielfunktion (Norm), sie werden zur erforderlichen Normalausstattung (Normalisierung) und alle Aspiranten werden diesbezüglich gleichgeschaltet (normiert). Gelingt es, ein stets und überall präsentes System der Beobachtung, Prüfung, Chancenzuteilung und -kontrolle einzurichten, dann werden alle Subjekte antizipatorisch so sozialisiert, dass sie 'passen', d.h. den Erwartungen entsprechen, genauer gesagt: werden so gemacht oder machen sich selbst so, dass sie passen. Voraussetzung ist die beständige Drohung, bei nichtbestandener Prüfung von Vorteilen ausgeschlossen zu werden, für die sie Anrechte gibt. Damit kommt es zur Dauerprüfung, die jeder einzelne an sich durchführt, und zu Hinnahme und Verinnerlichung des Geprüftwerdens als Selbstverständlichkeit.

Eine betriebliche Institution wie Controlling setzt die Bereitschaft, sich 'prüfen' zu lassen voraus, benutzt und bestätigt sie. Eine solche generalisierte Haltung ist vor allem dann funktional, wenn Fremdkontrolle sehr aufwendig, lückenhaft oder im besonderen Fall sogar unmöglich ist. Selbstkontrolle wird zum überlegenen Ersatz für Fremdkontrolle, weil der Prüfaufwand entfällt, weniger Ressourcen für Belohnung/Bestrafung vorgehalten werden müssen, Reaktanzphänomene vermieden werden können und das Ausbleiben einer Prüfung nicht sofort zum Aufgeben der prüfungsinduzierten Haltung führt.

Auf diesem Hintergrund wird nachvollziehbar, dass die verschrifteten Normierungssysteme der Kostenrechnung und Budgetierung Techniken sind, durch Ordnung Kontrolle zu erreichen.

"Rechnungswesen ist ein organisationales Kunstprodukt und seine Rolle hängt ab von der Organisation, der zu dienen es entworfen wurde, ihrer Struktur, ihren Leistungserfordernissen und ihrer Umwelt" (*Cooper* 1981, 185).

Rechnungswesenbasierte Kontrollsysteme sind jedoch nur *eine* Möglichkeit der Bewältigung von Unsicherheit; *Cooper* nennt als weitere funktionale Äquivalente die Reduktion der Notwendigkeit der Informationsverarbeitung (durch Umweltgestaltung, Schaffung eigenständiger Aufgabengebiete, Steigerung des *slack*) oder Erhöhung der Kapazität der Informationsverarbeitung (Schaffung vertikaler Kontrollsysteme, Schaffung lateraler Beziehungen). Nach *Cooper* wird durch die Konservierung des Status Quo 'Ordnung für die die existierende Ordnung' hergestellt. Handlungsrationalisierung scheint ein fundamentaler Auftrag für Rechnungswesensysteme in Situationen offenkundiger Un-Ordnung zu sein; sie sollen bereits getroffene Entscheidungen rechtfertigen und ihre Verfahren sind wichtiger als ihre Ergebnisse.

"Indem sie definieren, was gemessen wird, wie es gemessen wird und wem die Berichte zugehen, können Kostenrechnungssysteme die Art der Themen, die aufgegriffen werden und die Art, wie sie angegangen werden, wirksam begrenzen" (*Cooper* 1981, 195). "Rechnungswesen-Systeme tendieren dazu, Konflikt, Unsicherheit, Unstimmigkeit und Mehrdeutigkeit wegzufiltern und reduzieren damit potentielle Signale für Veränderung" (*a.a.O.*, 196). Eine Alternative zu der Strategie, durch ordentliche Verfahren Ordnung herzustellen, wäre z.B., sich durch experimentierendes, spielerisches, 'verrücktes' Handeln durchzuwursteln und so auf eine andere Art für 'Ordnung' zu sorgen.

Management setzt auf das Ordnungsinstrument Controlling, weil dieses Ordnung und d.h.: Beherrschbarkeit und Herrschaft zu sichern verspricht. Gegen das Fluktuierende und Wimmelnde, Auftauchende und Verschwindende, Unbändige und Ungebändigte, Chaotische und widerborstig Eigensinnige wird Ordnung (genauer: Unterordnung) gesetzt (siehe dazu auch *Ortmann* 1984 in seiner Analyse von Personalinformationssystemen). Ordnung nimmt Angst: man findet 'blind', was man sucht, es gibt keine Überraschung, man weiß, was wohin gehört. Ordnungsstiftender Methoden- und Instrumentenaufwand suggeriert tautologisch, dass der 'Wahnsinn' (der unkalkulierbaren, fließenden Wirklichkeit) Methode hat. Dabei wird übersehen, dass die Methode Wahnsinn *ist*, nämlich der Glaube, eine überwältigende Wirklichkeit in den Griff bekommen zu können. Die Methode funktioniert als Ersatzhandlung; die Ordnung der Welt tritt an die Stelle der wahren Welt, die nicht mehr (oder:

nicht mehr anders) wahrgenommen wird. Es wird verkannt, dass es nicht die oder nur eine Rationalität in Organisationen gibt, sondern multiple Rationalitäten, die jeweils andere Vorgehensweisen rechtfertigen (s. zum Konzept der 'Multirationalität', zu den Kontrollillusionen des Managements und zur politischen Multifunktionalität von Controlling-Systemen auch *Dermer & Lucas* 1986).[30]

Controlling kuriert eine tiefsitzende Angst der ManagerInnen, dass ihnen die Kontrolle aus der Hand gleiten könnte, weil sie im Grunde nicht wissen, was der Fall ist, was das 'eigentliche' Ziel ist und was hilft. Die Institution Controlling ist eine Art Universalprothese, die diese Defizite ausgleichen soll: sie klärt die Ziele, diagnostiziert die Lage und koordiniert das Vorgehen.

Wenn es bei der *ökonomischen* Perspektive letztendlich darauf hinausläuft, die Bewährung auf dem Markt zu suchen (die Legitimation für Controlling: man muss Prozesse, Produkte und vor allem Kosten kennen und steuern, um konkurrenzfähige Preise machen zu können), dann ist bei der *Management*perspektive 'Steuerung' das Ziel. Es geht um Ausrichtung auf Ziele, um Zur-Rechenschaft-ziehen-können und Festnageln, Begeistern für hohe Ziele und gute Leistungen. Kennzahlen und Praktiken der Steuerung sind die Mittel, die von vielfältigen Instanzen und Organen genutzt werden, die sich konkurrierend um Informationen bemühen und sich gegenseitig in Schach halten. Das Anliegen, das in der *politischen* Perspektive zum Ausdruck kommt, ist 'beherrschte Ordnung'. Deren Krönung ist es, wenn Prozesse und Personen quasi automatisiert sind, sodass sie sich selbst auf dem 'richtigen' Kurs halten.

Die latente Angst, desorientiert und machtlos zu sein, wird in Phantasien überwunden, die sich zum irrealen Wunsch steigern, jederzeit alles über alle(s) zu wissen. Dazu gehört im einzelnen: stets auf dem Laufenden sein; alle Geheimnisse kennen; sehen ohne gesehen zu werden (die Zerschneidung des Paares Sehen/Gesehenwerden à la *Foucault*); Subjekt sein, dem die zu Objekten gemachten gehorchen (Souverän vs. Sujet); einziger bewegender Wille sein, dem bedingungslos gehorcht wird; die Realität einem rationalen Modell gefügig machen können bzw. sie genauso transparent und konsistent umformen können, wie es das Modell ist oder fordert.

"Der perfekte Disziplinarapparat wäre derjenige, der es einem einzigen Blick ermöglichte, dauernd alles zu sehen. Ein zentraler Punkt wäre zugleich die Lichtquelle, die alle Dinge erhellt und der Konvergenzpunkt für alles, was gewusst werden muss: ein voll-

---

30 Der Management-Phantasie einer 'synoptischen Rationalität' (den Entscheidenden sind im 'zusammenfassenden Überblick' alle Bedingungen bekannt) kann eine Vielzahl unverbundener sukzessiver und konkurrierender Rationalitäten gegenübergestellt werden, deren Zusammentreffen emergente Strategien erzeugt (die nur im Rückblick als solche erkannt werden können). Auf diesem Hintergrund spielt dann für die Herrschenden 'organizational intelligence', in seiner ganzen Doppeldeutigkeit, zu der nicht nur Wissensmanagement, sondern auch (Feind-)Aufklärung gehört, eine wichtige Rolle; die CIA (Central Intelligence Agency) der Organisation ist Controlling.

kommenes Auge der Mitte, dem nichts entginge und auf das alle Blicke gerichtet wären" (*Foucault* 1979, 224).

Was *Foucault* als Ideal panoptischer Disziplin formuliert, enthält die drei Elemente, auf die es auch dem Controlling ankommt: alles sehen und erhellen (aufklären!), alles wissen (zentral verarbeiten) und als sehend bekannt sein, sodass sich alle Blicke und Handlungen - den Kontrollblick antizipierend - danach richten.

Pollard (1967) berichtet zahlreiche Beispiele, wie Fabrikbesitzer in der Frühzeit der Industrialisierung die Arbeitskräfte zu 'indüstriellen' Arbeitshaltungen abgerichtet haben. Neben Bestrafung (z.B. Züchtigung, Geldstrafen, Entlassung, Deportation, Führung 'schwarzer Listen') und Belohnung (leistungsabhängige Bezahlung, Geld-, Kleider- und Lebensmittelgeschenke, Auszeichnungen) wurde auch moralische Beeinflussung praktiziert: Taugliche Werthaltungen sollten eingeimpft werden, z.B. durch Unterstützung und Anstellung von Geistlichen, Betrieb von Sonntagsschulen, öffentliche Ermahnungen, Einstellung von Überwachungspersonal. Um 'löbliches' und 'respektables' Verhalten der Arbeitskräfte (als Grundlage und Ergebnis der Beeinflussung) zu erzeugen, mussten auch Monitorsysteme eingeführt werden. Man hatte zur gleichen Zeit schon bei Zöglingen mit Sitten- und Klassenbüchern Erfahrungen gemacht, in denen 'moralische Leistungskurven' festgehalten und in minutiöser Weise für einzelne Vergehen Strafpunkte vergeben und auf Konten gesammelt wurden (ähnlich dem System akribisch abgestufter Bußen in der katholischen Kirche für sexuelle Verfehlungen; siehe dazu die Kataloge bei *Burrell* 1984).[31]

Als Beispiel eines frühen Personal-Controlling können *Robert Owen*s 'Stumme Mahner' gelten:

"Ich entdeckte, dass die wirksamste Kontrollmaßnahme gegen schlechtes Verhalten in dem kleinen, geschickten Kunstgriff bestand, für jeden einzelnen, der in meiner Fabrik tätig war, einen 'stummen Mahner' zu erfinden. Das war ein rechteckiger Holzkubus - ungefähr zwei Zoll lang und einen Zoll breit -, dessen Seiten verschiedene Anstrichfarben hatten - schwarz, blau, gelb, weiß -, oben spitz zulaufend und mit zwei kräftigen Drahtösen versehen, sodass man ihn an einem Haken aufhängen konnte, dass er immer mit einer bestimmten Seite nach vorne zeigte. An einem gut sichtbaren Platz wurde für jeden Arbeiter meines Unternehmens ein solcher 'stummer Mahner' aufgehängt und zeigte nach vorne dem Vorübergehenden und Hinschauenden das Betragen des Arbeiters vom Vortage an. 'Schlecht' wurde durch schwarz = 4 angezeigt; 'mittelmäßig/ausreichend' durch blau = 3; 'gut' durch gelb = 2 und 'ausgezeichnet' durch weiß = 1. Alsdann ließ ich Führungsbücher anlegen; für jeden einzelnen wurde in jeder Abteilung das Buch so geführt, dass man jeden Tag das Datum mit fortlaufender Ordnungsnummer in die Verhaltensspalte des Vortages notierte. Ein solches Buch reichte für zwei Monate. Dann wurde es in dem Archiv des Gesamtbetriebes deponiert und durch ein neues in der Betriebsabteilung weitergeführt. Diese Einrichtung setzte mich in den Stand, während jedes Wochentages (mit Ausnahme der Sonntage) das Betragen meiner Arbeiter in vielfacher Hinsicht

---

[31] Wie denn überhaupt die Individualbeichte eine geradezu revolutionäre gesellschaftliche Erfindung war, weil sie die Selbstverantwortung des einzelnen (seine Schuldhaftigkeit), die Selbstüberwachung und das Bekenntnis institutionalisierte.

zu vergleichen, und zwar so lange, wie sie in meinem Betrieb blieben" (zit. nach *Bendix* 1960, 78f.).

Owens 'stumme Mahner' sind inzwischen zum einen durch Personalbeurteilungs- oder Mitarbeitergesprächsinventare modernisiert und bis zur 360°-Beurteilung weiterentwickelt worden. Zum anderen aber leben sie in gewandelter Erscheinungsform fort. Ein Beispiel sind die öffentlichen Schautafeln, in denen in verschiedenen Industriebetrieben Unfall-, Produktions-, Ausschuss- oder Verbesserungsvorschlagszahlen gruppen- oder abteilungsweise ausgehängt werden (eine derartige Methode der Visualisierung von Fehlzeiten bei Opel ist im Band 1, S. 374 berichtet worden). Ein anderes Beispiel:

> "Bei Mitutoyu, einem weltweit führenden Unternehmen für Meßtechnik, hängt neben jeder Maschinengruppe eine fotokopierte Schildkröte - in Japan Symbol für langsame, aber kontinuierliche Fortbewegung. Auf dem Panzer wird nun, für alle sichtbar, jeder Null-Fehler-Tag des Monats mit einem grünen Pin, Tage mit Fehlern mit roten Pins markiert" (*Deutsch* 1992, 79).

Beispiele wie dieses japanische werden benutzt, um die Rückdelegation und Selbst-Überflüssig-Machung des Controlling (als Zentralstelle) zu fordern und "Controlling als Fremdkörper" (*a.a.O.*, 79) zu bezeichnen. Die Unternehmen müssen "ihre Ziele bis hinunter zum Arbeiter am Band transparent ... machen" (*a.a.O.*, 82). Zwischen Leistungszentren sollten eigentlich Kunden-Lieferanten-Beziehungen eingerichtet werden, die Controllerzunft habe sich aber einseitig darauf beschränkt, komplizierte Methoden zu entwickeln, sodass sie in eine 'Komplexitätsfalle' laufe. Ein 'schlankes Controlling' sei nötig und deshalb "muss jeder Controller danach streben, sich selbst überflüssig zu machen" (*a.a.O.*, 82). Auch der damalige Mercedes-Benz-Finanzchef *Hölzle* wird mit der Forderung nach "Selbstauflösung des Controlling" zitiert (*a.a.O.*, 82).

Wir haben wiederholt deutlich gemacht (s. dazu auch den Band 1), dass eine Kernaufgabe der Personalarbeit die Lösung des sog. *Transformationsproblems* ist, das darin besteht, dass der Arbeitgeber durch den Arbeitsvertrag Arbeits*vermögen* erwirbt, damit aber noch nicht Arbeits*leistung* hat; sie muss durch zusätzliche Arrangements fortwährend stimuliert und gesichert werden. Wird durch vorlaufende Sozialisation dafür gesorgt, dass förderliche Tugenden internalisiert wurden (Leistung, Fügsamkeit, Verantwortlichkeit, Loyalität etc.), besteht im konkreten Anwendungsfall eine hohe Chance, dass auch ohne jederzeitige Kontrolle und Verstärkung die verallgemeinerten Haltungen wirken.

Auf das Personal-Controlling als Institution und Praxis übertragen bedeutet das, dass es als dichtes Netz von Verfahren und Routinen installiert sein muss, dass alles prüfbar eingerichtet werden muss, dass ausgefeilte und allgegenwärtige Prozeduren existieren, die über jeden und alles Informationen sammeln und abrufbar bereithalten ('gläserne MitarbeiterInnen'). Universelles Wissen verbündet sich mit kapillarer[32] Macht. Moderne Gesellschaften haben deswegen ein unstillbares Bedürfnis nach Informationen, um zu kontrollieren; Wissen und Macht sind die beiden Seiten derselben Medaille. *Foucault* spricht deshalb auch vom unentwirrbaren Wissen-Macht-Komplex oder -Dispositiv.

Nur wenn seine Einrichtung gelungen ist, kann man bestimmte organisatorische Formen praktizieren (wie z.B. Profit-Center, selbstorganisierte Einheiten, Gruppenarbeit) oder Handlungsspielräume und -kompetenzen der Subjekte erweitern (empowerment, intrapreneurship), ohne anarchische Zustände zu riskieren. Handeln wird dann nicht mehr zentral (oder: von oben bzw. durch persönliche Anordnung) gesteuert, es folgt vielmehr installierten Programmen, die intelligente, verantwortliche, fügsame, loyale Subjekte nicht sklavisch und buchstabengetreu, sondern sinn-gemäß und zielentsprechend ausführen. Steuerung kann sich dann auf Kontextsteuerung beschränken oder konzentrieren, weil die Subjekte wissen, was sie zu tun haben!

Es ist oben auf der Grundlage *Foucault*scher Überlegungen die Produktion des 'Disziplinarindividuums' beschrieben worden. Weil es sich externe Forderungen buchstäblich zu eigen macht, kann repressive Macht als Disziplinierungsinstrument in den Hintergrund treten und durch 'produktive Macht' ersetzt werden; es handelt sich dabei um eine verlockende Macht, die dem Subjekt Vorteile bietet, wenn es seine Potentiale souverän - wie ein Souverän - ausschöpft. Damit entsteht ein Zwitter: das Souverän-Subjekt. Es lebt in der Erwartung, stets und in allem gesehen, erfasst, bewertet zu werden. Es fühlt sich verantwortlich, obwohl es (nur) gehorcht.

Die Formel vom Souverän-Subjekt soll zum Ausdruck bringen, dass auf der einen Seite vom selbstmächtigen Akteur (Souverän), auf der anderen Seite vom Unterworfenen (subiectum) ausgegangen wird. Diese Zwiespältigkeit spiegelt sich im modernen Personal-Controlling: es baut einerseits auf dem 'zivilisierten' Individuum auf, das gelernt hat, äußere Herrschaft zu verinnerlichen, sich selbst zu beherrschen und seine Handlungen vor sich selbst (seinem Gewissen) zu verantworten. Andererseits aber - und das haben wir in diesem Text ausführlich belegt - verfügt Personal-Controlling über ein großes Arsenal von Verfahren und Techniken, mit denen nach wie vor Fremdkontrolle ausgeübt wird. Der Selbst-Disziplinierung wird ganz offenkundig misstraut; der *intrapreneur* (als Unternehmer der eigenen Arbeitskraft) ist ein unsicherer Kandidat, der aus der Zentralperspektive der Hierarchie pan-optisch im Auge behalten werden muss. Der sehende und steuernde Herr (Prinzipal) hat sich - den modischen Formeln von Selbstorganisation und Marktgetriebenheit (oder Kundenorientierung) zum Trotz - keineswegs in Nichts aufgelöst. Damit die Eingriffe der Controlling-Verfahren nicht ins Leere laufen, muss dafür gesorgt werden, dass das subiectum mittut.

---

[32] Mit diesem assoziationsträchtigen Bild spielt *Foucault* auf die haarfeinen, dem unbewaffneten Auge verborgenen Blutgefäße an, in denen bis in die letzte Gewebefaser die Stoffe hin- und wegtransportiert werden, die den Körper am Leben erhalten.

Auch der englische Begriff der 'accountability' macht in seiner Mehrdeutigkeit auf diesen Prozess aufmerksam: management accounting (Rechnungswesen) setzt accountability (Verantwortlichkeit, Rechenschaftspflicht und -fähigkeit) voraus und erneuert sie. Die MitarbeiterInnen werden berechenbar gemacht, man kann (auf) sie zählen. Sie müssen jederzeit darauf gefasst und bereit sein, zur Rechenschaft gezogen zu werden und akzeptable Begründungen (accounts) für ihr Tun und Lassen geben können. Zum Formenkreis der accounts gehören Rechtfertigung, Entschuldigung, Ausrede, Eingeständnis, Bekenntnis, Zurückweisung, Leugnung, Notlüge, Differenzierung usw., und es ist in hohem Maße sozial standardisiert, welche Form in welcher Lage von wem vorgebracht und als angemessen anerkannt wird (s. *Scott & Lyman* 1968, *Schönbach* 1980, *Tedeschi & Riess* 1981, *Benoit* 1995,). Wenn man (Personal-)Controlling als Feedback-Situation einrichtet, ist damit zu rechnen, dass Personen, die mit Controlling-Informationen konfrontiert werden, sie nicht immer als hilfreiche Rückmeldung, sondern als Kritik, Anprangerung, Angriff, Demontage oder gar Hinrichtung erleben - und sich entsprechend zu wehren versuchen. Zu Controlling-Daten muss man Stellung nehmen; es wird eine Verhandlungssituation aufgebaut, in der die 'reine Information' ihre Unschuld verliert und darum gefeilscht wird, 'was Sache ist' und wer seine Position durchsetzt oder - im Extrem - seine Stelle verliert.

Abschließend soll noch einmal der zirkuläre Prozess dieser Strukturierung festgehalten werden: Praktiken und Institutionen des Personal-Controlling erzeugen bestimmte Handlungen und Haltungen, durch die die Verfahren, Strukturen und Systeme des Controlling am Leben erhalten werden. Ein neues Controlling-Instrument - und sei es noch so klug ausgedacht - kann nur Erfolg haben, wenn es den verinnerlichten Haltungen derjenigen korrespondiert, die es anwenden und auf die es angewendet wird. Werden ForscherInnen oder Führungskräfte mit Stechuhren und Leistungsmessungen kontrolliert, wird das andere Reaktionen auslösen, als wenn dasselbe bei MontagearbeiterInnen gemacht wird. Es kann sein, dass eben jene Haltungen produziert werden (Zahlenfetischismus, Bereichsegoismus, Quartalsdenken usw.), die durch das Controlling unterbunden werden sollen. Insofern ist das Diktum von *Johnson* (1994) nachzuvollziehen, der Controlling als das Problem bezeichnet, dessen Lösung es zu sein vorgibt.

Durch ein exzessives und ausdifferenziertes Controlling entstehen Probleme, die dann durch ein noch exzessiveres und differenzierteres Controlling 'gelöst' werden sollen: der Beginn einer eskalierenden Teufelsspirale. Zumindest wird damit aber die Unentbehrlichkeit des Controlling gesichert. Es ist deshalb kein Wunder, wenn Controllingabteilungen sich so schwer tun, die den anderen gepredigte Philosophie (und Methodik) auf sich selbst anzuwenden: zu prüfen, ob sich die Funktion Controlling lohnt, ob sie effizient gestaltet ist, oder ob nicht vielmehr auf sie verzichtet werden kann, weil ihre Aufgaben durch andere Einrichtungen besser (einfacher, kostengünstiger, robuster) erledigt werden können.

5.2   Realitätsabbildung als Realitätsbeschwörung

Ein verbreitetes Bild von/für Controlling ist - wie oben gezeigt - das des Navigators, Lotsen, Steuermanns: ControllerInnen führen Standortbestimmungen durch und zeigen 'wo's langgeht'. Nicht gesagt wird, dass sie oftmals ihre Landkarten selbst entworfen und auch jene Fixsterne an den Himmel gezeichnet haben, die sie anpeilen, um aktuelle Positionen zu lokalisieren.

Das epistemologische Problem ist altbekannt: Gibt es unabhängig von unseren Erkenntnisorganen und -verfahren eine Welt an sich? Kann man von der Wahrheit oder Richtigkeit oder Gültigkeit einer Abbildung sprechen, wenn sie eigentlich eine Konstruktion (also keine Entdeckung, sondern eine Erfindung) ist?

Nicht von ungefähr ist in der Bibel ein Bilderverbot ausgesprochen: man soll sich nicht deswegen kein Bild von Gott machen, weil man ihn fehlerhaft oder unvollständig abbildet, sondern weil die Gefahr besteht, dass man statt seiner das Bild verehrt. Für Controlling gilt Analoges; profan wird das im sog. 'Gesetz des Hammers' ausgedrückt: Wer einen Hammer hat, glaubt, alles müßte/sollte/könnte behämmert werden. Wer ein differenziertes Instrument entwickelt hat, sucht Anwendungsfelder für dieses Instrument (siehe etwa die flexible Grenzplankostenrechnung, die Prozesskostenrechnung, bestimmte Modelle der Investitionsrechnung ...). Die Wirklichkeit wird dann so geformt, dass sie zum Instrument passt und nicht umgekehrt.

"Mit der Verselbständigung des Messens als Selbstzweck wird dem Nicht-Messbaren der Realitätscharakter abgesprochen. Da es nur eine Realität geben kann, die zudem von der Wissenschaft mit diesen Messmethoden entdeckt wird, braucht die Möglichkeit der Existenz anderer Wahrheiten oder Sichtweisen erst gar nicht ernsthaft in Betracht gezogen zu werden. Auf diese Weise gerät die herrschende Wissenschaft zur Ideologie, die andere Sichtweisen abwertet" (*Habersam* 1997, 158).

Ähnlich argumentiert *Ortmann*:

"Die Modelle optimaler Personalplanung sind ein Beispiel für diese Art des theoretischen Zugangs. Modelle der Realität wollen sie sein weniger im Sinne getreulicher Abbilder als vernünftigerer Vorbilder ... Wenn aber mit der Hinwendung zu Fragen der Rationalität oder Optimalität eine Abwendung von der Realität einhergeht, begibt sich diese Art Theoriebildung ihres Maßstabes und damit ihres Anspruchs auf Vernunft. Die Tendenz ist umso ausgeprägter, je mehr die Modellbauer zur Tat schreiten und ernst machen mit ihren praktischen Ansprüchen auf rationale Gestaltung der Welt. Der verlockende Schritt vom Modell zur Modellierung der Realität ist winzig" (*Ortmann* 1984, 145/146).

"Denn Übereinstimmung von Sprache und Wirklichkeit, die einmal den Begriff von Wahrheit ausmachte, herrscht auch, wo eine falsche Wirklichkeit in einer falschen Sprache entworfen und nach diesem Entwurf konstruiert ist. Falsche Theorien erzeugen sich so nachträglich ihre eigene (und ganz praktische) Wahrheit. Genauer: ein Negativ der Wahrheit, namens Optimalität" (*Ortmann* 1984, 148).

"Diese verkehrte Modell-Realitäts-Beziehung scheint mir angstbesetzt zu sein und erinnert in ihrem idealtypisch zugespitzten Extrem an bestimmte Eigenschaften der Neurose, weil die Theorie darin so wenig Distanz zu ihrem Objekt zu halten vermag wie der Neurotiker zu den Objekten seiner Begierden; weil die Identifizierung mit der Praxis, zu der Theorie werden möchte, soweit geht, dass sich ihre Identität auflöst, sie mit Praxis verschmilzt; weil deren Beziehung zueinander an eine labil ausbalancierte Kompromissbildung denken lässt, die nur durch Mechanismen der Verdrängung und Abspaltung erhalten werden kann" (*Ortmann* 1984, 149f.).

In vielen Texten finden sich Warnungen vor iatrogenen[33] Schäden: der Verlockung von Controlling-Abteilungen Datenfriedhöfe anzulegen, ohne Nachfrage tiefgestaffelte und voluminöse Auswertungen anzubieten, geradezu autistisch zu Seinesgleichen zu sprechen und von Dritten - den Adressaten oder 'internen Kunden' - nicht mehr verstanden zu werden (bzw. sie von Experteninterpretationen abhängig zu machen), die Linie zu zeit- und personalintensiver Datenlieferung zu zwingen, anstatt Servicearbeit zu leisten, den eigenen Bereich immer mehr aufzublähen, statt sich überflüssig zu machen, eine Misstrauenskultur aufzubauen, die auf Rechtfertigung statt Wertschöpfung festlegt usw.

Die Rede von der *Wirklichkeit*, die 'erfasst' und 'verarbeitet' wird, suggeriert, es gäbe eine beobachter- und beobachtungsunabhängige Wirklichkeit. Dem ist natürlich nicht so. Jede Beobachtung und Beschreibung der Wirklichkeit ist selektiv und muss (sie) symbolisieren, d.h. empirische Referenzen (andere sagen dazu: 'Fakten, Fakten, Fakten') in symbolische Relative übersetzen. Das symbolische Relativ (z.B. Zahlen, eine Grafik, eine verbale Beschreibung), erfasst nur einen Teil der empirischen Gegebenheiten und auch ihn nur in jener ganz spezifischen Weise, die von den Instrumenteneigenschaften determiniert ist: Zahlen machen entsprechend ihrem Skalenniveau Sinn, Bilder sind zweidimensional, Worte transportieren Mehrdeutigkeiten und sind durch Serialität, Semantik, Syntaktik und Kontext etc. bestimmt.

Genausoviel wie Abbildungen ent-decken, verdecken sie. Entscheidend ist es deshalb, sich innerhalb einer Sprachgemeinschaft auf bestimmte Sinngebungen zu verständigen. Die Controller-Community ist eine solche Sprachgemeinschaft, der daran gelegen ist, ihren Newspeak durchzusetzen, d.h. zur lingua franca* zu machen, die von allen verstanden und gebraucht wird.

Wenn Personal-Controlling neue Instrumente kreiert und implementiert, dann ist das immer auch mit Sprach-Regelungen verbunden. Manuale für Controlling-Verfahren sind auch Wörterbücher und Grammatiken: man lernt, etwas anders auszudrücken und in ungewohnte Zusammenhängen zu bringen. Bestimmte Begriffe oder Themen werden platziert und propagiert, z.B. 360°-Beurteilung, KVP, Prozesskostenrechnung; besonders beliebt sind im Wirtschaftsbereich Anglizismen - wie auch der vorliegende Text weidlich belegt: Audits, Benchmarking, TQM, Zero Base Budgeting, Service Center etc. Wenn sie plötzlich in aller Munde sind, ist man zur Aus-

---

[33] wörtlich: "vom Arzt verursacht": statt Krankheiten zu heilen, wird gerade durch die ärztliche Behandlung ein Problem geschaffen (Infektion, Folgeschaden, Fehlbehandlung usw.).

* lingua franca: freie Sprache, Universalsprache

einandersetzung mit ihnen gezwungen; selbst wenn sie bloß als 'Moden' empfunden werden: man muss mitreden können. Weil die Begriffe benutzt werden, gehen sie ins Alltagsvokabular über, und weil hinter ihnen Programme stehen, erzeugen sie Wirklichkeiten, die sie dann zutreffend beschreiben und verhindern damit lautredend, dass Kritik und Alternativen 'zur Sprache kommen'.

Es geht aber nicht nur um Sprache, Wörterbuch und Grammatik, sondern mehr noch um die *Schrift*. Controlling ist eine 'grammatozentrische' Disziplin (*Hoskin & Macve* 1986, *Arrington & Francis* 1989), die fixiert, archiviert, dokumentiert, in Schemata einordnet und Masken (!) ausfüllt, Daten sammelt, verarbeitet, ausdruckt, vervielfältigt und verbreitet. Diese Tendenz zur 'Alphanumerisierung' schafft Zwänge und Gelegenheiten, die zum immer wieder beklagten 'Abheben' (zur Praxisferne und Abstraktifizierung) des Controlling beitragen.

Um die Konturen einer Alternative aufzuzeigen: *Stake* empfiehlt (1983, 300; zit. in *Habersam* 1997, 162) - im Kontext der Evaluation von Schulen - die Kultivierung der "Kunst des Geschichtenerzählens":

> "Wir müssen Komplexität portraitieren. Wir müssen den ganzheitlichen Eindruck vermitteln, die Stimmung, sogar das Mysterium der Erfahrung. Der Programmstab oder die Leute in der Gemeinde können verunsichert sein. Die Öffentlichkeit sollte diese Unsicherheit spüren. In unseren Berichten kann mehr statt weniger Ambiguität nötig sein. Übervereinfachung vernebelt ... Eine längere Darstellung kann verschiedene Medien erfordern: Erzählungen, Karten und Grafiken, Abbildungen, Tonbandaufzeichnungen, Fotografien, sogar Rollenspiele des Publikums."

Die Ausblendung von Ambiguität in den Kenn-Zahlenwerken des Personal-Controlling kann Pseudo-Eindeutigkeit und Transparenz vortäuschen. Deswegen sind Interpretationen, Kontextualisierungen, Hintergrundinformationen etc. von großer Bedeutung (s. auch das Telekommunikations-Paradox auf S. 341). Dem Programm der Standardisierung, Komprimierung und Vereinfachung setzt *Habersam* (1997, 178) *"Enttrivialisierung"* entgegen:

> "Angesichts der Diversität, Diskontinuität und Komplexität existieren keine auf Dauer sicheren Wissensbestände mehr, sowenig wie einfache Interventions- und Steuerungsmöglichkeiten in einer Organisation ... Komplexität ist nicht lediglich verkomplizierte Einfachheit, die eines raffinierteren, aber nach wie vor mechanistisch-trivialen Steuerungsansatzes bedarf. In der Komplexität ist der Erfolg im Sinne von Effekten unter Umständen nicht eindeutig zurechenbar, beispielsweise durch starke Verzögerung seines Eintretens oder nicht klar zuordenbare Variableneinflüsse ... Evaluation wird in dem dazu notwendigen Kommunikationsprozess selbst zur Steuerung, *ist* damit selbst bereits Entwicklung im Sinne von Planung, Aktionsbewertung und -kontrolle nach in diesem Prozess kreierten Kriterien und nicht lediglich Instrument *zur* Entwicklung."

Statt von der Gleich-Gültigkeit, Objektivität und Neutralität der 'Fakten' auszugehen, ist (Personal-)Controlling als soziale Kommunikation anzusehen, auf die die Standardformel der empirischen Wissenschaft anzuwenden ist: Es kommt darauf an [*Wer* berichtet *wem* mit *welchen Methoden was, wann* und *wo* - und: *warum (nicht)*?].

Eine solch skeptische oder relativistische Haltung stößt bei den sprichwörtlich hemds-
ärmeligen Praktikern auf wenig Gegenliebe. Ihre griffigen Motti (Primat der Tat!
Nur Zahlen zählen! Entscheidend ist, was unterm Strich steht! Lieber eine falsche
Entscheidung als keine Entscheidung!) signalisieren, dass sie vom Modell einer
Welt ausgehen, die dem Kausalprinzip folgt (Ursache → Wirkung, Befehl → Gehorsam). In einer trivialisierten Welt kommt das an, eine komplexe Welt verweigert
sich diesem Programm. Dann entsteht für MacherInnen das Problem, wie sie in einer undurchschauten Lage Sicherheit und Orientierung finden (oder gar: vermitteln)
können. Eine scheinbar sichere Lösung ist, aus Erfolgen anderer zu lernen, indem
man ihr Geheimnis entschlüsselt und/oder ihre Praxis nachahmt. Diese Überlegungen sollen zunächst am Beispiel des *benchmarking* illustriert und dann auf den Rea-
litätsgehalt des Personal-Controlling bezogen werden.

5.2.1 Benchmarking als magisches Handeln

Wie oben schon dargestellt, ist *benchmarking* der Versuch, sich am Klassenprimus
(also der branchen- oder gar weltbesten Praxis) zu orientieren, indem Leistungen
oder Praktiken zum Vorbild (*benchmark*) gemacht werden; an ihm soll die eigene
Praxis gemessen werden.

Benchmarking hat neben der nüchternen Funktion des Beobachtungslernens
('Lernen am Modell') auch noch magische Komponenten; auf zwei Akzentsetzungen
soll kurz eingegangen werden:

a) Imitative Komponente

Der *Benchmarking*-Ansatz beruht auf assoziativem[34] Denken, das analogisch und
nicht analytisch vorgeht. Auffällige Aspekte eines begehrten oder gefürchteten Phänomens werden pars pro toto[35] als Ziel oder Mittel benutzt, um sich magisch eines
erstrebten Effekts zu versichern. Das Kopieren *einzelner* Praktiken eines erfolgreichen Unternehmens soll auf sympathetische[36] Weise das Ganze (gemeint: den Erfolg) garantieren und so quasi als Glücksbringer wirken. Ein neues Logo, ein
schriftliches Leitbild, die Einführung eines strategischen Konzepts (Outsourcing, lean management) oder bestimmter Methoden (AC, 360°-Beurteilung, TQM ...) können Elemente eines solchen 'zwingenden Handelns' sein, das eine magische Praxis
ist, sich vor Misserfolg zu feien und Erfolg herbeizuzwingen.

---

[34] assoziativ: dasjenige wird miteinander verbunden (assoziiert), was sich in zeitlicher oder räumli-
cher Nachbarschaft ereignet.

[35] "der Teil für das Ganze"

[36] sympathetisch: anteilnehmend, mitfühlend, wortlos sich einfühlend

Burkhart (1989, 26) formuliert unter Bezugnahme auf *Webster* (1973, 77):

"Werden die magischen Worte (Beschwörung, Zaubersprüche), Gegenstände (Fetische) und Handgriffe zu einem Ritus, der als Inbegriff eines magischen Drehbuchs verstanden wird, verbunden, so hat jedes einzelne größte Bedeutung für das Gelingen des Zaubers. Keines darf weggelassen oder zugunsten eines anderen vernachlässigt werden ... Ebenso beinhalten alle Formen Entwicklungs-Möglichkeiten, was der magischen Anschauung entgegenkommt, die einen Fehlschlag mit der Vernachlässigung eines bestimmten Elements begründet und den weiteren Ausbau des magischen Systems vorantreibt. Dann werden einfache Handlungen zu ausgefeilten Zeremonien, kurze Zaubersprüche zu ausgedehnten Zauberformeln, und die Anzahl und Vielfalt magischer Objekte vergrößert sich ... Hinzu kommt mit dem Gefühl zunehmender Komplexität des Ritus, aber auch des Ungreifbaren, die Zuziehung eines Fachmannes oder sogar die Übergabe der Kunst vom Laien an einen professionellen 'wonder worker'."

Diese Ausagen mit Controlling-Instrumenten, -Praktiken und -ExpertInnen in Beziehung zu setzen, dürfte nicht schwerfallen.

b) Motivationale Komponente

Hier geht es - in Entsprechung zur Generalprävention - um Generalmotivation durch Illusion. *Benchmarking* liefert - sachlich gesehen - Informationen, die mit dem Erreichen hoher Ziele in Verbindung gebracht werden. Diese Zuschreibung wird in eine magische Praxis umgegossen: Die vorbildhaft erfolgreiche Praxis wird nicht wirklich verstanden, sondern verklärt und als Hebel benutzt, um vorhandene Widerstände, Zögern, Bedenken kraftvoll zu überwinden. Der Beweis, dass 'es' geht, liegt ja unstrittig vor und das Erfolgsgeheimnis scheint entlarvt, wenn man Unterschiede zwischen denen und uns identifizieren und sie als notwendige (oder gar hinreichende) Bedingungen der Überlegenheit ausgeben kann. Das Zauberwort 'Erfolgsbewährung' macht vergessen, dass es sich - wie bei allen Zaubereien - um Illusionskunst handelt, die geradezu unglaubliche Effekte vorführt (Kaninchen aus dem Hut, frei schwebende Menschen), die man aber mit eigenen Augen sehen kann. Die Faszination ist so groß, dass man nicht erkennt oder nicht wahrhaben will, dass der Magier sich optische Täuschungen und menschliche Ablenkbarkeit zunutze gemacht hat. *Benchmarking* ist eine solche Be-Wunderung: es wird geglaubt, dass das Wunder(mittel), das anderen geholfen hat, auch im eigenen Unternehmen wirken wird. So kommt es, dass man bei komplexen Illusionen an die täuschend (!) einfachen Erfolgsrezepte glaubt: organizational citizenship, KVP, fraktale Fabrik, Kundenorientierung, Partizipation, business reengineering, lean management, Just-in-time ... Zuweilen liegt hier der gleiche Aberglaube vor, den der Behaviorist *Skinner* bei seinen Tauben feststellen konnte: In einer für sie undurchschaubaren Situation haben sie in der Skinner-Box ihr normales Pickverhalten gezeigt. Haben sie zufällig auf eine bestimmte Stelle gepickt, bekamen sie von *Skinner* Futter. Von da an haben sie immer wieder auf diese Stelle gepickt - und das erwartete Ergebnis tritt ein: Es funktioniert - aber nicht deswegen.

Kapitel H

Der Glaube an Zauber wirkt selbstimmunisierend. Sollte der Erfolg ausbleiben, dann deshalb, weil entweder nicht wirklich daran geglaubt wurde, oder nicht alles nötige getan wurde oder noch unentdeckte kleine Fehler gemacht wurden.[37] Das Ziel bleibt, das Lernen und die Anstrengung sind zu verdoppeln - und *deshalb* versetzt der Glaube Berge. Controlling produziert Wissen *und* (gleichzeitig) Glaubensbereitschaft. Nur wenn und weil das zweite gelingt, wird das erste respektiert.

5.2.2 Personal-Controlling als Magie

Die Metaphorisierung von Personal-Controlling als Magie erfolgt in explorativer und inspirierender Absicht. Magie ist eine uralte menschliche Praxis, die Angstbewältigungsfunktion hat und die 'Illusion der Kontrolle' verleihen soll. Es ist ängstigend, den Mächten des Schicksals ausgeliefert zu sein, das komplexe Netzwerk von Bedingungen und Folgen nicht zu durchschauen und jederzeit mit unangenehmen Überraschungen konfrontiert werden zu können. Eine solche Angst kann handlungslähmend wirken und selbstverstärkend zu Resignation, Depression und Verzweiflung führen. Glaubt man dagegen, dass man etwas machen kann, dass man sich sogar mit den überwältigenden Kräften verbünden kann, dann werden Energien freigesetzt, das Schicksal in Machsal (*Odo Marquard*) zu transformieren. Erklärtes Ziel von Planung, Koordination und Kontrolle ist, das betriebliche Geschehen von Zufälligkeiten und Überraschungen frei zu halten und es vorhersehbar und beherrschbar zu machen (s.a. *Cleverley* 1973, *Gimpl & Dakin* 1984).

"Der Leiter einer Informatikabteilung in einer Großunternehmung legt großes Gewicht auf Fünfjahresziele, Jahresziele, Zielfelder, Projektziele, Zeit- und Kostenbudgets, Funktionsbeschreibungen und Ziele für Mitarbeiter. Wenn er keine klaren Ziele erkennen kann, erfährt er sich als sehr eingeschränkt in seiner Handlungsfähigkeit und ist stark verunsichert. Andererseits erfährt er seine Arbeit als praktisch unplanbar: 'So ein Projekt lebt.' Er weist auf permanente Personalprobleme, Kosten- und Terminüberschreitungen (hin) ...

Möglicherweise prallen hier Gegensätze aufeinander: die Rationalitätsansprüche im Anwendungsbereich einer formallogischen Technologie einerseits und die Unwägbarkeiten einer äußerst dynamischen Entwicklung, wie auch die Irrationalitäten der 'Kunden' und der eigenen Mitarbeiter andererseits. Die Unordnung in einem Aufgabenbereich, der sich mit der Herstellung von Ordnung beschäftigt, ist nicht mehr kontrollierbar. In dieser Situation wirken Zielsetzungen und Ordnung an und für sich schon mildernd, auch wenn sie in dieser Ausprägung der Aufgabensituation überhaupt nicht angemessen sind und nicht einmal die Symptome, geschweige denn die Ursachen bekämpfen können. Die Erfahrung ist allzu menschlich, dass Unordnung im Kopf oft dazu führt, dass man um sich herum aufräumt" (*Biedermann & Müller* 1988, 267).

---

[37] *Habersam* (1997, 86) berichtet von einer US-Doktorarbeit, die zeigt "wie die Einführung eines abstrakt gleichen Instrumentes wie Activity-Based Costing in den Firmen Atari Games und Apple Computer in dem einen Fall scheitert und in dem anderen erfolgreich durchgeführt wird."

Personalarbeit ist ein weites Feld undurchschauter Beziehungen und Wirkungen; was wunder, wenn Erfolgsversprechen auf fruchtbaren Boden fallen. Magische Praktiken leisten ein Mehrfaches: sie geben zu tun (man muss nicht mehr tatenlos zusehen, wie sich die Dinge entwickeln), sie bilden Rollen mit verlässlichen Erwartungen aus (z.B. die des Medizinmannes oder Schamanen, des Kranken, des aktiv involvierten Publikums), sie erklären (zu den Problemen ist es gekommen, weil jemand gegen Gesetze verstoßen oder Geister beleidigt hat), sie be-geistern (sie geben dem Handeln Sinn, sie stützen sich auf geteilte Überzeugungen und verstärken sie, verleihen neue Tat-Kraft), sie vergemeinschaften (das Ritual erfordert die Mitarbeit vieler und stiftet Zusammenhang), sie geben Sicherheit (wenn man alles richtig macht, kann nichts mehr passieren und man kann sich rechtfertigen - vor sich und anderen), und sie schließen an eine höhere Wirklichkeit an (die Welt der Götter und Dämonen, modern: des Marktes). All das gilt auch für Personal-Controlling-Praktiken. Als LeserIn sind Sie eingeladen, diese These z.B. an der Planung mithilfe Szenarios, an der Einführung einer 360°-Personalbeurteilung, an der Implementierung einer Prozesskostenrechnung für Personalprogramme etc. zu überprüfen. Mit einer solchen Parallelisierung ist nicht die Absicht verbunden, ausgefeilte Personal-Controlling-Techniken lächerlich zu machen, im Gegenteil: sie sollen ernst und für voll genommen werden und das heißt, sie auch in ihren latenten Gründen und Wirkungen zu analysieren. Man versteht dann vielleicht, warum sich Controlling-Moden abwechseln, warum Controlling-Systeme eine innere Tendenz zur Expansion und Perfektionierung zu haben scheinen, warum sich die Eingeweihten und Professionellen den Laien nicht mehr verständlich machen können oder wollen und warum an den Praktiken trotz ausbleibender Erfolge festgehalten wird. Auch ein Regenzauber-Ritual erzeugt keinen Regen, zumindest nach Auffassung der westlichen Wissenschaft, aber es eint den Stamm in einer bedrohlichen Situation, bestätigt geltende Werte und Strukturen und nährt die Illusion(?) der Kontrolle, wenn und weil man ein Verfahren praktiziert, das die Dinge zum Besseren wenden wird.

Gerade diese Nebenwirkungen sind es, die das magische Ritual 'Personal-Controlling' als *politische* Technik qualifizieren: es errichtet und/oder schützt Strukturen und (Herrschafts-)Ordnungen, es reproduziert Welt-Anschauungen, indem es sie durch Instrumente, Verfahren und Routinen objektiviert und technisiert, sodass Glaubensüberzeugungen und Vorrechte versachlicht, stabilisiert und normalisiert werden, und es vergemeinschaftet. Um auf die Überschrift dieses Kapitels zurückzukommen: Es ist aus dieser Perspektive nicht wichtig, ob die Realität der Personalarbeit durch Personal-Controlling richtig und wahrheitsgemäß abgebildet und angeleitet wird, sondern dass die richtigen (im Sinne von: gewollten) Wirklichkeitssichten und Kontrollpraktiken erzeugt werden, die vorherrschenden Interessen dienlich sind.

5.3 Personal-Controlling als Mittel und Ergebnis von Machtkämpfen und Spielen

Definition und Beschwörung der Realität sind Techniken der Situationsbeherrschung; diese objektivierende (verdinglichende) Sichtweise soll im Folgenden erweitert werden, indem Besonderheiten *sozialer* Objekte und Beziehungen in den Blick genommen werden. Insbesondere für das *Personal*-Controlling gilt, dass sich der Interessenantagonismus durch formalisierte Verfahren nicht stillstellen lässt; er wird lediglich in die Latenz gedrängt und meldet sich immer wieder - zur Kenntlichkeit entstellt - zurück.

Es ist oben definitorisch gesetzt worden, dass eine politische Perspektive rationales und irrationales Handeln unter Bedingungen von Interessenpluralität und -widerspruch (also unter Preisgabe der homogenisierenden Ein-Ziel-Annahme) und im Hinblick auf die Erzeugung, Stabilisierung oder Veränderung von Ordnungen (Institutionen, Strukturen, Normen, Regeln) untersucht. Damit stellt sich die Aufgabe, die Praktiken von Personal-Controlling als Durchsetzungsstrategien und ihre Resultate als Kompromissbildungen zu analysieren. Das zugrundeliegende Modell ist nicht die sachliche Problemlösung, sondern der Machtkampf. Das ist nicht in einem interaktionellen Sinne - als unvermittelter Zweikampf von Kontrahenten - gemeint, sondern als Gestaltung der Bedingungen, die den Rahmen und die Regeln für die Auseinandersetzung vorgeben, sodass von vornherein die Chancen der Interessendurchsetzung asymmetrisch verteilt sind. Wer einem anderen Rechenschaftspflicht aufbürden kann, wer die Inhalte, Methoden und Zeitpunkte der Überwachung und Rechtfertigung festlegt, der zwingt die andere Seite, ihr Handeln an diesen Bestimmungen (!) auszurichten: er kontrolliert Handlungsspielraum, nicht unbedingt die konkreten Handlungen selbst. Dies wird oft die defensive Seite von Macht genannt; ihr steht eine offensive gegenüber, bei der es um die aktive Überwindung von Widerstand geht (siehe *Max Webers* berühmte Machtdefinition: " ... den eigenen Willen auch gegen Widerstreben durchsetzen").

Ein zentraler Aspekt von Macht ist oben mit der Formierung des kontrollierbaren und selbstbeherrschten Subjekts schon beschrieben worden. Dieser genealogischen (historischen) Betrachtungsweise soll nun eine aktualisierende zur Seite gestellt werden.

Zu jedem gegebenen Zeitpunkt lässt sich das Geschehen aus einer Doppelperspektive betrachten: einerseits als Ringen um die Gestaltung der *polity* (dem Regelsystem, nach dem 'gespielt' wird), andererseits um die konkreten *politics*, also die Künste und Machenschaften, mit denen versucht wird, diese Regeln zu nutzen, zu umgehen, zu ändern, um Vorteile für sich herauszuholen und fremden Einfluss abzuwehren.

Im nächsten Abschnitt skizzieren wir die neoinstitutionalistische Principal-Agent-Theory (Delegations- oder Vertretungstheorie) als ein Modell für die *Struktur* der Interaktionen, die aus einer Situation asymmetrischer Interessendurchsetzung resultieren. Im darauf folgenden Abschnitt werden wir dann auf die Verlebendigung der Struktur (die *politics*) eingehen.

5.3.1 Die Herrschaftsbeziehung im Spiegel der Principal-Agent-Theory

Eine allgemeine Formulierung der Principal-Agent-Beziehungen bietet *Franke* an (s.a. *Franz* 1989):

> "Agency-Beziehungen bestehen überall dort, wo eine Person (der *Prinzipal*) Folgen von Handlungen einer anderen Person (des *Akteurs*) trägt ... [bzw.] ... wo die Handlung einer Person(engruppe), des Akteurs, *externe Effekte* hervorruft" (*Franke* 1993, 38).

Normalerweise wird eine spezielle Konstellation untersucht, nämlich die Beziehung zwischen Kapitalgebern und Managern. Insofern unterstellt die *Vertretungstheorie* ein Herrschaftsverhältnis: Eine *Vertreterin* (Agentin) wird von einem *Herrn* (Prinzipal) beauftragt, in dessen Sinn *Geschäfte* zu besorgen.[38]

Das Problem hat mehrere Facetten:

Weil der Prinzipal seine Interessen nur mithilfe der - normalerweise (auch) eigene Interessen verfolgenden - Agentin realisieren kann, entstehen Beauftragungskosten [agency costs, z.B. Überwachungskosten, Bindungskosten (vertragliche Vereinbarungen zur Risikobegrenzung), residuelle Verluste (trotz der Kontrollen trifft die Agentin Entscheidungen, die nicht optimal im Sinne des Prinzipals sind)]. Weil die Agentin einen Informations- und Qualifikationsvorsprung hat, entstehen für den Herrn Informations-, Kontroll- und Anreizprobleme: Was tut die Agentin im einzelnen (nicht)? Wie (gut, selbstlos, schnell, ökonomisch) tut sie es? Wann erfährt der Herr von Handlungen und Konsequenzen? Wie kann er eine gute Agentin vorab erkennen, wie kann er sie effizient kontrollieren und motivieren, wie profitiert er am meisten von ihr?

Der Prinzipal will ununterbrochen, umfassend und zutreffend über alle Zustände und Vorgänge informiert sein, um steuernd (control!) in das Geschehen eingreifen und Abweichungen vom vorgesehenen Weg sofort und gründlich korrigieren zu können. Meist wird zwischen Interventionsmöglichkeiten vor und nach Vertragsschluss unterschieden: *Vor* Vertragsschluss wird die Agentin versuchen, einen möglichst guten Eindruck zu machen, also negative Informationen verbergen, attraktive Versprechungen machen, bisherige Erfolge betonen etc. Der Prinzipal wird nach Signalen suchen, die ihm verraten, ob die Selbstpräsentation der Agentin korrekt ist (ihre Reputation in früheren Beschäftigungsverhältnissen, die Analyse ihrer Poten-

---

[38] Dass das Vertretungsverhältnis mehrstufig wird, wenn die Vertreterin zur Erfüllung des Auftrags Helferinnen engagiert, sei hier außer Acht gelassen.

tiale und Motive durch Prüfverfahren) bzw. wird Vertragsangebote machen, die die Agentin zwingen, ihre wahren Präferenzen offenzulegen (z.B. Entgeltsysteme, die an den Erfolg gekoppelt sind). *Nach* Vertragsschluss muss der Prinzipal mit opportunistischem Verhalten der Agentin rechnen, also damit, dass diese versuchen wird, bei jeder sich bietenden Gelegenheit *ihre eigenen Interessen* anstatt diejenigen des Prinzipals zu verfolgen. Auch hier kann versucht werden, die Ergebnisse der Agentin an die Nutzenstiftung für den Prinzipal zu koppeln und die Agentin entsprechend zu überwachen (Forderung von Tätigkeitsberichten, Überwachung durch Wirtschaftsprüfer, ausgefeilte Controllingsysteme).

Controlling ist - insbesondere wenn es institutionalisiert ist - eine Einrichtung, die im Sinne des Prinzipals eine Sicherungsfunktion übernimmt: es wird eine weitere 'Agentur' eingeschaltet, die Koordinations- und Informationsversorgungsaufgaben übernimmt (wobei natürlich durch diese 'Agentur' auch agency costs enstehen). Damit entsteht wiederum ein Dreiecksverhältnis, das einerseits Unsicherheit reduziert, aber andererseits Abhängigkeiten schafft und damit sowohl Unsicherheit wie Kontrollkosten steigert: denn nun besteht die zusätzliche Möglichkeit, dass ControllerInnen auf eigene Rechnung handeln oder sich mit den AgentInnen verbünden. Also müssen auch ControllerInnen überwacht werden (z.B. durch Innenrevision oder Wirtschaftsprüfung). Allerdings kann der Prinzipal nie ganz sicher sein, dass diese Instanzen ausschließlich in seinem Interesse handeln, sodass sich die Spirale des Misstrauens weiterdreht ...

In der triadischen Konstellation Prinzipal - beauftragte(r) ControllerIn - AgentIn (s. Abb. H-1.3) kommt es zu Informationskonzentrationen und -monopolen auf seiten des Controlling, die zur weiteren Delegation oder Akquisition von Funktionen führen können, so dass ControllerInnen z.B. nicht nur informieren und beraten, sondern unmittelbar steuernd eingreifen (etwa Pläne und Maßnahmen koordinieren und optimieren). Letztlich kann das dazu führen, dass Controlling in einem 'Putschversuch' (*Weber* 1995, 48) originäre Unternehmensführungsaufgaben übernimmt und sozusagen zum "Generalstab" oder dem "Zentralnervensystem" des Unternehmens wird, bei dem einlaufende Informationen und auslaufende Impulse verbunden werden. Eine eindeutige Trennung zwischen Management und Controlling ist unmöglich, wenn das Controlling Weisungsbefugnis hat. Zwar ist 'Controlling' ohnehin eine unverzichtbare Funktion des Managens, wird es aber als Spezialstelle oder -funktion ausdifferenziert, kann die Fiktion aufgebaut werden, das Controlling nehme Weisungsbefugnis nur 'im vorbestimmten Rahmen' wahr.

Eine Agentin muss in dieser asymmetrischen Agency-Beziehung nicht notwendig antagonistisch *handeln*, wenn sie antagonistische *Interessen* verfolgt Sie wird sich fragen, wie sie *ihre* Interessen verwirklichen kann, ohne die vorteilhafte Beziehung zu gefährden. Wie der Herr über sie, so braucht sie über den Herrn Informationen, z.B. was der Herr über sie weiß, wie der Prinzipal auf bestimmte Informationen reagiert, welche Ressourcen und alternativen Beziehungspartner und Handlungsmöglichkeiten er hat usw.

Letztlich ist der Prinzipal nicht an der Agentin als Person oder Stelle interessiert, sondern an den Prozessen und Ergebnissen, die die Agentin zwar kontrolliert, aber nicht allein kontrolliert. Denn sie sind einerseits immer mehrfach determiniert und haben andererseits immer mehrere, auch unintendierte Konsequenzen, sodass ein rationaler Prinzipal vor der prinzipiell unlösbaren Aufgabe des homo oeconomicus steht: er muss vollständige und verzögerungsfreie Informationen haben über alle ergebnisrelevanten Situationen, die auftreten können; alle Handlungsmöglichkeiten, die die Agentin hat, ebenso kennen wie die Konsequenzen, die sie - bei bestimmten Situationen - haben werden; er muss diese Konsequenzen aus seiner Perspektive konsistent bewerten können und er muss schließlich ein eindeutiges risikoneutrales Entscheidungsverfahren haben, das ihm sagt, was er wann sinnvollerweise (maximierend, minimierend, optimierend, satisfizierend) tun soll.

Weil solche Annahmen in der Praxis heroisch oder weltfern sind, muss der Prinzipal mit Rationalitätsbehelfen arbeiten - und jeder Abstrich an der idealtypischen Modellsituation gerät zur (Ohn-)Machtquelle: die Informationen über Bedingungen, Akteure, Handlungen, Ergebnisse etc. sind unvollständig und unsicher; ihre Beschaffung und Verarbeitung kostet etwas, zumindest Zeit; die eigenen Ziele sind ihm nicht alle bekannt und zumindest nicht immer konsistent und die Entscheidungsregeln sind möglicherweise mehrdeutig oder ineffizient usw.

Eine solche Sichtweise führt vor Augen, dass es die 'objektive' Information über das Geschäft nicht gibt, sondern dass die beteiligten Parteien (Typen) - bedingt durch die Position in einem Arbeits- und Herrschaftsverhältnis - teils gleiche, teils entgegengesetzte (oder auch nur: andere) Interessen und Sichtweisen haben. Genau dies ist das Fundamentalproblem von Controlling.

All das stürzt weder den Prinzipal noch die AgentInnen in Resignation oder Handlungslähmung: beide Parteien setzen 'bewährte' Heuristiken ein und prüfen von Zeit zu Zeit, ob sie damit gut gefahren sind oder ob sie die Mühen und Kosten einer Veränderung auf sich nehmen wollen.

Personal-Controlling kann aus dieser Perspektive als eines von vielen Werkzeugen interpretiert werden, mit dem in einer politischen Arena die Interessendurchsetzung organisiert wird. Diese Arena ist durch eine Reihe von Eigenarten charakterisiert: kein Teilnehmer weiß alles, aber manche wissen mehr als andere; das Geschehen besteht aus einer unüberschaubaren Menge von Mikroprozessen; es wird fortwährend 'von außen' in dieses System interveniert; die Zeit spielt eine wichtige Rolle (das Geschäft geht weiter, es gibt neue Runden, das Ende ist unabsehbar ...); es sind viele beteiligt und manche von ihnen wissen das gar nicht oder aber sind den Hauptakteuren zunächst unbekannt; es wird gleichzeitig auf verschiedenen Ebenen und mit verschiedenen Zeitperspektiven gehandelt und man kann nie sicher sein, dass ein gutes Ergebnis in der Periode x_i nicht der Keim für ein schlechtes Ergebnis in x_{i+1} ist.

Politisches Handeln ist rational intendiert: es sucht diese Unsicherheitsquellen zu kontrollieren. Aber die Perspektive des isolierten Rationalakteurs ist zu eng, weil er auf andere Akteure trifft, über deren Ziele, Informationsstände, Ressourcen, Stabilitäten etc. er nicht alles weiß. In solchen Situationen ist es eben nicht rational, sich auf lange Frist festzulegen, sich selbst treu zu bleiben, konsistent zu handeln, stets fair zu sein ...

Die geschilderte Situation legt eine Abkehr von Modell wohlstrukturierter Entscheidungssituationen und die Berücksichtigung von Annahmen des 'Mülleimer-Modells der Organisation' nahe (s. dazu den Band 'Mikropolitik' in dieser Reihe, *Neuberger* 1995). Ein Controlling in einer solchen 'organisierten Anarchie' geht von anderen Prämissen aus als ein Controlling, das Rationalität und Interessenidentität bei allen Beteiligten unterstellt. Für das Beispiel der Budgetierung hat *Horváth* Hinweise zusammengestellt, die den andersartigen Zugang eines Controlling in der organisierten Anarchie skizzieren (s.a. *Cooper, Hayes & Wolf* 1981):

"Budgets werden in der betrieblichen Realität häufig als Instrumente der Legitimation und Rechtfertigung verwendet. Ich verweise auf die bekannte empirische Untersuchung von *Bower* (1970), die zeigt, dass die Hauptaufgabe von Investitionsbudgets eben darin besteht, bereits erfolgte Investitionsentscheidungen zu rechtfertigen.

So gesehen liefern also Budgets sozusagen die rationale Fassade des betrieblichen Geschehens ... Dies ist durchaus nicht negativ gemeint: Budgets helfen auch in unklaren Situationen zu definieren und die Problemsicht der Organisationsmitglieder herauszuarbeiten. Ihre stabilisierende und koordinierende Kraft ist unerlässlich in der Situation der organisierten Anarchie.

Budgets dienen als Sprache ... Budgets, die ja in den Kategorien des Rechnungswesen formuliert werden, vermitteln ein gemeinsames Bild der betrieblichen Realität. Sie liefern Informationen über Ziele und Zielerreichung. Sie zeigen Machtstrukturen auf. Budgets helfen bei der Entstehung und Erhaltung einer Organisationskultur. Rituelle Züge sind hierbei häufig nicht zu übersehen ...

Die Probleme liegen bei der Einführung nicht im Vorhandensein von verfeinerten Planungsmethoden und von Computerunterstützung der Planung, sondern in der psychologischen Machbarkeit. Das frühere Lieblingswort der Planungsfachleute 'sophistication' wird heute durch den Ausdruck 'but it works' ersetzt ..." (*Horváth* 1982, 256f.).

Das Agency-Problem ist im Grunde eine auf das Management angewandte Fassung des Transformationsproblems. Die Einforderung des Leistungsversprechens ist eine Daueraufgabe der Motivation und Kontrolle. Die Agency-Theorie überträgt diesen (marxistischen) Gedanken auf das Verhältnis von Kapitalgeber zu Managerin und zeigt damit, dass deren herausgehobene Stellung aus Kapitalverwertungsperspektive reduziert wird auf die allgemeine Funktion, für Mehrwert zu sorgen. Während ManagerInnen den Arbeitskräften vorwerfen, sie seien faul, leistungsscheu, egoistisch, unidentifiziert mit der Firma etc., werden sie selbst mit analogen Vorwürfen von

Kapitalseite konfrontiert: sie seien opportunistisch, intransparent, unglaubwürdig etc. Die Institution Controlling erfährt daraus ihre Berechtigung in einem allgemeinen Sinn: alle Akteure in einem kapitalistisch organisierten System sind - bei Strafe ihrer Elimination - der Verwertungslogik unterworfen. Und alle Akteure versuchen - offen oder latent - die Lücken der Kontrolle zu nutzen, um andere Interessen zu realisieren und ihre Geländegewinne (Einkommen, Status, Macht, Sicherheit etc.) strukturell und normativ abzusichern. Eben das macht die politische Perspektive aus, sodass ein (Personal-)Controlling, das an dieser Realität vorbeiginge, nur Fassadenmalerei betriebe, weil es (sich) zugunsten einer geschönten, nämlich rationalen und harmonistischen Sicht der Dinge die Wahrnehmung des Lebens dahinter verstellte.

5.3.2 Controlling-Spiele, Controlling als Spiel

Die Betonung der politischen Natur des Controlling macht auch verständlich, warum in der Controlling-Literatur immer wieder die Bedeutung der *Akzeptanz* von Zielen, Methoden, Interventionen betont wird. Es ist mit Widerstand zu rechnen. Gerade in ihrer praktischen Arbeit erfahren ControllerInnen, dass es die Tendenz gibt, Informationen zurückzuhalten, zu verschleiern, zu manipulieren, zu täuschen, Slack aufzubauen und geheimzuhalten, die Ziele niedrig zu setzen, um die Zielerreichung (und Belohnung) sicherzustellen, sich auf 'Dienst nach Vorschrift' zurückzuziehen ... Das alles wäre unerklärlich, wenn man davon ausginge, dass es 'rein sachlich' zugeht.

Quantitative Controlling-Informationen aus dem Rechnungswesen erwecken den Anschein von Exaktheit, Objektivität und Gültigkeit. Damit rückt in die Latenz, dass es sich um Informationen handelt, die sowohl selektiv, wie aufbereitet und absichtsvoll kommuniziert sind.

> "Man könnte denken, Rechnungswesen sei eine Angelegenheit präziser Analyse und des Ausgleichs der Bücher auf den letzten Pfennig. Das ist so, aber aus dem Blickwinkel eines höherrangigen Fachmanns, erkennt man, dass es auch eine Angelegenheit des Abschätzens ist, wie weit man mit Daten gehen kann, sodass sie zwar 'politische' Kompromisse zwischen den Koalitionären im Unternehmen ermöglichen, aber dennoch in gewissem Sinne 'wahr und klar' bleiben" (*Gambling* 1977, 150).

Was wem in welcher Form berichtet wird und was dies für Folgen haben soll, ist im Kontext der Funktionsbestimmungen von (Personal-)Controlling zu sehen: es geht um interessengeleitete Interpretation (!) der Wirklichkeit, um zielbezogene Koordination, Problemlösungsanstöße und Interventionen. Es überrascht nicht, wenn angesichts dieser Gemengelage von Funktionen Controlling-Informationen zum Ergebnis und Mittel (mikro-)politischer Spiele werden.

'Spiele' sind hier nicht als harmloser, zweckfrei-entspannender Zeitvertreib, sondern in ihrem organisationstheoretischen Sinn zu verstehen: als regelgeleitete Interaktionen von Akteuren, die - in der Absicht zu gewinnen - miteinander konkurrieren, in ihren Aktionen taktisch aufeinander Bezug nehmen und einander deshalb auch etwas vor-spielen. Spiele vermitteln - wie *Crozier & Friedberg* (1979) definiert haben - zwischen Freiheit und Zwang und damit zwischen den beiden Groß-Paradigmen der Sozialwissenschaft (Voluntarismus vs. Determinismus, Untersozialisierung vs. Übersozialisierung, rationale Entscheidung des Individuums vs. marionettenhafte Ausführung gesellschaftlicher Vorgaben). Controlling als Spiel rückt die *Akteure* mit ihren kognitiven Beschränkungen, idiosynkratischen oder gruppentypischen Bedürfnissen oder Absichten und gegenseitigen Beziehungen in den Mittelpunkt. Es geht dann nicht um die informationelle Unterstützung der plangetreuen Ausführung eines wohlstrukturierten Ablaufs, sondern um Positionierung in einem *stakeholder*-Netz, interessengeleitete Informationssuche, -färbung und -deutung, Verhandlungen über Wirklichkeitssichten, Ressourcen und Ziele, Legitimation und Absicherung, Machtaufbau und -einsatz zur Förderung eigener Belange. Dabei sind alle drei Stufen des Politischen relevant: es geht um 'polity' (d.h. die Gestaltung der Spielstruktur, z.B. der Grundsätze, Institutionen, Verfahren und Systeme des Personal-Controlling), um 'policy' (die langfristige Spielstrategie und -kultur, um Ziele und Programme) und schließlich um 'politics' (die Spieltaktik, den alltäglichen trickreichen Kampf um Positionen, Ressourcen und Informationen).

Eine Gemeinkostenwertanalyse definiert z.B. ein bestimmtes Spiel, das im Rahmen der umfassenderen Spielstruktur einer hierarchisch gegliederten, arbeitsteilig organisierten, partiell intransparenten kapitalistischen Unternehmung inszeniert wird. Die 'polity' (Grundordnung) der Gesamtsituation legt Rechte und Pflichten, Ressourcenverteilungen und Strukturmuster fest: ein Vorstand kann anordnen, dass in Zusammenarbeit mit einer externen Beratungsfirma ein GWA-Projekt durchgeführt wird, das die Gemeinkosten in bestimmten Bereichen 'durchforsten' und verringern soll. Ein solches Projekt kann in eine bestimmte Personal-*Politik* eingebaut sein und dadurch seine konkrete Ausformung erhalten (z.B. Flexibilisierung von Beschäftigungssystemen, Outsourcing; die Umstellung auf TQM auf dem Hintergrund einer Misstrauenskultur oder einer Partizipationstradition; die Abwendung drohender Liquiditätsprobleme, die langfristige Sicherung von Wettbewerbsfähigkeit und Arbeitsplätzen etc.). In der konkreten Umsetzung des Auftrags treffen Akteure mit partiell gleichgerichteten, partiell antagonistischen Interessen aufeinander. Die Situation ist für keine Seite völlig transparent; deshalb versuchen alle Beteiligten, möglichst viel über die andere(n) Partei(en) herauszufinden, sich selbst aber bedeckt zu halten, Trümpfe für die Auseinandersetzung oder Kooperation zu sichern oder zu bekommen, Koalitionen zu schließen, gestufte Angriffs- oder Verteidigungspositionen aufzubauen usw.

Dies ist das weite Feld der 'heimlichen Spielregeln' in Organisationen, die *Scott-Morgan* (1994) - ein Direktor der Unternehmensberatung Arthur D. Little - für das Scheitern von über 70% aller von seinem Unternehmen betreuten Reorganisationsprojekte verantwortlich gemacht hat. Weil sich Unternehmen fortwährend ändern - nicht nur in offiziellen 'kontinuierlichen Verbesserungsprozessen' im Rahmen von TQM, sondern auch durch die Alltagsentscheidungen über Personen, Projekte, Ziele, Verfahren usw. - ist davon auszugehen, dass das 'normale' Geschehen, das durch

Controlling überwacht, abgebildet, koordiniert und gesteuert werden soll, ebenfalls von 'heimlichen Spielregeln' geprägt ist. Dafür gibt es *strukturelle* Voraussetzungen, sodass es nicht auf den Charakter[39] einzelner Akteure ankommt, sondern auf die Spielsituation:

- Die beteiligten Akteure haben *auch* egoistische Interessen (Opportunismus), sie sind nicht vollkommen informiert und nur zu beschränkter Rationalität fähig (sie kennen weder die 'gesamte' Situation, noch die eigenen Präferenzen, noch alle Konsequenzen ihres Tuns und Lassens);
- alle Informationen sind Interpretationen; diese Interpretationen werden erwartet und unterstellt, sodass es zu Spiralen von Erwartungserwartungen oder Interpretationsinterpretationen kommen kann; die Spannungen zwischen data, ficta und facta[40] sind in jedem Fall vorhanden (und nutzbar);
- Informationen sind kostspielig (Suchkosten, Prüfkosten; Zeit, Gegenleistungen etc.); deshalb kann nicht alles ganz genau kontrolliert werden;
- Personen handeln nicht als isolierte Akteure, sondern sind in Netze, Beziehungen, Abhängigkeiten mit Reziprozitätspflichten eingebunden;
- es gibt 'von außen' auferlegte und kontrollierte bzw. sanktionierte Legitimitätsforderungen (man braucht Rechte und gute Gründe, um tun zu können, was für einen selbst vorteilhaft erscheint);
- (Inter-)Aktionen beginnen nicht aus dem Nichts, sondern setzen Traditionen und Gewohnheiten fort, sind pfadabhängig und womöglich technisch gesehen ineffektiv. Aber nicht nur diese zeitliche Kontingenz und Kontextualisierung, sondern auch deren sachliche und soziale Pendants (Ambiguität, Pluralität, Koppelung oder Vernetzung) sind zu erwarten;
- alle bestehenden Ordnungen sind unvollkommen und segmentiert, erfordern und erlauben Initiative und Mittun zu ihrer Reproduktion; insofern gibt es fast immer Handlungs-*Spielräume*, deren Ausfüllung zu unvorhersehbaren Folgen bzw. vielfältigen Möglichkeiten des Anschlusshandelns führen kann.

Mikropolitisches Handeln kann nicht umstandslos als störend oder kontraproduktiv abgetan werden, weil es Absichten der 'Organisationsherren' durchkreuzt. Eine solche Sicht der Dinge würde den Standpunkt der klassischen (oder rationalen) Planungsphilosophie, die in Kap. E analysiert wurde, verabsolutieren. Wenn aber die Grundannahmen, auf denen ein 'rationales Controlling' aufbaut, fragwürdig sind oder nur für einen sehr schmalen Bereich gelten, dann ist es sinnvoll, ein alternatives Paradigma zu erproben. 'Controlling als Spiel' ist eine solche Alternative, die von eigenständigen Akteuren ausgeht (und nicht von der funktionalen Perspektive einer konsequenten Verwirklichung des - fiktiven - Gesamtziels, das sich bei näherem Zusehen als einseitig aus Kapitalverwertungsperspektive definiert erweist). Wenn man als Ausgangspunkt Strategien verschiedener *Akteure* mit verschiedenen

---

[39] Dies ist eine Abgrenzung gegen die beliebte Position, (mikro-)politisches Agieren in Organisationen aus bestimmten Persönlichkeitszügen zu 'erklären': es wird taktiert, weil die Leute Machiavellisten, machthungrig, Spielmacher, Mikropolitikerinnen sind. Eine personalisierende Deutung blendet die Bedingungen der Möglichkeit politischen Handelns aus (die überdies durch das Handeln re-produziert werden).

[40] wörtlich übersetzt: Gegebenes, Erfundenes, Gemachtes.

Interessen nimmt, die um die Kontrolle von *Ressourcen* konkurrieren, dann kann man sowohl die Existenz *einzelner Spiele innerhalb oder gegen (Personal-)Controlling*, wie auch die übergreifende Perspektive *Controlling als Spiel* verstehen. Und beide Male muss sich das Spielen nicht unbedingt destruktiv auswirken; es kann im Gegenteil eine Vorbedingung für das produktive Funktionieren sein.

a) Spiele im (Personal-)Controlling

Brüggemeier (1997) beschreibt - in der Tradition von *Argyris, Wildavsky, Stedry, Hofstede* und *Mintzberg* - "Budgetspiele". Er geht damit auf einen allen PraktikerInnen wohlbekannten Ablauf ein, der bei der Verabschiedung und Fortschreibung von Budgets regelmäßig zu beobachten ist. *Wildavsky* (1968, 192) definiert:

> "Wenn man Politisieren [politics] den Konflikt darüber nennt, wessen Präferenzen sich bei der Bestimmung der Politik [policy] durchsetzen, dann dokumentiert das Budget den Ausgang dieses Kampfs."

Die Hauptspielregel des 'Budgetabweichungsspiels' legt nach *Brüggemeier* (1997, 36) fest,

> "wie (Kosten-)Budgetüberschreitungen oder -unterschreitungen nach Abschluss der Rechnungsperiode mit dem Anreiz- und Sanktionssystem verknüpft werden."

Von diesem Wissen hängt es ab, wie Akteure im laufenden Jahr auf Budgetabweichungen reagieren.

> "Die Spielregeln des Budgetabweichungsspiels können dann z.B. innerhalb eines organisatorischen Verantwortungszentrums (etwa ein Fachbereich oder Profit Center) ein von dem dort angesiedelten dezentralen Controllern gemakeltes *Budgetausgleichsspiel* auslösen. Wird im laufenden Jahr aufgrund nicht vorhergesehener Entwicklungen eine Budgetüberschreitung in einem bestimmten Teilbudget erforderlich, gilt es für den dezentralen Controller (soweit kein Ausgleich innerhalb dieses Teilbudgets selbst möglich ist), einen Budgetausgleich mit einem oder mehreren anderen Teilbudget(s) zu arrangieren. Allerdings dürfte kein Akteur aus seiner Interessenperspektive heraus begeistert sein, wenn er zugunsten des Teilbudgets eines anderen Akteurs eigene Ressourcen abgeben soll (z.B. durch Verzicht auf Ausgaben mit nachrangiger Priorität). Hier können dann Abwehrstrategien zur Anwendung kommen, die dem Controller bereits aus dem *Budgetaufstellungs-* bzw. *-vergabespiel* bekannt vorkommen dürften.[41] Eine offensive Variante wäre z.B. die 'Kitekatstrategie': um die eigenen 'Mäuse' vor Übergriffen zu schützen, gibt man dem Controller Tips über tatsächliche oder vermeintliche 'Ersatznahrung' in den Teilbudgets anderer Akteure. Die 'Auslieferungsstrategie' ist hingegen eher defensiv an-

---

[41] Für dieses Spiel identifiziert *Mintzberg* (1983, 197) folgende Taktiken: " ... nutze jeden verfügbaren Trick, um die höchstmögliche Zuweisung für die Einheit herauszuholen; beantrage immer zu viel, weil bekannt ist, dass ein bestimmter Prozentsatz gekürzt werden wird; trage alle 'rationalen' Argumente vor, die ein großes Budget rechtfertigen und unterdrücke die, die das nicht tun, notfalls durch Verfälschung der Wahrheit über den wirklichen Bedarf der Einheit; und schließlich, wenn das Budget bewilligt ist, sorge dafür, dass es bis zum letzten Pfennig am Jahresende aufgebraucht wird, auch wenn ein Teil verschwendet werden muss, weil einem das, was man zurückgibt, im nächsten Jahr von der Forderung abgezogen werden wird."

gelegt: ein (möglichst kleines) Mäuschen eigener Wahl wird ausgeliefert, damit die Kernbestände verschont bleiben" (*a.a.O.*, 36).

ControllerInnen müssen zudem versuchen, die Akteure von *Budgetpufferstrategien* abzuhalten: "Solche Strategien dienen bekanntlich dazu, ein Ressourcenpolster für alle Eventualitäten, aber auch für mehr oder weniger pauschale 'rituelle Kürzungen' einzuplanen. In der Regel wird dann versucht, diese tatsächliche oder misstrauisch vermutete Antizipation wiederum selbst zu antizipieren: Die *Budgetpufferstrategien* der einen Seite provozieren entsprechende Gegenstrategien (*Pauschalkürzungsstrategien*) der anderen Seite und vice versa. Budgetpufferstrategien sind aus der Interessenperspektive der budgetverantwortlichen Akteure subjektiv rational, solange es nicht gelingt, zwischen konkreten Akteuren einen Konsens über 'Budgetsolidarität' und einen Verzicht auf 'rituelle Kürzungen' herzustellen" (*a.a.O.*, 37).

Es ist wichtig, Controlling-Spiele zum einen als (unendlich) wiederholte Spiele zu sehen, bei denen sich 'Gleichgewichte' einpendeln können, die nicht unbedingt optimal sein müssen, sondern Tribut an das gegenseitige Misstrauen zollen (wie beim Gefangenendilemma, das in Bd. 1 besprochen wurde). Zum anderen ist von Interdependenzen auszugehen: die Akteure sind voneinander abhängig, können also ihre Ziele allein nicht (so gut) erreichen, weil die andere Seite Informationen oder Ressourcen besitzt, die für die eigene Interessenverwirklichung wichtig sind.

An dieser Stelle kann von einzelnen Spielen und Taktiken *innerhalb* des Controlling [Budgetspiele; Zahlen frisieren; benötigte Annahmen, Schätzungen oder Prognosen durchsetzen[42]; Tauschgeschäfte ('Kuhhandel'); Mondziele und Luftnummern; Einführung neuer Rechentechniken oder -Systeme, um unter diesem Deckmantel inhaltliche Forderungen durchzusetzen usw.] auf *Controlling als Spiel* übergewechselt werden.

b) (Personal-)Controlling als Spiel

Die Besonderheit dieser Sichtweise kann durch Kontrastierung zu einem technisierten oder automatisierten Controlling veranschaulicht werden: Dieses geht davon aus, dass durch eine rationale Prozedur (z.B. Schemata der Kostenrechnung) Vorgaben (z.B. Plankosten) ermittelt und Abweichungen festgestellt werden, die zu programmierten vorhersehbaren Reaktionen führen.

Der Spielansatz würde alle Ansatzpunkte alternativ sehen: Es ist Angelegenheit von Vereinbarung, Taktik und Interessen, welches Spiel in Szene gesetzt wird (z.B. ein Vollkosten-, Grenzplankosten- oder Prozesskosten-Spiel). Innerhalb des Spiels können die benötigten Informationen oft nur unter prohibitiv hohen Kosten generiert werden - also verlässt man sich aufeinander, vergilt Fairness mit Fairness oder Foul

---

[42] *Seed* berichtet, dass sein erster Auftrag als Industrie-Kostenrechner war, ein paar Zahlen zusammenzustellen, um den Kauf eines Firmenflugzeugs zu rechtfertigen. Er präsentierte Zahlenmaterial, das zeigte, dass es viel billiger wäre, mit Linienflugzeugen zu fliegen - und sein Controller sagte: 'Aber ich habe Sie gebeten, den Kauf des Flugzeugs zu *rechtfertigen*' (*Seed* 1970, zitiert in *Gambling*).

mit Foul, kurzum: die Akteure wissen voneinander, dass sie nicht alles bekanntge-
ben, was sie wissen, dass sie unterschiedliche Ziele und Interessen haben, dass sie
einander schaden oder nutzen können. Es geht dann nicht mehr um die 'reine Wahrheit' oder die 'richtige' Information, sondern um brauchbare oder hinreichende Informationen; Informationen werden nicht ent-deckt, sondern vereinbart, und über
die Dauer der Interaktionen hinweg entwickeln sich Standards der Offenheit, Genauigkeit, Vertrauenswürdigkeit etc. Man informiert sich über die 'Schmerzgrenzen'
der anderen Seite, baut strategische Ungewissheitszonen auf, um Verhandlungs-
masse zu haben, beruft sich auf übergeordnete Normen und Werte (Redlichkeit,
Unternehmenserfolg, Gleichbehandlung). Diese informellen Praktiken können im
Laufe der Zeit zum Aufbau erheblicher Polster (slack) führen, so dass dann periodisch Bereinigungsarbeiten zum Abbau von 'Verschwendung' gestartet werden
(z.B. GWA). Bezeichnend ist, dass man das ausbalancierte System der innerbetrieblichen Absprache und Geschäfte meist durch Einschaltung Externer (z.B. Un-
ternehmensberatungen) aushebeln möchte - was regelmäßig zu großen Irritationen
und Beruhigungsstrategien führt, z.B. indem nicht alle 'radikalen' Vorschläge der
Beratungsfirma realisiert werden, sondern - als Goodwill-Beweis ausgegeben - nur
ein Teil, der ungefähr dem entspricht, was insgeheim von Anfang an geplant war.

Im 'Normalbetrieb' werden vom Controlling den zu Prüfenden oder zu Koordinie-
renden durchaus kleine Täuschungsmanöver zugestanden, weil sie einen stabilisierenden und verpflichtenden Effekt haben (s. *Burawoy*s Analyse des Spiels 'making
out' im Bd. 'Mikropolitik' in dieser Reihe, *Neuberger* 1995): wer einen Vorteil genießt, muss ihn an anderer Stelle bezahlen; wer sich einer Normenverletzung schuldig fühlt, erkennt implizit ihre Gültigkeit an und muss die Übertretung anderenorts
durch Wohlverhalten oder Sonderleistung kompensieren etc. Es geht bei einem fort-
gesetzten Spiel nicht darum, die andere Seite zu deklassieren oder auszuplündern,
sondern sie als Mitspielerin zu erhalten, die man braucht, um eigene Gewinne realisieren zu können. Durch (scheinbare) Zugeständnisse, die verpflichten, hält man sie
bei der Stange. Das ist auch der Sinn des Ratschlags an ControllerInnen, mit Augenmaß und Sensibilität vorzugehen; neben rein quantitativen, scheinbar unverrückbaren Daten auch qualitative zuzulassen oder das nachträgliche Rahmen, Interpretieren oder Relativieren der quantitativen Daten zu erlauben; Probleme, solange es
geht, nicht offiziell zu bereinigen, sondern unter vier Augen und mit Gesichtswah-
rung zu regeln; (Ver-)Handlungsspielraum zu lassen, um Trotzreaktionen oder Dienst
nach Vorschrift zu verhindern usw.

Controlling kann auf verschiedenen Ebenen gespielt werden (Oberflächen- und Tie-
fenspiele), es kann verschiedene Kreise umfassen (Bereichs- oder Gruppenspiele),
in unterschiedlichem Ausmaß standardisiert sein (s. die Unterscheidung zwischen
Innovations- und Routinespielen bei *Ortmann, Windeler, Becker & Schulz* 1990).
Entscheidend ist die mentale Kehrtwende: an die Stelle der Rationalitäts- oder
Funktionalitätsfiktion tritt die Spielfiktion, die Akteursinteressen, lose Kopplung,

Ambiguität, Verhandlung und Abmachung, Einverständnis und Interdependenz betont. Dies ist kein Plädoyer für Beliebigkeit und Chaos, sondern für eine 'organisierte Anarchie', die die Bedingungen widerspiegelt und bewältigt, unter denen Controlling stattfinden kann. Die auf der nächsten Seite abgedruckte Abb. H-5.1 (aus *Hofstede* 1981) soll daran erinnern, dass es nicht *das*, sondern eine Vielzahl von Controllings geben kann und dass für unterschiedliche Bedingungen jeweils andere Formen geeignet erscheinen.

Zentrale Begriffe der Betriebswirtschaft - wie etwa 'Wert' und 'Wertschöpfung' - sind unklar und umstritten und haben lokal spezifische Bedeutung. Dazu kommen weitere Bedingungen, die die Möglichkeit von 'Spielen' (statt deterministischer Kalküle) eröffnen:

- Viele Prozess- und Ergebnisdaten im Personalwesen sind nicht quantifizierbar, die Skalenniveaus sind uneinheitlich und umstritten; Daten lassen sich auf verschiedene Weise operationalisieren (s. etwa Fehlzeiten).

- Input-Output-Beziehungen sind nur zum Teil durchschaut; es ist nicht eindeutig und vollständig erfaßbar, welche personalwirtschaftlichen Maßnahmen welche Effekte wann auslösen; es fehlt eine 'Wirkungstheorie'.

- Die Nutzenbewertungen sind wegen der Mehrdimensionalität der Nutzen, ihrer oft subjektiven Bewertung und positions- oder interessengruppenabhängigen Interpretation extrem schwierig.

- Die Zurechnung sowohl zu verantwortlichen Entscheidenden (Person-Komponente) wie zu relevanten Auslösebedingungen (Situations-Komponente) ist oft mit großen Unsicherheiten behaftet, weil menschliche Arbeitsleistung von einer Vielzahl kaum kontrollierbarer und interagierender Bedingungen abhängt. Wenn Leistungen durch mehrere Personen oder Stellen im Zuge von Prozessketten erstellt werden, ist die Zurechnung oft recht schwierig und/oder willkürlich (Synergie- und Interaktionseffekte, Überlagerungen, Hemmungen).

- Ein Vergleich von Ergebnissen oder Leistungen ist nur gerechtfertigt, wenn auch die Rahmenbedingungen vergleichbar sind; dies gilt für unternehmensinterne periodengleiche oder -übergreifende Vergleiche ebenso wie Betriebsvergleiche.

- Erfolgskontrollen sind immer auch politische Aktionen: die Interessen der Beteiligten (die Kontrollierten, die Kontrolleure und die EmpfängerInnen der Kontrollinformationen) können sehr weit auseinanderliegen.

- Häufig sind im personalwirtschaftlichen Bereich die *Ziele* nicht präzise und quantifizierbar definiert, so dass eindeutige Zielerreichungsgrade nicht bestimmt werden können. Personalziele sind typischerweise mehrdimensional (vor allem: ökonomische und soziale Zieldimensionen), so dass immer *auch* qualitative Zielbestimmungen nötig sind, über die oft schwer Einigung zu erzielen ist.

- Bei personalen Leistungen gibt es häufig keinen "one best way" als Bezugsgröße oder Sollwert.

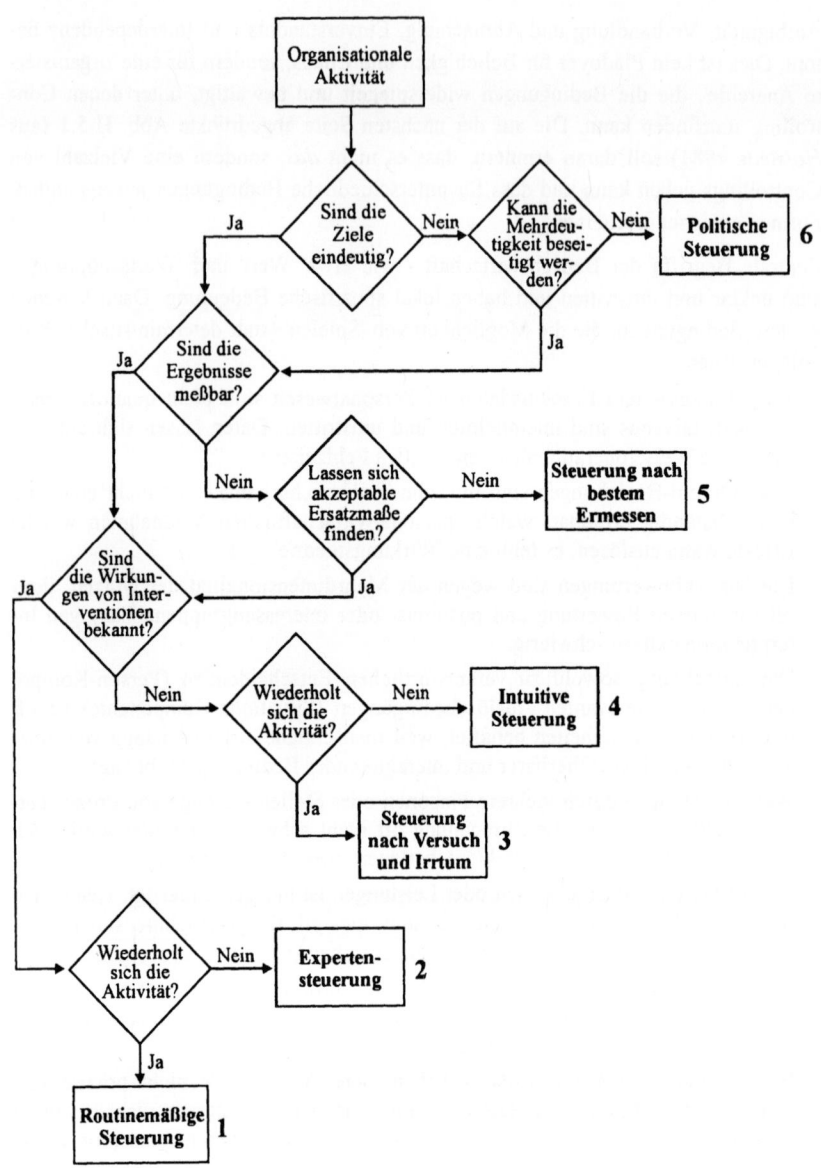

Abb. H-5.1: 6 Typen von Controlling (aus: *Hofstede* 1981, 196)

- Nicht selten ist die Gesamtwirkzeit personalwirtschaftlicher Maßnahmen nicht abzusehen (Fernwirkungen, Spätfolgen); es gibt Diskontierungsprobleme und die Schwierigkeit, periodenbezogene Anteile herauszurechnen.

- Es besteht ein komplexer Zusammenhang zwischen der Erhebung der Kontroll-Daten und den mutmaßlich darauf aufbauenden korrektiven Handlungen: sie können ausbleiben, überschießend und unzulänglich sein oder an falschen Stellen ansetzen.

Diese Überlegungen sollen verdeutlichen, dass nicht nur Spiel-Raum besteht, sondern dass gespielt werden *muss*, weil es in einer solchen Situation keinen eindeutigen Algorithmus geben kann, der das Handeln der Beteiligten ordnet. Das kann man aus zwei Perspektiven bewerten, einer affirmativen und einer emanzipatorischen:

Affirmativ ist z.B. der Standpunkt von *Hofstede* (1970, 81f.), der als These und Ergebnis seiner empirischen Studie festhält, dass ein Budget-Steuerungssystem dann einen optimalen Effekt auf die Motivation hat, wenn es innerhalb des Systems genügend Freiheitsgrade gibt, sodass das Ausfüllen des Budgets als Sport oder eben: Spiel gesehen werden kann.

"Das bedeutet verschiedenes: es bedeutet Motivation von innen, nicht Druck von außen ... Es heißt auch, dass keine Energie darauf vergeudet wird, gegen das System zu kämpfen: in einem Spiel akzeptieren die Menschen die grundlegende Tatsache, dass es Regeln gibt. Es heißt schließlich, wenn das Spiel richtig gespielt wird, Kooperation. Es ist in dem Sinne ein soziales Spiel, weil verschiedene Bereiche in der Organisation Mitspieler, nicht Gegner sind. Der Gegner ist die Außenwelt: ein realer Konkurrent auf dem Markt, eine drohende Kostensteigerung. Spiele sind erregender, wenn sie mit hohem Risiko gespielt werden. Der einzige Teil des Spiels, in dem Bereiche gegeneinander spielen, ist das Spiel der Standardbestimmung. Standards werden oft durch eine spielartige Verhandlung zwischen Linie und Stab gesetzt." Zuversichtlich fügt *Hofstede* hinzu, dass der nötige Spielgeist (game spirit) dann entstehen könne, wenn das Budget nicht eng und pedantisch festgelegt wird, sondern 'Spielraum' lässt.

Eine solche, die interne Partizipation verklärende Interpretation dürfte von den 'Budgetierten' nur dann geteilt werden, wenn sie subjektiv die Chance und Erfahrung haben, dass sie auch gewinnen können. Es wird völlig ausgeblendet, wer aus welchem Interesse und mit welcher Berechtigung die Regeln definiert, die zu beachten sind; psychologisch geschickt ist es, den Gegner zu externalisieren, sodass er als 'Außenstehender' bekämpft werden kann und die Aggressionen vom 'inneren Feind' abgelenkt werden.

Eine kritisch-emanzipatorische Position beschränkt sich nicht auf *policy* und *politics* im Spiel, sondern thematisiert auch die Verfassung oder Struktur des Spiels (*polity*). Es ist im Regelfall ein stark asymmetrisches Spiel, bei dem die Gewinnchancen und -höhen recht ungleich verteilt sind. Wie bei dem von *Burawoy* beschriebenen Spiel besorgen die Spieler im Genuss der kleinen Freiheiten, die ihnen eingeräumt werden, engagiert die Erhaltung des Status Quo, der ihnen die Zahler-Rolle aufbürdet. Aus der Vogelperspektive betrachtet, ist es angesichts des überwältigenden Zwangs der Verhältnisse nicht viel, was an Freiraum bleibt, aber offenbar genug, den Sportsgeist anzustacheln, der eine Verausgabung rechtfertigt, die - nüchtern kalkuliert - unverständlich ist. Entlarvend ist die Einsicht, dass Controlling entgegen seinem rationalen Analyseauftrag die Grenzen der Belastbarkeit (z.B.die 'echten' Kosten) nicht austesten darf, weil dies zu Reaktanz - zum Spiel gegen das System - führen würde. Die eingeräumten Freiheiten haben den Zweck, die dringend benötigten Zu-Taten der Akteure (Mitdenken, Einsatzfreude, Improvisation, Engagement) zu aktivieren. Wider besseres Wissen wird auf Exaktheit (economy, efficiency) verzichtet, um - mit besserem Wissen - Resultate (effectiveness) zu erzielen. Dabei entstehen für das Controlling als Institution mehrere Dilemmasituationen:

Um seine eigene Existenzberechtigung nachzuweisen (Budget, Stellen, Kompetenzen) neigt Controlling dazu, 'harte Daten' zu produzieren, als 'Sparkommissar' tätig zu werden und eine kurzfristige (kurzsichtige?) Ergebnisorientierung zu vertreten. Es kommt zu einer Verengung und Vereinseitigung auf Kosten- und Effizienz-Controlling - damit wird allerdings Widerstand bei den Kontrollierten' erzeugt, die dann nicht mehr kooperieren, sondern 'mauern'.

Je großzügiger ('lascher') Controlling ist, desto mehr stellt sich die Frage, ob dazu sein verselbständigter und teurer Experten-Apparat benötigt wird.

Je größer und je distanzierter und spezialisierter die Controlling-Abteilung, desto größer die Gefahr ihrer eigenen Bürokratisierung und der Gemeinkosten-Produktion, der keine nachgefragte Leistung gegenübersteht.

Je mehr sich Controlling als Herrschaftsorgan einrichtet, desto weniger lässt sich die Idee der 'Selbststeuerung' realisieren, ohne deren zumindest ansatzweise Verwirklichung jedes Controlling zum Scheitern verurteilt ist.

Als funktionales Äquivalent zur Internalisierung (Selbstkontrolle) gilt - neben Solidarität, Partizipation, Konsens, Verständigung - vor allem Vertrauen. Vertrauen errichtet ein Netz gegenseitiger sozialer Verpflichtungen, formal weder geregelte noch einklagbare Vorleistungen verlässlich zurückzuzahlen. Wird Vertrauen durch eine Kultur misstrauischer Überwachung ersetzt, steigen die Transaktionskosten erheblich; die scheinbare Unabhängigkeit vom goodwill der anderen Seite muss buchstäblich teuer erkauft werden und sie ist zudem weniger stabil als eine Vertrauensbeziehung.

Ein zahlenfixiertes routinisiertes Controlling liefe Gefahr, selbst rationalisiert (meist: personell abgebaut) zu werden, weil neue dezentral verfügbare Technologien und leistungsfähige Software zentralisierte und professionalisierte Expertise überflüssig machen. Dem begegnet Controlling mit der Erfindung neuer komplexerer und intransparenter Verfahren, die nicht von 'jedermann' verwaltet werden können - und muss sich die Kritik gefallen lassen, sich nicht aufs Wesentliche zu konzentrieren, nämlich zu Markterfolg und Gewinn beizutragen und (interne) Kunden zufriedenzustellen.

Wenn Routineaufgabe delegiert (Selbstcontrolling) oder technologisch substituiert werden, kann sich Controlling andere, z.B. 'strategische' Aufgaben (etwa TQM) suchen. Damit können jedoch Grenzüberschreitungen zu Managementfunktionen verbunden sein.

Auch ControllerInnen unterliegen dem Zwang zur Erfolgspräsentation und zur Aufwertung ihrer Bedeutung. Sie laufen dabei Gefahr, sich mit fremden Federn zu schmücken und Arbeitsbeziehungen zu belasten, auf die sie angewiesen sind.

Die Transformation von einmaligen Menschen zu normalisiertem und pauschalmotiviertem Personal gelingt nicht perfekt und ist als Ziel auch nicht anzustreben, gerade weil im 'Eigensinn der Subjekte' und ihrer Kreativität, ihren spezifischen Interessen und ihren besonderen Erfahrungen Potenzen liegen, die sich wirtschaftlich nutzen lassen. In diese ambivalente Situation ist Personal-Controlling gestellt: es soll Pläne erstellen und abstimmen, aber Freiräume lassen; es soll die Einhaltung von Vorgaben und Vorschriften überwachen, aber produktive Abweichungen zulassen, es soll systematische Prozeduren und wirkungsvolle Instrumente entwickeln, aber ihre kreative Handhabung akzeptieren oder gar fördern; es soll koordinierend und steuernd eingreifen, aber Eigenverantwortung und Unternehmertum der Ausführenden stimulieren und respektieren ...

Kurzum: Es gibt verschiedene Optionen zum Betrieb eines (Personal-)Controlling, das nicht als System neutraler Werkzeuge zu verstehen ist, sondern als Umsetzung einer strategischen Haltung, die - zirkulär - die Bedingungen gestaltet, auf die sie reagiert.

5.4   Schluss: Das geprüfte Personal

In Paraphrasierung der berühmten vier Fragen *Kants*[43] kann man - die eingangs formulierten drei Facetten von Controlling wieder aufgreifend - folgende zentrale Fragen für das Personal-Controlling formulieren:

- Was ist der Fall? Wie kann man Wirklichkeit abbilden?,
- Was kann man tun? Wie lassen sich die anstehenden Probleme lösen?,
- Wie kann man lenken? Wie kann man andere beeinflussen?

und schließlich, als Spezifikum für das Personal-Controlling:

- Was ist Personal, jenes sowohl eigenartige wie eigensinnige Subjektobjekt?

zu 1: Was ist der Fall?

Wir haben immer wieder deutlich gemacht, dass der Anspruch von Personal-Controlling, die Wirklichkeit 'so wie sie ist' fotorealistisch abzubilden, nicht nur naiv, sondern ideologisch ist. Controlling ist keine Erkenntnismaschine, die objektive Ansichten der Natur verfertigt, sondern ein Werkzeug, das zwischen Werker und Werkstück vermittelt. Dabei handelt es sich nicht nur um eine spannungsgeladene trianguläre Beziehung, sondern vor allem um eine Wechselwirkung in beiden Richtungen: über das *Mittel* (die Verfahren des Controlling) wirkt das *Subjekt* (Personal-ControllerIn, ManagerIn) konstituierend auf das *Objekt* (Personal, Personalarbeit, Personalwesen, Personalprodukte) ein; zum anderen aber legen die spezifischen (Personal-)Objekte Mittel nahe, die das Subjekt verformen. Beide - Subjekte wie Objekte - ändern sich aufgrund der eingesetzten Verfahren. Personal wird prüfbar gemacht; Verhalten oder Leistung wird definiert, normiert, quantifiziert, zugerech-

---

[43] Was kann ich wissen? Was soll ich tun? Was darf ich hoffen? Was ist der Mensch?

net, belohnt - und in Erwartung dieser Interventionen werden sich die 'Objekte' darauf einstellen; das Prüfen verändert aber auch die Prüfer (sie können misstrauisch, kleinlich, distanziert, rational, absichernd usw. werden).

zu 2.: Was kann man tun?

Personal-Controlling ist eine Technik, die sich - wie eben ausgeführt - ihre Einsatzbedingungen miterschafft und damit sich selbst validiert. Wer davon ausgeht, dass ArbeitnehmerInnen unfähig und unmotiviert sind und sie deshalb eng überwacht und detailliert steuert, kann mit selbsterfüllender Prophezeiung rechnen: die Leute werden so, wie sie behandelt werden und müssen deshalb so behandelt werden. Allerdings führt sich eine solche Sichtweise selbst absurdum, weil es letztlich mehr Kontrollierende und Anweisende gibt als Arbeitende. Also muss auf die Option 'Selbst-Controlling' umgeschaltet werden, die aber wegen der strukturellen Asymmetrie der Interessen und Ressourcen nur partiell und temporär funktioniert. Handeln in Organisationen ist durch Risiko und Unsicherheit, Intransparenz der Verhältnisse, Komplexität der Beziehungen und Entwicklungen, Interessengegensätze und - daraus folgend - beim 'Faktor Arbeit' mit begrenzter Verfügbarkeit über das Arbeitsvermögen verbunden. Personal-Controlling kann deshalb keinen 'einzigen besten Weg' (s.a. die Nachahmung der *'best practice'* beim *benchmarking*) vorschlagen, sondern allenfalls eine Auswahl von Alternativen anbieten, die ein Stück weiterhelfen können, dabei jedoch von allen Beteiligten auch in ihrem Eigeninteresse genutzt werden.

zu 3.: Wie kann man lenken?

Personal-Controlling verhilft nicht der ökonomischen Vernunft zum Durchbruch; diese ist eine Leerformel bzw. gibt für Gemeinwohl oder Gleichgewicht aus, was partikuläres Interesse oder Vorteilssicherung ist. Es ist mit Widerstand zu rechnen und deshalb werden alle Akteure danach trachten, Macht aufzubauen und einzusetzen, um die Handlungsmöglichkeiten und Ressourcenverteilung zu kontrollieren. Aus einer solchen Perspektive kann Personal-Controlling nicht als fairer Makler auftreten. Es ist in zweifacher Weise Partei: einmal, weil es Auftragnehmer ist und vom Auftraggeber danach bewertet wird, wie es dessen Interessen fördert und zum zweiten, weil es im genannten Kräfteparallelogramm marginalisiert würde, wenn es nicht Ungewissheitszonen kontrollieren könnte und selbst eine solche darstellte. Es gilt: Macht hat, wer die Verfahren beherrscht, weil er ihren Einsatz verfügen kann und/ oder weil er sich in ihnen auskennt und sie deshalb zum eigenen Vorteil nutzen kann. Personal-Controlling lenkt also weniger über direkte Anweisung (1st-order-control), sondern eher über verschiedene indirekte Strategien:

2nd-*order-control*: die Steuerung wird 'unsichtbar' gemacht, indem sie verdinglicht oder objektiviert wird, d.h. in Strukturen, Maschinen, Programme oder Verfahren eingebaut wird, die dann 'Sachzwang' ausüben;

3rd-*order-control*: mentale Programmierung, Werte-Infusion; Einflussnahme auf die Werte, Haltungen und Handlungsprämissen, die das Verhalten der Akteure von innen her - z.B. als 'verantwortliche Autonomie' steuern;

4th-*order-control*, reflexives Controlling: Erst wenn etwas zertifiziert wurde, existiert es. Es geht nicht um die konkrete *Praxis* der Handelnden, sondern um das *System-Design*, das ihr Handeln steuert. Wichtig ist, *dass* kontrolliert wird, nicht, *was* kontrolliert wird, weil es um die Erzeugung und Erhaltung der generellen Prüfbarkeit geht.

zu 4.: Was ist Personal?

Wir sind im Band 'Personalwesen 1' schon ausführlich auf das Kollektivneutrum 'Personal' eingegangen und wollen diese Diskussion nicht wiederholen. Hier soll vielmehr ein controllingspezifischer Aspekt betont werden. Durch Einrichtung, Verfahren und Praxis des Personal-Controlling wird Personal konstituiert, indem Menschen als Arbeitskräfte konditioniert werden. Der Begriff 'Konditionieren' erlaubt verschiedene Interpretationen:

- das Einbetten und Abhängigmachen von externen situativen Bedingungen (Konditionen);
- die Erfahrung einer Lerngeschichte, die bestimmte Haltungen und Reaktionsweisen so einprägt, dass weitgehend automatisiert re-agiert wird;
- die Abgrenzung zum 'Determinieren', denn es geht nicht um vollständige Fremdbestimmung, sondern um Vor-Form(ung)en, die abweichendes Handeln nicht ausschließen. Handeln ist kontingent, aber nicht alternativlos fixiert.

Im vorliegenden Zusammenhang sollen alle drei Facetten genutzt werden. Personal-Controlling konditioniert, weil sein Verfahrenskatalog objektive Bedingungen setzt, die Handlungsmöglichkeiten einschränken und nahelegen; Subjekte werden darauf eingestimmt und daran gewöhnt, fortwährend überprüft, gemessen, bewertet und gegebenenfalls sanktioniert zu werden; die Verantwortung für das Handeln wird dennoch nicht abgenommen, sondern in Konstruktionen wie 'Selbst-Controlling' (z.B. *Führung durch Zielvereinbarung*) hervorgehoben. Sieht man sich Verfahrens-Praktiken der Personalarbeit bzw. des Personalwesens an, dann lässt sich unschwer erkennen, dass Geprüft- und Bewertetwerden eine zentrale Rolle spielen:

- Personalauswahl, Assessment Center,
- Personalbeurteilung, 360°-Beurteilung,
- Mitarbeitergespräche, Zielvereinbarungen,
- Eingruppierung, Entgeltfindung,
- Beförderung,
- Bildungscontrolling, Evaluation,
- Arbeitsanalyse (Belastung, Beanspruchung),
- Führungserfolgsmessung,
- Mitarbeiterbefragung usw.

ArbeitnehmerInnen (und Führungskräfte) sind 'unter Kontrolle' und die Spezialisierung Personal-*Controlling* hat die Funktion, diese Kontrolle/Koordination/Steuerung *professionell* zu handhaben. Wie wir oben schon ausführlicher (bei der Diskussion von 'Leitbildern' des Controlling) ausgeführt haben, gibt es verschiedene Rollenmodelle. ControllerInnen imaginieren sich (oder werden imaginiert) als

- Abstandsradar (Soll-Ist-Vergleiche), Aufklärer, Enthüller,
- Verbindungsoffiziere, Abstimmer von Plänen und Aktionen,
- Führungsgehilfen (Lotsen, Navigatoren),
- Landkartenzeichner bzw. sogar Landschaftsgärtner (die das Gelände herstellen, für das sie Planzeichnungen weitergeben),
- Sprachschöpfer und Kommunikatoren,
- Illusionskünstler, die etwas vor- und glauben machen usw.

Das Spielen solcher Rollen soll hier nicht als kreativer Akt einzelner PositionsinhaberInnen interpretiert werden, sondern als gesellschaftlich (und organisational) ermöglichte oder sogar erforderliche Leistung. Personal-Controlling ist eine Antwort; aus den Anforderungen an die normierten und/oder praktizierten Lösungen lässt sich auf die zugrundeliegenden Probleme rückschließen. (Personal-)Controlling soll - siehe die ASOBAT[44]-Standards - relevante, verifizierbare, unvoreingenommene und quantifizierte Entscheidungsgrundlagen liefern. Aus solchen oder ähnlichen Anforderungskatalogen (zu denen auch Rationalität, Einfachheit, Transparenz, Verantwortlichkeit usw. gehören können) lässt sich rekonstruieren, dass die Handlungsprobleme in Organisation charakterisiert sind durch Ambiguität, Subjektivität, Interessengeladenheit, Vagheit, Irrationalität, Komplexität, Undurchschaubarkeit usw. Um gesellschaftlichen Legitimationsforderungen zu genügen, muss das organisationale Handeln als rational, begründet, bewährt usw. deklariert werden (können); würden PositionsinhaberInnen oder Unternehmungen offen solche Anforderungen verletzen, sähen sie sich mit Vertrauens- und Ressourcenentzug bedroht. Organisationen errichten deshalb Institutionen, die sich auf die produktive *und zeremonielle* Erfüllung dieser Erwartungen spezialisiert haben (s. *Miller* 1994). Controlling ist eine der Antworten, die eine 'ängstliche Gesellschaft', eine Risikogesellschaft, eine Misstrauensgesellschaft benötigt. Es kann dabei zu einer 'Auditierungs-Explosion' *(Power 1994)* kommen; Entwicklungen im Zusammenhang mit der TQM-Bewegung (siehe die Ausführungen zum EFQM-Modell) können zu einem Zertifizierungszwang führen (verstanden sowohl als neurotische, unverstandene Zwangshandlung wie als durch Wettbewerber oder Moden auferlegter Zwang) In ISO-Normen werden Standards reglementiert und kodifiziert, formale Evaluationen (s. etwa 'Öko-Audits') können Voraussetzungen für Auftragsvergabe und Ressourcenzuweisung werden.

---

[44] so benannt nach einem amerikanischen Standardwerk: 'A Statement of Basic Accounting Theory', zit. in *Arrington & Francis* 1989, 17.

Konsequenzen einer Verfahrensfixierung des Personal-Controlling sind:

1. Personal-Controlling nimmt spezifisch wahr (durch einen 'Verfahrens-Filter'), definiert dementsprechend restriktiv Möglichkeiten des Handelns und verleiht ihm Sichtbarkeit;

2. Personal-Controlling löst nur die auf diese Weise wahrgenommenen oder definierten Probleme;

3. verfahrenskonform konstitutiert, (trans-)formiert das Personal-Controlling sich, das Personal, die Organisation so, dass 1. u. 2. möglich werden.

Prüfen und Geprüftwerden wird - wie insbesondere *Foucault* herausgearbeitet hat - zur Norm (Vorschrift), es normiert (standardisiert, formalisiert) und normalisiert (wird zur Normalität und Selbstverständlichkeit). Wenn die entsprechenden Einrichtungen geschaffen wurden und die Subjekte konditioniert wurden, wird unproblematisierter Alltag, was ansonsten auffällig, ungewöhnlich, bizarr oder abartig erscheinen würde: alles mit Zahlen belegen können; durch Unterschrift und Stempel eines - seinerseits zertifizierten - Auditors nachweisen, dass es Manuale gibt und/ oder dass ihre Vorgaben strikt eingehalten wurden; Entscheidungen schriftlich begründen und ausführlich dokumentieren; Expertisen einholen; Anträge oder Ausgaben gegenzeichnen lassen; in Vorhaben oder Plänen die wahren Begründungen nicht aufführen, sondern nur die erforderlichen etc. Aber: Wo Gefahr ist, ist das Rettende auch. Weil die ängstliche Gesellschaft durch ihre Zwänge immobilisiert würde, werden imperativ *intrapreneurship, empowerment*, schöpferische Zerstörung, Innovation, organisationales (Ver-)Lernen, Selbstorganisation usw. gefordert und dafür geeignete Strukturen geschaffen. Diese objektiven Widersprüche zwischen System und Lebenswelt spiegeln sich in der Dialektik von *Personal* und *Mensch*. Das eine benötigt und bekämpft zugleich den anderen. Deshalb tobt in Organisationen die Abstraktion. Und das Leben.

Abkürzungsverzeichnis

ABM	Arbeitsbeschaffungs-maßnahme(n)	GWA	Gemeinkostenwertanalyse
ABS	(Gesellschaft zur) Arbeitsför-derung, Beschäftigung und Strukturentwicklung	HK	Handwerkskammer
		IAB	Institut für Arbeitsmarkt- und Berufsforschung
AC	Assessment Center	IfO	Institut für Wirtschaftsforschung
AFG	Arbeitsförderungsgesetz	IHK	Industrie- und Handelskammer
AM	Arbeitsmarkt	ISF	Institut für Sozialwissen-schaftliche Forschung
ANBA	Amtliche Nachrichten der Bundesanstalt für Arbeit	ISG	Institut für Sozialforschung und Gesellschaftspolitik
AÜG	Arbeitnehmerüber-lassungsgesetz	IW	Institut der deutschen Wirtschaft
		KMU	s. KUM
BA	Bundesanstalt für Arbeit	KschG	Kündigungsschutzgesetz
BAG	Bundesarbeitsgericht	KUM	Klein- und Mittelbetriebe bzw. -unternehmen
BBP	Betriebliche Beschäfti-gungspolitik	KVP	Kontinuierlicher Ver-besserungsprozess
BDA	Bundesvereinigung der Deutschen Arbeitgeber-verbände	MbO	Management by Objectives
		MittAB	Mitteilungen zur Arbeitsmarkt- und Berufsforschung
BeschFG	Beschäftigungsförderungs-gesetz	MTM	Methods Time Measurement
BetrVG	Betriebsverfassungsgesetz	NIÖ	Neue Institutionelle Ökonomie bzw. Neue Institutionen-ökonomik
BfA/LVA	Bundesversicherungsanstalt für Angestellte/ Landesver-sicherungsanstalt für Arbeiter		
		OECD	Organization for Economic Cooperation and Development
BG	Beschäftigungsgesellschaft	OVA	Overhead Value Analysis
BGB	Bürgerliches Gesetzbuch	PIMS	Profit Impact of Market Strategies
BMA	Bundesministerium für Arbeit und Sozialordnung		
		PuK	Planung und Kontrolle
BP	Beschäftigungspolitik	ROI	Return on Investment
BSC	Balanced Scorecard	RKW	Rationalisierungs-Kuratorium der Deutschen Wirtschaft
BSG	Bundessozialgericht		
BVerfG	Bundesverfassungsgericht	SchwarbG	Gesetz zur Bekämpfung der Schwarzarbeit
BvS	Bundesanstalt für vereini-gungsbedingte Sonderaufgaben (Nachfolgerin der Treuhand)		
		SGB	Sozialgesetzbuch
DIW	Deutsches Institut für Wirtschaftsforschung	SZ	Süddeutsche Zeitung
		TAK	Transaktionskosten
EFQM	European Foundation for Quality Management	TPM	Total Produktiver Mitarbeiter (urspr.: Total Productive Maintenance)
EUGH	Europäischer Gerichtshof		
Eustat	Statstisches Amt der Euro-päischen Gemeinschaften	TQM	Total Quality Management
		WSI	Wirtschafts- und Sozialwissen-schaftliches Institut des Deut-schen Gewerkschaftsbundes
FMEA	Failure Mode and Effect Analysis		
GG	Grundgesetz	ZBB	Zero Base Budgeting

Literaturverzeichnis

Ackermann, Karl-Friedrich & Hofmann, Mathias (1988): Systematische Arbeitszeitgestaltung. Handbuch für ein Planungskonzept. Köln (Deutscher Instituts-Verlag)

Aharoni, Yair (1966): The Foreign Direct Investment Process. Boston (Harvard Univ. Press)

Albach, Hans, Clemens, R. & Friede, Ch. (1985): Kosten der Arbeit, Einflußfaktoren der Personalaufwendungen in Abhängigkeit von der Unternehmensgröße. Bonn u.a. (Institut für Mittelstandsforschung)

Albach, Horst (1990): Der dispositive Faktor in Theorie und Praxis. Zeitschrift für Betriebswirtschaft, 60, 533-548

Alewell, Dorothea (1993): Interne Arbeitmärkte. Eine informations-ökonomische Analyse. Hamburg (Steuer- und Wirtschaftsverlag)

Alewell, Dorothea (1994): Informationsasymmetrien in Arbeitsverhältnissen. Zeitschrift für Betriebswirtschaft, 64, 1, 57-79

Alewell, Dorothea (1995): Personalbedarfsrechnung. WISU, 1, 43-48

Allaire, Yvan & Firsirotu, Mihaela (1989): Coping with Strategic Uncertainty. Sloan Management Review, 3, Spring, 7-16

Altmann, Norbert & Bechtle, Günter (1971): Betriebliche Herrschaftsstrukturen und industrielle Gesellschaft. Ein Ansatz zur Analyse. München (Hanser)

Altvater, Elmar & Mahnkopf, Birgit (1996): Grenzen der Globalisierung. Ökonomie, Ökologie und Politik in der Weltgesellschaft. Münster (Westfälisches Dampfboot)

Amelang, Manfred & Bartussek, Dieter (1997): Differentielle Psychologie und Persönlichkeitsforschung. Stuttgart (Kohlhammer)

Amshoff, Bernhard (1993): Controlling in deutschen Unternehmungen. Realtypen, Kontext und Effizienz. Wiesbaden (Gabler)

Ansoff, Igor (1988): The New Corporate Strategy. New York (Wiley) Original 1965

Argyris, Chris (1952): The impact of budgets on people. Ithaca (School of Business and Public Administration, Cornell University)

Arrington, Edward C. & Francis, Jere R. (1989): Letting the chat out of the bag: Deconstruction, privilege and accounting research. Accounting, Organizations and Society, 14, 1-29

Audretsch, David B. (1996): New Firms and Creating Employment. Discussion Paper FS IV 96 - 7, Berlin (WZB)

Auer, Peter (1997): Europäische Arbeitsmarktpolitik: Übergangsarbeitsmärkte und die Zukunft der Arbeitsgesellschaft. In: Slubetzky, W. (Hrsg.): Europa ohne Arbeit. Beiträge zur Zukunft der Arbeitsmarktpolitik. Stuttgart u.a. (Kohlhammer), 11-23

Auer, Peter & Büchtemann, Christoph (1989): Arbeitsrechtliche 'De-Regulierung' durch Erleichterung befristeter Arbeitsverträge: Erfahrungen in der Bundesrepublik Deutschland und in Frankreich. Internationale Chronik zur Arbeitsmarktpolitik, 38, Okt., 3-7

Autorengemeinschaft (1997): Der Arbeitsmarkt 1996 und 1997 in der Bundesrepublik Deutschland. Mitteilungen aus dem Arbeitsmarkt- und Berufsforschung, 1, 5-36

AWV - Arbeitgemeinschaft für wirtschaftliche Verwaltung e.V. (1995): Personalkosten und Personalzusatzkosten in der betrieblichen Praxis. Eschborn (AWV-Eigenverlag)

Backes-Gellner, Uschi (1996): Betriebliche Bildungs- und Wettbewerbsstrategien im deutsch-britischen Vergleich. Ein Beitrag der Personalökonomie zur internationalen Betriebswirtschaftslehre. Mering u.a. (Hampp)

Backes-Gellner, Uschi, Krings, Achim & Berkel, Andrea (1997): Theoretische Grundlagen der Personalökonomie. WISU-Studienblatt, April

Literaturverzeichnis

Backhaus, Ludger (1987): Recht der Leiharbeit und Fremdfirmeneinsatz: Grundzüge und Defizite. In: Held, M. & Maget, F. (Hrsg.): Menschen-Leasing. Grenzen der Leiharbeit. Tutzinger Materialien Nr. 37/1987, 43-54

Baecker, Dirk (1993): Die Form des Unternehmens. Frankfurt a.M. (Suhrkamp)

Baecker, Dirk (1998): Einfache Komplexität. In: Ahlemeyer, H. W. & Königswieser, R. (Hrsg.) Komplexität managen: Strategien, Konzepte und Fallbeispiele. Wiesbaden (Gabler)

Balzer, Arno (1988): Firmeninterne Arbeitsmärkte. Ein Erklärungsbeitrag aus Sicht der Neuen Institutionellen Ökonomie. Frankfurt u.a. (P. Lang)

Bamberg, Günter & Baur, Franz (1996): Statistik. München (Oldenbourg)

Bateson, Gregory (1995): Geist und Natur. Frankfurt a.M. (Suhrkamp)

Batsching, Thomas (1995): Qualitätsmanagement im Personalwesen. Möglichkeiten der Qualitätsmessung und der Qualitätssicherung. Personal, (9), 446-450

Bauer, Jobst-Hubertus (1997): Arbeitsrechtliche Aufhebungsverträge. München (Beck)

Bea, Franz X. & Haas, Jürgen (1995): Strategisches Management. Stuttgart (Fischer)

Bechtle, Günter (1980): Der Betrieb als Strategie. Theoretische Vorarbeiten zu einem industriesoziologischen Konzept. Frankfurt u. New York (Campus)

Becker, Gary S. (1975[2]): Human Capital. New York u. London (Columbia Univ. Press)

Bellmann, Lutz (1997): Lohndifferenzierung und Langzeitarbeitslosigkeit im internationalen Vergleich. In: Sadowski, D. & Schneider, M. (Hrsg.): Vorschläge zu einer neuen Lohnpolitik: Optionen für mehr Beschäftigung I. Frankfurt/New York (Campus)

Bellmann, Lutz, Düll, Herbert, Kühl, Jürgen, Lahner, Manfred & Lehmann, Udo (1996): Flexibilität von Betrieben in Deutschland. Ergebnisse des IAB-Betriebspanels 1993-1995. Beiträge zur Arbeitsmarkt- und Berufsforschung, Bd. 200, Nürnberg (IAB)

Bellmann, Lutz & Kölling, Arnd (1997): Betriebliche Bestimmungsgrößen der Beschäftigungsentwicklung für 1997. Ergebnisse des IAB-Betriebspanels für West- und Ostdeutschland. Mittelungen aus der Arbeitsmarkt- und Berufsforschung (1), 90-101

Bendix, Reinhard (1960): Herrschaft und Industriearbeit. Frankfurt (Europ. Verlagsanstalt)

Benoit, William L. (1995): Accounts, Excuses, and Apologies. Albany (State Univ. of New York Press)

Berens, Wolfgang & Delfmann, Werner (1995): Quantitative Planung. Stuttgart (Schäffer-Poeschel)

Berger, Peter L. & Luckmann, Thomas (1966): The Social Construction of Reality: A Treatise in the Sociology of Knowledge. Garden City (Doubleday)

Bertram, Christoph (1996): Qualität in der Personalabteilung. München und Mering (Hampp)

Biedermann, Christof & Müller, Werner (1988): Rationalität(en) in der Führung? Die Unternehmung 4, 263-274

Bielinski, Harald, Kohler, Bärbl & Schreiber-Kittl, Maria (1994): Befristete Beschäftigung und Arbeitsmarkt. Empirische Untersuchung über befristete Arbeitsverträge nach dem Beschäftigungsförderungsgesetz (BeschFG 1985/1990). Forschungsbericht Nr. 242, Bundesministerium für Arbeit und Sozialordnung, Bonn

Bielinski, Harald & Kohler, Bärbl (1995): Wie un-normal sind befristete Arbeitsverträge? Eine Positionsbestimmung auf der Grundlage empirischer Erhebungen. In: Keller, B. & Seifert, H. (Hrsg.): Atypische Beschäftigung. Verbieten oder gestalten? Köln (Bund), 139-162

Birnberg, Jacob G. (1993): Current trends in behavioral accounting research in the United States. Die Betriebswirtschaft, 53 (1), 5-25

Bischof, Norbert (1995): Struktur und Bedeutung: Eine Einführung in die Systemtheorie. Bern (Huber)

Blankenagel, Veronika Helene (1993): Inhaltliche Grundlagen der unternehmensspezifischen Konzeptentwicklung und Systemstrukturierung der controllingorientierten Personalarbeit. (Diss. St. Gallen), Bamberg (Difo)

Blien, Uwe (1986): Unternehmensverhalten und Arbeitsmarktsstruktur. Eine Systematik und Kritik wichtiger Beiträge zur Arbeitsmarkttheorie. Beiträge zur Arbeitsmarkt- und Berufsforschung, Bd. 103, Nürnberg (IAB - BA)

BMA (Bundesministerium für Arbeit und Sozialordnung) (Hrsg.) (1996): Illegale Beschäftigung und Schwarzarbeit schaden uns allen! Broschüre A 706. Bonn

Boerner, Sabine & Schramm, Florian (1998): Fluktuationsneigung in den neunziger Jahren: Eine empirische Analyse anhand des Sozio-oekonomischen Panels. Zeitschrift für Personalforschung, 12, 79-97

Bogai, Dieter (1996): Wachstum, Beschäftigung und haushaltsbezogene Dienstleistungen. Mitteilungen aus der Arbeitsmarkt- und Berufsforschung (2), 237-246

Bögenhold, Dieter & Staber, Udo (1990): Selbständigkeit als Reflex auf Arbeitslosigkeit? Kölner Zeitschrift für Soziologie und Sozialpsychologie, 42, (2), 265-279

Boland, Richard J. & Pondy, Louis R. (1986): The Micro Dynamics of a Budget-Cutting Process: Modes, Models and Structure. Accounting, Organizations and Society, 11 (2/3), 403-422

Bollinger, Doris, Cornetz, Wolfgang & Pfau-Effinger, Birgit (1991): 'Atypische' Beschäftigung - Betriebliche Kalküle und Arbeitnehmerinteressen. In: Semlinger, K. (Hrsg.): Flexibilisierung des Arbeitsmarktes. Interessen, Wirkungen, Perspektiven. Frankfurt u. New York (Campus), 177-199

Bosch, Aida (1997): Vom Interessenkonflikt zur Kultur der Rationalität. Neue Verhandlungsbeziehungen zwischen Management und Betriebsrat. München u.a. (Hampp)

Bosch, Gerhard (1983): Kündigungsschutz und Kündigungspraxis in der Bundesrepublik Deutschland. Ein Literaturbericht. Arbeitspapier 1983-5 aus dem Arbeitskreis SAMF (Paderborn)

Bosch, Gerhard (1998): Billig ist nicht immer gut. Die Zeit Nr. 3, 8.1.98, 17

Bosch, Gerhard & Neumann, Horst (Hrsg.) (1991a): Beschäftigungsplan und Beschäftigungsgesellschaft. Neue Konzepte und Initiativen in der Arbeitsmarkt- und Strukturpolitik. Köln (Bund)

Bosch, Gerhard & Neumann, Horst (1991b): Strukturpolitische Herausforderungen der 90er Jahre. In: dies. (Hrsg.): Beschäftigungsplan und Beschäftigungsgesellschaft. Köln (Bund), 13-39

Bosch, Gerhard, Kohl, Heribert & Schneider, Wolfgang (Hrsg.) (1995): Handbuch Personalplanung. Ein praktischer Ratgeber. Köln (Bund-Verlag)

Bosetzky, Horst (1971): Die "kameradschaftliche Bürokratie" und die Grenzen der wissenschaftlichen Untersuchung von Behörden. Die Verwaltung (4), 325-335

Bower, Joseph L. (1970): Managing the Resource Allocation Process. A Study of Corporate Planning and Investment. Boston (Harvard Univ. Press)

Bramsemann, Rainer (1987[1] bzw. 1990[2]): Handbuch Controlling. Methoden und Techniken. München u. Wien (Hanser)

Brandes, Wolfgang & Buttler, Friedrich (1988): Die Unvermeidbarkeit interner Arbeitsmärkte. In: Reyher, L. & Kühl, J. (Hrsg.): Resonanzen. Festschrift für Dieter Mertens. Beiträge zur Arbeitsmarkt und Berufsforschung, Nr. 111, 94-113

Brandes, Wolfgang, Buttler, Friedrich, Dorndorf, Eberhard & Walwei, Ulrich (1991): Grenzen der Kündigungsfreiheit - Kündigungsschutz zwischen Stabilität und Flexibilität. In: Semlinger, K. (Hrsg.): Flexibilisierung des Arbeitsmarktes. Interessen, Wirkungen, Perspektiven. Frankfurt u. New York (Campus), 111-131

Brandes, Wolfgang (unter Mitarbeit von Peter Beyer und Jörg Konken) (1995): 'Neue' Heimarbeit. Zwischen traditioneller Heimarbeit und Telearbeit. In: Keller, B. & Seifert, H. (Hrsg.): Atypische Beschäftigung. Verbieten oder gestalten? Köln (Bund), 84-107

Literaturverzeichnis

Breiner, Sibylle (1997): Die Sitzung der Zukunft. Eine Vorausschau mit Groupware-Szenarien. Heidelberg (Physika-Verlag)

Brinkmann, Hans (1991): Personalcontrolling als Wertschöpfung. Bergisch Gladbach (Heider)

Brose, Hanns-Georg, Schulze-Böing, Matthias & Wohlrab-Sahr, Monika (1987): Zeitarbeit - Konturen eines 'neuen' Beschäftigungsverhältnisses. Soziale Welt, 38, (3), 282-308

Brüderl, Josef, Bühler, Christoph & Ziegler, Rolf (1993): Beschäftigungswirkung neugegründeter Betriebe. Mitteilungen aus der Arbeitsmarkt- und Berufsforschung, 26 (4), 521-528

Brüggemeier, Martin (1997[2]): Controlling in der Öffentlichen Verwaltung. München u. Mering (Hampp)

Brunsson, Nils (1982): The irrationality of action and action irrationality: Decisions, ideologies and organizational actions. Journal of Management Studies, 19, 29-44

Brunsson, Nils (1989): The Organization of Hypocrisy - Talk, Decisions and Actions in Organizations. Chichester u.a. (Wiley)

Büchtemann, Christoph (1990): Kündigungsschutz als Beschäftigungshemmnis? - Empirische Evidenz für die Bundesrepublik Deutschland. Mitteilungen aus der Arbeitsmarkt- und Berufsforschung, 23 (3), 394-409

Büchtemann, Christoph (1991): Betriebliche Personalanpassung zwischen Kündigungsschutz und befristetem Arbeitsvertrag. In: Semlinger, K. (Hrsg.): Flexibilisierung des Arbeitsmarktes. Interessen, Wirkungen, Perspektiven. Frankfurt u. New York (Campus), 135-157

Büchtemann, Christoph & Neumann, Horst (Hrsg.) (1990): Mehr Arbeit durch weniger Recht? Chancen und Risiken der Arbeitsmarktflexibilisierung. Berlin (Sigma)

Bucksteeg, Thomas (1994): Vergütungspolitik in Banken. Eine empirische Untersuchung im Kundenbetreuungsbereich von Banken. München u. Mering (Hampp)

Budäus, Dietrich & Buchholtz, Klaus (1997): Konzeptionelle Grundlagen des Controlling in öffentlichen Verwaltungen. Die Betriebswirtschaft, 57 (3), 322-337

Bühner, Rolf (1993): Der Mitarbeiter im Total Quality Management. Stuttgart (Schäffer-Poeschel)

Bühner, Rolf (1994): Personalmanagement. Landsberg (moderne industrie)

Bühner, Rolf (1996): Mitarbeiter mit Kennzahlen führen. Der Quantensprung zu mehr Leistung. Landsberg (moderne industrie)

Bundesministerium für Wirtschaft (Hrsg.) (1997): Telearbeit. Chancen für neue Arbeitsformen, mehr Beschäftigung, flexible Arbeitszeiten. Ein Ratgeber. Bonn

Burawoy, Michael (1979): Manufacturing consent. Chicago (Univ. of Chicago Press)

Burkhart, Jürgen (1989): Planung und Magie. Dargestellt am Beispiel der Qualitativen Personalplanung in einem Industriebetrieb. Unveröfftl. Diplomarbeit, Universität Augsburg

Burrell, Gibson (1984): Sex and organizational analysis. Organization Studies, 5 (2), 97-118

Burrell, Gibson & Morgan, Garreth (1979): Sociological Paradigms and Organizational Analysis. Elements of the Sociology of Corporate Life. London (Heinemann)

Büssing, André & Aumann, Sandra (1996a): Telearbeit im Spannungsfeld der Interessen betrieblicher Akteure: Implikationen für das Personalmanagement. Zeitschrift für Personalforschung, 3, 223-239

Büssing, André & Aumann, Sandra (1996b): Telearbeit und Arbeitszeitgestaltung. WSI Mitteilungen, (7), 450-459)

Büssing, André & Aumann, Sandra (1996c): Telearbeit aus arbeitspsychologischer Perspektive.. Eine Analyse von Telearbeit anhand Kriterien humaner Arbeit. Arbeit 5 (2), 133-153

Buttler, Friedrich (Hrsg.) (1993): Arbeitsmarkt- und Berufsforschung. Stuttgart u.a. (Kohlhammer)

Literaturverzeichnis

Buttler, Friedrich, Gerlach, Knut & Liepmann, Peter (1978): Messung und Interpretation betriebs-interner Arbeitsmarktbewegungen. Ein Empirischer Beitrag zur nicht-marktgesteuerten Alloka-tion von Arbeitskräften. In: Sengenberger, W. (Hrsg.): Der gespaltene Arbeitsmarkt. Probleme der Arbeitsmarktsegmentation. Frankfurt u. New York (Campus), 185-223

Buttler, Friedrich & Walwei, Ulrich (1990): Effizienzwirkungen des Kündigungsschutzes. Mittelun-gen aus der Arbeitsmarkt- und Berufsforschung (3), 386-393

Cassel, D. & Caspers, A. (1984): Was ist Schattenwirtschaft? Begriff und Erscheinungsformen der Second Economy. Wirtschaftswissenschaftliches Studium, 13, 1-7

Chandler, Alfred D. (1995): Strategy and Structure: Chapters in the History of the Industrial Enter-prise. Cambridge Mass. (MIT Press) Original 1962

Chmielewicz, Klaus (1983): Wertschöpfung. Die Betriebswirtschaft, 43, 1, 152-154

Clegg, Steward R., Hardy, Cynthia & Nord, Walter R. (Hrsg.) (1996): Organization Studies. Lon-don u.a. (Sage)

Clermont, Alois & Schmeisser, Wilhelm (1997): Eckpunkte für die Gehaltsabrechnung. Personal-wirtschaft (7), 14-18

Cleverley, Graham (1973): Managers and Magic. Harmondsworth (Pelican)

Coase, Ronald H. (1937): The Nature of the Firm. Economia, New Series, 4, 386-405

Coenenberg, Adolf G. (1997³): Kostenrechnung und Kostenanalyse. Landsberg (moderne industrie)

Coleman, James (1991): Grundlagen der Sozialtheorie. Band 1: Handlungen und Handlungssysteme. München (Oldenbourg)

Conrad, Peter (1991): Human Resource Management - eine 'lohnende' Entwicklungsperspektive? Anmerkungen zu einem Konzept. Zeitschrift für Personalforschung, 5, 4, 411-445

Cooper, David J. (1981): A social and organizational view of management accounting. In: Brom-wich, M. & Hopwood, A. G. (eds.): Essays in British Accounting Research. London (Pitman)

Cooper, David J., Hayes, David & Wolf, Frank (1981): Accounting in Organized Anarchies: Under-standing and Designing Accouting Systems in Ambiguous Situations. Accounting, Organizati-ons and Society, 6 (3), 175-191

Cooper, David J. & Hopper, T.M. (eds.) (1990): Critical Accounts. Houndsmill u. London (MacMillan)

Cooper, Robin & Kaplan, Robert S. (1991): Activity-Based-Costing - Ressourcenmanagement at its best. Harvard Manager, 13 (4), 87-94

Cramer, Ulrich & Koller, Martin (1988): Gewinne und Verluste von Arbeitsplätzen in Betrieben: Der 'Job Turnover'-Ansatz. Mitteilungen aus der Arbeitsmarkt- und Berufsforschung (3), 361-377

Crozier, Michel (1964): Le Phénomène Bureaucratique. Paris (Editions du Seuil)

Crozier, Michel & Friedberg, Erhard (1979): Macht und Organisation. Königstein (Athenäum)

Cyert, Richard M. & March, James G. (1995): Eine verhaltenswissenschaftliche Theorie der Unter-nehmung. Wiesbaden (Gabler) Original 1963

Däubler, Wolfgang (1979): Das Arbeitsrecht (1 u. 2). Reinbek (Rowohlt)

Delfmann, Werner (1995): Planung. In: Corsten, H. (Hrsg.): Lexikon der Betriebswirtschaftslehre. München u.a. (Oldenbourg), 681-686

Dellmann, Klaus (1992): Eine Systematisierung der Grundlagen des Controlling. In: Spremann, K. & Zur, E. (Hrsg.): Controlling. Grundlagen - Informationssysteme - Anwendungen. Wiesbaden (Gabler), 113-140

Delsen, Leonardus W. M. (1995): Atypical Employment: an International Perspective. Causes, con-sequences and policy. Groningen (Wolters-Noordhoff)

Der Spiegel (1993): Millionen ohne Perspektive. Der Spiegel Nr. 36, 32-38

627

Literaturverzeichnis

Dermer, J. D. & Lucas, R. G. (1986): The illusion of management control. Accounting, Organizations and Society, 11 (6), 471-482

Deters, Jürgen, Karg, Peter & Rosenberg, Thomas (1985): Personalabbau in der Personalwirtschaft. Betriebswirtschaftliche Forschung und Praxis, 38 (3), 254-272

Deutsch, Christian (1992): Controlling. Wie die Schildkröte. Wirtschaftswoche Nr. 46 (6.11.92), 79/82

Deyhle, Albrecht (1989[5]): Management- & Controlling Brevier. Bd. II: Ziele sind Zahlen. Gauting (Management Service Verlag)

Deyhle, Albrecht (1991): Kommentar der 12 Thesen im Beitrag Küpper/Weber/Zünd zum 'Verständnis und Selbstverständnis des Controlling'. Zeitschrift für Betriebswirtschaft, 61 (3), 1-8

DGFP (1996): Benchmarking in der Personalwirtschaft. In: DGFP (Hrsg.): Steigerung der Wettbewerbsfähigkeit durch das Personalmanagement: Benchmarking - Outsourcing - Sozial lernen. Köln (Bachem), 25-68 [s.a. den mit demselben Titel überschriebenen Bericht der DGFP-Arbeitsgruppe in: Personalführung 1995 (1), 52-59]

Diery, Hartmuth (1996): Personalbestandsanalyse und Personalbedarfsplanung. In: Zink, K. J. (Hrsg.): Handbuch Organisation und Personalführung (HOP). Neuwied u.a. (Luchterhand), 21-58

Dieterle, Willi (1984): Zentrale Verfahren des Gemeinkosten-Managements im Vergleich. Kostenrechnungspraxis, 185-189

Dietrich, Hans (1996): Empirische Befunde zur 'Scheinselbständigkeit'. Forschungsbericht Nr. 262, Bundesministerium für Arbeit und Sozialordnung. Bonn

DiMaggio, Paul J. & Powell, Walter W. (1983): The iron cage revisited: Institutional isomorphism and collective rationality in organizational fields. American Sociological Review, 48, 147-160

Dirks, Daniel (1997): Personalanpassungsmaßnahmen japanischer Firmen in der Rezession. Die Betriebswirtschaft, 57, 541-562

Doeringer, Peter (1992): Flexibility and Equity: The American Experience. In: Belous, R.S., Hartley, R.S. & McClenahan, K.L. (eds.): European and American Labor Markets: Different Models and Different Results. Washington (NPA), 63-71

Doeringer, Peter B. & Piore, Michael J. (1971/1985): Internal Labor Markets and Manpower Analysis (1971): Lexington, Mass. (Heath); 1985: Armonk & London (Sharpe)

Dörner, Dietrich (1989): Die Logik des Mißlingens. Reinbek (Rowohlt)

Drumm, Hans-Jürgen (1995[3]): Personalwirtschaftslehre. Berlin u.a. (Springer)

Dürndorfer, Martina (1998): Freisetzung und Neuplazierung von Führungskräften. Dissertation (Universität Augsburg)

Dütz, Wilhelm (1994[2]): Arbeitsrecht. München (Beck)

Ebers, Mark & Gotsch, Wilfried (1995): Institutionenökonomische Theorien der Organisation. In: Kieser, A. (Hrsg.): Organisationstheorien. Stuttgart (Kohlhammer), 185-236

Ebert, Günter (1991[6]): Kosten- und Leistungsrechnung. Wiesbaden (Gabler)

Eckert, Gerhard (1996): Wie hoch ist die Arbeitslosigkeit tatsächlich? Universitas 51 (603), 900-909

EFQM (European Foundation for Quality Management) (1996/1997): Der European Quality Award. Informationsbroschüre. Selbstbewertung - Richtlinien. Brüssel

Ehmann, Hans-Martin (1994): So wird die Krise zur Chance. Personalführung 1, 8-15

Eigler, Joachim (1996): Transaktionskosten als Steuerungsinstrument für die Personalwirtschaft. Frankfurt/Main u.a. (Lang)

Elias, Norbert (1979): Über den Prozess der Zivilisation. Bd. 1: Wandlungen des Verhaltens in den weltlichen Schichten des Abendlandes. Frankfurt (Suhrkamp)

Elsik, Wolfgang (1992): Strategisches Personalmanagement. Konzeptionen und Konsequenzen. Mering u.a. (Hampp)

Engelen-Kefer, Ursula, Kühl, Jürgen, Peschel, Peter & Ullmann, Hans (1995[3]): Beschäftigungspolitik. Köln (Bund-Verlag)

Eschenbach, Rolf (Hrsg.) (1995): Controlling. Stuttgart (Schäffer)

Etzioni, Amitai (1994): Jenseits des Egoismus-Prinzips. Stuttgart (Schäffer-Poeschel)

European Foundation für Quality Management (s. EFQM)

Ewert, Ralf (1992): Controlling. Interessenkonflikte und asymmetrische Information. Betriebswirtschaftliche Forschung und Praxis, 45 (4), 277-303

Ezzamel, Mahmoud, Hoskin, Keith & Macve, Richard (1990): Managing it all by numbers: A review of Johnson and Kaplan's Relevance Lost. Accounting and Business Research, 78, Spring, 153-166

Falke, Josef, Höland, Armin, Rhode, Barbara & Zimmermann, Gabriele (1981): Kündigungspraxis und Kündigungsschutz in der Bundesrepublik Deutschland. Forschungsberichte, Bd. 47 (hrsg. vom Bundesminister für Arbeit und Sozialordnung) Bonn. Siehe (mit demselben Titel) auch Falke J. in Ellermann-Witt, R. (Hrsg.) (1983): Kündigungspraxis, Kündigungsschutz und Probleme der Arbeitsgerichtsbarkeit. Opladen (Westdeutscher Verlag), 13-43

Fearn, Robert (1981): Labor Economics. The emerging synthesis. Cambridge, Mass. (Winthrop)

Fischer, Cornelia & Heier, Dieter (1983): Entwicklungen der Arbeitsmarkttheorie. Frankfurt u. New York (Campus).

Fischer, Thomas M. (1993): Kostenmanagement strategischer Erfolgsfaktoren. Instrumente zur operativen Steuerung der strategischen Schlüsselfaktoren Qualität, Flexibilität und Schnelligkeit. München (Vahlen)

Fitz-enz, Jac (1997): The truth about best practices: What they are and how to apply them. Human Resource Management, 36 (1), 97-103

Flassbeck, Heiner (1995): Deutschland kein Standort für Investitionen? WSI Mitteilungen, 11, 699-704

Foucault, Michel (1974): Die Ordnung des Diskurses. München:

Foucault, Michel (1979): Überwachen und Strafen. Die Geburt des Gefängnisses. Frankfurt (Suhrkamp)

Foucault, Michel (1983): Sexualität und Wahrheit. Erster Band: Der Wille zum Wissen. Frankfurt/M. (Campus)

Foucault, Michel (1985): Freiheit und Selbstsorge. Gespräch mit Michel Foucault am 20. Januar 1984. In: Becker, H., Wolfstetter, L. & Gomez-Muller, A. (Hrsg.): Michel Foucault. Freiheit und Selbstsorge. Frankfurt/Main (Campus), 7-28

Franke, Günter (1993): Agency-Theorie. In: Wittmann, W., Kern, W., Köhler, R., Küpper, H.-U. & v. Wysocki, K. (Hrsg.): Handwörterbuch der Betriebswirtschaft, Stuttgart (Poeschel), 37-49

Franz, Stefan (1989): Controlling und effiziente Unternehmensführung. Wiesbaden (Deutscher Univ.Verlag)

Frick, Bernd (1995): Betriebsverfassung und Personalfluktuation. In: Semlinger, K. & Frick, B. (Hrsg.): Betriebliche Modernisierung in personeller Erneuerung. Berlin (Sigma), 123-140

Friedrich, Werner (1995): Sozialversicherungsfreie Beschäftigungsverhältnisse 1987 und 1992. In: Keller, B. & Seifert, H. (Hrsg.): Atypische Beschäftigung. Verbieten oder gestalten? Köln (Bund), 65-83

Fritsch, Michael & Audretsch, David (1995): Betriebliche Turbulenz und regionale Beschäftigungsdynamik. In: Semlinger, K. & Frick, B. (Hrsg.): Betriebliche Modernisierung in personeller Erneuerung. Berlin (Sigma), 59-73

Gallie, Duncan & White, Michael (1994): Employer policies, employee contracts, and labour market structure. In: Rubery, J. & Wilkinson, F. (eds.): Employer Strategy and the Labour Market. Oxford u.a. (Oxford Univ. Press), 69-110

Literaturverzeichnis

Gambling, Trevor (1977): Magic, Accounting and Morale. Accounting, Organizations and Society, 2 (2), 141-151

Gaugler, Eduard (1997): Flexible Entlohnung. Personal, 49, 1, 1

Gaulhofer, Manfred (1987): Controlling und menschliches Verhalten. Zeitschrift für Betriebswirtschaft 59 (2), 141-154

Gausemeier, Jürgen, Fink, Alexander & Schlake, Oliver (1995): Szenario-Management. Planen und Führen mit Szenarien. München u.a. (Hanser)

Gerlach, Knut & Wagner, Joachim (1995): Die Heterogenität der Arbeitsplatzdynamik innerhalb der Industrie. Zum Verhältnis von Belegschafts- und Betriebsfluktuation im Verarbeitenden Gewerbe Niedersachsens (1978-1990). In: Semlinger, K. & Frick, B. (Hrsg.): Betriebliche Modernisierung in personeller Erneuerung. Berlin (Sigma), 39-53

Gerpott, Torsten J. (1995): Controlling von Personalprogrammen als Teilfeld des operativen Personal-Controlling. In: ders. (Hrsg.): Controlling von Personalprogrammen. Stuttgart (Schäffer-Poeschel), 3-56

Geschka, Horst & Hammer, R. (1992): Die Szenario-Technik in der strategischen Unternehmensplanung. In: Hahn, D. & Taylor, B. (Hrsg.): Strategische Unternehmensplanung.- strategische Unternehmensführung. Heidelberg (Physika), 311-336

Ghoshal, Sumantara & Moran, Peter (1996): Bad for Pratice: A Critique of the Transaction Cost Theory. Academy of Management Review, 21, 1, 13-47

Gimpl, Martin L. & Dakin, Stephen R. (1984): Management and Magic. California Management Review, Fall, 125-136

Glaser, Wilhelm, R. & Glaser, Margrit O. (1995): Telearbeit in der Praxis. Psychologische Erfahrungen mit Außerbetrieblichen Arbeitsstätten bei der IBM Deutschland GmbH. Neuwied u.a. (Luchterhand)

Glasersfeld, Ernst v. (1987): Wissen, Sprache und Wirklichkeit. Braunschweig (Vieweg)

Godehardt, Birgit, Worch, Andrea & Förster, Günter (1996): Teleworking. So verwirklichen Unternehmen das Büro der Zukunft. Landsberg (moderne industrie)

Granovetter, Mark (1985): Economic action and social structure. The problem of embeddedness. American Journal of Sociology, 91, 481-510

Grey, Christopher (1994): Debating Foucault: A critical reply to Neimark. Critical Perspectives on Accounting, 5, 5-24

Groth, Uwe, Kammel, Andreas & Voukelatos, Andreas (1993): Personal-Controlling-Praxis: Konzept und Implementierung integral geplant. Personalführung (3), 326-331

Grünefeld, Hans-Günther (1981): Inhalte und Auswertungsmöglichkeiten eines Personalkennzahlensystems. Personal, 33, 202-207

Grünefeld, Hans-Günther (1987): Das Personalinformationssystem als Werkzeug der Personalberichterstattung. Teil 1: Ziele, Aufgaben und Datenquellen. Personalführung (7), 514-517. Teil 2: Systemgestaltung. Personalführung (8-9), 622-626. Teil 3: Pflege, Nutzung und Kosten. Personalführung (10), 728-731

Grünefeld, Hans-Günther (1983): Steuerung und Kontrolle des Personalaufwandes. Wiesbaden (Gabler)

Grünefeld, Hans-Günther (1988): Personalzusatzaufwand, System zur Inhaltsbestimmung und Gliederung. München.

Gutenberg, Erich (1969): Grundlagen der Betriebswirtschaftslehre. Bd.1: Die Produktion. Heidelberg (Springer)

Gutenberg, Erich (1998): Die Unternehmung als Gegenstand der betriebswirtschaftlichen Theorie. Wiesbaden (Gabler) zuerst: Berlin 1929

Habbel, W. & Posth, Martin (1975): Personalabbau. In: Gaugler, E. (Hrsg.): Handwörterbuch des Personalwesens. Stuttgart (Poeschel), 1455-1469

Habersam, Michael (1997): Controlling als Evaluation. Potentiale eines Perspektivenwechsels. München u. Mering (Hampp)

Haken, Hermann (1988): Erfolgsgeheimnisse der Natur. Synergetik: Die Lehre vom Zusammenwirken. Frankfurt (Ullstein)

Halbach, Günter, Paland, Norbert, Schwedes, Rolf & Wlotzke, Otfried (1997): Arbeitsrecht. Bonn (Bundesministerium für Arbeit und Sozialordnung)

Haller, Axel (1989): Behavioral Accounting. Die Betriebswirtschaft, 49 (3), 383-385

Haller, Axel (1994): Positive Accounting. Die Erforschung der Beweggründe bilanzpolitischen Verhaltens. Die Betriebswirtschaft, 54 (5), 595-612

Hamel, Winfried (1992): Personalanpassung als grundsätzliches Problem. In: Wagner, Dieter, Zander, Ernst & Hauke Christoph (Hrsg.): Handbuch der Personalleitung. München (Beck), 436-493

Hanft, Anke (1991): Identifikation als Einstellung zur Organisation. Eine kritische Analyse aus interaktionistischer Perspektive. München u. Mering (Hampp)

Hansen, Volker (1993): Personalzusatzkosten - überwiegend gesetzlich verursacht. Arbeitgeber, 45, 9, 328-329

Hansmann, Karl-Werner (1995): Prognose und Prognoseverfahren. Betriebswirtschaftliche Forschung und Praxis, 3, 269-286

Hardes, Hans-Dieter & Grünzinger, Paul (1993): Zur Flexibilisierung der betrieblichen Beschäftigungs- und Entgeltpolitik - Ein Survey aus arbeitsökonomischer Sicht. In: Staehle, W. & Sydow, J. (Hrsg.): Managementforschung 3. Berlin (de Gruyter), 53-108

Hardes, Hans-Dieter & Schmitz, Frieder (1994): Die Entwicklung der Arbeitskosten in der Europäischen Gemeinschaft. Jahrbücher für Nationalökonomie und Statistik, 213, 6, 646-669

Hardes, Heinz-Dieter (1990): Betriebliche Personalpolitik in arbeitsmarkttheoretischer Perspektive. Zeitschrift für Personalforschung, 4 (2), 103-131

Hardes, Heinz-Dieter & Uhly, Alexandra (1996): Optionen betrieblicher Entgeltflexibilität aus anreiztheoretischer Sicht: Umsetzungsvorschläge für die Praxis betrieblicher Entgeltsysteme. Zeitschrift für Personalforschung, 10, 1, 67-91

Haunschild, Axel (1998): Koordination und Steuerung der Personalarbeit. Hamburg (StW Steuer- und Wirtschaftsverlag)

Heckelmann, Günther (1994): Betriebsbedingte Kündigung von Mitarbeitern. Personalwirtschaft (4), 49-50

Heinrich, Lutz & Pils, Manfred (1977): Personalinformationssysteme. Stand der Forschung und Anwendung. Die Betriebswirtschaft, 37, 259-265

Heinrich, Lutz & Pils, Manfred (1979): Personalinformationssysteme. Einführung und Überblick. In: Reber, G. (Hrsg.): Personalinformationssysteme. Stuttgart (Poeschel), 2-28

Heinze, Johannes, Schedl, Hans & Vogler-Ludwig, Kurt (1986): Wachstumsfelder am Rande der offiziellen Wirtschaft? Ifo-Studien zur Strukturforschung, Heft 7

Hemmer, Edmund (1988): Sozialplanpraxis in der Bundesrepublik. Eine empirische Untersuchung. Köln (Deutscher Instituts-Verlag)

Hemmer, Edmund (1989): Sozialpläne aus der Betriebspraxis. Personalführung (1), 76-78

Hemmer, Edmund (1992): Personalaufwand. In: Gaugler, E. & Weber, W. (Hrsg.): Handwörterbuch des Personalwesens. Stuttgart (Poeschel), 1573-1582

Hemmer, Edmund (1996): Personal- und Personalzusatzkosten 1995. Personal 6, 292-296.

Hemmer, Edmund (1997): Personalzusatzkosten in der deutschen Wirtschaft. iw-trends 1, 44-53

Hemmer, Edmund (1998): Personalzusatzkosten 1997. Personal 6, 252-256

Literaturverzeichnis

Hentze, Joachim (1991): Das Entscheidungsfeld Personalfreistellung im personalwirtschaftlichen Zielsystem. In: Lattmann, Ch. & Staffelbach, B. (Hrsg.): Die Personalfunktion der Unternehmung im Spannungsfeld von Humanität und wirtschaftlicher Rationalität. Heidelberg (Physica-Verlag), 257-274

Hentze, Joachim & Kammel, Andreas (1993): Personalcontrolling. Eine Einführung in Grundlagen, Aufgabenstellungen, Instrumente und Organisation des Controlling in der Personalwirtschaft. Bern u.a. (Haupt - UTB)

Henzler, Herbert (1974): Der Januskopf muss weg. Wirtschaftswoche, 28 (38), 60-63

Hinze, D. & Nieder, Peter (1980): Fluktuationsanalyse bei der Firma Vorwerk. Personal, (2), 53-57

Höcker, Harald & Reissert, Bernd (1995): Beschäftigungsbrücken durch Stellvertreterregelung in Dänemark und Schweden. Berlin (Arbeitsmarktpolitische Schriftenreihe der Senatsverwaltung für Arbeit und Frauen, Bd. 9)

Hofstede, Geert H. (1967, 1970[2]): The game of budget control. "How to live with budgetary standards and yet be motivated by them". Assen (Van Gorcum)

Hofstede, Geert H. (1981): Management Control of Public and Not-For-Profit Activities. Accounting, Organizations and Society, 6 (3), 193-211

Höland, Armin (1985): Das Verhalten von Betriebsräten bei Kündigungen. Recht und Wirklichkeit im betrieblichen Alltag. Frankfurt u. New York (Campus)

Holzer, Peter H. & Lück, Wolfgang (1978): Verhaltenswissenschaften und Rechnungswesen. Entwicklungstendenzen des Behavioral Accounting in den USA. Die Betriebswirtschaft 38 (4), 509-522

Hopwood, Anthony G. (1987): The Archaeology of Accounting Systems. Accounting, Organizations and Society, 12 (3), 207-234

Hopwood, Anthony G. & Miller, Peter (eds.) (1994): Accounting as social and institutional practice. Cambridge (Cambridge University Press)

Horkheimer, Max & Adorno Theodor W. (1993): Dialektik der Aufklärung. Philosophische Fragmente. Frankfurt/Main (Fischer)

Horváth, Péter (1982): Controlling in der 'organisierten Anarchie'. Zur Gestaltung von Budgetierungssystemen. Zeitschrift für Betriebswirtschaft, 52, 253-260

Horváth, Péter (1993[5]): Controlling. München (Vahlen)

Horváth, Péter & Mayer, Reinhold (1989): Prozesskostenrechnung - Der neue Weg zu mehr Kostentransparenz und wirkungsvolleren Unternehmensstrategien. Controlling, 1 (4), 214-219

Horváth, Péter & Herter, R.N (1992): Benchmarking: Vergleich mit den Besten der Besten. Controlling 1 (1), 4-11

Horváth, Péter, Kieninger, Michael, Mayer, Reinhold & Schimank, Christof (1993): Prozesskostenrechnung - oder wie die Praxis die Theorie überholt. Die Betriebswirtschaft, 53 (5), 609-628

Hoskin, Keith (1994): Boxing Clever: For, against, and beyond Foucault in the battle for accounting theory. Critical Perspectives on Accounting, 5, 57-85

Hoskin, Keith & Macve, Richard (1986): Accounting and the Examination: A Genealogy of Disciplinary Power. Accounting, Organizations and Society, 11 (2), 105-136

Hoskin, Keith W. & Macve, Richard H. (1988): The Genesis of Accountability: The West Point Connections. Accounting, Organizations and Society, 13 (1), 37-73

Hoss, Günter (1988): Personalcontrolling - funktionale, instrumentale und instiutionale Aspekte. Personalwirtschaft 15 (9), 409-417

Hoss, Günter (1989): Personalcontrolling im industriellen Unternehmen: Controlling auf der operativen und taktischen Problemebene des Personalsystems. Krefeld (M+M Wissenschaftsverlag)

Hromadka, Wolfgang (1987): Arbeitsrecht für Vorgesetzte. Rechte und Pflichten gegenüber Mitarbeitern und Betriebsrat. München (Beck)

Hübner, Kurt & Bley, Andreas (1996): Lohnstückkosten und internationale Wettbewerbsfähigkeit. Marburg (Schüren)

Jahoda, Marie, Lazarsfeld, Paul & Zeisel, Hans (1960, zuerst: 1933): Die Arbeitslosen von Marienthal. Allensbach u. Bonn (Verlag für Demoskopie)

Jahrreiß, Wolfgang (1984): Zur Theorie der Direktinvestitionen im Ausland. Berlin (Duncker & Humblot)

Johnson, Thomas H. (1994): Relevance revisited: total quality management and the role of management accounting. Critical Perspectives on Accounting, 5 (3), 259-267

Johnson, Thomas H. & Kaplan, Robert S. (1987): Relevance Lost. The Rise and Fall of Management Accounting. Boston (Harvard Business School Press)

Kadel, Peter (1990): Die Personalabbauplanung im arbeitsrechtlichen Kontext. München u. Mering (Hampp)

Kaiser, Manfred & Werner, Heinz (1989): Arbeitskosten im Verarbeitenden Gewerbe in den Ländern der Europäischen Gemeinschaft. MittAB, 1, 44-74

Kakar, Sudhir (1970): Frederick Taylor. A Study in Personality and Innovation. Cambridge (Mass.) u. London (MIT Press)

Kaplan, Robert S. (1992): In defence of activity-based cost management. Management Accounting (Nov.), 58-63

Kaplan, Robert S. & Norton, David P. (1996): The Balanced Scorecard. Boston (Harvard Business School Press)

Kaukewitsch, Peter (1983): Arbeitskosten im Produzierenden Gewerbe 1981. Wirtschaft und Statistik, 7, 534- 463

Kaukewitsch, Peter (1986): Arbeitskosten im Produzierenden Gewerbe 1984. Wirtschaft und Statistik, 8, 651-660

Kaukewitsch, Peter (1990): Arbeitskosten im Produzierenden Gewerbe 1988. Wirtschaft und Statistik, 7, 466-474

Kaukewitsch, Peter (1995): Arbeitskosten im Produzierenden Gewerbe 1992. Wirtschaft und Statistik, 5, 400-408

Kay, John A. (1995): Foundations of Corporate Success. How Business Strategies Add Value. Oxford (University Press.)

Keller, Berndt (1991[2]): Einführung in die Arbeitspolitik. Arbeitsbeziehungen und Arbeitsmarkt in sozialwissenschaftlicher Perspektive. München u.Wien (Oldenbourg)

Keller, Berndt (1997): Atypische Beschäftigungsverhältnisse: Beschäftigungswirkungen und Bedingungen der Regulierung. In: Sadowski, D. & Pull, K. (Hrsg.): Vorschläge jenseits der Lohnpolitik. Frankfurt u. New York (Campus), 227-245

Keller, Berndt & Seifert, Hartmut (1995): Regulierung atypischer Beschäftigungsverhältnisse. In: dies. (Hrsg.): Atypische Beschäftigung. Verbieten oder gestalten? Köln (Bund), 231-255

Kienbaum, Jochen (Hrsg.) (1997): Benchmarking Personal: Von den Besten lernen. Stuttgart (Schäffer-Poeschel)

Kieser, Alfred (1995a): Evolutionstheoretische Ansätze. In: ders. (Hrsg.): Organisationstheorien. Stuttgart (Kohlhammer), 237-268

Kieser, Alfred (1995b): Max Webers Analyse der Bürokratie. In: ders. (Hrsg.): Organisationstheorien. Stuttgart (Kohlhammer), 31-56

Kieser, Alfred (1995c): Organisationstheorien. Stuttgart (Kohlhammer)

Kieser, Alfred & Kubicek, Herbert (1992[3]): Organisation. Berlin u. New York (de Gruyter)

Literaturverzeichnis

Kilger, Wolfgang (bearb. durch Kurt Vikas) (1993[10]): Flexible Plankostenrechnung und Deckungs-beitragsrechnung. Wiesbaden (Gabler)

Kleinhenz, Gerhard (1989): Der Verlust des Arbeitsplatzes: Wirkungen auf das Leben und die so-zioökonomische Stellung des Arbeitslosen. In: Scherf, H. (Hrsg.): Beschäftigungsprobleme hochentwickelter Volkswirtschaften. Berlin (Duncker & Humblot), 519-531

Klös, Hans-Peter (1992): Fluktuation am Westdeutschen Arbeitsmarkt 1987/1990. iw-trends, 19 (1), 17-32

Klös, Hans-Peter (1997): Arbeitsmarktpolitik in der Beschäftigungskrise - Grundzüge eines ord-nungskonformen 'zweitbesten' Arrangements. In: Sadowski, D. & Pull, K. (Hrsg.): Vorschläge jenseits der Lohnpolitik. Frankfurt u. New York (Campus), 63-94

Knoll, Leonhard (1996): Anmerkungen zum Beitrag von Hardes, H.-D. & Uhly, A.: Optionen be-trieblicher Entgeltflexibilisierung aus anreiztheoretischer Sicht: Umsetzungsvorschläge für die Praxis betrieblicher Entgeltsysteme, ZfP, 10, 1, 67-91; Zeitschrift für Personalforschung, 10, 3, 267-270

Knyphausen, Dodo zu (1988): Unternehmungen als evolutionsfähige Systeme. Überlegungen zu ei-nem evolutionären Konzept für die Organisationstheorie. München (Kirsch)

Köddermann, Ralf (1996): Sind Löhne und Steuern zu hoch? Bemerkungen zur Standortdiskussion in Deutschland. ifo Schnelldienst, 20, 6-15

Köhler, Christoph & Sengenberger, Werner (1983): Konjunktur und Personalanpassung - Betrieb-liche Beschäftigungspolitik in der deutschen und amerikanischen Automobilindustrie. Frankfurt u. München (Campus)

Köhler, Christoph & Preisendörfer, Peter (1989): Innerbetriebliche Arbeitsmarktsegmentation in Form von Rand- und Stammbelegschaften. In: dies. (Hrsg.): Betrieblicher Arbeitsmarkt im Um-bruch - Analysen zur Mobilität, Segmentation und Dynamik in einem Großbetrieb. Frankfurt (Campus), 11-30

Kolb, Meinulf & Bergmann, Günther (1997): Qualitätsmanagement im Personalbereich. Landsberg (moderne industrie)

König, Armin (1994): Betriebliche Beschäftigungsdynamik und personeller Strukturwandel. Eine Longitudinalanalyse von Betrieben zwischen 1985 und 1990 in der Bundesrepublik Deutsch-land. Frankfurt u. New York (Campus).

Kordey, Norbert & Korte, Werner B. (1996): Telearbeit erfolgreich realisieren. Braunscheig (Vieweg)

Kossbiel, Hugo (1994): Überlegungen zur Effizienz betrieblicher Anreizsysteme. Die Betriebswirt-schaft, 54 (1), 75-93

Kracke, Ulrich (1982): Sozialbilanzen und sozialverantwortliche betriebliche Sozialpolitik. Berlin (Duncker & Humblot)

Krackhardt, David (1992): The Strength of Strong Ties: The Importance of Philos in Organizations. In: Nohria, N. & Eccles, R. (eds.): Networks and Organizations. Bonston (Harvard Business School Press), 216-239

Kreilkamp, Edgar (1987): Strategisches Management und Marketing. Berlin u.a. (de Gruyter)

Krelle, Wilhelm (1997): Notwendige Änderungen des Arbeitsmarktes: Die Lohnhöhe hat einen Ein-fluß auf die Beschäftigung. In: Sadowski, D. & Schneider, M. (Hrsg.): Vorschläge zu einer neu-en Lohnpolitik: Optionen für mehr Beschäftigung I. Frankfurt/Main u.a. (Campus), 17-46

Kress, Ulrike (1994): Informationsmappe Zweiter Arbeitsmarkt. Dokumentationsdienst des Instituts für Arbeitsmarkt- und Berufsforschung, Nürnberg (IAB)

Krippendorf, Walter, Lobodda, Gerd & Pfäfflin, Heinz (1991): 4 Jahre Beschäftigungsplan bei Grundig - eine Zwischenbilanz. In: Bosch, G. & Neumann, H. (Hrsg.): Beschäftigungsplan und Beschäftigungsgesellschaft. Köln (Bund), 43-62

Krüger, Günther (1997): Interne Prüfungen im Personalbereich. Frechen (Datakontext)

Krugman, Paul & Obstfeld, Maurice (1994): International Economics. Theory and Policy. New York (Harper)

Krystek, Ulrich & Zumbrock, Stefanie (1993): Planung und Vertrauen. Die Bedeutung von Vertrauen und Misstrauen für die Qualität von Planungs- und Kontrollsystemen. Stuttgart (Poeschel)

Kühl, Jürgen (1992): Betriebliche Beschäftigungspolitik - Ein Problemaufriss. Mitteilungen aus der Arbeitsmarkt- und Berufsforschung 3, 333-343

Kühl, Jürgen (1995): Betriebsentwicklung und Beschäftigung. Erste Ergebnisse des IAB-Betriebspanels aus der Befragungswelle 1993. In: Semlinger, K. & Frick, B. (Hrsg.): Betriebliche Modernisierung in personeller Erneuerung. Berlin (Sigma), 25-38

Küller, Hans-Detlev (1979): Personalnebenkosten-Rechungen - Information oder Manipulation? WSI Mitteilungen, 12, 688-695

Küpper, Hans-Ulrich (1990): Personal-Controlling: Einbindung des Personal-Controlling in das Unternehmens-Controlling. Zeitschrift für Personalwirtschaft, 4 (4), 522-526

Küpper, Hans-Ulrich (1995, 1997[2]): Controlling. Stuttgart (Schäffer-Poeschel)

Küpper, Hans-Ulrich, Weber, Jürgen & Zünd, André (1990): Zum Verständnis und Selbstverständnis des Controlling. Thesen zur Konsensbildung. Zeitschrift für Betriebswirtschaft, 60 (3), 281-293

Küting, Karlheinz & Lorson, Peter (1991): Grenzplankostenrechnung versus Prozesskostenrechnung. Betriebsberater, 46 (21), 1421-1433

Lampen, Willibrord & Zesch, Werner (1996): Erfolg durch Benchmarking. Personalführung (7), 584-591

Lampert, Heinz (1994[3]): Lehrbuch der Sozialpolitik. Berlin u.a. (Springer)

Landenberger, Margarete (1991): Defizite und Lösungsstrategien bei der sozialversicherungsrechtlichen Absicherung flexibler Beschäftigung. In: Semlinger, K. (Hrsg.): Flexibilisierung des Arbeitsmarktes. Interessen, Wirkungen, Perspektiven. Frankfurt u. New York (Campus), 271-293

Landenberger, Margarete (1995): Atypische Beschäftigungsverhältnisse und soziale Sicherungssysteme. In: Keller, B. & Seifert, H. (Hrsg.): Atypische Beschäftigung. Verbieten oder gestalten? Köln (Bund), 163-181

Lasch, Rainer (1997): Marktorientierte Gestaltung von Logistikprozessen. Habilitationsschrift, Universität Augsburg

Lazear, Edward P. (1995): Personnel Economics. Cambridge (MIT Press)

Lazear, Edward P. (1998): Personnel Economics for Managers. New York u.a. (Wiley)

Legge, Karen (1995): Human Resource Management: Rhetorics and Realities. London (MacMillan)

Leonard, Jonathan & Schettkat, Ronald (1995): Arbeitsplatzstabilität in Deutschland und den Vereinigten Staaten. In: Semlinger, K. & Frick, B. (Hrsg.): Betriebliche Modernisierung in personeller Erneuerung. Berlin (Sigma), 93-108

Levine, David (1989): Just-Cause Employment Policies when Unemployment is a Worker Discipline Device. American Economic Review, 79, 902-905

Lewin, David & Mitchell, Daniel J.B. (1995): Human Resource Management: An Economic Approach. Cincinnati (South-Western College Publishing)

Linne, Gudrun & Voswinkel, Stephan (1991): Flexibilität und Unsicherheit bei Arbeitsverhältnissen ohne Bestandsschutz. In: Semlinger, K. (Hrsg.): Flexibilisierung des Arbeitsmarktes. Interessen, Wirkungen, Perspektiven. Frankfurt u. New York (Campus), 159-176

Lorz, Jens O. (1993): Direktinvestitionen des verarbeitenden Gewerbes in Industrieländern. Die Weltwirtschaft. Kiel

Literaturverzeichnis

Luhmann, Niklas (1970): Soziologische Aufklärung 1. Aufsätze zur Theorie sozialer Systeme. Opladen

Luhmann, Niklas (1975): Soziologische Aufklärung 2. Aufsätze zur Theorie der Gesellschaft. Opladen

Luhmann, Niklas (1976). Generalized Media and the Problem of Contingency. In: Loubser, J.J., Baum, R.C., Effrat, A. & Lidz, V.M. (Hrsg.): Explorations in General Theory in Social Science: Essay in Honor of Talcott Parsons, Bd. 2, New York, 507-532

Luhmann, Niklas (1981): Soziologische Aufklärung, Band 3: Soziales System, Gesellschaft, Organisation. Opladen (Westdeutscher Verlag)

Luhmann, Niklas (1984): Soziale Systeme - Grundriß einer allgemeinen Theorie. Frankfurt/Main (Suhrkamp)

Luhmann, Niklas (1985): Die Autopoesis des Bewußtseins. Soziale Welt, 36, 402-446

Luhmann, Niklas (1988): Die Wirtschaft der Gesellschaft. Frankurt/Main

Luhmann, Niklas (1995): Das Recht der Gesellschaft. Frankfurt (Suhrkamp)

Luhmann, Niklas (1998): Die Kontrolle von Intransparenz. In: Ahlemeyer, H. W. & Königswieser, R. (Hrsg.): Komplexität managen: Strategien, Konzepte und Fallbeispiele. Wiebaden (Gabler), 51-76

Lutz, Burkart (1987): Arbeitsmarktstruktur und betriebliche Arbeitskräftestrategie. Eine theoretisch-historische Skizze zur Entstehung betriebszentrierter Arbeitsmarktsegmentation. Frankfurt u. New York (Campus)

Makridakis, Spyros G. (1990): Forcasting, Planning and Strategy for the 21st Century. New York (Free Press)

Makridakis, Spyros, Wheelright, S.C. & Hyndman, R. (1998): Forecasting. Methods and Applications. London u.a. (Wiley)

Malik, Fredmund (1982): Magie und Realität der strategischen Planung. Management Zeitschrift io 51 (11), 397-400

Manicas, Peter (1993): Accounting as a Human Science. Accounting, Organizations and Society, 18 (2), 147-161

Marr, Rainer (1989): Personalcontrolling. Argumente zur konzeptionellen Entwicklung eines neuen Ansatzes personalwirtschaftlicher Steuerung und Kontrolle. Personalführung (7), 694-702

Marr, Rainer & Göhre, Oliver (1997): Die Entwicklung eines Qualitätskonzeptes für das Personalmanagement - Ein erster empirischer Ansatz. In: Klimecki, R. & Remer, A. (Hrsg.): Personal als Strategie. Neuwied u.a. (Luchterhand), 367-395

Marsden, David (1997): Beschäftigungsförderung durch arbeitsrechtliche Deregulierung? In: Sadowski, D. & Pull, K. (Hrsg.): Vorschläge jenseits der Lohnpolitik. Frankfurt u. New York (Campus), 247-266

Marshall, Alfred (1895): Principles of Economics. Basingstoke (Macmillan)

Marx, Karl & Engels, Friedrich (1997): Manifest der Kommunistischen Partei. Stuttgart (Reclam) Original: 1848

Maschmeyer, Volker (1998): Management by Balanced Sorecard - alter Wein in alten Schläuchen? Personalführung 5, 74-80

Maurer, Rolf (1996): Personalarbeit im weltweiten Vergleich. Wettbewerbsorientierte Analyse eines Benchmarking-Prozesses. Personalführung (3), 232-236

Mavromaras, Kostas G. & Rudolph, Helmut (1995): 'Recalls'.- Wiederbeschäftigung im alten Betrieb. Mitteilungen aus der Arbeitsmarkt- und Berufsforschung, (2), 171-194

Mayer, Willfred (1995): Personalabbau als Chance. Verfahren zur Sicherung der Leistungsfähigkeit eines Unternehmens. Personalführung (6), 506-512

Mayrhofer, Wolfgang (1989): Trennung von der Organisation. Vom Outplacement zur Trennungs-beratung. Wiesbaden (Gabler)

Mayrhofer, Wolfgang (1992): Outplacement. In: Gaugler, E. & Weber, W. (Hrsg.): Handwörter-buch des Personalwesens. Stuttgart (Poeschel), 1523-1534

Merz, Joachim (1997): Schattenwirtschaft und Arbeitsplatzbeschaffung. In: Sadowski, D. & Pull, K. (Hrsg.): Vorschläge jenseits der Lohnpolitik. Frankfurt u. New York (Campus), 267-291

Metz, Franz (1995): Konzeptionelle Grundlagen, empirische Erhebungen und Ansätze zur Umset-zung des Personal-Controlling in die Praxis. Frankfurt u.a. (P. Lang)

Metz, Franz & Knauth, Peter (1994): Entwicklungsstand und Verbreitungsgrad von Personal-Con-trolling. Ergebnisse einer empirischen Erhebung. Personal (9), 424-430

Meyer, John W. & Rowan, Brian (1977): Institutionalized Organizations: Formal structure as myth and ceremony. American Journal of Sociology, 83, 340-363

Meyer-Piening, Arnulf (1989): Zero-Base-Budgeting. In: Szyperski, N. & Winand, U. (Hrsg.): Handwörterbuch der Planung. Stuttgart (Poeschel), 2277-2296

Milgrom, Paul R. & Roberts, John (1992): Economics, organizations, and management. London u.a. (Prentice-Hall)

Miller, Jeffrey G. & Vollmann, Thomas E. (1985): The hidden factory. Harvard Business Review 63 (Sept./Oct.), 142-150

Miller, Peter (1986): Accounting and the construction of the governable person. Accounting, Orga-nizations and Society, 11 (1), 83-104

Miller, Peter (1994): Accounting as social and institutional practice. In: Hopwood, A. G. & Miller, P. (eds.): Accounting as social and institutional practice. Cambridge (Cambridge University Press), 1-39

Miller, Susan (1993): The Nature of Strategic Management. In: Harrison, R. (ed.): Human Resource Management, Issues and Strategies. Wokingham (Addison-Wesley), 3-33

Mintzberg, Henry (1983): Power in and around Organizations. Englewood Cliffs (Prentice Hall)

Mintzberg, Henry (1994): The Rise and Fall of Strategic Planning. New York (Prentice Hall) deutsch: 1995

Montgomery, Cynthia A. (ed.) (1995): Resource-Based and Evolutionary Theories of the Firm. To-wards a Synthesis. Boston (Kluwer)

Morgan, Gareth (1988): Accounting as reality construction: Towards a new epistemology for Ac-counting Practice. Accounting, Organizations and Society, 13 (5), 477-485

Mückenberger, Ulrich (1991): Re-Regulierung neuer Beschäftigungsformen - Kann 'atypische' Be-schäftigung sozialverträglich sein? In: Semlinger, K. (Hrsg.): Flexibilisierung des Arbeitsmark-tes. Interessen, Wirkungen, Perspektiven. Frankfurt u. New York (Campus), 203-224

Mückenberger, Ulrich (1995): Ist der 'Sozialraum Europa' noch auf der historischen Agenda? In: Keller, B. & Seifert, H. (Hrsg.): Atypische Beschäftigung. Verbieten oder gestalten? Köln (Bund), 202-230

Muff, Marbod (1995): Kunden- und aktivitätsorientiertes Management der indirekten Leistungen mit Hilfe der Prozesskostenrechnung. In: Reichmann, Th. (Hrsg.): Handbuch Kosten- und Erfolgs-controlling. München (Vahlen), 413-447

Müller, Christa (1992): Beschäftigungsgesellschaften. Bonn (Dietz)

Naisbitt, John (1996): Megatrends. München (Heyne)

Narayanan, V.K. & Fahey, L. (1982): The Micropolitics of Strategy Formulation. Acadamy of Ma-nagement Review, 7, 1, 25-34

Neimark, Marilyn K. (1990): The King is dead. Long live the King! Critical Perspectives on Ac-counting, 1, 103-114

Literaturverzeichnis

Neimark, Marilyn K. (1994): Regicide revisited. Marx, Foucault and Accounting. Critical Perspectives on Accounting, 5, 87-108

Neuberger, Oswald (1990): Führen und geführt werden. Stuttgart (Enke)

Neuberger, Oswald (1991): Personalentwicklung. Stuttgart (Enke)

Neuberger, Oswald (1995a): Mikropolitik. Stuttgart (Enke)

Neuberger, Oswald (1995²b): Mobbing. Übel Mitspielen in Organisationen. München und Mering (Hampp)

Neuberger, Oswald (1995c): Betriebswirtschaftslehre: Management-Wissenschaft? Management der Wissenschaften vom Management? (Wirtschafts-)Wissenschaft fürs Management! In: Wunderer, R. (Hrsg.): BWL als Management und Führungslehre. Stuttgart (Schäffer-Poeschel)

Nüssgens, Karl-Heinz (1975): Führungsaufgabe Personalwesen. Analyse und Maßnahme zur Gestaltung eines Personalinformationssystems. Berlin u.a. (de Gruyter)

o.V. (1996): Frankfurter Thesen zur Arbeitswelt in der Informationsgesellschaft. Unternehmen und Gesellschaft, III-IV, 12-14

Oechsler, Walter (1994⁵): Personal und Arbeit. Einführung in die Personalwirtschaft unter Einbeziehung des Arbeitsrechts. München u. Wien (Oldenbourg)

Offe, Claus & Hinrichs, Karl (1984): Sozialökonomie des Arbeitsmarktes: primäres und sekundäres Machtgefälle. In: Offe, C. (Hrsg.): 'Arbeitsgesellschaft'. Strukturprobleme und Zukunftsperspektiven. Frankfurt u. New York (Campus)

Ortmann, Günther (1984): Der zwingende Blick, Personalinformationssysteme - Architektur der Disziplin. Frankfurt u. New York (Campus)

Ortmann, Günther (1995): Formen der Produktion. Opladen (Westdeutscher Verlag)

Ortmann, Günther, Windeler, Arnold, Becker, Albrecht & Schulz, Hans-Joachim (1990): Computer und Macht in Organisationen. Mikropolitische Analysen. Opladen (Westdeutscher Verlag)

Ortmann, Günther, Sydow, Jörg & Türk, Klaus (Hrsg.) (1997a): Theorien der Organisation: Die Rückkehr der Gesellschaft. Opladen (Westdeutscher Verlag)

Ortmann, Günther, Sydow, Jörg & Windeler, Arnold (1997b): Organisation als reflexive Strukturation. In: Ortmann, G. u.a. (Hrsg.): Theorien der Organisation. Opladen (Westdeutscher Verlag)

Osenberg, Gerhard (1995): Beschäftigungsgesellschaften. Ziele, Konzepte und Eignung. Frankfurt u.a. (Lang)

Papmehl, André (1988): Personal-Controlling: Perspektiven und Praxis. Teil 1: Personalführung (7), 573-578; Computergestütztes Personal-Controlling. Teil 2: Personalführung (8-9), 671-675

Papmehl, André & Petri, Edmund (1994): Personalsteuerung in der Praxis. Personalführung (2), 114-121

Perlitz, Manfred (1995): Internationales Management. Stuttgart (UTB)

Peters, Tom & Waterman, R.H. (1982): In Search of Excellence. New York (Harper & Row)

Pfohl, Hans-Christian & Zettelmeyer, Bernd (1986): Anforderungen an den Controller in der Literatur und in Stellenanzeigen. Kostenrechnungspraxis, (4), 125-132

Pfriem, Hanns (1978): Die Grundstruktur der neoklassischen Arbeitsmarkttheorie. In: Sengenberger, W. (Hrsg.): Der gespaltene Arbeitsmarkt. Probleme der Arbeitsmarktsegmentation. Frankfurt u. New York (Campus), 43-51

Pirker, Reinhard (1997): Die Unternehmung als soziale Institution. Eine Kritik der Transaktionskostenerklärung der Firma. In: Ortmann, G., Sydow, J. & Türk, K. (Hrsg.): Theorien der Organisation. Wiesbaden (Westdeutscher Verlag), 67-80

Pollard, Sidney (1967): Die Fabrikdisziplin in der industriellen Produktion. In: Fischer, W. & Bajor, G. (Hrsg.): Die Soziale Frage. Stuttgart (Koehler), 159-185

Posth, Martin (1980): Handlungsbedingungen und Zielsetzungen der Personalplanung in einem Unternehmen der Automobilindustrie. In: Maase, M. & Schultz-Wild, R. (Hrsg.): Personalplanung zwischen Wachstum und Stagnation - Forschungsergebnisse und praktische Erfahrungen. Frankfurt u.a. (Campus)

Potthof, Erich & Trescher Karl (1986[1], 1990[2]): Controlling in der Personalwirtschaft (Berlin u. New York (de Gruyter)

Powell, Walter, W. & DiMaggio, Paul J. (eds.) (1991): The New Institutionalism in Organizational Analysis. Chicago (The University of Chicago Press)

Power, Michael (1994): The audit society. In: Hopwood, A. & Miller, P. (eds.): Accounting as a Social and Institutional Practice. Cambridge (Cambridge University Press), 299-316

Preuß, Robert Klaus (1991): Gestaltung des internen Rechnungswesens zur Beeinflussung von Entscheidungsvollzug und Entscheidungsfindung aus verhaltensorientierter Sicht. Dissertation, Universität Köln.

Pribilla, Peter, Reichwald, Ralf & Goecke, Robert (1996): Telekommunikation im Management. Strategien im globalen Wettbewerb. Stuttgart (Schäffer-Poeschel)

Priewe, Jan (1997): Die technologische Wettbewerbsfähigkeit der deutschen Wirtschaft: Stärken, Schwächen, Innovationsdefizite. Veröffentlichungen des Wissenschaftszentrum Berlin für Sozialforschung, FS II 97-203.

Prinz, Aloys (1995): Mikroökonomik der Arbeitskostenstruktur. Beiträge zur Arbeitsmarkt- und Berufsforschung, 23, 265-287

Projektgruppe Betriebspanel (1995): Das IAB-Betriebspanel - Ergebnisse der zweiten Welle 1994. Mittelungen aus der Arbeitsmarkt- und Berufsforschung, (1), 43-61

Pull, Kerstin (1996): Übertarifliche Entlohnung und freiwillige betriebliche Leistungen. Personalpolitische Selbstregulierung als implizite Verhandlung. Mering u.a. (Hampp)

Purcell, John (1989): The Impact of Corporate Strategy on Human Resource Management. In: Storey, J. (ed.): New Perspectives on Human Resource Management. London (Routledge), 67-91

Rastetter, Daniela (1996): Personalmarketing, Bewerberauswahl und Arbeitsplatzsuche. Stuttgart (Enke)

Rayner, B. (1987): Accounting for Change in the Electronic Industry. Electronic Business vom 15.10.87, 118-123

Rationalisierungs-Kuratorium der Deutschen Wirtschaft (RKW) (1996): RKW-Handbuch Personalplanung. Neuwied (Luchterhand)

Reich, Michael, Gordon, David M. & Edwards, Richard C. (1978): Arbeitsmarktsegmentation und Herrschaft. In: Sengenberger, W. (Hrsg.): Der gespaltene Arbeitsmarkt. Probleme der Arbeitsmarktsegmentation. Frankfurt u. New York (Campus), 55-67

Reichmann, Thomas (1985[1], 1990[2]): Controlling mit Kennzahlen. München (Vahlen)

Reichmann, Thomas (1995): Kosten- und Erfolgs-Controlling. Neuere Entwicklungen in der Führungsunterstützung. In: ders. (Hrsg.): Handbuch Kosten- und Erfolgscontrolling. München (Vahlen), 3-34

Reichwald, Ralf & Oldenburg, S. (1996): Telekooperation und Telearbeit. Neuwied u.a. (Luchterhand)

Remer, Andreas (1992): Personalcontrolling. In: Gaugler, E. & Weber, W. (Hrsg.): Handwörterbuch des Personalwesens. Stuttgart (Poeschel), 1642-1653

Remmel, Manfred (1991): Zum Verständnis und Selbstverständnis des Controlling. Zeitschrift für Betriebswirtschaft, 3, 9-15

Richter, Rudolf & Furubotn, Eirik (1996): Neue Institutionenökonomik. Eine Einführung und kritische Würdigung. Tübingen (Mohr)

Literaturverzeichnis

Riebel, Paul (1974): Systemimmanente und anwendungsbedingte Gefahren von Differenzkosten- und Deckungsbeitragsrechnungen. Betriebswirtschaftliche Forschung und Praxis, 26 (11), 493-529

Riebel, Paul (1990[6]): Einzelkosten- und Deckungsbeitragsrechnung. Grundfragen einer markt- und entscheidungsorientierten Unternehmensführung. Wiesbaden (Gabler)

Ringland, Gill (1998): Scenario Planning. Managing for the Future. New York u.a. (Wiley)

Roever, Michael (1980): Gemeinkosten-Wertanalyse - Erfolgreiche Antwort auf die Gemeinkostenproblematik. Zeitschrift für Betriebswirtschaft, 50, 686-690

Roever, Michael (1982): Gemeinkosten-Wertanalyse. Fortschrittliche Betriebsführung/Industrial Engineering, 31, 416-419

Rogowski, Ralf & Schmid, Günter (1997): Reflexive Deregulierung. Ein Ansatz zur Dynamisierung des Arbeitsmarkts. Discussion papers FS I 97-206. Wissenschaftszentrum Berlin für Sozialforschung

Röllinghoff, Stefan (1996): Die Individualisierung des Personaleinsatzes. Mering u.a. (Hampp)

Röthig, Peter (1982): Strategische Personalplanung im System Unternehmung. Ansätze zur Emanzipation und Perspektivenöffnung der Personalplanung im ökonomisch-technologischen, soziopolitischen System Unternehmung. Gießen (unveröffentl. Diss.)

Röthig, Peter (1986): Zum Entwicklungsstand der betriebswirtschaftlichen Personalplanung. Die Betriebswirtschaft, 46, 2, 203-223

Rubery, Jill (1994): Internal and external labour markets: Towards an integrated analysis. In: Rubery, J. & Wilkinson, F. (eds.): Employer Strategy and the Labour Market. Oxford u.a. (Oxford Univ. Press), 37-68

Rubery, Jill & Wilkinson, Frank (1994): Introduction. In: dies. (eds.): Employer Strategy and the Labour Market. Oxford u.a. (Oxford Univ. Press), 1-33

Rudolph, Helmut (1986): Die Fluktuation in sozialversicherungspflichtiger Beschäftigung, Mitteilungen aus der Arbeitsmarkt- und Berufsforschung, 2, 257-270

Rudolph, Helmut & Schröder, Esther (1997): Arbeitnehmerüberlassung: Trends und Einsatzlogik. Mitteilungen aus der Arbeitsmarkt- und Berufsforschung, 1, 102-126

Rugman, Alan M. & Hodgetts, Richard M. (1995): International Business: a Strategic Management Approach. New York (McGraw-Hill)

Rumelt, Richard P., Schendel, Dan E. & Teece, David J. (Hrsg.) (1994): Fundamental Issues in Strategy: A Research Agenda. Boston (Harvard Business School Press)

Sadowski, Dieter (1988): Währt ehrlich am längsten? Personalpolitik zwischen Arbeitsrecht und Unternehmenskultur. In: Budäus, D., Gerum, E. & Zimmermann, G. (Hrsg.): Betriebswirtschaftslehre und Theorie der Verfügungsrechte. Wiesbaden (Gabler), 219-238

Sadowski, Dieter (1989): Beschäftigungspolitik aus der Sicht der Unternehmen. In: Scherf, H. (Hrsg.): Beschäftigungsprobleme hochentwickelter Volkswirtschaften. Berlin (Duncker & Humblot), 75-92

Sadowski, Dieter (1991): Selbstbindung: eine strategische Option in den Arbeitsbeziehungen? In: Semlinger, K. (Hrsg.): Flexibilisierung des Arbeitsmarktes. Interessen, Wirkungen, Perspektiven. Frankfurt u. New York (Campus), 93-110

Sadowski, Dieter & Stengelhofen, Theo (1989): Betriebswirtschaftliche Theorie und Empirie der Nichtlohn-Arbeitskosten am Beispiel der Fluktuation der Arbeitnehmer. In: Emmerich, K. u.a. (Hrsg.): Einzel- und gesamtwirtschaftliche Aspekte des Lohnes. Beiträge zur Arbeitsmarkt- und Berufsforschung, 128, 103-106

Sadowski, Dieter & Schröder, Michael (1994): Freiwillige Publizität und personalpolitische Reputation. Zeitschrift für betriebswirtschaftliche Forschung, 46, 2, 127-144

Literaturverzeichnis

Sadowski, Dieter & Pull, Kerstin (1997): Betriebliche Sozialpolitik politisch gesehen: Erfolgsorientierte vs. Verständigungsorientierte Rhetorik in Praxis und Theorie. Die Betriebswirtschaft, 57, 3, 149-166

Sattelberger, Thomas (1997): Vom Quantensprung zum Paradigmenwechsel. Personalführung (8), 700-706

Sauer, Mechthild (1991): Outplacement-Beratung. Konzeption und organisatorische Gestaltung. Wiesbaden (Gabler)

Scharpf, Fritz W. (Hrsg.) (1983): Institutionelle Bedingungen der Arbeitsmarkt- und Beschäftigungspolitik. Frankfurt (Campus)

Schartner, Helmut (1990): Eine neue Rolle des Personalwesens bei BMW? Personalführung, 1, 32-37

Schasse, Ulrich (1991): Betriebszugehörigkeitsdauer und Mobilität. Eine empirische Untersuchung zur Stabilität von Beschäftigungsverhältnissen. Frankfurt u.a. (Campus)

Schellhaaß, Horst-Manfred (1989): Sozialpläne aus ökonomischer Sicht. Zeitschrift für Arbeitsrecht, 22 (2), 167-207

Scherm, Ewald (1991): Der schwierige Umgang mit dem Personal-Controlling. Personalwirtschaft (12), 16-19 u. 30

Scherm, Ewald (1992a): Personal-Controlling. Eine kritische Bestandsaufnahme. Die Betriebswirtschaft 52 (3), 309-323

Scherm, Ewald (1992b): Personalwirtschaftliche Kennzahlen. Eine Sackgasse des Personalcontrollings? Personal 44 (11), 522-525

Schettgen, Peter (1991): Führungspsychologie im Wandel. Neue Ansätze in der Organisations-, Interaktions- und Attributionsforschung. Wiesbaden (DUV)

Schettgen, Peter (1996): Arbeit, Leistung, Lohn. Stuttgart (Enke)

Schettkat, Ronald (1995): Stromanalyse des Arbeitsmarkts: Der Job-Turnover- und der Labor-Turnover-Ansatz. Wirtschaftswissenschaftliches Studium, 24, 455-460

Schettkat, Ronald (1996): Das Beschäftigungsproblem der Industriegesellschaften. Aus Politik und Zeitgeschichte (Beilage zur Wochenzeitung Das Parlament), B 26, 25-35

Schmalenbach, Eugen (1919): Selbstkostenrechnung I. Zeitschrift für handelswissenschaftliche Forschung, 257-299 und 321-356 (zit. in Fischer 1993, 208)

Schmid, Günther & Schömann, Klaus (1994): Institutional Choice and Flexible Coordination. A socio-economic evaluation of labor market policy in Europe. In: Schmid, G. (Hrsg.): Labor market institutions in Europe. Armonk, NY u. London (M.E. Sharpe), 9-57

Schmid, Günther (1996a): Reform der Arbeitsmarktpolitik. Vom fürsorgenden Wohlfahrtsstaat zum kooperativen Sozialstaat. WSI Mitteilungen 10, 629-641

Schmid, Günther (1996b): Übergänge in eine neue Vollbeschäftigung. Gewerkschaftliche Monatshefte (11-12), 736-742

Schmid, Günther (1997): The Dutch Employment Miracle? A comparison of employment systems in the Netherlands and Germany. Discussion Paper FS I 97-202, WZB, Berlin

Schmid, Günther, O'Reilly, Jacqueline & Schömann, Klaus (eds.) (1996): International Handbook of Labour Market Policy and Evaluation. Cheltenham (Edward Elgar)

Schmidt, Heino (1989): Der Sozialplan in betriebswirtschaftlicher Sicht. Wiesbaden (Dt. Univ. Verlag)

Schmidt-Klingenberg, Michael (1997): Das Kapital ist ein Chamäleon. Der Spiegel, 31, 76-90

Schnabel, Reimund (1958): Macht ohne Moral: Eine Dokumentation über die SS. Frankfurt/Main (Röderbergverlag)

Schnädelbach, Herbert (Hrsg.) (1984): Rationalität. Beiträge zu einer Theorie. Frankfurt/Main (Suhrkamp)

Literaturverzeichnis

Schnädelbach, Herbert (1991): Vernunft. In: Martens, E. & Schnädelbach, H. (Hrsg.): Philosophie - Ein Grundkurs. Reinbek (Rowohlt)

Schneider, Dieter (1987, 1994³): Allgemeine Betriebswirtschaftslehre. München u.a. (Oldenbourg)

Schneider, Dieter (1992): Controlling im Zwiespalt zwischen Koordination und interner Misserfolgs-Verschleierung. In: Horváth, P. (Hrsg.): Effektives und schlankes Controlling. Stuttgart (Poeschel), 11-35

Schneider, Dieter (1997): Geschichte der Betriebswirtschaftslehre. Wirtschaftswissenschaftliches Studium (WiSt) (10), 490-499

Schneider, Friedrich (1994): Determinanten der Steuerhinterziehung und der Schwarzarbeit im internationalen Vergleich. In: Smekal, Ch. & Theurl, E. (Hrsg.): Stand und Entwicklung der Finanzpsychologie. Baden-Baden (Nomos), 247-288

Scholz, Christian (1992): Personalcontrolling und Unternehmenskultur als widersprüchliche Führungsinstrumente? In: Kienbaum, J. (Hrsg.): Visionäres Personalmanagement. Stuttgart (Poeschel), 369-384

Scholz, Christian (1994⁴): Personalmanagement. Informationsorientierte und verhaltenstheoretische Grundlagen. München (Vahlen)

Schönbach, Peter (1980): A category system for account phrases. European Journal of Social Psychology, 10, 195-200

Schreyögg, Georg (1984): Unternehmensstrategie. Grundfragen einer Theorie strategischer Unternehmensführung. Berlin u.a. (de Gruyter)

Schröder, Christoph (1995): Beschäftigung und Arbeitslosigkeit im internationalen Vergleich. IW-Trends, 22 (3), 19-28

Schröder, Christoph (1996): Produktivität und Lohnstückkosten im internationalen Vergleich. iw-trends, 23, 2, 5-19

Schuler, Randall S. & Jackson, Susan E. (1987): Linking Competitive Strategies with Human Resource Management Practices. Academy of Management Executives, 1, (3), 209-213

Schuller, Fritz (1995): Das Personalcontrolling-Konzept der Hewlett-Packard GmbH. In: Böhm, H. & Hauke, Ch. (Hrsg.): Personalmanagement in der Praxis. Köln (Bachem), 265-286

Schulte, Christof (1989): Personal-Controlling mit Kennzahlen. München (Vahlen)

Schulte, Christof (1990): Kennzahlengestütztes Personal-Controlling. Ein Planungs- und Steuerungsinstrument für den Personalbereich. Controlling (1), 18-25

Schulz, Dieter, Fritz, W., Schuppert, Dana, Seiwert, Lothar & Walsh, Ian (1989): Outplacement. Personalfreisetzung und Karrierestrategie. Wiesbaden (Gabler)

Schumann, Jochen (1992): Grundzüge der mikroökonomischen Theorie. Berlin u.a. (Springer)

Schweitzer, Marcell & Friedl, Birgit (1992): Beitrag zu einer umfassenden Controlling-Konzeption. In: Spremann, K. & Zur, E. (Hrsg.): Controlling. Grundlagen - Informationssysteme - Anwendungen. Wiesbaden (Gabler), 141-167

Scott, Marvin B. & Lyman, Stanford M. (1968): Accounts. American Sociological Review, 33, 46-62

Scott, Richard W. (1986): Grundlagen der Organisationstheorie. Frankfurt/Main.

Scott, Richard W. (1992): Organizations: Rational, natural, and open systems: Englewood Cliffs (Prentice Hall)

Scott, Richard W. (1995): Institutions and Organizations. Thousand Oaks (Sage)

Scott, Richard W. & Meyer, J.W. (1994): Developments in Institutional Theory. In: dies. (eds.): Institutional Environments and Organizations: Structurel Complexity and Individualism. Thousand Oaks (Sage), 1-8

Scott-Morgan, Peter (1994): Die heimlichen Spielregeln. Die Macht der ungeschriebenen Gesetze im Unternehmen. Frankfurt u. New York (Campus)

Seed, Alan H. III. (1970): The rational abuse of accounting information. Management Accounting, 9-11

Seifert, Hartmut (1991): Mehr Zeitsouveränität durch variable Arbeitszeitgestaltung? In: Semlinger, K. (Hrsg.): Flexibilisierung des Arbeitsmarktes. Interessen, Wirkungen, Perspektiven. Frankfurt u. New York (Campus), 249-269

Seifert, Hartmut (1995): Ökonomische, soziale und kulturelle Aspekte der Arbeitszeitpolitik in Japan. In: Hoffmann, R. & Lapeyre, J. (Hrsg.): Arbeitszeit - Lebenszeit. Perspektiven einer europäischen Arbeitszeitpolitik. Münster (Westfälisches Dampfboot), 53-60

Seimert, Winfried (1997): Telearbeit. Was Chefs und Mitarbeiter wissen müssen. Wiesbaden (Gabler)

Semlinger, Klaus (1989): Vorausschauende Personalwirtschaft - betriebliche Verbreitung und infrastrukturelle Ausstattung. Mitteilungen aus der Arbeitsmarkt- und Berufsforschung, 22 (3), 336-347

Semlinger, Klaus (1991): Flexibilität und Autonomie - Zur Verteilung von Verhaltensspielräumen und Anpassungszwängen im Beschäftigungssystem. In: Semlinger, K. (Hrsg.): Flexibilisierung des Arbeitsmarktes. Interessen, Wirkungen, Perspektiven. Frankfurt u. New York (Campus), 17-38

Semlinger, Klaus (Hrsg.) (1991): Flexibilisierung des Arbeitsmarktes. Interessen, Wirkungen, Perspektiven. Frankfurt u. New York (Campus)

Sengenberger, Werner (1978a): Die gegenwärtige Arbeitslosigkeit - auch ein Strukturproblem des Arbeitsmarktes. Frankfurt & New York (Campus)

Sengenberger, Werner (1978b): Einführung: Die Segmentation des Arbeitsmarkts als politisches und wissenschaftliches Problem. In: Sengenberger, W. (Hrsg.): Der gespaltene Arbeitsmarkt. Probleme der Arbeitsmarktsegmentation. Frankfurt u. New York (Campus), 43-51

Sengenberger, Werner (1978c): Arbeitsmarktstruktur. Ansätze zu einem Modell des segmentierten Arbeitsmarktes. Frankfurt u. New York (Campus)

Sengenberger, Werner (1987): Struktur und Funktionsweise von Arbeitsmärkten. Die Bundesrepublik Deutschland im internationalen Vergleich. Frankfurt u. New York (Campus)

Sengenberger, Werner (1990): Das amerikanische Beschäftigungswunder als Vorbild? In: Büchtemann, Ch. & Neumann, H. (Hrsg.): Mehr Arbeit durch weniger Recht? Chancen und Risiken der Arbeitsmarktflexibilisierung. Berlin (Sigma), 47-65

Serfling, Klaus (1983): Controlling. Stuttgart (Kohlhammer)

Shrivastava, Paul (1985): Integrating Strategy Formulation with organization culture. Journal of Business Strategy, 5, 103-111

Siebert, Horst (1989): Kündigungsschutz und Sozialplanpflicht - Optimale Allokation von Risiken oder Ursache der Arbeitslosigkeit? In: Scherf, H. (Hrsg.): Beschäftigungsprobleme hochentwikkelter Volkswirtschaften. Berlin (Duncker & Humblot), 267-285

Simon, Fritz B. (1992): Radikale Marktwirtschaft. Heidelberg (Carl-Auer-Systeme)

Slubetzky, Walter (1997): Ressourcenorientierte Arbeitsmarktpolitik. In: Slubetzky, W. (Hrsg.): Europa ohne Arbeit. Beiträge zur Zukunft der Arbeitsmarktpolitik. Stuttgart u.a. (Kohlhammer), 98-124

Spremann, Klaus & Zur, Eberhard (Hrsg.) (1992): Controlling. Grundlagen - Informationssysteme - Anwendungen. Wiesbaden (Gabler)

Staehle, Wolfgang (1989): Human Resource Management und Unternehmensstrategie. Mitteilungen aus der Arbeitsmarkt- und Berufsforschung, 22, 3, 388-395

Staffelbach, Bruno (1997): Personalökonomik oder die Obsoleszenz der Konkurrenz zwischen Ökonomik und Psychologie in der Personalwirtschaft. Die Betriebswirtschaft, 57, 1, 119-121

Stake, Robert E. (1983): Program Evaluation, particularly Responsive Evaluation. In: Madaus, G., Scriven, M. & Stufflebeam, D. (eds.): Evaluation Models. Viewpoints on educational and human services evaluation. Boston et al. (Kluwer-Nijhof), 287-310

Literaturverzeichnis

Stanton, E.S. (1992): Outplacement-Service. In: Kienbaum, J. (Hrsg.): Visionäres Personalmanagement. Stuttgart (Poeschel), 319-337

Stedry, Andrew (1960): Budget Control and Cost Behavior. Englewood Cliffs (Prentice-Hall)

Stoebe, Fritz (1982): Probleme und Lösungen bei der Freisetzung von Führungskräften. Personal, (3), 126-129

Stoebe, Fritz (1988): Outplacement - eine Freisetzungsstrategie? Personalführung (10), 770-773

Stoebe, Fritz (1989): Die Trennung von Führungskräften hilfreich durchführen. Personalführung (8), 808-810

Stoebe, Fritz (1991): Outplacement als Instrument der Strategischen Unternehmensführung. In: Ackermann, K.-F. & Scholz, H. (Hrsg.): Personalmanagement für die 90er Jahre. Neue Entwicklungen - neues Denken - neue Strategien. Stuttgart (Poeschel), 301-308 [auch in: Personalführung, 1990 (5), 330-335]

Stoebe, Fritz (1993): Outplacement. Manager zwischen Trennung und Neuanfang. Frankfurt (Campus)

Strohmeier, Stefan (1994): Die Integration von Unternehmens- und Personalplanung. Bamberg. (Unveröffentl. Dissertation)

Sund, Olaf (1991): Arbeitsmarktpolitik und Beschäftigungspläne. In: Bosch, G. & Neumann, H. (Hrsg.): Beschäftigungsplan und Beschäftigungsgesellschaft. Köln (Bund), 437-444

Szydlik, Marc (1990): Die Segmentierung des Arbeitsmarktes in der Bundesrepublik Deutschland. Eine empirische Analyse mit Daten des Sozio-ökonomischen Panels, 1984-1988. Berlin (Sigma)

Szyperski, Norbert & Müller-Böling, Detlef (1979): Das Planungsbewußtsein von Planungspraktikern und Planungsstudenten. (ZfO) Zeitschrift für Organisation 48, 441-450

Szyperski, Norbert & Mußhoff, Heinz J. (1989): Planung und Plan. In: Szyperski, N. (Hrsg.): Handwörterbuch der Planung Stuttgart (Poeschel)

Tedeschi, James T. & Riess, M. (1981): Verbal strategies in impression management. In: Antaki, C. (ed.): The Psychology of Ordinary Explanations of Social Behavior. London u.a. (Academic Press), 271-326

Then, Werner (1987): Personaldienstleistung Zeit-Arbeit: Begründung und Entwicklung flexibler Arbeit und der Arbeitnehmerüberlassung. In: Held, M. & Maget, F. (Hrsg.): Menschen-Leasing. Grenzen der Leiharbeit. Tutzinger Materialien Nr. 37/1987, 28-42

Thiess, Michael & Jacobs, Siegfried (1987): Der Einsatz des Human-Ressourcen-Portfolios im Rahmen der strategischen Personalplanung. Wirtschaftswissenschaftliches Studium, 16, 9, 467-470

Thompson, Arthur A. jr. & Strickland, A. J. III. (1998): Strategic Management. Concepts and Cases. Boston (McGrawHill)

Townley Barbara (1993): 'Foucault, Power/Knowledge, and its Relevance for Human Resource Management'. Academy of Management Review, 18 (3), 518-545

Townley, Barbara (1994): Reframing Human Resource Management: Power, Ethics and the Subject at Work. London (Sage)

Trabold, Harald (1995): Die internationale Wettbewerbsfähigkeit einer Volkswirtschaft; DIW-Vierteljahreshefte zur Wirtschaftsforschung, Heft 2, 169-185

Trube, Achim (1997): Zur Theorie und Empire des Zweiten Arbeitsmarktes. Münster (Lit-Verlag)

Türk, Klaus (1997): Organisation als Institution der kapitalistischen Gesellschaftsformation. In: Ortmann, G. u.a. (Hrsg.): Theorien der Organisation. Opladen (Westdeutscher Verlag)

Ulrich, Dave, Brockbank, Wayne & Yeung, Arthur (1989): Beyond Belief: A Benchmark for Human Resources. Human Resource Management, 28 (3), 311-335

Vaubel, Roland (1989): Möglichkeiten einer erfolgreichen Beschäftigungspolitik. In: Scherf, H. (Hrsg.): Beschäftigungsprobleme hochentwickelter Volkswirtschaften. Berlin (Duncker & Humblot), 17-35

Vogt, Alfons (1984): Personalkostenerfassung und -analyse für Planungs- und Kontrollzwecke. Zeitschrift für betriebswirtschaftliche Forschung, 36, 10, 861-877

von Hayek, Friedrich A. (1971): Die Verfassung der Freiheit. Tübingen (Mohr)

von Reibnitz, Ute (1991): Szenario-Technik: Instrumente für die unternehmerische und persönliche Erfolgsplanung. Wiesbaden (Gabler)

von Rosenstiel, Lutz & Stengel, Martin (1987): Identifikationskrise? Zum Engagement in betrieblichen Führungspositionen. Bern u.a. (Huber)

Voswinkel, Stephan (1995): Die Regulierung der Leiharbeit. Zeitarbeit zwischen Arbeitsvermittlung und überbetrieblicher Beschäftigung. In: Keller, B. & Seifert, H. (Hrsg.): Atypische Beschäftigung. Verbieten oder gestalten? Köln (Bund), 108-138

Wagner, Alexandra (1995): Zweiter Arbeitsmarkt mit neuem Anspruch? In: Seifert, H. (Hrsg.): Reform der Arbeitsmarktpolitik. Herausforderung für Politik und Wirtschaft. Köln (Bund), 206-240

Wagner, Dieter (1992a): Personalabbau. In: Wagner, D., Zander, E. & Hauke Ch. (Hrsg.): Handbuch der Personalleitung. München (Beck), 615-638

Wagner, Dieter (1992b): Personalabbau/-freisetzung. In: Gaugler, E. & Weber, W. (Hrsg.): Handwörterbuch des Personalwesens. Stuttgart (Poeschel), 1545-1556

Walgenbach, Peter (1995): Institutionalistische Ansätze in der Organisationstheorie. In: Kieser, A. (Hrsg.): Organisationstheorie. Stuttgart u.a. (Kohlhammer), 269-302

Walwei, Ulrich (1995a): Atypische Beschäftigungsformen. Kongruenz oder Divergenz der Interessen? In: Keller, B. & Seifert, H. (Hrsg.): Atypische Beschäftigung. Verbieten oder gestalten? Köln (Bund), 9-24

Walwei, Ulrich (1995b): Beschäftigungswunder durch Förderung der Teilzeitarbeit? Arbeit und Sozialpolitik, 49 (3/4), 13-24

Walwei, Ulrich (1996): Flexibilisierung und Regulierung des Beschäftigungssystems: Optionen und Effekte. Mitteilungen aus der Arbeitsmarkt- und Berufsforschung, (2), 219-227

Weber, Jürgen (1994): Kostenrechnung zwischen Verhaltens- und Entscheidungsorientierung. Kostenrechnungspraxis (2), 99-104

Weber, Jürgen (1995[6]): Einführung in das Controlling. Stuttgart (Schäffer-Poeschel)

Weber, Jürgen & Bültel, Dirk (1992): Controlling - Ein eigenständiges Aufgabenfeld in den Unternehmen der Bundesrepublik Deutschland. Ergebnisse einer Auswertung von Stellenanzeigen aus den Jahren 1949-1989. Die Betriebswirtschaft, 52, 535-546

Webster, Hutton (1973): Magic. A sociological study. New York (Octagon Books)

Weick, Karl E. (1985): Der Prozess des Organisierens. Frankfurt/Main (Suhrkamp)

Weick, Karl E. (1990): Cartographic Myths in Organizations. In: Huff, S. (Hrsg.): Mapping Strategic Thought. New York (Wiley)

Weinkopf, Claudia (1996): Arbeitskräftepools. Überbetriebliche Beschäftigung im Spannungsfeld von Flexibilität, Mobilität und sozialer Sicherheit. München u.Mering (Hampp)

Welge, Martin K. (1988): Unternehmensführung. Bd. 3: Controlling. Stuttgart (Schäffer-Poeschel)

Welsch, Wolfgang (1995): Vernunft. Die zeitgenössische Vernunftkritik und das Konzept der transversalen Vernunft. Frankfurt/Main

Welzmüller, Rudolf (1987): Personalzusatzkosten - Gefahr für die Wettbewerbsfähigkeit oder Nebenschauplatz im Verteilungskonflikt? Düsseldorf (WI-Verlag)

Literaturverzeichnis

Wenger, Ekkehard (1986): Freiwillig vereinbarte und erzwungene Organisationsregeln. Eine Analyse ihrer Wirkungen, dargestellt am Beispiel von Beschäftigungsverhältnissen. Habilitationsschrift, TU München (zitiert in Sadowski 1988).

Wenzel, Leonhard (1994[6]): Kündigung und Kündigungsschutz. Neuwied u.a. (Luchterhand)

Werner, Christian (1990): Die Beschäftigungswirkungen der Schattenwirtschaft. Pfaffenweiler (Centaurus)

Werner, Heinz (1997): Die Arbeitsmarktentwicklung in den USA - Lehren für uns? MittAB, 3, 585-600

Whittington, Richard (1994): What is Strategy and Does it Matter? London (Routledge)

Wildavsky, Aaron (1964): The Politics of the Budgetary Process. Boston (Little Brown)

Wildavsky, Aaron (1973): If Planning is Everything, May Be It's Nothing. Policy Sciences, 4, 127-153

Wilhelm, Markus (1996): Motive deutscher und ausländischer Direktinvestoren, ifo Schnelldienst Nr. 16, 9-18

Willenberg, K. (1991): Personal-Controlling in dezentralen Strukturen. Personalführung, 7, 482-489

Williamson, Oliver E. (1975): Markets and Hierarchies. New York u.a. (Free Press)

Williamson, Oliver E. (1985): The economic institutions of capitalism. Firms, markets, relational contracting. New York (Free Press)

Williamson, Oliver E. (1991): Comparative Economic Organization. Vergleichende ökonomische Organisationstheorie: Die Analyse diskreter Strukturalternativen. In: Ordelheide, D. v., Rudolph, B. & Büsselmann, E. (Hrsg.): Betriebswirtschaftslehre und Ökonomische Theorie. Stuttgart (Poeschel), 13-40

Willke, Helmut (1991): Systemtheorie. Stuttgart (Haupt)

Wimmer, Peter (1985): Personalplanung. Stuttgart (Enke)

Wimmer, Peter (1994): Dezentralisierte Personalarbeit - mehr als eine Modeerscheinung? In: Kienbaum, J. (Hrsg.): Visionäres Personalmanagement. Stuttgart (Schäffer-Poeschel)

Wittmann, W. (1959): Unternehmen und unvollkommene Information. Köln u.a.

Wolff, Klaus (1991): Schwarzarbeit in der Bundesrepublik Deutschland. Eine mikroanalytische Untersuchung. Frankfurt u. New York (Campus)

Wollnik, Michael (1984): Organisation in der Praxis. Trier

Wollnik, Michael (1992): Organisationstheorie, interpretative. In: Frese, E. (Hrsg.): Handwörterbuch der Organisation (HWO), 3. Auflage. Stuttgart (Poeschel), 1778-1798

Wollnik, Michael (1994): Interventionschancen bei autopoietischen Systemen. In: Götz, K. (Hrsg.): Theoretische Zumutungen: Vom Nutzen der systemischen Theorie in der Managementpraxis. Heidelberg (Auer), 118-159

Wulff, Matthias (1997): Zeitarbeit. Ramponiertes Image. Wirtschaftswoche Nr. 17 (17.4.97), 68-69

Wunderer, Rolf (1991): Personal-Controlling. Personal (9), 272-275

Wunderer, Rolf (1992): Von der Personaladministration zum Wertschöpfungs-Center. Die Betriebswirtschaft, 52 (2), 201-215

Wunderer, Rolf (1995): Qualitätsförderung und Personalmanagement am Beispiel des Europäischen Modells. Personalwirtschaft (6), 15-18

Wunderer, Rolf & Mittmann, Josef (1983): 10 Jahre Personalwirtschaftslehre - von Ökonomie nur Spurenelemente. Die Betriebswirtschaft 43 (4), 623-655

Wunderer, Rolf & Sailer, Martin (1987): Die Controlling-Funktion im Personalwesen. Teil 1: Ansatzpunkte und Anforderungen eines strategischen Personal-Controlling; Personalführung, 7, 505-509; Teil 2: Instrumente und Verfahren des Personal-Controlling; Personalführung, 8-9, 600-606

Wunderer, Rolf & Schlagenhaufer, Peter (1992): Die Personalabteilung als Wertschöpfungscenter. Ergebnisse einer Umfrage. Zeitschrift für Personalforschung, 6 (2), 180-187

Wunderer, Rolf, Gerig, Valentin & Hauser, Rainer (1997): Qualitätsmanagement durch und im Personalmanagement - Konzeptionelle Grundlagen und Folgerungen für die Personalabteilung. In: dies. (Hrsg.): Qualitätsorientiertes Personalmanagement. Das Europäische Qualitätsmodell als unternehmerische Herausforderung. München u. Wien (Hanser), 1-104

Zettelmeyer, Bernd & Pfohl, Hans-Christian (1986): Anforderungen an den Controller in der Literatur und in Stellenanzeigen. Kostenrechnungspraxis (4), 125-132

Zielcke, Andreas (1998): Fatale Attraktion. Die sechziger Jahre: Haben die Revolutionäre offene Türen des Kapitalismus eingerannt? Süddeutsche Zeitung, 31.1.98, 13

Zorn, Werner (1997): Telearbeit - eine neue Arbeitskultur. zfo (3), 173-176

Zünd, André (1985): Der Controller-Bereich (Controllership). Randbemerkungen zur Institutionalisierung der Controller-Funktion. In: Probst, G. & Schmitz-Dräger, R. (Hrsg.): Controlling und Unternehmensführung. Bern u. Stuttgart (Haupt), 28-40

AutorInnenverzeichnis

AutorInnenverzeichnis

Stichwortverzeichnis

Stichwortverzeichnis

Stichwortverzeichnis

Stichwortverzeichnis

Stichwortverzeichnis

Stichwortverzeichnis

Stichwortverzeichnis

Stichwortverzeichnis

Bei Fragen zur Produktsicherheit wenden Sie sich bitte an:
If you have any questions regarding product safety,
please contact:

Walter de Gruyter GmbH
Genthiner Straße 13
10785 Berlin
productsafety@degruyterbrill.com